64580

ARCHITEKTURBÜRO
MEDENZOW
WILHELMSFELDER STR. 76-1
D - 69118 HEIDELBERG

D1696478

S. O. Jan-Magomédov

LAS CIEN MEJORES OBRAS MAESTRAS DEL VANGUARDISMO ARQUITECTÓNICO SOVIÉTICO

EDICIÓN BILINGÜE
БИЛИНГВА

С. О. Хан-Магомедов

СТО ШЕДЕВРОВ СОВЕТСКОГО АРХИТЕКТУРНОГО АВАНГАРДА

РОССИЙСКАЯ АКАДЕМИЯ АРХИТЕКТУРЫ И СТРОИТЕЛЬНЫХ НАУК

НАУЧНО-ИССЛЕДОВАТЕЛЬСКИЙ ИНСТИТУТ
ТЕОРИИ АРХИТЕКТУРЫ И ГРАДОСТРОИТЕЛЬСТВА

С. О. Хан-Магомедов

СТО ШЕДЕВРОВ СОВЕТСКОГО АРХИТЕКТУРНОГО АВАНГАРДА

БИЛИНГВА

УРСС

МОСКВА

ACADEMIA DE ARQUITECTURA Y DE CIENCIAS DE LA CONSTRUCCIÓN DE RUSIA

INSTITUTO DE INVESTIGACIÓN CIENTÍFICA
DE TEORÍA DE LA ARQUITECTURA Y DE LA CONSTRUCCIÓN URBANA

S. O. Jan-Magomédov

LAS CIEN MEJORES OBRAS MAESTRAS DEL VANGUARDISMO ARQUITECTÓNICO SOVIÉTICO

EDICIÓN BILINGÜE

MOSCÚ

Jan-Magomédov Selim Omárovich
Las cien mejores obras maestras del vanguardismo arquitectónico soviético: edición bilingüe.
Moscú: Editorial URSS, 2005. — 456 p.

Este libro está dedicado a los proyectos y construcciones más notables del vanguardismo arquitectónico soviético, el cual ha jugado un papel decisivo en la consolidación y desarrollo del estilo del siglo XX. Las obras han sido seleccionadas tanto por su valor arquitectónico y artístico como por la importancia que han tenido en la formación de agrupaciones y corrientes artísticas, y en la creación de originales concepciones urbanísticas, de edificios públicos y de viviendas totalmente nuevos en el plano social.

Independientemente de su alto nivel científico, esta obra está pensada no sólo para que sea del exclusivo interés de arquitectos y especialistas en historia de los movimientos artísticos, sino para que esté al alcance de cualquier lector amante de la cultura y el arte.

Editado por resolución del Consejo Científico del NIITAG

En la edición de este libro participaron:
Editor *Domingo Marín Ricoy*
Director financiero *Viktoria Malishenko*
Director de sistemas *Víktor Románov*
Director de producción *Irina Makiéeva*
Director del proyecto de traducción *Guillermo Peña Feria*

© Editorial URSS, 2004
© S. O. Jan-Magomédov, 2004
© Traducción y obra en español: Editorial URSS, 2004
© Diseño gráfico y diseño del texto: Editorial URSS, 2004

Reservados todos los derechos en todos los idiomas y en todos los países del mundo. Quedan rigurosamente prohibidas, sin la autorización escrita de los titulares del "Copyright", bajo las sanciones establecidas en las leyes, la reproducción total o parcial de esta obra por cualquier medio o procedimiento (comprendidos la reprografía, el tratamiento informático y la exposición en Internet) y la distribución de ejemplares de ella mediante alquiler o préstamo público.

ББК 85.113(2)

Хан-Магомедов Селим Омарович
Сто шедевров советского архитектурного авангарда: билингва.
М.: Едиториал УРСС, 2005. — 456 с.

ISBN 5-354-00892-1

Книга посвящена наиболее выдающимся проектам и постройкам советского архитектурного авангарда, сыгравшего решающую роль в становлении и развитии стиля XX века. Объекты отбирались по принципу их архитектурно-художественных достоинств, а также с учетом их роли в формировании влиятельных творческих течений и группировок, оригинальных градостроительных концепций и новых в социальном отношении типов жилых и общественных зданий.

Для архитекторов и искусствоведов, а также для широкого круга читателей.

Печатается по решению Ученого совета НИИТАГ

Издательство «Едиториал УРСС». 117312, г. Москва, пр-т 60-летия Октября, 9.
Лицензия ИД № 05175 от 25.06.2001 г. Подписано к печати 02.11.2004 г.
Формат 70x100/8. Печ. л. 57. Зак. № 7556.
Отпечатано в ОАО «Янтарный сказ». 236000, Калининград, ул. К. Маркса, 18.

© Едиториал УРСС, 2004
© С. О. Хан-Магомедов, 2004
© Перевод на испанский язык: Едиториал УРСС, 2004
© Издание, оформление и дизайн: Едиториал УРСС, 2004

Все права защищены. Никакая часть настоящей книги не может быть воспроизведена или передана в какой бы то ни было форме и какими бы то ни было средствами, будь то электронные или механические, включая фотокопирование и запись на магнитный носитель, а также размещение в Интернете, если на то нет письменного разрешения владельцев.

Издательство УРСС: научная и учебная литература
Editorial URSS: libros de ciencia
Тел., факс / Tel., fax: 7 (095) 135-42-16, 135-42-46
E-mail: URSS@URSS.ru
Каталог изданий в Интернет / Catálogo en Internet: http://URSS.ru

1588 ID 12655

9 785354 008926

От автора

Palabras del Autor

Чем дальше уходит в прошлое первая треть XX века, тем все очевиднее становится, что она была одним из важнейших этапов в развитии мирового искусства. Тогда происходили сложные процессы рождения и формирования нового стиля, который повлиял на развитие практически всех видов искусства и, безусловно, перейдет в третье тысячелетие. Становление нового стиля происходило в Европе, где основными центрами его формирования были Франция, Голландия, Германия и Россия, причем вклад нашей страны был, пожалуй, наиболее значительным.

Все началось с живописи, где в первые два десятилетия XX века бурно возникали и развивались левые течения, лидеры и сторонники которых занимались формальными экспериментами. Начав с реформирования живописного языка, наиболее радикально настроенные левые художники уже в первой половине 1910-х годов вышли на такой уровень формальных экспериментов, где затрагивались интересы всех видов пространственного искусства, в том числе и архитектуры. Абстрактное искусство, у истоков которого в нашей стране стояли В. Кандинский, К. Малевич, М. Ларионов и В. Татлин, как бы закладывало основы для формирования художественно-композиционной системы средств и приемов выразительности во всем стиле XX века.

На протяжении 10-х годов и даже в самом начале 20-х годов левая живопись как бы подстраховала запаздывавших в своем развитии архитектуру и дизайн, создавая заделы для нового стиля и в этих областях художественного творчества. Особенно наглядно это проявилось на рубеже 10-х и 20-х годов, когда многие лидеры и сторонники левых течений изобразительного искусства с успехом работали сразу в нескольких областях художественного творчества (книжная графика, театральные декорации, текстиль, бытовое оборудование, агитационное искусство и др.), причем некоторые из них вели формальные экспериментальные поиски и в архитектуре (В. Татлин, А. Родченко, К. Малевич, А. Экстер, А. Лавинский, Н. Габо, Г. Клуцис, Б. Королев и др.).

В начале 20-х годов в ходе интенсификации творческого взаимодействия различных видов искусства происходили сложные процессы передачи эстафеты от левого изобразительного искусства архитектуре, которая брала на себя роль лидера в дальнейшем формировании и развитии нового стиля.

В нашей стране авангард в области архитектуры — это конец 10-х – начало 30-х годов, т. е. это всего 15 лет (1919–1934). Причем начиная с 1932 года в советской архитектуре под воздействием партийно-административного руководства страны стала быстро и резко изменяться вся творческая направленность художественных поисков. Быстро набирала силу тенденция использования в современных сооружениях архитектурных форм прошлого. Сторонники авангарда ряд лет вели, что называется, арьергардные бои за сохранение достижений нового стиля, но уже к середине 30-х годов архитектурный авангард практически прекратил свое существование в проектной практике, хотя еще до 1937 года продолжали вступать в действие сооружения, которые были запроектированы сторонниками авангардных течений в начале 30-х годов.

В последующую четверть века, когда в советской архитектуре господствовала тенденция ориентации на освоение наследия, этап архитектурного авангарда оценивался резко отрицательно.

В результате многие ценные исторические материалы этого периода (проекты, макеты, документы и т. д.) были утрачены или сохранялись лишь в частных архивах. А между тем его творческое наследие является достоянием не только нашей отечественной, но и всей мировой культуры. Поэтому выявить и сохранить как постройки, так и проекты архитектурного авангарда — это не только наш патриотический, но и интернациональный долг.

Наследие остальных трех европейских центров, активно влиявших на формирование стиля XX века, уже давно выявлено, тщательно изучено и введено в творческий и научный обиход (через

Cuanto más se aleja el primer tercio del siglo XX, tanto más evidente se hace que este período fue una de las etapas más importantes del desarrollo del arte mundial. En ese entonces acontecieron complejos procesos de nacimiento y formación de un nuevo estilo, el cual no sólo influyó en el desarrollo de prácticamente todas las ramas del arte, sino que, indudablemente, prevalecerá en el tercer milenio. La consolidación de este nuevo estilo tuvo lugar en Europa, siendo sus principales centros de formación Francia, Holanda, Alemania y Rusia. Posiblemente la contribución rusa fue la de mayor importancia.

Todo esto tuvo su inicio en la pintura, en la cual durante las dos primeras décadas del siglo XX surgieron y se desarrollaron impetuosamente corrientes progresistas, cuyos líderes y adeptos se dedicaban a realizar experimentos formales. Comenzando con la reforma del lenguaje pictórico, ya en la primera mitad de la década de 1910 los pintores progresistas más radicales alcanzaron tal nivel de experimentos formales que involucraba a todas las ramas de las artes espaciales, incluyendo la arquitectura. El arte abstracto —en cuyos orígenes en Rusia se encuentran V. Kandinski, K. Maliévich, M. Lariónov y V. Tatlin— en cierto modo sentó las bases para la formación del sistema compositivo de medios y métodos de expresión en todo el estilo del siglo XX.

Puede decirse que durante los años 10, e incluso a inicios de los 20, la pintura progresista preparó el camino a la arquitectura y al diseño, retrasados en su desarrollo, marcando las pautas del nuevo estilo también en estos campos de la creación artística. Esto se manifestó de manera especialmente notable en el tránsito de los años 10 a los 20, cuando muchos líderes y partidarios de las corrientes progresistas de las artes plásticas trabajaron con mucho éxito y de manera simultánea en varios campos de la creación artística —diseño gráfico de libros, decoración escénica, elementos textiles, muebles, arte de propaganda política, etcétera—, dedicándose, además, a experimentos formales en la arquitectura (V. Tatlin, A. Ródchenko, K. Maliévich, A. Éxter, A. Lavinski, N. Gabo, G. Klutsis, B. Koroliov y otros).

A principios de los años 20, junto con la intensificación de la interacción entre las diferentes ramas del arte tenían lugar los complejos procesos de entrega de la estafeta de las artes plásticas progresistas a la arquitectura, la cual se apropió del rol de líder en la formación y en el desarrollo posterior del nuevo estilo.

En Rusia, el vanguardismo en la arquitectura abarcó el período comprendido entre finales de la década del 10 y principios de la del 30, es decir, duró sólo 15 años (1919–1934). Además, a partir de 1932, bajo la influencia del partido comunista, en la arquitectura soviética comenzó a cambiar rápida y violentamente la tendencia de las búsquedas artísticas. Rápidamente tomó fuerza la preferencia por el uso de formas arquitectónicas del pasado en las edificaciones modernas. Durante varios años los partidarios del vanguardismo libraron lo que se podría llamar combates de retaguardia por conservar los logros del nuevo estilo, pero ya a mediados de los años 30 el vanguardismo arquitectónico casi dejó de existir en la práctica, aunque incluso hasta 1937 siguieron construyéndose edificaciones proyectadas a inicios de los años 30 por los partidarios de las corrientes vanguardistas.

En el siguiente cuarto de siglo, cuando en la arquitectura soviética reinaba la tendencia a lo tradicional, el período del vanguardismo arquitectónico se valoraba de manera muy negativa.

Como consecuencia de esto, muchos materiales históricos valiosos de este período (proyectos, maquetas, documentos, etcétera) se perdieron o se conservaron sólo en archivos particulares. Entre tanto, esta herencia artística no es solamente patrimonio de la cultura rusa, sino también de la cultura mundial. Por esta razón, descubrir y conservar tanto las construcciones como los proyectos del vanguardismo arquitectónico no es sólo un deber patriótico, sino también un deber internacional.

La herencia de los otros tres centros europeos que influyeron activamente en la formación del estilo del siglo XX, hace mucho tiempo que ha sido descubierta, estudiada cuidadosamente e introducida en la vida artística y

От автора

Palabras del Autor

публикации, выставки). Творческое же наследие нашего авангарда стало выявляться, сохраняться и изучаться с большим опозданием. Лишь в 70-е и 80-е годы, когда историки архитектуры уже проделали большую предварительную исследовательскую работу, стал постепенно нарастать процесс введения наследия советского архитектурного авангарда в научный и творческий обиход. И все же до последнего времени это наследие еще не заняло законно принадлежащего ему места в истории отечественной культуры прежде всего потому, что объемы публикаций о нем поистине ничтожны. Они ничтожны прежде всего по сравнению с той ролью, которую наш советский авангард сыграл в истории мировой архитектуры XX века.

В архитектуре любой развитой страны, как правило, трудно найти такой значительный для ее развития этап, который не был бы достойно отражен в изданиях и о котором не имели бы достаточной информации граждане данной страны. И уж тем более, если речь идет о периоде, значение которого выходит за пределы национальной культуры и внимание к которому проявляют исследователи и историки многих стран. Такие периоды изучаются с особой тщательностью, и их материалы детально и широко публикуются.

Так происходит практически во всех развитых странах, но только не у нас.

Трудно поверить, но о нашем художественном авангарде больше известно за рубежом, чем в нашей стране. За последние десятилетия за рубежом вышло в несколько раз больше публикаций о советском авангарде, чем у нас. Это относится и к архитектурному авангарду. Наш читатель до сих пор не имеет книг о творчестве многих лидеров и сторонников основных творческих течений авангарда, нет книг о самих творческих течениях и связанных с ними организациях, наиболее значительных постройках, конкурсах и т. д.

С большой долей условности литературу по архитектуре можно разделить на три «слоя». Первый — это публикации для внутринаучного потребления. Это, как правило, материалы исследований. Такие издания публикуются малыми тиражами и рассчитаны на научных работников. Второй «слой» — это издания для внутрипрофессионального потребления. Они рассчитаны на архитекторов, представителей смежных творческих профессий, искусствоведов. Книги этого слоя издаются умеренными тиражами. Третий «слой» — это книги, издаваемые массовыми тиражами и рассчитанные на широкого читателя, интересующегося художественной культурой.

Основой всех публикаций по архитектуре является первый «слой». Здесь идет процесс накопления знаний, которые затем используются во всех остальных видах публикаций (включая энциклопедии, справочники, учебники, популярные книги и т. д.). В области внутринаучного общения (путем публикаций, научных конференций и т. д.) в последние годы между исследователями, специалистами по художественному авангарду, практически уже нет серьезных разногласий по основному вопросу — о роли отечественной архитектуры 20-х годов в развитии мировой архитектуры XX века. Сейчас уже общепризнанно, что такие творческие течения советской архитектуры, как рационализм и конструктивизм, такие творческие организации и учреждения, как Живскульптарх, АСНОВА, ОСА, АРУ и ВХУТЕМАС, вошли в историю мировой архитектуры, а наиболее влиятельные архитекторы советского авангарда (Н. Ладовский, А. Веснин, К. Мельников, И. Леонидов, Л. Лисицкий, М. Гинзбург, И. Голосов) по праву занимают место в ряду самых значительных архитекторов XX века.

Сложнее обстоит дело в профессиональной архитектурной среде. Далеко не все наши архитекторы до конца осознают роль и значение отечественного авангарда в формировании стиля XX века. Прежде всего это связано с крайне недостаточными публикациями. Книг по архитектурному авангарду очень мало, они издаются небольшими тиражами и сразу же становятся библиографической редкостью.

Влияет и то обстоятельство, что после изменения творческой направленности советской архитектуры в середине 50-х годов многие наши архитекторы вот уже почти полвека видят основные источники творческого вдохновения в зарубежной архитектуре. Как рухнули в 50-е годы наши отечественные архитектурные авторитеты, так до сих пор равных им по влиянию на архитектурную моло-

científica (mediante publicaciones y exposiciones). Por el contrario, el legado artístico del vanguardismo soviético comenzó a sacarse a la luz, conservarse y estudiarse al cabo de muchos años. Aunque los historiadores de la arquitectura ya habían realizado una gran investigación previa, sólo en los años 70 y 80 es que el proceso de introducción de la herencia del vanguardismo arquitectónico soviético en el ámbito científico y artístico comenzó a intensificarse paulatinamente. A pesar de todo, incluso en la actualidad este legado no ha ocupado el puesto que por derecho le pertenece en la historia de la cultura rusa, y esto se debe fundamentalmente a que el volumen de las publicaciones que se le dedican es verdaderamente insignificante, sobre todo al compararlo con el papel que ha desempeñado el vanguardismo soviético en la historia de la arquitectura mundial del siglo XX.

Por lo general, en la arquitectura de todo país desarrollado es difícil encontrar alguna etapa importante de su desarrollo que no haya sido reflejada de forma justa en las publicaciones y sobre la que cada ciudadano no tenga información suficiente. Y más aún si se trata de un período cuya importancia rebasa los límites de la cultura nacional y el cual despierta el interés de investigadores e historiadores de muchos países. Períodos semejantes son estudiados con mucho detenimiento, y sus materiales son publicados ampliamente y con detalle.

Así sucede prácticamente en todos los países desarrollados, pero no en Rusia.

Parece increíble, pero el vanguardismo soviético es menos conocido en Rusia que fuera de ella. Durante las últimas décadas, el número de publicaciones sobre el vanguardismo soviético que han sido editadas en Rusia es mucho menor que el editado en otros países. Esto también incluye al vanguardismo arquitectónico. El lector ruso hasta el día de hoy no cuenta con libros sobre las obras de muchos líderes y simpatizantes de las principales corrientes del vanguardismo, como tampoco existen libros sobre las corrientes artísticas mismas y sobre las organizaciones, las construcciones más importantes, los concursos, etcétera, relacionados con ellas.

De una manera muy convencional, la literatura sobre arquitectura se puede dividir en tres «capas». La primera está conformada por las publicaciones destinadas al uso en el medio científico, tratándose por lo general de trabajos de investigación; se editan en pequeñas tiradas y están dirigidas a los investigadores. La segunda capa está destinada al medio profesional: arquitectos, representantes de profesiones artísticas afines y críticos de arte. Los libros de esta capa se editan en tiradas moderadas. La tercera capa está constituida por los libros de grandes tiradas, dirigidos a lectores no especializados que se interesan por la cultura artística.

El fundamento de todas las publicaciones de arquitectura es la primera capa, donde se lleva a cabo el proceso de almacenamiento de los conocimientos que se utilizan posteriormente en todos los demás tipos de publicaciones (incluyendo enciclopedias, guías, manuales, libros populares, etcétera). En los últimos años, el diálogo en el mundo científico —por medio de publicaciones, conferencias científicas, etcétera— entre investigadores y especialistas en arte vanguardista, no muestra prácticamente discrepancias serias sobre el tema principal: el papel de la arquitectura soviética de los años 20 en el desarrollo de la arquitectura mundial del siglo XX. Hoy se reconoce que las corrientes artísticas de la arquitectura soviética, como el racionalismo y el constructivismo, y las organizaciones e instituciones artísticas como Zhivskulptarj (*Comisión de estudio de los problemas de la síntesis de la pintura, la escultura y la arquitectura*), ASNOVA (*Asociación de Nuevos Arquitectos*), OSA (*Unión de Arquitectos Modernos*), ARU (*Unión de Arquitectos Urbanistas*) y VJUTEMAS (*Talleres Superiores Artístico-Técnicos*), han ingresado en la historia de la arquitectura mundial, y que los arquitectos más influyentes del vanguardismo soviético (N. Ladovski, A. Vesnín, K. Miélnikov, I. Leonídov, L. Lisitski, M. Guínzburg, I. Gólosov) ocupan un merecido lugar entre los arquitectos más brillantes del siglo XX.

La situación es mucho más compleja en el área profesional de la arquitectura. Son muy pocos los arquitectos rusos que comprenden en su totalidad el papel y el significado del vanguardismo soviético en la formación del estilo del siglo XX. La causa principal es la falta extrema de publicaciones. Los libros de vanguardismo arquitectónico son muy escasos, pues las tiradas son pequeñas y rápidamente se convierten en rarezas bibliográficas.

Ha influido también el hecho de que, después del cambio de la tendencia artística en la arquitectura soviética que tuvo lugar a mediados de los años 50, ya casi medio siglo muchos arquitectos rusos ven en la

От автора

Palabras del Autor

дежь и не появилось. Но такие бесспорные авторитеты есть в нашей архитектуре; вернее, они были. Это лидеры архитектурного авангарда, творчество которых до сих пор привлекает пристальное внимание за рубежом не только исследователей, но и архитекторов, так как в произведениях этих мастеров, как сейчас выясняется, содержится много потенциальных возможностей для дальнейшего развития современной архитектуры. Эти потенции во многом не были использованы, так как развитие нашего архитектурного авангарда было резко и грубо прервано, что обеднило всю мировую архитектуру XX века. И только в последние годы, так сказать, задним числом, после введения в научный и творческий обиход новых материалов по советскому авангарду, стало ясно, что же потеряла в 30-е годы мировая архитектура в результате его безвременной «кончины» и отсутствия в дальнейшем объективной информации о его творческих достижениях. Сейчас многие зарубежные архитекторы, особенно молодые, с удивлением открывают для себя великое наследие советского архитектурного авангарда, которое вот уже второй раз оказывает влияние на творческие поиски зарубежных архитекторов.

Влияет оно в настоящее время и на наших архитекторов, но, пожалуй, это влияние несопоставимо с тем реальным творческим потенциалом, который заключен в наследии авангарда. Взоры наших архитекторов все еще продолжают быть устремлены преимущественно на зарубежные архитектурные авторитеты, хотя многие зарубежные архитекторы такие авторитеты видят и в нашей стране, среди лидеров архитектурного авангарда. Чтобы изменить ситуацию, необходимо во много раз больше издавать книг об этом этапе развития советской архитектуры для внутрипрофессионального потребления.

Еще хуже обстоит дело с осведомленностью широких слоев населения нашей страны о творческих достижениях советского авангарда, о его роли в становлении и развитии архитектуры XX века. Нашему народу долго и упорно внушали, что левое изобразительное искусство и современная зарубежная архитектура (и советский конструктивизм) идеологически чужды советской культуре. Аргументации никакой не приводилось, все было на уровне пропаганды и заклинаний, что в наших условиях действовало безотказно.

В результате у подавляющего большинства нашего народа появилась некая аллергия ко всякого рода «абстракционизмам», «функционализмам» и «конструктивизмам». Что это такое, мало кто знал, но очень многие относились ко всему этому резко отрицательно. К великому сожалению, и до последнего времени так называемые «простые люди» еще не избавились от этой аллергии, что наглядно проявляется на выставках произведений как мастеров авангарда первой трети XX века, так и их современных последователей.

С большим трудом идет процесс переоценки широкими слоями населения художественных достоинств произведений советского архитектурного авангарда. Продолжает преобладать критическое отношение. Это связано с несколькими причинами.

Во-первых, основная вина безусловно лежит на тех, кто должен был более интенсивно пропагандировать в широкой печати, на телевидении, на выставках и в специально рассчитанных на массового читателя книгах мастеров, творческие течения и произведения архитектурного авангарда. О нем «простой человек» просто не знает и даже при большом желании не может получить достаточную информацию.

Во-вторых, те реальные сооружения архитектурного авангарда (в том числе и выдающиеся по своим художественным достоинствам), которые сохранились до наших дней, в большинстве своем строились из недолговечных материалов, за прошедшие десятилетия неоднократно перестраивались, т. е. искажались, а многие находятся в полуруинированном состоянии. И хотя несколько лет тому назад наиболее известные объекты архитектурного авангарда наконец-то объявлены памятниками архитектуры, в их положении мало что изменилось. Короче говоря, современное состояние многих построек архитектурного авангарда отнюдь не способствует тому, чтобы неискушенный в современном искусстве человек признал их за выдающиеся произведения архитектуры.

arquitectura de otros países la principal fuente de inspiración artística. Desde que en los años 50 se desmoronó la autoridad de los arquitectos soviéticos, aún no han surgido artistas iguales a ellos en cuanto a su influencia sobre los arquitectos jóvenes. Sin embargo, en la arquitectura rusa sí existe una autoridad indiscutible, mejor dicho, existió. Ella está conformada por los líderes del vanguardismo arquitectónico, cuyas obras aún despiertan la atención mundial no sólo de los investigadores, sino también de los arquitectos, pues las obras de estos maestros, como hoy se aclara, son una fuente de ideas para el desarrollo futuro de la arquitectura moderna. Esta fuente casi no ha sido utilizada debido a que el desarrollo del vanguardismo arquitectónico soviético fue interrumpido brusca y groseramente, lo cual empobreció a toda la arquitectura mundial del siglo XX. Y sólo en los últimos años, con mucho retraso, tras la introducción en el medio científico y artístico de nuevos materiales sobre el vanguardismo soviético, es que se ha comprendido cuánto perdió la arquitectura mundial de los años 30 como resultado de la «muerte» prematura del vanguardismo soviético y de la ausencia posterior de información objetiva sobre sus éxitos artísticos. Hoy muchos arquitectos —principalmente los jóvenes— descubren con admiración la gran herencia del vanguardismo arquitectónico soviético, la cual vuelve a ejercer influencia en las búsquedas artísticas de los arquitectos del mundo entero.

Actualmente esta herencia también influye en los arquitectos rusos, pero por lo visto ella es incomparable con el verdadero potencial artístico contenido en el legado vanguardista. La atención de los arquitectos rusos sigue estando dirigida principalmente a las grandes eminencias extranjeras, a pesar de que muchos arquitectos extranjeros ven eminencias semejantes en Rusia, entre los líderes del vanguardismo arquitectónico. Para cambiar esta situación se deben publicar más libros sobre esta etapa del desarrollo de la arquitectura soviética, con el fin de cubrir la necesidad profesional.

Aún peor es la situación en que se encuentran las capas más amplias de la población rusa en cuanto al conocimiento de los éxitos artísticos del vanguardismo soviético y su rol en la consolidación y desarrollo de la arquitectura del siglo XX. Por largo tiempo y de forma persistente se le inculcó al pueblo soviético que las artes plásticas progresistas y la arquitectura moderna de otros países (así como el constructivismo soviético), son ajenos ideológicamente a la cultura soviética. Nunca se presentaron argumentos, todo se realizaba a nivel de propaganda y exorcismo, lo que en las condiciones soviéticas era muy efectivo.

El resultado fue el surgimiento en la gran mayoría del pueblo soviético de una especie de alergia hacia «abstraccionismos», «funcionalismos» y «constructivismos» de todo tipo. Pocos sabían qué era todo eso, pero muchos lo rechazaban duramente. Por desgracia, incluso en la actualidad las personas no especializadas no han logrado liberarse de esta aversión, lo cual se evidencia en las exposiciones de las obras tanto de los maestros del vanguardismo del primer tercio del siglo XX como de sus sucesores contemporáneos.

El proceso de revalorización de los méritos artísticos del vanguardismo arquitectónico soviético experimentado por las capas más amplias de la población, avanza con mucha dificultad, pues continúa prevaleciendo una actitud crítica. Esto se debe a una serie de razones.

En primer lugar, no cabe duda de que la mayor culpa recae sobre los encargados de la difusión intensa de los movimientos artísticos y las obras del vanguardismo arquitectónico mediante la prensa, la televisión, las exposiciones y los libros dedicados principalmente a lectores no especializados. Las personas «comunes y corrientes» simplemente no conocen el vanguardismo arquitectónico y, por mayor que sea el interés que tengan, nunca obtendrán una información suficiente.

En segundo lugar, las construcciones del vanguardismo arquitectónico (incluyendo las que sobresalen por sus cualidades artísticas) que realmente se han conservado hasta nuestros días, en su mayoría fueron realizadas con materiales no duraderos, y en el transcurso de las últimas décadas han sido reconstruidas más de una vez, es decir, han sido alteradas y muchas se encuentran casi en ruinas. Y a pesar de que hace algunos años las obras del vanguardismo arquitectónico más importantes han sido, por fin, declaradas monumentos arquitectónicos, su estado ha cambiado muy poco. En pocas palabras, el estado actual de muchas construcciones del vanguardismo arquitectónico no ayuda de manera alguna a que las personas no entendidas en arte moderno puedan catalogarlas como obras maestras de la arquitectura.

От автора

В-третьих, если рассматривать архитектурный авангард 20-х годов как один из источников формирования современной архитектуры, то естественно возникает вопрос — а что же он породил, где же созданные в последнее время архитектурные шедевры? «Простой человек» рассуждает примерно так: предположим, я поверю, что архитектурный авангард 20-х годов — это блестящая страница в развитии отечественной архитектуры, и сейчас мы как бы продолжаем начатый тогда путь, но почему же тогда в наших городах не видно новых архитектурных шедевров? Это, к сожалению, справедливо. Вот уже почти полвека наша архитектура, отказавшись от стилизации в духе архитектуры прошлого, идет по пути, открытому в 20-е годы. Но до сих пор в современной мировой архитектуре нам отводят довольно скромное место. Весь мир ценит наш авангард 20-х годов, видя в нем огромный творческий потенциал, но произведения современных отечественных архитекторов даже в малой степени не пользуются со стороны их зарубежных коллег таким авторитетом, как произведения мастеров авангарда. И вполне естественно, что широкие слои населения с трудом могут признать выдающиеся достоинства нашего архитектурного авангарда, видя, что заполнившие наши города новые постройки в своем большинстве лишены образной оригинальности. В этом отношении жители многих зарубежных стран находятся в лучшем положении. Там многие современные сооружения достойно продолжают традиции авангарда 20-х годов.

Наш народ должен, наконец, получить рассчитанные на широкого читателя книги о советском архитектурном авангарде. Советский архитектурный авангард в целом находится на высоком профессиональном и художественном уровне. Однако среди произведений его сторонников есть как подлинные художественные открытия, так и малохудожественные стилизации. Неискушенному в архитектуре человеку подчас трудно разобраться, что в произведениях авангарда входит в золотой фонд, а что является малопрофессиональным подражанием работ ведущих мастеров. Трудно это прежде всего потому, что у широких слоев населения нашей страны не выработан критерий оценки достоинств произведений художественного авангарда (не только в области архитектуры). Для выработки такого критерия очень важно познакомить человека с наиболее выдающимися произведениями архитектурного авангарда. Так возникла идея этой книги.

Важно было предварительно выработать принцип отбора: отбирались художественно-образные открытия, пространственно-конструктивные поиски и изобретения, социально-функциональные эксперименты и находки.

Должен предупредить читателя, что отбор шедевров был сугубо авторский, личностный. Его следует рассматривать как продолжение и результат моих почти полувековых исследований авангарда. За эти годы и у меня сформировался свой критерий оценки профессиональных достоинств объектов архитектуры советского авангарда, что нашло отражение в моих публикациях (книгах, статьях). Свой личный критерий оценки я и положил в основу отбора произведений. Возможно, это излишне самонадеянно, зато читатель видит в книге произведения архитектурного авангарда, отобранные на базе единого критерия. Поэтому в процессе создания данной книги я намеренно ни с кем не советовался и никому не показывал список шедевров, чтобы сохранить в чистоте свой личностный отбор.

Хочу приоткрыть читателю саму кухню создания книги. Как шел отбор шедевров? Сначала я составил предварительный список из 150 объектов. 50 из них как бесспорные кандидаты в шедевры удалось отобрать сравнительно легко. Затем начались трудности. Я начал с того, что из оставшихся 100 кандидатов 25 добавил к уже отобранным пятидесяти, а 25 совсем исключил из списка. Осталось 50 кандидатов на 25 оставшихся вакантных мест. Задача отбора среди этих кандидатов оказалась чрезвычайно трудной, так как в этом списке большинство объектов было почти равноценно. Я долго и мучительно выбирал кандидатов на отсев и каждого исключал из списка с большим сожалением. Наконец разделил 50 объектов на две равные части — в шедевры и в отсев. Затем много дней непрерывно проводил в голове переоценку этих половин последней полсотни и в результате многие объекты поменял местами. И до сих пор я продолжаю сомневаться в обоснованно-

Palabras del Autor

En tercer lugar, si consideramos el vanguardismo arquitectónico de los años 20 como una de las fuentes de la arquitectura moderna, es natural que surja la pregunta ¿qué es lo que el vanguardismo engendró, dónde están las joyas arquitectónicas creadas en los últimos tiempos? Una «persona común» razona de la manera siguiente: supongamos que yo creo que el vanguardismo arquitectónico de los años 20 es una página brillante en el desarrollo de la arquitectura soviética, y que hoy continuamos en cierta forma el camino iniciado en aquella época. ¿Por qué, entonces, en nuestras ciudades no vemos nuevas joyas arquitectónicas? Desafortunadamente, esto es justo. Resulta que la arquitectura rusa, después de negar la estilización basada en la arquitectura del pasado, ya casi medio siglo avanza por el camino abierto en los años 20, pero hasta el día de hoy a Rusia se le asigna un lugar bastante modesto en la arquitectura moderna mundial. El mundo entero valora el vanguardismo soviético de los años 20, viendo en él un enorme potencial artístico, pero entre los arquitectos de otros países las obras de los arquitectos rusos contemporáneos no cuentan ni lejanamente con la autoridad que gozan las obras de los maestros del vanguardismo. Es, pues, completamente natural que las capas amplias de la población reconozcan con gran dificultad las virtudes sobresalientes del vanguardismo arquitectónico de Rusia, viendo que las construcciones que ocupan sus ciudades están, en su mayoría, desprovistas de originalidad. En este sentido, los ciudadanos de muchos otros países se encuentran en una situación ventajosa; muchas de las edificaciones modernas continúan dignamente la tradición del vanguardismo de los años 20.

Ya es hora de que el pueblo ruso reciba libros sobre el vanguardismo arquitectónico destinados a lectores no especializados. El vanguardismo arquitectónico soviético posee, en general, un nivel profesional y artístico muy alto. Sin embargo, entre las obras de sus simpatizantes se pueden encontrar tanto descubrimientos artísticos verdaderos como estilizaciones de poco valor artístico. Suele suceder que las personas no versadas en arquitectura experimentan dificultad para comprender cuáles obras del vanguardismo forman parte del fondo de oro y cuáles constituyen copias poco profesionales de los trabajos de los principales artistas. La dificultad consiste sobre todo en que las grandes capas de la población rusa no han desarrollado un criterio de valoración de las cualidades de las obras del vanguardismo artístico (no sólo en el área de la arquitectura). Para desarrollar este criterio es muy importante mostrar a las personas las obras más destacadas del vanguardismo arquitectónico: así nació la idea de este libro.

Fue de mucha importancia trazar previamente un principio de selección del material: se eligieron los descubrimientos artístico-representativos, las investigaciones e inventos de estructuras espaciales, los experimentos y hallazgos funcionales y sociales.

Es mi deber advertir al lector que la selección de las obras maestras es puramente personal, sólo del autor. Esta selección se debe considerar como la continuación y el resultado de mis investigaciones sobre el vanguardismo realizadas durante casi medio siglo. En el transcurso de este período he desarrollado mi propio criterio de valoración de las cualidades profesionales de las obras de la arquitectura del vanguardismo soviético, lo que ha sido reflejado en mis publicaciones (libros, artículos). Así pues, mi criterio personal de valoración se ha convertido en el punto de partida para la selección de las obras. Quizá esto sea demasiado presuntuoso, pero el lector tiene la posibilidad de hallar en el libro las obras del vanguardismo arquitectónico seleccionadas sobre la base de un criterio único. Es por esta razón que durante el proceso de elaboración de este libro, intencionalmente no consulté a ninguna persona, y a nadie enseñé la lista de las obras maestras, manteniendo así mi selección personal sin influencias.

Me gustaría contar al lector los detalles del proceso de creación del libro. ¿Cómo transcurrió la selección de las obras maestras? Primeramente elaboré una lista de 150 obras. Entre ellas, 50 fueron seleccionadas sin mucha dificultad, como candidatos indiscutibles a obras maestras. Después comenzaron los problemas. De los cien candidatos que me quedaron en la lista, seleccioné veinticinco —los añadí a los cincuenta que había separado previamente— y descarté otros veinticinco. Me quedaron cincuenta candidatos para cubrir veinticinco vacancias. La tarea de selección entre estos candidatos resultó extremadamente difícil, pues la mayoría de las obras de esta lista tenía casi un mismo valor. Lenta y penosamente fui eligiendo los candidatos a ser descartados, eliminando cada uno de ellos con mucho pesar. Finalmente dividí los cincuenta candidatos en dos grupos de igual número: candidatos a obras maestras y candidatos a ser descartados. Posteriormente, pasé muchos días realizando una continua

От автора

сти исключения из списка шедевров многих из этих 25 отсеянных объектов. Была даже мысль назвать книгу «125 шедевров», причем издательство вроде бы не было против такого решения этой головоломной проблемы. Но принцип есть принцип, и я решил оставить только 100 объектов, зато в конце книги в качестве приложения дать дополнительный список, так сказать, кандидатов в шедевры. Пусть сомнения автора книги будет знать и читатель.

Важно отметить еще два обстоятельства.

Во-первых, в качестве шедевров рассматриваются не только отдельные объекты и комплекты, но также и серии проектов. Это сделано потому, что в истории архитектуры в ряде конкретных случаев сыграли роль именно серии проектов, воспринимавшиеся современниками как единое творческое явление. Таких серий среди шедевров отобрано восемь: проуны* Л. Лисицкого, архитектоны и планиты К. Малевича, эскизы в Живскульптархе Н. Ладовского, агитационные установки и трибуны Г. Клуциса, студенческие проекты во ВХУТЕМА-Се на тему «ресторан над морем» и «небоскреб ВСНХ», экспериментальные проекты мастерской А. Никольского.

Во-вторых, если шедевры в иллюстративной части представлены в книге максимально полно, то объекты, вошедшие в приложение, иллюстрируются каждый лишь одним изображением.

Из 100 объектов, включенных в основной список шедевров, 28 — построенные сооружения (в дополнительном списке из 25 объектов — 6 осуществленных). Остальные объекты — это проекты. Среди них: конкурсные проекты — 30 (7), экспериментальные проекты — 21 (2), студенческие проекты — 16 (10), есть и заказные.

По функциональному назначению отобранные объекты представляют собой жилища (включая дома-коммуны) — 13 (I), административные и конторские здания — 19 (4), градостроительные объекты — 14 (3), дворцы труда — 3, клубы и дома культуры — 11 (4), выставочные павильоны — 4 (I), спортивные объекты — 3, промышленные и инженерные объекты — 5, дома Советов — 5 (I), театры — 5 (I) и др.

Чьи же произведения чаще всего встречаются в основном и дополнительном списках шедевров? Вне конкуренции оказался К. Мельников. В основной список включено 14 его произведений (в дополнительном — I). Затем идут Веснины — 8 (I); Н. Ладовский — 7 (2) (кроме того, в список включены 9 (5) студенческих проектов, выполненных под его руководством); И. Леонидов — 7; И. Голосов — 5 (I); М. Гинзбург — 4 (I); Л. Лисицкий — 3; А. Никольский — 3; Л. Хидекель — 3 (I) и др.

Структура книги во многом определяется результатом отбора и делится на два основных раздела. Первый раздел — это рассказ о советском архитектурном авангарде, об условиях его становления, этапах развития, творческих течениях и организациях. Чтобы помочь читателю ориентироваться в отобранных шедеврах (и кандидатах в шедевры), в вводном разделе более подробно рассказывается о тех архитекторах, произведения которых занимают в списке шедевров значительное место, о типах зданий, представленных в списке, и т. д. Но в первом разделе нет иллюстраций, изображающих архитектурные объекты, здесь портретные фотографии и обложки изданий. Хотелось выдержать принцип — в книге приводятся только изображения произведений, отобранных в основной и дополнительный списки.

Во втором разделе, посвященном самим шедеврам, объекты расположены в хронологическом порядке. Наряду с кратким описанием здесь дается по возможности полный набор изображений (фасады, планы, разрезы, эскизы, перспективы, макеты, аксонометрии, общие виды, фрагменты).

В дополнительном списке шедевров (приложение) приводятся только названия объекта и дается одно изображение.

---

* Проекты утверждения нового

Palabras del Autor

revalorización de cada uno de los grupos de veinticinco, resultando que intercambié muchas obras de lugar. Hasta el día de hoy continúo dudando de los argumentos en que me basé para eliminar de la lista a muchas de estas 25 obras. Es más, tuve la intención de cambiar el título del libro por «125 obras maestras», a lo que la editorial respondió favorablemente. Pero los principios son principios y deben ser respetados, por lo que resolví dejar solamente 100 obras. A pesar de todo, al final del libro decidí incluir una lista adicional como apéndice, por decirlo así, con los candidatos a obras maestras. ¡Que el lector también conozca las dudas del autor!

Es muy importante resaltar dos circunstancias más.

Primero. Se consideran obras maestras no sólo objetos por separado y complejos de objetos, sino también series de proyectos. Esto se debe a que en la historia de la arquitectura, precisamente las series de proyectos jugaron un papel importante en una gran número de casos concretos, siendo consideradas por sus contemporáneos como un fenómeno artístico integral. Entre las obras maestras se tomaron ocho de estas series: los prouns* de L. Lisitski, los arquitectones y planites de K. Maliévich, los bosquejos de N. Ladovski hechos en la Zhivskulptarj, las tribunas e instalaciones para propaganda de G. Klutsis, los proyectos estudiantiles del VJUTEMAS sobre el tema «restaurante sobre el mar» y «rascacielos del VSNJ», y los proyectos experimentales del taller de A. Nikolski.

Segundo. Mientras que las obras maestras están representadas en la parte ilustrada del libro de la forma más completa, cada obra del apéndice se ilustra con una sola figura.

De las cien obras maestras de la lista principal, 28 son edificaciones construidas (en la lista adicional, de las 25 obras 6 fueron hechas realidad). Las obras restantes son proyectos. Entre ellas tenemos: 30 (7) proyectos de concurso, 21 (2) proyectos experimentales y 16 (10) proyectos estudiantiles; también hay proyectos por encargo.

Por su función a cumplir, las obras seleccionadas son 13 (1) viviendas (incluyendo las casas-comuna), 19 (4) edificios administrativos y de oficinas, 14 (3) obras urbanísticas, 3 palacios del trabajo, 11 (4) clubes y casas de la cultura, 4 (1) pabellones de exposición, 3 obras deportivas, 5 obras industriales e ingenieriles, 5 (1) palacios de los Sóviets, 5 teatros y otros.

¿A quién le pertenecen las obras que con mayor frecuencia se encuentran en las listas principal y adicional? El líder indiscutible es K. Miélnikov. En la lista principal se han incluido 14 de sus obras (1 obra en la lista adicional). Le siguen los hermanos Vesnín con 8 (1) obras; N. Ladovski con 7 (2) (además, en la lista se han incluido 9 (5) proyectos estudiantiles realizados bajo su dirección); I. Leonídov con 7; I. Gólosov con 5 (1); M. Guínzburg con 4 (1); L. Lisitski con 3, A. Nikolski con 3; L. Jidiékel con 3 (1), y otros.

La estructura del libro se basa principalmente en el resultado de la selección, y se divide en dos partes principales. La primera trata sobre el vanguardismo arquitectónico soviético, sobre las condiciones de su consolidación, las etapas de su desarrollo y las corrientes y organizaciones artísticas. Para ayudar al lector a orientarse entre las obras maestras seleccionadas (y los candidatos a obras maestras), en la parte introductoria se narra detalladamente sobre los arquitectos cuyos trabajos ocupan un lugar importante en la lista de obras maestras, acerca de los tipos de edificios que se presentan en la lista, etcétera. La primera parte no contiene ilustraciones de las obras arquitectónicas, sino retratos y las cubiertas de las publicaciones. Yo quería conservar el siguiente principio: las únicas obras artísticas ilustradas en el libro son las obras de las listas principal y adicional.

En la segunda parte, dedicada a las propias obra maestras, éstas se han ordenado cronológicamente. Junto con una breve descripción, en esta parte se ofrece el máximo posible de figuras (fachadas, planos, cortes, bosquejos, perspectivas, maquetas, axonometrías, vistas generales, fragmentos).

En la lista adicional de obras maestras (apéndice) se cita el nombre de la obra y se muestra una sola figura.

---

* Proyectos para la afirmación de lo nuevo

Раздел 1

ТВОРЧЕСКИЕ ТЕЧЕНИЯ, КОНЦЕПЦИИ, МАСТЕРА

Parte 1

CORRIENTES ARTÍSTICAS, CONCEPCIONES, MAESTROS

Условия и особенности формирования советского архитектурного авангарда

Condiciones y particularidades de la formación del vanguardismo arquitectónico soviético

Первая треть XX в. действительно была важнейшим этапом в развитии мирового искусства, в том числе и архитектуры. Это был переломный период в процессах формообразования и стилеобразования, причем нараставшие тогда тенденции в архитектуре с наибольшей силой проявились в 20-е годы.

Архитектурному авангарду предшествовал длительный период, когда не господствовал один стиль (как это было, например, в XVIII и в первой половине XIX века), а существовал сложный конгломерат сменявших друг друга и сосуществовавших различных стилевых направлений — эклектика, неорусский стиль, модерн, неоклассика.

До XIX в. развитие мировой архитектуры протекало в условиях, когда в отдельных странах или историко-культурных регионах смены стилевых этапов происходили по своим внутренним закономерностям и не совпадали друг с другом ни по времени, ни по формам. Вплоть до XIX в. не было объективных предпосылок для формирования стиля, выходящего за пределы сложившихся в прошлом культурных регионов и имеющего тенденцию к перерастанию в глобальную стилевую систему. Такие объективные предпосылки стали впервые формироваться лишь в XIX в. в процессе образования мирового рынка и усиления культурного общения народов различных стран и континентов.

Если с этой точки зрения оценить процессы развития архитектуры XIX в., то в них можно усмотреть важный и закономерный этап перехода от эпохи зональных (региональных) стилей к сформировавшейся уже в XX в. глобальной стилевой системе.

Анализируя архитектурные сооружения и проекты середины XIX – начала XX века, трудно выявить закономерности, общие с процессами развития стилей прошлого. Однако вполне возможно, что переход от классицизма к эклектике знаменовал собой не только переход от одного стиля к другому и даже не смену одной группы стилей другой группой, а завершение целой эпохи в развитии мировой архитектуры и наступление новой эпохи со своими стилевыми и иными закономерностями развития.

Стихия эклектики вырвала архитекторов середины XIX в. из привычного круга форм и композиционных приемов классики, она как бы расшатала вкусы архитекторов, заказчиков и потребителей, сделав их более восприимчивыми к архитектуре других культурных регио-

---

El primer tercio del siglo XX fue verdaderamente una etapa muy importante en el desarrollo del arte mundial, incluyendo la arquitectura. Éste fue un período decisivo en el proceso de creación de formas y estilos, con la particularidad de que las tendencias crecientes en la arquitectura se manifestaron con mayor intensidad en la década del 20.

El vanguardismo arquitectónico fue antecedido por un largo período en el que no dominaba un estilo único (a diferencia de como sucedió, por ejemplo, en el siglo XVIII y en la primera mitad del siglo XIX), sino que existía un complejo conglomerado de diferentes corrientes estilísticas, las cuales convivían o se reemplazaban unas a otras: el eclecticismo, el estilo neoruso, el modernismo y el neoclasicismo.

Hasta el siglo XIX, el desarrollo de la arquitectura mundial transcurría aisladamente, bajo las condiciones de cada país o región histórico-cultural. Las diferentes etapas estilísticas se sucedían respetando sus propias reglas internas, sin coincidir una etapa con otra ni en el tiempo, ni en las formas. Incluso a inicios del siglo XIX aún no existían condiciones objetivas para la formación de un estilo que se saliera de las fronteras culturales regionales formadas en el pasado y que tendieran a crecer hasta originar un sistema estilístico global. Estas condiciones objetivas comenzaron a surgir solamente en el siglo XIX, durante el proceso de formación del mercado mundial y de intensificación del diálogo cultural entre los diferentes pueblos y continentes.

Si valoramos desde este punto de vista el proceso de desarrollo de la arquitectura del siglo XIX, podemos ver en él una etapa importante y regular de transición de la época de estilos regionales al sistema estilístico global que se formaría en el siglo XX.

Analizando las construcciones y proyectos arquitectónicos de mediados del siglo XIX y principios del XX, es difícil descubrir regularidades comunes con los procesos de desarrollo de los estilos del pasado. Sin embargo, es muy probable que la transición del clasicismo al eclecticismo no sólo haya significado el paso de un estilo a otro e, incluso, de un grupo de estilos a otro, sino que haya sintetizado toda una época del desarrollo de la arquitectura mundial e iniciado una nueva época, con sus propias reglas estilísticas y otras leyes de desarrollo.

La fuerza desorganizada del eclecticismo arrancó a los arquitectos de mediados del siglo XIX de su medio habitual de formas y métodos compositivos del arte clásico, quebrantando el gusto de arquitectos, clientes y consumidores, y haciéndolos más susceptibles a la arquitectura de otras

Условия и особенности формирования советского архитектурного авангарда — Раздел 1

Condiciones y particularidades de la formación del vanguardismo arquitectónico soviético — Parte 1

нов, и резко расширила географию используемых архитектурных форм (формы Запада использовались в архитектуре Востока и наоборот), подготовив почву для появления глобальных архитектурных стилевых направлений.

Разрушив старые догмы, эклектика способствовала известной психологической раскованности творческих поисков архитекторов. Однако возведение в ранг профессионального мастерства умения приспосабливать композиционные приемы и формы почти любого стиля прошлого к функционально-конструктивной основе современного здания не могло не сказаться на самом профессиональном методе архитектора, особенно в художественных вопросах.

Формирование национальных особенностей архитектуры того или иного народа, а также развитие зональных (региональных) стилей было следствием сложных объективно-субъективных процессов развития архитектуры, отражением влияния комплекса различных факторов. Однако во второй половине XIX в. стиль и национальные особенности нередко стали пониматься не как *результаты* таких процессов, а как *цель*, которую может и должен ставить перед собой архитектор. Начались интенсивные поиски «нового стиля», попытки создания «национального стиля».

Делались эти попытки и в России. Сначала обратились к византийским истокам древнерусской архитектуры (К. Тон), затем стали осваивать наследие народного зодчества (И. Ропет) и архитектуры XVI–XVII вв., а в конце XIX в. начались национально-романтические поиски. Сквозь эклектику как бы прорывались, сменяя друг друга, различные «русские стили», представлявшие собой откровенную стилизацию на тему допетровской архитектуры.

Однако на рубеже веков стилевая ситуация в русской архитектуре еще больше осложнилась — появилась мода на заимствованный с Запада модерн. Молодежь с энтузиазмом встретила этот «новый стиль», видя в нем долгожданное освобождение от стилистической мешанины эклектики и от архаических «русских стилей». Происходила смена эстетических идеалов, радикальная стилистическая ломка.

Модерн оказал влияние на архитектуру и на предметно-художественную сферу творчества в целом. Однако в конкретной ситуации российской действительности модерн лишь очень короткое время просуществовал как чистое стилистическое направление в архитектуре и особенно в декоративно-прикладном искусстве. Он быстро стал использоваться в сочетании с различными «стилями», врастал в общий поток эклектики. Наметились и тенденции взаимопереплетения процессов формообразования в «неорусском стиле» и в «новом стиле» (модерне).

Модерн в целом внес новую стилистическую струю в архитектуру России рубежа веков. Однако те ожидания, которые были с ним связаны, судя по всему, не оправдались. Против модерна поднималась волна протеста в художественной среде Петербурга и Москвы. Зна-

---

regiones culturales; el eclecticismo amplió repentinamente la geografía de las formas arquitectónicas utilizadas (las formas de Occidente se utilizaban en la arquitectura de Oriente, y viceversa), preparando el terreno para el surgimiento de corrientes estilísticas globales de la arquitectura.

Al destruir las antiguas doctrinas, el eclecticismo contribuyó a la conocida libertad psicológica de los arquitectos en sus búsquedas artísticas. Sin embargo, el proceso de elevación a un nivel profesional de las habilidades de adaptar las formas y métodos compositivos de casi todos los estilos del pasado a la base funcional y estructural del edificio moderno, no pudo no repercutir en el método profesional mismo del arquitecto, sobre todo en las cuestiones artísticas.

La formación de las particularidades nacionales en la arquitectura de una u otra nación, así como el desarrollo de los estilos regionales, fue una consecuencia de los complejos procesos objetivos y subjetivos del desarrollo de la arquitectura, y constituyó el reflejo de la influencia de una serie de diversos factores. Mas en la segunda mitad del siglo XIX, el estilo y las particularidades nacionales comenzaron a interpretarse frecuentemente no como el resultado de esos procesos, sino como el objetivo que puede y debe plantearse ante sí cada arquitecto. Se iniciaron las búsquedas intensas de un «nuevo estilo» y se realizaron intentos de creación de un «estilo nacional».

Estos intentos también fueron hechos en Rusia. Al principio se recurrió a los orígenes bizantinos de la arquitectura de la Antigua Rusia (K. Ton), posteriormente se comenzó a asimilar la herencia de la arquitectura popular (I. Ropiet) y la arquitectura de los siglos XVI-XVII, y a finales del siglo XIX comenzaron las búsquedas romántico-nacionales. Era como si los «estilos rusos», los cuales constituían una estilización evidente de la arquitectura anterior a Pedro el Grande, se abrieran paso a través del eclecticismo, reemplazándose unos a otros.

Pero en el cambio de siglo la situación estilística en la arquitectura rusa se fue haciendo más compleja: se puso de moda la imitación del modernismo de Occidente. La juventud recibió con gran entusiasmo este «nuevo estilo», viendo en él la tan esperada liberación de la mescolanza del eclecticismo y de los «estilos rusos» arcaicos. Tenía lugar un cambio de los ideales estéticos, una transformación radical del estilo.

El modernismo influyó en la arquitectura y en la esfera del arte material como un todo. Sin embargo, en el caso concreto de la realidad rusa, el modernismo como corriente estilística pura vivió muy poco tiempo en la arquitectura, e incluso menos en el arte aplicado y de decoración. El modernismo rápidamente comenzó a combinarse con otros «estilos», hundiéndose en el torrente general del eclecticismo. También se perfilaron tendencias a un entrelazamiento de los procesos de creación de formas del «estilo neoruso» y del «nuevo estilo» (modernismo).

En general, el modernismo dio un nuevo impulso estilístico a la arquitectura de Rusia del período de cambio de siglo. Sin embargo, al parecer las expectativas con él relacionadas no fueron

| Раздел 1 | Условия и особенности формирования советского архитектурного авангарда |
| Parte 1 | Condiciones y particularidades de la formación del vanguardismo arquitectónico soviético |

менем в этой борьбе стал русский классицизм, долгие годы вообще остававшийся вне пределов привлекавшего внимание художественного наследия. У художников и архитекторов как бы неожиданно открылись глаза, и они увидели красоту ансамблей Петербурга и ампирных построек Москвы, третировавшихся до этого как «казарменная» архитектура. Во второй половине первого десятилетия XX в. неоклассицизм еще не освободился полностью от стилистического влияния модерна. Однако второе десятилетие принесло полную победу эстетики неоклассики.

Для понимания особенностей творческих процессов в советской архитектуре 20-х годов важен анализ проблемной ситуации непосредственно предшествующего 1917 г. этапа развития не только архитектуры, но и художественной культуры России в целом.

Во-первых, это неожиданно стремительный и весьма результативный рывок левых течений изобразительного искусства, беспредметные школы которого уже в предреволюционные годы вышли на уровень творческой разработки общих проблем стилеобразования, включавших в себя и вопросы формообразования предметного мира. Подобного выхода левых течений на общие проблемы стилеобразования на таком уровне и в таком масштабе, пожалуй, не было ни в какой другой стране.

Во-вторых, в эти годы именно в нашей стране чрезвычайной интенсивности достигли неоклассические поиски в архитектуре. Начатые в полемике с модерном как стилизация в духе русского классицизма, они в 1910-е годы вышли на очень высокий профессиональный уровень с оригинальными концепциями формообразования. Это было мощное творческое течение с подлинно классической закваской, с произведениями высокого художественного качества. Практически весь цвет российской архитектуры этого времени работал в неоклассике.

Обе линии формально-эстетических поисков (левые течения в изобразительном искусстве и неоклассика в архитектуре) развивались, преодолевая стилистику модерна и выходя на два крайних полюса формообразования — с одной стороны, к самым общим истокам художественной формы, а с другой — к наиболее разработанной классической ордерной системе.

Таким образом в предреволюционное десятилетие в России процессы формообразования в двух основных областях пространственных искусств шли как бы в противоположных направлениях — к максимально новому (в изобразительном искусстве) и к максимально проверенному традицией (в архитектуре). Оба эти направления в русской культуре достигли наиболее высокого художественного уровня в 1910-е – начале 1920-х годов. Более десяти лет они развивались параллельно, не мешая друг другу, не пересекаясь и почти не полеми-

---

satisfechas. Contra el modernismo se alzó una ola de protestas en el ámbito artístico de Petersburgo y Moscú. Esta lucha tomó como estandarte al clasicismo ruso, el cual durante muchos años estuvo totalmente al margen del patrimonio artístico de moda. Inesperadamente, los pintores y arquitectos abrieron los ojos y vieron la belleza del conjunto arquitectónico de Petersburgo y las obras estilo imperio de Moscú, hasta entonces consideradas despectivamente como arquitectura de «edificios tipo cuartel». Durante la segunda mitad de la primera década del siglo XX, el neoclasicismo aún no se había liberado en su totalidad de la influencia estilística del modernismo. Mas la segunda década trajo consigo la completa victoria de la estética de las obras del neoclasicismo.

Para la comprensión de las particularidades de los procesos artísticos en la arquitectura soviética de los años 20, es importante el análisis de la situación problemática de la etapa de desarrollo inmediatamente precedente al año 1917 tanto de la arquitectura como de la cultura artística de Rusia en general.

En primer lugar, tenemos el inesperado salto, precipitado y muy productivo, de las corrientes progresistas de las artes plásticas, cuyas escuelas abstractas alcanzaron en los años precedentes a la revolución el nivel necesario para el análisis artístico de los problemas generales de creación de nuevos estilos, llegando a abarcar incluso los problemas de creación de formas del mundo material. Probablemente, en ningún otro país del mundo las corrientes progresistas hayan abordado los problemas generales de creación de estilos a una escala y nivel semejantes.

En segundo lugar, precisamente durante estos años las búsquedas neoclásicas en la arquitectura alcanzaron en Rusia una intensidad extrema. Iniciadas en la polémica con el modernismo como una estilización a la manera del clasicismo ruso, estas búsquedas llegaron en el año 1910 a un nivel profesional muy alto, con concepciones originales en la creación de formas. Éste fue un fuerte movimiento artístico con una verdadera base clásica y obras de alta calidad artística. Prácticamente toda la élite de la arquitectura rusa de aquel tiempo trabajó en el neoclasicismo.

Ambas líneas de búsquedas estético-formales (las corrientes progresistas en las artes plásticas y el neoclasicismo en la arquitectura) se desarrollaron superando el estilo del modernismo y tendiendo a diferentes polos en cuanto a la creación de formas: por un lado, hacia los orígenes mismos de la forma artística, y por otro, hacia el más desarrollado sistema clásico de órdenes arquitectónicos.

Así pues, en la década que antecedió a la revolución rusa, las dos ramas fundamentales de las artes espaciales avanzaban en sentidos opuestos en lo referente a la creación de formas: una hacia lo más nuevo (en el caso de las artes plásticas) y la otra hacia lo comprobado por la tradición (en el caso de la arquitectura). Estas dos corrientes de la cultura rusa alcanzaron su mayor nivel artístico en los años 1910 y principios de los 20. Por más de diez años ellas se desarrollaron paralelamente, sin molestarse una a otra o cruzarse, y prácticamente sin polemizar. Ambas fueron

В. Шухов

V. Shújov

зируя. Оба накапливали художественные потенции, которые затем, соприкоснувшись в первой половине 20-х годов, дали мощные искры, которые, с одной стороны, как бы обуглили (и даже сожгли) многое в этих концепциях, а с другой — породили новые концепции формообразования, среди наиболее художественно значимых результатов которых был советский архитектурный авангард.

Новаторские архитектурные течения 20-х годов формировались, противопоставляя свои творческие концепции модерну и эклектике. Эстетически эти течения возникли не в ходе эволюции модерна, перерастающего в некую «рациональную архитектуру», а в борьбе с художественными принципами модерна, отрицая его эстетику.

Наряду со стилизаторскими постройками важным компонентом предметно-пространственной среды конца XIX – начала XX века были инженерные сооружения.

В предреволюционные годы в России возводились самые разнообразные инженерные металлические и железобетонные сооружения — мосты, эстакады, водонапорные башни, маяки, осветительные мачты, склады и т. д. Металлические решетчатые конструкции вторгались в интерьеры зданий, в застройку городов (меняя их привычный облик), вносили новый элемент в природные ландшафты.

Человек уже начинал привыкать к этим «странным» инженерным решетчатым формам, которые разительно отличались от всего того («весомого»), что использовалось в архитектуре прошлого. Новые формы становились частью окружающей человека предметной среды, они подспудно влияли и на формирование эстетических вкусов людей. Одними из первых обратили внимание на художественную выразительность новых решетчатых металлических конструкций художники.

Во многих случаях решетчатые инженерные конструкции включались в структуру сооружений, где основную образную роль брали на себя традиционные архитектурные формы (даже в таких сооружениях, как заводские цехи, железнодорожные депо, гаражи и др.). Однако в ряде типов инженерных сооружений решетчатые металлические конструкции не только играли основную роль, выступая, так сказать, в оголенном виде, но и вообще были лишены какого бы то ни было соседства традиционных архитектурных форм. Прежде всего речь идет о металлических мостах.

Особое место среди блестящей плеяды российских инженеров занимает В. Шухов. Его работа была более связана с архитектурой. Он создал большое количество оригинальных металлических конструкций, среди которых наибольший интерес представляют сетчатые структуры: гиперболоидные сетчатые башни, подвесные сетчатые покрытия и сводчатые сетчатые покрытия.

---

acumulando potencial artístico hasta que en la primera mitad de los años 20 entraron en contacto, provocando «chispas» que, por un lado, abrasaron —e, incluso, calcinaron— mucho en estas corrientes artísticas y, por otro, engendraron nuevas concepciones de creación de formas, cuyo resultado artístico más significativo es el vanguardismo arquitectónico soviético.

Las corrientes innovadoras en la arquitectura de los años 20 se formaron contraponiendo sus concepciones artísticas al modernismo y al eclecticismo. En el sentido estético, estas corrientes aparecieron no durante la evolución del modernismo, que se convirtió en una suerte de «arquitectura racional», sino en la lucha con los principios artísticos del modernismo, en la negación de su estética.

Junto con las construcciones estilísticas, las construcciones ingenieriles fueron una de las componentes importantes del medio material-espacial de finales del siglo XIX y principios del XX.

Durante los años que antecedieron a la revolución, en Rusia se realizaron las más diversas obras ingenieriles metálicas y de hormigón armado: puentes, viaductos, arcas de agua, faros, postes de iluminación, almacenes, etcétera. Las estructuras metálicas reticulares irrumpían en los interiores de los edificios, en la edificación de la ciudad, cambiando su imagen habitual e introduciendo un nuevo elemento en el paisaje natural.

La gente comenzó a acostumbrarse a esas «extrañas» formas reticulares de la ingeniería, que se diferenciaban notablemente de todo aquello («pesado») que se utilizaba en la arquitectura del pasado. Las nuevas formas se convirtieron en parte del medio material que rodeaba al hombre, influyendo imperceptiblemente también en la formación de sus gustos estéticos. Los pintores fueron unos de los primeros en prestar atención a la expresividad artística de las nuevas estructuras metálicas reticulares.

En muchos casos, las estructuras ingenieriles reticulares se introducían en la estructura de edificaciones donde el papel de forma fundamental era desempeñado por las formas arquitectónicas tradicionales (incluso en construcciones como talleres fabriles, depósitos ferroviarios, garages y otros). Sin embargo, en una serie de tipos de edificaciones ingenieriles, las estructuras metálicas reticulares no sólo jugaban el papel principal, actuando, como se dice, al desnudo, sino que fueron desposeídas de toda vecindad con formas arquitectónicas tradicionales. Nos referimos, en primer lugar, a los puentes metálicos.

Un lugar especial entre la pléyade de ingenieros rusos es ocupado por V. Shújov, cuyo trabajo estuvo más relacionado con la arquitectura. Él creó una gran cantidad de estructuras metálicas originales, de las cuales las más interesantes son las mallas estructurales: torres hiperbólicas de malla, cubiertas de malla voladizas y cubiertas de malla abovedadas.

El principio fundamental de las mallas estructurales de acero de Shújov se basa en su composición de barras, las cuales forman en su conjunto una malla espacial. La gran ventaja de las mallas estructurales de Shújov ante los demás tipos de estructura consistía en que las superficies

| Раздел 1 | Условия и особенности формирования советского архитектурного авангарда |
| Parte 1 | Condiciones y particularidades de la formación del vanguardismo arquitectónico soviético |

Основной принцип стальных сетчатых конструкций Шухова заключается в том, что они состоят из отдельных стержней, образующих пространственную сетку. Большим преимуществом шуховских сетчатых конструкций перед другими было то, что криволинейные поверхности башен и покрытий образовывались из прямолинейных стержней. Кроме того, эти конструкции были в среднем в два раза легче соответствующих конструкций других систем, что также является их важнейшим достоинством.

Наибольшую популярность получили гиперболоидные башни Шухова. Первой башней такого типа была построенная по его проекту в 1896 г. на Нижегородской Всероссийской промышленной выставке водонапорная башня высотой 32 м. Она стала одной из достопримечательностей выставки.

В начале XX в. водонапорные башни системы Шухова были построены во многих городах России, причем высота их колебалась от 9 до 40 м, а количество стержней от 25 до 80. Если учесть, что различны были и типы резервуара, то станет ясно, каким было разнообразие силуэтов башен.

Разработанная Шуховым конструкция гиперболоидной башни использовалась им при строительстве не только водонапорных башен. В 1910 году по его проекту сооружается Аджигольский маяк под Херсоном, высота сетчатой конструкции которого равна 68 м (60 стержней и 27 колец жесткости), в 1911 г. там же — малый Станиславский маяк общей высотой 28,5 м (48 стержней, 11 колец жесткости).

Жесткость гиперболоидным башням придают не только специальные кольца жестокости, но и пересечения стержней между собой. При увеличении высоты башни, чтобы сохранить ритм пересечений, приходится увеличивать количество стержней. Есть и другой выход — увеличивая высоту, ставить один гиперболоид на другой. Впервые эту идею Шухов реализовал в 1911 г. при строительстве двухъярусной водонапорной башни в Ярославле (общая высота 39,5 м).

В дальнейшем Шухов, стремясь выявить максимальные возможности разработанной им конструкции гиперболоидной сетчатой башни, не раз экспериментировал в создании многоярусной композиции. В 1919–1922 гг. по его проекту в Москве (на Шаболовке) была сооружена радиомачта в виде шестиярусной башни (Шедевры № 2)*.

Среди тех российских инженеров, которые внесли значительный вклад в освоение возможностей железобетона в строительстве, в развитие его теории и практики, можно назвать

---

* Далее ссылка на номер произведения, приведенного в разделе «Шедевры...» (Ш. №...), в разделе «Приложение...» — (П. №...).

---

curvilíneas de las torres y de las cubiertas se construían utilizando barras rectilíneas. Además, estas estructuras eran en término medio dos veces más livianas que las estructuras similares basadas en otros sistemas, lo cual era una cualidad muy importante.

Las torres hiperbólicas de Shújov fueron las que tuvieron mayor popularidad. La primera torre de ese tipo fue una arca de agua de 32 m de altura, construida según su proyecto en la Exposición Industrial de Rusia en Nizhni Nóvgorod en 1896. Esta torre se convirtió en uno de los objetos más llamativos de la exposición.

A principios del siglo XX, las arcas de agua basadas en este sistema se construyeron en muchas ciudades de Rusia, oscilando su altura entre 9 y 40 m, y el número de barras utilizadas, entre 25 y 80. Si tomamos en consideración la diversidad de tipos de arquetas, se hace evidente cuán variadas eran las siluetas de las torres.

Shújov utilizó su estructura de torres hiperbólicas no sólo en la construcción de arcas de agua. En el año 1910, según su proyecto se construye cerca de Jersón el faro Adzhigolski, una malla estructural de 68 m de altura (60 barras y 27 anillos rígidos); en el año 1911, allí mismo se construye el faro menor Stanislavski, de 28,5 m de altura total (48 barras y 11 anillos rígidos).

La rigidez de la torre hiperbólica se logra no sólo gracias a los anillos rígidos especiales, sino también a la propia intersección de las barras. Si se desea aumentar la altura de las torres, es necesario incrementar el número de barras para conservar el ritmo de las intersecciones. Pero existe otra solución: aumentar la altura colocando un hiperboloide sobre otro. Shújov hizo realidad esta idea por primera vez en 1911, durante la construcción de un arca de agua de dos niveles en la ciudad de Yaroslavl (la altura total del arca era de 39,5 m).

Posteriormente, Shújov, tratando de revelar al máximo las capacidades de su torre hiperbólica de malla, experimentó en más de una ocasión con composiciones multiniveles. Entre 1919 y 1922, según su proyecto se construyó en Shábolovka* (Moscú) una torre de radiocomunicación de seis niveles (obra maestra № 2)**.

Entre los ingenieros rusos que podemos destacar por su contribución en el proceso de asimilación de las cualidades del hormigón armado en la construcción, y en el desarrollo de su teoría y práctica, se pueden nombrar a A. Loleit, A. Velelubski, A. Kuznetsov, N. Lajtin y otros. Para nuestro tema, la obra de A. Loleit y de A. Kuznetsov es la de mayor interés, pues, en primer lugar,

---

* *N. del T.* En aquel entonces, Shábolovka era un poblado de las afueras de Moscú; hoy es un municipio de su parte central.
** En adelante, para referirnos a las «Obras maestras» escribiremos (O. M. №...) y para las obras del «Apéndice», (A. №...).

Условия и особенности формирования советского архитектурного авангарда
Condiciones y particularidades de la formación del vanguardismo arquitectónico soviético

И. Жолтовский

I. Zholtovski

Г. Мапу. Печать и эмблема Первой московской архитектурной мастерской. 1918 г.

G. Mapú. Sello y emblema del Primer Taller de Arquitectura de Moscú. 1918

такие имена, как А. Лолейт, А. Велелюбский, А. Кузнецов, Н. Лахтин и др. Для нашей темы наибольший интерес представляет творчество А. Лолейта и А. Кузнецова, так как, во-первых, их интересы оказались сосредоточенными на тех областях, которые были тесно связаны с формообразующими процессами, а, во-вторых, именно они тесно сотрудничали в 20-е годы с архитекторами.

А. Лолейт в 1905 г. теоретически разработал, а затем осуществил в натуре безбалочные железобетонные перекрытия, создал и первые в России пространственные железобетонные конструкции в виде сводов (оболочек) двоякой кривизны, на практике применил веерные своды.

В отличие от многих других инженеров Лолейт видел не только инженерно-конструктивные достоинства железобетона, но и его формообразующие архитектурно-композиционные возможности.

Еще в 1903 г. Лолейт писал, что «чрезвычайная пластичность железобетона дает полный простор фантазии художника, не стесняя его в создании самых причудливых форм»*.

Лолейт уже в начале XX в. сотрудничает с архитекторами и гражданскими инженерами при разработке проектов с использованием железобетонных конструкций. Особенно его привлекала работа с теми, кто сам увлеченно осмысливал конструктивные и формообразующие возможности железобетона. Таким был гражданский инженер А. Кузнецов.

В докладе «Архитектура и железобетон» на Пятом съезде русских зодчих в 1913 г. А. Кузнецов говорил: «В железобетоне мы имеем не только новый материал, но, что еще важнее — новые конструкции и новый метод проектирования зданий. Поэтому, пользуясь им, нужно отрешиться от старых традиций и заняться разрешением новых задач»**.

Именно такое отношение к железобетону прививал А. Кузнецов уже в первые годы советской власти своим ученикам по архитектурно-строительному факультету МВТУ, первые выпускники которого стали ядром советской промышленной архитектуры и в своем большинстве — сторонниками архитектурного конструктивизма.

Характерное для предреволюционных лет увлечение неоклассикой преемственно перешло и в послереволюционную архитектуру. В 1918–1919 гг. многие советские архитекторы вели поиски нового художественного образа, ориентируясь на использование возможностей классического ордера.

---

* Лолейт А. Ф. Система Монье. СПб., 1903. С. 3.
** Зодчий. 1915. № 19. С. 198.

---

ellos concentraron su atención en las ramas estrechamente vinculadas con los procesos de creación de formas y, en segundo lugar, fueron precisamente ellos quienes trabajaron en estrecha relación con los arquitectos en los años 20.

En 1905 A. Loleit desarrolló teóricamente y, más tarde, hizo realidad los entrepisos de hormigón armado sin vigas; además, fue el primero en crear en Rusia estructuras espaciales de hormigón armado en forma de bóvedas (cubiertas) de doble curvatura; utilizó en la práctica las bóvedas de abanico.

A diferencia de otros muchos ingenieros, Loleit veía no sólo las ventajas ingeniero-estructurales del hormigón armado, sino también sus posibilidades arquitectónico-compositivas en la creación de nuevas formas.

Loleit escribe en 1903 que «la extrema plasticidad del hormigón armado le brinda al artista plena libertad de fantasía, sin limitarlo en la creación de las formas más excéntricas»*.

Ya a principios del siglo XX Loleit trabaja con arquitectos e ingenieros civiles en la creación de proyectos a base de estructuras de hormigón armado. Especialmente se inclinaba a trabajar con quienes, entusiasmados, reflexionaban sobre las capacidades estructurales del hormigón armado y sus posibilidades en la creación de formas. Uno de ellos fue el ingeniero civil A. Kuznetsov.

En su informe «Arquitectura y hormigón armado» en el Quinto Congreso de Constructores Rusos de 1913, A. Kuznetsov dice: «En el hormigón armado descubrimos no solamente un nuevo material, sino algo aún más importante: nuevas estructuras y un nuevo método para la proyección de edificios. Por esto, al utilizarlo debemos renunciar a las tradiciones antiguas y dedicarnos a la resolución de los nuevos problemas.»**

Precisamente esta actitud ante el hormigón armado es la que A. Kuznetsov inculcó desde los primeros años del poder soviético a sus alumnos de la Facultad de Arquitectura y Construcción de la MVTU, cuyos primeros graduados se convirtieron en el núcleo de la arquitectura industrial soviética y, en su gran mayoría, en partidarios del constructivismo arquitectónico.

La afición al arte neoclásico, característica de los años que antecedieron a la revolución, fue heredada por la arquitectura posrevolucionaria. Entre 1918 y 1919 muchos arquitectos soviéticos se dedicaron a la búsqueda de una nueva imagen artística, orientándose a la utilización de las posibilidades del orden arquitectónico clásico.

La lucha que libraron los simpatizantes del neoclasicismo por limpiar la arquitectura de la influencia artística del modernismo, lucha que transcurrió sobre todo en la década anterior a la revolución, continuó por inercia durante los primeros años del poder soviético.

---

* Loleit A. F. El sistema de Monier. San Petersburgo, 1903. Pág. 3.
** El Arquitecto. 1915. № 19. Pág. 198.

Раздел 1 — Условия и особенности формирования советского архитектурного авангарда

Parte 1 — Condiciones y particularidades de la formación del vanguardismo arquitectónico soviético

Первая московская архитектурная мастерская (члены, консультанты, гости). 1919 г. Слева направо: вверху — Н. Колли; стоят — С. Чернышев, К. Мельников, И. Голосов, Б. Сакулин, неизвестный, С. Лавров, Н. Морозов, П. Голосов, Н. Ладовский, Н. Докучаев, А. Рухлядев, М. Крюков, П. Сурженков, С. Домбровский, И. Ефимов; сидят — Т. Колли, И. Жолтовский, М. Маркузе, Э. Альтгаузен, А. Сидоров, А. Щусев, К. Данилова, Э. Норверт, Н. Симонович-Ефимова

Primer Taller de Arquitectura de Moscú (miembros, consultantes, invitados). 1919. De izquierda a derecha, arriba: N. Koli; de pie: S. Chernyshov, K. Miélnikov, I. Gólosov, B. Sakulin, desconocido, S. Lavrov, N. Morózov, P. Gólosov, N. Ladovski, N. Dokucháyev, A. Rújliadiev, M. Kriúkov, P. Surzhenkov, S. Dombrovski, I. Yefímov; sentados: T. Koli, I. Zholtovski, M. Markuzie, E. Altgauzen, A. Sídorov, A. Schúsiev, K. Danílova, E. Nórvert, N. Simonóvich-Yefímova

Борьба сторонников неоклассики за очищение архитектуры от художественного влияния модерна, в основном протекавшая в предреволюционное десятилетие, продолжалась по инерции и в первые годы советской власти.

Первая задача, которую ставили перед собой неоклассики, — предотвратить влияние модерна на формирование художественных принципов советской архитектуры — была успешно решена. Влияние модерна, значительно ослабленное еще до революции, в первые годы советской власти практически уже не ощущалось в творческих поисках архитекторов.

Была успешно решена и вторая задача, которую ставили перед собой неоклассики: они внесли значительный вклад в воспитание у талантливой молодежи уважения к художественным проблемам архитектура, привили ей вкус к вопросам формообразования.

В решение этих задач внесли свой вклад многие опытные архитекторы, однако наибольшую роль сыграли И. Жолтовский — в Москве и И. Фомин — в Петрограде.

Большой знаток архитектуры итальянского Ренессанса и убежденный неоклассик И. Жолтовский в первые послереволюционные годы играл активную роль в архитектурной жизни. Он возглавлял Архитектурно-художественный отдел (и созданную при нем архитектурную мастерскую) Наркомпроса, архитектурную мастерскую Моссовета, академические мастерские ВХУТЕМАСа, архитектурную секцию РАХН (Российской Академии художественных наук), был главным архитектором Главкомгосоора (Главного комитета государственных сооружений).

La primera tarea que se trazaron los neoclásicos —evitar la influencia del modernismo en la formación de los principios artísticos de la arquitectura soviética— fue resuelta exitosamente. El predominio del modernismo, notablemente aminorado ya antes de la revolución, prácticamente dejó de sentirse en las búsquedas artísticas de los arquitectos durante los primeros años del poder soviético.

La segunda tarea planteada por los neoclásicos también fue resuelta exitosamente: ellos contribuyeron enormemente a despertar en los jóvenes talentos el respeto a los problemas artísticos de la arquitectura, les inculcaron la afición a los problemas relacionados con la creación de formas.

Muchos arquitectos experimentados contribuyeron a la resolución de estos problemas, pero el papel más importante fue desempeñado por I. Zholtovski en Moscú e I. Fomín en Petrogrado.

Gran conocedor de la arquitectura del Renacimiento italiano y neoclásico convencido, I. Zholtovski jugó un papel muy activo en la vida de la arquitectura durante los primeros años posrevolucionarios. Encabezó la Sección de Arquitectura y Pintura (y el taller de arquitectura anexo a éste) del Narkomprós (*Comisariado del Pueblo* para la Educación*), el taller de arquitectura del Mossoviet (*Sóviet de Moscú*), los talleres académicos del VJUTEMAS, la Sección de Arquitectura de la RAJN (*Academia de Artes de Rusia*), fue el arquitecto jefe del Glavkomgosoor (*Comité Superior de Edificaciones Estatales*).

---

* *N. del T.* Los comisariados del pueblo (*narkomat*) eran los órganos soviéticos de administración central en los años 1917–1946, y equivalían a un ministerio moderno.

Условия и особенности формирования советского архитектурного авангарда — Раздел 1

Condiciones y particularidades de la formación del vanguardismo arquitectónico soviético — Parte 1

Творческие принципы Жолтовского представляли собой стройную систему теоретических воззрений и художественно-композиционных приемов, четко и ясно определявших эстетические симпатии и антипатии мастера. Жолтовский был удивительно последовательным в проведении своего творческого кредо, что, безусловно, было одной из наиболее притягательных сторон его творчества. Прирожденный педагог, он с большой убежденностью излагал свои творческие принципы, иллюстрируя их примерами из истории мировой (в том числе и русской) архитектуры. При этом он предпочитал не лекции и доклады, а беседы с участием небольшого круга молодых архитекторов или студентов. Форма бесед широко использовалась Жолтовским для пропаганды своих творческих принципов в первые годы развития советской архитектуры, когда особенно обострилось внимание к теоретическим проблемам. Такие «беседы», как правило, составляли взаимосвязанный цикл, в ходе которого Жолтовский излагал систему своих творческих взглядов. Стройность системы, убежденность мастера, его большая эрудиция и непринужденная форма бесед производили большое впечатление на слушателей. В 1918–1922 гг. через циклы бесед Жолтовского в Училище живописи, ваяния и зодчества (затем в Свободных художественных мастерских и во ВХУТЕМАСе) и в руководимых им мастерских Моссовета и Наркомпроса прошла большая группа талантливых зодчих — Н. Ладовский, К. Мельников, Н. Докучаев, С. Чернышев, И. и П. Голосовы, Э. Норверт, Н. Колли, В. Кокорин, Г. Гольц, М. Парусников, В. Фидман, А. Рухлядев и др.

В своих беседах Жолтовский раскрывал перед слушателями глубины художественного мастерства зодчих, как бы проникая под внешнюю оболочку стилизации и эклектики. Используя прежде всего свое блестящее знание ренессанса, он говорил о композиции, пропорциях, культуре деталей. Многие участники бесед с помощью Жолтовского впервые прикоснулись к архитектуре как к большому искусству, поняв и прочувствовав его отличие от эклектики и ремесленной стилизации, навыки которой они получили в годы учебы.

Обе архитектурные мастерские, которые возглавлял Жолтовский, были важнейшими творческими центрами в архитектурной жизни Москвы. В них под общим художественным руководством И. Жолтовского работала большая группа молодых архитекторов — Н. Ладовский, Н. Докучаев, А. Рухлядев, А. Ефимов, Г. Мапу, В. Кринский, В. Фидман, И. и П. Голосовы, К. Мельников, Н. Колли, Н. Исцеленов, С. Домбровский и др.

Архитектурная мастерская Моссовета (Первая московская архитектурная мастерская) была создана в начале 1918 г. как «трудовая артель».

Объединившиеся в этой «трудовой артели» молодые архитекторы с большим энтузиазмом приступили к работе. Особенно много давало им тесное общение с И. Жолтовским, ко-

---

Los principios artísticos de Zholtovski constituían un sistema fino de concepciones teóricas y métodos compositivos, que de una manera clara y concisa definían las simpatías y antipatías estéticas del maestro. Zholtovski era extraordinariamente consecutivo en la realización de su credo artístico, lo que indudablemente fue uno de los aspectos más atractivos de su obra. Pedagogo innato, exponía con gran seguridad sus principios artísticos, ilustrándolos con ejemplos tomados de la historia de la arquitectura universal (incluyendo la arquitectura rusa). Además, en lugar de conferencias y discursos, él prefería charlas con la participación de pequeños grupos de jóvenes arquitectos o estudiantes. Zholtovski utilizó ampliamente las charlas para difundir sus principios artísticos durante los primeros años de desarrollo de la arquitectura soviética, período en el que se agudizó especialmente el interés por los problemas teóricos. Por lo general, estas «charlas» constituían todo un ciclo, en el que Zholtovski exponía su sistema de ideas artísticas. La armonía del sistema, el firme convencimiento del maestro, su gran erudición y la forma desenvuelta de las charlas impresionaba fuertemente a los oyentes. Desde 1918 hasta 1922, los ciclos de charlas de Zholtovski en la Escuela de Pintura, Escultura y Arquitectura (y posteriormente en los Talleres Artísticos Libres y en el VJUTEMAS) y en los talleres —por él dirigidos— del Mossoviet y del Narkomprós, fueron escuchados por un grupo muy grande de arquitectos talentosos, tales como N. Ladovski, K. Miélnikov, N. Dokucháyev, S. Chernyshov, I. Gólosov, P. Gólosov, E. Nórvert, N. Koli, V. Kokorin, G. Golts, M. Párusnikov, V. Fidman, A. Rújliadiev, etcétera.

En sus charlas, Zholtovski descubría ante los oyentes la profundidad de la maestría artística de los arquitectos, como traspasando la envoltura de la estilización y del eclecticismo. Utilizando ante todo su brillante conocimiento del Renacimiento, él hablaba sobre la composición, las proporciones y la cultura de los detalles. Gracias a Zholtovski, muchos participantes de las charlas vieron por primera vez a la arquitectura como a un arte mayor, comprendiendo y sintiendo su diferencia con el eclecticismo y la estilización artesanal, cuyas habilidades ya habían recibido durante su etapa de aprendizaje.

Los dos talleres de formación arquitectónica que dirigió Zholtovski fueron los centros artísticos más importantes de la vida arquitectónica de Moscú. Bajo la dirección de Zholtovski, en ellos trabajó un numeroso grupo de jóvenes arquitectos: N. Ladovski, N. Dokucháyev, A. Rújliadiev, A. Yefímov, G. Mapú, V. Krinski, V. Fidman, P. Gólosov, I. Gólosov, K. Miélnikov, N. Koli, N. Istseliénov y S. Dombrovski, entre otros.

El taller de arquitectura del Mossoviet (Primer Taller de Arquitectura de Moscú) fue creado a principios de 1918 como una «asociación de trabajo».

Los jóvenes arquitectos que se unieron a esta «cooperativa» comenzaron a trabajar con mucho entusiasmo. Especialmente provechosa era la comunicación estrecha con I. Zholtovski, quien

торый в первый год работы мастерской проводил с ее мастерами коллективные беседы, излагая свои взгляды на художественные проблемы формообразования.

Первый год работы Первой московской архитектурной мастерской прошел в атмосфере общего энтузиазма и сплоченности. Однако уже в начале 1919 г. появились симптомы недовольства со стороны мастеров как творческой направленностью работы, так и взаимоотношением мастеров и руководителей мастерской.

Творческую оппозицию против Жолтовского в коллективе мастерской возглавил Н. Ладовский, который уже к 1919 г. приходит к мысли о необходимости консолидации архитекторов, ищущих новые пути развития архитектуры. Он понимал, что в рамках архитектурных мастерских, возглавлявшихся Жолтовским, сделать это невозможно.

В мастерской Наркомпроса, так же, как и в Первой московской архитектурной мастерской, среди молодых архитекторов назревало недовольство монополией возглавлявшейся Жолтовским неоклассики. Ситуация была такой, что вести поиски новой архитектуры молодые архитекторы предпочли вне сферы архитектуры, под покровительством сторонников левых течений изобразительного искусства. Первое творческое объединение архитекторов-новаторов (Живскульптарх) было создано при скульптурном подотделе (затем при подотделе художественного труда) отдела ИЗО Наркомпроса.

Важной особенностью развития советской архитектуры в первые послереволюционные годы было то, что новые конструкции и материалы оказали влияние на художественные поиски архитекторов не столько через «рациональную архитектуру», сколько через творчество тех художников, которые увидели в новых конструкциях и материалах, в простых, лишенных декора геометрических формах большие эстетические возможности и основу формирования нового стиля.

Уже в самые первые годы советской власти, когда в борьбе со стилизацией, эклектикой и модерном зарождалось новое творческое направление, его формирование проходило в тесном взаимодействии архитекторов с деятелями левых течений изобразительного искусства, возникших в России еще до Первой мировой войны как оппозиция официальному академическому искусству.

---

el primer año de trabajo del taller realizó charlas colectivas con los maestros, exponiendo su visión sobre los problemas de la creación de nuevas formas.

El primer año de trabajo del Primer Taller de Arquitectura de Moscú se desarrolló en un ambiente de entusiasmo general y cohesión. Sin embargo, a principios de 1919 los maestros comenzaron a mostrar síntomas de descontento tanto por la orientación artística que tomó el trabajo como por la relación entre los maestros y dirigentes del taller.

En el colectivo del taller, la oposición a Zholtovski fue encabezada por N. Ladovski, el cual llega en 1919 a la conclusión de que se necesita consolidar a los arquitectos que buscan nuevas vías de desarrollo de la arquitectura. Ladovski tenía claro que esto era imposible de realizar en el marco de los talleres de arquitectura dirigidos por Zholtovski.

En el taller del Narkomprós, al igual que en el Primer Taller de Arquitectura de Moscú, entre los jóvenes arquitectos maduraba un descontento ante el monopolio del neoclasicismo encabezado por Zholtovski. La situación llegó a tal extremo que los jóvenes arquitectos prefirieron realizar las búsquedas de la nueva arquitectura fuera de la esfera de la propia arquitectura, bajo el respaldo de los partidarios de las corrientes progresistas de las artes plásticas. La primera unión artística de arquitectos-innovadores (Zhivskulptarj) fue creada en la Subsección de Escultura (posteriormente, en la Subsección de Trabajo Artístico) de la Sección de Artes Plásticas del Narkomat para la Educación.

Una particularidad importante del desarrollo de la arquitectura soviética durante los primeros años posrevolucionarios fue el hecho de que las nuevas estructuras y materiales influyeron en las búsquedas artísticas de los arquitectos no tanto mediante la «arquitectura racional» como mediante las obras de aquellos artistas que vieron en las nuevas estructuras y materiales, en las formas geométricas simples desprovistas de decoración, grandes posibilidades estéticas y la base de la formación del nuevo estilo.

Desde los primeros años del poder soviético, la nueva corriente artística —nacida como resultado de la lucha contra la estilización, el eclecticismo y el modernismo— se fue formando en condiciones de estrecha relación de los arquitectos con los representantes de las corrientes progresistas de las artes plásticas, corrientes surgidas en Rusia antes de la Primera Guerra Mundial como oposición al arte académico oficial.

2. Две концепции стилеобразования в левом искусстве: конструктивизм (В. Татлин) и супрематизм (К. Малевич)

Dos concepciones de creación de estilos en el arte progresista: el constructivismo (Tatlin) y el suprematismo (Maliévich)

В левой живописи начала XX в. можно выделить два главных направления формально-эстетических поисков: одно шло от Матисса, другое — от Сезанна и кубизма. На этапе отказа от фигуративных композиций более резко обозначались расхождения исходных творческих принципов этих направлений.

Ярким представителем первого направления в России был В. Кандинский, который ориентировался на выявление средствами искусства эмоционального состояния человека и выяснение роли подсознания в творческом процессе.

Сторонники второго направления искали новые средства выразительности не в эмоциональных переживаниях человека, а в реальной действительности, не в особенностях субъективного мира человека, а в объективном мире. Они пытались в самой жизни найти новые формы и средства выразительности. Опираясь на достижения кубизма, сторонники этого направления вели свои формально-эстетические поиски на различных путях. Здесь выявились два основных полемически отрицавших друг друга подхода, оба из которых оказали большое влияние на архитектуру и дизайн XX в. Одна линия поисков была связана с супрематизмом К. Малевича, другая — с экспериментами В. Татлина.

Для истории советской архитектуры представляют особый интерес как процессы зарождения в недрах изобразительного искусства общестилевых концепций формообразования, так и механизм передачи эстафеты от левого искусства архитектуре на рубеже 1910–1920-х годов. Для этих лет характерно резкое усиление процесса взаимодействия искусств, что выразилось, в частности, в создании творческих группировок и организаций, где тесно сотрудничали между собой архитекторы, художники и скульпторы. Кроме того, эпоха формирования нового стиля в масштабах всего искусства предъявила спрос на мастеров особого ренессансного типа, успешно работавших сразу в нескольких видах пространственных искусств. Эти художники сыграли большую роль как в формировании общих стилеобразующих концепций в недрах левого изобразительного искусства, так и на этапе передачи эстафеты архитектуре. В первую очередь следует назвать таких художников, архитекторов и скульпторов, как К. Малевич, В. Татлин, Л. Лисицкий, А. Веснин, А. Родченко, А. Экстер, Л. Попова, В. Стенберг, Г. Стенберг, К. Медунецкий, Г. Клуцис, В. Степанова, Н. Габо, А. Лавинский и некоторые другие.

En la pintura progresista de inicios del siglo XX se pueden distinguir dos tendencias principales en las búsquedas estético-formales: una de ellas proviene de Matisse y la otra de Cézanne y el cubismo. En la etapa de negación de las composiciones figurativas, la diferencia entre los principios artísticos básicos de estas corrientes se tornó más aguda.

V. Kandinski, brillante representante en Rusia de la primera corriente citada, se orientó al descubrimiento del estado emocional de la persona a través de los medios del arte y a la aclaración del papel del subconsciente en el proceso artístico.

Los partidarios de la segunda corriente buscaban nuevos medios de expresión no en las emociones del hombre, sino en la realidad, no en las particularidades del mundo subjetivo del hombre, sino en el mundo objetivo; trataban de encontrar en la vida misma nuevas formas y medios de expresión. Apoyándose en los éxitos del cubismo, los simpatizantes de esta corriente realizaban sus búsquedas estético-formales por diferentes caminos. Así surgieron dos métodos principales, que se excluían mutuamente, pero que influyeron notablemente en la arquitectura y el diseño del siglo XX. Una de las líneas de búsquedas estuvo vinculada con el suprematismo de K. Maliévich, y la otra, con los experimentos de V. Tatlin.

Para la historia de la arquitectura soviética representan especial interés tanto los procesos que engendraron en las entrañas de las artes plásticas las concepciones estilísticas generales de creación de nuevas formas como el mecanismo de entrega de la estafeta del arte progresista a la arquitectura en el tránsito de los años 1910 a los 1920. Este período se caracteriza por una brusca intensificación de la interacción de las artes, lo cual se expresó particularmente en la formación de organizaciones y grupos artísticos donde arquitectos, pintores y escultores trabajaban estrechamente. Además, la época de formación del nuevo estilo a escalas del arte como un todo exigía maestros renacentistas extraordinarios que pudieran trabajar exitosa y simultáneamente en varias ramas de las artes espaciales. Estos artistas jugaron un papel importante tanto en la formación de las concepciones generales de creación de estilos en el seno de las artes plásticas progresistas como en la etapa de entrega de la estafeta a la arquitectura. En primer lugar debemos mencionar a pintores, arquitectos y escultores como K. Maliévich, V. Tatlin, L. Lisitski, A. Vesnín, A. Ródchenko, A. Éxter, L. Popova, V. Sténberg, G. Sténberg, K. Medunietski, G. Klutsis, V. Stepánova, N. Gabo, A. Lavinski y otros.

Раздел 1 — Две концепции стилеобразования в левом искусстве: конструктивизм (В. Татлин) и супрематизм (К. Малевич)

Parte 1 — Dos concepciones de creación de estilos en el arte progresista: el constructivismo (Tatlin) y el suprematismo (Maliévich)

Наибольшую роль сыграли две стилеобразующие концепции — конструктивизм и супрематизм (московская и витебская школы) — зародившиеся в левом изобразительном искусстве и повлиявшие затем на новаторские течения в советской архитектуре.

Концепции формообразования художников-конструктивистов, на которых большое влияние оказали работы В. Татлина, складывались в самом начале 20-х годов, когда на этапе «от изображения — к конструкции» велись интенсивные эксперименты с пространственными конструкциями (А. Родченко, К. Иогансон, В. Стенберг, Г. Стенберг, К. Медунецкий, Г. Клуцис, Л. Попова и др.).

Этой концепции формообразования во многом противостояла другая — супрематизм. В начале 20-х годов эти две основные творческие концепции, полемизировавшие между собой, рассматривались как взаимоисключающие. Сейчас, с исторической дистанции, мы видим, что эти концепции формообразования дополняли одна другую в общих стилеобразующих процессах.

Важная особенность стилеобразующих концепций супрематизма и конструктивизма состоит в том, что, хотя они и возникли в недрах живописи, на стадии выработки своего стилеобразующего ядра они ушли, что называется, на равно удаленное расстояние от конкретных видов художественного творчества. Можно сказать и так: они до тех пор освобождались от конкретно зримых признаков данного вида творчества (живописи), пока в их стилеобразующем ядре не остались лишь такие элементы и закономерности их сочетания, которые лежали как бы на уровне праязыка пространственных видов искусства.

Предельное абстрагирование этих стилеобразующих концепций было их сильной стороной, ставило их над стилеобразующими концепциями в конкретных видах творчества. Они как стилеобразующие концепции на стадии формирования стилевого направления XX в. имели всеобщее значение.

Общность этих концепций формообразования состояла в том, что они были ориентированы на самые фундаментальные стилеобразующие уровни, вынесенные, так сказать, за скобки художественно-композиционных систем конкретных видов искусства. Но на этом их сходство кончалось.

Говоря об их различиях, прежде всего следует отметить, что несмотря на резко полемические взаимооценки эти концепции формообразования ни в коем случае не были взаимозаменяемыми, так как в общем процессе стилеобразования они имели отношение к различным сферам, соприкасающимся и даже переплетающимся, но все же различным. Борьба шла не столько за признание той или иной концепции единственной, сколько за то, что на этом этапе считать основой стилеобразующего процесса — организацию структуры или ху-

El papel más importante fue desempeñado por dos concepciones de creación de estilos: el constructivismo y el suprematismo —las escuelas de Moscú y Vítebsk—, las cuales nacieron en el seno de las artes plásticas progresistas y, posteriormente, influyeron en las corrientes innovadoras de la arquitectura soviética.

Las concepciones de creación de formas de los pintores constructivistas, sobre quienes influyeron notablemente los trabajos de V. Tatlin, se desarrollaron al inicio de los años 20, cuando en la etapa transitoria «de la imagen a la estructura» se realizaban intensos experimentos con estructuras espaciales (A. Ródchenko, K. Iogansón, V. Sténberg, G. Sténberg, K. Medunietski, G. Klutsis, L. Popova y otros).

A esta concepción de creación de formas se le oponía sensiblemente otra concepción: el suprematismo. A principios de los años 20 se consideraba que estas dos concepciones artísticas polémicas se excluían mutuamente. Ahora, cuando esta etapa ya es parte de la historia, comprendemos que estas concepciones se complementaban en los procesos generales de creación de estilos.

Una particularidad importante de las concepciones de creación de estilos del suprematismo y el constructivismo consiste en que, a pesar de haber surgido en el seno de la pintura, en la etapa de formación de su núcleo de creación de estilos ambas se alejaron en igual medida de las ramas artísticas concretas. En otras palabras: estos estilos se iban liberando de los indicios visibles y concretos de la rama artística dada (la pintura) hasta que en su núcleo de creación de estilos no quedaban más que los elementos y las leyes de su combinación que se encontraban al nivel de la lengua madre de las artes espaciales.

El lado fuerte de estas concepciones de creación de estilos era la abstracción máxima, la cual las elevó muy por encima de las concepciones de creación de estilos en las ramas concretas del arte. Como concepciones de creación de estilos en la etapa de formación de la corriente estilística del siglo XX, ellas tuvieron un significado universal.

La universalidad de estas concepciones de creación de formas consistía en su orientación hacia los niveles fundamentales de creación de estilos, es decir, fuera de los marcos de los sistemas compositivos de las ramas concretas del arte. Pero aquí termina la similitud entre estas concepciones.

Al hablar de sus diferencias, primeramente es necesario señalar que, a pesar de las fuertes críticas que se hacían, ninguna de estas concepciones de creación de formas podía sustituir a la otra, pues en el proceso general de creación de estilos ellas estaban relacionadas con diferentes esferas artísticas, que a pesar de tener puntos en común e, incluso, entrelazarse, continuaban siendo diferentes. La lucha no tenía por objetivo fundamental el reconocimiento de una concepción como única, sino determinar qué se debía considerar en esta etapa como la base del proceso de

дожественную систему. Практически же стилеобразующий процесс с такой радикальной перестройкой формообразования требовал интенсивной разработки всего спектра стилеобразующих факторов, в том числе структуры и художественной системы.

Всеобщность этих концепций, т. е. «незаземленность» их в конкретном виде творчества требовала и специфических организационных условий их формирования — взаимодействие как художников различной специализации, так и теоретиков и практиков. В развитии рассматриваемых стилеобразующих концепций в начале 20-х годов значительную роль сыграли такие комплексные организации, как московский ИНХУК (конструктивизм) и витебский УНОВИС (супрематизм).

Малевич и Татлин занимались формально-эстетическими поисками на стыке живописи и архитектуры, но Малевича интересовали прежде всего художественные возможности простой геометрической формы и сложных объемно-пространственных композиций, а Татлин искал эстетическую выразительность в фактуре материала, в контрастном сочетании различных материалов, в новых конструктивных формах. То есть в конечном счете оба они занимались художественными проблемами формообразования, только Малевич ставил перед собой задачу стилевого преобразования окружающего человека предметного мира, а Татлин стремился эстетически выявить внутреннюю сущность предмета, которую он видел в материальности простой формы.

Малевич своими супрематическими композициями начиная с 1913 г. стремился «освободить» живопись от всего того, что мешает непосредственному воздействию цвета на глаз. Считая, что цвет и форма связаны друг с другом, он заключает цветовые пятна в простые, ясные геометрические фигуры, расположенные на белой плоскости. Геометрические формы на плоскости картины как бы плавают в бесконечном пространстве; создается динамическое напряжение с помощью соотношений плоскости и цвета.

Дальнейшее развитие супрематизма в творчестве Малевича (уже после Октябрьской революции) привело к усилению роли геометрических плоскостей в общей композиции картины; цвет отходит на второй план. Появляются бесцветные динамические супрематические композиции, где геометрические фигуры являются основой пространственного построения. На этой стадии развития супрематизм во многом потерял связь с живописью (отход от цвета, черно-белые планиметрические фигуры). Следующий шаг вел к формированию объемов, к стереометрическим композициям, которые «выводили» супрематизм в архитектуру. В объемном супрематизме вступали в силу новые архитектонические закономерности формально-эстетических поисков.

---

creación de estilos: la organización de la estructura o el sistema artístico. Prácticamente, el proceso de creación de estilos con semejante reconstrucción radical de la creación de formas exigía un estudio intenso de todo el espectro de factores de creación de estilos, incluyendo la estructura y el sistema artístico.

La universalidad de estas concepciones, es decir, el hecho de no estar orientadas a una rama artística concreta, exigía condiciones organizativas específicas de su formación: la acción conjunta de artistas de diferentes especialidades, tanto teóricos como prácticos. A inicios de los años 20, en el desarrollo de estas concepciones de creación de estilos comenzaron a jugar un papel importante tales organizaciones como el INJUK (*Instituto de Cultura Artística*) de Moscú (constructivismo) y el grupo UNOVIS (*Instauradores del Nuevo Arte*) de Vítebsk (suprematismo).

Maliévich y Tatlin se dedicaron a las búsquedas estético-formales a caballo entre la pintura y la arquitectura, pero a Maliévich le interesaban sobre todo las posibilidades artísticas de la forma geométrica simple y de las composiciones volumétrico-espaciales complejas, mientras que Tatlin buscaba expresividad estética en la textura del material, en el contraste de los diferentes materiales, en las nuevas formas estructurales. En resumidas cuentas, ambos se dedicaron a problemas artísticos de creación de formas, sólo que Maliévich se planteó como tarea la transformación estilística del mundo material que rodea al hombre, mientras que Tatlin se dedicó a descubrir la esencia interior de las cosas, esencia que él veía en la materialidad de la forma simple.

Desde 1913, Maliévich con sus composiciones suprematistas intenta «liberar» a la pintura de todo aquello que impide la acción directa del color sobre la vista. Considerando que el color y la forma están relacionados, él encierra manchas de colores en figuras geométricas simples dispuestas sobre un plano blanco; es como si las formas geométricas en el plano del cuadro flotaran en un espacio infinito; se logra una tensión dinámica mediante la relación entre el plano y el color.

El desarrollo posterior del suprematismo en las obras de Maliévich (después de la Revolución de Octubre) condujo a la intensificación del rol de los planos geométricos en la composición general del cuadro: el color es desplazado a un segundo plano. Aparecen composiciones dinámicas suprematistas sin color, donde las figuras geométricas son la base de la construcción espacial. En este estadio de desarrollo, el suprematismo perdió mucho contacto con la pintura (rechazo paulatino del color, figuras planimétricas en blanco y negro). El siguiente paso conducía a la formación de volúmenes, a las composiciones estereométricas, que «introducían» al suprematismo en la arquitectura. En el suprematismo volumétrico eran otras las leyes arquitectónicas de las búsquedas estético-formales.

De todas maneras, el módulo estilístico del suprematismo es el plano geométrico en el espacio (real o ilusorio). Esto determinó tanto la influencia del suprematismo en el estilo del mundo

Раздел 1 — Две концепции стилеобразования в левом искусстве: конструктивизм (В. Татлин) и супрематизм (К. Малевич)

Parte 1 — Dos concepciones de creación de estilos en el arte progresista: el constructivismo (Tatlin) y el suprematismo (Maliévich)

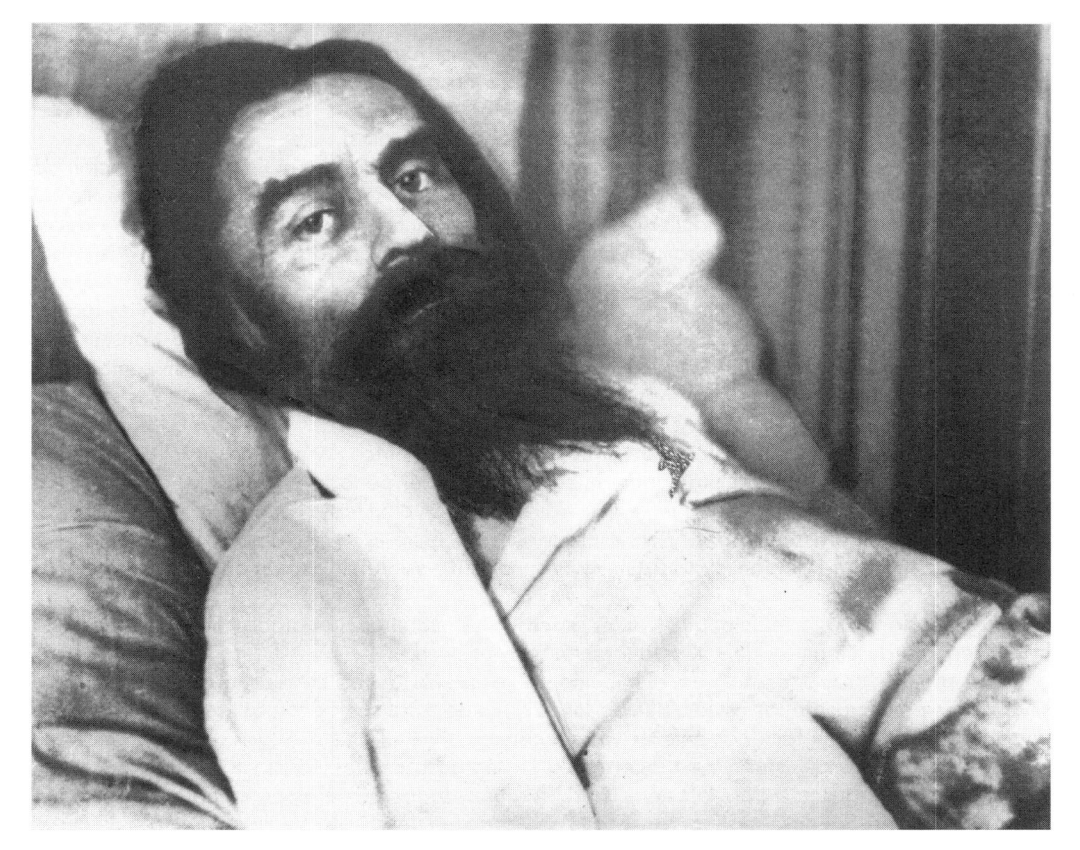

К. Малевич с группой сотрудников ГИНХУКа в Ленинграде. Слева направо: стоят — К. Малевич, В. Ермолаева, К. Рождественский; сидят — А. Ленорская, неизвестный, Л. Юдин

K. Maliévich con un grupo de trabajadores del INJUK en Leningrado. De izquierda a derecha, de pie: K. Maliévich, V. Yermoláyeva, K. Rozhdiéstvenski; sentados: A. Lenórskaya, desconocido, L. Yudin.

К. Малевич

K. Maliévich

Две концепции стилеобразования в левом искусстве: конструктивизм (В. Татлин) и супрематизм (К. Малевич)

Dos concepciones de creación de estilos en el arte progresista: el constructivismo (Tatlin) y el suprematismo (Maliévich)

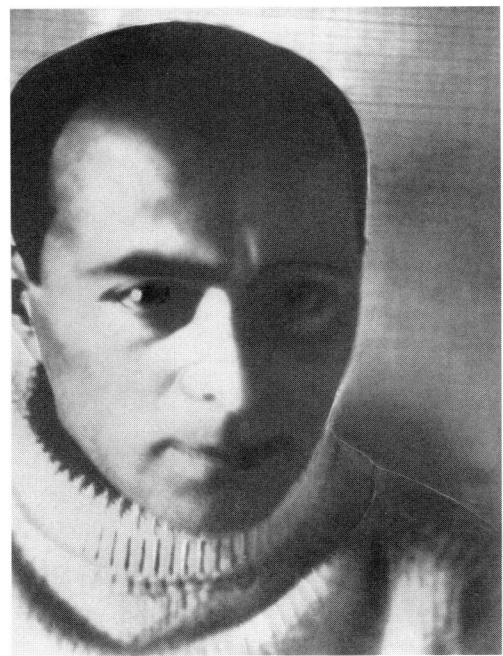

Л. Лисицкий

L. Lisitski

И все же стилевым модулем супрематизма является геометрическая плоскость в пространстве (иллюзорном или реальном). Это определило как влияние супрематизма на стилистику предметного мира, так и сложности его выхода в объемную структуру вещи.

Супрематизм начал свой выход из живописи в предметный мир, не превращаясь из плоскостного в объемный, а разрывая рамки картины. Супрематические элементы выходили из картины в предметный мир не в реальное пространство (вернее, не обязательно в реальное), а в иллюзорное, которым могла стать поверхность любых предметов.

Образно говоря, плоскостные супрематические элементы как бы вылетали из картины и приклеивались к любой поверхности (стене дома, плакату, вазе, трамваю и т. д.), создавая феерию простых ярких декоративных элементов, стилистически объединяющих все, что было ими «украшено».

Малевич в свою концепцию супрематического преобразования мира, разумеется, включал архитектуру и предметный мир. Но исторически получилось так, что супрематизм на уровне проектно-композиционной стилистики сначала выплеснулся в виде орнамента и декора на стены домов, на плакаты, на ткань, на посуду, на предметы туалета, на трамваи, на трибуны и т. д.

По произведениям Малевича можно проследить весь процесс формообразования в его творчестве — видно, как он входит в кубизм, затем в футуризм, как идет процесс формирования всех трех стадий плоскостного супрематизма. Сам Малевич как художник проигрывает практически все основные варианты композиции, оставляя своим последователям уже дальнейшую детализацию.

Но на стадии перехода в объемный супрематизм подобных авторских живописных проработок у Малевича практически нет, а между тем в послевитебский период уже идет интенсивное проектирование архитектон и планит.

Короче говоря, в творчестве самого Малевича между последней стадией плоскостного супрематизма и этапом планит и архитектон явно не хватает связующего их звена в виде объемных живописных композиций.

Звено это связано с процессом освоения архитектором Л. Лисицким стилеобразующей концепции художника К. Малевича.

Пробел между последней стадией плоскостного супрематизма и работами группы Малевича в Ленинграде (с 1923 г.) хорошо заполняют выполненные в 1919–1921 гг. проуны (проекты утверждения нового) Лисицкого и учебные проекты студентов Витебских художественных мастерских, созданные под его руководством.

Будучи архитектором по образованию, Лисицкий одним из первых понял значение художественных поисков Малевича для развития новой архитектуры. Работая на стыке архи-

---

material como también los difíciles problemas que tuvo que afrontar para ingresar en la estructura volumétrica de los objetos.

El suprematismo comienza a salir de la pintura hacia el mundo material no pasando del plano al volumen, sino destruyendo el marco del cuadro. Los elementos del suprematismo salían del cuadro hacia el mundo material, pero no al espacio real (siendo más exactos, no necesariamente al espacio real), sino al espacio ilusorio en que se puede convertir la superficie de cualquier objeto.

Hablando figuradamente, los elementos suprematistas planos abandonaban los cuadros para pegarse a cualquier superficie (a la pared de una casa, a un cartel, a un jarrón, a un tranvía, etcétera), creando un espectáculo feérico de elementos decorativos vistosos y sencillos que unían estilísticamente a todo lo que era «decorado» por estos elementos.

Evidentemente, Maliévich incluía a la arquitectura y al mundo material en su concepción de la transformación suprematista del mundo. Pero históricamente sucedió que al nivel del estilo de proyectos compositivos, el suprematismo se plasma inicialmente en forma de ornamentos y decoraciones en las paredes de las casas, en carteles, telas, vajillas, prendas de vestir, tranvías, tribunas, etcétera.

Los trabajos de Maliévich muestran el camino que atravesó el proceso de creación de formas en su obra; se ve cómo ingresa en el cubismo, posteriormente al futurismo, cómo transcurre el proceso de formación de los tres estadios del suprematismo plano. El mismo Maliévich como pintor pasa prácticamente por todas las variantes principales de la composición, dejando a sus seguidores los detalles.

Pero en la etapa de transición al suprematismo volumétrico, Maliévich prácticamente no cuenta con estudios pictóricos profundos, mientras que en el período posterior a la Escuela de Vítebsk ya se proyectaban intensamente los arquitectones y planites.

En pocas palabras, en la obra del propio Maliévich, entre el último estadio del suprematismo plano y la etapa de los planites y arquitectones, falta un eslabón: las composiciones pictóricas volumétricas.

Dicho eslabón está relacionado con el proceso durante el cual el arquitecto L. Lisitski asimila la concepción de creación de estilos del pintor K. Maliévich.

Los prouns (*proyectos para la afirmación de lo nuevo*) de Lisitski realizados entre 1919 y 1921 y los proyectos de los estudiantes de los Talleres de Artísticos de Vítebsk realizados bajo su dirección, llenaron satisfactoriamente el vacío existente entre el último estadio del suprematismo plano y los trabajos del grupo de Maliévich en Leningrado (desde 1923).

Siendo ya arquitecto de profesión, Lisitski fue uno de los primeros en comprender el significado de las búsquedas artísticas de Maliévich para el desarrollo de la nueva arquitectura.

В. Татлин со своими учениками (помощниками).
Слева направо: И. Меерзон, Т. Шапиро,
В. Татлин, С. Дымшиц-Толстая

V. Tatlin con sus estudiantes (ayudantes).
De izquierda a derecha: I. Meyerzón, T. Shapiro,
V. Tatlin, S. Dímshits-Tolstaya

тектуры и изобразительного искусства, он много сделал для того, чтобы перенести в новую архитектуру из левой живописи те формально-эстетические находки, которые помогали формированию нового стиля.

В 1919–1921 гг. Лисицкий создает свои проуны — аксонометрические изображения находящихся в равновесии различных по форме геометрических тел, то покоящихся на твердом основании, то как бы парящих в космическом пространстве.

Проуны Лисицкого (Ш. № 7) были своеобразными моделями новой архитектуры, архитектоническими экспериментами в области формообразования, поисками новых геометрически-пространственных представлений, некими композиционными «заготовками» будущих объемно-пространственных построений.

Созданные в основном в середине 20-х годов архитектоны Малевича (Ш. № 20) знаменовали собой новый шаг в процессе «выхода» супрематизма в архитектуру. Это были уже реальные объемные композиции в реальном пространстве, своеобразные эскизные модели экспериментальных архитектурных композиций.

Одновременно с созданием архитектон, т. е. с разработкой отвлеченных архитектонических композиций, Малевич в эти годы делает шаг и в область конкретной архитектуры. Это прежде всего его планиты (Ш. № 21).

Супрематические формально-эстетические опыты Малевича в области сочетания геометрических фигур и пространств с использованием цвета в качестве ритмико-пластического организующего начала оказали значительное влияние на формирование художественно-стилевых

Trabajando a caballo entre la arquitectura y las artes plásticas, Lisitski hizo mucho para introducir en la nueva arquitectura los descubrimientos estético-formales de la pintura progresista que ayudaron a la creación del nuevo estilo.

De 1919 a 1921 Lisitski crea sus prouns, imágenes axonométricas de diversos cuerpos geométricos en equilibrio, los cuales descansan sobre una base sólida o están como suspendidos en el espacio cósmico.

Los prouns de Lisitski (O. M. № 7) eran una especie de modelos de la nueva arquitectura, experimentos arquitectónicos en el campo de la creación de formas, búsquedas de nuevas representaciones geométrico-espaciales, «materia prima compositiva» para las futuras construcciones volumétrico-espaciales.

Los arquitectones de Maliévich (O. M. № 20), creados básicamente a mediados de los años 20, constituyeron un nuevo paso en el proceso de «penetración» del suprematismo a la arquitectura, y ya eran composiciones volumétricas reales en el espacio real, bosquejos singulares de composiciones arquitectónicas experimentales.

A la par de la creación de los arquitectones, es decir, de la creación de composiciones abstractas plasmadas en los arquitectones, Maliévich incursiona durante esos años en el área de la arquitectura misma. Esto se refiere principalmente a sus planites (O. M. № 21).

Los experimentos suprematistas estético-formales de Maliévich en el campo de la combinación de figuras y espacios geométricos utilizando el color como principio organizativo y rítmico-plástico, ejercieron una fuerte influencia en la creación de las formas y medios artístico-estilísticos

приемов и форм современной архитектуры и дизайна. Четкие геометрические формы супрематических композиций, архитектон и планит Малевича сыграли роль своеобразных катализаторов, ускоривших стилеобразующие процессы. Их влияние сказалось и на творческих поисках голландской группы «Де Стиль», и на художественных принципах немецкого Баухауза, и на работах многих советских архитекторов (Н. Ладовского, И. Леонидова, К. Мельникова, Л. Лисицкого, М. Гинзбурга, А. Никольского, И. Голосова, Л. Руднева, Л. Хидекеля, И. Фомина и др.).

Не меньшую роль в становлении новой архитектуры сыграли и формально-эстетические эксперименты В. Татлина.

Начав свою деятельность в искусстве с фигуративной живописи и работ для театра, В. Татлин уже в 1913–1914 гг. начинает свои эксперименты с отвлеченными композициями на стыке живописи и скульптуры. Сам Татлин называл их «живописными рельефами», «материальными подборами», «контр-рельефами».

Уже в мае 1914 г. Татлин устроил в своей московской мастерской «Первую выставку живописных рельефов». Показанные на этой выставке трехмерные композиции состояли из разных форм и материалов, укрепленных на плоскости. Это были как бы рельефные абстрактные картины.

Свои формально-эстетические опыты Татлин начинает почти одновременно с Малевичем. В полемике с внешнестилистическими поисками Татлин пытается найти опору в новых для живописи материалах. Его интересует фактура не только зрительно воспринимаемая, но и ощущаемая осязанием. Его контррельефы представляют собой трансформацию кубистической картины в рельеф с использованием таких материалов, как штукатурка, стекло, металл, дерево. В 1915 г. Татлин порывает с плоскостью картины и создает «Угловой контррельеф» — композицию, подвешенную в пространстве. В своих контррельефах Татлин, во-первых, сделал шаг от изображения к реально существующему в пространстве предмету, а во-вторых, использовал сопоставление различных материалов с целью создания определенного эстетического эффекта.

Эксперименты Татлина не только приучили художников работать в реальном пространстве и в новых для живописи современных материалах, но и обратили внимание художников на эстетические качества инженерных конструкций. Художников привлекали в технике точность и целесообразность конструкций, новые пространственные соотношения, рациональное использование материала.

Контррельефы стали первым камнем в фундаменте конструктивизма. Вторым камнем, также положенным в этот фундамент Татлиным, стал его проект Памятника III Интернационала (1919–1920, Ш. № 1).

---

de la arquitectura moderna y el diseño. Las formas geométricas precisas de las composiciones suprematistas, los arquitectones y los planites de Maliévich, jugaron el papel de catalizadores, de aceleradores de los procesos de creación de estilos. Su influencia se manifestó en las búsquedas artísticas del grupo holandés «De Stijl» y en los principios artísticos de la escuela alemana Bauhaus, así como en los trabajos de muchos arquitectos soviéticos (N. Ladovski, I. Leonídov, K. Miélnikov, L. Lisitski, M. Guínzburg, A. Nikolski, I. Gólosov, L. Rúdniev, L. Jidiékel, I. Fomín y otros).

Los experimentos estético-formales de V. Tatlin desempeñaron un papel no menos importante en la consolidación de la nueva arquitectura.

Comenzando su actividad artística en la pintura figurativa y los trabajos para teatro, V. Tatlin inicia sus experimentos, ya en los años 1913-1914, con composiciones abstractas a caballo entre la pintura y la escultura. El mismo V. Tatlin las bautizó con el nombre de «relieves pictóricos», «selecciones materiales», «contra-relieves».

En mayo de 1914 Tatlin organiza en su taller de Moscú la «Primera exposición de relieves pictóricos». Las composiciones tridimensionales mostradas en esta exposición estaban elaboradas con diversas formas y materiales fijados en planos; eran una especie de cuadros abstractos en relieve.

Tatlin inicia sus experimentos estético-formales casi simultáneamente con Maliévich. En la polémica en cuanto a las búsquedas de la estética exterior, Tatlin intenta apoyarse en nuevos materiales para la pintura. Se interesa no sólo por la textura que se puede percibir visualmente, sino también por la que se puede palpar. Sus contrarrelieves son una transformación de un cuadro cubista en un relieve, donde se emplean tales materiales como el estuco, el vidrio, el metal o la madera. En 1915, Tatlin renuncia al plano del cuadro y crea el «Contrarrelieve angular», una composición suspendida en el espacio. En sus contrarrelieves, Tatlin, en primer lugar, pasa de la imagen al objeto realmente existente en el espacio, y en segundo, confronta distintos materiales con el fin de crear un efecto estético determinado.

Los experimentos de Tatlin no solamente enseñaron a los pintores a trabajar en el espacio real y con materiales modernos, nuevos en la pintura, sino que llamaron la atención de los pintores hacia la calidad estética de las estructuras ingenieriles. La técnica atraía a los pintores por la precisión y la racionalidad de las estructuras, las nuevas relaciones espaciales y el uso sensato del material.

Los contrarrelieves se convirtieron en la primera piedra del fundamento del constructivismo. La segunda piedra, también colocada en este fundamento por Tatlin, fue su proyecto del Monumento de la III Internacional (1919–1920, O. M. № 1).

Оригинальная структура сооружения с вынесенными наружу спиральными металлическими конструкциями и помещенными внутри корпусами придала проекту Татлина столь необычный образ, что он стал в известном смысле одним из важнейших символов нового искусства и своеобразной визитной карточкой конструктивизма.

Башня Татлина была художественным открытием, настолько противоречившим уже существовавшим тогда критериям оценки, что многие отнеслись к ней как к чему-то совершенно неприемлемому.

А между тем Башня Татлина стала одним из самых знаменитых архитектурных проектов XX в. Влияние этого проекта на современную архитектуру более значительно, чем влияние Эйфелевой башни на архитектуру XIX в. Татлин помог многим архитекторам преодолеть определенный психологический барьер при оценке роли новых конструкций в создании архитектурного образа современного сооружения. Его эксперименты повлияли и на творчество группы молодых художников, экспериментировавших с пространственными конструкциями.

Это был, пожалуй, один из наиболее мощных стилеобразующих импульсов (наряду с экспериментами в рамках супрематизма), который современная предметно-пространственная среда (в том числе архитектура и дизайн) получила из сферы экспериментальных поисков в период раннего конструктивизма, того этапа, который был назван теоретиками этого течения «от изображения — к конструкции».

Движение к конструкции зародилось в среде художников, занимавшихся экспериментами с отвлеченной формой.

Обращение группы художников в начале 20-х годов к экспериментам с пространственными конструкциями следует рассматривать как важнейший этап переориентации в художественных процессах формообразования с приемов внешней стилизации на приемы конструирования. Это был вклад московской школы художников-конструктивистов в общий процесс формирования нового стиля.

Огромный стилеобразующий потенциал, который оказался заключенным в раннем конструктивизме, и сделал это течение таким влиятельным в новом искусстве XX в.

Среди художников, внесших значительный вклад в становление раннего конструктивизма в целом, можно прежде всего назвать В. Татлина, А. Родченко, Н. Габо, В. Стенберга, Г. Стенберга, К. Медунецкого, К. Йогансона, Л. Попову, А. Веснина, Г. Клуциса, В. Степанову, А. Лавинского, А. Экстер.

La original estructura de la construcción, con espirales metálicas llevadas al exterior y recintos en el interior del cuerpo, le proporcionó al proyecto de Tatlin un aspecto tan fuera de lo común que este proyecto se convirtió, en el sentido que conocemos, en uno de los símbolos más importantes del nuevo arte y en la carta de presentación del constructivismo.

La torre de Tatlin fue un descubrimiento artístico que contradecía tanto los criterios de valoración existentes en aquel entonces, que muchos la consideraron como algo totalmente inaceptable.

Entre tanto, la torre de Tatlin se convirtió en uno de los proyectos arquitectónicos más famosos del siglo XX. La influencia de este proyecto en la arquitectura moderna es más significativa que la influencia de la torre Eiffel en la arquitectura del siglo XIX. Tatlin ayudó a muchos arquitectos a superar la barrera psicológica a la hora de valorar el papel que juegan las nuevas estructuras en la creación de la imagen arquitectónica de la edificación moderna. Sus experimentos también influyeron en las obras de los jóvenes pintores que experimentaban con las estructuras espaciales.

Quizás éste fue uno de los más fuertes impulsos de creación de estilos —junto con los experimentos en el marco del suprematismo— que el ambiente material-espacial moderno (entre ellos la arquitectura y el diseño) recibió de la esfera de experimentación en el período del constructivismo temprano, en aquella etapa que ha sido llamada por los teóricos de esta corriente «de la imagen a la estructura».

El movimiento hacia las estructuras comenzó entre los pintores dedicados a los experimentos con formas abstractas.

La atención que a principios de los años 20 el grupo de pintores prestó a los experimentos con estructuras espaciales se debe considerar como una etapa muy importante de reorientación en los procesos artísticos de creación de formas, consistente en el paso de los métodos de estilización exterior a los métodos de construcción. Ésta fue la contribución de la escuela moscovita de pintores constructivistas al proceso general de creación del nuevo estilo.

Es precisamente el enorme potencial de creación de estilos encerrado en el constructivismo temprano el que hizo que esta corriente influyera tan profundamente en el nuevo arte del siglo XX.

Entre los pintores que contribuyeron significativamente a la consolidación del constructivismo temprano en general, podemos nombrar en primer lugar a V. Tatlin, A. Ródchenko, N. Gabo, V. Sténberg, G. Sténberg, K. Medunietski, K. Iogansón, L. Popova, A. Vesnín, G. Klutsis, V. Stepánova, A. Lavinski y A. Éxter.

③ Передача эстафеты от левого изобразительного искусства к новой архитектуре

Entrega de la estafeta de las artes plásticas progresistas a la nueva arquitectura

Таким образом, влияние художественных экспериментов Малевича, Татлина и их последователей на формирование художественного стиля XX в. вышло далеко за пределы живописи. В творчестве Малевича и Татлина, пожалуй, впервые с такой определенностью стали кристаллизоваться черты нового стиля, общие для живописи, архитектуры и дизайна. Оно стало как бы тем каналом, через который формально-эстетические достижения левой живописи творчески воспринимались архитекторами. В своих художественных поисках эти художники решительно переступили грань, отделяющую живопись от архитектуры. Поэтому творческие результаты тех направлений левой живописи, которые связаны с именами Малевича и Татлина, надо искать не только в самой живописи, но и в современной архитектуре и дизайне.

Для развития архитектуры, однако, важна та сторона взаимодействия искусств, которая была связана с происходившим после Первой мировой войны и Октябрьской революции в европейском искусстве процессом смены лидера — левая живопись передавала эстафету новой архитектуре, принимавшей на себя основную роль в формировании нового стиля. Этот процесс «смены лидера» протекал в ходе тесного взаимодействия архитекторов и художников, причем такое взаимодействие оказывало существенное влияние на творчество архитекторов, которые осваивали огромный художественный опыт, накопленный в предшествующие десятилетия левой живописью.

В нашей стране в первые годы советской власти архитекторы-новаторы активно сотрудничали с левыми художниками, что вызывало появление таких своеобразных комплексных организаций и учреждений, как витебский УНОВИС, Живскульптарх, ИНХУК, ВХУТЕМАС и др.

Комиссия по разработке вопросов живописно-скульптурно-архитектурного синтеза (Живскульптарх) была создана в мае 1919 г. при скульптурном подотделе (затем при подотделе художественного труда) отдела изобразительных искусств Народного комиссариата просвещения. Сначала в комиссию входили: один скульптор — Б. Королев (председатель комиссии) и семь архитекторов — С. Домбровский, Н. Исцеленов, В. Кринский, Н. Ладовский, Я. Райх, А. Рухлядев, В. Фидман.

Фактически это было первое творческое объединение архитекторов-новаторов. Оно возникло не при Архитектурно-художественном отделе Наркомпроса, так как его возглавлял

Así pues, la influencia de los experimentos artísticos de Maliévich, Tatlin y sus discípulos en la formación del estilo artístico del siglo XX rebasó considerablemente los límites de la pintura. En la obra de Maliévich y Tatlin es que por primera vez se comienzan a cristalizar claramente los rasgos del nuevo estilo, comunes a la pintura, la arquitectura y el diseño. Sus obras se convirtieron en el canal que permitió a los arquitectos asimilar los éxitos estético-formales de la pintura progresista. En sus búsquedas artísticas, estos pintores cruzaron decididamente la frontera que separa a la pintura de la arquitectura. Por eso, los resultados artísticos de los movimientos de la pintura progresista vinculados con los nombres de Maliévich y Tatlin se deben buscar no sólo en la pintura, sino también en la arquitectura moderna y el diseño.

Sin embargo, para el desarrollo de la arquitectura es más importante aquel aspecto de la interacción de las artes que estuvo relacionado con el proceso de cambio de líder ocurrido en el arte europeo después de la Primera Guerra Mundial y de la Revolución de Octubre: la pintura progresista entregó la estafeta a la nueva arquitectura, la cual asumió el rol principal en la formación del nuevo estilo. El proceso de «cambio de líder» se desarrolló en un ambiente de estrecha relación entre arquitectos y pintores, ejerciendo una influencia notable en las obras de los arquitectos, quienes asimilaban la enorme experiencia artística acumulada por la pintura progresista en las décadas anteriores.

En Rusia, durante los primeros años del poder soviético, los arquitectos innovadores colaboraron activamente con los pintores progresistas, lo que condujo a la aparición de organizaciones e instituciones singulares tales como el grupo UNOVIS de Vítebsk, la Zhivskulptarj, el INJUK, el VJUTEMAS y otros.

La Comisión de estudio de los problemas de la síntesis de la pintura, la escultura y la arquitectura (Zhivskulptarj) fue fundada en mayo de 1919 y estaba anexa a la Subsección de Escultura (posteriormente, a la Subsección de Trabajo Artístico) de la Sección de Artes Plásticas del Narkomat para la Educación. En sus principios la Comisión estaba conformada por un escultor (B. Koroliov, presidente de la Comisión) y siete arquitectos (S. Dombrovski, N. Istseliénov, V. Krinski, N. Ladovski, Ya. Raij, A. Rújliadiev y V. Fidman).

убежденный неоклассик И. Жолтовский. Больше того, почти все архитекторы, объединившиеся в Живскульптархе, прошли в эти годы через циклы бесед Жолтовского и работали под его руководством в ряде одновременно возглавлявшихся им тогда государственных мастерских, где они выполняли проекты, в которых ощущалось влияние неоклассики. Неудовлетворенные насаждавшейся тогда Жолтовским общей творческой направленностью архитектуры, они за пределами своих «служебных» обязанностей искали новых путей в области формообразования, отвергая неоклассику. Эти молодые архитекторы создают в те годы целый ряд конкурсных и экспериментальных проектов, стилистика которых существенно отличается от всего того, что выполнялось ими тогда же под руководством Жолтовского.

Заседания Живскульптарха проводились регулярно по два раза в неделю. На них рассматривались теоретические вопросы и выполнялись экспериментальные проекты.

Конечной целью своей деятельности Комиссия ставила синтез пространственных искусств (живописи, скульптуры, архитектуры), хотя на первом этапе работы Комиссия занималась лишь разработкой вопросов скульптурно-архитектурного синтеза, обратив особое внимание на теоретические проблемы. Опытно-практическая часть работы Комиссии на первом этапе состояла в разработке задания на проектирование и в создании эскизов «Храма общения народа» — нового типа общественного здания, предназначенного для массовых действ.

На этом этапе на творческие поиски архитекторов — членов Комиссии — большое влияние оказал Б. Королев — яркий представитель кубизма в области скульптуры.

В проектах архитекторов — членов Живскульптарха, выполненных в 1919 г. на первом, так сказать, «скульптурном» этапе существования Комиссии, явно ощущается влияние скульптурного кубизма. Поиски новых средств художественной выразительности они ведут, используя и наследие прошлого, и приемы сочетания различных геометрических объемов, и ассоциации с природными формами (скалы, растения) и т. д. При этом предполагалось, что одним из важных признаков архитектурного образа нового здания должна быть ясно выраженная динамичность его композиции.

В конце 1919 г. в Комиссию были включены живописцы А. Родченко и А. Шевченко, а затем и архитектор Г. Мапу. На этом втором этапе деятельности Комиссии (первая половина 1920 г.) главное внимание уделялось разработке экспериментальных проектов новых в социальном отношении типов зданий: дом-коммуна («коммунальный дом»), Дом Советов («Совдеп»). В работах архитекторов — членов Живскульптарха на этом этапе явно ощущается влияние левой живописи, прежде всего формально-эстетических экспериментов А. Родченко.

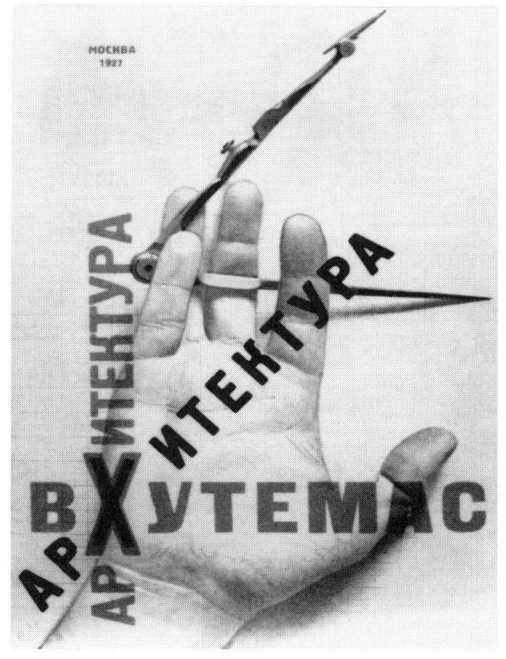

Л. Лисицкий. Обложка сборника «Архитектура ВХУТЕМАС». 1927 г.

L. Lisitski. Cubierta del compendio «Arquitectura del VJUTEMAS». 1927

Prácticamente, ésta fue la primera asociación artística de arquitectos innovadores. Ella no surgió en la Sección de Arquitectura y Pintura del Narkomprós, pues esta última estaba encabezada por el neoclásico convencido I. Zholtovski. Más aún, casi todos los arquitectos reunidos en la Zhivskulptarj fueron oyentes del ciclo de charlas de Zholtovski y trabajaron bajo su dirección en una serie de talleres estatales que Zholtovski dirigía simultáneamente en aquel entonces, donde realizaron proyectos en los que se sentía la influencia del neoclasicismo. Insatisfechos por la tendencia artística general de la arquitectura implantada por Zholtovski, ellos buscaban fuera de sus obligaciones «laborales» otras vías en el campo de la creación de formas, negando el neoclasicismo. Estos jóvenes arquitectos crearon en esos mismos años toda una serie de proyectos experimentales y de concurso cuyo estilo se diferenciaba significativamente de todo lo que ellos realizaban bajo la dirección de Zholtovski.

Las reuniones de la Zhivskulptarj se llevaban a cabo con regularidad, dos veces a la semana. En ellas se trataban problemas teóricos y se realizaban proyectos experimentales.

La Comisión se planteó como objetivo final de su actividad la síntesis de las artes espaciales (la pintura, la escultura y la arquitectura), aunque en la primera etapa de su trabajo se dedicó solamente al estudio del problema de la síntesis de la escultura y la arquitectura, prestando especial atención a los problemas teóricos. La parte práctico-experimental del trabajo de la Comisión en la primera etapa consistía en la elaboración de tareas de proyección y en la creación de los bosquejos del «Templo de las relaciones del pueblo», un nuevo tipo de edificio público destinado a eventos masivos.

Durante esta etapa, B. Koroliov, brillante representante del cubismo en el campo de la escultura, ejerció una gran influencia en las búsquedas artísticas de los arquitectos miembros de la Comisión.

En los proyectos que los arquitectos miembros de la Zhivskulptarj realizaron en 1919, durante la etapa «escultórica» de existencia de la Comisión, se percibe claramente la influencia del cubismo escultórico. Ellos buscan nuevos medios de expresión artística utilizando la herencia del pasado, los métodos de combinación de diversos volúmenes geométricos, la asociación con formas naturales (rocas, plantas), etcétera, suponiendo que uno de los rasgos más importantes de la imagen arquitectónica del nuevo edificio debe ser la dinámica, claramente resaltada, de su composición.

A finales de 1919, en la Comisión ingresaron los pintores A. Ródchenko y A. Shevchenko, y posteriormente el arquitecto G. Mapú. En esta segunda etapa de actividad de la Comisión (primera mitad de 1920), casi toda la atención se concentra en el desarrollo de proyectos experimentales de edificios sociales de nuevo tipo: la casa-comuna («casa comunal») y la Casa de los Sóviets («Sovdep»). En los

Обложка сборника «ВХУТЕИН». 1929 г.

Cubierta del compendio «VJUTEIN». 1929

Передача эстафеты от левого изобразительного искусства к новой архитектуре — Раздел 1

Entrega de la estafeta de las artes plásticas progresistas a la nueva arquitectura — Parte 1

Первая страница сборника (типа газеты) «Архитектура и ВХУТЕИН». Январь 1929 г.

Primera página del compendio (tipo periódico) «Arquitectura y VJUTEIN». Enero de 1929

Первая страница многотиражной газеты ВХУТЕМАСА «Красный октябрь». I мая 1927 г.

Primera página del periódico de gran tirada del VJUTEMAS «Octubre Rojo». Primero de mayo de 1927

Осенью 1920 г. работы членов Живскульптарха были показаны на выставке в Москве. Они явились как бы тем кристаллом, который был брошен в перенасыщенный раствор ожиданий нового и вызвал бурную реакцию.

После выставки деятельность Комиссии прекратилась, многие ее члены в том же 1920 г. вступили в ИНХУК.

ИНХУК — московский Институт художественной культуры (1920–1924) был своеобразным творческим объединением деятелей советского искусства — художников, скульпторов, архитекторов, искусствоведов, теоретиков производственного искусства. Он был важным центром формирования теоретических концепций левых течений искусства.

Именно в ИНХУКе сформировалось эстетическое мировоззрение лидеров двух наиболее влиятельных творческих течений советской архитектуры 20-х годов — рационализма (Н. Ладовский) и конструктивизма (А. Веснин). В недрах ИНХУКа возникли и первые организационные формы объединений этих течений (Рабочая группа архитекторов — 1921 г. и Группа студентов архитектурного факультета ВХУТЕМАСа — 1924 г.), на базе которых затем были созданы творческие группировки — АСНОВА (1923) и ОСА (1925).

ИНХУК был прежде всего центром формирования теоретических концепций новаторских течений советского искусства, творческая экспериментальная разработка многих из которых осуществлялась во ВХУТЕМАСе (1920–1930).

В первые годы советской власти все крупные архитекторы с оригинальным творческим кредо много внимания уделяли высшей школе. Практически все творческие течения и школы 20-х годов сформировались тогда в вузах.

На архитектурном факультете ВХУТЕМАСа в 1920–1923 гг. постепенно организационно оформились три центра со своими творческими концепциями и принципами преподавания: академические мастерские (председатель предметной комиссии — И. Жолтовский, преподаватели: А. Щусев, Э. Норверт, В. Кокорин, И. Рыльский, Л. Веснин и др.), объединенные левые мастерские — Обмас (Н. Ладовский, В. Кринский, Н. Докучаев) и самостоятельная мастерская «экспериментальной архитектуры» (И. Голосов и К. Мельников). В 1924/25 учебном году появилась мастерская А. Веснина.

С середины 20-х годов пристальное внимание всего ВХУТЕМАСа было приковано к мастерским лидеров наиболее влиятельных течений архитектурного авангарда (рационализма и конструктивизма) — Н. Ладовского и А. Веснина, возглавлявших и творческие организации этих течений: АСНОВА и ОСА. В этих мастерских не только готовилось молодое поколение сторонников этих течений, но и практически формировались многие профессиональные средства и приемы новой архитектуры.

---

trabajos de los arquitectos de la Zhivskulptarj, en esta etapa se palpa claramente la influencia de la pintura progresista, sobre todo de los experimentos estético-formales de A. Ródchenko.

En el otoño de 1920 se exponen en Moscú los trabajos de los miembros de la Zhivskulptarj. Éstos fueron como el cristal que se arroja a una mezcla sobresaturada de esperanzas de algo nuevo, y provocaron una reacción exaltada.

Después de la exposición, la actividad de la Comisión cesó, y muchos de sus miembros ingresaron ese mismo año en el INJUK.

El Instituto de Cultura Artística de Moscú, INJUK (1920–1924), fue una especie de asociación artística de los representantes del arte soviético: pintores, escultores, arquitectos, críticos de arte, teóricos del arte industrial. Este instituto fue un importante centro de formación de las concepciones teóricas de las corrientes progresistas del arte.

Precisamente en el INJUK se formó la concepción estética del mundo de los líderes del racionalismo (N. Ladovski) y del constructivismo (A. Vesnín), los dos corrientes artísticas más influyentes de la arquitectura soviética de los años 20. En el seno del INJUK también surgieron las primeras formas organizativas de las asociaciones de estas corrientes: el Grupo Laboral de Arquitectos (1921) y el Grupo de Estudiantes de la Facultad de Arquitectura del VJUTEMAS (1924), sobre cuya base surgieron posteriormente las agrupaciones artísticas ASNOVA (1923) y OSA (1925).

El INJUK fue, ante todo, el centro de formación de las concepciones teóricas de las corrientes innovadoras del arte soviético: el desarrollo artístico experimental de muchas de estas concepciones se realizaba en el VJUTEMAS (1920–1930).

En los primeros años del poder soviético, todos los arquitectos eminentes con credo artístico original le prestaban mucha atención a la enseñanza superior. Prácticamente todas las corrientes artísticas y escuelas de los años 20 se formaron en los institutos superiores.

En la Facultad de Arquitectura del VJUTEMAS, entre 1920 y 1923 se formaron paulatina y organizadamente tres centros con sus propias concepciones artísticas y principios de enseñanza: los talleres académicos (I. Zholtovski, como presidente de la comisión de asignaturas; como profesores, A. Schúsiev, E. Nórvert, V. Kokorin, I. Rylski, L. Vesnín y otros); la Unión de Talleres Izquierdistas (Obmás) (N. Ladovski, V. Krinski, N. Dokucháyev) y el taller independiente de «arquitectura experimental» (I. Gólosov y K. Miélnikov). En el año lectivo de 1924–1925 apareció el taller de A. Vesnín.

Desde mediados de los años 20, la atención de todo el VJUTEMAS se concentró en los talleres de los líderes de las corrientes más influyentes del vanguardismo arquitectónico (el racionalismo y el constructivismo), N. Ladovski y A. Vesnín, dirigentes además de las organizaciones artísticas de estas corrientes: ASNOVA y OSA. En estos talleres se preparaba no sólo la nueva

Раздел 1 — Передача эстафеты от левого изобразительного искусства к новой архитектуре

Parte 1 — Entrega de la estafeta de las artes plásticas progresistas a la nueva arquitectura

В 1922–1926 гг. новаторские направления советской архитектуры проходили этап своего бурного формирования, что не могло не отразиться и на курсовых и дипломных работах, многие из которых, далеко выходя за рамки ученических работ, прочно вошли в историю архитектуры XX в. В первую очередь это относится к проектам учеников Н. Ладовского (Ш. № 9, 10, 27, 35; П. № 3, 9) и А. Веснина (П. № 10).

Архитектурный факультет ВХУТЕМАСа стремительно выходит на положение творческого лидера этого комплексного художественного учебного заведения. За процессами, происходившими на этом факультете, внимательно следили не только все советские архитекторы, но и широкая художественная общественность.

Практически завершившийся к середине 20-х годов процесс «передачи эстафеты» в области стилеобразования от изобразительных искусств к предметно-художественным видам творчества вывел архитектуру в лидеры в общих процессах формообразования. Дизайн проходил этап внутриутробного развития, живопись уже прошла свой пик формально-эстетических экспериментов, а архитектура именно во второй половине 20-х годов переживала в нашей стране этап бурных творческих поисков и в области формирования новых в социальном отношении типов жилых и общественных зданий, и в области поиска нового архитектурно-художественного образа, и в области выработки новых средств и приемов художественной выразительности, и в области освоения достижений науки и техники.

Новые творческие организации и возникавшие в недрах вузов и других учреждений творческие группировки в отличие от таких созданных до революции и возобновивших в начале 20-х годов свою деятельность архитектурных обществ, как МАО, ПОА, ОАХ и др., не носили сугубо цехового характера. Объединившихся в них мастеров связывали не узко профессиональные интересы, а единые творческие устремления, общие художественные принципы. Это было характерно как для первых возникших в 1919–1920 гг. творческих объединений (которые возглавлялись представителями изобразительного искусства, но включали в себя и архитекторов), так и для выросших на их базе в первой половине 20-х годов архитектурных группировок.

Комплексные (состоявшие из художников и архитекторов) организации и творческие объединения были в значительной степени порождены особенностями развития искусства тех лет, которые повлияли и на характер художественного творчества мастеров.

Вне зависимости от своего образования К. Малевич, В. Татлин, Л. Лисицкий, А. Веснин, А. Родченко, А. Лавинский, В. и Г. Стенберги, А. Экстер, Г. Клуцис, А. Ган, В. Кринский и многие другие работали и как живописцы, и как архитекторы, и как книжные графики, и как дизайнеры, и как театральные декораторы. Комплексность их творчества — это не просто

Первая страница многотиражной газеты ВХУТЕИНа «Борьба за кадры». Декабрь 1929 г.

Primera página del periódico de gran tirada del VJUTEIN «Lucha por los cuadros». Diciembre de 1929

generación de simpatizantes de estas corrientes, sino que prácticamente se formaban muchos medios y métodos profesionales de la nueva arquitectura.

Durante los años 1922–1926, las corrientes innovadoras de la arquitectura soviética vivieron su impetuosa etapa de formación, la cual no pudo dejar de reflejarse en los trabajos de curso y en las tesis de grado, muchos de los cuales, sobrepasando los límites de un trabajo estudiantil, ingresaron sólidamente en la historia de la arquitectura del siglo XX. En primer lugar, esto se refiere a los proyectos de los estudiantes de N. Ladovski (O. M. Nº 9, 10, 27, 35; A. Nº 3, 9) y de A. Vesnín (A. Nº 10).

La Facultad de Arquitectura del VJUTEMAS ocupa enérgicamente la posición de líder artístico de esta institución. Los procesos que transcurrían en esta facultad eran observados atentamente no sólo por todos los arquitectos soviéticos, sino también por todo el círculo artístico.

Prácticamente finalizado a mediados de los años 20, el proceso de «entrega de la estafeta de creación de estilos» de las artes plásticas a las ramas del arte material, llevó a la arquitectura al liderazgo en los procesos generales de creación de formas. Mientras que el diseño pasaba por la etapa embrionaria y la pintura ya había vencido su etapa más alta de experimentos estético-formales, la arquitectura en Rusia, en la segunda mitad de los años 20 experimentaba una etapa de vehementes búsquedas artísticas en la creación de nuevos tipos de edificios sociales y públicos, en la creación de una nueva imagen arquitectónica y pictórica, en el desarrollo de nuevos medios y métodos de expresión artística, y en la asimilación de los logros de la ciencia y la técnica.

A diferencia de los círculos arquitectónicos —como MAO (*Sociedad de Arquitectos de Moscú*), POA (*Sociedad de Arquitectos de Petrogrado*), OAJ (*Sociedad de Arquitectos-Artistas*) y otros— nacidos antes de la revolución y reanudados a principios de los años 20, tanto las nuevas organizaciones artísticas como las agrupaciones artísticas surgidas en el núcleo de los institutos superiores y otras instituciones no tenían un carácter cerrado. Los maestros reunidos en ellas estaban vinculados no por intereses profesionales estrechos, sino por aspiraciones artísticas únicas, por principios artísticos comunes. Esto caracterizaba tanto a las primeras organizaciones artísticas surgidas entre 1919 y 1920, las cuales estaban dirigidas por representantes de las artes plásticas, pero también incluían arquitectos, como las agrupaciones de arquitectos crecidas sobre la base de estas organizaciones en la primera mitad de los años 20.

Las organizaciones y agrupaciones artísticas mixtas (conformadas por pintores y arquitectos) surgieron fundamentalmente debido a las particularidades del desarrollo de las artes de aquellos años, particularidades que influyeron además en el trabajo artístico de los maestros.

Independientemente de su formación profesional, K. Maliévich, V. Tatlin, L. Lisitski, A. Vesnín, A. Ródchenko, A. Lavinski, V. Sténberg, G. Sténberg, A. Éxter, G. Klutsis, A. Gan, V. Krinski y muchos otros trabajaron como pintores, arquitectos, diseñadores gráficos de libros, diseñadores y

| Передача эстафеты от левого изобразительного искусства к новой архитектуре | Раздел 1 |
| Entrega de la estafeta de las artes plásticas progresistas a la nueva arquitectura | Parte 1 |

Обложка сборника «Конкурсы МАО. 1923–1926»

Cubierta del compendio «Concursos de la MAO. 1923–1926»

Обложка «Ежегодника Общества архитекторов-художников». Вып. 13. 1930 г.

Cubierta del «Anuario de la Sociedad de Arquitectos Artistas». Edición 13. 1930

особенность дарования этих мастеров, а в значительной степени потребность той эпохи, когда во взаимодействии различных видов искусства складывались черты современного стиля. Архитектоны, контррельефы, проуны, объемные экспериментальные конструкции помогли архитекторам освоить и творчески переосмыслить формально-эстетические находки левой живописи. В этих лабораторных произведениях живопись как бы переходила от изображения предмета к построению предмета.

Новые формообразующие и стилеобразующие процессы в архитектуре стали оказывать реальное влияние на архитектурный облик городов лишь во второй половине 20-х годов, так как, во-первых, формирование творческих концепций новаторских течений проходило этап интенсивного внутриутробного развития, а, во-вторых, строительство в первые годы советской власти было минимальным.

В результате в городской среде новые стилистические процессы сначала реально проявились в том слое, который лежит как бы на стыке агитационно-массового искусства, производственного искусства (дизайна) и архитектуры, что в тех условиях придало этому слою повышенную художественную выразительность и превратило его в своеобразный лабораторный полигон, где формировались новые средства художественной выразительности для предметно-художественной сферы творчества в целом.

Агитационно-дизайнерский слой городской среды (включая и малые архитектурные формы) в 20-е годы в стилевом отношении развивался опережающими темпами по сравнению, так сказать, с большой архитектурой. И это естественно, так как по темпам возведения и реакции на стилистические изменения в творческих поисках этот слой более мобилен, чем архитектура.

В 20-е годы бурно развивалась та сфера городской предметной среды, которая была связана с оформлением праздников и различного рода массовых действ, продажей агитационно-массовой периодической печати. Это прежде всего объемные агитационно-праздничные установки, трибуны, эстрады и газетно-журнальные киоски. Иногда эти объекты объединялись между собой в различных сочетаниях (например, киоск-трибуна, трибуна — агитационная установка и т. д.). Главной задачей при проектировании этих объектов было создание яркого художественного образа, имеющего агитационное содержание.

На эти объекты был такой большой спрос, что возникала потребность в образцовых проектах.

В 1919 г. подотдел художественного труда отдела ИЗО Наркомпроса провел конкурс на проекты киосков для продажи газет и агитационной литературы, на который было представлено около 60 проектов. Первые премии получили проекты с подчеркнуто агитационным художественным обликом, в том числе А. Родченко (Ш. № 4) и В. Кринского. Они резко от-

decoradores teatrales. Su trabajo multilateral no es una simple particularidad de los dones de estos maestros, sino que refleja fundamentalmente las necesidades de aquella época, cuando en la interacción de las diferentes ramas del arte se formaban los rasgos del estilo moderno. Los arquitectones, los contrarrelieves, los prouns y las estructuras experimentales volumétricas ayudaron a los arquitectos a asimilar y revalorizar artísticamente los hallazgos estético-formales de la pintura progresista. Es como si en estas obras experimentales la pintura hubiese pasado de la imagen del objeto a la construcción del objeto.

Solamente en la segunda mitad de los años 20 es que los nuevos procesos de creación de formas y estilos en la arquitectura comenzaron a ejercer una influencia real en la imagen arquitectónica de las ciudades. Esto se debe, en primer lugar, a que la formación de las concepciones artísticas de las corrientes innovadoras estaba pasando por una etapa de intenso desarrollo embrionario, y en segundo, a que durante los primeros años del poder soviético el nivel de construcción fue mínimo.

Como resultado, en el medio urbano los nuevos procesos estilísticos primero se manifestaron realmente en la capa que se encuentra a caballo entre el arte de propaganda política masiva, el arte industrial (diseño) y la arquitectura, hecho que en aquellas condiciones dio a esta capa una elevada expresividad artística, y la convirtió en una especie de polígono de investigación donde se formaban los nuevos medios de expresión artística para la esfera del arte material en general.

Durante los años 20, la capa de diseño propagandístico del medio urbano, incluyendo las formas arquitectónicas menores, se desarrolló estilísticamente a ritmos acelerados en comparación con la llamada arquitectura mayor; y esto es natural, pues esta capa es más móvil que la arquitectura en cuanto a los ritmos de construcción y a la reacción a los cambios estilísticos en las búsquedas artísticas.

Los años 20 fueron una época de desarrollo intenso de la esfera del medio material urbano relacionada con la decoración para festividades y diferentes tipos de dramatizaciones colectivas, y con la venta de publicaciones periódicas de propaganda masiva. Nos referimos básicamente a las instalaciones para propaganda y festividades, tribunas, estrados y quioscos de periódicos y revistas. A veces estos objetos se unían en diversas combinaciones (por ejemplo, quiosco-tribuna, tribuna-instalación para propaganda, etcétera). La finalidad principal en la proyección de estos objetos era la creación de una imagen artística llamativa con contenido propagandístico.

Fue tan grande la demanda de estos objetos que se sintió la necesidad de proyectos representativos.

En 1919, la Subsección de Trabajo Artístico de la Sección de Artes Plásticas del Narkomprós convocó a un concurso de proyectos de quioscos de venta de periódicos y de literatura de propaganda, en el cual se presentaron alrededor de 60 proyectos. Los primeros puestos fueron ocupados por

личались своим новаторским подходом к композиции и формам от одновременно с ними премированных неоклассических проектов.

Социальный заказ, значит, был. Но какие же творческие концепции обслуживали этот реальный социальный заказ?

Во-первых, это кубофутуристические тенденции: деструктивные беспокойные композиции.

Во-вторых, это концепция супрематизма: предельно простое по композиции объемно-пространственное построение (прямоугольные элементы) со столь же лаконичным по форме супрематическим орнаментом.

В-третьих, это концепция конструктивизма: использование ажурных решетчатых конструкций с преобладанием прямого угла.

В-четвертых, это символико-образные тенденции: использование в самой объемно-пространственной структуре объектов революционной символики и эмблематики.

Эти тенденции формообразования тесно взаимодействовали между собой, что создавало характерный для той эпохи неповторимый стилистический облик агитационно-дизайнерского слоя городской среды.

Предельно лаконичные по форме трибуны проектировались членами витебского УНОВИСа: простые ступенчатые объемы, украшенные супрематическим орнаментом.

Иной характер носит трибуна И. Чашника. В ней не только композиционный, но и реальный динамизм (один элемент трибуны диагонально выдвигается вверх). Супрематические квадраты и прямоугольники непривычно для супрематизма сочетаются здесь с ажурной решетчатой конструкцией, что и придает всей композиции формальную остроту. Проект был создан в Витебских свободных художественных мастерских в 1920 г. в архитектурной мастерской Лисицкого, который в 1924 г. реконструировал этот проект своего ученика в широко известную трибуну Ленина (Ш. № 19).

Трибуна Чашника—Лисицкого — характерный пример синтетического супрематически-конструктивистского объекта.

Наиболее же характерными собственно конструктивистскими объектами в чистом виде были проекты агитустановок и трибун Клуциса (Ш. № 11).

Острые по образу радиомачты (сложные вращающиеся сооружения с системой экранов) спроектировал для своего «Города на рессорах» А. Лавинский в 1921 г. (Ш. № 8).

Все левые художники, «прошедшие» в 1919–1925 гг. через архитектуру, так и остались дилетантами в этой новой для них сфере деятельности. Они и не стремились стать архитекторами (хотя некоторые из них стали профессиональными дизайнерами — пионерами советско-

А. Лавинский. Фото А. Родченко

A. Lavinski (foto de A. Ródchenko)

proyectos con una marcada imagen artístico-propagandística, entre los que figuraban los de A. Ródchenko (O. M. № 4) y V. Krinski, los cuales se diferenciaban notablemente de los proyectos neoclásicos —también premiados— por su enfoque innovador en cuanto a la composición y las formas.

Todo esto significa que existía una demanda social. Pero, ¿cuáles eran las concepciones artísticas que atendían a esta demanda social real?

En primer lugar tenemos las tendencias cubofuturistas: composiciones destructivas e intranquilas.

En segundo lugar, la concepción del suprematismo: construcción volumétrico-espacial de composición simplificada al máximo (elementos rectangulares) con ornamento suprematista de formas igualmente lacónicas.

En tercer lugar, la concepción del constructivismo: la utilización de estructuras reticulares con predominio de ángulos rectos.

En cuarto lugar, las tendencias temático-simbólicas: la utilización de símbolos y emblemas revolucionarios en la propia estructura volumétrico-espacial.

Estas tendencias de creación de formas interaccionaban estrechamente, lo que proporcionaba a la capa de diseño propagandístico del medio urbano una imagen estilística única, característica de aquella época.

Las tribunas proyectadas por los miembros del grupo UNOVIS de Vítebsk eran de formas extremadamente lacónicas: volúmenes simples escalonados adornados con ornamentos suprematistas.

Diferente era la tribuna de I. Cháshnik. Ella estaba dotada de un dinamismo no sólo compositivo, sino también real —un elemento de la tribuna se podía desplazar diagonalmente hacia arriba—. Los cuadrados y rectángulos suprematistas se combinaban, de una forma inusual para el suprematismo, con las estructuras reticulares, lo que proporcionaba a la composición una agudeza formal. El proyecto fue creado en los Talleres Artísticos Libres de Vítebsk en 1920, en el taller de arquitectura de Lisitski, quien en 1924 reconstruyó este proyecto de su alumno, convirtiéndolo en la muy famosa tribuna de Lenin (O. M. № 19).

La tribuna de Cháshnik—Lisitski es un ejemplo característico de objeto sintético del constructivismo suprematista.

Los objetos propiamente constructivistas más característicos fueron los proyectos de Klutsis de tribunas y de instalaciones para propaganda (O. M. № 11).

En 1921, A. Lavinski proyecta torres de radiocomunicación de imagen aguda —instalaciones rotatorias complejas con un sistema de pantallas— para su «Ciudad sobre resortes» (O. M. № 8).

Todos los pintores progresistas que «vivieron» la arquitectura de los años 1919–1925 continuaron siendo diletantes en esta esfera para ellos nueva. Ellos no intentaron convertirse en arquitectos, a pesar de que algunos se convirtieron en diseñadores profesionales, en los pioneros del diseño

Г. Клуцис

G. Klutsis

А. Экстер

A. Éxter

го дизайна); их временное присутствие в архитектуре в масштабах общего развития советского художественного авангарда можно рассматривать как своеобразную помощь архитектуре в освобождении от пут неоклассики, как стремление интенсифицировать новаторские стилеобразующие поиски в сфере художественного творчества (т. е. в архитектуре), явно запаздывавшего с отказом от традиционалистских стереотипов. Они сами не задержались в архитектуре, но оставили в ней неизгладимый след, внесли важнейший формообразующий вклад в современную архитектуру на самом раннем этапе формирования нового стиля.

Это был цвет отечественного художественного авангарда, левые художники мирового класса. Назову лишь основных из них:

- В. Татлин с его единственным, но поистине эпохальным архитектурным проектом — Памятником III Интернационала (1919–1920);
- К. Малевич с также единственными в его творчестве собственно архитектурными проектами — планитами (1923–1924);
- А. Родченко, который за два года создал ряд конкурсных и экспериментальных архитектурных проектов: киоск (1919, Ш. № 4), «Храм общения народа» (1919), «Совдеп» (1920), фрагменты застройки города «с пятым фасадом» (1920) и др.;
- А. Лавинский, разработавший проекты «города на рессорах» (1921, Ш. № 8), книжных киосков (1923–1924), избы-читальни (1925) и др.;
- А. Экстер, эскизировавшая на тему «Динамический город» и создавшая (вместе с архитектором Б. Гладковым) оригинальный киоск «Известий» на сельскохозяйственной выставке в Москве (1923, Ш. № 18);
- Б. Королев, интенсивно эскизировавший на тему «Храм общения народа» (1919);
- А. Шевченко, разрабатывавший проект «Совдепа» (1920);
- Г. Клуцис с его серией архитектурно-дизайнерских объектов праздничного оформления города (1922, Ш. № 11).

Для каждого из названных выше художников их «проход» через архитектуру был лишь кратковременным эпизодом в их творчестве. Но их работа в архитектуре оказалась столь продуктивной, что практически все созданные ими конкурсные, заказные и экспериментальные проекты вошли как важные произведения в историю советской архитектуры на этапе становления архитектурного авангарда.

---

soviético. Pero a escalas generales del desarrollo del arte vanguardista soviético, su presencia temporal en la arquitectura se puede ver como una especie de ayuda a la arquitectura en su liberación del yugo del neoclasicismo, como un intento de agudizar las búsquedas innovadoras de creación de estilos en la esfera de la creación artística (es decir, en la arquitectura), evidentemente retrasada en cuanto al rechazo de los estereotipos tradicionalistas. Ellos mismos no se detuvieron en la arquitectura, pero dejaron en ésta una huella imborrable, realizaron una importante contribución a la arquitectura moderna en la etapa más temprana de creación del nuevo estilo.

Ellos fueron la élite del vanguardismo pictórico ruso, pintores progresistas de talla mundial, de los cuales nombraré sólo los más importantes.

- V. Tatlin, con el Monumento de la III Internacional (1919–1920), su único proyecto arquitectónico, pero que verdaderamente marcó una época;
- K. Maliévich, también con un solo proyecto arquitectónico propiamente dicho: los planites (1923–1924);
- A. Ródchenko, quien en el transcurso de dos años creó una serie de proyectos arquitectónicos experimentales y de concurso como el quiosco (1919, O. M. № 4), el Templo de las relaciones del pueblo (1919), el Sovdep (1920), los fragmentos de la construcción de la ciudad «con cinco fachadas» (1920) y otros;
- A. Lavinski, creador de los proyectos de la «Ciudad sobre resortes» (1921, O. M. № 8), los quioscos de libros (1923–1924), la isba de lectura (1925) y otros;
- A. Éxter, quien realizó bosquejos sobre el tema «Ciudad dinámica» y, junto con el arquitecto B. Gladkov, creó el original quiosco de «Noticias» en la Exposición Agropecuaria y de la Industria Artesanal en Moscú (1923, O. M. № 18);
- B. Koroliov, quien realizó muchos bosquejos sobre el tema «Templo de las relaciones del pueblo» (1919);
- A. Shevchenko, creador del proyecto del Sovdep (1920);
- G. Klutsis, con su serie de objetos arquitectónicos y de diseño para la decoración de las festividades de la ciudad (1922, O. M. № 11).

Para cada uno de los pintores nombrados, el «paso» por la arquitectura fue sólo un breve episodio de su obra, pero sus huellas fueron tan productivas que prácticamente todos los proyectos de concurso, experimentales y por encargo creados por ellos, entraron como obras importantes en la historia de la arquitectura soviética en la etapa de consolidación del vanguardismo arquitectónico.

Разрушение образных стереотипов — деструктивный этап формально-эстетических поисков. Символический романтизм

4

Destrucción de los estereotipos representativos: etapa destructiva en las búsquedas estético-formales. Romanticismo simbólico

В конечном счете в 20-е годы новый стиль в предметно-художественной сфере творчества сформировал свою весьма упорядоченную по структуре художественно-композиционную систему, в становление которой внесли свой вклад супрематизм и конструктивизм. Причем супрематизм много сделал для разработки приемов организации внешнестилистической упорядоченной композиции, а конструктивизм — для выявления закономерностей упорядочения композиции за счет потенциальных возможностей внутренней структуры.

Реальные зримые черты этой упорядоченной структуры нового стиля стали кристаллизоваться в профессиональном творчестве в первой половине 20-х годов, хотя отдельные ростки появились и раньше. И все же в целом 10-е годы, а частично и начало 20-х годов можно рассматривать как подготовительный этап формирования нового стиля. В эти годы новое искусство проходило через этап, когда задачи формирования нового тесно переплетались с задачами разрушения традиционных образных стереотипов как в профессиональном творчестве, так и во вкусах широкой публики. Без такой «разрушительной» работы, призванной расчистить поле деятельности новаторским течениям, практически было невозможно успешно создавать новое искусство.

Эта реальная задача разрушения образных стереотипов многое объясняет в формально-эстетических поисках 10 – начала 20-х годов. Эти поиски давно привлекают внимание историков искусства, которые не без основания подчеркивают особую остроту «разрушительного», деструктивного этапа рождения нового стиля в нашей стране. В чем же причина этой остроты?

Выше уже отмечалось, что рождение нового стиля в России протекало в специфических по сравнению с другими европейскими странами условиях. Он не вырастал преемственно из радикальных формально-эстетических и функционально-конструктивных поисков модерна, а был эстетически отрезан от него этапом неоклассики. Поэтому новаторские течения не только не могли опираться на достижения модерна и рассматривать его как союзника в борьбе с уже изрядно ослабленными эклектикой и стилизацией, а были вынуждены общей ситуацией в искусстве эстетически отрицать и модерн. Кроме того, в нашей стране именно в 10-е годы интенсивно развивалось авторитетное течение неоклассики,

---

En los años 20, el nuevo estilo en la esfera del arte material formó definitivamente su propio sistema compositivo, de estructura muy ordenada, a la consolidación del cual hicieron su aporte el suprematismo y el constructivismo. El suprematismo hizo mucho por el desarrollo de los medios de organización de una composición de estilo exterior ordenado; el constructivismo se encargó del descubrimiento de las regularidades de la ordenación de la composición a costa de las capacidades potenciales de la estructura interna.

Los rasgos visibles reales de esa estructura ordenada del nuevo estilo comenzaron a cristalizarse en el trabajo profesional en la primera mitad de los años 20, aunque algunos brotes independientes aparecieron antes. No obstante, los años 10 y los primeros años de los 20 se pueden considerar en su conjunto como una etapa preparatoria de la creación del nuevo estilo. Durante estos años el nuevo arte atravesó una etapa en la que la tarea de formación de lo nuevo estaba estrechamente entrelazada con las tareas de destrucción de los estereotipos representativos tradicionales, tanto en las obras profesionales como en el gusto del público en general. Sin ese trabajo «destructivo», encargado de limpiar el campo de acción a las corrientes innovadoras, hubiese sido prácticamente imposible crear el nuevo arte.

Esta tarea real de destrucción de estereotipos representativos explica muchas cuestiones relacionadas con las búsquedas estético-formales de los años 10 y principios de los años 20. Estas búsquedas hace mucho tiempo que despertaron la atención de los historiadores del arte, quienes no sin fundamento han destacado la singular vehemencia de la etapa «destructiva» del nacimiento del nuevo estilo en Rusia. ¿Cuál es la causa de esa vehemencia?

Anteriormente se señaló que el nacimiento del nuevo estilo en Rusia transcurrió en condiciones específicas en comparación con los demás países europeos. El nuevo estilo no se formó como consecuencia de búsquedas radicales estético-formales y estructural-funcionales del modernismo, sino que fue estéticamente aislado de este último por la etapa del neoclasicismo. Por eso, las corrientes innovadoras no solamente no pudieron apoyarse en los éxitos del modernismo y considerarlo como un aliado en la lucha contra el eclecticismo y la estilización, ya muy debilitados, sino que también se vieron obligadas a negar estéticamente al modernismo a causa de la situación general reinante en el arte. Además de esto, precisamente en los años 10 en Rusia comienza a

Разрушение образных стереотипов — деструктивный этап формально-эстетических поисков. Символический романтизм	Раздел 1
Destrucción de los estereotipos representativos: etapa destructiva en las búsquedas estético-formales. Romanticismo simbólico	Parte 1

сторонники которой создавали первоклассные в художественном отношении произведения в различных сферах предметно-художественного творчества, начиная от книжной графики и кончая архитектурой.

Чрезвычайная сложность в процессах стилеобразования в нашей стране в 10-е — начале 20-х годов состояла именно в том, что на пути к новому стилю новаторским течениям пришлось иметь дело не с затухающими школами эклектики и стилизации, терявшими притягательность в профессиональной среде, а с мощно развивавшейся неоклассикой, быстро увеличивавшей свою популярность как среди профессионалов, так и у широкой публики. Такая ситуация была необычной для рождения нового стиля. Ему приходилось рождаться в условиях, когда одновременно с ним претендовал на рождение другой стиль — неоклассицизм.

В результате такого необычного стечения обстоятельств, в ситуации двойного рождения диаметрально противоположных стилей, новаторским течениям пришлось в значительно большей степени, чем в других странах, заниматься не только позитивными формально-эстетическими поисками, но и много сил отдавать борьбе со стереотипами эклектики, академизма и неоклассики.

Отсюда такое необычное неистовство экспериментов 10 – начала 20-х годов, их подчеркнуто деструктивный, «разрушительный» характер. Высокий художественный уровень неоклассики и ее все возраставший авторитет в профессиональной художественной среде как бы спровоцировали новаторские течения на резкое усиление деструктивных экспериментов.

В результате в нашей стране такие стадии развития нового искусства, как кубизм и футуризм, приобрели специфический характер, с подчеркнуто деструктивной направленностью формально-эстетических поисков, и наряду с этапом сложения нового стиля стали важным этапом разрушения традиционалистских стереотипов. Это привело к появлению характерных именно для нашей страны разновидностей общих для всего нового искусства течений, например, особой разновидности кубофутуризма с его подчеркнуто деструктивной доминантой.

В целом деструктивная задача новаторских течений, расчищавших плацдарм для нового стиля, потребовала серьезных усилий в течение почти 10 лет (1912–1922). То поднимаясь на большую высоту, то затухая, волны деструктивных экспериментов прокатывались в эти годы через различные сферы художественного творчества — полиграфическое искусство, художественное оформление театральных постановок, праздничное оформление, архитектуру и т. д.

---

desarrollarse de una manera intensa la respetada corriente neoclásica, cuyos simpatizantes realizaron trabajos artísticos de primera clase en las diversas esferas del arte material, comenzando por el diseño gráfico de libros y concluyendo con la arquitectura.

La extrema complejidad de los procesos de creación de estilos en Rusia entre los años 10 e inicios de los años 20, consistió precisamente en que las corrientes innovadoras tuvieron que enfrentarse en su camino hacia el nuevo estilo no con las decadentes escuelas del eclecticismo y la estilización, que habían perdido su atractivo en el ambiente profesional, sino con el neoclasicismo, el cual se encontraba en intenso desarrollo y aumentaba su popularidad entre los profesionales y el público en general. Esta situación era poco habitual para el nacimiento de un nuevo estilo, el cual se vio obligado a ver la luz cuando junto con él pretendía nacer otro estilo, el neoclasicismo.

Como resultado de esas raras circunstancias —el nacimiento simultáneo de dos estilos diametralmente opuestos—, las corrientes innovadoras se vieron, mucho más obligadas que en otros países, a dedicar sus fuerzas no sólo a las búsquedas estético-formales positivas, sino también a la lucha contra los estereotipos del eclecticismo, el academismo y el neoclasicismo.

De ahí viene ese inusual frenesí de experimentos de los años 10 y principios de los 20 y su marcado carácter destructivo. El alto nivel artístico de las obras neoclásicas y su creciente autoridad en el ámbito del arte profesional provocó, en cierto sentido, una brusca intensificación de los experimentos destructivos en las corrientes innovadoras.

Debido a esto, en Rusia los estadios del desarrollo del nuevo arte como el cubismo y el futurismo adquirieron un carácter específico, con una marcada orientación destructiva de las búsquedas estético-formales, y se convirtieron, junto con la etapa de formación del nuevo estilo, en una importante etapa de destrucción de los estereotipos tradicionales. Esto condujo a la aparición de diversas corrientes, características de Rusia y comunes al nuevo arte, como por ejemplo, el singular cubofuturismo con su marcada idea dominante destructiva.

En su totalidad, la tarea destructora de las corrientes innovadoras, que limpiaron el campo de batalla para el nuevo estilo, exigió serios esfuerzos a lo largo de casi 10 años (1912–1922). Las oleadas de experimentos destructivos, bien elevándose a gran altura, bien extinguiéndose, realizaron incursiones en diferentes campos del arte: el diseño de libros, la decoración artística de las presentaciones teatrales, la decoración de festividades, la arquitectura, etcétera.

La brecha en el respetable estilo clásico fue abierta principalmente en el diseño de libros, en el libro futurista, donde se entrelazaron estrechamente la novedad radical de la presentación artística con el texto poético.

Casi junto con la aparición del libro futurista, se comenzaron a introducir en el teatro los experimentos radicales estético-formales de las artes plásticas progresistas. Precisamente en el

| Раздел 1 | Разрушение образных стереотипов — деструктивный этап формально-эстетических поисков. Символический романтизм |
| Parte 1 | Destrucción de los estereotipos representativos: etapa destructiva en las búsquedas estético-formales. Romanticismo simbólico |

Прорыв в респектабельной классицистической стилистике произошел прежде всего в полиграфическом искусстве, в футуристической книге, где тесно переплелись радикальная новизна художественного оформления и поэтического текста.

Почти одновременно с появлением футуристической книги начался процесс внедрения в театр радикальных формально-эстетических экспериментов левого изобразительного искусства. Позже именно в театре, в реальном пространстве появились первые конструктивистские структуры, но сначала через театр прошел кубизм, принеся с собой радикальную ломку образных стереотипов.

Наиболее характерными для театрального кубизма следует признать спектакли руководимого А. Таировым Камерного театра, художественно оформленные А. Экстер («Фамира Кифаред», 1916) и будущим лидером архитектурного конструктивизма А. Весниным («Благовещение», 1920; «Федра», 1922).

Деструктивный этап формально-эстетических поисков в праздничном оформлении городов способствовал разрушению образных стереотипов академизма, эклектики и стилизации. Художники стремились создать новый облик городской среды, противопоставленный существующему архитектурному облику.

Художественные средства и формы искусства, как правило, заключают в себе тот или иной символический смысл, который может сознательно восприниматься человеком, а может и не осознаваться им, входя в сложную систему ассоциаций и образных стереотипов.

Однако и в самих архитектурных формах и при восприятии их человеком со временем постепенно изменяется соотношение символического смысла данной формы и ее художественного значения. Смысловые ассоциации, когда-то определявшие отношение человека к данной форме, со временем тускнеют, отходят на второй план (а иногда и совсем исчезают).

В советской архитектуре первых послереволюционных лет предпринимались попытки вернуть символике форм главную роль в формировании архитектурного образа.

Большое распространение в монументальном искусстве и архитектуре первых послереволюционных лет получили поиски некоего общепонятного символического языка с использованием простых геометрических форм и цвета. Значительную роль в его разработку внесли художники и скульпторы, причем символические формы были как бы одним из тех промежуточных этапов или каналов, через которые левая живопись интенсивно «входила» в архитектуру (изобразительные средства — символические формы — архитектурные формы).

В первые послереволюционные годы это нередко была абстрактно-геометрическая символика, лишенная сюжетно-предметной конкретики или эмблематики. В качестве символов

Г. Людвиг (портрет)

G. Lúdvig (dibujo)

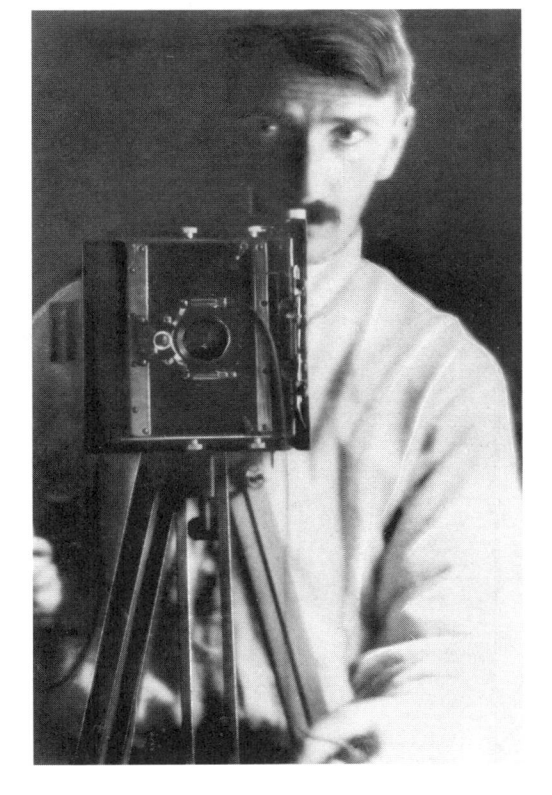

teatro es que posteriormente aparecerían las primeras estructuras constructivistas en el espacio real, pero primero por el teatro pasó el cubismo, rompiendo radicalmente los estereotipos representativos.

Se debe reconocer que lo más característico del cubismo teatral son los espectáculos del Teatro de Cámara dirigido por A. Taírov, con presentaciones artísticas de A. Éxter («Famira Kifared», 1916) y del futuro líder del constructivismo arquitectónico A. Vesnín («La Anunciación», 1920; «Fedra», 1922).

La etapa destructiva de las búsquedas estético-formales en la decoración de festividades de ciudades contribuyó a la destrucción de los estereotipos representativos del academismo, el eclecticismo y la estilización. Los pintores intentaban crear una nueva imagen del medio urbano, opuesta a la imagen arquitectónica existente.

Los medios artísticos y las formas del arte encierran, por lo general, uno u otro sentido simbólico, el cual puede ser percibido conscientemente por la persona, pero también puede no ser concienciado, formando parte de un complejo sistema de asociaciones y estereotipos representativos.

Sin embargo, en las mismas formas arquitectónicas y durante su percepción por la persona, con el tiempo cambia gradualmente la correlación entre el sentido simbólico de una forma dada y su significado artístico. Las asociaciones que alguna vez determinaron la relación de una persona hacia una forma dada se opacan con el tiempo, se desplazan a un segundo plano y, en algunas ocasiones, desaparecen totalmente.

En la arquitectura soviética de los primeros años posrevolucionarios se hicieron varios intentos de devolver a la simbología de las formas el papel principal en la formación de la imagen arquitectónica.

En el arte monumental y la arquitectura de los primeros años posrevolucionarios, estuvieron muy difundidas las búsquedas de cierto idioma simbólico comprensible, utilizando formas geométricas sencillas y color. Un papel muy importante en su creación fue desempeñado por los pintores y escultores, y las formas simbólicas fueron en cierto modo una de las etapas o canales transitorios por los que la pintura progresista ingresaba intensamente en la arquitectura (medios de las artes plásticas — formas simbólicas — formas arquitectónicas).

En los primeros años que precedieron a la revolución, este idioma constituyó a menudo una simbología abstracto-geométrica desprovista de emblemas o de un tema concreto. Como símbolos actuaban el color (rojo o negro), el grado de solidez (ciego o reticular), el dinamismo y la estabilidad, etcétera.

В. Кринский

V. Krinski

Разрушение образных стереотипов — деструктивный этап формально-эстетических поисков. Символический романтизм

Destrucción de los estereotipos representativos: etapa destructiva en las búsquedas estético-formales. Romanticismo simbólico

А. Родченко

A. Ródchenko

И. Голосов

I. Gólosov

выступал цвет (красное и черное), степень массивности элемента (глухой и ажурный), динамика и устойчивость и т. д.

Эта геометрическая и цветовая символика использовалась и при художественном оформлении города.

Символика простых геометрических форм и цвета была широко распространена в агитационном искусстве первых лет советской власти.

Широкое распространение символики архитектурных форм объяснялось не только специфическим назначением самих объектов (памятники, монументы, «дворцы»), но и тем, что придание новым формам символического смысла способствовало ускорению процесса отказа от старых форм, облегчало приобщение широких масс к новым простым геометрическим формам и осознание через символику их эстетической ценности.

К символике простых статических геометрических форм (куб, шар, пирамида и т. д.), широко использовавшейся и в прошлом, добавилась динамика сдвигов, диагоналей и спиралей, неустойчивость «разрушающихся» композиций, напряженность консолей и т. д. «Повествовательности» символически трактованного архитектурно-художественного образа придавалось в агитационном искусстве такое большое значение, что единая символика форм пронизывала в те годы различные стилистические концепции и именно символика образа воспринималась тогда в первую очередь.

Так, например, в проекте Памятника III Интернационала В. Татлина в первое время многих поражали не столько сами новые архитектурные формы, конструкции и материалы (каркас, стекло и т. д.), сколько его символический образ — спираль, аллегорически выражавшая революционный порыв и движение. Проект вызвал многочисленные подражания, причем спиралевидная композиция сочеталась и с традиционными формами (проект памятника 26 бакинским комиссарам, худ. Г. Якулов, архит. В. Щуко), и с лаконичными глухими формами (проект Дворца труда в Москве, 1922–1923, архит. Г. Людвиг — Ш. № 14), и с ажурными металлическими конструкциями (проект памятника Ленину, 1924, архит. В. Щуко).

Отсутствие в первые годы советской власти реального строительства привело к концентрации творческих интересов архитекторов в области экспериментальных лабораторных поисков. Происходил почти не проявлявшийся вовне процесс внутреннего развития архитектуры. Это был этап быстрого формирования новых творческих концепций.

Символический романтизм не был единым течением с теоретической платформой и стилистически определенным набором композиционных приемов и художественных форм. Его скорее можно рассматривать как ранний этап поисков нового художественного образа и новых путей развития архитектуры, которые противостояли неоклассике.

Esta simbología geométrica y de colores se utilizaba también en la decoración artística de la ciudad.

La simbología de las formas geométricas simples y del color estuvo ampliamente difundida en el arte de la propaganda política de los primeros años del poder soviético.

La gran difusión de la simbología en las formas arquitectónicas se explicaba no sólo por la destinación específica de los objetos mismos —estatuas, monumentos, «palacios»—, sino también porque al darle a las nuevas formas un sentido simbólico se contribuía a la intensificación del proceso de rechazo de las formas viejas, se facilitaba la familiarización de las grandes masas con las nuevas formas geométricas simples y la comprensión de su valor estético mediante la simbología.

A la simbología de las formas geométricas estáticas simples (tales como el cubo, la esfera, la pirámide, etcétera), utilizadas frecuentemente también en el pasado, se le sumaron la dinámica de los desplazamientos, de las diagonales y de las espirales, la inestabilidad de las composiciones «destructivas», la tensión de las ménsulas, etcétera. Al «carácter narrativo» de la imagen arquitectónico-artística interpretada simbólicamente se le daba tanta importancia en el arte de la propaganda política, que una única simbología de las formas atravesaba las diferentes concepciones estilísticas de aquel entonces, siendo precisamente la simbología de la imagen la que se comprendía en primer lugar.

Así, por ejemplo, el proyecto del Monumento de la III Internacional de V. Tatlin impresionó inicialmente a muchos no tanto por las formas, estructuras y materiales arquitectónicos mismos (armazón, vidrio, etcétera), sino más bien por su imagen simbólica, una espiral que expresaba alegóricamente el ímpetu revolucionario y el movimiento. El proyecto provocó muchas imitaciones, donde la composición espiral se combinaba con formas tradicionales (el proyecto del Monumento a los 26 comisarios de Bakú, del pintor G. Yakúlov y el arquitecto V. Schukó), con formas ciegas lacónicas (proyecto del Palacio del Trabajo de Moscú, 1922–1923, del arquitecto G. Lúdvig, O. M. № 14) y con estructuras metálicas reticulares (proyecto del Monumento a Lenin, 1924, del arquitecto V. Schukó).

La ausencia de construcción real durante los primeros años del poder soviético, condujo a la concentración de los intereses artísticos de los arquitectos en el campo de las experimentaciones en laboratorio, de manera que tuvo lugar un proceso de desarrollo interno de la arquitectura, prácticamente sin manifestaciones externas. Ésta fue una etapa de rápida formación de nuevas concepciones artísticas.

El romanticismo simbólico no fue una corriente íntegra con una plataforma teórica y un conjunto estilísticamente definido de medios compositivos y formas artísticas, sino que más bien puede

| Раздел 1 | Разрушение образных стереотипов — деструктивный этап формально-эстетических поисков. Символический романтизм |
| Parte 1 | Destrucción de los estereotipos representativos: etapa destructiva en las búsquedas estético-formales. Romanticismo simbólico |

Студенты МИГИ (первый поток) у выставки курсовых проектов. Слева направо: Л. Славина, Е. Чеботарева, А. Мухин, Г. Вегман, Н. Воротынцева, В. Владимиров

Estudiantes del MIGI (primera promoción) en la exposición de proyectos de curso. De izquierda a derecha: L. Slávina, Ye. Chebotariova, A. Mujin, G. Viegman, N. Vorotíntseva, V. Vladímirov

В области стилистических поисков символический романтизм был весьма разнообразен — от архаических форм до супрематических и кубофутуристических композиций.

На крайнем левом фланге символико-романтических поисков находились художники и архитекторы, в творчестве которых ощущалось явное влияние кубизма. Они создавали произведения, проникнутые беспокойной динамикой, зрительно легкие и неустойчивые.

Влияние кубизма явно прослеживается в архитектурных проектах членов Живскульптарха (даже в тех, где использованы формы прошлого). Признание членами Живскульптарха (в ходе теоретических дискуссий) одним из обязательных качеств нового архитектурного образа внешне выраженной динамики, отказ от симметрии и прямых углов приводили к созданию сложных, необычных плановых решений и объемно-пространственных композиций. Динами-

ser visto como una etapa temprana de las búsquedas de la nueva imagen artística y de los nuevos caminos de desarrollo de la arquitectura, búsquedas que se oponían al neoclasicismo.

En el campo de las búsquedas estilísticas el romanticismo simbólico fue muy diverso: desde formas arcaicas hasta composiciones suprematistas y cubofuturistas.

En el flanco extremo izquierdo (progresista) de las búsquedas del romanticismo simbólico se encontraban pintores y arquitectos cuyas obras dejaban sentir una influencia clara del cubismo. Ellos daban vida a obras impregnadas de una dinámica intranquila, visualmente ligeras e inestables.

La influencia del cubismo se observa claramente en los proyectos arquitectónicos de los miembros de la Zhivskulptarj, incluso en los proyectos que utilizaban formas del pasado. El reconocimiento por parte de los miembros de la Zhivskulptarj (durante los debates teóricos) de la dinámica exterior como una de las cualidades indispensables de la nueva imagen arquitectónica y el rechazo de la simetría y

Профессор А. Лолейт консультирует студента А. Мухина

El profesor A. Loleit asesorando al estudiante A. Mujin

ческие композиции с подчеркнуто деструктивными остроугольными формами, диагонали, сдвиги, консоли, криволинейные и ломаные формы, контрастное использование цвета — все это входило в арсенал средств художественной выразительности — среди них конкурсные проекты киоска (А. Родченко — Ш. № 4; В. Кринский), экспериментальные проекты «Храма общения народа» (Н. Ладовский — Ш. № 3; В. Кринский, Б. Королев и др.), коммунального дома (Н. Ладовский — Ш. № 5; В. Кринский, Г. Мапу — Ш. № 6), «Совдепа» (А. Родченко, А. Шевченко) и др.

Символика простых геометрических форм в соединении с динамикой и сдвигами, идущими от кубизма, для большинства архитекторов оказалась временным увлечением. Многие эти формы и композиционные приемы, теряя постепенно свою символику, вошли в арсенал выразительных средств новой архитектуры.

В творчестве же некоторых архитекторов символический романтизм имел такое большое значение, что, архитектонически переработав символику простых геометрических форм и цвета, они создали новаторскую школу символического романтизма (1920–1924).

Большое влияние на формирование школы оказал И. Голосов. От упрощенной неоклассики 1918–1919 гг. он приходит в 1920–1923 гг. к символико-романтическим формам. В стремлении выразить в архитектурных образах героику революции И. Голосов придает сво-

de los ángulos rectos, condujeron al surgimiento de soluciones de plantas complejas y de composiciones volumétrico-espaciales fuera de lo común. Las composiciones dinámicas con formas agudas remarcadamente destructivas, las diagonales, los desplazamientos, las ménsulas, las formas curvilíneas y quebradas, el uso contrastante del color, todo esto formaba parte del arsenal de medios de expresión artística, como se puede observar, por ejemplo, en los proyectos de concurso de quioscos (A. Ródchenko, O. M. № 4; V. Krinski), los proyectos experimentales del «Templo de las relaciones del pueblo» (N. Ladovski, O. M. № 3; V. Krinski, B. Koroliov, etcétera), de la casa comunal (N. Ladovski, O. M. № 5; V. Krinski, G. Mapú, O. M. № 6) y del Sovdep (A. Ródchenko, A. Shevchenko), entre otros.

La simbología de las formas geométricas simples en combinación con la dinámica y los desplazamientos provenientes del cubismo, fue para la mayoría de los arquitectos una distracción pasajera. Muchas de estas formas y métodos compositivos, perdiendo paulatinamente su simbología, pasaron a formar parte del inventario de medios expresivos de la nueva arquitectura.

Sin embargo, en la obra de algunos arquitectos, el significado del romanticismo simbólico alcanzó tal punto que, transformando arquitectónicamente la simbología de las formas geométricas simples y el color, ellos crearon la escuela innovadora del romanticismo simbólico (1920–1924).

I. Gólosov influyó fuertemente en la formación de esta escuela. Del neoclasicismo simplificado de los años 1918–1919, él llega en los años 1920–1923 a las formas del romanticismo simbólico. En

им проектам этих лет подчеркнутую динамичность. Взаимодействие объемов выражает напряжение, порыв и борьбу, выявляются «линии тяготения» архитектурных масс, широко используются сдвиги объемов, острые углы, наклонные линии.

В первых проектах И. Голосова, выполненных в духе символического романтизма, использованы и нарастающие объемы, и наклонные линии, и противоборство горизонтального и вертикального движения, и динамика спирали, и многие другие приемы создания динамической композиции, но сдвиги объемов в плане не играют большой роли.

Это характерно и для некоторых следующих работ И. Голосова, где при простом по конфигурации или даже строго симметричном плане завершающая объемную композицию часть проектируется в виде сложной беспокойной композиции или создается ритмичный ряд односкатных крыш, «колючий» зубчатый силуэт которых вызывает нарастающее «движение» всей композиции по горизонтали (Останкинское коннозаводство, 1922, П. № 1).

Затем в ряде проектов И. Голосов все более решительно использует приемы сдвигов прямоугольных объемов в плане и ритм косо поставленных параллельных корпусов. Наибольший интерес в этом отношении представляет его конкурсный проект Дворца труда в Москве (конец 1922 – начало 1923, Ш. № 13), который был своеобразной кульминацией в его творческих поисках в духе символического романтизма.

В первой половине 20-х годов в Москве существовали три факультета, где готовили архитекторов (или гражданских инженеров), — во ВХУТЕМАСе, в МИГИ (Московский институт гражданских инженеров), в МВТУ (Московское высшее техническое училище).

В 1922–1924 гг. в МИГИ (в 1924 г. объединен с МВТУ) на нескольких смежных курсах училась плеяда талантливых студентов, многие из которых через один-два года перешли на позиции конструктивизма, а затем (наряду с выпускниками МВТУ) составили костяк молодых членов ОСА.

Лидерами в новаторских формальных поисках среди студентов старшего курса на этапе формирования оригинальной школы символического романтизма были Г. Вегман, В. Владимиров, А. Мухин, В. Красильников.

В МИГИ студенты получили более основательную инженерно-техническую подготовку, чем во ВХУТЕМАСе. Особое впечатление на студентов производили лекции А. Лолейта, который читал курс железобетонных конструкций. Пластичность этого материала и его необычные возможности в области формообразования увлекали студентов и подводили реальную инженерно-техническую основу под их новаторские поиски. Они нередко показывали наиболее дерзкие по форме предварительные эскизы своих курсовых проектов Лолейту, и он неизменно говорил им, что для железобетона задуманные ими композиции не представляют

---

su intento de expresar en las imágenes arquitectónicas el heroísmo de la revolución, I. Gólosov transmite a sus proyectos de estos años un marcado dinamismo. La interrelación de volúmenes expresa la tensión, el ímpetu y la lucha, se manifiestan las «líneas de atracción» de las masas arquitectónicas, se utilizan ampliamente los desplazamientos de volúmenes, los ángulos agudos, las líneas inclinadas.

En los primeros proyectos de I. Gólosov realizados al estilo del romanticismo simbólico se utilizan volúmenes crecientes, líneas inclinadas, confrontación de movimientos horizontales y verticales, la dinámica de la espiral y muchos otros métodos de creación de composiciones dinámicas, pero los desplazamientos de volúmenes en el plano no juegan un papel importante.

Esto también es característico en algunos trabajos posteriores de I. Gólosov, en los que teniendo una planta de configuración simple o, incluso, estrictamente simétrica, la parte que concluye la composición volumétrica se proyecta en forma de una composición compleja intranquila o se crea una serie rítmica de techos de un agua, cuya silueta dentada y «puntiaguda» provoca una sensación de «desplazamiento» creciente de toda la composición por la horizontal (Criadero de caballos en Ostánkino, 1922, A. № 1).

Posteriormente, en una serie de proyectos, Gólosov utiliza cada vez con mayor resolución los métodos de desplazamiento en el plano de volúmenes rectangulares y el ritmo de bloques paralelos dispuestos oblicuamente. El más interesante en este sentido es su proyecto de concurso del Palacio del Trabajo de Moscú (finales de 1922 – inicios de 1923, O. M. № 13), que fue una especie de culminación en sus búsquedas artísticas al estilo del romanticismo simbólico.

Durante la primera mitad de los años 20 en Moscú existían tres facultades donde se preparaban arquitectos (o ingenieros civiles): en el VJUTEMAS, en el MIGI (*Instituto de Ingeniería Civil de Moscú*) y en la MVTU (*Escuela Superior Técnica de Moscú**).

Entre 1922 y 1924 (en 1924 el MIGI es unido a la MVTU), en varios cursos cercanos del MIGI estudió una pléyade de estudiantes talentosos, muchos de los cuales adoptaron al cabo de 1–2 años las posiciones del constructivismo, para después conformar junto con los egresados de la MVTU la columna vertebral de los jóvenes miembros de la OSA.

Entre los estudiantes de los cursos superiores, los líderes en las búsquedas formales innovadoras en la etapa de formación de la original escuela del romanticismo simbólico fueron G Viegman, V. Vladímirov, A. Mujin y V. Krasílnikov.

En el MIGI los estudiantes recibían una preparación técnico-ingenieril más sólida que en el VJUTEMAS. Las conferencias de A. Loleit, quien dictaba el curso de estructuras de hormigón armado,

---

* N. del T. Hoy MGTU (*Universidad Técnica Estatal de Moscú «N. E. Bauman»*).

непреодолимой трудности. Это вдохновляло студентов на новые поиски, расковывало их творческую фантазию.

Широко использованы формообразующие возможности железобетона в курсовых проектах Г. Вегмана.

Но особенно это характерно для двух проектов А. Мухина, выполненных в конце 1922 – начале 1923 года — маяк в порту и павильон для тропических растений в ботаническом саду, где при создании необычной формы использованы пластические возможности железобетона (Ш. № 16).

Архитекторы, работавшие в начале 20-х годов в духе символического романтизма, внесли определенный вклад в развитие современной архитектуры, расширив, в частности, диапазон поисков новой формы. Стремясь создать такие формы и композиции, которые бы зрительно выражали те или иные состояния — покой, движение, взлет и т. д., — они с большой творческой свободой использовали конструктивные возможности новой техники.

Отношение к роли конструкции в процессе создания архитектурного образа в чем-то сближало сторонников символического романтизма с рационалистами. Близки были и некоторые внешние формальные приемы, используемые сторонниками этих двух течений при создании объемно-пространственной композиции. Однако сторонники символического романтизма создавали образ, используя символику и динамику форм, придавали содержательность форме как таковой, нередко вносили в архитектуру некие повествовательно-изобразительные приемы, ведя формально-эстетические поиски где-то на стыке архитектуры и скульптуры и рассматривая любое сооружение по аналогии с монументом. Рационалисты же выявляли художественные возможности самой формы в создании пространственных композиций, использовали сугубо архитектурные качества средств выразительности и композиционных приемов.

---

causaban una impresión especial en los estudiantes. La plasticidad de este material y su posibilidades inusuales en el campo de creación de formas, atraían la atención de los estudiantes y sentaban un fundamento técnico-ingenieril real en sus búsquedas innovadoras. Los estudiantes con frecuencia mostraban a Loleit sus bosquejos de proyecto de curso más audaces en cuanto a la forma, y Loleit les repetía invariablemente que para el hormigón armado las composiciones que ellos inventaban no constituían ninguna dificultad insuperable. Esto inspiraba a los estudiantes a la realización de nuevas búsquedas, daba libertad a su fantasía artística.

En los proyectos de curso de G. Viegman se utilizan ampliamente las posibilidades del hormigón armado para la creación de formas. Pero esto es especialmente característico en los dos proyectos de A. Mujin realizados a finales de 1922 – principios de 1923 (un faro portuario y el pabellón de plantas tropicales de un jardín botánico, donde se utilizan las posibilidades plásticas que brinda el hormigón armado para la creación de formas poco comunes, O. M. № 16).

Los arquitectos que a inicios de los años 20 trabajaron al estilo del romanticismo simbólico, realizaron cierta contribución al desarrollo de la arquitectura moderna, ampliando, en particular, el espectro de búsquedas de nuevas formas. Intentando crear formas y composiciones que en cierto modo expresaran visualmente uno u otro estado —calma, movimiento, vuelo, etcétera—, ellos utilizaron con gran libertad artística las posibilidades estructurales de la nueva técnica.

La actitud hacia el papel de la estructura en el proceso de creación de la imagen arquitectónica acercaba, en cierta medida, a los simpatizantes del romanticismo simbólico y a los racionalistas. También se asemejaban algunos métodos formales exteriores empleados por los seguidores de estas dos corrientes durante la creación de composiciones volumétrico-espaciales. Sin embargo, los simpatizantes del romanticismo simbólico creaban la imagen utilizando la simbología y la dinámica de las formas, transmitían contenido a la forma como tal, con frecuencia introducían en la arquitectura métodos narrativo-figurativos, realizando las búsquedas estético-formales a caballo entre la arquitectura y la escultura y considerando cada construcción como un monumento. Los racionalistas, en cambio, revelaban las posibilidades artísticas de la forma misma en la creación de composiciones espaciales, utilizaban las cualidades puramente arquitectónicas de los medios de expresión y de los métodos compositivos.

Рационализм — творческое течение архитектурного авангарда (лидер Н. Ладовский)

El racionalismo: corriente artística del vanguardismo arquitectónico (Ladovski)

В тот период, когда мир архитектуры был чреват радикальными процессами формообразования, резко возросло влияние мастеров с ярко выраженными формообразующими и стилеобразующими талантами. Именно такие архитекторы оказали большое воздействие на процессы формирования стиля XX в. Характер их влияния был весьма различен. Творчество одних возвышалось в виде величественных монументов, и влияли сами произведения мастера (например, К. Мельникова). Такие мастера не имели практически своей школы, так как их творческая концепция не содержала разработанной формальной системы, т. е. под них трудно было стилизовать. Другие и сами возвышались как уникальные художники (И. Леонидов), и их концепция содержала художественно-композиционную систему средств и приемов выразительности, что позволяло их последователям стилизовать в духе творческой манеры мастера, хотя в художественном отношении работы учеников и последователей не поднимались выше работ главы школы.

Была еще одна группа лидеров, которые не разрабатывали стилевую систему, а вносили свой вклад в такие уровни творческих процессов, которые внешне были как бы далеки от художественно-композиционной системы, но на самом деле составляли ее функционально-конструктивную основу (роль такого лидера играл в коллективе архитекторов М. Гинзбург) или объемно-пространственную структуру (Н. Ладовский).

Ладовский был уникальным творческим лидером. Это бурно генерирующий идеи концептуально-формообразующий центр. Он и сам создавал первоклассные произведения, но главное — так влиял на своих учеников, что они создавали оригинальные произведения на очень высоком художественном уровне. Это не были произведения, стилизованные под Ладовского (как, например, стилизовали под Леонидова), — это были действительно оригинальные произведения, но все же круга Ладовского, вернее, спровоцированные формообразующими идеями Ладовского.

Если в архитектурном конструктивизме основным лидером был А. Веснин, но была и плеяда близких ему по уровню мастеров (В. Веснин, М. Гинзбург, И. Леонидов, А. Никольский и др.), то в рационализме был фактически один лидер, который был идеологом, теоретиком, творческим лидером и организатором. Это был Н. Ладовский, который создал и Рабочую группу ар-

---

En aquel período, cuando el mundo de la arquitectura estaba colmado de procesos radicales de creación de formas, aumentó bruscamente la influencia de los maestros dotados de un pronunciado talento en cuanto a la creación de formas y estilos. Precisamente esos arquitectos influyeron en los procesos de formación del estilo del siglo XX. El carácter de su influencia fue muy diverso. Las obras de algunos se erguían en forma de monumentos majestuosos, y lo que ejercía influencia eran las obras mismas (como por ejemplo, las obras de K. Miélnikov). Estos maestros prácticamente no poseían una escuela propia, pues su concepción artística no contaba con un sistema formal desarrollado, lo que dificultaba imitar su estilo. Otros se destacaban por sí mismos como artistas excepcionales (I. Leonídov), y su concepción sí contenía un sistema compositivo de medios y métodos de expresión, lo que permitía a sus seguidores imitar el estilo artístico del maestro, aunque en el aspecto artístico los trabajos de los estudiantes y seguidores no se elevaron más allá de los trabajos del maestro de la escuela.

Hubo, además, un tercer grupo de líderes, los cuales no desarrollaron un sistema estilístico, pero hicieron su aporte en niveles de procesos artísticos que aparentan estar lejos de un sistema artístico-compositivo, pero que en realidad conforman su base estructural y funcional (M. Guínzburg jugó este papel de líder en el colectivo de arquitectos) o su estructura volumétrico-espacial (N. Ladovski).

Ladovski fue un líder artístico excepcional, un centro conceptual y de creación de formas que generaba ideas impetuosamente. Él mismo creó obras de primera clase, pero lo más importante es que influyó sobre sus estudiantes hasta tal punto que ellos crearon obras originales con un alto nivel artístico. Éstas no fueron obras que copiaban el estilo de Ladovski, como se copiaba, por ejemplo, el estilo de Leonídov, sino obras verdaderamente originales, pero de todas formas dentro del círculo de Ladovski, más exactamente, obras provocadas por las ideas de Ladovski concernientes a la creación de formas.

Si en el constructivismo arquitectónico había, además del líder principal A. Vesnín, toda una pléyade de maestros que se le acercaban en nivel (V. Vesnín, M. Guínzburg, I. Leonídov, A. Nikolski y otros), en el racionalismo hubo prácticamente un único líder, que fue ideólogo, teórico, líder artístico y organizador. Nos referimos a N. Ladovski, quien formó el Grupo Laboral de Arquitectos del INJUK, la Asociación de Nuevos Arquitectos (ASNOVA), que fue la primera organización artística innovadora en la arquitectura soviética, la Unión de Arquitectos Urbanistas (ARU), la Unión de Talleres Izquierdistas (Obmás) del VJUTEMAS, un laboratorio psicotécnico; además,

Рационализм — творческое течение архитектурного авангарда (лидер Н. Ладовский)

El racionalismo: corriente artística del vanguardismo arquitectónico (Ladovski)

Н. Ладовский

N. Ladovski

хитекторов ИНХУКа, и первую новаторскую творческую организацию в советской архитектуре — Ассоциацию новых архитекторов (АСНОВА), и Объединение архитекторов-урбанистов (АРУ), и Объединенные левые мастерские (Обмас) ВХУТЕМАСа, и психотехническую лабораторию, а также разработал пропедевтическую дисциплину «Пространство», психоаналитический метод преподавания, оригинальную градостроительную концепцию.

Конструктивизм оградил себя от стилистического влияния предшествующих направлений тем, что его концепция формообразования ориентировалась на выявление функционально-конструктивной основы.

С рационализмом дело обстояло сложнее. Его концепция признавала самоценность художественной формы и вроде бы в художественных вопросах формообразования должна была в чем-то ориентироваться на предшествующий опыт. Многое однако зависело от того, какой уровень формообразования в этой концепции был взят за основу. Ладовский, разрабатывая свою концепцию формообразования, сумел, не подчиняя ее задаче выявления во внешнем облике функционально-конструктивной основы здания, уйти и от влияния конкретных художественно-композиционных систем, характерных для определенных стилей или стилевых периодов.

Для первоначального этапа формирования рационализма, до создания Н. Ладовским и его соратниками в 1923 г. Ассоциации новых архитекторов, принципиальное значение имели процессы становления концепции нового творческого течения и консолидации его сторонников вокруг Н. Ладовского в Живскульптархе, в Рабочей группе архитекторов ИНХУКа и в Обмасе ВХУТЕМАСа.

Дискуссии в Живскульптархе — это 1919 г. Они свидетельствуют, что в конечном счете речь шла о поисках концепции новой формы, о том — на что ориентироваться прежде всего в вопросах формообразования. Через все дискуссии красной нитью проходит мысль о необходимости вернуть архитектурной форме ее относительную художественную самостоятельность.

Ладовский, выступая в дискуссиях в Живскульптархе, говорил, что не утилитарная функция, не материал и не конструкция, а именно пространство играет решающую роль в вопросах формообразования. «Необходимо подчеркнуть, что архитектура, как искусство, живет своими законами. Это может ярко выразиться тогда, когда архитектор не живет законами утилитарными». По мнению Ладовского, «архитектор, задумывая то или иное сооружение, должен прежде компоновать только пространство, не интересуясь материалом и конструкцией, потом уже должен начать думать об этом — так легче работать и результаты будут четче и лучше».

Придавая большое значение технике (в том числе и конструкциям) в развитии новой архитектуры (о чем свидетельствуют и его высказывания на заседаниях Живскульптарха),

creó la materia propedéutica «Espacio», un método psicológico de enseñanza y una concepción urbanística original.

El constructivismo se protegió de la influencia estilística de las corrientes anteriores orientando su concepción de creación de formas al descubrimiento de una base estructural y funcional.

Con el racionalismo la situación era más compleja. Su concepción reconocía el valor intrínseco de la forma artística, y en los problemas artísticos de creación de formas supuestamente debía orientarse de cierto modo a la experiencia anterior. Sin embargo, mucho dependía del nivel de la creación de formas que se tomó como base en esta concepción. Desarrollando su concepción de creación de formas, Ladovski supo eludir la influencia de sistemas compositivos concretos, característicos de determinados estilos o períodos estilísticos, sin necesidad de someter su concepción al problema de la revelación de la base estructural y funcional en el aspecto exterior del edificio.

Antes de que Ladovski y sus adeptos crearan en 1923 la Asociación de Nuevos Arquitectos, para la etapa inicial de formación del racionalismo, eran de crucial importancia los procesos de formación de la concepción de la nueva corriente artística y de consolidación de sus simpatizantes alrededor de N. Ladovski en la Zhivskulptarj, en el Grupo Laboral de Arquitectos (INJUK) y en la Obmás (VJUTEMAS).

Los debates en la Zhivskulptarj transcurrieron durante el año 1919. Ellos testifican que, en resumidas cuentas, se discutía sobre la concepción de la nueva forma, se determinaba hacia dónde orientarse fundamentalmente en los problemas de creación de formas. En todos los debates el tema central era la necesidad de devolver a la forma arquitectónica su relativa independencia artística.

En sus intervenciones en los debates de la Zhivskulptarj, Ladovski decía que no es la función utilitaria, ni el material utilizado, ni la estructura lo que desempeña el papel decisivo en los problemas de creación de formas, sino el espacio. «Es necesario subrayar que la arquitectura como arte vive bajo sus propias leyes. Y esto se puede expresar brillantemente sólo cuando el arquitecto no vive bajo las leyes del utilitarismo.» Según la opinión de Ladovski, «cuando el arquitecto piensa en una u otra construcción, debe primeramente componer sólo el espacio, sin interesarse ni por el material ni por la estructura, y sólo después debe pensar en ellos; así es más fácil trabajar y los resultados serán mejores y más exactos».

Ladovski valoraba grandemente el papel de la técnica —incluyendo el de las estructuras— en el desarrollo de la nueva arquitectura, lo cual es confirmado por sus palabras en las reuniones de la Zhivskulptarj, pero consideraba que lo más importante en los procesos de creación de formas no es la estetización de los nuevos materiales y estructuras, sino las posibilidades que ellos proporcionan en la resolución de los problemas del espacio. Estas ideas, que en su forma desarrollada

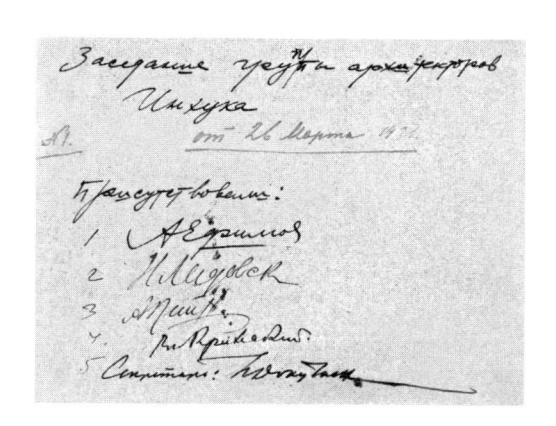

Раздел 1 — Рационализм — творческое течение архитектурного авангарда (лидер Н. Ладовский)

Parte 1 — El racionalismo: corriente artística del vanguardismo arquitectónico (Ladovski)

Ладовский, однако, видел главное в процессах формообразования не в эстетизации новых конструкций и материалов, а в тех возможностях, которые они представляют в области решения пространства. Эти идеи, которые затем в развитом виде были положены в основу творческой концепции архитектурного рационализма, и развивал Ладовский на заседаниях Живскульптарха летом 1919 г.

Позднее, уже в 1920 г., продолжая создавать в Живскульптархе остродинамичные по композиции проекты, Н. Ладовский в своих теоретических взглядах как бы очищает основную идею рационализма от всего временного, наносного и второстепенного.

В записке (своеобразном «кредо»), приложенной Н. Ладовским к экспериментальному проекту коммунального дома (1920), он кратко формулирует свое отношение к двум основным проблемам, которыми занимался Живскульптарх, — роли тех или иных средств в художественной композиции и синтезу пространственных искусств:

«Чудеса делает техника. Чудеса должны быть сделаны в архитектуре. Чудеса древних были построены рабским трудом масс и главное в них — количество труда.

В пространстве витающие архитектурные чудеса современности построены будут искусством плюс ум и главное в них будет количество ума.

Пространство, а не камень — материал архитектуры».

Уже в протоколах Живскульптарха в ходе теоретических дискуссий Ладовский высказывает целый ряд положений, ставших затем основой творческой концепции рационализма; о роли пространства в архитектуре, значении особенностей восприятия формы, восприятии композиции в процессе движения, соотношении интерьера и внешнего объема здания, роли конструкции и материала в формообразовании и т. д.

Живскульптарх был первым важным этапом формирования рационализма и нового направления советской архитектуры в целом. Здесь вокруг Н. Ладовского начала формироваться группа творческих единомышленников.

В конце 1920 и в 1921 годах продолжался интенсивный процесс формирования творческой концепции рационализма и консолидации вокруг Ладовского сторонников нового течения.

В начале 20-х годов было два центра формирования рационализма, в одном из которых (в ИНХУКе) отрабатывалось теоретическое кредо этого течения, а в другом (ВХУТЕМАС) — разрабатывался психоаналитический метод преподавания проектирования.

В декабре 1920 г. в ИНХУКе на заседаниях Рабочей группы объективного анализа появились новые члены ИНХУКа — Н. Ладовский и В. Кринский. Как раз в это время в группе решили заняться «анализом понятий конструкции и композиции и момента их разграничения». Дискуссия по этой проблеме затянулась почти на четыре месяца.

Явочный лист первого заседания Рабочей группы архитекторов ИНХУКа 26 марта 1921 г. Подписи членов группы сверху вниз: А. Ефимов, Н. Ладовский, А. Петров, В. Кринский, Н. Докучаев

Nómina de asistentes a la primera sesión del Grupo Laboral de Arquitectos del INJUK, 26 de marzo de 1921. Firmas de los miembros del grupo, de arriba abajo: A. Yefímov, N. Ladovski, A. Petrov, V. Krinski, N. Dokucháyev

fueron tomadas posteriormente como base de la concepción artística del racionalismo arquitectónico, eran desplegadas por Ladovski en las reuniones de la Zhivskulptarj en el verano de 1919.

Más tarde, en 1920, continuando su proceso de creación de proyectos de composición agudamente dinámica en la Zhivskulptarj, Ladovski en sus enfoques teóricos va limpiando la idea principal del racionalismo de todo lo temporal, superficial y secundario.

En la nota (una especie de «credo») que Ladovski adjuntó al proyecto experimental de la casa comunal (1920), él fórmula brevemente su posición ante los dos problemas principales a que se dedicaba la Zhivskulptarj: las funciones de unos u otros medios en la composición artística y la síntesis de las artes espaciales.

«La técnica hace maravillas. Maravillas deben hacerse en la arquitectura. Las maravillas de la antigüedad fueron construidas a base del trabajo esclavo de las masas y lo más importante en ellas es la cantidad de trabajo.

Las maravillas arquitectónicas contemporáneas que habitarán en el espacio serán construidas con una suma de arte e inteligencia, y lo más importante en ellas será la cantidad de inteligencia.

Es el espacio y no la piedra la materia prima de la arquitectura.»

Ya en las actas de los debates teóricos de la Zhivskulptarj figuran toda una serie de tesis de Ladovski que luego se convertirían en el fundamento de la concepción teórica del racionalismo: sobre el rol del espacio en la arquitectura y la importancia de las particularidades de la percepción de las formas, sobre la percepción de la composición durante el movimiento y la correlación del interior de un edificio y su volumen exterior, sobre el papel de la estructura y del material en la creación de formas, etcétera.

La Zhivskulptarj fue la primera etapa importante en la formación del racionalismo y de la nueva corriente de la arquitectura soviética en general. En ella comienza a formarse un grupo de correligionarios artísticos alrededor de Ladovski.

A finales de 1920 y durante 1921 continúa el proceso intenso de formación de la concepción artística del racionalismo y de consolidación de los simpatizantes de la nueva corriente alrededor de Ladovski.

A principios de los años 20 hubo dos centros de formación del racionalismo; en uno de ellos (INJUK) se perfeccionaba el credo teórico de esta corriente, mientras que en el otro (VJUTEMAS) se desarrollaba el método psicoanalítico de enseñanza del diseño arquitectónico.

En diciembre de 1920, en las reuniones del Grupo Laboral de Análisis Objetivo del INJUK aparecieron dos nuevos miembros: N. Ladovski y V. Krinski. Justamente en ese entonces el grupo decidió dedicarse al «análisis de los conceptos estructura y composición y del instante de su separación». La discusión de este problema se prolongó casi cuatro meses.

Раздел 1

⑤ Рационализм — творческое течение архитектурного авангарда (лидер Н. Ладовский)

Parte 1

El racionalismo: corriente artística del vanguardismo arquitectónico (Ladovski)

Преподаватели и студенты Обмаса ВХУТЕМАСа. Начало 1920-х годов. Слева направо: нижний ряд — В. Ершов, А. Сильченков (?), В. Симбирцев; второй ряд — Н. Красильников, Н. Ладовский, А. Рухлядев, И. Ламцов, С. Лопатин, Г. Макеенко, И. Грушенко; третий ряд — Ю. Спасский, Л. Бумажный, Р. Берлин, Л. Комарова, Л. Залесская, И. Иозефович; четвертый ряд — неизвестный, В. Петров, Фролов (?), В. Кринский, неизвестный, Ю. Мушинский, Милютин; верхний ряд — неизвестный, И. Володько

Profesores y estudiantes de la Obmás del VJUTEMAS. Inicios de los años 20. De izquierda a derecha, fila inferior: V. Yershov, A. Sílchenkov (?), V. Simbírtsev; segunda fila: N. Krasílnikov, N. Ladovski, A. Rújliadiev, I. Lamtsov, S. Lopatin, G. Makiéyenko, I. Grushenko; tercera fila: Yu. Spasski, L. Bumazhni, R. Berlín, L. Komarova, L. Zaliésskaya, I. Iozefóvich; cuarta fila: desconocido, V. Petrov, Frolov (?), V. Krinski, desconocido, Yu. Mushinski, Miliutin; fila superior: desconocido, I. Volodko

Н. Ладовский (в центре) со студентами И. Иозефовичем (в кепке) и В. Поповым просматривает фотографии с заданий Обмаса. 1922/23 учебный год

N. Ladovski (en el centro) con los estudiantes I. Iozefóvich (con quepis) y V. Popov mira las fotografías de las tareas de la Obmás. Año lectivo 1922–1923

| Раздел 1 | Рационализм — творческое течение архитектурного авангарда (лидер Н. Ладовский) |
| Parte 1 | El racionalismo: corriente artística del vanguardismo arquitectónico (Ladovski) |

Молодые преподаватели ВХУТЕМАСА (ученики Н. Ладовского) М. Туркус (слева), М. Коржев и И. Ламцов (справа) за обсуждением проблем композиции по дисциплине «Пространство»

Los jóvenes profesores del VJUTEMAS (discípulos de N. Ladovski) M. Turkus (izquierda), M. Kórzhev e I. Lamtsov (derecha) discutiendo sobre problemas de composición de la asignatura «Espacio»

Еще продолжалась дискуссия о конструкции и композиции, а Ладовский уже организовал Рабочую группу архитекторов ИНХУКа, первое заседание которой состоялось 26 марта 1921 г. В группу входили два члена ИНХУКа (Н. Ладовский и В. Кринский) и четыре сотрудника группы (Н. Докучаев, А. Ефимов, Г. Мапу и А. Петров).

На третьем заседании Рабочей группы архитекторов (7 апреля) была принята ее Программа, в основу которой положена концепция Ладовского:

«1. Рабочая группа архитекторов занимается анализом и синтезом элементов архитектуры как средств ее выражения.

2. Группа считает главными основными элементами архитектуры пространство, форму и конструкцию.

Aún transcurrían los debates sobre estructura y composición, cuando Ladovski organizó el Grupo Laboral de Arquitectos del INJUK, cuya primera reunión tuvo lugar el 26 de marzo de 1921. El grupo estaba conformado por dos miembros del INJUK (N. Ladovski y V. Krinski) y cuatro colaboradores (N. Dokucháyev, A. Yefímov, G. Mapú y A. Petrov).

En la tercera reunión del Grupo Laboral de Arquitectos (7 de abril) fue aceptado el Programa, cuyo fundamento fue la concepción de Ladovski:

«1. El Grupo Laboral de Arquitectos se dedica al análisis y síntesis de los elementos de la arquitectura como medios de su expresión.

2. El Grupo considera que los elementos fundamentales de la arquitectura son el espacio, la forma y la estructura.

⑤ Рационализм — творческое течение архитектурного авангарда (лидер Н. Ладовский) — Раздел 1
El racionalismo: corriente artística del vanguardismo arquitectónico (Ladovski) — Parte 1

Преподаватели Основного отделения ВХУТЕМАСа М. Коржев (с карандашом у лица), В. Кринский (в центре) и М. Туркус (стоит рядом с Кринским) со студентами

Los profesores de la Sección Principal del VJUTEMAS M. Kórzhev (con el lápiz cerca de la cara), V. Krinski (en el centro) y M. Turkus (de pie junto a V. Krinski) con los estudiantes

Н. Ладовский со студентами своей мастерской на архитектурном факультете ВХУТЕМАСа

N. Ladovski con los estudiantes de su taller en la Facultad de Arquitectura del VJUTEMAS

3. Второстепенными ее элементами и средствами выражения признаются масса, вес, объем, цвет, пропорции, движение и ритм.

4. Так как сущность архитектурных решений сводится к упорядоченной смене пространственных величин, то проблема пространства, которым архитектура пользуется как материалом, является наиглавнейшей ее основной проблемой, подлежащей первейшему исследованию рабочей группы.

5. Последующими задачами исследования будут форма и конструкция; в дальнейшем следуют все остальные элементы архитектуры...

8. Психология восприятия, к которой апеллируют в конечном счете средства архитектурного выражения, не может быть игнорируема в исследовательской работе группы».

Программа Рабочей группы архитекторов ИНХУКа стала первым программным документом, в котором в самой общей форме были сформулированы такие основополагающие творческие принципы рационализма, как повышенное отношение к проблемам пространства и психологии восприятия. Подчеркивался приоритет пространственного мышления архитектора перед освоением художественных возможностей конструкций.

Осенью 1920 г. во ВХУТЕМАСе появились объединенные левые мастерские (Обмас), которые возглавлялись Н. Ладовским и его соратниками — Н. Докучаевым и В. Кринским.

Три года существования Обмаса (1920/21, 1921/22, 1922/23) имеют особое значение в истории советской архитектуры и не только архитектуры. Это была творческая лаборатория, где фактически рождалась новая архитектура. Здесь шло формирование, во-первых, действительно нового метода обучения архитектора, во-вторых, одного из наиболее интересных и тщательно разработанных межфакультетских пропедевтических курсов ВХУТЕМАСа — дисциплины «Пространство», в-третьих, творческой концепции формообразования рационализма, в-четвертых, приемов и средств выразительности художественно-композиционной системы нового стиля в целом.

Начиная с 1920 г. рационализм как творческое течение развивался в тесной органической взаимосвязи с ВХУТЕМАСом, который стал центром формообразующих процессов. Именно здесь в процессе общения лидеров рационализма со студентами стали кристаллизоваться элементы развернутой творческой концепции рационализма.

Ладовский, придя во ВХУТЕМАС с уже сложившимися взглядами на роль восприятия и пространства в архитектуре, столкнулся с необходимостью не только изложить свои взгляды студентам в систематизированной форме, но и начать профессиональное обучение студентов так, чтобы эта концепция формообразования стала основной их творческого кредо.

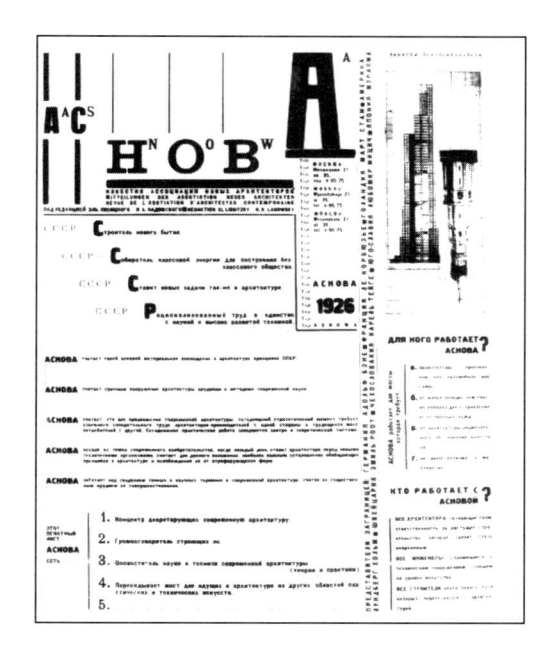

Первая страница «Известий АСНОВА». 1926 г.

Primera página de «Noticias de la ASNOVA». 1926

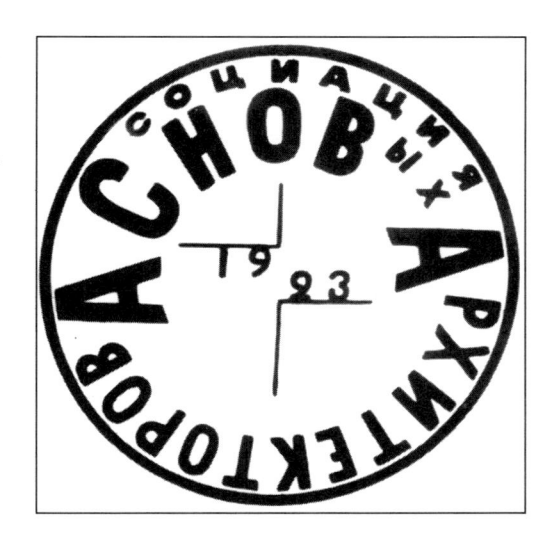

В. Кринский. Печать АСНОВА

V. Krinski. Sello de la ASNOVA

---

3. Como elementos y medios secundarios de expresión de la arquitectura se consideran la masa, el peso, el volumen, el color, la proporción, el movimiento y el ritmo.

4. Puesto que la esencia de las soluciones arquitectónicas se reducen a la sustitución ordenada de las magnitudes espaciales, el problema del espacio, el cual la arquitectura utiliza como material, constituye su problema fundamental más importante y, por tanto, debe ser el primero en ser investigado por el Grupo Laboral.

5. Los siguientes trabajos de investigación serán la forma y la estructura; después seguirán todos los demás elementos de la arquitectura...

8. La psicología de la percepción, a la que apelan a fin de cuenta los medios de expresión arquitectónica, no puede ser ignorada en el trabajo de investigación del Grupo.»

El programa del Grupo Laboral de Arquitectos del INJUK se convirtió en el primer documento en el que de la forma más general fueron formulados tales principios artísticos básicos del racionalismo como la actitud extrema hacia los problemas del espacio y de la psicológica de la percepción. Se remarcó la prioridad del pensamiento espacial del arquitecto ante la asimilación de las posibilidades artísticas de las estructuras.

En el otoño de 1920, en el VJUTEMAS apareció la Unión de Talleres Izquierdistas (Obmás), que fue dirigida por N. Ladovski y sus colegas N. Dokucháyev y V. Krinski.

Los tres años de existencia de la Obmás (1920–1921, 1921–1922, 1922–1923) tienen un significado especial en la historia de la arquitectura soviética, y no solamente para la arquitectura. La Obmás era un laboratorio artístico donde, prácticamente, nacía la nueva arquitectura. Allí se creó, en primer lugar, un método verdaderamente nuevo de enseñanza de la arquitectura; en segundo lugar, la asignatura «Espacio», uno de los cursos propedéuticos interfacultativos del VJUTEMAS más interesantes y cuidadosamente elaborados; en tercer lugar, la concepción artística de la creación de formas en el racionalismo; en cuarto lugar, los métodos y medios de expresión del sistema compositivo del nuevo estilo en general.

A partir de 1920, el racionalismo como corriente artística se desarrolla estrechamente vinculado con el VJUTEMAS, el cual se convirtió en el centro de los procesos de creación de formas. Precisamente en el VJUTEMAS, en el diálogo de los líderes del racionalismo con los estudiantes comienzan a cristalizarse los elementos de la concepción artística desarrollada por el racionalismo.

Con una visión ya consolidada del papel de la percepción y del espacio en la arquitectura, Ladovski llega al VJUTEMAS y tropieza con la necesidad no sólo de exponer sistemáticamente su punto de vista a los estudiantes, sino también de iniciar la formación profesional de los estudiantes de tal manera que esta concepción de creación de formas se convirtiera en la base de su credo artístico.

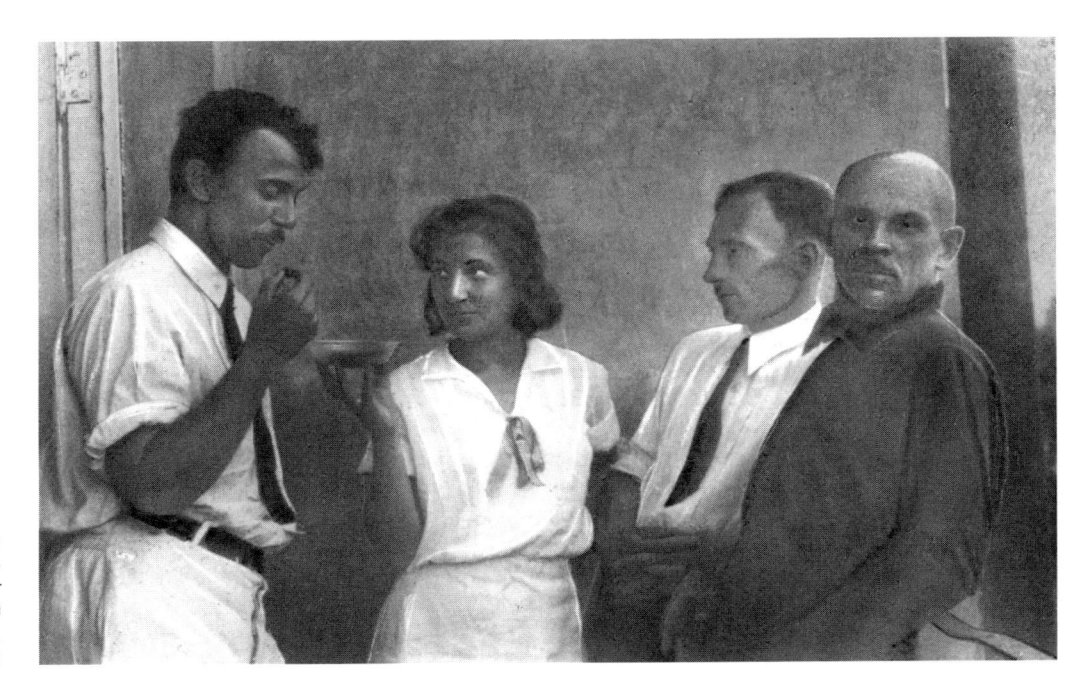

Члены АСНОВА. Слева направо: М. Коржев, Н. Быкова, Г. Борисовский, В. Балихин. 1932 г.

Miembros de la ASNOVA. De izquierda a derecha: M. Kórzhev, N. Bíkova, G. Borisovski, V. Balijin. 1932

Короче говоря, необходимо было обучать студентов в духе новой архитектуры, которая сама еще только начинала формироваться. Перед Ладовским встала задача — с чего начинать профессиональное обучение студента, если классика со всеми ее средствами и приемами выразительности отвергнута? Какие задания давать студенту по основной профилирующей дисциплине — архитектурному проектированию?

Эта практическая необходимость и заставила Ладовского перейти к систематизации своей концепции формообразования, к выделению основополагающих положений и главное — приемов построения объемно-пространственной композиции, основанных не на изучении классики, а на освоении основных «элементов архитектуры».

С первого задания на выявление формы, которое дал Ладовский студентам, и началась разработка и внедрение его психоаналитического метода, а также формирование межфакультетской пропедевтической дисциплины «Пространство».

Ладовский последовательно отрабатывал со студентами один «элемент архитектуры» за другим, сначала на отвлеченных заданиях, а затем сразу же на конкретных (так называемых производственных). В схеме это как бы напоминало традиционную методику — изучение классического ордера и его применение в конкретном объекте, но результаты были совсем иные. Традиционная методика умножала в методическом фонде ВХУТЕМАСа количество чисто учебных упражнений и стилизаций, а метод Ладовского, возможно даже неожиданно и для него самого, привел к бурному генерированию профессиональных приемов и средств новой архитектуры.

Именно это обстоятельство и делает наследие Обмаса чрезвычайно ценным, а его роль далеко выходящей за рамки разработки методики преподавания. Здесь под руководством Ладовского и его соратников при использовании творческих потенций молодежи в ходе

En resumidas cuentas, era necesario educar a los estudiantes en el marco de la nueva arquitectura, la cual sólo comenzaba a formarse. Ante Ladovski surgió la pregunta, ¿por dónde iniciar la formación profesional del estudiante si lo clásico, con todos sus medios y métodos de expresión, había sido rechazado? ¿Qué tareas proponer al estudiante en la asignatura principal, el diseño arquitectónico?

Esta necesidad práctica obligó a Ladovski a sistematizar su concepción de creación de formas, a destacar las tesis fundamentales y, lo más importante, los métodos de construcción de la composición volumétrico-espacial basados no en el estudio de lo clásico, sino en el dominio de los «elementos fundamentales de la arquitectura».

Desde la primera tarea de revelación de formas propuesta por Ladovski a los estudiantes, se inicia el desarrollo y la introducción de su método psicoanalítico, así como la formación de la asignatura propedéutica interfacultativa «Espacio».

Ladovski analizaba con los estudiantes un «elemento de la arquitectura» tras otro, primero teóricamente, e inmediatamente después en tareas concretas (las llamadas prácticas de producción). El esquema recordaba el método tradicional —el estudio del orden arquitectónico clásico y su aplicación en una obra concreta—, pero los resultados eran completamente distintos. La metódica tradicional incrementaba el número de trabajos puramente académicos y de estilizaciones del archivo metódico del VJUTEMAS, mientras que el método de Ladovski provocó inesperadamente, quizás incluso para él mismo, el surgimiento impetuoso de métodos y medios profesionales de la nueva arquitectura.

Precisamente esta circunstancia hace que el legado de la Obmás sea extraordinariamente valioso y que su papel se expanda más allá del desarrollo de una metódica de enseñanza. Allí, bajo la dirección de Ladovski y de sus compañeros, y utilizando el potencial artístico de los estudiantes,

учебного проектирования шел процесс выработки профессионального языка новой архитектуры. Поэтому проектное наследие Обмаса (как во многом и ВХУТЕМАСа в целом) — это не просто история или опыт методики преподавания, а сложная совокупность профессиональных средств и приемов новой архитектуры, причем в своей значительной части первичных (Ш. № 9, 10, 27).

В 1920–1923 гг. постепенно формировалась структура взаимоотношений в среде рационалистов. Две организации, в которые они входили (Рабочая группа архитекторов ИНХУКа и Обмас), возглавлялись Ладовским.

На рубеже 1922–1923 гг. объединившаяся вокруг Ладовского группа единомышленников-рационалистов фактически уже сложилась в творческую организацию. Требовалось лишь ее организационное оформление. Эта архитектурная группировка была названа Ассоциацией новых архитекторов (АСНОВА). Устав ассоциации составлен по общей схеме, принятой в те годы для «художественных обществ, союзов и объединений, не преследующих цели извлечения прибыли».

В конце текста устава перечислены учредители новой творческой организации. Фамилии даны в таком порядке: Н. Ладовский, Н. Докучаев, В. Кринский, А. Рухлядев, А. Ефимов, В. Фидман, С. Мочалов, В. Балихин.

Это было ядро архитекторов-рационалистов, прошедших вместе с Ладовским через Живскульптарх, Рабочую группу архитекторов ИНХУКа и Обмас ВХУТЕМАСа.

АСНОВА неоднократно предпринимала попытки создания собственного периодического издания. Но лишь в 1926 г. под редакцией Л. Лисицкого и Н. Ладовского вышел первый и единственный выпуск («печатный лист») «Известия АСНОВА», отпечатанный в типографии ВХУТЕМАСа тиражом 1500 экземпляров. Макет выпуска сделал Л. Лисицкий. «Известия АСНОВА» — это нечто среднее между журналом и газетой.

---

simultáneamente con el diseño arquitectónico estudiantil transcurría un proceso de formación del lenguaje profesional de la nueva arquitectura. Por esa razón, la herencia de los proyectos de la Obmás (así como muchas otras cosas del VJUTEMAS en general) no es solamente la historia o la experiencia de una metódica de enseñanza, sino un complejo conjunto de medios y métodos profesionales de la nueva arquitectura, la mayoría de los cuales fueron primarios (O. M. № 9, 10, 27).

Durante 1920–1923 se forma paulatinamente la estructura de las relaciones entre los racionalistas. Las dos organizaciones a las que ellos pertenecían (Grupo Laboral de Arquitectos del INJUK y Obmás) estaban dirigidas por Ladovski.

Entre 1922 y 1923, el grupo de correligionarios racionalistas unidos alrededor de Ladovski ya se había transformado prácticamente en una organización artística. Sólo quedaba pendiente su formalización. Esta agrupación arquitectónica fue llamada Asociación de Nuevos Arquitectos (ASNOVA). El reglamento de la asociación se creó sobre la base de un esquema general aceptado en esos años para «las sociedades, uniones y asociaciones artísticas sin fines lucrativos».

Al final del texto del reglamento se enumeran los fundadores de la nueva organización artística. Los apellidos aparecen en el siguiente orden: N. Ladovski, N. Dokucháyev, V. Krinski, A. Rújliadiev, A. Yefímov, V. Fidman, S. Mochálov, V. Balijin.

Éste fue el núcleo de arquitectos racionalistas que pasaron junto con Ladovski por la Zhivskulptarj, el Grupo Laboral de Arquitectos del INJUK y la Obmás del VJUTEMAS.

La ASNOVA en más de una ocasión intentó crear una propia publicación periódica. Pero solamente en el año 1926, bajo la redacción de L. Lisitski y N. Ladovski vio la luz la primera y única publicación («hoja impresa») de «Noticias de la ASNOVA», impresa en la tipografía del VJUTEMAS con una tirada de 1500 ejemplares. La maqueta de la edición fue elaborada por L. Lisitski. «Noticias de la ASNOVA» era algo intermedio entre una revista y un periódico.

6. Конструктивизм — творческое течение архитектурного авангарда (лидер А. Веснин)

El constructivismo: corriente artística del vanguardismo arquitectónico (Alexandr Vesnín)

Второе важнейшее течение советского архитектурного авангарда — конструктивизм — окончательно сформировалось несколькими годами позднее рационализма.

На ранней стадии своего формирования архитектурный конструктивизм испытал значительное влияние конструктивизма как более широкого творческого течения в советском искусстве первых послереволюционных лет (оформление книг и выставок, театральные декорации, производственное и агитационное искусство, плакат и т. д.).

Однако ни творческие принципы, ни теоретическая платформа архитектурного конструктивизма не могли быть просто заимствованы из другого искусства. Они формировались в процессе сложного взаимодействия архитектуры с различными видами искусства и теоретическими концепциями. Особенно наглядно процесс формирования кредо архитектурного конструктивизма можно проследить на творчестве лидера этого течения А. Веснина.

В семье Весниных было три сына — Леонид, Виктор и Александр. Братья были почти погодки, и уже в детстве в семье сложился дружный коллектив трех братьев. Леонид поступил на архитектурный факультет Петербургской Академии художеств, а Александр и Виктор — в Петербургский институт гражданских инженеров.

Александр Веснин увлекается живописью и рисунком. Защитив в 1912 г. диплом на звание гражданского инженера (архитектора) и получив художественное образование в частных студиях, он задумывается о том, какому виду искусства отдать предпочтение.

Этап интенсивных поисков левого изобразительного искусства в нашей стране совпал с десятилетием после завершения А. Весниным архитектурного образования. Сам А. Веснин прошел этот путь художественных поисков вместе с художниками русского авангарда и прошел его именно как художник. Он пришел в начале 20-х годов к архитектурному конструктивизму не путем поисков в области архитектуры, не путем постепенной трансформации неоклассических и иных стилизаторских проектов и выявления в зданиях новой функционально-конструктивной основы, А. Веснин отсутствовал в архитектуре, интенсивно работая в изобразительном искусстве и в театре, где и происходил процесс приобщения его к формообразующим поискам в духе авангарда.

La segunda corriente importante del vanguardismo arquitectónico soviético —el constructivismo— se formó definitivamente varios años más tarde que el racionalismo.

En la etapa temprana de su formación, el constructivismo arquitectónico experimentó una influencia significativa del constructivismo como corriente artística más amplia del arte soviético de los primeros años posrevolucionarios (diseño de libros y presentaciones de exposiciones, decoraciones teatrales, arte de la propaganda política e industrial, carteles, etcétera).

Sin embargo, ni los principios artísticos, ni la plataforma teórica del constructivismo arquitectónico podían ser simplemente copiados de otro arte. Ellos se formaron durante el proceso de interacción compleja de la arquitectura con las diferentes ramas del arte y concepciones teóricas. El proceso de formación del credo del constructivismo arquitectónico se puede observar de manera especialmente clara en la obra de A. Vesnín, el líder de esta corriente.

En la familia de los Vesnín hubo tres hijos, Leonid, Víktor y Alexandr. Los hermanos se llevaban casi un año de diferencia, y desde la infancia los tres formaron un colectivo amistoso en el seno de la familia. Leonid ingresó en la Facultad de Arquitectura de la Academia de Artes de Petersburgo mientras que Alexandr y Víktor ingresaron en el Instituto de Ingeniería Civil de Petersburgo.

Alexandr Vesnín se dedica a la pintura y al dibujo, pero después de recibir el título de ingeniero civil (arquitecto) en el año 1912, y de formarse como pintor en estudios privados, comienza a pensar cuál es el tipo de arte que prefiere.

La etapa de búsquedas intensas de las artes plásticas progresistas en Rusia coincidió con el décimo aniversario de la culminación de la formación arquitectónica de A. Vesnín. Él recorrió el camino de búsquedas artísticas junto con los pintores vanguardistas rusos, y lo recorrió precisamente como pintor. A. Vesnín llega a principios de los años 20 al constructivismo arquitectónico no mediante búsquedas en el campo de la arquitectura, ni mediante la trasformación gradual de proyectos neoclásicos u otros proyectos de estilización, ni mediante el descubrimiento de una nueva base estructural y funcional en los edificios. A. Vesnín estuvo ausente en la arquitectura, trabajando intensamente en las artes plásticas y en el teatro, donde transcurrió el proceso de su iniciación en las búsquedas de creación de formas al estilo vanguardista.

Леонид и Виктор Веснины в первые послереволюционные годы продолжали работать в духе общего направления — неоклассицизм, эклектика, упрощенные формы промышленной архитектуры («рациональная архитектура»). В их работах этих лет можно обнаружить попытки поисков нового и в функционально-конструктивных вопросах, и в области художественной формы. Однако по их проектам 1917–1922 гг. нельзя составить полного представления о путях и этапах становления той новой творческой концепции, которая вскоре превратила братьев Весниных в коллективного лидера советского архитектурного авангарда.

Принципиальное значение не только для творческого коллектива Весниных, но и для архитектурного конструктивизма в целом имела интенсивная пятилетняя (1917–1922) деятельность Александра Веснина вне пределов собственно архитектуры.

Когда в конце 1922 г. А. Веснин возвращается к активному творчеству в архитектуре — это уже совсем другой А. Веснин — не неоклассик, а убежденный конструктивист.

Нет сомнения, что на формирование творческого кредо А. Веснина как лидера архитектурного конструктивизма оказало влияние его пребывание в ИНХУКе, где с конца 1921 г. общую направленность работы определяли теоретики производственного искусства. В апреле 1922 г. А. Веснин написал свое личное «кредо» для ИНХУКа, ряд формулировок которого он уточняет в июне того же года в записи «О задачах художника»*. В этих документах были сформулированы теоретические принципы раннего конструктивизма. Причем хорошо прослеживается связь теории архитектурного конструктивизма с концепциями вещизма, художественного конструктивизма и производственного искусства. А. Веснин, работавший в этот период фактически во всех тех областях искусства, где ощущалось влияние этих концепций (театр, живопись, книжная графика, праздничное оформление, архитектура и т. п.), дает свое понимание этих теоретических концепций, которое легло затем в основу творческого кредо раннего архитектурного конструктивизма.

«Я считаю, — пишет он, — что художник... должен делать новые вещи...

Безразлично, будет ли данная вещь целесообразна и утилитарна (инженерное строительство, вещи обихода) или только целесообразна (лабораторная работа с задачей разрешения проблемы новой современной формы), каждая данная вещь, созданная современным художником, должна войти в жизнь как активная сила, организующая сознание человека, действующая на него, психофизиологически, вызывая в нем подъем к энергичной активности...

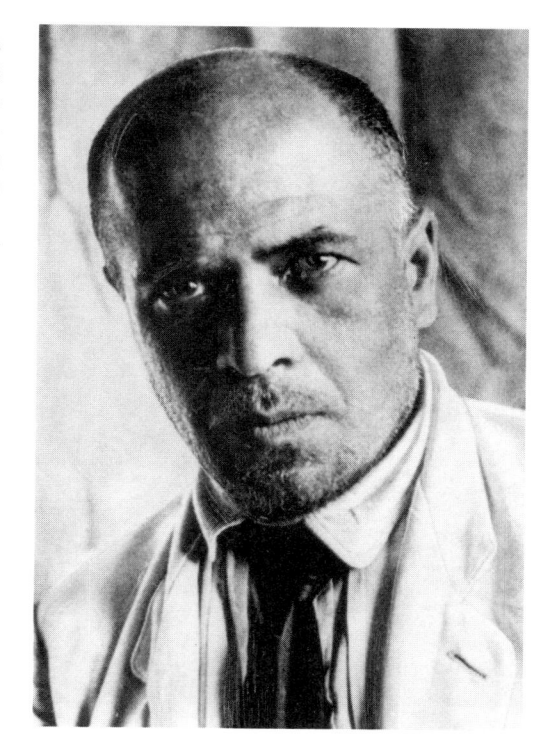

А. Веснин. Фото А. Родченко

A. Vesnín (foto de A. Ródchenko)

---

* Оба документа опубликованы в книге «Мастера советской архитектуры об архитектуре». М., 1975. Т. 2. С. 14–15.

En los primeros años posrevolucionarios, Leonid y Víktor Vesnín continuaron trabajando al estilo de la tendencia general: el neoclasicismo, el eclecticismo, las formas simplificadas de la arquitectura industrial («arquitectura racional»). En sus trabajos de estos años se pueden descubrir intentos de búsquedas de lo nuevo, tanto en los problemas estructural-funcionales como en el campo de la forma artística. Sin embargo, por sus proyectos de 1917–1922 no se puede comprender completamente los caminos y etapas de consolidación de la nueva concepción artística que poco tiempo después convertiría a los hermanos Vesnín en el líder colectivo del vanguardismo arquitectónico soviético.

La intensa actividad de Alexandr Vesnín fuera del marco de la arquitectura durante el quinquenio 1917–1922, tuvo un significado fundamental no solamente para el colectivo artístico de los hermanos Vesnín, sino también para el constructivismo arquitectónico en general.

Cuando a finales de 1922 vuelve a trabajar activamente en la arquitectura, A. Vesnín ya es otro artista, no un neoclásico, sino un constructivista convencido.

No cabe duda de que en la formación del credo artístico de A. Vesnín como líder del constructivismo arquitectónico, influyó su permanencia en el INJUK, donde desde finales de 1921 la tendencia general del trabajo estaba determinada por los teóricos del arte industrial. En abril de 1922, A. Vesnín escribió su «credo» personal para el INJUK, una serie de formulaciones precisadas en junio de ese mismo año en la nota «Sobre las tareas del artista»*. Estos documentos contenían los principios teóricos del constructivismo temprano, y en ellos se descubre fácilmente el vínculo de la teoría del constructivismo arquitectónico con las concepciones del constructivismo pictórico, del arte industrial y del materialismo. A. Vesnín, quien trabaja durante este período prácticamente en todas los campos del arte donde se sentía la influencia de estas concepciones (teatro, pintura, diseño gráfico de libros, decoración de festividades, arquitectura, etcétera), interpreta estas concepciones teóricas a su manera, lo cual se convirtió posteriormente en la base del credo artístico del constructivismo arquitectónico temprano.

«Yo considero —escribe él— que el artista... debe hacer cosas nuevas...

Independientemente de si una cosa dada es conveniente y útil (una construcción ingenieril, las cosas de uso diario) o solamente conveniente (un trabajo de laboratorio para solucionar el problema de la nueva forma moderna), cada cosa creada por el artista moderno debe integrarse en la vida como una fuerza activa que organiza la conciencia del hombre, que influye psicofisiológicamente sobre ella, incentivando un aumento de la actividad enérgica...

А. Веснин. Обложка журнала «Архитектура». 1923 г.

A. Vesnín. Cubierta de la revista «Arquitectura». 1923

---

* Ambos documentos se publicaron en el libro «Los maestros de la arquitectura soviética hablan de arquitectura». Moscú, 1975. T. 2. Págs. 14–15.

Конструктивизм — творческое течение архитектурного авангарда (лидер А. Веснин)

El constructivismo: corriente artística del vanguardismo arquitectónico (Alexandr Vesnín)

Темп современности динамический, большой скорости ритм ее точный, прямолинейный, математический и взятый художником для сооружения вещи материал, регулируемые волей художника согласно законам пластической ритмики, определяют строй вещи...

Вещи, создаваемые современным художником, должны быть чистыми конструкциями без балласта изобразительности, построенные по принципу прямой и геометрической кривой и по принципу экономии средств при максимуме их действий...

Так как конструирование всякой вещи заключается в прочном соединении основных элементов пластики (материала, цвета, линии, плоскости, фактуры...), то изучение этих элементов должно быть поставлено художником на первом плане...

Современный инженер создал гениальные вещи: мост, паровоз, аэроплан, кран.

Современный художник должен создать вещи, равные им по силе, напряженности, потенциалу, в плане их психофизиологического воздействия на сознание человека как организующего начала».

«Кредо» А. Веснина отличается от деклараций теоретиков производственного искусства вниманием художника к проблемам формообразования. Он провозглашает конструктивную целесообразность формы, но в то же время говорит о влиянии на форму всего духа современной жизни, ставит задачу психофизиологического воздействия формы на человека, признает важность изучения формальных элементов.

Эта провозглашенная в первом теоретическом документе будущего лидера архитектурного конструктивизма художественность формы при всей ее конструктивной и утилитарной обусловленности и в дальнейшем определяла своеобразие нашего конструктивизма, по сравнению, например, с западноевропейским функционализмом.

В архитектуре первой вехой в развитии конструктивизма стал веснинский конкурсный проект Дворца труда в Москве (конец 1922 — начало 1923 гг., Ш. № 15).

Конкурс на Дворец труда был первым крупным конкурсом на проект фактически главного общественного здания страны. Он привлек большое внимание архитектурной общественности.

Проект братьев Весниных выделялся необычностью и свежестью внешнего облика здания, четкостью и рациональностью плана и объемно-пространственной композиции, смелым использованием новейших строительных материалов и конструкций.

Ранний конструктивизм в советской архитектуре развивался в первой половине 20-х годов практически почти без контактов с западноевропейскими течениями новой архитектуры. Произведения именно этого этапа развития конструктивизма и прежде всего веснинские проекты представляют принципиальный интерес еще и тем, что они содержат первичные архитек-

Л. Веснин

L. Vesnín

В. Веснин

V. Vesnín

La velocidad dinámica de la actualidad; su ritmo rápido, exacto, rectilíneo y matemático; el material tomado por el artista para la construcción de las cosas: todo esto, regulado por la voluntad del artista según las leyes de la rítmica plástica, determina la estructura de las cosas...

Las cosas creadas por el artista moderno deben ser estructuras puras, sin el lastre de lo representativo, construidas según el principio de la recta y de la curva geométrica y según el principio de la economía de medios con su máximo provecho...

Dado que la construcción de cualquier cosa consiste en la unión sólida de los elementos básicos de la plástica (material, color, línea, superficie, textura...), el estudio de esos elementos debe ser elevado a un primer plano por el artista...

El ingeniero moderno ha creado cosas geniales: el puente, la locomotora, el aeroplano, la grúa.

El artista moderno debe crear cosas que se asemejen a éstos en cuanto a fuerza, tensión, potencial, en el plano de su influencia psicofisiológica sobre la conciencia de la persona como principio organizador.»

El «credo» de A. Vesnín se diferencia de la declaración de los teóricos del arte industrial en la atención que el artista le presta a los problemas de creación de formas. Él proclama la racionalidad estructural de la forma, pero al mismo tiempo habla de la influencia que todo el espíritu de la vida moderna ejerce sobre la forma, plantea el problema de la influencia psicofisiológica de la forma sobre la persona y reconoce la importancia del estudio de los elementos formales.

Este *artistismo* de la forma, declarado en el primer documento teórico del futuro líder del constructivismo arquitectónico, con todo su convencionalismo estructural y utilitario determinó posteriormente la particularidad del constructivismo ruso en comparación, por ejemplo, con el funcionalismo de Europa Occidental.

En la arquitectura, el proyecto de concurso de los hermanos Vesnín del Palacio del Trabajo de Moscú (finales de 1922 – inicios de 1923, O. M. № 15), se convirtió en la primera etapa del desarrollo del constructivismo.

El concurso de proyectos del Palacio del Trabajo fue el primer concurso grande de proyección del edificio social más importante del país y despertó un gran interés en el medio arquitectónico.

El proyecto de los hermanos Vesnín se destaca por lo inusual y fresco del aspecto exterior del edificio, por la exactitud y la racionalidad de la planta y de la composición volumétrico-espacial, por la utilización audaz de lo último en materiales de construcción y estructuras.

El constructivismo temprano en la arquitectura soviética se desarrolló en la primera mitad de los años 20 prácticamente sin contactar con las nuevas corrientes de la arquitectura de Europa Occidental. Precisamente las obras de esta etapa de desarrollo del constructivismo y, sobre todo, los proyectos de los hermanos Vesnín, despiertan un interés especial también porque contienen

Дипломники МИГИ. 1924 г. Слева направо: Е. Чеботарева, В. Красильников, Е. Ильина, А. Васильев, Г. Вегман, Л. Славина, А. Гар-Орловская, Н. Воротынцева, В. Владимиров

Graduandos del MIGI. 1924. De izquierda a derecha: Ye. Chebotariova, V. Krasílnikov, Ye. Iliná, A. Vasíliev, G. Viegman, L. Slávina, A. Gar-Orlóvskaya, N. Vorotíntseva, V. Vladímirov

турно-художественные идеи. Если советский архитектурный конструктивизм на всем протяжении своего десятилетнего развития (1923–1932) оставался оригинальным творческим течением и в художественных вопросах формообразования, то большая заслуга в этом принадлежит веснинским проектам 1923–1925 гг., как бы окрасившим весь конструктивизм в своеобразный тон. Наряду с Дворцом труда это такие проекты Весниных, как здание «Ленинградской правды» в Москве (1924, Ш. № 23), здание акционерного общества «Аркос» в Москве (1924, Ш. № 24), ангар для самолетов (1924), здание телеграфа в Москве (П. № 5), здание универмага в Москве (1925).

Если проанализировать внешний облик веснинских проектов 1923–1925 гг., то можно увидеть, как постепенно вырабатывался набор средств и приемов нового течения, как все более свободно обращались авторы с каркасной конструкцией, перейдя от известного подчинения ей к использованию всех ее конструктивных возможностей для решения различных функциональных и образных задач. Нарочитая тяжеловесность рельефа выявленного железобетонного каркаса во Дворце труда, ажурная легкость металлических переплетов «Ленинградской правды», облегченная сетка каркаса с подчеркнутым выявлением вертикальных элементов в «Аркосе» и телеграфе, и, наконец, полное исчезновение вертикальных (опорных) элементов каркаса при слабом, почти графическом выявлении горизонтальных перекрытий на остекленном фасаде универмага.

Шесть рассмотренных выше веснинских проектов создали такой мощный формально-стилистический задел в архитектурном конструктивизме, что Веснины стали восприниматься как бесспорные творческие лидеры нового течения. Молодежи, ориентированной на конст-

ideas artístico-arquitectónicas primarias. El hecho de que el constructivismo arquitectónico soviético a lo largo de toda la década de su desarrollo (1923–1932) se haya mantenido como una corriente artística original —incluso en los problemas artísticos de la creación de formas— se debe principalmente a los proyectos de los hermanos Vesnín de los años 1923–1925, los cuales como que embellecieron todo el constructivismo con un tono original. Además del Palacio del Trabajo, nos referimos a tales proyectos de los hermanos Vesnín como el edificio del periódico «Leningrádskaya Pravda» en Moscú (1924, O. M. № 23), el edificio de la sociedad anónima «Arcos» en Moscú (1924, O. M. № 24), el hangar de aviones (1924), el edificio del telégrafo de Moscú (A. № 5), el edificio de almacén universal de Moscú (1925).

Si se analiza el aspecto exterior de los proyectos de los hermanos Vesnín de 1923–1925, se puede observar cómo se crea paulatinamente el conjunto de medios y métodos de la nueva corriente, cómo los autores tratan la estructura del armazón cada vez con mayor libertad, pasando de la conocida subordinación a ella a la utilización de todas sus posibilidades estructurales para la resolución de diferentes tareas funcionales y representativas: la pesadez intencional del relieve del armazón de hormigón armado en el Palacio del Trabajo; la ligereza de la estructura metálica reticular del edificio del «Leningrádskaya Pravda»; la malla aligerada del armazón con exhibición remarcada de los elementos verticales en los edificios «Arcos» y del telégrafo; y, finalmente, la desaparición total de los elementos (de apoyo) verticales del armazón, con entrepisos horizontales imperceptibles, expuestos casi gráficamente, en la fachada vidriada del almacén universal.

Los seis proyectos de los hermanos Vesnín mencionados anteriormente crearon una reserva estilístico-formal tan potente en el constructivismo arquitectónico que los hermanos Vesnín se

(6) Конструктивизм — творческое течение архитектурного авангарда (лидер А. Веснин) — Раздел 1

El constructivismo: corriente artística del vanguardismo arquitectónico (Alexandr Vesnín) — Parte 1

Дипломники МИГИ с преподавателями. 1924 г. Слева направо: Е. Чеботарева, Л. Веснин, Н. Воротынцева, М. Гинзбург, Е. Ильина (сидит), В. Красильников, В. Франкетти (сидит), В. Владимиров

Graduandos del MIGI con sus profesores. 1924. De izquierda a derecha: Ye. Chebotariova, L. Vesnín, N. Vorotíntseva, M. Guínzburg, Ye. Iliná (sentada), V. Krasílnikov, V. Franketti (sentado), V. Vladímirov

руктивизм, в проектах Весниных виделись первичные стилеобразующие процессы. Так оно и было на самом деле.

В 1924 г. ряды советских архитекторов пополнились значительным по тем временам отрядом молодых архитекторов — десять человек окончили архитектурный факультет Московского института гражданских инженеров (МИГИ).

Основной костяк первого выпуска МИГИ (Г. Вегман, В. Владимиров, В. Красильников, Н. Воротынцева, Л. Славина, Е. Чеботарева) за время учебы прошел как бы три этапа в своих творческих поисках. Первые проекты были сделаны в традиционном духе (напоминают работы студентов дореволюционной архитектурной высшей школы в «стилях»), затем в 1922–1923 гг. курсовые проекты приобретают черты символического романтизма (динамика, даже экспрессия). И, наконец, работа над дипломом протекала в момент, когда в советской архитектуре уже стали проявляться зримые черты конструктивизма. Направление творческих поисков студентов резко изменилось — выпускники МИГИ выходили из вуза приверженцами нового направления. Это хорошо видно на их дипломных проектах (весна 1924 г.).

comenzaron a considerar como los líderes artísticos indiscutibles de la nueva corriente. La juventud que se inclinaba por el constructivismo veía en los proyectos de los hermanos Vesnín procesos primarios de creación de estilos. Y esto era realmente así.

En 1924, las filas de arquitectos soviéticos fueron incrementadas por un destacamento, significativo en ese entonces, de jóvenes arquitectos: diez estudiantes terminaron la Facultad de Arquitectura del MIGI.

La columna vertebral de la primera promoción del MIGI (G. Viegman, V. Vladímirov, V. Krasílnikov, N. Vorotíntseva, L. Slávina, Ye. Chebotariova) durante el tiempo de estudio atravesó en cierto modo tres etapas en sus búsquedas artísticas. Los primeros proyectos fueron creados al estilo tradicional —estos proyectos recuerdan los trabajos de «estilo» de los estudiantes de las escuelas superiores de arquitectura prerrevolucionarias—; posteriormente, durante 1922–1923, los proyectos de curso adquieren los rasgos del romanticismo simbólico (la dinámica e incluso la expresión). Y, finalmente, el trabajo de grado transcurre cuando en la arquitectura soviética ya comienzan a manifestarse rasgos visibles del constructivismo. La orientación de las búsquedas artísticas de los estudiantes

Тема дипломного проекта — Музей Красной Москвы — предоставляла дипломникам широкие возможности для объемно-планировочного и образного решения.

Стилистическое решение Музея наглядно свидетельствует о том, что дипломанты в своих последних ученических проектах выходили из неоклассики и символического романтизма в конструктивизм, хотя стадия этого «выхода» не у всех была одинаковой. Наиболее интересен проект Г. Вегмана (П. № 4).

Когда в 1925 г. создавалось творческое объединение конструктивистов ОСА, то первым отрядом молодого пополнения конструктивистов оказались питомцы МИГИ.

Первая группа учеников В. Веснина по фабрично-заводскому отделению окончила МВТУ в 1925 г., а из мастерской А. Веснина во ВХУТЕМАСе ОСА получило значительное пополнение лишь в 1926 г.

Если А. Веснин (в содружестве с братьями) был творческим лидером архитектурного конструктивизма, то его ближайшим соратником и помощником по организационным вопросам и по печати был М. Гинзбург, который внес значительный вклад и в разработку теоретической платформы конструктивизма.

В начале 20-х годов М. Гинзбург почти целиком посвящает себя научно-педагогической деятельности. Он преподает историю архитектуры и теорию архитектурной композиции в МПИ — МИГИ, ВХУТЕМАСе, а затем и в МВТУ, активно участвует в работе Российской академии художественных наук.

В 1923 г. (18 мая) М. Гинзбург выступает в Московском архитектурном обществе с докладом, в котором в развернутой форме излагает свои теоретические взгляды о путях развития современной архитектуры. Этот доклад явился основой его книги «Стиль и эпоха», где рассматривается связь архитектуры и современности.

Книга получила широкий резонанс и помогла многим советским архитекторам на том переходном этапе определить свои творческие позиции.

Конкурсные проекты Весниных 1923–1925 гг. имели широкий резонанс в архитектурной среде. Популярность конструктивизма быстро росла. Формирование молодого пополнения архитекторов-конструктивистов в МИГИ, МВТУ, ИНХУКе и ВХУТЕМАСе привело к тому, что к 1925 г. вокруг А. Веснина и его ближайших соратников (прежде всего М. Гинзбурга и В. Веснина) уже сложилась группа творческих единомышленников. На повестку дня встала задача организационного оформления творческой организации архитекторов-конструктивистов. Работу по созданию этой организации возглавили А. Веснин и М. Гинзбург.

Новую организацию назвали Объединение современных архитекторов (ОСА). Она была создана в конце 1925 г. Учредителями ОСА были А. Веснин, М. Гинзбург, Я. Корнфельд, В. Вла-

М. Гинзбург

M. Guínzburg

Обложка книги М. Гинзбурга «Стиль и эпоха». 1924 г.

Cubierta del libro de M. Guínzburg «Estilo y época». 1924

---

cambió bruscamente: los egresados del MIGI salían del centro educativo afiliados a la nueva corriente. Esto se ve claramente en sus proyectos de grado (primavera de 1924).

El tema del proyecto de grado —Museo de la Moscú Roja— proporcionaba a los estudiantes amplias posibilidades para la solución volumétrica, de planificación y representativa.

La solución estilística del Museo confirma claramente que los estudiantes próximos a graduarse abandonan en sus últimos proyectos el neoclasicismo y el romanticismo simbólico para adoptar las posiciones del constructivismo, aunque la etapa de este «abandono» no fue igual para todos. El proyecto más interesante fue el de G. Viegman (A. № 4).

En el año 1925, cuando se creaba la unión artística de constructivistas OSA, el primer destacamento de jóvenes constructivistas que ingresó en la unión estaba conformado por los egresados del MIGI.

El primer grupo de estudiantes de V. Vesnín de la Sección Industrial terminó la MVTU en 1925; del taller de A. Vesnín en el VJUTEMAS la OSA recibió refuerzos significativos sólo en 1926.

Si A. Vesnín (en compañía de sus hermanos) fue el líder artístico del constructivismo arquitectónico, su compañero más cercano y ayudante en los problemas de organización y de prensa fue M. Guínzburg, quien contribuyó significativamente al desarrollo de la plataforma teórica del constructivismo.

A principios de los años 20, Guínzburg prácticamente se dedica por entero a la actividad científico-pedagógica. Dicta historia de la arquitectura y teoría de la composición arquitectónica en el MPI (*Instituto Politécnico de Moscú*), en el MIGI, en el VJUTEMAS, y posteriormente en la MVTU, participa activamente en el trabajo de la Academia de Artes de Rusia.

El 18 de mayo 1923, Guínzburg se presenta ante la Sociedad de Arquitectos de Moscú con un discurso en el que de una forma explícita expone sus puntos de vista teóricos sobre las vías de desarrollo de la arquitectura moderna. Este discurso constituyó la base de su libro «Estilo y época», donde se analiza la relación entre la arquitectura y la contemporaneidad.

El libro tuvo una gran resonancia y ayudó a muchos arquitectos soviéticos de aquella etapa de transición a definir sus posiciones artísticas.

Los proyectos de concurso de los hermanos Vesnín de los años 1923–1925 tuvieron una enorme resonancia en el ámbito arquitectónico. La popularidad del constructivismo creció rápidamente. La formación de la joven generación de arquitectos constructivistas en el MIGI, el MVTU, el INJUK y el VJUTEMAS trajo como consecuencia que hacia el año 1925 alrededor de A. Vesnín y de sus compañeros más cercanos (sobre todo de M. Guínzburg y de V. Vesnín) se comenzó a formar un grupo de partidarios artísticos. A la orden del día estaba la tarea de la formalización

(6) Конструктивизм — творческое течение архитектурного авангарда (лидер А. Веснин)

El constructivismo: corriente artística del vanguardismo arquitectónico (Alexandr Vesnín)

Раздел 1

Parte 1

Разворот обложки журнала «Современная архитектура». 1926. № 1. Художник А. Ган

Cubiertas de la revista «Arquitectura Moderna». 1926. № 1. Diseño de A. Gan

Разворот обложки журнала «Современная архитектура». 1926. № 2. Художник А. Ган

Cubiertas de la revista «Arquitectura Moderna». 1926. № 2. Diseño de A. Gan

димиров, А. Буров, Г. Орлов, А. Капустина, А. Фуфаев, В. Красильников. Председатель ОСА — А. Веснин, его заместители — М. Гинзбург и В. Веснин, секретарь — Г. Орлов.

В отличие от рационалистов конструктивисты имели свой периодический печатный орган — журнал «Современная архитектура», который выходил пять лет (1926–1930) раз в два месяца.

Журнал «Современная архитектура» сыграл огромную роль в развитии и укреплении позиций архитектурного конструктивизма.

Ответственными редакторами журнала были А. Веснин и М. Гинзбург. Первая редколлегия имела такой состав: А. Буров, А. Веснин, В. Веснин, Г. Вегман, М. Гинзбург, И. Голосов, А. Ган, А. Лолейт, Г. Орлов, И. Соболев.

de una organización artística de arquitectos constructivistas. El trabajo de la creación de esta organización fue encabezado por A. Vesnín y M. Guínzburg.

La nueva organización, nombrada Unión de Arquitectos Modernos (OSA), fue fundada a finales de 1925. Los fundadores de la OSA fueron A. Vesnín, M. Guínzburg, Ya. Kórnfield, V. Vladímirov, A. Búrov, G. Orlov, A. Kapústina, A. Fufáyev y V. Krasílnikov. El presidente de la OSA era A. Vesnín, los vicepresidentes, M. Guínzburg y V. Vesnín, y el secretario, G. Orlov.

A diferencia de los racionalistas, los constructivistas tuvieron su propio órgano de prensa, la revista «Arquitectura Moderna» («AM»), la cual se publicó durante cinco años (1926–1930) una vez cada dos meses.

Раздел 1 — Конструктивизм — творческое течение архитектурного авангарда (лидер А. Веснин)

Parte 1 — El constructivismo: corriente artística del vanguardismo arquitectónico (Alexandr Vesnín)

Заседание редколлегии журнала «Современная архитектура» на квартире Весниных. Слева направо: Г. Вегман, М. Гинзбург, И. Соболев, А. Веснин, Г. Орлов, А. Буров (вверху), С. Маслих, А. Ган

Sesión del consejo de redacción de la revista «Arquitectura Moderna» en el apartamento de los hermanos Vesnín. De izquierda a derecha: G. Viegman, M. Guínzburg, I. Sóboliev, A. Vesnín, G. Orlov, A. Búrov (atrás), S. Maslij, A. Gan

Заседание редколлегии журнала «Современная архитектура» на даче Весниных. Слева направо: С. Маслих, М. Гинзбург, А. Ган (вверху), А. Веснин, Г. Орлов, Г. Вегман

Sesión del consejo de redacción de la revista «Arquitectura Moderna» en la casa de campo de los hermanos Vesnín. De izquierda a derecha: S. Maslij, M. Guínzburg, A. Gan (arriba), A. Vesnín, G. Orlov, G. Viegman

Конструктивизм — творческое течение архитектурного авангарда (лидер А. Веснин)
El constructivismo: corriente artística del vanguardismo arquitectónico (Alexandr Vesnín)

Первая конференция ОСА. 1928 г. Слева направо: стоят — С. Левитан, Н. Красильников (?), Т. Чижикова, Г. Вегман (вверху), М. Гакен, Ф. Терехин, неизвестный, Г. Дядин, И. Райский, неизвестный, М. Холостенко, И. Мальц, Н. Соколов, И. Милинис, Н. Кузьмин (?), Г. Орлов, И. Малоземов, неизвестный, неизвестный, Р. Хигер; сидят (средний ряд) — неизвестный, неизвестный, А. Никольский, Я. Гуревич, П. Новицкий, А. Ган, М. Гинзбург, А. Веснин, С. Прохоров (инженер), В. Веснин, Л. Наппельбаум (внизу), М. Барщ (вверху), И. Леонидов, Ф. Яловкин; сидят на полу Р. Шилов, Л. Хидекель, неизвестный, неизвестный, Б. Штивель

Primera conferencia de la OSA. 1928. De izquierda a derecha, de pie: S. Levitán, V. Krasílnikov (?), T. Chízhikova, G. Viegman (atrás), M. Gaken, F. Teriejin, desconocido, G. Diadin, I. Raiski, desconocido, M. Jolostenko, I. Malts, N. Sokolov, I. Milinis, N. Kuzmín (?), G. Orlov, I. Maloziémov, desconocido, desconocido, R. Jíguer; sentados (fila media): desconocido, desconocido, A. Nikolski, Ya. Guriévich, P. Novitski, A. Gan, M. Guínzburg, A. Vesnín, S. Prójorov (ingeniero), V. Vesnín, L. Nappelbaum (abajo), M. Barsch (arriba), I. Leonídov, F. Yálovkin; sentados en el piso: R. Shílov, L. Jidiékel, desconocido, desconocido, B. Shtível

На страницах «СА» разрабатывались теоретические и профессиональные основы нового творческого течения. Если на ранней стадии формирования конструктивизма сторонники этого течения обращали внимание прежде всего на выявление конструктивной целесообразности новой архитектурной формы, то теперь основное внимание уделялось обоснованию функциональной целесообразности новой формы, в чем конструктивисты видели одно из важнейших средств борьбы с эклектикой и со стилизацией в духе «конструктивного стиля». Журнал провозглашал: «Долой эклектику! Да здравствует функциональный метод мышления! Да здравствует конструктивизм!»

Принципы функционального метода были изложены на страницах «СА» в статьях М. Гинзбурга, который взял на себя роль пропагандиста и теоретика конструктивизма.

В редакционных и подписных статьях, помещенных в «СА» в 1926–1928 гг., при разработке теоретических проблем больше внимания уделялось вопросам взаимосвязи средств и целей архитектуры. Лидеры конструктивизма на этом этапе пытались установить характер и степень обратного влияния целей на формообразование — обосновать функциональную целесообразность архитектурной формы. Идейно-художественные и утилитарно-практические задачи рассматривались при этом в совокупности как единые функционально-социальные задачи.

La revista «Arquitectura Moderna» jugó un papel inmenso en el desarrollo y consolidación de las posiciones del constructivismo arquitectónico.

Los jefes de redacción de la revista eran A. Vesnín y M. Guínzburg. El primer consejo de redacción estaba conformado por A. Búrov, A. Vesnín, V. Vesnín, G. Viegman, M. Guínzburg, I. Gólosov, A. Gan, A. Loleit, G. Orlov e I. Sóboliev.

En las páginas de la «AM» se estudiaban las bases teóricas y profesionales de la nueva corriente artística. Si en la etapa temprana de formación del constructivismo los simpatizantes de esta corriente fijaban su atención sobre todo en el descubrimiento de la racionalidad estructural de las nuevas formas arquitectónicas, ahora la mayor atención se concentraba en la argumentación de la racionalidad funcional de las nuevas formas, en la que los constructivistas vieron uno de los medios más importantes de lucha contra el eclecticismo y la estilización a la manera del «estilo constructivista». La revista proclamaba «¡No al eclecticismo! ¡Viva el método funcional de pensamiento! ¡Viva el constructivismo!».

Los principios del método funcional fueron expuestos en las páginas de la «AM» en los artículos de M. Guínzburg, quien asumió el papel de propagandista y teórico del constructivismo.

En los artículos de la redacción y de autores independientes publicados en «AM» entre 1926 y 1928, durante el estudio de los problemas teóricos se presta gran atención a la relación entre los medios y los objetivos de la arquitectura. En esta etapa, los líderes del constructivismo intentaron

Раздел 1 — Конструктивизм — творческое течение архитектурного авангарда (лидер А. Веснин)

Parte 1 — El constructivismo: corriente artística del vanguardismo arquitectónico (Alexandr Vesnín)

Ле Корбюзье в гостях у Весниных. 1927 г. Слева направо (мужчины): В. Веснин, Л. Веснин, Ле Корбюзье, А. Веснин, А. Буров, Г. Орлов

Le Corbusier de visita en casa de los hermanos Vesnín. 1927. De izquierda a derecha (hombres): V. Vesnín, L. Vesnín, Le Corbusier, A. Vesnín, A. Búrov, G. Orlov

Борьба Весниных, Гинзбурга и других сторонников конструктивизма за утверждение творческих принципов этого течения привела уже в середине 20-х годов к тому, что конструктивизм стал фактически наиболее влиятельным направлением в советской архитектуре того периода. На позиции конструктивизма перешли многие архитекторы старшего поколения, к нему тянулась молодежь. Причем, по мнению лидеров конструктивизма, не все из тех, кто старался строить «под конструктивизм», воспринимали существо его профессионального метода. Многие осваивали лишь чисто внешние приемы конструктивизма. В результате некоторые архитекторы стали воспринимать конструктивизм как новый модный стиль.

Внес свой вклад в популяризацию «конструктивного стиля» и И. Голосов.

Созданные в 1924 г. Весниными блестящие по художественному решению конкурсные проекты «Аркоса» и «Ленинградской правды» произвели большое впечатление на И. Голосова и заставили его многое пересмотреть в своем отношении к внешнестилевой системе архитектурно-художественных средств.

И. Голосов искренне увлекается разработанными к середине 20-х годов конструктивистами приемами создания художественного образа и активно включается в их дальнейшее совершенствование.

Четко выявленный каркас и обильное остекление начиная с 1925 г. становятся характерными для проектов И. Голосова. Перейдя на позиции конструктивизма, И. Голосов

determinar el carácter y el grado de influencia recíproca de los objetivos sobre la creación de formas, es decir, argumentar la *racionalidad funcional* de la forma arquitectónica. A la vez, los problemas de la idea artística y de la utilidad práctica se consideraban en conjunto, como un problema funcional-social único.

La lucha de los hermanos Vesnín, de Guínzburg y de otros simpatizantes del constructivismo por la afirmación de los principios artísticos de esta corriente, condujo a que a mediados de los años 20 el constructivismo se convirtiera prácticamente en la corriente más influyente en la arquitectura soviética de aquel período. La juventud era atraída por el constructivismo, la posición de esta corriente era adoptada por muchos arquitectos de la vieja generación. Pero, según los líderes del constructivismo, no todos los que trataban de construir «al estilo constructivista» entendían la esencia de su método profesional. Muchos asimilaban sólo los métodos puramente exteriores del constructivismo. Como resultado algunos arquitectos comenzaron a considerar el constructivismo como un nuevo estilo de moda.

También I. Gólosov hizo su aporte a la popularización del «estilo constructivista».

Los proyectos de concurso de «Arcos» y del «Leningrádskaya Pravda», creados por los hermanos Vesnín en el año 1924 y brillantes en cuanto a la solución artística, causaron una gran impresión en I. Gólosov, obligándolo a reconsiderar su actitud hacia el sistema de estilos exteriores de los medios arquitectónicos artísticos.

Конструктивизм — творческое течение архитектурного авангарда (лидер А. Веснин)

El constructivismo: corriente artística del vanguardismo arquitectónico (Alexandr Vesnín)

А. Ган. Рекламный плакат Первой выставки современной архитектуры в Москве. 1927 г.

A. Gan. Pancarta de propaganda de la Primera Exposición de Arquitectura Moderna en Moscú. 1927

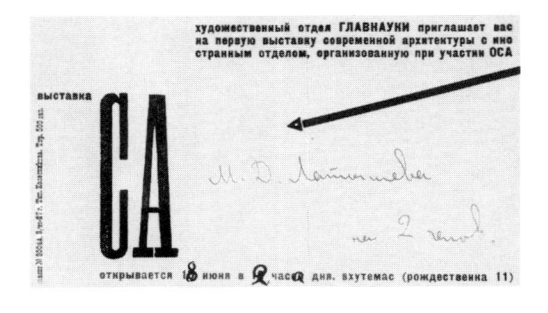

Пригласительный билет на открытие Первой выставки современной архитектуры. 1927 г.

Invitación a la inauguración de la Primera Exposición de Arquitectura Moderna. 1927

один за другим создает первоклассные в художественном отношении проекты, оказывая значительное влияние на распространение этого творческого течения во второй половине 20-х годов.

В 1925–1926 гг. И. Голосов становится звездой первой величины на небосклоне конструктивизма, затмив на какое-то время лидеров течения — А. Веснина и М. Гинзбурга. Конструктивистский взлет И. Голосова начался с присуждения его проекту первой премии на конкурсе Дома Текстилей в Москве в 1925 г. Он участвует затем чуть ли не во всех многочисленных конкурсах, добиваясь, пожалуй, рекордного количества премий. И. Голосов был неистощим в поисках разнообразных художественных решений. Легко и свободно комбинируя ультрасовременные формы конструктивизма, он смело вводит контрастные сочетания объема (цилиндр и параллелепипед) и плоскостей (стекло и глухая стена), уверенно лепит пластику фасада. И. Голосов увлекается стилистическими возможностями внешних средств и приемов конструктивизма, например, четко выявленным обильно остекленным каркасом (влияние веснинских проектов «Ленинградская правда», «Аркос»). Особенно это характерно для 1925–1926 гг., когда И. Голосов создает ряд изысканных по пропорциям, рафинированных по рисунку каркаса и переплетов проектов конторских зданий, которые стали образцом для подражания и способствовали формированию специфического именно для второй половины 20-х годов облика представительного конторского сооружения. Наиболее показательны в этом отношении конкурсные проекты Дома Текстилей (совместно с Б. Улиничем, 1925), Русгерторга (1926) и Электробанка (1926, Ш. № 34).

До 1917 г. крупнейшими фигурами в архитектуре промышленных сооружений в России были А. Кузнецов, Л. Серк, А. Дмитриев, А. Лолейт, В. Веснин.

В 20-е годы в МВТУ на фабрично-заводском отделении под руководством А. Кузнецова, В. Веснина и Л. Веснина был подготовлен первый отряд советских архитекторов-промышленников, который стал основой формировавшейся тогда промышленной школы советской архитектуры.

Получилось так, что эти молодые архитекторы не только вошли в ОСА, но и их дипломные, а затем и реальные проекты промышленных сооружений во многом определили стилистику конструктивистских работ, публиковавшихся в «СА».

Промышленные сооружения и раньше были менее подвержены обильному декорированию и эклектичной стилизации. В 20-е годы при их проектировании принципы конструктивизма, прежде всего ориентация в процессах формообразования на конструктивно-функциональную целесообразность, проводились наиболее последовательно. Здесь и чаще, и полнее, чем в других типах сооружений, использовались новейшие технические достижения. Все

Gólosov se dedica honestamente a los métodos de creación de imágenes artísticas desarrollados hacia mediados de los años 20 por los constructivistas, y toma parte activa en su posterior perfeccionamiento.

Un armazón claramente resaltado y un abundante vidriado se convierten desde 1925 en detalles característicos de los proyectos de I. Gólosov. Después de pasar a la posición del constructivismo, Gólosov crea uno tras otro proyectos de primera clase en el aspecto artístico, ejerciendo una gran influencia en la difusión de esta corriente artística en la segunda mitad de los años 20.

Entre los años 1925 y 1926, Gólosov se convierte en una estrella de primera magnitud en el firmamento del constructivismo, opacando por cierto tiempo a los líderes de la corriente A. Vesnín y M. Guínzburg. El apogeo constructivista de I. Gólosov comienza cuando su proyecto recibe en 1925 el primer premio en el concurso de la Casa de los Tejidos de Moscú. Después participa en casi todos los numerosos concursos, obteniendo una cantidad récord de premios. Gólosov fue incansable en sus búsquedas de diferentes soluciones artísticas. Combinando fácil y libremente las formas ultramodernas del constructivismo, introduce audazmente combinaciones contrastantes de volúmenes (cilindro y paralelepípedo) y planos (vidrio y pared ciega); modela con seguridad la plástica de la fachada. Gólosov se apasiona por las posibilidades estilísticas de los medios exteriores y de los métodos del constructivismo, por ejemplo, del armazón al descubierto y abundantemente vidriado (influencia de los proyectos de los hermanos Vesnín «Leningrádskaya Pravda», «Arcos»). Sobre todo, esto es característico en los años 1925–1926, cuando I. Gólosov crea una serie de proyectos de edificios de oficinas refinados por sus proporciones y por el dibujo del armazón y los enrejados, proyectos que se convirtieron en modelos a imitar y que contribuyeron a la formación del aspecto tan específico en la segunda mitad de los años 20 de los edificios representativos de oficinas. Los más significativos en este aspecto son los proyectos de concurso de la Casa de los Tejidos (junto con B. Ulínich, 1925), «Rusgertorg» (1926) y «Elektrobank» (1926, O. M. № 34).

Antes de 1917 las figuras más grandes de la arquitectura de las edificaciones industriales en Rusia eran A. Kuznetsov, L. Sierk, A. Dmítriev, A. Loleit y V. Vesnín.

En los años 20, en la Sección Industrial de la MVTU y bajo la dirección de A. Kuznetsov, V. Vesnín y L. Vesnín, se preparó el primer equipo de arquitectos industriales soviéticos, el cual se convirtió en la base de la escuela industrial de la arquitectura soviética, en formación en aquel entonces.

Resultó que aquellos jóvenes arquitectos no solamente ingresaron en la OSA, sino que sus proyectos de grado y posteriormente sus proyectos reales de edificaciones industriales determinaron en gran medida el estilo de los trabajos constructivistas publicados en la revista «AM».

| Раздел 1 | Конструктивизм — творческое течение архитектурного авангарда (лидер А. Веснин) |
| Parte 1 | El constructivismo: corriente artística del vanguardismo arquitectónico (Alexandr Vesnín) |

это не могло не сказаться и на стилистике промышленных сооружений. Они и во второй половине 20-х сохранили многие приемы и средства выразительности раннего архитектурного конструктивизма.

Именно школа промышленной архитектуры стала стилистически наиболее устойчивой частью конструктивизма в целом, сохраняя его приемы и средства практически до середины 30-х годов, когда другие типы зданий и сооружений уже были охвачены лихорадочными поисками «обогащения» внешнего облика.

Можно говорить именно о конструктивистской школе промышленной архитектуры, так как многие выпускники МВТУ и МИГИ во второй половине 20-х годов работали в коллективах, возглавлявшихся их бывшими руководителями по курсовому и дипломному проектированию.

Наиболее ярко творческая направленность группы выпускников МВТУ, работавшей ряд лет под руководством А. Кузнецова, проявилась в коллективных проектах для Москвы (почти все они осуществлены).

- Во-первых, это комплекс ЦАГИ (Центрального аэрогидродинамического института), в разработке отдельных объектов которого участвовали Б. Гладков, Г. Мовчан, И. Николаев, А. Фисенко, Г. Карлсен (1924–1928, Ш. № 29).
- Во-вторых, это комплекс сооружений ВЭИ (Всесоюзного электротехнического института); В. Мовчан, Г. Мовчан, А. Фисенко, И. Николаев, Л. Мейльман, Г. Карлсен (1927–1929, Ш. № 49).
- В-третьих, это лаборатории Московского текстильного института; И. Николаев, А. Фисенко (1927–1929).
- В-четвертых, это комплекс Научно-исследовательского института сахарной промышленности; И. Николаев, А. Фисенко (1927).
- В-пятых, это дом ВЭО (Всесоюзного электротехнического объединения); В. Мовчан, Г. Мовчан, Л. Мейльман, Р. Чуенко и др. (1929–1933).

В этих постройках функциональная и конструктивная целесообразность сочетается с использованием художественных достижений новой архитектуры — геометрически четкое членение масс, контраст остекления и глухих плоскостей стен, сопоставление прямоугольных и полукруглых элементов и т. д.

Во второй половине 20-х годов, как уже отмечалось выше, ВХУТЕМАС становится не только одним из центров формирования и развития архитектурного авангарда, но и своеобразной ареной соревнования лидеров двух наиболее влиятельных новаторских течений.

А. Кузнецов

A. Kuznetsov

Las edificaciones industriales también antes estaban menos sometidas a una abundante decoración y estilización ecléctica. En los años 20, en la proyección de estos edificios los principios del constructivismo —sobre todo la orientación hacia la racionalidad estructural y funcional en la creación de formas— se realizaron de la manera más consecutiva. En comparación con otros tipos de edificaciones, los últimos logros técnicos se utilizaban en estas edificaciones con mayor frecuencia y de la forma más completa. Todo esto no pudo dejar de influir en el estilo de las construcciones industriales. Incluso en la segunda mitad de los años 20 estas construcciones conservaban muchos métodos y medios de expresión del constructivismo arquitectónico temprano.

Precisamente la escuela de arquitectura industrial se convirtió en la parte más estable estilísticamente del constructivismo en general, conservando sus métodos y medios prácticamente hasta mediados de los años 30, cuando otros tipos de edificios y construcciones ya habían sido «atrapados» por las búsquedas febriles del «enriquecimiento» del aspecto exterior.

Podemos hablar precisamente de la escuela constructivista de arquitectura industrial debido a que muchos egresados de la MVTU y del MIGI trabajaron en la segunda mitad de los años 20 en colectivos dirigidos por sus ex asesores de los proyectos de curso o de grado.

La tendencia artística más brillante del grupo de egresados de la MVTU que trabajó varios años bajo la dirección de A. Kuznetsov, se manifestó en los proyectos colectivos para Moscú (prácticamente todos los proyectos fueron materializados).

- En primer lugar, el complejo del TsAGI (*Instituto Central de Aero-hidrodinámica*). En la planificación de algunos de sus objetos tomaron parte B. Gladkov, G. Movchán, I. Nikoláyev, A. Fisenko, G. Karlsen (1924–1928, O. M. № 29).
- En segundo, el complejo de edificaciones del VEI (*Instituto de Electrotecnia de la Unión Soviética*); V. Movchán, G. Movchán, A. Fisenko, I. Nikoláyev, L. Meilman, G. Karlsen (1927–1929, O. M. № 49).
- En tercero, el laboratorio del Instituto de Tejidos de Moscú; I. Nikoláyev, A. Fisenko (1927–1929).
- En cuarto, el complejo del Instituto de Investigación Científica de la Industria Azucarera; I. Nikoláyev, A. Fisenko (1927).
- En quinto, la casa de la VEO (*Asociación Electrotécnica de la Unión Soviética*); V. Movchán, G. Movchán, L. Meilman, R. Chuyenko y otros (1929–1933).

En estas construcciones la racionalidad funcional y estructural se conjuga con el empleo de los logros artísticos de la nueva arquitectura: división geométricamente bien definida de las masas, contraste del vidriado y de las paredes ciegas, la confrontación de elementos rectos y curvos, etcétera.

Конструктивизм — творческое течение архитектурного авангарда (лидер А. Веснин)

El constructivismo: corriente artística del vanguardismo arquitectónico (Alexandr Vesnín)

Выпускники фабрично-заводского отделения МВТУ 1925–1926 годов (фото 1928 г.). Слева направо: Г. Мовчан, Л. Мейльман, Б. Варгазин, В. Мовчан, И. Николаев, А. Фисенко, Н. Морозов, К. Соколов, С. Каптерев

Egresados de la Sección Industrial de la MVTU, 1925–1926 (foto de 1928). De izquierda a derecha: G. Movchán, L. Meilman, B. Vargazin, V. Movchán, I. Nikoláyev, A. Fisenko, N. Morózov, K. Sokolov, S. Kápteriev

А. Веснин и Н. Ладовский воспринимались тогда во ВХУТЕМАСе как самые яркие и значительные фигуры.

Начиная с 1925 г. на архитектурном факультете ВХУТЕМАСа (а затем и ВХУТЕИНа) происходило негласное соревнование между курсовыми и дипломными проектами, выполненными в мастерских А. Веснина и Н. Ладовского. Из стен ВХУТЕМАСа — ВХУТЕИНа вышли многие талантливые архитекторы, с именами которых связаны творческие достижения советской архитектуры. Одержав убедительную победу во ВХУТЕМАСе, творческие течения авангарда готовили квалифицированные кадры своих сторонников.

А. Веснин в руководимой им мастерской ориентировал студентов в процессе проектирования обращать внимание на функцию здания. В своих беседах с учениками он говорил, что в основе архитектурного произведения лежат функция, план, график движения. В то же время А. Веснин, подчеркивая функциональную целесообразность новой формы, не призывал студентов механически из функции строить объемно-пространственную композицию, а приучал искать выразительную форму.

Курсовые и дипломные проекты ВХУТЕМАСа публиковались тогда в советской и зарубежной печати и играли значительную роль в творческих поисках советских архитекторов. Среди дипломных работ, выполненных в мастерской А. Веснина, наибольшее внимание привлекли такие проекты:

En la segunda mitad de los años 20, como se dijo anteriormente, el VJUTEMAS se convierte no solamente en uno de los centros de formación y desarrollo del vanguardismo arquitectónico, sino también en una especie de arena de competición de los líderes de las dos corrientes innovadoras más influyentes. En ese entonces A. Vesnín y N. Ladovski se consideraban en el VJUTEMAS como las figuras más brillantes e importantes.

Desde 1925, en la Facultad de Arquitectura del VJUTEMAS —y posteriormente en el VJUTEIN (*Instituto Superior Artístico-Técnico*)— tuvo lugar una competencia no declarada entre los proyectos de curso y de grado elaborados en los talleres de A. Vesnín y N. Ladovski. De las aulas del VJUTEMAS y del VJUTEIN salieron muchos arquitectos talentosos, con cuyos nombres están vinculados los logros artísticos de la arquitectura soviética. Habiendo ganado una victoria convincente en el VJUTEMAS, las corrientes artísticas del vanguardismo comenzaron la preparación de cuadros calificados de sus partidarios.

En su taller, A. Vesnín orientaba a los estudiantes a concentrar su atención en la función del edificio durante el diseño. En sus charlas con los estudiantes decía que en la base de la obra arquitectónica se encuentran la función, el plano, el gráfico del movimiento. Al mismo tiempo, A. Vesnín, resaltando la racionalidad funcional de la nueva forma, no proponía a los estudiantes construir mecánicamente una composición volumétrico-espacial a partir de la función, sino que enseñaba a buscar una forma expresiva.

Los proyectos de curso y de grado del VJUTEMAS se publicaban en ese entonces en la prensa soviética y de otros países, y jugaron un papel notable en las búsquedas artísticas de los

- 1925 г., А. Буров — центральный вокзал в Москве.
- 1926 г., М. Барщ и М. Синявский — совместный дипломный проект (два варианта) Центрального оптово-розничного рынка на Болотной площади в Москве (П. № 10); С. Кожин и И. Соболев — проекты Дворца труда в Москве.
- 1927 г., И. Леонидов — Институт библиотековедения им. В. И. Ленина в Москве (Ш. № 40).
- 1928 г., Н. Красильников — Дом профсоюзов (и схема «нового города»); Л. Наппельбаум — Нижегородская ярмарка (планировка и застройка).
- 1929 г., Л. Комарова — здание Коминтерна (П. № 20).

Из курсовых проектов, выполненных в мастерской А. Веснина, всеобщее внимание привлекли три проекта курортной гостиницы на Черноморском побережье. К. Афанасьев и Г. Зундблат запроектировали курортную гостиницу в виде продольного корпуса, расположенного перпендикулярно к берегу моря, но в первом проекте корпус наклонно стелется по склону горы, а во втором он сделан горизонтальным (ближайший к морю торец поднят на мощной опоре). В проекте Н. Соколова (П. № 19) жилые ячейки в виде поднятых на железобетонной опоре вертикальных цилиндров свободно размещены среди природы.

---

arquitectos soviéticos. Los proyectos de grado más interesantes realizados en el taller de A. Vesnín fueron:

- 1925, A. Búrov, estación central de trenes de Moscú;
- 1926, M. Barsch y M. Siniavski, proyecto conjunto de grado (dos variantes) del Mercado central de venta al por mayor y al por menor en la Plaza Bolótnaya de Moscú (A. № 10); S. Kozhin e I. Sóboliev, proyecto del Palacio del Trabajo de Moscú;
- 1927, I. Leonídov, Instituto de Bibliotecología V. I. Lenin de Moscú (O. M. № 40);
- 1928, N. Krasílnikov, Casa de los Sindicatos (y esquema de la «ciudad nueva»); L. Nappelbaum, Feria de Nizhni Nóvgorod (planificación y construcción);
- 1929, L. Komarova, edificio del Komintérn* (A. № 20).

Entre los proyectos de curso realizados en el taller de A. Vesnín, tres proyectos de hotel turístico a orillas del Mar Negro despertaron el interés general. K. Afanásiev y G. Zundblat proyectaron el hotel en forma de un bloque longitudinal dispuesto perpendicularmente a la orilla del mar: en el primer proyecto el bloque se extiende por la cuesta de una montaña, y en el segundo el bloque está en posición horizontal (el extremo más cercano al mar está apoyado sobre un soporte potente). En el proyecto de N. Sokolov (A. № 19), las unidades de vivienda en forma de cilindros verticales apoyados sobre bases de hormigón armado se encuentran libremente distribuidas entre la naturaleza.

---

* *N. del T.* Internacional Comunista.

⑦ И. Леонидов — поэт чистой формы

Leonídov: el poeta de la forma pura

Иван Ильич Леонидов — гениально одаренный художник, архитектор, что называется, от бога, творец-изобретатель и оригинальный мыслитель — был самым любимым учеником А. Веснина.

Леонидов — трагическая фигура в архитектуре XX в. «Поэт и надежда русского архитектурного конструктивизма», как его назвал в 1929 г. Ле Корбюзье, он, пожалуй, единственный из самых влиятельных архитекторов XX столетия не осуществил в натуре ни одного из своих замыслов (если не считать лестницы в парке санатория в Кисловодске, построенной в 30-е годы). А между тем за короткий срок, в «золотой период» своего творческого взлета, всего за четыре года (1927–1930) он, как говорится, на одном дыхании создал более десяти первоклассных проектов, половина которых — творческие открытия в масштабе мировой архитектуры.

Ко времени, когда И. Леонидов оканчивал ВХУТЕМАС (1927), конструктивизм переживал трудности в своем развитии. Возникла опасность появления стилистических штампов. Во второй половине 20-х годов сторонникам авангарда удалось преодолеть опасные тенденции канонизации художественно-композиционных приемов новой архитектуры и внести важный вклад в проблемы формообразования, связанные с новым отношением к объемно-пространственной композиции в современной архитектуре.

Одной из наиболее значительных личностей, внесших большой вклад в решение этой проблемы, и был И. Леонидов. Особую роль сыграл его дипломный проект Института Ленина в Москве (1927, Ш. № 40).

Уже через год после окончания ВХУТЕМАСа И. Леонидов, не занимая руководящей должности в ОСА, фактически становится творческим лидером конструктивизма. Его лидерство восторженно признала молодежь, а также старшее поколение руководителей ОСА, увидевшее в его лице творца, который, ломая стереотипы «конструктивного стиля», придал второе дыхание формообразующим и стилеобразующим потенциям конструктивизма.

Уже в конце 20-х годов творчество Леонидова получило такой резонанс в советской архитектуре, что началась стилизация «под Леонидова», причем влияние стилистики леонидовских проектов можно обнаружить в проектах не только студентов и молодых конструктивистов, но и лидеров ОСА — Весниных и Гинзбурга.

Iván Ilich Leonídov, artista genial y talentoso, arquitecto innato, creador-inventor y singular pensador, fue el discípulo preferido de A. Vesnín.

Leonídov es la figura trágica de la arquitectura del siglo XX. «El poeta y la esperanza del constructivismo arquitectónico ruso», como en 1929 lo llamó Le Corbusier, es probablemente el único entre los arquitectos más influyentes del siglo XX que no logró hacer realidad ninguno de sus proyectos (si no se tiene en cuenta la escalera del parque de un sanatorio de Kislovodsk, construida en los años 30). Entre tanto, durante sólo cuatro años (1927–1930), en el «período de oro» de su apogeo artístico, en un golpe de inspiración creó más de diez proyectos de primera clase, la mitad de los cuales fueron verdaderos descubrimientos artísticos a escalas de la arquitectura mundial.

Cuando I. Leonídov terminaba el VJUTEMAS (1927), el constructivismo atravesaba por un período difícil de su desarrollo. Existía el peligro del surgimiento de estándares estilísticos. En la segunda mitad de los años 20, los partidarios del vanguardismo lograron vencer las peligrosas tendencias de canonización de los métodos compositivos de la nueva arquitectura, e hicieron un gran aporte a la resolución de los problemas de la creación de formas, problemas relacionados con la nueva actitud hacia las composiciones volumétrico-espaciales en la arquitectura moderna.

Una de las personalidades más importantes que contribuyó notablemente a la resolución de este problema fue Leonídov. Su proyecto de grado del Instituto de Bibliotecología V. I. Lenin de Moscú desempeñó un papel especial (1927, O. M. № 40).

Un año después de haber terminado sus estudios en el VJUTEMAS, a pesar de no ocupar ningún cargo directivo en la OSA, Leonídov se convierte prácticamente en el líder artístico del constructivismo. Su papel de guía es reconocido con entusiasmo tanto por la juventud como por la vieja generación de dirigentes de la OSA, quienes vieron en él al creador que, rompiendo los estereotipos del «estilo constructivista», dio un segundo respiro al potencial del constructivismo en cuanto a la creación de estilos y formas.

Ya a finales de los años 20 la obra de Leonídov adquiere tal resonancia en la arquitectura soviética que comienza un proceso de estilización «a lo Leonídov», observándose la influencia de su estilo no sólo en los proyectos de los estudiantes y jóvenes constructivistas, sino incluso en los de los líderes de la OSA, los hermanos Vesnín y Guínzburg.

Раздел 1

И. Леонидов — поэт чистой формы

Это было связано, видимо, и с особенностями формообразующего дарования Леонидова. Пожалуй, в русском художественном авангарде такой талант с максимально выявленной стилеобразующей составляющей был еще только у Малевича.

Можно сказать, что именно Леонидов в конце 20-х годов остановил процесс канонизации штампов «конструктивного стиля», взяв на себя роль стилеобразующего центра и выведя конструктивизм из намечавшегося формообразующего кризиса.

1927–1930 гг. — время самой напряженной и плодотворной работы Леонидова. Он активно участвует в работе ОСА, выступает в дискуссиях, создает ряд блестящих по глубине замысла, профессиональному мастерству и графическому оформлению конкурсных проектов, в которых были по-новому поставлены такие проблемы, как место культурно-общественного комплекса в застройке нового города, пространственная организация современного городского ансамбля, связь жилых кварталов с природой и т. д.

В качестве научно-проектной работы он разрабатывает тему «Клуб нового социального типа» (Ш. № 52), которую докладывает на первом съезде ОСА в 1929 г. По своей программе «Клуб нового социального типа» представлял собой своеобразный культурно-парковый комплекс, композиция которого строилась широко и свободно, пространственно объединяясь объемом главного зала, перекрытого параболическим сводом-оболочкой.

Проекты Центросоюза (Ш. № 53) и Дома промышленности (Ш. № 76) были одними из первых проектов конторских зданий в виде простых прямоугольных призм с глухими торцевыми фасадами и стенами-экранами на продольных фасадах; пространственное богатство строгим параллелепипедам придают вынесенные лифтовые шахты и примыкающие к основному объему горизонтально распластанные пристройки. В проекте социалистического расселения в Магнитогорске (Ш. № 86) Леонидов выступает как градостроитель. По его представлению, новый город не должен иметь улиц-коридоров, периметральной застройки, дворов. Город врезается в зеленый массив, контрастируя с окружающей природой геометричностью своей планировки и ритмическим рядом стеклянных кристаллов многоэтажных жилых домов, господствующих над другими постройками, образующими рационально организованную сеть обслуживающих учреждений.

Завершающей работой периода творческого взлета Леонидова был проект Дворца культуры (Ш. № 88). Леонидов отходит от программы конкурса и разрабатывает принципиальную проблему клубного строительства — «культурную» организацию жилого района города, развивая идеи своего проекта «Клуба нового социального типа».

Одним из лучших произведений Леонидова 30-х годов можно считать конкурсный проект Дома Наркомтяжпрома на Красной площади в Москве (Ш. № 98). Леонидов создает про-

И. Леонидов

Parte 1

Leonídov: el poeta de la forma pura

Al parecer, esto también estaba relacionado con las particularidades del talento de Leonídov en cuanto a la creación de formas. Tal vez Maliévich sea el único representante del vanguardismo artístico ruso que tuvo un talento con semejante componente de creación de estilos.

Se puede decir que es precisamente Leonídov quien detiene a finales de los años 20 el proceso de canonización de los estándares del «estilo constructivista», desempeñando el papel de centro de creación de estilos y sacando al constructivismo de la inminente crisis de creación de formas.

Los años 1927–1930 son el período de trabajo de mayor tensión y productividad de Leonídov. Él participa activamente en el trabajo de la OSA, interviene en los debates, crea una serie de proyectos de concurso brillantes por la profundidad de la idea, la maestría profesional y el diseño gráfico, en los que se planteó de una manera nueva tales problemas como el papel y el lugar del complejo socio-cultural en la edificación de una nueva ciudad, la organización espacial del conjunto urbano moderno, la relación de las manzanas de viviendas con la naturaleza, etcétera.

Leonídov desarrolla en calidad de proyecto experimental el tema «Club de nuevo tipo social» (O. M. Nº 52), que presenta en el primer congreso de la OSA en 1929. El «Club de nuevo tipo social» era un singular complejo cultural-recreativo de composición amplia y libre, que se unía espacialmente con el volumen de la sala principal, la cual poseía una cubierta abovedada parabólica.

Los proyectos de la Tsentrosoyuz (O. M. Nº 53) y de la Casa de la Industria (O. M. Nº 76) fueron unos de los primeros proyectos de construcción de edificios de oficinas con forma de prismas rectangulares simples, fachadas laterales ciegas y muros-cortina en las fachadas frontales; estos paralelepípedos estrictos adquieren riqueza espacial gracias a los ascensores exteriores y a las construcciones anexas al volumen principal. En el proyecto de alojamiento socialista de la población en Magnitogorsk (O. M. Nº 86), Leonídov interviene en calidad de arquitecto urbanista. Según su parecer, la nueva ciudad no debía tener calles-corredores, edificaciones que delimitaran el perímetro, patios, etcétera. La ciudad ingresa en la naturaleza, contrastando con el medio por la geometría de su planificación y la serie rítmica de los prismas de vidrio de los edificios de viviendas de muchos pisos, los cuales reinan sobre las demás construcciones, que forman una red racionalmente organizada de instituciones de servicio.

El proyecto del Palacio de la Cultura (O. M. Nº 88) es el trabajo que finaliza el apogeo artístico de Leonídov. Él se aleja del programa de concurso y estudia el problema fundamental de la construcción de clubes —la organización «cultural» de las urbanizaciones de una ciudad—, desarrollando las ideas de su proyecto del «Club de nuevo tipo social».

El proyecto de concurso del edificio del Narkomat de la Industria Pesada en la Plaza Roja de Moscú (O. M. Nº 98) se considera como una de las mejores obras de Leonídov de los años 30.

I. Leonídov

И. Леонидов со студентами своей мастерской по ВХУТЕИНу, 1929 г. Слева направо: С. Кибирев, Н. Павлов, И. Леонидов, И. Ермилов, Г. Пьянков, В. Корсунский

I. Leonídov con los estudiantes de su taller en el VJUTEIN, 1929. De izquierda a derecha: S. Kíbiriev, N. Pávlov, I. Leonídov, I. Yermílov, G. Piankov, V. Korsunski

странственную композицию из трех различных по плану, высоте и силуэту стеклянных башен, объединенных стилобатом в уровне первых этажей.

Леонидов был певцом чистой «простой» геометрической формы. Почувствовав большие художественные возможности предельно лаконичной крупной архитектурной формы, он уже в 20-е годы разработал многие из тех основных приемов объемно-пространственной композиции, которые широко распространились в 50–60-е годы.

Он не просто показал красоту и возможности традиционного архитектурного объема, очищенного от изобразительно-декоративного наслоения, а создавал новые объемы, конструировал архитектуру. «Простую» форму использовали и до Леонидова. Но он как бы сделал на нее основную ставку в образном решении. Он ввел принципиально новые приемы членения фасадов своих «простых» объемов. Не традиционные членения, которые имели целью подчеркнуть форму или показать ее ритмическое нарастание в ту или иную сторону, а такие членения, которые не мешают воспринимать всю форму, как бы не обращают на себя

Leonídov crea una composición espacial de tres torres de vidrio —de planta, altura y silueta diferentes—, las cuales están unidas por un estilóbato al nivel de los primeros pisos.

Leonídov era un poeta de las formas geométricas «simples» y puras. Habiendo sentido las grandes posibilidades artísticas de la forma arquitectónica de grandes dimensiones y extremadamente lacónica, en los años 20 él elabora muchos de los métodos fundamentales de composición volumétrico-espacial que se difundirían ampliamente en los años 50–60.

Leonídov no sólo mostró la belleza y las posibilidades del volumen arquitectónico tradicional, libre de la capa plástico-decorativa, sino que creó nuevos volúmenes, construyó una arquitectura nueva. Antes de Leonídov también se usaba la forma «simple», pero él otorga el papel principal a las formas simples para la solución representativa. Él introdujo métodos completamente nuevos de división de las fachadas de volúmenes «simples». Y estas divisiones no eran las divisiones tradicionales, cuyo fin era destacar la forma o mostrar su acrecentamiento rítmico en uno u otro sentido, sino divisiones que no obstaculizan la percepción de toda la forma, como que no llaman la atención

внимания, становятся чем-то естественно в ней присутствующим (как, например, сквозной этаж в его проекте Дома промышленности), а не прибавлением к ней.

Творчество Леонидова неотделимо от его блестящей графики, в которой он проявил смелость и изысканный вкус. Его проекты всегда вызывали большой интерес и как самостоятельные произведения искусства. И. Леонидов создавал свои проекты в различной технике: белая графика на черном фоне (характерные для него квадратные черные доски), черная графика на белой бумаге, гуашь на незагрунтованном дереве, цветная графика на картоне с использованием чистых блеклых и ярких тонов, яичная темпера по левкасу с золотом (влияние иконописной техники), виртуозно выполненные макеты.

---

hacia sí mismas, divisiones que se convierten en algo inherente a la forma (como, por ejemplo, el piso de lado a lado en su proyecto de la Casa de la Industria) y no en una adición a ella.

La obra de Leonídov es inseparable de su brillante arte gráfico, en el que mostró intrepidez y un gusto exquisito. Sus proyectos siempre despertaron un gran interés incluso como obras de arte individuales. I. Leonídov creaba sus proyectos utilizando diversas técnicas: dibujo blanco sobre fondo negro (sus encerados característicos), dibujos en color negro sobre papel blanco, aguada en madera sin imprimación, dibujos en colores sobre cartón utilizando tonalidades pálidas y brillantes puras, tempera al huevo sobre estucado con pan de oro (influencia de la técnica de pintura de iconos), maquetas realizadas virtuosamente.

К. Мельников — изобретательнейший мастер выразительной композиции

Miélnikov: maestro genial de la composición expresiva

В истории мировой архитектуры встречаются мастера, представляющие загадку для исследователей. У них нет творческой школы и плеяды учеников. Они не всегда попадают в стиль эпохи, вызывая непонимание и даже возмущение современников. Они не встроены в конкретные творческие течения и как бы противостоят им всем вместе взятым.

Это мощный, непрерывно действующий формообразующий родник, не поддающийся никаким ограничениям конкретного течения или школы.

Таким редким и самобытным талантом обладал Константин Степанович Мельников, огромную роль которого в общих формообрузующих процессах архитектуры XX в. признают сейчас все серьезные историки, как отечественные, так и зарубежные.

Вклад в развитие мировой архитектуры таких мастеров, как Мельников, не уходит в историю вместе со стилевым этапом, так как он связан с расширением объемно-пространственных возможностей архитектуры в целом.

Если так смотреть на своеобразие творческого таланта Мельникова, то становится понятным и удивлявший всех в 20-е годы необычный по диапазону отрыв его новаторских поисков от общей массы поисков сторонников новых течений. Этот отрыв Мельникова всегда поражал на конкурсах.

Проекты Мельникова были не только новаторскими, но и принципиально необычными для своего времени. Они всегда были на гребне нового и сверхоригинального. И это было не один и не два раза — практически все конкурсные проекты Мельникова имели одно и то же качество: они были самыми неожиданными, самыми необычными, самыми оригинальными. Но удивительным было и то, что проекты Мельникова были оригинальны и по отношению друг к другу.

Мельников учился в Московском училище живописи, ваяния и зодчества, где после окончания в 1913 г. живописного отделения продолжил обучение на архитектурном отделении, которое окончил в 1917 г.

На старших курсах училища и в первые годы после его окончания Мельников работает в духе неоклассики. Однако уже в начале 20-х годов Константин Степанович резко порывает с различного рода традиционалистскими стилизациями.

En la historia de la arquitectura mundial existen maestros que son un misterio para los investigadores, debido a que no tienen ni escuela artística, ni una pléyade de discípulos. Ellos no siempre concuerdan con el estilo de la época, produciendo así cierta indignación e incomprensión de sus contemporáneos. No se ubican en una corriente concreta artística y como que intentan contraponerse a todas ellas a la vez.

Ellos son un potente manantial del que continuamente brotan nuevas formas y el cual no se somete a ningún tipo de restricciones provenientes de alguna corriente o escuela.

Este auténtico talento inusual caracterizaba a Konstantín Stepánovich Miélnikov, cuyo gigantesco papel en los procesos generales de creación de formas de la arquitectura del siglo XX es reconocido en la actualidad por todos los historiadores serios tanto de Rusia como del mundo entero.

El aporte hecho al desarrollo de la arquitectura mundial por los maestros de la talla de Miélnikov no es olvidado por la historia junto con el período estilístico, pues ese aporte está vinculado con la ampliación de las posibilidades volumétrico-espaciales de la arquitectura en general.

Si se valora así la originalidad del talento artístico de Miélnikov, se puede comprender la tan inusual ventaja de sus búsquedas innovadoras respecto a la gran mayoría de las búsquedas de los partidarios de las nuevas corrientes. Esta ventaja causó la admiración de todos en los años 20 y siempre sorprendía en los concursos en que Miélnikov participaba.

Sus proyectos no solamente eran innovadores, sino que también eran completamente inusuales para su tiempo, siempre se encontraban en la cúspide de lo nuevo y lo ultraoriginal. Y esto no ocurrió una o dos veces. Prácticamente todos los proyectos de Miélnikov presentados a concurso tenían la misma calidad: eran los más imprevisibles, los más inusuales, los más originales. Pero lo que admiraba era que sus proyectos eran originales unos respecto a los otros.

Miélnikov estudió en la Escuela de Pintura, Escultura y Arquitectura de Moscú, primero en la Sección de Pintura, que concluyó en 1913, y después en la de Arquitectura, que finalizó en el año 1917.

En los últimos años de estudio y durante los primeros años después de haber terminado, Miélnikov trabaja en el estilo neoclásico. Sin embargo, a inicios de los años 20 rompe súbitamente con todas las estilizaciones tradicionalistas.

Раздел 1   К. Мельников — изобретательнейший мастер выразительной композиции
Parte 1   Miélnikov: maestro genial de la composición expresiva

Появление в 1922–1923 гг. первых новаторских произведений Мельникова для многих оказалось неожиданным. Они не укладывались ни в какие школы и течения, вызывая восторг у одних, непонимание и отрицание у других.

Такие проекты 1922–1923 гг., как павильон «Махорка» (Ш. № 17), жилой комплекс показательных рабочих домов в Москве («Пила», П. № 2) и Дворец труда в Москве по своим формам и стилистике резко контрастировали с работами других архитекторов тех лет.

К трем перечисленным выше произведениям Мельникова 1922–1923 гг., начавшим его блистательный путь в архитектуре XX в., можно присоединить и конкурсный проект здания московского отделения «Ленинградской правды» (Ш. № 25).

Принесший Мельникову мировую славу советский павильон на Международной выставке современных декоративных искусств и промышленности в Париже 1925 г. (Ш. № 30) явился первым и в то же время триумфальным выходом молодой советской архитектуры на мировую арену. Он принципиально выделялся среди других построек выставки не только содержанием размещенной в нем экспозиции, но и современным обликом, резко отличаясь от павильонов других стран, представлявших собой эклектичные стилизации.

Большой вклад внес К. Мельников в разработку такого рожденного новыми социально-экономическими условиями типа общественного здания, как рабочий клуб. В одном только 1927 г. Мельников создает проекты четырех рабочих клубов для Москвы, затем в последующе два года — еще три проекта.

Поражает фантазия Мельникова в создании объемно-пространственной композиции клубов: «рупор» клуба им. Русакова с тремя вынесенными на консолях выступами (Ш. № 43); пятилепестковая четырехэтажная башня клуба «Буревестник» (в башне размещены клубные помещения, Ш. № 62); лежащий между двумя высокими прямоугольными торцевыми частями в виде слегка сплющенного цилиндра объем зрительного зала в клубе «Свобода» (Ш. № 44); полукруглый объем клуба «Каучук»; крупнорешенное небольшое здание клуба им. Фрунзе с нависающим над открытой террасой «лбом» главного фасада.

Характерная для клубов Мельникова оригинальная форма получена не за счет втискивания функции в заранее придуманную форму. Сама необычная форма создавалась архитектором одновременно с разработкой внутренней организации пространства. Причем наиболее сложная композиция характерна как раз для тех клубов, где Мельникову путем виртуозного решения внутреннего пространства удавалось так рационально использовать весь объем здания, что его полезная площадь значительно превышала предусмотренную заданием (при сохранении требуемого программой объема).

К. Мельников

K. Miélnikov

La aparición en los años 1922–1923 de las primeras obras innovadoras de Miélnikov fue para muchos inesperada. Ellas no concordaban con ninguna escuela o movimiento, provocando admiración en algunos e incomprensión y negatividad en otros.

Tales proyectos de los años 1922–1923, como el pabellón «Majorka» (O. M. № 17), el complejo habitacional de edificios modelos para trabajadores de Moscú («Sierra», A. № 2) y el Palacio del Trabajo de Moscú, por sus formas y estilo contrastaban fuertemente con los trabajos de los demás arquitectos de aquellos años.

A estas tres obras de Miélnikov se puede adicionar el proyecto de concurso del edificio de la filial moscovita del «Leningrádskaya Pravda» (O. M. № 25) de los años 1922-1923, las cuales iniciaron su brillante carrera en la arquitectura del siglo XX.

El pabellón soviético en la Exposición Internacional de Artes Decorativas Modernas y de la Industria (O. M. № 30), celebrada en París en 1925, otorgó a Miélnikov un renombre mundial y fue la primera y, al mismo tiempo, triunfal presentación de la joven arquitectura soviética en la arena mundial. El pabellón se destacaba no sólo por la propia exposición, sino también por su aspecto moderno, distinguiéndose de los pabellones de los demás países, los cuales constituían estilizaciones eclécticas.

Konstantín Miélnikov hizo una gran contribución al desarrollo del club de trabajadores, un tipo de edificio social nacido como consecuencia de las nuevas condiciones socio-económicas. Tan sólo en 1927 Miélnikov elabora cuatro proyectos de clubes de trabajadores para la ciudad de Moscú; después, en los siguientes dos años crea tres proyectos más.

Es sorprendente la fantasía de Miélnikov al crear las composiciones volumétrico-espaciales de los clubes: la «bocina» del Club Rusakov, con tres saledizos que descansan sobre ménsulas (O. M. № 43); la torre del club «Bureviéstnik» de cuatro pisos y de planta en forma de cinco pétalos (en la torre se ubican los locales del club, O. M. № 62); el volumen de la sala de espectáculos del club «Svoboda», en forma de cilindro achatado que descansa entre dos partes rectangulares altas situadas a ambos lados (O. M. № 44); el volumen semicircular del club «Kauchuk»; el pequeño edificio del Club Frunze, proyectado con formas grandes y cuya «frente» de la fachada principal se cierne en saledizo sobre la terraza.

La forma original característica de los clubes de Miélnikov se obtiene gracias a que no se le asigna una función a la forma ideada previamente. La forma inusual era creada por el arquitecto paralelamente a la organización interior del espacio, resultando que la composición más compleja caracteriza precisamente a aquellos clubes en los que Miélnikov, mediante una solución virtuosa del espacio interior, logra utilizar todo el volumen del edificio de manera tan racional que su área útil supera significativamente a la prevista por la tarea (conservándose el volumen requerido en el programa).

Архитектура — это такое искусство, где нельзя проводить формальные эксперименты в натуре, не затрачивая на это значительных средств. В то же время тот период, в котором находилась в 20-е годы архитектура авангарда, требовал экспериментов не только в области функционально-конструктивной основы здания, но и в области поисков новой художественной формы, причем особенности восприятия произведения архитектуры не позволяют производить эти эксперименты лишь на бумаге или даже на макетах. Необходимы эксперименты и в натуре. И архитекторы часто, не желая перекладывать на общество расходы по эксперименту в области новой архитектурной формы, подобно врачам, которые прививали себе опасные болезни, испытывая новые препараты и методы лечения, предпочитают экспериментировать на себе. Достаточно проанализировать собственные дома крупнейших архитекторов XX в., чтобы убедиться в этом (Нимейер, Джонсон, Райт и др.). Это же можно сказать и о Мельникове. Когда, например, разработанный им в проекте клуба им. Зуева композиционный прием сочетания ряда врезанных друг в друга вертикальных цилиндров не был осуществлен в натуре (клуб был построен по проекту И. Голосова), архитектор ставит эксперимент «на себе» — строит собственный дом в виде двух врезанных друг в друга цилиндров, так как его очень интересовали пространственные и художественные возможности этой формы (Ш. № 42).

В небольшом сооружении архитектор сумел в натуре проверить целый ряд сложных художественно-композиционных приемов, превратив свою квартиру в своеобразную экспериментальную площадку. Например, в доме имеются два одинаковых по форме и размерам помещения, но одно из них (гостиная) имеет огромное окно-экран, а другое (мастерская) освещается 38 шестигранными окнами, образующими сложный орнаментальный рисунок и создающими равномерное освещение и необычный эффект.

Общепринятые критерии художественной оценки произведений искусства формируются под влиянием творчества художников и не могут обогнать сам процесс художественного развития. Поэтому чем более радикальна новизна, например, архитектурного проекта, тем в большее противоречие вступает он с существующими в данный момент критериями оценки.

И тот, кто идет первым, кто своими новаторскими проектами ломает многие привычные представления, безусловно способствует преодолению *психологического барьера восприятия* новой формы. Но сам он часто оказывается в невыгодном положении, так как, расширяя диапазон формально-эстетических поисков, всегда находится на крайне левом фланге, причем лавры нередко достаются его более умеренным последователям, которые в сравнении с «крайностями» первопроходца выглядят «реалистическими новаторами».

La arquitectura es un arte en el que no se pueden hacer experimentos formales en la práctica sin acarrear gastos significativos de recursos económicos. Al mismo tiempo, la etapa en la que se encontraba la arquitectura vanguardista en los años 20 exigía la realización de experimentos no sólo en el área de las bases estructural y funcional del edificio, sino también en el área de las búsquedas de nuevas formas arquitectónicas. Las particularidades de la percepción de las obras arquitectónicas no permiten realizar estos experimentos solamente en papel o incluso en maquetas: se necesitan los experimentos prácticos. Por ello, a menudo los arquitectos, con la intención de no transmitir a la sociedad los gastos concernientes a los experimentos en el área de las nuevas formas arquitectónicas, prefieren ensayar sobre sí mismos, como los médicos que se inoculan enfermedades peligrosas cuando experimentan con nuevos medicamentos y métodos de curación. Es suficiente observar las casas de los más célebres arquitectos del siglo XX para convencerse de ello (Niemeyer, Johnson, Wright, etcétera). Lo mismo se puede decir de Miélnikov. Cuando, por ejemplo, no se hizo realidad el método compositivo utilizado en el proyecto del Club Zúyev, consistente en la combinación de una serie de cilindros verticales que se entrecruzan —el club fue construido por el proyecto de I. Gólosov—, Miélnikov experimenta consigo mismo: él construye su propia casa en forma de dos cilindros verticales que se cortan, pues le interesaban mucho las posibilidades artísticas y espaciales de esta forma (O. M. № 42).

En esta pequeña construcción el arquitecto fue capaz de comprobar en la práctica una serie de métodos compositivos complejos, convirtiendo su vivienda en una original especie de polígono experimental. Por ejemplo, la casa tiene dos recintos iguales en cuanto a forma y dimensiones, pero uno de ellos —la sala— tiene una gran ventana-panel, mientras que el otro —el taller— es iluminado por 38 ventanas hexagonales que forman una compleja figura ornamental y proporcionan una iluminación uniforme, creando un efecto original.

Los criterios generales de valoración artística de las obras de arte se forman bajo la influencia del trabajo de los artistas y no pueden adelantar al proceso mismo de desarrollo artístico. Por eso, cuanto más radical es la novedad, por ejemplo, un proyecto arquitectónico, tanto más entra en contradicción con los criterios de valoración en el momento dado.

Y aquel que se encuentra en la delantera, quien con sus proyectos innovadores rompe muchas de las nociones habituales, obligatoriamente contribuye a superar la *barrera psicológica de percepción* de las nuevas formas. Pero él mismo a menudo se encuentra en una situación desfavorable, ya que durante el proceso de ampliación del campo de búsquedas estético-formales, siempre se encuentra en el flanco izquierdo (progresista) extremo. Es más, generalmente los méritos son atribuidos a sus seguidores más moderados, quienes en comparación con las acciones extremas de los descubridores tienen un aspecto de «innovadores realistas».

Существование определенного психологического барьера в оценке новаторских поисков в области архитектурного образа наглядно видно на примере отношения современников к творчеству Мельникова. Многие его проекты объявлялись нереальными и фантастическими.

Как бы не замечая, что значительная часть проектов Мельникова была осуществлена в натуре, критики связывали доказательство «фантастичности» его произведений с неосуществленными конкурсными проектами крупных общественных зданий. Это прежде всего такие произведения Мельникова, как проекты Дворца труда (1923), Памятника Колумбу (1929, Ш. № 72), Дворца народов СССР (встречный проект конкурса на Дворец Советов, 1932, Ш. № 97) и здания Наркомтяжпрома на Красной площади в Москве (1934, Ш. № 100). Особенно резкой критике подвергался последний проект. Необычное по форме здание Наркомтяжпрома в проекте Мельникова по сравнению с другими не менее грандиозными проектами (с обилием колоннад и арок) казалось фантастическим прежде всего из-за непривычности его облика, хотя с точки зрения чисто технической осуществление мельниковского проекта едва ли представило бы больше трудностей, чем осуществление других конкурсных проектов.

Главным в творчестве современного архитектора Мельников считал решение пространственных задач (создание пространства) и поиски новых художественных форм.

Сам Мельников во всех своих проектах искал прежде всего необычного нового решения пространства. Он был убежден, что архитектор должен все время создавать новое, причем принципиально новое. Только тогда это можно считать творчеством. Новое в проектах должно быть не только по отношению к произведениям других архитекторов, но и по отношению к своим собственным, ранее созданным.

Мельников говорил: «...творчество там, где можно сказать — это мое». И это не просто слова. Мельников действительно один из самых изобретательных архитекторов XX в. Все его проекты выдерживают любую, даже самую строгую проверку на патентную чистоту. Все, что он запроектировал, принадлежит ему и только ему и не имеет предшественников.

Для Мельникова важнейшим качеством любого архитектурного произведения была его художественная неповторимость.

В проектах Мельникова поражает степень раскованности творческой фантазии мастера. Он обладал удивительной способностью создавать сложные композиции при простоте мышления объемом. Мельников не усложняет композицию (как это делали многие в те годы), а в простую объемную структуру вносит ясную, но всегда неожиданную и оригинальную идею, отчего композиция становится внешне сложной, оставаясь в то же время внутренне

La existencia de una barrera psicológica en la valoración de las búsquedas innovadoras de la imagen arquitectónica se puede ver claramente en el ejemplo de la actitud de los contemporáneos ante la obra de Miélnikov. Muchos de sus proyectos fueron calificados de irreales y fantásticos.

Haciéndose los «ciegos» ante el hecho de que la mayoría de los proyectos de Miélnikov fueron construidos, los críticos tomaban como demostración del carácter «fantástico» de las obras de Miélnikov la no realización de sus proyectos de concurso de grandes edificios públicos. Nos referimos principalmente a sus proyectos del Palacio del Trabajo (1923), el Monumento a Cristóbal Colón (1929, O. M. № 72), el Palacio de los Pueblos de la URSS (proyecto recíproco presentado en el concurso para el Palacio de los Sóviets, 1932, O. M. № 97) y el Narkomat de la Industria Pesada en la Plaza Roja de Moscú (1934, O. M. № 100). Especialmente duras fueron las críticas de este último proyecto. El proyecto de Miélnikov del edificio del Narkomat de la Industria Pesada, inusitado por su forma en comparación con otros proyectos no menos grandiosos (con abundancia de columnatas y arcos), parecía fantástico debido fundamentalmente a la rareza de su aspecto, aunque desde el punto de vista puramente técnico la realización del proyecto de Miélnikov no presentaría muchas más dificultades que los demás proyectos de concurso.

Miélnikov consideraba que lo principal en la obra del arquitecto moderno es la solución de los problemas espaciales (creación de espacio) y las búsquedas de nuevas formas artísticas.

El mismo Miélnikov en todos sus proyectos buscaba fundamentalmente una solución original al problema del espacio. Estaba convencido de que el arquitecto siempre debe crear algo nuevo, y no simplemente nuevo, sino novedoso en principio. Sólo así la obra puede ser catalogada de creativa. Lo nuevo en los proyectos debe ser nuevo no solamente respecto a las obras de otros arquitectos, sino también respecto a sus propias obras, creadas anteriormente.

Miélnikov decía: «...la creación está ahí donde se puede decir: esto es mío.» Esto no eran simplemente palabras. Miélnikov es realmente uno de los arquitectos más geniales del siglo XX. Todos sus proyectos resisten la más severa revisión en lo que respecta a la pureza de la patente. Todo lo que proyectaba le pertenecía a él, y sólo a él, y no tenía antecesores.

Para Miélnikov la cualidad más importante de toda obra arquitectónica era su singularidad artística.

En los proyectos de Miélnikov asombra el grado de desinhibición de su fantasía creativa. Él poseía una capacidad asombrosa para crear composiciones armónicas complejas tratando con simplicidad el volumen. Miélnikov no complica las composiciones (como muchos solían hacer en aquellos tiempos), sino que a las estructuras volumétricas simples les transmite una idea clara, pero siempre original e imprevisible, por lo que la composición se vuelve exteriormente compleja,

четкой и ясной. Такая композиция легко и цельно воспринимается и хорошо запечатлевается в памяти.

Мельников проектировал прежде всего объемно-пространственную композицию, а не фасады. И именно так он видел в замыслах свои произведения. Мельников органически не воспринимал архитектуру как фасадную стену. Это была особенность его таланта. Он каждый раз или менял программу, или искал такое решение, которое позволяло создать объемно-пространственную структуру. Особенно наглядно это видно в его поисках приемов стыковки однотипных секций в различных типах сооружений. Чтобы создать объемно-пространственную композицию, он или использует соответствующие приемы стыковки обычных прямоугольных в плане секций (жилой комплекс «Пила», П. № 2; Ново-Сухаревский рынок, Ш. № 22), или вставляет между ними трапециевидные вставки (треугольные жилые секции), или использует круглые в плане секции (собственный жилой дом, Ш. № 42; проект блокированного дома, конкурсный проект Академии им. Фрунзе).

Талант Мельникова в вопросах формообразования был в высшей степени концентрированным, он не тратился на боковые ходы. Значение творческого вклада Мельникова именно в том, что на этапе становления новой архитектуры он работал в той сфере формообразования, которая была более важна для развития архитектуры и где ощущался наиболее острый дефицит художественных идей. Декор, орнамент и традиционные архитектурные элементы были отвергнуты. Чисто внешняя пластика фасадов давала слишком мало, чтобы противопоставить художественный образ новой архитектуры многовековым традициям. Выявление функционально-конструктивной основы — эти возможности широко использовали конструктивисты. Однако казавшиеся поначалу беспредельными эти возможности создания оригинального внешнего облика были сравнительно быстро исчерпаны. Кроме того, чистая логика на уровне художественного облика срабатывает лишь на стадии нововведения.

Требовался приток принципиально новых формообразующих идей; резко возрастала роль художественно-композиционных разработок на уровне объемно-пространственной структуры здания.

Одним из наиболее мощных генераторов таких первичных художественных идей (наряду с И. Леонидовым) на этапе становления новой архитектуры и был талант Мельникова.

Основной вклад Мельникова в расширение формообразующих возможностей новой архитектуры состоял в том, что он пошел по пути органической «игры» пространства и простой объемной формы. Главное в своеобразии его творчества — это мышление в процессе проектирования одновременно пространством интерьера и объемной композицией. Он моделирует оригинальный внешний объем здания путем организации оригинального

---

manteniéndose al mismo tiempo clara y precisa en su interior. Tal composición se percibe fácilmente y como un todo, y queda bien grabada en la memoria.

Miélnikov proyectaba, en primer lugar, la composición volumétrico-espacial y no las fachadas. Precisamente así él se imaginaba sus obras, y orgánicamente no percibía la arquitectura como una pared de fachada. Ésta era la particularidad de su talento. En cada ocasión, o bien cambiaba el programa, o bien buscaba una solución que le permitiera crear una estructura volumétrico-espacial. En particular, ello se observa claramente en sus búsquedas de métodos de empalme de plantas tipo en las más diversas construcciones. Para crear una composición volumétrico-espacial, ora emplea los respectivos métodos de empalme de plantas rectangulares tipo (complejo habitacional «Sierra», A. № 2; Mercado Novo-Sújarevski, O. M. № 22), ora inserta entre ellas elementos trapezoidales (plantas triangulares tipo), ora utiliza plantas circulares (su propia casa, O. M. № 42; el proyecto de edificio de viviendas con entradas independientes, el proyecto de concurso de la Academia Frunze).

El talento de Miélnikov en lo concerniente a la creación de formas estaba altamente concentrado, no se desperdiciaba en detalles secundarios. El valor de la contribución artística de Miélnikov consiste precisamente en que en la etapa de consolidación de la nueva arquitectura, él trabajó en la esfera de creación de formas, la cual no sólo era la esfera más importante para el desarrollo de la arquitectura, sino que en ella se sentía un agudo déficit de ideas artísticas. La decoración, la ornamentación y los elementos arquitectónicos tradicionales fueron rechazados. La sola plástica exterior de las fachadas ofrecía muy poco para poder contraponer la imagen artística de la nueva arquitectura a las tradiciones de siglos. La revelación de las bases estructural y funcional eran posibilidades utilizadas ampliamente por los constructivistas. Sin embargo, estas posibilidades de creación de una imagen exterior original, que inicialmente aparentaban ser ilimitadas, fueron agotadas con relativa rapidez. Además, la lógica pura al nivel de la imagen artística funciona sólo en el estadio de innovación.

Se requería un flujo de ideas fundamentalmente nuevas en cuanto a la creación de formas; aumentaba bruscamente el papel de los trabajos compositivos al nivel de la estructura volumétrico-espacial del edificio.

Uno de los principales generadores de tales ideas artísticas primarias (a la par con I. Leonídov) en la etapa de formación de la nueva arquitectura fue el talento de Miélnikov.

El aporte principal de Miélnikov a la ampliación de las posibilidades de creación de formas de la nueva arquitectura consistió en que él tomó el camino de la combinación orgánica del espacio y de la forma volumétrica simple. Lo importante en la singularidad de su obra es la facultad de pensar durante el proceso de proyección tanto en el espacio del interior como en

внутреннего пространства. Мельников как бы принципиально мыслит прозрачными стенами. И это было действительно органичное мышление. Мельников «видел» строительную структуру здания, одновременно создающую оригинальный интерьер и оригинальный объемный облик. Наиболее характерные примеры такого подхода — клубы им. Русакова, «Свобода», «Буревестник», памятник Колумбу, собственный дом, Дворец народов, где в объемно-пространственной структуре здания были органично слиты интерьер и внешний облик, т. е. где архитектурная оболочка оригинально облегала оригинальный по конфигурации интерьер.

---

la composición volumétrica. Él modela un volumen exterior original del edificio mediante la organización de un espacio interior original. Es como si Miélnikov pensara con paredes transparentes. Y esta forma de pensar era realmente orgánica. Él «veía» la estructura del edificio, la cual al mismo tiempo creaba un interior y un aspecto volumétrico originales. Los ejemplos más característicos de este enfoque son los clubes Rusakov, «Svoboda» y «Bureviéstnik», el Monumento a Cristóbal Colón, su propia casa, el Palacio de los Pueblos, en los cuales en la estructura volumétrico-espacial del edificio están fundidos orgánicamente el interior y el aspecto exterior, es decir, en ellos la envoltura arquitectónica moldea de manera singular un interior de configuración original.

⑨ Супрематическая архитектура Л. Хидекеля и А. Никольского

La arquitectura suprematista de Jidiékel y Nikolski

В 1919 г. четырнадцатилетний Л. Хидекель поступает в Витебскую народную художественную школу (преобразованную в 1920 г. в Витебские свободные художественные мастерские, а в 1921 г. — в Витебский художественно-практический институт).

Когда в Витебске стал работать К. Малевич, а затем и Л. Лисицкий, Л. Хидекель становится последователем художественной концепции супрематизма. Под руководством К. Малевича он выполняет графические и живописные плоскостные супрематические композиции, а под руководством Л. Лисицкого — аксонометрические супрематические композиции. Л. Хидекель становится одним из самых активных членов возглавлявшегося К. Малевичем УНОВИСа и вместе с И. Чашником и Н. Суетиным входит в группу основных помощников К. Малевича.

Уже в Витебске Л. Хидекель под влиянием Л. Лисицкого в большей степени, чем другие ученики Малевича, размышляет над проблемами архитектуры.

Хидекель считал, что супрематизм как бы венчает эксперименты на полотне, что на его базе совершается переход в современность — в архитектуру, в «сооружения нового мира». Естественно, что графически эти поиски «выхода» из полотна в архитектуру приобретают у Л. Хидекеля супрематические формы. Как и другие студенты Витебского художественно-практического института, Хидекель под руководством Лисицкого делает аксонометрии на базе супрематических композиций, рассматриваемых в этом случае как ортогональный план.

В архиве Хидекеля сохранилась старая фотография выполненной им архитектурной супрематической композиции, которую он называет «Аэроклубом».

«Аэроклуб» представляет собой важное звено в прямом выходе супрематизма в архитектуру. Если проуны Лисицкого — это выход плоскостного супрематизма в объем, то «Аэроклуб» Хидекеля — это практически первая подлинно архитектурная композиция на базе супрематизма, т. е. следующий очень важный шаг. Ведь даже архитектоны и планиты Малевича во многом оставались еще на стадии скорее объемного, чем архитектурного супрематизма. Это — глухие объемы, не имеющие таких важнейших признаков архитектурного проекта, как оконные и дверные проемы. «Аэроклуб» — это первая из известных объемная супрематическая композиция, где не только показаны оконные и дверные проемы, но и выявлена даже толщина стен.

A los 14 años de edad, L. Jidiékel (Hidekel) ingresa en la Escuela de Arte Popular de Vítebsk (transformada en 1920 en los Talleres Artísticos Libres de Vítebsk, y en 1921, en el Instituto de Arte Práctico de Vítebsk).

Cuando en Vítebsk comienza a trabajar Maliévich y, después, Lisitski, Jidiékel se convierte en un seguidor de la concepción artística del suprematismo. Bajo la dirección de Maliévich, Jidiékel efectúa una serie de composiciones suprematistas planas de dibujo y pintura, y bajo la dirección de Lisitski, composiciones suprematistas axonométricas. L. Jidiékel se convierte en uno de los miembros más activos del grupo UNOVIS, dirigido por Maliévich, y junto con I. Cháshnik y N. Suyetin forma parte del grupo de ayudantes principales de Maliévich.

En Vítebsk, Jidiékel, bajo la influencia de Lisitski, reflexiona más que otros discípulos de Maliévich sobre los problemas de la arquitectura.

Jidiékel consideraba que el suprematismo corona los experimentos hechos en el lienzo, que sobre su base se realiza el paso a la modernidad, es decir, a la arquitectura, a la «edificación del mundo nuevo». Es natural que gráficamente estas búsquedas de la «salida» del lienzo a la arquitectura adquieran en Jidiékel formas suprematistas. Al igual que otros estudiantes del Instituto de Arte Práctico de Vítebsk, Jidiékel, guiado por Lisitski, realiza axonometrías basándose en composiciones suprematistas, vistas en este caso como un plano ortogonal.

En sus archivos se ha conservado una vieja fotografía de una composición suprematista arquitectónica efectuada por él mismo, a la cual denomina «Aeroclub».

El «Aeroclub» representa un eslabón importante en el paso directo del suprematismo a la arquitectura. Si los prouns de Lisitski significan el paso del suprematismo plano al volumen, el «Aeroclub» de Jidiékel es prácticamente la primera composición auténticamente arquitectónica basada en el suprematismo, es decir, fue el siguiente paso importante, pues incluso los arquitectones y planites de Maliévich aún se encontraban más bien en la fase de suprematismo volumétrico que en la de suprematismo arquitectónico. Éstos eran volúmenes ciegos, desprovistos de tan importantes rasgos de un proyecto arquitectónico como son los vanos de las puertas y de las ventanas. El «Aeroclub» es la primera composición suprematista volumétrica conocida en la que no sólo se muestran los vanos de las puertas y las ventanas, sino que también se destaca el espesor de las paredes.

К. Малевич с членами УНОВИСа. Витебск, июнь 1922 г. Слева направо: стоят И. Червинко, К. Малевич, Е. Раяк, Х. Каган, Н. Суетин, Л. Юдин, Е. Магарил; сидят М. Векслер, В. Ермолаева, И. Чашник, Л. Хидекель

K. Maliévich con los miembros del grupo UNOVIS. Vítebsk, junio de 1922. De izquierda a derecha, de pie: I. Chervinko, K. Maliévich, Ye. Rayak, J. Kagan, N. Suyetin, L. Yudin, Ye. Magaril; sentados: M. Viéxler, V. Yermoláyeva, I. Cháshnik, L. Jidiékel

Хидекель приехал в Петроград вместе с группой Малевича из Витебска летом 1922 г. Он был уже дипломированным художником и мог просто работать в одной из областей художественного творчества, как поступили получившие вместе с ним дипломы И. Чашник и Н. Суетин, которые занялись росписью фарфоровой посуды. Хидекель же непременно хотел стать архитектором. Он поступил в ПИГИ (Петроградский институт гражданских инженеров, затем ЛИГИ), считая, что здесь к своему художественному образованию он сможет добавить не только архитектурное, но и техническое.

В ПИГИ в те годы полностью сохранялась традиционная система преподавания, основанная на штудировании классических образцов и выполнении учебных проектов в различных стилях. Хидекель был необычным студентом. Дипломированный художник, он занимал несколько особое положение среди студентов; участвовал в художественных выставках и чувствовал себя как бы представителем группы УНОВИСа в архитектуре. Преподаватели с

En el verano de 1922, Jidiékel junto con el grupo de Maliévich abandona Vítebsk para trasladarse a Petrogrado. Jidiékel ya era un pintor diplomado y podía fácilmente trabajar en cualquier rama de la creación artística, como hicieron I. Cháshnik y N. Suyetin, los cuales se graduaron junto con él y se dedicaron al dibujo en vajilla de porcelana. Jidiékel ansiaba ser arquitecto. Por eso ingresa en el PIGI (*Instituto de Ingeniería Civil de Petrogrado*, posteriormente LIGI), considerando que ahí podría adicionar a su formación como pintor los conocimientos no sólo de arquitectura, sino también técnicos.

En aquellos tiempos, en el PIGI se conservaba totalmente el sistema tradicional de enseñanza, basado en el estudio de los modelos clásicos y en la realización de proyectos estudiantiles en diversos estilos. Jidiékel era un estudiante fuera de lo común. Pintor diplomado, él ocupaba un lugar especial entre los estudiantes; participaba en todas las exposiciones de pintura y se sentía algo así como el representante del grupo UNOVIS en lo que concernía a la arquitectura. Los

Супрематическая архитектура Л. Хидекеля и А. Никольского

La arquitectura suprematista de Jidiékel y Nikolski

Л. Хидекель

L. Jidiékel

ним советовались, он даже читал, будучи студентом первого курса, лекцию студентам о новых принципах архитектурной композиции.

Первые два года в ПИГИ (1922–1924) Хидекель был целиком поглощен не только освоением азов архитектурной профессии, но и не имел никакой возможности проявить себя в проектах как сторонник супрематизма, так как учебные проекты делались им в конкретном стиле. Эти два года он живет как бы двойной жизнью: одна — это стилизация студента ПИГИ, другая — это работа художника-супрематиста. Он не порывает связей с группой Малевича, посещает возглавлявшийся Малевичем ГИНХУК, участвует в создании гипсовых архитектон и помогает членам ГИНХУКа освоить приемы построения перспективы, которым его научили в институте. Некоторые графические архитектоны и планиты, выполненные в перспективе, чертил именно Хидекель, помогая не умевшим строить перспективу Малевичу, Суетину и Чашнику.

В 1924–1925 гг. Хидекель начинает активно разрабатывать архитектурную тему супрематизма. Созданные им в это время экспериментальные архитектонические композиции постепенно приобретают все более реальные архитектурные формы. В эти годы, видимо, и был им выполнен экспериментальный проект «Аэроклуба» — произведение супрематической архитектуры.

В ЛИГИ у Хидекеля складывается репутация левого студента. За его проектами внимательно следят преподаватели и студенты, зная о его работе как художника и о его связях с группой Малевича, работы которой уже начинали тогда оказывать влияние на формообразующие процессы в ленинградской архитектуре. Особенно внимательно следил за курсовыми проектами Хидекеля преподававший в ЛИГИ А. Никольский.

«Звездным часом» студента Л. Хидекеля была выставка курсовых проектов в 1926 г., где был выставлен его проект рабочего клуба (Ш. № 37). Это был уже не робкий, как в «Аэроклубе», шаг от объемного супрематизма в архитектуру, а действительно первый детально разработанный проект в духе супрематической архитектуры (перспектива, фасад, планы, разрезы).

Встав на этот путь формообразующих поисков, Хидекель в 20-е и в начале 30-х годов создает еще целый ряд интересных проектов. Среди них — курсовой проект «Коллективное жилище» (1927, Ш. № 39), студенческий дом-коммуна (1929–1930, совместно с Н. Калугиным, П. Китнером и М. Свисчевской), клуб и жилой дом в поселке Дубровская ГЭС (1931), экспериментальные проекты надводных (1924–1926) и надземных (на опорах) городов (1925–1929, П. № 8).

---

profesores consultaban con él e, incluso siendo aún estudiante de primer año, ya daba conferencias a los estudiantes acerca de los nuevos principios de la composición arquitectónica.

Los dos primeros años en el PIGI (1922-1924) Jidiékel no sólo estuvo completamente dedicado al dominio del abecé de la profesión arquitectónica, sino que no tuvo la menor posibilidad de manifestarse en los proyectos como partidario del suprematismo, dado que los proyectos estudiantiles los realizaba en un estilo concreto. Se puede decir que esos dos años él llevó una vida doble: una vida de estilización como estudiante del PIGI, y otra de trabajo como pintor suprematista. Él no rompe sus lazos con el grupo de Maliévich, frecuenta el GINJUK, también dirigido por Maliévich, toma parte en la creación de los arquitectones de yeso y ayuda a los miembros del GINJUK a dominar los métodos de construcción de la perspectiva aprendidos en el instituto. Algunos arquitectones y planites hechos en perspectiva fueron diseñados precisamente por Jidiékel, ayudando a Maliévich, Suyetin y Cháshnik, quienes no manejaban la construcción en perspectiva.

En los años 1924–1925, Jidiékel comienza activamente a desarrollar el tema arquitectónico del suprematismo. Las composiciones arquitectónicas experimentales que él creaba en aquel entonces, adquieren paulatinamente formas arquitectónicas cada vez más reales. Al parecer, es en aquellos años cuando realiza el proyecto experimental del «Aeroclub», una obra de arquitectura suprematista.

En el LIGI Jidiékel fue adquiriendo una reputación de estudiante de tendencias progresistas. Los estudiantes y profesores, conociendo su obra como pintor y sus relaciones con el grupo de Maliévich —los trabajos del grupo ya habían comenzado a influenciar en los procesos de creación de formas en la arquitectura de Leningrado—, seguían con atención los proyectos de Jidiékel. Especialmente Nikolski, quien en ese entonces impartía clases en el LIGI, le dedicaba una atención especial a los proyectos de curso de Jidiékel.

La consagración de Jidiékel fue la exposición de los proyectos de curso del año 1926, entre los que se encontraba su proyecto del Club de Trabajadores (O. M. Nº 37). Este paso del suprematismo volumétrico a la arquitectura ya no es tímido, como el proyecto del «Aeroclub», sino que es realmente el primer proyecto detalladamente elaborado en el estilo de la arquitectura suprematista (perspectiva, fachada, planos, cortes).

Encaminado por esta vía en las búsquedas de creación de formas, en los años 20 e inicios de los 30 Jidiékel crea toda una serie de proyectos interesantes. Entre éstos tenemos el proyecto de curso de «Vivienda colectiva» (1927, O. M. Nº 39), la casa-comuna estudiantil (1929–1930, conjuntamente con N. Kaluguin, P. Kitner y M. Svischévskaya), el club y el edificio de viviendas del poblado de la Central Hidroeléctrica de Dubrovski (1931), los proyectos experimentales de ciudades flotantes sobre el mar (1924–1926) y de ciudades aéreas sobre soportes (1925–1929, A. Nº 8).

Во второй половине 20-х годов, продолжая завершать свое архитектурное образование (он окончил ЛИГИ в 1929 г.), Хидекель работает в мастерской А. Никольского, участвуя в разработке ряда проектов в качестве его соавтора (стадион имени Красного Спортивного Интернационала в Ленинграде, Ш. № 51; кооперативный институт в Москве).

По-видимому, не без влияния Хидекеля в работах мастерской А. Никольского с 1926 г. усилилось влияние супрематизма, возник своеобразный «супрематический конструктивизм». Но отличие в освоении формообразующих потенций супрематизма Хидекелем и Никольским состояло в том, что в творчестве Хидекеля супрематизм влиял на архитектуру, так сказать, изнутри, а в творчестве Никольского — извне.

А. Никольский в 1912 г. закончил ЛИГИ. В 1920 г. он был приглашен в качестве архитектора в Научное бюро градостроительства при Петроградском отделе Коммунального хозяйства, а в ноябре того же года утверждается штатным преподавателем ПИГИ по архитектурной композиции и архитектурному обмеру.

В первые годы советской власти, преодолев влияние неоклассики, А. Никольский испытал влияние кубистических приемов символического романтизма. Стремясь выработать свободную индивидуальную концепцию формы, он жадно впитывает формально-эстетические достижения различных течений художественного авангарда. Особенно пристально наблюдал он за первыми ростками архитектурного авангарда. В начале 1920 г. в Москве он познакомился с работами членов Живскульптарха, которые произвели на него большое впечатление.

В духе кубистических приемов символического романтизма А. Никольский создает как экспериментальные формальные композиции, так и архитектурные проекты на конкретную тему (конкурсный проект волисполкома, 1921).

С появлением в Петрограде группы Малевича Никольский пристально наблюдает за архитектоническими поисками в рамках супрематизма. Особенно привлекают его формообразующие потенции архитектон.

Именно в это время, с 1923 г., эксперименты А. Никольского в области формообразования резко меняют свою стилистику: ориентация на кубизм сменяется ориентацией на объемный супрематизм.

В отличие от Хидекеля, который, начиная с Витебска, прошел все стадии процесса выхода супрематизма в архитектуру, Никольский застал этот процесс на стадии объемных построений. Он не просто наблюдал, но и участвовал в процессе выхода объемного супрематизма в архитектуру. Причем на этом этапе своей работы над формой он испытал влияние как архитектон группы Малевича, так и проектов Хидекеля.

А. Никольский

A. Nikolski

En la segunda mitad de los años 20, continuando su formación arquitectónica (concluye el LIGI en 1929), Jidiékel trabaja en el taller de A. Nikolski, participando en la creación de una serie de proyectos en calidad de coautor (el estadio de la Internacional Roja Deportiva en Leningrado, O. M. № 51; el Instituto Cooperativo en Moscú).

Por lo visto, desde 1926, no sin la ayuda de Jidiékel, se intensifica la influencia del suprematismo en los trabajos del taller de A. Nikolski, surge una especie de «constructivismo suprematista». Pero la diferencia entre Jidiékel y Nikolski en cuanto al dominio del potencial de creación de formas del suprematismo consistía en que en la obra de Jidiékel el suprematismo influía en la arquitectura como desde su interior, mientras que en el arte de A. Nikolski, la influencia era desde el exterior.

Nikolski termina el PIGI en el año 1912. En 1920 fue invitado en calidad de arquitecto al Buró Científico de Construcción Urbana de la filial de Hacienda Comunal de Petrogrado, y en noviembre del mismo año es nombrado profesor de planta del PIGI de los cursos de composición arquitectónica y medición arquitectónica.

En los primeros años del poder soviético, después de haber vencido la influencia del neoclasicismo, Nikolski experimenta la influencia de los métodos cubistas del romanticismo simbólico. Intentando elaborar una concepción libre individual de la forma, Nikolski capta con avidez los logros estético-formales de las diversas corrientes del vanguardismo. Con especial atención observa los primeros brotes del vanguardismo arquitectónico. A inicios de 1920 se familiariza en Moscú con la obra de los miembros de la Zhivskulptarj, y esta obra le causa una gran impresión.

Al estilo de los métodos cubistas del romanticismo simbólico, Nikolski crea tanto composiciones formales experimentales como proyectos arquitectónicos sobre temas concretos (proyecto de concurso del Comité Ejecutivo de los Volost*, 1921).

Con la aparición en Petrogrado del grupo de Maliévich, Nikolski observa con mucha atención las búsquedas arquitectónicas dentro de los marcos del suprematismo. En especial lo atrae el potencial de creación de formas de los arquitectones.

Precisamente en este tiempo, desde 1923, los experimentos de A. Nikolski en el área de creación de formas cambian bruscamente de estilo: la orientación hacia el cubismo es sustituida por la orientación hacia el suprematismo volumétrico.

A diferencia de Jidiékel, quien comenzando en Vítebsk pasó por todos los estadios del proceso de entrada del suprematismo en la arquitectura, Nikolski alcanzó este proceso en el estadio de las construcciones volumétricas. Él no solamente siguió de cerca, sino que también participó en

---

* N. del T. Denominación del municipio rural durante la Rusia zarista.

В 1923 г. А. Никольский организовал архитектурную мастерскую, где под его руководством работали его ученики — молодые архитекторы и студенты ЛИГИ. Проектные разработки велись в двух направлениях: во-первых, это создание реальных заказных и конкурсных проектов, во-вторых, это экспериментальные разработки, целью которых была углубленная работа над формой.

Наиболее интенсивный период работы над формой, связанный с освоением средств и приемов художественной выразительности супрематизма, падает на 1927–1928 гг. — время наиболее тесного контакта мастерской Никольского с ОСА. Именно в это время была создана та группа проектов, которая может быть условно названа «супрематическим конструктивизмом» (Ш. № 38).

---

ese proceso de entrada del suprematismo en la arquitectura. Además, en esta etapa de su trabajo sobre las formas, Nikolski experimentó la influencia tanto de los arquitectones del grupo de Maliévich como de los proyectos de Jidiékel.

Nikolski organiza en 1923 un taller de arquitectura, donde bajo su dirección trabajan jóvenes arquitectos y estudiantes del LIGI. El trabajo sobre los proyectos se desarrollaba en dos direcciones: en primer lugar, la creación de proyectos reales de concurso y por encargo, y en segundo, los estudios experimentales, cuyo objetivo era el trabajo profundo sobre las formas.

El período de mayor intensidad de trabajo sobre las formas, relacionado con el dominio de los medios y métodos de expresión artística del suprematismo, son los años 1927–1928, es decir, el período de mayor contacto del taller de Nikolski con la OSA. Precisamente en este tiempo se crea el grupo de proyectos que convencionalmente puede ser denominado «constructivismo suprematista» (O. M. Nº 38).

Лидеры неоклассики и «неорусской архитектуры» (И. Жолтовский, А. Щусев, В. Щуко) и авангард

Los líderes del neoclasicismo y de la «arquitectura neorusa» (Zholtovski, Schúsiev, Schukó) y el vanguardismo

Во второй половине 20-х годов, когда новое направление (авангард) стало господствующим в советской архитектуре, откровенно традиционалистские творческие концепции уже не могли противостоять новаторским поискам. Это привело к тому, что многие традиционалисты перешли на позиции новой архитектуры. Даже такие убежденные сторонники неоклассики, как Жолтовский и Фомин, вели в это время творческие поиски на стыке новой архитектуры и классики.

Опираясь на художественные традиции классического ордера, Жолтовский главное видел в закономерностях пропорционирования и гармонизации архитектурной композиции.

В 1926 г., после трех лет пребывания в Италии, Жолтовский возвращается на родину и застает здесь совершенно новую (по сравнению с первыми годами советской власти) творческую атмосферу. Новаторские течения определяют творческие поиски большинства архитекторов, его ученики стали или убежденными сторонниками рационализма и конструктивизма, или же проектируют в модном тогда «конструктивном стиле».

Во второй половине 20-х годов И. Жолтовский предпринимает вторую (после начала 20-х годов) попытку создания неоренессансной школы, объединяя вокруг себя группу молодых талантливых архитекторов. При этом ему приходится учитывать, что эти архитекторы уже ряд лет с увлечением работали в духе новой архитектуры. Костяком школы Жолтовского этого периода были архитекторы Г. Гольц, М. Парусников, И. Соболев и С. Кожин, которых называли тогда в архитектурной среде «квадрига Жолтовского». Жолтовский обращал внимание своих молодых учеников на то, что многие сторонники конструктивизма не профессионально с художественно-композиционной точки зрения компонуют свои сооружения. А ведь и в конструктивизме, говорил он, можно сделать красиво и грамотно. И если вы привыкли работать в формах конструктивизма, то так и работайте, но создавайте гармоничную композицию и покажите этим «неграмотным» конструктивистам, как можно и в их формах делать подлинную архитектуру. В 1926–1929 гг. Жолтовский с группой своих учеников (прежде всего с «квадригой»), выступая то как автор-руководитель, то как консультант, создает значительное количество конкурсных и заказных проектов, бóльшая часть которых была осуществлена.

En la segunda mitad de los años 20, cuando la nueva corriente (el vanguardismo) llegó a dominar la arquitectura soviética, las concepciones artísticas francamente tradicionalistas ya no podían hacer frente a las ideas innovadoras. Esto condujo a que muchos tradicionalistas adoptaran las posiciones de la nueva arquitectura. Incluso aquellos partidarios acérrimos del neoclasicismo, tales como Zholtovski y Fomín, se dedicaron en ese tiempo a las búsquedas artísticas a caballo entre la nueva arquitectura y lo clásico.

Apoyándose en las tradiciones artísticas del orden arquitectónico clásico, para Zholtovski lo fundamental eran las leyes de la proporción y de la armonía de la composición arquitectónica.

En el año 1926, después de tres años de residir en Italia, Zholtovski regresa a su patria y se encuentra con una atmósfera artística totalmente nueva (en comparación con los primeros años del poder soviético). Las corrientes innovadoras definían las búsquedas artísticas de la mayoría de los arquitectos, y sus discípulos se habían convertido en partidarios convencidos del racionalismo y del constructivismo, o bien realizaban sus proyectos al «estilo constructivista», de moda en esa época.

Después de su primer intento de crear una escuela neorrenacentista a inicios de los años 20, Zholtovski realiza un segundo intento en la segunda mitad de los años 20, reuniendo a su alrededor a un grupo de jóvenes arquitectos talentosos. Al mismo tiempo, él se ve obligado a tener presente que estos arquitectos llevaban varios años trabajando con entusiasmo al estilo de la nueva arquitectura. La columna vertebral de la escuela de Zholtovski de esa época fueron los arquitectos G. Golts, M. Párusnikov, I. Sóboliev y S. Kozhin, a quienes llamaban en ese entonces en el ámbito arquitectónico la «cuadriga de Zholtovski». Zholtovski centraba la atención de sus jóvenes seguidores en el hecho de que desde el punto de vista compositivo muchos partidarios del constructivismo componían sus obras de una manera no profesional. Pues, como él decía, en el constructivismo también se puede trabajar hermosa y correctamente. Y si ustedes están acostumbrados a trabajar con las formas del constructivismo, pues sigan trabajando así, pero creen composiciones armónicas y muéstrenles a esos constructivistas «incultos» cómo con sus formas se puede hacer una auténtica arquitectura. Entre 1926 y 1929, Zholtovski con un grupo de discípulos (principalmente con su «cuadriga»), participando unas veces como autor y director, y otras veces como consultor, realizó una cantidad significativa de proyectos por encargo y de concurso, gran parte de los cuales se llevó a la práctica.

С одинаковой тщательностью проводилась гармонизация фасадов, решенных и в формах Ренессанса, и в «конструктивных» формах. При этом Жолтовский придавал в это время особое значение работе в промышленной архитектуре. Он не считал новые формы серьезной архитектурой и не хотел их использовать в «большой архитектуре» (все монументальные общественные сооружения он проектировал только в классике). Промышленное же строительство было той областью архитектуры, где широкое использование инженерных форм казалось естественным и само собой разумеющимся. Поэтому Жолтовский, предпринимая эксперимент по гармонизации современных «конструктивных» форм, как бы вышел за пределы «большой архитектуры» и обратился к промышленному строительству, в области которого он, по-видимому, не считал себя связанным формами классики.

Так в советской архитектуре 20-х годов на стыке неоренессансных и конструктивистских формально-эстетических поисков возникла своеобразная творческая струя — некий «гармонизированный конструктивизм». Созданные группой Жолтовского промышленные сооружения отличаются рафинированной эстетизацией композиционного построения фасадов. Тщательно спропорционированные, строго симметричные фасады решены темой «стены» в духе ренессансных композиций. В промышленную архитектуру с ее богатой игрой объемов и ярко выраженным каркасом Жолтовский вносит совершенно новые приемы создания художественного облика.

Жолтовский последовательно использует «тему стены» во всех своих проектах. Он против композиционного разрушения фасадной плоскости, которую он противопоставляет каркасу. Даже в промышленных сооружениях, где конструктивный каркас и обильное остекление, казалось бы, разрушали фасадную стену, он сохраняет за ней главную роль в художественной композиции. Обильное остекление используется как нейтральный фон, а конструктивный каркас выявляется лишь там, где оказываются необходимыми композиционные членения или же он используется как элемент ордера.

Так, в пятиэтажном здании фабрики в Ивантеевке из четырех междуэтажных поясов выявлены лишь два — над вторым и четвертым этажами, что (при повышенной высоте первого этажа) позволило получить на фасаде композицию с убывающими членениями. Вертикальные же элементы каркаса выявлены лишь в первом ярусе, где они трактованы как своеобразная «колоннада». Такая скрытая ордерная система определяет и композицию котельной Киевгрэс и даже МОГЭС с ее спаренными эркерами (Ш. № 48).

Неоренессансная школа безусловно внесла в промышленное строительство большую художественную культуру. Сооружения Жолтовского и его учеников выгодно выделялись среди многих других часто сугубо утилитарных промышленных сооружений тех лет.

А. Власов. Шарж на И. Жолтовского (опубликован в газете «Комсомольская правда» 11 августа 1918 года)

A. Vlásov. Caricatura de I. Zholtovski (publicada en el periódico «Komsomólskaya Pravda» del 11 de agosto de 1918)

Con igual escrupulosidad se realizaba la armonización de las fachadas echas tanto con las formas del Renacimiento como con las formas «constructivistas». Al mismo tiempo, Zholtovski otorgaba una importancia especial al trabajo en la arquitectura industrial. Él no consideraba las nuevas formas como una arquitectura seria y no quiso aplicarlas en la «arquitectura mayor» (todas las edificaciones públicas grandiosas él las proyectaba solamente al estilo clásico). En cambio, la construcción industrial era el campo de la arquitectura donde el uso amplio de las formas ingenieriles se consideraba natural y evidente. Por eso Zholtovski, experimentando con la armonización de las formas «constructivistas» de su época, como que se sale del marco de la «arquitectura mayor» para dedicarse a la construcción industrial, campo en que, por lo visto, él no se consideraba atado a las formas clásicas.

Así, en la arquitectura soviética de los años 20, a caballo entre las búsquedas estético-formales del neorrenacimiento y del constructivismo surge una corriente artística singular, una especie de «constructivismo armonizado». Las construcciones industriales creadas por el grupo de Zholtovski se caracterizaban por la estetización refinada de la construcción compositiva de las fachadas. Proporcionadas con mucho escrúpulo, en las fachadas rigurosamente simétricas está presente el «tema de la pared» al estilo de las composiciones renacentistas. En la arquitectura industrial, con su rico juego de volúmenes y su armazón claramente resaltada, Zholtovski introduce métodos completamente nuevos de creación de la imagen artística.

Zholtovski utiliza continuamente el «tema de la pared» en todos sus proyectos. Él se opone a la destrucción compositiva del plano de la fachada, que contrapone al armazón. Incluso en las edificaciones industriales, donde el armazón estructural y el abundante vidriado como que destruyen la pared de la fachada, él de todos modos le reserva el papel principal en la composición artística. El abundante vidriado se utiliza como un fondo neutral, mientras que el armazón de la estructura aparece sólo donde es necesario realizar divisiones compositivas o donde se utiliza como un elemento del orden arquitectónico.

Por ejemplo, en el edificio de cinco pisos de una fábrica en Ivantiéyevka, de los cuatro cinturones entre los pisos sólo se muestran dos: sobre el segundo y cuarto pisos, lo que permitió obtener en la fachada una composición con divisiones decrecientes (por tener el primer piso una elevada altura). Por otro lado, los elementos verticales del armazón se muestran solamente en el primer nivel, donde se interpretan como una especie de «columnata». Este mismo sistema oculto de orden arquitectónico determina la composición de la sala de calderas de la Central Eléctrica Regional de Kíev e incluso de la MOGES (*Asociación Moscovita de Centrales Eléctricas Estatales*) con sus miradores acoplados (O. M. № 48).

| Раздел 1 | Лидеры неоклассики и «неорусской архитектуры» (И. Жолтовский, А. Щусев, В. Щуко) и авангард |
| Parte 1 | Los líderes del neoclasicismo y de la «arquitectura neorusa» (Zholtovski, Schúsiev, Schukó) y el vanguardismo |

Лидеры конструктивизма прекрасно осознавали притягательность Жолтовского для молодого поколения конструктивистов, недополучивших в процессе архитектурного образования от своих учителей художественно-композиционной грамоты.

Первое прямое противоборство И. Жолтовского и лидеров конструктивизма произошло в январе 1930 г. на обсуждении конкурсных проектов здания турбинного зала Днепрогэса, на котором в основном конкурировали между собой два полярных по стилистике проекта — И. Жолтовского и бригады В. Веснина (С. Андриевский, Н. Колли, Г. Орлов и П. Корчинский; Ш. № 75).

Этот раунд борьбы с неоренессансной школой был выигран конструктивизмом. Но Жолтовский отнюдь не считал себя побежденным, он готовился к новым творческим схваткам.

А. Щусев в годы становления архитектурного авангарда возглавлял МАО, сменил Жолтовского в роли руководителя архитектурной мастерской Моссовета, преподавал во ВХУТЕМАСе, был главным архитектором сельскохозяйственной и кустарно-промышленной выставки 1923 г., т. е. занимал многие ключевые позиции, позволявшие ему влиять на формирование творческой направленности советской архитектуры. Он не был строгим приверженцем неоклассики, его больше привлекала живописная и пластичная древнерусская архитектура. Ее формы Щусев свободно сочетал с новыми конструкциями и даже элементами модерна, к которому он не относился с такой нетерпимостью, как неоклассики.

По сравнению с ортодоксальными неоклассиками творчество А. Щусева воспринималось в первые годы советской власти почти как новаторское, что привлекало к нему ищущую новое молодежь. Архитектор большого художественного дарования А. Щусев был увлекающимся человеком. Если его увлекала иная творческая концепция (даже противоположная в данный момент его собственной) или он считал, что она более верно отражает потребности дня, он переходил на ее позиции.

Эволюция творческих позиций Щусева в 20-е годы наглядно видна на примере проектирования и строительства мавзолея В. И. Ленина на Красной площади в Москве (Ш. № 79).

В. Щуко был одним из столпов неоклассики. В 1904 г. он окончил Академию художеств. В первых его самостоятельных работах заметно влияние модерна. Но уже в начале 10-х годов он переходит на позиции неоклассики.

В первой половине 20-х годов, продолжая работать в строгой неоклассике (пропилеи к Смольному в Петрограде, 1923), В. Щуко одновременно экспериментирует с новой концепцией формы. Построенные по его проекту павильоны иностранного отдела Всероссийской сельскохозяйственной выставки в Москве (1923) были одними из самых современных по внешнему облику сооружений выставки. Однако как эти, так и ряд других

А. Щусев

A. Schúsiev

Sin dudas, la escuela neorrenacentista introdujo una gran cultura artística en la construcción industrial. Las edificaciones de Zholtovski y de sus discípulos se destacaban ventajosamente entre muchas otras edificaciones industriales contemporáneas, a menudo extremadamente utilitarias.

Los líderes del constructivismo comprendían perfectamente el interés que Zholtovski despertaba en la joven generación de constructivistas, quienes en el proceso de formación arquitectónica no llegaron a adquirir de sus profesores una cultura compositiva.

La primera confrontación entre Zholtovski y los líderes del constructivismo tuvo lugar en enero de 1930, durante la discusión de los proyectos de concurso del edificio de la sala de turbinas de la Central Hidroeléctrica del Dniéper, concurso en el que principalmente competían dos proyectos totalmente contrarios en cuanto al estilo: el de I. Zholtovski y el de la brigada de V. Vesnín (S. Andrievski, N. Koli, G. Orlov y P. Korchinski; O. M. № 75).

Este round de la lucha con la escuela neorrenacentista fue ganado por el constructivismo. Sin embargo, Zholtovski no se sentía vencido, y continuó preparándose para los siguientes combates artísticos.

En el período de formación del vanguardismo arquitectónico, A. Schúsiev dirigía la MAO, reemplazaba a Zholtovski como director del taller arquitectónico del Mossoviet, impartía clases en el VJUTEMAS, y era el arquitecto principal de la Exposición Agropecuaria y de la Industria Artesanal en 1923, es decir, ocupaba muchas posiciones claves, lo cual le permitía influir en la formación de la orientación artística de la arquitectura soviética. Schúsiev no fue un adepto incondicional del neoclasicismo y le interesaba más la arquitectura pictórica y plástica de la antigua Rusia. Él combinaba libremente estas formas antiguas con las nuevas estructuras e incluso con los elementos del modernismo, ante los cuales se mostraba tolerante, a diferencia de los neoclásicos.

En comparación con el neoclasicismo ortodoxo, en los primeros años del poder soviético los trabajos de Schúsiev se interpretaban casi como innovadores, lo que atraía a la juventud que se encontraba en búsqueda de algo nuevo. Arquitecto de gran talento artístico, A. Schúsiev era un entusiasta. Si se entusiasmaba con alguna concepción artística (incluso contraria a su propia concepción en el momento dado) o si consideraba que ésta satisfacía mejor la demanda, él tomaba la posición de esta concepción.

La evolución del pensamiento artístico de Schúsiev en los años 20 se observa claramente en el ejemplo de la proyección y construcción del Mausoleo de V. I. Lenin en la Plaza Roja de Moscú (O. M. № 79).

V. Schukó fue uno de los pilares del neoclasicismo. En el año 1904 culmina sus estudios en la Academia de Artes. En sus primeros trabajos individuales es clara la influencia del modernismo, pero ya a inicios de los años 10 toma la posición del neoclasicismo.

Лидеры неоклассики и «неорусской архитектуры» (И. Жолтовский, А. Щусев, В. Щуко) и авангард

Los líderes del neoclasicismo y de la «arquitectura neorusa» (Zholtovski, Schúsiev, Schukó) y el vanguardismo

В. Щуко

V. Schukó

произведений В. Щуко этих лет в духе новой архитектуры по своим художественно-композиционным достоинствам явно уступали его лучшим неоклассическим работам. Щуко еще только осваивает художественно-композиционные средства и приемы архитектурного авангарда.

Во второй половине 20-х годов (выступая в соавторстве со своим учеником В. Гельфрейхом) В. Щуко интенсивно работает в духе новой архитектуры и создает ряд интересных проектов.

Казалось бы, Щуко окончательно перешел на позиции авангарда и отказался от неоклассики. Однако, судя по всему, он все же не очень верил тогда в художественно-выразительные возможности новой архитектуры. Это проявилось, когда в 1928 г. он (совместно с В. Гельфрейхом) представил на конкурс заказной проект Библиотеки имени Ленина в Москве. В это время уже подавляющее большинство конкурсных проектов выполнялось в духе новой архитектуры, и для многих было совершенно неожиданным появление откровенно неоклассического проекта В. Щуко и В. Гельфрейха. И тем более необъяснимо, почему именно этот проект был выбран для строительства, хотя жюри конкурса присудило первую премию действительно лучшему проекту Д. Маркова, Д. Фридмана и В. Фидмана, где в объемно-пространственной композиции был использован образ раскрытой книги (Ш. № 61). Кроме того, были и еще два первоклассных заказных проекта — А. Щусева и братьев Весниных. Заказчику было из чего выбирать. Однако правительственная комиссия под председательством А. Луначарского предпочла проект В. Щуко и В. Гельфрейха, что вызвало резкий протест всех новаторских архитектурных объединений: ОСА, АРУ, АСНОВА, ВОПРА, которые выступили с официальными заявлениями. Эти заявления были опубликованы. Публиковались в печати протесты и других архитектурных организаций.

Это массовое профессиональное и общественное неприятие неоклассического проекта свидетельствует, что к 1928 г. архитектурный авангард завоевал прочные позиции в художественной культуре страны.

В. Щуко не мог не учитывать сложившегося вокруг его проекта общественного мнения. Сразу же после бурной полемики вокруг проекта Библиотеки имени Ленина, т. е. на рубеже 20-х и 30-х годов, Щуко решительно отказывается от каких-либо экскурсов в неоклассику и успешно осваивает приемы и средства художественной выразительности архитектурного авангарда.

Это проявилось в ряде проектов, среди которых наибольший интерес представляет театр в Ростове-на-Дону. В. Щуко и В. Гельфрейх не участвовали в открытом конкурсе на проект этого театра, проведенном в 1930 г. Они подали заказной проект в следующем туре

En la primera mitad de los años 20, trabajando exclusivamente en el estilo neoclásico (propileo del Smolni* en Petrogrado), Schukó experimenta simultáneamente con la nueva concepción de formas. Construidos según su proyecto, los pabellones de la Sección Internacional de la Exposición Agropecuaria de Rusia en Moscú (1923) eran, por su aspecto exterior, unas de las edificaciones más modernas de la exposición. No obstante, tanto éstas como una serie de otras obras de V. Schukó de esos años realizadas en el estilo de la nueva arquitectura, cedían claramente ante sus mejores trabajos neoclásicos por sus cualidades compositivas: Schukó apenas comenzaba a dominar los medios compositivos y los métodos del vanguardismo arquitectónico.

En la segunda mitad de los años 20, Schukó trabaja intensamente —junto con su discípulo V. Guélfreij— en el estilo de la nueva arquitectura, creando una serie de proyectos interesantes.

Daba la impresión de que Schukó había tomado las posiciones del vanguardismo artístico, rechazando el neoclasicismo. Sin embargo, todo parece indicar que él aún no creía en las posibilidades de expresión artística de la nueva arquitectura. Esto se revela en 1928, cuando conjuntamente con V. Guélfreij presenta a concurso su proyecto por encargo de la Biblioteca Lenin en Moscú. En aquel entonces ya la inmensa mayoría de los proyectos se realizaba al estilo de la nueva arquitectura, y para muchos fue inesperada la aparición del proyecto francamente neoclásico de V. Schukó y V. Guélfreij. Es más inexplicable todavía por qué se tomó la decisión de construir precisamente este proyecto, pues el jurado realmente adjudicó el primer premio al mejor proyecto, el de D. Márkov, D. Fridman, y V. Fidman, en cuya composición volumétrico-espacial se utilizó la forma de un libro abierto (O. M. № 61). Habían, además, otros dos proyectos de primera clase, el de A. Schúsiev y el de los hermanos Vesnín. El cliente realmente tenía para escoger. Sin embargo, la comisión estatal dirigida por A. Lunacharski** prefirió el proyecto de Schukó y Guélfreij, lo que produjo una fuerte protesta por parte de todas las asociaciones arquitectónicas innovadoras: OSA, ARU, ASNOVA, VOPRA (*Sociedad de Arquitectos Proletarios de Rusia*), las cuales se manifestaron con solicitudes oficiales en la prensa. Se publicaron también las protestas de otras organizaciones arquitectónicas.

Este rechazo profesional y público del proyecto neoclásico testimonia que en 1928 el vanguardismo arquitectónico había logrado sólidas posiciones en la cultura artística de Rusia.

V. Schukó no podía ignorar la opinión pública respecto a su proyecto. Inmediatamente después de la dura polémica sobre el proyecto de la Biblioteca Lenin, es decir, entre los años 20–30,

---

* *N. del T.* Conjunto arquitectónico levantado alrededor del Monasterio Smolni.

** *N. del T.* Anatoli Vasílievich Lunacharski (1875–1933), estadista soviético, Comisario del Pueblo para la Educación durante 1917–1929.

конкурса (1931). Их проект был отобран для строительства и осуществлен. В этом случае ни у кого не возникло сомнения, что проект В. Щуко и В. Гельфрейха действительно лучший (Ш. № 92). В этом проекте во всем блеске проявился художественный талант Щуко. Необычная объемно-пространственная композиция с глухим «лбом» заглубленной центральной части и вынесенными вперед боковыми остекленными лестничными клетками создает выразительный и запоминающийся архитектурный образ. Строительство театра было завершено лишь в 1936 г., но авторы не пошли на то, чтобы внести в его облик какие-либо неоклассические элементы. Были добавлены лишь рельефы на главном фасаде. В истории советской архитектуры театр в Ростове-на-Дону остался как одно из наиболее значительных произведений архитектурного авангарда.

Schukó rehúsa decididamente a las incursiones en el mundo del neoclasicismo, y asimila exitosamente los medios y métodos de expresión artística del vanguardismo arquitectónico.

Ello se manifestó en una serie de proyectos, entre los cuales el teatro de Rostov del Don es el de mayor interés. Schukó y Guélfreij no participaron en el concurso abierto del proyecto de este teatro, que se llevó a cabo en 1930. Ellos presentaron su proyecto por encargo en la siguiente vuelta del concurso (1931). Su proyecto fue elegido y realizado. En esta ocasión nadie dudó de que el proyecto de V. Schukó y V. Guélfreij era realmente el mejor (O. M. № 92). En este proyecto se reveló todo el brillo del talento artístico de Schukó. La original composición volumétrico-espacial, con su «frente» ciega adentrada de la parte central y sus cajas de escaleras vidriadas sobresalientes en los costados, crea una imagen arquitectónica expresiva que se graba en la memoria. La construcción del teatro fue concluida sólo en 1936, pero sus autores no intentaron incluir elementos neoclásicos en su aspecto exterior. Sólo fueron añadidos algunos relieves en la fachada principal. En la historia de la arquitectura soviética, el teatro de Rostov del Don ha quedado como una de las obras más importantes del vanguardismo arquitectónico.

(11) Социальный эксперимент и архитектура авангарда

El experimento social y la arquitectura del vanguardismo

Социальные эксперименты советских архитекторов 20-х годов привлекают не меньший интерес, чем их формально-эстетические поиски и находки. Но если сейчас всем очевидно, что стиле- и формообразующие заготовки архитектуры советского авангарда содержат творческие потенции, которые в качестве импульсов могут быть использованы для развития и совершенствования художественно-композиционной системы средств и приемов выразительности современного стиля, то социально-типологические разработки тех лет находятся в более сложном отношении с современной действительностью.

По поводу социально-типологических экспериментов 20-х годов (прежде всего по проблемам социалистического расселения и перестройки быта) существуют различные точки зрения. Крайние из них — это, с одной стороны, признание поисковых проектов творческим предвидением перспектив нового общества, а с другой — оценка этих проектов как заведомо ошибочных и не связанных не только с будущим, но и с социальным заказом своего времени.

А между тем мы имеем огромный, еще недостаточно изученный массив поисковых проектов, в которых не только провозглашались идеи предметно-пространственной и объемно-планировочной организации жизни нового общества, но и на высоком профессиональном уровне были разработаны конкретные, принципиально новые в социальном отношении типы поселений, жилых и общественных зданий, в которых, как тогда считалось, и должна была протекать жизнь нового общества.

Возникает естественный вопрос: если многие из этих экспериментальных проектов (в том числе и осуществленные) мы сейчас с очевидностью относим к заведомо не перспективным, то как могло произойти массовое увлечение советских архитекторов их разработкой в 20-е годы? Что это было — всеобщее профессиональное заблуждение наших архитекторов, так сказать, факт биографии только советской архитектуры, или все-таки архитекторы выполняли в те годы социальный заказ нового общества, которое само находилось в процессе бурного развития и интенсивных поисков модели социализма?

Анализ поисковых проектов с учетом проблемной социально-психологической ситуации 20-х годов показывает, что архитекторы не могут и не должны брать на себя единоличную ответственность за концептуально-содержательную сторону своих проектных экспериментов. Во многом (а нередко и в подавляющем большинстве) сама общая функционально-типологи-

---

Los experimentos de carácter social de los arquitectos soviéticos de los años 20 despiertan un interés no menor que sus búsquedas y hallazgos estético-formales. Si hoy es evidente para muchos que las reservas en cuanto a creación de estilos y formas de la arquitectura del vanguardismo soviético contienen un gran potencial artístico, el cual puede ser utilizado para impulsar el desarrollo y perfeccionamiento del sistema compositivo de medios y métodos de expresión del estilo moderno, resulta que los estudios socio-tipológicos de aquellos años se encuentran en una relación más compleja con la realidad contemporánea.

En lo que respecta a los experimentos socio-tipológicos de los años 20 (sobre todo en lo referente a los problemas de la reestructuración del modo de vida y del alojamiento socialista de la población) existen diversos puntos de vista. Los más extremos de ellos son, por una parte, el reconocimiento de los proyectos prospectivos como una previsión artística de las perspectivas de la nueva sociedad y, por otra, considerar estos proyectos como equívocos a ciencia cierta y no relacionados ni con el futuro, ni con la demanda social de su tiempo.

Mientras tanto, disponemos de un gran conjunto de proyectos prospectivos aún insuficientemente estudiados, en los que no solamente se proclamaban las ideas de la organización material-espacial y volumétrica y de planificación de la vida de la nueva sociedad, sino que en ellos se elaboraron concretamente y a un nivel profesional muy alto distintos tipos de colonias y edificios de viviendas y públicos —fundamentalmente nuevos en el aspecto social—, en los que habría de transcurrir la vida de la nueva sociedad, como en ese entonces se consideraba.

Surge una pregunta natural: si muchos de estos proyectos experimentales (incluyendo los realizados) los catalogamos ahora como proyectos a ciencia cierta sin perspectiva, ¿cómo en los años 20 pudo surgir ese entusiasmo masivo de los arquitectos soviéticos para su elaboración? ¿Qué es lo que sucedió? ¿Acaso una confusión profesional general de los arquitectos soviéticos, es decir, un hecho que caracteriza solamente a la biografía de la arquitectura soviética? ¿O será que, en realidad, los arquitectos realizaban en aquel entonces la demanda social de la nueva sociedad, sociedad que se encontraba en proceso de impetuoso desarrollo y de búsquedas intensas de los modelos del socialismo?

El análisis de los proyectos prospectivos, tomando en consideración la problemática situación socio-psicológica de los años 20, demuestra que los arquitectos no pueden y no deben asumir la responsabilidad del aspecto conceptual y de contenido de sus experimentos proyectivos. La propia orientación funcional-tipológica general de las búsquedas proyectivas era estimulada funda-

ческая направленность проектных поисков была вызвана или конкретным социальным заказом, или провоцировалась социально-психологическим климатом той эпохи.

Мощный импульс радикальным проектным экспериментам был дан в самые первые годы советской власти, когда в условиях военного коммунизма была сделана попытка внедрить в жизнь ортодоксальную модель социализма. Эта модель была затем резко трансформирована в годы нэпа, который однако воспринимался тогда многими как «временное отступление», а ортодоксальная модель продолжала рассматриваться как путеводная звезда, вынужденно отодвинувшаяся в будущее, для которого необходимо разрабатывать проектные заготовки. В конце 20-х годов отказ от нэпа был воспринят многими как возврат к ортодоксальной модели социализма, что вызвало на рубеже 20–30-х годов новую (и последнюю) волну интенсивных функционально-типологических экспериментов.

Эти проектные эксперименты велись в ситуации массового энтузиазма, охватившего строителей первого в мире социалистического государства в годы первой пятилетки. Энтузиазм в те годы был действительно всеобщим. Он особенно захватил рабочую и учащуюся молодежь, которая видела в стремительно сооружавшихся промышленных гигантах реальные ростки социализма. Строители нового общества, завороженные официальными сводками о небывалых темпах развития экономики страны, готовы были на временные (как тогда казалось) жертвы во имя светлого будущего. Всеобщий энтузиазм в годы первой пятилетки — это не выдумка пропагандистов и журналистов. Все это действительно было. К середине 30-х годов энтузиазм стал выдыхаться, но на рубеже 20–30-х волна энтузиазма была столь высокой, что ее было «видно» и из-за рубежа. Строить социализм к нам ехали тогда энтузиасты других стран, в том числе архитекторы (Э. Май, Х. Майер и др.), которые с увлечением проектировали соцгорода при строящихся промышленных гигантах.

Вот в таких социально-психологических условиях вели проектные эксперименты наши архитекторы даже и на завершающей стадии развития советского архитектурного авангарда.

Сейчас, в перспективе времени, оценивая в целом социально-типологические эксперименты 20-х годов, мы видим, что многое в них имеет качество утопий. И это не случайно. Сама ортодоксальная модель социализма, как выяснилось сейчас, в конце XX в., содержала в себе утопические элементы. Но в 20-е годы о нереальности (или утопизме) многих элементов марксистской модели социализма еще не было ничего известно, да и не могло быть известно, так как выявилось это много позднее, уже в наши дни, когда стали подводить итоги функционирования в разных странах реального социализма. Нельзя забывать, что именно наша страна, игравшая роль первопроходца во всемирно-историческом процессе формиро-

mentalmente (a veces, en la gran mayoría de los casos) por una demanda social concreta, o bien provocada por el ambiente socio-psicológico de aquella época.

Los experimentos proyectivos radicales recibieron un fuerte impulso en los primeros años del poder soviético, cuando bajo las condiciones del comunismo de guerra se hizo el intento de introducir en la vida el modelo ortodoxo del socialismo. Este modelo fue después transformado bruscamente en los años de la NEP (*Nueva Política Económica*), lo cual, sin embargo, fue considerado por muchos como una «retirada temporal», y el modelo ortodoxo continuaba viéndose como una estrella polar, la cual había sido aplazada forzosamente para un futuro y requería de la elaboración de reservas en forma de proyectos. A finales de los años 20, la renuncia a la NEP fue interpretada por muchos como el retorno al modelo ortodoxo del socialismo, lo que produjo en el tránsito de los años 20 a los 30 una nueva (y última) ola de intensos experimentos funcional-tipológicos.

Estos proyectos experimentales transcurrían en un ambiente de entusiasmo masivo, que en los años del primer quinquenio envolvió a los constructores del primer estado socialista del mundo. El entusiasmo de aquellos tiempos era realmente general, influyendo sobre todo en la juventud estudiantil y obrera, la cual veía en los gigantes industriales que se construían impetuosamente los brotes reales del socialismo. Los constructores de la nueva sociedad, hechizados por los informes oficiales sobre los extraordinarios ritmos de desarrollo de la economía del país, estaban dispuestos a realizar sacrificios temporales (como parecían en ese entonces) en aras del futuro luminoso. El entusiasmo general del primer quinquenio no es un invento de los propagandistas y periodistas: todo eso realmente tuvo lugar. Hacia mediados de los años 30 el entusiasmo comenzó a expirar, pero entre los años 20 y 30 la ola de entusiasmo era tan alta que «se veía» en muchos países. En aquel entonces llegaban a Rusia para construir el socialismo entusiastas extranjeros (los arquitectos E. May, H. Mayer y otros), quienes con mucho fervor proyectaron ciudades socialistas para los gigantes industriales.

Bajo estas condiciones socio-psicológicas es que los arquitectos rusos realizaban sus experimentos proyectivos, incluso en el estadio final del desarrollo del vanguardismo arquitectónico soviético.

Actualmente, remontándonos en el tiempo y valorando como un todo los experimentos socio-tipológicos de los años 20, notamos que en ellos mucho es utópico. Y esto no es un hecho casual. El propio modelo ortodoxo del socialismo, como se ha podido aclarar hoy en día, contenía en sí elementos utópicos. Pero en los años 20, acerca del utopismo de muchos elementos del modelo marxista del socialismo aún no se sabía nada; y es que no se podía saber, ya que esto comenzó a hacerse notorio más adelante, en nuestros días, cuando comenzaron a verse los resultados del funcionamiento del socialismo real en diversos países. No se debe olvidar que Rusia, desempeñando el rol de líder en el proceso histórico mundial de formación de la nueva sociedad socialista,

вания нового социалистического общества, как бы поставила эксперимент на себе, проверяя жизнеспособность тех или иных элементов ортодоксальной модели социализма.

При разработке поисковых архитектурных проектов невозможно было опираться лишь на общие представления о социализме. Архитектурный проект, особенно детально разработанный, требует не только конкретизации общих социально-экономических структур, но и детального знания о социально-функциональных процессах быта. В 20-е годы отсутствовавшая в работах основоположников марксизма конкретизация и детализация жизни будущего общества при разработке поисковых проектов в значительной степени дополнялась использованием тех или иных предложений из работ авторов социальных утопий, интерес к которым переживал в те годы своеобразный бум.

Характерное для социальных утопий подчеркивание роли в структуре отношений в будущем обществе коллективистских и уравнительных тенденций во многом оказалось созвучным с преобладавшим психологическим умонастроением тех социальных слоев, которые были наиболее активными сторонниками советской власти в первые послереволюционные годы. Из психологического умонастроения, сформировавшегося в условиях революции и гражданской войны, коллективистская тенденция фактически стала в 20-е годы частью мировоззрения.

Коллективизм во взаимоотношениях людей превратился в 20-е годы в одну из сильнейших составляющих стиля и образа жизни трудовых слоев населения. Коллективистские настроения во многом определили дух времени, что резко изменило направленность функционально-типологических поисков в области архитектуры.

Функционально-типологические и социально-психологические эксперименты советских архитекторов разворачивались в 20-е годы в условиях атмосферы творческого поиска и смелого дерзания. Можно сказать, что во всемирно-историческом масштабе совокупность идей и проектов, связанных с разработкой предметно-пространственной среды для прогнозируемого общества будущего, занимает важное место и в ряду социальных утопий, как бы венчая поиски конкретизации (в том числе «опредмечивания») — идущей из глубины веков идеи социализма. В этих проектах оказались причудливо переплетенными идеи утопической и ортодоксальной марксистской модели социализма.

Конечно, многое из теоретических и проектных идей архитектурного авангарда представляется нам сегодня как наивное и даже вульгарно-социологическое. Жизнь оказалась сложнее. Коллективистские и уравнительные тенденции, лежащие в основе большинства поисковых проектов 20-х годов, мы воспринимаем сейчас как слишком жесткие, не отвечающие потребностям человека. Однако, несмотря на критическое отношение в настоящее время ко многим формулировкам теоретических деклараций и к проектам, в которых нашли от-

---

experimentó consigo misma para comprobar la vitalidad de unos u otros elementos del modelo ortodoxo del socialismo.

Durante la elaboración de proyectos arquitectónicos prospectivos era imposible basarse solamente en las nociones generales del socialismo. Un proyecto arquitectónico, sobre todo los elaborados con sumo cuidado, exige no sólo la concreción de las estructuras socio-económicas generales sino también un conocimiento detallado de los procesos socio-funcionales del modo de vida. En los años 20, en los trabajos de los fundadores del marxismo había una gran falta de concreción y de detalle de la vida de la sociedad futura, y esta falta era en gran medida complementada durante la elaboración de proyectos prospectivos mediante unas u otras propuestas extraídas de los trabajos de los autores de las utopías sociales, el interés hacia los cuales experimentaba en aquel entonces un boom singular.

La acentuación —tan característica de las utopías sociales— del papel que desempeñan las tendencias colectivistas y niveladoras en la estructura de las relaciones en la sociedad futura, entraba en consonancia con el estado de ánimo psicológico predominante de las clases sociales que constituían los partidarios más activos del poder soviético en los primeros años posrevolucionarios. En los años 20, la tendencia colectivista se transforma de estado de ánimo psicológico (formado bajo las condiciones de la revolución y de la guerra civil) en parte de la concepción del mundo.

El colectivismo en las relaciones entre las personas se convirtió en los años 20 en una de las componentes más poderosas del estilo y del modo de vida de las capas obreras de la población. Los ánimos colectivistas determinaron en gran medida el espíritu de la época, lo cual cambió súbitamente la orientación de las búsquedas funcional-tipológicas en el campo de la arquitectura.

Los experimentos funcional-tipológicos y socio-psicológicos de los arquitectos soviéticos se desarrollaron en los años 20 en un ambiente de búsquedas artísticas y de gran audacia. Se puede decir que a escalas histórico-mundiales, el conjunto de ideas y proyectos relacionados con la elaboración del medio material-espacial para la futura sociedad que se perfilaba, ocupa un importante lugar también entre las utopías sociales, como coronando las búsquedas de concreción (incluyendo la «materialización») de la idea del socialismo, idea procedente de siglos remotos. En estos proyectos resultaron extravagantemente entrelazadas las ideas del modelo utópico y del modelo ortodoxo-marxista del socialismo.

Claro está, muchas de las ideas teóricas y proyectos del vanguardismo arquitectónico se nos presentan actualmente como algo iluso e, incluso, vulgar desde el punto de vista sociológico. La realidad resultó más compleja. Las tendencias colectivas y niveladoras, las cuales constituían el fundamento de la mayoría de los proyectos prospectivos de los años 20, hoy las percibimos como muy rígidas, incapaces de responder a las demandas de la persona. Sin embargo, pese a la actitud

ражение коллективистские и уравнительные тенденции, важно видеть в них отражение реальных условий первых послереволюционных лет. Революция и гражданская война, противостояние различных классов и социальных слоев в процессе социально-экономического переустройства общества послужили психологической почвой ужесточения коллективистских и уравнительных тенденций, повлиявших и на общий климат той революционной эпохи. Но влияние это не ограничивается только 20-ми годами. Коллективистские формы во взаимоотношении людей так энергично были внедрены тогда в реальную жизнь страны, что стали фактически неотъемлемой частью образа жизни советских людей и в дальнейшем.

Кроме того, едва ли следует забывать, что коллективизм — это один из важнейших принципов социализма, в котором многие на протяжении истории человечества видели краеугольный камень будущего общества. Реальный социализм в условиях господства командно-административной системы во многом извратил принцип коллективизма, вызвал к нему повышенно критическое отношение. Сама же привлекавшая многие века людей и не раз воплощавшаяся в различных формах (от монастырского братства до сельской общины) идея коллективизма не может и не должна отождествляться с уродливыми формами ее внедрения (например, насильственная коллективизация в деревне). Очищенная от бюрократических и волюнтаристских извращений, она, видимо, еще не раз в процессе социально-экономического развития человечества будет усиливаться, влияя на социально-психологический климат эпохи и перестраивая, делая более цивилизованными отношения людей.

И всегда, на любом этапе отношения к идее коллективизма (от восторженно позитивного до повышенно критического) будет необходимо изучать связанные с ней теоретические концепции и опыт их реализации в проектах и на практике. А если это так, то функционально-типологические эксперименты советского авангарда еще долго будут привлекать повышенное внимание социологов, теоретиков, архитекторов, дизайнеров и других специалистов, ибо за всю историю человечества не было такого этапа в развитии цивилизации, когда идея коллективизма в короткие сроки была бы подвергнута такой интенсивной и пристрастной экспериментальной проверке, в которой на равных участвовали теоретики, проектировщики и те, кто, образно выражаясь, ставил эксперимент на себе (жил в городских и сельских коммунах).

---

negativa actual ante muchas formulaciones de las declaraciones teóricas y ante los proyectos en los que se plasmaron las tendencias colectivistas y niveladoras, lo importante es ver en ellos el reflejo de las condiciones reales de los primeros años posrevolucionarios. La revolución, la guerra civil, y la oposición de las diversas clases y capas sociales en el proceso de reestructuración socio-económica de la sociedad, sirvieron de base psicológica para la intensificación de las tendencias colectivistas y niveladoras, las cuales influyeron en el clima general de aquella época revolucionaria. Pero esta influencia no se limita sólo a los años 20. Las formas colectivistas en las relaciones entre las personas fueron tan enérgicamente introducidas en aquel entonces en la vida real del país, que prácticamente se convirtieron en una parte inherente del modo de vida de los soviéticos.

Además, no se debe olvidar que el colectivismo es uno de los principios más importantes del socialismo, y que en la historia de la humanidad muchos han visto en él la piedra angular de la sociedad futura. El socialismo real en las condiciones de dominio de un sistema administrativo-ejecutivo desvirtuó considerablemente el principio de colectivismo, provocando una actitud extremadamente crítica hacia él. Muchos siglos atrayendo a la gente y más de una vez materializada en diferentes formas —desde la hermandad monasterial hasta la comunidad aldeana—, la idea del colectivismo no se puede, ni se debe identificar con las horribles formas de su introducción (por ejemplo, con la colectivización forzosa en las aldeas). Por lo visto, esta idea, libre de las depravaciones voluntaristas y burocráticas, volverá a tomar fuerza muchas veces durante el proceso de desarrollo socio-económico de la humanidad, influyendo en el clima socio-psicológico de la época y haciendo más civilizadas las relaciones entre las personas.

Y siempre, en cualquier etapa de la actitud ante la idea del colectivismo, desde la actitud entusiasmadamente positiva hasta la altamente crítica, será necesario estudiar las concepciones teóricas vinculadas con esta idea y la experiencia de su realización en los proyectos y en la práctica. Y si esto es así, los experimentos funcional-tipológicos del vanguardismo soviético continuarán por mucho tiempo despertando un gran interés entre los sociólogos, teóricos, arquitectos, diseñadores y demás especialistas, pues en toda la historia de la humanidad no ha habido semejante etapa en el desarrollo de la civilización en la que la idea del colectivismo en un plazo muy corto haya sido expuesta a una prueba experimental intensa y apasionada, donde en iguales condiciones participaron teóricos, proyectistas y todos aquéllos que, figuradamente hablando, realizaron los experimentos sobre sí mismos (vivieron en comunas urbanas y rurales).

Проблемы социалистического расселения. Градостроительные концепции

El problema del alojamiento socialista de la población. Concepciones urbanísticas

Внимание к градостроительным проблемам стало отличительной чертой советской архитектуры уже в первые годы после Октябрьской революции.

В 20–30-е годы в нашей стране интенсивно разрабатывались градостроительные проблемы. Это было связано как с практикой реального строительства новых городов и жилых комплексов, так и с необходимостью разобраться в сложных и противоречивых социальных, экономических и технических проблемах градостроительства.

В процессе творческих поисков было выдвинуто много различных предложений; некоторые из них заключали предвидение путей развития современного города и значительно опережали характерный для того периода мировой уровень в области градостроительства. Появилось большое количество градостроительных предложений, проектов и идей, рассчитанных на более или менее отдаленную перспективу.

Понимая перспективный характер сложных градостроительных проблем, архитекторы не ограничивались решением задач, связанных с удовлетворением «сиюминутных» нужд, а разрабатывали одновременно и стратегические задачи градостроительства.

Преобладало стремление комплексно рассматривать все градостроительные вопросы, решать различные проблемы архитектуры в рамках единой концепции социалистического расселения. Проблемы районной планировки, функциональное зонирование города, создание сети коммунально-бытового обслуживания, разработка нового типа поселения и его структурных элементов, поиски гибкой планировочной структуры, формирование общественных центров, возможности вертикального зонирования городской застройки — эти и многие другие вопросы рассматривались архитекторами как неотъемлемые части общей проблемы социалистического расселения.

В процессе разработки проблем социалистического расселения в рассматриваемый период можно выделить два основных этапа — начало 20-х годов и рубеж 20–30-х годов. Для каждого из них были характерны свои особенности, связанные с конкретной исторической обстановкой, социальными процессами, возможностями экономики, градообразующими факторами и т. д. При этом в принципиальной постановке вопросов и даже в размежевании сторонников крайних взглядов в градостроительных поисках и обо-

---

La atención hacia los problemas de la construcción urbana se convirtió en el rasgo distintivo de la arquitectura soviética desde los primeros años de la Revolución de Octubre.

En los años 20–30 del siglo XX, en la Unión Soviética comenzaron a estudiarse intensamente los problemas de construcción urbana. Esto estaba relacionado tanto con la práctica de la construcción real de nuevas ciudades y complejos de viviendas como con la necesidad de resolver los complejos y contradictorios problemas sociales, económicos y técnicos de la construcción urbana.

Durante el proceso de búsquedas artísticas se realizaron muchas propuestas. Algunas de ellas preveían las vías de desarrollo de la ciudad moderna, aventajando significativamente el nivel mundial característico de aquel tiempo en el área de la construcción urbana. Apareció una gran cantidad de propuestas, proyectos e ideas pensados para tiempos más o menos alejados.

Comprendiendo que los problemas de construcción urbana debían considerar el desarrollo futuro, los arquitectos no se limitaban a resolver los problemas relacionados con la satisfacción de las necesidades «urgentes», sino que estudiaban simultáneamente los problemas estratégicos de la construcción de ciudades.

Dominaba la tendencia a considerar de forma conjunta todos los problemas de construcción urbana, a resolver los diferentes problemas de la arquitectura en el marco de la concepción unificada del alojamiento socialista de la población. Los problemas de la planificación por municipios, la zonificación funcional de la ciudad, la creación de la red de servicio doméstico—comunal, el desarrollo del nuevo tipo de colonia y de sus elementos estructurales, la búsqueda de una estructura flexible de planificación, la formación de centros públicos, la posibilidad de zonificación vertical de las construcciones urbanas: éstos y muchos otros problemas fueron considerados por los arquitectos como partes inseparables del problema general de alojamiento socialista de la población.

En el proceso de estudio de los problemas del alojamiento socialista de la población del período considerado, se pueden destacar dos etapas fundamentales: el inicio de los años 20 y la transición de los años 20 a los 30. Cada una de estas etapas tenía sus particularidades características, relacionadas con una circunstancia histórica concreta, procesos sociales, posibilidades de la economía, factores de la formación urbana, etcétera. A su vez, en el planteamiento fundamental de los problemas, e incluso en la división de los partidarios de puntos de vista extremos en las

| Раздел 1 | Проблемы социалистического расселения. Градостроительные концепции |
| Parte 1 | El problema del alojamiento socialista de la población. Concepciones urbanísticas |

их этапов было много общего, хотя масштаб рассматриваемых проблем существенно изменился в конце 20-х годов по сравнению с первыми послереволюционными годами. И в первом, и во втором этапе годы осознания градостроительных задач (первых практических опытов, теоретических поисков и формирования концепций) завершались острой градостроительной дискуссией, которая предшествовала интенсивному реальному проектированию и строительству.

Первая градостроительная дискуссия (1922–1923) отразила особенности развертывания хозяйственного строительства в стране по плану ГОЭЛРО в условиях нэпа. Вторая градостроительная дискуссия (1929–1930) была связана со строительством новых городов в связи с ускоренными темпами индустриализации страны по первому пятилетнему плану.

Среди социальных проблем, находившихся в центре внимания участников обеих градостроительных дискуссий, основными были отношение к крупным городам и задача преодоления противоположности между городом и деревней. Основным содержанием дискуссий о социалистическом расселении и было стремление наметить конкретные пути решения этих важнейших социальных проблем, поставленных тогда перед советским градостроительством.

В ходе обеих градостроительных дискуссий (особенно в 1929–1930 гг.) было высказано много различных точек зрения, были разработаны оригинальные предложения, выдвинуты теоретические концепции. Рассмотрим некоторые из этих проблем и концепций.

Проблема вертикального зонирования города связана со стремлением ликвидировать пересечение транспортных потоков и отделить транспорт от пешеходов. Первая задача уже в XIX – начале XX вв. решалась путем создания внеуличного транспорта (подземного или надземного) и организации тоннелей и путепроводов (эстакад); она стала приобретать со временем все более инженерно-технический характер. Вторая задача оказалась теснее связанной с архитектурными вопросами объемно-пространственной композиции города.

Архитектурно-художественный облик города зависит не только от характера его планировки и застройки, но и от того, как и откуда воспринимает его человек. Условия восприятия облика города складывались на протяжении столетий, однако в появившихся в начале XX в. проектах по вертикальному зонированию города (Сант Элиа, Гильберзаймер, Ле Корбюзье и др.) это обстоятельство не всегда учитывалось. Как известно, городская застройка рассчитана на то, что человек воспринимает отдельное здание и ансамбли прежде всего с уровня земли. Поэтому содержавшиеся в ряде проектов предложения

búsquedas urbanísticas, ambas etapas tuvieron mucho en común, aunque la escala de los problemas considerados cambió significativamente a finales de los años 20 en comparación con los primeros años posrevolucionarios. Tanto en la primera como en la segunda etapa, los años de comprensión de los problemas de construcción urbana —los primeros experimentos, las búsquedas teóricas y la formación de concepciones— concluyeron con una aguda discusión urbanística, la cual precedió a intensos procesos de proyección y construcción reales.

La primera discusión urbanística (1922–1923) reflejó las particularidades del desarrollo de la edificación del país según el plan GOELRO (*Comisión Estatal para la Electrificación de Rusia*) bajo las condiciones de la NEP. La segunda discusión urbanística (1929–1930) estaba relacionada con la construcción de nuevas ciudades debido al ritmo acelerado de industrialización del país según el primer plan quinquenal.

Entre los problemas sociales que se encontraban en el centro de la atención de los participantes de ambas discusiones urbanísticas, los principales fueron la actitud ante las grandes ciudades y el problema de la superación de las contradicciones entre la ciudad y el campo. El contenido principal de las discusiones sobre el alojamiento socialista de la población era justamente el deseo de trazar las vías concretas de solución de estos problemas sociales tan importantes, planteados entonces ante la construcción urbana soviética.

En el transcurso de ambas discusiones urbanísticas (principalmente en 1929–1930) se expusieron muchos puntos de vista diferentes, se elaboraron proposiciones originales, se propusieron concepciones teóricas. Veamos algunos de estos problemas y concepciones.

El problema de la zonificación vertical de la ciudad está relacionado con el deseo de eliminar la intersección de los flujos vehiculares y de separar los medios de transporte de los transeúntes. Ya desde finales del siglo XIX e inicios del XX, el primer problema se resolvía mediante la creación de medios de transporte que no se movieran por las calles (aéreos o subterráneos) y la organización de túneles y viaductos; este problema comenzó a adquirir con el tiempo un carácter técnico-ingenieril cada vez mayor. El segundo problema está vinculado de una forma más estrecha con los problemas arquitectónicos de la composición volumétrico-espacial de la ciudad.

La imagen artístico-arquitectónica de la ciudad depende no sólo del carácter de su planificación y su construcción, sino también de cómo y desde dónde la persona lo percibe. Las condiciones de percepción de la imagen de la ciudad se fueron formando con el transcurrir de los siglos; sin embargo, en los proyectos de zonificación vertical de la ciudad aparecidos a principios del siglo XX (Sant'Elia, Hilberseimer, Le Corbusier y otros), esta circunstancia no siempre se tuvo en cuenta. Es sabido que la construcción urbana está proyectada para que el hombre perciba cada edificio y todo el conjunto arquitectónico principalmente a ras del suelo. Por ello, las propuestas

поднять пешеходов над улицей и даже превратить в пешеходные террасы плоские крыши домов привели бы к резкому изменению привычного характера восприятия городской застройки, а следовательно, и потребовали бы иного отношения к созданию ансамбля. Кроме того, планировку и застройку города человек воспринимает не только по горизонтали и «вниз», но и «вверх», т. е. облик города неотделим от количества неба над головой человека. Предложения некоторых архитекторов освободить улицы для транспорта, убрав пешехода под поставленные на столбы дома, фактически отнимали у человека значительную часть «неба» и вели к резкому изменению условий восприятия архитектурного облика города.

Идеи вертикального зонирования города, выдвигавшиеся в первой половине 20-х годов советскими архитекторами, существенно отличались от предложений зарубежных архитекторов.

В 1921 г. А. Лавинский создал поисковый проект «Города на рессорах» (Ш. № 8). Стремясь отделить пешеходов от транспорта, он не стал заглублять транспортные улицы в траншеи или убирать с них пешеходов под дома и на эстакады, а наоборот, предложил предоставить всю уличную сеть города пешеходам, превратив улицы в озелененные бульвары. Все постройки города поднимались на опоры в виде стальных ферм рессорной конструкции и под ними устраивались транспортные магистрали, пересекавшие пешеходные бульвары-улицы в тоннелях.

В проекте «горизонтальных небоскребов» для Москвы, разработанном Л. Лисицким в 1923–1925 гг. (Ш. № 26), предлагалось возвести на перекрестках поднятые на опорах непосредственно над проезжей частью города однотипные конторские здания.

В 1925 г. К. Мельников, находясь в Париже в связи со строительством по его проекту советского павильона на Международной выставке декоративного искусства, получил ряд предложений и заказов. Один из таких заказов был связан с поисками в плотно застроенном центре Парижа мест для стоянки быстро растущего парка легковых автомашин. К. Мельников выдвинул оригинальную идею разместить многоярусные гаражи-стоянки над существующими мостами через Сену (Ш. № 31).

Проекты Лавинского, Лисицкого и Мельникова внесли принципиально новое в поиски вертикального зонирования города. Их объединяют между собой общие черты.

Во всех этих проектах поднятые на опоры здания предлагалось соорудить не над пешеходными путями, а над транспортными магистралями, что отличает их от большинства проектов, создававшихся в тот период за рубежом. Из трех основных элементов вертикального зонирования — пешеход, транспорт и застройка — советские архитекторы отдали предпоч-

---

contenidas en una serie de proyectos de elevar al peatón por encima de las calles e incluso convertir en terrazas peatonales los techos planos de las casas, hubieran conducido a un cambio súbito del carácter típico de la percepción de la construcción urbana, y, por consiguiente, hubieran exigido otra actitud hacia la creación del conjunto arquitectónico. Además, la planificación y construcción de una ciudad es percibida por el hombre no sólo horizontalmente y «hacia abajo», sino también «hacia arriba», es decir, la imagen de la ciudad es inseparable de la cantidad de cielo que hay sobre la persona. Las propuestas de ciertos arquitectos de liberar las calles para el transporte, situando a los peatones debajo de las casas colocadas sobre postes, prácticamente privaban a la persona de una gran parte del «cielo» y conducían a un brusco cambio de las condiciones de percepción de la imagen arquitectónica de la ciudad.

Las ideas de zonificación vertical de la ciudad propuestas por los arquitectos soviéticos en la primera mitad de los años 20, se diferenciaban esencialmente de las de los arquitectos de otros países.

En 1921, A. Lavinski crea el proyecto prospectivo de la «Ciudad sobre resortes» (O. M. № 8). Deseando separar a los peatones del transporte, él no intentó hundir las vías de transporte en zanjas o librarlas de los transeúntes situándolos debajo de las casas o sobre viaductos; por el contrario, él sugirió entregar toda la red de calles de la ciudad a los peatones, convirtiendo las calles en bulevares con vegetación. Todas las construcciones de la ciudad se levantarían sobre soportes en forma de armaduras de acero con estructura de resorte y bajo ellas estarían las vías de transporte, que cruzarían las calles-bulevares peatonales por túneles.

En el proyecto de «rascacielos horizontales» para Moscú, elaborado por L. Lisitski en los años 1923–1925 (O. M. № 26) se sugería erigir edificios de oficinas de un mismo tipo en los cruces de calles, directamente sobre las vías de tránsito de la ciudad.

En 1925, encontrándose en París con motivo de la construcción de su proyecto del pabellón soviético en la Exposición Internacional de Arte Decorativo, K. Miélnikov recibió una serie de propuestas y encargos. Uno de esos encargos estaba relacionado con la búsqueda de zonas de aparcamiento para el creciente parque de vehículos ligeros. Las zonas de aparcamiento debían encontrarse en el denso centro de París. K. Miélnikov propuso la idea original de construir garajes y zonas de aparcamiento de varios pisos sobre los puentes del río Sena (O. M. № 31).

Los proyectos de Lavinski, Lisitski y Miélnikov aportaron algo fundamentalmente nuevo a las búsquedas de zonificación vertical de la ciudad. Estos proyectos tienen rasgos comunes.

En todos estos proyectos se sugería que los edificios levantados sobre soportes se edificaran no sobre las vías peatonales, sino sobre las vías principales de transporte, hecho que los diferenciaba de la mayoría de los proyectos creados fuera de Rusia en aquel entonces. De los tres elementos principales de zonificación vertical —peatón, transporte y edificio—, los arquitectos soviéticos dieron

| Раздел 1 | Проблемы социалистического расселения. Градостроительные концепции |
| Parte 1 | El problema del alojamiento socialista de la población. Concepciones urbanísticas |

тение пешеходу, считая нецелесообразным изменять его положение в пространственно-планировочной структуре города. Главные резервы вертикального зонирования они видели в использовании пространства для застройки над транспортными магистралями. Причем в новом городе (Лавинский) все магистрали убирались под здания, а в таких сложившихся городах, как Москва (Лисицкий) и Париж (Мельников), второй ярус предлагалось создать лишь в определенных пространственно раскрытых точках (перекрестки, мосты), где поднятые на опоры сооружения отнимали бы минимум «неба».

Л. Хидекель создал в 20-е годы ряд интересных поисковых градостроительных проектов, в которых он как бы варьирует и развивает идею вертикального зонирования города. Однако в отличие от рассмотренных выше предложений (Лавинского, Лисицкого и Мельникова) по вертикальному зонированию городской застройки проекты Хидекеля отличаются, так сказать, глобальным подходом к этой градостроительной проблеме. Он рассматривает вопросы вертикального зонирования не только как задачу рациональной организации селитебной территории города, но и как проблему взаимоотношения человеческих поселений и природы в целом. Поэтому в его эскизных проектах архитектурные комплексы взаимодействуют и с подземным уровнем, и с водными бассейнами, и с участками нетронутой природы, и с надземными воздушными пространствами.

Стремясь сохранить нетронутой природу между комплексами, Хидекель убирает транспортные магистрали в подземные тоннели, открывая их (в виде выемки) лишь вблизи зданий (проект 1922 г.).

Идея города, расположенного над заглубленными в землю магистралями или вообще поднятого над землей, т. е. города, в котором по-новому решены проблемы вертикального зонирования, стала основной в градостроительных поисках Хидекеля в 20-е годы.

Хидекель разрабатывал идею поднятого над естественным ландшафтом города несколько лет (1925–1930), создав ряд вариантов проекта подобного города (П. № 8). Город представляет собой слоистую прямоугольную сетку горизонтальных корпусов, поднятую над землей на железобетонных опорах.

Город на опорах Хидекеля разделен на ярусы. Первый ярус — уровень земли: транспорт — в выемках или непосредственно под горизонтальными корпусами, весь остальной ландшафт остается нетронутым — природа предназначена для отдыха и прогулок (живописные по начертанию дорожки и т. д.). Второй ярус — обобществленные помещения, приближенные к жилью (столовые, библиотеки, школы, читальни, кинотеатры, театры и др.). Третий ярус служит в основном для пребывания людей на воздухе. Это своеобразные висячие сады, отделяющие жилье

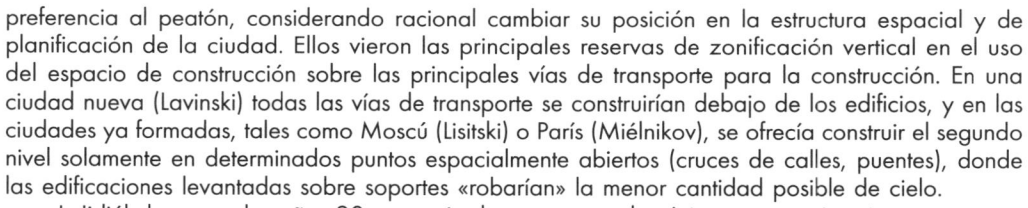

Т. Варенцов

T. Varentsov

preferencia al peatón, considerando racional cambiar su posición en la estructura espacial y de planificación de la ciudad. Ellos vieron las principales reservas de zonificación vertical en el uso del espacio de construcción sobre las principales vías de transporte para la construcción. En una ciudad nueva (Lavinski) todas las vías de transporte se construirían debajo de los edificios, y en las ciudades ya formadas, tales como Moscú (Lisitski) o París (Miélnikov), se ofrecía construir el segundo nivel solamente en determinados puntos espacialmente abiertos (cruces de calles, puentes), donde las edificaciones levantadas sobre soportes «robarían» la menor cantidad posible de cielo.

L. Jidiékel crea en los años 20 una serie de proyectos urbanísticos prospectivos interesantes, en los que en cierta forma varía y desarrolla la idea de la zonificación vertical de la ciudad. Sin embargo, a diferencia de las propuestas analizadas anteriormente de zonificación vertical de la construcción urbana (Lavinski, Lisitski y Miélnikov), los proyectos de Jidiékel se distinguen, por decirlo así, por un enfoque global de este problema de construcción urbana. El aborda la cuestión de la zonificación vertical no sólo como un problema de organización racional del casco urbano, sino también como un problema de la relación entre las colonias humanas y la naturaleza en su totalidad. Por ello, en los bosquejos de sus proyectos, los complejos arquitectónicos interaccionan con el nivel subterráneo, los espacios acuáticos, los sectores de naturaleza virgen y los espacios aéreos.

Intentando conservar la naturaleza virgen entre los complejos, Jidiékel desplaza las vías de transporte a túneles que, en forma de zanjones, salen a la superficie solamente cerca de los edificios (proyecto de 1922).

La idea de una ciudad situada sobre vías de transporte subterráneas o, incluso, elevada sobre la tierra, es decir, de una ciudad en la que de otra manera se resolvieran los problemas de zonificación vertical, se convirtió en la idea fundamental en las búsquedas urbanísticas de Jidiékel en los años 20.

Durante varios años (1925–1930) Jidiékel desarrolló la idea de una ciudad elevada sobre el paisaje natural, creando una serie de proyectos de esta ciudad (A. № 8). La ciudad constituye una red rectangular estratificada de bloques horizontales, elevados sobre la tierra mediante soportes de hormigón armado.

La ciudad sobre soportes de Jidiékel está dividida en niveles. El primer nivel es el suelo: el transporte se encuentra en zanjones o directamente debajo de los bloques horizontales; el resto del paisaje se mantiene intacto, quedando la naturaleza destinada al descanso y la recreación —caminos de diseño pintoresco, etcétera—. En el segundo nivel podemos encontrar las instalaciones sociales cercanas a las viviendas —comedores, bibliotecas, escuelas, salas de lectura, cines, teatros y otros—. El tercer nivel sirve principalmente para que las personas puedan encontrarse al aire libre. Este nivel es una especie de jardín colgante que separa a las viviendas del ruidoso segundo nivel, aunque

Г. Крутиков

G. Krútikov

от шумного второго яруса, но здесь могут быть столовые, рестораны, фойе театра и т. д. Четвертый ярус — зона жилых помещений.

В конце 20-х годов ВХУТЕИН становится одним из центров разработки проблемы нового города. В 1928 г. в ряде мастерских архитектурного факультета выполнялись дипломные проекты на тему «новый город», получившие широкий резонанс в архитектурной среде. Задание преследовало цель разработки принципиальной планировочной и объемно-пространственной организации нового города (и крупного городского комплекса) с учетом новых социально-экономических условий и уровня техники (реальность осуществления). Экспериментально проверялись различные варианты планировки города — замкнутой в себе (рассчитанной на ограничение роста города), децентрализованной (позволяющей свободно расти территории города) и др.

Т. Варенцов разработал развивающуюся планировочную структуру нового города, включающую в себя кольцевые и прямолинейные магистрали в сложном сочетании (Ш. № 58).

В. Попов разрабатывал «Новый город» с ориентацией на территориальное зонирование его функциональных элементов (П. № 14). Это большой жилой район при крупном промышленном предприятии. Была условно выбрана конфигурация плана в виде квадрата, в центре которого парк с культурными и спортивными сооружениями, а по периметру жилые кварталы. Жилой район примыкает к промышленной зоне, соединяясь с ней административно-торговым центром.

Жилые кварталы состоят из развитых домов-коммун, в которых от центрального ядра, где расположены общественные учреждения, радиально отходят восемь жилых корпусов (со стандартными жилыми ячейками), опирающихся, как на своеобразные пьедесталы, на ритмично размещенные объемы детских учреждений.

В. Лавров решает «новый город» в виде «города-линии», в котором жилой район примыкает к промышленной территории и развивается в сторону от нее вдоль магистрального шоссе (Ш. № 57).

В том же 1928 г., выполняя дипломный проект на тему «Новый город», Г. Крутиков создает свой знаменитый проект «летающего города» (Ш. № 59).

В 1929 г. И. Иозефович как бы продолжил идею «летающего города» Крутикова. На общую для работ дипломников тему «Дом съездов СССР» он разработал неожиданный, всех удививший проект (Ш. № 71), в котором разделил все помещения Дома съездов на две части: во-первых, летающий огромный зал заседаний, во-вторых, все остальные вспомогательные помещения в виде причальной башни.

---

aquí podemos encontrar comedores, restaurantes, foyer de teatros, etcétera. En el cuarto nivel se encuentran las viviendas.

A finales de los años 20 el VJUTEIN se convierte en uno de los centros de estudio del problema de la ciudad nueva. En 1928, en varios talleres de la Facultad de Arquitectura se realizaron proyectos de grado sobre el tema de la «Ciudad nueva», los cuales adquirieron gran resonancia en el mundo de la arquitectura. El objetivo era el estudio de la organización de la planificación del espacio y de los volúmenes de la ciudad nueva y de los grandes complejos urbanos, tomando en consideración las nuevas condiciones socio-económicas y el nivel de la técnica (la realidad de su materialización). Experimentalmente se comprobaron las diversas variantes de planificación de la ciudad: cerrada —calculada para un crecimiento limitado—, descentralizada —que permitiera a los territorios de la ciudad crecer libremente— y otras.

T. Varentsov elaboró una estructura planificada desarrollable de una nueva ciudad, que incluía vías de transporte rectilíneas y circunvalaciones, combinadas de una manera compleja (O. M. № 58).

V. Popov elaboró la «Ciudad nueva» orientándose hacia la zonificación territorial de sus elementos funcionales (A. № 14). Se trata de una urbanización de gran tamaño vinculada a una empresa industrial grande. La configuración del plano fue elegida convencionalmente en forma de un cuadrado en cuyo centro hay un parque con edificaciones deportivas y culturales, y por el perímetro se sitúan las manzanas de viviendas. Cada urbanización está unida a la zona industrial mediante un centro administrativo y comercial.

Las manzanas de viviendas constan de casas-comuna desarrolladas. En el centro de las manzanas se encuentran las instituciones públicas, de las cuales parten radialmente ocho edificios de viviendas —con unidades de vivienda estándares— que se apoyan sobre los bloques de las instituciones infantiles rítmicamente distribuidos, como si éstos fueran una especie de pedestales.

V. Lavrov idea la «Ciudad nueva» en forma de «ciudad-línea», en la que la urbanización colinda con el territorio industrial y se desarrolla alejándose de éste a lo largo de una autopista (O. M. № 57).

En el mismo año 1928, en su proyecto de grado sobre el tema de la «Ciudad nueva», G. Krútikov crea su conocido proyecto de «Ciudad aérea» (O. M. № 59).

En 1929, I. Iozefóvich como que continúa la idea de la «Ciudad aérea» de Krútikov. Para el tema general de trabajo de grado de la «Casa de los Congresos de la URSS», él elaboró un proyecto inesperado que asombró a todos (O. M. № 71). Iozefóvich dividió todas las instalaciones de la Casa de los Congresos en dos partes: en primer lugar, una sala aérea inmensa; en segundo lugar, todas las restantes instalaciones auxiliares, las cuales tenían la forma de torres de amarradero.

| Раздел 1 | Проблемы социалистического расселения. Градостроительные концепции |
| Parte 1 | El problema del alojamiento socialista de la población. Concepciones urbanísticas |

В годы первой пятилетки (1928–1932), когда была поставлена задача строительства жилых комплексов при крупных промышленных предприятиях и совхозах, проблемы социалистического расселения оказались в центре внимания архитекторов.

В процессе реального проектирования советские архитекторы вырабатывали новые принципы планировки и застройки социалистических поселений. При этом годы первой пятилетки были временем наиболее интенсивных градостроительных поисков, ибо советским архитекторам практически впервые в мире приходилось в таком масштабе проектировать не экспериментальные, а реальные новые промышленные города. Многие проблемы решались заново. Принципы зонирования территории, возможность развития города в целом и его отдельных частей, организация коммунально-бытового обслуживания, взаимоотношение жилых кварталов и общественного центра, зависимость типов зданий и структуры жилых комплексов от новых социальных отношений людей, сам характер этих отношений в пределах бытового коллектива — эти и многие другие градостроительные вопросы широко обсуждались в печати. Высказывались различные, часто диаметрально противоположные точки зрения, вырабатывались те или иные градостроительные концепции, принципы которых находили отражение в конкурсных проектах и в проектах, предназначенных для реального строительства.

В 1929–1930 гг. на страницах общей и архитектурной печати развернулась острая градостроительная дискуссия.

В ходе градостроительной дискуссии обсуждались все «уровни» — от жилой ячейки до системы расселения в масштабе страны. Причем отношение к городу как таковому, к его структуре и размерам, во многом определялось принципиальным подходом к этим крайним структурным формам расселения (жилой ячейке и общей системе расселения). Почти все сходились на том, что в государстве с плановым хозяйством необходима единая система расселения, многие выступали за отказ от семейных квартир в пользу развития коллективных сторон быта, некоторые отвергали крупные города.

Среди многочисленных точек зрения на социальные и другие проблемы градостроительства, выдвинутых в ходе дискуссии, можно выделить три наиболее влиятельных концепции социалистического расселения, две из которых принято обозначать терминами урбанизм и дезурбанизм, хотя более правильно было бы говорить о компактном и линейном способах расселения (или, как говорили в те годы, о «соцгороде» и «новом расселении»); третья концепция связана с теоретическим кредо Н. Ладовского, положенным в основу концепции АРУ.

En los años del primer quinquenio (1928–1932), cuando se planteó la tarea de construir complejos habitacionales vinculados a las grandes empresas industriales y sovjoces*, los problemas del alojamiento socialista de la población se convirtieron en el centro de la atención de los arquitectos.

Durante el proceso de proyección real, los arquitectos soviéticos elaboraron nuevos principios de planificación y edificación de las colonias socialistas. A su vez, los años del primer quinquenio constituyeron la etapa más intensa de búsquedas urbanísticas, pues los arquitectos soviéticos, prácticamente por primera vez en la historia mundial, tenían que proyectar a semejante escala nuevas ciudades industriales reales, y no experimentales. Muchos problemas se resolvían nuevamente desde cero. Los principios de zonificación del territorio, la posibilidad del desarrollo de la ciudad en general y de cada una de sus partes, la organización de los servicios doméstico-comunales, la interrelación de las manzanas de viviendas con el centro público, la dependencia de los tipos de edificios y de la estructura de los complejos habitacionales respecto a las nuevas relaciones sociales entre las personas, el carácter mismo de estas relaciones dentro de los límites del colectivo cotidiano; éstas y muchas otras cuestiones de construcción urbana se discutieron ampliamente en la prensa. Se pronunciaron diversos puntos de vista, a menudo diametralmente opuestos, se desarrollaron distintas concepciones urbanísticas, cuyos principios encontraron reflejo en los proyectos de concurso y en los proyectos destinados a ser construidos.

En los años 1929–1930, en las páginas de la prensa general y arquitectónica se desenvolvió una acalorada discusión urbanística.

En el transcurso de estas discusiones se analizaron todos los «niveles», desde la unidad de vivienda hasta el sistema de alojamiento de la población a nivel nacional. A su vez, la actitud hacia la ciudad como tal, hacia su estructura y dimensiones, estaba en gran medida determinada por el enfoque de estas formas estructurales extremas de alojamiento de la población (la unidad de vivienda y el sistema general de alojamiento). Casi todos llegaron a la conclusión de que un estado con economía planificada requiere un sistema único de alojamiento de la población; muchos se manifestaban por el rechazo de los apartamentos familiares en favor del desarrollo de los aspectos colectivos del modo de vida; algunos rechazaban las grandes ciudades.

Entre los innumerables puntos de vista manifestados sobre los problemas sociales y de otra índole concernientes a la construcción urbana se pueden destacar las tres concepciones más influyentes de alojamiento socialista de la población, dos de las cuales se suelen denominar urbanismo y desurbanismo, aunque más correcto sería hablar del método compacto y del método lineal de alojamiento o, como se hablaba en aquel entonces, de la «sotsgórod» (*ciudad socialista*)

---

* *N. del T.* Empresa agrícola soviética grande.

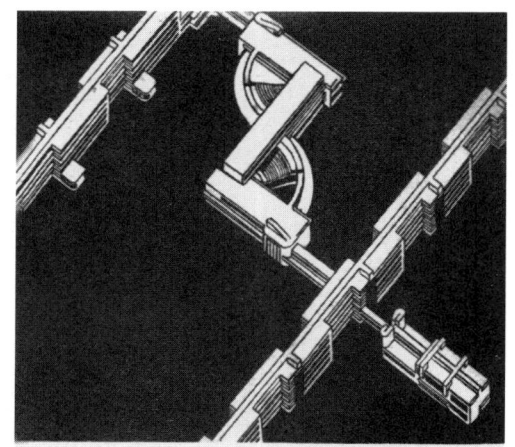

| Проблемы социалистического расселения. Градостроительные концепции | Раздел 1 |
| El problema del alojamiento socialista de la población. Concepciones urbanísticas | Parte 1 |

Обложка книги Л. Сабсовича «Социалистические города». 1930

Cubierta del libro de L. Sabsóvich «Ciudades socialistas». 1930

Идея коллективного жилища, разработкой различных типов которого интенсивно занимались наши архитекторы в 20-е годы, восходит к фаланстеру Фурье. Об этом свидетельствует, например, такой факт, что первые проекты коллективных жилищ сами архитекторы называли «фаланстерами».

Фурье рассматривал свои фаланстеры как автономные комплексы, расположенные в окружении природы, а не включенные в планировочную структуру города или поселка. Проекты же «фаланстеров» в нашей стране сразу же преследовали цель встроить их в более крупную селитебную систему. Речь шла не о разработке коллективного жилища в виде автономного поселения, а о создании некоего типового (скорее образцового) коллективного жилища в масштабе небольшого квартала, из которого можно было бы набирать более крупные жилые комплексы (поселки, районы, города и т. д.). Речь шла о поисках минимального пространственно-планировочного элемента новой градостроительной структуры.

Именно эта задача и стала основной при разработке жилища коллективного типа как первичного элемента многих градостроительных концепций социалистического расселения.

Сами поиски этого первичного градостроительного элемента велись в разных направлениях и прошли ряд этапов. Были попытки сделать такой первичный элемент минимальным по размерам, включенным в более крупную планировочную структуру, которая брала на себя некоторые общественно-коммунальные функции. Были и проекты, где коллективное жилище вырастало до масштабов крупного квартала, включающего в себя не только столовую, читальню и детские учреждения, но и школу и развитый клуб.

Приведу два примера таких экспериментальных разработок, которые велись сторонниками основных творческих течений архитектурного авангарда — рационалистами и конструктивистами.

В 1926 г. в мастерской Н. Ладовского во ВХУТЕМАСе И. Ламцов и М. Туркус делали дипломные проекты на одну тему: жилой комплекс для Москвы (на конкретном участке на берегу Москвы-реки) с новой организацией быта. Комплекс включал в себя жилища различного типа, культурно-коммунальный центр, детские учреждения. Дипломники по-разному подошли к проектированию жилого комплекса: Туркус создал двухступенчатую структуру, Ламцов — моноцентрическую (П. № 9).

Туркус основное внимание уделил разработке первичного элемента в виде типового квартала, включающего жилые дома и коммунальный корпус (столовая, детские учреждения и др.).

y del «nuevo alojamiento de la población»; la tercera concepción estaba vinculada con el credo teórico de N. Ladovski, que constituía la base de la concepción de la ARU.

La idea de una vivienda colectiva, a cuya creación se dedicaron los arquitectos rusos de los años 20, se remonta al falansterio de Fourier. Esto lo confirma, por ejemplo, el hecho de que los mismos arquitectos llamaban falansterios a los primeros proyectos de viviendas colectivas.

Fourier veía sus falansterios como complejos autónomos situados en medio de la naturaleza, y no incluidos en la estructura planificada de alguna ciudad o poblado. En Rusia, desde los primeros proyectos de «falansterios» ya se perseguía el fin de incorporarlos en el sistema territorial de las ciudades. No se trataba de la elaboración de una vivienda colectiva en forma de colonia autónoma, sino de la creación de una vivienda colectiva estándar (o mejor dicho, modelo) del tamaño de una manzana pequeña, a partir de la cual se podrían formar grandes complejos habitacionales —poblados, municipios, ciudades, etcétera—. Se trataba de las búsquedas del elemento espacial y de planificación mínimo de la nueva estructura urbanística.

Precisamente ésta se convirtió en la principal tarea durante la elaboración de la vivienda de tipo colectivo como elemento primario de muchas concepciones urbanísticas del alojamiento socialista de la población.

Las búsquedas de este elemento urbanístico primario se llevaban a cabo en diversas direcciones y pasaron por una serie de etapas. Hubo intentos de hacer este elemento primario con las menores dimensiones posibles, e introducirlo en una planificación mayor, la cual asumiría ciertas funciones públicas y comunales. Hubo proyectos en los que la vivienda colectiva crecía hasta alcanzar las dimensiones de una manzana grande, que incluía no sólo un comedor, una sala de lectura e instituciones infantiles, sino también una escuela y un club desarrollado.

Citemos dos ejemplos de estos proyectos experimentales, que fueron desarrollados por los partidarios de las principales corrientes artísticas del vanguardismo arquitectónico, los racionalistas y los constructivistas.

En 1926, en el taller de N. Ladovski en el VJUTEMAS, I. Lamtsov y M. Turkus hicieron sus proyectos de grado sobre un mismo tema: complejo habitacional para Moscú (para en un terreno concreto situado a las orillas del río Moscova) con una nueva organización del modo de vida. El complejo incluía viviendas de diferentes tipos, un centro comunal-cultural, instituciones infantiles. Los graduandos abordaron de diferente manera la proyección del complejo habitacional: Turkus creó una estructura biescalonada, Lamtsov, una monocéntrica (A. № 9).

Turkus centró su atención en la elaboración del elemento primario en forma de una manzana estándar, la cual incluía edificios de viviendas y un edificio comunal (comedor, instituciones infantiles y otros).

Ламцов создал единый культурно-коммунальный центр всего комплекса в виде выразительного по композиции главного общественного здания. Жилые дома компонуются из стандартных объемных элементов, дающих различные варианты сочетаний и позволяющих образовывать взаимосвязанные ритмические композиции.

Трансформация автономного «фаланстера» в структурный типовой элемент жилого комплекса (поселка или жилого района крупного города) привела к формированию такого развитого типа коллективного жилища, как жилкомбинат, который можно рассматривать и как разросшийся до масштаба квартала дом-коммуну, и как жилой квартал, все здания которого соединены между собой переходами.

Независимый жилкомбинат «фаланстерского» типа проектировался и в виде совершенно самостоятельного поселения, как, например, в проекте Н. Кузьмина (1928–1929) для горняков Анжеро-Судженского каменноугольного района (Ш. № 67).

Градостроительная концепция «соцгорода» была наиболее полно изложена в 1929–1930 гг. в теоретических работах экономиста Л. Сабсовича. Отвергая крупные города, сторонники концепции «соцгорода» видели основу социалистического расселения в создании ограниченных по размерам компактных поселений при крупных промышленных предприятиях и совхозах. Эти так называемые «соцгорода», по их мнению, должны были отличаться от капиталистических городов по своим размерам, по принципам культурно-бытового обслуживания, по организации быта их жителей, по объемно-планировочной структуре селитебной зоны. Размеры городов предлагалось ограничить от 40–50 до 80–100 тысяч человек. Все потребительские функции жителей обобществлялись. Сам город должен был состоять из однотипных жилых комбинатов, рассчитанных на 2–4 тысячи человек.

Концепция «соцгорода» постепенно сформировалась из идеи дома-коммуны, в процессе перерастания автономного «фаланстера» в жилкомбинат как структурный элемент города.

Итак, первая идея концепции «соцгорода» — замена иерархической системы поселений однородной системой из небольших городов.

Вторая идея — максимальное обобществление быта. Однако обе эти идеи еще не были архитектурно состыкованы между собой в формировавшейся тогда концепции «соцгорода». По Сабсовичу, новый город состоял из «громадных» жилых домов для взрослого населения и учреждений коммунально-культурного обслуживания, причем «детские» и «школьные» городки могли вообще создаваться за пределами города. Архитектурно соединить все функциональные элементы селитебной территории города в условиях обобществленного быта помогли интенсивные проектные разработки архитекторов, вышед-

---

Lamtsov creó el centro comunal-cultural, único para todo el complejo, en forma de un edificio público principal de composición expresiva. Los edificios de viviendas se ensamblan utilizando elementos volumétricos estándares, los cuales ofrecen diversas variantes de combinación y permiten crear composiciones rítmicas interrelacionadas.

La transformación del falansterio autónomo en el elemento estructural estándar de un complejo habitacional —de un poblado o de una urbanización de una ciudad grande— condujo al surgimiento del combinado habitacional, un tipo desarrollado de vivienda colectiva que se puede considerar como una casa-comuna que ha crecido hasta las dimensiones de una manzana o como una manzana cuyos edificios están unidos por pasos.

Los combinados habitacionales independientes tipo «falansterio» se llegaron a proyectar incluso en forma de colonias completamente autónomas, como por ejemplo en el proyecto de N. Kuzmín (1928–1929) para los mineros de la región hullera Anzhero-Sudzhenski (O. M. № 67).

La concepción urbanística de la sotsgórod fue expuesta con mayor detalle en los años 1929–1930, en los trabajos teóricos del economista L. Sabsóvich. Rechazando las grandes ciudades, los partidarios de la concepción de la sotsgórod veían la base del alojamiento socialista de la población en la creación de colonias limitadas, compactas por sus dimensiones, vinculadas a las grandes empresas industriales y sovjoces. Según ellos, estas llamadas sotsgórod debían diferenciarse de las ciudades capitalistas por sus dimensiones, por los principios de funcionamiento de su servicio doméstico-cultural, por la organización del modo de vida de sus habitantes, por la estructura volumétrica y de planificación del casco urbano. Se sugirió limitar las dimensiones de la población entre 40–50 y 80–100 mil personas. Todas las funciones de consumo de los habitantes se socializaban. La ciudad misma habría de constar de combinados habitacionales tipo, con capacidad para 2–4 mil personas.

La concepción de la sotsgórod se fue formando paulatinamente a partir de la idea de la casa-comuna, durante la transformación del «falansterio» autónomo en el combinado habitacional como elemento estructural de la ciudad.

Así pues, la idea fundamental de la concepción de la sotsgórod era la sustitución del sistema jerárquico de colonias por un sistema homogéneo de ciudades pequeñas.

La segunda idea era socializar al máximo el modo de vida. Sin embargo, ambas ideas no estaban arquitectónicamente conectadas en la concepción de la sotsgórod, la cual se formaba en aquel entonces. Según Sabsóvich la nueva ciudad debía estar compuesta de edificios de viviendas «inmensos» para la población adulta y de instituciones de servicio comunal-cultural; las ciudades «infantiles» y «escolares» podían levantarse fuera de la ciudad. Los numerosos proyectos de los arquitectos de los años 1929–1930 para la creación de grandes combinados habitacionales como elementos estructurales de la nueva ciudad, ayudaron a unir arquitectónicamente todos los ele-

М. Охитович

M. Ojitóvich

ших уже в 1929–1930 гг. на создание крупных жилкомбинатов как структурных элементов нового города.

В конкурсных проектах новых городов было предложено большое количество самых разнообразных по пространственно-планировочной структуре жилкомбинатов. Но всех их объединяло то, что это были единые комплексы, состоящие из соединенных теплыми переходами различных по функциональному назначению корпусов (жилье для детей и взрослых, коммунально-культурные учреждения).

Идея создания «соцгородов» из однотипных жилкомбинатов получила в годы первой пятилетки широкое распространение. Разрабатывались проекты типовой структурной ячейки таких «соцгородов» в виде квартала-коммуны, создавались конкурсные проекты новых промышленных городов, строились жилые комплексы.

Лидер конструктивизма А. Веснин был сторонником идеи создания «соцгородов» из отдельных «типовых» жилкомбинатов, что в частности нашло отражение и на страницах «СА» — печатного органа возглавлявшегося им Объединения современных архитекторов (ОСА).

Александр Веснин принимал участие в градостроительной дискуссии 1929–1930 гг. и как теоретик, и как архитектор-практик.

В 1929 г. вместе с Виктором Александровичем он выступает со статьей «Предпосылки строительства новых городов», в которой авторы писали: «Нам кажется, что в будущем следует... ориентироваться на небольшие поселения примерно в 40–50 тысяч жителей, связанные с тем или иным промышленным центром...

Группы домов, нам кажется, должны составлять не разбросанные кварталы, а объединенный комбинат, куда входят, помимо жилых домов, здания общественного пользования (такие), как клубы, фабрики-кухни, столовые, детские сады, школы и т. д. Такие комбинаты должны быть больше современного квартала, и артерии транспорта должны отделять друг от друга такие группы домов.

В настоящее время идет спор, что выгоднее строить — большие дома или маленькие сооружения, рассчитанные на одного-двух человек или, по крайней мере, на небольшую группу. Мы являемся сторонниками постройки больших домов. Мы думаем, что коллективистический быт возможен только при условии совместной жизни большого количества людей, их постоянного общения».

Пожалуй, наиболее последовательно концепция «соцгорода» со структурной единицей в виде жилкомбината была воплощена в проектах А. и Л. Весниных для Кузнецка (Ш. № 80) и Сталинграда (1929–1930), а также в проектах других архитекторов для новых городов и

---

mentos funcionales del territorio ocupado por la ciudad bajo las condiciones del modo de vida socializado.

En los proyectos de concurso de nuevas ciudades se propuso un gran número de combinados habitacionales con las más variadas estructuras espacial y de planificación. Pero todos tenían en común el que eran complejos únicos, compuestos de diversos bloques, diferentes por su destinación funcional (viviendas para niños y adultos, instituciones comunal-culturales) y unidos por pasos con calefacción.

La idea de la creación de las sotsgórod a partir de combinados habitacionales de un mismo tipo estuvo muy difundida en los años del primer quinquenio. Para las sotsgórod se elaboraron proyectos de células estructurales estándares en forma de manzanas-comunas, se crearon proyectos de concurso de nuevas ciudades industriales, se construyeron complejos habitacionales.

El líder del constructivismo A. Vesnín fue partidario de la idea de crear ciudades socialistas a partir de combinados habitacionales «estándares» separados, lo que, en particular, se reflejó en las páginas de la revista «AM», el órgano de prensa de la Unión de Arquitectos Modernos (OSA) dirigida por A. Vesnín.

Alexandr Vesnín participó en las discusiones urbanísticas de los años 1929–1930 tanto en calidad de arquitecto teórico como de arquitecto práctico.

En 1929, conjuntamente con Víktor Alexandrovich, A. Vesnín publica su artículo «Premisas para la construcción de nuevas ciudades», en el que los autores escribieron: «Nos parece que en el futuro es conveniente... orientarse a colonias pequeñas de aproximadamente 40–50 mil habitantes vinculadas con uno u otro centro industrial...

Creemos que los grupos de edificios no deben formar manzanas dispersas, sino combinados unidos, en los que, además de edificios de viviendas, se incluyan edificios públicos (tales) como clubes, cocinas industriales, comedores, jardines de infancia, colegios, etcétera. Estos complejos deben ser más grandes que las manzanas modernas, y las arterias de transporte deben separar estos grupos de edificios de viviendas unos de otros.

Actualmente se discute qué es más conveniente construir: edificios grandes o edificaciones pequeñas con capacidad para una o dos personas o, a lo sumo, para un grupo pequeño. Somos partidarios de la construcción de edificios. Creemos que el modo de vida colectivo es posible solamente en condiciones de vida conjunta de una gran cantidad de personas, de su constante relación.»

La concepción de la sotsgórod con combinado habitacional como unidad estructural fue plasmada de la forma más consecuente en los proyectos de A. Vesnín y L. Vesnín para la ciudad de Kuznietsk (O. M. № 80) y para la ciudad de Stalingrado (1929–1930), así como en los proyectos de otros arquitectos para nuevas ciudades y urbanizaciones para los trabajadores de las em-

Члены Секции социалистического расселения Госплана РСФСР за работой. Слева направо: К. Афанасьев, М. Гинзбург, Г. Савинов, А. Пастернак, М. Барщ, Н. Соколов

Miembros del Departamento de Alojamiento Socialista de la Población del Gosplán de la RSFSR trabajando. De izquierda a derecha: K. Afanásiev, M. Guínzburg, G. Sávinov, A. Pasternak, M. Barsch, N. Sokolov

жилых районов при строящихся промышленных предприятиях — Автострой (Ш. № 81), Магнитогорск, Сталинград, Харьков, Коминтерновск и др.

Разрабатывая проекты нового типа поселения («соцгород») и жилища (дом-коммуна, жилкомбинат), архитекторы стремились не только по-новому организовать быт его жителей, но и создать новый облик жилой застройки, отличающийся от прошлого. Основным приемом объемно-пространственной композиции дома-коммуны и жилкомбината (квартала-коммуны) становится выявление в их внешнем облике коллективизма нового быта, взаимосвязи жилых ячеек и мест социального контакта.

Прием соединения корпусов теплыми переходами предоставлял архитекторам большие возможности создания крупномасштабных выразительных композиций. Вместо отдельно стоящих жилых домов и различных по размерам коммунально-бытовых зданий объединение жилых и общественных помещений в одном здании или соединение корпусов переходами приводило к появлению совершенно новых объемно-пространственных решений. Застройка селитебной территории приобретала иной градостроительный масштаб.

presas industriales en construcción, como Avtostroi (O. M. Nº 81), Magnitogorsk, Stalingrado, Járkov, Komintérnovsk y otras.

Cuando elaboraban los proyectos del nuevo tipo de colonia («sotsgórod») y de vivienda (casa-comuna, combinado habitacional), los arquitectos no sólo intentaban organizar de una nueva forma a sus habitantes, sino también crear una nueva imagen de las edificaciones de viviendas que se distinguiera del pasado. La manifestación del colectivismo del nuevo modo de vida en el aspecto exterior de la casa-comuna y del combinado habitacional (manzana-comuna) y la relación entre las unidades de vivienda y los lugares de contacto social, se convierten en el método principal de composición volumétrico-espacial de estas edificaciones.

La unión de los bloques mediante pasos con calefacción daba a los arquitectos grandes posibilidades de crear composiciones expresivas de gran tamaño. En vez de edificios de viviendas aislados y de edificios comunales diferentes por sus dimensiones, la unión de las instalaciones de vivienda y públicas en un mismo edificio, o la unión de los bloques mediante pasos condujo a la aparición de soluciones volumétrico-espaciales absolutamente nuevas. La edificación del casco urbano adquiría otra escala urbanística.

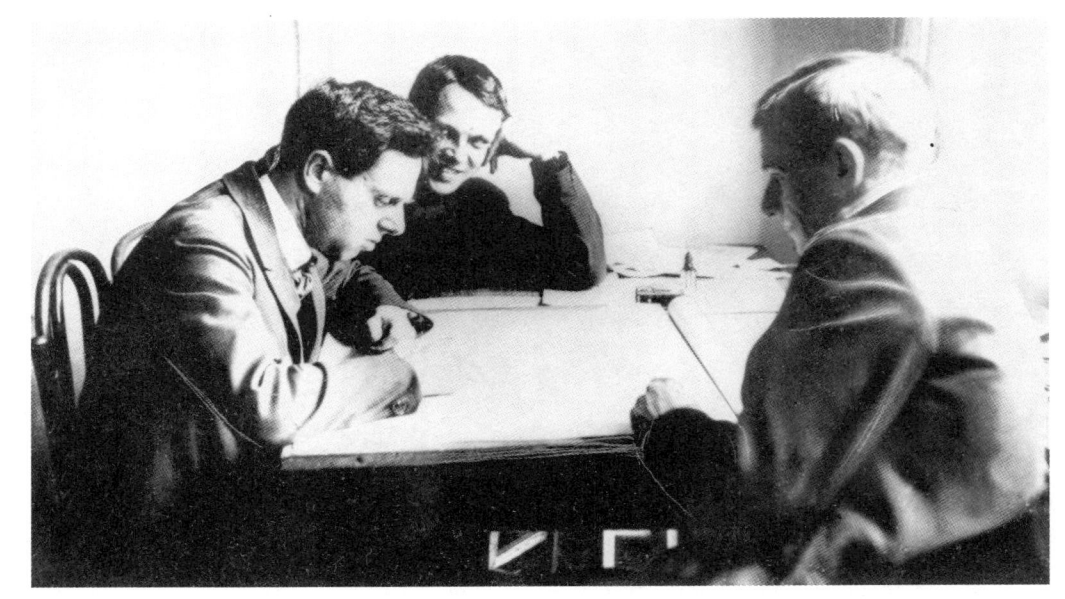

Члены Секции социалистического расселения Госплана РСФСР за работой. Слева направо: М. Барщ, В. Владимиров, Г. Зундблат

Miembros del Departamento de Alojamiento Socialista de la Población del Gosplán de la RSFSR trabajando. De izquierda a derecha: M. Barsch, V. Vladímirov, G. Zundblat

В плане такие типовые кварталы-коммуны, если они проектировались для нового «соцгорода», часто имели конфигурацию, близкую к квадрату, а корпуса в них располагались параллельно (или перпендикулярно) сторонам квартала.

Пытаясь сделать жилой комбинат более выразительным, архитекторы применяли прием диагонального расположения корпусов, что позволяло создавать интересные композиции. Использовались и другие композиционные приемы. Характерны в этом отношении проекты И. Голосова, который в конце 20 – начале 30-х годов проектирует несколько жилкомбинатов, среди которых наибольший интерес представляет проект типового жилкомбината для Сталинграда (Ш. № 82).

Оригинальные по объемно-пространственной композиции жилые кварталы запроектировал М. Мазманян в рабочем поселке Кафан в Армении, территория для которого была выбрана на крутом рельефе (Ш. № 78).

Вторая наиболее влиятельная концепция социалистического расселения — дезурбанизм — связана с именем социолога М. Охитовича, который в 1929–1930 гг. выступал с докладами и опубликовал ряд статей, где обосновывал теорию «нового расселения». По своим основным принципам теория «нового расселения» существенно отличалась от теории «соцгорода» и в известном смысле являлась ее антиподом.

Охитович и Сабсович были едины в отрицании капиталистического города. Они оба выступали против крупных городов. Однако в то время как Сабсович видел основу социалистического расселения в создании ограниченных по размерам городов, Охитович вообще отвергал всякую форму компактных градостроительных образований, противопоставив урбанизму последовательно дезурбанистическую концепцию.

En el plano, las manzanas-comunas estándares, si se proyectaban para la nueva sotsgórod, a menudo tenían una configuración cercana a la de un cuadrado, mientras que los edificios en ellos se distribuían paralelamente (o perpendicularmente) a los lados de las manzanas.

Tratando de hacer el combinado habitacional más expresivo, los arquitectos empleaban el método de disposición diagonal de los edificios, lo que permitió crear composiciones interesantes. También se utilizaron otros métodos compositivos. Son característicos en este aspecto los proyectos de I. Gólosov, quien a finales de los años 20 e inicios de los 30 proyecta varios combinados habitacionales, entre los cuales el más interesante es el proyecto de un combinado habitacional estándar para Stalingrado (O. M. № 82).

Manzanas de viviendas originales por su composición volumétrico-espacial fueron proyectadas por M. Mazmanián en el poblado proletario de Kafán, Armenia, para el cual se eligió un solar con un relieve muy empinado (O. M. № 78).

La segunda concepción de mayor influencia de alojamiento socialista de la población —el desurbanismo— está relacionada con el nombre del sociólogo M. Ojitóvich, quien en los años 1929–1930 intervino con conferencias y publicó una serie de artículos en los que fundamentaba la teoría del «nuevo alojamiento de la población». Según sus principios fundamentales, la teoría del «nuevo alojamiento de la población» se diferenciaba sustancialmente de la teoría de la sotsgórod y, en cierto sentido, era su antípoda.

Ojitóvich y Sabsóvich coincidían en la negación de la ciudad capitalista. Ambos se manifestaban en contra de las grandes ciudades. Sin embargo, mientras que Sabsóvich vio la base del alojamiento socialista de la población en la creación de ciudades limitadas por sus dimensiones, Ojitóvich rechazaba rotundamente cualquier tipo de formación urbana compacta, contraponiendo al urbanismo su consecuente concepción desurbanista.

Вместо поисков того или иного нового типа поселения Охитович призывал к рассредоточенному расселению. Лозунг «Долой капиталистический город!» заменялся лозунгом «Долой капиталистический город и вместе с ним долой город как форму расселения при социализме!». «Новое расселение» понималось в буквальном смысле как рассредоточение (расселение) людей по территории страны, причем вместо особняковых домов на семью предусматривались индивидуальные жилые ячейки (отдельно стоящие или блокированные) среди природы. По типу подхода к социальным проблемам быта сторонники концепций дезурбанизма и «соцгорода» были во многом близки. Фрагмент застройки «нового расселения» по функциональному назначению отдельных помещений и их функциональным связям можно условно считать разбросанным по большой территории жилкомбинатом с его индивидуальными ячейками и учреждениями общественного обслуживания. Однако во много раз возраставшие в этом случае расстояния между отдельными элементами жилищно-общественного комплекса не только приближали человека к природе, но и вносили во всю организацию жизни существенные качественные изменения. Если в жилкомбинате концентрация всех помещений в пределах квартала и создание крытых переходов должна была, по мысли сторонников концепции «соцгорода», резко усилить социальные контакты жителей во внерабочее время, то в «новом расселении» намеренно создавалась обстановка большей изоляции человека с целью предоставить ему возможность для индивидуальных занятий.

Линию расселения Охитович предлагал создавать из отдельных стандартных жилых ячеек. В соответствии с децентрацией жилища в теории Охитовича предусматривалась замена центров обслуживания сетью обслуживания, максимально приближенной к потребителю.

Уже продумав в общих чертах теоретические основы концепции «нового расселения», Охитович стал искать единомышленников в среде архитекторов, чтобы довести идеи дезурбанизма до проектного уровня. Выбор его пал на коллектив архитекторов-конструктивистов, работавших тогда в Секции типизации Стройкома РСФСР (1928–1929) над разработкой проектов домов переходного типа и домов-коммун. В коллектив входили М. Гинзбург (руководитель), М. Барщ, В. Владимиров, А. Пастернак и Г. Сум-Шик.

Вскоре Охитович уже стал полноправным членом этого коллектива, который, пополнившись и новыми архитекторами, работал уже в Секции социалистического расселения Госплана РСФСР (в коллектив пришли архитекторы К. Афанасьев, Г. Зундблат, И. Милинис, Г. Савинов, Н. Соколов, инженер С. Орловский).

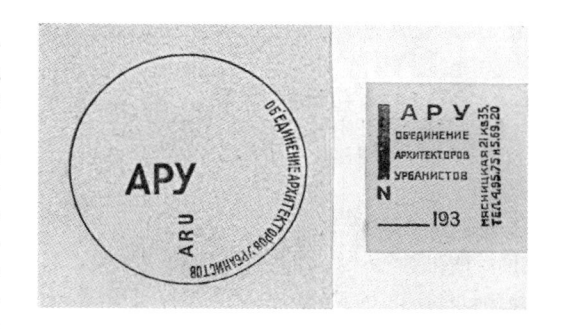

Печать и штамп АРУ
(Объединение архитекторов урбанистов)

Sello y membrete de la ARU
(Unión de Arquitectos Urbanistas)

En lugar de las búsquedas de uno u otro tipo de colonia, Ojitóvich incitaba a la descentralización de la población. El lema «¡No a la ciudad capitalista!» fue reemplazado por el lema «¡No a la ciudad capitalista y, junto con ella, a la ciudad como forma de alojamiento de la población en el socialismo!» El «nuevo alojamiento de la población» se entendía como la distribución de las personas por el territorio del país, y en vez de villas unifamiliares, se preveían unidades de vivienda individuales (aisladas o con entrada independiente) en medio de la naturaleza. Por la forma de enfocar los problemas sociales concernientes al modo de vida, los partidarios de las concepciones del desurbanismo y de la sotsgórod tenían mucho en común. Un fragmento de la construcción del «nuevo alojamiento de la población» se puede considerar convencionalmente —por la destinación funcional de las diversas instalaciones y sus enlaces funcionales— como un combinado habitacional disperso por un gran territorio, con sus unidades de vivienda individuales e instituciones de servicio público. Sin embargo, el aumento notable de las distancias entre los diferentes elementos del complejo habitacional y público no solamente acercaba al hombre a la naturaleza, sino que además introducía cambios cualitativos radicales en toda la organización de la vida. Si en el combinado habitacional la creación de pasos cubiertos y la concentración de todas las instalaciones dentro de los límites de la manzana debía, según el parecer de los partidarios de la concepción de la sotsgórod, intensificar rápidamente los contactos sociales entre los habitantes en las horas no laborables, en el «nuevo alojamiento de la población» se creaba intencionalmente un ambiente de mayor aislamiento del individuo con el fin de posibilitarle la realización de sus quehaceres personales.

Ojitóvich propuso crear la línea de alojamiento utilizando diferentes unidades de vivienda estándares. En correspondencia con la descentralización de la vivienda, en la teoría de Ojitóvich se preveía el reemplazo de los centros de servicio por una red de servicio muy próxima al consumidor.

Una vez ideadas grosso modo las bases teóricas de la concepción del «nuevo alojamiento de la población», Ojitóvich comenzó a buscar correligionarios entre los arquitectos para llevar la idea del desurbanismo al nivel de proyecto. Su elección se detuvo en el colectivo de arquitectos-constructivistas que trabajaban entonces en el Departamento de Estandarización del Stroikom de la RSFSR* (1928–1929) en la elaboración de proyectos de edificios tipo transitorio y de casas-comuna. El colectivo estaba conformado por M. Guínzburg (director), M. Barsch, V. Vladímirov, A. Pasternak y G. Sum-Shik.

Pronto Ojitóvich se convierte en un miembro con voz y voto de este colectivo, que, junto con otros arquitectos, comenzó a trabajar en el Departamento de Alojamiento Socialista de la Población del Gosplán (*Comisión de Planificación Estatal*) de la RSFSR (al colectivo se sumaron los arquitectos K. Afanásiev, G. Zundblat, I. Milinis, G. Sávinov, N. Sokolov y el ingeniero S. Orlovski).

---

* *N. del T.* Comité de Construcción de la República Socialista Federativa Soviética Rusa.

Обложка и титульный лист книги Н. Милютина «Соцгород». 1930 г.

Cubierta y portada del libro de N. Miliutin «Sotsgórod». 1930

К началу 1930 г. коллективом Секции были разработаны общая схема расселения и два конкурсных проекта для конкретного места: Магнитогорье (Ш. № 85) и Зеленый город (П. № 23).

Согласно общей схеме расселения на территории страны (или определенного региона) создается равномерная сеть дорог (железных, шоссейных) для перевозки сырья, топлива, полуфабрикатов, готовых продуктов и рабочей силы. Скрещение транспортных путей образует сеть треугольников, в вершинах которых (по возможности вблизи сырья) создаются различные промышленные предприятия. Параллельно транспортным магистралям идут электросети, связывающие все предприятия. По обеим сторонам от транзитной магистрали идет парковая зона шириной 50–150 м, за ней дороги для местного движения, вдоль которых на некотором расстоянии жилища тех, кто работает на ближайших предприятиях.

Жилища разного типа, но господствующим является небольшой домик-ячейка на одного-двух человек (жилая комната, тамбур с вешалкой, теплая уборная, душевая кабина с умывальником).

Возможны также автономные дома для многосемейных. Допускаются своеобразные «дома-коммуны», состоящие из ряда таких же индивидуальных ячеек, но не имеющие внутри никаких учреждений общественного пользования. Пространство внутри треугольников не заселено, здесь зона сельского хозяйства или добывающей промышленности. Занятые в этих отраслях производства живут на периферии треугольников вдоль транспортных путей. Сеть учреждений общественного пользования (почтовые отделения, библиотеки, детские учреждения, столовые и т. д.) размещаются в парковой зоне (между магистралью и жильем). На каждой ленте расселения в наиболее благоприятном в природном отношении месте размещается один парк культуры и отдыха с клубом, аудиторией, кинотеатром и спортивной базой, выставками образцов товаров, водной станцией и т. д.

В годы первой пятилетки советские архитекторы, поставленные перед необходимостью создавать проекты для новых, казалось бы, вполне определенных по размерам городов, понимали, что нельзя искусственно ограничивать дальнейший рост города. Они искали такую принципиальную схему планировки города, которая позволяла бы ему развиваться, не нарушая функционального зонирования и не требуя коренной реконструкции.

Принципиальные планировочные схемы такой гибкой структуры развивающегося города были разработаны в советском градостроительстве в конце 20-х годов И. Леонидовым, Н. Милютиным и Н. Ладовским, причем все три проекта были опубликованы почти одновременно в 1930 г. в самый разгар второй градостроительной дискуссии по проблемам социалистического расселения.

A inicios de 1930, el colectivo del departamento elabora el esquema general de alojamiento de la población y dos proyectos de concurso para un lugar concreto: Magnitogorie (O. M. № 85) y la Ciudad Verde (A. № 23).

De acuerdo con el esquema general de alojamiento de la población, en el territorio del país (o de una región determinada) se crea una red homogénea de vías —líneas férreas, carreteras— para el transporte de materia prima, combustible, productos precocinados, productos preparados y mano de obra. El cruce de las vías de transporte forma una red de triángulos, en cuyos vértices se sitúan las distintas empresas industriales, lo más cerca posible de las materias primas. Paralelamente a las vías de transporte corren las redes eléctricas, las cuales comunican todas las empresas. A ambos lados de las vías de tránsito se extiende una zona de parques de 50-150 metros de ancho; detrás están las calles para el tránsito local, a lo largo de las cuales se encuentran a cierta distancia las casas de quienes trabajan en las empresas cercanas.

Las viviendas son de diferente tipo, pero predominan las casas-unidades pequeñas para una o dos personas (una habitación, cancel con guardarropa, retrete con calefacción, cuarto de baño con ducha y lavabo).

También son posibles edificios autónomos para familias numerosas. Se admiten también una especie de «casas-comuna», compuestas de ese mismo tipo de unidades de vivienda, pero sin ninguna institución de servicio público en el interior. El espacio en el interior de los triángulos no está habitado, sino que se destina a zonas agrícolas o para la industria extractora. Los empleados en estas áreas de la producción viven en la periferia de los triángulos, a lo largo de las vías de transporte. La red de instituciones de servicio público como oficinas de correo, bibliotecas, instituciones infantiles, comedores, etcétera, se emplazan en la zona de parques, entre la vía de transporte y las viviendas. Para cada franja de alojamiento, en el lugar donde la naturaleza es más favorable se construye un parque de cultura y recreación, en el cual hay club, auditorio, cine y base deportiva, exposiciones de muestras de mercancías, estación náutica, etcétera.

En los años del primer quinquenio, los arquitectos soviéticos, ante la necesidad de crear proyectos para las nuevas ciudades de dimensiones, al parecer, absolutamente determinadas, comprendían que era imposible limitar artificialmente el crecimiento ulterior de la ciudad. Ellos buscaban un esquema nuevo de planificación de la ciudad que le permitiera a ésta desarrollarse sin destruir la zonificación funcional ni exigir una reconstrucción radical.

En la construcción urbana soviética, los esquemas de planificación de semejante estructura flexible para ciudades en desarrollo son creados a finales de los años 20 por I. Leonídov, N. Miliutin y N. Ladovski. Los tres proyectos fueron publicados casi al mismo tiempo en 1930, en el ardor de la segunda discusión urbanística concerniente a los problemas de alojamiento socialista de la población.

Раздел 1	Проблемы социалистического расселения. Градостроительные концепции
Parte 1	El problema del alojamiento socialista de la población. Concepciones urbanísticas

Ни в «соцгороде» (Сабсович), ни в «новом расселении» (Охитович) не ставились проблемы развития структуры города во времени. Состоящий из однотипных жилкомбинатов «соцгород» мог развиваться, по-видимому, лишь путем добавления к нему новых типовых кварталов (жилкомбинатов), в то время как вся остальная его структура оставалась неизменной. Ленты расселения дезурбанистов давали больший простор для создания гибкой планировочной структуры. В принципе лента расселения могла развиваться и в длину, и за счет увеличения плотности заселения на километр транспортной магистрали. Однако в разработанной дезурбанистами общей схеме расселения (соответствующей, согласно теории Охитовича, переходной стадии постепенного введения принципов «нового расселения») ленты жилой застройки соединяли между собой промышленные узлы, т. е. сама линейная структура оказывалась замкнутой с двух сторон.

И. Леонидов как бы вычленил один из участков общей схемы расселения дезурбанистов и рассматривал его как самостоятельный линейный город, растущий вдоль одной, двух, трех или четырех магистралей, отходящих от компактно размещенной промышленной зоны.

На основе разработанной им принципиальной схемы планировочной структуры города-линии И. Леонидов создал конкурсный проект Магнитогорска (1930, Ш. № 86). Город-линия Леонидова врезался в зеленый массив, развиваясь вдоль шоссе, связывающего производственные зоны. Хорошо связанный с окружающей природой, такой город (как и лента расселения дезурбанистов) мог расти без нарушения его планировочной структуры в одном направлении. Однако по мере его роста новые жилые кварталы все дальше удалялись от места работы.

В том же 1930 г. Н. Милютин, используя идеи «нового расселения» Охитовича и развивая проект Леонидова, опубликовал в своей книге «Соцгород» разработанную им ставшую всемирно известной поточно-функциональную схему планировки города (Ш. № 87). Разместив промышленные предприятия параллельно жилой застройке, он не только приблизил место работы к жилым кварталам, но и дал возможность линейному городу развиваться в двух направлениях.

Обе рассмотренные выше влиятельные градостроительные концепции конца 20 – начала 30-х годов (дезурбанизм — линейное расселение с разветвленной сетью обслуживания и компактный соцгород, состоящий из однотипных структурных элементов) оказали влияние на проектирование и строительство новых промышленных городов и способствовали более углубленной проработке многих градостроительных проблем.

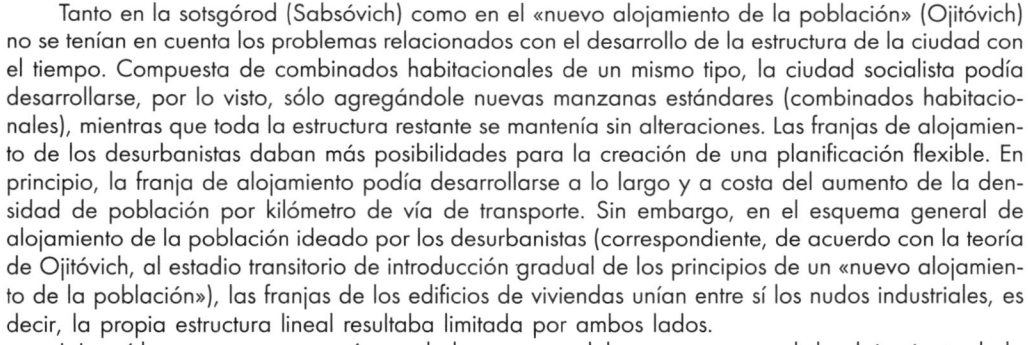

Н. Милютин

N. Miliutin

Tanto en la sotsgórod (Sabsóvich) como en el «nuevo alojamiento de la población» (Ojitóvich) no se tenían en cuenta los problemas relacionados con el desarrollo de la estructura de la ciudad con el tiempo. Compuesta de combinados habitacionales de un mismo tipo, la ciudad socialista podía desarrollarse, por lo visto, sólo agregándole nuevas manzanas estándares (combinados habitacionales), mientras que toda la estructura restante se mantenía sin alteraciones. Las franjas de alojamiento de los desurbanistas daban más posibilidades para la creación de una planificación flexible. En principio, la franja de alojamiento podía desarrollarse a lo largo y a costa del aumento de la densidad de población por kilómetro de vía de transporte. Sin embargo, en el esquema general de alojamiento de la población ideado por los desurbanistas (correspondiente, de acuerdo con la teoría de Ojitóvich, al estadio transitorio de introducción gradual de los principios de un «nuevo alojamiento de la población»), las franjas de los edificios de viviendas unían entre sí los nudos industriales, es decir, la propia estructura lineal resultaba limitada por ambos lados.

I. Leonídov como que separó uno de los sectores del esquema general de alojamiento de la población de los desurbanistas, y consideró este sector como una ciudad lineal independiente, que puede crecer a lo largo de una, dos, tres o cuatro vías de transporte que se alejan de la zona industrial compacta.

Sobre la base de su nuevo esquema de planificación de la ciudad-línea, I. Leonídov presenta a concurso el proyecto de Magnitogorsk (1930, O. M. № 86). La ciudad-línea de Leonídov penetraba en las zonas verdes, desarrollándose a lo largo de la autopista que comunicaba las zonas de producción. Bien relacionada con la naturaleza que la rodea, esta ciudad (al igual que la franja de alojamiento de los desurbanistas) podía crecer en una dirección sin romper su planificación. Sin embargo, a medida que crecía, las nuevas manzanas de viviendas se alejaban cada vez más de los lugares de trabajo.

En ese mismo año de 1930, N. Miliutin, utilizando las ideas del «nuevo alojamiento de la población» de Ojitóvich y desarrollando el proyecto de Leonídov, publica en su libro «Sotsgórod» el esquema funcional-continuo de planificación de ciudades (O. M. № 87), que él mismo elaboró y que se hizo muy famoso a nivel mundial. Al ubicar las empresas industriales paralelamente a los edificios de viviendas, él no solamente aproximó los lugares de trabajo a las manzanas de viviendas, sino que también dio a la ciudad lineal la posibilidad de desarrollarse en dos direcciones.

Estas dos concepciones urbanísticas de finales de los años 20 e inicios de los 30 (el desurbanismo como el alojamiento lineal de la población con una red ramificada de servicios, y la sotsgórod compacta, compuesta de elementos estructurales de un mismo tipo), ejercieron una gran influencia en la proyección y construcción de las nuevas ciudades industriales y contribuyeron a la realización de un análisis más profundo de muchos problemas de construcción urbana.

Однако принципиальное отрицание сторонниками этих концепций крупных городов затрудняло их связи с реальными градостроительными процессами.

В этих условиях большое значение имели взгляды и проекты тех архитекторов, которые стояли на последовательно урбанистических позициях. В первую очередь это относится к Н. Ладовскому и группе его последователей, которые в 1928 г. вышли из АСНОВА и создали АРУ.

Можно сказать, что урбанистическая теория Ладовского была в рассматриваемый период одной из наиболее глубоко разработанных, отражавших закономерности реальных градостроительных процессов. Проблемы социалистического расселения в целом, промышленная агломерация, гибкая планировка, структурные элементы крупного города — все эти вопросы разрабатывались в теоретических трудах и проектах сторонников АРУ.

Ладовский много внимания уделял поискам гибкой (динамической) планировочно-пространственной структуры, которая могла бы усложняться в процессе развития и роста города, не нарушая в то же время взаимоотношения его основных функциональных зон.

Уже в проекте промышленного поселка Костино под Москвой (опубликован в 1929 г.) Ладовский создает планировку, позволяющую развиваться поселению при сохранении его структуры (обеспечена возможность одновременного роста селитебной и промышленной территории). В этом проекте Ладовский стремился создать выразительную объемно-пространственную композицию, продумав последовательность ее восприятия человеком по мере его движения по главным магистралям (Ш. № 73).

В 1929–1930 гг. Н. Ладовский разработал принципиальную планировочную схему развивающегося города — знаменитую «параболу» (Ш. № 74), в которой в концентрированном виде заключена его градостроительная концепция динамического города.

Sin embargo, la negación total de las grandes urbes por los partidarios de estas concepciones dificultó sus vínculos con los procesos urbanísticos reales.

En estas condiciones, fueron de gran valor las opiniones y proyectos de aquellos arquitectos que defendieron las posiciones consecuentemente urbanísticas. En primer lugar esto concierne a N. Ladovski y a su grupo de seguidores, quienes en 1928 se retiraron de la ASNOVA y fundaron la ARU.

Se puede decir que la teoría urbanística de Ladovski fue, en el período estudiado, una de las teorías más profundamente elaborada, la cual reflejaba las regularidades de los procesos urbanísticos reales. Los problemas del alojamiento socialista de la población en su totalidad, la aglomeración industrial, la planificación flexible, los elementos estructurales de la gran ciudad, todos estos problemas se analizaban en los trabajos teóricos y en los proyectos de los partidarios de la ARU.

Ladovski prestó mucha atención a las búsquedas de una estructura espacial y de planificación flexible (dinámica) que pudiera adquirir un carácter más complejo durante el proceso de desarrollo y crecimiento de la ciudad, sin quebrantar, a su vez, las relaciones entre sus principales zonas funcionales.

En el proyecto del poblado industrial de Kóstino en las afueras de Moscú (publicado en 1929), Ladovski crea una planificación que permite a la colonia desarrollarse conservando su estructura (se garantiza las posibilidad de un crecimiento simultáneo del territorio industrial y del ocupado por la población). En este proyecto, Ladovski intenta crear una composición volumétrico-espacial expresiva, examinando cómo la persona la percibirá a medida que se desplace por las vías principales (O. M. № 73).

En los años 1929–1930, Ladovski elabora un esquema de planificación totalmente nuevo de una ciudad en desarrollo, la famosa «parábola» (O. M. № 74), en la que en forma concentrada se encuentra su concepción urbanística de ciudad dinámica.

Проблемы перестройки быта (разработка новых типов жилища)

El problema de la reorganización del modo de vida (creación de nuevos tipos de vivienda)

Проблемы перестройки быта и разработка новых типов жилища тесно связаны с проблемами социалистического расселения.

Создавая первые проекты жилищ нового типа, советские архитекторы внимательно следили за процессами перестройки быта, происходящими в самой жизни, знакомились с постановкой этой проблемы социалистами-утопистами, внимательно изучали произведения основоположников марксизма. При этом наибольшее внимание привлекали две задачи: внедрение в быт коллективного начала и освобождение женщины от домашнего хозяйства.

20 августа 1918 г. Президиум ВЦИК издал декрет «Об отмене частной собственности на недвижимости в городах». В распоряжение местных советов перешли все наиболее ценные жилые строения. Началось массовое переселение рабочих из лачуг и подвалов в дома, конфискованные у буржуазии. В Москве в 1918–1924 гг. в благоустроенные квартиры было переселено почти 500 тысяч человек, в Петрограде — 300 тысяч.

Массовое переселение рабочих в дома буржуазии сопровождалось процессом стихийного возникновения бытовых коммун. Переименованные в дома-коммуны (рабочие дома, коммунальные дома) бывшие доходные дома рассматривались как рабочие жилища нового типа. Получив жилище в бесплатное пользование, рабочие создавали в домах органы самоуправления, которые не только ведали эксплуатацией здания, но и организовывали такие домовые коммунальные учреждения, как общие кухни-столовые, детские сады, ясли, красные уголки, библиотеки-читальни, прачечные и т. д. Обслуживание всех этих учреждений, а также уборка и ремонт помещений общего пользования осуществлялись самими жильцами на общественных началах.

Стихийно возникшие уже в 1918 г. подобного рода дома-коммуны (рабочие дома) начиная с 1919 г. получили признание как особая форма эксплуатации жилого дома коллективом рабочих.

Такая форма коллективного содержания рабочими жилых домов, возникшая в результате инициативы самих трудящихся, была широко распространена в первые годы советской власти. Например, в Харькове в 1922–1925 гг. в бывших доходных домах было со-

---

Los problemas concernientes a la reorganización del modo de vida y a la elaboración de nuevos tipos de vivienda están íntimamente vinculados con los problemas del alojamiento socialista de la población.

Mientras creaban los primeros proyectos de viviendas de nuevo tipo, los arquitectos soviéticos seguían atentamente los procesos de reorganización del modo de vida que acontecían en la vida misma, se familiarizaban con el planteamiento de este problema a través de los utopistas-socialistas, estudiaban con atención las obras de los fundadores del marxismo. En este proceso se prestaba especial atención a dos cuestiones: a la introducción de los principio colectivistas en el modo de vida y a la liberación de la mujer de los quehaceres domésticos.

El 20 de Agosto de 1918, el Presidium del VTsIK (*Comité Central Ejecutivo de la Unión Soviética*) promulga el decreto «Sobre la abolición de la propiedad privada de inmuebles en las ciudades». A disposición de los consejos locales pasaron los edificios residenciales de mayor valor. Se inicia la mudanza masiva de los obreros de las chabolas y sótanos a las casas confiscadas a la burguesía. Entre los años 1918 y 1924, en la ciudad de Moscú casi 500 mil personas se mudaron a apartamentos mejor acondicionados; en Petrogrado, 300 mil.

La mudanza masiva de obreros a las casas de la burguesía transcurría paralelamente al proceso de surgimiento natural de las comunas domésticas. Llamadas ahora casas-comuna (casas proletarias, casas comunales), los antiguos edificios de apartamentos de alquiler comenzaron a ser considerados como viviendas proletarias de nuevo tipo. Al recibir gratuitamente una vivienda en usufructo, los obreros creaban en los edificios órganos de autoadministración, los cuales no sólo administraban la explotación del edificio, sino que también organizaban tales instituciones comunales domésticas como comedores-cocinas comunes, jardines de infancia, casas-cunas, rincones rojos*, bibliotecas y salas de lectura, lavanderías, etcétera. La manutención de estas instituciones, así como la limpieza y la reparación de las instalaciones de uso común, era realizada por los mismos moradores, sin remuneración.

Surgidas espontáneamente ya en 1918, estas casas-comuna (casas proletarias) son reconocidas a partir de 1919 como una forma especial de explotación de los edificios de viviendas por los obreros.

---

* N. del T. En tiempos de la URSS, lugar destinado a la labor ideológica.

здано 242 бытовые коммуны. Они представляли собой добровольные потребительские объединения, принимавшие определенный устав, регламентировавший жизнь всех членов коммуны. Это было сообщество людей, совместно эксплуатировавших переданный им в бесплатную аренду жилой дом, которые сами устанавливали нормы поведения жильцов, совместно следили за состоянием дома, обобществляли питание, уход за детьми, а иногда и денежные средства. Руководили развитыми бытовыми коммунами общее собрание и совет коммуны.

Превращение рабочего дома-коммуны в очаг новой коммунистической культуры, формирование бытового коллектива и перестройка быта путем создания на началах самообслуживания коммунальных учреждений — такие задачи ставились, когда развертывалось массовое движение за организацию рабочих домов-коммун.

Социальный заказ первых лет существования домов-коммун, порожденный специфическими условиями периода военного коммунизма, оформился в четкую и детально разработанную программу и питался положительным опытом тех рабочих домов-коммун, которые успешно функционировали. Именно эти рабочие дома-коммуны в начале 20-х годов были объявлены «нормальными», а все остальные (с быстро распадавшимися бытовыми коммунами) — «ненормальными».

Но даже в годы наибольшего подъема движения за организацию в национализированных жилищах рабочих домов-коммун коммунальные формы быта в них развивались крайне медленно. Причину такого положения видели прежде всего в том, что старые типы домов не соответствуют новым формам быта. Считалось, что проблема перестройки быта будет решена путем строительства специально разработанных домов-коммун (с общественными помещениями), которые лишь архитектурно оформят уже сложившиеся новые социальные структурные ячейки города.

Не было, однако, единой точки зрения на сам архитектурно-планировочный тип нового жилища. Боролись две концепции: одна ориентировалась на поселок-коммуну, состоящий из индивидуальных домов и общественных зданий, другая главную роль отводила комплексным домам-коммунам с обобществлением быта.

Существовала и третья точка зрения.

Связывая развитые дома-коммуны будущего с коренной реконструкцией не только домашнего хозяйства, но и семьи, сторонники этого подхода считали, что строительство крупных домов-коммун в ближайшие годы не будет иметь успеха, ибо «еще сильна среди пролетариата семейная психология. Она может быть изжита лишь постепенно с постепенным развитием коммунистического строя. Мы живем в настоящее время в переходный пе-

---

Esta forma de mantenimiento colectivo de los edificios de viviendas, surgida como resultado de la iniciativa de los mismos trabajadores, estuvo ampliamente difundida durante los primeros años del poder soviético. Por ejemplo, entre los años 1922 y 1925, en Járkov se crearon 242 comunas domésticas en antiguos edificios de apartamentos de alquiler. Estas comunas constituían uniones voluntarias de consumo, las cuales adoptaban un estatuto que reglamentaba la vida de todos los miembros de la comuna. Eran comunidades de personas que explotaban conjuntamente los edificios de viviendas recibidos gratuitamente, de personas que por sí mismas establecían las normas de conducta de los inquilinos, conjuntamente velaban por el buen estado de los edificios, socializaban la alimentación, el cuidado de los niños y, a veces, los recursos financieros. Una asamblea general y el Sóviet de la Comuna llevaban la dirección de las comunas domésticas desarrolladas.

La transformación de la casa-comuna proletaria en el foco de la nueva cultura comunista, la formación del colectivo doméstico y la reorganización del modo de vida mediante la creación de instituciones comunales basada en la automanutención: éstas fueron las tareas planteadas cuando se inició el movimiento masivo por la organización de las casas-comuna proletarias.

La demanda social de los primeros años de existencia de las casas-comuna, surgida por las condiciones específicas del período del comunismo de guerra, se formalizó en un programa preciso y detalladamente elaborado, y se nutría de la experiencia positiva de aquellas casas-comuna proletarias que funcionaban exitosamente. Precisamente esas casas-comuna proletarias fueron calificadas, a inicios de los años 20, como «normales», y todas las demás (con comunas domésticas de rápida descomposición), como «anormales».

Pero incluso en los años de mayor auge del movimiento por la organización de las casas-comuna proletarias en las viviendas nacionalizadas, las formas comunales del modo de vida en ellas se desarrollaban muy lentamente. La causa de esta situación se atribuía principalmente a la no correspondencia de los antiguos tipos de edificios con las nuevas formas del modo de vida. Se consideraba que el problema de la reorganización del modo de vida se resolvería construyendo casas-comuna especialmente ideadas (con instalaciones sociales), las cuales sólo formalizarían arquitectónicamente las nuevas y ya formadas unidades estructurales sociales de la ciudad.

No hubo, sin embargo, un punto de vista único respecto al tipo de planificación arquitectónica de la nueva vivienda. Dos concepciones se encontraban en disputa: una se orientaba al poblado-comuna, compuesto de casas individuales y de edificios públicos; la otra daba gran importancia a las casas-comuna complejas con socialización del modo de vida.

Existía incluso un tercer punto de vista.

Vinculando las casas-comuna desarrolladas del futuro con la reconstrucción radical no sólo de la economía, sino también de la familia, los partidarios de este enfoque consideraban que la

риод. Поэтому нам необходимо избрать средний переходный тип. Назовем его дом-коллектив. В этом доме должна еще сохраниться семейная обстановка. Но в то же время по своей вместительности и своему устройству он должен служить развитию общественных отношений. Общая кухня, зал для столовой, детские ясли и т. д. Здесь рабочий живет со своей семьей, постепенно будет вовлекаться в общественную жизнь. На живом опыте он научится кооперированию»*.

Одновременно с процессом развития рабочих домов-коммун шло становление теоретических концепций нового типа жилища, разрабатывались первые экспериментальные проекты домов-коммун. К середине 20-х годов в основном была разработана программа отдельного дома-коммуны. Интенсивная же разработка проектов и строительство домов этого типа относится уже ко второй половине 20-х годов.

Рабочие дома-коммуны рассматривались в первые годы советской власти как важное социальное завоевание в области жилища, порожденное инициативой трудящихся масс.

Рабочие не только считали необходимым исправить несправедливость в распределении жилища, но и отвергали весь уклад быта, порожденный старым обществом.

Вместо частной собственности на жилье — коллективное самоуправление жильцов, вместо высокой квартирной платы — бесплатное предоставление жилья рабочим, вместо замкнутости и индивидуализма быта отдельных семей — подчеркнутый коллективизм общения, вместо антагонизма и престижного соперничества жильцов (культ вещей и т. д.) — широкая взаимопомощь, вместо использования домашней прислуги и обслуживающего персонала дома — добровольное самообслуживание и т. д. и т. п.

Все дальнейшие поиски жилища нового типа так или иначе были связаны с этим социальным заказом, выросшим в процессе создания и функционирования рабочих домов-коммун. При этом диапазон поисков также отражал разнообразие форм первых бытовых коммун, в которых степень коллективизации быта колебалась от поочередной уборки общей лестницы до полного слияния хозяйства отдельных жителей (например, создание общего денежного фонда, в который все члены коммуны сдавали свою зарплату вне зависимости от ее размера).

Стихийно возникшие рабочие дома-коммуны дали мощный импульс творческим поискам нового типа жилища, которые по своей интенсивности, разнообразию предлагавшихся

---

* *Савин Д.* О новом городском поселковом строительстве // Строитель. 1923. № 10 (52). С. 26.

---

construcción de las grandes casas-comuna en los próximos años no sería exitosa, pues «en el proletariado aún es fuerte la psicología familiar. Ella puede ser eliminada sólo paulatinamente, con el desarrollo gradual del régimen comunista. Vivimos actualmente en un período transitorio. Por eso es necesario elegir una vivienda transitoria intermedia. Llamémosla casa-colectivo. En esta casa todavía ha de conservarse el ambiente familiar, pero, al mismo tiempo, por su capacidad y organización (cocina común, sala-comedor, casa-cuna) ha de ayudar al desarrollo de las relaciones sociales. Aquí el obrero vive con su familia y gradualmente se integrará a la vida social. En la experiencia cotidiana él aprenderá a cooperar»*.

Paralelamente al proceso de desarrollo de las casas-comuna proletarias se iban formando las concepciones teóricas del nuevo tipo de vivienda, se creaban los primeros proyectos experimentales de casas-comuna. Hacia mediados de los años 20 ya había sido elaborado básicamente el programa de casa-comuna individual. La elaboración intensa de los proyectos y la construcción de edificios de este tipo ya concierne a la segunda mitad de los años 20.

Las casas-comuna obreras eran vistas en los primeros años del poder soviético como un importante logro social en el área de la vivienda, logro que se hizo posible gracias a la iniciativa de las masas trabajadoras.

Los trabajadores no solamente consideraban necesario corregir la antigua injusticia en la distribución de la vivienda, sino que también rechazaban todo el modo de vida engendrado por la sociedad anterior.

Se pasa de la propiedad privada sobre la vivienda a la autoadministración colectiva de los moradores; de la alta renta a la concesión gratuita de la vivienda a los trabajadores; del aislamiento y el individualismo del modo de vida de las familias al marcado colectivismo en las relaciones; del antagonismo y la rivalidad por el prestigio entre los moradores (culto a las cosas, etcétera) a la amplia ayuda mutua; de la servidumbre y el personal de mantenimiento de la casa a la automanutención voluntaria, etcétera.

Todas las búsquedas de la vivienda de nuevo tipo estaban vinculadas de una manera u otra con esta demanda social, demanda que creció durante el proceso de creación y funcionamiento de las casas-comuna proletarias. La gama de búsquedas también reflejaba la variedad de las formas de las primeras comunas domésticas, en las que el grado de colectivización del modo de vida oscilaba desde la limpieza por turnos de la escalera común hasta la completa unificación de las economías de algunos moradores (por ejemplo, la creación de un fondo monetario común, en el que todos los miembros de la comuna entregaban su sueldo independientemente de su dimensión).

---

* *Savin D.* Sobre la nueva construcción poblacional-urbana // El Constructor. 1923. № 10 (52). Pág. 26.

Проблемы перестройки быта (разработка новых типов жилища)

El problema de la reorganización del modo de vida (creación de nuevos tipos de vivienda)

Раздел 1

Parte 1

решений и остроте поднятых проблем не имели аналогий в архитектуре XX в. и оказали влияние на проекты зарубежных архитекторов.

Переход в середине 20-х годов на строительство секционных жилых домов в качестве массового городского рабочего жилища привел к тому, что коммунальный тип дома стал рассматриваться как область экспериментального проектирования.

В этих условиях поиски нового жилища коммунального типа приобрели более осмысленный и планомерный характер. При этом много внимания уделялось выработке программы нового типа жилища.

Большую работу проделало в этой области Объединение современных архитекторов (ОСА), которое в 1926 г. объявило «товарищеское соревнование на эскизный проект жилого дома трудящихся».

В сообщении о конкурсе, опубликованном в журнале («СА»), говорилось: «Все, что сделано в СССР, — практически и теоретически, — в области рабочего строительства представляет собой пока лишь паллиативы.

Это не что иное, как обычное мелкоквартирное городское строительство, коренным образом не отличающееся от европейских и русских образцов, имеющее оправдание лишь как временная затычка зияющей дыры.

Совершенно очевидна необходимость в создании новых типов рабочего жилья, которое послужило бы этапом в оформлении быта трудящихся социалистического государства.

С этой целью СА объявляет товарищеское соревнование между членами ОСА и разделяющими их взгляды на составление эскизного проекта жилого дома трудящихся.

Основное требование: создать новый организм — дом, оформляющий новые производственно-бытовые взаимоотношения трудящихся, проникнутый идеей коллективизма.

Каждому участвующему в соревновании предоставляется возможность создать по своему усмотрению этот новый организм, однако в пределах возможности осуществления и правильности ответа на социальный заказ, который составляет сущность настоящего соревнования»*.

Восемь проектов, поданных на конкурс, экспонировались на Первой выставке современной архитектуры (июль–август 1927 г.). Все авторы запроектировали новое жилище для трудящихся как дом коммунального типа, где жилые ячейки объединены в одном здании с общественными помещениями.

---

* СА. 1926. № 3. 3-я с. обл.

Las casas-comuna proletarias, surgidas espontáneamente, dieron un gran impulso a las búsquedas artísticas del nuevo tipo de vivienda. Por su intensidad, por la variedad de las soluciones ofrecidas y por la agudeza de los problemas planteados, estas búsquedas no tuvieron análogos en la arquitectura del siglo XX y ejercieron influencia en los proyectos de los arquitectos de todo el mundo.

Acontecido en los años 20, el paso a la construcción de edificios de planta tipo como vivienda urbana masiva para los trabajadores, condujo a que el tipo de edificio comunal comenzó a verse como un área de proyección experimental.

En estas condiciones, las búsquedas de una nueva vivienda de tipo comunal adquirieron un carácter más sensato y planificado, prestándose mucha atención a la elaboración del programa de la vivienda de nuevo tipo.

Un gran trabajo en esta área fue realizado por la Unión de Arquitectos Modernos (OSA), que en 1926 anunció una «competencia amistosa de anteproyecto de edificio de viviendas para obreros».

Publicado en la revista «AM», en el artículo acerca del concurso se leía: «Todo lo que se hace en la URSS —práctica y teóricamente— en el área de la construcción obrera no son más que paliativos.

Esto no es más que la habitual construcción urbana de apartamentos pequeños, la cual no se diferencia radicalmente de los modelos rusos y europeos, y tiene sentido solamente como un tapón temporal de un agujero abierto.

Es completamente evidente la necesidad de crear nuevos tipos de vivienda para los obreros, que constituyan una etapa en la formalización del modo de vida de los trabajadores del estado socialista.

Con esta finalidad, la revista "AM" anuncia una competencia amistosa entre los miembros de la OSA y las personas que compartan sus puntos de vista, para la realización de un anteproyecto de construcción del edificio de viviendas para trabajadores.

El requisito principal es crear un nuevo organismo, un edificio que formalice las nuevas relaciones domésticas y de producción entre los trabajadores, que esté impregnado de la idea del colectivismo.

A cada uno de los participantes en la competencia se le otorga la posibilidad de crear este nuevo organismo a su manera, pero sin salirse del marco de la posibilidad de su realización y de la respuesta correcta a la demanda social, que constituye la esencia de esta competencia.»*

Los ocho proyectos presentados a concurso se exhibieron en la Primera Exposición de Arquitectura Moderna (julio-agosto de 1927). Todos los autores proyectaron la nueva vivienda para trabajadores como un edificio comunal, donde las unidades de vivienda estaban unidas en un mismo edificio con las instalaciones sociales.

---

* AM. 1926. № 3. Contracubierta posterior.

Конкурс проходил в 1926–1927 гг., когда уже действовали типовые секции для городских жилых домов, и в массовом строительстве местных советов (с использованием этих типовых секций) уже определилась средняя стоимость квадратного метра жилой площади. Это ставило проектировщиков в очень трудные условия. Необходимо было, чтобы предлагаемое ими новое жилище коммунального типа не только имело социальные преимущества перед секционными домами, но и не уступало им с точки зрения экономической рентабельности. Задача осложнялась и тем, что коммунальный дом должен был иметь не только общие помещения, но и включать в себя наряду с вертикальными (лестничные клетки) и горизонтальные коммуникации (коридоры) для связи жилых ячеек с общественно-коммунальной частью дома. А горизонтальные коммуникации отнимали часть полезной кубатуры дома, что, естественно, повышало стоимость квадратного метра жилой площади. Поэтому авторы всех конкурсных проектов большое внимание уделили поискам максимально экономического решения как самих жилых ячеек, так и системы их связи с коммунальными помещениями.

Коммунальный дом по проекту М. Гинзбурга состоит из двух шестиэтажных жилых корпусов, соединенных на уровне верхнего этажа своеобразным шарниром в виде двухэтажного корпуса, где размещены помещения общего пользования: столовая, библиотека-читальня, клуб и зал собраний.

Для связи внутри жилых корпусов устроены сквозные коридоры, каждый из которых обслуживает два этажа.

В двух конкурсных проектах, стремясь сократить отводимую под горизонтальные коммуникации кубатуру, авторами были использованы пространственные решения, при которых один коридор обслуживает три этажа жилого корпуса с двухэтажными квартирами.

Один из этих проектов выполнен архитектором А. Олем в соавторстве со студентами ЛИГИ К. Ивановым и А. Ладинским (Ш. № 41).

Товарищеский конкурс ОСА дал большое количество новых идей в области как пространственного решения жилой ячейки, так и организации связи жилой и коммунальной частей дома. Он показал большие возможности удешевления жилищного строительства за счет рационального использования полезной площади и применения принципиально новых решений пространственной организации жилой ячейки.

Работа по рационализации и разработке коммунального дома переходного типа была продолжена в 1928 г. группой архитекторов-конструктивистов во главе с М. Гинзбургом (М. Барщ, В. Владимиров, А. Пастернак и Г. Сум-Шик) в Секции типизации Стройкома (Стро-

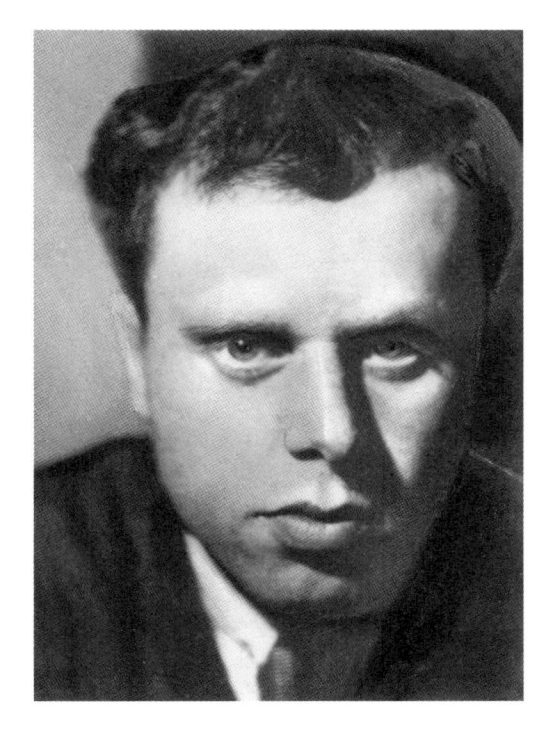

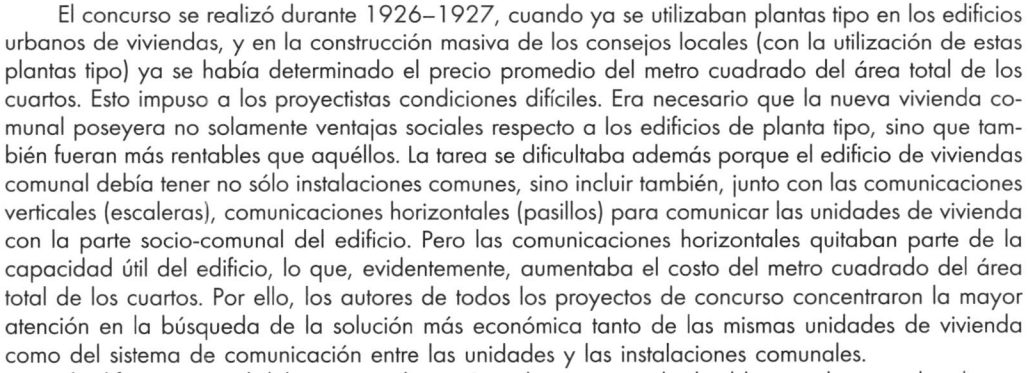

М. Барщ

M. Barsch

El concurso se realizó durante 1926–1927, cuando ya se utilizaban plantas tipo en los edificios urbanos de viviendas, y en la construcción masiva de los consejos locales (con la utilización de estas plantas tipo) ya se había determinado el precio promedio del metro cuadrado del área total de los cuartos. Esto impuso a los proyectistas condiciones difíciles. Era necesario que la nueva vivienda comunal poseyera no solamente ventajas sociales respecto a los edificios de planta tipo, sino que también fueran más rentables que aquéllos. La tarea se dificultaba además porque el edificio de viviendas comunal debía tener no sólo instalaciones comunes, sino incluir también, junto con las comunicaciones verticales (escaleras), comunicaciones horizontales (pasillos) para comunicar las unidades de vivienda con la parte socio-comunal del edificio. Pero las comunicaciones horizontales quitaban parte de la capacidad útil del edificio, lo que, evidentemente, aumentaba el costo del metro cuadrado del área total de los cuartos. Por ello, los autores de todos los proyectos de concurso concentraron la mayor atención en la búsqueda de la solución más económica tanto de las mismas unidades de vivienda como del sistema de comunicación entre las unidades y las instalaciones comunales.

El edificio comunal del proyecto de M. Guínzburg consta de dos bloques de viviendas de seis pisos, los cuales se comunicaban al nivel del piso superior mediante una especie de charnela en forma de un bloque de dos pisos, donde se encontraban las instalaciones de uso común: comedor, biblioteca con sala de lectura, club y sala de reuniones.

Para la comunicación en el interior de los bloques de viviendas se construyeron pasillos de lado a lado, cada uno de los cuales atendía dos pisos.

En dos de los proyectos de concurso, intentando disminuir el espacio destinado a las comunicaciones horizontales, los autores optaron por utilizar soluciones espaciales en las que un único pasillo atendía tres pisos de un bloque de viviendas con apartamentos de dos pisos.

Uno de estos proyectos es realizado por el arquitecto A. Ol en autoría con los estudiantes del LIGI, K. Ivanov y A. Ladinski (O. M. Nº 41).

La competencia amistosa de la OSA proporcionó una gran cantidad de ideas nuevas tanto en el área de soluciones espaciales de la unidad de vivienda como en la de organización de la comunicación entre las partes habitacional y comunal del edificio. Además, mostró las grandes posibilidades de abaratar la construcción de viviendas a costa del uso racional del área útil y de la aplicación de soluciones totalmente nuevas concernientes a la organización espacial de la unidad de vivienda.

El trabajo de racionalización y elaboración del edificio comunal tipo transitorio fue continuado en 1928 por el grupo de arquitectos-constructivistas encabezado por M. Guínzburg (M. Barsch, V. Vladímirov, A. Pasternak y G. Sum-Shik) en el Departamento de Estandarización del Stroikom de la RSFSR, donde se comenzaron a estudiar, prácticamente por primera vez a nivel estatal, los problemas de organización del modo de vida.

Проблемы перестройки быта (разработка новых типов жилища) — Раздел 1

El problema de la reorganización del modo de vida (creación de nuevos tipos de vivienda) — Parte 1

Л. Лисицкий. Обложка журнала «Строительство Москвы». 1929 г. № 5

L. Lisitski. Cubierta de la revista «Construcción de Moscú». 1929, № 5

ительной комиссии) РСФСР, где практически впервые в государственном масштабе стали разрабатываться проблемы научной организации быта.

Стремясь создать экономичную малометражную квартиру для массового заселения одной семьей, архитекторы Секции типизации проверили в процессе экспериментального проектирования и экономического анализа возможности различных пространственных типов жилых ячеек, создав ряд оригинальных решений, не имевших аналогов в нашей стране и за рубежом. Наиболее эффективным оказался тип F (Ш. № 65), который позволял получить квартиру в 27 м² с экономическими показателями, равными по стоимости 1 м² показателям квартиры в 54 м² в секционном доме (такую квартиру, тогда, как правило, заселяли покомнатно).

Первый этап работы коллектива Секции типизации был чрезвычайно интенсивным. Уже через три месяца после начала работы (26 ноября 1928 г.) ее первые результаты были обсуждены на расширенном пленуме Стройкома.

В постановлении пленума Стройкома РСФСР было рекомендовано проверить разработанные в Секции типизации типы жилых ячеек в реальном строительстве.

В соответствии с этим постановлением уже с конца 1928 г. началось проектирование коммунальных домов переходного типа на базе разработанных в Секции типизации новых типов жилых ячеек. Их рассматривали как экспериментальное, опытно-показательное строительство. В этих домах проверялись различные варианты пространственных типов жилых ячеек (и возможности их сочетания), приемы взаимосвязи жилой и общественной части коммунального дома, новые конструкции и материалы, методы организации строительных работ. Среди экспериментальных домов наибольший интерес представляет дом сотрудников Наркомфина на Новинском бульваре в Москве (архитекторы М. Гинзбург и И. Милинис, инж. С. Прохоров, Ш. № 66).

На первом этапе работы коллектив Секции типизации Стройкома РСФСР разрабатывал проблемы, связанные с коммунальным домом переходного типа, т. е. таким домом, где сочетаются жилые ячейки (с относительно развитым домашним хозяйством) и система общественных помещений коммунально-бытового обслуживания. Сам термин «переходный» подразумевал, что речь идет о жилище временного типа, рассчитанном на период, переходный от традиционного типа жилища к жилищу последовательно социалистического типа.

Детально проэкспериментировав с разработкой вариантов коммунального дома переходного типа, архитекторы Секции типизации на втором этапе своей работы обратились к дому-коммуне последовательно социалистического типа. Вопрос стоял так — к какому соб-

---

Intentando crear un apartamento económico de poco metraje para el alojamiento masivo de las familias, los arquitectos del Departamento de Estandarización verificaron durante el proceso de proyección experimental y análisis económico las posibilidades de diversos tipos espaciales de unidades de vivienda, y crearon una serie de soluciones originales que no tenían análogos ni en Rusia, ni fuera de ella. El tipo F (O. M. № 65) fue el más efectivo y permitió obtener apartamentos de 27 m² con indicadores económicos del costo de 1 m² iguales a los indicadores de los apartamentos de 54 m² de los edificios de planta tipo (en aquellos tiempos, estos apartamentos se entregaban generalmente por cuartos).

La primera etapa del trabajo del colectivo del Departamento de Estandarización fue muy intensa. Tres meses después de iniciado el trabajo (26 noviembre de 1928), sus primeros resultados fueron discutidos en el pleno ampliado del Stroikom.

En la resolución del pleno del Stroikom de la RSFSR se recomendó verificar en la práctica los tipos de unidades de vivienda elaborados en el Departamento de Estandarización.

En correspondencia con esta resolución, ya a finales de 1928 se inicia la proyección de edificios comunales tipo transitorio sobre la base de los nuevos tipos de unidades de viviendas elaborados en el Departamento de Estandarización. Estos edificios se veían como una construcción experimental modelo. En ellos se comprobaron las diversas variantes de tipos espaciales de unidades de vivienda (y la posibilidad de su combinación), los métodos de interrelación de las partes social y habitacional del edificio comunal, las nuevas estructuras y materiales, los métodos de organización de las obras de construcción. Entre los edificios experimentales presenta un gran interés el edificio para los trabajadores del Narkomat de Finanzas situado en el bulevar Novinski en Moscú (arquitectos M. Guínzburg e I. Milinis, ingeniero S. Prójorov, O. M. № 66).

En la primera etapa del trabajo, el colectivo del Departamento de Estandarización del Stroikom de la RSFSR estudia los problemas vinculados con el edificio comunal tipo transitorio, es decir, con el edificio en el que se combinaban las unidades de vivienda (con una economía doméstica relativamente desarrollada) y el sistema de instalaciones sociales de servicio doméstico-comunal. El mismo término «transitorio» suponía que se trataba de una vivienda temporal, o sea, calculada para el período de transición del tipo tradicional de vivienda al siguiente tipo de vivienda socialista.

Una vez que se experimentó detalladamente con la elaboración de variantes del edificio comunal tipo transitorio, en la segunda etapa de su trabajo los arquitectos del Departamento de Estandarización dirigieron su atención al siguiente tipo de casa-comuna socialista. La pregunta se planteaba de la siguiente manera: ¿cuáles son las viviendas que seguirán a los edificios comunales tipo transitorio creados por ellos en la primera etapa del trabajo?

ственно типу жилища являются переходными разработанные ими на первом этапе работы варианты коммунального дома?

Был разработан проект, так сказать, идеального дома-коммуны (авторы М. Барщ и В. Владимиров, Ш. № 68).

Развертывание работ по проектированию новых городов и жилых комплексов при вновь строящихся по плану первой пятилетки промышленных предприятий поставило проблему массового типа жилища (наряду с проблемой расселения) в центр внимания архитекторов. Какой быт должны формировать новые города и жилые комплексы? — так ставился вопрос в те годы.

В конце 20-х годов развернулась острая дискуссия на страницах общей и специальной печати. Обсуждались все стороны быта — судьба семьи, взаимоотношение родителей и детей, формы социальных контактов в быту, проблемы обобществления домашнего хозяйства и процесса потребления и т. д. Предлагались самые различные модели быта будущего, в соответствии с которыми создавались проекты жилого дома.

Особенно внимательно архитекторы изучали накопившийся к концу 20-х годов уже десятилетний опыт функционирования потребительских бытовых коммун в городе и производственно-потребительских коммун на селе.

В конце 20-х годов наряду с проектированием и строительством домов переходного типа получили широкое распространение теории, в которых реконструкция быта связывалась не только с полным обобществлением домашнего хозяйства, но и с отказом от семьи как первичной ячейки общества, и с мелочной регламентацией жизни членов бытовой коммуны.

Наиболее последовательно такой подход к реконструкции быта был изложен в теоретических работах Н. Кузьмина и архитектурно оформлен в его проекте дома-коммуны (1928–1929, Ш. № 67).

Теории, провозглашавшие полное обобществление быта с ликвидацией семьи, и создававшиеся в соответствии с ними проекты претендовали на то, что они отражают конкретный социальный заказ, их сторонники ссылались на отдельные примеры бытовых коммун с полным обобществлением быта и отказом от семьи. Действительно, такие коммуны существовали, однако при анализе формы организации подобной коммуны не всегда учитывались конкретные условия их создания, возрастной, социальный и половой состав их членов. Дело в том, что такие коммуны были, как правило, временной формой организации жизни определенного коллектива людей, для которых пребывание в коммуне являлось лишь этапом в жизни. Причем, как правило, это были годы жизни, когда оторванный от

И. Николаев

I. Nikoláyev

Fue elaborado el proyecto, por decirlo así, de la casa-comuna ideal (autores M. Barsch y V. Vladímirov, O. M. № 68).

El despliegue de los trabajos de proyección de nuevas ciudades y de complejos habitacionales para los trabajadores de las nuevas empresas industriales construidas conforme al plan del primer quinquenio, puso el problema de la construcción masiva de viviendas tipo —junto con el problema del alojamiento de la población— en el centro de la atención de los arquitectos. ¿A qué modo de vida deben conducir las nuevas ciudades y complejos habitacionales? Es así como se planteó la pregunta en aquel entonces.

A finales de los años 20 se desató una ardua discusión en las páginas de la prensa general y especializada. Se discutían todos los aspectos del modo de vida, es decir, el destino de la familia, las relaciones entre padres e hijos, las formas de contacto social en la vida cotidiana, los problemas de la socialización de la economía doméstica y del proceso de consumo, etcétera. Se proponían los modelos más diversos del modo de vida del futuro, en correspondencia con los cuales se creaban los proyectos del nuevo edificio de viviendas.

Los arquitectos estudiaban con especial atención la experiencia acumulada hacia finales de los años 20, la experiencia de los diez años de funcionamiento de las comunas domésticas y de consumo en la ciudad y de las comunas productoras y de consumo en el campo.

A finales de los años 20, a la par con la proyección y construcción de edificios tipo transitorio, adquirieron amplia divulgación las teorías en las que la reorganización del modo de vida se relacionaba no solamente con la socialización total de la economía doméstica, sino con la renuncia a la familia como célula primaria de la sociedad, y con la reglamentación detallada de la vida de los miembros de la comuna doméstica.

Este enfoque de reconstrucción del modo de vida fue expuesto de la manera más consecuente en los trabajos teóricos de N. Kuzmín y fue formalizado arquitectónicamente en su proyecto de la casa-comuna (1928–1929, O. M. № 67).

Las teorías que promulgaban la completa socialización del modo de vida y la liquidación de la familia, y los proyectos creados en correspondencia con ellos, pretendían ser el reflejo de una demanda social concreta; sus partidarios se remitían a los diversos ejemplos de comunas domésticas con total socialización del modo de vida y renuncia a la familia. Aunque realmente tales comunas existían, al analizar la forma de organización de semejante comuna no siempre se tomaban en cuenta las condiciones concretas de su creación, la composición social y sexual de sus miembros, así como sus edades. Lo que sucedía es que, generalmente, tales comunas eran una forma temporal de organización de la vida de un colectivo determinado de personas, para los cuales su estancia en las comunas significaba sólo una etapa de sus vidas. Además, generalmente ésta era la etapa de la vida de los

| Проблемы перестройки быта (разработка новых типов жилища) | Раздел 1 |
| El problema de la reorganización del modo de vida (creación de nuevos tipos de vivienda) | Parte 1 |

своей семьи молодой человек (рабфаковец, студент, рабочий новостройки) еще не обзавелся собственной семьей.

Юношеский и молодежный коллективизм не только создавали базу для формирования возрастных групп, но и сопровождались ярко выраженным конформизмом внутри этих групп, подчинением отдельной личности коллективу.

В 20-е годы тяга молодежи к созданию возрастных бытовых коллективов усиливалась и целым рядом специфических условий тех лет. Значительную роль в процессе создания бытовых молодежных коммун сыграло то обстоятельство, что в конце 20-х годов большое количество рабочей молодежи было направлено на учебу (в рабфаки и вузы) и на строительство новых городов. В таких условиях и возникали молодежные бытовые коммуны. Одинокие студенты или строители, территориально оторванные от семьи и других прежних групп и коллективов, не создав новой семьи и не имея своего развитого домашнего хозяйства, стремились и в быту быть вместе с коллективом, а свои бытовые потребности предпочитали удовлетворять в общественном секторе.

Первые студенческие коммуны возникли еще в первой половине 20-х годов.

Опыт организации и функционирования студенческих коммун вызвал в середине 20-х годов первую волну увлечения такой формой организации быта, прокатившейся по студенческим общежитиям многих городов.

После подъема в 1924–1926 гг. волны создания молодежных коммун в 1927–1928 гг. наблюдался определенный спад, причем многие из созданных ранее коммун распались.

Новая волна формирования молодежных коммун падает на 1928–1930 гг. Используя уже имевшийся опыт коммун прошлых лет и считая, что распад коммун был связан с непродуманным подбором его членов, новые коммунары ужесточают контроль за поведением своих товарищей. Коммуны стали рассматриваться как «фабрики нового человека», а каждый вступавший в молодежную коммуну стремился вытравлять в себе черты «старого» быта.

В 1929–1930 гг. в обстановке охватившего студенчество движения за организацию коммун был проведен всесоюзный межвузовский конкурс на студенческий дом-коммуну на 100 человек для Ленинграда. В этом (очень редком) случае проектировщик и потребитель фактически совпадали — студенты (многие из которых тогда были объединены в бытовые коммуны) сами проектировали студенческий дом-коммуну, да к тому же еще организатором конкурса было научно-техническое студенческое общество Ленинградского института коммунального строительства (ЛИКС, бывший ЛИГИ). Было подано 15 проектов из Ленинграда и 15 — из Москвы.

---

jóvenes en la que, después de haberse alejado de sus padres —estudiante de facultad obrera, estudiante universitario, obrero de las nuevas construcciones—, los jóvenes todavía no tenían familia.

El colectivismo juvenil no sólo creaba las bases para la formación de grupos por edades, sino que iba acompañado de un conformismo fuertemente marcado dentro de estos grupos y de la subordinación de cada persona al colectivo.

En los años 20, la inclinación de la juventud a crear colectivos domésticos por edades se vio reforzada además por toda una serie de condiciones específicas de aquellos años. El hecho de que en los años 20 una gran cantidad de jóvenes trabajadores fuera enviada a estudiar a las facultades obreras e institutos de enseñanza superior, y a construir ciudades nuevas, jugó un papel importante en el proceso de creación de las comunas juveniles domésticas. Bajo estas condiciones es que surgen estas comunas de jóvenes. Aún solteros y sin tener una economía doméstica desarrollada, los estudiantes o constructores, territorialmente alejados de sus padres y de otros grupos o colectivos a los que anteriormente pertenecían, preferían encontrarse dentro del colectivo y satisfacer sus necesidades domésticas en sociedad.

Las primeras comunas estudiantiles surgieron en la primera mitad de los años 20.

La experiencia en la organización y funcionamiento de las comunas estudiantiles produjo a mediados de los años 20 la primera ola de entusiasmo de esta forma de organización del modo de vida, que se difundió por las residencias estudiantiles de muchas ciudades.

Después del auge de la ola de creación de comunas juveniles en los años 1924–1926, en 1927–1928 se observó cierto decaimiento; es más, muchas de las comunas creadas anteriormente se disolvieron.

La nueva ola de formación de comunas juveniles se alza entre 1928 y 1930. Valiéndose de la experiencia con las comunas de los años anteriores y considerando que la disolución de éstas se debía a la elección no pensada de sus miembros, los nuevos comuneros (integrantes de las comunas) ponen más rigor en lo que respecta al control sobre la conducta de sus camaradas. Las comunas comenzaron a ser vistas como las «fábricas de formación del nuevo hombre», y cada persona que se incorporaba a la comuna juvenil intentaba deshacerse de los rasgos del «viejo» modo de vida.

Durante 1929–1930, en una situación en que el estudiantado se ve abrazado por el movimiento en favor de la organización de comunas, tiene lugar el concurso entre las instituciones de enseñanza superior de la Unión Soviética de construcción de una casa-comuna estudiantil con capacidad para cien personas en la ciudad de Leningrado. En este caso, muy raro, el proyectista y el consumidor prácticamente coinciden: los mismos estudiantes, muchos de los cuales estaban reunidos entonces en comunas domésticas, proyectaron la casa-comuna estudiantil, además de que el organizador del concurso fue la comunidad estudiantil científico-técnica del Instituto de

В том же 1929 г. было разработано задание на проект студенческого дома-коммуны Московским бюро пролетарского студенчества (МБПС).

В ноябре 1929 г. Московское бюро Пролетстуда провело собрание представителей студенческих коммун и коллективов, где были обсуждены проблемы строительства студенческих домов-коммун.

Собрание высказалось за то, чтобы впредь в Москве строились для студентов только дома-коммуны, а не общежития.

Как раз в это время в условиях ускоренной индустриализации и острой нехватки специалистов было принято решение о строительстве в стране крупных студенческих общежитий и студенческих городков.

В Москве в 1929 г. Текстильстрою (затем преобразованному в Стальстрой) было поручено строительство четырех комплексов студенческих общежитии на 10 тысяч студентов. По согласованию со студенческими общественными организациями один из этих комплексов было решено превратить в опытно-показательное строительство студенческого дома-коммуны на 2 тысячи студентов.

Внутри Текстильстроя (где в основном работали выпускники МВТУ) было организовано предварительное соревнование проектировщиков, по результатам которого составление окончательного проекта дома-коммуны было поручено И. Николаеву (Ш. № 69).

За основу программы проекта было взято упоминавшееся выше «задание», разработанное Московским бюро Пролетстуда.

Для последних лет рассматриваемого периода характерно обращение архитекторов и инженеров к проблемам крупносборного и мобильного жилища, что было связано с начавшимся процессом внедрения стандартизации и индустриальных методов в строительство, с теориями «подвижной» семьи и дестационарности жилой ячейки, с поисками вариантов планировки квартиры, жилого дома и города в целом, со стремлением использовать в жилищном строительстве новейшие научно-технические достижения.

Идеи сборного домостроения (с использованием стандартных элементов) и мобильности жилища в той или иной форме встречались уже в некоторых проектах первых лет советской власти.

В конце 20 – начале 30-х годов создаются перспективные проекты строительства жилых домов из объемных элементов. Уже в 1928 г. в дипломном проекте «Нового города» Т. Варенцова были запроектированы многоэтажные дома, в которых к основному «стволу» консольно крепились стандартные жилые ячейки.

Construcción Comunal de Leningrado (LIKS, ex LIGI). Se presentaron 15 proyectos de Leningrado y 15 proyectos de Moscú.

En el mismo año 1929, el Buró del Estudiantado Proletario de Moscú (MBPS) elaboró la tarea del proyecto de casa-comuna estudiantil.

En noviembre de 1929, el MBPS lleva a cabo una asamblea de los representantes de los colectivos y comunas estudiantiles, en la cual se discutieron los problemas de construcción de las casas-comuna estudiantiles.

La asamblea se manifestó en favor de que en Moscú se construyeran para los estudiantes sólo casas-comuna y no residencias estudiantiles.

Justamente en ese entonces, bajo las condiciones de industrialización acelerada y de aguda escasez de especialistas, es que se decide construir en el país grandes residencias y ciudades estudiantiles.

En Moscú, en 1929, se encargó a la empresa constructora Textilstroi (convertida después en Stalstroi) la construcción de cuatro complejos de residencias estudiantiles para 10 mil estudiantes. En común acuerdo con las organizaciones sociales estudiantiles se dispuso convertir uno de estos complejos en modelo experimental de construcción de casa-comuna estudiantil para dos mil estudiantes.

En Textilstroi (donde básicamente trabajaban egresados de la MVTU) se organizó un concurso preliminar de proyectistas. Como resultado de este concurso se encargó a I. Nikoláyev la elaboración final del proyecto de la casa-comuna (O. M. № 69).

La «tarea» antes mencionada, elaborada por el Buró del Estudiantado Proletario de Moscú, es tomada como base del programa del proyecto.

Los últimos años del período considerado se caracterizan por la atención que los arquitectos e ingenieros prestan a los problemas de la vivienda móvil construida con elementos prefabricados grandes, lo que estaba relacionado con el proceso iniciado de introducción de la estandarización de los métodos industriales en la construcción, con las teorías de la familia «móvil» y de la no estacionariedad de la unidad de vivienda, con las búsquedas de variantes de planificación de los apartamentos, del edificio de viviendas y de la ciudad en conjunto, con la tendencia a utilizar en la construcción de viviendas los últimos logros científico-técnicos.

Las ideas de construcción de edificios prefabricados —con la utilización de elementos estándares— y de movilidad de la vivienda, ya se observan de una u otra forma en algunos proyectos de los primeros años del poder soviético.

A finales de los años 20 e inicios de los 30 se elaboran proyectos —de mucha perspectiva— de construcción de edificios de viviendas a partir de elementos volumétricos. Ya en 1928, en el proyecto de grado de la «Ciudad nueva» de T. Varentsov se observan edificios de varios pisos en

В 1930 г. в конкурсном проекте Зеленого города Н. Ладовский наряду с детально разработанными типами зданий для первого этапа строительства предложил для второй очереди строительства использовать принципиально новые методы возведения жилища. Основным стандартным элементом Ладовский предлагал сделать не стеновой блок и не конструктивный элемент, а полностью оборудованную жилую ячейку (кают-кабину) одного или двух стандартных типов.

За свое предложение Ладовский получил авторское свидетельство (патент) № 21406 от 31 июля 1931 г. (П. № 22). В тексте авторского свидетельства, озаглавленного «Каркасное жилище, собираемое из заранее заготовленных стандартных элементов», говорится: «Предлагаемое изобретение имеет целью дать возможно большую стандартизацию жилых зданий и наиболее полное фабрично-заводское производство стандартных деталей здания, путем заготовки стандартных отдельных ячеек-кабин с внутренним оборудованием и мебелью, с установкой этих кают в любое место сооруженного для этой цели каркаса»*.

В 1929–1930 гг. А. Бунин разработал экспериментальный проект пораболического дома (Ш. № 77).

---

* Цит. по статье: *Волчек Ю. П.* Некоторые аспекты становления отечественной школы формообразования пространственных конструктивно-тектонических систем в советской архитектуре 10–30-х годов (Т. Макарова, И. Ладовский, А. Гинзбург) // Проблемы истории советской архитектуры. М., 1976. С. 43–44.

---

los que las unidades de vivienda estándares están unidas a modo de ménsulas con el «tronco» principal.

En 1930, en el proyecto de concurso de la Ciudad Verde, N. Ladovski propone no sólo tipos de edificios detalladamente elaborados para la primera etapa de construcción, sino también propone utilizar en la segunda etapa de construcción métodos totalmente nuevos de edificación de viviendas. Como elemento principal estándar, Ladovski sugirió una unidad de vivienda completamente equipada (camarote-cabina) de uno o dos tipos estándares, y no un bloque de paredes ni un elemento estructural.

Por su propuesta Ladovski recibió la patente Nº 21406 del 31 de julio de 1931 (A. Nº 22). En el documento de la patente «Vivienda de armazón ensamblado con elementos estándares prefabricados», se dice: «El invento propuesto tiene el propósito de estandarizar lo máximo posible los edificios de viviendas y de lograr una mayor producción industrial de piezas estándares para edificios, mediante la construcción de camarotes-cabinas independientes con equipamiento y amoblado interior, y la instalación de estos camarotes en cualquier lugar del armazón construido con este objetivo.»*

En 1929–1930, A. Bunin elabora su proyecto experimental de edificio parabólico (O. M. Nº 77).

---

* Cita del artículo: *Volchek Yu. P.* Algunos aspectos de la formación de la escuela nacional de creación de formas de los sistemas espaciales tectónico-estructurales en la arquitectura soviética de los años 10–30 (T. Makárova, I. Ladovski, A. Guínzburg) // Problemas de la historia de la arquitectura soviética. Moscú, 1976. Págs. 43–44.

Поиски новых типов общественных зданий (проекты и постройки)

Búsqueda de nuevos tipos de edificios públicos (proyectos y construcciones)

Для архитектуры советского авангарда были характерны интенсивные творческие поиски новых типов общественных зданий, отражавшие сложные процессы социально-экономических и политических преобразований в стране. В первые годы советской власти слом старой государственной машины сопровождался реформами во всех областях общественной жизни. Коренные преобразования проводились в системе просвещения, здравоохранения, культурного отдыха и т. д. Старые учреждения и организации были расформированы или реформированы, а новая сесть общественно-политических, культурно-массовых и других учреждений еще только формировалась.

В первые послереволюционные годы в условиях ожесточенной политической борьбы рабочие создавали свои чисто пролетарские организации, вокруг которых и формировались новые типы культурно-массовых и коммунально-бытовых учреждений. Решающая роль в формировании культурно-массовых учреждений нового типа принадлежала таким характерным для первых лет советской власти комплексным общественным зданиям, как «Дворцы труда», «Дворцы рабочих», «Дворцы народов» и др.

Уже в первые годы советской власти развертывается проектирование таких комплексных общественных сооружений, включавших в себя самые разнообразные функции.

Дворцы рабочих, Дворцы труда и другие комплексные учреждения, размещавшиеся сначала в приспособленных старых зданиях, набором присущих им функций влияли на выработку программы проектов новых зданий этого типа. А функции такого рода первых культурно-общественных учреждений были весьма разнообразны. Они служили одновременно и центром общественных организаций, и учебным заведением, и театром, и клубом, и библиотекой-читальней, и общественной столовой, и музеем и т. д. Фактически первые такие общественные здания рассматривались как некие комплексные сооружения, объединяющие различные политические, общественные, культурно-массовые и просветительные организации.

Такая комплексность назначения подобных общественных зданий отражала определенный этап формирования системы новых общественных организаций и учреждений, недифференцированность самих функций еще только рождавшейся системы культурно-бытового обслу-

---

La arquitectura del vanguardismo soviético se caracterizaba por la búsqueda intensa de nuevos tipos de edificios públicos que reflejaran las complejas transformaciones políticas y socio-económicas que tenían lugar en el país. En los primeros años del poder soviético, la destrucción de la antigua máquina estatal iba acompañada de reformas en todas las esferas de la vida social. Se realizaban transformaciones radicales en los sistemas de educación, de salud pública, de recreación cultural, etcétera. Las instituciones y organizaciones antiguas fueron disueltas o reformadas, mientras que la nueva red de instituciones socio-políticas, de recreación masiva y otras, sólo comenzaba a formarse.

En los primeros años posrevolucionarios, en condiciones de una encarnizada lucha política, los trabajadores creaban organizaciones puramente proletarias, alrededor de las cuales se formaban, precisamente, los nuevos tipos de instituciones de recreación cultural masiva y doméstico-comunales. Un papel decisivo en la formación de las instituciones de recreación masiva de nuevo tipo le pertenece a tales complejos de edificios públicos como los «Palacios del trabajo», los «Palacios de los obreros», los «Palacios de los pueblos», etcétera, tan característicos de los primeros años del poder soviético.

En los primeros años del poder soviético se inicia la proyección de este tipo de complejos de edificaciones públicas, los cuales cumplían las más diversas funciones.

Los palacios de los obreros, palacios del trabajo y otros complejos, situados inicialmente en edificios viejos adecuados para este fin, mediante las funciones que cumplían influyeron en la elaboración del programa de proyectos de los nuevos edificios de este tipo. Y las funciones de las primeras instituciones socio-culturales eran muy diversas. Eran simultáneamente centro de las organizaciones sociales, centro de enseñanza, teatro, club, biblioteca con sala de lectura, comedor público, museo, etcétera. En la práctica, los primeros edificios públicos de este tipo eran vistos como edificaciones complejas, que unificaban diferentes organizaciones políticas, sociales, de recreación masiva y de enseñanza.

La compleja función de estos edificios públicos reflejaba una determinada etapa en la formación del sistema de las nuevas organizaciones e instituciones públicas, reflejaba la ausencia de diferenciación de las funciones del recién nacido sistema de servicio socio-cultural de los trabajadores. Sin embargo, en esta tendencia de unificar muchas organizaciones e instituciones en un

живания трудящихся. Однако определенную роль в стремлении объединить многие учреждения и организации в одном общественном сооружении играло и то обстоятельство, что такое новое пролетарское общественное здание хотели видеть непременно огромным и величественным, рассматривали его как единый центр политической и культурной жизни трудящихся.

Рабочие хотели в своих «дворцах» зримо ощущать черты будущего города свободных трудящихся, для описания которого в те годы часто использовали такие эпитеты, как огромный, великий, гигантский, яркий, лучистый, ослепительно сверкающий, роскошный, чудесный, величавый, стройный, прекрасный и т. д. и т. п. (например, в фантастическом рассказе «Первомайский сон» пролетарского писателя Вл. Кириллова, 1921). Это отражало социальное настроение пролетариата тех лет. Именно таким — огромным, сверкающим, прекрасным и стройным — представлялся рабочим мир будущего. В этом мире живут стройные, красивые люди, радостно марширующие в огромных колоннах по залитым солнцем гигантским площадям мимо ослепительных «дворцов».

Не только архитекторы, но и заказчики в те трудные и голодные годы меньше всего думали об экономии и утилитарности, создавая (и заказывая) проекты грандиозных дворцов, в структуре и образе которых своеобразно отразился и менявшийся тогда общественный быт рабочих, который был связан с конкретными историческими условиями периода революции, острой классовой борьбы и гражданской войны. Рабочий привык в те годы всегда быть на людях — на митингах, собраниях, демонстрациях. Пришедший к власти пролетариат в своих первых общественных зданиях стремился зримо ощутить свое монолитное единство, свою огромность как коллектива.

Все это вошло в архитектуру общественных зданий как порожденный конкретными условиями социальный заказ. Архитектура как бы пространственно оформляла реальный революционный быт тех лет, создавала среду для активной деятельности революционных масс. Человек воспринимался в окружении коллектива и в непрерывном движении — шествующий, митингующий, марширующий в колоннах. Отсюда и такие характерные черты проектов первых общественных комплексов, как огромные эспланады для демонстраций, грандиозные залы для митингов, гигантские лестницы и т. п.

Формально дворцы труда были зданиями, где размещались профсоюзные организации, однако в конкретных условиях первых лет советской власти, когда еще только начинала формироваться новая система культурно-массового обслуживания, они стали одними из важнейших центров общественной жизни трудящихся и экспериментальной площадкой формирования новых типов общественных зданий.

---

solo complejo público jugaba un papel determinante el deseo de ver este nuevo edificio público proletario como un edificio inmenso y grandioso, considerándolo como el centro unificado de la vida política y cultural de los trabajadores.

Los trabajadores querían palpar visualmente en sus «palacios» los rasgos de la futura ciudad de trabajadores libres, la cual en aquellos años se describía frecuentemente con epítetos como inmensa, grandiosa, gigantesca, brillante, radiante, deslumbrante, lujosa, maravillosa, armoniosa, hermosa, etcétera (véase, por ejemplo, el cuento de ciencia ficción «Sueño de un primero de mayo» del escritor proletario V. Kirílov, 1921). Esto reflejaba el ánimo social del proletariado de aquellos años. Precisamente así —inmenso, brillante, hermoso y armonioso— el obrero se imaginaba el mundo futuro. En ese mundo vivirían hombres armoniosos, hermosos, que marcharían alegremente en inmensas columnas por las gigantescas plazas inundadas de sol, ante los deslumbrantes «palacios».

En lo menos que pensaban no sólo los arquitectos, sino también los futuros clientes en aquellos años hambrientos y difíciles, era en la economía o el utilitarismo. Ellos creaban (y pedían) proyectos de palacios grandiosos, en cuya estructura e imagen se reflejara de manera peculiar el modo de vida social —entonces cambiante— de los trabajadores, relacionado con las condiciones históricas concretas del período revolucionario, con la aguda lucha de clases y con la guerra civil. El obrero estaba acostumbrado en aquellos años a estar entre la gente: en mítines, reuniones, manifestaciones. El proletariado en el poder quería visualizar en sus primeros edificios públicos su unidad monolítica, su inmensidad como colectivo.

Todo esto se reflejó en la arquitectura de los edificios públicos como una demanda social generada por condiciones concretas. Es como si la arquitectura formalizara espacialmente el modo de vida revolucionario de aquellos años, como si creara el medio para la actividad enérgica de las masas revolucionarias. El hombre se veía rodeado del colectivo y en continuo movimiento: avanzando, en manifestaciones y mítines, marchando en columnas. Éste es el origen de los rasgos tan característicos de los proyectos de los primeros complejos públicos, como son las inmensas explanadas para las manifestaciones, las salas grandiosas para los mítines, las escaleras gigantes, etcétera.

Formalmente, los palacios del trabajo eran edificios donde se encontraban las organizaciones sindicales; sin embargo, en las condiciones concretas de los primeros años del poder soviético, cuando sólo comenzaba a formarse el nuevo sistema de servicio cultural masivo, los palacios del trabajo se convirtieron en unos de los más importantes centros de la vida social de los trabajadores y en el polígono de formación de nuevos tipos de edificios públicos.

El símbolo de la nueva sociedad debía ser el Palacio del Trabajo de Moscú. El concurso de su proyecto fue anunciado a finales del año 1922 (plazo de entrega de los proyectos: 5 de febrero de 1923; O. M. № 13, 14, 15).

| Раздел 1 | Поиски новых типов общественных зданий (проекты и постройки) |
| Parte 1 | Búsqueda de nuevos tipos de edificios públicos (proyectos y construcciones) |

Символом нового общества должен был стать Дворец труда в Москве, конкурс на проект которого был объявлен в конце 1922 г. (срок подачи проектов — 5 февраля 1923 г., Ш. № 13, 14, 15).

В первые послереволюционные годы местные Советы размещались в приспособленных зданиях (бывший дом губернатора в Москве, бывший Смольный институт в Петрограде и т. д.). В этот период шел процесс формирования самой структуры новых органов власти, выявлялась программа нового типа здания. Поисковые проекты Домов Советов были, как правило, попытками найти необычный архитектурно-художественный образ для здания, олицетворяющего новую власть трудящихся (проекты «Совдепа» А. Родченко и А. Шевченко, 1920; проект волостного совета А. Никольского, 1921).

Разработка архитектурного типа Дома Советов практически началась в середине 20-х годов, когда в республиках и областях развернулось проектирование и строительство зданий для новых органов народной власти.

В проведенном в 1926 г. закрытом конкурсе на проект Дома Советов Дагестанской республики в Махачкале выявились два принципиально различных подхода к созданию нового типа правительственного здания, наиболее ярко проявившиеся в проектах И. Жолтовского и М. Гинзбурга — ведущих представителей двух влиятельных творческих направлений советской архитектуры тех лет. Жолтовский в своем проекте (впоследствии осуществленном) исходил из традиционного понимания правительственного здания как прежде всего представительного сооружения. Дом Советов в его проекте трактовался как некий неприступный замок с замкнутым внутренним двором. Гинзбург в объемно-пространственной композиции Дома Советов стремился подчеркнуть демократичность, общедоступность этого нового типа правительственного здания. Расположенные на пересечении главных улиц корпуса центральных органов и основных наркоматов образуют открытую площадь для митингов. Вторая площадь с трибунами для зрителей расположена внутри комплекса; она предназначена для собраний и спортивных выступлений.

Развитием творческих установок М. Гинзбурга был его конкурсный проект Дома правительства Казахской республики в Алма-Ате (конкурс был объявлен в 1927 г.), который получил первую премию и был осуществлен в 1929–1931 гг. (Ш. № 50).

В конце 20 – начале 30-х годов было проведено еще несколько конкурсов на республиканские дома правительства. Среди осуществленных построек этого типа представляют интерес Дома правительства Калмыкии в Элисте (архитекторы И. Голосов и Б. Мительман), Бурят-Монголии в Верхнеудинске (А. Оль), Белоруссии в Минске (И. Лангбард), Узбекистана в Ташкенте (С. Полупанов, П. № 25).

En los primeros años posrevolucionarios, los Sóviets locales se instalaron en edificios adaptados para este fin (en la antigua Casa del Gobernador de Moscú, en el antiguo Instituto Smolni de Petrogrado, etcétera). En ese período se formaba la propia estructura de los nuevos órganos del poder, se aclaraba el programa del nuevo tipo de edificio. Los proyectos prospectivos de las Casas de los Sóviets eran, generalmente, intentos de hallar una imagen arquitectónico-artística inusual del edificio que representaría al nuevo poder de los trabajadores (los proyectos del Sovdep de A. Ródchenko y A. Shevchenko, 1920; el proyecto del Comité Ejecutivo de los Volost de A. Nikolski, 1921).

La creación del tipo arquitectónico de la Casa de los Sóviets se inició prácticamente a mediados de los años 20, cuando en las repúblicas y regiones se inició la proyección y construcción de edificios para los nuevos órganos del poder popular.

En el concurso cerrado celebrado en 1926 en Majachkalá, y cuyo tema era el proyecto de la Casa de los Sóviets de la República de Daguestán, hubo dos enfoques, diferentes en principio, de creación del nuevo tipo de edificio gubernamental. Estos enfoques se manifestaron más nítidamente en los proyectos de I. Zholtovski y M. Guínzburg, los principales representantes de las dos corrientes artísticas influyentes de la arquitectura soviética de aquellos tiempos. Zholtovski partía en su proyecto (llevado posteriormente a la práctica) de la concepción tradicional del edificio gubernamental como una edificación representativa ante todo. La Casa de los Sóviets en su proyecto se interpretaba como una especie de palacio inaccesible con un patio interior cerrado. Guínzburg intentaba subrayar en su composición volumétrico-espacial de la Casa de los Sóviets la democracia, la facilidad de acceso a este nuevo tipo de edificio gubernamental. Situados en los cruces de las avenidas principales, los edificios de los órganos centrales y de los narkomat principales forman una plaza abierta para los mítines. La segunda plaza, con tribunas para los espectadores, se encuentra dentro del complejo y está destinada a las reuniones y a los eventos deportivos.

El desarrollo de las concepciones artísticas de M. Guínzburg se refleja en su proyecto de concurso de la Casa del Gobierno de la República de Kazajstán en Alma-Atá (el concurso fue convocado en 1927), el cual recibió el primer premio y fue realizado en los años 1919–1931 (O. M. № 50).

A finales de los años 20 e inicios de los 30 fueron convocados otros concursos de casas de gobierno para las repúblicas de la URSS. Entre los proyectos de este tipo que se realizaron representan interés las casas de gobierno de Kalmykia en Eliste (arquitectos I. Gólosov y B. Mitelmán), de Buriat-Mongolia en Vierjneudinsk (A. Ol), de Bielorusia en Minsk (I. Langbard), de Uzbekistán en Tashkent (S. Polupánov, A. № 25).

La proyección e inicio de la construcción de todo tipo de «palacios» en los primeros años del poder soviético reflejaban la aspiración del proletariado de autoafirmarse como clase gobernante, y tenían por objetivo crear un monumento grandioso a la Gran Revolución de Octubre. Esto también

Проектирование и закладка всевозможных «дворцов» в первые годы советской власти отражали стремление пролетариата к самоутверждению как господствующего класса и преследовали цель создать грандиозный памятник Великой революции. Это нашло отражение и в таком характерном для рассматриваемого периода факте, как проектирование «главного здания» страны, образ которого должен был стать символом революции и нового общества.

«Главное здание» мыслилось как средоточие общественной жизни, политический символ и даже центр (в ожидании мировой революции) международного значения. На роль такого политического символа страны в первые годы советской власти выдвигались различные по назначению здания, так как предполагалась комплексность их функции.

В качестве подобного символа рассматривали, например, Дворец народов Москвы (торжественно заложен в первое воскресенье после празднования первой годовщины Октября), который был задуман как грандиозное сооружение с общественными и театральными залами и многочисленными помещениями различного назначения. Такой же символ видели и в здании ВСНХ, конкурс на которое было решено объявить также осенью 1918 г. Гражданская война отодвинула выполнение этого плана, но сама идея создать здание ВСНХ как «главное здание» страны нашла отклик среди архитекторов. Это проявилось, например, и в экспериментальном проекте В. Кринского 1922–1923 гг. (небоскреб ВСНХ на Лубянской площади в Москве, Ш. № 12), и в курсовых проектах студентов мастерской Н. Ладовского во ВХУТЕМАСе 1924–1925 гг. (небоскреб ВСНХ у Сретенских ворот в Москве, Ш. № 27).

Противопоставление прошлому требовало воплощения в «главном здании» совершенно нового художественного образа. Этим в значительной степени объясняется широкая популярность Памятника III Интернационала В. Татлина с его подчеркнуто новым обликом.

На открывшемся 30 декабря 1922 г. первом Съезде Советов Союза Советских Социалистических республик, принявшем декларацию и договор об образовании СССР, С. Киров внес предложение ознаменовать это событие «так, чтобы остался живой памятник совершившегося сегодня... в ближайшее время заняться постройкой такого памятника, в котором могли бы собираться представители труда... О нас много говорят, что мы с быстротою молнии стирали с лица земли дворцы банкиров, помещиков и царей. Это верно. Воздвигнем же на месте их новый дворец рабочих и трудящихся крестьян»*.

Такой «дворец рабочих и трудящихся крестьян» и проектировали архитекторы, участвовавшие в конкурсе на Дворец труда в Москве (1922–1923), который также рассматривался тогда как «главное здание» (Ш. № 13, 14, 15).

---

* Киров С. М. Избранные статьи и речи. М., 1957. С. 150–152.

---

se reflejó en la proyección del «edificio principal» del país —hecho tan característico del período analizado—, el cual debía convertirse en el símbolo de la revolución y de la nueva sociedad.

El «edificio principal» se concebía como el centro de la vida social, como un símbolo político e, incluso, como un centro internacional (en espera de la revolución mundial). En los primeros años del poder soviético se propusieron edificios con diferentes fines para desempeñar ese papel de símbolo político del país, pues se suponía que sus funciones serían múltiples.

En calidad de este símbolo se pensó, por ejemplo, en el Palacio de los Pueblos de Moscú (construcción iniciada solemnemente el primer domingo después de los festejos del primer aniversario de la Revolución de Octubre), el cual fue ideado como una edificación grandiosa con salas públicas y teatrales y numerosas instalaciones de uso diverso. También se vio como símbolo el edificio del VSNJ (*Sóviet Supremo de la Economía Popular*), a cuyo concurso se decidió convocar en otoño de 1918. La guerra civil desplazó la realización de este plan, pero la propia idea de crear el edificio del VSNJ como el «edificio principal» del país halló respuesta entre los arquitectos. Esto se manifestó, por ejemplo, en el proyecto experimental de V. Krinski de 1922–1923 (rascacielos del VSNJ en la Plaza Lubiánskaya en Moscú, O. M. № 12), y en los proyectos de concurso de los estudiantes del taller de N. Ladovski en el VJUTEMAS, 1924–1925 (rascacielos del VSNJ en las Puertas Sriétenskie en Moscú, O. M. № 27).

La oposición al pasado exigía la materialización de una imagen artística totalmente nueva del «edificio principal». Esto explica en gran medida la amplia popularidad del Monumento de la III Internacional de V. Tatlin, con su aspecto marcadamente nuevo.

En el primer Congreso de los Sóviets de la Unión de Repúblicas Socialistas Soviéticas, inaugurado el 30 de diciembre de 1922 y en el cual se tomó la decisión de la formación de la URSS, S. Kírov propuso conmemorar este suceso «de tal manera que quede un monumento vivo de lo realizado hoy... dedicarse inmediatamente a la construcción de un monumento donde se puedan reunir los representantes del trabajo... De nosotros se dice a menudo que a la velocidad de un trueno hemos borrado de la faz de la tierra los palacios de los banqueros, latifundistas y zares. Eso es cierto. Levantemos ahora en su lugar el nuevo palacio de los obreros y campesinos»*.

Precisamente ese «palacio de los obreros y campesinos» fue proyectado por los arquitectos que participaron en el concurso del Palacio del Trabajo en Moscú (1922–1923), el cual también se veía como el «edificio principal» (O. M. № 13, 14, 15).

La imagen del «edificio principal» se estudió intensamente en la segunda mitad de los años 20 en el VJUTEMAS y en el VJUTEIN. Se propusieron el Palacio Central del Trabajo (proyectos de

---

* Kírov S. M. Artículos y discursos escogidos. Moscú, 1957. Págs. 150–152.

Образ «главного здания» интенсивно разрабатывали во второй половине 20-х годов во ВХУТЕМАСе и во ВХУТЕИНе. На эту роль предлагали и Центральный дворец труда (проекты С. Кожина и И. Соболева, мастерская А. Веснина; проект Л. Теплицкого, мастерская И. Голосова, 1926), и Дом съездов СССР (проекты Р. Смоленской, Ш. № 56 и Г. Глущенко, мастерская Н. Ладовского, 1928; проект Н. Травина, мастерская Н. Докучаева, 1929), и здание Коминтерна (проекты Л. Комаровой, П. № 20, мастерская А. Веснина; Г. Кочара, мастерская Д. Фридмана, 1929, Ш. № 70).

Как «главное здание» проектировали на состоявшемся в 1934 г. конкурсе Наркомтяжпром в Москве (Ш. 98, 99, 100).

Особую роль в формировании нового типа правительственного здания, в поисках художественного образа «главного здания» страны и в развитии советской архитектуры в целом сыграл конкурс на проект Дворца Советов в Москве, четыре тура которого состоялись в 1931–1933 гг. Участок для строительства был выбран в центре Москвы на месте храма Христа Спасителя.

Архитекторы решали Дворец Советов не только как место для заседаний верховного органа страны с площадью для официальных парадов перед ним, а как народный форум — место коллективного общения трудящихся масс (демонстрации, митинги, политические карнавалы, военизированные и спортивные зрелищные постановки и т. д.).

Различные подходы к созданию облика Дворца Советов, выявившиеся на открытом конкурсе (втором туре), еще более определенно проявились в третьем закрытом туре конкурса (13 проектов), проходившем в 1932 г. Это сказалось и на объемно-пространственной композиции комплекса, и на стилистической трактовке его форм. Наиболее характерны три основных тенденции — пространственное решение комплекса как общенародного форума с использованием форм новой архитектуры (М. Гинзбург, Г. Гассенпфлуг и С. Лисагор; Н. Ладовский; братья Веснины); решение Дворца Советов как монумента в упрощенных формах (К. Алабян, Г. Кочар и др.; И. Голосов; Б. Иофан); создание замкнутых композиций с широким использованием традиционных форм (И. Жолтовский; Д. Чечулин; А. Щусев).

Крайние творческие позиции в области понимания места Дворца Советов в ансамбле и общественной жизни города были представлены в проектах И. Жолтовского и М. Гинзбурга (совместно с Г. Гассенпфлугом и С. Лисагором), в которых как бы продолжался спор этих ведущих представителей двух творческих течений о подходе к созданию нового типа правительственного здания, начатый пять лет назад в конкурсе на проект Дома Советов в Махачкале.

И. Жолтовский объединяет все помещения Дворца Советов в едином компактном прямоугольном в плане здании, во внешнем облике которого подчеркнуты монументальность и

Обложка журнала «Бригада художников». 1931 г. № 5–6. На обложке конкурсные проекты Дворца Советов (предварительный тур)

Cubierta de la revista «Brigada de Artistas». 1931, Nº 5–6. En la cubierta se muestran los proyectos de concurso del Palacio de los Sóviets (etapa preliminar)

S. Kozhin e I. Sóboliev, taller de A. Vesnín; proyecto de L. Teplitski, taller de I. Gólosov, 1926), la Casa de los Congresos de la URSS (proyectos de R. Smoliénskaya, O. M. Nº 56, y G. Glúschenko, taller de N. Ladovski, 1928; proyecto de N. Travin, taller de N. Dokucháyev, 1929) y el edificio del Komintérn (proyecto de L. Komarova, A. Nº 20, taller de A. Vesnín; proyecto de G. Kochar, taller de D. Fridman, 1929, O. M. Nº 70).

Como «edificio principal» se proyectó también el Narkomat de la Industria Pesada en Moscú (O. M. Nº 98, 99, 100) en el concurso celebrado en 1934.

El concurso del proyecto del Palacio de los Sóviets en Moscú, cuyas cuatro etapas se celebraron entre 1931 y 1933, desempeñó un papel especial en la formación del nuevo tipo de edificio gubernamental, en la búsqueda de la imagen artística del «edificio principal» del país y en el desarrollo de la arquitectura soviética en su totalidad. El solar para el edificio se eligió en el centro de Moscú, donde se encontraba la Catedral de Cristo Salvador.

El Palacio de los Sóviets era proyectado por los arquitectos no sólo como el lugar de reuniones del órgano superior del país con una plaza para los desfiles oficiales ante él, sino como un fórum popular: el lugar para las relaciones colectivas de las masas trabajadoras (manifestaciones, mítines, carnavales políticos, representaciones de espectáculos militares y deportivos, etcétera).

Los distintos enfoques de creación de la imagen del Palacio de los Sóviets, mostrados en el concurso abierto (segunda etapa), se revelaron con más claridad en la tercera etapa cerrada del concurso (13 proyectos), llevada a cabo en 1932. Esto se reflejó en la composición volumétrico-espacial del complejo y en la interpretación estilística de sus formas. Las tres tendencias fundamentales más características eran las siguientes: la construcción espacial del complejo como un fórum de todo el pueblo, utilizando las formas de la nueva arquitectura (M. Guínzburg, G. Gassenpflug y S. Lisagor; N. Ladovski; los hermanos Vesnín); la construcción del Palacio de los Sóviets como un monumento de formas simples (K. Alabián, G. Kochar y otros; I. Gólosov; B. Iofan); la creación de composiciones cerradas con amplio uso de las formas tradicionales (I. Zholtovski; D. Chechulin; A. Schúsiev).

Dos posiciones artísticas extremas en lo referente a la idea del lugar que ocuparía el Palacio de los Sóviets en la composición arquitectónica y en la vida social de la ciudad fueron presentadas en los proyectos de I. Zholtovski y de M. Guínzburg (junto con G. Gassenpflug y S. Lisagor), en los cuales se puede decir que continuaba la discusión entre estos representantes fundamentales de las dos corrientes artísticas en cuanto al enfoque de la creación del nuevo tipo de edificio gubernamental, discusión iniciada cinco años antes en el concurso del proyecto de la Casa de los Sóviets en Majachkalá.

Zholtovski reúne todos los locales del Palacio de los Sóviets en un solo edificio compacto y de planta rectangular, y en cuyo aspecto exterior se subrayan el monumentalismo y la inaccesi-

| Поиски новых типов общественных зданий (проекты и постройки) | Раздел 1 |
| Búsqueda de nuevos tipos de edificios públicos (proyectos y construcciones) | Parte 1 |

Г. Бархин

G. Barjin

неприступность, идущие от традиций дворцово-замковых композиций прошлого (галерея в виде аркады, глухие глади стен, портики, башня).

В проекте Гинзбурга объемно-пространственное построение всего комплекса подчеркивает общедоступность Дворца Советов, его органическую связь с общественной жизнью города (Ш. № 96).

Необычна объемно-пространственная композиция встречного проекта Дворца народов, поданного К. Мельниковым на конкурс Дворца Советов (Ш. № 97).

Одновременно с процессом формирования такого принципиально нового типа общественного здания, как Дом Советов, шли поиски новых решений административных, конторских и деловых зданий. Среди них были конторские здания внешнеторговых объединений, здания наркоматов, учреждений кооперации и промышленных трестов, банковские помещения и т. д.

Интенсивная разработка нового типа административного-делового здания началась в середине 20-х годов.

Большую роль сыграли в этот период конкурсы на проекты зданий «Аркос» в Москве и Госпрома в Харькове.

Получивший первую премию проект братьев Весниных для здания «Аркос» (1924), выделявшийся среди других конкурсных проектов рациональным подходом к решению функционально-конструктивных задач и подчеркнуто современным внешним обликом, как бы задал уровень дальнейших творческих поисков в области проектирования новых административно-конторских зданий (Ш. 24).

При этом нельзя не отметить, что усилившиеся в эти годы внешнеторговые операции многих экономических объединений страны привели к тому, что к внешнему облику проектировавшихся для них зданий стали предъявляться требования представительности и даже импозантности. Это сказалось уже и в конкурсе на здание «Аркос» (внешнеторговое объединение), и в ряде других конкурсов, например, на проект здания для московской конторы русско-германского торгового акционерного общества «Русгерторг» (1926) и на проект здания акционерного общества «Оргаметалл» (объединение в одном здании конторских помещений и обширного выставочного зала для машин; проект Гинзбурга, Ш. № 36).

В середине 20-х годов создается ряд проектов конторских зданий, которые по своей объемно-пространственной композиции делились на две части — нижнюю и башенную высотную. Наиболее характерны проекты зданий «Известий» (архит. Г. Бархин, 1925–1927, Ш. № 33) и Госторга в Москве (архит. Б. Великовский, 1925–1927, П. № 6), согласно которым решенные в железобетонном каркасе сооружения должны были наряду с основным ше-

bilidad provenientes de las composiciones de castillos y palacios tradicionales del pasado (galería en forma de arcada, paredes ciegas lisas, pórticos, torre).

En el proyecto de M. Guínzburg, la construcción volumétrico-espacial de todo el complejo remarca la total accesibilidad al Palacio de los Sóviets, su relación orgánica con la vida social de la ciudad (O. M. № 96).

La composición volumétrico-espacial del Palacio de los Pueblos presentada por K. Miélnikov en el concurso del Palacio de los Sóviets (O. M. № 97) era muy inusual.

Simultáneamente con el proceso de formación de tal tipo de edificio público totalmente nuevo, como es el Palacio de los Sóviets, se buscaban nuevas soluciones para los edificios administrativos, de oficinas y de negocios. Entre éstos se encontraban los edificios de oficinas de las asociaciones de comercio exterior, los narkomat, las instituciones de cooperación y los trusts industriales, las instituciones bancarias, etcétera.

A mediados de los años 20 se inició el estudio intenso del nuevo tipo de edificio administrativo y de negocios.

En este período, los concursos de proyectos para el edificio «Arcos» en Moscú y el edificio de Gosprom (*Industria Estatal*) en Járkov desempeñaron un papel fundamental.

Notable entre otros proyectos de concurso por su enfoque racional en la solución de los problemas estructurales y funcionales y por su aspecto exterior claramente moderno, el proyecto del edificio «Arcos» (1924) de los hermanos Vesnín, el cual obtuvo el primer premio, impuso el nivel de las búsquedas artísticas posteriores en el área de la proyección de los nuevos edificios de oficinas administrativas (O. M. № 24).

Se debe señalar que la intensificación de las operaciones de comercio exterior de muchas asociaciones económicas nacionales de aquellos años exigía que el aspecto exterior de los edificios proyectados para éstas tuviese presencia e, incluso, imponencia. Esto influyó en el concurso del edificio de la asociación de comercio exterior «Arcos» y en otros concursos como, por ejemplo, el del proyecto del edificio de la oficina moscovita de la sociedad anónima ruso-germana de comercio «Rusgertorg» (1926) y el del proyecto del edificio de la sociedad anónima «Orgametal» (locales para oficinas y una amplia sala de exposiciones de maquinarias, todo en un sólo edificio; proyecto de Guínzburg, O. M. № 36).

A mediados de los años 20 se crea una serie de proyectos de edificios de oficinas, que por su composición volumétrico-espacial se dividían en dos partes: los pisos inferiores y una torre superior. Los proyectos más característicos son el edificio del periódico «Izviestia» (G. Barjin, 1925–1927, O. M. № 33) y el edificio del Gostorg (*Oficina Estatal de Exportación-Importación*) en Moscú (B. Velikovski, 1925–1927, A. № 6), en los que las construcciones realizadas sobre un

| Раздел 1 | Поиски новых типов общественных зданий (проекты и постройки) |
| Parte 1 | Búsqueda de nuevos tipos de edificios públicos (proyectos y construcciones) |

стиэтажным объемом иметь повышенную центральную часть в 12–13 этажей. Однако принятое в 1926 г. постановление о запрещении строить в Москве в пределах Садового кольца сооружения выше шести этажей заставило уже в процессе строительства отказаться от возведения высотных объемов (здания «Известий» и Госторга пришлось поэтому частично перепроектировать).

В 1930 г. был проведен конкурс на проект здания издательства «Правда». П. Голосов и А. Куровский запроектировали сооружение с высотной угловой частью. Однако окончательный проект комбината «Правда», разработанный П. Голосовым и осуществленный в 30-е годы, уже не имел высотной части (Ш. № 90).

В 1928 г. был проведен конкурс на Дворец печати в Баку. Здание было выстроено по отобранному в результате конкурса проекту С. Пэна (Ш. № 64).

В рассматриваемый период, когда еще не были созданы промышленные наркоматы, руководство промышленностью осуществлялось республиканскими и местными совнархозами (ВСНХ, СНХ), для которых проектировались и строились Дома промышленности и здания Госпромов.

Видное место в процессе формирования нового типа административно-хозяйственного здания занимает харьковский Госпром, конкурс на который проходил в 1925 г. По его роли в композиции нового общественного центра тогдашней столицы Украины и по комплексности его функционального назначения Госпром близок правительственным зданиям. Фактически выполнявшие роль промышленных наркоматов тресты и различные объединения наряду с другими учреждениями, входившими в ВСНХ Украины, и были объединены в едином здании Госпрома (архитекторы С. Серафимов, М. Фельгер и С. Кравец, 1925–1928, Ш. № 32).

В 1929–1930 гг. состоялся конкурс на проект Дома промышленности в Москве (проекты П. Голосова; Л. Залесской, М. Коржева, Л. Лисицкого и М. Прохоровой; Н. Ладовского и Д. Фридмана; В. Симбирцева и др.). Наибольший интерес в этом конкурсе представлял проект И. Леонидова, в котором Дом промышленности был решен в виде вертикального параллелепипеда (Ш. № 76).

Поиски типа Дома промышленности велись и во ВХУТЕИНе (в мастерских Н. Ладовского и Н. Докучаева). В выполненных в 1928 г. дипломных проектах Дома промышленности и торговли объемно-пространственная композиция строилась с учетом как взаимосвязи отдельных учреждений, так и их автономии (проект А. Сильченкова, Ш. № 55).

В первые же годы советской власти была поставлена задача осуществления культурной революции, которая рассматривалась как составная часть общего плана построения социализма в стране.

---

armazón de hormigón armado debían tener, además de la parte fundamental de seis pisos, una parte central elevada de 12–13 pisos de altura. Sin embargo, el decreto de 1926 que prohibía construir en el interior de la circunvalación Sadóvoye de Moscú edificaciones de más de seis pisos obligó, ya durante el proceso de construcción, a desistir de la idea de levantar las partes altas (por esta razón, los edificios de «Izviestia» y de Gostorg fueron modificados parcialmente).

En 1930 se llevó a cabo el concurso del proyecto del edificio de la editorial «Pravda». P. Gólosov y A. Kurovski proyectaron un edificio con una parte elevada en un lado. Sin embargo, el proyecto final del conjunto de edificios «Pravda», elaborado por P. Gólosov y realizado en los años 30, ya no poseía la parte superior (O. M. № 90).

En 1928 se realizó el concurso del Palacio de la Imprenta en Bakú. El edificio fue construido a partir del proyecto de S. Pen (O. M. № 64), ganador del concurso.

En el período considerado, cuando todavía no habían sido creados los narkomat de la industria, la dirección de la industria estaba a cargo de los sovnarjoces (*Sóviet de la economía popular*) de las repúblicas y de los sovnarjoces locales (VSNJ, SNJ), para los cuales se proyectaron y construyeron las casas de la industria y los edificios de los Gosprom.

Un lugar notable en el proceso de formación del nuevo tipo de edificio de administración económica lo ocupa el Gosprom de Járkov, cuyo concurso tuvo lugar en 1925. Por su papel en la composición del nuevo centro público de la entonces capital de Ucrania y por su carácter multifuncional, el Gosprom se asemeja a los edificios gubernamentales. Los trusts y diferentes asociaciones que desempeñaban prácticamente el papel de los narkomat de la industria, junto con otras instituciones que componían el VSNJ de Ucrania, fueron reunidos en el edificio del Gosprom (arquitectos S. Serafímov, M. Felguer y S. Krávets, 1925–1928, O. M. № 32).

En 1929–1930 se celebró el concurso del proyecto de la Casa de la Industria en Moscú (proyectos de P. Gólosov; L. Zaliésskaya, M. Kórzhev, L. Lisitski y M. Prójorova; N. Ladovski y D. Fridman; V. Simbírtsev y otros). El proyecto más interesante de este concurso fue el de I. Leonídov, en el cual la Casa de la Industria fue realizada en forma de un paralelepípedo vertical (O. M. № 76).

Las búsquedas del tipo de Casa de la Industria también se llevaron a cabo en el VJUTEIN (en los talleres de N. Ladovski y N. Dokucháyev). En los proyectos de grado de la Casa de la Industria y el Comercio realizados en 1928, la composición volumétrico-espacial se realizó considerando tanto la relación entre las diferentes instituciones como su autonomía (proyecto de A. Sílchenkov, O. M. № 55).

En los primeros años del poder soviético se planteó el problema de la realización de la revolución cultural, la cual se veía como una componente del plan general de construcción del socialismo en el país.

В качестве важнейших очагов распространения новой социалистической культуры рассматривались возникшие уже в первые послереволюционные годы во многих городах и селениях рабочие и сельские клубы, избы-читальни, красные уголки, народные дома и т. д. В них видели важнейшие центры и агитационно-массовой работы, и повышения культурного уровня трудящихся, и организации досуга широких слоев населения.

Первые рабочие клубы размещались в бывших дворцах и особняках, причем часто они являлись составной частью таких характерных для первых лет советской власти комплексных типов жилых и общественных зданий, как дом-коммуна и Дворец труда. Уже тогда возникли четыре основных разновидности рабочего клуба, ориентировавшиеся на различные связи (общественные контакты во внерабочее время) между жителями города. Они различались прежде всего тем, что обслуживали различные коллективы — бытовой (общение по принципу соседства — такие клубы были связаны с домами-коммунами), производственный (клубы при предприятиях), профессиональный (клубы отраслевых профсоюзов), территориальный (районные или городские клубы местных советов).

Районные или городские клубы (дома культуры, дворцы культуры) были наиболее развитым по программе и значительным по размерам типом рабочего клуба. Их формирование начиналось с разработки в послереволюционные годы таких комплексных типов культурно-общественных зданий, как первые дворцы труда или дворцы рабочих.

Одним из первых развитых рабочих клубов был Дом культуры Московско-Нарвского района в Ленинграде, конкурс на проект которого состоялся в 1924 г. Построенный в 1925–1927 гг. по проекту А. Гегелло и Д. Кричевского Дом культуры (П. № 7) включает в себя театрально-концертный зал на 1900 мест, кинозал на 400 мест, библиотеку, лекторий, несколько десятков помещений для клубной работы, спортивный зал и т. д. Все помещения объединены в компактную симметричную композицию. Главный фасад решен в крупных формах, развертывающихся по плавной выпуклой кривой: в центре остекленный экран, ритмично расчлененный треугольными столбами, по сторонам от него повышенные объемы лестничных клеток, за которыми нейтральные фланкирующие части с гладью стен, прорезанных окнами.

К этому построенному Дому культуры близок по общей объемно-пространственной композиции поданный на тот же конкурс проект А. Дмитриева. Через два года, в 1927 г., участвуя во всесоюзном конкурсе на проект Дворца рабочего в Харькове, А. Дмитриев развивает композиционный прием своего проекта Дома культуры 1924 г. По его проекту, получившему на конкурсе первую премию, и был построен к началу 30-х годов Дворец рабочего (Ш. № 46).

Los focos más importantes de difusión de la nueva cultura socialista se consideraban los clubes de obreros y campesinos, las isbas de lectura, los rincones rojos, las casas populares, etcétera, surgidos ya en los primeros años posrevolucionarios en muchas ciudades y pueblos. En ellos veían importantes centros de trabajo de propaganda masiva, de elevación del nivel cultural de los trabajadores y de organización del descanso de las grandes capas de la población.

Los primeros clubes de trabajadores se encontraban en los ex palacios y mansiones, y frecuentemente formaban parte de las casas-comuna y palacios del trabajo, esos edificios de viviendas y públicos tan característicos de los primeros años del poder soviético. Ya en aquel entonces aparecieron las cuatro variedades fundamentales de clubes de trabajadores, orientados a las distintas relaciones (contactos sociales en horario no laboral) entre los habitantes de la ciudad. Estos clubes se diferenciaban ante todo porque atendían a colectivos diferentes: club doméstico (comunicación según el principio de vecindad; estos clubes estaban relacionados con las casas-comuna), club de producción (para los trabajadores de una misma empresa), club profesional (de los sindicatos gremiales) y club territorial (clubes municipales y regionales de los consejos locales).

Los clubes municipales y regionales (casas de la cultura, Palacios de la cultura) eran el tipo de club de trabajadores más desarrollado por el programa y más grande por sus dimensiones. Su formación comenzó con el desarrollo en los años posrevolucionarios de tales complejos de edificios culturales y públicos como fueron los primeros palacios del trabajo y palacios de los trabajadores.

Uno de los primeros clubes desarrollados de trabajadores fue la Casa de la Cultura del municipio de Moscú–Narva de Leningrado, cuyo concurso fue realizado en 1924. Construido entre 1925 y 1927, el proyecto de A. Gueguelo y D. Krichevski de la Casa de la Cultura (A. № 7) incluye una sala teatral y de conciertos con 1900 localidades, una sala de cine de 400 localidades, una biblioteca, una sala de conferencias, decenas de locales para el trabajo del club, una sala deportiva, etcétera. Todos los locales están unificados en una composición simétrica compacta. La fachada principal está hecha con formas grandes que forman una curva convexa suave: en el centro hay un muro-cortina vidriado dividido rítmicamente mediante columnas triangulares; a ambos lados del muro-cortina hay dos volúmenes elevados para las escaleras, después de los cuales siguen las paredes laterales, lisas y con ventanas.

Por su composición general volumétrico-espacial, el proyecto de A. Dmítriev presentado en ese mismo concurso se asemeja a esta casa de la cultura. Al cabo de dos años, en 1927, cuando participaba en el concurso de la Unión Soviética del proyecto del Palacio del Obrero en Járkov, A. Dmítriev desarrolla el método compositivo de su proyecto de la Casa de la Cultura de 1924. Según su proyecto, galardonado con el primer premio, fue construido el Palacio del Obrero a principios de los años 30 (O. M. № 46).

Раздел 1	Поиски новых типов общественных зданий (проекты и постройки)
Parte 1	Búsqueda de nuevos tipos de edificios públicos (proyectos y construcciones)

Во второй половине 20-х годов наибольшее распространение получили рабочие клубы, рассчитанные на обслуживание трудящихся крупных промышленных предприятий или членов отраслевых профсоюзов.

Большой вклад в разработку этого типа клуба внес К. Мельников. В 1927–1928 гг., на одном творческом дыхании он создает проекты семи рабочих клубов. За исключением одного, все проекты были осуществлены: пять клубов было построено в Москве — им. Русакова (Ш. № 43), «Свобода» (Ш. № 44), «Каучук», им. Фрунзе, «Буревестник» (Ш. № 62) и один под Москвой, в Дулеве.

Придавая большое значение поискам наиболее рациональной организации функционального процесса, Мельников в то же время много внимания уделял поискам выразительного внешнего облика клуба, связывая объемную композицию здания с новаторским решением его внутреннего пространства. Для всех клубов Мельникова характерно виртуозное решение интерьера, причем приемы объемно-пространственной композиции нигде не повторялись и в каждом клубе были совершенно оригинальными.

Наибольший интерес в организации внутреннего пространства мельниковских клубов представляют предложения по трансформации и многоцелевому использованию их залов. Мельников, стремясь максимально использовать заданную программой кубатуру клуба для организации различных функциональных процессов, во всех своих проектах главным элементом делает основной зал. Однако, предусматривая проведение массовых мероприятий с использованием всей кубатуры зала, Мельников отнюдь не считал, что зал, занимающий значительную часть кубатуры клуба, в остальное время должен пустовать. Поэтому он разрабатывает ряд приемов трансформации залов.

В 20-е годы в поисках художественного образа рабочего клуба существовали отличавшиеся друг от друга творческие концепции. Практически все архитекторы считали, что рабочий клуб должен своим внешним обликом выделяться среди рядовой застройки. Однако подход к созданию внешнего облика клуба не был одинаковый.

В построенном по проекту И. Голосова клубе им. Зуева в Москве (1927–1929) вертикальный стеклянный цилиндр лестничной клетки как бы прорезает горизонтальный параллелепипед верхнего этажа, являясь главным композиционным элементом сложной и в достаточной степени расчлененной объемной композиции здания (Ш. № 45).

Сочетание цилиндра и параллелепипеда — один из излюбленных приемов И. Голосова.

В его проекте «Аркоса» (1924) изрезанные и пластически беспокойные фасады противопоставлены угловому цилиндру, композиционное звучание которого, однако, как бы приглушено усложненной обработкой его поверхности. В проекте Электробанка (1926) И. Голо-

En la segunda mitad de los años 20, los clubes de trabajadores más difundidos eran los clubes destinados a la atención de los trabajadores de las empresas industriales grandes y de los miembros de los sindicatos gremiales.

Una gran contribución a la creación de este tipo de club fue hecha por K. Miélnikov. Durante 1927–1928, en un golpe de inspiración Miélnikov crea siete proyectos de clubes de trabajadores. Salvo uno, todos los proyectos fueron realizados. Cinco clubes fueron construidos en Moscú: el Club Rusakov (O. M. № 43), el club «Svoboda» (O. M. № 44), el club «Kauchuk», el Club Frunze y el club «Bureviéstnik» (O. M. № 62); y en las afueras de Moscú se construyó el Club Dúliev.

Dándole un gran significado a la búsqueda de una organización más racional del proceso funcional, Miélnikov a su vez le dedicaba mucha atención a la búsqueda de un aspecto exterior expresivo del club, relacionando la composición volumétrica del edificio con una solución innovadora de su espacio interior. Todos los clubes de Miélnikov se caracterizan por la construcción virtuosa del interior, además de que los métodos de composición volumétrico-espacial no se repiten en ninguna parte y en cada club son totalmente originales.

Lo más interesante en la organización del espacio interior de los clubes de Miélnikov son sus propuestas de transformación y utilización multifuncional de las salas. Intentando utilizar al máximo (para la organización de los distintos procesos funcionales) la cubatura del club indicada en el programa, en todos los proyectos Miélnikov hace de la sala principal el elemento fundamental. Sin embargo, previendo la realización de actividades masivas que utilizarían toda la cubatura de la sala, Miélnikov no consideraba que la sala, la cual ocupa una gran parte de la capacidad del club, debía estar vacía el resto del tiempo. Por eso él elabora una serie de métodos de transformación de las salas.

En los años 20, en las búsquedas de la imagen artística del club de trabajadores existían concepciones artísticas que se diferenciaban. Prácticamente todos los arquitectos consideraban que el club de trabajadores debía destacarse por su aspecto exterior entre las construcciones comunes. Sin embargo, los enfoques de creación del aspecto del club no eran iguales.

En el Club Zúyev en Moscú, construido por el proyecto de I. Gólosov (1927–1929), el cilindro vertical vidriado de la caja de escaleras parece cortar el paralelepípedo horizontal del piso superior, convirtiéndose en el elemento más importante en la compleja —y en alto grado fragmentada— composición volumétrica del edificio (O. M. № 45).

La combinación de cilindros y paralelepípedos era uno de los métodos preferidos de I. Gólosov.

En su proyecto de «Arcos» (1924), las fachadas cortadas y plásticamente inquietas se contraponen al cilindro situado en una esquina, cuya imagen compositiva es, sin embargo, opacada por el complejo tratamiento dado a su superficie. En el proyecto del «Elektrobank» (1926), I. Gólosov

сов использует цилиндр как чисто геометрическую форму (Ш. № 34). Но и фасады здания здесь тоже решены лаконично и лишены пластики. В результате композиционная роль цилиндра едва ли возросла по сравнению с «Аркосом».

Проект клуба им. Зуева был создан И. Голосовым в 1927 г. В одном из предварительных эскизов он пытался сделать цилиндр не только главным элементом, но и основой всей композиции (цилиндр здесь значительно больше по размерам, чем в осуществленном варианте), однако такое решение вошло в противоречие с конкретной ситуацией участка. Через год, в 1928 г., И. Голосову представилась возможность испробовать этот композиционный прием при создании проекта Дворца культуры в Сталинграде (совместно с Б. Мительманом, Ш. № 54). Здесь И. Голосов использует цилиндрическую форму не для лестницы (как это сделано в клубе им. Зуева), а для одного из основных помещений Дворца культуры — большого зала.

По-иному подходили к созданию внешнего облика клуба представители ленинградской школы «супрематического конструктивизма». Они создавали сложные композиции, состоящие из прямоугольных объемов. В проектах Л. Хидекеля (рабочий клуб, 1926; клуб Дубровской электростанции, 1930–1931) основа художественного образа — это единый для всей композиции прием распластанности объемов, подчеркнутый горизонтальными лентами окон (Ш. № 37). В проектах клубов, создававшихся в мастерской А. Никольского (1927), горизонтальным элементам (параллелепипеды, уложенные плашмя) контрастно противопоставлялся вертикальный прямоугольный объем сценической коробки (параллелепипед, поставленный на длинное ребро), причем именно этот объем определял композицию главного фасада здания (проекты клуба с залом на 500 человек, зала общественных собраний на 1000 человек). Тема горизонтали как бы нарушалась в одном из элементов, который благодаря этому становился художественным акцентом всей композиции (Ш. № 38).

Последовательные сторонники функционального метода конструктивизма предпочитали использовать при проектировании клубов прием павильонного объемно-пространственного построения без обязательного выделения главного композиционного акцента.

Много нового в разработку такого приема компоновки клуба внес А. Буров, создавший в 1927–1928 гг. несколько проектов рабочих клубов для союза пищевиков в Москве и в Твери (П. № 15).

Это сложные композиции, где клубная и зрелищная части выделены в отдельные связанные между собой корпуса. Для внешнего облика буровских клубов характерно широкое использование галерей, балконов, лоджий, открытых террас, пергол.

---

utiliza el cilindro como una forma puramente geométrica (O. M. № 34), pero las fachadas del edificio aquí también son lacónicas y están privadas de plástica. Como resultado, el papel compositivo del cilindro creció muy poco en comparación con el de «Arcos».

El proyecto del Club Zúyev fue creado por I. Gólosov en 1927. En uno de los bosquejos preliminares, él intenta hacer del cilindro no sólo el elemento principal, sino también el elemento fundamental de toda la composición (aquí el cilindro es mucho más grande que en la variante realizada); sin embargo, esta solución entró en contradicción con la situación concreta del terreno. Al cabo de un año, en 1928, I. Gólosov tuvo la oportunidad de probar este método de composición al crear el proyecto del Palacio de la Cultura de Stalingrado (junto con B. Mitelmán, O. M. № 54). Esta vez I. Gólosov utiliza la forma cilíndrica no para la escalera, como había hecho en el Club Zúyev, sino para una de las instalaciones principales del Palacio de la Cultura: la sala mayor.

El enfoque de los representantes de la escuela leningradense del «constructivismo suprematista» era diferente en cuanto al aspecto exterior del club. Ellos creaban composiciones complejas, compuestas de volúmenes rectangulares. En los proyectos de L. Jidiékel (Club de Trabajadores, 1926; Club de la estación eléctrica de Dubrovski, 1930–1931), la base de la imagen artística es el método, único para toda la composición, de extensión de los volúmenes resaltado mediante las bandas horizontales de ventanas (O. M. № 37). En los proyectos de clubes creados en el taller de A. Nikolski (1927), a los elementos horizontales —paralelepípedos acostados sobre su cara ancha— se les contrapone de manera contrastante el volumen rectangular vertical de la caja de la escena —paralelepípedo parado sobre su cara estrecha larga—, con la particularidad de que precisamente este volumen determina la fachada principal del edificio (proyecto de un club con una sala para 500 personas y proyecto de una sala de reuniones sociales para 1000 personas). Uno de los elementos, como interrumpiendo el tema de la horizontal, se convierte gracias a esto en el centro artístico de toda la composición (O. M. № 38).

Los seguidores fieles del método funcional del constructivismo preferían utilizar en los proyectos de clubes el método de construcción volumétrico-espacial por pabellones, sin la distinción obligatoria de un elemento compositivo central.

Muchas novedades en el desarrollo de este método de composición de clubes fueron introducidas por A. Búrov, quien proyectó entre 1927 y 1928 varios clubes de trabajadores para la Unión de Trabajadores de la Industria Alimentaria en Moscú y Tvier (A. № 15).

Éstas son composiciones complejas, donde las instalaciones del club y la sala de espectáculos se encuentran en diferentes bloques interrelacionados. El aspecto exterior de los clubes de A. Búrov se caracteriza por un amplio uso de galerías, balcones, loggias, terrazas, glorietas.

| Раздел 1 | Поиски новых типов общественных зданий (проекты и постройки) |
| Parte 1 | Búsqueda de nuevos tipos de edificios públicos (proyectos y construcciones) |

Во второй половине 20-х годов проектирование и строительство рабочих клубов по заказам крупных предприятий и отраслевых профсоюзов приобретает широкий размах. Только в Москве и Московской области в 1926–1928 гг. было построено 45 клубов (не считая мелких клубов с залами менее 300 мест). В последующие годы были сооружены клуб типографии «Красный пролетарий» (архит. С. Пэн, 1930), клуб завода «Серп и Молот» (архит. И. Милинис, 1929–1933, П. № 21) и др.

Большое количество рабочих клубов было построено и в других городах, среди них в Ереване клуб строителей (архитекторы К. Алабян, М. Мазманян и Г. Кочар, 1929–1931), в Ленинграде дом культуры союза кожевников (архит. М. Рейзман 1929–1931), в Краматорске рабочий театр-клуб (архит. А. Дмитриев 1928–1931), в Харькове клуб Союза строителей (архитекторы И. Малоземов, И. Милинис и Я. Штейнберг, проект 1927–1928 гг., П. № 13) и др.

Размах строительства рабочих клубов во второй половине 20-х годов значительно превышал по объему строительство других культурно-массовых сооружений. Это во многом объяснялось тем, что клубы как бы поглотили и растворили в себе функции целого ряда культурно-просветительных и зрелищных зданий.

Зародившись в первые годы советской власти как форма классового объединения рабочих в сфере агитационно-массовой и культурно-просветительной работы, как важный инструмент культурной революции и политического воспитания трудящихся масс, рабочий клуб (впитав в себя и опыт работы первых дворцов труда и дворцов рабочих) пришел ко второй половине 20-х годов со сложным переплетением функций и организационных форм, возникших на различных этапах экономического и политического развития страны (военный коммунизм, нэп, восстановительный период, индустриализация). Жизнь стремительно изменялась, а в программе рабочего клуба многое оставалось неизменным. В результате уже в разгар массового строительства рабочих клубов в их структуре, во взаимосвязи различных функций и в соотношении общественного и хозрасчетного начал выявились серьезные противоречия. На страницах печати развернулась дискуссия о клубе, в ходе которой большое внимание уделялось выяснению роли клуба в политическом воспитании трудящихся. Многие считали, что клуб как форма массовой работы среди трудящихся не изжил себя, но что необходимо возродить его первоначальные принципы (главное — политическая работа с трудящимися) и продумать форму его связи с производственным коллективом, с профсоюзом, с местом жительства рабочих и т. д.

Таким образом в конце 20-х годов клуб как форма культурно-массовой организации трудящихся переживал определенный кризис жанра. В связи с этим чрезвычайно обострился

А. Буров

A. Búrov

En la segunda mitad de los años 20, adquiere gran difusión la proyección y construcción de clubes de trabajadores por encargo de empresas grandes y sindicatos gremiales. Sólo en Moscú y en su periferia, entre 1926 y 1928 fueron construidos 45 clubes, y esto es sin tener en cuenta los clubes pequeños con salas de menos de 300 localidades. En los años siguientes fueron construidos el club de la tipografía «Proletario Rojo» (arquitecto S. Pen, 1930), el club de la fábrica «La Hoz y el Martillo» (arquitecto I. Milinis, 1929–1933, A. № 21) y otros.

En otras ciudades también se construyó una gran cantidad de clubes, entre los cuales se cuentan el Club de Constructores de Yereván (arquitectos K. Alabián, M. Mazmanián y G. Kochar, 1929–1931), la Casa de la Cultura de la Unión de Curtidores de Leningrado (arquitecto M. Reizman 1929–1931), el Club-teatro de Trabajadores de Kramatorsk (arquitecto A. Dmítriev 1928–1931), el Club de la Unión de Constructores de Járkov (arquitectos I. Maloziémov, I. Milinis y Ya. Shtéinberg, proyecto 1927–1928, A. № 13) y otros.

En la segunda mitad de los años 20, la difusión de la construcción de los clubes de trabajadores superaba notablemente en volumen a las construcciones de otras edificaciones de recreación masiva. Esto se explicaba fundamentalmente porque los clubes absorbieron y diluyeron en sí las funciones de una serie de edificios culturales y para espectáculos.

Nacido en los primeros años del poder soviético como una forma de unificación de la clase obrera en la esfera del trabajo de propaganda masiva y de formación cultural, y como un importante instrumento de la revolución cultural y de la educación política de las masas trabajadoras, el club de trabajadores, impregnado de la experiencia de los primeros palacios del trabajo y palacios de los trabajadores, llegó a la segunda mitad de los años 20 con una compleja mezcla de funciones y formas organizativas surgidas en diferentes etapas del desarrollo económico y político del país —comunismo militar, NEP, período de reconstrucción, industrialización—. La vida cambiaba impetuosamente, pero el programa del club de trabajadores mostraba pocos cambios. Como resultado, en el apogeo de la construcción masiva de clubes de trabajadores, se notaron contradicciones serias de su estructura: en la interrelación de las diferentes funciones y en la relación de los principios económicos y sociales. En las páginas de la prensa se inició una discusión sobre los clubes, en la cual se dedicó una atención especial a la determinación del papel del club en la educación política de los trabajadores. Muchos consideraban que el club como forma de trabajo masivo con los trabajadores no había agotado sus posibilidades, pero que era necesario hacer renacer sus principios iniciales (lo más importante era el trabajo político con los trabajadores), y hallar cómo relacionarlo con el colectivo de producción, con el sindicato, con el domicilio de los trabajadores, etcétera.

De esta manera el club como forma de organización de la recreación masiva de los trabajadores sufría, a finales de los años 20, una especie de crisis de género. Debido a esto, también se

Поиски новых типов общественных зданий (проекты и постройки)

Búsqueda de nuevos tipos de edificios públicos (proyectos y construcciones)

вопрос и о клубе как об архитектурном типе сооружения. В ходе дискуссии архитекторами был выдвинут целый ряд концептуальных теоретических и проектных предложений. Среди них наибольший интерес представляет экспериментальный проект И. Леонидова — клуб нового социального типа (1928, Ш. № 52).

К этому проекту была приложена «схема пространственной культурной организации», в которой в графической форме изображена идея создания системы культурного обслуживания населения, включающей в себя собственно клубы, а также культработу по месту работы и жительства.

Разработкой этой идеи и явились проекты Леонидова 1929–1930 гг., в которых он сделал попытку подойти к комплексному решению проблемы организации отдыха и культурного досуга трудящихся с учетом трех основных элементов современного города — общественного центра, жилого комплекса и места работы. И. Леонидов не считал необходимым концентрировать все процессы культурного общения людей в одном месте, однако в общей системе организации культурного досуга он все же выделяет основное звено — общение по интересам в развитом районном клубном комплексе.

Наиболее полно принципы разработанной И. Леонидовым «схемы пространственной культурной организации» городского населения отражены в его конкурсном проекте Дворца культуры Пролетарского района в Москве (1930, Ш. № 88).

Ни один из представленных на этот конкурс проектов не удовлетворил заказчика — Союз металлистов. Было решено заказать проект братьям Весниным, которые и разработали окончательный проект Дворца культуры Пролетарского района (ныне Дворец культуры ЗИЛ), осуществленный в 1931–1937 гг. (Ш. № 95).

Формирование новых типов зрелищных сооружений в рассматриваемый период происходило в процессе непрерывно видоизменявшегося социального заказа (отражавшего изменение политического и экономического положения) и сложной творческой борьбы в области театрального искусства.

В первые годы советской власти в условиях революционного подъема и небывалой возросшей активности трудящихся масс нередко отвергались многие старые формы зрелищ и провозглашались новые принципы массового действа, происходили сложные процессы рождения новых форм массовых зрелищ, театра, эстрады. В массовых действах наряду с политическими формами агитационной работы среди трудящихся значительную роль играли формы театрализованного массового зрелища, сопровождавшие праздники и народные торжества. Массовые действа, все больше приобретавшие формы празднеств (торжественные митинги, праздничные демонстрации, манифестации, народные гулянья и т. д.), воспринимались как характерная чер-

---

agudizó la cuestión del club como tipo de construcción arquitectónica. Durante los debates los arquitectos plantearon toda una serie de proposiciones conceptuales, teóricas y de proyectos. Entre ellas, la más interesante es el proyecto de I. Leonídov del Club de nuevo tipo social, 1928 (O. M. № 52).

Este proyecto iba acompañado de un «esquema de organización cultural espacial», en el cual se ilustraba gráficamente la idea de la creación de un sistema de atención cultural a la población, que incluía los clubes propiamente dichos, así como el trabajo cultural en el sitio de trabajo y de residencia.

El resultado del desarrollo de esta idea son los proyectos de I. Leonídov de los años 1929–1930, en los cuales él hace el intento de resolver íntegramente el problema de la organización del descanso y de la recreación cultural de los trabajadores, teniendo en cuenta los tres elementos principales de la ciudad moderna: el centro social, el complejo habitacional y el lugar de trabajo. Leonídov no consideraba necesario concentrar todos los procesos de la relación cultural de las personas en un solo lugar; sin embargo, en el sistema general de organización de la recreación cultural Leonídov destaca de todos modos un eslabón fundamental: la comunicación por intereses en un desarrollado club-complejo municipal.

Los principios del «esquema de organización cultural espacial» de la población urbana se reflejaron de manera más completa en el proyecto de concurso de I. Leonídov del Palacio de la Cultura del municipio Proletario de Moscú (1930, O. M. № 88).

Ninguno de los proyectos presentados en ese concurso satisfizo al cliente, la Unión de Trabajadores de la Industria Metalúrgica. Entonces se decidió encargar el proyecto a los hermanos Vesnín, quienes elaboraron el proyecto final del Palacio de la Cultura del municipio Proletario (hoy Casa de la Cultura de la fábrica ZIL), realizado en los años 1931–1937 (O. M. № 95).

En el período analizado, la formación de los nuevos tipos de edificaciones para espectáculos transcurría junto con un proceso de compleja lucha artística en el arte teatral y de cambio continuo de la demanda social, el cual reflejaba el cambio de la situación política y económica.

Durante los primeros años del poder soviético, en las condiciones del auge revolucionario y del crecimiento inusual de la actividad de las masas trabajadoras, a menudo se desechaban muchas formas antiguas de espectáculos y se promulgaban nuevos principios de dramatización colectiva, transcurrían complejos procesos de nacimiento de nuevas formas de espectáculos masivos, de teatro, de variedades. En las dramatizaciones colectivas, junto con las formas políticas de trabajo de agitación entre los trabajadores, las formas de espectáculo masivo teatralizado, las cuales acompañaban las fiestas nacionales y festejos populares, desempeñaron un papel notable. Adquiriendo cada vez más la forma de festividades —mítines solemnes, manifestaciones, reuniones festivas, paseos populares, etcétera—, las dramatizaciones colectivas se consideraban un rasgo característico de la nueva sociedad e

Обложки журнала «Строительство Москвы»

Cubiertas de la revista «Construcción de Moscú»

та нового общества и во многом определили направление творческих поисков как в области театрального искусства, так и при разработке новых типов зрелищных сооружений.

Театральные режиссеры с увлечением работали над постановками массовых театрализованных зрелищ, устраивавшихся в дни празднования 1 мая или годовщины Октября. В таких театрализованных представлениях наряду с профессиональными актерами участвовали сотни трудящихся; разделение участников на актеров и зрителей практически исчезало — все ощущали себя участниками общего праздника (например, разыгрывавшееся на Дворцовой площади в Петрограде театрализованное представление «Взятие Зимнего», в котором принимали участие многие участники штурма Зимнего дворца, и т. д.).

Массовые действа повлияли и на оформление спектаклей в театрах. Стремясь приблизить актера к зрителю, режиссеры и театральные художники как бы отрывали декорации от сценической коробки, превращали их в автономную пространственную установку («станок» для игры актеров), которая позволяла разместить зрителей со всех сторон сцены и даже вообще вынести представление на открытый воздух, не привязываясь к специальной сценической площадке.

К новым требованиям пространственной организации зрительного зала, отражавшим процессы демократизации театра, добавился и целый ряд требований, связанных с творческими экспериментами в профессиональных театрах тех лет. В первую очередь это были требования максимальной механизации оборудования зала, позволяющего быстро трансформировать сценическое пространство, кинофикации театрального зала и т. д.

influyeron notablemente en la determinación de la dirección de las búsquedas artísticas tanto en la rama del arte teatral como en la elaboración de nuevos tipos de edificaciones para espectáculos.

Los directores teatrales trabajaban con entusiasmo en la realización de espectáculos teatrales masivos, que eran presentados en las fiestas del 1° de mayo o en los aniversarios de la Revolución de Octubre. En estas funciones teatralizadas, conjuntamente con los actores profesionales participaban cientos de trabajadores; desapareció prácticamente la división entre actores y espectadores, todos se sentían participantes de una fiesta común (por ejemplo, la representación teatralizada «La toma del Palacio de Invierno» presentada en la Plaza del Palacio de Petrogrado, en la que actuaron muchos participantes del asalto al Palacio de Invierno, etcétera).

Las dramatizaciones colectivas influyeron en la decoración de los espectáculos en los teatros. En su intento de acercar el actor al espectador, los directores y decoradores teatrales como que separaban las decoraciones de la caja de la escena, convirtiéndolas en una instalación espacial autónoma (la «máquina» para el trabajo de los actores) que permitía situar a los espectadores alrededor de la escena e incluso sacar totalmente la representación al aire libre, sin tener que estar atado al tablado del escenario.

A las nuevas exigencias de la organización espacial de la sala, que reflejaban los procesos de democratización del teatro, se agregó toda una serie de exigencias relacionadas con los experimentos artísticos en los teatros profesionales de aquellos años. En primer lugar, esto se refiere a exigencias de mecanización máxima de los equipos de la sala, que permitiera cambiar rápidamente el espacio escénico, transformar el teatro en un cine, etcétera.

Поиски новых типов общественных зданий (проекты и постройки)
Búsqueda de nuevos tipos de edificios públicos (proyectos y construcciones)

В. Мейерхольд

V. Meyerjold

Во второй половине 20-х годов была в основном разработана новая программа театрального здания, включавшая в себя опыт массовых действ, самодеятельных пролетарских театров, творческих экспериментов режиссеров-новаторов (В. Мейерхольда, С. Эйзенштейна, А. Таирова, Е. Вахтангова).

Большое влияние на формирование программы архитектурного типа нового театра массового действа оказал В. Мейерхольд. Новый революционный театр он мыслил как массовое, народное зрелище, как спектакль-митинг, вынесенный на подмостки, окруженные толпой рабочих, солдат и крестьян. Мейерхольд считал, что революция создает площадный театр народных действ и пытался в осуществленных им постановках реализовать связь сцены и зала, вовлечь зрителей в активное участие в сам процесс спектакля. Подход к театральному представлению как к массовому действу ставил новые задачи как в области пространственного оформления спектакля, так и в формах организации взаимосвязи интерьера театрального здания с жизнью улиц и площадей города.

Выступая в 1927 г. с докладом о новом театре, Мейерхольд в остро полемической форме заявил, что все беды современного театра проистекают от отсутствия театральных зданий, специально приспособленных для новых театральных представлений.

С развернутой программой нового театрального здания для массового действа Мейерхольд выступает в 1929 г. в ряде докладов, сводка стенограмм которых была опубликована в 1930 г. в брошюре «Реконструкция театра». Отрицая пространственную организацию театра прошлого, когда «строилась сцена-коробка, которая была рассчитана на иллюзию», Мейерхольд провозглашал: «Мы, строящие театр, который должен конкурировать с кино, мы говорим: дайте нам до конца довести нашу задачу кинофикации театра, дайте нам осуществить на сцене целый ряд технических приемов киноэкрана... дайте нам возможность перейти на сцену, оборудованную по новой технике, по тем требованиям, которые мы к театральному зрелищу предъявляем...

Революция в области перестройки формы и содержания современного театра остановилась в движении своем вперед лишь из-за отсутствия средств на переоборудование и сцены, и зрительного зала.

И еще: нужно учесть потребность современного зрителя воспринимать спектакль не в количестве 300–500 человек (в так называемые "интимные", "камерные" театры пролетариат не хочет идти), а в количестве тысяч, исчисляемых десятками (смотрите, как до отказа наполняются стадионы, где нынче показывают свое искусство футболисты, волейболисты, хоккей-команды и где завтра будут показываться театрализованные спортивные игры). Ту зарядку, которую ждет от спектакля современный зритель, он хочет принять в таком грандиоз-

En la segunda mitad de los años 20 fue casi creado el nuevo programa de edificación teatral, que incluía la experiencia de las dramatizaciones colectivas, los teatros aficionados de trabajadores y los experimentos artísticos de los directores innovadores (V. Meyerjold, S. Eizenshtéin, A. Taírov, Ye. Vajtángov).

Una gran influencia en la formación del programa arquitectónico del nuevo teatro de dramatización colectiva fue ejercida por V. Meyerjold. Él se imaginaba el nuevo teatro revolucionario como un espectáculo masivo popular, como un espectáculo-manifestación sobre tablados rodeados por una multitud de obreros, soldados y campesinos. Meyerjold consideraba que la revolución crea un teatro de la legua de dramatizaciones populares, e intentó en sus espectáculos vincular la escena con la sala, incorporar al espectador a la participación activa en el mismo proceso del espectáculo. El enfoque de la representación teatral como una dramatización colectiva planteó nuevas tareas tanto en el campo de la decoración espacial del espectáculo como en las formas de organización de la relación entre el interior de la edificación teatral y la vida en las calles y plazas de la ciudad.

En 1927, en su discurso sobre el nuevo teatro, Meyerjold manifestó en una forma polémica muy aguda que todas las desgracias del teatro moderno tienen su origen en la falta de teatros especialmente adaptados para las nuevas representaciones teatrales.

En 1929 Meyerjold lleva a cabo una serie de conferencias en las que propone un amplio programa del nuevo edificio teatral para dramatizaciones colectivas. El resumen de los estenogramas de estas conferencias se publicaron en 1930 en el folleto «Reconstrucción del teatro». Negando la organización espacial del teatro del pasado, cuando «se construía una caja-escena con el objetivo de crear una ilusión», Meyerjold proclama: «Nosotros, los constructores de un teatro que debe competir con el cine, decimos: déjennos llevar hasta el final nuestra tarea de instalación cinematográfica del teatro, déjennos realizar en la escena toda una serie de métodos técnicos propios del cine, dennos la posibilidad de pasar a una escena dotada con una nueva tecnología, de acuerdo con lo que nosotros exigimos del espectáculo teatral...

La revolución en el campo de la reconstrucción de la forma y del contenido del teatro moderno se ha detenido en su avance sólo por falta de medios para la modernización de la escena y la sala.

Más aún: se debe tener en cuenta la necesidad del espectador moderno de observar el espectáculo no en grupos de 300–500 personas (el proletariado no asiste a los llamados teatros "particulares", "de cámara"), sino en grupos de decenas de miles —fíjense cómo en la actualidad los estadios se llenan hasta reventar cuando muestran su arte los futbolistas, los voleibolistas, los equipos de hockey, y donde mañana se presentarán juegos deportivos teatralizados—. Esa energía que el espectador moderno espera del espectáculo, él quiere recibirla en una tensión tan grande que pueda contagiar a miles y no a cientos. Cada espectáculo que se crea hoy en día,

ном напряжении, чтобы нагрузка эта могла быть по силам тысячам, а не сотням. Каждый спектакль, который создается теперь, создается с намерением вызвать зрительный зал к участию в доработке спектакля, и драматургия, и техника современной режиссуры пускают в ход свои машины с учетом, что спектакль будет создаваться не только усилиями актеров и сценической машинерии, но и усилиями зрительного зала...

Какое же театральное помещение мыслится нам для создания нового спектакля? Прежде всего нужно уничтожить ложи и совершенно отказаться от расположения мест ярусами. Только амфитеатровое расположение зрительного зала годно для спектакля, создаваемого совместными усилиями актера и зрителя, потому что при амфитеатровом расположении мест зритель не разбивается по разрядам: здесь публика первого ранга (чином повыше), там публика второго ранга (беднота, уплатившая за места подешевле).

Кроме того, должна быть окончательно разрушена сцена-коробка. Только при этом условии спектакль может быть действительно динамизирован. Новая сцена даст возможность преодолеть скучную систему единства места, втискивания сценического действия в четыре-пять громоздких актов, преодолеть с тем, чтобы дать сценической машинерии гибкость в показе быстро сменяемых эпизодов. Новая сцена внепортальная и с подвижными площадками по горизонтали и по вертикали даст возможность использовать приемы трансформации актерской игры и действия кинетических конструкций»*. В 1931–1932 гг. В. Мейерхольд совместно с архитекторами М. Бархиным и С. Вахтанговым создает проект нового театра (Ш. № 91).

К концу 20-х годов была уже в основном разработана программа нового типа зрелищного сооружения — театра массового действа. Причем сложные процессы в формировании общей сети культурно-массового обслуживания городского населения привели к тому, что в начале 30-х годов театр массового действа стал восприниматься как главное здание в системе культурно-массовых сооружений. Если в первые годы советской власти роль главного здания культурно-массового назначения «по совместительству» взяли на себя такие комплексные по функциональному назначению сооружения, как дворцы труда, а в середине и второй половине 20-х годов специализированные рабочие клубы, то уже в конце 20-х годов все отчетливее стала осознаваться потребность в более универсальном типе культурно-массового сооружения. Это сказалось в интенсивной разработке такого типа здания, как районный дворец культуры, в состав которого включали зал универсального назначения со структурой, формировавшейся под большим влиянием театра массового действа.

---

* *Мейерхольд В. Э. Статьи. Письма. Речи. Беседы. Часть вторая. М., 1968. С. 195–196.*

---

se crea con la intención de involucrar al espectador en el acabado del espectáculo, y la dramaturgia y la técnica de la dirección contemporánea pone en marcha su máquina esperando que el espectáculo se desarrolle no sólo por el esfuerzo de los actores y de la maquinaria escénica, sino con la ayuda del público.

¿Qué instalación teatral nos imaginamos para la creación del nuevo espectáculo? Ante todo, se debe destruir el palco y rechazar definitivamente la distribución de las localidades por niveles. Solamente la disposición de la sala en forma de anfiteatro es apta para un espectáculo donde participan conjuntamente los actores y los espectadores, pues disponiendo las localidades de esta manera el espectador no queda dividido por categorías: allí el público de primera categoría (de rango superior), allá el público de segunda categoría (los pobres, que pagan menos por la localidad).

Además, debe ser destruida definitivamente la caja-escena. Sólo con esta condición el espectáculo puede ser realmente dinamizado. La nueva escena dará la posibilidad de superar el aburrido sistema de unidad de la localidad, de distribución forzosa de la acción escénica en cuatro o cinco actos de gran tamaño, dando a la maquinaria escénica flexibilidad en la exhibición de los episodios de rápido cambio. La nueva escena no es de portal y tiene tablados que se mueven vertical y horizontalmente, da la posibilidad de utilizar los métodos de transformación de la actuación artística y de la acción de las estructuras cinéticas.»* Entre 1931 y 1932, V. Meyerjold, junto con los arquitectos M. Barjin y S. Vajtángov, crea un proyecto de nuevo teatro (O. M. № 91).

A finales de los años 20 fue elaborado casi por completo el programa del nuevo tipo de construcción para espectáculos: el teatro de dramatización colectiva. A su vez, los complejos procesos de formación de las red general de servicio cultural masivo de la población urbana condujeron a que a inicios de los 30 el teatro de dramatización colectiva comenzara a verse como el edificio principal en el sistema de edificaciones de recreación masiva. Mientras que en los primeros años del poder soviético el rol del edificio principal destinado a la recreación masiva era desempeñado «simultáneamente» por entidades multifuncionales como los palacios del trabajo, y desde mediados de los años 20 por los clubes especializados de obreros, ya a finales de los años 20 comenzó a comprenderse con mayor claridad la necesidad de un tipo más universal de edificación para la recreación masiva. Esto se reflejó en la creación intensa de semejante tipo de edificación como el palacio municipal de la cultura, el cual incluía una sala de uso múltiple con estructura influenciada por el teatro de dramatización colectiva.

Así, por ejemplo, el programa del concurso de proyectos para el Palacio de la Cultura del municipio Proletario de Moscú (1930) contemplaba la construcción de un sector para espectácu-

---

* *Meyerjold V. E. Artículos, Cartas, Discursos. Charlas.— Primera parte. Moscú, 1968. Págs. 195–196.*

Так, например, программа конкурса на проект Дворца культуры Пролетарского района Москвы (1930) предусматривала создание массово-зрелищной части со зрительным залом на 5000 мест, в котором можно было осуществлять постановки всех существовавших тогда течений и школ в области театрального искусства. Кроме того, зал предполагалось использовать для съездов, массовых собраний, конференций, демонстраций. Необходимо было в оборудовании зала предусмотреть возможность маневрирования его вместимостью, механизировать сцену (залы в проектах И. Леонидова на оба тура конкурса, отдельный театральный корпус в веснинском проекте).

Сформулированные ко второй половине 20-х годов принципы театра массового действа и разработанная затем программа нового типа здания для этого театра практически переводили этот тип сооружения из разряда узко специализированных зрелищных зданий в группу сооружений широкого универсального назначения, предназначенных для многофункционального использования (театральные представления, спортивные соревнования, митинги, лекции, собрания и т. д.). Следовательно, архитектурная программа театра массового действа с ее требованием трансформации пространства зала фактически превращала этот тип сооружения в зал универсального назначения.

Этим в значительной степени объясняется, что в начале 30-х годов именно этот тип сооружения стал восприниматься как главное общественное здание города. Проводятся конкурсы на разработку проектов театрального здания для целого ряда крупных городов (Ростов-на-Дону, Харьков, Новосибирск, Иваново-Вознесенск, Свердловск, Минск, Ашхабад, Москва и др.), которое рассматривалось одновременно и как общегородской зал универсального назначения, и как одно из важнейших общественных сооружений города, не только связанное с обслуживанием культурно-зрелищных потребностей, но и рассчитанное на организацию массово-политических мероприятий.

Первым конкурсом на проект сложного по программе общегородского театрального здания большой вместимости был всесоюзный конкурс 1930 г. на оперно-драматический театр в Ростове-на-Дону.

К осуществлению был принят заказной проект В. Щуко и В. Гельфрейха (проектирование в 1930–1931 гг., строительство в 1932–1936 гг., Ш. № 92).

Объявленный после ростовского международный конкурс (1930–1931) на проект театра «массового музыкального действа» в Харькове привлек рекордное число участников и стал крупным событием в развитии новой архитектуры XX в. На конкурс было подано 145 проектов, в том числе около 100 проектов из 12 зарубежных стран (США, Франции, Германии, Италии, Швеции, Японии и др.). Программа представляла широкую инициативу проек-

---

los masivos con una sala con 5000 localidades, en la cual se podrían realizar representaciones de todas las corrientes y escuelas de arte teatral existentes entonces. Además, se proponía utilizar la sala para congresos, reuniones multitudinarias, conferencias, manifestaciones. Había que prever en el equipamiento de la sala la posibilidad de maniobrar su capacidad de albergue y de mecanizar la escena (las salas en los proyectos de I. Leonídov en ambas etapas del concurso, el bloque teatral independiente en el proyecto de los hermanos Vesnín).

Los principios del teatro de dramatización colectiva formulados hacia la segunda mitad de los años 20 y el programa, elaborado posteriormente, del nuevo tipo de edificio para este teatro trasladaba este tipo de construcción de la categoría de edificios muy específicos —para espectáculos— al grupo de construcciones de propósito universal, destinados a un uso multifuncional —representaciones teatrales, competencias deportivas, mítines, conferencias, reuniones, etcétera—. Consecuentemente, el programa arquitectónico del teatro de dramatización colectiva con sus exigencias de transformación del espacio de la sala convirtió, prácticamente, este tipo de instalación en una sala de propósito universal.

Esto explica en gran medida que a comienzos de los años 30 precisamente este tipo de edificación se considerara como el principal edificio público de la ciudad. Se realizaron concursos de proyectos de edificios teatrales para toda una serie de grandes ciudades (Rostov del Don, Járkov, Novosibirsk, Ivánovo-Voznesiensk, Sverdlovsk, Minsk, Ashjabad, Moscú y otras), que fueran al mismo tiempo una sala general de propósito universal para toda la ciudad y una de sus instalaciones públicas más importantes, relacionada no sólo con la atención de las necesidades culturales y de espectáculos, sino también destinada a la organización de eventos políticos de carácter masivo.

De programa muy complejo, el primer concurso de proyectos para un edificio teatral urbano de gran capacidad es el concurso nacional de 1930 para la construcción del Teatro del Drama y la Ópera en Rostov del Don.

Para su realización fue aprobado el proyecto por encargo de V. Schukó y de V. Guélfreij (proyección 1930–1931, construcción 1932–1936, O. M. № 92).

Anunciado después del concurso de Rostov, el concurso internacional (1930-1931) de proyecto para el Teatro de dramatización musical colectiva en Járkov atrajo un número récord de participantes, lo que además significó un gran acontecimiento en lo que respecta al desarrollo de la arquitectura del siglo XX. Se presentaron a concurso 145 proyectos, incluyendo cerca de cien proyectos provenientes de doce países —EE.UU., Francia, Alemania, Italia, Suecia, Japón y otros—. El programa daba una gran libertad a los proyectistas (por ejemplo, se permitía alejarse de las normas existentes); al mismo tiempo, fueron exactamente determinados los requerimientos para la organización del espacio interior de la sala de espectadores de 4 mil localidades y para la transformación del escenario. El concurso

тировщикам: разрешалось отходить от существующих норм и т. д., в то же время были четко определены требования к организации пространства зрительного зала на 4 тысячи человек и к трансформации сцены. Конкурс дал большое количество оригинальных идей и объемно-пространственных решений, став значительным этапом в разработке типа современного театрального здания и определив на много лет вперед пути поисков в этой области не только в нашей стране, но и за рубежом. Программа конкурса ставила цель «найти наилучшие архитектурные формы для проектируемого театра, отвечающего современным задачам массового музыкально-зрелищного действа и всем новейшим достижениям сценического искусства»*. Сцена и зрительный зал должны были пространственно составлять единое целое и кроме театральных представлений предназначались для организации народных празднеств, митингов, спортивных выступлений и соревнований, цирковых представлений, театрализованных выступлений агитбригад, пропуска демонстраций и т. д.

Высшую премию на харьковском конкурсе получил проект братьев Весниных, который был решен с подлинным артистизмом и отличался тщательной проработкой всех деталей (Ш. № 89).

В 1931 г. был проведен конкурс на проект синтетического театра для Свердловска. В его программе и во многих поданных на конкурс проектах были обобщены, а подчас и доведены до крайности те предложения и разработки, которые содержались во многих предшествующих экспериментальных и конкурсных проектах. Уже в самом назначении здания театра подчеркивалась его универсальность — зал предназначался для всех видов театральных постановок (драматических, оперных и балетных), концертов и зрелищ, должен был служить и для собраний. Кроме того, согласно программе при театре необходимо было создать группу помещений для работы по воспитанию массового зрителя. Здание театра рассматривалось как массовый культурно-просветительный центр столицы индустриального Урала. Исходя из этих задач, программой предусматривались такие помещения: театральный зал на 4 тысячи мест с возможностью трансформации сцены (чтобы использовать его для всех типов театральных постановок, концертов и зрелищ) и приспособлением для массовых собраний на 8 тысяч человек, киноконцертный зал на тысячу мест, группа учебно-культурных помещений и лабораторий (для работы над воспитанием массового зрителя и участника массовых действ), обслуживающие помещения. Многофункциональное назначение основного зала влекло за собой повышенные требования в области создания сложной системы трансформации и механизации сцены и всего зала.

---

* Программа международного конкурса на проект государственного украинского театра массового музыкального действа. Харьков, 1930. С. 43.

---

trajo una gran cantidad de ideas originales y soluciones volumétrico-espaciales, convirtiéndose en una etapa importante de la elaboración del tipo del edificio teatral moderno y determinando con muchos años de anticipación el rumbo de búsquedas en este área tanto en Rusia como en otros países. El programa tenía como propósito «hallar las mejores formas arquitectónicas para el teatro proyectado, que respondiera a las tareas contemporáneas de la dramatización musical colectiva y a todos los nuevos logros del arte escénico»*. El escenario y la sala de espectadores debían componer espacialmente un todo íntegro y, además de las representaciones teatrales, estaban destinados a la organización de festejos populares, mítines, competencias y eventos deportivos, funciones circenses, intervenciones teatralizadas de brigadas propagandísticas, demostraciones, etcétera.

El proyecto de los hermanos Vesnín, el cual fue realizado con verdadero arte y se diferenciaba por la pormenorizada elaboración de todos sus detalles (O. M. № 89), fue premiado con el primer lugar en el concurso de Járkov.

En 1931 fue convocado el concurso de proyectos para el Teatro sintético en Sverdlovsk. En su programa y en muchos proyectos presentados a concurso se generalizaron, y en ciertos casos se llevaron al extremo, las propuestas y estudios contenidos en varios proyectos experimentales y de concurso anteriores. Ya en el propósito mismo del edificio del teatro se subrayaba su universalidad: la sala debía poder utilizarse para todo tipo de representaciones teatrales (ópera, ballet, drama, etcétera), conciertos y espectáculos, debía servir también para reuniones. Además, según el programa, era necesario incluir en el edificio del teatro cierto número de instalaciones adecuadas para el trabajo educativo con la masa de espectadores. El edificio del teatro se consideraba como un centro cultural masivo de la capital de los Urales industriales. Partiendo de estos objetivos, en el programa se incluyeron las siguientes instalaciones: una sala de espectáculos con 4 mil localidades, con posibilidades de transformación el escenario —para utilizarla en cualquier tipo de representaciones teatrales, conciertos, espectáculos, etcétera— y adaptada para realizar reuniones masivas de 8 mil personas; cine con mil localidades; instalaciones culturales y de enseñanza, y laboratorios —para el trabajo educativo con los espectadores y participantes de las dramatizaciones colectivas—; instalaciones de servicio. La funcionalidad múltiple de la sala principal implicaba exigencias muy altas en lo concerniente a la creación de un sistema complejo de transformación y mecanización del escenario y de toda la sala.

El proyecto de M. Guínzburg (A. № 24) fue reconocido como el mejor entre los proyectos presentados a concurso. El diseño de la sala principal, de planta trapezoidal, era lo que desper-

---

* Programa del concurso internacional para el proyecto del Teatro Estatal de Ucrania de dramatización musical colectiva. Járkov, 1930. Pág. 43.

Авторы планетария в Москве: М. Барщ и М. Синявский (а также Н. Соколов — вдали) на его куполе

Autores del planetario de Moscú: M. Barsch y M. Siniavski (y N. Sokolov a lo lejos) en la cúpula del edificio

Лучшим среди конкурсных проектов был признан проект М. Гинзбурга (П. № 24). Наибольший интерес в его проекте представляло решение основного зала (в плане в форме трапеции). Архитектору удалось за счет рационального использования пространства запроектировать зал минимального объема, с минимальным углом расположения мест, с оптимальным удалением зрителя от сцены. Удачно была решена акустика зала — при помощи тщательно найденной кривой внутренней оболочки купольного покрытия зала. Круглая часть партера с просцениумом могла поворачиваться на 180°, при этом просцениум превращался в расположенную в центре зала арену.

В 1931 г. был проведен конкурс на театр МОСПС в Москве (зал на 2500 человек, требования универсальности, трансформации и механизации). Среди поданных на конкурс наибольший интерес представляют проекты К. Мельникова (Ш. № 93) и Н. Ладовского (Ш. № 94).

Пятилетний период разработки нового типа здания для театра массового дейстуа (1930–1934) по интенсивности творческих поисков и по разнообразию оригинальных идей в области пространственной организации и трансформации зала универсального назначения был исключительным явлением в архитектуре XX в. Широко опубликованные в мировой архитектурной печати конкурсные проекты этих лет (особенно проекты международного харьковского конкурса) долгие годы служили источником вдохновения архитекторов при проектировании театральных зданий и залов универсального назначения.

Причем именно в области разработки городского зала универсального назначения проекты этих лет внесли много нового.

Традиционному театральному зрелищу в рассматриваемый период противопоставлялись не только новые виды массового дейстуа, носящие политико-агитационный характер, но и зрелища, преследующие научно-просветительные цели. В качестве такого «научного зрелища» рассматривался планетарий. Первый планетарий был построен в Москве в 1927–1929 гг. по проекту М. Барща и М. Синявского (Ш. № 47).

С первых же лет советской власти кино как новому массовому виду искусства придавалось огромное значение. Блестящая плеяда режиссеров-новаторов (Л. Кулешов, Дзига Вертов, С. Эйзенштейн, В. Пудовкин, А. Довженко) выводят советское киноискусство на одно из первых мест в мире.

Много внимания уделялось оснащению кинопромышленности современной техникой. В 1926–1927 гг. был проведен конкурс на проект кинофабрики в Москве, в котором приняли участие многие архитекторы (И. Леонидов, И. Голосов, П. Голосов, Д. Фридман, С. Чернышев, Г. Глущенко и др.). Кинофабрика (или киногородок) как новый тип современного соору-

taba mayor interés en su proyecto. Gracias a la utilización racional del espacio, Guínzburg logra proyectar una sala de volumen mínimo con un ángulo mínimo de disposición de los lugares, alejando de manera óptima al espectador del escenario. La acústica de la sala fue exitosamente lograda mediante una curva, minuciosamente estudiada, de la cubierta interna de la cúpula de la sala. La parte curvada de la platea, junto con el proscenio, podía girar 180°, lo que hacía que el proscenio se convirtiera en una palestra situada en el centro de la sala.

En 1931 fue realizado el concurso para la construcción del teatro del MOSPS (*Sóviet Regional de Gremios de Moscú*) en Moscú —sala con capacidad para 2500 personas, requisitos de universalidad, transformación y mecanización—. Los proyectos de K. Miélnikov (O. M. Nº 93) y de N. Ladovski (O. M. Nº 94) fueron los más interesantes entre los proyectos presentados en el concurso.

El período quinquenal de elaboración del nuevo tipo de edificio para el teatro de dramatización colectiva (1930–1934), fue un fenómeno exclusivo en la arquitectura del siglo XX por la intensidad de las búsquedas artísticas y la variedad de las ideas originales en el área de la organización espacial y de la transformación de la sala con propósito universal. Ampliamente publicados en la prensa mundial de arquitectura, los proyectos de concurso de aquel entonces (sobre todo los proyectos del concurso internacional de Járkov) sirvieron durante mucho tiempo de fuente de inspiración a los arquitectos para la proyección de edificios y salas teatrales de propósito universal.

Precisamente en el área del diseño de salas urbanas de propósito universal es que los proyectos de aquellos años aportaron muchas innovaciones.

En el período considerado, al espectáculo teatral tradicional se oponían no sólo los nuevos tipos de dramatización colectiva, de carácter político-propagandístico, sino también los espectáculos con fines científico-culturales. Como este tipo de «espectáculo científico» se consideraba el planetario. El primer planetario fue construido en Moscú entre 1927 y 1929 según el proyecto de M. Barsch y M. Siniavski (O. M. Nº 47).

Desde los primeros años del poder soviético al cine se le dio un gran valor como nuevo tipo de arte masivo. La brillante pléyade de directores innovadores de cine (L. Kuleshov, Dziga Viértov, S. Eizenshtéin, V. Pudovkin, A. Dovzhenko) llevaron el arte cinematográfico soviético a uno de los primeros lugares a nivel mundial.

Se dedicaba mucha atención al equipamiento de la industria cinematográfica con aparatos modernos. Durante 1926–1927 se llevó a cabo el concurso de proyectos para la construcción de los estudios cinematográficos de la ciudad de Moscú, en el cual participaron muchos arquitectos (I. Leonídov, I. Gólosov, P. Gólosov, D. Fridman, S. Chernyshov, G. Glúschenko). Los estudios cinematográficos (ciudad cinematográfica) como nuevo tipo de edificación fueron elaborados en los años 20 en el VJUTEMAS (proyectos A. Zaltsman, A. Nº 12; V. Simbírtsev, D. Bulgákov,

жения разрабатывалась в 20-е годы и во ВХУТЕМАСе (проекты А. Зальцмана, П. № 12; В. Симбирцева, Д. Булгакова, П. Помазанова и др.) и в Ленинградской Академии художеств (проекты Г. Гринберга, Л. Степанянца, С. Ткаченко и др.).

Советская власть с первых же лет столкнулась с острой нехваткой квалифицированных кадров. Чтобы помочь представителям рабочих и крестьян в короткие сроки подготовиться к поступлению в высшие учебные заведения, в стране была создана широкая сеть рабочих факультетов (рабфаков), на которых в течение двух-четырех лет проходили ускоренную подготовку для поступления в высшие учебные заведения рабочие и крестьяне, не получившие среднего образования.

Уже в середине 20-х годов разворачивается проектирование высших учебных заведений (как правило, включавших в свой комплекс и рабфаки).

Одним из первых был конкурс на проект университета в Минске (1926), наиболее интересные проекты на котором были разработаны конструктивистами (М. Гинзбург; И. Леонидов; В. Владимиров и В. Красильников; Б. Варгазин, В. Калиш и С. Маслих; Г. Вегман).

Значительный интерес представляют выполненные в 1926–1927 гг. во ВХУТЕМАСе, а в 1928–1929 гг. в МВТУ проекты фактически тех вузов, где делались эти проекты. Студенты МВТУ проектировали здание инженерно-строительного факультета МВТУ. Во ВХУТЕМАСе студенты разрабатывали проекты комплекса высшей художественной школы, включавшего учебные корпуса, клубные помещения, общежития для студентов, жилища для преподавателей и т. д. Проекты во ВХУТЕМАСе выполнялись под руководством лидеров рационализма Н. Ладовского (проекты Г. Глущенко, Г. Крутикова, П. № 11; В. Лаврова) и Н. Докучаева (проекты Т. Варенцова, С. Гельфельда).

При сравнении выполненных почти одновременно проектов конструктивистов (университет в Минске) и рационалистов (высшая художественная школа) виден различный подход к созданию композиции: четкость и подчеркнутая функциональная целесообразность планового и объемного решения у первых, поиски выразительного пространственного решения — у вторых.

P. Pomazánov y otros) y en la Academia de Artes de Leningrado (proyectos de G. Grínberg, L. Stepaniánts, S. Tkachenko y otros).

El poder soviético, desde los primeros años, tropezó con una gran falta de cuadros calificados. Para ayudar a los representantes de los obreros y campesinos a prepararse en plazos cortos para ingresar en las instituciones de enseñanza superior, en el país se creó una red de facultades obreras, en las cuales en el transcurso de dos o tres años se realizaba una preparación acelerada de obreros y campesinos sin educación media para que postularan a las instituciones de enseñanza superior.

Ya a mediados de los años 20 comienza a desarrollarse la proyección de las instituciones de enseñanza superior —como regla, éstas incluían entre sus edificios a las facultades obreras—.

Uno de los primeros concursos de este tipo fue el concurso de proyectos para la Universidad de Minsk (1926), entre los cuales se destacaron los presentados por los constructivistas (M. Guínzburg; I. Leonídov; V. Vladímirov y V. Krasílnikov; B. Vargazin, V. Kálish y S. Maslij; G. Viegman).

Despiertan gran interés los proyectos ejecutados en el VJUTEMAS en los años 1926–1927 y en la MVTU en 1928-1929, prácticamente para estas mismas instituciones de enseñanza superior. Los estudiantes de la MVTU proyectaron el edificio de la Facultad de Ingeniería y Construcción de la MVTU. En el VJUTEMAS son elaborados por los estudiantes los proyectos para el complejo de la Escuela Superior de Arte, que incluía el edificio de enseñanza, instalaciones para los clubes, residencias estudiantiles, viviendas para los profesores, etcétera. Los proyectos en el VJUTEMAS se realizaban bajo la dirección de los líderes del racionalismo N. Ladovski (proyectos de G. Glúschenko, G. Krútikov, A. № 11; V. Lavrov) y N. Dokucháyev (proyectos de T. Varentsov, S. Guélfield).

Al comparar los proyectos, realizados casi simultáneamente, de los constructivistas (Universidad de Minsk) y los racionalistas (Escuela Superior de Arte), es evidente las diferencias de los enfoques en la creación de la composición: en los primeros, la precisión y la remarcada racionalidad funcional de la solución del volumen y de la planta; en los segundos, la búsqueda de una solución espacial expresiva.

15. Формирование системы коммунально-бытового обслуживания

Formación del sistema de servicio doméstico-comunal

На процесс формирования коммунально-бытовых зданий в рассматриваемый период влияли и задачи улучшения коммунально-бытового обслуживания трудящихся, и стремление освободить женщину от малопроизводительной работы в домашнем хозяйстве, и различные концепции перестройки быта и обобществления бытовых процессов и т. д.

В подходе к организации сети коммунально-бытового обслуживания и к формам обобществления бытовых процессов наметились две тенденции. Одни считали необходимым вынести за пределы квартиры и максимально централизовать трудоемкие бытовые процессы, а также отделить их от потребителя с последующим предоставлением услуг при различной степени централизации распределительной сети. Другие считали необходимым не только централизовать трудоемкие бытовые процессы, но и коллективизировать сам процесс потребления; при этом успехи борьбы за реконструкцию быта связывали прежде всего с максимальным укрупнением коммунальных предприятий вне зависимости от того, в какую сеть системы коммунального хозяйства — в производственную или распределительно-потребительскую — они входили.

Многие области коммунально-бытового обслуживания сравнительно легко преодолели все сложности теоретической борьбы в сфере реконструкции быта и, подчиняясь законам экономической рентабельности, уже в рассматриваемый период получили четкие и определенные формы развития. Однако в ряде областей практически до начала 30-х годов еще продолжались эксперименты и велись интенсивные поиски новых типов зданий.

Например, не вызвала никаких осложнений централизация хлебопечения. Трудящиеся не только крупных, но и небольших городов и рабочих поселков легко отказывались от домашней выпечки хлеба и охотно переходили на приобретение его в булочных, видя в этом существенное облегчение труда домашней хозяйки.

Более сложные взаимоотношения с сетью коммунально-бытового обслуживания оказались у таких традиционных видов домашнего хозяйства, как приготовление пищи или стирка белья. Эти трудоемкие бытовые процессы, отнимающие много времени и сил, рассматривались в 20-е годы как главные препятствия, мешающие вовлечению женщин в производство и общественную жизнь. Уже с первых лет советской власти делались попытки вынести эти процессы за пределы жилой ячейки. Во многих рабочих домах-коммунах создаются общие кухни и прачечные. В них, используя общее оборудование, каждая хозяйка могла самостоятель-

---

El proceso de formación de los edificios doméstico-comunales en el período considerado se veía influenciado por las tareas de mejoramiento del servicio doméstico-comunal para los trabajadores, por la tendencia a liberar a la mujer del trabajo doméstico poco productivo, por las diversas concepciones de reforma del modo de vida y de socialización de las tareas domésticas, etcétera.

En el enfoque de la organización de la red de servicios doméstico-comunales y de las formas de socialización de las tareas domésticas se perfilaron dos tendencias. Unos consideraban necesario sacar de los límites de la vivienda y centralizar al máximo las tareas domésticas laboriosas, así como separarlas del consumidor con la consiguiente prestación del servicio con diferentes grados de centralización de la red de distribución; otros consideraban necesario no sólo centralizar las tareas domésticas laboriosas, sino también colectivizar el mismo proceso de consumo. A su vez, el éxito en la lucha por la reorganización del modo de vida era relacionado, ante todo, con la ampliación máxima de las empresas comunales, independientemente de la red del sistema de economía comunal —la red de producción o la red de distribución y consumo— a la que pertenecían.

Muchos sectores de los servicios doméstico-comunales superaron con relativa facilidad todas las dificultades de la guerra teórica en la esfera de la reorganización del modo de vida y, sometiéndose a las leyes de la rentabilidad económica, ya en el período considerado adquirieron formas de desarrollo determinadas y claras. Sin embargo, en una serie de sectores, prácticamente hasta comienzos de los años treinta, aún continuaban los experimentos y se realizaban búsquedas intensas de nuevos tipos de edificios.

Por ejemplo, la centralización de la producción de pan no representó dificultad alguna. Los obreros de las ciudades grandes, así como de las ciudades medianas y de los poblados de obreros, fácilmente dejaron la producción casera de pan y comenzaron a comprarlo con entusiasmo en las panaderías, viendo en ello un alivio sustancial de las labores de las amas de casa.

Mucho más complejas resultaron las relaciones entre la red de servicios doméstico-comunales y tales trabajos domésticos tradicionales como la preparación de comida y el lavado de ropa. Estas tareas domésticas engorrosas, que requerían mucho tiempo y esfuerzo, eran consideradas en los años 20 como los obstáculos principales que impedían a las mujeres su inclusión en la producción y en la vida social. Desde los primeros años del poder soviético se realizaron intentos de sacar estas tareas fuera de la unidad de vivienda. En muchas casas-comuna obreras se construyeron cocinas y lavanderías comunales. En ellas, usando implementos comunes, cada ama de

но готовить обед для своей семьи или стирать бельё. Постепенно от объединения того или иного бытового процесса в общих помещениях (индивидуальное приготовление обедов в общей кухне, стирка своего белья в общей оборудованной прачечной) переходили к системе предоставления бытовых услуг — общественное приготовление обедов, сдача белья в механизированную прачечную. Но процесс создания такой системы коммунально-бытового обслуживания протекал неодинаково гладко в различных специализированных звеньях этой системы. Так, например, специфика самого процесса стирки белья (малая стирка, большая стирка, обслуживание грудного ребенка и т. д.) не давала возможности сосредоточивать все его разновидности в централизованных механических прачечных; потребовалось создавать также прачечные (самообслуживания) в пределах дома и предусматривать возможность стирки непосредственно в жилой ячейке.

Еще сложнее оказалась проблема обобществления процессов приготовления пищи, которое, облегчая труд домашней хозяйки, вело одновременно к нарушению привычного бытового уклада, особенно когда такое обобществление связывалось с коллективизацией самого процесса принятия пищи.

Сторонники максимального обобществления быта не случайно основную ставку делали на коллективизацию процессов приготовления и принятия пищи, видя в «реконструкции» именно этой области домашнего хозяйства решающий шаг в коренной перестройке быта. Здесь, по их мнению, одновременно решались две важные задачи: обобществление одного из наиболее трудоемких процессов домашнего хозяйства — приготовление пищи (с резким повышением производительности труда в этой области) и усиление «социальных контактов» трудящихся во внерабочее время — коллективное принятие пищи. Главный путь в решении социальной задачи освобождения женщины от тягот домашнего хозяйства видели в максимальном развитии сети общественного питания, приближенной не только к месту работы, но и к жилищу.

Уже в первые годы советской власти в основных пролетарских центрах страны создается сеть общественных столовых для рабочих.

Сеть общественного питания в первые послереволюционные годы как правило, состояла из небольших столовых с низким уровнем механизации приготовления пищи и малой производительностью труда.

Назревала потребность в укрупненных и механизированных предприятиях общественного питания.

В 1925 г. в Иваново-Вознесенске была открыта первая в стране фабрика-кухня, которая стала прообразом нового типа зданий. Как и другие сформировавшиеся в рассматриваемый период новые типы зданий (дома-коммуны, дворцы труда, дома советов, рабочие клу-

---

casa podía preparar el almuerzo para su familia o lavar la ropa. Gradualmente se pasó de la asociación de una u otra tarea doméstica en instalaciones comunes (preparación individual de almuerzos en la cocina común, lavado de la ropa personal en la lavandería colectiva) al sistema de prestación de servicios domésticos: preparación colectiva de almuerzos, entrega de ropa a lavanderías mecanizadas. Pero el proceso de creación de este sistema de servicios doméstico-comunales no transcurría con la misma facilidad en los diversos eslabones especializados del sistema. Así, por ejemplo, las características específicas del servicio de lavandería (lavado de pequeñas y grandes cantidades de ropa, lavado de la ropa de los niños de pecho, etcétera) no permitía concentrar todos los tipos de trabajos en lavanderías mecanizadas centralizadas; fue necesario construir lavanderías (de autoservicio) en los edificios de viviendas y prever la posibilidad de lavado en la unidad de vivienda misma.

Más complicado aún resultó el problema de socialización de los procesos de preparación de alimentos, pues por una parte disminuía el trabajo doméstico de las amas de casa, pero por otra rompía con el régimen doméstico habitual, sobre todo cuando dicha socialización se veía mezclada con la colectivización del proceso mismo de consumo de los alimentos.

No fue casual que los partidarios de la socialización máxima cifraran sus esperanzas en la colectivización de los procesos de preparación y consumo de comida, viendo en la «reconstrucción» precisamente de este sector de la actividad doméstica el paso decisivo hacia la reorganización radical del modo de vida. Según su opinión, aquí se resolvían al mismo tiempo dos problemas importantes: la socialización de uno de los procesos más laboriosos de la actividad doméstica —la preparación de comida, con un aumento brusco de la productividad del trabajo en este sector— y la intensificación de los «contactos sociales» de los trabajadores fuera del horario laboral —el consumo colectivo de los alimentos—. El camino principal en la solución del problema social de liberar a la mujer de la carga doméstica se veía en el máximo desarrollo de la red de alimentación social, próxima no sólo al sitio de trabajo, sino también a la vivienda.

Ya en los primeros años del poder soviético, en los principales centros proletarios del país se crea la red de comedores colectivos para obreros.

En los primeros años posrevolucionarios, la red de alimentación pública estaba constituida, generalmente, por pequeños comedores con un bajo nivel de mecanización del proceso de preparación de comida y una baja productividad del trabajo.

Maduraba la necesidad de grandes empresas mecanizadas de alimentación colectiva.

En 1925, en Ivánovo-Voznesiensk se abrió la primera cocina industrial de Rusia, la cual se convirtió en el prototipo de un nuevo tipo de edificios. Al igual que otros nuevos tipos de edificios surgidos en este período (casas-comuna, palacios del trabajo, casas de los sóviets, clubes de traba-

В. Степанова. Обложка журнала «Советская архитектура». 1931 г. № 1–2

V. Stepánova. Cubierta de la revista «Arquitectura Soviética». 1931, № 1–2

бы, театры массового дейтсва), фабрика-кухня появилась сначала как новое учреждение, которое размещалось в приспособленном здании. Лишь затем была выработана архитектурная программа, в соответствии с которой проектировались и строились специальные здания для фабрик-кухонь.

Первая в стране фабрика-кухня была оборудована специальными машинами (выписанными из Германии) для обработки сырья и приготовления пищи, холодильными установками, подъемниками и т. д. Обеды отпускались на самой фабрике-кухне, а также на автомашинах в специальных термосах готовая пища развозилась в восемь связанных с центральной фабрикой-кухней столовых, открытых при фабриках и заводах.

Успех Иваново-Вознесенской фабрики-кухни вызвал во второй половине 20-х годов массовое движение за создание фабрик-кухонь во многих городах страны. В мае 1927 г. в Нижнем Новгороде была открыта вторая в стране фабрика-кухня (мощность 8 тысяч обедов в день), которая обслуживала обедами ряд промышленных предприятий и школ. Она также размещалась в приспособленном здании. В 1928 г. была открыта третья фабрика-кухня на Днепрострое (архитекторы В. Веснин, Н. Колли, Г. Орлов и С. Маслих). Затем в течение нескольких лет быстро нарастал объем строительства фабрик-кухонь в стране; их строили в Москве, Днепропетровске, Орехове-Зуеве, Сталинграде, Твери, Ташкенте, Шуе, Серпухове, Ростове-на-Дону, Ленинграде и т. д.

Большую роль в разработке фабрики-кухни как архитектурного типа нового общественного здания сыграл процесс проектирования и строительства фабрик-кухонь в Москве и в Ленинграде (Ш. № 63), где в конце 20 – начале 30-х годов было построено более пятнадцати зданий этого типа, различных по пропускной способности, этажности и объемно-пространственной композиции.

В годы военного коммунизма любая частная торговля была запрещена и вновь разрешена осенью 1921 г. после введения в стране новой экономической политики. Стихийно стали создаваться рынки. В Москве помимо Сухаревки, которая существовала и до этого, сразу же возник ряд рынков, причем они обосновывались главным образом на городских площадях и стали стремительно и стихийно развиваться. Это мешало уличному движению и угрожало городу антисанитарией. Было решено перевести рынки с городских площадей на незастроенные участки внутри кварталов. Первыми были выстроены Арбатский и Тишинский рынки. Затем в 1924 г. были выстроены рынки Ананьевский, Алексеево-Ростокинский, Бутырский и Марьинский.

Но наиболее масштабным мероприятием в этом процессе упорядочения рыночной торговли в Москве был перевод Сухаревского рынка с Садового кольца (с Сухаревской площади) на территорию, расположенную в глубине квартала. Созданию Ново-Сухаревского рын-

jadores, teatros de dramatización colectiva), la cocina industrial apareció primero como una nueva institución situada en un edificio adaptado. Sólo después se elaboró un programa arquitectónico conforme al cual se proyectaron y construyeron edificios especiales para las cocinas industriales.

Esta primera cocina industrial fue equipada con máquinas especiales, importadas de Alemania, para procesar la materia prima y preparar comida, máquinas frigoríficas, montacargas, etcétera. Los almuerzos se repartían en la misma cocina industrial y en termos especiales también se distribuían en automóviles a ocho comedores relacionados con la cocina industrial y situados en las fábricas.

El éxito de la cocina industrial de Ivánovo-Voznesiensk estimuló en la segunda mitad de los años 20 la construcción masiva de estas cocinas en muchas ciudades rusas. En mayo de 1927, en Nizhni Nóvgorod se abrió la segunda cocina industrial del país, con una productividad de ocho mil almuerzos diarios, la cual distribuía almuerzos a una serie de empresas industriales y colegios. Esta cocina industrial también ocupaba un edificio adaptado para este fin. En 1928 se abrió una cocina industrial en Dnieprostroi (arquitectos V. Vesnín, N. Koli, G. Orlov y S. Maslij), la tercera cocina industrial en Rusia. Después, en el transcurso de varios años creció rápidamente el volumen de construcción de cocinas industriales en el país; se edificaron en Moscú, Dniepropetrovsk, Oriéjovo-Zúyevo, Stalingrado, Tvier, Tashkent, Shuya, Siérpujov, Rostov del Don, Leningrado, etcétera.

En la creación de cocinas industriales como un tipo arquitectónico de nuevo edificio público jugó un rol importante la proyección y construcción de las cocinas industriales de Moscú y Leningrado (O. M. № 63), donde a finales de los 20 y comienzos de los 30 fueron construidos más de 15 edificios de este tipo, con diferentes capacidades de producción, números de pisos y composiciones volumétrico-espacial.

En los años del comunismo de guerra fue prohibida toda actividad comercial privada, permitiéndose nuevamente en el otoño de 1921, cuando se introdujo en Rusia la nueva política económica (NEP). Comenzaron a formarse espontáneamente mercados. En Moscú, además del mercado Sújarevski ya existente desde antes, aparecieron simultáneamente muchos mercados, principalmente en las plazas de la ciudad, los cuales comenzaron a desarrollarse de manera espontánea y precipitada. Esto obstruía el tráfico y amenazaba con generar un problema sanitario en la ciudad. Por eso se decidió desplazar los mercados de las plazas públicas a los terrenos baldíos en el interior de los barrios. Los primeros mercados construidos fueron el Arbatski y el Tishinski. Más tarde, en 1924, se construyeron los mercados Ananievski, Alexéyevo-Rostókinski, Butirski y Márinski.

Pero el acto de mayor envergadura en este proceso de organización del comercio de mercado en Moscú fue la mudanza del mercado Sújarevski desde la circunvalación Sadóvoye (desde la Plaza Sújarevskaya) hasta un territorio situado en el interior de un barrio. A la construcción del mercado Novo-Sújarevski se le dio valor prioritario; se realizaron grandes trabajos de planifica-

ка придавалось первостепенное значение, были проведены большие работы по планировке, асфальтированию и устройству палаток во владении бывшего Гефсиманского скита для перевода туда Сухаревского рынка. Основные работы были закончены в конце 1924 г., и в феврале 1925 г. новый Сухаревский рынок был открыт. Он был самым крупным из московских рынков. Выстроенный по проекту К. Мельникова Ново-Сухаревский рынок (Ш. № 22) имел 2 тысячи палаток, т. е. более четверти всех имеющихся в Москве рыночных палаток.

В Обмасе ВХУТЕМАСа студенты уже в начале 20-х годов разрабатывали проекты городского рынка. Наибольший интерес по пространственному решению интерьера представляет проект И. Володько (руководитель В. Кринский, П. № 3). Впервые примененную в этом проекте оригинальную конструкцию кровли, дающую возможность создать максимальное по площади остекление для освещения интерьера верхним светом, Володько использовал затем в здании Советского выставочного павильона в Страсбурге (П. № 18).

В 1926 г. М. Барщ и М. Синявский разработали два варианта совместного дипломного проекта (ВХУТЕМАС, мастерская А. Веснина) Центрального рынка в Москве. Практически они запроектировали современный городской торговый центр, в котором распластанная композиция (овальная или подковообразная в плане) торговых залов контрастирует с вынесенными на магистраль вертикальными конторскими корпусами. Особенно интересен вариант с ритмически поставленными тремя двадцатиэтажными корпусами (П. 10).

Значительный интерес представляют поиски в рассматриваемый период нового типа бани, которую также пытались превратить в место «социального контакта», придав ей новые общественные функции.

В Петрограде в первые годы советской власти при разработке типов «зданий для мытья» их функциональное назначение было существенно расширено. Бани общего пользования рассматривались как общественные здания типа терм. В качестве одного из основных типов «зданий для мытья» в декабре 1919 г. был предложен универсальный тип терм с плавательным бассейном, душами, ваннами и банями.

В 1920 г. был проведен конкурс на проект первых районных терм в Петрограде.

В середине 20-х годов, когда разворачивалось массовое строительство коммунально-бытовых зданий, разработка архитектурной программы бани приобретает более деловой характер. Создаются проекты различных по пропускной способности бань, где наряду с общими банными помещениями предусматриваются ванные и душевые кабины.

Широкое строительство бань во второй половине 20 – начале 30-х годов рассматривалось как решение задачи улучшения коммунально-бытового обслуживания трудящихся. И хотя ограниченные средства не позволяли в годы индустриализации реально ставить вопрос

Л. Лисицкий. Обложка журнала «Архитектура СССР». 1933 г. № 1

L. Lisitski. Cubierta de la revista «Arquitectura de la URSS». 1933, № 1

ción, asfaltado y acondicionamiento de los quioscos en los terrenos del entonces ex Monasterio de Gethsemaní, adonde se llevaría el mercado Sújarevski. Los trabajos principales fueron terminados a finales de 1924, y en febrero de 1925 fue inaugurado el nuevo mercado Sújarevski, el mercado moscovita más grande. Construido por el proyecto de K. Miélnikov, el mercado Novo-Sújarevski (O. M. Nº 22) contaba con dos mil puestos, es decir, más de la cuarta parte de todos los puestos de mercado existentes en aquel entonces en Moscú.

En la Obmás del VJUTEMAS, a inicios de los años 20 los estudiantes ya proyectaban mercados urbanos. El mayor interés en cuanto a planificación del espacio interior lo representa el proyecto de I. Volodko (asesor V. Krinski, A. Nº 3). El diseño original del techo, empleado por primera vez en este proyecto, daba la posibilidad de obtener la mayor área vidriada posible para iluminar el interior con luz natural. Esta construcción del techo fue utilizada posteriormente por Volodko en el pabellón soviético de exposiciones en Estrasburgo (A. Nº 18).

En 1926, M. Barsch y M. Siniavski crearon en el taller de A. Vesnín (VJUTEMAS) dos variantes de proyecto de grado conjunto del mercado central de Moscú. Prácticamente, ellos proyectaron un centro comercial urbano moderno, en el cual la composición extendida de las salas comerciales —de planta ovalada o en forma de herradura— contrasta con los bloques verticales de oficinas desplazados hacia la calle principal. Es especialmente interesante la variante con tres bloques de veinte pisos colocados rítmicamente (A. Nº 10).

Asimismo llaman la atención en este período las búsquedas de un nuevo tipo de sauna, la cual también se intentaba convertir en un sitio de «contacto social» asignándole nuevas funciones sociales.

En Petrogrado, en los primeros años del poder soviético, el diseño de los «baños públicos» previó una ampliación significativa de sus funciones. Las saunas de uso general se consideraban como edificios públicos tipo termas. En diciembre de 1919 se propuso en calidad de uno de los tipos principales de «baños públicos» un tipo universal de termas con piscina, duchas, cuartos de baño y saunas.

En 1920 se realizó el concurso de proyectos para la construcción de las primeras termas municipales de Petrogrado.

A mediados de la década del 20, cuando se despliega la construcción masiva de los edificios doméstico-comunales, la elaboración del programa arquitectónico de la sauna adquiere un carácter más oficial. Se crean proyectos de saunas de diferente capacidad, donde junto con las saunas comunes se prevén cuartos de baño y duchas individuales.

En la segunda mitad de los años 20 y comienzos de los 30, la construcción masiva de baños se veía como una solución al problema de mejoramiento del servicio doméstico-comunal de los trabajadores. Y aunque la falta de medios no permitía en los años de la industrialización plantear obje-

о создании грандиозных терм, продолжалась разработка нового типа бани (бани-бассейна или бани-купальни) как комплексного общественного здания, в уточнение архитектурной программы которого значительный вклад внесли проекты, созданные во ВХУТЕМАСе, в Академии художеств (Ленинград) и в мастерской А. Никольского в Ленинграде.

В проектах А. Никольского, созданных в 1928 г., наглядно проявились противоречия между реальными экономическими возможностями тех лет и поисками новых типов общественных зданий. Он разрабатывает проекты двух бань для конкретных участков в Ленинграде (обе бани выстроены).

Одновременно с этими выполнявшимися по конкретной программе проектами бань Никольский создает экспериментальный эскизный проект бани (пропускная способность — 4 тысячи человек ежедневно) в виде распластанного одноэтажного кольцевого корпуса с банными помещениями, в центре которого расположен обширный бассейн, перекрытый стеклянным куполом (Ш. № 60).

---

tivamente la pregunta sobre la construcción de termas grandiosas, continuaba el trabajo de diseño del nuevo tipo de sauna (sauna-piscina o sauna-baños) como un edificio público multifuncional. Al mejoramiento de este programa arquitectónico hicieron un aporte considerable los proyectos diseñados en el VJUTEMAS, en la Academia de Artes (Leningrado) y en el taller de A. Nikolski en Leningrado.

En los proyectos de A. Nikolski creados en 1928 se revelan claramente las contradicciones entre las posibilidades económicas reales de aquellos años y las búsquedas de nuevos tipos de edificios públicos. Él crea dos proyectos de saunas para sectores concretos de Leningrado —ambas saunas fueron construidas—.

Simultáneamente con estos proyectos de saunas, realizados de acuerdo con un programa concreto, Nikolski realiza un bosquejo experimental de sauna con capacidad para 4000 personas al día, la cual tiene forma de un edificio anular aplastado de un piso —en éste se encuentran las saunas— en cuyo centro hay una piscina amplia cubierta con una cúpula de vidrio (O. M. № 60).

Спорт, отдых
Deporte y recreación (16)

Приобщение широких масс к спорту рассматривалось как одна из важнейших задач культурно-оздоровительных мероприятий уже в первые годы советской власти.

В годы гражданской войны работа по внедрению спорта в повседневную жизнь трудящихся оказалась сосредоточенной прежде всего в созданном в апреле 1918 г. по декрету ВЦИКа Всевобуче (всеобщее военное обучение граждан Советской России). Задачей Всевобуча было объединение физической и допризывной военной подготовки с коммунистическим воспитанием.

На Всероссийском съезде Всевобуча в 1918 г. было рекомендовано создать Высший совет физической культуры, который был образован лишь в августе 1920 г. как совещательный орган Всевобуча. В задачи совета входила (кроме прочего) разработка типовых планов образцовых гимнастических залов, спортивных площадок и городков, домов физической культуры и других сооружений.

В систему Всевобуча входили военно-спортивные клубы, которые и начали строительство новых спортивных площадок, спортивных сооружений, летних бассейнов, лыжных станций. По инициативе Всевобуча было решено построить в Москве Международный Красный стадион (МКС). Проектирование комплекса под руководством Н. Ладовского велось в середине 20-х годов (Ш. № 28). Были начаты работы по строительству отдельных объектов комплекса, но из-за неблагополучных грунтовых условий строительство было прекращено.

Тема МКС и отдельных входящих в него сооружений ряд лет разрабатывалась студентами ВХУТЕМАСа в мастерской Ладовского и на Основном отделении — дипломные проекты всего комплекса МКС (Ш. № 35), общежития для спортсменов, вход на стадион, спортивные горки для катания и др.

Во второй половине 20-х годов в стране развернулось строительство стадионов, которые, как правило, включали в себя открытый стадион с трибунами и здание спортклуба. Характерны стадионы, построенные в Ленинграде по проектам, разработанным в мастерской А. Никольского — стадион имени Красного спортивного интернационала (1927–1929, Ш. № 51) и стадион «Красный путиловец» (1929). Наибольший интерес в работах мастерской Никольского представляют поиски различных форм и конструкций трибун: были разработаны оригинальные типы железобетонных и деревянных трибун, а также трибун на намыв-

---

Incentivar a las grandes masas de la población al deporte se consideraba desde los primeros años del poder soviético como una de las tareas más importantes del plan cultural y de mejoramiento de la salud.

En los años de la guerra civil el trabajo orientado a convertir el deporte en una actividad diaria de los trabajadores resultó concentrado principalmente en el Vsievóbuch (*Enseñanza Militar General*), creado en 1918 por decreto del VTsIK. El objetivo del Vsievóbuch era la unificación de la preparación física y premilitar con la educación comunista.

En el congreso nacional del Vsievóbuch de 1918 se recomendó crear el Sóviet Supremo de Cultura Física, que fue formado sólo en agosto de 1920 como un órgano consultivo del Vsievóbuch. Entre las tareas del Sóviet se incluía el diseño de planos modelo de salas de gimnasia, canchas y ciudades deportivas, casas de cultura física y otras construcciones.

Los clubes deportivo-militares, que formaban parte del sistema Vsievóbuch, fueron los que iniciaron la construcción de las nuevas canchas deportivas, instalaciones deportivas, piscinas de verano y centros de esquí. Por iniciativa del Vsievóbuch se decidió construir en Moscú el Estadio Rojo Internacional (MKS). La proyección del complejo se llevó a cabo a mediados de los años 20 bajo la dirección de N. Ladovski (O. M. Nº 28). Los trabajos de construcción de algunas partes del complejo se iniciaron, pero, debido a las condiciones desfavorables del suelo, se suspendió la construcción.

Los temas del MKS y de algunas de las construcciones que lo conformaban fueron estudiados durante varios años por los estudiantes del VJUTEMAS en el taller de Ladovski y en el Departamento Principal: los proyectos de grado de todo el complejo del MKS (O. M. Nº 35), las residencias para los deportistas, la entrada al estadio, las rampas para deportes de invierno, etcétera.

En la segunda mitad de los años veinte en Rusia se inicia la construcción de estadios que, por regla general, incluían un estadio descubierto con tribunas y un edificio para el club deportivo. Son característicos el Estadio de la Internacional Roja Deportiva (1927–1929, O. M. Nº 51) y el estadio «Putílovets Rojo» (1929), ambos construidos en Leningrado según proyectos elaborados en el taller A. Nikolski. Lo más interesante en los trabajos del taller de Nikolski es la búsqueda de formas y estructuras diferentes para las tribunas: se elaboraron tipos originales de tribunas de hormigón armado y de madera, así como tribunas de arena lavada (el proyecto del estadio-tazón

| Спорт, отдых | Раздел 1 |
| Deporte y recreación | Parte 1 |

Обложки журнала
«Строительная промышленность»

Cubiertas de la revista
«Industria de la Construcción»

Геологические изыскательские работы на территории Международного Красного стадиона. 1924 г. У буровой вышки на первом плане слева направо: сидят на бревне — С. Гельфельд (в белой рубашке), Н. Подвойский (без рубашки), стоят — С. Глаголев (в рубашке с галстуком), Н. Ладовский (с шапкой в руке), остальные геологи — испытатели и рабочие

Trabajos de investigación geológica en el solar del Estadio Rojo Internacional. 1924. Cerca de la torre de sondeo, de izquierda a derecha en el primer plano y sentados en un tronco: S. Guélfield (en camisa blanca), N. Podvoiski (sin camisa); de pie: S. Glagóliev (en camisa con corbata), N. Ladovski (con gorro en la mano); los demás son geólogos, experimentadores y trabajadores

ном песке (проект стадиона-чаши на Крестовском острове в Ленинграде, 1932–1934; в последующие годы проект дорабатывался и был осуществлен).

Уже в первые годы советской власти были открыты для всех граждан парки, сады и скверы, ранее находившиеся в частном владении. В процессе благоустройства общественных парков, в ходе разработки клубных и спортивных комплексов постепенно формировался новый тип городского паркового комплекса — парк культуры и отдыха.

Своеобразной экспериментальной лабораторией, на базе которой отрабатывалась программа нового типа парка и приемы функционально-планировочной организации его

en la isla Krestovski en Leningrado, 1932–1934; en los años siguientes el proyecto se concluyó y fue realizado).

Ya en los primeros años del poder soviético fueron abiertos al público los parques y diferentes tipos de jardines que antes eran propiedad privada. En el proceso de acondicionamiento de los parques públicos y de diseño de clubes y complejos deportivos se formó gradualmente un nuevo tipo de parque urbano: el parque de cultura y recreación.

El Parque Central de Cultura y Recreación en Moscú se convirtió en una especie de laboratorio experimental, en el que se desarrollaba el programa del nuevo tipo de parque y los métodos

территории, стал Центральный парк культуры и отдыха в Москве. Под парк отводилась обширная территория по обоим берегам Москвы-реки, включающая территорию выставки 1923 г., Нескучный сад, Ленинские горы и Лужники. Предполагалось, что парк должен включать в себя спортивную базу, военный городок, клубные объекты, художественно-зрелищный сектор, детский городок, учреждения общественного питания, зоны спокойного отдыха и т. д.

В 1929 г. во ВХУТЕИНе разрабатывались дипломные проекты на тему Парк культуры и отдыха в Москве. Особую трудность представляли задачи удобной связи парка с районами Москвы и органичное включение различных сооружений в природное окружение. Необходимо было не только создать систему удобных входов, связывающих парк с различными частями города, но и предусмотреть торжественный вход в парк больших организованных масс посетителей (в дни празднеств, манифестаций и т. д.).

В проекте М. Мазманяна (мастерская Н. Ладовского) парадная магистраль с трибунами подводит организованного посетителя к своеобразной триумфальной арке, запроектированной автором в виде широкого пандуса, образующего в плане сложную фигуру, напоминающую цифру 8 (П. № 17). Входя через эту «арку-пандус» в парк, человек постепенно поднимается все выше и, следуя изгибам пандуса, охватывает взглядом всю территорию парка.

В первые же годы советской власти курорты были национализированы и предоставлены в распоряжение трудящихся, как правило, через профсоюзы. Получила широкое распространение практика создания отраслевыми профсоюзами, крупными предприятиями, ведомствами и другими организациями домов отдыха, санаториев и турбаз.

Под дома отдыха переоборудуются бывшие усадьбы и дворцы, курортные пансионаты и гостиницы. Однако вскоре разворачивается проектирование и строительство новых сооружений в зонах отдыха.

Как и в других случаях экспериментальной площадкой для разработки новых типов зданий становятся архитектурные факультеты вузов.

В 1928 г. во ВХУТЕИНе студенты IV курса ряда мастерских проектировали курортную гостиницу (200 индивидуальных номеров и группа общественных помещений). Интересны проекты студентов мастерской А. Веснина — К. Афанасьева, Г. Зундблата и Н. Соколова (П. № 19).

В 1929–1930 гг. был проведен конкурс на город отдыха в зеленой зоне Москвы. Идея создания такого места отдыха, которое получило название Зеленого города, широко обсуждалась в печати и вызвала большой общественный резонанс. Зеленый город рассматривался

Членский билет Общества строителей Международного Красного стадиона в Москве. 1924 г.

Carné de miembro de la Sociedad de Constructores del Estadio Rojo Internacional en Moscú. 1924

М. Мазманян

M. Mazmanián

de organización de la planificación funcional de su territorio. Al parque se destinó un amplio solar a ambas orillas del río Moscova, incluyendo el territorio de la exposición de 1923, las Colinas de Lenin*, el Jardín Neskuchni y Los Luzhnikí. Se suponía que el parque debía incluir una base deportiva, una ciudad castrense, edificios de clubes, un sector para espectáculos artísticos, una ciudad infantil, instalaciones de alimentación pública, zonas tranquilas para el descanso, etcétera.

En 1929, en el VJUTEIN se presentaron varios proyectos de grado sobre el tema del Parque de Cultura y Recreación en Moscú. La construcción de cómodas vías de enlace del parque con los municipios de la ciudad y la introducción orgánica de las diferentes construcciones en el medio ambiente natural eran tareas de especial dificultad. Fue necesario no sólo crear un sistema de entradas cómodas que conectaran el parque con las distintas zonas de la ciudad, sino prever una entrada principal al parque para grandes grupos organizados de visitantes —en los días festivos, manifestaciones, etcétera—.

En el proyecto de M. Mazmanián (taller de N. Ladovski), una arteria principal con tribunas guía al visitante hasta una especie de arco de triunfo, proyectado por el autor en forma de una rampa ancha que dibuja en el plano una figura compleja que recuerda un ocho (A. Nº 17). Entrando al parque por este «arco-rampa», el visitante se eleva cada vez más y, siguiendo las curvas de la rampa, puede abarcar con la mirada todo el territorio del parque.

En los primeros años del poder soviético los sitios de descanso fueron nacionalizados y puestos a disposición de los trabajadores, generalmente por medio de los sindicatos. Se difundió ampliamente la práctica de la construcción de casas de descanso, sanatorios y bases turísticas a cargo de los sindicatos gremiales, las grandes empresas, los departamentos administrativos y otras organizaciones.

Los antiguos palacios y fincas, las pensiones en los sitios de descanso y los hoteles se acondicionaban para convertirlos en casas de descanso. Sin embargo, al poco tiempo se inició la proyección y la construcción de nuevas obras en las zonas de descanso.

Al igual que en otros casos, las facultades de arquitectura de los institutos superiores se convierten en los polígonos experimentales de diseño de los nuevos tipos de edificios.

En 1928, los estudiantes de cuarto año de varios talleres del VJUTEIN proyectaron un hotel turístico (200 habitaciones individuales y un conjunto de instalaciones públicas). Son interesantes los proyectos de los estudiantes K. Afanásiev, G. Zundblat y N. Sokolov (A. Nº 19) del taller de A. Vesnín.

Entre 1929 y 1930 se convocó un concurso de proyectos de una ciudad de descanso en la zona verde de Moscú. La idea de crear semejante sitio de descanso, que recibió el nombre de

---

* *N. del T.* Nombre que recibieron las Colinas Vorobióviye (Colinas de los Gorriones) en tiempos de la URSS.

не просто как место отдыха, а как некая модель жилищного комплекса будущего, где жители Москвы в процессе отдыха приобщаются к новому типу обобществленного быта.

Был выбран один из лучших по своим природным достоинствам участок недалеко от Москвы (вблизи электрофицировавшейся железной дороги) в 15 тысяч гектаров, из которых 11 тысяч — охранная лесная зона. По предварительным расчетам Зеленый город должен был обслуживать 100 тысяч человек. По программе конкурса Зеленый город состоял из нескольких районов, каждый из которых имел специальное назначение: центральная часть с учреждениями общественного обслуживания, культурно-просветительная, физкультурная, жилищная, лечебно-профилактическая, детская, а также кооперативно-строительная группа для постоянного населения (работающих в Зеленом городе). Кроме того, планировалось организовать образцовый колхоз (5 тысяч человек населения) для снабжения Зеленого города продуктами.

На заказной конкурс было представлено четыре проекта: Н. Ладовского (Ш. № 84), К. Мельникова (Ш. № 83), М. Гинзбурга и М. Барща (П. № 23), Д. Фридмана. Проекты были совершенно разными — каждый автор демонстрировал свою концепцию, яркому проявлению которой способствовала сама необычность заказа.

Ciudad Verde, fue ampliamente discutida en la prensa y tuvo una gran resonancia social. La Ciudad Verde se veía no simplemente como un sitio de descanso, sino como cierto modelo del complejo habitacional del futuro, donde los moscovitas en el proceso de descanso se incorporarían al nuevo tipo de vida socializada.

Fue elegido un sector próximo a Moscú (cerca de una vía férrea electrificada), uno de los mejores en cuanto a sus condiciones naturales, de 15 mil hectáreas, 11 de las cuales constituían un parque nacional. De acuerdo con los cálculos iniciales, la Ciudad Verde debía atender 100 mil personas. Conforme al programa del concurso, la Ciudad Verde constaba de varias zonas, cada una de las cuales cumplía una función determinada: la zona central con establecimientos de servicio público, la de desarrollo cultural, la de cultura física, la habitacional, la de prevención y atención médica, la infantil, así como un grupo constructor cooperativo para los residentes permanentes (que trabajaban en la Ciudad Verde). Además se planeaba organizar un koljoz* modelo (con una población de cinco mil personas) para el abastecimiento de productos a la Ciudad Verde.

Fueron presentados a concurso por encargo cuatro proyectos: N. Ladovski (O. M. № 84), K. Miélnikov (O. M. № 83), M. Guínzburg y M. Barsch (A. № 23), D. Fridman. Los proyectos eran totalmente diferentes, y cada autor hizo una demostración brillante de su concepción, lo que era facilitado por el carácter inusual del encargo.

---

* N. del T. Hacienda colectiva.

Раздел 2

ШЕДЕВРЫ

Parte 2

OBRAS MAESTRAS

В. Татлин
ПАМЯТНИК III ИНТЕРНАЦИОНАЛА. 1919–1920

①

V. Tatlin
MONUMENTO DE LA III INTERNACIONAL. 1919–1920

Проект Памятника III Интернационала Татлин создал в 1919 г., а в 1920 г. он делает модель Памятника вместе с помощниками — молодыми художниками А. Виноградовым и И. Меерзоном и скульптором Т. Шапиро (двое последних впоследствии стали профессиональными архитекторами).

Башня Татлина проектировалась как грандиозное четырехсотметровое сооружение, предназначенное для размещения в нем главных учреждений всемирного государства будущего. Главной особенностью проекта Татлина было то, что образно-символическую роль он

El proyecto del Monumento de la III Internacional fue creado por Tatlin en 1919, y en 1920, junto con sus ayudantes —los jóvenes pintores A. Vinográdov y I. Meyerzón y el escultor T. Shapiro (los dos últimos con el tiempo llegaron a ser arquitectos profesionales)—, construyó un modelo del monumento.

La torre de Tatlin se proyectó como una grandiosa construcción de cuatrocientos metros de altura, y estaba destinada a ser la sede de las instituciones principales del estado mundial del futuro. La particularidad principal del proyecto es que el papel temático-simbólico Tatlin se lo

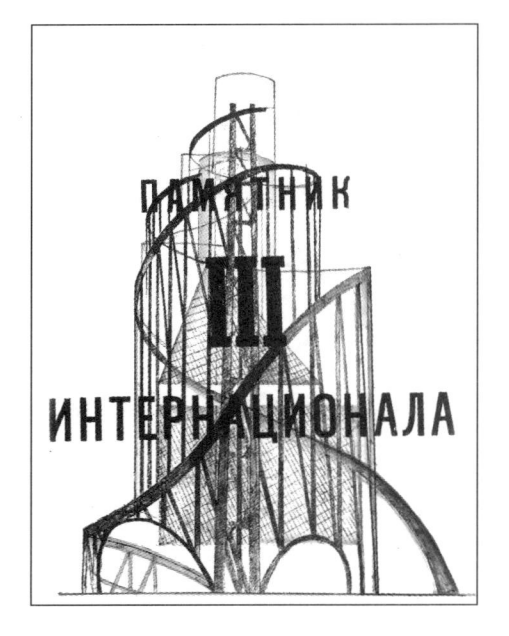

В.Татлин. *Памятник III Интернационала. 1919–1920*

V. Tatlin. *Monumento de la III Internacional. 1919–1920*

Раздел 2

Parte 2

a) фасады;
b) модель (см. титул шедевра);
c) строительство модели (слева-направо: С. Дымшиц-Толстая, В. Татлин, Т. Шапиро — вверху, И. Меерзон); строительство модели (слева-направо: И. Меерзон, Т. Шапиро, В. Татлин)

a	b
c	c

a) fachadas;
b) modelo (véase la ilustración inicial);
c) construcción del modelo (de izquierda a derecha: S. Dímshits-Tolstaya, V. Tatlin, T. Shapiro; arriba: I. Meyerzón); construcción del modelo (de izquierda a derecha: I. Meyerzón, T. Shapiro, V. Tatlin)

передал ажурной спиральной металлической конструкции. Несущая конструкция была не в теле сооружения, а оголена и вынесена наружу. Собственно же функциональные остекленные объемы подвешены внутри этой конструкции один над другим: куб, пирамида, цилиндр и полусфера. Нижнее помещение (куб) предназначено для конференций Интернационала, международных съездов и законодательных собраний, оно делает один оборот в год вокруг вертикальной оси. Среднее помещение (пирамида) делает один оборот в месяц, здесь размещаются административно-исполнительные органы. Верхний цилиндр вращается со скоростью одного оборота в сутки и предназначен для информационного центра.

transmite a la estructura metálica reticular en espiral. La estructura de carga se encuentra no en el interior de la construcción, sino en el exterior y al descubierto. Los propios volúmenes funcionales vidriados están situados en el interior de la construcción uno sobre otro: un cubo, una pirámide, un cilindro y una semiesfera. La instalación inferior (el cubo) está destinada a las conferencias de la Internacional, congresos internacionales y asambleas legislativas; ella realiza una vuelta al año alrededor de su eje vertical. La instalación media (la pirámide) realiza una vuelta al mes, y en él se encuentran los órganos administrativo-ejecutivos. El cilindro superior gira con una velocidad de una vuelta al día, y está destinado al centro informativo.

В. Шухов

РАДИОМАЧТА В МОСКВЕ. 1919–1922

②

V. Shújov

TORRE DE RADIOCOMUNICACIÓN DE MOSCÚ. 1919–1922

На базе разработанной им конструкции гиперболоидных башен В. Шухов в 1919 г. создает первый вариант девятиярусной радиобашни высотой 350 м. Технически не было препятствий для возведения такой башни, которая, будучи построена, стала бы самым высоким сооружением мира (на 50 м выше Эйфелевой башни в Париже). Однако материальные возможности страны, ресурсы которой поглощала гражданская война, не позволили тогда осуществить грандиозный замысел Шухова. В 1920 г. он создал окончательный вариант проекта, согласно которому башня состояла из шести гиперболоидов и имела высоту 152 м. Строительство было начато на Шаболовке в конце 1920 г. и закончено в 1922 г. Оригинальным и чрезвычайно экономным был «телескопический» способ возведения башни, который не требовал подъемного крана и каких-либо вспомогательных лесов. Каждый из последующих гиперболоидов собирался на земле внутри башни и поднимался вверх с помощью тросов.

Basándose en las torres hiperboloides ideadas por él mismo, V. Shújov crea en 1919 la primera variante de una torre de 350 m de altura y de nueve niveles. No existían obstáculos técnicos para levantar semejante torre, la cual, de haber sido construida, se hubiera convertido en la construcción más alta del mundo (50 m más alta que la torre Eiffel de París). No obstante, las posibilidades materiales del país, cuyos recursos eran devorados por la guerra civil, no permitieron entonces realizar la grandiosa idea de Shújov. En 1920, elabora la variante final del proyecto, según la cual la torre se componía de seis hiperboloides y tenía 152 m de altura. La obra se inició en Shábolovka a finales de 1920 y fue terminada en 1922. El original y muy económico método «telescópico» de edificación de la torre no exigía ni grúas ni ningún tipo de andamio. Cada hiperboloide se ensamblaba en la tierra en el interior de la torre y se elevaba con la ayuda de cables.

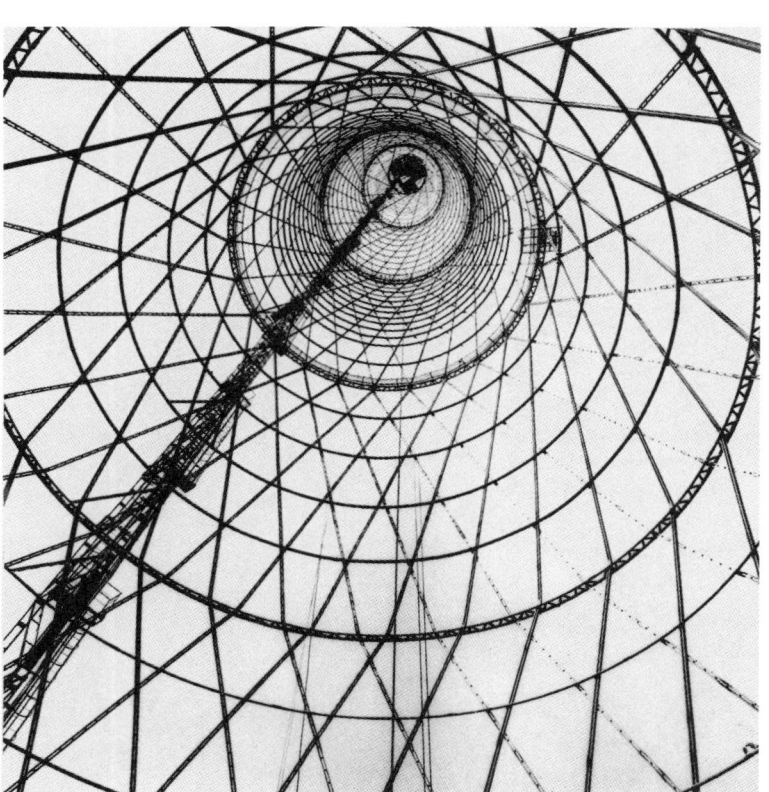

В. Шухов. *Радиомачта в Москве. 1919–1922*
V. Shújov. *Torre de radiocomunicación de Moscú. 1919–1922*

Раздел 2
Parte 2

a) первый вариант проекта (в сравнении с Эйфелевой башней);
b) общий вид;
c) вид изнутри;
d) ракурс (см. титул шедевра);
e) фрагмент (фото А. Родченко)

a) primera variante del proyecto (comparado con la torre Eiffel);
b) vista general;
c) vista desde el interior;
d) escorzo (véase la ilustración inicial);
e) fragmento (foto de A. Ródchenko)

Н. Ладовский

ХРАМ ОБЩЕНИЯ НАРОДА.
Экспериментальный проект (эскизы).
1919

(3)

N. Ladovski

TEMPLO DE LAS RELACIONES DEL PUEBLO.
Proyecto experimental (bosquejos).
1919

В 1919 г. на первом этапе существования Живскульптарха, когда в теоретических дискуссиях и в разработке экспериментальных проектов основное внимание уделялось поиску новых средств художественной выразительности и архитектурного образа главного общественного здания города, Ладовский интенсивно экспериментирует с простыми геометрическими формами и их пространственной

En 1919, en la primera etapa de la existencia de la Zhivskulptarj, cuando en los debates teóricos y en la elaboración de proyectos experimentales se prestaba especial atención a la búsqueda de nuevos medios de expresión artística y de imagen arquitectónica para el edificio principal de la ciudad, Ladovski experimenta intensamente con formas geométricas simples y su organización espacial. Todas estas búsquedas

(3) Н. Ладовский. Храм общения народа. Экспериментальный проект (эскизы). 1919
N. Ladovski. *Templo de las relaciones del pueblo. Proyecto experimental (bosquejos)*. 1919

Раздел 2
Parte 2

Эскизы

Bosquejos

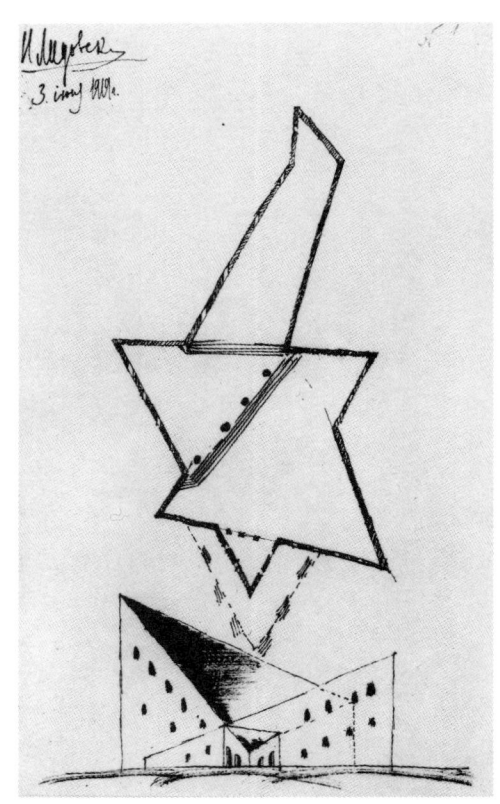

организацией. Все эти поиски велись в процессе разработки нового типа общественного здания — Храма общения народа, в композиции которого, как было решено на заседаниях Живскульптарха, обязательно должна была присутствовать динамика.

Эскизы Ладовского, выполненные в 1919 г. в Живскульптархе, можно условно разделить на две группы. Первая — это эксперименты с динамической композицией. Ладовский использует подчеркнуто элементарные геометрические формы (куб, шар, полусфера, конус, пирамида, параллелепипед, цилиндр и др.), соединяя их между собой в самых различных сочетаниях для выявления таких качеств композиции, как динамика, напряженность, вес, ритм, сложное равновесие и т. д. Особенно увлекала его задача создать динамическую композицию, устремленную вверх. Он пробует различные варианты решения этой задачи, создавая то постепенно утончающиеся квер-

transcurrían durante el proceso de proyección del nuevo tipo de edificio público, el Templo de las relaciones del pueblo, cuya composición, de acuerdo con lo resuelto en las sesiones de la Zhivskulptarj, debía ser, necesariamente, dinámica.

Los bosquejos de Ladovski, realizados en 1919 en la Zhivskulptarj, se pueden dividir convencionalmente en dos grupos. El primero está formado por experimentos con composición dinámica. Ladovski utiliza formas geométricas marcadamente elementales (cubo, esfera, semiesfera, cono, pirámide, paralelepípedo, cilindro y otras), uniéndolas de las maneras más diversas para revelar tales cualidades de la composición como la dinámica, la tensión, el peso, el ritmo, el equilibrio complejo, etcétera. Particularmente, le interesaba el problema de la creación de una composición dinámica dirigida hacia arriba. Ladovski prueba diferentes soluciones de este problema, creando ora volúmenes que se cierren unos sobre

| Раздел 2 | Н. Ладовский. Храм общения народа. Экспериментальный проект (эскизы). 1919 |
| Parte 2 | N. Ladovski. Templo de las relaciones del pueblo. Proyecto experimental (bosquejos). 1919 |

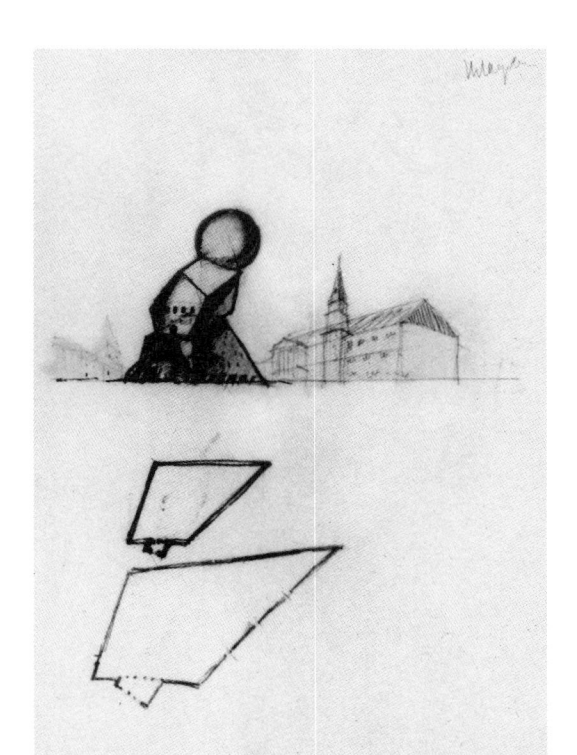

ху, консольно нависающие друг над другом объемы, завершенные конусом, пирамидой или шпилем, то сложные многоярусные композиции, как бы ввинчивающиеся по спирали в небо, то построения, где движение, нарастая в массивном основании, переходит в стремительное движение наклонной консоли, с которой как бы запускается в небо некая ракета.

Во второй группе эскизов наряду с разработкой средств и приемов объемной композиции Ладовский много внимания уделяет осмыслению пространственных аспектов архитектуры. Он тщательно продумывает решение пространства интерьера Храма общения народа с точки зрения последовательности его восприятия при движении человека и детально прорабатывает пространственные аспекты восприятия всего пути человека — подходящего к зданию, входящего в него и продолжающего движение в интерьере. Есть эскизы, где еще на пути к зданию Ладовский создает сложные архитектурные кулисы и пропилеи, последовательно раскрывающие все новые и новые точки зрения по мере движения человека.

otros a modo de ménsula y que son coronados por un cono, pirámide o aguja; ora composiciones complejas de varios niveles que parecen atornillarse en el cielo siguiendo una espiral; ora estructuras, donde el movimiento, creciendo en una base masiva, se transforma en el movimiento impetuoso de una ménsula inclinada, desde la cual pareciera que se lanzara al espacio una suerte de cohete.

En el segundo grupo de bosquejos, a la par con la elaboración de medios y métodos de composición volumétrica, Ladovski dedica mucho tiempo a reflexionar sobre los aspectos espaciales de la arquitectura. Busca minuciosamente una solución al problema del espacio interior del Templo de las relaciones del pueblo desde el punto de vista de la continuidad de la percepción de la persona durante su movimiento, y detalladamente elabora los aspectos de la percepción espacial de todo el camino que recorre la persona: acercándose al edificio, saliendo de éste o continuando su camino por el interior. Existen bosquejos donde Ladovski crea, en el camino hacia el edificio, complejos bastidores y propileos arquitectónicos, que paulatinamente descubren puntos de vista cada vez más nuevos a medida que la persona se desplaza.

Н. Ладовский. Храм общения народа. Экспериментальный проект (эскизы). 1919

N. Ladovski. Templo de las relaciones del pueblo. Proyecto experimental (bosquejos). 1919

Раздел 2

Parte 2

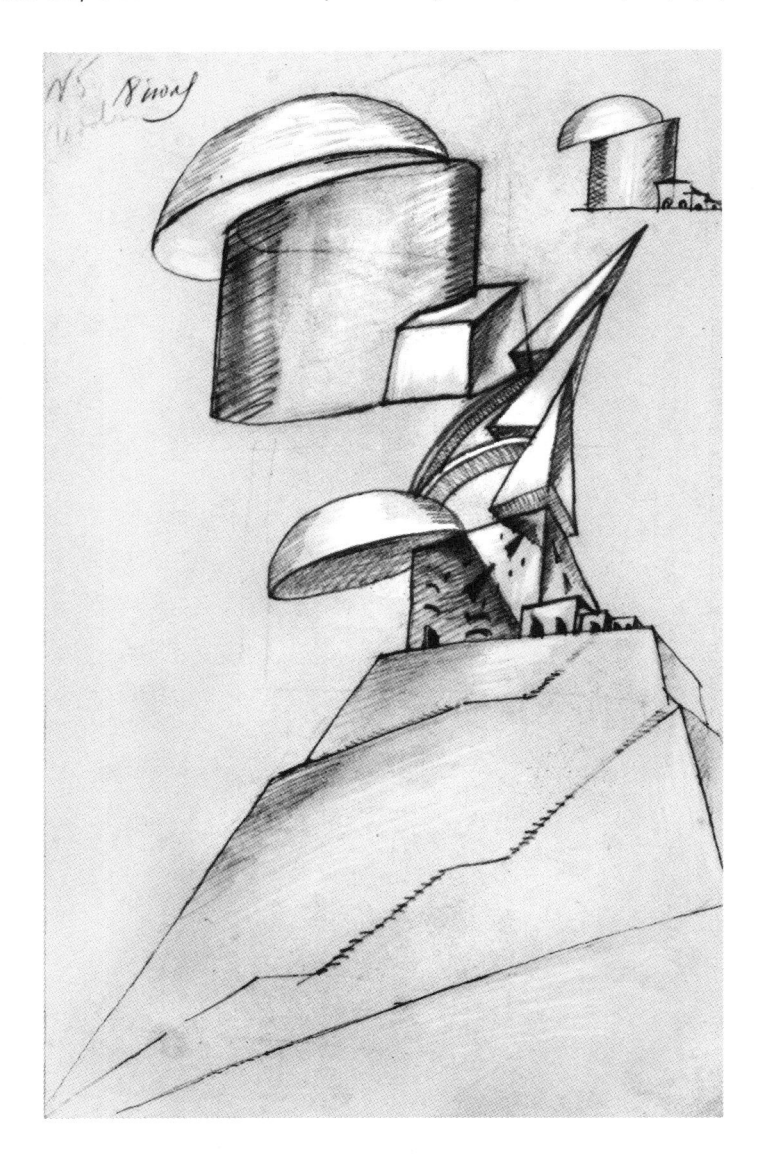

Эскизы

Bosquejos

А. Родченко
КИОСК ДЛЯ ПРОДАЖИ ГАЗЕТ И АГИТАЦИОННОЙ ЛИТЕРАТУРЫ.
Конкурсный проект. 1919

(4)

A. Ródchenko
QUIOSCO DE VENTA DE PERIÓDICOS Y LITERATURA DE PROPAGANDA.
Proyecto de concurso. 1919

Киоск Родченко (он подал на конкурс три варианта проекта) был одним из первых архитектурных проектов, в котором при полном отказе от эклектики и стилизации сделана попытка использовать в поисках нового архитектурного образа формально-эстетические разработки левой живописи.

Родченко проектирует киоск в виде высотной трехъярусной композиции, как бы нанизанной на вертикальный стержень-столб. Внизу

El quiosco de Ródchenko (él presentó a concurso tres variantes del proyecto) fue uno de los primeros proyectos arquitectónicos en el que, renunciando totalmente al eclecticismo y a la estilización, se intenta utilizar los trabajos estético-formales del arte progresista en la búsqueda de una nueva imagen arquitectónica.

Ródchenko diseña un quiosco en forma de una composición alta de tres niveles como ensartada en un poste. En el nivel inferior se encuentra

④ А. Родченко. *Киоск для продажи газет и агитационной литературы. Конкурсный проект.* 1919

A. Ródchenko. *Quiosco de venta de periódicos y literatura de propaganda. Proyecto de concurso.* 1919

Раздел 2 / Parte 2

Три варианта. Фасады

Tres variantes. Fachadas

объем собственно киоска, плоская кровля которого превращена в трибуну для оратора; средний ярус — агитационные плакаты; верхний — трехсторонние часы. Вся композиция облегчается кверху и состоит как бы из плоскостей, свободно подвешенных (плакаты), примыкающих друг к другу или пересекающихся друг с другом. Композиция киоска пронизана внутренним динамизмом. Полностью отсутствуют традиционные архитектурные формы; роль «декоративных» элементов играют надписи, часы, цвет.

el volumen del propio quiosco, cuyo techo plano se convierte en la tribuna de un orador; en el nivel medio se disponen carteles propagandísticos; en el nivel superior se encuentra un reloj de tres caras. Toda la composición, como formada por planos libremente suspendidos (carteles) que hacen contacto uno con otro o se cortan, se aligera hacia arriba. La composición del quiosco está impregnada de un dinamismo interno. Están totalmente ausentes las formas arquitectónicas tradicionales; el papel de elementos «decorativos» lo juegan las inscripciones, el reloj y el color.

Н. Ладовский

КОММУНАЛЬНЫЙ ДОМ.
Экспериментальный проект. 1920

(5)

N. Ladovski

CASA COMUNAL.
Proyecto experimental. 1920

Это был один из первых в советской архитектуре проект дома-коммуны. Причем, как и в эскизах проекта Храма общения народа, Ладовский главное внимание уделяет поискам объемно-пространственной композиции и выразительного внешнего облика. Он назвал свой проект «Архитектурное явление коммунального дома». Здание в виде неправильного четырехугольника в плане представляет собой сложную динамическую кубистическую композицию. Вокруг внутреннего холла сгруппированы различные по конфигурации помещения с внутренними лестницами. Объемы врезаются друг в друга, громоздятся один на другой и завершаются стремительной, направленной по диагонали «стрелой-ракетой» в виде пирамиды, несущей красный флаг.

Éste fue uno de los primeros proyectos de casa-comuna en la arquitectura soviética. Al igual que en los bosquejos del proyecto del Templo de las relaciones del pueblo, Ladovski presta gran atención a la búsqueda de una composición volumétrico-espacial y de un aspecto exterior expresivo. Llamó a su proyecto «Fenómeno arquitectónico de la casa comunal». El edificio, de planta en forma de cuadrilátero irregular, constituye una compleja composición dinámica cubista. Alrededor de la sala interior se agrupan instalaciones de diferente configuración con escaleras internas. Los volúmenes se incrustan unos en otros, se apilan unos sobre otros y concluyen con una impetuosa «flecha-cohete» en forma de pirámide, dirigida diagonalmente, que lleva una bandera roja.

Н. Ладовский. Коммунальный дом. Экспериментальный проект. 1920

N. Ladovski. *Casa comunal. Proyecto experimental.* 1920

Раздел 2

Parte 2

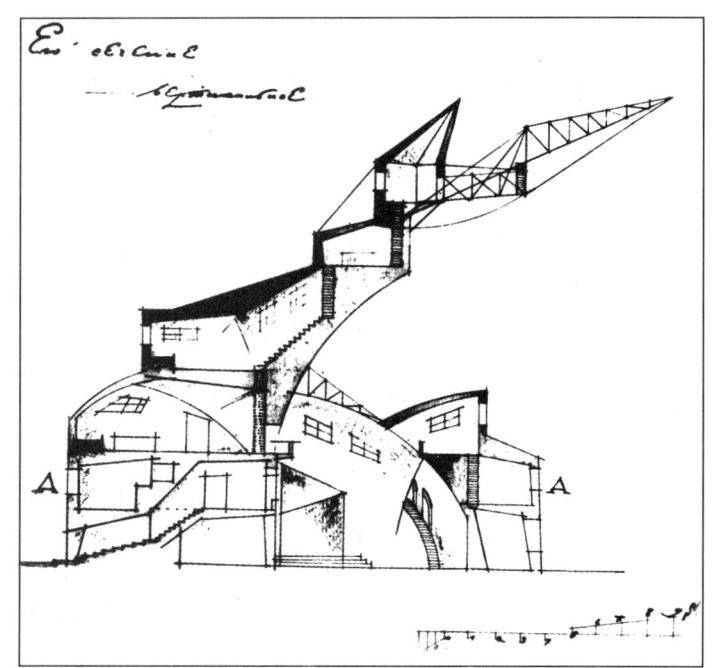

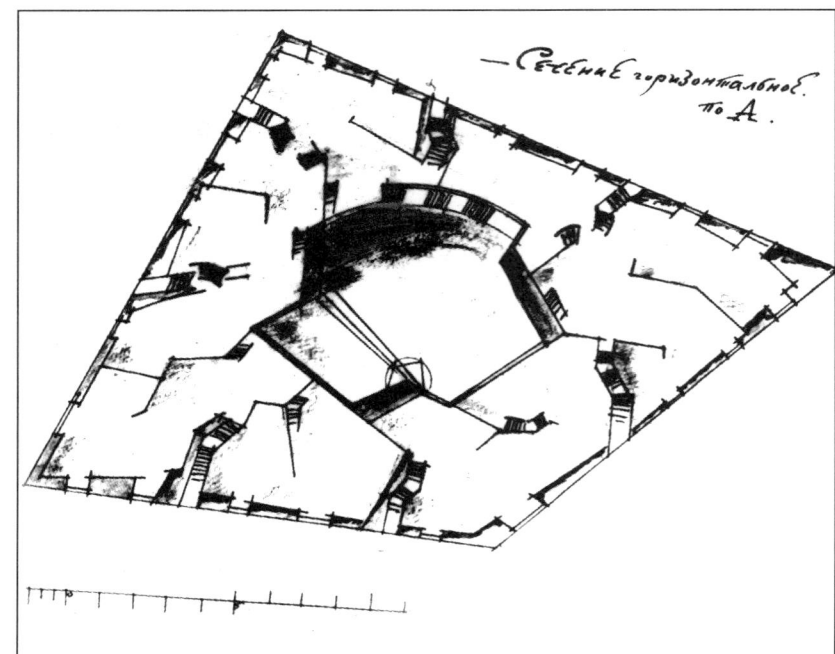

Фасад (см. титул шедевра), план, разрез

Fachada (véase la ilustración inicial), plano, corte

Г. Мапу

КОММУНАЛЬНЫЙ ДОМ.
Экспериментальный проект. 1920

6

G. Mapú

CASA COMUNAL.
Proyecto experimental. 1920

Г. Мапу разрабатывал экспериментальные проекты в Живскульптархе явно под влиянием проектов Ладовского. Он появился в Живскульптархе уже на второй стадии работы этой организации, когда там разрабатывали проект коммунального дома. Мапу много экспериментирует с объемно-пространственной композицией коммунального дома. Среди его эскизов есть композиции в виде некоей «разрушающейся» структуры и спиралевидные построения, высотная часть которых обвивается пандусами и лестницами. Окончательный вариант проекта представляет собой сложную многоэтажную утончающуюся кверху композицию, в которой сквозь кубистическое нагромождение форм просвечивает спиралевидность общего построения.

G. Mapú realizó sus proyectos experimentales en la Zhivskulptarj bajo la influencia evidente de los proyectos de Ladovski. Mapú llegó a la Zhivskulptarj durante la segunda etapa de funcionamiento de esta organización, cuando se estaba elaborando el proyecto de la casa comunal, y experimentó mucho con la composición volumétrico-espacial de la este tipo de edificación. Entre sus bosquejos hay composiciones en forma de una especie de estructura «en destrucción» y construcciones espirales, cuyas partes superiores se enrollan con rampas y escaleras. La variante final del proyecto es una composición compleja de varios pisos, afinada hacia arriba, en la que a través de una aglomeración cubista de formas se advierte el carácter espiral de la estructura general.

6 Г. Мапу. Коммунальный дом. Экспериментальный проект. 1920
G. Mapú. Casa comunal. Proyecto experimental. 1920

Раздел 2
Parte 2

b	a	a
b		

a) предварительные эскизы (см. титул шедевра);
b) окончательный вариант (перспектива, планы первого и второго этажей)

a) bosquejos preliminares (véase la ilustración inicial);
b) variante final (perspectiva, planos del primer y segundo pisos)

Л. Лисицкий

ПАПКА «ПРОУНЫ» (11 литографий).
1920–1921

⑦

L. Lisitski

CARPETA «PROUNS» (11 litografías).
1920–1921

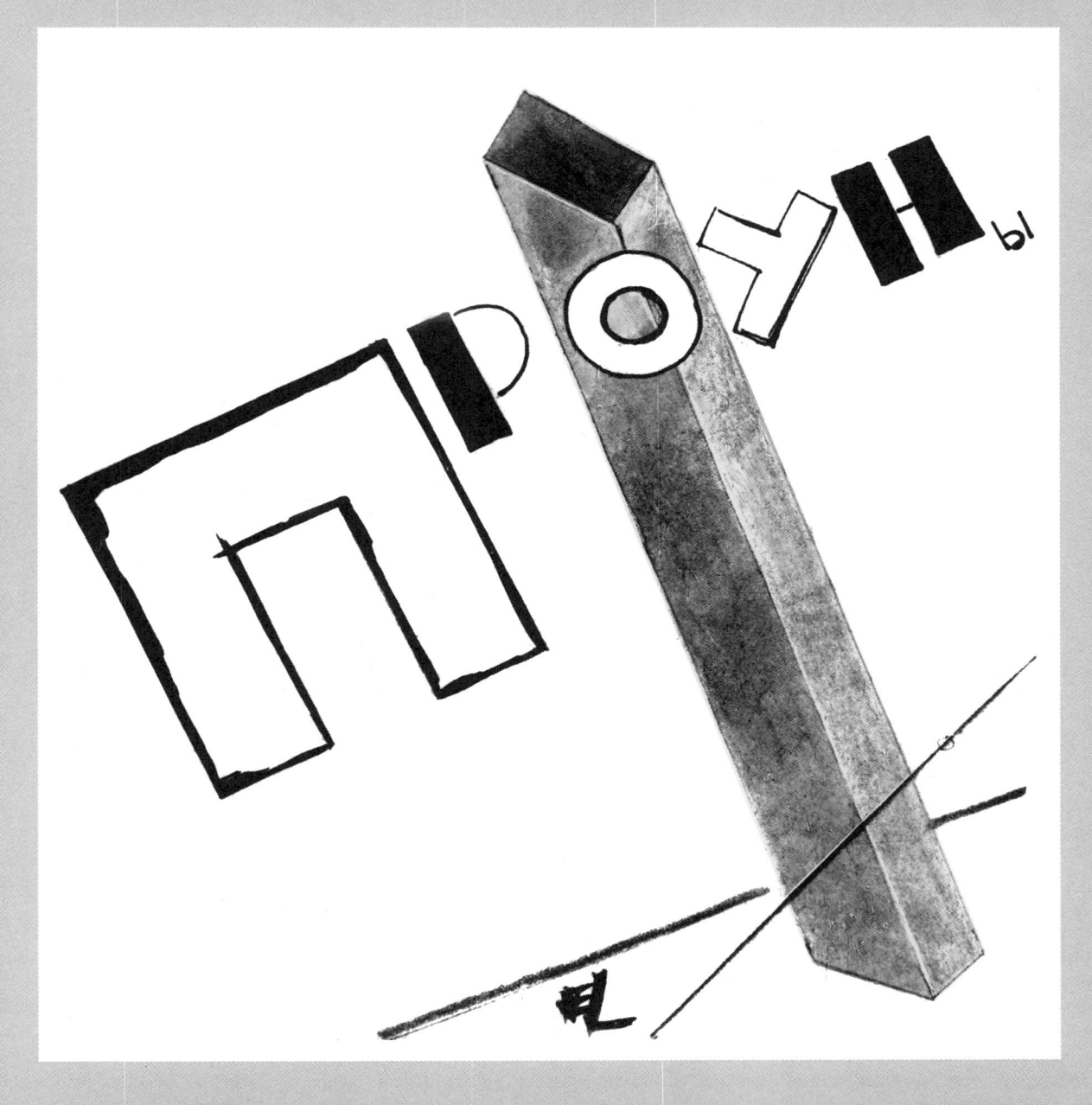

Проуны (проекты утверждения нового), которые Лисицкий стал создавать в 1919 г. (живопись маслом, графика, литография), он рассматривал как «пересадочную станцию на пути от живописи к архитектуре». Речь идет о супрематической живописи, которую Лисицкий через проуны выводил в объем, сознательно делая ставку на архитектуру. Не случайно некоторым из своих проунов он дает такие названия, как «Город», «Мост» и т. д. Позднее Лисицкий использовал композиции своих проунов при разработке конкретных архитектурных проектов (водная станция, горизонтальные небоскребы, жилой дом, мост, выставочные интерьеры и др.).

Lisitski consideraba sus prouns («proyectos de afirmación de lo nuevo»), que comenzó a crear en 1919 (pintura al óleo, dibujo, litografía), como una «estación transitoria en el camino de la pintura a la arquitectura». Se trata de una pintura suprematista que, mediante los prouns, Lisitski convierte en volumen, acentuando conscientemente la arquitectura. No es casual que algunos de sus prouns tengan nombres como «Ciudad», «Puente», etcétera. Más tarde, Lisitski utiliza las composiciones de sus prouns en la elaboración de proyectos arquitectónicos concretos (estación náutica, rascacielos horizontales, edificio de viviendas, puentes, interiores de salas de exposición y otros).

(7) Л. Лисицкий. Папка «Проуны» (11 литографий). 1920–1921

L. Lisitski. Carpeta «Prouns» (11 litografías). 1920–1921

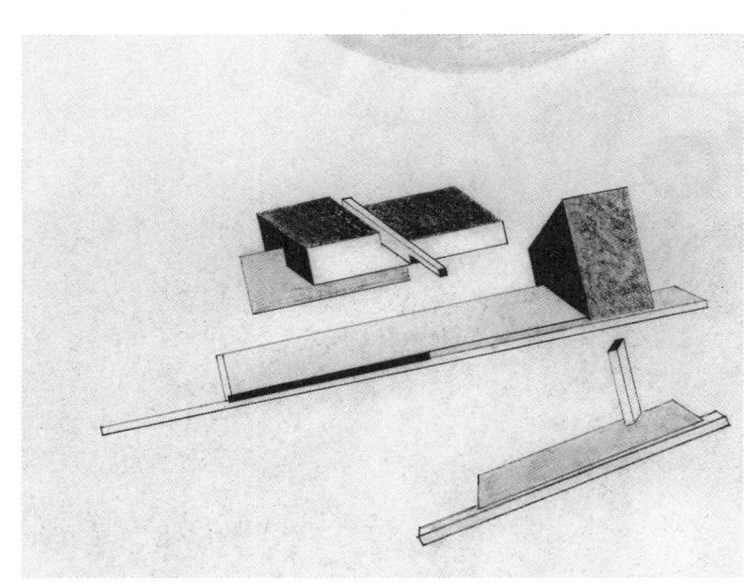

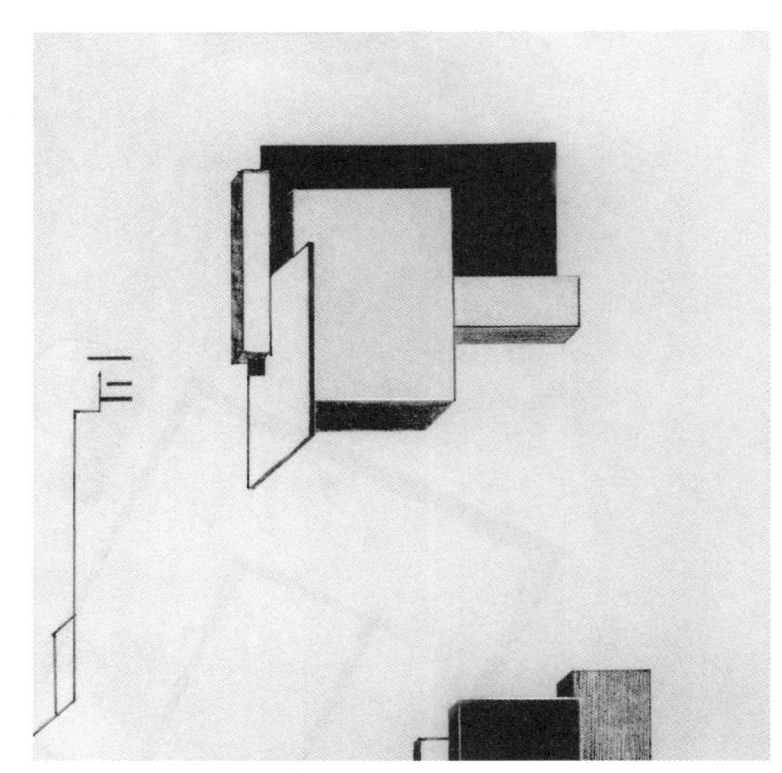

Раздел 2 / Parte 2

a) обложка папки (см. титул шедевра);
b) проун «Город» («Система площади»);
c) проун «Мост»;
d) проуны

b	c
d	d

a) cubierta de la carpeta (véase la ilustración inicial);
b) proun «Ciudad» («Sistema de la plaza»);
c) proun «Puente»;
d) prouns

Если говорить о происхождении проунов, то они, видимо, идут от плоскостного (на белом фоне) супрематизма и от космических супремов Малевича. Космические супремы, в отличие от плоскостных элементов обычных супрематических композиций, все же можно было себе представить как ортогональные проекции объемных элементов в беспредельном пространстве (Лисицкий, как архитектор, вполне мог «прочитать» именно так эти супрематические «проекты» Малевича). Все у Малевича летало в пространстве вроде бы без низа и верха.

В проунах Лисицкий сначала подхватил идею плавания элементов в пространстве, но дал плоскостным супрематическим элементам объем — и все изменилось. Они начали опускаться на землю, ибо, будучи архитектором, он так рисовал объемы, что они имели низ и верх. Он их крутил по-разному (есть проуны — по кругу), отрывал от земли, но все равно элементы его проунов превращались в архитектонические объемы, т. е. имеющие низ и верх, даже если они и парили на белом фоне.

En cuanto al origen de los prouns, podemos decir que ellos, por lo visto, proceden del suprematismo plano (sobre fondo blanco) y de los supremos cósmicos de Maliévich. Los supremos cósmicos, a diferencia de los elementos planos de las composiciones suprematistas usuales, se podían imaginar como proyecciones ortogonales de elementos volumétricos en un espacio infinito (Lisitski, como arquitecto, pudo haber «leído» precisamente así estos «proyectos» suprematistas de Maliévich). Todo lo de Maliévich volaba en el espacio sin poder determinarse qué está arriba y qué está abajo.

En los prouns, Lisitski tomó inicialmente la idea del vuelo de los elementos en el espacio, pero él le dio volumen a los elementos suprematistas planos y todo cambió. Éstos comenzaron a descender a la tierra, pues Lisitski, como arquitecto que era, dibujaba los volúmenes con «pies» y «cabeza». Aunque él los hacía girar de distintas maneras (existen prouns en círculos) o los separaba de la tierra, los elementos de los prouns se convertían de todos modos en volúmenes arquitectónicos, se podía determinar qué estaba arriba y qué estaba abajo, aun cuando flotaban sobre un fondo blanco.

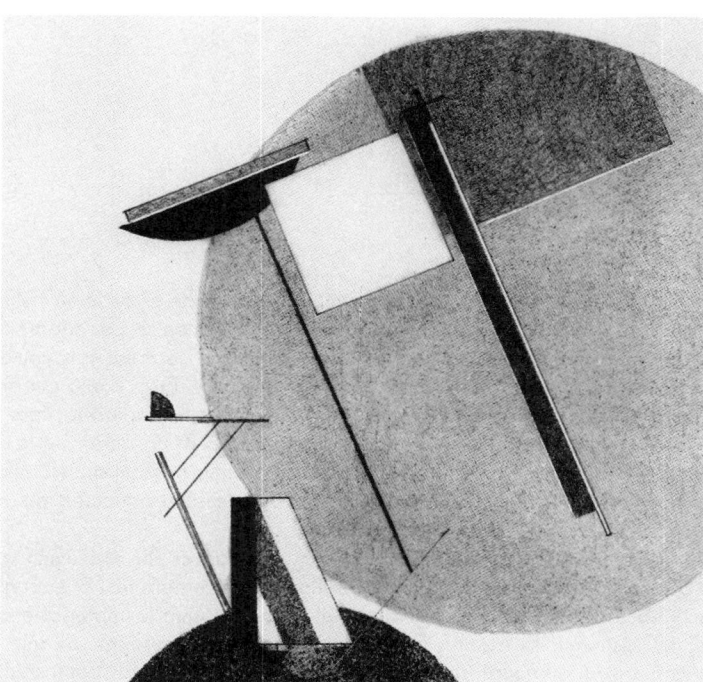

Раздел 2 — Л. Лисицкий. Папка «Проуны» (11 литографий). 1920–1921

Parte 2 — L. Lisitski. Carpeta «Prouns» (11 litografías). 1920–1921

(7)

⑦ Л. Лисицкий. Папка «Проуны» (11 литографий). 1920–1921

L. Lisitski. Carpeta «Prouns» (11 litografías). 1920–1921

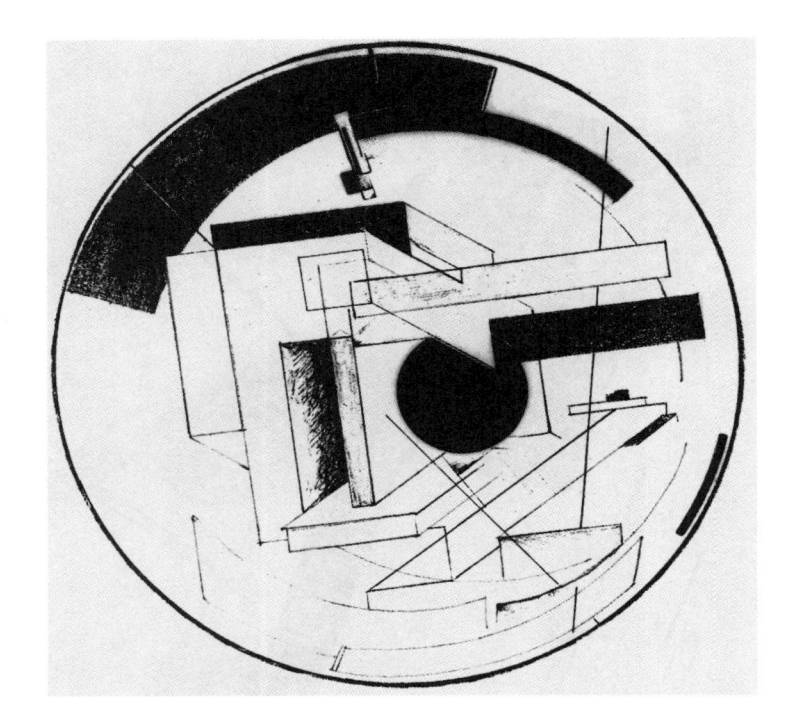

Раздел 2 / Parte 2

В супрематических картинах Малевича с самого начала просвечивала стилистическая проектность, но не отдельных предметов, а предметно-пространственной среды в целом. Масштаб этих «проектов» подчеркивался глубинной пространственностью фона. Это были как бы кадры проектируемой стилистической организации предметного мира. Но перенос этой плоскостной супрематической стилистики в виде декора на поверхность предметов (на дома, сумки, керамику, трибуны, трамваи и т. д.) сразу снизил масштаб проектности супрематизма. Идея теряла масштаб.

Адекватно масштаб стилистики супрематизма, пожалуй, первым из последователей Малевича почувствовал Лисицкий. Он нашел путь перевода супрематизма из плоскости в предметно-пространственный мир, не снижая масштаба. Проуны и стали таким механизмом связи масштаба: станковых композиций с масштабом архитектуры и города.

En los cuadros suprematistas de Maliévich, desde el inicio se vislumbraba una proyección estilística, pero no de los elementos por separado, sino del medio material-espacial en total. La escala de estos «proyectos» era revelada por la profundidad del fondo espacial. Eran como cuadros de la organización estilística proyectada del mundo material. Pero la aplicación de este estilo suprematista plano como decoración de la superficie de los objetos (en casas, bolsas, cerámica, tribunas, tranvías, etcétera) disminuía inmediatamente la escala de la proyección del suprematismo. La idea perdía magnitud.

Lisitski fue, tal vez, el primero de los seguidores de Maliévich que sintió adecuadamente la escala del estilo del suprematismo. Él encontró cómo hacer pasar el suprematismo del plano al mundo material-espacial, sin disminuir la escala. Fueron precisamente los prouns los que se convirtieron en el mecanismo de enlace de la escala de las composiciones «en caballete» con la escala de la arquitectura y de la ciudad.

А. Лавинский

ГОРОД НА РЕССОРАХ.
Экспериментальный проект. 1921

⑧

A. Lavinski

CIUDAD SOBRE RESORTES.
Proyecto experimental. 1921

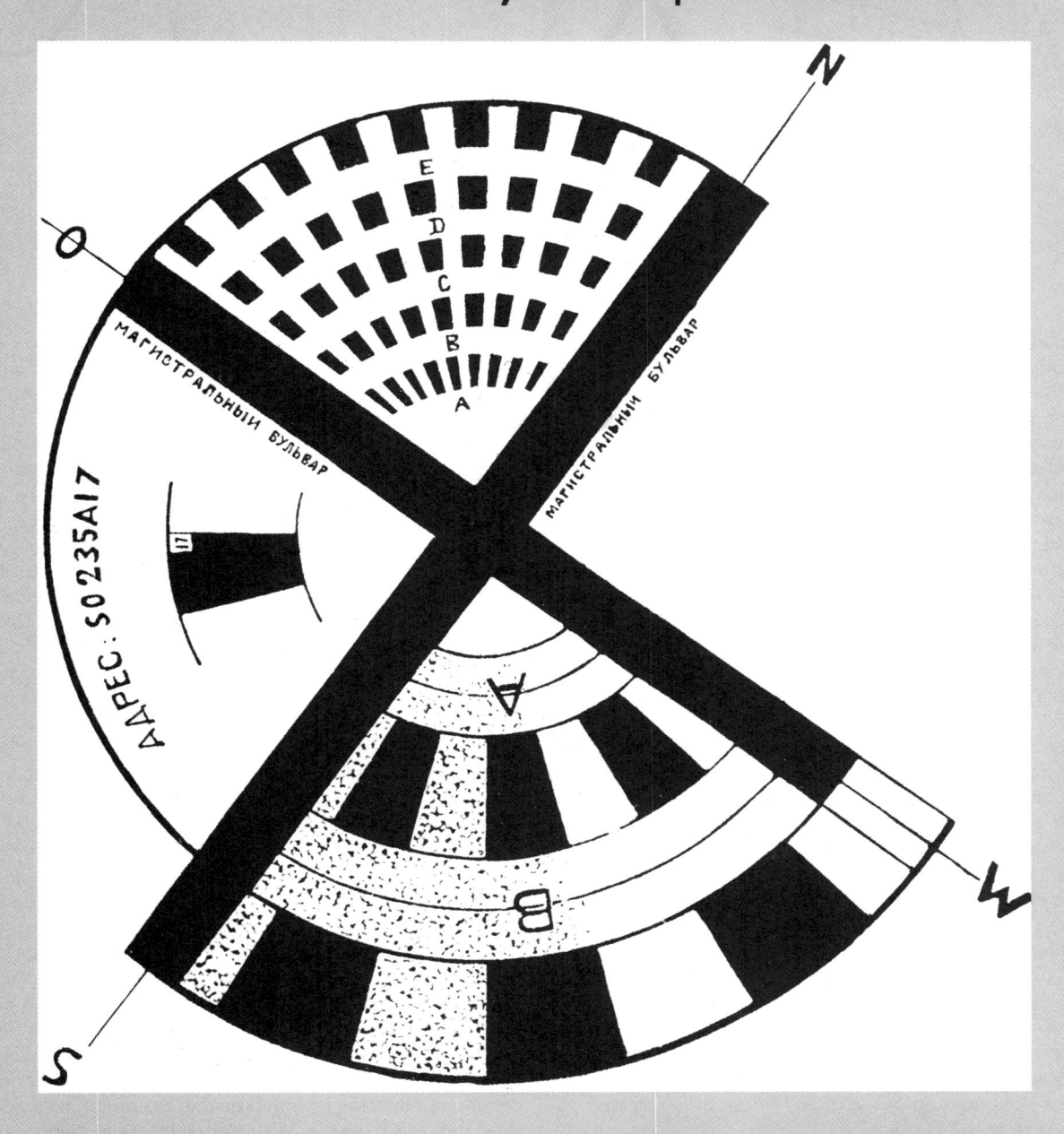

Город строится на радиально-кольцевой схеме и в плане представляет собой круг. Два взаимно перпендикулярных «магистральных бульвара»-диаметра, концы которых ориентированы по странам света, делят город на четыре сектора, обозначаемых SO, SW, NO, NW. Каждый сектор разделен улицами-бульварами, предназначенными только для движения пешеходов (это «радиусы-бульвары» и «параллели-бульвары» A, B, C, D, E). Транспортные магистрали устраиваются под поднятыми на опоры (стальные фермы рессорной конструкции — для предотвращения передачи вибрации от грузового транспорта в жилые помещения) зданиями и пересекают пешеходные улицы-бульвары в тоннелях. В здания с бульваров ведут

La ciudad se edifica según un esquema radial-circular y en el plano tiene la forma de un círculo. Dos «avenidas-bulevares» perpendiculares (diámetros), cuyos extremos están dirigidos hacia los puntos cardinales, dividen la ciudad en cuatro sectores: SO, SW, NO, NW. Cada sector está dividido por calles-bulevares («radios-bulevares» y «paralelos-bulevares» A, B, C, D, E), destinados únicamente al tránsito peatonal. Las vías de transporte se encuentran debajo de los edificios levantados sobre soportes (armaduras de acero con estructura de resorte, destinados a evitar la repercusión de la vibración provocada por los vehículos de carga en las viviendas) y atraviesan las calles-bulevares peatonales por túneles. De los bulevares a los edificios se sube por medio de escaleras

А. Лавинский. Город на рессорах. Экспериментальный проект. 1921

A. Lavinski. *Ciudad sobre resortes. Proyecto experimental.* 1921

b | c | c

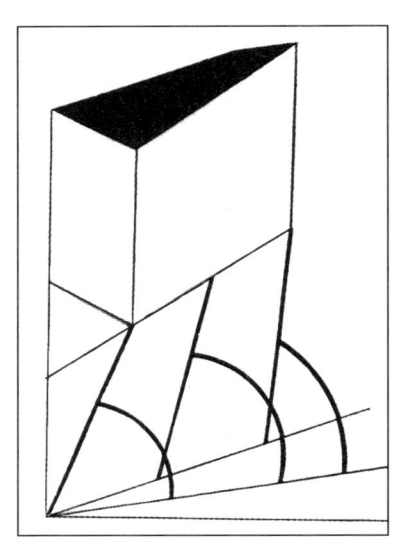

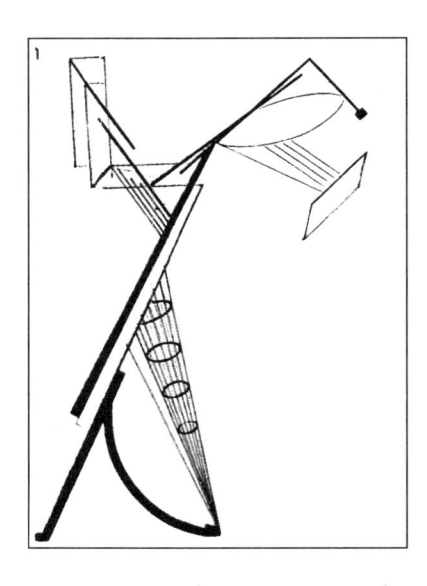

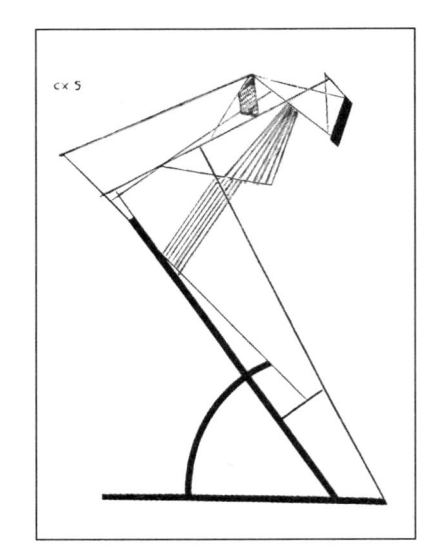

a) схема генплана города (см. титул шедевра);
b) схема дома-квартала;
c) конструкции радиомачт

a) esquema del plano general de la ciudad (véase la ilustración inicial);
b) esquema de un edificio-manzana;
c) estructuras de las torres de radiocomunicación

движущиеся лестницы. Первый ярус городской застройки (непосредственно над опорами) отводится под общественные и коммунальные учреждения (магазины и т. д.); выше располагаются жилые этажи; склады размещаются под землей.

В проекте предусматривались специальные устройства для поворота жилых домов вокруг вертикальной оси, чтобы прямое солнечное освещение получали все помещения. Здания должны были собираться в основном из элементов, изготовленных на заводах; строительные материалы — сталь, алюминий, стекло, асбест. Все предельно рационально, в то же время общий облик формируется именно этими современными индустриальными элементами. «Мы не маскируем форм... — говорил Лавинский на заседании ИНХУКа 22 января 1922 г. — Дом, квартал, канализация, водопровод, электросветовые конструкции, лифты и проч. не застегнуты в приличный маскировочный костюм, а в общем кодексе формы живут жизнью своих тел и функций».

Так же в виде утилитарно-конструктивных элементов города запроектированы радиомачты, которые представляют собой сложные вращающиеся сооружения с системой экранов, на которых показываются новости. В расчете на ветер экраны расположены так, «чтобы работа ветра на один экран действовала на другой в обратном направлении, что возможно при наклонном положении одного из них и при непосредственной связи. Для того, чтобы ветер всегда работал в данном положении, вводится руль».

Принцип рациональности и экономии проводится в планировке города с учетом максимального облегчения ориентации человека в городской среде. Деление города на сектора, определяемые ориентацией по странам света, деление каждого сектора радиальными и кольцевыми бульварами создает четкую схему размещения кварталов и зданий, каждое из которых может иметь адрес в виде математической формулы — например SO 235 A 17 (где SO — сектор города, А — кольцевая улица-бульвар).

mecánicas. El primer nivel de la construcción urbana (sobre los soportes) se destina a las instituciones públicas y entidades comunales (tiendas y otras); más arriba se encuentran los pisos de viviendas; los almacenes están bajo tierra.

En el proyecto se tenían en cuenta máquinas especiales que hacían girar los edificios de viviendas alrededor de un eje vertical, para que todas las instalaciones recibieran luz solar directa. Los edificios se debían construir principalmente de elementos prefabricados; los materiales de construcción eran el acero, el aluminio, el vidrio y el asbesto. Todo estaba racionalizado al máximo, y al mismo tiempo el aspecto general estaba determinado precisamente por estos materiales industriales modernos. «Nosotros no enmascaramos las formas... —decía Lavinski en la conferencia del INJUK del 22 de enero 1922—. El edificio de viviendas, la manzana, la canalización, las tuberías, el alumbrado, los ascensores, etcétera, no son detalles de un disfraz decente, sino que viven la vida de sus cuerpos y funciones en el código general de la forma.»

Asimismo, en forma de elementos utilitario-constructivistas de la ciudad están proyectadas torres de radiocomunicación: estructuras complejas giratorias con un sistema de pantallas en las que se muestran noticias. Teniendo en cuenta el viento, las pantallas se deben disponer de tal manera «que el trabajo del viento sobre una pantalla influye sobre otra en dirección contraria, lo que es posible si una de las pantallas está inclinada y conectada directamente. Para que el viento trabaje siempre en una posición dada, se instala un timón».

En la planificación de la ciudad, el principio de racionalidad y de economía se lleva a cabo buscando la máxima facilidad de orientación de la persona en el medio urbano. La división de la ciudad en sectores determinados por los puntos cardinales, y la división de cada sector mediante bulevares radiales y circulares, crean un esquema exacto de distribución de las manzanas y edificios. Cada uno de los edificios puede tener una dirección en forma de una expresión matemática, por ejemplo, SO 235 A 17 (donde SO es el sector de la ciudad y A es la calle-bulevar circular).

М. Коржев

СКЛАД. Курсовой проект
(ВХУТЕМАС, мастерская Н. Ладовского). 1922

⑨

M. Kórzhev

ALMACÉN. Proyecto de curso
(VJUTEMAS, taller de N. Ladovski). 1922

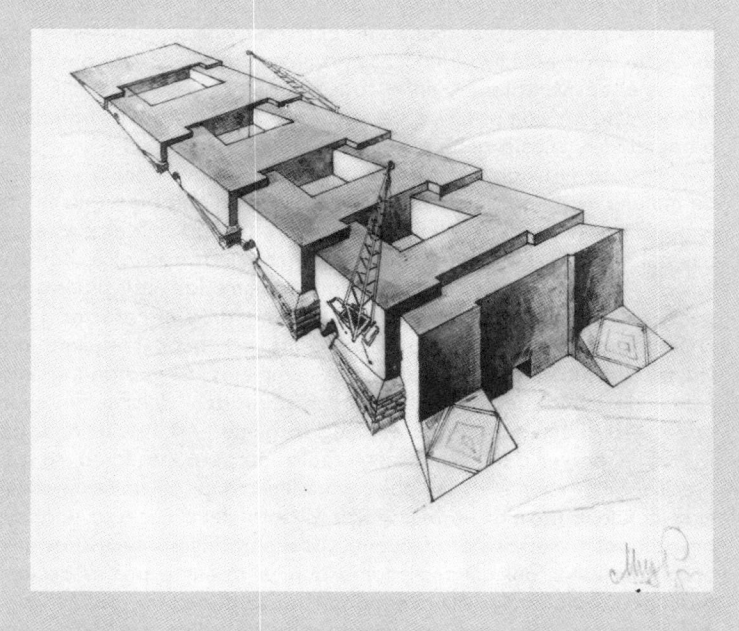

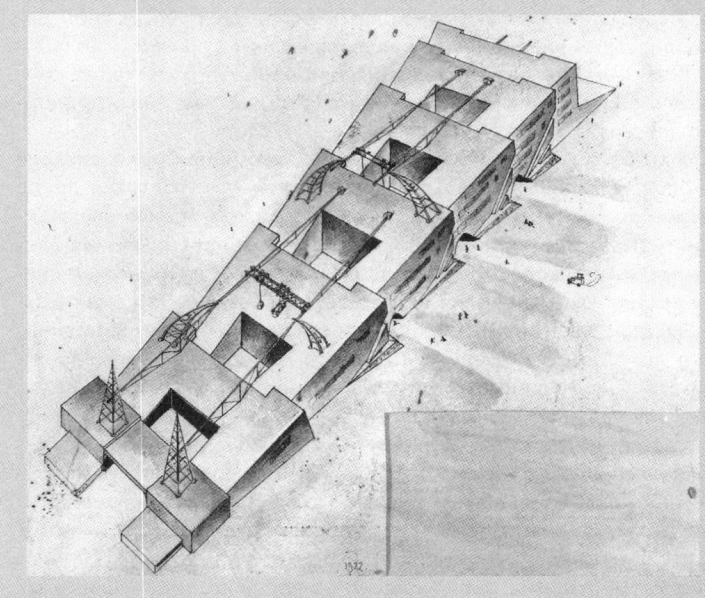

Проект разрабатывался в Объединенных левых мастерских (Обмасе) ВХУТЕМАСа, где Ладовский в соответствии со своим психоаналитическим методом преподавания давал студентам задания на последовательную проработку «элементов» архитектуры сначала на отвлеченных, а затем на конкретных («производственных») заданиях.

Тема «Выявление физико-механических свойств формы (масса и вес)» сначала прорабатывалась на примере вертикально поставленного параллелепипеда, а затем в процессе проектирования склада.

El proyecto se elaboró en la Unión de Talleres Izquierdistas (Obmás) del VJUTEMAS, donde Ladovski, de acuerdo con su método psicoanalítico de enseñanza, proponía a los estudiantes tareas de análisis consecutivo de los «elementos» de la arquitectura, primero en tareas abstractas y después en tareas concretas (prácticas).

El tema «Revelación de las propiedades físico-mecánicas de la forma (masa y peso)» se aplicó, primero, en el ejemplo de un paralelepípedo dispuesto verticalmente y, después, en el proceso de proyección de

⑨ М. Коржев. Склад. Курсовой проект (ВХУТЕМАС, мастерская Н. Ладовского). 1922

M. Kórzhev. Almacén. Proyecto de curso (VJUTEMAS, taller de N. Ladovski). 1922

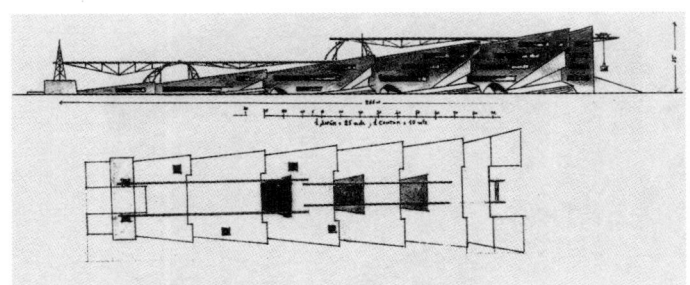

Раздел 2

Parte 2

Варианты, эскизы. Перспективы, аксонометрия, боковой фасад, план

Variantes, bosquejos. Perspectivas, axonometría, fachada lateral, plano

В первом задании требовалось, используя деформации, зрительно выявить массу и вес формы, причем Ладовский требовал от студентов не «иллюстративного» (с использованием разрушительной деформации), а композиционного решения. Одним из лучших был проект М. Коржева, где были удачно использованы архитектурно-композиционные средства и приемы: горизонтальные членения, пропорции, общий силуэт.

Для второго задания на ту же тему Ладовский выбрал склад для материалов, связанных с сельским хозяйством. Он поставил перед студентами задачу — выразить во внешнем облике здания специфику хранимого материала (хлопок, сельскохозяйственные машины, металлические болванки и др.). Ладовский подробно объяснил специфику хранимых материалов и характер требуемого для них помещения: хлопок хранится в тюках — высокое помещение; машины, сложные по форме, — среднее по высоте помещение; болванки тяжелые, их трудно поднимать, они хранятся на полках — низкое помещение.

В проекте М. Коржева, выполненном по этому заданию, четко и ясно использованы композиционные приемы и средства архитектуры. Он стремился во внешнем облике здания выявить весовое соотношение нагрузок от хранимых материалов. Основная идея — показать как бы проседание корпусов склада под тяжестью хранимых материалов, — видимо, была найдена не сразу. Сохранившиеся эскизы (аксонометрии, перспективы, фасад), разрабатывающие одну и ту же тему, свидетельствуют, как много внимания было уделено поискам такой архитектурной обработки торцевого и боковых фасадов, которая не только зрительно выявляла бы массу и вес, но и подчеркивала общее утяжеление здания от более высокого к более низкому корпусу.

un almacén. En la primera tarea se requería, utilizando deformaciones, destacar visualmente la masa y el peso de la forma, pero la solución que Ladovski exigía a los estudiantes no debía ser «ilustrativa» (con el uso de deformación destructiva), sino compositiva. Uno de los mejores proyectos fue el de M. Kórzhev, en el cual se utilizaban exitosamente los medios y métodos compositivos de la arquitectura: divisiones horizontales, proporciones, silueta general.

Para la segunda tarea del mismo tema, Ladovski eligió un almacén de materiales de agronomía. Planteó a los estudiantes la siguiente tarea: expresar en el aspecto exterior del edificio las particularidades específicas del material almacenado (algodón, máquinas agrícolas, barras metálicas y otros). Ladovski explicó detalladamente las particularidades específicas de los materiales que se almacenarían y el carácter del local necesario para ellos: el algodón se guarda en sacos y requiere instalaciones altas; las máquinas, de formas complejas, se guardan en instalaciones de altura media; las barras son pesadas y difíciles de levantar, por eso se deben guardar en estantes, exigiendo así instalaciones bajas.

En el proyecto de M. Kórzhev, realizado para esta tarea, se utilizan precisa y claramente los métodos y medios compositivos de la arquitectura. Él intenta revelar en el aspecto exterior del edificio la relación de peso de los materiales a almacenar. La idea principal —mostrar que los compartimientos del almacén como que se asientan por la acción del peso de los materiales almacenados— no se le ocurrió, por lo visto, inmediatamente. Los bosquejos conservados de este tema (axonometrías, perspectivas, fachadas) confirman cuánta atención se prestó a las búsquedas del tratamiento arquitectónico de las fachadas frontales y laterales que permitieran no sólo determinar visualmente la masa y el peso, sino también remarcar el aumento general del peso del edificio, del bloque más alto al más bajo.

ВХУТЕМАС (мастерская Н. Ладовского)

Серия курсовых проектов на тему
«ПРИСТАНЬ И РЕСТОРАН ПОД СКАЛОЮ
НАД МОРЕМ». 1922–1923

VJUTEMAS (taller de N. Ladovski)

Serie de proyectos de curso sobre el tema
«MUELLE Y RESTAURANTE BAJO UN PEÑASCO
SOBRE EL MAR». 1922–1923

Как и предыдущий проект (Ш. № 9), данная серия курсовых проектов выполнялась в Обмасе ВХУТЕМАСа в соответствии с психоаналитическим методом преподавания Ладовского. Это производственное задание на выявление физико-механических свойств формы (масса и равновесие). Для этого задания Ладовский выбрал необычные природные условия. Студентам была предложена такая ситуация: над морем нависает скалистый берег под углом 30 градусов к горизонту. Требовалось под скалой на берегу запроектировать пристань, соединенную с расположенными на скале автобусной стоянкой и аэродромом наклонным лифтом. Кроме того, под скалой необходимо было запроектировать в несколько этажей ресторан, висящий над морем и связанный с верхней площадкой и пристанью лестницами.

Al igual que el proyecto anterior (O. M. Nº 9), esta serie de proyectos de curso fue realizada en la Obmás del VJUTEMAS, de acuerdo con el método psicoanalítico de enseñanza del maestro Ladovski. Ésta era una tarea práctica de «Revelación de las propiedades físico-mecánicas de la forma (masa y equilibrio)». Para este problema Ladovski eligió unas condiciones naturales insólitas. A los estudiantes se les propuso la siguiente situación: sobre el mar se levanta un peñasco abrupto que forma un ángulo de 30 grados con el horizonte. Se pedía proyectar un muelle en la orilla (debajo del peñasco) conectado con una estación de autobuses y un aeropuerto (situados sobre el peñasco) por medio de un ascensor inclinado. Además, debajo del peñasco había que proyectar varios pisos para un restaurante suspendido sobre el mar y conectado con la plataforma superior y con el muelle por medio de escaleras.

ВХУТЕМАС (мастерская Н. Ладовского). Серия курсовых проектов на тему: «Пристань и ресторан под скалою над морем». 1922–1923

Раздел 2

VJUTEMAS (taller de N. Ladovski). Serie de proyectos de curso sobre el tema «Muelle y restaurante bajo un peñasco sobre el mar». 1922–1923

Parte 2

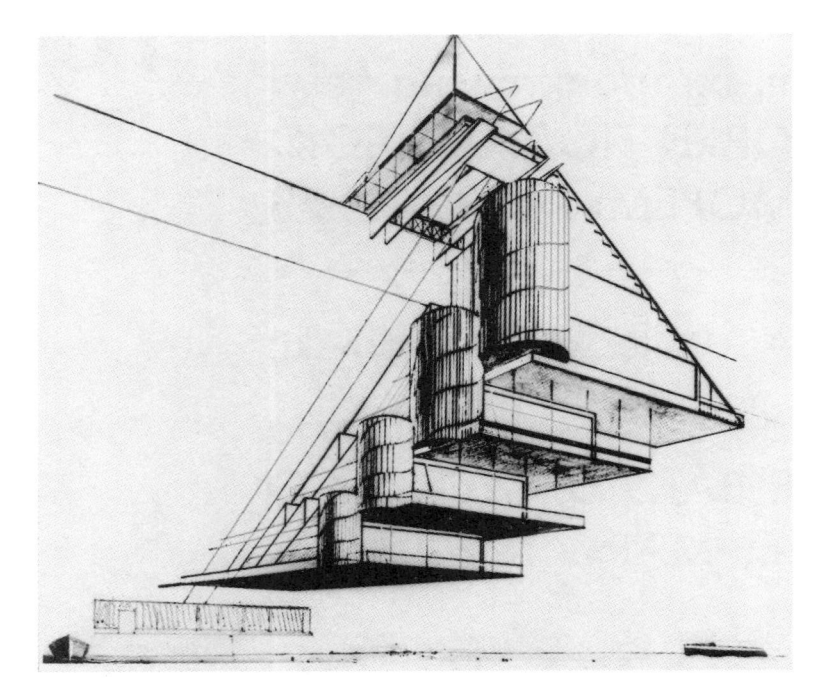

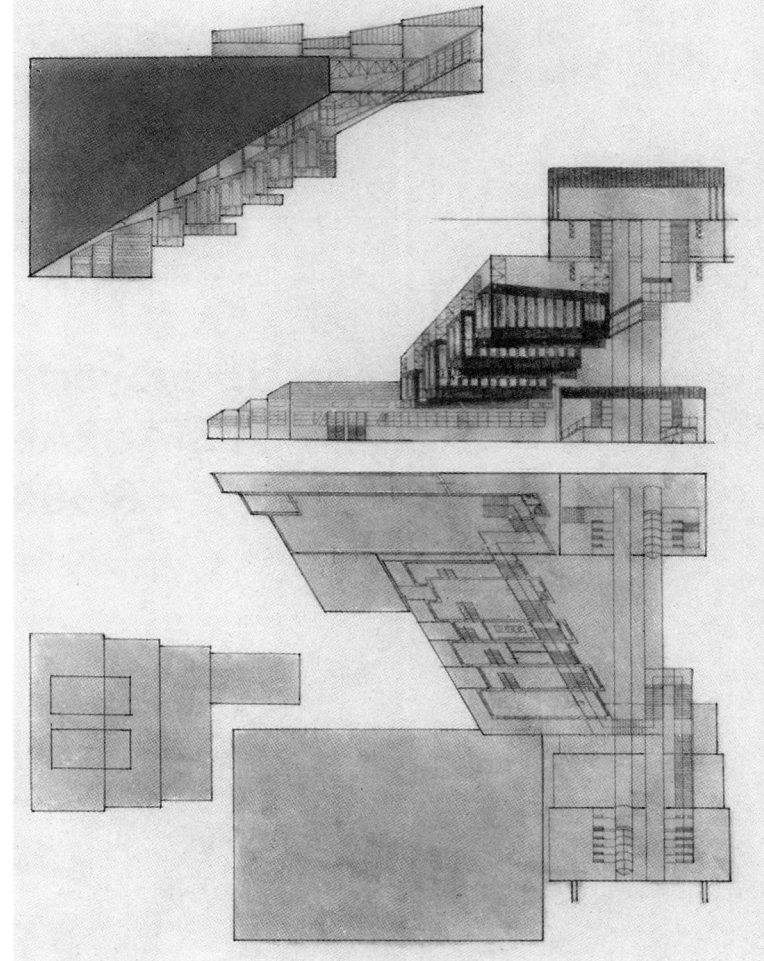

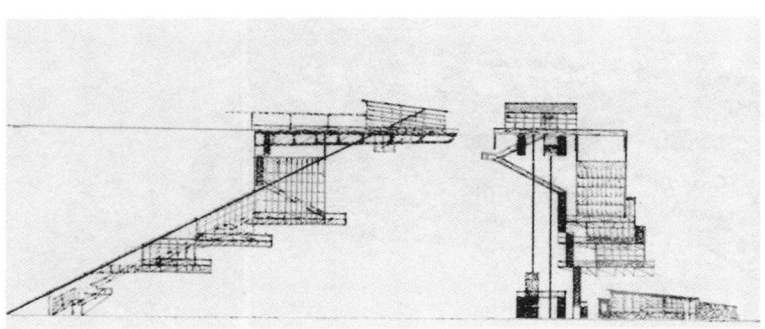

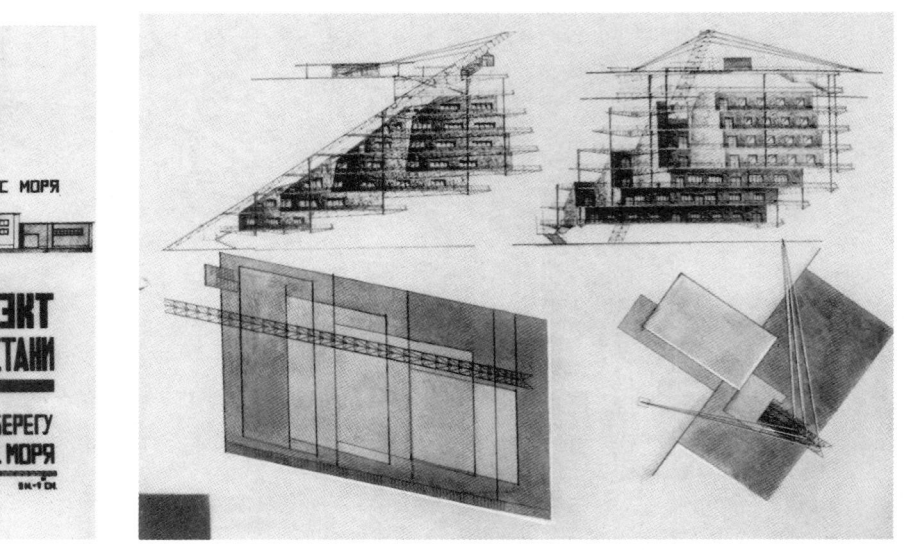

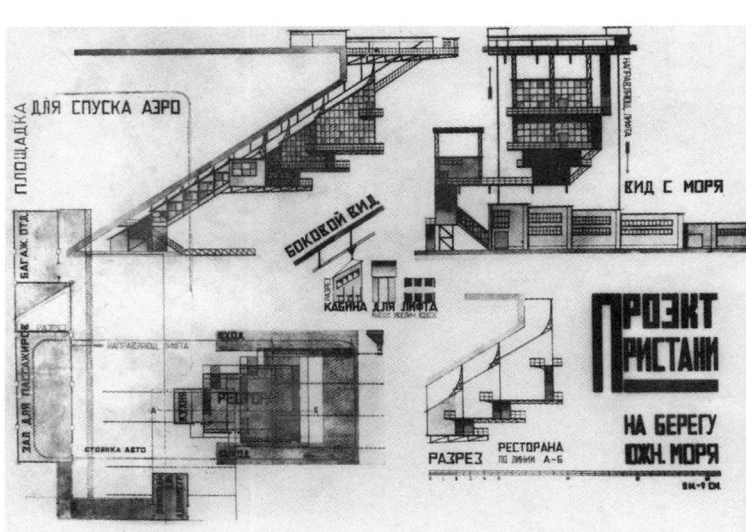

a) В. Симбирцев (перспектива);
b) автор не известен (перспектива, фасады) (см. титул шедевра);
c) В. Лавров (фасады, план, разрез, фрагмент);
d) Ю. Мушинский (фасад, разрез, план);
e) автор не известен (фасады, планы)

a	d
b	
c	e

a) V. Simbírtsev (perspectiva);
b) autor desconocido (perspectiva, fachadas) (véase la ilustración inicial);
c) V. Lavrov (fachadas, plano, corte, fragmento);
d) Yu. Mushinski (fachada, corte, plano);
e) autor desconocido (fachadas, planos)

Г. Клуцис

СЕРИЯ ПРОЕКТОВ АГИТАЦИОННЫХ УСТАНОВОК И ТРИБУН. 1922

G. Klutsis

SERIE DE PROYECTOS DE TRIBUNAS E INSTALACIONES PARA PROPAGANDA. 1922

В 1920–1921 гг., когда ранний конструктивизм проходил этап «от изображения — к конструкции», наибольшую роль в общих стилеобразующих процессах сыграли пространственные конструкции членов Рабочей группы конструктивистов ИНХУКа (К. Иогансона, К. Медунецкого, А. Родченко, В. и Г. Стенбергов). Однако на стыке этапов «от изображения — к конструкции» и «от конструкции — к производству» Г. Клуцис сыграл более важную роль, чем эти художники-конструктивисты, в переносе стилистики от отвлеченных пространственных конструкций на реальные объекты: агитационные установки, трибуны и т. д. На примере работ Клуциса 1921–1922 гг. наглядно видно непосредственное перетекание одного в другой этих двух этапов разви-

En 1920–1921, cuando el constructivismo temprano se encontraba en la etapa «de la imagen a la estructura», las estructuras espaciales de los miembros del Grupo Laboral de Constructivistas del INJUK (K. Iogansón, K. Medunietski, A. Ródchenko, V. Sténberg y G. Sténberg) jugaron un papel importante en los procesos generales de creación de estilos. Sin embargo, a caballo entre las etapas «de la imagen a la estructura» y «de la estructura a la producción», G. Klutsis desempeñó un papel más importante que estos pintores constructivistas en el paso del estilo de las construcciones espaciales abstractas a los objetos reales: instalaciones para propaganda, tribunas, etcétera. En el ejemplo de los trabajos de Klutsis de 1921–1922 se observa claramente el paso de

(11) Г. Клуцис. Серия проектов агитационных установок и трибун. 1922
G. Klutsis. *Serie de proyectos de tribunas e instalaciones para propaganda.* 1922

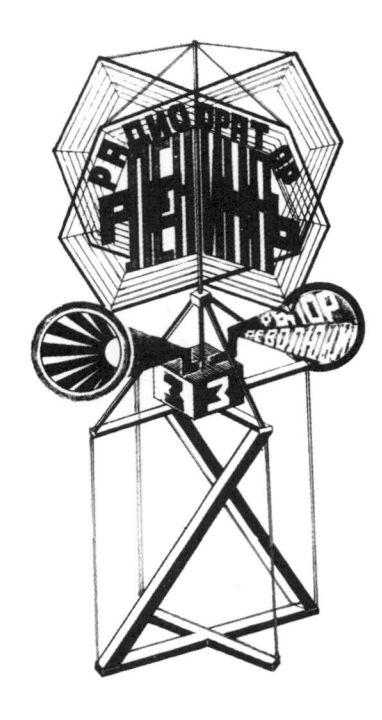

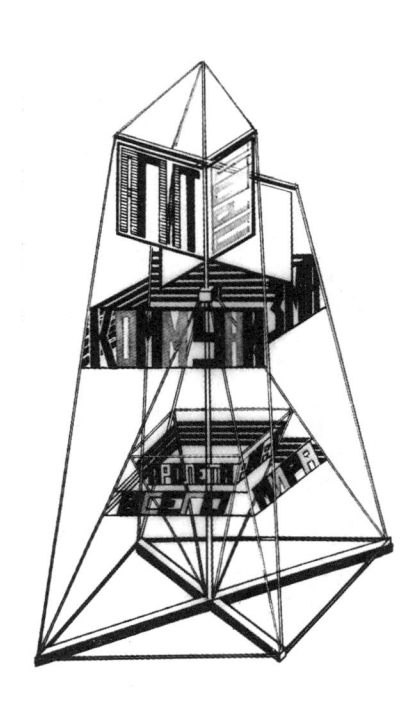

Раздел 2
Parte 2

Аксонометрии:
a) радиоораторы;
b) трибуны;
c) агитационные установки (см. титул шедевра)

a	a	a
c	c	b

Axonometrías:
a) radio-oradores;
b) tribuna;
c) instalaciones para propaganda (véase la ilustración inicial)

тия раннего конструктивизма. Его проекты конструкций и пространственные конструкции имеют такое же отношение к раннему конструктивизму, как проуны Лисицкого к плоскостному супрематизму.

Малевич создал общую стилистику супрематизма, а Лисицкий через проуны помог перевести ее на уровень объемно-пространственного формообразования и создал мост между отвлеченными композициями и архитектурой.

Пространственные конструкции членов Рабочей группы дали общестилевую основу конструктивизма. Клуцис же попытался на ее базе создать свои конструктивные «проуны», некую пересадочную

una a otra de estas etapas del desarrollo del constructivismo temprano. Sus proyectos de estructuras y sus estructuras espaciales están igualmente relacionados con el constructivismo temprano como los prouns de Lisitski con el suprematismo plano.

Maliévich creó el estilo general del suprematismo, mientras que Lisitski, mediante los prouns, ayudó a conducir este estilo al nivel de creación volumétrico-espacial de formas, y creó el puente entre las composiciones abstractas y la arquitectura.

Las estructuras espaciales de los miembros del Grupo Laboral forjaron el fundamento estilístico general del constructivismo. Klutsis, entre tanto,

станцию от отвлеченных пространственных конструкций в мир конкретных объектов.

Клуцис экспериментирует с живописными аксонометрическими композициями, делает пространственные конструкции, но в поисках реального выхода своих экспериментов в художественную среду он, как и Лисицкий, делает попытку тиражировать свои конструктивные «проуны». В 1922 г., работая в типографии, Клуцис малым тиражом в технике литографии и линогравюры создает серию своих графических конструкций.

Принципиальное значение для процесса формообразования в рамках конструктивизма имели поиски Клуциса во второй половине 1921 — начале 1922 г., когда достигший своего апогея процесс «от изображения — к конструкции» переходил к этапу «от конструкции — к производству».

Если с этой точки зрения рассматривать отвлеченные конструкции Клуциса, то в них можно увидеть существенный вклад в развитие общей тенденции выхода левой живописи в предметный мир (в том числе и в архитектуру) через конструкцию.

В конструкциях Клуциса, несмотря на то, что они сохраняли качества отвлеченных композиций, была большая продвинутость в сторону предметного мира и было меньше крена в инженерно-техническую сферу, чем в пространственных конструкциях других художников-конструктивистов. В проектах конструкций и в пространственных конструкциях Клуциса было много неких формально-эстетических заготовок для новой архитектуры и рождавшегося тогда дизайна. Причем диапазон этих заготовок был очень широк (как и в проунах Лисицкого).

Важно, что сам Клуцис воспользовался этими заготовками. Весной 1922 г. он в основном завершает свои эксперименты с отвлеченными пространственными конструкциями, а летом и осенью того же года создает серию проектов агитустановок и трибун к 5-й годовщине Октябрьской революции и к IV конгрессу Коминтерна. Серия насчитывает несколько десятков проектов, выполненных в одной манере — двухцветной аксонометрии (черное и красное). В этих проектах Клуцис убедительно перевел эксперименты с отвлеченными пространственными конструкциями на язык реальных объектов, разработав ряд оригинальных приемов трансформации и динамики пространственных композиций. Ажурные конструкции установок, дополненные лозунгами, антеннами, экранами, репродукторами и динамическими элементами (вращающимися, раскладывающимися), создавали характерный именно для начала 20-х годов художественный облик агитационно-дизайнерского слоя городской среды (сфера малой архитектуры) и внесли существенный вклад в формирование стилистики раннего конструктивизма.

basándose en este fundamento intenta crear sus «prouns» constructivistas, una especie de estación transitoria de las estructuras espaciales abstractas al mundo de los objetos concretos.

Klutsis experimenta con composiciones axonométricas pictóricas, realiza estructuras espaciales, pero en las búsquedas de una salida real de sus experimentos hacia el medio artístico, él, como Lisitski, intenta reproducir sus «prouns» estructurales. En 1922, trabajando en una tipografía, Klutsis realiza una pequeña tirada de una serie de sus estructuras gráficas utilizando la técnica de litografía y el grabado en linóleo.

Las búsquedas de Klutsis tuvieron un valor fundamental para el proceso de creación de formas en el marco del constructivismo en la segunda mitad de 1921 y comienzos de 1922, cuando el proceso «de la imagen a la estructura», habiendo alcanzando su apogeo, pasaba a la etapa «de la estructura a la producción».

Observando desde este punto de vista las estructuras abstractas de Klutsis, en ellas se puede notar una contribución esencial al desarrollo de la tendencia general de la salida de la pintura progresista al mundo material (incluyendo a la arquitectura) a través de la estructura.

En las estructuras de Klutsis, a pesar de que éstas conservaban las cualidades de las composiciones abstractas, se observa un gran avance hacia el mundo material y menos inclinación hacia la esfera técnico-ingenieril que en las estructuras espaciales de otros pintores constructivistas. En los proyectos de estructuras y en las estructuras espaciales de Klutsis había mucha «materia prima» estético-formal para la nueva arquitectura y el diseño entonces naciente. Además, esta «materia prima» era muy variada (como en los «prouns» de Lisitski).

Algo importante fue el hecho de que Klutsis utilizó su propia «materia prima». En la primavera de 1922 termina prácticamente los experimentos con sus estructuras espaciales abstractas, y en el verano y otoño de aquel mismo año crea una serie de proyectos de tribunas y de instalaciones para propaganda con motivo del quinto aniversario de la Revolución de Octubre y el IV congreso del Komintérn. La serie consta de varias decenas de proyectos diseñados de una sola manera: axonometría en dos colores (negro y rojo). En estos proyectos, Klutsis «tradujo» convincentemente los experimentos con estructuras espaciales abstractas al idioma de los objetos reales, elaborando una serie de métodos originales de transformación y dinámica de las composiciones espaciales. Las estructuras reticulares de las instalaciones, complementadas con consignas, antenas, pantallas, reproductores y elementos dinámicos (en rotación, desplegables), creaban la imagen, tan característica para los primeros años de la década del 20, de la capa urbana de diseño propagandístico (esfera de la arquitectura menor) y realizaron una contribución significativa a la formación del estilo del constructivismo temprano.

В. Кринский

НЕБОСКРЕБ ВСНХ В МОСКВЕ.
Экспериментальный проект. 1922–1923

(12)

V. Krinski

RASCACIELOS DEL VSNJ EN MOSCÚ.
Proyecto experimental. 1922–1923

В конце 1922 г. Н. Ладовский предложил своим единомышленникам (рационалистам) — членам возглавлявшейся им Рабочей группы архитекторов ИНХУКа — тему для экспериментальной проработки — небоскреб ВСНХ. В. Кринский, заинтересовавшись этой темой, создал оригинальный проект, который разрабатывался им два года (1922–1923): были выполнены многочисленные эскизы и два основных варианта, доведенных до стадии детально проработанного макета. В своих воспоминаниях В. Кринский пишет о своем небоскребе: «Одна строка из стихотворения Маяковского крепко запомни-

A finales de 1922, N. Ladovski propone a sus correligionarios racionalistas —los miembros del Grupo Laboral de Arquitectos del INJUK por él dirigido— un tema de estudio experimental: el rascacielos del VSNJ. V. Krinski, interesado en el tema, elabora un proyecto original durante dos años (1922–1923): se realizaron muchos bosquejos y dos variantes principales, de las cuales se realizaron maquetas detalladas. En sus memorias, V. Krinski escribe sobre su rascacielos: «Un verso de un poema de Mayakovski ha quedado fijo en mi recuerdo y, puede

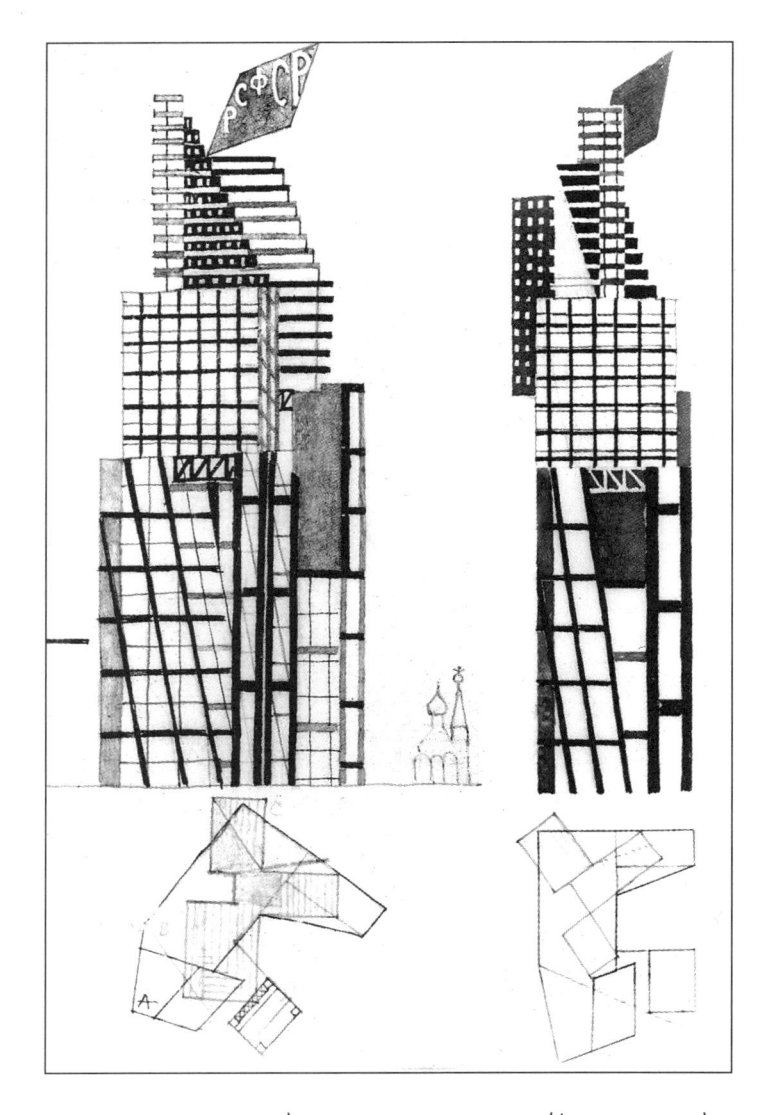

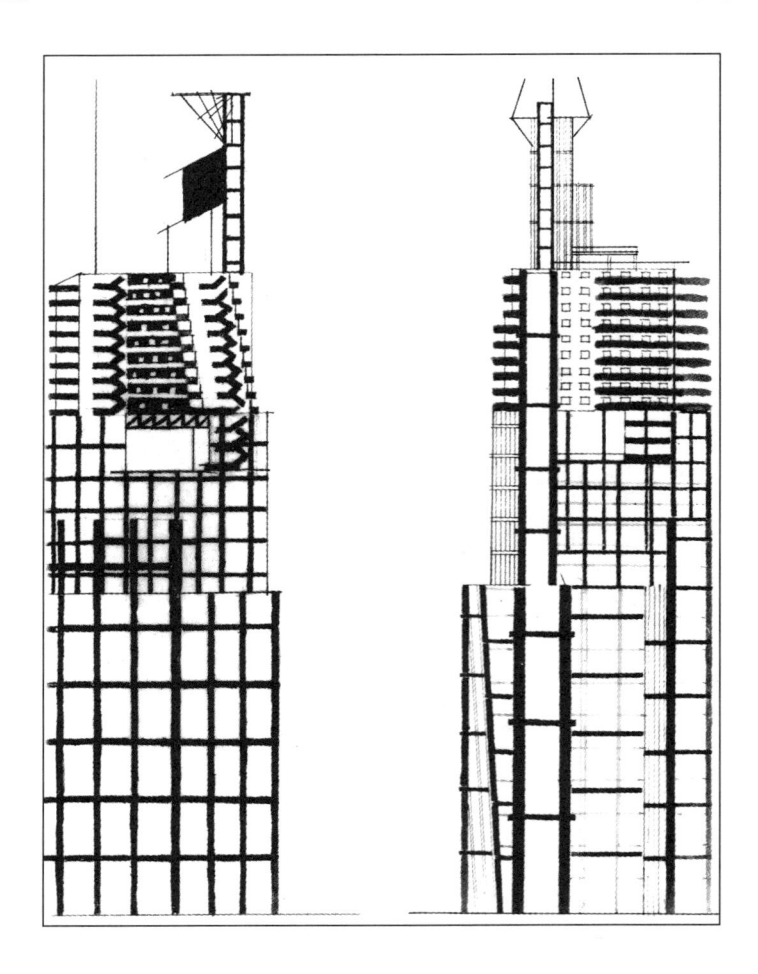

⑫ В. Кринский. Небоскреб ВСНХ в Москве. Экспериментальный проект. 1922–1923

V. Krinski. Rascacielos del VSNJ en Moscú. Proyecto experimental. 1922–1923

Раздел 2 / Parte 2

a|a
a) предварительные эскизы (фасады, планы);
b) первый вариант макета: небоскреб в застройке Лубянской площади (фотомонтаж);
c) окончательный вариант макета (см. титул шедевра)

a) bosquejos preliminares (fachadas, planos);
b) primera variante de la maqueta: rascacielos entre los edificios de la Plaza Lubiánskaya (montaje fotográfico);
c) variante final de la maqueta (véase la ilustración inicial)

лась мне, и пафос ее, можно сказать, определил направление работы: "Шарахнем в небо железобетон".

А как представлять себе железобетон в строительстве? Это железобетонный каркас. Причем чистый каркас, без всякого декорирования профилями. Этот каркас и взят за основной мотив композиции. Внизу — крупный, выше — более мелкий. Заполнение каркаса — стекло... Выделены и подчеркнуты лифты. Предполагалось активно применить цвет».

В. Кринский, рассматривая небоскреб ВСНХ как одно из главных общественных зданий страны, выбрал место для него в самом центре Москвы на Лубянской площади. Он проектировал небоскреб как многофункциональное сооружение, включающее в себя, наряду с конторскими помещениями, центральный универмаг, гостиницу, кинотеатр, ресторан и т. д. Уже с самых первых эскизов он делит небоскреб на три основных яруса, уменьшающихся вверх по высоте и по площади. Четко выявленный на фасадах железобетонный каркас отнюдь не отражает поэтажное членение внутреннего пространства здания. Тщательно продуманный ритм и пропорциональное соотношение членений фасада Кринский использовал для придания зданию укрупненного масштаба и усиления зрительного впечатления его высоты. Крупные, вытянутые по вертикали членения каркаса первого яруса (универмаг, кинотеатр), более мелкая сетка каркаса второго яруса с близкими к квадрату ячейками (конторские помещения), невысокие ленточные проемы верхнего яруса (гостиница) — все это создает иллюзию более резкого перспективного сокращения высоты яру-

decirse, que su énfasis ha determinado la dirección de mi trabajo: "Lancemos al cielo el hormigón armado".

Pero, ¿cómo imaginarse el hormigón armado en la construcción? Como un armazón de hormigón armado; un armazón limpio, sin ningún perfil de decoración. Este armazón fue justamente elegido como motivo principal de la composición. Abajo grande, arriba más pequeño. El armazón se rellena con vidrio... Los ascensores están separados y remarcados. Se planeó utilizar activamente la luz.»

V. Krinski, considerando que el rascacielos del VSNJ sería uno de los edificios públicos principales del país, eligió para éste un lugar en el mismo centro de Moscú, en la Plaza Lubiánskaya. Proyectó el rascacielos como un edificio multifuncional, que incluía junto con las instalaciones para oficinas, un centro comercial, un hotel, un cine, un restaurante, etcétera. Desde los primeros bosquejos, divide el rascacielos en tres niveles principales que disminuían hacia arriba tanto en altura como en área. El armazón claramente resaltado en las fachadas no refleja ni mucho menos la división por pisos del espacio interior del edificio. El ritmo minuciosamente pensado y la relación proporcionada de las divisiones de la fachada son usados por Krinski para dar al edificio una dimensión más grande y reforzar la impresión visual de su altura. Las partes grandes y estiradas verticalmente del primer nivel (centro comercial, cine), la malla estructural más pequeña del segundo nivel con celdas parecidas a cuadrados (oficinas), los huecos de poca altura y en forma de bandas en el nivel superior (hotel): todo esto crea la ilusión de una brusca reducción con perspectiva de la altura de los niveles, los cuales parecen tener

В. Кринский. Небоскреб ВСНХ в Москве. Экспериментальный проект. 1922–1923

V. Krinski. Rascacielos del VSNJ en Moscú. Proyecto experimental. 1922–1923

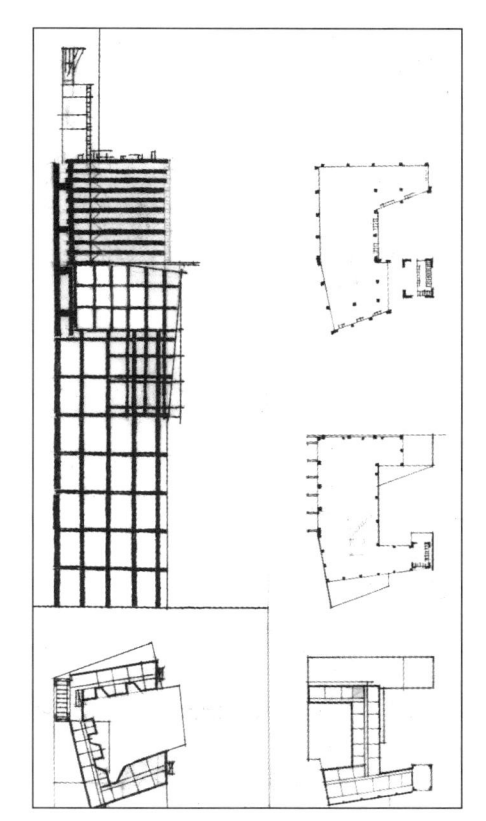

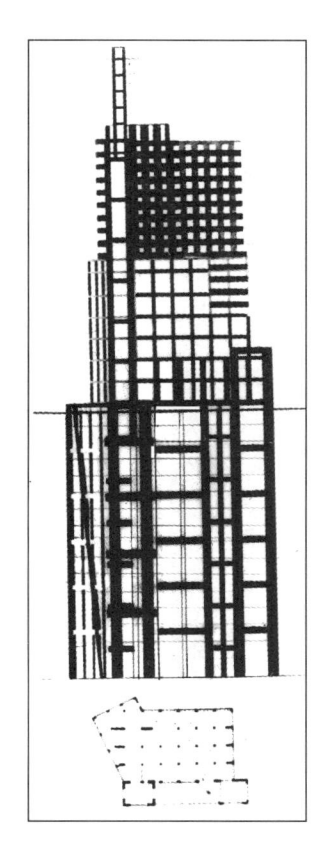

сов, которые воспринимаются как почти равные, хотя в действительности каждый вышележащий ярус в полтора раза ниже предыдущего.

В первых вариантах проекта все три яруса имели сложные по конфигурации планы, корпуса различных ярусов были повернуты под углом по отношению друг к другу и частично консольно нависали над ниже расположенным ярусом. В первом ярусе широко использовался «косой» каркас (стойкам придано наклонное положение); верхний ярус имел ступенчатое построение и завершался огромным ромбовидным «флагом», как бы динамически уравновешивавшим нависающий объем.

Для эволюции творческих поисков В. Кринского (как и группы рационалистов в целом) показательно, что от эскиза к эскизу общая композиция и формы небоскреба становились лаконичнее. Постепен-

una misma altura, cuando en realidad cada nivel superior es una vez y medio menor que el inferior.

En las primeras variantes del proyecto, los tres niveles tenían plantas de configuración compleja, cada bloque de los diferentes niveles estaba girado en cierto ángulo con relación al otro, sobresaliendo parcialmente a modo de ménsula respecto al nivel inferior sobre el que se apoyaba. En el primer nivel se utilizaba ampliamente un armazón «oblicuo» (postes inclinados); el nivel superior tenía una estructura escalonada y terminaba en una «bandera» gigante romboidal que daba la sensación de equilibrar dinámicamente el volumen en voladizo.

La evolución en las búsquedas artísticas de V. Krinski (así como del grupo de racionalistas en general) se caracteriza porque de un bosquejo a otro la composición general y las formas del rascacielos se hacen

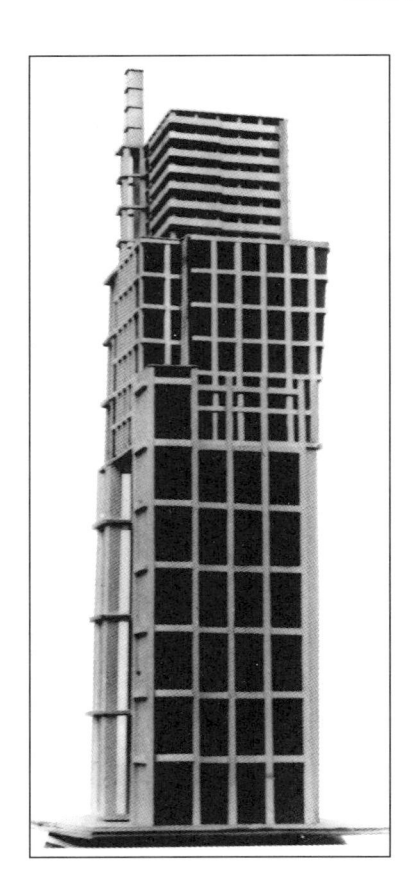

В. Кринский. *Небоскреб ВСНХ в Москве. Экспериментальный проект.* 1922–1923
V. Krinski. *Rascacielos del VSNJ en Moscú. Proyecto experimental.* 1922–1923

c | c | c

но исчезала подчеркнутая динамика в силуэте здания, диагональные элементы каркаса заменялись вертикальными. В своем окончательном варианте (1923) небоскреб представлял собой прямоугольное в плане, трехъярусное сооружение, выступающий угол которого обработан в виде утончающейся кверху трехъярусной «башни» (лифты), продолжающейся и над плоской кровлей здания (ресторан) в виде своеобразной видовой вышки. Верхний ярус имеет план в виде буквы П, внутри предполагалось устроить «площадку для самолетов» (видимо, вертолетов).

Проект небоскреба Кринского можно рассматривать в ряду таких этапных для своего времени произведений новой архитектуры, выполненных почти одновременно, как конкурсные проекты здания газеты «Чикаго трибюн» В. Гропиуса и Дворца труда Весниных (Ш. № 15). Во всех трех проектах для создания выразительной высотной композиции был удачно использован откровенно выявленный во внешнем облике здания железобетонный каркас.

cada vez más lacónicas. Gradualmente desaparece la dinámica remarcada en la silueta del edificio, los elementos diagonales del armazón son reemplazados por elementos verticales. En su variante final (1923), el rascacielos representa una construcción de planta rectangular de tres niveles, cuyo ángulo de avance está proyectado en forma de una «torre» de tres niveles que se estrecha hacia arriba (ascensores) y continúa sobre el techo plano del edificio (restaurante) en forma de una singular atalaya. La planta del nivel superior tiene forma de «П», y en su interior se tenía planeado construir una «pista para aviones» (por lo visto, para helicópteros).

El proyecto del rascacielos de Krinski se puede incluir en la serie de obras que hicieron época en la arquitectura moderna, tales como los proyectos de concurso del edificio del periódico «Chicago Tribune» de W. Gropius y el Palacio del Trabajo de los hermanos Vesnín (O. M. № 15). En estos tres proyectos, para la creación de una composición expresiva de gran altura, se utiliza exitosamente un armazón de hormigón armado claramente resaltado en el aspecto exterior del edificio.

И. Голосов
ДВОРЕЦ ТРУДА В МОСКВЕ.
Конкурсный проект. 1922–1923

I. Gólosov
PALACIO DEL TRABAJO EN MOSCÚ.
Proyecto de concurso. 1922–1923

Дворец труда предполагалось построить в центре Москвы (на месте позднее сооруженной гостиницы «Москва») на островном участке, окруженном со всех сторон площадями и улицами. По конфигурации участок представлял собой вытянутый прямоугольник, косо срезанный на одном из торцов (в сторону Театральной площади).

Согласно программе конкурса во Дворце труда должны были размещаться большой зал на 8 тысяч человек, малые залы различного назначения (для собраний, лекций, концертов, спектаклей и т. д.) на 300, 500 и 1000 человек, комплексы помещений Моссовета и Московского комитета партии (залы для заседаний, кабинеты и т. д.), музей социальных знаний, столовая на 1500 мест и т. д.

El palacio del Trabajo se planeaba construir en el centro de Moscú (en el lugar del hotel «Moscú», edificado posteriormente), en un solar aislado rodeado totalmente de plazas y calles. Por su configuración, el solar era un rectángulo alargado con un corte oblicuo en uno de sus lados (el que mira a la Plaza Teatrálnaya).

De acuerdo con el programa del concurso, en el Palacio del Trabajo debían incluirse una sala grande con capacidad para 8 mil personas, salas pequeñas para fines diferentes (reuniones, conferencias, conciertos, espectáculos, etcétera) con capacidad para 300, 500 y 1000 personas, las instalaciones del Mossoviet y de la célula moscovita del Partido Comunista (salas para reuniones, gabinetes, etcétera), un museo de conocimientos sociales, un comedor para 1500 personas, etcétera.

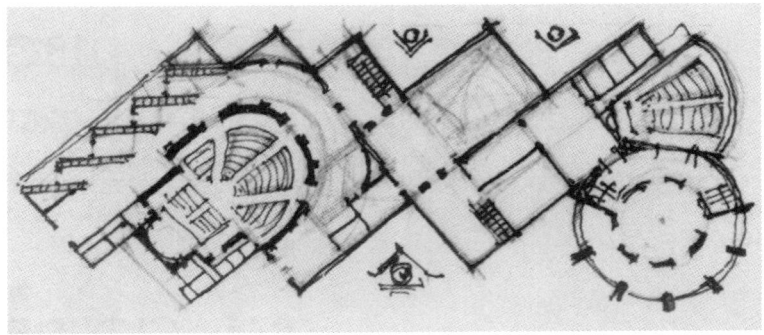

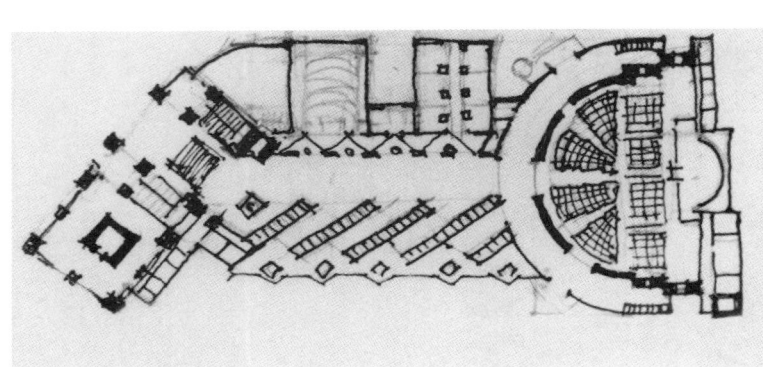

И. Голосов. Дворец труда в Москве. Конкурсный проект. 1922–1923
I. Gólosov. Palacio del Trabajo en Moscú. Proyecto de concurso. 1922–1923

Раздел 2
Parte 2

a) предварительные варианты-эскизы (фасады, планы);
b) окончательный вариант (фасады, интерьер зала, план) (см. титул шедевра)

a) bosquejos preliminares (fachadas, planos);
b) variante final (fachadas, interior de la sala, plano) (véase la ilustración inicial)

Сохранилось большое количество предварительных эскизов, которые показывают сам процесс поисков И. Голосовым выразительной объемно-пространственной композиции. Все варианты свидетельствуют, что Голосов с самого начала принял решение не делать единой по объему компактной композиции. Он решает Дворец труда как сложный по объемному построению и силуэту комплекс, как некий городской квартал, состоящий из тесно поставленных различных по высоте и форме корпусов.

По эскизам видно, что И. Голосов не сразу принял решение, какой именно из объемных элементов целесообразнее сделать композиционным ядром комплекса. На право быть главным объемом претендовали два элемента — большой зал и вертикальный объем с радиомачтой (предусмотренной программой конкурса). В окончательном варианте проекта главным композиционным элементом является объем большого зала, а башня занимает подчиненное положение.

Вторая композиционная задача, которую решал И. Голосов в процессе проектирования Дворца труда, — это придание объемно-пространственной композиции комплекса динамики. Варианты эскизов показывают, что и здесь он не сразу нашел окончательное решение. На ряде эскизов Дворец труда в плане и по структуре фасада представляет собой статичную композицию.

Например, И. Голосов долго искал местоположение большого зала в плане всего комплекса. Он пробует разместить его в центре вытянутого участка, выводя главный фасад в сторону Охотного Ряда. В ряде вариантов И. Голосов помещает зал в прямоугольном торце участка, сделав главным фасад, обращенный в сторону Манежа.

Однако больше всего вариантов, где И. Голосов переносит большой зал в сторону Театральной площади, хотя, выбрав такое расположение зала, он не сразу нашел прием композиционного включения его в сложный по конфигурации косо срезанный торец участка. Разрабатывая различные варианты, И. Голосов все время возвращается к идее не приспосабливать торец участка к направлению других его сторон, а, наоборот, попытаться использовать его для создания необычного планового (а следовательно, и объемного) решения. Он пробует так разместить квадратный в плане большой зал, чтобы одна из

Se ha conservado un número grande de bosquejos preliminares, que muestran el proceso mismo de búsquedas de I. Gólosov de una composición volumétrico-espacial expresiva. Todas las variantes confirman que Gólosov desde el inicio decidió no hacer una composición compacta, de volumen único. Él proyecta el Palacio del Trabajo como un conjunto de volumen y silueta complejos, como una especie de manzana urbana compuesta de bloques estrechamente dispuestos y de alturas y formas diferentes.

En los bosquejos se ve que I. Gólosov no decidió inmediatamente cuál de los elementos volumétricos era más racional convertir en el núcleo compositivo del complejo. Dos elementos «pretendían» convertirse en el volumen principal: la sala grande y el volumen vertical con una torre de radiocomunicación (considerada en el programa del concurso). En la variante final del proyecto, el elemento compositivo principal es el volumen de la sala grande, mientras que la torre ocupa una posición secundaria.

El segundo problema compositivo que tuvo que resolver I. Gólosov durante la proyección del Palacio del Trabajo, era darle dinámica a la composición volumétrico-espacial. Las variantes de los bosquejos muestran que también en este caso no encontró inmediatamente una solución definitiva. En una serie de bosquejos, el Palacio del Trabajo es, en lo referente a la planta y la estructura de la fachada, una composición estática.

Por ejemplo, I. Gólosov buscó durante mucho tiempo el sitio para la sala grande en el plano de todo el complejo. Él prueba colocarla en el centro del sector alargado, dirigiendo la fachada principal hacia la calle Ojotni Riad. En una serie de variantes, I. Gólosov dispone la sala en el lado rectangular del solar, dirigiendo la fachada principal hacia la Plaza Maniezh.

No obstante, en la mayoría de las variantes I. Gólosov ubica la sala hacia el lado de la Plaza Teatrálnaya, aunque al elegir tal distribución no encontró inmediatamente un método de inclusión compositiva de la sala en la configuración compleja del lado oblicuo del solar. Elaborando diferentes variantes, I. Gólosov todo el tiempo regresa a la idea de no adaptar el corte del solar a la dirección de sus otros lados, sino, por el contrario, intenta utilizarla para la creación de una planta inusual (y por consiguiente, de un volumen inusual). Él intenta colocar la sala de perímetro cuadrado de

| Раздел 2 | И. Голосов. Дворец труда в Москве. Конкурсный проект. 1922–1923 |
| Parte 2 | I. Gólosov. Palacio del Trabajo en Moscú. Proyecto de concurso. 1922–1923 |

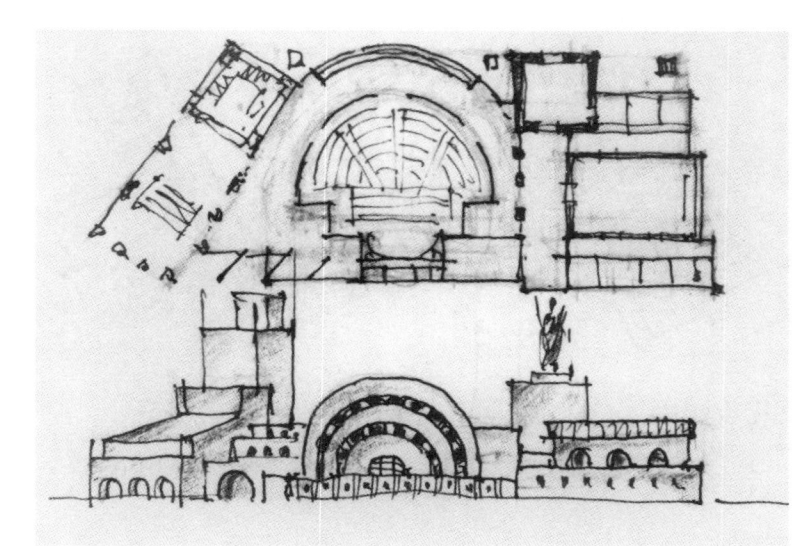

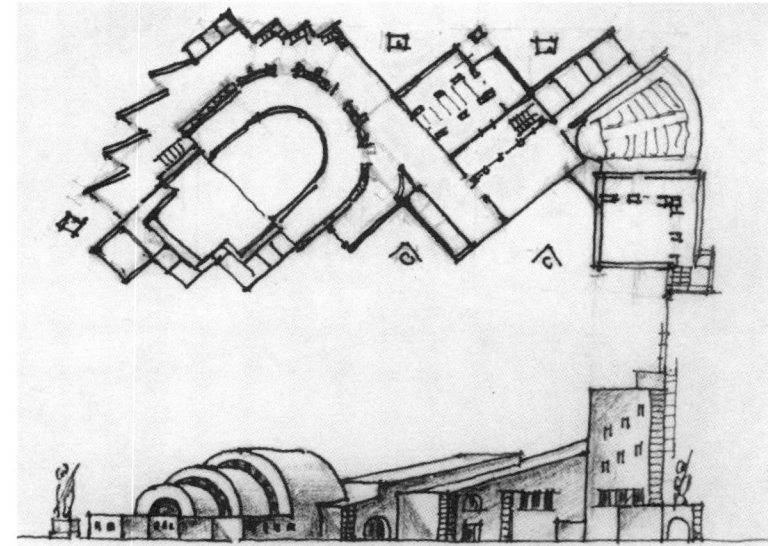

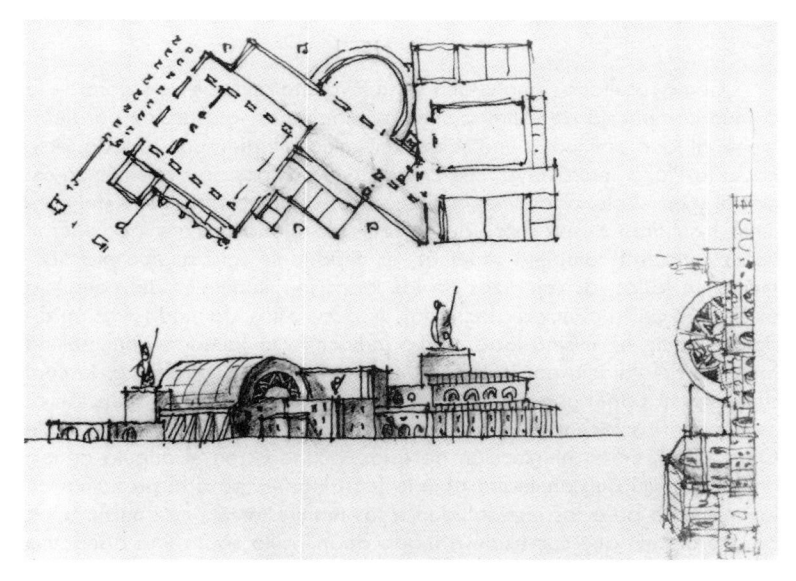

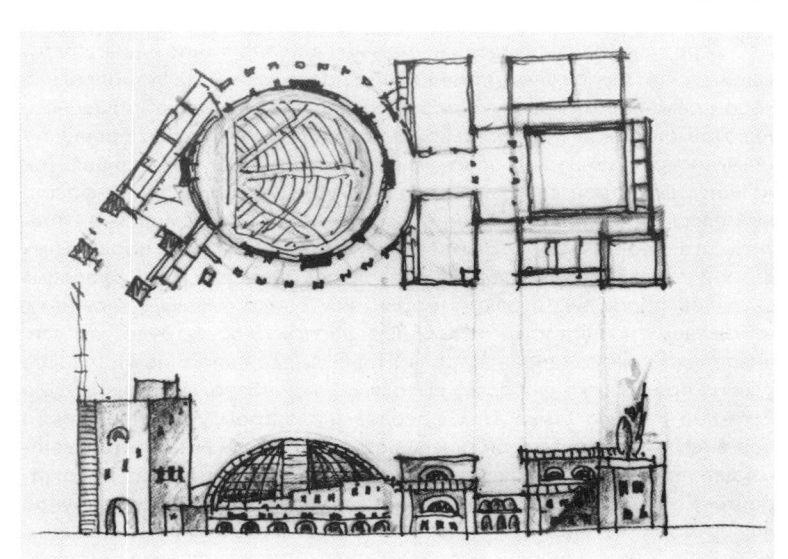

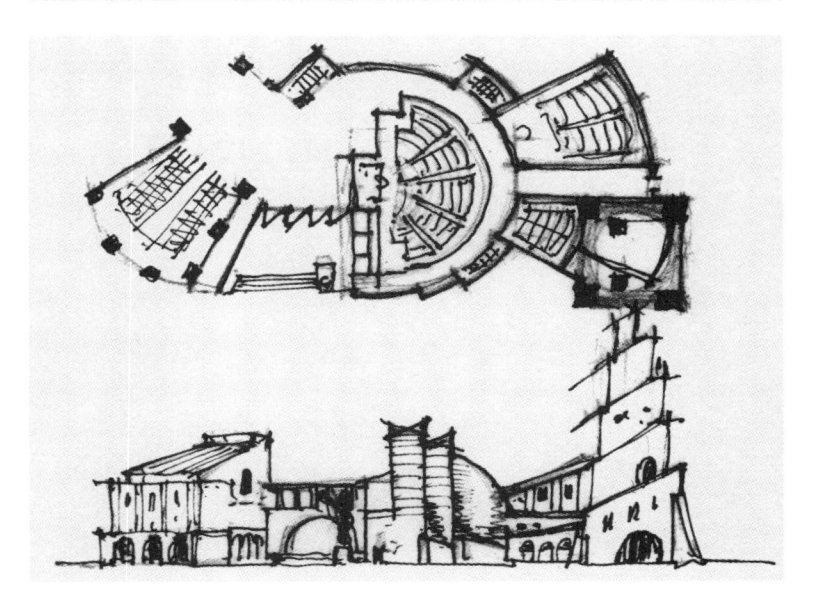

его сторон была параллельна косо срезанному торцу. При этом все примыкающие к залу помещения поворачивались так, чтобы их стены были параллельны или перпендикулярны стенам зала. При таком планировочном решении эти помещения оказались обращенными на продольные фасады Дворца труда углами. От эскиза к эскизу И. Голосов все дальше (в сторону прямоугольного торца) продвигает такие косо поставленные помещения. Постепенно они заполнили весь участок, выйдя и в сторону Манежа углами.

tal modo que uno de sus lados sea paralelo al lado oblicuo. A su vez, todas las instalaciones adyacentes a la sala son giradas de manera que sus paredes sean paralelas o perpendiculares a las paredes de la sala. Para esta planificación, estas instalaciones resultaron dirigidas hacia la fachada longitudinal del Palacio del Trabajo. De un bosquejo a otro Gólosov acerca estas instalaciones oblicuas hacia el lado menor del rectángulo. Poco a poco ellas ocupan todo el solar, mostrando sus esquinas a la Plaza Maniezh.

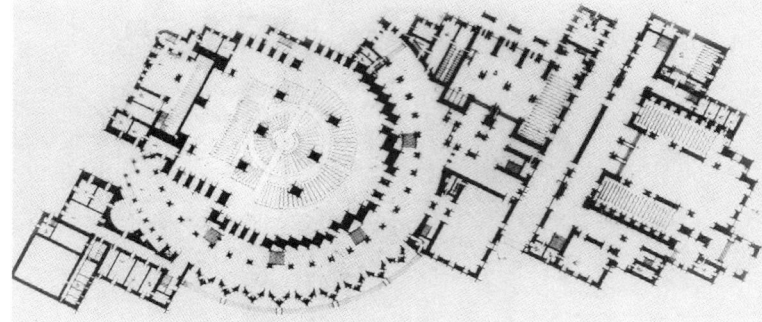

(13) И. Голосов. Дворец труда в Москве. Конкурсный проект. 1922–1923

I. Gólosov. Palacio del Trabajo en Moscú. Proyecto de concurso. 1922–1923

b|b

В результате получилась необычная в плане композиция, состоящая из прямоугольных помещений, расположенных параллельно косо срезанному торцу участка и полукруглого зала, обращенного плоской стороной к Театральной площади. Была создана принципиально новая плановая и объемно-пространственная композиция. Три из четырех сторон комплекса оказались лишенными единой фасадной плоскости и получили сложную пластику. При этом важно отметить, что практически у любого треугольного выступа продольных сторон комплекса есть главная (фасадная) грань и все эти «фасады» выступов обращены в одну сторону, как бы «отсылая» к главному, выходящему на Театральную площадь фасаду Дворца труда, что усиливает его композиционную роль. Наибольшее внимание И. Голосов уделил проработке фасадов, выходящих на Театральную площадь и Охотный Ряд. На стыке этих фасадов (на остром углу отведенного под застройку участка) он помещает открытый амфитеатр (с местами для президиума митингов или для тех, кто приветствует демонстрантов) с консольно вынесенной на металлической ферме трибуной для оратора, которая как бы концентрирует в себе движение пластики масс обоих фасадов и направляет его в сторону площади (по диагонали).

Como resultado, en el plano se obtuvo una composición fuera de lo común compuesta de instalaciones rectangulares, dispuestas paralelamente al lado oblicuo, y una sala semicircular dirigida con su lado recto hacia la Plaza Teatrálnaya. Fue creada una composición volumétrico-espacial y en el plano totalmente nueva. Tres de los cuatro lados del conjunto resultaron desprovistos de un fachada plana única y adquirieron una plasticidad compleja. Además, es importante señalar que prácticamente en todos los saledizos de los lados longitudinales del complejo existe una arista principal (fachada), y todas estas «fachadas» están dirigidas hacia un mismo lado, como indicando la fachada principal, la fachada del Palacio del Trabajo que da a la Plaza Teatrálnaya, lo cual aumenta su papel compositivo. I. Gólosov prestó su mayor atención al estudio de las fachadas que miran a la Plaza Teatrálnaya y a la calle Ojotni Riad. En la intersección de estas fachadas (en el ángulo agudo del solar), sitúa un anfiteatro abierto (con lugares para el presidium de los mítines o para los que saludan a los manifestantes) con una tribuna para oradores que sobresale a modo de ménsula sobre una armadura metálica. Esta tribuna como que concentra en sí el movimiento de la plástica de las masas de ambas fachadas, dirigiéndolo hacia el lado de la plaza (en diagonal).

Г. Людвиг

ДВОРЕЦ ТРУДА В МОСКВЕ.
Конкурсный проект. 1922–1923

G. Lúdvig

PALACIO DEL TRABAJO EN MOSCÚ.
Proyecto de concurso. 1922–1923

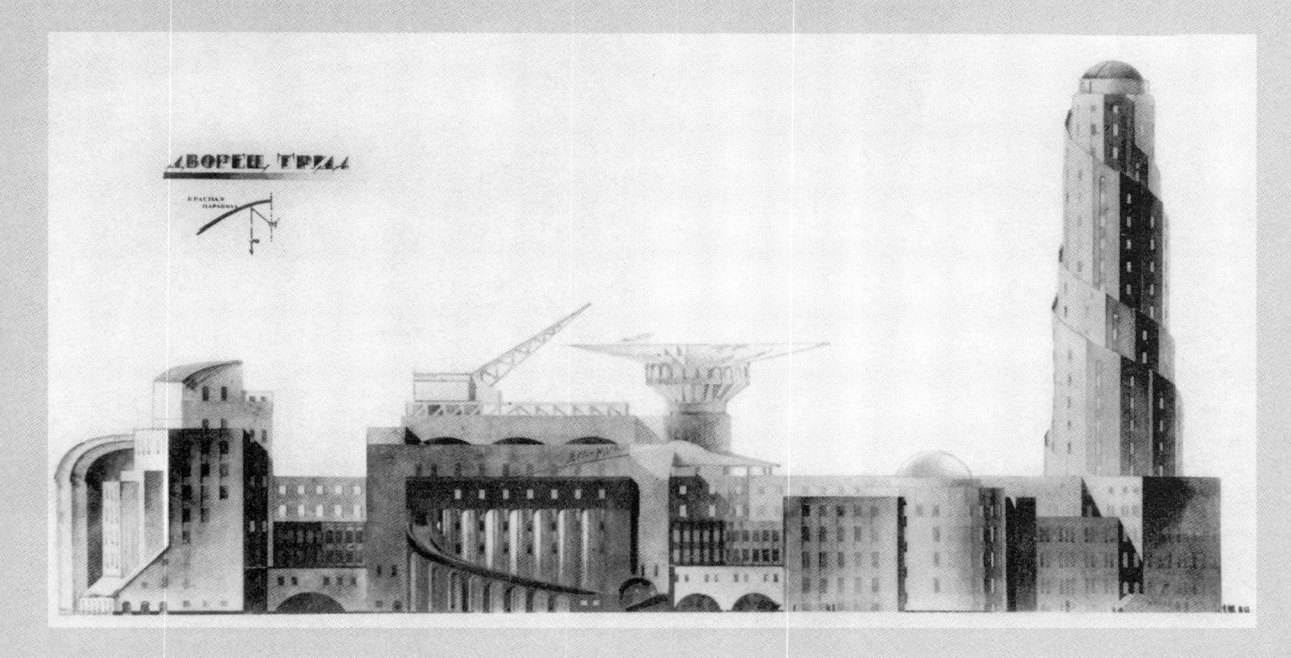

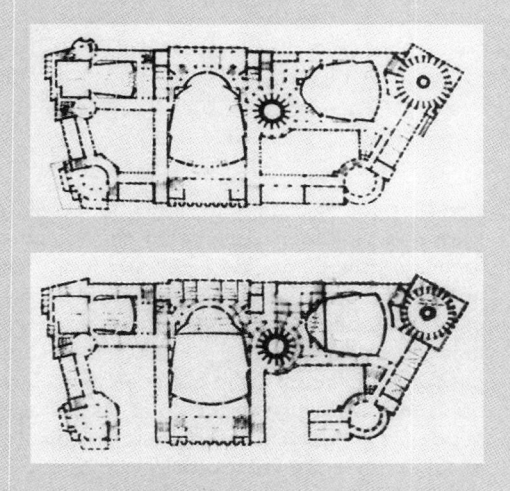

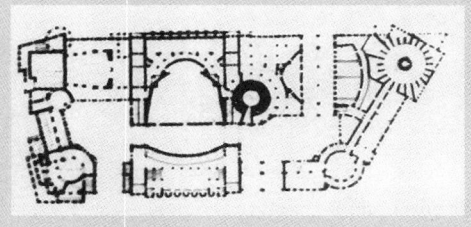

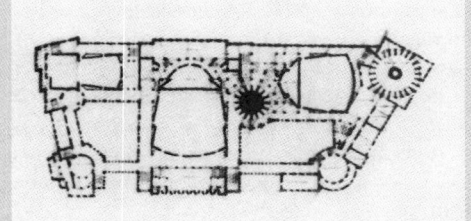

В проекте наглядно отразился своеобразный творческий путь молодого зодчего, который пришел в новую архитектуру через глубокое освоение современной техники и прикладных наук. В его творчестве как бы переплетались характерные для тех лет символико-романтические тенденции и строго инженерный подход к решению функциональных, конструктивных и технологических задач. Получив комплексное образование (технолог, инженер-строитель и архитектор), Г. Людвиг сочетал в одном лице сугубо рационального ученого-конструктора и увлеченного динамичными композициями (в духе революционной символики) художника. Для проекта Дворца труда Г. Людвига характерно неожиданное соседство монументально решенных упрощенных символических форм (выполненная в духе традиционной символики спиралевидная башня) с формами, связанными с конструктивной ос-

En el proyecto se refleja claramente el singular camino artístico del joven arquitecto, quien llegó a la nueva arquitectura mediante una asimilación profunda de la técnica moderna y las ciencias aplicadas. En sus obras parece que se entrelazaran las tendencias del romanticismo simbólico características de esa época y el enfoque ingenieril estricto en la resolución de los problemas funcionales, estructurales y tecnológicos. Habiendo recibido una educación mixta —tecnólogo, ingeniero civil y arquitecto—, G. Lúdvig unió en una persona al científico constructor racionalista puro y al artista entusiasmado con las composiciones dinámicas (al estilo de la simbología revolucionaria). El proyecto del Palacio del Trabajo de G. Lúdvig se caracteriza por una vecindad inesperada de formas simbólicas simplificadas concebidas monumentalmente (la torre espiral realizada al estilo de la simbología tradicional) con formas rela-

⑭ Г. Людвиг. Дворец труда в Москве. Конкурсный проект. 1922–1923
G. Lúdvig. Palacio del Trabajo en Moscú. Proyecto de concurso. 1922–1923

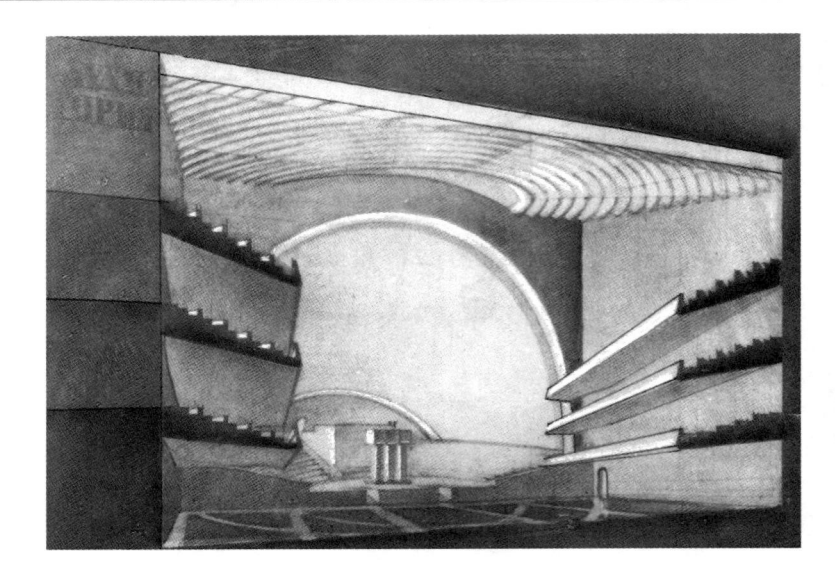

Раздел 2
Parte 2

Фасады, планы, перспектива (фрагмент), интерьер зала
Fachadas, planos, perspectiva (fragmento), interior de la sala

новой и технологией эксплуатации здания: запроектированная в ультрасовременных инженерных формах (железобетонная консольная конструкция), поднятая над зданием круглая в плане площадка для самолетов, которые специальным передвигающимся по эстакаде подъемным краном (со стрелой в виде металлической консольной фермы) могут сниматься с посадочной площадки и перемещаться на более низкий уровень, где запроектированы ангары (тот же кран поднимает самолеты из ангара на площадку). Ангары были расположены над большим залом Дворца труда, куда со стороны одного из продольных фасадов здания вел поддерживаемый арочной эстакадой пандус.

У подножия пандуса запроектирована трибуна в виде параболической раковины, причем место для оратора было предусмотрено в фокусе параболоида — с целью улучшить условия распространения звука на площади.

Тщательно проработана и акустика большого зала: запроектирован волнистый потолок (серебряные параболоиды, отражающие звуки на зрителей), а ораторская трибуна расположена в акустическом фокусе зала. Была предусмотрена возможность акустической настройки (например, подъем ораторской трибуны в зависимости от роста оратора).

cionadas con la base estructural y la tecnología de explotación del edificio: una plataforma de planta circular para aviones, proyectada en formas ultramodernas de ingeniería (estructura a modo de ménsula de hormigón armado). Esta plataforma se eleva sobre el edificio. Mediante una grúa especial que se desplaza por un viaducto (con un brazo giratorio en forma de armadura metálica a modo de ménsula) los aviones pueden ser retirados de la pista de aterrizaje y colocados en niveles más bajos, donde se prevén hangares. Esta misma grúa levantaría los aviones de los hangares a la pista de aterrizaje. Los hangares se sitúan sobre la sala grande del Palacio del Trabajo, hacia donde desemboca desde el lado de una de las fachadas longitudinales del edificio una rampa apoyada en un viaducto de arco.

En el pedestal de la rampa se proyectó una tribuna con forma de concha parabólica; el lugar del orador se situó en el foco del paraboloide para mejorar la acústica.

La acústica de la sala grande también fue estudiada minuciosamente: se proyectó un techo ondular (paraboloides plateadas que reflejaban el sonido hacia los espectadores), y la tribuna del orador se situó en el foco acústico de la sala. Se tuvo en cuenta la posibilidad de regular la acústica (por ejemplo, en dependencia de la altura del orador, la tribuna podía subir o bajar).

А., В. и Л. Веснины
ДВОРЕЦ ТРУДА В МОСКВЕ.
Конкурсный проект. 1922–1923

(15)

A. Vesnín, V. Vesnín y L. Vesnín
PALACIO DEL TRABAJO EN MOSCÚ.
Proyecto de concurso. 1922–1923

Проект Дворца труда Весниных стал фактически первым широко известным произведением архитектурного конструктивизма. Веснины устраивают в центральной части отведенного для строительства участка широкий проезд, разделяющий два основных объема здания — эллиптический в плане большой зал на 9875 мест (в одном

El proyecto del Palacio del Trabajo de los hermanos Vesnín fue prácticamente la primera obra del constructivismo arquitectónico que se hizo ampliamente conocida. Los hermanos Vesnín proyectan en la parte central del solar, un pasaje ancho que divide en dos partes el volumen principal del edificio: una sala de planta elíptica con 9875 localidades

А., В. и Л. Веснины. Дворец труда в Москве. Конкурсный проект. 1922–1923

A. Vesnín, V. Vesnín y L. Vesnín. Palacio del Trabajo en Moscú. Proyecto de concurso. 1922–1923

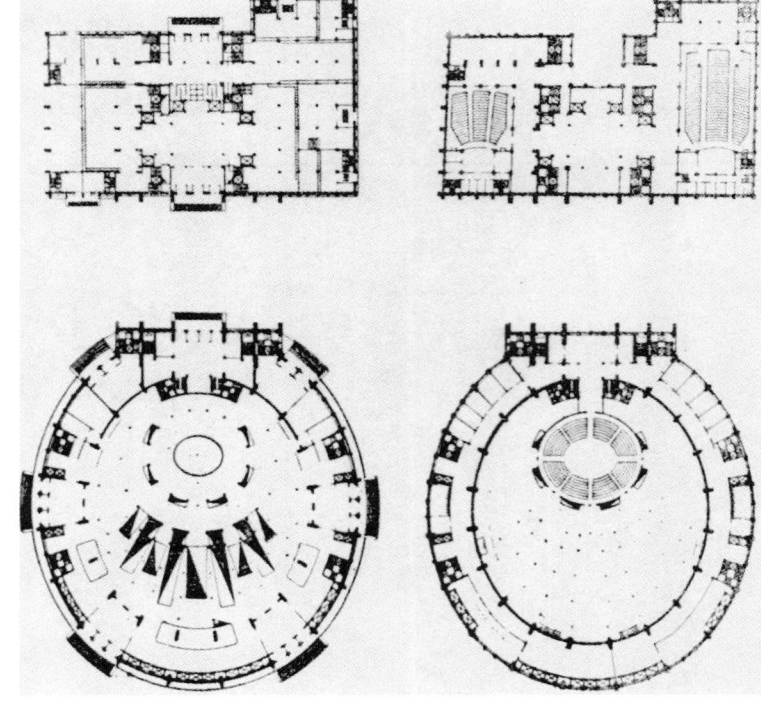

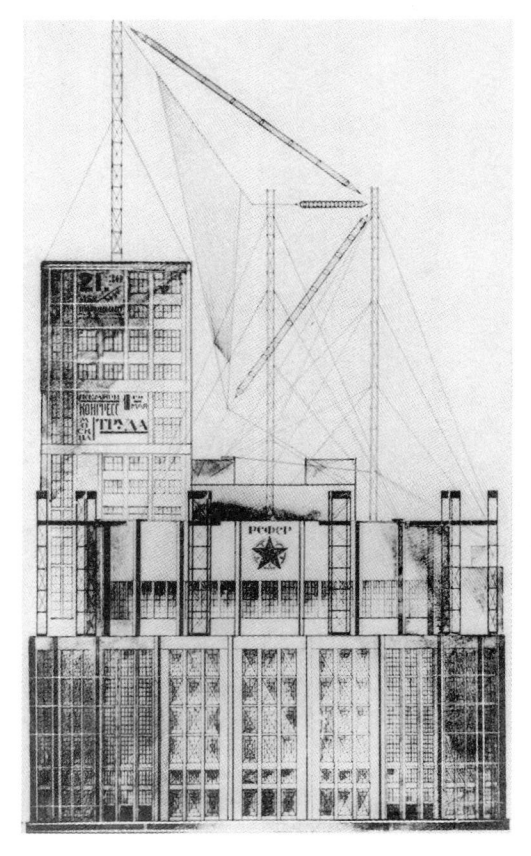

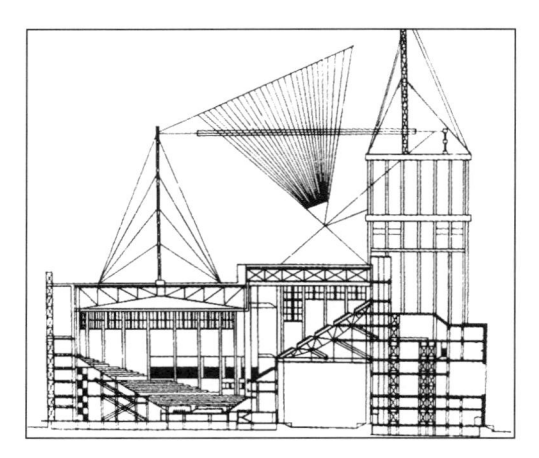

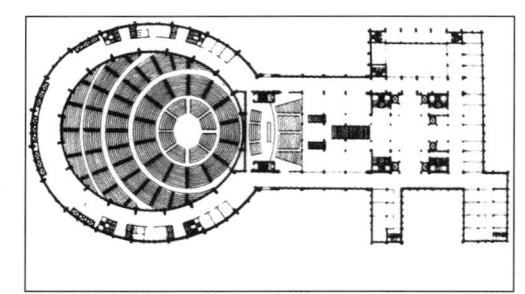

Перспектива, аксонометрия, фасад, разрез, планы, эскиз

Perspectiva, axonometría, fachada, corte, planos, bosquejo

из фокусов эллипса помещается эстрада) и прямоугольный в плане корпус с повышенной (17-этажной) частью. Оба объема соединены над проектируемым проездом третьим объемом, в котором размещается малый зал (для заседаний Моссовета). Предусмотрено, что в дни больших заседаний и конгрессов оба зала могут объединяться, образуя единый зал общей вместимостью до 12 тысяч человек.

Основой внешнего облика здания Веснины сделали откровенно выявленный железобетонный каркас, который создает сложный ритм по вертикали. Тяжеловесная брутальность каркаса удачно контрастирует с ажурными металлическими мачтами антенн и паутиной растяжек и проводов.

(en uno de los focos de la elipse se sitúa el estrado) y un bloque de planta rectangular con una parte elevada (de 17 pisos). Ambos volúmenes son unidos mediante un tercero que se dispone sobre el pasaje y en el que se encuentra la sala pequeña (para las sesiones del Mossoviet). Se tuvo en cuenta la posibilidad de unir ambas salas durante los días de grandes reuniones y congresos, formando una única sala con capacidad para 12 mil personas.

Como base del aspecto exterior del edificio, los hermanos Vesnín tomaron un armazón de hormigón armado claramente resaltado, el cual crea un ritmo vertical complejo. La pesada «brutalidad» del armazón contrasta exitosamente con las torres metálicas reticulares de las antenas y con la telaraña de tirantes y cables.

А. Мухин

ПАВИЛЬОН ДЛЯ ТРОПИЧЕСКИХ РАСТЕНИЙ В БОТАНИЧЕСКОМ САДУ.
Курсовой проект (МИГИ, консультанты А. Лолейт, А. Веснин и Л. Веснин). 1923

A. Mujin

PABELLÓN DE PLANTAS TROPICALES DE UN JARDÍN BOTÁNICO.
Proyecto de curso (MIGI, asesores A. Loleit, A. Vesnín y L. Vesnín). 1923

В МИГИ, где студенты получали хорошую инженерную подготовку, существовала проектная дисциплина «декоративная композиция». Она была вынесена за пределы профилирующего курсового архитектурного проектирования, что создавало для студентов полную свободу формальных поисков. Именно по этой дисциплине студенты МИГИ в начале 20-х годов создали целый ряд оригинальных проектов в духе символического романтизма. Среди этих курсовых работ проект А. Мухина занимает, пожалуй, особое место.

Получив задание, А. Мухин, ориентируясь на функциональное назначение павильона (для тропических растений), решил искать образ здания по аналогии с каким-нибудь экзотическим южным растением — пышным цветком или плодом (например, ананасом). Первые его эскизы видели А. и Л. Веснины, которые одобрили общее направление поисков. Долго эскизировал Мухин в поисках формы завершения павильона. Он испробовал много вариантов в виде купо-

En el MIGI, donde los estudiantes recibían una buena preparación ingenieril, se impartía la asignatura proyectiva «Composición decorativa». Esta asignatura no formaba parte del curso básico de proyección arquitectónica, lo que daba a los estudiantes una libertad total de búsquedas formales. Precisamente en esta asignatura, los estudiantes del MIGI crearon a comienzos de la década del veinte toda una serie de proyectos originales al estilo del romanticismo simbólico. Entre estos trabajos de curso, el proyecto de A. Mujin ocupa indiscutiblemente un lugar especial.

Una vez recibida la tarea, Mujin, pensando en el objetivo funcional del pabellón (para plantas tropicales), decide buscar la imagen del edificio en alguna planta exótica tropical: alguna flor o fruto exhuberante (por ejemplo, una piña). Sus primeros bosquejos fueron revisados por A. Vesnín y L. Vesnín, quienes aprobaron la dirección general de las búsquedas. Mujin realizó muchos bosquejos buscando la forma definitiva del

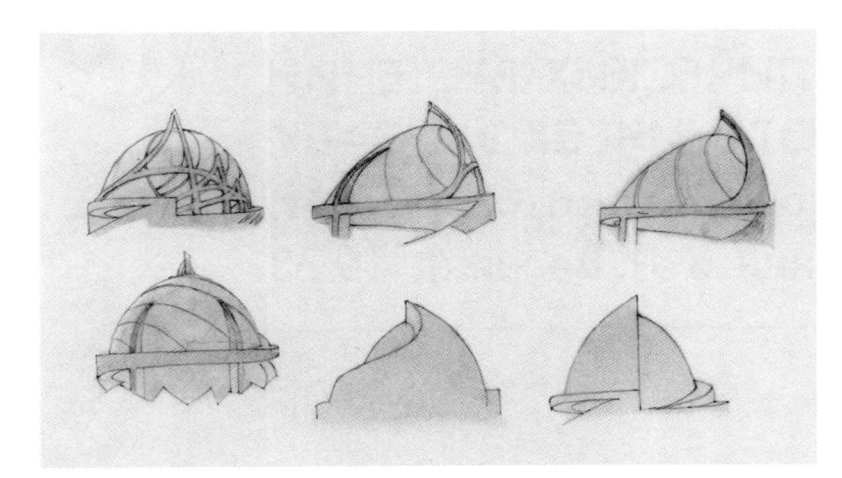

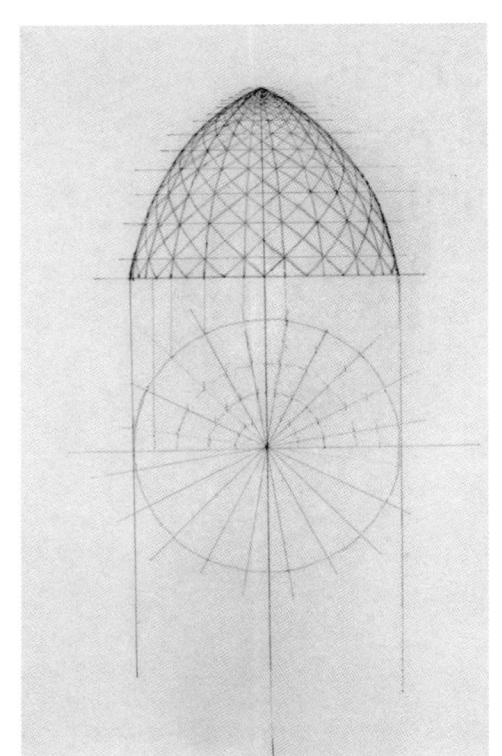

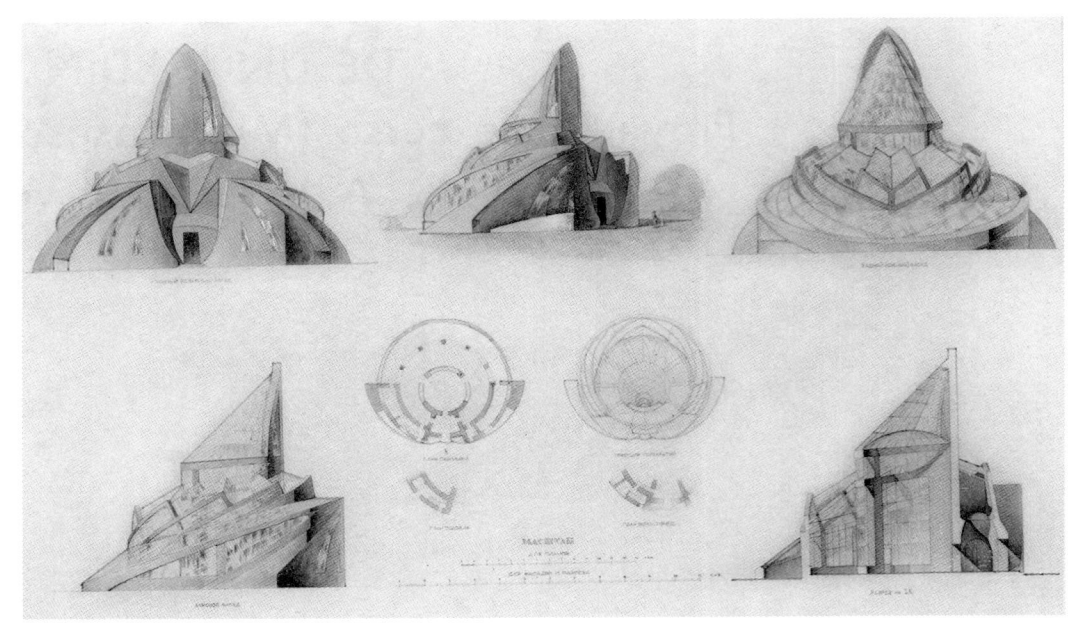

А. Мухин. Павильон для тропических растений в ботаническом саду. Курсовой проект (МИГИ). 1923
A. Mujin. Pabellón de plantas tropicales de un jardín botánico. Proyecto de curso (MIGI). 1923

a	a
a	b

a) эскизы — поиски формы завершения павильона;
b) окончательный вариант (фасады, перспектива, планы, разрез) (см. титул шедевра)

a) pruebas de la forma definitiva del pabellón;
b) variante final (fachada, perspectiva, planos, corte) (véase la ilustración inicial)

ла, напоминающего по форме ананас, в виде полусферы, обвитой по спирали глухими или ажурными элементами, и др.

Материал — железобетон и стекло. Северная сторона павильона — глухая, южная — полностью остеклена. А. Мухин был раскован в поисках объёмно-пространственной структуры здания, так как консультировавший его известный специалист по железобетону А. Лолейт неизменно подтверждал, что всё, что задумывал Мухин в железобетоне, можно выполнить.

Используя конструктивные и пластические возможности железобетона, А. Мухин создал оригинальный павильон с выразительным внешним обликом и необычным по пространственному построению интерьером.

pabellón. Él probó muchas variantes: en forma de cúpula semejante a una piña, en forma de semiesfera enrollada espiralmente con elementos ciegos o reticulares, etcétera.

El material elegido fue el hormigón armado y el vidrio. La parte norte del pabellón era de paredes ciegas y la parte sur estaba completamente vidriada. Mujin gozó de total libertad en sus búsquedas de estructuras volumétrico-espaciales para el edificio, pues su asesor, el conocido especialista en hormigón armado A. Loleit, afirmaba constantemente que todo lo que proyectara Mujin en este material se podría realizar.

Utilizando la posibilidades estructurales y plásticas del hormigón armado, Mujin creó un pabellón original, con un aspecto exterior expresivo y un interior extraordinario por su configuración espacial.

К. Мельников

ПАВИЛЬОН «МАХОРКА»
на Всероссийской сельскохозяйственной и кустарно-промышленной выставке в Москве. 1923

K. Miélnikov

PABELLÓN «MAJORKA» en la Exposición Agropecuaria y de la Industria Artesanal de Rusia en Moscú. 1923

Павильон Всероссийского махорочного синдиката на сельскохозяйственной и кустарно-промышленной выставке 1923 г. в Москве был не только первым осуществленным сооружением Мельникова в духе новой архитектуры, но и бесспорно наиболее интересным архитектурным объектом выставки, в проектировании которой принимали участие виднейшие зодчие. Сложная динамическая композиция, консольные свесы, угловое остекление, открытая винтовая лестница, огромные плоскости плакатов — все это резко выделяло павильон «Махорка» из многочисленных построек выставки.

Перечисляя наиболее выразительные средства и приемы, использованные им при создании павильона «Махорка», Мельников писал: «1) объемы сдвинулись с опор, 2) у открытой наружной лестницы

El pabellón del Sindicato ruso de productores de majorka* en la Exposición Agropecuaria y de la Industria Artesanal de Rusia en Moscú (1923), fue no sólo la primera edificación realizada por Miélnikov al estilo de la nueva arquitectura, sino también indudablemente la obra arquitectónica más interesante de la exposición, en cuya proyección tomaron parte los arquitectos más notables. La composición dinámica compleja, los saledizos sobre ménsulas, el vidriado angular, la escalera de caracol descubierta, los grandes planos para carteles: todo esto distinguía al pabellón «Majorka» de los muchos edificios de la exposición.

En su enumeración de los medios y métodos más expresivos utilizados en la creación del pabellón «Majorka», Miélnikov escribe: «1) Los volúmenes se desplazaron de los soportes, 2) la escalera exterior descubierta

---

* N. del T. Tabaco de baja calidad hecho de las hojas de la planta que lleva el mismo nombre.

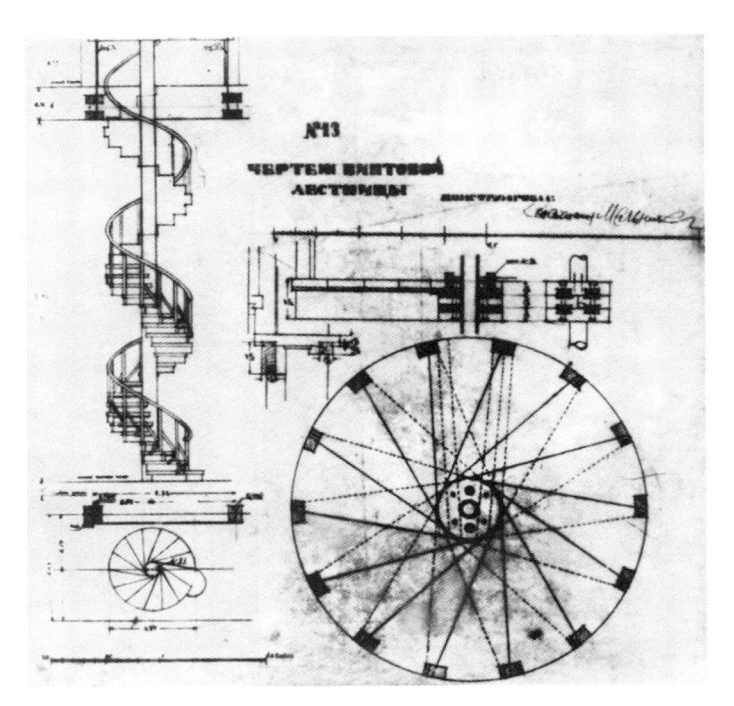

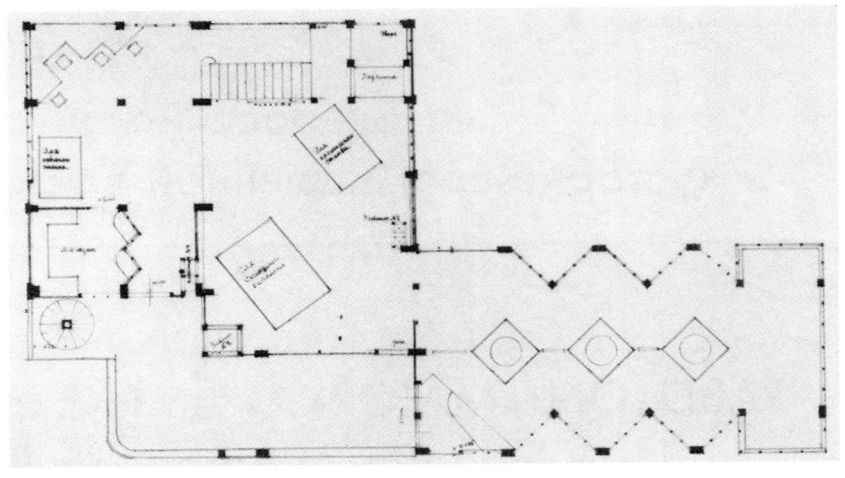

(17) К. Мельников. Павильон «Махорка» на Всероссийской сельскохозяйственной и кустарно-промышленной выставке в Москве. 1923

K. Miélnikov. Pabellón «Majorka» en la Exposición Agropecuaria y de la Industria Artesanal de Rusia en Moscú. 1923

Раздел 2
Parte 2

Общие виды (см. титул шедевра), план (фрагмент), чертеж винтовой лестницы

Vistas generales (véase la ilustración inicial), plano (fragmento), diseño de la escalera de caracol

ступени-консоли, 3) односкатная стремительность кровель, 4) прозрачность углового остекления. ...Объемы вздыбились и ничтожная величина павильона возвеличила архитектуру новым языком — языком ЭКСПРЕССИИ... Я не хотел в своем произведении видеть крыш, что составило стиль всех тогда построенных на выставке павильонов. Плоских кровель мы не умели строить, поэтому без крыш не обойтись, и в результате с главного фасада все крыши сдвинуты, образовав стремительную игру форм... У винтовой лестницы упразднена тетива, ввиду сложных работ по ее выполнению из дерева. Взамен 200 болтов удерживают ступени-консоли и ни один болт не виден снаружи».

В павильоне «Махорка» Мельников впервые применил новый подход к созданию художественного образа современного выставочного павильона, который затем был развит в принесшем ему мировую славу советском павильоне на Международной выставке декоративных искусств в Париже 1925 г. (Ш. № 30).

tiene peldaños-ménsulas, 3) el ímpetu de los techados de un agua, 4) la transparencia del vidriado angular... Los volúmenes se encabritaron y el insignificante tamaño del pabellón exaltó a la arquitectura con un nuevo «idioma», con el idioma de la EXPRESIÓN... En mi obra yo no deseaba ver los techos de dos aguas, presentes en el estilo de todos los pabellones entonces construidos en la exposición. En aquellos tiempos nosotros no sabíamos construir techos planos, pero sin techos no podíamos construir; como resultado, todos los techos fueron desplazados de la fachada principal, obteniéndose un impetuoso juego de formas. De la escalera de caracol se retiró la cuerda de arco, debido a la dificultad de su elaboración en madera. A cambio de esto, 200 tornillos sujetan los peldaños-ménsulas y ningún tornillo se ve desde el exterior.»

En el pabellón «Majorka», Miélnikov por primera vez aplicó el nuevo enfoque en la creación de la imagen artística del pabellón de exposición moderno, enfoque que después fue desarrollado en el pabellón soviético (O. M. № 30) de la Exposición Internacional de Artes Decorativas (París 1925), el cual le dio fama mundial.

А. Экстер и Б. Гладков

ПАВИЛЬОН «ИЗВЕСТИЙ»
на Всероссийской сельскохозяйственной и кустарно-промышленной выставке в Москве. 1923

(18)

A. Éxter y B. Gladkov

PABELLÓN DE «NOTICIAS»
en la Exposición Agropecuaria y de la Industria Artesanal de Rusia en Moscú. 1923

Разработку проекта павильона «Известий ЦИК СССР» и «Красной Нивы» поручили А. Экстер, которая как художник оформляла ряд павильонов выставки. Заказчик поставил перед ней задачу в образе павильона отразить один из наиболее актуальных лозунгов тех дней — «Жертвуйте на воздушный флот СССР». Экстер сделала живописный эскиз павильона в цвете. В нем была дана общая идея образа — взлет страны и ее полет. В эскизе Экстер из основания павильона стреми-

El diseño del pabellón del periódico «Noticias del TsIK de la URSS» y de la revista «Krásnaya Niva» fue encargado a A. Éxter, la cual decoraba como pintora algunos pabellones de la exposición. El cliente pedía reflejar en la imagen del pabellón una de las consignas más actuales de aquella época: «Colabore con la flota aérea de la URSS». Éxter pintó un bosquejo a color del pabellón, en el cual se daba la idea general de la imagen: el despegue del país y su vuelo. En el bosquejo de Éxter, desde

⑱ А. Экстер и Б. Гладков. Павильон «Известий» на Всероссийской выставке в Москве. 1923 — Раздел 2

A. Éxter y B. Gladkov. Pabellón de «Noticias» en la Exposición de Rusia en Moscú. 1923 — Parte 2

Фасад, общий вид

Fachada, vista general

тельно вырывалась вверх спираль, несущая крылья большого размаха. Чтобы архитектурно оформить идею Экстер, к разработке проекта был привлечен архитектор Б. Гладков, который затем делал и рабочие чертежи.

В процессе архитектурной доработки идея Экстер была существенно видоизменена. Во-первых, использование на выставке в качестве основного строительного материала дерева затруднило создание открытой спиральной конструкции. Гладков заменил круглую в плане спираль системой квадратных в плане площадок, соединяющихся между собой наклонными лестницами. Во-вторых, ветровая нагрузка (происходило скручивание) заставила уже в процессе возведения павильона уменьшить размах «крыльев» завершения. В-третьих, в процессе разработки рабочих чертежей и строительства было изменено соотношение нижней части павильона (киоска) и его «спирального» завершения. На проекте это соотношение было 1 : 3, в осуществленном павильоне — 1 : 2. Уменьшилось и количество площадок — с четырех до трех. Все это существенно изменило первоначальный образ павильона, задуманный Экстер.

Конструкция завершающей части павильона состояла из центрального вертикального деревянного стержня (четыре сплоченных между собой бревна), удерживаемого четырьмя металлическими растяжками, и нанизанных на этот стержень площадок.

la base del pabellón se remonta con ímpetu hacia arriba una espiral con un ala de gran envergadura. Para formalizar arquitectónicamente la idea de Éxter fue invitado el arquitecto B. Gladkov, quién después hizo los planos de la construcción.

Durante la proyección arquitectónica la idea de Éxter fue sustancialmente modificada. En primer lugar, la utilización de la madera como material de construcción principal en la exposición dificultaba la elaboración de la espiral descubierta. Gladkov reemplazó la espiral de planta circular por un sistema de plataformas de plantas cuadradas unidas por escaleras inclinadas. En segundo lugar, la carga del viento, la cual producía torsión, obligó en el transcurso de la construcción a reducir la envergadura de las «alas» de la cima. En tercer lugar, durante la elaboración de los planos y en el proceso de construcción se cambió la proporción de la parte inferior del pabellón (quiosco) y su parte «espiral» culminante. Inicialmente esta proporción era 1 : 3, pero el pabellón se construyó con una proporción 1 : 2. También se redujo la cantidad de plataformas, de cuatro a tres. Todo esto modificó considerablemente la imagen inicial del pabellón creado por Éxter.

La estructura de la parte culminante del pabellón estaba formada por una barra central vertical de madera (cuatro postes de madera juntos) soportada por cuatro tirantes metálicos. Esta barra ensartaba a las plataformas.

Л. Лисицкий и И. Чашник
ТРИБУНА ЛЕНИНА. 1920–1924

(19)

L. Lisitski e I. Cháshnik
TRIBUNA DE LENIN. 1920–1924

Первоначальный вариант «Трибуны» был создан в 1920 г. в Витебских Свободных художественных мастерских И. Чашником — учеником Лисицкого, руководившего тогда архитектурным факультетом мастерских. Укрепленная на металлическом кубе наклонная металлическая решетчатая конструкция несет две горизонтальные площадки, размещенные в ее верхней и средней частях. Вдоль наклонной конструкции движется равный ей по длине глухой элемент, играющий роль своеобразного лифта, по которому можно попасть на горизонтальные площадки трибуны.

В УНОВИСе высоко оценили проект Чашника. Он был опубликован в «Листке № 1» УНОВИСа, датированном 20 ноября 1920 г., под таким названием: «Проект трибуны знака супрематизма, архитектурно-фактической мастерской училища УНОВИСа». В этом же «Листке № 1» сообщалось, что УНОВИСу предложено «изобретенную трибуну Чашником» поставить на площади Смоленска.

La variante inicial de la «Tribuna» fue creada en 1920, en los Talleres Artísticos Libres de Vítebsk, por I. Cháshnik, un alumno de Lisitski. (En aquel entonces Lisitski dirigía la Facultad de Arquitectura de los Talleres.) Sujeta a un cubo metálico, la estructura metálica reticular inclinada soporta dos plataformas horizontales situadas en su parte superior y central. A lo largo de la estructura inclinada se mueve un elemento ciego del mismo largo, el cual juega el papel de una especie de ascensor, por el cual se puede llegar a las plataformas horizontales de la tribuna.

En el grupo UNOVIS valoraron altamente el proyecto de Cháshnik. Éste fue publicado en la «Hoja Nº 1» del grupo UNOVIS del 20 de noviembre de 1920 con el siguiente nombre: «Proyecto de la tribuna del signo del suprematismo, del taller de arquitectura práctica de la escuela técnica del grupo UNOVIS». En esta misma «Hoja Nº 1» se informaba que al grupo UNOVIS se le encargaba edificar la «tribuna ingeniada por Cháshnik» en una plaza de Smoliensk.

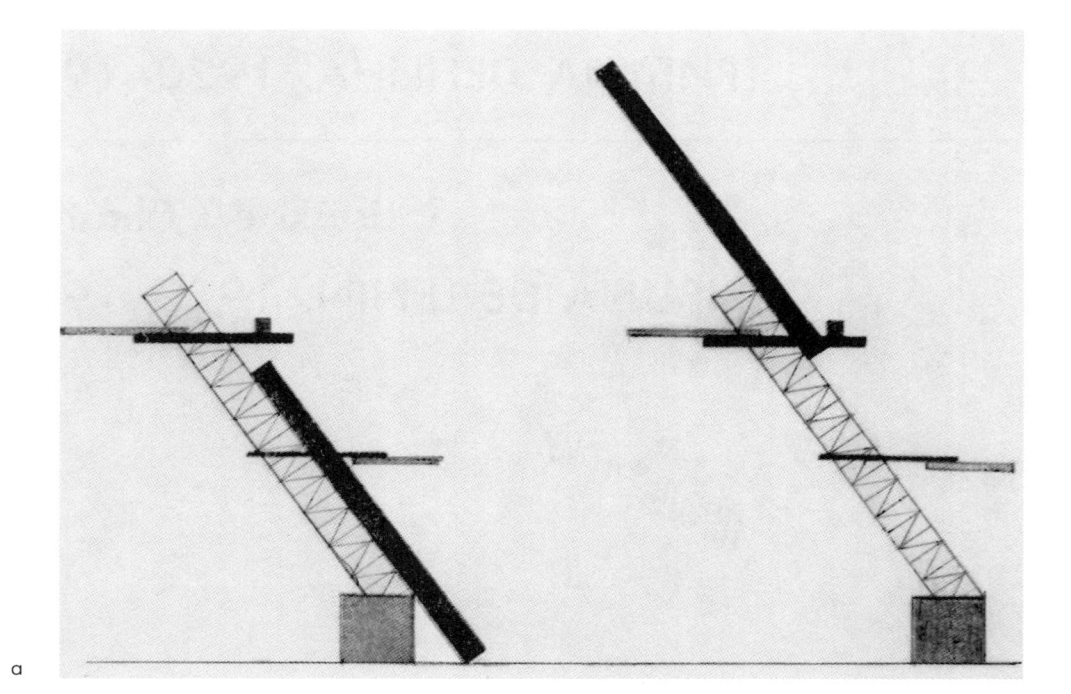

Л. Лисицкий и И. Чашник. *Трибуна Ленина*. 1920–1924

L. Lisitski e I. Cháshnik. *Tribuna de Lenin*. 1920–1924

a) первый вариант. Курсовой проект. 1924 г. (Витебские Свободные художественные мастерские, мастерская Л. Лисицкого). Фасады — два варианта расположения подвижного элемента;
b) второй вариант, доработанный Л. Лисицким. 1924 г. Перспектива (см. титул шедевра)

a) primera variante. Proyecto de curso. 1924 (Talleres Artísticos Libres de Vítebsk, taller de L. Lisitski). Fachadas: dos variantes de la posición del elemento móvil;
b) segunda variante, perfeccionada por L. Lisitski. 1924. Perspectiva (véase la ilustración inicial)

В 1924 г. лечившийся в Швейцарии Лисицкий получил от своих бывших учеников по Витебску ряд эскизов выполненных под его руководством проектов, в том числе и трибуну Чашника. На базе проекта Чашника, доработав его, Лисицкий создал проект трибуны, который он подписал не персонально, а как работу мастерской («УНОВИС, 1920 г. Мастерская Лисицкого»). В том же 1924 г. проект трибуны демонстрировался на выставке в Вене.

В проекте Лисицкого трибуна изображена не фасадно (как у Чашника), а в перспективе, что придало ей пространственность. Сохранив обе горизонтальные площадки (изменив их форму), Лисицкий добавил вверху неподвижную конструкцию, на которой укрепил лозунг. Отказавшись от подвижной вытянутой наклонной формы, он заменил ее лифтовой кабиной. В трибуну Лисицкий вмонтировал изображение выступающего на митинге Ленина, что определило и само название трибуны, которая стала широко известна как «Трибуна Ленина».

En 1924, Lisitski, quien se encontraba en tratamiento médico en Suiza, recibió de sus antiguos alumnos de Vítebsk una serie de bosquejos de proyectos elaborados bajo su dirección, incluida la tribuna de Cháshnik. Sobre la base del proyecto de Cháshnik, Lisitski complementó el proyecto de la tribuna, que no firmó con su nombre, sino como una obra del taller («UNOVIS, 1920. Taller de Lisitski»). En el mismo año 1924, el proyecto de la tribuna se mostró en la exposición de Viena.

En el proyecto de Lisitski, la ilustración de la tribuna no es lateral (como en la variante de Cháshnik), sino en perspectiva, lo cual le daba un carácter tridimensional. Conservando ambas plataformas horizontales (sólo modificó su forma), Lisitski añadió en la parte superior una estructura inmóvil, en la que fijó una consigna, y reemplazó la forma inclinada, alargada y móvil por una cabina de ascensor. Lisitski montó en la tribuna la figura de Lenin interviniendo en un mitin, lo que definió el nombre de la tribuna, que se hizo ampliamente famosa como la «Tribuna de Lenin».

К. Малевич

АРХИТЕКТОНЫ. 1923–1926

K. Maliévich

ARQUITECTONES. 1923–1926

Архитектоны — это важный этап выхода супрематизма в архитектуру. Переводу плоскостного супрематизма в объемный способствовали проуны Лисицкого (Ш. № 7), которые он создавал начиная с 1919 г. Но проуны были лишь аксонометрическими изображениями объемных элементов.

Следующим шагом выхода супрематизма в архитектуру и стали архитектоны (гипсовые модели). Это были реальные объемные композиции, в которых различные по форме и размерам параллелепипеды (горизонтальные и вертикальные) примыкают или как бы врезаются друг в друга под прямым углом. В этих композициях использованы только прямые линии, только плоскости и только прямые углы.

Первая гипсовая архитектона («Альфа») была создана в 1923 г. В 1925–1926 гг. были отлиты основные гипсовые модели архитектон (более десяти); работа по их созданию продолжалась и в 1927 г. Создавались и графические архитектоны, которые, видимо, предшествовали гипсовым.

Сам Малевич не рассматривал архитектоны как некие прототипы конкретных архитектурных произведений. Он видел в них общую художественную систему, «архитектурные формулы, согласно которым архитектурным строениям может быть придана форма».

Создавая отвлеченные объемные композиции, художник Малевич помог архитекторам по-новому увидеть лишенные декора простые геометрические формы, показал практически неисчерпаемые возможности создания из сочетаний этих форм выразительных, сложных объемно-пространственных композиций. В архитектонах Мале-

Los «arquitectones» forman una etapa importante en la salida del suprematismo a la arquitectura. Los prouns creados por Lisitski desde 1919 (O. M. № 7), contribuyeron al paso del suprematismo plano al volumétrico. Pero los prouns eran sólo ilustraciones axonométricas de elementos tridimensionales.

El siguiente paso en la salida del suprematismo a la arquitectura fueron precisamente los «arquitectones» (modelos de yeso). Éstos eran composiciones volumétricas reales, en las que paralelepípedos horizontales y verticales, de diferentes formas y tamaños, están unidos o dan la impresión de que se incrustan unos en otros formando ángulos rectos. En estas composiciones se utilizan sólo líneas rectas, sólo planos y sólo ángulos rectos.

El primer arquitectón de yeso («Alfa») fue creado en 1923. Entre 1925 y 1926 fueron fabricados los principales modelos de yeso de arquitectones (más de diez); este trabajo continuó incluso hasta 1927. También fueron creados arquitectones gráficos, los cuales parecen ser los predecesores de los arquitectones de yeso.

El mismo Maliévich no consideraba los arquitectones como prototipo de obras arquitectónicas concretas. Veía en ellos un sistema artístico general, «fórmulas arquitectónicas, mediante las cuales se puede dar forma a las construcciones arquitectónicas».

Creando composiciones volumétricas abstractas, el pintor Maliévich ayudó a los arquitectos a ver de una manera nueva las formas simples, sin decoración, y mostró las posibilidades prácticamente inagotables de creación de las composiciones volumétrico-espaciales complejas y expresivas a partir de la combinación de estas formas. En los arquitectones

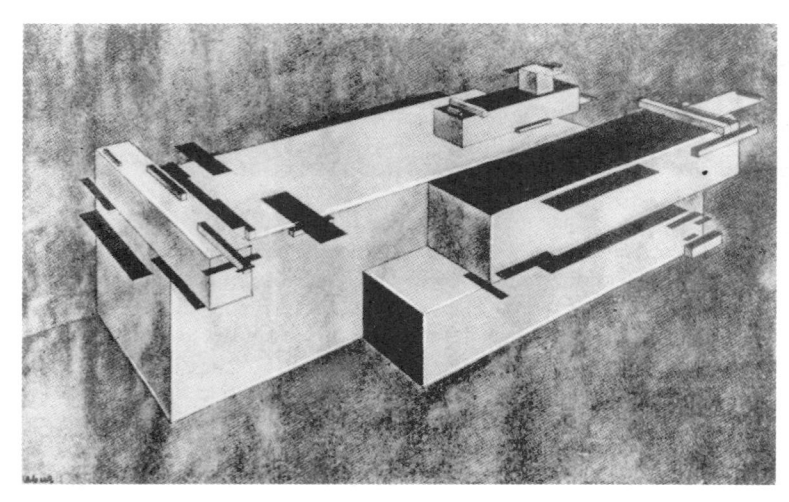

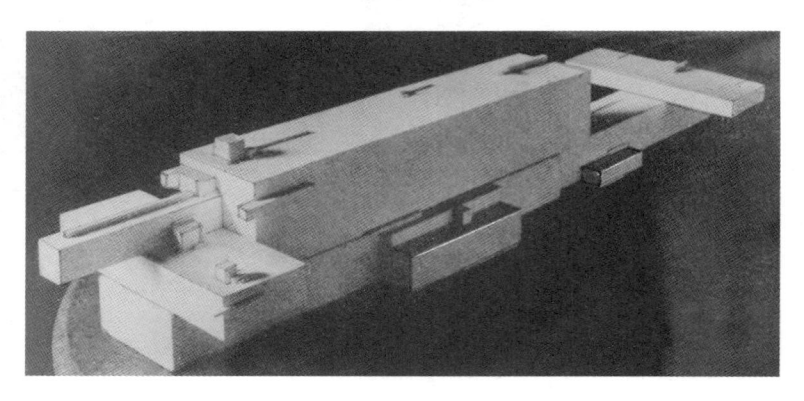

К. Малевич. Архитектоны. 1923–1926
K. Maliévich. «Arquitectones». 1923–1926

a) графическая архитектона (перспектива архитектона в застройке города — фотомонтаж);
b) горизонтальные архитектоны (модели);
c) вертикальные архитектоны (модели);
d) композиция из архитектон (см. титул шедевра)

b	b
a	b
a	b

a) arquitectón gráfico (perspectiva de un arquitectón en una ciudad; montaje fotográfico);
b) arquitectones horizontales (modelos);
c) arquitectones verticales (modelos);
d) composición de arquitectones (véase la ilustración inicial)

вича пространственное сочетание объемов приобрело новые качества, почти (или совсем) не использовавшиеся архитектурой прошлого приемы: горизонтальные и вертикальные сдвиги объемов, нависание одного объема над другими, размещение большой крупной нерасчлененной формы над более мелкими раздробленными, паре-

de Maliévich, la combinación espacial de volúmenes adquiere nuevas cualidades, se hace uso de métodos casi nunca (o nunca) utilizados por la arquitectura del pasado: desplazamientos horizontales y verticales de los volúmenes, volúmenes en saledizo sobre otros, formas grandes enteras sobre formas fraccionadas pequeñas, volúmenes grandes que flotan

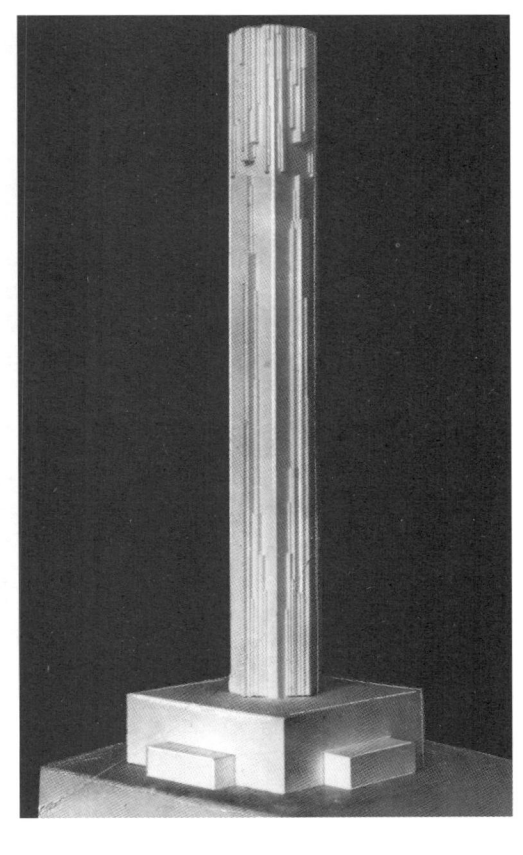

Раздел 2 — К. Малевич. Архитектоны. 1923–1926
Parte 2 — K. Maliévich. «Arquitectones». 1923–1926

ние крупного объема в пространстве при опирании лишь незначительной частью своей нижней плоскости и т. д. Отрицание симметрии, новое отношение к тяжести (зрительно «тяжелое» над «легким»), богатые возможности светотени, контрастные масштабные сопоставления, непрерывное изменение общей объемно-пространственной композиции по мере обхода сооружения — все это давало в руки архитекторов новые средства художественного воздействия, существенно отличавшиеся от приемов традиционной архитектуры с ее симметрией, четко выявленным фасадом, облегчением композиции кверху, «тектоническим» декором и т. д.

Малевич видел в своих экспериментах поиски нового художественного языка, рассматривая архитектоны как «супрематическое искусство объемостроения», некий «супрематический ордер».

en el espacio y se apoyan sólo en una parte insignificante de su base, etcétera. La negación de la simetría, la nueva actitud hacia el peso (lo visualmente «pesado» sobre lo «liviano»), las ricas posibilidades de los claroscuros, las contraposiciones contrastantes de las escalas, el cambio continuo de la composición volumétrico-espacial general a medida que se rodea la edificación; todo esto proporcionaba a los arquitectos nuevos medios de influencia artística, que se diferenciaban significativamente de los métodos de la arquitectura tradicional caracterizada por la simetría, las fachadas claramente remarcadas, la composición aligerada hacia arriba, el decorado «tectónico», etcétera.

Maliévich veía en sus experimentos búsquedas de un nuevo idioma artístico, considerando los arquitectones como un «arte suprematista de la construcción volumétrica», una especie de «orden suprematista».

К. Малевич
ПЛАНИТЫ. 1924

(21)

K. Maliévich
PLANITES. 1924

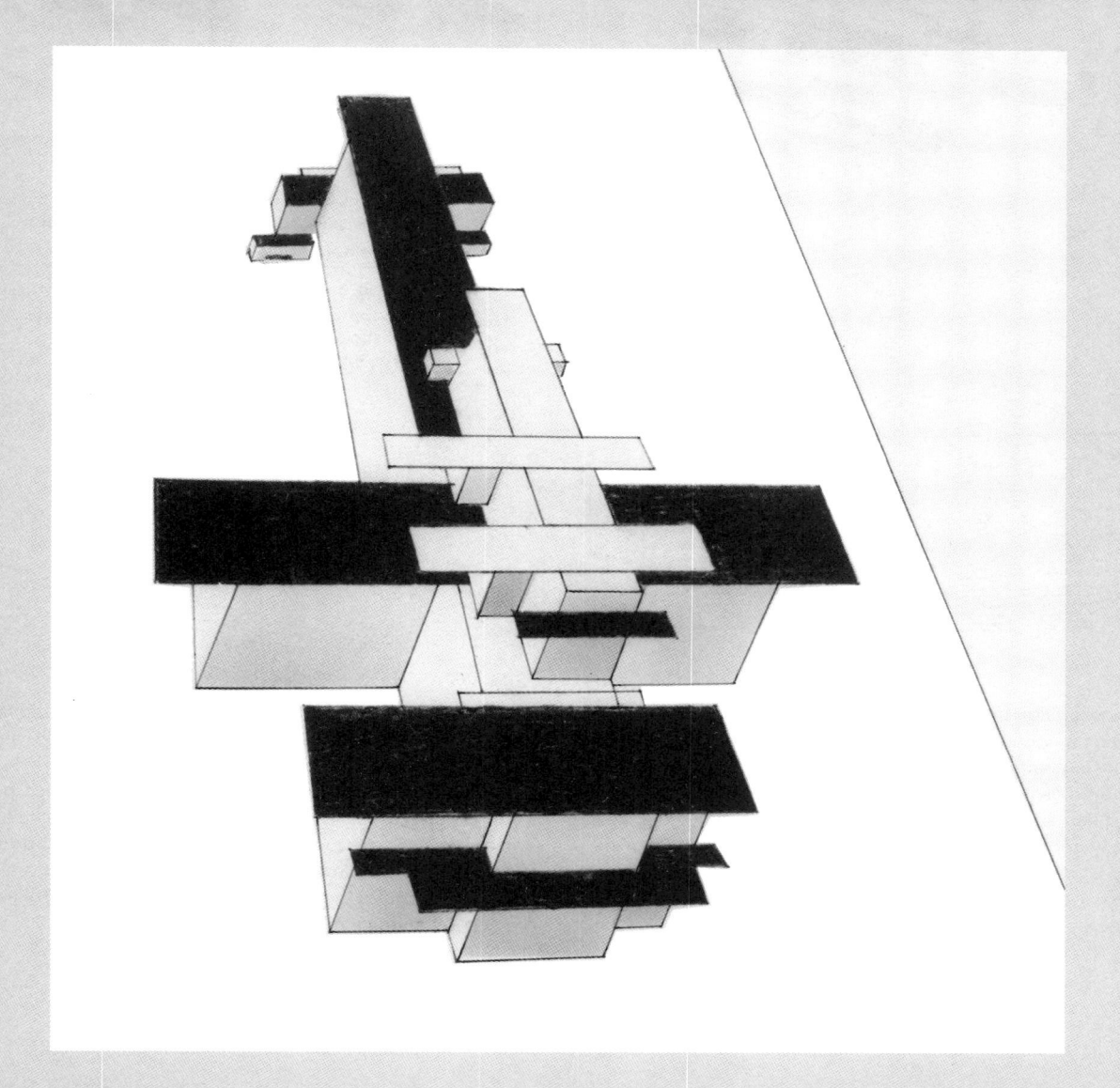

Уже в 1924 г. Малевич делает попытку в рамках объемного супрематизма создать проекты конкретных архитектурных объектов.

Он проектирует несколько вариантов жилых домов (планитов). В отличие от архитектон это не модели, а графические чертежи (аксонометрии, фасады, перспективы, разрезы). 18 чертежей планитов были показаны летом 1924 г. на выставке ГИНХУКа.

Планиты — это, как называл их Малевич, жилые дома землянитов, представляющие собой сложные композиции из примыкающих друг к другу и взаимопересекающихся параллелепипедов. Это были одни из первых в мировой архитектуре XX в. архитектурные проекты с использованием предельно лаконичных геометрических форм, что придавало им принципиально новый художественный образ.

Малевич считал, что супрематизм, создав новые формы и зависимости форм, с плоскости полотна переходит в пространство, становится новой архитектурой, первыми конкретными объектами которой и были планиты.

На одном из чертежей планитов Малевич написал: «Сейчас мыслю материал — белое матовое стекло, бетон, толь, электрическое отопление планит без труб.

Ya en 1924 Maliévich realiza un intento, en el marco del suprematismo volumétrico, de crear proyectos de objetos arquitectónicos concretos.

Él proyecta algunas variantes de edificios de viviendas (planites). A diferencia de los arquitectones, éstos no son modelos sino dibujos (axonometrías, fachadas, perspectivas, cortes). Dieciocho dibujos de planites fueron presentados en el verano de 1924, en una exposición del GINJUK.

Los planites son, como los llamaba Maliévich, edificios de viviendas para los terranites: complejas composiciones de paralelepípedos en contacto y que se entrecruzan. Éstos fueron unos de los primeros proyectos de la arquitectura mundial del siglo XX en que se utilizaron formas geométricas extremadamente lacónicas, lo que les otorgaba una imagen artística totalmente nueva.

Maliévich consideraba que el suprematismo, creando nuevas formas y nuevas dependencias entre éstas, pasa del plano del lienzo al espacio, se convierte en una arquitectura nueva, cuyo primer objeto concreto fueron precisamente los planites.

En uno de los dibujos de planites Maliévich escribe: «Me imagino el material: vidrio blanco mate, hormigón, cartón embreado; la calefacción del planite es eléctrica, sin tubos.

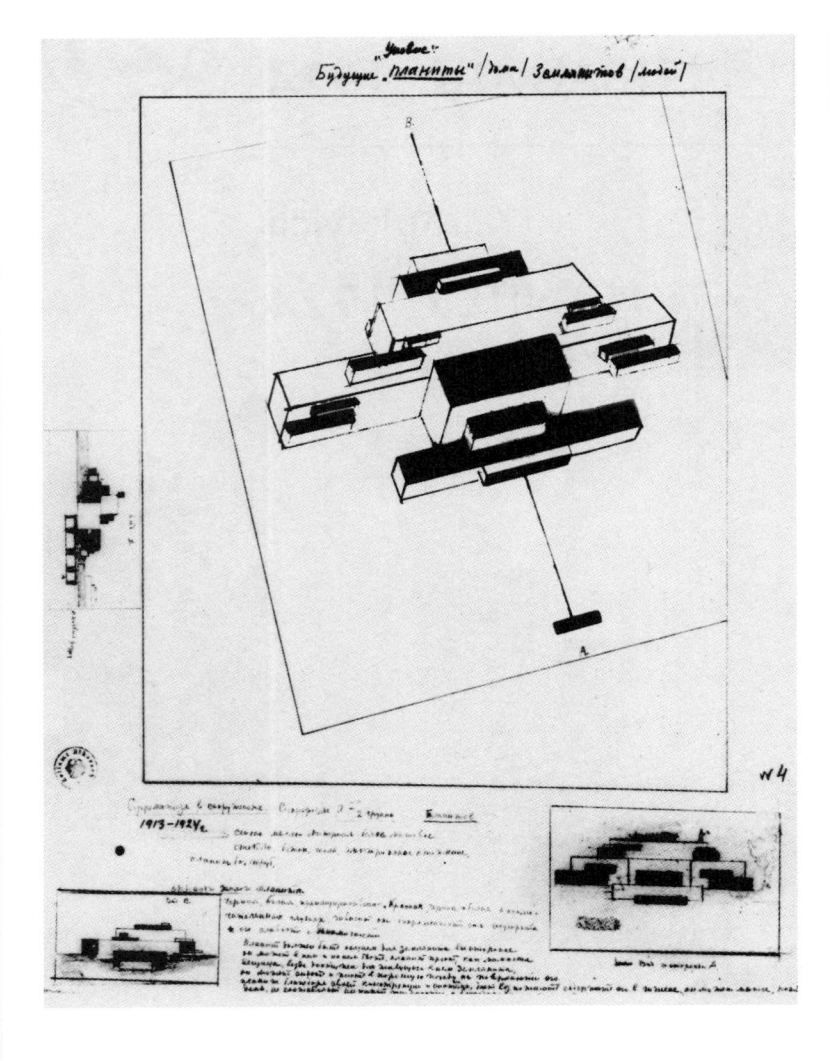

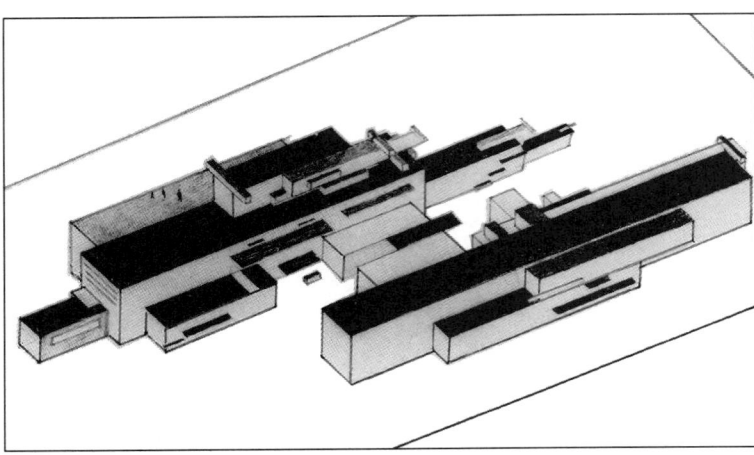

(21) К. Малевич. *Планиты*. 1924
K. Maliévich. *«Planites»*. 1924

a) жилой дом летчика (перспектива) (см. титул шедевра);
b) сегодняшние сооружения (аксонометрия);
c) будущие дома (асонометрия, фасады)

c | b

a) edificio de viviendas del piloto (perspectiva) (véase la ilustración inicial);
b) edificaciones actuales (axonometría);
c) casas futuras (axonometría, fachadas)

Окраски жилого планита. Черная, белая, преимущественно. Красная, черная и белая в исключительных случаях, зависит от напряженности и его слабости и динамичности.

Планит должен быть осязаем для землянитов всесторонне. Он может в нем и на нем быть. Планит прост, как маленькая вещь, везде доступен для живущего в нем землянита, он может сидеть и жить в хорошую погоду на поверхности его. Планит благодаря своей конструкции и системе даст возможность содержать его в гигиене. Он может мыться каждый день».

Los colores del planite: negro y blanco principalmente. Rojo, negro y blanco en casos excepcionales, en dependencia de la tensión, de su debilidad y de su dinámica.

El planite debe ser palpable por todas partes para los terranites. El terranite puede vivir en, o sobre, el planite. El planite es simple, y como una cosa pequeña, es accesible por todos lados al terranite que lo habita; éste puede vivir sobre su superficie cuando el tiempo es bueno. El planite, gracias a su estructura y sistema, posibilitará mantenerlo higiénico. El planite puede bañarse cada día.»

К. Мельников
НОВО-СУХАРЕВСКИЙ РЫНОК В МОСКВЕ.
1924–1926

K. Miélnikov
MERCADO NOVO-SÚJAREVSKI EN MOSCÚ.
1924–1926

Ново-Сухаревский рынок, построенный по проекту Мельникова, хорошо отражает условия рыночной торговли в годы нэпа. Нэп вызвал к жизни развитие мелкой частной торговли, которая сосредоточилась на рынке. Мельников предложил в своем проекте пространственно-планировочными средствами архитектуры не только упорядочить эту рыночную стихию, но и создать для продавца и покупателя наиболее благоприятные условия. Необходимо было сохранить свободу передвижения покупателя, пространственно изолировать каждого мелкого торговца, причем такого торговца, который не просто приходил на рынок с товаром на один день, а мог бы арендовать на какое-то время отдельное небольшое торговое помещение. Речь шла не о проекте единого крытого рыночного помещения с открытыми прилавками, а о множестве мелких торговых палаток — лавочек. Задача была новой — требовалось создать на специально отведенной территории некий новый тип городского торгового центра, нечто среднее между торговым пассажем и той частью традиционного рынка, где располагались лавочки постоянных торговцев.

Мельников в своем проекте предложил всю территорию рынка застроить однотипными сблокированными торговыми павильонами-палатками. Каждый типовой блок состоит из двух изолированных

El mercado Novo-Sújarevski, construido por el proyecto de Miélnikov, refleja correctamente las condiciones del comercio en los mercados durante el período de la NEP. La nueva política económica revivió el desarrollo del comercio privado pequeño, que se concentraba en los mercados. Miélnikov propone en su proyecto utilizar los medios arquitectónicos espaciales y de planificación no sólo para terminar con este desorden mercantil, sino también para crear las mejores condiciones posibles para el vendedor y el comprador. Era necesario conservar la libertad de movimiento del comprador, aislar en su espacio a cada comerciante pequeño, sobre todo a aquel comerciante que no llegaba al mercado con mercancías para un día, sino que podía arrendar por algún tiempo una instalación comercial pequeña. Se trataba de un conjunto de quioscos pequeños y no de un proyecto de local comercial único cubierto y con mostradores abiertos. El problema era nuevo y era necesario crear en un territorio especialmente destinado para ello un tipo nuevo de centro comercial urbano, algo intermedio entre un pasaje comercial y aquella parte del mercado tradicional donde se encontraban los puestos de los vendedores constantes.

En su proyecto Miélnikov proponía edificar en todo el territorio del mercado quioscos-puestos independientes de un mismo tipo. Cada bloque modelo se compone de dos compartimientos cuadrados aislados

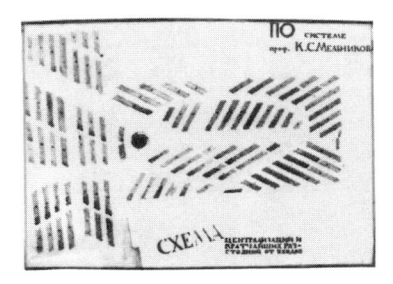

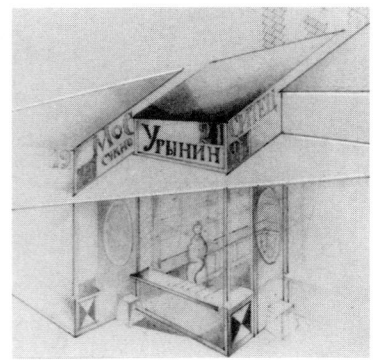

К. Мельников. *Ново-Сухаревский рынок в Москве. 1924–1926*

K. Miélnikov. *Mercado Novo-Sújarevski en Moscú. 1924–1926*

Генплан, проекты палаток, строительство (размещение цокольных частей палаток на территории рынка, установка щитовых перегородок — фото Родченко). Общие виды, центральное здание рынка (см. титул шедевра)

Plano general, proyectos de quioscos, construcción (disposición de los zócalos de los quioscos en el solar del mercado, colocación de los paneles; foto de Ródchenko). Vistas generales, edificio central del mercado (véase la ilustración inicial)

квадратных в плане помещений (размером 1,7 × 1,7 × 2,5 м), выходящих дверью и торговой витриной на противоположные стороны. Блоки собираются в ряды (от четырех до двенадцати блоков) таким образом, что на обе продольные стороны их лицевые стены выходят под углом, т. е. образуются пилообразные фасады. В результате перед каждой торговой палаткой (секцией) создается небольшое автономное выделенное пространство (имеющее сверху козырек). Это подобие отдельной торговой точки, где пространственно ограничен не только продавец, но и контактирующий с ним покупатель. «Зона покупателя» очерчивалась лицевой стеной торговой секции и глухой боковой стеной соседней секции, которая могла использоваться для витрины, рекламы или даже для зеркала в зависимости от типа продаваемых товаров. Стремясь подчеркнуть автономность «зоны покупателя» перед каждой секцией, Мельников в одном из вариантов перспективного изображения торговых палаток ставит перед каждой из них в углу табуретку для покупателя. Такой прием блокировки секций позволил, во-первых, очень экономно использовать отведенную под рынок территорию; во-вторых, создать комфортные условия как для торговцев (причем равные для всех), так и для покупателей; в-третьих, в короткий срок возвести торговые помещения, так как они собирались на месте из стандартных, заранее заготовленных деревянных элементов (сначала на заасфальтированной территории рынка раскладывались рядами стандартные цокольные рамы, затем последовательно укладывались половые щиты, устанавливались щитовые перегородки между двумя смежными помещениями и основной каркас из брусьев).

Была тщательно продумана общая планировка рынка с учетом расположения основных входов на его территорию. Мельников сделал ряды палаток разной величины и расположил их не только параллельно, но и создал живописную пространственно-планировочную композицию, которую сам назвал «оркестром из танцующих гармоний». Основные широкие проходы ведут к композиционному центру рынка — каменному зданию, где размещались рыночный комитет, трактир и т. д. Сначала Мельников задумал это здание круглым в пла-

(con medidas 1,7×1,7×2,5 m), con puertas de salida y vitrinas en los lados opuestos. Los bloques se unen en filas (de cuatro a doce bloques) de tal manera que las paredes laterales muestren un ángulo, formándose una fachada en forma de sierra. Como resultado, frente a cada quiosco (sección) se forma un pequeño espacio autónomo separado (cubierto por una marquesina). Esto se asemejaba a un puesto comercial separado, donde están limitados espacialmente tanto el vendedor como el comprador que contacta con él. La «zona del comprador» estaba limitada por la pared frontal de la sección comercial y la pared ciega de la sección vecina, que podía utilizarse como vitrina, para propagandas o incluso para un espejo, dependiendo del tipo de mercancías que se vendía. Intentando remarcar la autonomía de la «zona del comprador» delante de cada sección, Miélnikov en una de sus variantes de perspectiva de los puestos comerciales colocó en el ángulo un banquillo para el comprador. Este método de independencia de la sección permitía, en primer lugar, utilizar racionalmente el solar del mercado; en segundo lugar, crear condiciones cómodas (iguales para todos) para los vendedores y los compradores; en tercer lugar, edificar en un plazo corto las instalaciones comerciales, puesto que ellas se montaban en el sitio a partir de elementos prefabricados estándares de madera (primero en el territorio asfaltado del mercado se colocaban en filas los marcos estándares de los zócalos, después, se colocaban sucesivamente los paneles del piso, se instalaban los paneles entre dos secciones contiguas y el armazón principal de travesaños).

Fue estudiado escrupulosamente el plano general del mercado, teniendo en cuenta las entradas principales a su territorio. Miélnikov hizo las filas de quioscos de diferente tamaño y no sólo las dispuso paralelamente, sino que creó una pintoresca composición espacial y de planificación que él mismo denominó «orquesta de armonías danzantes». Los anchos pasillos principales llevaban al centro compositivo del mercado, un edificio de piedra, donde se encontraba el comité del mercado, una hostería, etcétera. Al inicio Miélnikov proyectó este edificio con una planta circular (así lo representó en el plano general),

не (так оно и обозначено на генеральном плане), но затем решил подчинить его объемно-пространственную композицию трехлучевой планировочной структуре рынка и сделал треугольным в плане. Расположенное в центре и возвышавшееся над морем одноэтажных палаток, это здание было хорошо видно из разных мест рынка. Поэтому Мельников запроектировал его как сложную пластическую структуру, в которой основную роль играют не фасады, а скорее угловые части. Вертикальные ритмы лопаток, круглое окно, открытая лестница в «лоджии» и в ступенчатой галерее, террасы в верхней части — все это создавало контраст главного здания рынка со стандартными торговыми секциями.

pero después decidió someter la composición volumétrico-espacial del edificio a la estructura de tres rayos del mercado, haciéndolo de planta triangular. Ubicado en el centro y elevándose sobre el mar de quioscos de un piso, este edificio se observaba muy bien desde distintas partes del mercado. Por esta razón, Miélnikov lo proyectó como una estructura plástica compleja, en la que las esquinas, más que las fachadas, jugaban el papel principal. Los ritmos verticales de las lesenas, la ventana circular, la escalera descubierta en la «loggia» y en la galería escalonada, las terrazas en la parte superior: todo esto creaba un contraste entre el edificio principal del mercado y las secciones comerciales estándares.

А. и В. Веснины

МОСКОВСКОЕ ОТДЕЛЕНИЕ ГАЗЕТЫ «ЛЕНИНГРАДСКАЯ ПРАВДА».
Конкурсный проект. 1924

A. Vesnín y V. Vesnín

FILIAL MOSCOVITA DEL PERIÓDICO «LENINGRÁDSKAYA PRAVDA».
Proyecto de concurso. 1924

Конкурсный проект «Ленинградской правды», обошедший страницы архитектурных журналов и книг многих стран, является, по общему признанию, одним из самых артистичных проектов архитектуры XX в. В этом проекте были наглядно продемонстрированы большие эстетические возможности новой архитектуры.

El proyecto de concurso del edificio del «Leningrádskaya Pravda», que recorrió las páginas de revistas y libros de arquitectura de muchos países, según la opinión general es uno de los proyectos más artísticos de la arquitectura del siglo XX. En este proyecto fueron mostradas claramente las grandes posibilidades estéticas de la nueva arquitectura.

А. и В. Веснины. Московское отделение газеты «Ленинградская правда». Конкурсный проект. 1924

A. Vesnín y V. Vesnín. Filial moscovita del periódico «Leningrádskaya Pravda». Proyecto de concurso. 1924

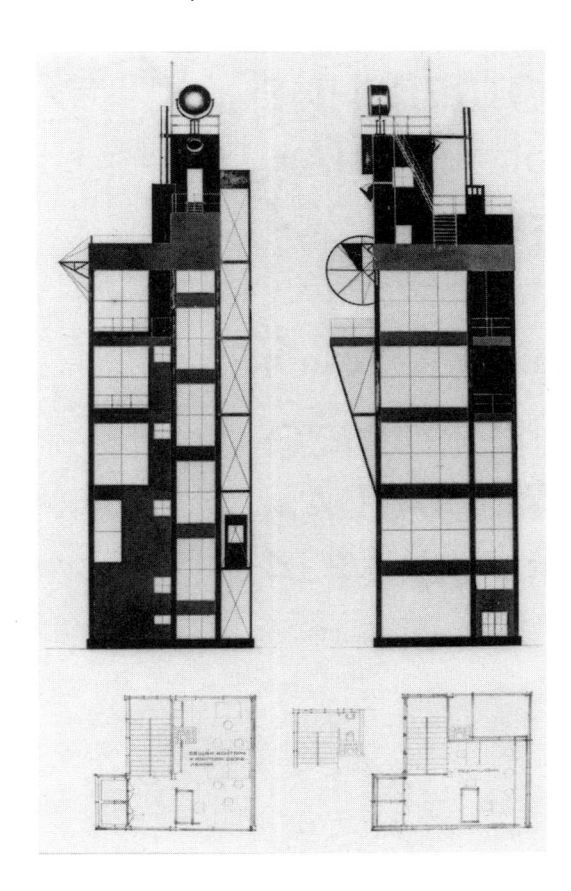

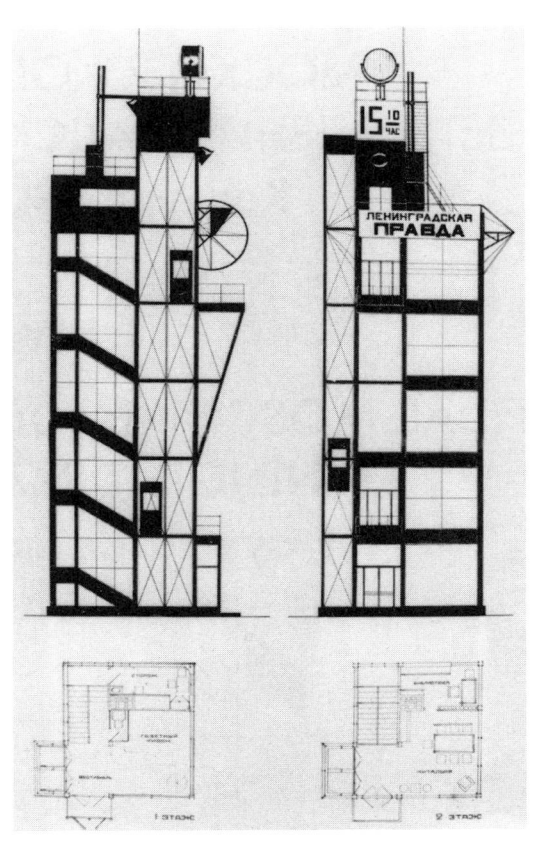

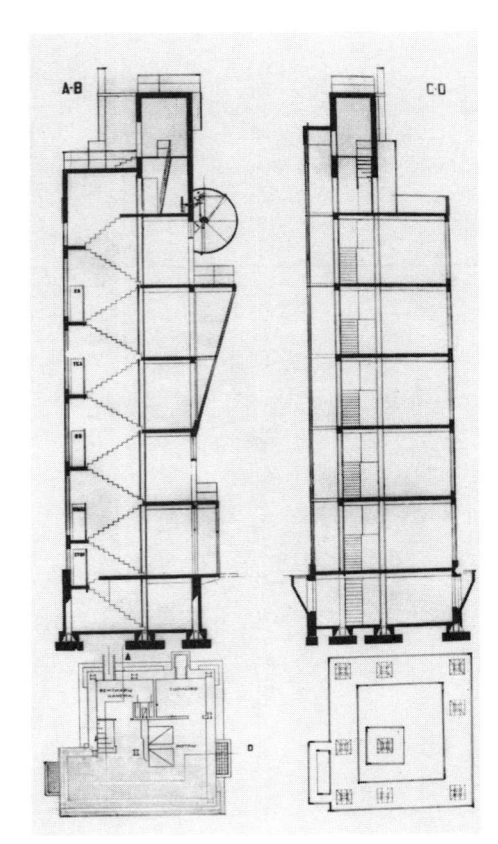

Перспектива, фасады, планы, разрезы

Perspectiva, fachadas, planos, cortes

«Ленинградская правда» — это творческое открытие в развитии архитектуры XX в. в целом, важнейшая веха в формировании художественной концепции конструктивизма. В истории архитектурного конструктивизма с этой точки зрения «Ленинградская правда» стоит в ряду с Памятником III Интернационала В. Татлина (1919) и Институтом Ленина И. Леонидова (1927). Веснинская «Ленинградская правда» как бы олицетворяет наиболее характерные неповторимые черты советского конструктивизма 20-х гг.

Символом архитектурного конструктивизма стал проект почти миниатюрного по своим абсолютным размерам здания. Это фактически небольшая рекламная контора газеты «Ленинградская правда» в Москве. Для строительства здания был выделен крохотный участок размером 6 х 6 м на Страстной площади. Шестиэтажное здание из «железа, стекла и железобетона» включало в себя газетный киоск и вестибюль (1-й этаж), читальный зал, конторские и редакционные помещения.

Стилистически «Ленинградская правда» как бы сконцентрировала в себе и достижения инженерных сооружений, и некоторые черты «рациональной архитектуры», и поиски театральных художников, и те образно-композиционные находки, которые содержались в созданных художниками проектах малых архитектурных форм — киосков, трибун, агитационных установок (Г. Клуцис, А. Лавинский, А. Экстер и др.).

Важно отметить и еще одну характерную черту раннего архитектурного конструктивизма, которая особенно ярко проявилась в этом проекте. Отвергнув архитектурный декор и еще не имея своей развитой системы средств и приемов художественной выразительности, архитектурный конструктивизм, казалось бы, мог и должен был воспользоваться помощью изобразительного искусства. Однако в проектах практически нет примеров синтеза архитектуры с живописью или скульптурой, безразлично — с фигуративной, кубистической или беспредметной. Рождавшаяся новая архитектура опиралась на изобразительные искусства не так буквально. Она использовала опыт интенсивного экспериментирования с отвлеченной живописной, графической, объемной и пространственно-конструктивной формой. Сторонники новаторских течений советской архитектуры стремились найти собственно архитектурные средства выразительности и не

El «Leningrádskaya Pravda» fue en su totalidad un descubrimiento artístico en el desarrollo de la arquitectura del siglo XX y constituyó una etapa muy importante en la formación de la concepción artística del constructivismo. Desde este punto de vista, el «Leningrádskaya Pravda» se encuentra en la historia del constructivismo arquitectónico a la altura del Monumento de la III Internacional de V. Tatlin (1919) y del Instituto Lenin de I. Leonídov (1927). Es como si el «Leningrádskaya Pravda» de los hermanos Vesnín personificara los rasgos más característicos y únicos del constructivismo soviético de los años 20.

Edificio casi de miniatura por su tamaño, este proyecto se convirtió en el símbolo del constructivismo arquitectónico. Era prácticamente una pequeña oficina publicitaria del periódico «Leningrádskaya Pravda» en Moscú. El solar del edificio era un territorio pequeño de 6 × 6 m en la Plaza Strástnaya. Los seis pisos del edificio de «hierro, vidrio y hormigón armado» incluían un quiosco de periódicos y un vestíbulo (primer piso), una sala de lectura e instalaciones para las oficinas y la redacción.

Estilísticamente, es como si el «Leningrádskaya Pravda» concentrara en sí los logros de las estructuras ingenieriles, algunos rasgos de la «arquitectura racional», las búsquedas de los artistas teatrales y aquellos hallazgos de representación compositiva contenidos en los proyectos de formas arquitectónicas menores creados por otros artistas, tales como quioscos, tribunas e instalaciones para propaganda (G. Klutsis, A. Lavinski, A. Éxter y otros).

Es importante señalar una característica más del constructivismo arquitectónico temprano, la cual se manifestó brillantemente en este proyecto. Prescindiendo de la decoración arquitectónica y aún sin tener un sistema de medios y métodos de expresión artística, se podría pensar que el constructivismo arquitectónico pudo y debió haberse valido de las artes plásticas. Sin embargo, en los proyectos prácticamente no hay ejemplos de síntesis de la arquitectura con la pintura o la escultura, independientemente de su estilo, figurativo, cubista o abstracto. Recién nacida, la nueva arquitectura se apoyaba en las artes plásticas no al pie de la letra. Ella utilizaba los resultados de la experimentación intensa con las formas abstractas, pictóricas, gráficas, volumétricas y estructural-espaciales. Los partidarios de las corrientes innovadoras de la arquitectura soviética aspiraban a encontrar sus propios medios arquitectónicos de

хотели перекладывать задачи создания художественного образа архитектурного сооружения на другие виды искусства.

И все-таки говорить, что синтеза искусств не было вообще, было бы неправильным. Ранний архитектурный конструктивизм характерен еще и тем, что в нем впервые те элементы современного города, которые существовали как бы вне или рядом с архитектурой, оказались органически включенными в единую художественно-стилевую систему. Прежде всего это вывески, объявления, рекламы, витрины, световые табло, городские часы, новые осветительные приборы (типа прожектора), громкоговорители, антенны и т. д.

Уже во Дворце труда в архитектурно-художественном облике здания были использованы антенна, экран-часы, экраны для различного рода информации и т. д. В «Ленинградской правде» синтез архитектуры с текстовыми и техническими элементами городского благоустройства стал основой художественного образа. Это одна из наиболее характерных черт стилистики раннего архитектурного конструктивизма.

Уравновешенная композиция и тонко найденные пропорции фасадов. Органичное сочетание железобетонного каркаса, стекла, металлических переплетов. Наклонная витрина для текущих сообщений, установка для световой рекламы, экран-часы, громкоговоритель, прожектора, просвечивающие сквозь остекление лифты и другие элементы, придававшие зданию «Ленинградской правды» яркий и своеобразный художественный облик, — все это включено в качестве равноценных частей в структуру архитектурного образа и приведено в единству.

expresión y no deseaban endosar los problemas de la creación de la imagen artística de la obra arquitectónica a otros tipos de arte.

No obstante, sería incorrecto afirmar que en general no hubo una síntesis de las artes. El constructivismo arquitectónico temprano se caracteriza también porque en él, aquellos elementos de la ciudad moderna que en cierto modo se encontraban fuera o cerca de la arquitectura, resultaron por primera vez incluidos orgánicamente en un sistema artístico-estilístico unificado. Nos referimos, ante todo, a los letreros, carteles, propagandas, vitrinas, tableros eléctricos, relojes públicos, nuevos instrumentos de iluminación (proyectores), parlantes, antenas, etcétera.

Ya en el Palacio del Trabajo, en la imagen arquitectónico-artística del edificio se habían utilizado una antena, un reloj en la fachada, pantallas para distinto tipo de información, etcétera. En el «Leningrádskaya Pravda», la síntesis de la arquitectura con los elementos gráficos y técnicos del confort urbano se convirtió en la imagen artística fundamental. Éste es uno de los rasgos más característicos del estilo del constructivismo arquitectónico temprano.

La composición equilibrada y las proporciones sutilmente calculadas de las fachadas; la combinación orgánica del armazón de hormigón armado, del vidrio y de los trenzados metálicos; la vitrina inclinada para las informaciones diarias; el equipo para publicidad luminosa, el reloj en la fachada, el parlante, el proyector, los ascensores que se vislumbran a través de las paredes vidriadas y los demás elementos que ofrecían al edificio del «Leningrádskaya Pravda» una imagen artística brillante y particular: todo esto fue unificado e incluido como componentes de igual valor en la estructura de la imagen arquitectónica.

А., В. и Л. Веснины
ЗДАНИЕ АКЦИОНЕРНОГО ОБЩЕСТВА «АРКОС» В МОСКВЕ. Конкурсный проект. 1924

24

A. Vesnín, V. Vesnín y L. Vesnín
EDIFICIO DE LA SOCIEDAD ANÓNIMA «ARCOS» EN MOSCÚ. Proyecto de concurso. 1924

В 1920 г. было создано (первоначально для развития торговли с Англией) акционерное общество «Аркос», имевшее свои конторы во многих советских и иностранных городах. На здание московской конторы (банка) этого общества в 1924 г. был проведен конкурс. Среди представленных на конкурс проект Весниных резко выделялся своим подчеркнуто современным обликом.

En 1920 se fundó la sociedad anónima «Arcos» (inicialmente para el desarrollo de las relaciones comerciales con Inglaterra), la cual tenía oficinas en muchas ciudades soviéticas y del mundo. En 1924 se realizó un concurso para el edificio de la oficina moscovita (del banco) de esta sociedad. Entre los trabajos presentados a concurso, el proyecto de los hermanos Vesnín se destacó notablemente por su aspecto remarcadamente moderno.

А., В. и Л. Веснины. Здание акционерного общества «Аркос» в Москве. Конкурсный проект. 1924

A. Vesnín, V. Vesnín y L. Vesnín. *Edificio de la sociedad anónima «Arcos» en Moscú. Proyecto de concurso.* 1924

Перспектива, фасады, планы первого и второго этажей

Perspectiva, fachadas, planos del primer y segundo pisos

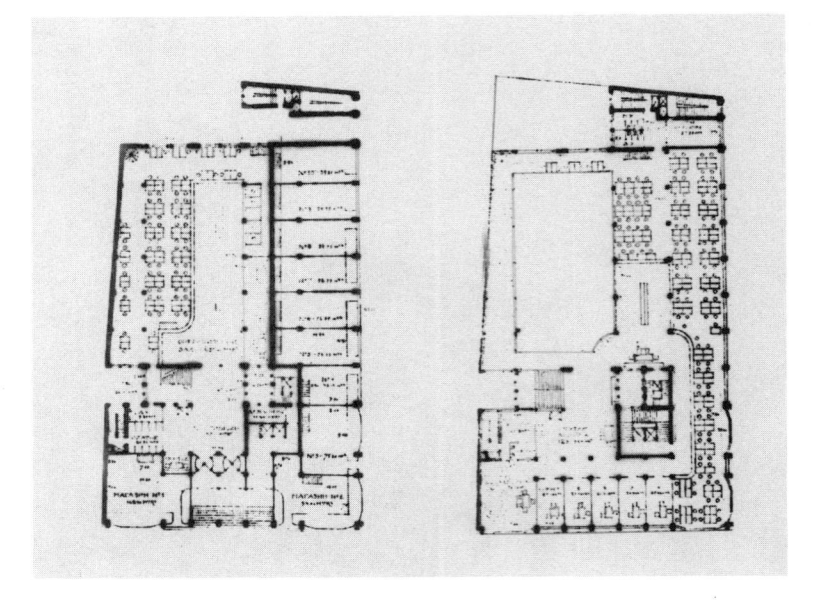

В первом и втором этажах — банк и магазины, третий и четвертый — конторские помещения, пятый и шестой — гостиница, на плоской кровле — ресторан с двухэтажной надстройкой, в подвале гараж.

Расположенное на угловом участке здание было запроектировано в виде лаконичной композиции с ярко выраженным железобетонным каркасом, причем первые четыре этажа имели почти сплошное остекление. В целом внешний облик веснинского «Аркоса» как бы синтезировал тяжеловесную брутальность Дворца труда и ажурную легкость «Ленинградской правды», в нем была некая холодная элегантность.

En el primer y segundo pisos se encontraban un banco y tiendas, en el tercero y cuarto pisos estaban las oficinas, en el quinto y sexto había un hotel, sobre el techo plano, un restaurante con una construcción adicional de dos pisos, y en el sótano, un garaje.

Situado en una esquina, el edificio se proyectó en forma de una composición lacónica con un armazón de hormigón armado claramente resaltado; los primeros cuatro pisos estaban vidriados casi totalmente. En general, el aspecto exterior del edificio «Arcos» de los hermanos Vesnín como que sintetizó la brutalidad pesada del Palacio del Trabajo y la ligereza reticular del «Leningrádskaya Pravda»; tenía una especie de elegancia fría.

К. Мельников

МОСКОВСКОЕ ОТДЕЛЕНИЕ ГАЗЕТЫ «ЛЕНИНГРАДСКАЯ ПРАВДА».
Конкурсный проект.
1924

(25)

K. Miélnikov

FILIAL MOSCOVITA DEL PERIÓDICO «LENINGRÁDSKAYA PRAVDA».
Proyecto de concurso.
1924

Эскиз (перспектива), фасад

Bosquejo (perspectiva), fachada

К. Мельников. Московское отделение газеты «Ленинградская правда». Конкурсный проект. 1924

K. Miélnikov. *Filial moscovita del periódico «Leningrádskaya Pravda». Proyecto de concurso. 1924*

Как уже отмечалось, для здания был отведен очень маленький участок (6 × 6 м), поэтому все конкуренты запроектировали высотную композицию. Необходимо было учитывать и агитационно-рекламный характер здания. Очень интересными были конкурсные проекты А. и В. Весниных (Ш. № 23) и И. Голосова. Но проект Мельникова оказался совершенно неожиданным. Четыре верхних этажа пятиэтажного здания (остекленный металлический каркас) вращались независимо друг от друга, как бы нанизанные на круглый статичный остов, внутри которого располагались лестница и лифт; консольно выступая частью объема, эти вращающиеся этажи создавали бесконечное разнообразие силуэта здания.

Вот как сам Мельников описывал позднее этот проект: «Пятиэтажное сооружение дано мною в облегченной, стального каркаса конструкции, с тем, чтобы иметь твердое убеждение в реальном осуществлении возникшей у меня и поразившей меня самого идеи — "Живой Архитектуры". Павильон московского отделения "Ленправды" несомненно имел элементы реклам, и это натолкнуло меня ввести действие реклам в организм самого сооружения. На круглую статичную сердцевину (с лестницей и подъемником) нанизаны этажи со свободным вращением их в любом направлении: бесконечная феерия в разнообразии архитектурного силуэта — еще не испробованная сила архитектурной динамики».

На фасаде Мельников изобразил здание с этажами, развернутыми на полный круг вращения.

Como se indicó anteriormente, el solar del edificio era muy pequeño (6 × 6 m), por eso todos los participantes proyectaron composiciones altas. Era necesario considerar el carácter propagandístico y de agitación del edificio. Los proyectos de A. Vesnín y V. Vesnín (O. M. № 23) y de I. Gólosov fueron muy interesantes, pero el proyecto de Miélnikov resultó completamente inesperado. Los cuatro pisos superiores del edificio de cinco pisos (un armazón metálico vidriado) giraban independientemente uno de otro, como si estuvieran ensartados en un esqueleto circular estático, dentro del cual se encontraba la escalera y el ascensor; con una parte de su volumen sobresaliendo a modo de ménsula, estos pisos giratorios creaban una diversidad infinita de siluetas del edificio.

He aquí cómo más tarde el mismo Miélnikov describiría este proyecto: «Proyecté el edificio de cinco pisos como una estructura ligera, de armazón de acero, con el fin de convencerme sólidamente de la realización práctica de la idea de una "Arquitectura Viva", idea que a mí mismo me había dejado estupefacto. El pabellón de la filial moscovita del "Leningrádskaya Pravda" indudablemente tenía elementos de publicidad, lo que me animó a introducir la acción de la publicidad en el organismo mismo de la construcción. En el corazón circular estático (con una escalera y un elevador) se ensartan los pisos que pueden girar con libertad en cualquier dirección: un infinito espectáculo feérico de siluetas arquitectónicas, una fuerza de la dinámica arquitectónica aún no probada.»

En la fachada, Miélnikov ilustró el edificio con los pisos girados al máximo.

Л. Лисицкий

ГОРИЗОНТАЛЬНЫЕ НЕБОСКРЕБЫ ДЛЯ МОСКВЫ.
Экспериментальный проект. 1923–1925

L. Lisitski

RASCACIELOS HORIZONTALES PARA MOSCÚ.
Proyecto experimental. 1923–1925

В своем проекте Лисицкий предложил на пересечениях бульварного кольца (кольца А) с основными радиальными транспортными магистралями возвести (непосредственно над проезжей частью) восемь однотипных зданий для центральных учреждений в виде вытянутых по горизонтали двух-трехэтажных корпусов с центральным коридором (общая протяженность корпусов около 180 м, ширина — 16 м). Корпуса подняты над землей (на высоту около 50 м) на трех вертикальных опорах (сечение 10 × 16 м), в которых размещены лифты и лестницы, причем одна опора связывает здание непосредственно со станцией метрополитена, у двух других опор устроены остановки трамвая.

Вот как сам Лисицкий обосновывал предложенный им проект: «Мы считаем, что пока не изобретены возможности совершенно свободного парения, нам свойственней двигаться горизонтально, а не вертикально. Поэтому, если для горизонтальной планировки на земле в данном участке нет места, мы подымаем требуемую полезную площадь на стойки, и они служат коммуникацией между горизонтальным тротуаром улицы и горизонтальным коридором соору-

En su proyecto, Lisitski propuso construir directamente sobre la parte transitable de los cruces de la circunvalación-bulevar (circunvalación A) con las principales vías radiales ocho edificios de un mismo tipo para las instituciones centrales, en forma de bloques horizontalmente alargados de dos o tres pisos con un pasillo central (el largo total de los edificios es aproximadamente 180 m y el ancho es de unos 16 m). Los bloques se encontraban sobre la tierra a una altura de 50 m y se apoyaban sobre tres soportes verticales (con una sección de 10 × 16 m), en los cuales se encontraban los ascensores y escaleras; uno de los soportes conectaba directamente al edificio con el metropolitano, y en los otros dos habían paradas de tranvía.

He aquí cómo Lisitski fundamentó el proyecto propuesto: «Nosotros consideramos que mientras no se invente cómo volar libremente, es más apropiado moverse horizontal que verticalmente. Por eso, si en el territorio dado no hay sitio para la planificación horizontal en la tierra, proponemos elevar la superficie útil necesaria sobre soportes, los cuales a su vez servirán de comunicación entre la acera horizontal de la calle y el corredor horizontal de la construcción. El objetivo es alcanzar la máxima

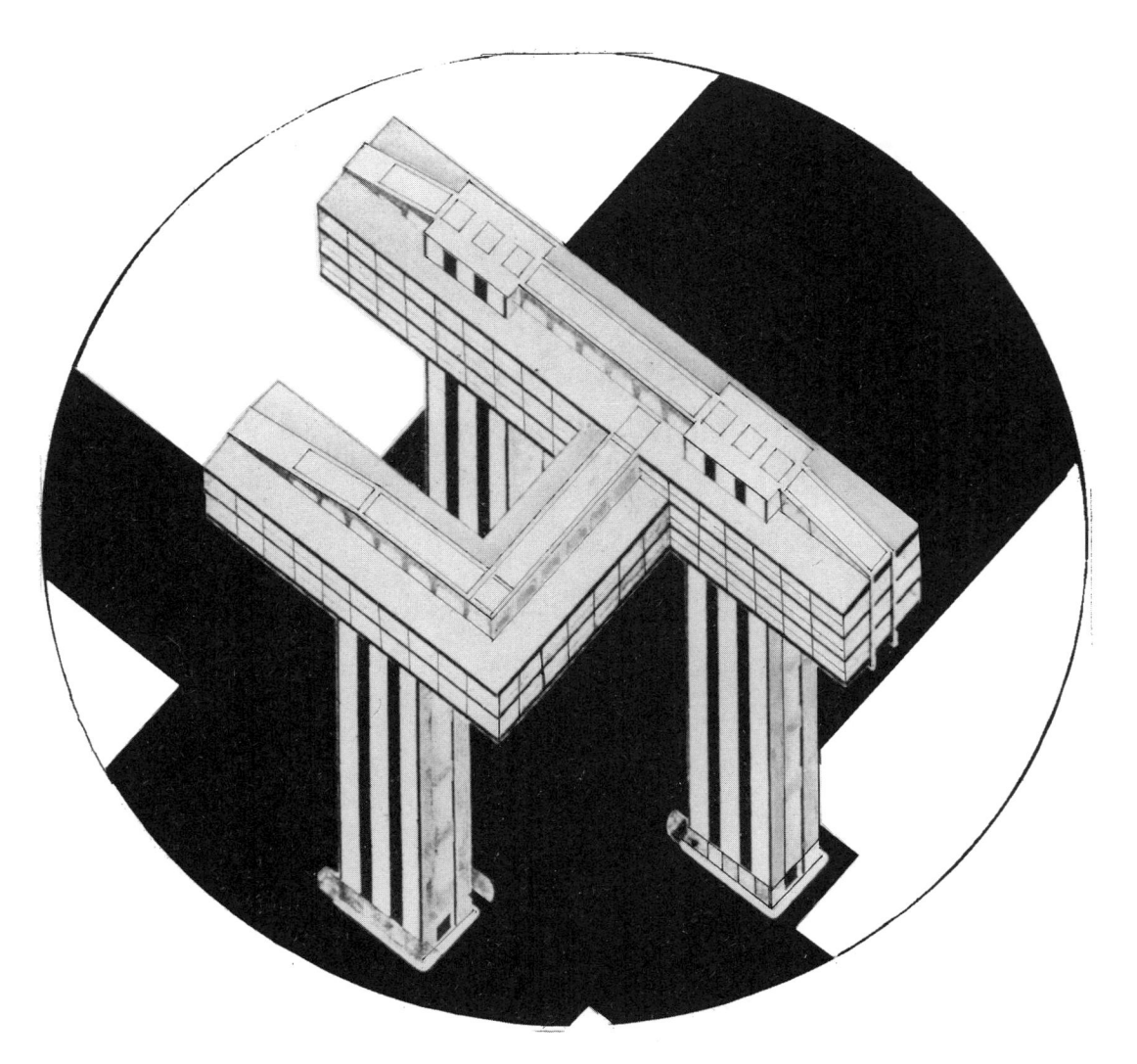

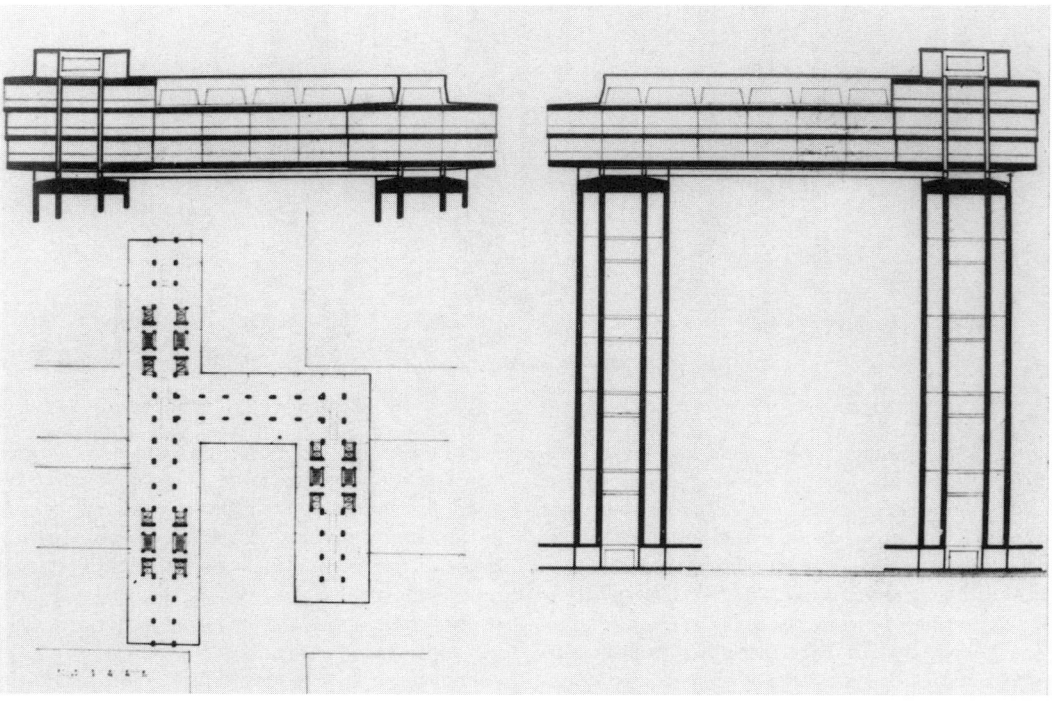

Л. Лисицкий. Горизонтальные небоскребы для Москвы. Экспериментальный проект. 1923–1925

L. Lisitski. *Rascacielos horizontales para Moscú. Proyecto experimental. 1923–1925*

a) схема размещения горизонтальных небоскребов на бульварном кольце;
b) аксонометрия, перспектива, план, разрезы (см. титул шедевра);
c) фасады (в сочетании с перспективным сокращением высоты второго плана и разрезом нижнего яруса);
d) перспективные рисунки (виды здания с различных сторон)

a) esquema de distribución de los rascacielos horizontales en la circunvalación-bulevar;
b) axonometría, perspectiva, plano, cortes (véase la ilustración inicial);
c) fachadas (en combinación con la disminución en perspectiva de la altura del segundo plano y con el corte del nivel inferior);
d) dibujos en perspectivas (vistas del edificio desde lados diferentes)

Раздел 2   Л. Лисицкий. Горизонтальные небоскребы для Москвы. Экспериментальный проект. 1923–1925

Parte 2   L. Lisitski. Rascacielos horizontales para Moscú. Proyecto experimental. 1923–1925

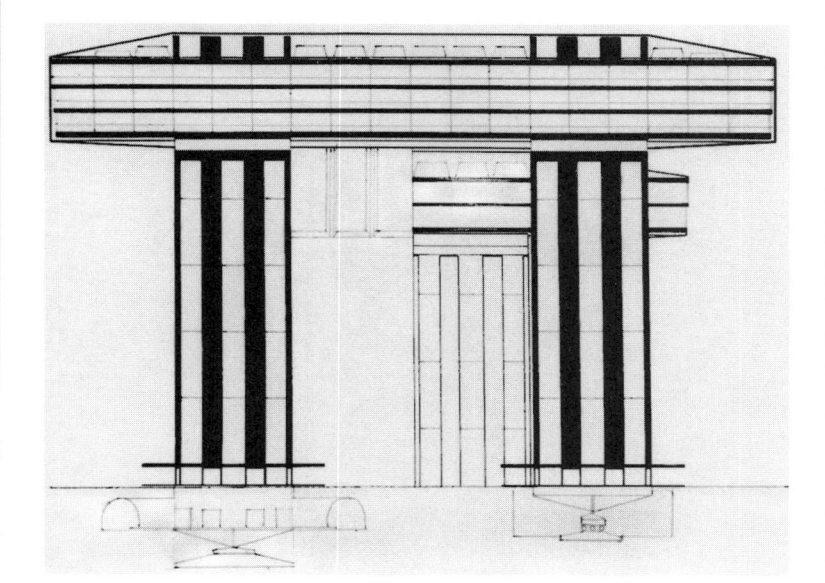

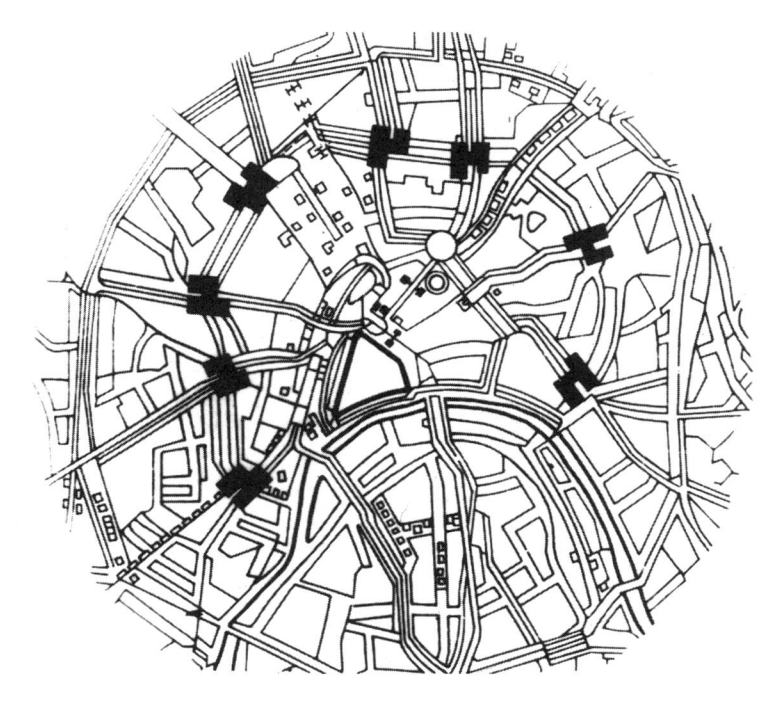

жения. Цель: максимум полезной площади при минимальной подпоре. Следствие: ясное членение функций.

Но есть ли надобность строить в воздухе? "Вообще" — нет. Пока есть еще достаточно места на земле.

Но... "в частности"?

Мы живем в городах, родившихся до нас. Темпу и нуждам нашего дня они уже не удовлетворяют... Невозможно сразу изменить их структуру и тип. Москва относится по своему плану к концентрическому средневековому типу (Париж, Вена). Структура ее: центр — Кремль, кольцо А, кольцо Б и радиальные улицы. Критические места: это точки пересечения больших радиальных улиц (Тверская, Мясницкая и т. д.) с окружностью (бульварами). Здесь выросли площади, которые требуют утилизации без торможения движения, особенно сгущенного в этих местах... Здесь место центральных учреждений. Здесь родилась идея предлагаемого типа.

...Огромные преимущества в наличии света и воздуха по отношению к американскому башенному типу небоскреба»*.

Большое значение Лисицкий придавал «эстетическому эффекту» горизонтальных небоскребов в структуре городской застройки. Во-первых, это использование контраста существующей застройки и новых зданий. Во-вторых, задача придать горизонтальным небоскребам «пространственное равновесие, как результат контрастных вертикальных и горизонтальных напряжений». В-третьих, стремление «дать

superficie útil con el menor soporte. La consecuencia: la división clara de las funciones.

¿Pero existe la necesidad de construir en el aire? "En general", no. Por ahora hay suficiente espacio en la tierra.

Pero... ¿"en particular"?

Nosotros vivimos en ciudades que nacieron antes que nosotros. Ellas ya no satisfacen el ritmo y las necesidades de nuestros días... Es imposible cambiar repentinamente su estructura y tipo. Moscú, según su planificación, corresponde al tipo concéntrico medieval (París, Viena). Su estructura: el Kremlin en el centro, la circunvalación A, la circunvalación B y las calles radiales. Los lugares críticos: los cruces de las avenidas radiales (Tvierskaya, Miasnítskaya, etcétera) con las circunvalaciones (bulevares). Aquí han surgido plazas que exigen su utilización sin detención del movimiento, especialmente denso en estos lugares... Éste es el lugar de las instituciones centrales. Aquí nació la idea propuesta.

...Una gran ventaja en cuanto a la cantidad de luz y de aire en comparación con el tipo de rascacielos norteamericano en forma de torre.»*

Lisitski daba un gran significado al «efecto estético» de los rascacielos horizontales en la estructura del conjunto de edificios de la ciudad. En primer lugar, la utilización del contraste entre las construcciones existentes y los edificios nuevos. En segundo lugar, el problema de dar a los rascacielos horizontales «un equilibrio espacial, como resultado de las tensiones verticales y horizontales contrastantes». En tercer lugar, la

* Известия АСНОВА. М., 1926. С. 2–3.

* Noticias de la ASNOVA. Moscú, 1926. Págs. 2–3.

Л. Лисицкий. Горизонтальные небоскребы для Москвы. Экспериментальный проект. 1923–1925

L. Lisitski. Rascacielos horizontales para Moscú. Proyecto experimental. 1923–1925

новый масштаб городу». В-четвертых, предусматривалось так расположить на площадях асимметричные по пространственной структуре горизонтальные небоскребы, чтобы они были ориентированы в сторону центра одинаковыми фасадами. Это позволило бы жителям ориентироваться в городе по силуэту видимого в перспективе улицы или бульвара здания (Лисицкий специально проверял этот эффект, сделав рисунки перспектив горизонтальных небоскребов с различных точек зрения: от Кремля, к Кремлю, вдоль бульвара — в обе стороны). В-пятых, учитывалось также, что «при установке всей серии, введение цвета для отметки каждого небоскреба в отдельности послужит к усилению его ориентировочных качеств»*.

intención de «dar a la ciudad una nueva escala». En cuarto lugar, en el terreno se planeaba disponer los rascacielos horizontales, asimétricos por su estructura espacial, de tal modo que la fachada que da al centro fuera la misma en todos los edificios, lo cual permitiría a los ciudadanos orientarse en la ciudad por la silueta del edificio visto en perspectiva desde la calle o el bulevar (Lisitski especialmente comprobó este efecto realizando perspectivas de los rascacielos horizontales desde diferentes puntos de vista: desde el Kremlin, hacia el Kremlin, a lo largo del bulevar desde ambos lados). En quinto lugar, también se preveía que «al disponer toda la serie, la introducción del color para marcar cada rascacielos serviría para reforzar sus cualidades de orientación»*.

---

* Известия АСНОВА. С. 3.

* Noticias de la ASNOVA. Pág. 3.

ВХУТЕМАС (мастерская Н. Ладовского)

Серия курсовых проектов на тему
«НЕБОСКРЕБ ВСНХ В МОСКВЕ»
(композиционное задание: выявление динамики,
ритма, отношений и пропорций по вертикали).
1924–1925

(27)

VJUTEMAS (taller de N. Ladovski)

Serie de proyectos de curso sobre el tema
«RASCACIELOS DEL VSNJ EN MOSCÚ»
(tarea de composición: revelación de la dinámica,
el ritmo y las relaciones y proporciones verticales).
1924–1925

ВХУТЕМАС (мастерская Н. Ладовского). Серия курсовых проектов на тему «Небоскреб ВСНХ в Москве». 1924–1925

VJUTEMAS (taller de N. Ladovski). Serie de proyectos de curso sobre el tema «Rascacielos del VSNJ en Moscú». 1924–1925

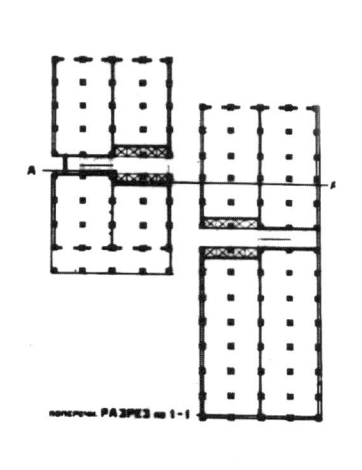

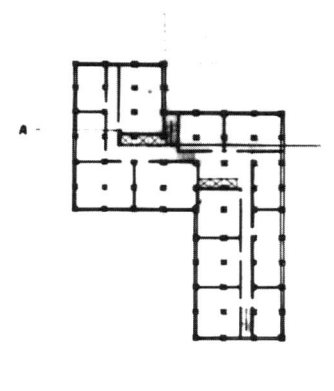

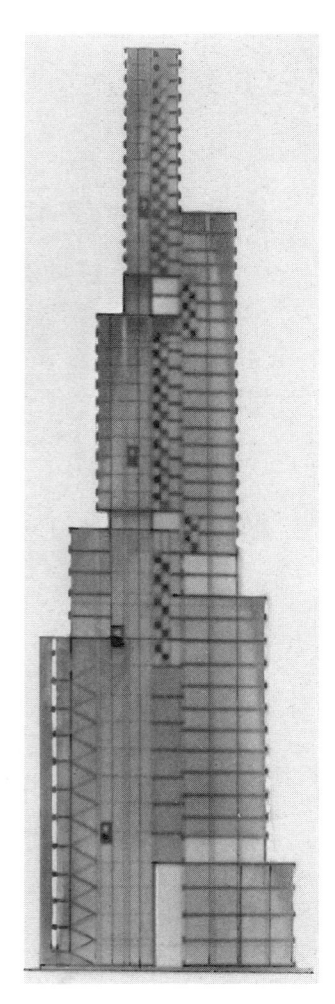

a) В. Лавров (перспектива, фасад, планы, разрез, генплан);
b) И. Володько (фасад, план);
c) В. Попов (аксонометрия);
d) И. Иозефович (фасад);
e) Г. Глущенко (аксонометрия);
f) Ю. Мушинский (аксонометрия);
g) С. Лопатин (аксонометрия) (см. титул шедевра)

a) V. Lavrov (perspectiva, fachada, planos, corte, plano general);
b) I. Volodko (fachada, plano);
c) V. Popov (axonometría);
d) I. Iozefóvich (fachada);
e) G. Glúschenko (axonometría);
f) Yu. Mushinski (axonometría);
g) S. Lopatin (axonometría) (véase la ilustración inicial)

В 1924/25 учебном году в рамках своего психоаналитического метода преподавания Н. Ладовский в качестве производственного задания на выявление динамики, ритма, отношений и пропорций по вертикали предложил студентам своей мастерской высотное здание ВСНХ на конкретном участке в Москве.

Программа этого задания не выявлена, но о ее характере можно составить представление по статье Ладовского, которая была написана в апреле 1926 г. и называлась «Небоскребы СССР и Америки».

«Архитектура не должна маскировать конструкции, как это делают американцы, она должна быть "правдива". Но наивно было бы

En el año lectivo 1924–1925, en el marco de su método psicoanalítico de enseñanza, N. Ladovski, en calidad de tarea práctica de revelación de la dinámica, el ritmo y las relaciones y proporciones verticales, propuso a los estudiantes de su taller el proyecto de un edificio alto para el VSNJ en un territorio concreto de Moscú.

El programa de la tarea se desconoce, pero podemos imaginarnos su carácter por el artículo de Ladovski, escrito en abril de 1926 con el nombre de «Rascacielos en la URSS y los EE.UU.».

«La arquitectura no debe camuflar la estructura, como hacen los norteamericanos, ella debe ser "verdadera". Pero sería ingenuo pensar

думать, что достаточно "честно" показать конструкцию, чтобы достичь архитектурных целей.

Выразительность высоты является основной проблемой небоскреба.... Высота должна трактоваться лишь как смелое движение кверху, как преодоление тяжести, как достижение техники...

Масштабность является одним из средств выразительности величины...

Если отбросить все нелепое, что пристало по недоразумению к поверхности небоскреба, то останется основной конструктивный скелет, определяемый действием сил тяжести, и витраж. Эти элементы... должны являться элементами и архитектуры. ...Элементарное же требование, которое мы должны предъявить к архитектурной обработке поверхности, состоящей из стоек, балок и витража, есть положение, что конструктивные элементы, составляющие фасад небоскреба, должны быть подчинены пространственной логике. Помимо непосредственной технической функции этих элементов, они должны содержать и архитектурную функцию — выражать пространственное соотношение с надлежащей степенью точности.

que es suficiente mostrar "honestamente" la estructura para alcanzar los objetivos arquitectónicos.

La expresividad de la altura es el problema principal del rascacielos... La altura debe interpretarse sólo como un movimiento valiente hacia arriba, como la superación de la gravedad, como un logro de la técnica...

La escala es uno de los medios de expresión del tamaño...

Si se retira todo lo absurdo que se añadió por error a la superficie de los rascacielos, entonces quedan solamente el esqueleto estructural principal, determinado por la acción de la fuerza de gravedad, y el vitral. Estos elementos... también deben ser elementos de la arquitectura... El requisito elemental que debemos exigir al tratamiento arquitectónico de una superficie compuesta por soportes, vigas y vitrales, es la condición de que los elementos estructurales que componen la fachada del rascacielos estén sometidos a la lógica espacial. Además de la función técnica directa de estos elementos, ellos deben cumplir una función arquitectónica: expresar la relación espacial con la precisión adecuada.

...Toda división del relieve de una superficie hace necesaria su organización espacial, para facilitar y dirigir la atención del observador

ВХУТЕМАС (мастерская Н. Ладовского). Серия курсовых проектов на тему «Небоскреб ВСНХ в Москве». 1924–1925

VJUTEMAS (taller de N. Ladovski). *Serie de proyectos de curso sobre el tema «Rascacielos del VSNJ en Moscú»*. 1924–1925

...Всякое рельефное расчленение поверхности вызывает необходимость пространственной организации ее для облегчения и направления внимания воспринимающего эту поверхность. Два принципа имеют большое значение в пространственной поверхности: принцип перспективности и принцип наложения...

Вопрос об основных контрастах в небоскребе легче всего разрешается в сопоставлении объемности и пространственности».

И далее Ладовский оценивает две фотографии строящегося здания в США, на которых показаны различные стадии заполнения кладкой открытого каркаса. Он сравнивает эту ситуацию с античностью, когда случайно оставив незаконченными колонны, увидели мощь рустованного камня и стали использовать руст для выражения массы и мощи.

«Американцы, — пишет Ладовский, — могли бы сделать подобное открытие, если бы они взглянули на строящийся ими небоскреб...

Контраст между необлицованной частью и заполненной облицовкой так велик, архитектурная выразительность степеней тяжелого так сильна, что решение само собой напрашивается.

На этом пункте стройки, казалось, следовало бы остановиться и завершить лишь техническую и утилитарную сторону сооружения»*.

Ладовский говорит здесь об использовании контраста этажей с облицованным каркасом с этажами с полностью открытым каркасом.

Студенты проектировали небоскреб ВСНХ на Бульварном кольце (у Сретенских ворот — там, где позднее был установлен памятник Н. Крупской). Удалось выявить семь проектов учеников Ладовского — И. Володько, Г. Глущенко, И. Иозефовича, В. Лаврова, С. Лопатина, Ю. Мушинского и В. Попова, — в которых использованы различные приемы создания общей композиции. В двух проектах небоскреб решен в виде сложной многоярусной композиции, ступенчато утончающейся кверху (Лавров, Лопатин). В трех выделена основная вертикальная доминанта, к которой примыкают разновысотные объемы (Володько, Иозефович, Попов). В проектах Глущенко и Мушинского здание строится как компактный, хотя и расчлененный в плане объем, где примыкающие друг к другу корпуса сравнимы по высоте. В проектах использованы те приемы, о которых писал в своей статье Ладовский. Это и различная обработка фасадных стен, и усложнение плана, и оставление открытым каркаса трех этажей и т. д.

В целом вся серия проектов небоскреба ВСНХ, выполненных в 1924–1925 гг. под руководством Ладовского, является важной вехой в разработке и использовании новых приемов и средств художественной выразительности современного высотного сооружения.

de esta superficie. Dos principios tienen un gran significado en la superficie espacial: el principio de la perspectiva y el de superposición...

El problema de los contrastes principales en un rascacielos se resuelve con mayor facilidad confrontando el volumen con el espacio.»

Luego Ladovski comenta dos fotografías de un edificio en construcción en los EE.UU., en los cuales se muestran diferentes etapas del relleno del armazón descubierto. Él compara esta situación con la antigüedad, cuando después de ver casualmente el poder de la piedra no labrada en una columna abandonada, se comenzó a utilizar material no labrado para expresar la masa y la potencia.

«Los norteamericanos —escribe Ladovski— podrían hacer un descubrimiento similar si observaran el rascacielos que construyen...

El contraste entre la parte revestida y la no revestida es tan grande, la expresividad arquitectónica de los grados de lo pesado es tan fuerte, que la solución se impone por sí misma.

En este punto de la construcción pareciera que debiéramos detenernos y terminar sólo los aspectos técnicos y utilitarios.»*

Ladovski habla aquí de la utilización del contraste entre los pisos con armazón revestido y los pisos con armazón completamente descubierto.

Los estudiantes proyectaron un rascacielos del VSNJ en la circunvalación Bulvárnaya (en las Puertas Sriétenskie, donde más tarde se colocó un monumento a N. Krúpskaya). Se ha logrado hallar siete proyectos de los alumnos de Ladovski (I. Volodko, G. Glúschenko, I. Iozefóvich, V. Lavrov, S. Lopatin, Yu. Mushinski y V. Popov) en los que se utilizaron diferentes métodos de creación de la composición general. En dos proyectos, el rascacielos se diseña en forma de una compleja composición multinivel que se estrecha escalonadamente hacia arriba (Lavrov, Lopatin). En tres proyectos se remarca la dominante vertical, a la cual están adosados volúmenes de diferentes alturas (Volodko, Iozefóvich, Popov). En los proyectos de Glúschenko y Mushinski, el edificio se construye como un volumen compacto, aunque de planta fraccionada, donde los bloques en contacto tienen alturas semejantes. En los proyectos se utilizan aquellos métodos a los que Ladovski hace referencia en su artículo, a saber: diversos tratamientos de las paredes de la fachada, complejidad de la planta, conservación del armazón descubierto de tres pisos, etcétera.

En su totalidad, toda la serie de proyectos del rascacielos del VSNJ elaborados entre 1924 y 1925 bajo la dirección de Ladovski, fue una importante etapa en la elaboración y utilización de los nuevos métodos y medios de expresión artística de la edificación moderna de gran altura.

---

* Известия АСНОВА. М., 1926. С. 3–6.

* Noticias de la ASNOVA. Moscú, 1926. Págs. 3–6.

Н. Ладовский (при участии В. Кринского и др.)
МЕЖДУНАРОДНЫЙ КРАСНЫЙ СТАДИОН В МОСКВЕ. 1924–1925

(28)

N. Ladovski (con la participación de V. Krinski y otros)
ESTADIO ROJO INTERNACIONAL EN MOSCÚ. 1924–1925

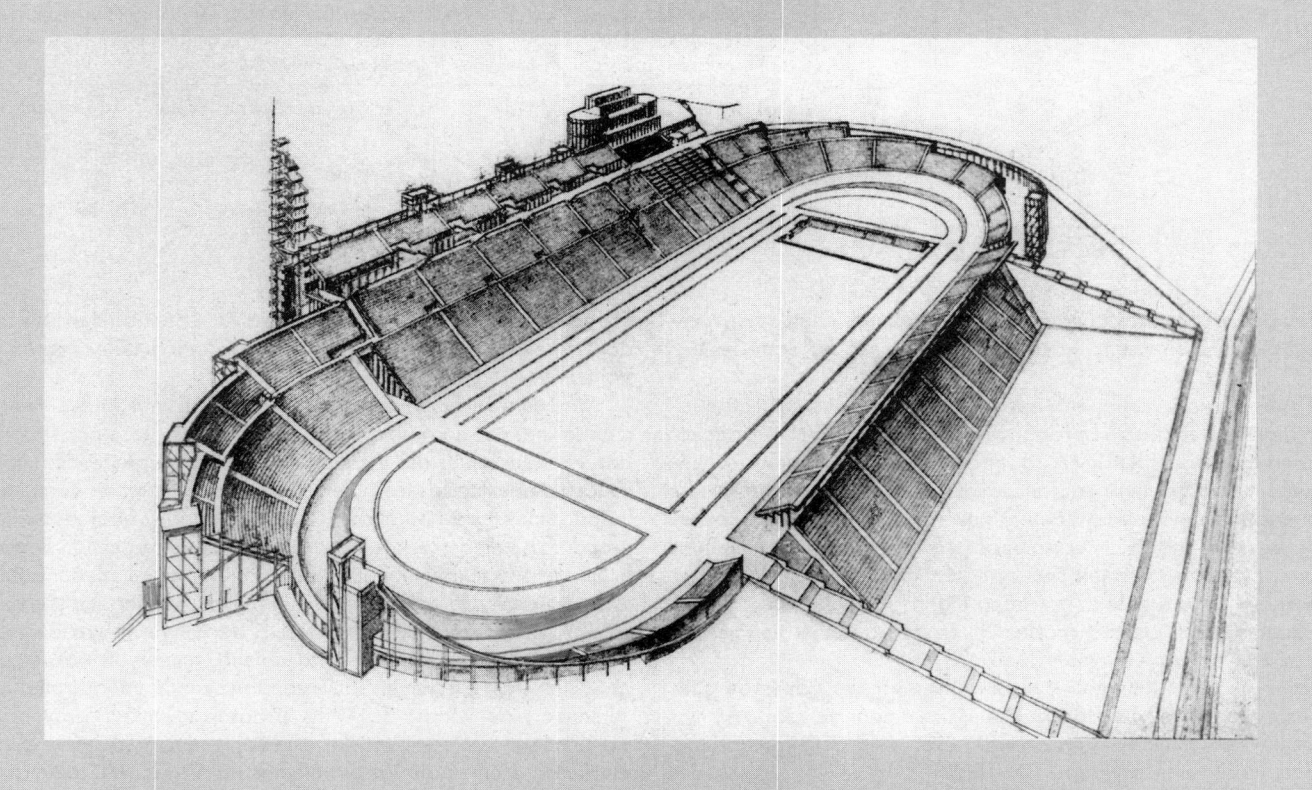

В 1920 г. по инициативе Всевобуча было решено построить в Москве грандиозный спортивный комплекс для проведения всесоюзных соревнований и всемирным рабочих «Октябриад», противопоставленных «буржуазным» Олимпиадам. Место было выбрано на Воробьевых горах на берегу Москвы-реки, где в октябре 1920 г. состоялась закладка стадиона.

Летом и осенью 1921 г. на склоне Воробьевых гор развернулись работы по устройству спортивной площадки для больших соревнований и временной трибуны.

В 1922 г. было создано Общество строителей Международного Красного стадиона, которое в марте 1924 г. организовало конкурс на архитектурный проект стадиона. Проекты выполнялись студентами архитектурных факультетов МИГИ и ВХУТЕМАСа. Программа конкурса предусматривала создание развитого комплекса, включающего наряду с чисто спортивными объектами также и большой открытый Театр массового действа, кафе, киоски, входные ворота и т. д. Премиями были отмечены проекты четырех бригад — двух из МИГИ и двух из ВХУТЕМАСа, причем отмеченные проекты ВХУТЕМАСа выполнялись студентами, прошедшими через Обмас (М. Туркус, М. Коржев, И. Ламцов, С. Гельфельд, В. Попов, Г. Крутиков, В. Симбирцев, С. Лопатин, А. Аркин, Н. Шохин, Б. Ершов).

Разработка окончательного проекта была передана студентам Второго отделения архитектурного факультета ВХУТЕМАСа, которое возглавлялось Ладовским и его соратниками.

Печать широко освещала мероприятия по созданию Международного Красного стадиона. Был отведен участок для строительства, велись геологические изыскания и топографическая съемка, прово-

En el año1920, por iniciativa del Vsievóbuch se decidió construir en Moscú un grandioso complejo deportivo para celebrar competiciones a nivel de la Unión Soviética y las «Octubriadas» internacionales de obreros, en oposición a las olimpiadas «burguesas». El solar se eligió en las Colinas Vorobióviye a orillas del río Moscova, y en octubre de 1920 se colocaron los fundamentos del estadio.

En verano y otoño de 1921, en la falda de las Colinas Vorobióviye se iniciaron los trabajos de construcción de la cancha deportiva para competiciones grandes y una tribuna provisional.

En 1922 fue fundada la Sociedad de Constructores del Estadio Rojo Internacional, la cual en marzo de 1924 convocó el concurso de proyección arquitectónica del estadio. Los proyectos fueron realizados por los estudiantes de las facultades de arquitectura del MIGI y del VJUTEMAS. El programa del concurso tenía en cuenta la creación de un complejo desarrollado, que incluía, además de los edificios deportivos, un teatro de dramatización colectiva descubierto y de grandes dimensiones, cafeterías, quioscos, entradas, etcétera. Fueron premiados los proyectos de cuatro brigadas: dos del MIGI y dos del VJUTEMAS; los proyectos del VJUTEMAS fueron realizados por estudiantes que habían pasado por la Obmás (M. Turkus, M. Kórzhev, I. Lamtsov, S. Guélfield, V. Popov, G. Krútikov, V. Simbírtsev, S. Lopatin, A. Arkin, N. Shojin, B. Yershov).

La elaboración del proyecto final se encargó a los estudiantes del Segundo Departamento de la Facultad de Arquitectura del VJUTEMAS, el cual estaba dirigido por Ladovski y sus colaboradores.

La prensa comentaba ampliamente los eventos relacionados con la construcción del Estadio Rojo Internacional. Fue elegido el solar, se realizaron exploraciones geológicas y tomas topográficas, se planificaron

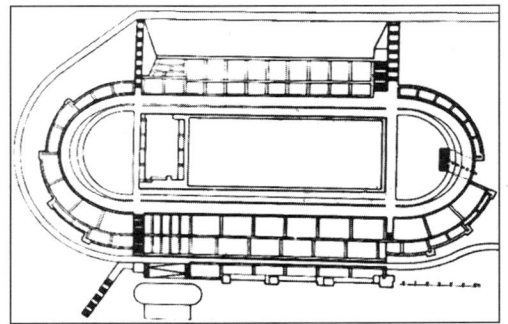

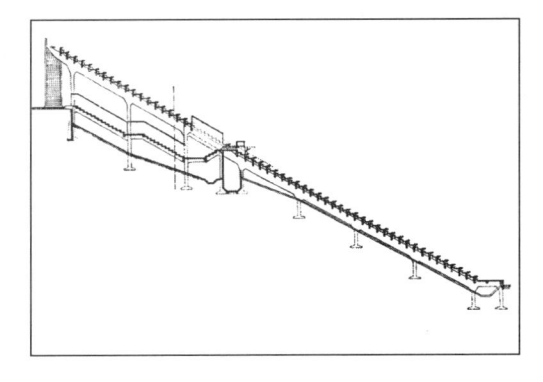

N. Ладовский (при участии В. Кринского и др.). Международный Красный стадион в Москве. 1924–1925

N. Ladovski (con la participación de V. Krinski y otros). *Estadio Rojo Internacional en Moscú. 1924–1925*

a) первый вариант. 1924–1925 гг. Перспектива (на заднем плане спортклуб);
b) второй вариант. 1926–1927 гг. Перспектива, план, разрез трибун (см. титул шедевра);
c) строительство трибун Театра массовых действ. 1924 г.

a) primera variante. 1924–1925. Perspectiva (en el plano posterior se encuentra el club deportivo);
b) segunda variante. 1926–1927. Perspectiva, plano, corte de las tribunas (véase la ilustración inicial);
c) construcción de las tribunas del Teatro de Dramatización Colectiva. 1924

дилась планировка аллей, создавались спортивные площадки, студия Вс. Мейерхольда готовила массовые постановки на Воробьевых горах.

При строительной конторе Международного Красного стадиона была создана проектная контора, где под руководством Ладовского работали студенты ВХУТЕМАСа, проекты которых были отмечены на конкурсе. Был уточнен состав объектов комплекса. Международный Красный стадион, задуманный как «станция здоровья трудящихся», как место больших всесоюзных, а в будущем и всемирных спортивных празднеств, должен был представлять собой целую систему сооружений спортивного, агитационного, зрелищного и увеселительного характера (стадион, спортклуб, Театр массовых действ, открытый агиттеатр, пристань, купальня и т. д.).

Работа по проектированию и строительству ряда объектов развернулась уже летом 1924 г. Ладовский взял на себя разработку основного объекта комплекса — стадиона, остальные объекты под его руководством выполняли студенты ВХУТЕМАСа.

В декабре 1924 г. первый вариант проекта всего грандиозного комплекса был закончен. Был выполнен макет стадиона размером 2 × 1 × 0,5 м, который демонстрировался на Международной выставке декоративных искусств в Париже в 1925 г., где получил Гран-при.

Работа над проектом основного спортивного ядра стадиона продолжалась. Проект разрабатывал Н. Ладовский при участии В. Кринского.

Параллельно с проектированием основного спортивного ядра Международного Красного стадиона велось проектирование и строительство вспомогательных сооружений. Уже в 1924 г. были сооружены трибуны Театра массовых действ, агиттеатр, оформление входа, киоски. Эти объекты проектировали ученики Ладовского. Разрабатывались проекты и других объектов комплекса.

Дополнительные геологические изыскания на территории, выбранной для строительства стадиона, заставили пересмотреть первоначальные оптимистические выводы, и осенью 1927 г. было решено, что «ввиду слабости грунта» стадион на Ленинских горах строить нельзя.

las calles arboladas, se proyectaron las canchas deportivas, el estudio de V. Meyerjold preparó una representación colectiva en las Colinas Vorobióviye.

Adjunta al buró de construcción del Estadio Rojo Internacional fue creada una oficina de proyección, donde, dirigidos por Ladovski, trabajaban los estudiantes del VJUTEMAS que fueron premiados en el concurso. Fueron especificados los objetos que compondrían el complejo deportivo. Ideado como una «estación de sanidad de los trabajadores», un lugar de grandiosas celebraciones deportivas a nivel de la Unión Soviética y, en el futuro, a nivel internacional, el Estadio Rojo Internacional debía ser un sistema completo de edificaciones deportivas, propagandísticas, de espectáculos y de recreación (estadio, club deportivo, teatro de dramatización colectiva, teatro propagandístico abierto, muelle, baños, etcétera).

El trabajo de proyección y construcción de varias partes del complejo comenzó en el verano de 1924. Ladovski asumió la proyección del edificio principal del complejo (el estadio), mientras que los demás edificios estuvieron a cargo de los estudiantes del VJUTEMAS dirigidos por él.

En diciembre de 1924, fue concluida la primera variante del proyecto del grandioso complejo. Se hizo una maqueta del estadio de 2 × 1 × 0,5 m, la cual se presentó en la Exposición Internacional de Artes Decorativas en París (1925), donde obtuvo el Grand Prix.

Los trabajos del proyecto del núcleo deportivo principal del estadio continuaban. El proyecto fue elaborado por N. Ladovski con la colaboración de V. Krinski.

Al mismo tiempo que se proyectaba el núcleo principal deportivo del Estadio Rojo Internacional, se proyectaban y construían las edificaciones auxiliares. En 1924 ya se habían construido las tribunas del teatro de dramatización colectiva, el teatro propagandístico, la entrada, los quioscos. Estas edificaciones fueron proyectadas por los alumnos de Ladovski. Se proyectaban también otras obras del complejo.

Las investigaciones geológicas complementarias que se llevaron a cabo en el solar del estadio, obligaron a reconsiderar las conclusiones iniciales optimistas, y en el otoño de 1927 se decidió que «en vista de la debilidad del suelo», en las Colinas de Lenin no se puede construir un estadio.

А. Кузнецов (руководитель), Б. Гладков,
Г. Мовчан, И. Николаев, А. Фисенко, Г. Карлсен
КОМПЛЕКС СООРУЖЕНИЙ ЦАГИ В МОСКВЕ.
1924–1928

A. Kuznetsov (director), B. Gladkov,
G. Movchán, I. Nikoláyev, A. Fisenko, G. Karlsen
COMPLEJO DE EDIFICIOS DEL TsAGI EN MOSCÚ.
1924–1928

В 1918 г. известный ученый в области авиации профессор Н. Жуковский организовал Центральный аэрогидродинамический Институт (ЦАГИ), который в первые годы использовал для своих работ устаревшее оборудование лабораторий МВТУ. В 1923 г. ЦАГИ обратился к правительству с представлением о необходимости построить для института комплекс сооружений с оборудованными по последнему слову техники лабораториями. С весны 1924 г. было

En 1918, el conocido científico en el campo de la aviación, el profesor N. Zhukovski, organizó el Instituto Central de Aero-hidrodinámica (TsAGI), donde en los primeros años de funcionamiento se utilizaron los equipos obsoletos del laboratorio de la MVTU. En 1923, el TsAGI se dirigió al gobierno planteando la necesidad de construir un complejo de edificios para el instituto, con laboratorios equipados con la tecnología más moderna. En la primavera de 1924 se inició la construcción del

А. Кузнецов (руководитель), Б. Гладков, Г. Мовчан и др. Комплекс сооружений ЦАГИ в Москве. 1924–1928

A. Kuznetsov (director), B. Gladkov, G. Movchán y otros. *Complejo de edificios del TsAGI en Moscú. 1924–1928*

Торцевой фасад аэродинамического корпуса и башни с лабораторией для испытания винтов самолетов; уличные фасады корпусов сборочно-монтажной мастерской и гидродинамической лаборатории (с эркером)

Fachada lateral del bloque aerodinámico y de la torre con el laboratorio para pruebas de hélices de aviones; fachadas de los bloques de los talleres de ensamblado y montaje y del laboratorio hidrodinámico (con mirador)

развернуто строительство комплекса ЦАГИ, лаборатории которого должны были обслуживать авиа- и судостроение. В комплекс были включены аэродинамическая (с аэродинамической трубой диаметром 15 м) и гидродинамическая (с каналом длиной 200, шириной 12 и глубиной 8 м) лаборатории, сборно-монтажная мастерская, лаборатория испытания материалов, лаборатория испытания винтов самолетов и др.

Заказчик поставил проектировщикам жесткие условия. Во-первых, в габаритах корпусов требовалось учесть, что здания являются футлярами для находящихся в них мощных и крупных приборов. Во-вторых, сооружения комплекса должны были быть построены из доступных в те годы материалов, прежде всего кирпича и дерева. В-третьих, предлагалось избежать расходов на наружные украшения.

В таких сложных, экономически стесненных условиях проект разрабатывала группа молодых выпускников МВТУ во главе со своим учителем А. Кузнецовым. Это была попытка найти новое архитектурное решение комплекса, используя старые материалы. Попытка эта удалась. Был создан один из первых в нашей стране оригинальный по объемно-пространственной композиции и выразительный по внешнему облику научно-производственный комплекс в духе новой архитектуры.

Особенно удачно решена композиция из примыкающих друг к другу корпуса с аэродинамической трубой и башни, где размещена ветросиловая лаборатория. Торцевой фасад аэродинамического корпуса, имеющего полуциркульное покрытие, включает остекленный эркер с краном-балкой (за эркером мощный мотор) и контрфорс (нейтрализующий динамические нагрузки мотора). Башня предназначена для испытания винтов самолетов. Винты устанавливались на завершающей башню ажурной конструкции, верхняя часть которой могла вращаться вокруг вертикальной оси. В цилиндрической части башни размещались записывающие устройства.

complejo del TsAGI, cuyos laboratorios debían servir al sector de construcción de aviones y barcos. En el complejo se incluían los laboratorios de aerodinámica (con un túnel aerodinámico de 15 m de diámetro) y de hidrodinámica (con un canal de 200 m de largo, 12 de ancho y 8 de profundidad), un taller de ensamblado y montaje, un laboratorio de prueba de materiales, un laboratorio de prueba de hélices de aviones, etcétera.

El cliente puso a los proyectistas condiciones muy estrictas. En primer lugar, en las dimensiones de los edificios se debía considerar que éstos eran las «fundas» de los aparatos grandes y potentes que debían contener. En segundo lugar, el complejo debía ser construido con los materiales accesibles de aquella época, principalmente con ladrillo y madera. En tercer lugar, se proponía evitar gastos en la decoración exterior.

Bajo estas condiciones complejas y restringidas económicamente, el proyecto fue elaborado por un grupo de jóvenes egresados de la MVTU bajo la dirección de su maestro A. Kuznetsov. Éste fue un intento exitoso de hallar una nueva solución arquitectónica utilizando materiales antiguos. Fue creado uno de los primeros complejos científico-industriales de Rusia al estilo de la nueva arquitectura, original por su composición volumétrico-espacial, y expresivo por su aspecto exterior.

Fue sobre todo exitosa la composición realizada con dos bloques contiguos: el que contenía el túnel aerodinámico y la torre donde se encontraba el túnel de viento. La fachada lateral del bloque aerodinámico, con cubierta semicircular, incluía un mirador vidriado con un puente grúa (tras el mirador se encontraba un motor potente) y un contrafuerte (que neutralizaba las cargas dinámicas del motor). La torre estaba destinada a las pruebas de hélices de aviones. Las hélices se colocaban en la estructura reticular situada en la culminación de la torre, cuya parte superior podía girar alrededor de su eje vertical. En la parte cilíndrica de la torre se encontraban los instrumentos de registro.

К. Мельников

СОВЕТСКИЙ ПАВИЛЬОН
на Международной выставке современных декоративных искусств и промышленности в Париже.
1924–1925

(30)

K. Miélnikov

PABELLÓN SOVIÉTICO
en la Exposición Internacional de Artes Decorativas Modernas y de la Industria en París.
1924–1925

К. Мельников. Советский павильон на Международной выставке в Париже. 1924–1925

K. Miélnikov. *Pabellón soviético en la Exposición Internacional en París*. 1924–1925

Раздел 2

Parte 2

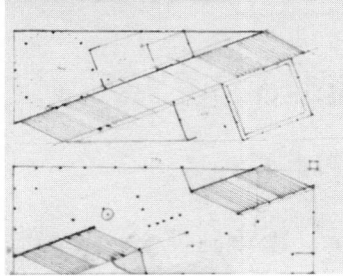

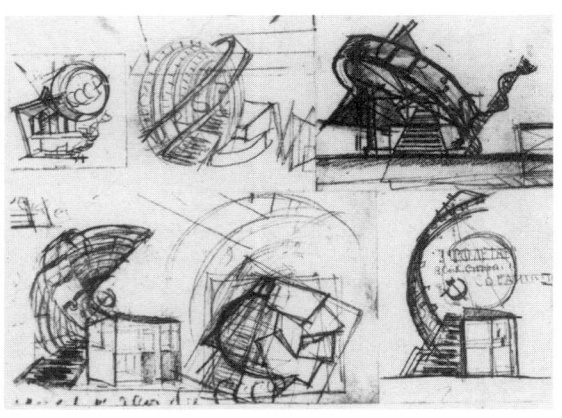

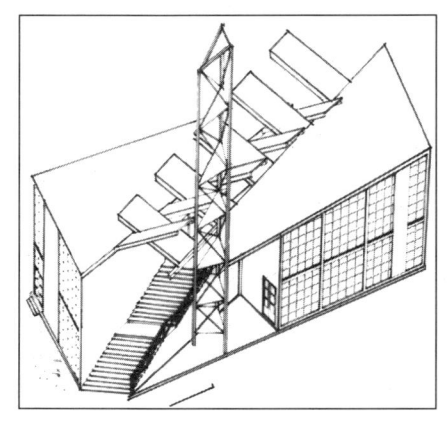

a) предварительные эскизы-поиски идеи павильона. 1924 г.;
b) конкурсный проект (фасад и планы);
c) окончательный вариант проекта — перспектива, фасад, планы, разрез, аксонометрия (см. титул шедевра);
d) общие виды и фрагмент павильона

b	c	d	d
a	c	d	

a) pruebas de ideas para el pabellón. 1924;
b) proyecto de concurso (fachada y planos);
c) variante final del proyecto (perspectiva, fachada, planos, corte, axonometría) (véase la ilustración inicial);
d) vistas generales y fragmento del pabellón

На проект здания советского павильона в конце 1924 г. был проведен закрытый конкурс (в нем участвовали М. Гинзбург, И. Голосов, Н. Ладовский, И. Фомин, В. Щуко и др.), на котором проект Мельникова получил первую премию (в оценке проектов участвовали А. Луначарский и В. Маяковский).

Об этом павильоне, который считается вехой в развитии современной выставочной архитектуры, существует обширная литература на русском и иностранных языках.

Павильон представлял собой легкую каркасную деревянную постройку: большая часть площади его наружных стен была остеклена. Необычной была объемная композиция — прямоугольное в плане двухэтажное здание перерезалось по диагонали ведущей на второй этаж широкой открытой лестницей, перекрытой оригинальной пространственной структурой: двумя рядами наклонных пересекающихся плит.

Павильон Мельникова был с большим интересом (а многими просто восторженно) встречен передовыми зарубежными архитекторами. Известно мнение Ле Корбюзье, который говорил, что советский павильон — это единственный павильон на всей выставке, на который стоит смотреть.

Павильон высоко оценивался во многих статьях, опубликованных во французской периодической печати. Приведу одну цитату. Во французском журнале «Лямур де Ляр» (1925, № 8) писалось: «Построенный из легких материалов — дерева и стекла — павильон СССР

A finales de 1924 se realizó un concurso cerrado para el proyecto del edificio del pabellón soviético (en él participaron M. Guínzburg, I. Gólosov, N. Ladovski, I. Fomín, V. Schukó y otros), en el cual Miélnikov recibió el primer premio (en la calificación de los proyectos participaron A. Lunacharski y V. Mayakovski).

Sobre este pabellón, considerado como una etapa en el desarrollo de la arquitectura moderna de edificaciones para exposiciones, existe una amplia bibliografía en ruso y en otros idiomas.

El pabellón era un armazón ligero de madera, y la mayor parte del área de sus paredes exteriores estaba vidriada. La composición volumétrica era singular: un edificio de dos pisos de planta rectangular era cortado diagonalmente por una ancha escalera descubierta que llevaba al segundo piso, la cual estaba cubierta por una original estructura espacial: dos filas de paneles inclinados que se cruzaban.

El pabellón de Miélnikov fue recibido con interés por muchos arquitectos notables de otros países (algunos simplemente quedaron admirados). Es conocida la opinión de Le Corbusier, quien decía que el pabellón soviético era el único pabellón que había que ver.

El pabellón fue altamente calificado en muchos artículos publicados en la prensa francesa. Citaré sólo lo escrito en el periódico frances «L'Amour de l'Art» (1925, № 8): «Construido de materiales ligeros —madera y vidrio—, el pabellón de la URSS, con sus escaleras inclinadas, su torre parecida a un andamio, su techo de saledizos agudos... representa el tipo de estructura moderna, respondiendo de manera óptima a sus

со своими наклонными лестницами, со своей вышкой, похожей на леса, со своей ребристой крышей... представляет тип современной конструкции, оптимально отвечающей своей функции. Павильон Мельникова — это обыкновенная конструкция, поставленная в пространстве и обеспечивающая максимум обозрения. Этот дом из стекла, себестоимость которого безусловно ниже всех других павильонов, является ценным уроком для всех архитекторов, ибо Мельников утверждает себя не только как конструктор, но и как художник. Он освобождает понятие объема от понятия сплошной массы. Он выражает третье измерение. Он создает ощущение пространства самим направлением архитектурных линий... Этот архитектор призван сыграть большую роль в его стране, охваченной пафосом героической деятельности».

Прошло много лет, давно забыты почти все павильоны Парижской выставки 1925 г. Но павильон Мельникова прочно вошел в золотой фонд архитектуры XX в. О нем продолжают писать, и в перспективе лет все яснее проступает его роль в формировании принципиально нового отношения к архитектуре выставочных сооружений, в развитии современной архитектуры в целом.

В 1957 г., оценивая влияние советской архитектуры 20-х гг. на развитие мировой архитектуры, известный бельгийский архитектор В. Буржуа писал о парижском павильоне: «Парижская выставка прикладных искусств в 1925 году... показала пример смелости и строгой оригинальности. Советский павильон Мельникова — это отказ от копирования архитектуры дворца. Деревянная конструкция неожиданного вида просто и с лиризмом, со специфической скромностью временного сооружения, в котором находят свое выражение вкус и достоинства личности, символизирует в павильоне выставки движение вперед социального строя»*.

В вышедшей в 1960 г. в Италии книге Р. Алой, посвященной выставочной архитектуре, так оценивается павильон: «Русский павильон на Парижской международной выставке декоративных искусств в 1925 г., созданный гениальным Мельниковым, был первым утверждением тех эстетических концепций, которые мы сейчас называем "новыми тенденциями" в практике устройства выставок»**.

funciones. El pabellón de Miélnikov es una estructura habitual colocada en el espacio, la cual asegura el mayor campo de observación posible. Esta casa de vidrio, cuyo coste es indudablemente menor que el de otros pabellones, es una lección valiosa para todos los arquitectos, pues Miélnikov se afirma no sólo como constructor, sino también como artista. Él libera el concepto de volumen del concepto de masa continua. Él expresa la tercera dimensión. Crea una sensación de espacio con las direcciones mismas de las líneas arquitectónicas... Este arquitecto está destinado a jugar un gran papel en su país colmado del entusiasmo de las actividades heroicas.»

Han pasado muchos años y ya han sido olvidados casi todos los pabellones de la Exposición de París de 1925, pero el pabellón de Miélnikov ingresó sólidamente en el fondo de oro de la arquitectura del siglo XX. Sobre él se continúa escribiendo y, con miras al futuro, cada vez se hace más evidente su rol en la formación de una actitud fundamentalmente nueva hacia la arquitectura de las construcciones para exposiciones, y en el desarrollo de la arquitectura moderna en general.

En 1957, valorando la influencia de la arquitectura soviética de los años 20 en la arquitectura mundial, el conocido arquitecto belga V. Bourgeois escribe sobre el Pabellón de París: «La Exposición de París de Artes Aplicadas de 1925... mostró un ejemplo de valentía y originalidad estricta. El pabellón soviético de Miélnikov es una negativa de copiar la arquitectura de palacio. Simplemente y con lirismo, con la modestia específica de una construcción temporal en la que el gusto y la dignidad del individuo encuentran expresión, esta estructura de madera de aspecto inesperado simboliza en el pabellón de la exposición el avance del régimen social.»*

En el libro de R. Alloi, dedicado a la arquitectura de las construcciones de exposición y publicado en Italia en 1960, se califica así el pabellón: «El pabellón ruso en la Exposición Internacional de París de Artes Decorativas de 1925, creado por el genial Miélnikov, fue la primera afirmación de aquellas concepciones estéticas que nosotros llamamos ahora "tendencias nuevas" en la organización práctica de las exposiciones.»**

---

* Sodiak. 1957. № 1.
** *Alloi R.* Espizioni architettura allestimenti. Milano, 1960. P. XIII.

---

* Sodiak. 1957. № 1.
** *Alloi R.* Espizioni architettura allestimenti. Milano, 1960. P. XIII.

К. Мельников

ГАРАЖ-СТОЯНКА ДЛЯ ТАКСИ В ПАРИЖЕ
(над мостами через Сену).
1925

К. Miélnikov

GARAGE Y APARCAMIENTO PARA TAXIS EN PARÍS
(sobre los puentes del Sena).
1925

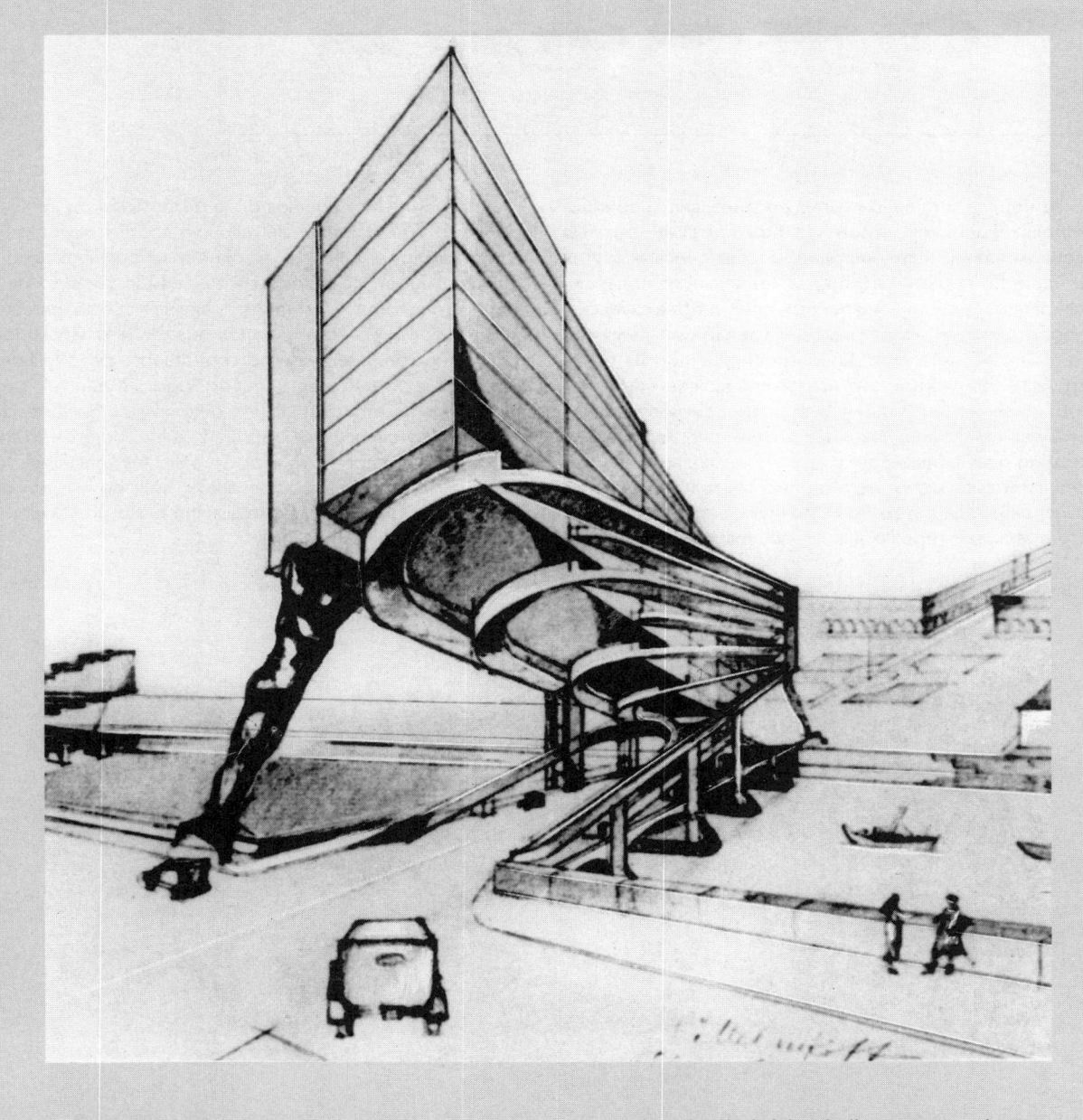

Популярность описанного выше советского выставочного павильона (Ш. № 30), который привлекал внимание уже в процессе строительства, привела к тому, что Мельников, находившийся тогда в Париже, получает ряд предложений и заказов. Он создает там два заказных проекта гаражей.

В плотно застроенном центре Парижа Мельников предложил разместить гаражи-стоянки для такси над мостами через Сену.

La popularidad del pabellón soviético de exposiciones descrito anteriormente (O. M. № 30), el cual llamó la atención incluso durante su construcción, condujo a que Miélnikov, estando todavía en París, recibiera una serie proposiciones y encargos. Él diseñó allí dos proyectos de garajes por encargo.

En el saturado centro de París, Miélnikov propone ubicar los garajes para taxis sobre los puentes del Sena.

(31) К. Мельников. *Гараж-стоянка для такси в Париже (над мостами через Сену).* 1925

K. Miélnikov. *Garage y aparcamiento para taxis en París (sobre los puentes del Sena).* 1925

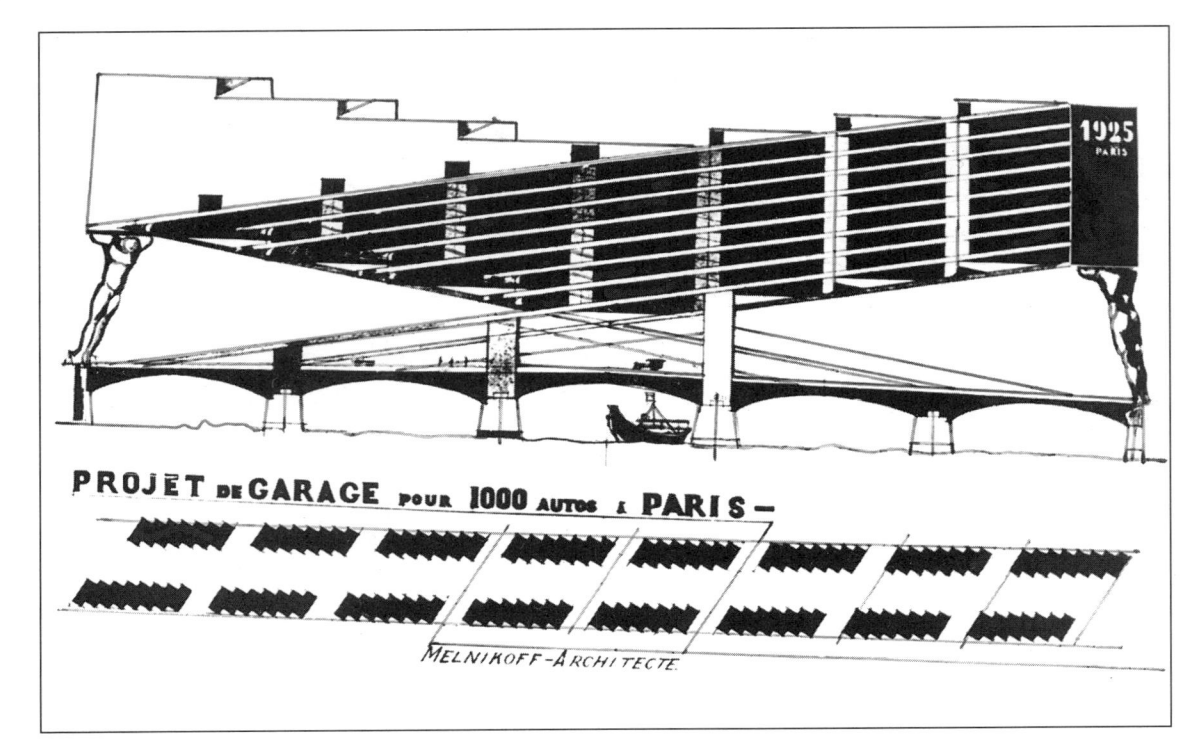

Раздел 2

Parte 2

Перспектива, фасад и план

Perspectiva, fachada y plano

В этом проекте наряду с предложением вертикального зонирования города (использование пространства над проезжей частью магистралей, в данном случае над мостами), содержались и другие новые проектные идеи. Во-первых, это прием консольного подвешивания двух пересекающихся систем наклонных опор и пандусов, связанных поверху работающими на растяжение горизонтальными перекрытиями (атланты — это не опоры, а контрофорсы против боковой ветровой нагрузки). Во-вторых, это новый предложенный Мельниковым прием размещения автомашин (так называемая прямоточная система): автомашины устанавливаются в один ряд под углом к оси ряда (с уступом по отношению друг к другу), что позволяет заезжать на место стоянки и выезжать с него без использования заднего хода. Мельников использовал затем прямоточную систему при проектировании и строительстве гаража для автобусов в Москве.

Este proyecto, además de la proposición de zonificación vertical de la ciudad (la utilización del espacio sobre las vías principales, en este caso sobre los puentes), contenía otras ideas nuevas en cuanto a diseño. En primer lugar, el método de suspensión a modo de ménsula de dos sistemas de soportes y rampas inclinados que se entrecruzan y que están unidos por arriba con cubiertas horizontales sometidas a tracción (los atlantes no son soportes, sino contrafuertes para la carga lateral provocada por el viento). En segundo lugar, Miélnikov propone un nuevo método de distribución de los automóviles (el llamado sistema de un paso): los automóviles se disponen en fila, bajo cierto ángulo respecto al eje de la fila (dejando un espacio entre los vehículos), lo que les permite entrar a su lugar de aparcamiento y salir de éste sin dar marcha atrás. Miélnikov utilizó después este sistema en la proyección de un garaje de autobuses en Moscú.

С. Серафимов, М. Фельгер и С. Кравец

ГОСПРОМ В ХАРЬКОВЕ.
1925–1928

S. Serafímov, M. Felguer y S. Krávets

GOSPROM DE JÁRKOV.
1925–1928

С середины 20-х годов развернулись проектные и строительные работы в столице Украины Харькове. Большое внимание уделялось созданию нового общественного центра города.

В 1925 г., когда началась разработка генерального плана Харькова, было решено сохранить сложившуюся в прошлом радиальную систему, разместив новый общественный центр на стыке старого и нового города (на месте бывшей городской свалки).

Desde mediados de la década del 20 se iniciaron trabajos de proyección y construcción en la capital de Ucrania, que en aquel entonces era Járkov. A la creación del nuevo centro público de la ciudad se le dedicó una atención especial.

En 1925, cuando comenzó la elaboración del plan general de Járkov, se decidió conservar el sistema radial, formado en el pasado, ubicando el nuevo centro público donde la ciudad vieja lindaba con la nueva (en el lugar donde se encontraba el basurero de la ciudad).

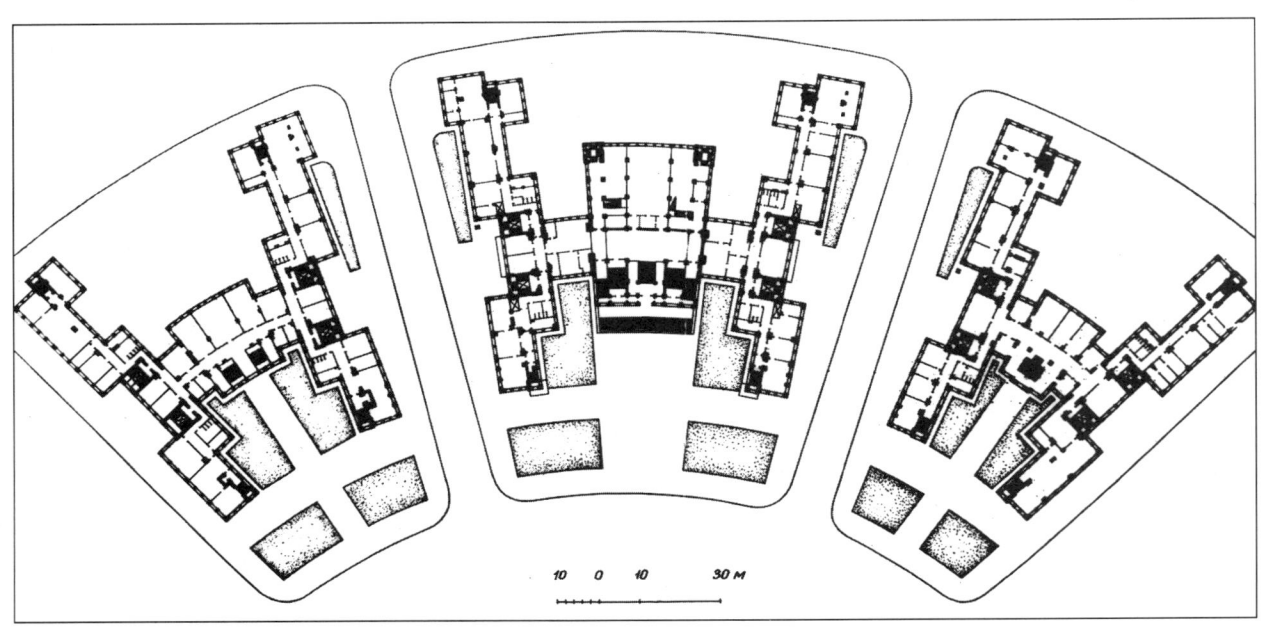

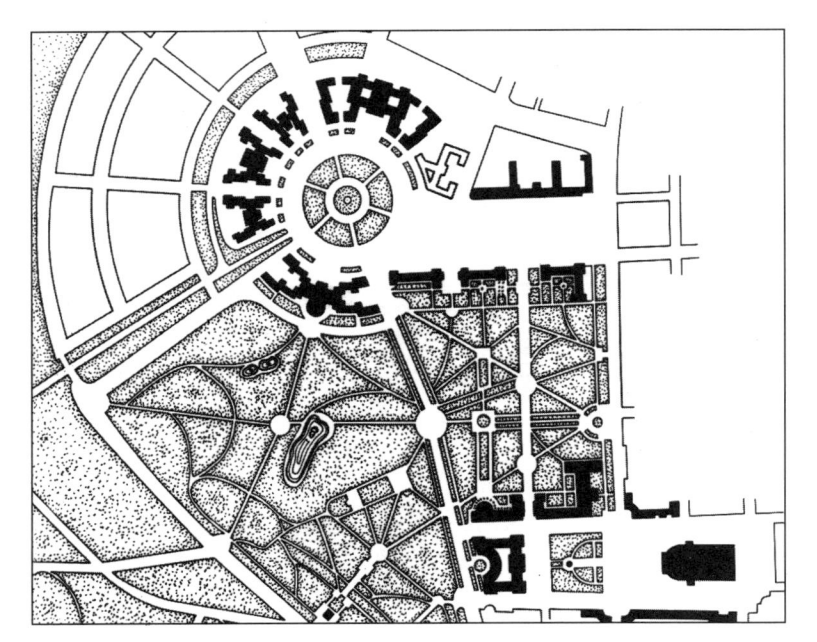

С. Серафимов, М. Фельгер и С. Кравец. *Госпром в Харькове.* 1925–1928

S. Serafímov, M. Felguer y S. Krávets. *Gosprom de Járkov.* 1925–1928

Генплан площади, площадь в процессе застройки, план, общий вид и фрагменты Госпрома

Plano general de la plaza, la plaza en estado de construcción, plano, vista general y fragmentos del Gosprom

С. Серафимов, М. Фельгер и С. Кравец. *Госпром в Харькове.* 1925–1928

S. Serafímov, M. Felguer y S. Krávets. *Gosprom de Járkov.* 1925–1928

Новый центр, связанный с главной магистралью города, должен был стать средоточием политической, хозяйственной и общественной жизни столицы Украины. На примыкавшей к центру свободной территории было решено создать жилой комплекс для работающих в центральных учреждениях.

По проекту В. Троценко (принятому в результате проведенного в 1925 г. заказного конкурса на планировку центра) основой планировки нового центра стали круглая общественная площадь (пл. Дзержинского), обстраиваемая зданиями центральных учреждений, и отходящие от нее радиальные улицы, прорезающие примыкающий к площади жилой комплекс. В новом общественном центре предполагалось построить здания для правительства республики, ЦК партии, ВСНХ, центральных органов кооперации и т. д.

В первую очередь было решено объединить все органы ВСНХ (центральный аппарат, тресты, банки, правление гособъединений и т. д.), разбросанные по городу, разместив их в едином сооружении — Госпроме. В конкурсе 1925 г. на проект здания Госпрома участвовали многие видные архитекторы Москвы, Ленинграда, Харькова и других

El nuevo centro, conectado con la vía principal de la ciudad, debería convertirse en el punto de concentración de la vida política, económica y social de la capital de Ucrania. En el territorio libre adyacente al centro se decidió crear un complejo habitacional para los trabajadores de las instituciones centrales.

Según el proyecto de V. Trotsenko (aprobado como resultado del concurso por encargo de planificación del centro de Járkov, en 1925), la base del plan del nuevo centro debía ser una plaza pública circular (Plaza de Dzerzhinski) —rodeada de los edificios de las instituciones centrales— y las calles radiales que partían de la plaza y atravesaban el complejo habitacional adyacente. En el nuevo centro público se proponía construir edificios para el gobierno de la república, el Comité Central del partido, el VSNJ, los órganos centrales de cooperación, etcétera.

Primero que todo, se decidió reunir todos los órganos del VSNJ (aparato central, trusts, bancos, control de las asociaciones estatales y otros) esparcidos por toda la ciudad, situándolos en un complejo único, el Gosprom. En el concurso de 1925 del proyecto del edificio del Gosprom participaron muchos arquitectos notables de Moscú, Leningrado, Járkov y

С. Серафимов, М. Фельгер и С. Кравец. *Госпром в Харькове*. 1925–1928

S. Serafímov, M. Felguer y S. Krávets. *Gosprom de Járkov*. 1925–1928

городов. Принятый к строительству проект С. Серафимова, М. Фельгера и С. Кравеца был осуществлен в 1925–1928 гг.

В огромном здании Госпрома было сосредоточено около 25 различных самостоятельных учреждений, имевших отдельные входы и вестибюли, но связанных друг с другом внутренними переходами и обслуживаемых общими залом заседаний, столовой, библиотекой и т. д. Здание состояло из трех корпусов, соединенных перекинутыми над радиальными улицами переходами (на уровне 3, 5 и 6 этажей), причем высота отдельных частей этих корпусов зависела от масштаба расположенного в них треста. В центральной пониженной части располагались ВСНХ и Промбанк, ближе к ним наиболее крупные тресты (высотные объемы — 12 этажей), далее — все более мелкие (соответственно понижаются и объемы).

Фронтально-глубинная композиция здания Госпрома с зигзагообразным ритмическим нарастанием масс и контрастно пониженным центром воспринимается как пространственный комплекс. Отличающиеся друг от друга по высоте и протяженности объемы, сложная конфигурация плана здания, расположенные на различной высоте переходы — все это дает ансамблю новые качества; с каждым шагом зрителя по площади ансамбль видоизменяет свой облик, другим становится взаимоотношение масс, меняется игра светотени.

В 1927 г. состоялся конкурс на Дом правительства, участок для которого был предусмотрен на южной стороне площади. Но затем для Дома правительства было выбрано другое место, а предназначавшийся для него участок был отдан Дому проектных организаций.

Вместе с Домом проектных организаций (архитекторы С. Серафимов и М. Зандберг-Серафимова, 1930–1934) и Домом Кооперации (1929–1934, без высотного объема, достроено позднее с обогащением облика) Госпром образует величественный ансамбль, крупнейший не только в нашей стране, но и в Европе среди осуществленных в те годы в новых архитектурных формах.

otras ciudades. El proyecto de S. Serafímov, M. Felguer y S. Krávets, aprobado para la construcción, fue realizado entre 1925 y 1928.

En el inmenso edificio del Gosprom fueron concentradas cerca de 25 instituciones independientes diferentes, las cuales tenían entradas y vestíbulos propios, pero estaban conectadas entre sí por pasos interiores y poseían instalaciones comunes como sala de reuniones, comedor, biblioteca, etcétera. El complejo estaba compuesto por tres edificios unidos por pasos tendidos sobre las calles radiales (en el tercer, quinto y sexto pisos); a su vez, la altura de algunas partes de estos edificios dependía del tamaño del trust ubicado en él. En la parte central más baja se encontraba el VSNJ y el Prombank (*Banco Industrial*), cerca de éstos estaban los trusts más grandes (volúmenes altos de 12 pisos), a continuación los más pequeños (respectivamente, disminuían también los volúmenes).

La composición frontal y en profundidad del complejo del Gosprom, con el aumento rítmico de su masa en zigzag y su contrastante disminución en el centro, se percibe como un complejo espacial. Los volúmenes diferentes en altura y extensión, la configuración compleja de la planta del edificio, los pasos ubicados a diferente altura: todo esto da al conjunto nuevas cualidades; con cada paso del observador por la plaza el complejo cambia su aspecto, la relación entre las masas es otra, cambia la combinación de los claroscuros.

En 1927 se realizó el concurso de la Casa del Gobierno, para el cual se destinó el territorio ubicado al sur de la plaza. Pero después se eligió otro lugar para la Casa del Gobierno y el territorio que le correspondía se dejó para la Casa de organizaciones de proyección.

Junto con la Casa de organizaciones de proyección (arquitectos S. Serafímov y M. Zándberg-Serafímova, 1930–1934) y la Casa de la Cooperación (1929–1934, sin el volumen alto, el cual fue terminado más tarde con una fachada enriquecida), el Gosprom forma un conjunto grandioso, el más grande —no sólo en Rusia, sino también en Europa— entre los edificados entonces en las nuevas formas de la arquitectura.

Г. Бархин (при участии М. Бархина)
ЗДАНИЕ ИЗДАТЕЛЬСТВА ГАЗЕТЫ «ИЗВЕСТИЯ» В МОСКВЕ. 1925–1927

33

G. Barjin (con la participación de M. Barjin)
EDIFICIO DE LA EDITORIAL DEL PERIÓDICO «IZVIESTIA» EN MOSCÚ. 1925–1927

Первый вариант проекта был создан в 1925 г. Это был высотный вариант, в котором основной пяти-шестиэтажный объем завершался двенадцатиэтажной башней. В случае осуществления этого варианта проекта здание «Известий» стало бы самым высоким сооружением центральной части Москвы. Проект Г. Бархина был одним из первых реальных заказных проектов середины 20-х гг., в которых предлагалось в центральной части Москвы возвести несколько зданий с высотной композицией. Это, с одной стороны, обогатило бы силуэт города, а с другой — позволило бы новаторским течениям выявить многие художественно-композиционные возможности новой архитектуры.

La primera variante del proyecto fue elaborada en 1925. En esta variante «alta» el volumen principal de cinco-seis pisos culminaba con una torre de doce pisos. En caso de haberse realizado esta variante del proyecto, el edificio del «Izviestia» se hubiera convertido en la edificación más alta del centro de Moscú. El proyecto de G. Barjin fue uno de los primeros proyectos por encargo reales de mediados de los años 20, en los que se proponía construir en el centro de Moscú varios edificios de composición elevada. Esto, por un lado, enriquecería la silueta de la ciudad y, por otro, permitiría a los movimientos innovadores descubrir muchas posibilidades compositivas de la nueva arquitectura.

Г. Бархин (при участии М. Бархина). *Здание издательства газеты «Известия» в Москве. 1925–1927*

G. Barjin (con la participación de M. Barjin). *Edificio de la editorial del periódico «Izviestia» en Moscú. 1925–1927*

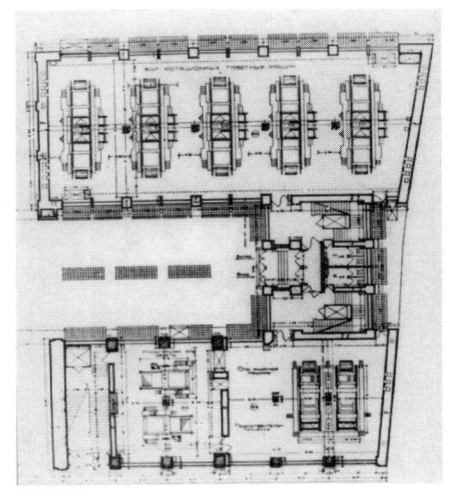

Первоначальный вариант проекта (перспектива), общий вид, ракурс (фото А. Родченко), план первого этажа, интерьеры

Primera variante del proyecto (perspectiva), vista general, escorzo (foto de A. Ródchenko), plano del primer piso, interiores

В высотном варианте проекта был четко выявлен каркас, причем были подчеркнуты его вертикальные элементы, что дало повод известному критику 20-х гг. Д. Арановичу назвать этот проект «готикой». «Конечно, — писал он, — это — готика не в старом историческом смысле, но, безусловно, готика, как принцип архитектурного приема, так как почти отсутствующая, благодаря обилию стекла, стена совершенно атектонична и выражает предельно напряженное стремление вверх»*.

После принятия в 1926 г. постановления о запрещении строить в Москве в пределах Садового кольца здания выше шести этажей проект был кардинальным образом переработан, прежде всего в завершающей здание части. Вынужденный отказ от башенного завершения повлек за собой изменение всей композиционной структуры главного фасада здания. Композиция уже не могла строиться на общей устремленности вверх. Поэтому в окончательном осуществленном варианте проекта не только было устранено подчеркивание вертикальных элементов каркаса, но и были добавлены такие горизонтальные элементы, как балконы, которые контрастируют с выявленным именно в окончательном варианте новым вертикальным элементом — стеклянным витражом лестничной клетки. Если, как справедливо отметил Аранович, в высотном варианте проекта на главном фасаде отсутствовала стена, то в осуществленном варианте стена появилась в завершающей части здания. Прорезанная рядом круглых окон, она удачно завершает новую композиционную структуру здания.

Планировочно-объемная структура здания состоит из двух параллельно расположенных корпусов (выходящего на площадь и дворового), соединенных между собой вставкой, где расположены лестница и санитарные узлы. Дворовый корпус предназначен в основном для типографских помещений (ротационный и наборный залы, цинкография и др.). Два первых этажа корпуса, выходящего на площадь, также заняты типографскими помещениями (иллюстрационно-ротационное и офсетное отделения, машины для плоской и глубокой печати). Остальные этажи этого корпуса и два верхних этажа дворового корпуса предназначены для административно-конторских и редакционных помещений.

En la variante «alta» del proyecto se destaca claramente el armazón, a la vez que se remarcan los elementos verticales, lo cual sirvió de pretexto al conocido crítico de los años 20 D. Aranóvich para llamar a este proyecto «gótica». «Por supuesto —escribía—, esto no es gótica en el antiguo sentido histórico, pero, sin duda alguna, es gótica como principio de método arquitectónico, puesto que la pared, prácticamente ausente gracias a la abundancia de vidrio, es totalmente atectónica y expresa la intensa tendencia hacia arriba.»*

Después de la resolución aprobada en 1926 sobre la prohibición de construir en Moscú dentro de los límites de la circunvalación Sadóvoye edificios de más de seis pisos, el proyecto fue cardinalmente modificado, principalmente en la parte superior del edificio. El rechazo obligado de la torre condujo a un cambio total de la estructura compositiva de la fachada principal del edificio. La composición ya no podía realizarse con la tendencia general hacia arriba. Por eso, en la variante final no sólo se eliminaron los elementos de acentuación vertical del armazón, sino que se añadieron elementos horizontales tales como balcones, los cuales contrastaban con el nuevo elemento vertical destacado en la variante final: el vitral de la cavidad de la escalera. Si en la primera variante del proyecto, como correctamente señaló Aranóvich, en la fachada principal estaba ausente la pared, en la variante llevada a la realidad la pared apareció en la parte superior del edificio, donde las ventanas circulares en fila dan acertadamente el toque final a la nueva estructura compositiva del edificio.

La estructura espacial y de planificación del edificio se compone de dos bloques paralelos (que miran a la plaza y al patio interior), los cuales están unidos por otro bloque en el que se encuentran la escalera y las habitaciones de servicio. El bloque que da al patio interior está destinado principalmente a los locales de la tipografía (sala de las rotativas, taller de composición, sala de cincografía y otros). Los dos primeros pisos del bloque que mira a la plaza también están ocupados por locales de la tipografía (sección de ilustración, de rotativas y de offset, máquinas para impresión plana y en relieve). Los pisos restantes de este bloque están destinados a las oficinas administrativas y de redacción.

Аранович Д. Современная московская архитектура // Строительная промышленность. 1927. № 8. С. 536.

Aranóvich D. Arquitectura Moderna Moscovita // Industria de la Construcción. 1927. № 8. Pág. 536.

И. Голосов

«ЭЛЕКТРОБАНК» В МОСКВЕ.
Конкурсный проект.
1926

(34)

I. Gólosov

«ELEKTROBANK» EN MOSCÚ.
Proyecto de concurso.
1926

Конкурс на здание «Электробанка» в Москве проходил в период, когда шел интенсивный процесс становления системы административных учреждений в стране. Этот новый для советских архитекторов социальный заказ на престижные конторские здания вызвал бурный процесс поисков новых объемно-планировочных и композиционных приемов проектирования. Проект И. Голосова в общем потоке проектных экспериментов выделяется своими художественными достоинствами.

Угловое расположение позволило Голосову придать зданию объемность. Общая лаконичность формы шестиэтажного параллелепипеда сочетается с тщательно продуманным решением пластики и графической структуры фасадов. По вертикали здание делится на три части: 1 — цокольная часть, прорезанная рядом прямоугольных окон; 2 — основная пятиэтажная часть с выявленным каркасом; 3 — завершающий этаж со сплошным остеклением. Идет последовательное облегче-

El concurso para el edificio del «Elektrobank» en Moscú fue realizado en un período en que transcurría un proceso intenso de consolidación del sistema de instituciones administrativas de Rusia. Esta demanda social de prestigiosos edificios de oficinas, nueva para los arquitectos soviéticos, provocó un tempestuoso proceso de búsquedas de nuevos métodos compositivos, volumétricos y de planificación en el diseño. El proyecto de Gólosov se destaca en el torrente general de proyectos experimentales por sus cualidades artísticas.

La disposición angular permitió a Gólosov dar volumen al edificio. El laconismo general de la forma del paralelepípedo de seis pisos se combina con la solución minuciosamente pensada de la plástica y de la estructura gráfica de las fachadas. Verticalmente, el edificio se divide en tres partes: 1) el zócalo con una fila de ventanas rectangulares; 2) la parte principal de cinco pisos con un armazón descubierto; 3) el piso final, totalmente vidriado. El edificio se aligera continuamente de abajo hacia arriba

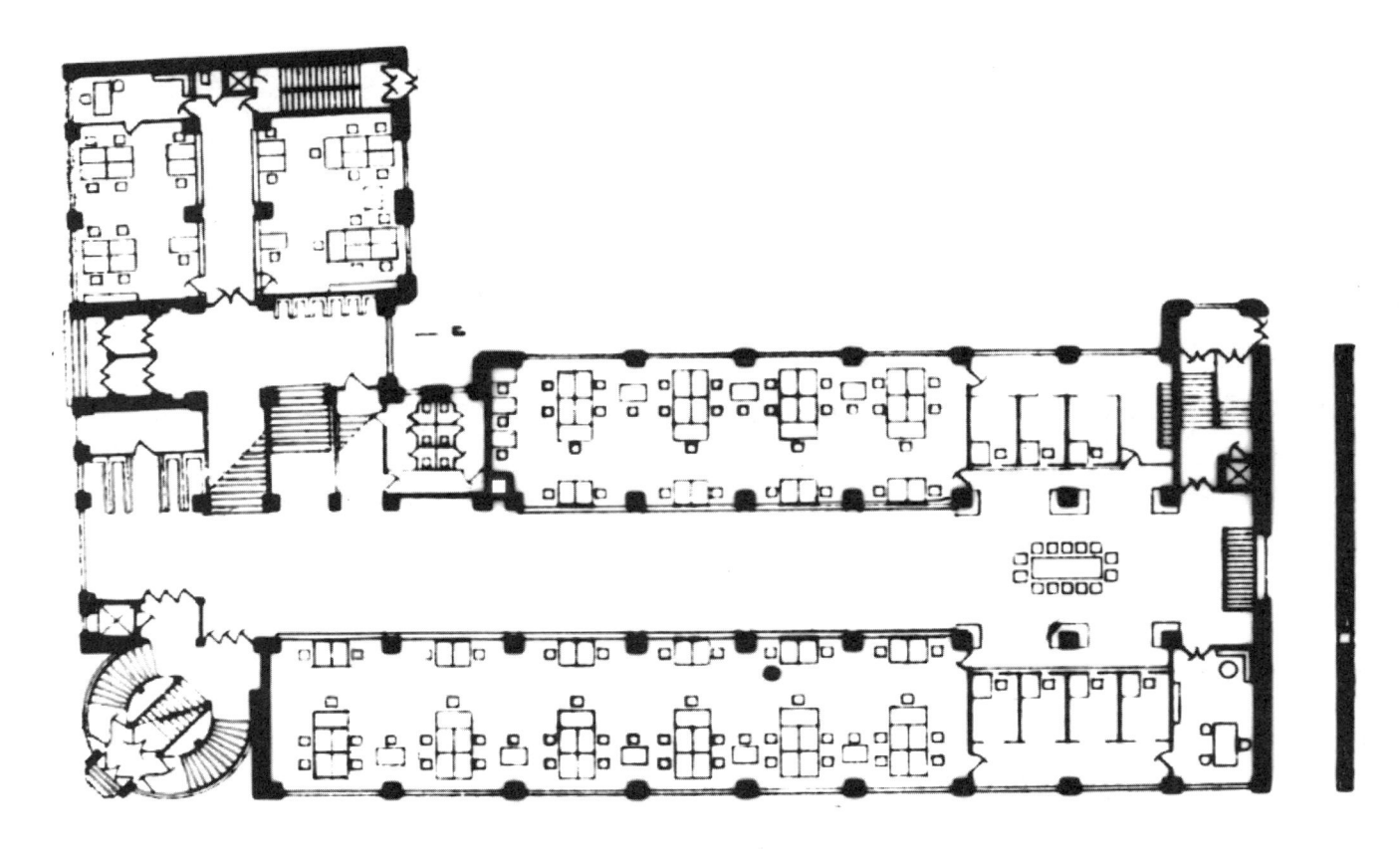

И. Голосов. «Электробанк» в Москве. Конкурсный проект. 1926
I. Gólosov. «Elektrobank» en Moscú. Proyecto de concurso. 1926

Перспектива, план
Perspectiva, plano

ние здания снизу вверх (стена — каркас – стеклянный экран), что подчеркивается и открытой галереей над угловой частью здания.

Основная композиционная интрига разворачивается в средней (по высоте) части здания. Здесь Голосов на стыке двух фасадов прерывает подчеркнутую горизонтальность их структуры полностью остекленным цилиндром лестничной клетки. Цилиндр опирается на цоколь и как бы поддерживает верхний этаж. Стеклянный угловой цилиндр и протяженный фасад спорят между собой за главенство в общей композиции, создавая контрастную напряженность, которая несколько разряжается нарочито измельченной пластикой второго фасада, где два горизонтальных эркера «гасят» ритмическую сетку каркаса. Это один из немногих проектов И. Голосова 20-х гг., в котором трудно безоговорочно отдать предпочтение в создании художественного облика здания объемной композиции, ибо утонченный по начертанию рисунок вынесенного на фасад каркаса играет не меньшую роль в придании внешному облику здания некоей холодновато-торжественной элегантности.

(pared, armazón, muro-cortina de vidrio), lo que es acentuado también por la galería abierta sobre la esquina del edificio.

La intriga compositiva principal se desarrolla en la parte media (respecto a la altura) del edificio. Allí, en el cruce de las dos fachadas, Gólosov interrumpe la horizontalidad remarcada de sus estructuras con el cilindro totalmente vidriado de la caja de escaleras. Apoyándose sobre el zócalo, da la impresión que el cilindro sostiene el piso superior. El cilindro vidriado en la esquina y la fachada alargada se disputan la primacía en la composición general, creando una tensión contrastante que se aligera levemente con la plástica intencionalmente desmenuzada de la segunda fachada, donde dos miradores horizontales «apagan» la malla rítmica del armazón. Éste es uno de los pocos proyectos de I. Gólosov de la década del 20 en el que es difícil dar preferencia incondicionalmente a la composición volumétrica en la creación de la imagen artística del edificio, pues el sutil trazado del dibujo del armazón descubierto en la fachada juega un papel no menos importante en el aspecto exterior del edificio, dándole cierta elegancia fría y solemne.

М. Коржев

МЕЖДУНАРОДНЫЙ КРАСНЫЙ СТАДИОН В МОСКВЕ. Дипломный проект (ВХУТЕМАС, мастерская Н. Ладовского). 1926

M. Kórzhev

ESTADIO ROJO INTERNACIONAL EN MOSCÚ. Proyecto de grado (VJUTEMAS, taller de N. Ladovski). 1926

Как уже было сказано выше, в 1924–1925 гг. группа студентов ВХУТЕМАСа под руководством Н. Ладовского разрабатывала реальный заказной проект Международного Красного стадиона (Ш. № 28). Эту же тему Ладовский предложил выпускникам своей мастерской в качестве дипломного проекта, изменив при этом месторасположение стадиона. Вместо Ленинских гор дипломники проектировали стадион в Лужниках.

Коржев делал свой дипломный проект полтора года (1925–1926) по полной программе спортивного комплекса: генплан всей территории, спортивный клуб, трибуны, трек для автогонок, велотрек, беговые дорожки для скачек, тренировочные сооружения, водная станция.

Оригинальна объемно-планировочная композиция, предложенная М. Коржевым для проекта спортивного клуба, где объединены клубные (аудитория и др.) и спортивные (зал и др.) помещения, которые в виде ступенчато понижающихся прямоугольных объемов как бы вставлены внутрь двух параллельных рядов глухих квадратных в плане башен, включающих вертикальные коммуникации (лифты, ле-

Como se dijo anteriormente, entre 1924 y 1925 un grupo de estudiantes del VJUTEMAS bajo la dirección de N. Ladovski se dedicó al diseño de un proyecto real por encargo, del Estadio Rojo Internacional (O. M. № 28). Ladovski propuso este mismo tema a los estudiantes de su taller en calidad de proyecto de grado, pero cambiando la ubicación del estadio. En lugar de las Colinas de Lenin, los graduandos proyectaron el estadio en Los Luzhnikí.

Kórzhev realizó en año y medio (1925–1926) como proyecto de grado el programa total del complejo deportivo: el plan general de todo el solar, el club deportivo, las tribunas, la pista para competencias automovilísticas, el velódromo, las pistas para carreras de caballos, las instalaciones para entrenamiento, la estación náutica.

La original composición volumétrica y de planificación propuesta por M. Kórzhev para el proyecto del club deportivo, donde están unidas las instalaciones del club (auditorios, etcétera) y deportivas (sala, etcétera), las cuales, en forma de volúmenes rectangulares que disminuyen escalonadamente, se encuentran como colocadas en el interior de dos filas paralelas de torres ciegas de plantas cuadradas, que albergan las comunica-

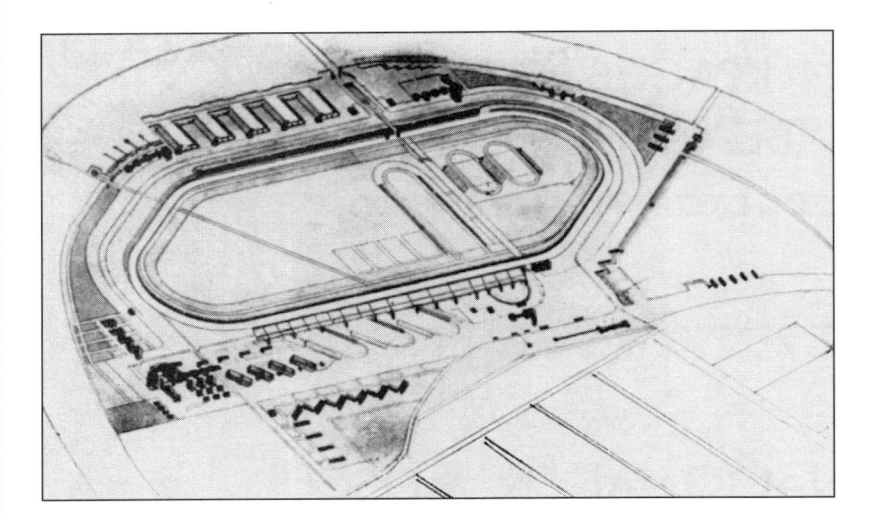

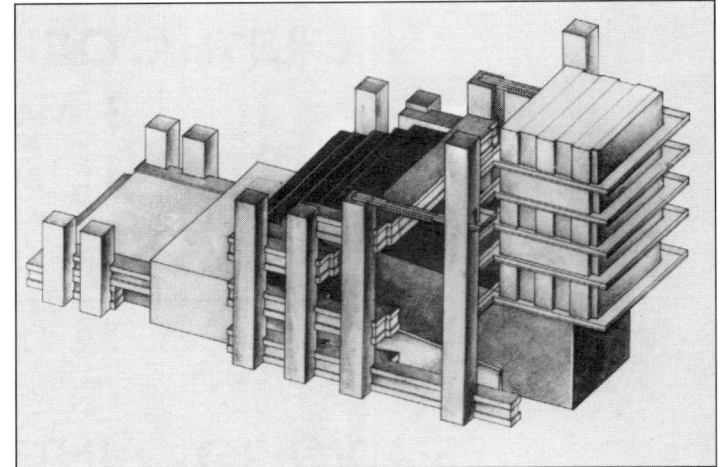

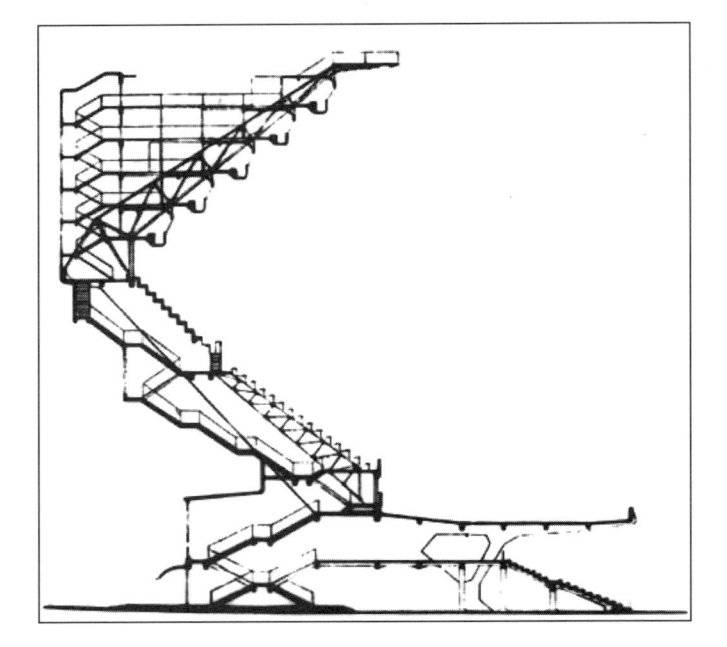

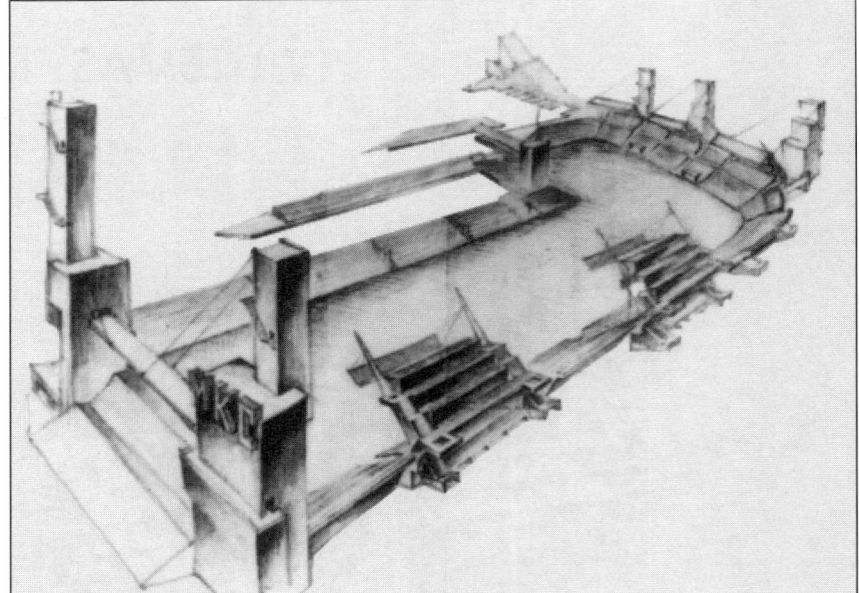

М. Коржев. Международный Красный стадион в Москве. Дипломный проект (ВХУТЕМАС, мастерская Н. Ладовского). 1926

M. Kórzhev. Estadio Rojo Internacional en Moscú. Proyecto de grado (VJUTEMAS, taller de N. Ladovski). 1926

Предварительный эскиз всего комплекса (перспектива), аксонометрический генплан всего комплекса, перспектива и разрез трибун, аксонометрия спортивного клуба

Bosquejo previo de todo el complejo (perspectiva), axonometría del plano general de todo el complejo, perspectiva y corte de las tribunas, axonometría del club deportivo

стницы). Внизу башни соединены общими вестибюлями, а различные этажи и ярусы здания соединены с башнями коридорами или открытыми галереями.

Наибольший интерес в проекте Коржева представляет конструкция спортивных трибун. Трибуны состоят из двух основных частей. Нижняя часть, запроектированная в железобетоне, представляет собой традиционный тип спортивных трибун. Здесь три яруса мест, нижний из которых (26 рядов мест) прикрыт железобетонным консольным козырьком. Два других яруса (всего 25 рядов) также имеют консольный козырек, конструкция которого выполнена из металла. Вот этот консольный козырек и является главным формально-конструктивным нововведением дипломного проекта Коржева. Дело в том, что функциональное назначение козырька усложнено: к нему подвешены пять рядов протяженных кабин для зрителей.

Первоначально вся конструкция трибун проектировалась Коржевым в железобетоне. Но консультировавший конструктивную часть проекта А. Лолейт посоветовал сделать верхний консольный козырек из металла, аргументировав свое предложение ссылкой на то, что в то время в стране не было для такой консоли необходимых марок цемента.

ciones verticales (ascensores, escaleras). Por abajo las torres están unidas por vestíbulos comunes, y los distintos pisos y niveles del edificio se conectan con las torres mediante corredores o galerías abiertas.

Lo más interesante en el proyecto de Kórzhev es la estructura de las tribunas deportivas. Las tribunas se componen de dos partes principales. La parte inferior, proyectada en hormigón armado, es una tribuna tradicional. Aquí hay tres niveles de localidades. El nivel inferior (26 gradas de asientos) está cubierto por una marquesina de hormigón armado a modo de ménsula. Los otros dos niveles (de sólo 25 gradas) también tienen marquesina a modo de ménsula, pero realizada en metal. Precisamente esta marquesina a modo de ménsula es la principal innovación en cuanto a la estructura formal del proyecto de grado de Kórzhev, pues la función de la marquesina no es simple: de ella cuelgan cinco filas de cabinas extensas para espectadores.

Inicialmente, Kórzhev proyectó toda la estructura de la tribuna en hormigón armado. Pero A. Loleit, el consultante de la parte concerniente a la construcción del proyecto, le aconsejó hacer la marquesina superior de metal, argumentando su propuesta con el hecho de que en aquel entonces en Rusia no existía una marca adecuada de cemento para la elaboración de semejante ménsula.

М. Гинзбург

ДОМ АКЦИОНЕРНОГО ОБЩЕСТВА «ОРГАМЕТАЛЛ» В МОСКВЕ.
Конкурсный проект.
1926–1927

M. Guínzburg

CASA DE LA SOCIEDAD ANÓNIMA «ORGAMETAL» EN MOSCÚ.
Proyecto de curso.
1926–1927

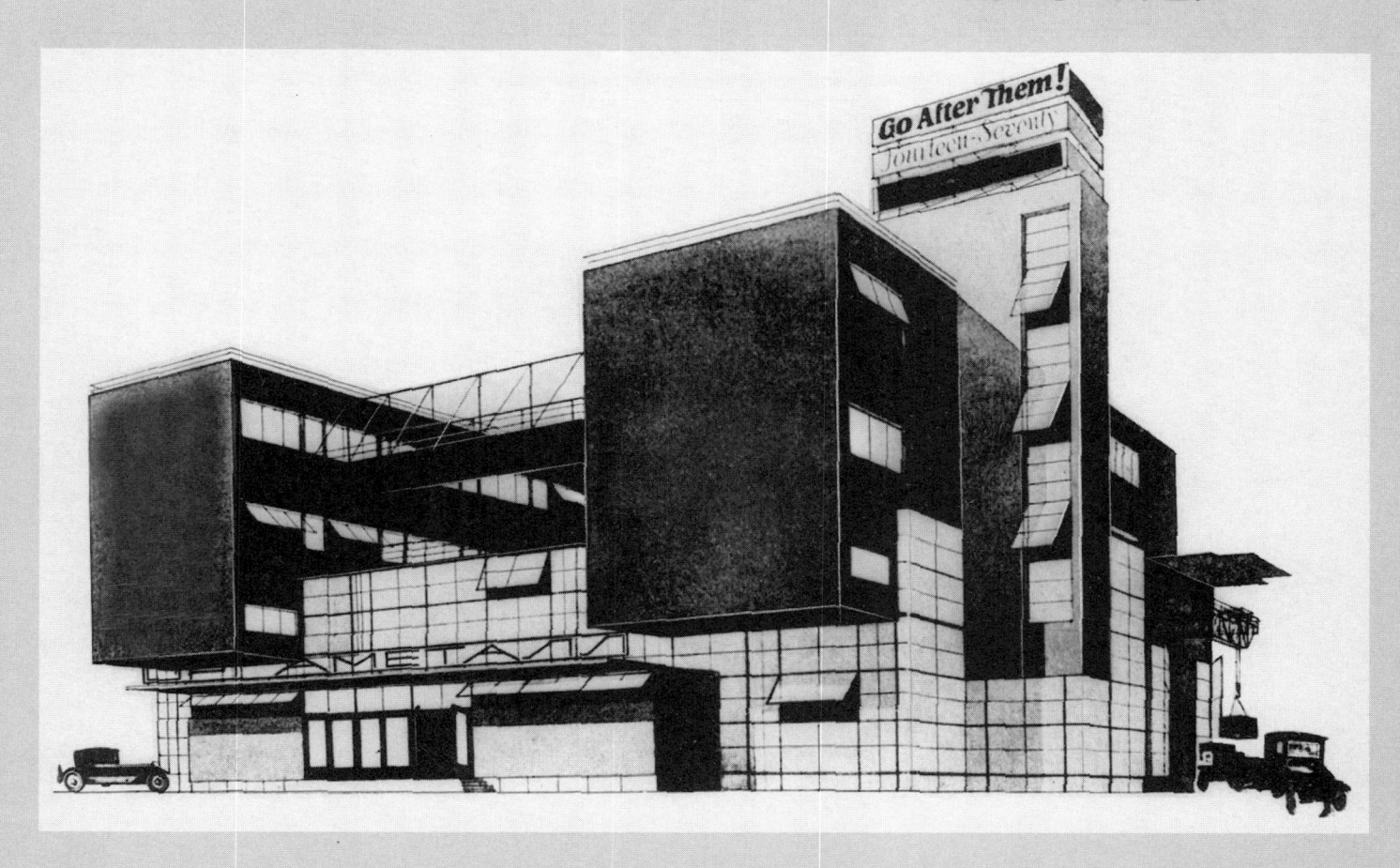

По программе требовалось совместить в одном здании обширный выставочный зал для экспонирования машин и конторские помещения. В проекте Гинзбурга весь первый этаж почти квадратного в плане здания отведен под выставочный зал. Конторские помещения размещены в поднятых на столбах над выставочным залом трехэтажных корпусах, которые в виде буквы «П» окружают двухсветную часть выставочного зала.

Особый интерес представляет художественно-композиционное решение здания. Гинзбург использовал в своем проекте необычный формальный прием контраста — над зрительно легким полностью остекленным низом консольно нависают (частично «погрузившись» в него) глухие массивные корпуса верхней части. Этот оригинальный формально-композиционный прием придал внешнему облику здания чрезвычайную остроту и необычность.

El programa exigía combinar en un sólo edificio una sala extensa de exposición de máquinas y las instalaciones de las oficinas. En el proyecto de Guínzburg, todo el primer piso del edificio de planta casi cuadrada se destina a la sala de exposición. Las oficinas se encuentran sobre la sala de exposición en bloques de tres pisos apoyados sobre soportes, los cuales en forma de «П» rodean la parte de la sala de exposición que tiene dos filas de ventanas.

Es de especial interés la solución compositiva del edificio. Guínzburg utilizó en su proyecto un inusual método formal de contraste: sobre la parte inferior totalmente vidriada y visualmente ligera cuelgan a modo de ménsula (y parcialmente se «incrustan» en ella) los bloques ciegos masivos de la parte superior. Este original método formal-compositivo le dio una especial agudeza y originalidad al aspecto exterior del edificio.

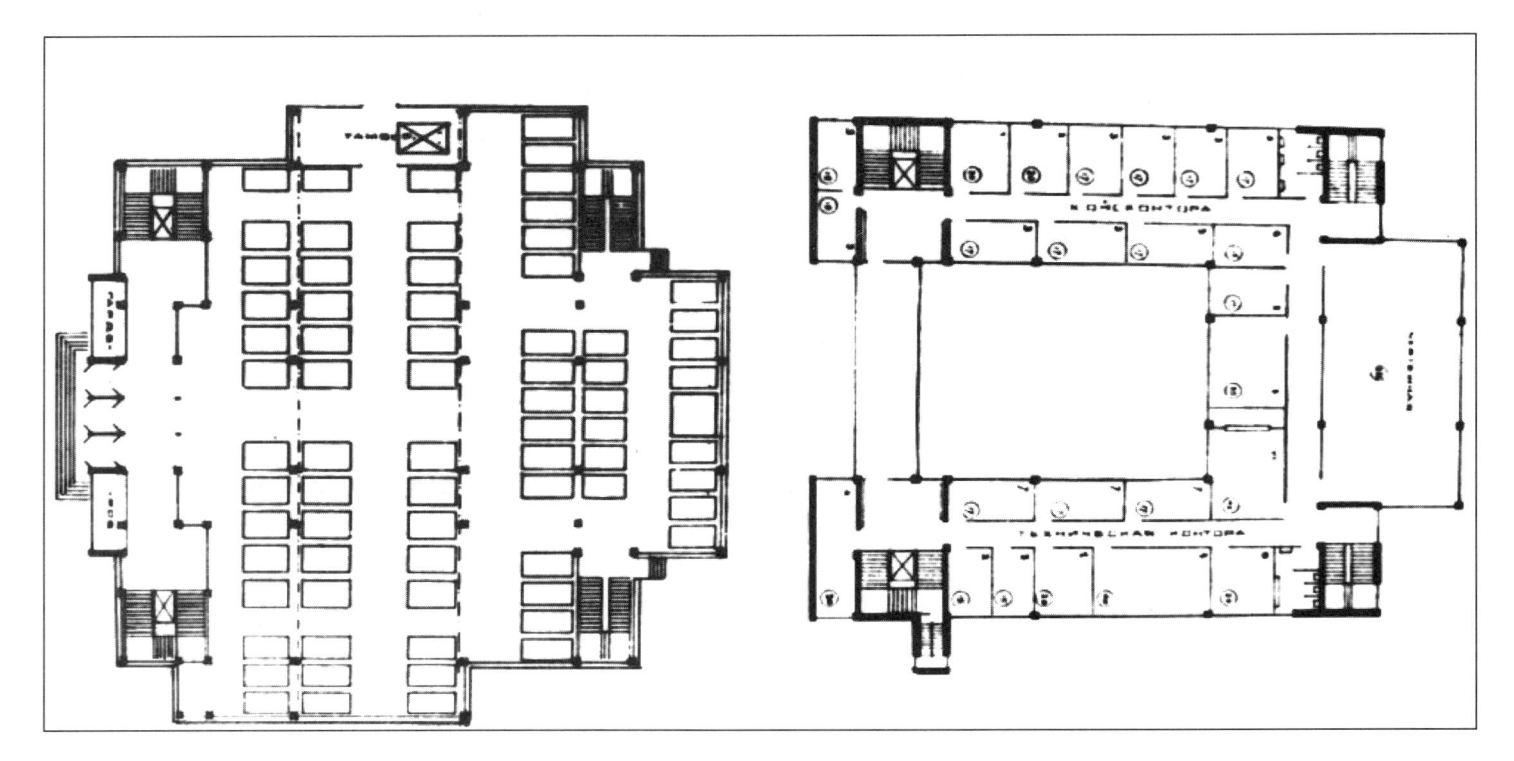

(36) М. Гинзбург. Дом акционерного общества «Оргаметалл» в Москве. Конкурсный проект. 1926–1927

M. Guínzburg. Casa de la sociedad anónima «Orgametal» en Moscú. Proyecto de curso. 1926–1927

Раздел 2 / Parte 2

Перспектива, планы первого и второго этажей

Perspectiva, planos del primer y segundo pisos

Л. Хидекель

РАБОЧИЙ КЛУБ.
Курсовой проект (ЛИГИ). 1926

L. Jidiékel

CLUB DE TRABAJADORES.
Proyecto de curso (LIGI). 1926

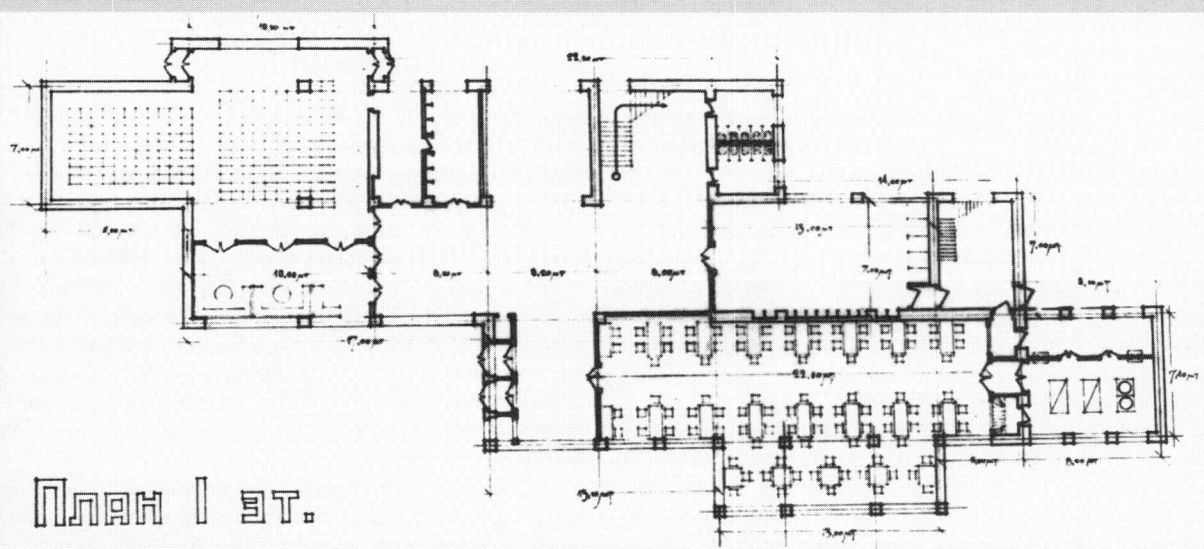

Проект рабочего клуба Хидекеля занимает особое место в процессе внедрения стилеобразующей концепции супрематизма в архитектуру. Этот процесс прошел ряд сложных этапов, когда от плоскостных композиций через объемные построения супрематизм входил в архитектуру сначала схематическими, а затем уже и полноценными архитектурными проектами. Вехами на этом пути были проуны Л. Лисицкого (Ш. № 7), архитектоны (Ш. № 20) и планиты (Ш. № 21) К. Малевича.

Проект рабочего клуба Л. Хидекеля был первым профессионально выполненным супрематическим архитектурным проектом.

Ученик Малевича и Лисицкого, получив в Витебске в 1922 г. диплом художника, Хидекель поступает в ЛИГИ, чтобы получить вторую профессию — архитектора. Освоив на первых курсах профес-

El proyecto del Club de Trabajadores de Jidiékel ocupa un lugar especial en el proceso de introducción de la concepción de creación de estilos del suprematismo en la arquitectura. Este proceso tuvo una serie de etapas complejas, en la época en que partiendo de las composiciones planas y pasando por las construcciones volumétricas el suprematismo ingresaba en la arquitectura, primero mediante esquemas y después mediante verdaderos proyectos arquitectónicos. Hitos de este proceso fueron los prouns de Lisitski (O. M. Nº 7), y los arquitectones (O. M. Nº 20) y planites (O. M. Nº 21) de K. Maliévich.

El Club de Trabajadores de L. Jidiékel fue el primer proyecto arquitectónico suprematista realizado profesionalmente.

Alumno de Maliévich y Lisitski, después de obtener el diploma de pintor en Vítebsk (1922) Jidiékel ingresa en el LIGI para obtener una

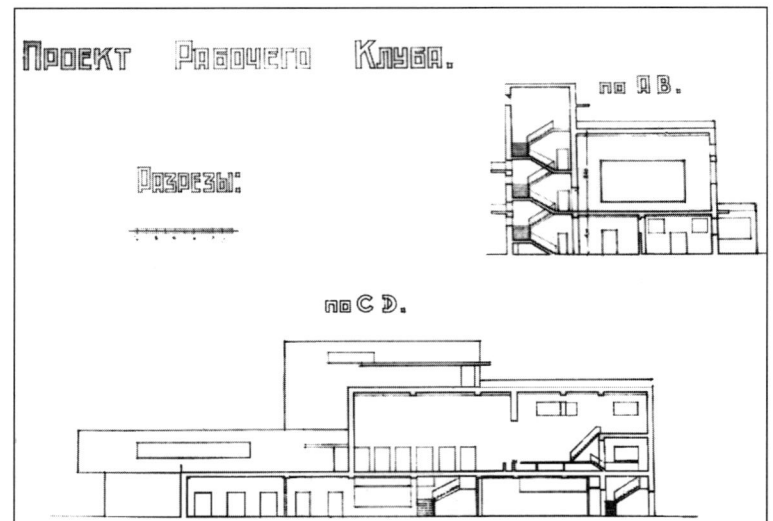

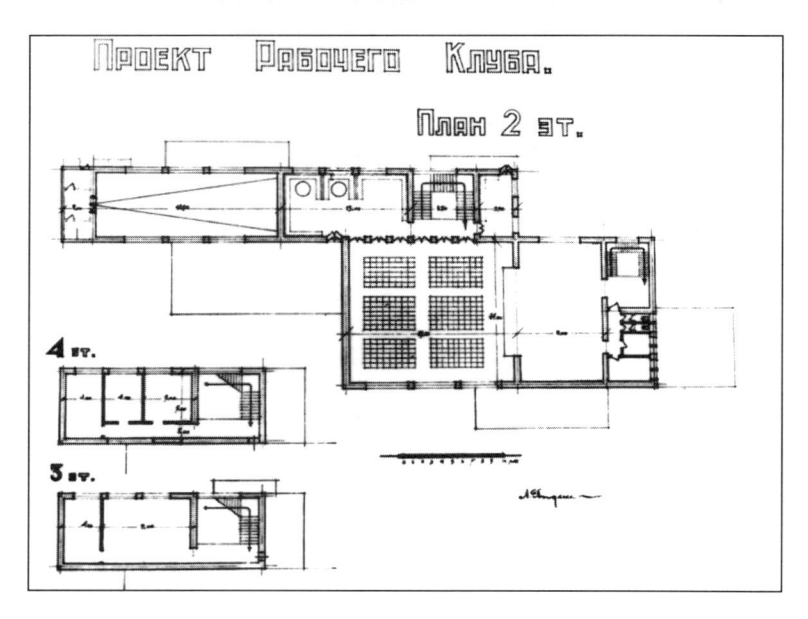

(37) Л. Хидекель. Рабочий клуб. Курсовой проект (ЛИГИ). 1926
L. Jidiékel. Club de Trabajadores. Proyecto de curso (LIGI). 1926

Перспектива, фасад, планы, разрезы
Perspectiva, fachada, planos, cortes

сиональные навыки, он начинает экспериментировать в духе супрематической архитектуры и осенью 1926 г., будучи студентом четвертого курса, создает свой знаменитый проект клуба.

Проект делался по свободной программе. Была задана лишь тема — клуб в рабочем городском районе. Объемно-пространственная композиция клуба явно связана с архитектонами Малевича — простые параллелепипеды разных размеров и пропорций соединены друг с другом в асимметричную композицию, причем частично они консольно нависают один над другим. Проект был эффектно подан: графически-белые стены, черные окна и темно-голубой цвет (гуашь) фона; голубыми были и простенки между окнами.

Весть о появлении на выставке курсовых работ проекта рабочего клуба Хидекеля привлекла в зал огромную толпу студентов. В ЛИГИ, где до этого не было новаторских композиций, этот проект воспринимался как разорвавшаяся бомба. Хидекель в своих экспериментах шел первым и принял на себя недоумения, критику и протесты со стороны преподавателей. Проект с трудом зачли ему как курсовую работу.

В 1927 г. проект рабочего клуба Хидекеля был показан на Первой выставке современной архитектуры в Москве и в том же году опубликован в конструктивистском журнале «СА». Так началось его широкое признание: проект уже с 20-х гг. широко публикуется в зарубежных изданиях (причем нередко приписывается К. Малевичу).

segunda profesión, la de arquitecto. Habiendo asimilado en los primeros años las habilidades profesionales, Jidiékel comienza a experimentar en el estilo de la arquitectura suprematista, y en el otoño de 1926, siendo estudiante de cuarto año, crea su famoso proyecto del club.

El programa para la realización del proyecto era libre. Sólo se dio el tema: club en un municipio obrero de la ciudad. La composición volumétrico-espacial del club de Jidiékel está claramente relacionada con los arquitectones de Maliévich: paralelepípedos simples de diferentes tamaños y proporciones, unidos en una composición asimétrica en la que algunos de ellos sobresalen a modo de ménsula sobre los otros. El proyecto fue presentado de forma impresionante: paredes gráficamente blancas, ventanas negras y fondo celeste oscuro (pintura a la aguada); los entrepaños también eran celestes.

La noticia de la presentación del proyecto del Club de Trabajadores de Jidiékel en la exposición de trabajos de curso, convocó a una gran multitud de estudiantes en la sala. En el LIGI, donde hasta la fecha no había composiciones innovadoras, este proyecto tuvo el efecto de una bomba en explosión. Jidiékel con sus experimentos se encontraba a la cabeza y soportó el malentendido, la crítica y las protestas de los profesores. El proyecto fue aprobado con dificultad como trabajo de curso.

En 1927, el proyecto del Club de Trabajadores de Jidiékel fue presentado en la Primera Exposición de Arquitectura Moderna en Moscú, y ese mismo año fue publicado en la revista «AM». Así comenzó su gran fama: el proyecto se publicó ampliamente fuera de Rusia desde los años 20 (siendo atribuido muchas veces a Maliévich).

А. Никольский (руководитель), И. Белдовский, В. Гальперин, А. Крестин

СЕРИЯ ЭКСПЕРИМЕНТАЛЬНЫХ ПРОЕКТОВ ЗДАНИЙ ОБЩЕСТВЕННО- И КУЛЬТУРНО-ПРОСВЕТИТЕЛЬНОГО НАЗНАЧЕНИЯ.
1927

A. Nikolski (director), I. Beldovski, V. Galpierin, A. Kriestin

SERIE DE PROYECTOS EXPERIMENTALES PARA EDIFICIOS PÚBLICOS Y CULTURALES.
1927

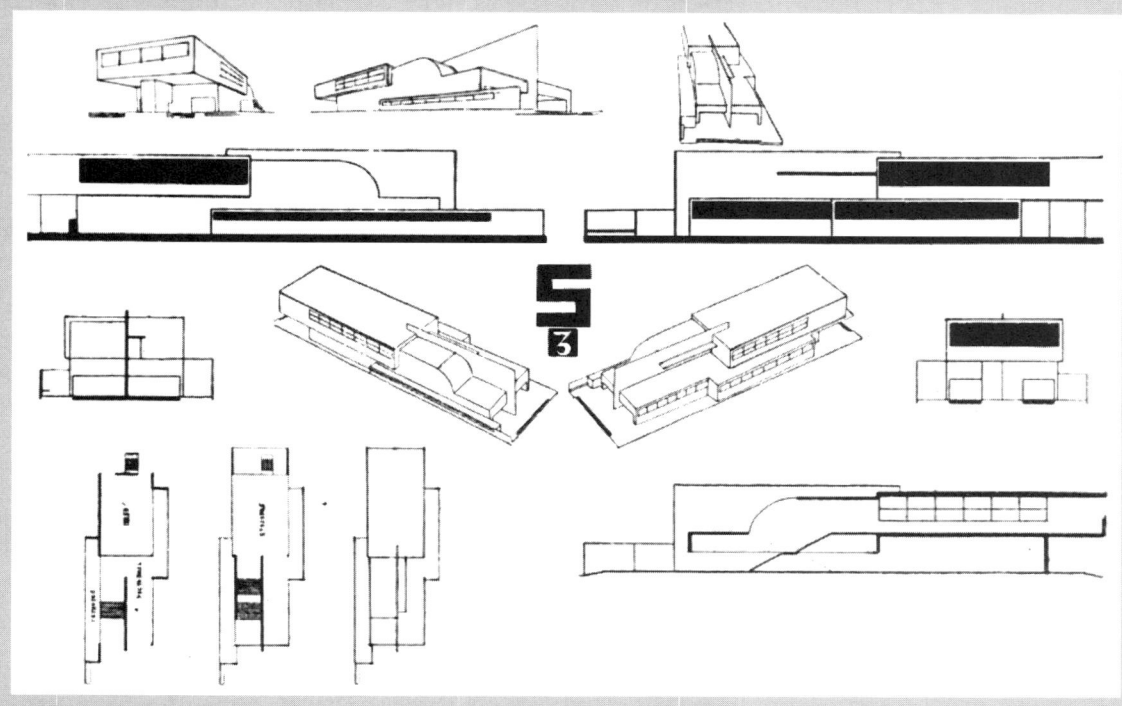

(38)

А. Никольский, И. Белдовский и др. Серия проектов зданий общественно- и культурно-просветительного назначения. 1927

A. Nikolski, I. Beldovski y otros. Serie de proyectos experimentales para edificios públicos y culturales. 1927

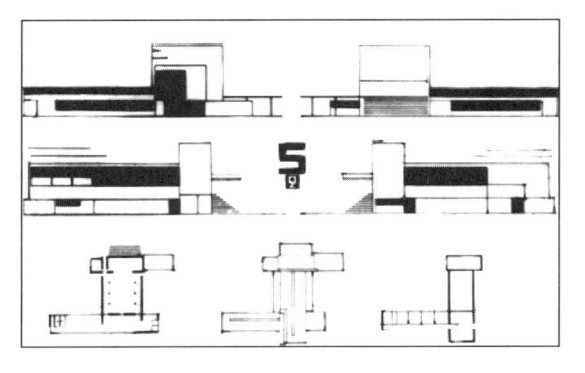

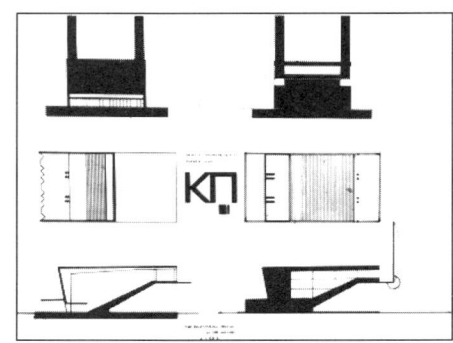

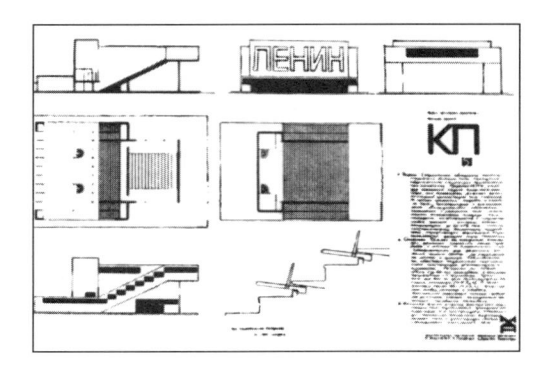

a) клуб с залом на 500 мест (макет, фасады, планы);
b) кинотеатр и столовая (макет, фасады, аксонометрии, разрезы, планы) (см. титул шедевра);
c) зал общественных собраний на 500 мест (макет, фасады, планы, разрез);
d) зал общественных собраний на 1000 мест (макет, фасады, планы, разрез)

a	c	d
a	c	d

a) club con sala para 500 personas (maqueta, fachadas, planos);
b) cine-teatro y comedor (maqueta, fachadas, axonometrías, cortes, planos; véase la ilustración inicial);
c) sala de reuniones públicas para 500 personas (maqueta, fachadas, planos, corte);
d) sala de reuniones públicas para 1000 personas (maqueta, fachadas, planos, corte)

Вторым важным шагом (наряду с рабочим клубом Л. Хидекеля) на пути внедрения супрематизма в реальную архитектуру была разработанная в мастерской А. Никольского серия экспериментальных проектов в духе «супрематического конструктивизма». А. Никольский преподавал в ЛИГИ, он внимательно следил за формальными поисками Хидекеля и за работой группы Малевича, где в этот период делались архитектоны.

Серия экспериментальных проектов была разработана в мастерской Никольского за короткий срок в первой половине 1927 г. специально для Первой выставки современной архитектуры в Москве (в «СА», № 4 за 1926 г., было объявлено о планировавшейся выставке, которая открылась в июне 1927 г.). Проекты целенаправленно оформлялись в выставочном варианте: черно-белые чертежи и гипсовые модели с черными элементами, обозначавшими проемы.

Проекты мастерской Никольского выделялись на выставке своей стилистикой и формой подачи и произвели впечатление на московских архитекторов новизной концепции формы.

В журнале «Строительство Москвы» в статье о выставке говорилось: «Выделяется группа ленинградских архитекторов (А. С. Никольский, И. Белдовский, В. Гальперин и А. Крестин), представивших многочисленные разнообразные проекты, из коих многие заслуживают пристального и серьезного внимания»*.

Д. Аранович в статье о выставке, рассмотрев сначала проекты, характерные для ОСА, пишет: «Из числа "неправоверных" экспонатов выставки выделяются мастерская ленинградского архитектора А. С. Никольского, работы Г. Бархина, Б. Великовского, А. Иваницкого, А. Оль, С. Чернышева, А. Щусева и др. Из них работы мастерской А. С. Никольского (с участием И. Белдовского, В. Гальперина и А. Крестина) наиболее многочисленны, разнообразны по темам и способам их решений, а также наиболее активны в смысле формально архитектурных исканий»**. Практически все экспонировавшиеся проекты ма-

El segundo paso importante (junto con el Club de Trabajadores de L. Jidiékel) en el camino de la introducción del suprematismo en la arquitectura real, fue la serie de proyectos elaborados en el taller de A. Nikolski al estilo del «constructivismo suprematista». A. Nikolski daba clases en el LIGI y seguía atentamente las búsquedas formales de Jidiékel y el trabajo del grupo de Maliévich, donde en ese período se elaboraban los arquitectones.

La serie de proyectos experimentales fue realizada en el taller de Nikolski durante un tiempo corto, en la primera mitad de 1927, especialmente para la Primera Exposición de Arquitectura Moderna en Moscú (la exposición fue anunciada en la revista «AM», № 4 de 1926, y abrió sus puertas en junio de 1927). Las variantes de los proyectos fueron diseñadas pensando en la exposición: dibujos en blanco y negro y modelos de yeso con elementos negros que denotaban los huecos.

Los proyectos del taller de Nikolski se destacaron en la exposición por su estilo y forma de presentación, y causaron impresión en los arquitectos moscovitas por la novedad de la concepción de la forma.

En la revista «Construcción de Moscú», en el artículo sobre la exposición se leía: «Se destaca un grupo de arquitectos leningradenses (A. S. Nikolski, I. Beldovski, V. Galpierin y A. Kriestin), que presentaron proyectos diversos y numerosos, muchos de los cuales merecen una atención particular.»*

D. Aranóvich en el artículo sobre la exposición, ya habiendo examinado los proyectos característicos de la OSA, escribe: «Del número de expositores "herejes" se destacan el taller del arquitecto leningradense A. S. Nikolski, los trabajos de G. Barjin, B. Velikovski, A. Ivanitski, A. Ol, S. Chernyshov, A. Schúsiev y otros. Entre ellos, los trabajos del taller de A. S. Nikolski (con la participación de I. Beldovski, V. Galpierin y A. Kriestin) son los más numerosos y, por los temas y métodos de solución, los más variados, así como los más activos en el sentido de las búsquedas arquitectónicas.»** Prácticamente todos los proyectos del taller de Nikolski

---

* Щербаков В. Выставка «Современная архитектура» // Строительство Москвы. 1927. № 7. С. 10.
** Аранович Д. Выставка современной архитектуры // Строительная промышленность. 1927. № 6–7. С. 451.

Scherbakov V. Exposición «Arquitectura Moderna» // Construcción de Moscú. 1927. № 7. Pág. 10.
Aranóvich D. Exposición de Arquitectura Moderna // Industria de la Construcción. 1927. № 6–7. Pág. 451.

стерской Никольского были опубликованы в «СА» и в других журналах, т. е. был достигнут максимальный эффект быстрого введения произведений оригинальной архитектурной школы в творческий обиход (выставка и публикация).

Экспонировавшиеся на выставке проекты мастерской А. Никольского в духе «супрематического конструктивизма» в каталоге выставки названы лабораторными работами: это кинотеатр и столовая (ресторан-кино) на бульваре, клуб с залом на 500 мест, зал общественных собраний на 500 мест, зал общественных собраний на 1000 мест.

Характерны стилистические черты проектов в духе «супрематического конструктивизма» — сочетание крупнорешенных простых геометрических объемов с сопоставлением горизонтальных и вертикальных параллелепипедов, контрастное сочетание глухих светлых стен с четко выявленными и подчеркнутыми черными протяженными ленточными окнами и крупными квадратными проемами, использование приема консольного нависания верхнего объема над нижним, широкое использование козырьков. В отличие от архитектонов в проектах мастерской Никольского использовались и наклонные линии, придававшие остроту композициям, состоявшим в основном из прямоугольных объемов.

expuestos fueron publicados en «AM» y en otras revistas, es decir, se alcanzó el máximo efecto de la introducción rápida de las obras de esta escuela de arquitectura original en el ambiente artístico (exposición y publicación).

Los proyectos del taller de Nikolski realizados al estilo del «constructivismo suprematista» y mostrados en la exposición, fueron llamados en el catálogo «trabajos de laboratorio»: un cine-teatro y un comedor (restaurante-cine) en un bulevar, un club con una sala para 500 personas, una sala de reuniones públicas para 500 personas y otra para 1000 personas.

Las características estilísticas de los proyectos realizados al estilo del «constructivismo suprematista» son la combinación de grandes volúmenes geométricos y simples con la confrontación de paralelepípedos horizontales y verticales; la combinación contrastante de paredes claras ciegas con franjas de ventanas negras claramente remarcadas y grandes huecos cuadrados; la utilización de volúmenes superiores que sobresalen a modo de ménsula sobre los inferiores, el amplio uso de marquesinas. A diferencia de los arquitectones, en los proyectos del taller de Nikolski también se emplearon líneas inclinadas, las cuales daban agudeza a las composiciones, compuestas principalmente de volúmenes rectangulares.

Л. Хидекель

КОЛЛЕКТИВНОЕ ЖИЛИЩЕ.
Курсовой проект (ЛИГИ). 1927

L. Jidiékel

VIVIENDA COLECTIVA.
Proyecto de curso (LIGI). 1927

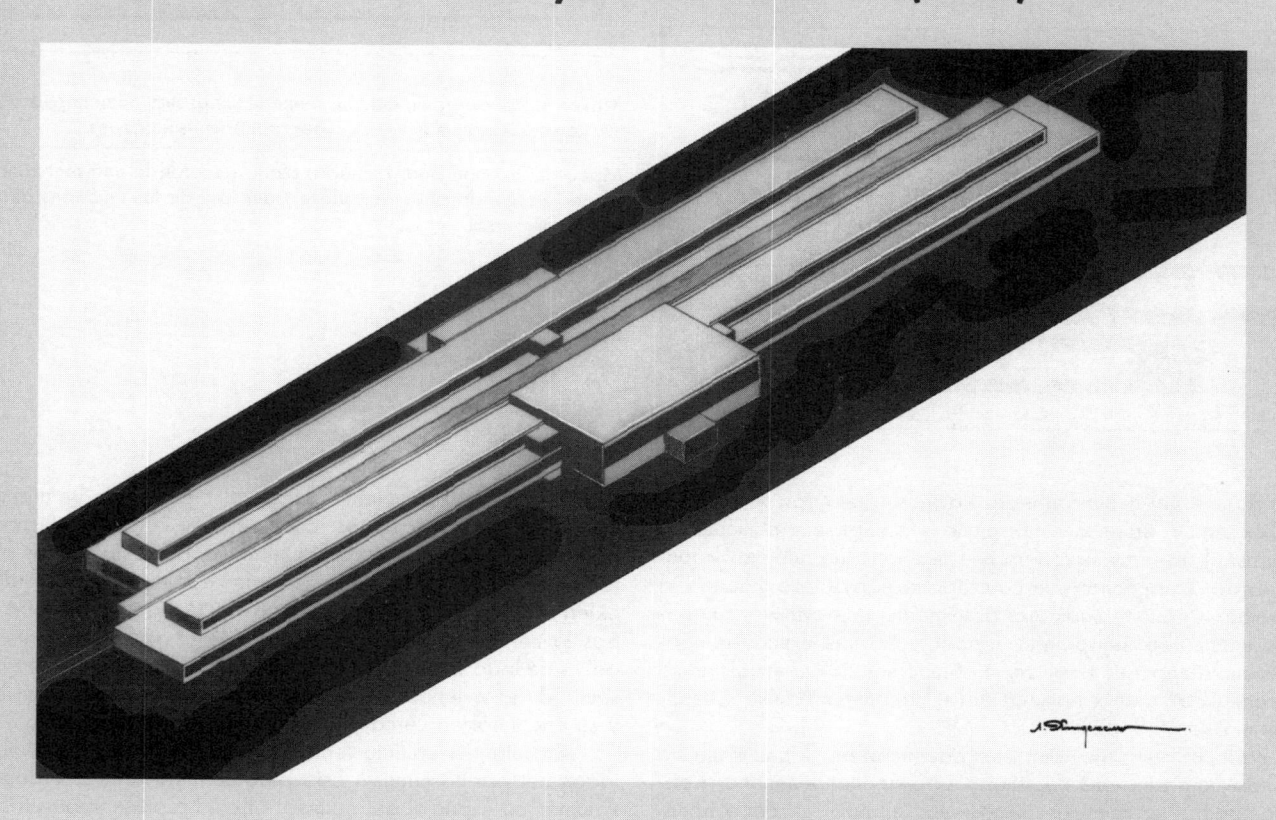

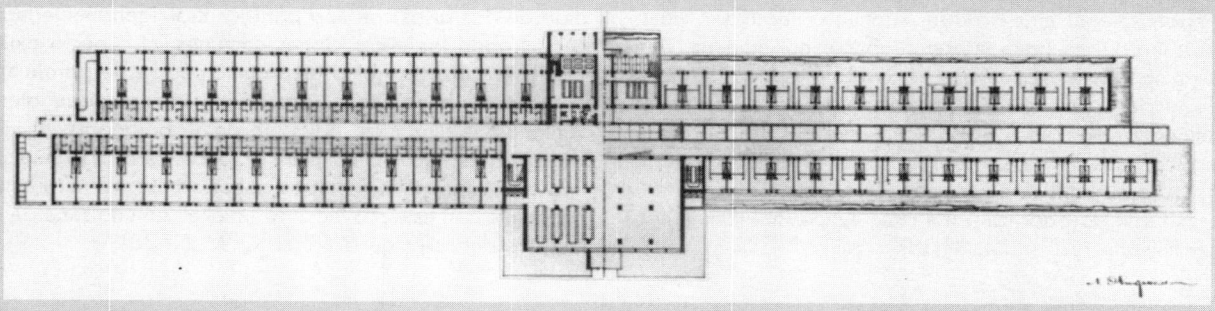

Закончив осенью 1926 г. проект рабочего клуба (Ш. № 37), Хидекель в том же учебном году делает свой второй супрематический архитектурный проект — коллективное жилище. Проект имел характер творческого предложения студента, хотя и был зачтен как курсовой проект.

Это был проект жилого дома переходного типа, в котором сочетались отдельные квартиры на семью и помещения общего пользования.

Хидекель поставил перед собой задачу сделать семейную жилую ячейку в общем доме такой, чтобы она имела и преимущества коттеджа. Каждая двухэтажная квартира непосредственно связана с расположенным перед ее фасадом участком и одновременно имеет выход в общий коридор с верхним светом, связывающий жилые ячейки с находящимися в центральной части корпуса столовой, клубными комнатами и детскими помещениями.

Una vez concluido el proyecto del Club de Trabajadores en el otoño de 1926 (O. M. № 37), Jidiékel elabora en ese mismo año lectivo su segundo proyecto de arquitectura suprematista: la vivienda colectiva. El proyecto era una propuesta artística del estudiante, pero fue aprobado como proyecto de curso.

Éste era un proyecto de edificio de viviendas tipo transitorio, en el que se combinaban apartamentos unifamiliares e instalaciones de uso común.

Jidiékel se planteó la tarea de hacer que en la vivienda comunal, cada unidad de vivienda tuviera las ventajas de un chalé. Cada apartamento de dos pisos se comunicaba directamente con el territorio que se encuentra delante de la fachada y, simultáneamente, tenía salida a un pasillo común con entradas de luz por arriba, el cual unía las unidades de vivienda con el comedor, los cuartos del club y las instalaciones infantiles, situados en la parte central del edificio.

Л. Хидекель. Коллективное жилище. Курсовой проект (ЛИГИ). 1927

L. Jidiékel. Vivienda colectiva. Proyecto de curso (LIGI). 1927

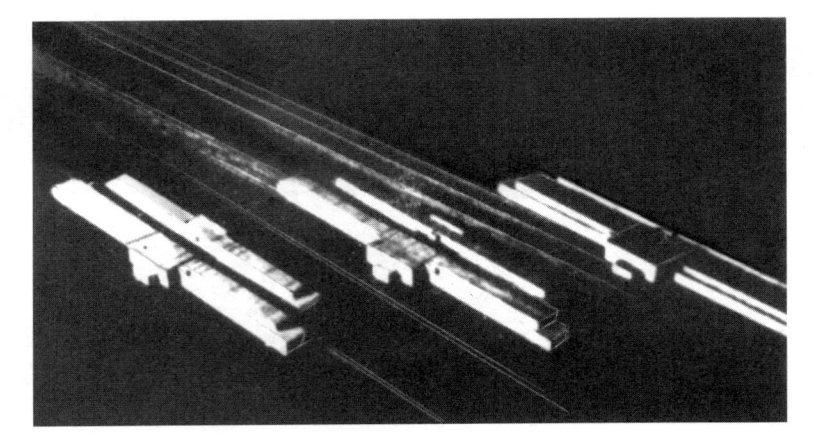

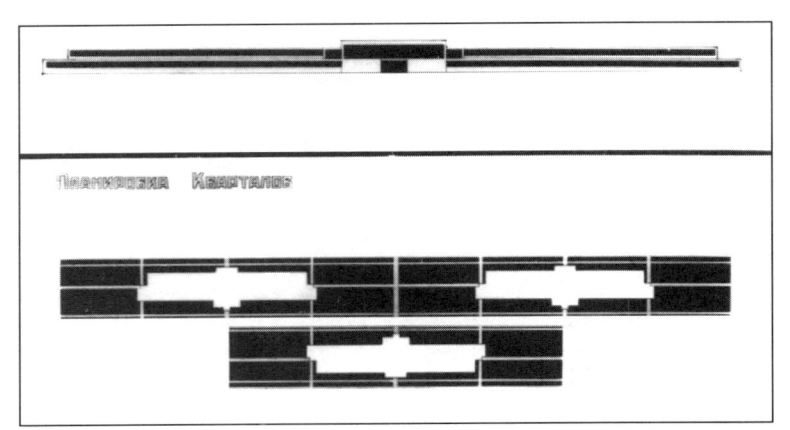

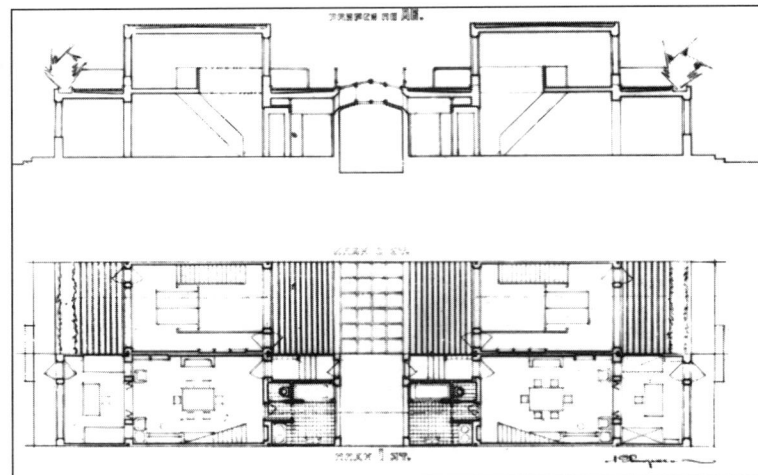

Макет, аксонометрия, фасад, генплан квартала, план первого и второго этажа всего здания и жилых ячеек, поперечный разрез

Maqueta, axonometría, fachada, plano general de una manzana, plano del primer y segundo pisos de todo el edificio y de las unidades de vivienda, corte transversal

Все квартиры в доме однотипные. Каждая имеет три жилых помещения, кухню-нишу, ванную и уборную. Из верхнего помещения квартиры (спальни) имеется выход на две террасы (на плоской кровле), одна из которых расположена со стороны наружного фасада, а вторая примыкает к полосе верхнего остекления центрального коридора. Причем вдоль этих внутренних террас устроены сквозные проходы, связывающие верхние комнаты с общественным центром дома (проходы отдалены от жилых помещений и находятся ближе к верхнему остеклению коридора).

Всего в доме 80 квартир, которые расположены в два ряда по обеим сторонам центрального коридора. Это предопределило и общую объемно-пространственную композицию здания, которое представляет собой протяженный двухэтажный корпус с несколько повышенной средней частью, где расположены общие помещения. Внешний облик здания предельно лаконичен — сочетание распластанных плит-параллелепипедов, выходящих на продольные фасады ленточными окнами. В отличие от рабочего клуба коллективное жилище имеет симметричную композицию, что было новым приемом для супрематической архитектуры (симметричные композиции одновременно с этим проектом Хидекеля были разработаны и в ряде супрематических проектов мастерской Никольского — Ш. № 38).

Todos los apartamentos en el edificio eran de un mismo tipo. Cada uno tenía tres habitaciones, cocina-nicho, cuarto de baño y retrete. La parte superior del apartamento (dormitorios) tenía salidas a dos terrazas (en el techo plano), una de las cuales estaba en el lado de la fachada exterior, y la segunda en el lado de la banda vidriada superior del pasillo central. Además, a lo largo de estas terrazas interiores habían pasos de lado a lado que unían las habitaciones superiores con el centro social de la vivienda (los pasos estaban separados de los apartamentos y se encontraban cerca del vidriado superior del pasillo).

En total, el edificio tenía 80 apartamentos, distribuidos a ambos lados del pasillo central. Esto predeterminaba la composición general volumétrico-espacial del edificio, el cual representaba un bloque extendido de dos pisos con una parte central ligeramente más alta, donde se encontraban las instalaciones comunes. El aspecto exterior del edificio era lacónico en extremo: una combinación de paralelepípedos aplanados y extendidos que mostraban en las fachadas laterales bandas de ventanas. A diferencia del Club de Trabajadores, la vivienda colectiva tenía una composición simétrica, lo cual era algo nuevo en la arquitectura suprematista (las composiciones simétricas fueron utilizadas, simultáneamente con este proyecto de Jidiékel, en una serie de proyectos suprematistas del taller de Nikolski, O. M. № 38).

И. Леонидов

ИНСТИТУТ БИБЛИОТЕКОВЕДЕНИЯ ИМ. В. И. ЛЕНИНА В МОСКВЕ.
Дипломный проект
(ВХУТЕМАС, мастерская А. Веснина).
1927

(40)

I. Leonídov

INSTITUTO DE BIBLIOTECOLOGÍA V. I. LENIN EN MOSCÚ.
Proyecto de grado
(VJUTEMAS, taller de A. Vesnín).
1927

Дипломный проект Леонидова стал вехой в развитии конструктивизма.

Необычным в этом проекте Леонидова было решение большой аудитории, которое воспринималось в те годы как творческое открытие. Аудитория запроектирована Леонидовым в виде огромного шара, поднятого над землей на ажурных металлических конструкциях. Верхняя половина шара остеклена, нижняя представляет собой амфитеатр. Рядом с главной аудиторией, составляя с ней единую объемно-пространственную композицию, располагался вертикальный параллелепипед книгохранилища. Пространство играет здесь не подчиненную, а объединяющую роль. Часть пространства, включенная в ан-

El proyecto de grado de Leonídov se convirtió en una etapa del desarrollo del constructivismo.

Lo inusual en este proyecto de Leonídov era el diseño del auditorio grande, considerado entonces como un descubrimiento artístico. El auditorio fue proyectado por Leonídov en forma de una esfera gigante levantada sobre la tierra mediante estructuras metálicas reticulares. La mitad superior de esta esfera estaba vidriada, y la parte inferior era un anfiteatro. Al lado del auditorio principal, formando con él una composición volumétrico-espacial única, se encontraba un paralelepípedo vertical (el depósito de la biblioteca). El espacio aquí desempeña no un papel secundario, sino integrador. La parte del espacio incluida en el conjunto es

И. Леонидов. Институт библиотековедения им. В. И. Ленина в Москве. Дипломный проект. 1927

I. Leonídov. *Instituto de bibliotecología V. I. Lenin en Moscú. Proyecto de grado.* 1927

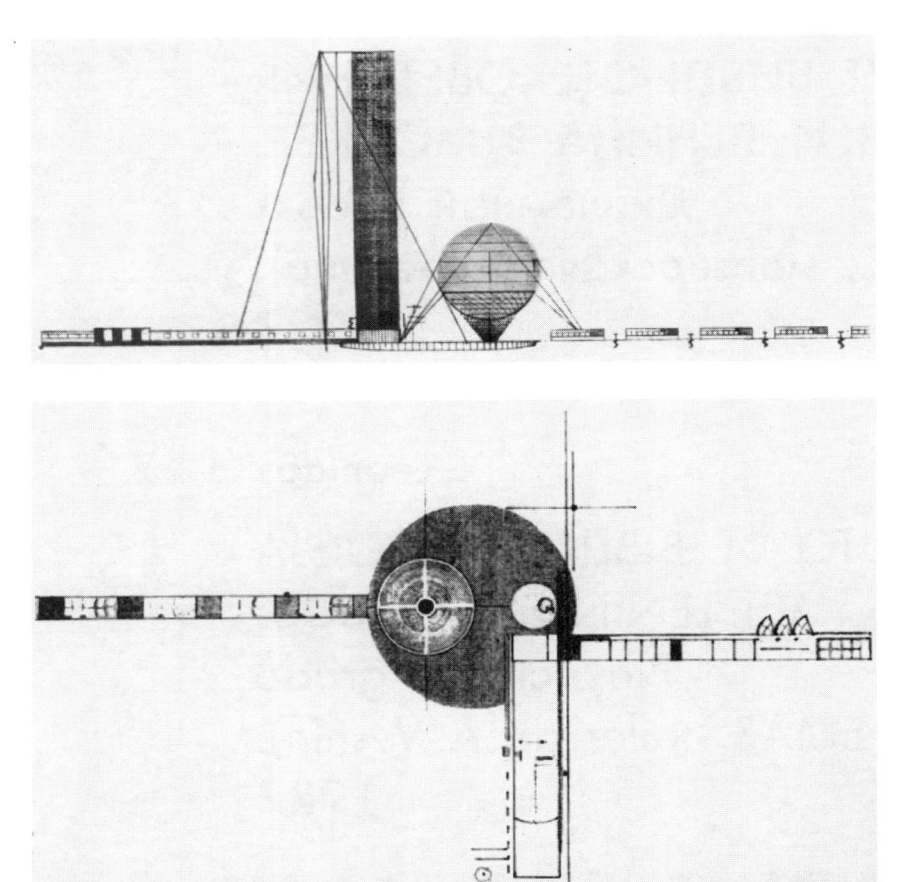

самбль, как бы выявлена тремя координатными взаимно перпендикулярными осями: линиями застройки, подвесной дорогой и высотной доминантой (книгохранилище).

В проекте Института Ленина ярко проявилась такая особенность творчества Леонидова, как стремление выявить художественные возможности предельно лаконичной формы здания. В 20-е гг., когда многие архитекторы искали выразительные возможности современной архитектуры на пути усложнения объемно-пространственной композиции, такое смелое обращение к простым геометрическим объемам было поистине новаторским. Работы И. Леонидова способствовали более глубокому отношению к поискам объемно-пространственной композиции здания.

Важно было также, что, создавая объемно-пространственную композицию, Леонидов опирался на достижения современной техники, в том числе на максимальные возможности новых конструкций.

Можно сказать, что в проекте Института Ленина Леонидов сделал принципиально новый шаг в эстетическом осмыслении конструкций.

Дипломный проект Леонидова стал гвоздем Первой выставки современной архитектуры (1927) и был детально опубликован в «СА» и даже вынесен на обложку журнала (что вообще было единственным случаем за все время выхода журнала), так как рассматривался лидерами ОСА как этапное произведение конструктивизма наряду с веснинским Дворцом труда. Этот проект Леонидова был настолько необычен, что кардинально ломал образные стереотипы, уже складывавшиеся в конструктивизме. М. Гинзбург, очень высоко оценивший проект Института Ленина, писал в статье «Итоги и перспективы»:

«Методологически чрезвычайно интересной работой, заслуживающей внимательного рассмотрения, является для нас работа И. И. Леонидова — "Институт библиотековедения имени Ленина". Среди всех остальных экспонированных на выставке СА работ, она выделяется своеобразием своего подхода.

Блестяще выполненная в ряде тонких графических рисунков и в макете, четко обрисовывающем ее смелое архитектурно-пространственное решение, работа эта более всего ценна для нас как кате-

remarcada por tres ejes de coordenadas perpendiculares: las líneas de la construcción, el paso colgante y la dominante alta (el depósito de la biblioteca).

En el proyecto del Instituto Lenin se manifiesta claramente una característica de la obra de Leonídov: la tendencia a revelar las posibilidades artísticas de la forma extremadamente lacónica del edificio. En los años 20, cuando muchos arquitectos buscaban las posibilidades expresivas de la arquitectura moderna en el camino de la complejidad de la composición volumétrico-espacial, semejante tratamiento audaz de los volúmenes geométricos simples fue realmente innovador. Los trabajos de Leonídov contribuyeron a la formación de una actitud más profunda hacia las búsquedas de composiciones volumétrico-espaciales de los edificios.

También era importante el hecho de que en su composición volumétrico-espacial Leonídov se apoyaba en los logros de la técnica moderna, incluyendo las máximas posibilidades de las nuevas estructuras.

Se puede decir que en el proyecto del Instituto Lenin, Leonídov dio un paso fundamentalmente nuevo hacia la comprensión estética de las estructuras.

El proyecto de grado de Leonídov ocupó el centro de la atención de la Primera Exposición de Arquitectura Moderna (1927) y de él se habló detalladamente en «AM», mostrándose incluso en la cubierta de la revista (lo que, en general, fue el único caso durante todo el tiempo de existencia de la revista), pues junto con el Palacio del Trabajo de los hermanos Vesnín, este proyecto era considerado por los líderes de la OSA como una obra que marcaba una etapa en el constructivismo. El proyecto de Leonídov era tan inusual que rompió cardinalmente los estereotipos representativos que ya se consolidaban en el constructivismo. M. Guínzburg, quien calificó altamente el proyecto del Instituto Lenin, escribió lo siguiente en el artículo «Resultados y perspectivas»:

«El trabajo de I. I. Leonídov, "Instituto de Bibliotecología Lenin", es para nosotros un trabajo metodológicamente muy interesante y merecedor de un estudio atento. Entre todos los trabajos mostrados en la Exposición de Arquitectura Moderna, éste se destaca por su enfoque singular.

Excelentemente realizado en una serie de finos dibujos gráficos y en una maqueta que ilustra claramente la audaz propuesta arquitectónica y espacial, este trabajo tiene para nosotros mayor valor como un avan-

И. Леонидов. Институт библиотековедения им. В. И. Ленина в Москве. Дипломный проект. 1927

I. Leonídov. Instituto de bibliotecología V. I. Lenin en Moscú. Proyecto de grado. 1927

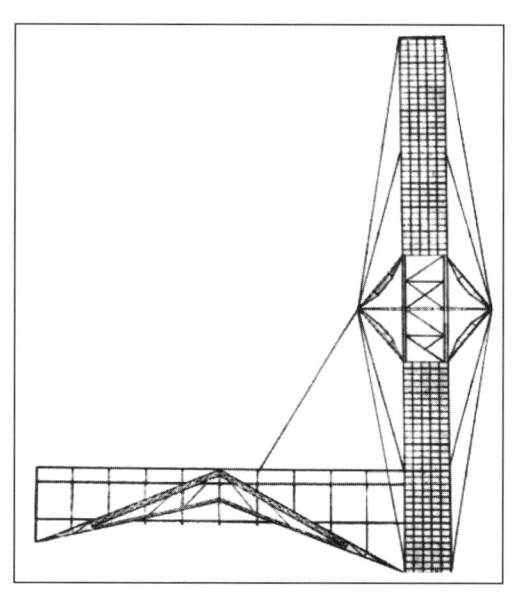

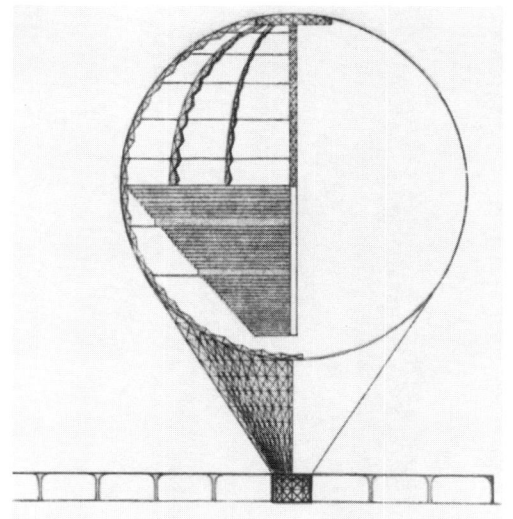

Фасад, план, разрезы, макет

Fachada, plano, cortes, maqueta

горический прорыв той системы приемов, схем и элементов, которые неизбежно становятся для нас общими и обычными, в лучшем случае являясь результатом единства метода, а в худшем — нависая угрозой стилевых трафаретов.

Оставаясь работой принципиально нашей, "Библиотека" Леонидова в то же время приводит к чисто пространственному архитектурному разрешению, уводящему от традиционных решений здания и приводящему к реорганизации представления о площади и городе, в которых это здание могло бы появиться»*.

На защите дипломного проекта Леонидова, по воспоминаниям очевидцев, А. Веснин с дрожью в голосе и почти со слезами восторга говорил: мы присутствуем при рождении новой архитектуры. Это не только свидетельствует о творческой прозорливости А. Веснина, но и делает ему честь как учителю Леонидова, фактически признавшему творческое превосходство своего ученика.

Дипломный проект был высоко оценен Ученым советом ВХУТЕМАСа, и Леонидова было решено оставить в вузе. Для организационного оформления такого решения требовались письменные отзывы ведущих преподавателей архитектурного факультета. В августе 1927 г. было дано два отзыва — от группы преподавателей и персонально от Ладовского.

В первом отзыве, написанном А. Весниным и подписанном также Л. Весниным, В. Кокориным, В. Кринским и И. Рыльским, говорилось: «И. И. Леонидов, работая по архитектурному проектированию во ВХУТЕМАСе, всегда обращал на себя внимание своим исключительным пониманием архитектуры, большой изобретательностью и чуткостью к выдвигаемым жизнью новым архитектурным формам.

ce categórico de aquel sistema de procedimientos, esquemas y elementos, que inevitablemente se transforman en comunes y usuales, que en el mejor de los casos son el resultado de la unidad del método y, en el peor, amenazan con los estereotipos estilísticos.

Manteniéndose como un trabajo nuestro en principio, la "Biblioteca" de Leonídov conduce simultáneamente a una resolución arquitectónica puramente espacial, que nos aleja de la construcción tradicional del edificio y nos lleva a la reorganización de la idea del solar y la ciudad donde este edificio podría levantarse.»*

En la defensa del proyecto de grado de Leonídov, según recuerdos de los presentes, A. Vesnín con una voz temblorosa y casi con lágrimas de admiración declaró: somos partícipes del nacimiento de una nueva arquitectura. Esto no sólo confirma la visión artística de A. Vesnín, sino también lo enaltece como maestro de Leonídov, al reconocer la superioridad artística de su alumno.

El proyecto de grado fue calificado altamente por el Consejo Científico del VJUTEMAS y se decidió conceder a Leonídov una plaza en este instituto. Para formalizar esta decisión eran necesarias las referencias por escrito de los profesores principales de la Facultad de Arquitectura. En agosto de 1927 se presentaron dos recomendaciones, una a nombre del grupo de profesores y otra personal de Ladovski.

En la primera referencia, escrita por A. Vesnín y firmada por L. Vesnín, V. Kokorin, V. Krinski y I. Rylski, se leía: «I. I. Leonídov, trabajando en la proyección arquitectónica en el VJUTEMAS, siempre llamó la atención por su extraordinaria comprensión de la arquitectura, por su gran ingeniosidad y sensibilidad hacia las nuevas formas arquitectónicas propuestas por la vida misma... En su trabajo de grado "Instituto

---

Гинзбург М. Я. Итоги и перспективы СА // СА. 1927. № 4–5. С. 116.

Guínzburg M. Iá. Resultados y perspectivas de «AM» // AM. 1927. № 4–5. Pág. 116.

И. Леонидов. Институт библиотековедения им. В. И. Ленина в Москве. Дипломный проект. 1927

I. Leonídov. Instituto de bibliotecología V. I. Lenin en Moscú. Proyecto de grado. 1927

...В его дипломной работе "Центральный Институт Ленина" им поставлена проблема современной архитектуры с большой изобретательностью и тонким пониманием архитектурной формы»*.

Пожалуй, даже большее значение для оценки творческих потенций двадцатилетнего выпускника ВХУТЕМАСа имел отзыв Н. Ладовского, так как это была оценка конструктивиста Леонидова лидером другого творческого течения — рационализма.

«Архитектор Леонидов в дипломной работе своей проявил много изобретательности и таланта, — писал Н. Ладовский в своем отзыве. — Работа его проникнута прогрессивной художественной культурой и любовью к смелым техническим концепциям... думаю, что не ошибусь, сделав вывод о выдающихся способностях его как проектировщика»**.

Central Lenin", Leonídov plantea el problema de la arquitectura moderna con una gran ingeniosidad y un fino entendimiento de la forma arquitectónica.»*

Tal vez, un mayor significado para la estimación del potencial artístico de este egresado de 20 años del VJUTEMAS tuvo la referencia de N. Ladovski, puesto que esta calificación del constructivista Leonídov era realizada por el líder de otra corriente artística, del racionalismo.

«El arquitecto Leonídov en su trabajo de grado mostró mucha ingeniosidad y talento —escribe N. Ladovski en su referencia—. Su trabajo está impregnado de cultura artística progresista y de amor a las concepciones técnicas audaces... pienso que no me equivoco al afirmar que posee capacidades sobresalientes como proyectista.»**

---

* ЦГАЛИ. Ф. 681. Оп. 1. Ед. хр. 1436. Л. 1.
** Там же. Л. 2.

* Archivo Estatal Central de Arte y Literatura de San Petersburgo, forma 681, inventario 1, unidad de conservación 1436, hoja 1.
** Ídem, hoja 2.

А. Оль, К. Иванов и А. Ладинский

ПРОЕКТ ЖИЛЬЯ НОВОГО ТИПА ДЛЯ ТРУДЯЩИХСЯ.
Товарищеское соревнование ОСА.
1927

A. Ol, K. Ivanov y A. Ladinski

PROYECTO DE UN NUEVO TIPO DE VIVIENDA PARA TRABAJADORES.
Competición amistosa de la OSA.
1927

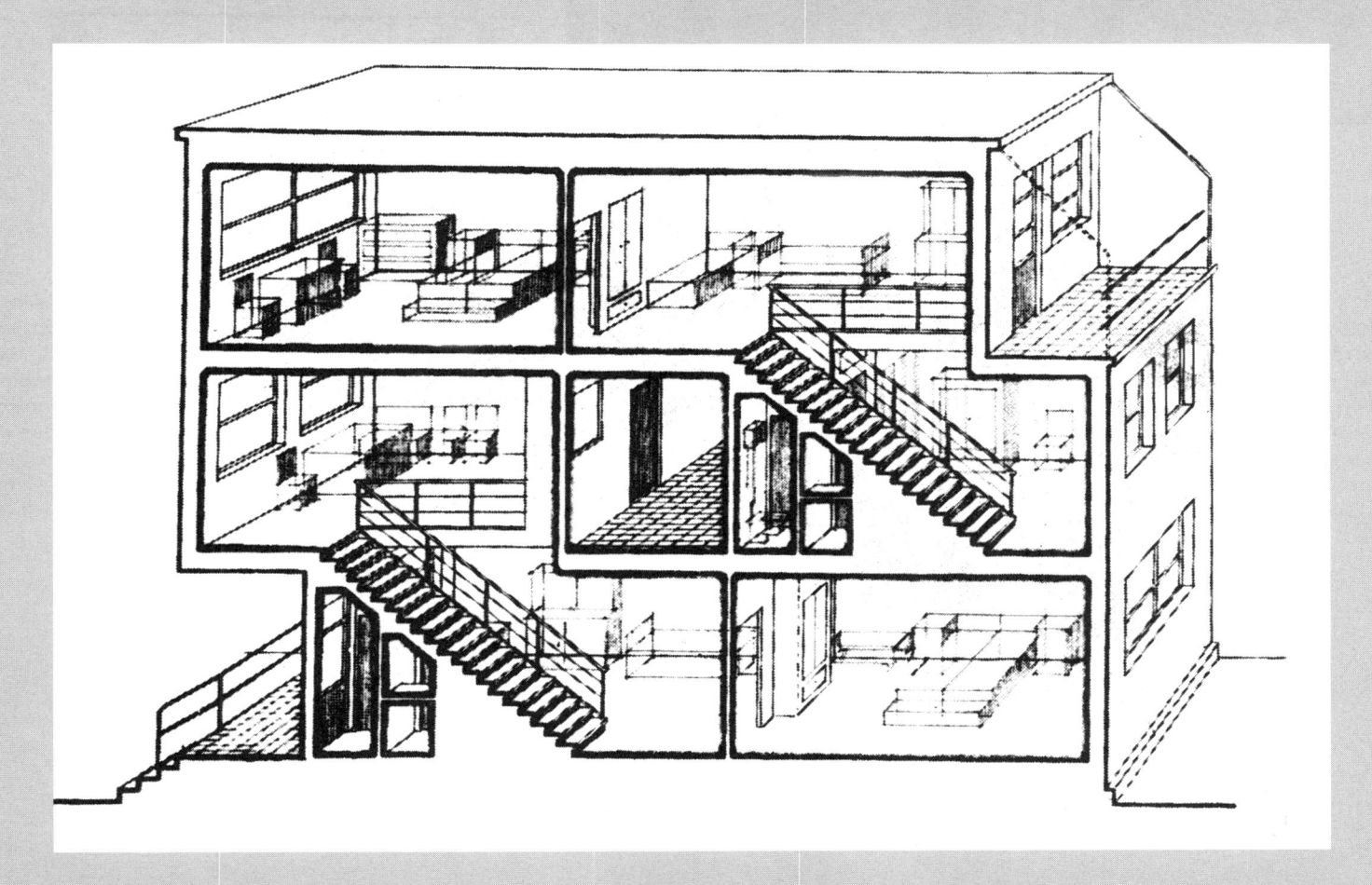

В этом проекте впервые в развитой форме была предложена объемно-планировочная структура жилого дома переходного типа, в котором один коридор обслуживает три этажа. Из коридора, расположенного в центральной части второго этажа трехэтажного корпуса, двери ведут в двухэтажные квартиры, занимающие первый и второй или второй и третий этажи. Квартиры имеют тамбур, три или четыре жилых комнаты, уборную, кухню-шкаф, кладовую (гардеробную), нишу для умывальника, два встроенных шкафа и открытую террасу. Всего в доме 144 квартиры, на каждые двенадцать из которых предусмотрено ванное помещение с двумя ваннами, кроме того, в жилых корпусах запроектированы кубовые комнаты.

Общая структура жилого дома такова: к четырехэтажному коммунальному корпусу, где размещаются столовая, детские ясли и дет-

En este proyecto se propone por primera vez en forma desarrollada una estructura volumétrica y de planificación de la vivienda tipo transitorio, en el que un solo pasillo sirve simultáneamente a tres pisos. Desde el pasillo, situado en la parte central del segundo piso del bloque (de tres pisos), las puertas conducen a apartamentos de dos pisos, que ocupan el primero y segundo o el segundo y tercero pisos. Los apartamentos tienen un cancel, tres o cuatro habitaciones, retrete, cocina-armario, guardarropas, nicho para lavabo, dos armarios empotrados y una terraza abierta. El edificio cuenta en su totalidad con 144 apartamentos; para cada doce apartamentos hay un cuarto de ducha con dos tinas; además, en los bloques de viviendas se proyectaron cuartos de calderas.

La estructura general del edificio de viviendas es la siguiente: en el bloque comunal de cuatro pisos está el comedor, la casa-cuna, el jardín

(41) А. Оль, К. Иванов и А. Ладинский. Проект жилья нового типа для трудящихся. Товарищеское соревнование ОСА. 1927

A. Ol, K. Ivanov y A. Ladinski. *Proyecto de un nuevo tipo de vivienda para trabajadores. Competición amistosa de la OSA. 1927*

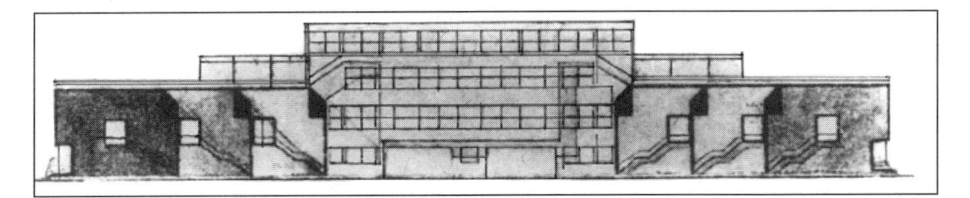

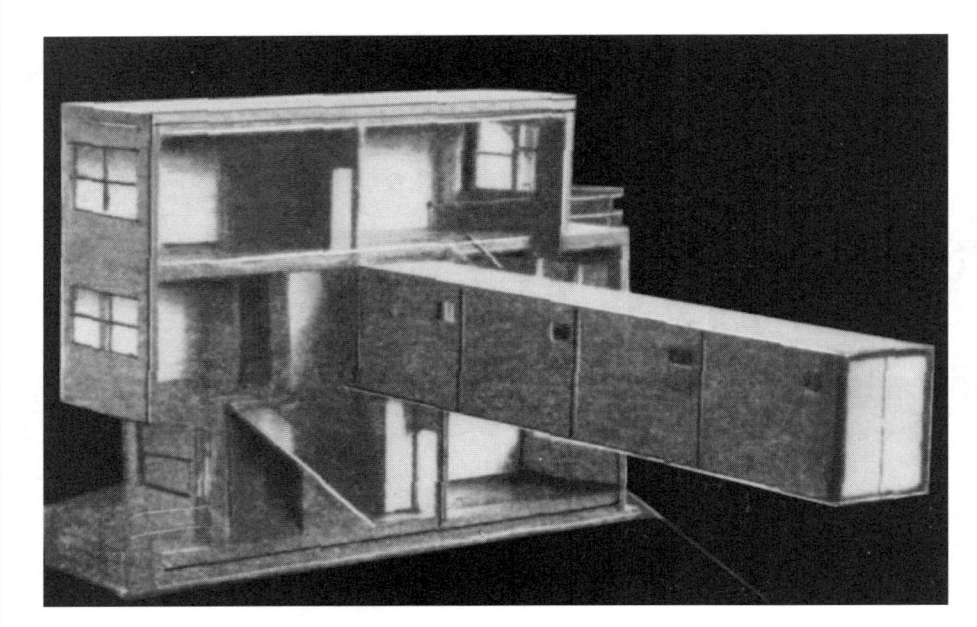

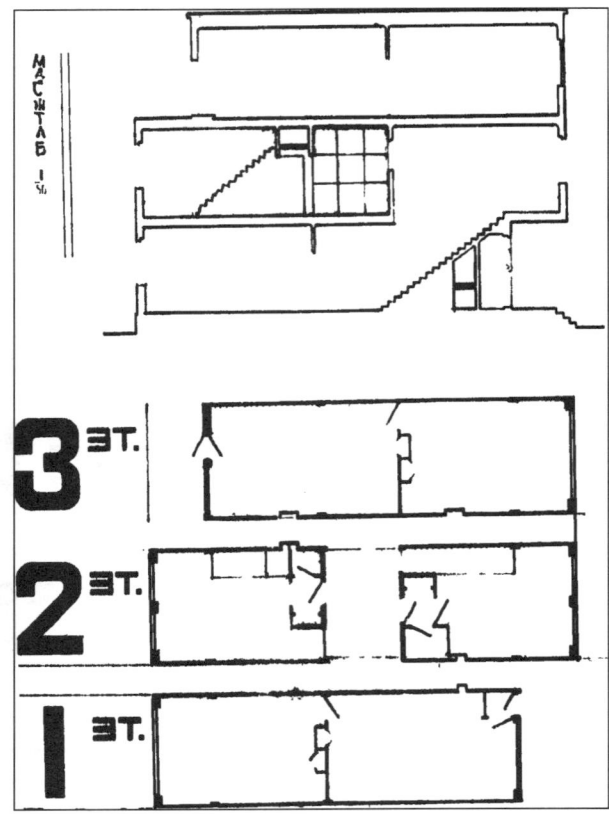

Торцевой фасад дома, аксонометрический разрез, разрез и макет (фрагмент) жилого корпуса, планы жилых ячеек

Fachada lateral del edificio, corte axonométrico, corte y maqueta (fragmento) del bloque de viviendas, planos de las unidades de vivienda

ский сад, культурно-просветительные (клубные) помещения, прачечная, домовая контора и кабинет врача, с двух сторон примыкают четыре группы жилых корпусов, каждая из которых состоит из трех корпусов, смещенных относительно друг друга почти на половину ширины корпуса. В каждом корпусе двенадцать квартир (десять трехкомнатных и две четырехкомнатные). Из всех квартир жилых корпусов по внутреннему коридору можно попасть в коммунальный центр.

Этот проект был опубликован в 1927 г. в журнале «СА».

de infancia, las instalaciones para actividades culturales (del club), la lavandería, la administración del edificio y el consultorio médico; este bloque está unido por dos lados a cuatro grupos de bloques de viviendas, cada uno de los cuales está compuesto por tres bloques desplazados uno respecto a otro prácticamente en la mitad de su ancho. En cada bloque hay doce apartamentos (diez de tres habitaciones y dos de cuatro). Desde todos los apartamentos de los bloques de viviendas se puede acceder al centro comunal por un pasillo interno.

Este proyecto fue publicado en 1927 en la revista «AM».

К. Мельников

СОБСТВЕННЫЙ ДОМ-МАСТЕРСКАЯ В МОСКВЕ. 1927–1929

K. Miélnikov

CASA-TALLER PARTICULAR EN MOSCÚ. 1927–1929

Этот дом был построен Мельниковым в 1927–1929 гг. для себя и своей семьи.

Собственные дома архитекторов — это особый жанр в архитектуре. Это, пожалуй, единственный случай в творческой практике любого архитектора, когда он, выступая одновременно как проектировщик, заказчик и потребитель, может позволить себе максимальную свободу формотворчества.

Мельникову очень хотелось проверить в натуре, как будет восприниматься во внешнем облике и в интерьере объемно-пространственная композиция, состоящая из ряда врезанных друг в друга вертикальных цилиндров. В 1927 г. он создает «орган из пяти цилиндров» в

Esta casa fue construida por Miélnikov entre 1927 y 1929 para él y su familia.

Las casas que los arquitectos contruyen para sí mismos representan un género particular en la arquitectura. Ésta es, tal vez, la única oportunidad en la práctica artística de cualquier arquitecto en la que él participa al mismo tiempo como proyectista, cliente y usuario, y puede permitirse una libertad máxima de creatividad de formas.

Miélnikov tenía mucho deseo de probar en la práctica cómo se percibiría en la fachada exterior y en el interior, una composición volumétrico-espacial formada por una fila de cilindros verticales entrecruzados. En 1927, él creó un «órgano de cinco cilindros» en el proyecto del

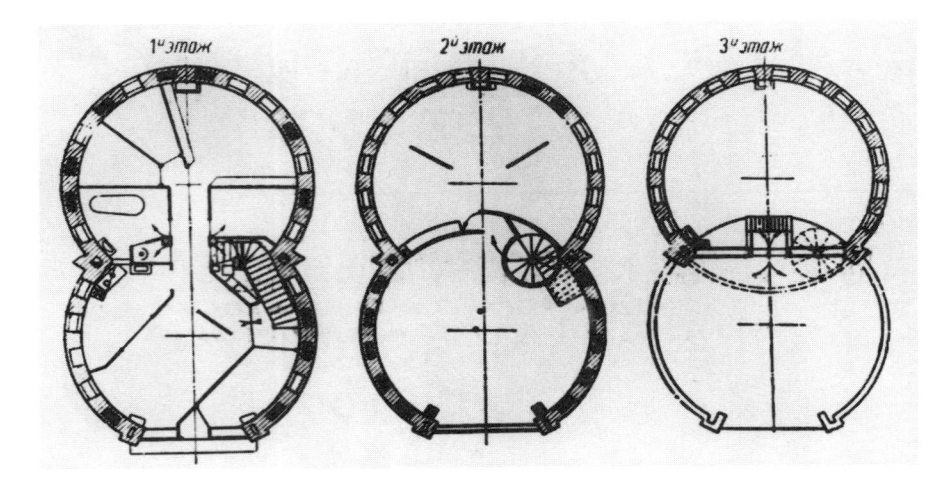

К. Мельников. Собственный дом-мастерская в Москве. 1927–1929
K. Miélnikov. Casa-taller particular en Moscú. 1927–1929

Раздел 2
Parte 2

a | c
b | c | d

проекте клуба им. Зуева, а затем, когда строительство этого клуба стало осуществляться по проекту другого архитектора, он решает хотя бы частично воплотить ряд вертикальных цилиндров в своем жилом доме, взяв за основу два цилиндра.

Дом Мельникова — это не просто одноквартирный жилой особняк, а дом-мастерская. До революции и в первые годы советской власти, когда еще только создавалась система государственных архитектурно-проектных организаций, многие архитекторы работали в режиме так называемой свободной профессии. Они получали заказы и выполняли их в своих личных мастерских.

Каждый архитектор по-своему организовывал работу в своей мастерской. Одни любили работать с соавторами, другие привлекали помощников (чаще всего это были студенты), третьи предпочитали творческое уединение. И в этом проявлялась специфика таланта.

Мельников был так привязан к своей семье (жене и детям), что не представлял для себя иной, кроме домашней, атмосферы для творчества. Семейная атмосфера не мешала его творчеству, а, наоборот, оказывала благоприятное воздействие. Именно этим объясняется упорное стремление Мельникова спроектировать и построить собственный дом-мастерскую.

Мельников действительно спроектировал и построил свой дом так, как хотел. В небольшом здании он сумел в натуре проверить целый ряд сложных художественно-композиционных и конструктивных приемов, превратив свою квартиру в своеобразную экспериментальную площадку.

В этом доме удивительно все — и планировка, и пространство, и конструкции.

Club Zúyev, pero después, cuando la construcción se comenzó a realizar por el proyecto de otro arquitecto, Miélnikov decidió materializar por lo menos parcialmente la fila de cilindros verticales en su propia casa, tomando como base dos cilindros.

La casa de Miélnikov es no sólo un chalé unifamiliar, sino también un taller. Antes de la revolución y durante los primeros años del poder soviético, cuando todavía se creaba el sistema de organizaciones estatales de arquitectura y diseño, muchos arquitectos trabajaban en el denominado régimen de profesión libre. Ellos recibían encargos que después realizaban en sus propios talleres.

Cada arquitecto organizaba a su parecer el trabajo en el taller. Unos preferían trabajar con coautores, otros llamaban ayudantes (a menudo, éstos eran estudiantes), otros preferían la privacidad artística. En esto se manifestaba la característica específica del talento.

Miélnikov estaba tan apegado a su familia (esposa e hijos) que no se imaginaba otra atmósfera para la inspiración que no fuese la de su hogar. La atmósfera familiar no molestaba su inspiración, sino por el contrario, ejercía sobre él una influencia favorable. Es precisamente así como se explica la obstinación de Miélnikov en proyectar y construir su casa-taller.

Miélnikov realmente proyectó y construyó su casa del modo que deseaba. En un pequeño edificio él supo comprobar en la práctica toda una serie de complejos métodos compositivos y estructurales, convirtiendo su casa en un singular polígono experimental.

En esa casa todo es asombroso: la planificación, el espacio, la estructura.

Las paredes de la casa son de ladrillo; los entrepisos, de madera. Se podría pensar que ya nada nuevo se puede construir combinando

Раздел 2 — К. Мельников. Собственный дом-мастерская в Москве. 1927–1929
Parte 2 — K. Miélnikov. Casa-taller particular en Moscú. 1927–1929

a) планы этажей;
b) дом в процессе строительства (справа К. Мельников с женой А. Мельниковой);
c) общий вид и фрагмент дома со стороны улицы;
d) вид дома из глубины участка;
e) аксонометрия;
f) интерьер спальни;
g) интерьер гостиной (К. Мельников в кресле и за столом);
h) интерьер мастерской (К. Мельников за работой и в шезлонге) (см. титул шедевра);
i) фасад и разрез

f	g
e	g

a) planos de los pisos;
b) casa en proceso de construcción (a la derecha K. Miélnikov con su esposa A. Miélnikova);
c) aspecto general y fragmento de la casa vistos desde la calle;
d) vista de la casa desde la profundidad del terreno;
e) axonometría;
f) interior del dormitorio;
g) interior de la sala (K. Miélnikov sentado en un sillón y tras una mesa);
h) interior del taller (K. Miélnikov trabajando y en un sillón plegable) (véase la ilustración inicial);
i) fachada y corte

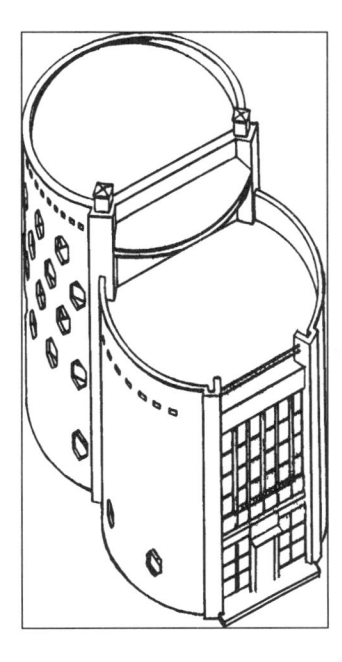

Стены дома кирпичные, перекрытия деревянные. Казалось бы, что можно придумать нового в сочетании этих традиционных материалов. Однако и конструкция кирпичных стен, и конструкция перекрытий не только оригинальны, но и выполнены на уровне технических изобретений.

На фундаменте в виде двух пересекающихся колец стены выкладывали особой узорчатой кладкой, создававшей ажурный кирпичный каркас. Сетка каркаса стандартна от фундамента до крыши. Она не меняется на всем своем протяжении — элементы каркаса с шестиугольными просветами повторяются, равномерно распределяя напряжения по всей стене и исключая потребность в несущих столбах и перемычках. Размеры сетки каркаса, просветов и простенков предопределены размером кирпича. Причем использовался только целый кирпич (без его битья на трехчетверки и половинки). Это достигалось путем сдвигов кладки через каждые два ряда то в одну, то в другую сторону. В результате такой конструкции кирпичных стен в наружных стенах обоих цилиндров дома образовалось около 200 шестиугольных просветов, которые можно было заложить или оставить в виде окон. Большая часть этих просветов была заложена, но более 60 оставлены в виде окон, а некоторые использованы как ниши. Проемы закладывались с использованием битого кирпича и строительного мусора, что позволило сэкономить значительное количество кирпича. Кроме того, ячеистый каркас стен создает возможность в процессе эксплуатации дома, не нарушая конструкции стен, менять в случае необходимости расположение оконных проемов, — устраивая новые окна в любом месте стены и закладывая существующие. Окна при желании могут «двигаться» по стене. Снаружи и внутри стены оштукатурены.

estos materiales tradicionales. Sin embargo, tanto la estructura de las paredes de ladrillo como la estructura de los entrepisos son no solamente originales, sino que fueron llevadas a cabo al nivel de inventos técnicos.

Las paredes se levantaron sobre un cimiento en forma de dos anillos que se cortan, y los ladrillos se colocaron con una tracería especial, lo que creaba un armazón reticular de ladrillos. La malla del armazón es estándar desde el cimiento hasta el techo, no varía en ningún momento: los elementos del armazón con vanos hexagonales se repiten, distribuyendo uniformemente la tensión por toda la pared y excluyendo la necesidad de postes de apoyo y dinteles. Las dimensiones de la malla del armazón, de los vanos y entrepaños están predeterminadas por las medidas del ladrillo. Es más, sólo se utilizaban ladrillos enteros (sin fraccionarlos en mitades o tercios). Esto se lograba desplazando los mampuestos cada dos hileras hacia un lado y después hacia el otro. Gracias a esta estructura de las paredes de ladrillo, en la parte exterior de los dos cilindros de la casa se formaron cerca de 200 vanos hexagonales, los cuales podían ser tapiados o dejados como ventanas. Gran parte de estos vanos hexagonales fue tapiada, pero más de 60 se dejaron como ventanas o se utilizaron como nichos. Los vanos eran tapiados con ladrillos rotos y desperdicios de construcción, lo que permitió ahorrar una gran cantidad de ladrillos. Además, el armazón celular de las paredes permitía, durante la explotación de la casa, cambiar en caso de ser necesario la ubicación de los vanos de las ventanas sin violar la estructura de las paredes: abriendo nuevas ventanas en cualquier lugar de la pared y tapiando las existentes. Las ventanas podían ser «trasladadas» por la pared en caso de desearlo. Las paredes están estucadas por ambos lados.

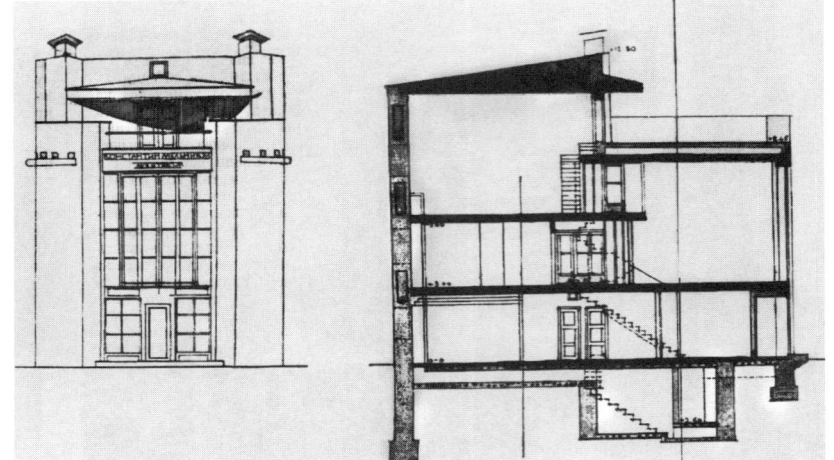

К. Мельников. Собственный дом-мастерская в Москве. 1927–1929

K. Miélnikov. Casa-taller particular en Moscú. 1927–1929

Раздел 2

Parte 2

h | i

Столь же оригинальна конструкция деревянных перекрытий. В них нет балок, стропил, наката, использован только тес, все элементы которого работают конструктивно. Поставленные на ребро доски пересекаются под прямым углом, образуя сетку из квадратных ячеек. Сверху и снизу эта сетка зашита шпунтовым настилом (под прямым углом друг к другу). В результате перекрытие конструктивно работает как единая решетчатая плита — мембрана, в нем нет неработающих элементов.

А теперь рассмотрим пространственно-планировочную структуру дома. В доме все было приспособлено для жизни конкретной семьи — архитектора с женой и двумя детьми школьного возраста.

Повседневная жизнь семьи протекала в первом этаже, где расположены передняя (6,3 м²), коридор (11,7 м²), столовая (17 м²), кухня (7 м²), ванная, уборная, детские рабочие комнаты для ученических занятий (4,5 м² каждая), общая туалетная комната (11 м²), в которой во встроенных шкафах хранилась личная одежда всех членов семьи (здесь переодевались, когда выходили из дома, здесь же переодевались и перед сном — в спальню шли в спальной одежде и в халатах, в спальне не было никаких емкостей для одежды — только крючки для халатов), рабочая комната хозяйки (5,4 м²).

Первый этаж, в отличие от второго и третьего, имеет более дробную планировку, так как он наиболее функционально насыщен повседневной жизнью семьи. В «восьмерку» плана здесь включены одиннадцать помещений (включая лестничную площадку). В результате криволинейность наружных стен здесь почти не воспринимается за счет обилия перегородок, образующих прямые углы.

Над первым этажом находятся три помещения (гостиная, спальня и мастерская), каждое из которых занимает одну с половин «восьмерки» и ограничено криволинейными стенами. В выходящем в сторону переулка цилиндре над первым этажом имеется один этаж, в другом цилиндре — два этажа. Высота помещений первого этажа и спальни (второй этаж) почти одинакова — 2,65–2,7 м, высота гостиной (второй этаж) и мастерской (третий этаж) более 4,7 м.

Спальня (43 м²) предназначена только для сна, роли которого в жизни человека Мельников придавал особое значение. Спальня была общая для всех членов семьи. Она освещается двенадцатью шестиугольными окнами. В ней нет никаких шкафов и никакой иной мебели, кроме встроенных в пол трех кроватей — двуспальной для родителей и односпальных для сына и дочери. Кровать родителей зрительно изолирована от кроватей детей двумя радиально расположенными перегородками-ширмами (не соприкасающимися между собой и не доходящими до наружных стен).

Самые крупные по площади помещения дома (50 м² каждое) гостиная и мастерская. Они одинаковы как по площади, так и по пространственной конфигурации, но одно из этих помещений (гостиная) имеет огромное окно-экран, а другое (мастерская) освещается 38 шестиугольными окнами. В натуре облик этих помещений резко различен, они не воспринимаются как одинаковые по размеру. Мельников очень любил приводить в пример различие впечатлений от этих одинаковых помещений. Он говорил, что различие в облике го-

Igual de original es la estructura de los entrepisos de madera. En éstos no hay vigas, ni cabrios, ni tarimas, sólo se utilizan tablas de chilla, las cuales intervienen adicionalmente como elementos estructurales. Las tablas colocadas de canto se cruzan en ángulo recto, formando una red de celdas cuadradas. Por arriba y abajo esta red está unida mediante tablas de caja y espiga (formando ángulo recto). Como resultado, el entrepisos interviene en la estructura como una losa reticular única (membrana), en la que no hay elementos que no cumplan ninguna función.

Ahora veamos la estructura espacial y de planificación de la casa. En ella todo estaba adaptado para la vida de una familia concreta: el arquitecto con su esposa y un hijo y una hija de edad escolar.

La vida cotidiana de la familia transcurría en el primer piso, donde se sitúa el recibidor (6,3 m²), el corredor (11,7 m²), el comedor (17 m²), la cocina (7 m²), el cuarto de baño, el retrete, las habitaciones para el trabajo y el estudio de los niños (4,5 m²), habitación de trabajo para el ama de casa (5,4 m²), un tocador común (11 m²) con armarios empotrados en la pared, donde se guardaba la ropa personal de todos los miembros de la familia (aquí se cambiaban cuando se disponían a salir de la casa, o cuando iban a acostarse, dirigiéndose después a los dormitorios en pijamas y batas, pues en los cuartos de dormir no había ningún tipo de muebles para la ropa, sólo ganchos para las batas).

El primer piso, a diferencia del segundo y tercero, tiene una planificación más fraccionada, ya que en él la familia pasaba la mayor parte del tiempo. En el «ocho» de la planta hay once habitaciones (incluyendo el descansillo). Por ello, las paredes curvas exteriores casi no se perciben gracias a la abundancia de tabiques, que forman ángulos rectos.

Sobre el primer piso hay tres habitaciones (la sala, un dormitorio, y el taller), cada una de las cuales ocupa una de las mitades del «ocho» y está limitada por las paredes curvas. En el cilindro que da hacia la calle sobre el primer piso hay sólo un piso, mientras que en el segundo cilindro hay dos. La altura de las habitaciones del primer piso y del dormitorio (segundo piso) es casi la misma: 2,65–2,7 m; la altura de la sala (segundo piso) y el taller (tercer piso) es más de 4,7 m.

El dormitorio (43 m²) se destinaba sólo al descanso nocturno, lo que Miélnikov consideraba de gran importancia en la vida de la persona. El dormitorio era común para todos los miembros de la familia y estaba iluminado por doce ventanas hexagonales. En ella no hay ningún armario y ningún tipo de muebles, a excepción de las tres camas empotradas al suelo: una cama de dos plazas para los padres, y los de una plaza para el hijo y la hija. La cama de los padres está visualmente separada de las camas de los niños mediante dos tabiques-biombos ubicados radialmente (que no se tocaban y no llegaban hasta las paredes exteriores).

Las habitaciones más grandes de la casa (50 m² cada una) son la sala y el taller. Ellas son idénticas tanto por sus áreas como por sus configuraciones espaciales, pero una de estas habitaciones (la sala) tiene una enorme ventana-panel, mientras que la otra es iluminada por 38 ventanas hexagonales. De hecho, el aspecto de estas habitaciones es diferente; no se percibían iguales en cuanto a sus dimensiones. A Miélnikov le gustaba citar como ejemplo las diferentes impresiones que dejaban estas habitaciones. El decía que esta diferencia de aspecto entre la

стиной и мастерской убедительно свидетельствует, что для архитектора важна не столько абсолютная величина, сколько относительная, так как много зависит от архитектурного решения. Так, например, в гостиной кроме основного большого окна есть еще одно малое восьмиугольное окно. Оно сообщает масштаб помещению.

Гостиная — это парадная комната дома. Здесь принимали гостей (но обедали в столовой первого этажа), музицировали, беседовали. Обстановка гостиной подчеркивала ее назначение — пианино, диван, кресло, круглый стол.

Мастерская — это место работы Мельникова. У него не было постоянных помощников, а значит и закрепленных за кем-то, кроме него, рабочих мест в помещении мастерской. Рабочий стол там был, как правило, один, иногда два. Эскизы Мельников всегда делал сам и даже окончательное графическое выполнение проекта предпочитал делать сам, лишь изредка привлекая помощников. Как художник, он ценил возможность с антресольного внутреннего балкона мастерской рассматривать разложенные по полу эскизы, проекты, рисунки, живописные работы.

С этого антресольного балкона имеется выход на террасу, огражденную глухим парапетом (с разрывом над окном-экраном гостиной).

sala y el taller confirma de una manera convincente que para el arquitecto es más importante la magnitud relativa que la absoluta, ya que mucho depende de la solución arquitectónica. Así, por ejemplo, en la sala, además de la ventana grande principal, hay una ventana hexagonal, que indica la escala de la habitación.

La sala es la habitación principal de la casa. Aquí se recibían a las visitas (pero almorzaban en el comedor, que se encontraba en el primer piso), tocaban música, charlaban. Los muebles de la sala remarcaban su función: un piano, un sillón, un diván, una mesa redonda.

El taller era el lugar de trabajo de Miélnikov. Él no tenía ayudantes permanentes, lo que significaba que a excepción de su puesto de trabajo, no habían otros en la habitación de su taller. Generalmente, tenía una mesa de trabajo, a veces dos. Miélnikov siempre hacía sus bosquejos, incluso la realización gráfica, recurriendo raras veces a ayudantes. Como artista, él valoraba altamente la posibilidad de poder estudiar o ver desde el balcón-galería interior del taller los bosquejos de sus proyectos, dibujos, pinturas, extendidos en el suelo.

Desde este balcón se puede salir a la terraza, cercada por un parapeto ciego que se interrumpe sobre la ventana de la sala.

К. Мельников

КЛУБ ИМ. РУСАКОВА В МОСКВЕ. 1927–1929

43

K. Miélnikov

CLUB RUSAKOV EN MOSCÚ. 1927–1929

В 1926 г., когда была реально поставлена проблема строительства новых капитальных зданий для рабочих клубов, самих клубов и красных уголков насчитывалось в стране уже почти три с половиной тысячи. Социальный заказ архитектуре был дан. Появился и реальный заказчик — профсоюзы, которые стали выделять специальные средства на клубное строительство. У профсоюзов появились средства, и они стремились в короткий срок получить проект и начать строительство. Поэтому многие профсоюзы предпочитали обходиться без конкурсов, а заказывать проекты непосредственно архитекторам.

В результате быстрое развертывание строительства рабочих клубов в 1927–1928 гг. без конкурсов привело к тому, что острая творческая борьба не сыграла на этом этапе роль фильтра. Это позволило осуществить целый ряд действительно оригинальных сооружений. Среди них шесть клубов, построенных по проектам К. Мельникова в Москве и в Московской области, по праву могут считаться лучшими из лучших. И среди них явно выделяется по степени оригинальности клуб им. Русакова.

Но даже при отсутствии конкурсного жюри этот сверхоригинальный проект Мельникова встретил сопротивление, но не со стороны заказчика (заказчикам, т. е. представителям профсоюза коммунальников, проект нравился именно своей оригинальностью, необычной новизной архитектурного образа), а со стороны строите-

En 1926, cuando se planteó realmente el problema de la construcción de nuevos edificios capitales para los clubes de trabajadores, en la URSS los propios clubes y rincones rojos ya sumaban casi tres mil quinientos. El pedido social a la arquitectura había sido hecho. Apareció un cliente concreto: los sindicatos, que empezaron a destinar recursos económicos a la construcción de clubes. Los sindicatos comenzaron a disponer de medios económicos e intentaban obtener proyectos en plazos muy cortos y proceder a su construcción. Por ello muchos sindicatos prefirieron evitar los concursos y solicitar proyectos directamente a los arquitectos.

Como consecuencia, el rápido desarrollo de la construcción sin concurso de clubes de trabajadores entre 1927 y 1928, no dejó que la dura lucha artística desempeñara en esta etapa el papel de filtro, lo que permitió hacer realidad una serie de edificaciones originales. Entre éstas tenemos seis clubes construidos según los proyectos de K. Miélnikov en Moscú y en sus inmediaciones, los cuales con justicia pueden ser considerados como los mejores entre los mejores. Entre ellos se destaca claramente el Club Rusakov por su grado de originalidad.

Pero incluso en ausencia de un jurado de concurso, el más que original proyecto de Miélnikov encontró resistencia, no por parte del cliente (a éstos, los representantes del sindicato de trabajadores de las empresas de servicio comunal, les gustaba el proyecto precisamente por su originalidad, por la rara novedad de la imagen arquitectónica), sino por parte de

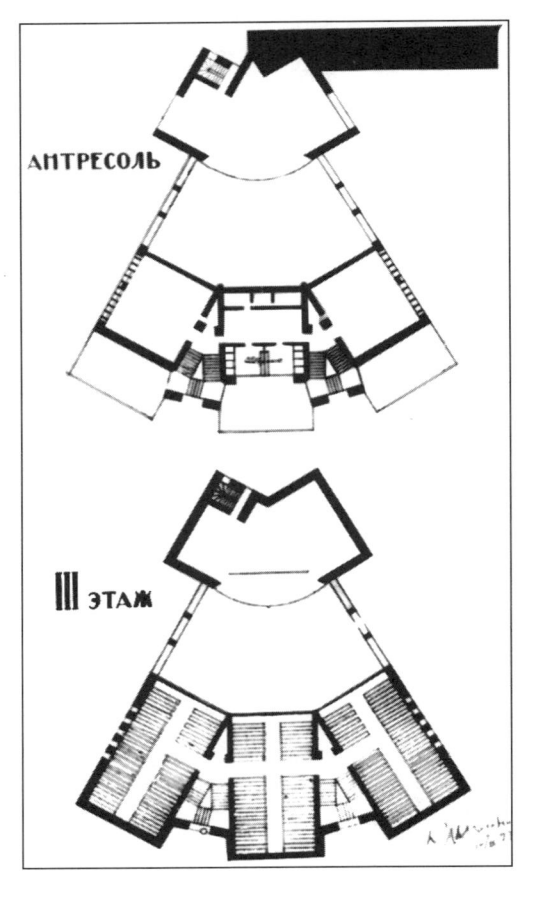

К. Мельников. Клуб им. Русакова в Москве. 1927–1929
K. Miélnikov. Club Rusakov en Moscú. 1927–1929

Перспектива, фасад, разрез, планы, общий вид, фрагменты, интерьер зала (фото А. Родченко), сцена

Perspectiva, fachada, corte, planos, vista general, fragmentos, interior de la sala (foto de A. Ródchenko), escena

лей, которых пугала сложная для выполнения архитектурная композиция. Представители же профсоюзов энергично отстаивали одобренный ими проект.

«Пробовали не утверждать проект клуба имени Русакова, — пишет в своих воспоминаниях К. Мельников. — Вспыхнув гневом, мои парни Макаров и Васильев забрали отверженный проект и меня, пришли в Моссовет к товарищу Волкову. Тот срочно вызвал к себе начальника Губинжа — Петра Маматова, и здесь же, не присаживаясь, он с дрожью завизировал чертежи».

В конце 20-х годов Мельников интенсивно проектировал и вел архитектурный надзор за своими многочисленными строящимися объектами. У него не было времени писать о своих творческих концепциях. Но о его клубах тогда много писали, в том числе и те, кто неоднократно встречался с ним и кому Мельников рассказывал о своих творческих идеях. Эти его высказывания авторы статей излагали затем в своих публикациях.

Так в одной из статей 1927 г. ее автор так излагал творческие идеи Мельникова: «Он считает, что форма современного клуба должна быть индивидуальной, резко отличаясь от всех иных зданий другого назначения; затем, бесконечное разнообразие клубной деятельности, как-то: собрания, доклады, кружковая работа, театр, кино и

los constructores, espantados debido a la complejidad que presentaba la realización de la composición arquitectónica. Los representantes sindicales enérgicamente defendían el proyecto por ellos aprobado.

«Hicieron el intento de no aprobar el proyecto del Club Rusakov —escribe en sus memorias K. Miélnikov—. Montados en cólera, mis jóvenes ayudantes Makárov y Vasíliev tomaron el proyecto rechazado y me llevaron al Mossoviet, adonde el camarada Vólkov. Éste hizo llamar inmediatamente al jefe de la Sección de Ingeniería Regional, Piotr Mamátov, y aquí, sin siquiera sentarse, éste temblorosamente dio su visto bueno al proyecto.»

A finales de la década del 20 Miélnikov trabaja intensamente en los proyectos y lleva el control arquitectónico de sus innumerables obras. No tenía tiempo ni siquiera para escribir sus concepciones artísticas. Pero en aquel entonces escribían mucho acerca de sus clubes; también escribían aquéllos que reiteradamente se encontraban con él y escuchaban sus ideas artísticas. Los comentarios de Miélnikov eran después citados por los diversos autores en sus artículos.

El autor de un artículo publicado en 1927 expone así las ideas artísticas de Miélnikov: «Él considera que la forma del club moderno debe ser individual, diferenciándose totalmente de todos los demás edificios que tengan otra función; además, la infinita variedad de actividades del club —reuniones, discursos, trabajo de los círculos de interés, teatro, cine,

т. д., никогда не сможет вместить в себя один зал. Этой потребности будет отвечать лишь система зал, могущих в случае надобности быть соединенными друг с другом»*.

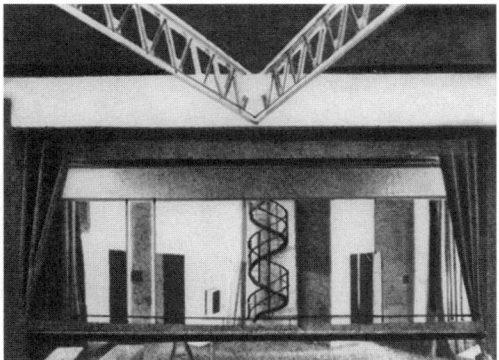

Другой автор так писал о взглядах Мельникова: «В основном принципы клубной архитектуры К. С. Мельникова заключаются в том, что клуб должен представлять собой систему зал разной величины. В случае надобности эти залы, представляющие собой комплекс помещений зрелищного типа, могут быть соединены в огромный зрительный зал или использованы в отдельности, как ряд самостоятельных аудиторий — комнат для работы кружков»**.

Речь идет о том, что Мельников в целях более рационального использования залов для различных форм клубной работы разработал ряд оригинальных приемов их трансформации (с применением, как тогда писали, «живых» стен).

В клубе им. Русакова каждый из трех балконов (задние ряды которых размещаются на консольных выступах) мог отделяться от зала (рассчитанного максимально на 1500 человек), превращаясь в самостоятельную аудиторию на 180 человек. Вертикальная ширма между залом и балконом состояла из двух щитов, верхний из которых поднимался по полуциркульным направляющим к потолку, а нижний откидывался в сторону партера (на высоту барьера балкона).

Для клуба им. Русакова (как и для других клубов Мельникова) характерно виртуозное решение интерьера. Не превышая заданной программой кубатуры, архитектор при помощи планировочных и объемно-пространственных композиционных средств и приемов создал максимальные возможности разнообразного использования внутреннего объема здания. Мельников стремился свести до минимума объемы помещений, используемых в качестве внутренних коммуникаций — лестниц, коридоров, переходов и т. д. Например, противопожарные нормы тех лет требовали для внутренних лестниц (эвакуация из зрительного зала) очень большой кубатуры. Мельников нашел остроумный выход — выпускал людей из зала сразу на улицу, на внешние галереи и лестницы, а здесь дей-

* Строительство Москвы. 1927. № 1. С. 3–5.
** Лухманов Н. Архитектура клуба. М., 1930. С. 17.

etcétera— nunca podrá abastecerse con una sala. A estos fines puede responder solamente un sistema de salas que puedan unirse en caso de ser necesario.»*

Otro autor describe los puntos de vista de Miélnikov de la siguiente manera: «Básicamente, los principios de la arquitectura de clubes de K. S. Miélnikov consisten en que el club constituye un sistema de salas de diferentes tamaños. En caso de ser necesario, estas salas —conjunto de instalaciones para espectáculos— pueden ser unidas formando una gran sala para espectáculos o pueden ser utilizadas por separado, como una serie de auditorios individuales: habitaciones para el trabajo de los círculos de interés.»**

Todo esto se refiere a que Miélnikov, con el objetivo de utilizar las salas de manera más racional para las diversas formas de trabajo del club, elaboró una serie de métodos originales de su transformación (aplicando, como en aquel entonces las llamaban, paredes «vivas»).

En el Club Rusakov, cada uno de los tres balcones —las filas traseras están situadas en los saledizos sobre ménsulas— podía separarse de la sala (con una capacidad máxima para 1500 personas), convirtiéndose en un auditorio individual para 180 personas. El biombo vertical entre la sala y los balcones estaba compuesto de dos pantallas. La pantalla superior se levantaba por guías semicirculares hacia el techo, y la inferior se plegaba hacia el lado del patio de butacas (su altura era igual a la de la barrera del balcón).

El Club Rusakov se caracteriza, como los demás clubes de Miélnikov, por la virtuosa realización del interior. Sin sobrepasar la cubatura exigida en el programa, con ayuda de métodos y medios compositivos volumétricos y de planificación, Miélnikov logra la máxima capacidad de utilización del volumen interno del edificio. Él trataba de reducir al mínimo los volúmenes de las instalaciones utilizadas en calidad de comunicaciones internas: las escaleras, los corredores, los pasillos, etcétera. Por ejemplo, las normas contra incendios de entonces exigían que las escaleras internas (para la evacuación de la sala de espectáculos) tuvieran una cubatura grande. Miélnikov encontró una salida genial: dirigir a

* Construcción de Moscú. 1927, № 1. Págs. 3–5.
** Lujmánov N. Arquitectura de clubes. Moscú, 1930. Pág. 17.

К. Мельников. Клуб им. Русакова в Москве. 1927–1929
K. Miélnikov. Club Rusakov en Moscú. 1927–1929

ствовали уже другие нормы. Именно этим объясняется появление в клубе им. Русакова наружных лестниц, которые стали затем характерной чертой и некоторых других мельниковских клубов («Свобода», «Каучук»).

Внешний облик клуба им. Русакова совершенно необычен и воспринимался в 20-е гг. как художественное открытие. «Рупор на Стромынке» — так называли в то время этот треугольный в плане клуб с его тремя вынесенными на консолях выступами. Позднее прием консольного вынесения наружу верхней части зрительного зала, впервые использованный Мельниковым в клубе им. Русакова, стал широко использоваться в отечественной и зарубежной архитектуре.

los espectadores de la sala de espectáculos inmediatamente a la calle, a las galerías y escaleras exteriores, donde las normas ya eran otras. Precisamente esto explica la aparición de escaleras exteriores en el Club Rusakov, las cuales con el tiempo se convirtieron en un rasgo característico de los clubes de Miélnikov («Svoboda», «Kauchuk»).

El aspecto exterior del Club Rusakov era extremadamente inusual y se consideraba en los años 20 como un descubrimiento artístico. Este club de planta triangular con sus tres saledizos sobre ménsulas, era denominado en aquella época «La bocina de la calle Strominka». Más tarde, el método de colocación de la parte superior de la sala de espectáculos en saledizos sobre ménsulas, utilizado por primera vez por Miélnikov en el Club Rusakov, se comenzó a utilizar ampliamente en la arquitectura rusa y de otros países.

К. Мельников

КЛУБ ФАБРИКИ «СВОБОДА» В МОСКВЕ. 1927–1929

K. Miélnikov

CLUB DE LA FÁBRICA «SVOBODA» EN MOSCÚ. 1927–1929

В общую композицию клуба «Свобода» Мельников заложил такую идею: поднятый на уровень второго этажа объем зрительного зала в виде сплюснутого цилиндра (своеобразной «цистерны») лежит между высокими прямоугольными торцевыми частями (одна — сцена, другая — помещения для кружков и библиотеки). В процессе реализации проекта «цистерна» превратилась в призму (цилиндр зала приобрел граненую форму). В средней части этой призмы с двух сторон были устроены две наружные лестницы (такие же, как в клубе им. Русакова), сбегающие в разные стороны и нависающие над нижним центральным входом в клуб.

La composición general del Club de la fábrica «Svoboda» materializa la siguiente idea de Miélnikov: el volumen de la sala de espectáculos, en forma de cilindro achatado (una especie de «cisterna») elevado hasta el nivel del segundo piso, yace entre dos partes rectangulares altas laterales (una de ellas es el escenario; en la otra están las instalaciones para los círculos de interés y la biblioteca). Durante la realización del proyecto, la «cisterna» se convirtió en un prisma —el cilindro de la sala adquirió aristas—. En la parte central de este prisma, a ambos lados se construyeron escaleras exteriores, como las del Club Rusakov, las cuales se extendían en diferentes direcciones y se elevan sobre la entrada principal del club.

К. Мельников. *Клуб фабрики «Свобода» в Москве.* 1927–1929

K. Miélnikov. *Club de la fábrica «Svoboda» en Moscú.* 1927–1929

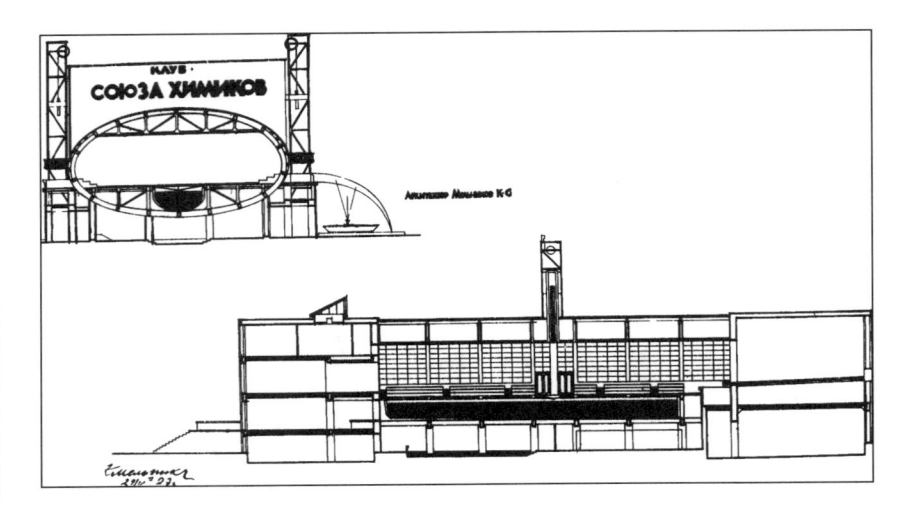

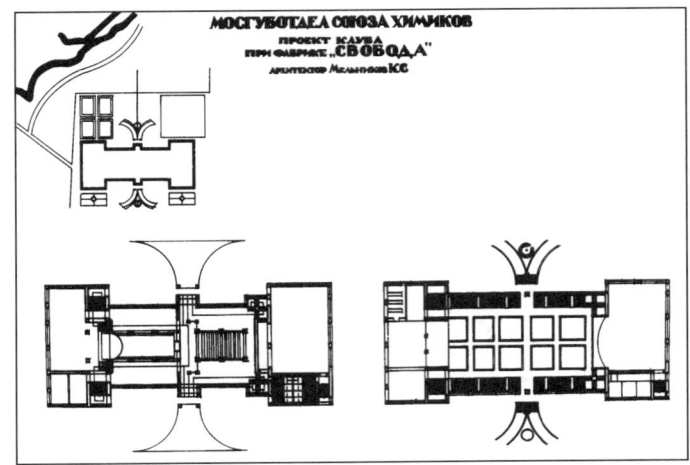

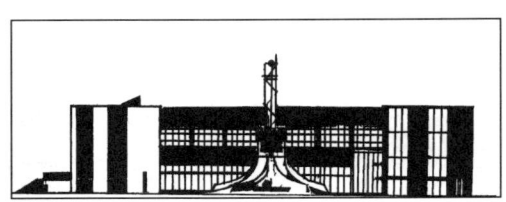

Перспектива (эскиз), разрезы, генплан, планы, фасад, общий вид, фрагменты, интерьер зрительного зала

Perspectiva (bosquejo), cortes, plano general, plano, fachada, vista general, fragmentos, interior de la sala de espectáculos

Месторасположение этих лестниц (выходы из зала) было обусловлено тем, что Мельников предусмотрел возможность трансформации зала. Зал мог разделяться на две равные по вместимости части (по 500 человек), для чего в центре его боковых стен (между двумя выходами на наружные лестницы) были устроены «карманы» (выступы) для выдвижных перегородок. Все это было осуществлено в соответствии с проектом (но со временем «карманы» и наружные лестницы были утрачены).

В проекте этого клуба было и еще одно, оставшееся неосуществленным интересное предложение: под полом зрительного зала был запроектирован плавательный бассейн.

La ubicación de estas escaleras (salidas de la sala) estaba condicionada por el hecho de que Miélnikov previó la posibilidad de transformación de la sala. La sala podía dividirse en dos partes de igual capacidad (cada una para 500 personas), para lo cual en el centro —entre las dos salidas a las escaleras exteriores— se construyeron «bolsillos» (saledizos) para las mamparas móviles. Todo esto se llevó a cabo en correspondencia con el proyecto, aunque con el tiempo los «bolsillos» y las escaleras exteriores fueron eliminadas.

En el proyecto de este club hubo otra propuesta interesante que no se realizó: debajo de la sala de espectáculos se había proyectado una piscina.

И. Голосов
КЛУБ ИМ. ЗУЕВА В МОСКВЕ. 1927–1928

(45)

I. Gólosov
CLUB ZÚYEV EN MOSCÚ. 1927–1928

Если Мельников решал здание клуба единой крупной формой, создавая легко запоминающуюся композицию (как правило, симметричную), то И. Голосов, также широко использовавший крупные формы, в своих проектах клубных зданий не стремился создавать единую крупную форму. Он не «собирал» все элементы клуба в общую четкую по форме пластическую композицию (как это делал Мельников), а главный акцент во внешнем облике здания переносил на один из элементов композиции, решая именно его крупно и предельно лаконично, а все остальные элементы нарочито измельчая и усложняя, чтобы зрительно подчинить их этой крупной форме. Для подчеркивания главенствующей роли крупно решенного элемента в общей композиции (обычно, асимметричной) он использовал приемы динамического построения, контрасты стекла и глухой стены.

В клубе им. Зуева Голосов делает такой крупной формой угловой стеклянный цилиндр лестничной клетки.

Фасады клуба запроектированы с обогащенной пластикой, что и позволило лаконично решенному цилиндру стать бесспорно главным элементом всей композиции здания. Этому немало способствовал и необычный прием «прорезания» стеклянным цилиндром перекрывающей его «плиты» верхнего этажа.

Если в голосовском проекте «Электробанка» (Ш. № 34) угловой стеклянный цилиндр наглухо закрыт сверху «плитой» верхнего этажа, что приостанавливает (или нейтрализует) движение вверх, то в клубе им. Зуева внутреннее движение вертикальной цилиндрической формы как бы преодолевает тяжесть горизонтальной формы и вырывается на простор. Верхняя тонкая плита перекрытия над цилиндром уже не воспринимается как остановка движения, она скорее лишь подчеркивает форму цилиндра и его главенствующую роль в композиции.

Si Miélnikov proyectaba los clubes como una forma grande íntegra, creando composiciones fáciles de recordar (generalmente, simétricas), I. Gólosov, quien también utilizaba formas grandes, no intentaba crear una forma grande íntegra en sus proyectos para edificios de clubes. Él no «reunía» todos los elementos del club en una composición plástica única de forma clara (tal como lo hacía Miélnikov), sino que resaltaba en el aspecto exterior del edificio uno de los elementos de la composición arquitectónica, dándole el mayor volumen y laconismo posibles, y dividiendo y complicando premeditadamente los elementos restantes, para subordinarlos visualmente a esta forma grande. Para remarcar el rol principal de este elemento voluminoso en la composición general (por lo general, asimétrica), Gólosov aplicaba los métodos de la construcción dinámica, los contrastes del vidrio y las paredes ciegas.

En el Club Zúyev, esta forma grande es el cilindro vidriado de la caja de escaleras.

Las fachadas del club son proyectadas con una plástica rica, lo que permitió al cilindro lacónico convertirse sin duda alguna en el elemento principal de toda la composición arquitectónica del edificio. A esto contribuyó el singular método aplicado, en el que el cilindro vidriado «atraviesa» la «losa» del piso superior.

Si en el proyecto de I. Gólosov del «Elektrobank» (O. M. № 34) el cilindro vidriado de la esquina es cubierto totalmente por la «losa» del piso superior, lo que detiene (o neutraliza) el movimiento hacia arriba, en el Club Zúyev el movimiento interno de la forma cilíndrica vertical como que vence el peso de la forma horizontal y logra salir al espacio libre. La fina losa superior que cubre el cilindro ya no se percibe como el detenimiento del movimiento, sino que más bien destaca la forma del cilindro y su papel principal en la composición arquitectónica.

(45) И. Голосов. Клуб им. Зуева в Москве. 1927–1928

I. Gólosov. Club Zúyev en Moscú. 1927–1928

Раздел 2

Parte 2

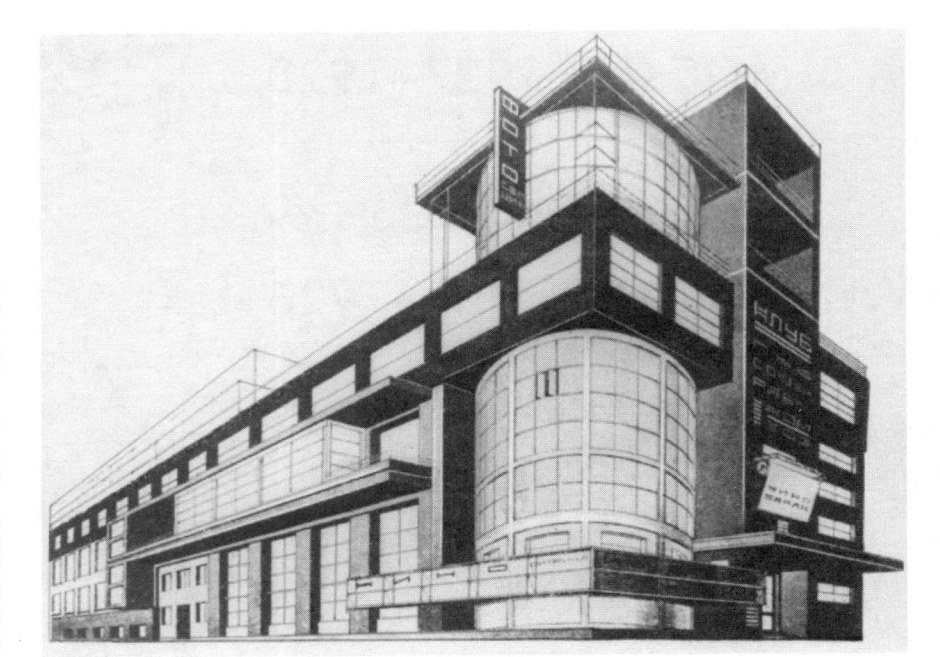

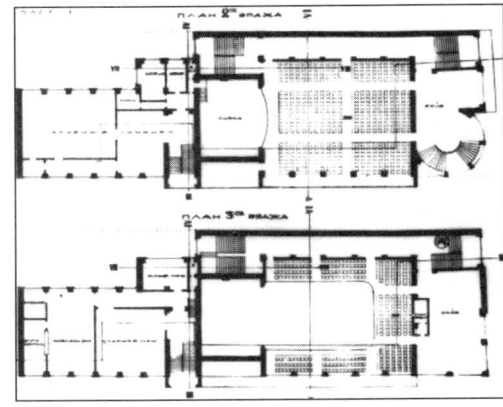

Перспектива, планы, общие виды, фрагменты, интерьер

Perspectiva, planos, vistas generales, fragmentos, interior

В результате был создан чрезвычайно выразительный художественный образ клуба им. Зуева. Образ действительно яркий, сразу бросающийся в глаза и надолго остающийся в памяти. Но вот что удивительно — запоминается не вся объемно-пространственная композиция, а именно сочетание углового стеклянного цилиндра со сложным по пластическому решению параллелепипедом корпуса.

Незначительные размеры и вытянутые пропорции отведенного под строительство клуба участка чрезвычайно осложнили проектирование. И. Голосов использовал 9/10 площади участка под застройку, а затем как бы компенсировал застроенную территорию двора, создав обширную террасу на плоской крыше. Стесненность участка заставила И. Голосова консольно вынести часть помещений верхних этажей за красную линию первого этажа — вертикальный и горизонтальный выступы. Клуб имеет два зала — большой на 950 и малый на 285 мест.

Como resultado fue creada una imagen artística muy expresiva del Club Zúyev. La imagen es realmente brillante, salta a la vista y se graba fijamente en la memoria. Pero lo más sorprendente es que se recuerda no toda la composición volumétrico-espacial, sino justamente la combinación del cilindro vidriado de la esquina con el paralelepípedo del edificio, de complejo acabado plástico.

Las insignificantes dimensiones y las proporciones alargadas del solar del club complicaron tremendamente la proyección. I. Gólosov utilizó 9/10 del área del solar y después, como compensando el territorio del patio ocupado por la construcción, crea en el techo plano una terraza amplia. La falta de espacio del sector obligó a Gólosov a construir sobre ménsulas una parte de las instalaciones de los pisos superiores, sacándolas de las líneas fronterizas del primer piso (saledizos verticales y horizontales). El club tiene dos salas: la grande consta de 950 localidades, y la pequeña de 285.

А. Дмитриев

ДВОРЕЦ РАБОЧЕГО В ХАРЬКОВЕ. 1927–1932

A. Dmítriev

PALACIO DEL OBRERO EN JÁRKOV. 1927–1932

В 1927 г. был проведен всесоюзный конкурс на проект Дворца рабочего в Харькове. Проект А. Дмитриева получил на конкурсе первую премию и был осуществлен.

Это развитый культурно-просветительный комплекс, включавший наряду с залом на 2 тысячи человек и клубными помещениями также музыкальную школу, народный университет, музей, художественные студии, технический кабинет и т. д., т. е. по своему типу Дворец рабочего в Харькове был чем-то средним между дворцом труда (первых послереволюционных лет) и районным домом культуры. Центральная часть главного фасада Дворца рабочего сделана закругленной и обильно остеклена. Этой фасадной стене придана пластическая форма (стена «каннелирована»). Она повышена по сравнению с боковыми частями, понижающимися от центра тремя уступами. Получилась лаконичная, но очень цельная и выразительная объемная композиция с богатой игрой светотени.

En 1927 se llevó a cabo el concurso a nivel de la Unión Soviética para el proyecto del Palacio del Obrero en Járkov. El proyecto de A. Dmítriev recibió el primer premio y fue llevado a la práctica.

Éste es un complejo cultural desarrollado que incluía, además de una sala con capacidad para 2 mil personas y las instalaciones del club, una escuela de música, una universidad popular, un museo, estudios artísticos, un gabinete técnico, etcétera. Por su tipo, el Palacio del Obrero en Járkov es algo intermedio entre un palacio del trabajo (de los primeros años posrevolucionarios) y una casa municipal de la cultura. La parte central de la fachada principal del Palacio del Obrero es curva y está copiosamente vidriada. La fachada fue dotada de una forma plástica (pared «estriada») y se eleva sobre las partes laterales, las cuales disminuyen desde el centro formando tres escalones. Se obtuvo una composición volumétrica lacónica, pero muy expresiva e íntegra, con un rico juego de claroscuros.

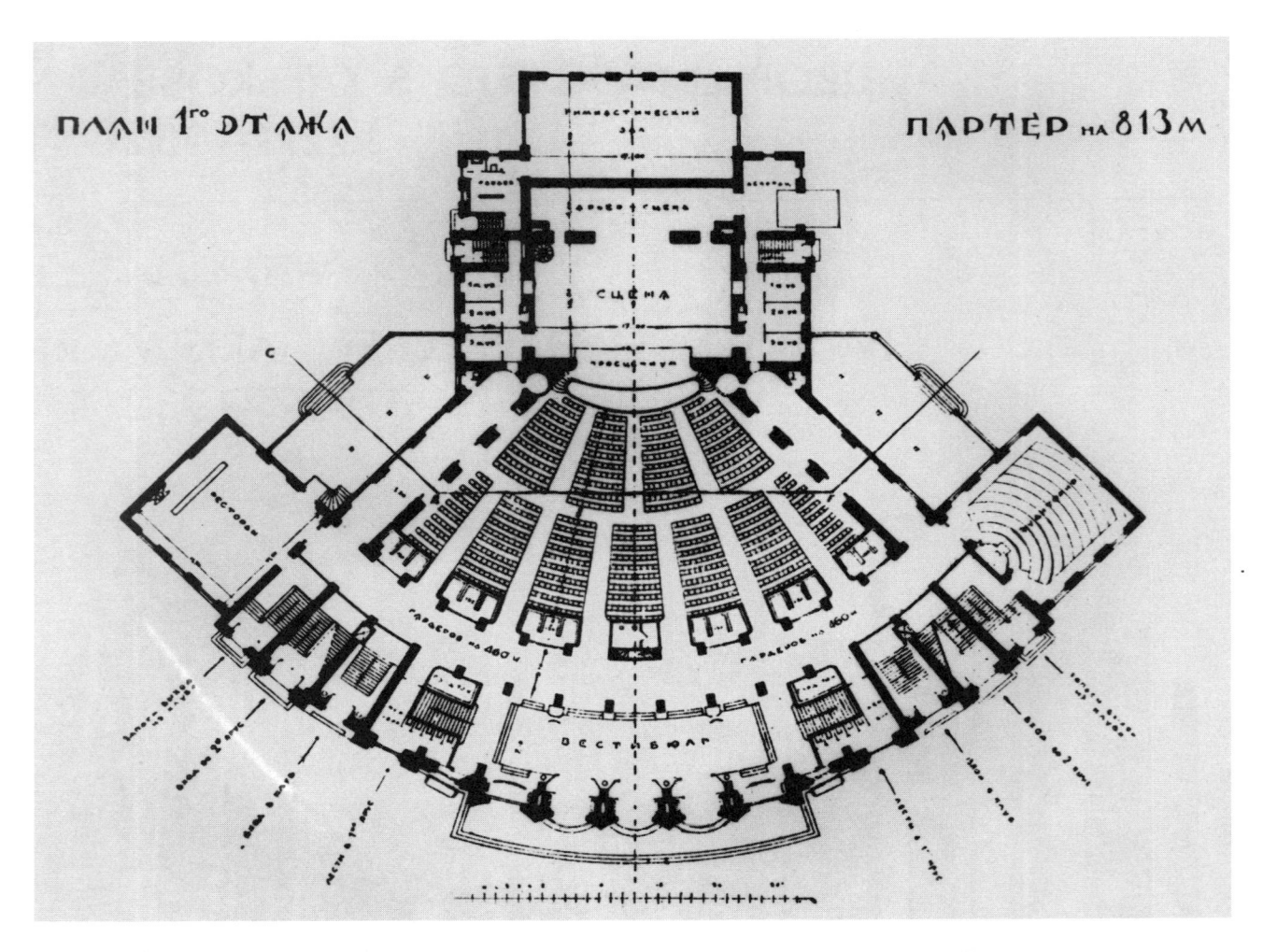

А. Дмитриев. Дворец рабочего в Харькове. 1927–1932
A. Dmítriev. Palacio del Obrero en Járkov. 1927–1932

Общий вид, план первого этажа, интерьер

Vista general, plano del primer piso, interior

М. Барщ и М. Синявский
ПЛАНЕТАРИЙ В МОСКВЕ. 1927–1929

M. Barsch y M. Siniavski
PLANETARIO DE MOSCÚ. 1927–1929

В 1927 г. журнал «СА» под заголовком «Научный театр для широких масс» дал информацию о запланированном в Москве создании планетария. «Московский Совет нового состава, — говорилось в этой информации, — ознаменовал начало своей работы решением, делающим эпоху в области популяризации научных знаний среди широких масс... президиум Моссовета постановил создать в Москве научно-просветительное учреждение нового типа — планетарий»*.

В том же номере журнала был опубликован и первоначальный вариант проекта планетария, разработанного М. Барщем и М. Синявским. В пояснительной записке к проекту авторы писали, что «зрительный зал может быть использован не только для сеансов планетария, но и для других целей — концертов, собраний, митингов и т. д. В этом случае прибор по рельсам увозится в особое помещение»**.

Первый планетарий в нашей стране и был построен в Москве (1927–1929) по этому доработанному проекту М. Барща и М. Синявского. Перекрытый железобетонным параболическим куполом с подвешенным к нему экраном-полусферой, круглый в плане зрительный зал на 440 мест является основой объемно-пространственной композиции. Большая часть подсобных помещений (фойе, гардероб, вестибюль и др.) размещена в первом этаже — под зрительным залом. Лишь для некоторых небольших помещений были созданы отдельные объемы вне пределов габарита цилиндрической подкупольной части. Эти небольшие пристройки с оригинальными деталями (винтовая лестница в остекленном цилиндре, криволинейный железо-

En 1927 la revista «AM», bajo el título «Teatro científico para las grandes masas», informó acerca de la idea de crear un planetario en Moscú. «El nuevo gabinete del Sóviet de Moscú —se leía en esta revista— marca el inicio de su trabajo mediante una resolución que hace época en el área de la popularización de los conocimientos científicos entre las grandes masas... el Presidium del Mossoviet decretó crear en la ciudad de Moscú una institución científico-cultural de nuevo tipo: el planetario.»*

En este mismo número de la revista se publicó la primera variante del proyecto del planetario, elaborada por M. Barsch y M. Siniavski. En la nota explicativa del proyecto, los autores escribieron que «la sala para espectadores puede ser utilizada no sólo para las funciones del planetario, sino también para otros fines: conciertos, asambleas, mítines, etcétera. En este caso, el aparato de proyección es trasladado de la sala a una habitación especial mediante rieles»**.

El primer planetario de Rusia se construyó precisamente en la ciudad de Moscú (1927–1929) según el proyecto mejorado de M. Barsch y M. Siniavski. Cubierta por una cúpula parabólica de hormigón armado de donde pende una pantalla semiesférica, la sala de espectáculos de planta circular con 440 localidades es la base de la composición volumétrico-espacial. Gran parte de las instalaciones auxiliares (foyer, guardarropa, vestíbulo y otras) se encuentran en el primer piso, debajo de la sala de espectáculos. Sólo para ciertas instalaciones pequeñas se crearon diversos volúmenes fuera de los límites de la parte cilíndrica que se encuentra debajo de la cúpula. Estas pequeñas construcciones anexas, con detalles originales (una escalera de caracol dentro de un cilindro vidriado, la

---

* СА. 1927. № 3. С. 79.
** Там же. С. 80.

* AM. 1927. № 3. Pág. 79.
** Ídem. Pág. 80.

(47) М. Барщ и М. Синявский. *Планетарий в Москве. 1927–1929*

M. Barsch y M. Siniavski. *Planetario de Moscú. 1927–1929*

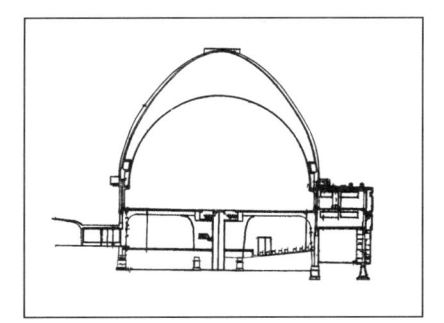

Раздел 2

Parte 2

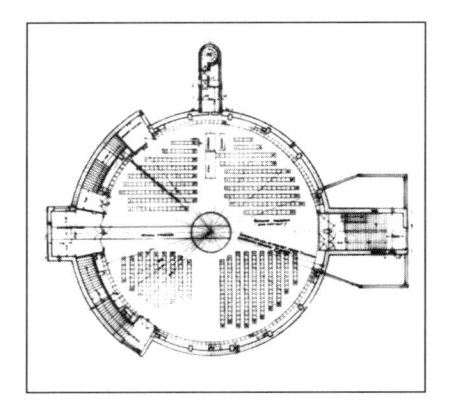

Общий вид, фрагменты, разрез, план, интерьер, конструкции

Vista general, fragmentos, corte, plano, interior, estructuras

бетонный козырек входа, вытянутые по пропорциям круглые железобетонные столбы и т. д.) еще больше подчеркивают крупный масштаб основной формы здания — параболического купола.

marquesina curvilínea de hormigón armado de la entrada, las columnas circulares de hormigón armado proporcionalmente estiradas, etcétera), sobresaltan aún más el gran tamaño de la forma principal del edificio: la cúpula parabólica.

И. Жолтовский (при участии С. Кожина)
КОТЕЛЬНАЯ МОГЭС В МОСКВЕ. 1927–1929

I. Zholtovski (con la participación de S. Kozhin)
SALA DE CALDERAS DE LA MOGES EN MOSCÚ. 1927–1929

Котельная МОГЭС — характерное произведение в духе «гармонизированного конструктивизма», который был побочным явлением неоренессансной школы И. Жолтовского, стремившегося и в формы новой архитектуры внедрить приемы гармонизации композиции, характерные для классического ордера. Эти формальные эксперименты Жолтовский и его ученики проводили в сфере промышленной архитектуры.

Было запроектировано и построено несколько промышленных объектов в духе «гармонизированного конструктивизма», среди которых котельная МОГЭС представляет наибольший интерес.

Особенно выразителен главный фасад котельной, в композиционном построении которого можно увидеть приемы ордерной архитектуры. Спаренные стеклянные эркеры — некое подобие могучих по-

La sala de calderas de la MOGES es una obra característica del estilo del «constructivismo armonizado», fenómeno secundario de la escuela neorrenacentista de I. Zholtovski, quien intentaba introducir incluso en las formas de la nueva arquitectura los métodos de armonización de la composición característica del orden arquitectónico clásico. Zholtovski y sus discípulos llevaron a cabo estos experimentos formales en la esfera de la arquitectura industrial.

Fueron proyectadas y construidas algunas obras industriales al estilo del «constructivismo armonizado», entre las cuales la sala de calderas de la MOGES es la que mayor interés despierta.

Es especialmente expresiva la fachada principal del edificio, en cuya construcción compositiva se pueden observar los métodos de los órdenes arquitectónicos. Los miradores vidriados apareados —algo semejante a

И. Жолтовский (при участии С. Кожина). *Котельная МОГЭС в Москве. 1927–1929*

I. Zholtovski (con la participación de S. Kozhin). *Sala de calderas de la MOGES en Moscú. 1927–1929*

Проект (перспектива), общий вид, ракурс (фото А. Родченко)

Proyecto (perspectiva), vista general, escorzo (foto de A. Ródchenko)

луколонн — завершаются своеобразным антаблементом в виде горизонтального пояса с балконом галерей и с тщательно выверенным ритмом окон: над каждой парой эркеров горизонтальное окно, а над простенками между эркерами два небольших квадратных проема. Вся композиция завершается расширяющимися кверху трубами (над каждой парой эркеров — труба).

Главный фасад котельной МОГЭС отличается виртуозным решением как общей композиции, так и отдельных элементов и может служить ярким примером удачного использования в формах новой архитектуры средств и приемов построения и гармонизации фасада, восходящих к ордерной архитектуре.

poderosas semicolumnas— son concluidas con un original cornisamento en forma de franja horizontal con balcón de galerías y con un ritmo de ventanas cuidadosamente regulado: sobre cada par de miradores hay una ventana horizontal, y sobre los entrepaños de los miradores hay dos pequeños vanos cuadrados. Toda la composición es coronada por tubos que se dilatan hacia arriba (sobre cada par de miradores hay un tubo).

La fachada principal de la sala de calderas de la MOGES se distingue por su virtuosa planificación tanto de la composición en general como de cada elemento, y puede servir de brillante ejemplo de la utilización afortunada en las formas de la nueva arquitectura de los medios y métodos de construcción y armonización de las fachadas que se remontan al orden arquitectónico.

А. Кузнецов (руководитель), В. Мовчан, Г. Мовчан,
А. Фисенко, И. Николаев, Л. Мейльман и Г. Карлсен

ВСЕСОЮЗНЫЙ ЭЛЕКТРОТЕХНИЧЕСКИЙ ИНСТИТУТ (ВЭИ) В МОСКВЕ. 1927-1929

A. Kuznetsov (director), V. Movchán, G. Movchán,
A. Fisenko, I. Nikoláyev, L. Meilman y G. Karlsen

INSTITUTO DE ELECTROTECNIA DE LA UNIÓN SOVIÉTICA (VEI) EN MOSCÚ. 1927-1929

a/b

В районе Лефортова на месте снесенной ураганом еще в начале века Анненгофской рощи была отведена территория для строительства «технического городка» — комплекса ВЭИ. Комплекс включает в себя лабораторные, административный и жилые корпуса.

Корпус лаборатории высокого напряжения имеет большой и малый залы, где проводятся основные опыты. Иногда работы в этих залах должны проводиться в полной темноте (наблюдение за свечением и искрами). Поэтому квадратный в плане большой зал лишен естественного света, что позволило обстроить его с двух сторон рас-

En el municipio de Lefórtov, en el lugar del bosque de Annengof arrasado a inicios de siglo por un huracán, fue destinado un solar para la construcción de una «ciudad tecnológica», para el complejo del VEI. El complejo incluía bloques de viviendas, administrativos y para laboratorios.

El bloque del laboratorio de alta tensión tiene dos salas, una grande y una pequeña, donde se llevan a cabo los experimentos principales. En ocasiones, los trabajos en estas salas deben realizarse en total oscuridad (observación de luminiscencia y chispas). Por ello, la sala grande, de planta cuadrada, está privada de luz natural, lo que permitió rodearla por dos

А. Кузнецов, В. Мовчан, Г. Мовчан и др. Всесоюзный электротехнический институт (ВЭИ) в Москве. 1927–1929

A. Kuznetsov, V. Movchán, G. Movchán y otros. Instituto de Electrotecnia de la Unión Soviética (VEI) en Moscú. 1927–1929

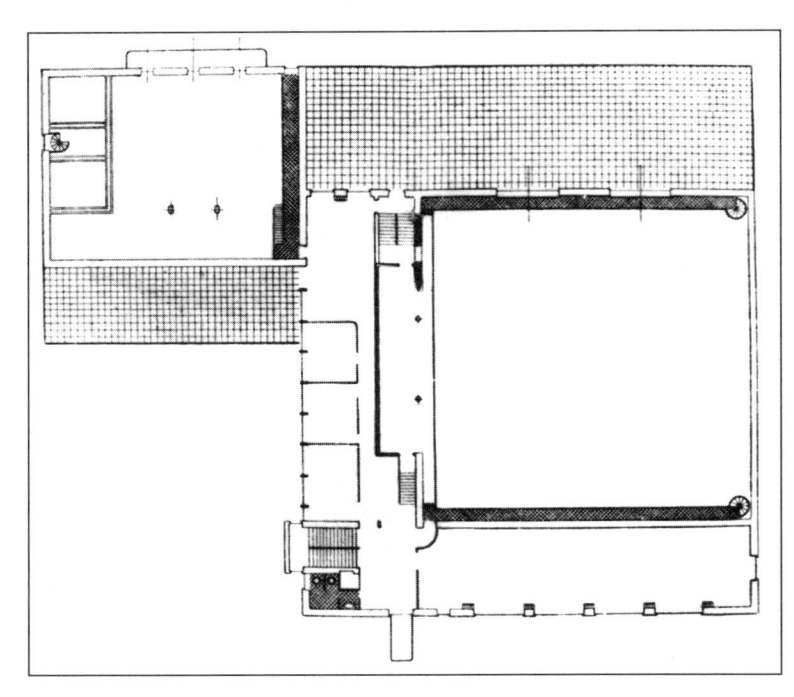

положенными в три этажа другими необходимыми для работы помещениями (мастерские, лаборатории, комнаты научных сотрудников и др.) и прийти к компактной планировке всего корпуса. Этот зал имеет два вывода линий высокого напряжения за пределы здания для экспериментирования в нормальных атмосферных условиях. Выводы эти сделаны в виде круглых проемов диаметром 5 м (размер их был предопределен напряжением и создаваемым проводами магнитным полем). В круглых проемах помещены пропускающие провода высокого напряжения — мощные устройства, которые для защиты от атмосферных воздействий прикрыты полукруглыми козырьками, используемыми и для подвески самой линии. Зал перекрыт коническим железобетонным куполом диаметром 28 м. Распорное кольцо купола в четырех точках опирается на кирпичные стены. Малый зал, по условиям работы похожий на большой, освещается дневным светом

lados de otras instalaciones necesarias para el trabajo (talleres, laboratorios, oficinas para los científicos, etcétera) y conseguir una planificación compacta de todo el bloque. Esta sala tiene dos salidas de alta tensión que van más allá de los límites del edificio, para las experimentaciones en condiciones atmosféricas normales. Estas salidas tienen forma de huecos circulares de 5 m de diámetro (sus dimensiones fueron determinadas teniendo en cuenta la tensión y el campo magnético creado por los conductores). En los huecos circulares se instalaron mecanismos resistentes que dejan pasar los conductores de alta tensión, y para protegerlos de la acción atmosférica se cubren con marquesinas semicirculares, que a su vez se utilizan para la suspensión de la propia línea. La sala está cubierta por una cúpula cónica de hormigón armado de 28 m de diámetro. El aro que comunica la presión longitudinal a la cúpula se apoya en cuatro puntos sobre las paredes de ladrillos. La sala pequeña es muy parecida a la sala

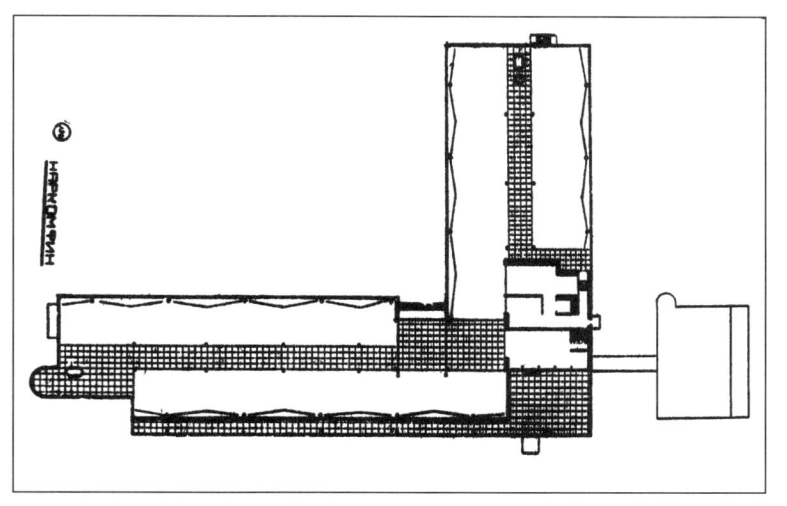

а) общий вид комплекса;
b) корпус высокого напряжения (общий вид, план, интерьер малого зала);
c) машинно-аппаратный корпус (общий вид, фрагмент фасада);
d) электрофизический корпус (общие виды, план);
e) административный корпус (общий вид);
f) жилой корпус (общий вид)

a) vista general del complejo;
b) bloque de alta tensión (vista general, plano, interior de la sala pequeña);
c) bloque de máquinas y equipos (vista general, fragmento de la fachada);
d) bloque de electrofísica (vistas generales, plano);
e) bloque administrativo (vista general);
f) bloque de viviendas (vista general).

через эркер, который в случае необходимости может быть отделен от зала шторой, чтобы дать возможность вести работу в темноте. Зал имеет три круглых проема небольшого диаметра для вывода линий высокого напряжения; они прикрыты общим горизонтальным козырьком.

Внешний облик корпуса отражает условия его работы. Особенно выразителен фасад с круглыми проемами.

Основное помещение машинно-аппаратного корпуса — это прямоугольный в плане высокий машинный зал, освещенный огромным во всю продольную стену единым окном-экраном, разделенным тонкими плоскостями на 21 вертикальную секцию. Корпус предназначен для испытания и исследования различных электроагрегатов. К залу примыкают помещения ряда лабораторий, открывающиеся на уровне второго этажа прямо в зал.

grande por las condiciones de trabajo y es iluminada con luz natural por un mirador, el cual, en caso de ser necesario, puede ser separado de la sala mediante una cortina, permitiendo realizar trabajos que necesitan de oscuridad. La sala tiene otros tres huecos circulares de diámetro pequeño para la salida de las líneas de alta tensión, los cuales están protegidos con una marquesina horizontal común.

El aspecto exterior del edificio refleja las condiciones del trabajo que se realiza. Sobre todo es muy expresiva la fachada con huecos circulares.

El edificio principal del bloque de máquinas y equipos es la sala de máquinas, alta y de planta triangular, la cual es iluminada por un muro-cortina inmenso que ocupa toda la pared lateral y está dividido en 21 secciones verticales mediante planos finos. El bloque está destinado a la experimentación e investigación de diversos aparatos eléctricos. Contiguas a la sala hay una serie de laboratorios que al nivel del segundo piso salen directamente a la sala.

Третий корпус (электрофизический), в отличие от первых двух, не имеет доминирующего по размерам основного зала. Он состоит из ряда лабораторий (рентгеновской, радиотехнической, электролитической, химической, вакуумной, свето- и звукометрической и др.) с подсобными помещениями.

Построены также административный и жилые корпуса.

El tercer bloque (de electrofísica), a diferencia de los dos primeros, no dispone de una sala principal que sobresalga por sus dimensiones. Este bloque consta de una serie de laboratorios (de rayos X, radiotecnia, electrólisis, química, de vacío, de mediciones de luz y de sonido, etcétera) con instalaciones auxiliares.

También se construyeron bloques de viviendas y administrativos.

М. Гинзбург (при участии И. Милиниса)
ДОМ ПРАВИТЕЛЬСТВА КАЗАХСТАНА В АЛМА-АТЕ. 1927–1931

M. Guínzburg (con la participación de I. Milinis)
CASA DEL GOBIERNO DE KAZAJSTÁN EN ALMA-ATÁ. 1927–1931

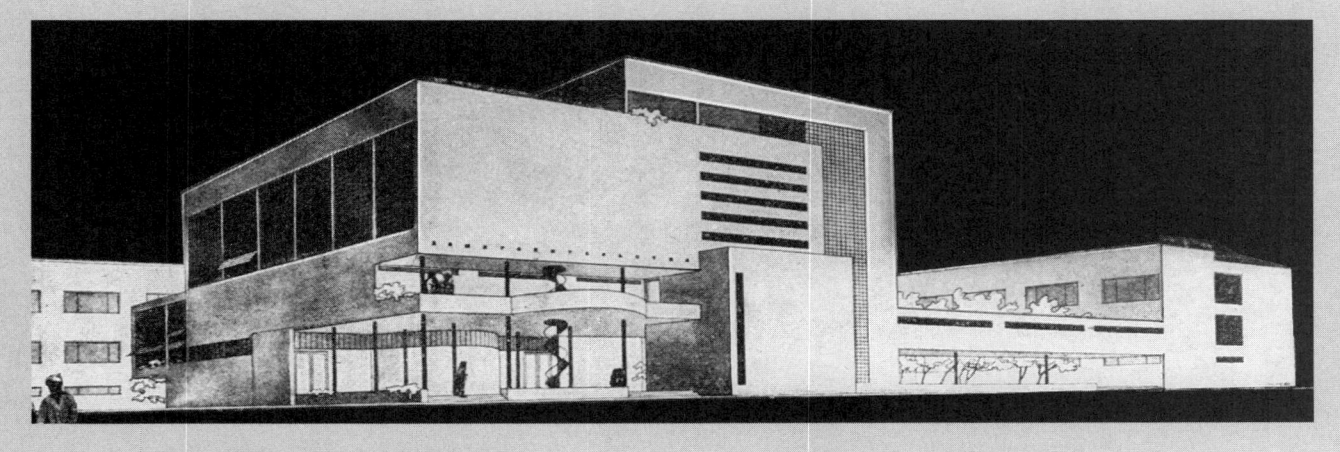

В 1927 г. был объявлен конкурс на Дом правительства Казахстана в Алма-Ате. Проект М. Гинзбурга получил первую премию и был осуществлен в 1929–1931 гг. Здание стало главным сооружением нового общественного центра столицы Казахстана, созданного в 1929–1934 гг. Это был один из немногих крупных гансамблей, целиком состоящих из конструктивистских зданий. Его композиционным

En 1927 se anunció el concurso de la Casa del Gobierno de Kazajstán en Alma-Atá. Guínzburg obtuvo el primer premio por su proyecto, el cual fue hecho realidad en los años 1929–1931. El edificio se convirtió en la edificación principal del nuevo centro social de la capital de Kazajstán, creado en los años 1929–1934. Éste fue uno de los pocos conjuntos grandes que constan completamente de edificios constructivistas.

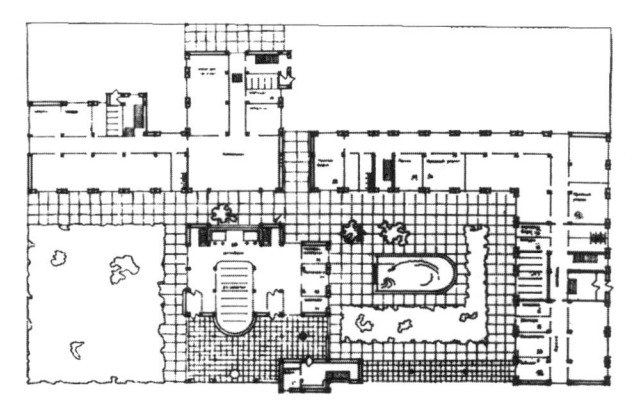

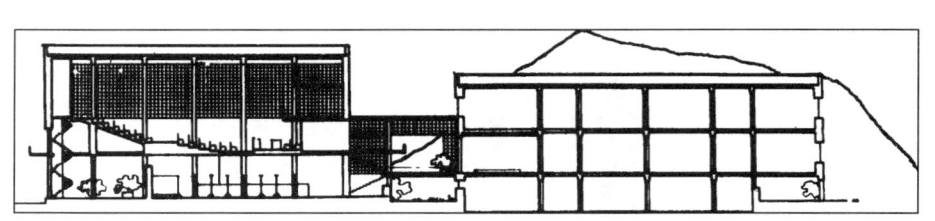

| 50 | М. Гинзбург (при участии И. Милиниса). *Дом правительства Казахстана в Алма-Ате.* 1927–1931 | Раздел 2 |
| | M. Guínzburg (con la participación de I. Milinis). *Casa del Gobierno de Kazajstán en Alma-Atá.* 1927–1931 | Parte 2 |

Перспектива, аксонометрия, план, разрез, аксонометрия внутреннего дворика, интерьер (проект), общие виды, макет. М. Гинзбург (слева) и И. Милинис (справа) у макета здания

Perspectiva, axonometría, plano, corte, axonometría del patio interno, interior (proyecto), vistas generales, maqueta, M. Guínzburg (izquierda) e I. Milinis (derecha) junto a la maqueta del edificio

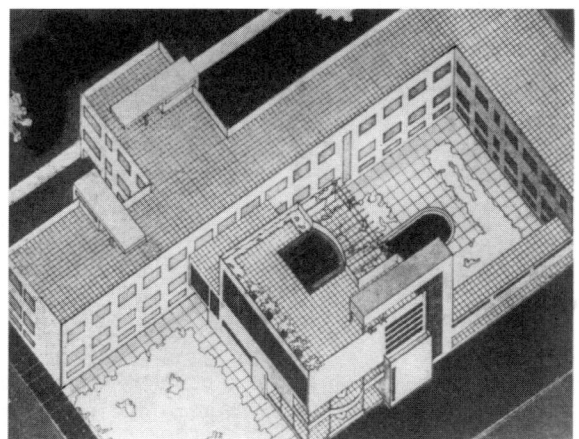

Раздел 2 — М. Гинзбург (при участии И. Милиниса). *Дом правительства Казахстана в Алма-Ате. 1927–1931*
Parte 2 — M. Guínzburg (con la participación de I. Milinis). *Casa del Gobierno de Kazajstán en Alma-Atá. 1927–1931*

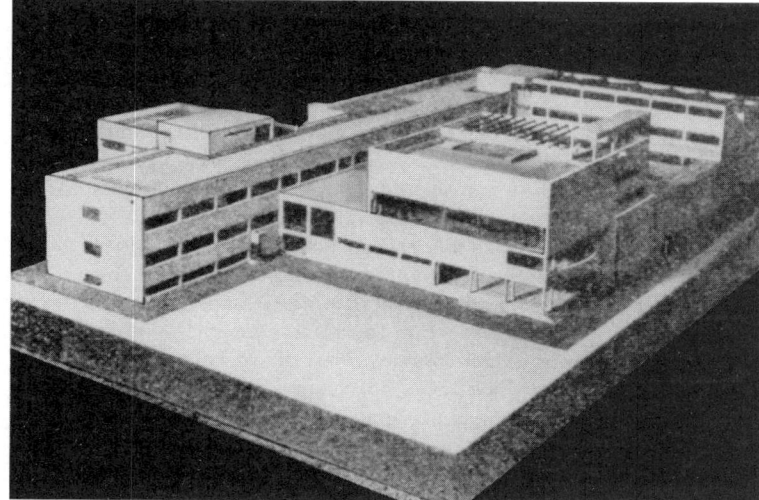

центром и стал Дом правительства, перед которым была устроена прямоугольная площадь. На эту площадь слева от Дома правительства выходит здание управления Туркестано-Сибирской железной дороги (архит. М. Гинзбург при участии И. Милиниса, 1929–1934), а справа — Дом связи (архит. С. Герасимов, 1931–1934).

Ансамбль городского общественного центра придал Алма-Ате иной масштаб. Именно в эти годы новая столица республики после открытия движения по Туркестане-Сибирской железной дороге стала интенсивно застраиваться, превращаясь из захолустного провинциального городка в крупный современный город. Это была первая общегородская площадь, вокруг которой начал формироваться общественно-административный центр Алма-Аты.

Здание Дома правительства состоит из нескольких объемов, связанных между собой коридорами и крытым переходом. Выходящий на площадь основной объем здания включает в себя вестибюль и зал заседаний. Перед входом в здание устроена открытая галерея, над которой расположен связанный с фойе зала заседаний балкон-трибуна.

Поскольку Дом правительства был одним из первых общественных зданий быстро растущего города, считалось возможным использовать его зал заседаний как общегородской кинозал. Исходя из этого был продуман график движения зрителей, который не нарушал бы работу основных учреждений, расположенных в здании. Центром композиции интерьера Дома правительства служит расположенное за залом двухсветное фойе, связывающее между собой все основные помещения здания: вестибюль, зал заседаний, корпус Совнаркома и Госплана, корпус ЦИК и корпуса партийных и общественных

La Casa del Gobierno, delante de la cual se construyó una plaza rectangular, era el centro compositivo. El edificio de la administración de la vía ferroviaria Turkestán–Siberia (arquitecto M. Guínzburg con la participación de I. Milinis, 1929–1934) mira hacia la plaza y se encuentra situado a la izquierda de la Casa del Gobierno; a la derecha, también mirando hacia la plaza, se encuentra la Casa de Comunicaciones (arquitecto S. Guerásimov, 1931–1934).

El conjunto del centro público de la ciudad transmitió a Alma-Atá otra dimensión. Precisamente en aquellos años la nueva capital de la república, después de la apertura del movimiento por la vía ferroviaria Turkestán–Siberia, comienza a llenarse intensamente de construcciones, convirtiéndose de una ciudad provincial alejada en una gran ciudad moderna. Ésta fue la primera plaza común de la ciudad, alrededor de la cual se comenzó a formar el centro socio-administrativo de Alma-Atá.

El edificio de la Casa del Gobierno consta de varios volúmenes comunicados entre sí mediante corredores y pasos cubiertos. El volumen principal del edificio, que da hacia la plaza, incluye un vestíbulo y una sala de reuniones. Frente a la entrada hay una galería abierta, sobre la cual se encuentra un balcón-tribuna que se comunica con el foyer de la sala de reuniones.

Dado que la Casa del Gobierno era uno de los primeros edificios públicos de la creciente ciudad, se consideraba la posibilidad de utilizar su sala de reuniones como sala de cine. Partiendo de ello se trazó un plano de movimiento de los espectadores que no interrumpiera las actividades laborales de las principales instituciones emplazadas en el edificio. El foyer de dos ventanas, que se encontraba detrás de la sala, es el centro de la composición del interior de la Casa del Gobierno; este foyer comunicaba entre sí todas las instalaciones principales del edificio: el vestíbulo,

М. Гинзбург (при участии И. Милиниса). Дом правительства Казахстана в Алма-Ате. 1927–1931

M. Guínzburg (con la participación de I. Milinis). *Casa del Gobierno de Kazajstán en Alma-Atá. 1927–1931*

организаций. По двум одномаршевым лестницам посетители поднимаются в это фойе из вестибюля и попадают в высокое, освещенное с двух сторон помещение, которое решено как крытый дворик-сад с бассейном и зеленью. Летом остекленные стены раздвигаются, раскрывая интерьер в сад. Фойе связано двумя открытыми одномаршевыми лестницами с выходящим в него террасой-балконом, расположенным перед входом в зал заседаний, а также с коридором, связывающим различные учреждения Дома правительства.

С учетом многофункционального использования ряда помещений Дома правительства Гинзбург рассматривал его не только как административное учреждение, место работы определенного числа служащих, но и как подлинно общественное сооружение, предназначенное для всех жителей города. Этим объясняется, что наряду с детальной проработкой рабочих помещений повышенное внимание было уделено вестибюлю, фойе, залу заседаний (он же кинотеатр) и т. д. По проекту предполагалось также устроить озелененный открытый внутренний дворик с бассейном, соединенный с площадью галереей (под крытым переходом), а на плоской крыше зала заседаний был запроектирован сад (также с бассейном).

Не все удалось осуществить в натуре. Так, например, Гинзбург предполагал сделать Дом правительства светлым по тону, выделяющимся на фоне гор и яркого южного неба. В действительности же вопреки проекту построенному зданию придали темно-серый цвет. Во многом не были выполнены и детально разработанные в проекте предложения по окраске внутренних помещений.

la sala de reuniones, el bloque del Sovnarkom (*Sóviet de Comisarios del Pueblo*) y del Gosplán, el bloque del TsIK y los bloques de las organizaciones públicas y del partido. Por dos escaleras de un tramo los visitantes se trasladaban del vestíbulo al foyer y llegaban a una instalación alta e iluminada por ambos lados, la cual fue proyectada como un patio-jardín con piscina y vegetación. En verano, las paredes vidriadas se podían desplazar, poniendo al descubierto el jardín interior. El foyer está comunicado por dos escaleras de un tramo con un balcón-terraza situado frente a la entrada de la sala de reuniones, y con un pasillo que conecta las diversas instituciones que se encuentran en la Casa del Gobierno.

Teniendo en cuenta el uso multifuncional de una serie de instalaciones de la Casa del Gobierno, Guínzburg consideraba el edificio no solamente como una institución administrativa y el lugar de trabajo de un determinado número de funcionarios, sino también como una auténtica edificación pública, destinada a todos los habitantes de la ciudad. Esto explica que, además de la detallada elaboración de las instalaciones de trabajo, se prestara gran atención al vestíbulo, al foyer, a la sala de reuniones (que también es cine), etcétera. En el proyecto se planeaba acondicionar un patio abierto interno con piscina comunicado con la plaza de la galería (bajo un paso cubierto), y sobre el techo plano de la sala de reuniones estaba proyectado un jardín (también con piscina).

No todo se logró hacer realidad. Por ejemplo, Guínzburg tenía la intención de hacer la Casa del Gobierno de un tono claro, resaltándola sobre el fondo de montañas y el brillante cielo meridional. En realidad, en contraposición al proyecto, el edificio se construyó de un color gris oscuro. En muchos aspectos no se llevaron a cabo las propuestas, detalladamente elaboradas en el proyecto, concernientes al color de las instalaciones internas.

А. Никольский (руководитель), Л. Хидекель и др.
СТАДИОН ИМ. КРАСНОГО СПОРТИВНОГО ИНТЕРНАЦИОНАЛА В ЛЕНИНГРАДЕ. 1927–1929

51

A. Nikolski (director), L. Jidiékel y otros
ESTADIO DE LA INTERNACIONAL ROJA DEPORTIVA EN LENINGRADO. 1927–1929

Спортивный комплекс включает в себя основное спортивное ядро и спортклуб.

Основное спортивное ядро — это компактно размещенные спортивные площадки — футбольное поле, площадки для баскетбола, волейбола, толкания ядра, прыжков в высоту, прыжков в длину, прыжков с шестом, метания копья, беговая дорожка. На западной стороне основного ядра стадиона расположены железобетонные трибуны

El complejo deportivo incluye un núcleo deportivo principal y un club deportivo.

El núcleo deportivo principal está constituido por campos deportivos dispuestos compactamente: canchas de fútbol, baloncesto, voleibol, lanzamiento de bala, salto alto y largo, salto con garrocha, lanzamiento de jabalina, pistas de carreras, etcétera. En la parte occidental del núcleo principal del estadio se encuentran las tribunas de hormigón, con

А. Никольский, Л. Хидекель и др. Стадион им. Красного Спортивного Интернационала в Ленинграде. 1927–1929

A. Nikolski, L. Jidiékel y otros. *Estadio de la Internacional Roja Deportiva en Leningrado. 1927–1929*

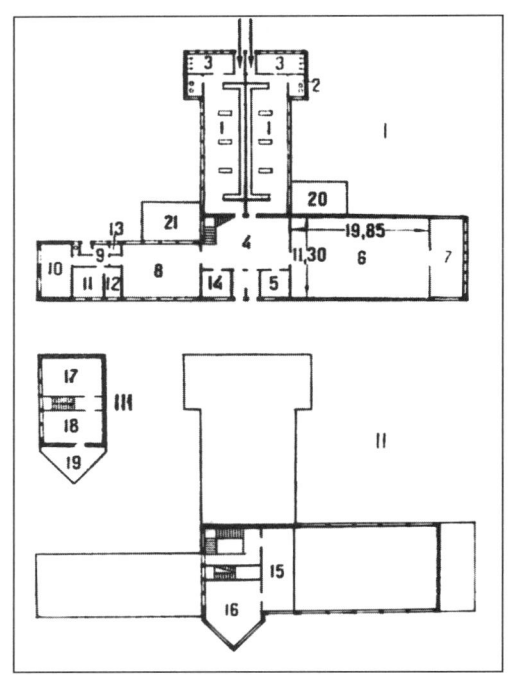

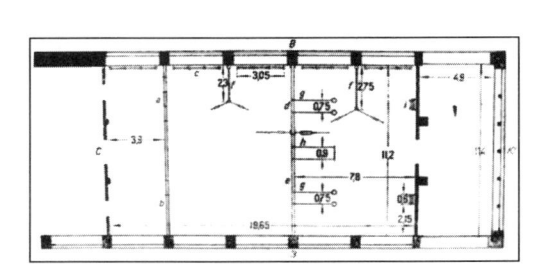

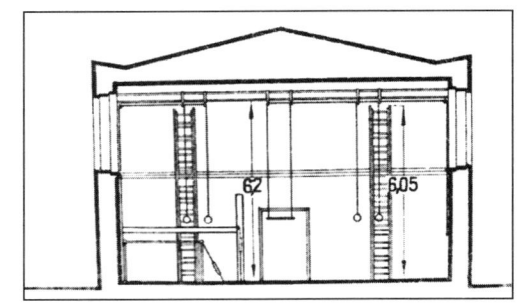

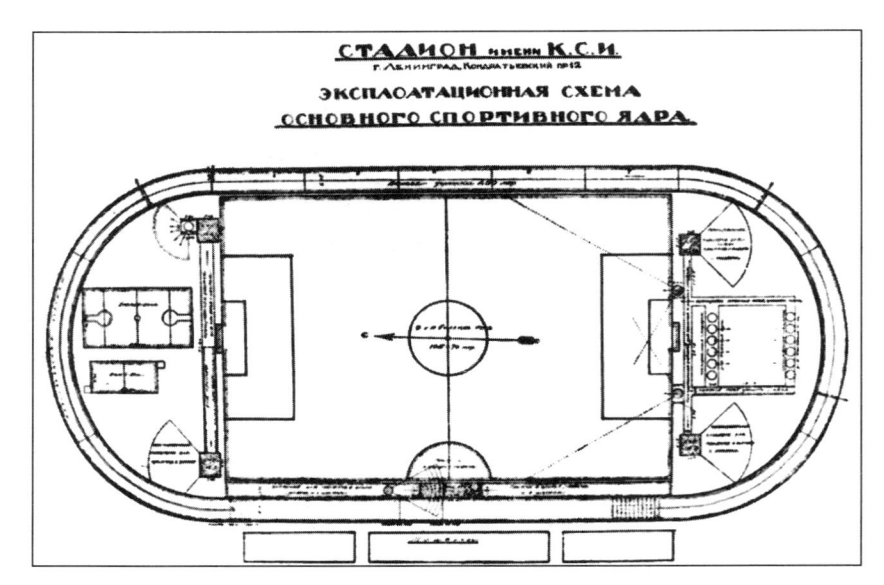

Генплан основного спортивного ядра, железобетонные трибуны (общий вид, фрагмент), спортклуб (общий вид, планы первого–третьего этажей, план и разрез спортзала)

Plano general del núcleo deportivo principal, tribunas de hormigón armado (vista general, fragmento), club deportivo (vista general, planos del primero al tercer pisos, plano y corte de la sala deportiva)

длиной 100 м. Они состоят из двенадцати рядов мест для сидения (на 2250 человек) и верхней распределительной галереи (места для стояния на 550 человек). Загрузка трибун осуществляется по лестницам с дорожки для зрителей со стороны спортивного поля. По длине трибуны разделены на три секции проемами (для прохода зрителей). Высокая часть подтрибунного пространства служит крытой галереей для зрителей во время дождя. Низкая часть использована под кладовые и служебные помещения. Верхняя галерея трибун защищена консольным козырьком с выносом 2,5 м. Спортклуб — это Т-образное в плане одно-трехэтажное здание с треугольным эркером на втором этаже. Он включает в себя гимнастический зал (высота около 7 м), зал для занятий тяжелой атлетикой, кладовую спортинвентаря, кабинет врача, раздевальни со 120 индивидуальными шкафчиками, души, зал для пинг-понга и др.

una longitud de 100 m, compuestas de 12 filas de localidades con capacidad para 2250 personas y una galería superior de distribución (lugares para 550 personas de pie). A las tribunas se accede por escaleras desde los caminos peatonales contiguos al campo deportivo. A lo largo, las tribunas están divididas en secciones mediante huecos (para el paso de los espectadores). La parte alta de las tribunas sirve de galería cubierta para los espectadores durante las lluvias. La parte baja de las mismas sirve de depósito e instalaciones de servicio. La galería superior de la tribuna está protegida por una marquesina a modo de ménsula con un vuelo de 2,5 m. El club deportivo es un edificio de planta en T de uno-tres pisos, con miradores triangulares en el segundo piso; cuenta con una sala de gimnasia (cerca de 7 m de altura), una sala para levantamiento de pesas, un depósito de utensilios deportivos, un consultorio médico, guardarropa con 120 casilleros, duchas, salas para tenis de mesa, etcétera.

И. Леонидов

КЛУБ НОВОГО СОЦИАЛЬНОГО ТИПА.
Экспериментальный проект.
1928

(52)

I. Leonídov

CLUB DE NUEVO TIPO SOCIAL.
Proyecto experimental.
1928

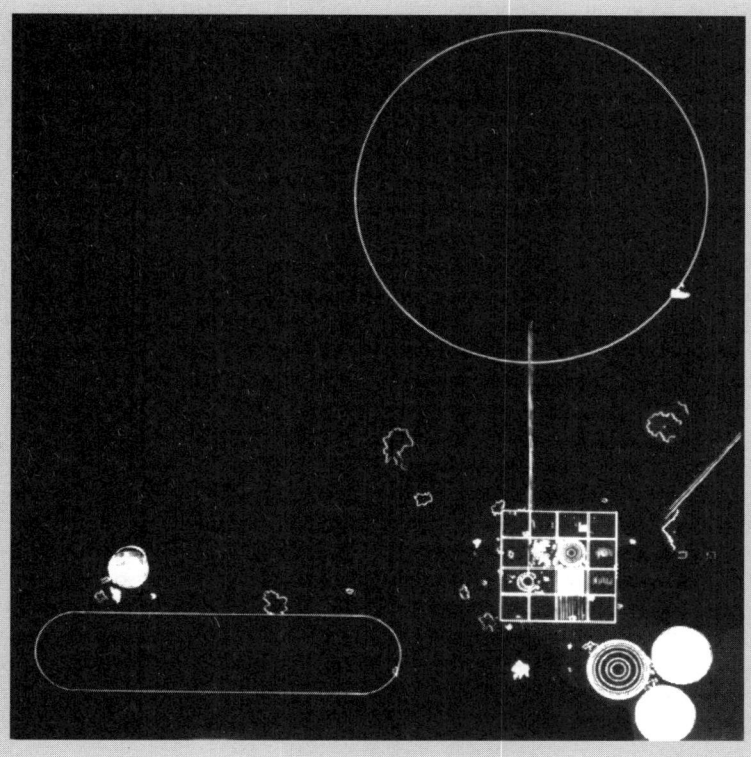

И. Леонидов. *Клуб нового социального типа. Экспериментальный проект.* 1928

I. Leonídov. *Club de nuevo tipo social. Proyecto experimental.* 1928

a | b | b

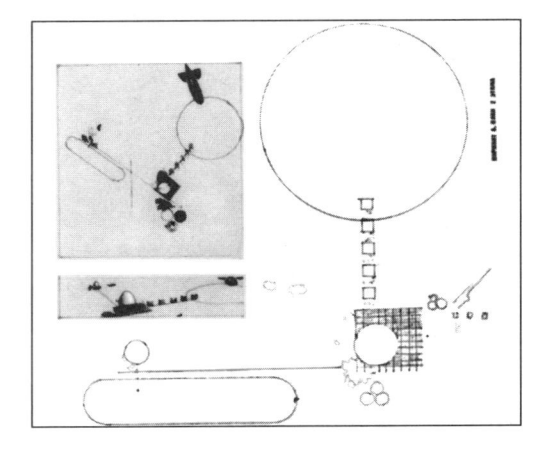

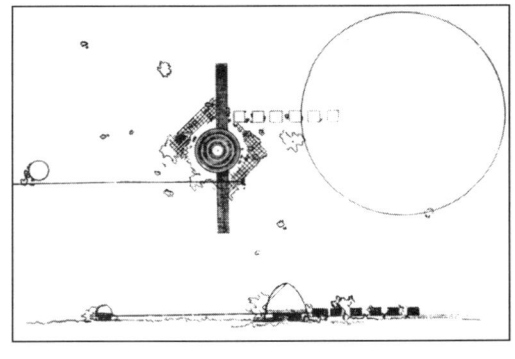

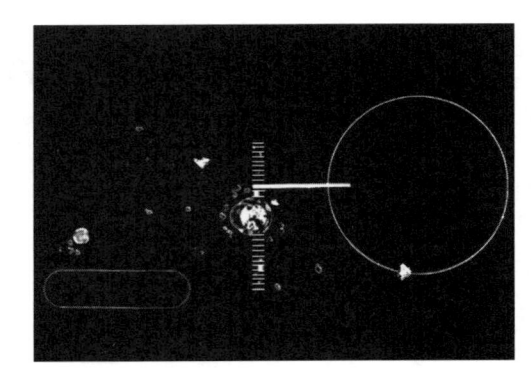

a) вариант А — фасад, макет, планы первого и второго этажей (см. титул шедевра);
b) вариант Б — фасад, планы первого и второго этажей

a) variante A: fachada, maqueta, planos del primer y segundo pisos (véase la ilustración inicial);
b) variante B: fachada, planos del primer y segundo pisos

В 1928 г., когда развернулась острая дискуссия о судьбах рабочего клуба, И. Леонидов приступает к углубленной разработке типа клубного здания и создает два варианта поискового экспериментального проекта (А и Б) «Клуба нового социального типа», которыми иллюстрирует свой доклад о новом типе клуба на первом съезде ОСА в 1929 г.

Разработанный И. Леонидовым новый тип клуба существенно отличался от строившихся в те годы рабочих клубов. И. Леонидов предлагал создавать крупные клубные комплексы, состоящие из отдельных пространственно связанных между собой зданий, как специализированного, так и универсального назначения. Вместимость клуба 2500 человек.

Тесная связь клубного комплекса с природой, всемерное развитие инициативы и самодеятельности трудящихся при четкой организации клубной работы, использование новейших достижений науки и техники, комплексная взаимосвязь отдельных звеньев единой системы организации культурно-просветительной работы в масштабах района — эти принципы легли в основу созданных И. Леонидовым проектов.

И. Леонидов рассматривал клубный комплекс как своеобразный общественно-культурный центр, предназначенный для лабораторной работы, лекций, спорта, музейной и краеведческой работы, проведения общественно-политических кампаний, выставок, туризма, производственных соревнований, бытовых походов и т. д. Он должен был включать в себя зимний сад научного типа площадью 2500 м² (в нем размещены отделы и площадки: краеведение, зоология, выставки, спортивные игры, бассейн, детская и пионерская площадки, радио, демонстрационные площадки, кино-газета, уголки общественно-политической работы), универсальный зал площадью 700 м² (для лекций, кино, демонстраций, планетария, собраний и т. д.), библиотеку с читальней площадью 200 м², открытое демонстрационное поле для больших демонстраций (планерные состязания, воздухоплавание, авиация, автоспорт, военные игры, туризм и т. д.), спортивный зал с подсобными помещениями площадью 400 м², спортивную площадку, лаборатории по 100 м² каждая для углубленно-аналитической работы (физическая, химическая, кино-фото, астрономии, краеведения, зоологии, ботаники, изобретательства, радио и др.), детский павильон с площадками и бассейном, парк.

В архитектурном отношении два близких варианта проекта «Клуба нового социального типа» представляли собой широко и свободно организованные парковые композиции, в которых главенствовал объем большого зала, перекрытый параболическим сводом-оболочкой. В варианте А купол покоился на квадратном в плане одноэтажном распластанном объеме, в варианте Б — на объеме, имеющем в плане форму вытянутого прямоугольника. Господствующий по высоте объем большого зала композиционно объединяет все элементы клубного комплекса — спортивный зал (также перекрытый параболическим куполом), кубические по форме павильоны для кружковой и лабораторной работы, стадион, круглое в плане большое демонстрационное поле.

En 1928, cuando estalla la aguda discusión acerca del destino del club de trabajadores, Leonídov emprende un serio trabajo de estudio del tipo de edificio de club y crea dos variantes de proyecto prospectivo experimental (A y B) del «Club de nuevo tipo social», con los que ilustra su informe acerca del nuevo club en el primer congreso de la OSA, realizado en 1929.

El club elaborado por I. Leonídov se diferenciaba sustancialmente de los clubes de trabajadores que se construían en aquel entonces. Leonídov sugirió crear grandes complejos para los clubes, que constasen de diversos edificios espacialmente comunicados entre sí, tanto de función especial como de función universal. El club debería tener capacidad para 2500 personas.

La relación íntima entre el complejo del club y la naturaleza, el desarrollo general de la iniciativa propia de los trabajadores con una organización precisa del trabajo del club, la utilización de los últimos logros de la ciencia y la técnica, la comunicación multilateral entre los diversos eslabones de un sistema íntegro de organización del trabajo cultural a escalas de una urbanización; éstos eran los principios que sentaron la base de los proyectos creados por Leonídov.

Leonídov consideraba el complejo del club como un singular centro socio-cultural destinado a trabajos de laboratorio, conferencias, deporte, trabajos corográficos y de museo, realización de campañas sociopolíticas, exposiciones, turismo, competencias de producción, caminatas, etcétera. El club debería incluir un jardín científico de invierno con un área de 2500 m² (estaría dividido en secciones y plazoletas para corografía, zoología, exposiciones, juegos deportivos, piscina, plazoletas infantiles y de pioneros, radio, plazas para espectáculos, cine-periódico, rincones de trabajo socio-político), una sala universal con un área de 700 m² (para conferencias, cine, demostraciones, planetario, reuniones, etcétera), una biblioteca con una sala de lectura de 200 m², un campo descubierto para manifestaciones grandes (competencias de planeadores y aeróstatos, aviación, deporte automovilístico, juegos de guerra, turismo, etcétera), una sala deportiva de 400 m² de superficie con instalaciones auxiliares, una cancha deportiva, laboratorios de 100 m² cada uno para trabajos de análisis y estudio (de física, química, cine, fotografía, astronomía, corografía, zoología, botánica, invención, radio, etcétera), un pabellón infantil con plazoletas, piscina y parque.

En el aspecto arquitectónico, ambas variantes del proyecto del «Club de nuevo tipo social» eran composiciones de parques amplia y libremente organizadas, en las que predominaba el volumen de la sala grande, cubierta con una bóveda parabólica. En la variante A, la cúpula descansa sobre un volumen aplastado de planta cuadrada de un solo piso; en la variante B, descansa sobre un volumen de planta rectangular alargada. El volumen de la sala grande, dominante por su altura, reúne compositivamente todos los elementos del complejo del club: una sala deportiva (también cubierta por una cúpula parabólica), pabellones cúbicos para trabajos de laboratorio y de los círculos de interés, un estadio, un campo grande circular para manifestaciones.

| Раздел 2 | И. Леонидов. Клуб нового социального типа. Экспериментальный проект. 1928 |
| Parte 2 | I. Leonídov. Club de nuevo tipo social. Proyecto experimental. 1928 |

Нужно сказать, что в рассматриваемый период в нашей архитектуре большой интерес проявлялся к сводам-оболочкам. Пионерами использования такой конструкции явились архитекторы М. Барщ и М. Синявский, по проекту которых в Москве был построен планетарий, перекрытый параболическим куполом (Ш. № 47). Видимо, этот проект повлиял на замысел Леонидова. Но в планетарии чистота формы параболического объема нарушена функционально необходимыми пристройками, врезанными в основной объем. В проектах же клуба Леонидов раскрывает эту форму в абсолютно чистом виде. Большое значение в композиции клубных комплексов имело то, что форму параболического купола он употребляет дважды (большой и малый купол), достигая этим ритмического единства ансамбля.

В тексте, сопровождавшем публикацию проекта и озаглавленном «Организация работы клуба нового социального типа», говорилось: «Руководство углубленно-аналитической и массовой работой должно происходить главным образом из организованного института — центра высококвалифицированных педагогов, средствами радио, телевидения (видения на расстоянии) и кино, чем и обеспечивается высокое качество руководства, экономически выгодное и охватывающее самые широкие слои.

Для ясности и ориентировки в вопросах знакомства с научными и бытовыми фактами мыслится путем практики, а также технически совершенного популярного изложения их при помощи кино, радио, телевидения, аэроплана, фото и т. д. <...>

Помимо клуба самодеятельной организации культуры проектируется устройство экранов с радиорупорами, на которые посредством радио и телевидения передаются все политические и хозяйственные события дня, работа клуба, научных институтов и т. д. Своего рода живая газета, которая должна быть неотъемлемой принадлежностью каждого рабочего и крестьянского коллектива»*.

Cabe señalar que el interés por las cúpulas en este período de la arquitectura soviética era muy grande. Los pioneros en la utilización de esta estructura fueron los arquitectos M. Barsch y M. Siniavski, cuyo proyecto de planetario, cubierto con una cúpula parabólica, se realizó en Moscú (O. M. № 47). Por lo visto, este proyecto influyó en la idea de Leonídov. Pero en el planetario la pureza de la forma del volumen parabólico es quebrantada por construcciones funcionalmente necesarias anexas al volumen principal. En los proyectos del club, Leonídov revela la forma parabólica de una manera absolutamente pura. En la composición de los complejos de clubes era importante que Leonídov utilizaba la forma de la cúpula parabólica dos veces (una cúpula grande y una pequeña), logrando así la unidad rítmica del conjunto arquitectónico.

Bajo el título de «Organización del trabajo del Club de nuevo tipo social», el texto que acompañaba la publicación del proyecto decía: «La dirección del trabajo analítico profundo y masivo ha de provenir principalmente de un instituto organizado, de un centro de pedagogos altamente capacitados ayudados por la radio, la televisión (visión a distancia) y el cine, medios con los que se garantiza la alta calidad de la administración, calidad que debe ser económicamente beneficiosa y que abrace las capas más amplias.

La comprensión y orientación en cuanto a la familiarización con los hechos científicos y domésticos se puede realizar mediante la práctica, así como a través de su exposición popular, técnicamente realizada con ayuda de la radio, la televisión, aeroplanos, fotografías, etcétera.

Además del club de organización independiente de la actividad cultural, está proyectado un mecanismo de pantallas con bocinas, a las que mediante la radio y televisión se transmitirán todos los acontecimientos políticos y económicos del día, el trabajo del club, de los institutos científicos, etcétera. Algo así como un periódico vivo, el cual debe ser pertenencia inherente de cada colectivo obrero y campesino.»*

---

* СА. 1929. № 3. С. 106–107.

* AM. 1929. № 3. Págs. 106–107.

И. Леонидов

ЦЕНТРОСОЮЗ В МОСКВЕ.
Конкурсный проект.
1928

I. Leonídov

TSENTROSOYUZ EN MOSCÚ.
Proyecto de concurso.
1928

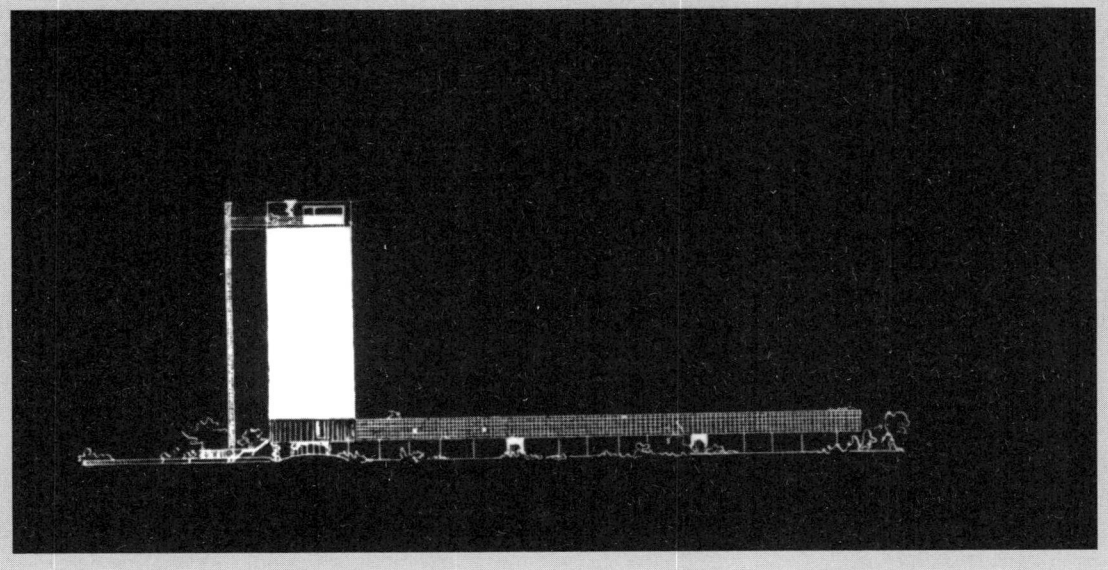

И. Леонидов. Центросоюз в Москве. Конкурсный проект. 1928

I. Leonídov. Tsentrosoyuz en Moscú. Proyecto de concurso. 1928

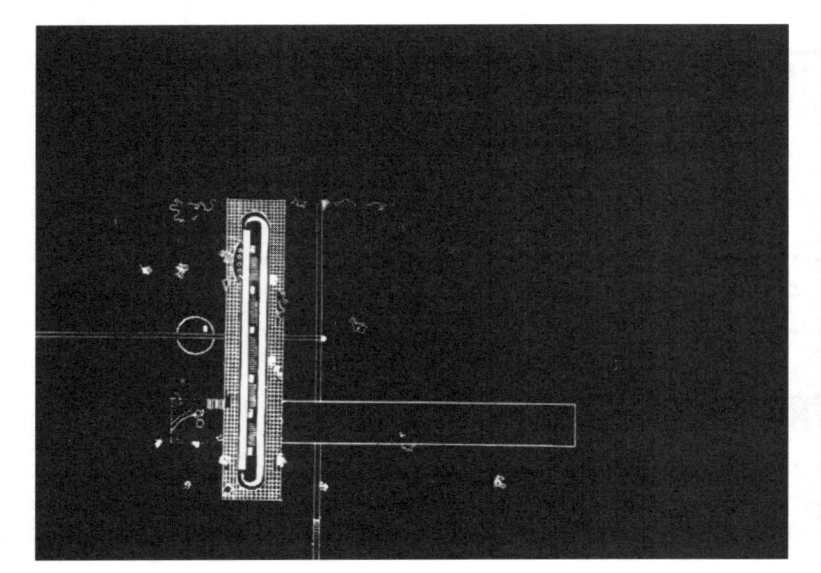

Фасад, макет, планы

Fachada, maqueta, planos

Значительную роль в процессе формирования здания конторского типа сыграл конкурс 1928 г. на проект дома Центросоюза в Москве.

Здание предназначалось для 2 тысяч работающих. В нем планировалось разместить административную часть, торговые конторы и общественные организации Центросоюза. В соответствии с таким функциональным назначением здания, программа конкурса предусматривала, что «все помещения подразделяются на четыре группы: 1) главные, руководящие, планирующие и объединяющие части Центросоюза с общей рабочей площадью в 2255 кв. м; 2) все торговые отделы, секции, управления и вспомогательные к ним части с площадью в 8990 кв. м; 3) общественные помещения — клуб с залом собраний на 600 мест, со сценой, фойе, гимнастическим залом с душами, столовая, с кухней и подсобными помещениями, фундаментальная библиотека, амбулатория и т. п. — всего площадью в 3170 кв. м и 4) хозяйственные помещения — ремонтные мастерские, склады, котельная и шесть квартир для обслуживающего дом персонала»*. Одновременно с открытым конкурсом, на который было подано 32 проекта, проводился закрытый заказной конкурс.

По результатам двух конкурсов (открытого и закрытого) Правление Центросоюза организовало третий закрытый конкурс.

В большинстве поданных на третий конкурс проектов, как и в проектах двух первых конкурсов, здание Центросоюза рассматривалось как одно из рядовых конторских зданий Москвы.

Среди поданных на третий конкурс безусловно выделялись два проекта — И. Леонидова и Ле Корбюзье.

И. Леонидов объединил почти все помещения Центросоюза в едином двенадцатиэтажном корпусе, и лишь двухэтажный корпус музея (первый этаж — открытая колоннада) выделен в самостоятельный объем. В проекте Леонидова была четко продумана функциональная организация здания: устройство сквозного вестибюля, (связывающего старую и проектируемую новую Мясницкие улицы), рациональная планировка рабочих этажей, устройство выставочного корпуса, располагаемого вдоль Мясницкой улицы, размещение всех культурно-просветительных помещений наверху с расчетом максимальной изоляции их от пыли и шума, устранение коридоров из рабочих частей здания и пр.

В протяженном параллелепипеде здания продольные фасады были полностью остеклены, а торцевые фасады решены как глухие плоскости. На уровне второго этажа перпендикулярно главному объему, «подсекая» его, расположен горизонтальный выставочный корпус. Пространственное богатство сообщает композиции отдельно вынесенный, круглый в плане вестибюль с лифтовыми шахтами, обслуживающими верхние этажи.

El concurso realizado en 1928 para la Casa de la Tsentrosoyuz (*Unión central de sociedades de consumo de la URSS*) en Moscú, desempeñó un papel importante en el proceso de formación del edificio de oficinas.

El edificio estaba pensado para 2 mil empleados. Se planeaba instalar en él la parte administrativa, las oficinas de comercio y las organizaciones sociales de la Tsentrosoyuz. En correspondencia con esta destinación funcional del edificio, el programa del concurso establecía que «todas las instalaciones se subdividieran en cuatro grupos: 1) sectores principales, directivos, de planificación y de comunicación de la Tsentrosoyuz, con un área de trabajo de 2255 m²; 2) todos los departamentos comerciales, secciones, direcciones e instalaciones auxiliares de éstas, con un área de 8990 m²; 3) instalaciones públicas, tales como un club con sala para asambleas con capacidad para 600 personas, escena, foyer, sala de gimnasia con duchas, comedor con cocina e instalaciones auxiliares, biblioteca, etcétera, todo con un área de 3170 m²; 4) instalaciones de servicio, tales como talleres, depósitos, sala de calderas y seis apartamentos para el personal de mantenimiento del edificio»*. A la par con el concurso abierto, al cual se presentaron 32 proyectos, se llevó a cabo un concurso cerrado por encargo.

Después de los resultados de ambos concursos (abierto y cerrado), la dirección de la Tsentrosoyuz organizó un tercer concurso cerrado.

En la mayoría de los proyectos presentados al tercer concurso, al igual que en los proyectos de los dos primeros concursos, el edificio de la Tsentrosoyuz se consideraba un edificio de oficinas común y corriente de Moscú.

Entre los proyectos presentados al tercer concurso, dos de éstos indiscutiblemente se destacaron: el de I. Leonídov y el de Le Corbusier.

Leonídov reunió casi todas las instalaciones de la Tsentrosoyuz en un bloque único de 12 pisos, y sólo el bloque del museo (dos pisos; el primer piso es una columnata abierta) se destaca como un volumen independiente. En el proyecto de Leonídov, la organización funcional del edificio fue pensada con mucha precisión: el vestíbulo de lado a lado, que comunica las calles Antigua Miasnítskaya y la planeada Nueva Miasnítskaya; la planificación racional de los pisos de trabajo; la construcción de la sala de exposiciones, dispuesta a lo largo de la calle Miasnítskaya; la disposición en la parte superior de todas las instalaciones culturales, teniendo en cuenta su máximo aislamiento del polvo y el ruido; la eliminación de pasillos en los sectores de trabajo del edificio; etcétera.

En el paralelepípedo prolongado del edificio, las fachadas frontales eran totalmente vidriadas, y las laterales, ciegas. Al nivel del segundo piso y «atravesando» perpendicularmente el volumen principal, se encuentra la sala horizontal de exposiciones. Un vestíbulo aislado de planta circular con una caja para los ascensores de los pisos superiores, transmite a la composición una riqueza espacial.

---

* Строительство Москвы. 1928. № 5. С. 24.

* Construcción de Moscú. 1928. № 5. Pág. 24.

Однако экспертная комиссия Центросоюза не оценила по достоинству проект Леонидова.

Правление Центросоюза решило заказать окончательный проект Ле Корбюзье, который в процессе доработки своего конкурсного проекта создал вариант, отличавшийся от конкурсного прежде всего ориентацией клубного корпуса и образным решением основных продольных фасадов.

В те годы господствовало увлечение лентами горизонтальных окон, превращавших многоэтажные фасады конторских зданий в «тельняшку», как тогда говорили. Ле Корбюзье был одним из тех, кто последовательно вводил этот прием в новую архитектуру. И, разумеется, в своем конкурсном проекте Центросоюза он сделал «тельняшку» основой образного решения продольных фасадов основных корпусов.

Леонидов во второй половине 20-х годов в своих проектах одним из первых в мировой архитектуре стал использовать сочетание в прямоугольных объемах глухого торца и полностью остекленной стены. Так решено книгохранилище в его проекте Института Ленина (Ш. № 40), так он запроектировал и Центросоюз. Ле Корбюзье несколько раз давал высокую оценку работам Леонидова, знал он и конкурсный проект Центросоюза Леонидова, отмечая его целостность. Судя по всему, окончательный проект Ле Корбюзье несет на себе влияние леонидовского проекта. Многократно перерабатывая принятый по конкурсу проект, Ле Корбюзье постепенно пришел к полному упразднению его ленточных окон и заменил их сплошной стеклянной стеной-экраном с перемежающимися полосами прозрачного и непрозрачного стекла.

Sin embargo, la comisión de peritos de la Tsentrosoyuz no valoró merecidamente el proyecto de I. Leonídov.

La dirección de la Tsentrosoyuz resolvió encargar a Le Corbusier la realización del proyecto final, quien en el proceso de perfeccionamiento de su proyecto de concurso crea una variante que se diferenciaba de la de concurso sobre todo por la orientación del edificio del club y por la imagen de las fachadas frontales.

En aquel entonces reinaba el entusiasmo por las bandas de ventanas horizontales, que convertían las fachadas de los edificios de oficinas de varios pisos en una «camiseta rayada de marino ruso», como se decía en esos años. Le Corbusier fue uno de los que introdujo consecutivamente este método en la nueva arquitectura. Y, por supuesto, en su proyecto de concurso para el edificio de la Tsentrosoyuz tomó la «camiseta de marino» como base de la imagen de las fachadas frontales de los bloques principales.

En la segunda mitad de los años 20, Leonídov fue uno de los primeros en la arquitectura mundial en utilizar en los proyectos la combinación de lados ciegos y paredes totalmente vidriadas en los volúmenes rectangulares. Es así como él diseña el Instituto Lenin (O. M. № 40) y el edificio de la Tsentrosoyuz. Le Corbusier varias veces calificó altamente los trabajos de Leonídov; Le Corbusier conocía el proyecto de concurso de Leonídov del edificio de la Tsentrosoyuz, del que señalaba su integridad. Al parecer, el proyecto final de Le Corbusier está marcado por la influencia del proyecto de Leonídov. Rehaciendo reiteradamente el proyecto aceptado en el concurso, Le Corbusier paulatinamente llega a la eliminación completa de las bandas de ventanas, reemplazándolas por un muro-cortina totalmente vidriado, en la que filas de vidrio transparente y oscuro se alternan.

И. Голосов и Б. Мительман
ПРОЕКТ ДВОРЦА КУЛЬТУРЫ В СТАЛИНГРАДЕ. 1928

(54)

I. Gólosov y B. Mitelmán
PROYECTO DEL PALACIO DE LA CULTURA EN STALINGRADO. 1928

Проект был разработан по заказу губернского совета профессиональных союзов Сталинграда. Дворец культуры рассматривался как общегородской культурный центр; предполагалось, что он должен быть построен на центральной площади города. Функциональная программа Дворца культуры была весьма разнообразной. Он должен был включать в себя: 1 — большой зал универсального назначения на 2000–2400 человек, предназначенный для физкультурных выступлений, торжественных заседаний, театральных, концертных и цирковых представлений; 2 — клуб с театральным залом на 360 человек; 3 — библиотеку с читальным залом; 4 — ясли и детский сад для детей дошкольного возраста на 40 человек, а также школьного на 50 человек; 5 — физкультурный зал; 6 — открытый стадион.

В проекте все эти элементы (включая и стадион) объединены в одном грандиозном сооружении (размеры в плане 105 × 65 м). Большой зал заключен в огромный цилиндр (диаметр 50 м), прорезанный в нижней части горизонталями окон. По размерам и лаконичности формы этот цилиндр противопоставлен всем остальным примыкающим к нему или врезанным в него горизонтальным и вертикальным прямоугольным объемам, композиция которых усложнена и измельчена балконами, козырьками, вертикальными щитами и т. д.

В большом зале при приспособлении его к различным мероприятиям устанавливаются дополнительные места на сцене или убираются места из партера. При объединении сцены и партера зал может превращаться в крытый стадион для спортивных представлений и соревнований.

Включенный в общую структуру здания открытый стадион, окруженный стенами и галереями, может использоваться и как летняя киноплощадка.

El proyecto fue elaborado por encargo del consejo provincial de los sindicatos de profesionales de Stalingrado. El Palacio de la Cultura se consideraba un centro cultural urbano; se suponía que se construiría en la plaza central de la metrópoli. El programa funcional del Palacio de la Cultura era bastante diverso y debía incluir: 1) una sala grande de uso universal para eventos deportivos, ceremonias, conciertos, presentaciones teatrales y circenses, con capacidad para 2000–2400 personas; 2) un club con una sala teatral para 360 personas; 3) una biblioteca con una sala de lectura; 4) una casa-cuna y un jardín de infancia con capacidad para 40 niños; 5) una sala de educación física; 6) un estadio abierto.

En el proyecto, todos estos elementos (incluyendo el estadio) están reunidos en una edificación inmensa (las dimensiones de la planta son de 105 × 65 m). La sala grande se encuentra en el interior de un cilindro enorme (de 50 m de diámetro) cortado en la parte inferior por ventanas horizontales. Por sus dimensiones y el laconismo de la forma, este cilindro se contrapone a todos los volúmenes verticales y horizontales contiguos o incrustados en él, los cuales tienen una composición complicada divida por balcones, marquesinas, paneles verticales, etcétera.

En la sala grande, en dependencia de los eventos se establecen lugares adicionales en la escena o se retiran del patio de butacas. Uniendo la escena y el patio de butacas, la sala puede convertirse en un estadio cerrado para competiciones y eventos deportivos.

El estadio abierto incorporado en la estructura general del edificio y rodeado por paredes y galerías, puede ser utilizado también como plaza de cine durante el verano.

И. Голосов и Б. Мительман. Проект Дворца культуры в Сталинграде. 1928

Gólosov y B. Mitelmán. *Proyecto del Palacio de la Cultura en Stalingrado. 1928*

Раздел 2

Parte 2

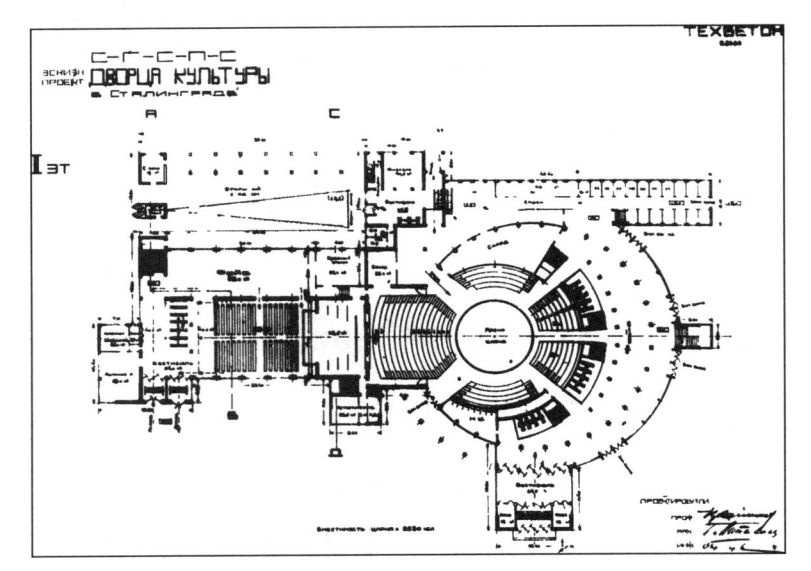

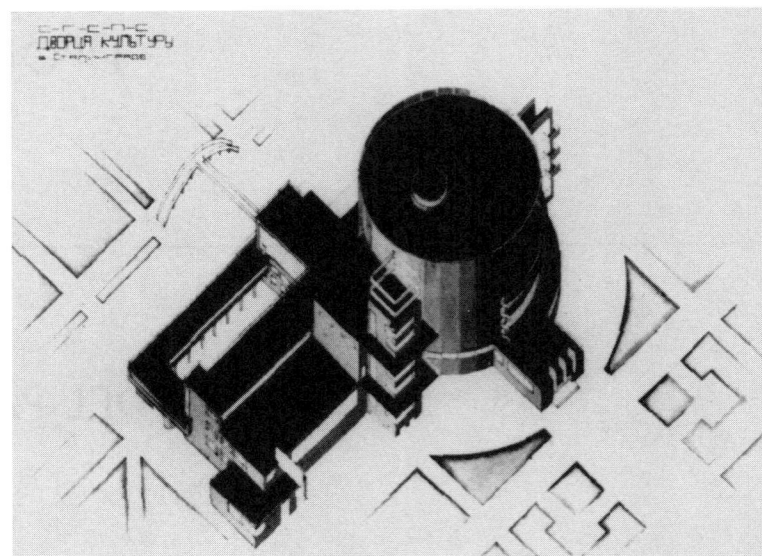

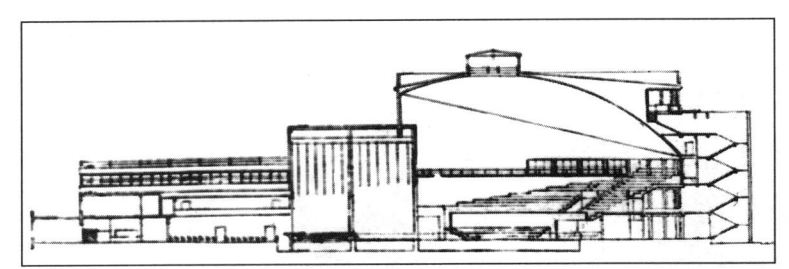

Перспектива, план, аксонометрия, разрез

Perspectiva, plano, axonometría, corte

А. Сильченков
ДОМ ПРОМЫШЛЕННОСТИ И ТОРГОВЛИ.
Дипломный проект
(ВХУТЕИН, мастерская Н. Ладовского). 1928

A. Sílchenkov
CASA DE LA INDUSTRIA Y DEL COMERCIO.
Proyecto de grado
(VJUTEIN, taller de N. Ladovski). 1928

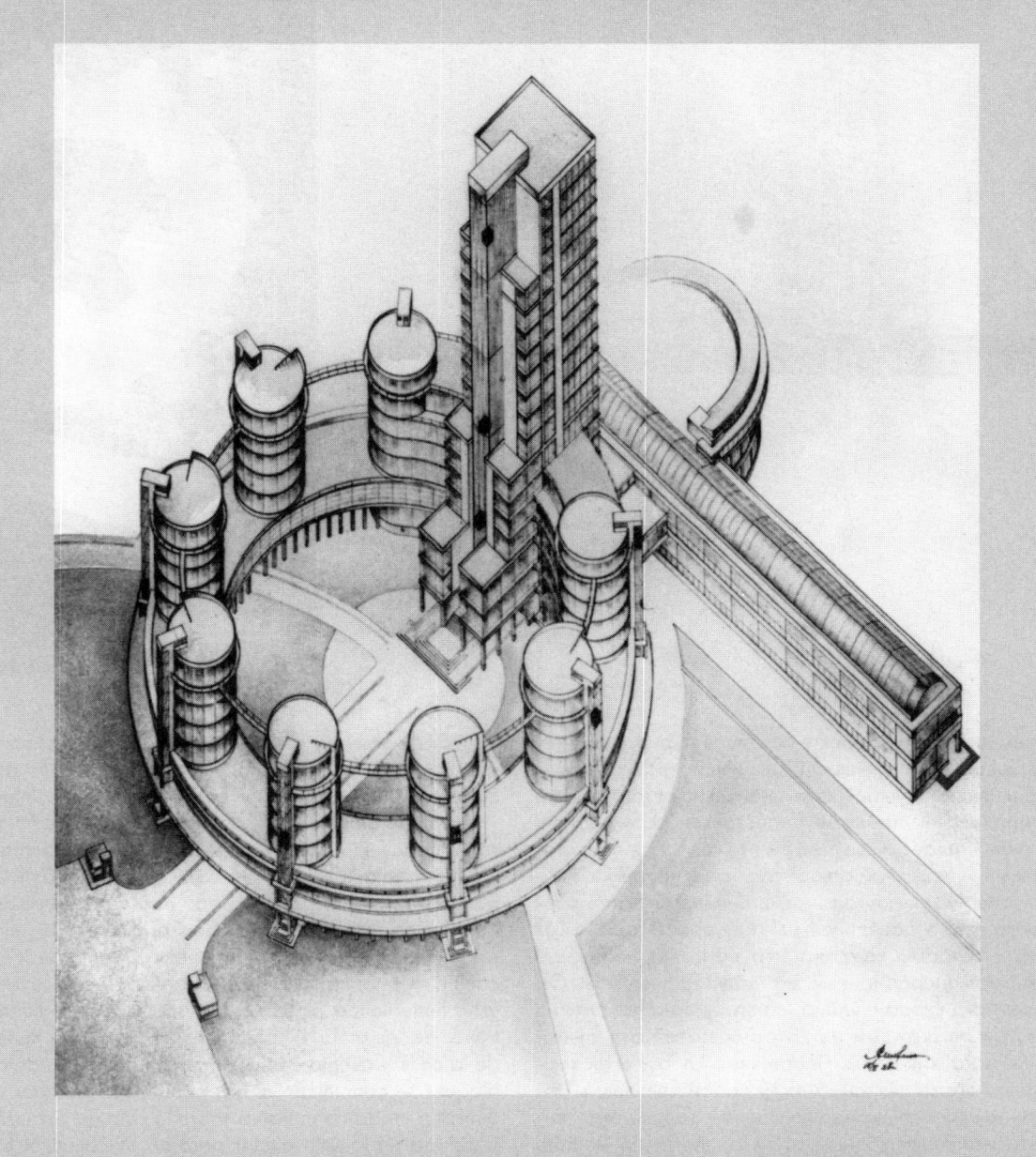

Согласно предложенной дипломникам программе здание располагается на прямоугольном участке размером 200 × 135 м. Главные фасады выходят на площадь и основную улицу города. Здание должно включать областной совнархоз, управление трестов, операционный зал, представительства и конторы 30 учреждений, общие помещения (зал заседаний на 1000 человек, библиотека-читальня), службы (гараж и др.), магазины в первом этаже и т. д.

De acuerdo con el programa propuesto a los graduandos, el edificio debe ocupar un solar rectangular de 200×135 m. Las fachadas principales deben dar a la plaza y a la calle principal de la ciudad. El edificio debía incluir el sovnarjoz regional, la administración de los trusts, la sala de operaciones, las representaciones y oficinas de 30 instituciones, instalaciones generales (una sala de reuniones para 1000 personas, una biblioteca con sala de lectura, etcétera), instalaciones de servicio (garaje y otras), tiendas en el primer piso, etcétera.

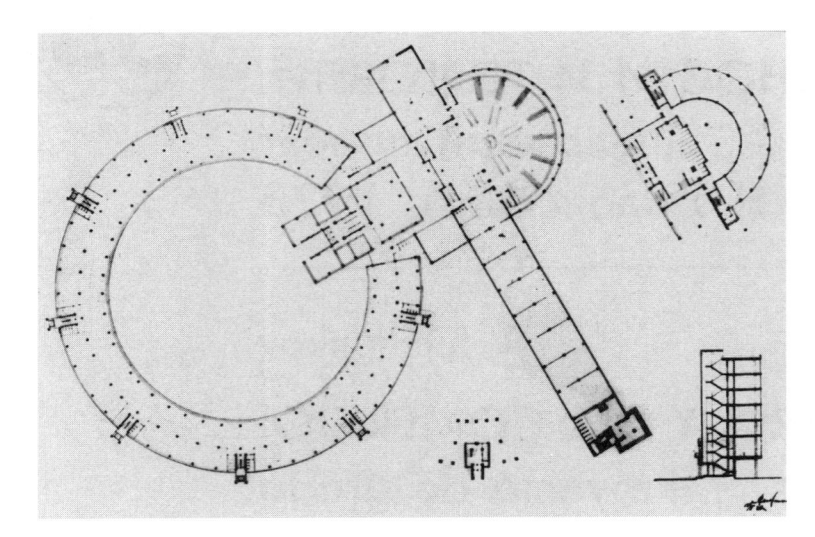

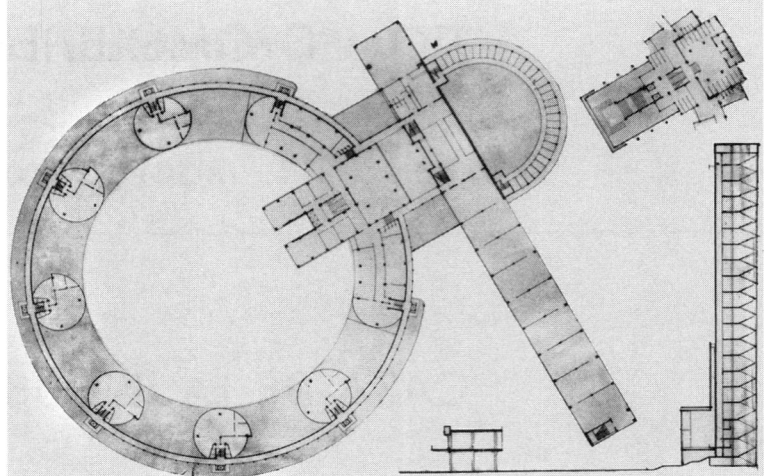

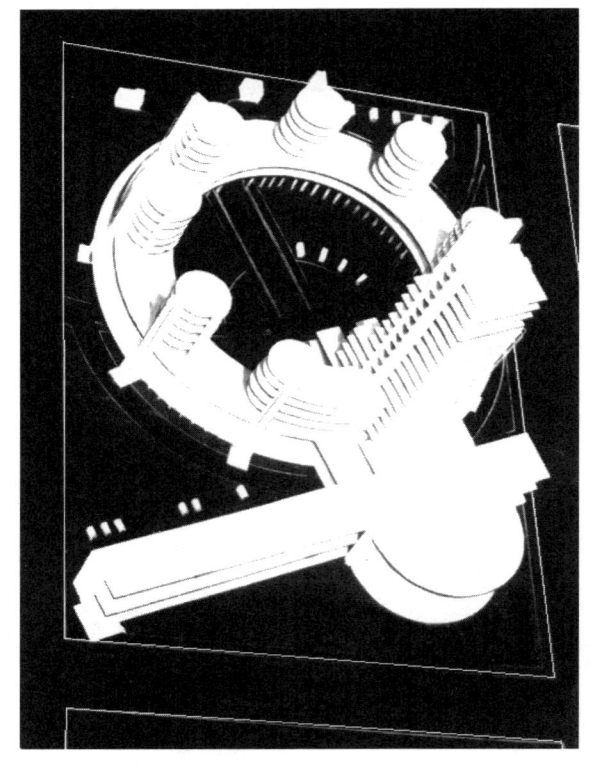

А. Сильченков. Дом промышленности и торговли. Дипломный проект (ВХУТЕИН, мастерская Н. Ладовского). 1928

A. Sílchenkov. Casa de la Industria y del Comercio. Proyecto de grado (VJUTEIN, taller de N. Ladovski). 1928

Макет, аксонометрия, планы, фасад

Maqueta, axonometría, planos, fachada

Сильченков в своем дипломном проекте пошел по пути максимальной объемной дифференциации помещений различного назначения с последующим их объединением с учетом функциональной взаимосвязи.

Помещения совнархоза и управления трестов он размещает в высотном прямоугольном в плане корпусе (19 этажей). Для представительства хозяйственных учреждений отведены восемь круглых в плане семиэтажных корпусов. И прямоугольный, и цилиндрические корпуса на уровне второго этажа объединены между собой кольцевым операционным залом, с которым каждая из групп имеет непосредственную связь. Кольцевой операционный зал поднят на столбы. Он не имеет непосредственного входа с улицы, в него можно попасть из объединяемых им корпусов, каждый из которых имеет отдельный вход с улицы и обслуживается лифтом. Лестничные клетки всех корпусов на уровне третьего этажа связаны между собой кольцевым коридором, расположенным консольно над кольцевым залом, отделенным от операционного и изолированным от него, чтобы не мешать его работе. Кроме того, на уровне седьмого этажа корпуса были связаны открытой кольцевой галереей.

Вход в высотный корпус устроен со стороны круглого двора, а с внешней стороны к этому корпусу примыкает двухэтажный корпус, где размещен зал заседаний и общие обслуживающие помещения.

Sílchenkov en su proyecto de grado decidió optar por la máxima diferenciación volumétrica de las instalaciones de usos diferentes, las cuales se unirían luego teniendo en cuenta su interacción funcional.

Las instalaciones del sovnarjoz y de la administración de los trusts son situadas por él en un edificio de planta rectangular de 19 pisos. Para las representaciones de las instituciones económicas se destinaron ocho bloques de planta circular, cada uno de ocho pisos. El bloque rectangular y los cilíndricos se comunican al nivel del segundo piso mediante una sala operativa anular, con la cual cada uno de los grupos tiene comunicación directa. La sala circular operativa está levantada sobre columnas y no tiene salida directa a la calle; a ella se tiene acceso solamente a través de los bloques, cada uno de los cuales tiene entrada propia desde la calle y cuenta con un ascensor. Las cajas de escaleras de todos los bloques se comunican al nivel del tercer piso por un pasillo anular, dispuesto a modo de ménsula sobre la sala anular; este pasillo está alejado y aislado de la sala anular para no obstaculizar el trabajo. Además, al nivel del séptimo piso los bloques se comunican por una galería anular descubierta.

La entrada al bloque alto se encuentra del lado del patio circular; en el lado exterior del bloque alto se encuentra un bloque contiguo de dos pisos, donde están una sala de reuniones y las instalaciones de servicio general.

Р. Смоленская

ДОМ СЪЕЗДОВ. Дипломный проект
(ВХУТЕИН, мастерская Н. Ладовского). 1928

R. Smoliénskaya

CASA DE LOS CONGRESOS. Proyecto de grado
(VJUTEIN, taller de N. Ladovski). 1928

Согласно предложенной дипломникам программе центральное место в композиции Дома съездов отводилось залу на 10 тысяч человек, который должен был иметь самостоятельные входы, вестибюли и гардеробы для делегатов съезда, гостей, дипломатического корпуса, президиума и т. д. Кроме того, здание должно было включать в себя зал на 1200 человек, несколько малых залов на 200 человек каждый, библиотеку на 300 тысяч томов, выставочный зал, гостиницу на 2 тысячи человек, обслуживающие помещения.

Проект Р. Смоленской был самым необычным по композиции среди дипломных работ, выполнявшихся по этой программе. Большой зал решен в виде куба, вернее, квадратного в плане параллелепипеда, опирающегося на кольцевое основание, где расположе-

De acuerdo con el programa propuesto a los graduandos, en la composición de la Casa de los Congresos el lugar central está destinado a una sala con capacidad para 10 mil personas, la cual debía tener entradas independientes, vestíbulos y guardarropa para los delegados del congreso, los invitados, los cuerpos diplomáticos, el presidium, etcétera. Además, el edificio debía incluir una sala con capacidad para 1200 personas, unas cuantas salas pequeñas para 200 personas cada una, una biblioteca con capacidad para 300 mil libros, una sala de exposiciones, un hotel para 2 mil personas y las instalaciones de servicio.

En lo que respecta a la composición arquitectónica, el proyecto de R. Smoliénskaya fue el más singular entre los trabajos de grado que se llevaron a cabo según este programa. La sala fue proyectada como un

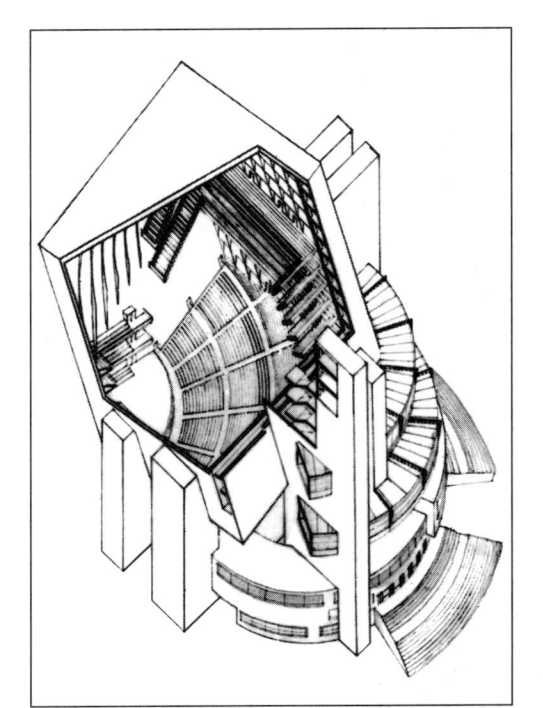

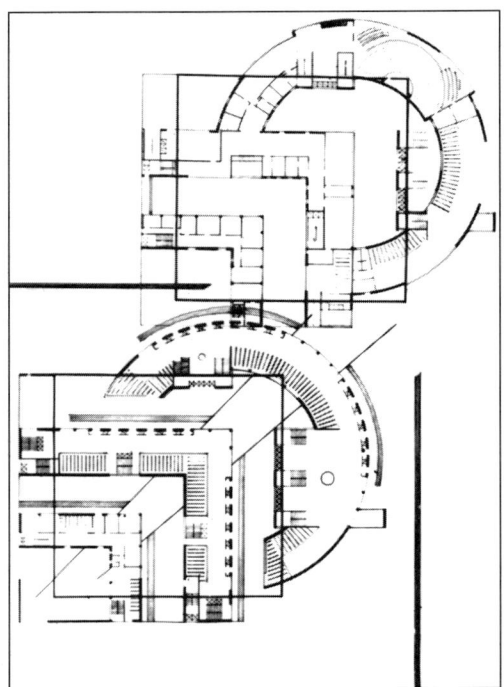

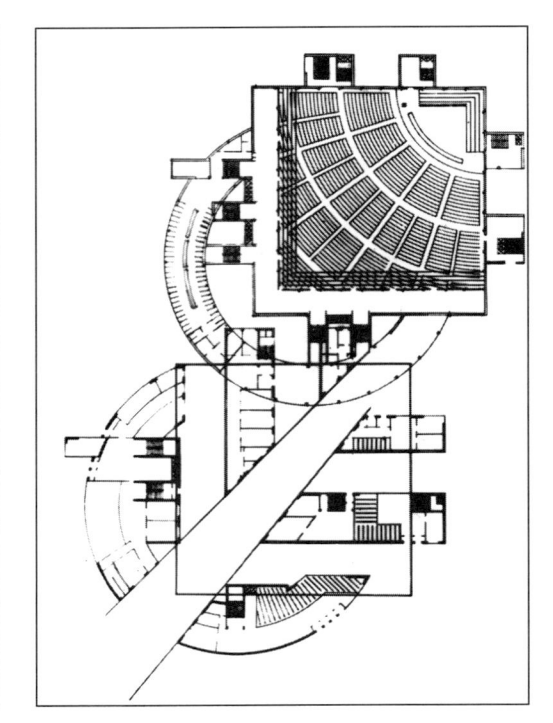

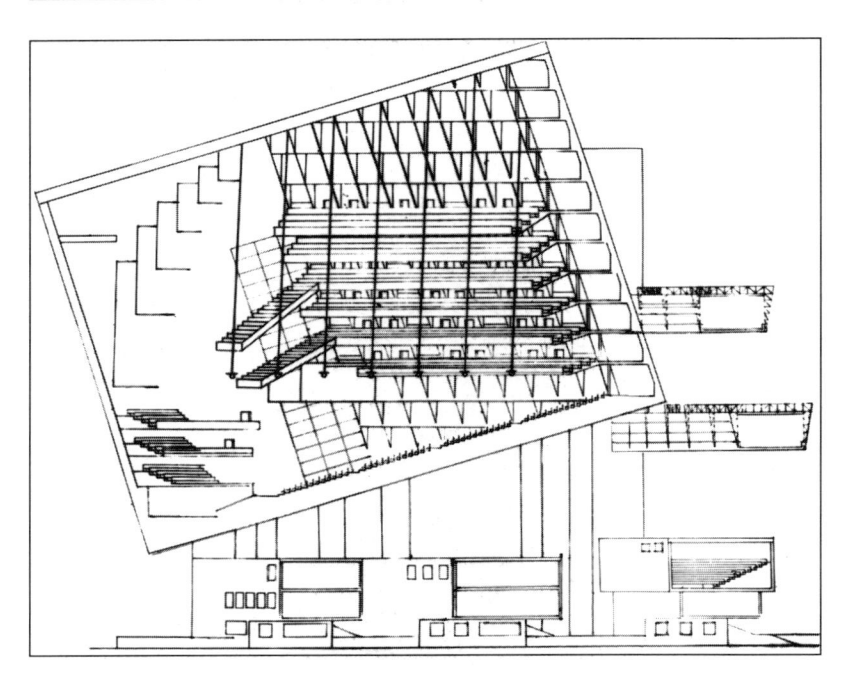

Р. Смоленская. Дом съездов. Дипломный проект (ВХУТЕИН, мастерская Н. Ладовского). 1928

R. Smoliénskaya. Casa de los Congresos. Proyecto de grado (VJUTEIN, taller de N. Ladovski). 1928

Перспектива, аксонометрический разрез, разрез, планы

Perspectiva, corte axonométrico, planos

ны все остальные помещения. Куб наклонен по диагонали квадрата его плана, что придало всему зданию динамичность и позволило создать для расположенных в основании куба мест участников съезда условия, приближающиеся к условиям амфитеатра (президиум расположен в угловой части квадрата плана).

Этот «падающий» кубический объем зала зрительно держат врезающиеся в него вертикальные пластины (в них расположены лифты и лестницы) и две кольцевые галереи, как бы скрепляющие все эти вертикали.

Такой острый прием создания объемно-пространственной композиции придал внешнему облику Дома съездов подлинную оригинальность.

Программа дипломной работы не предусматривала конкретного места для размещения Дома съездов в Москве. Каждый дипломник сам выбирал место. Смоленская разместила свой Дом съездов в центре города на стыке Красной площади и площади Свердлова, рассматривая его как сооружение-памятник Ленину.

cubo, para ser más exactos, en forma de un paralelepípedo de planta cuadrada que se apoya sobre una base circular, donde se encuentran las demás instalaciones. El cubo está inclinado por la diagonal del cuadrado de la planta, lo que transmite dinamismo a todo el edificio y permite crear condiciones próximas a las de un anfiteatro para los puestos de los representantes del congreso situados en la base del cubo (el presidium está situado en un ángulo del cuadrado de la planta).

Este volumen cúbico «en caída» está visualmente sostenido por placas verticales empotradas en él (donde se encuentran los ascensores y escaleras) y por dos galerías anulares, que dan la impresión de unir todos estos elementos verticales.

Este agudo método de creación de la composición volumétrico-espacial transmite al aspecto exterior de la Casa de los Congresos una originalidad auténtica.

El programa del trabajo de grado no preveía un lugar concreto para la disposición de la Casa de los Congresos en Moscú. Cada estudiante elegía el lugar. Smoliénskaya situó la Casa de los Congresos en el centro de la ciudad, donde se unen la Plaza Roja y la Plaza de Sverdlov, considerándola como una edificación-monumento a Lenin.

В. Лавров

НОВЫЙ ГОРОД. Дипломный проект (ВХУТЕИН, мастерская Н. Ладовского). 1928

V. Lavrov

CIUDAD NUEVA. Proyecto de grado (VJUTEIN, taller de N. Ladovski). 1928

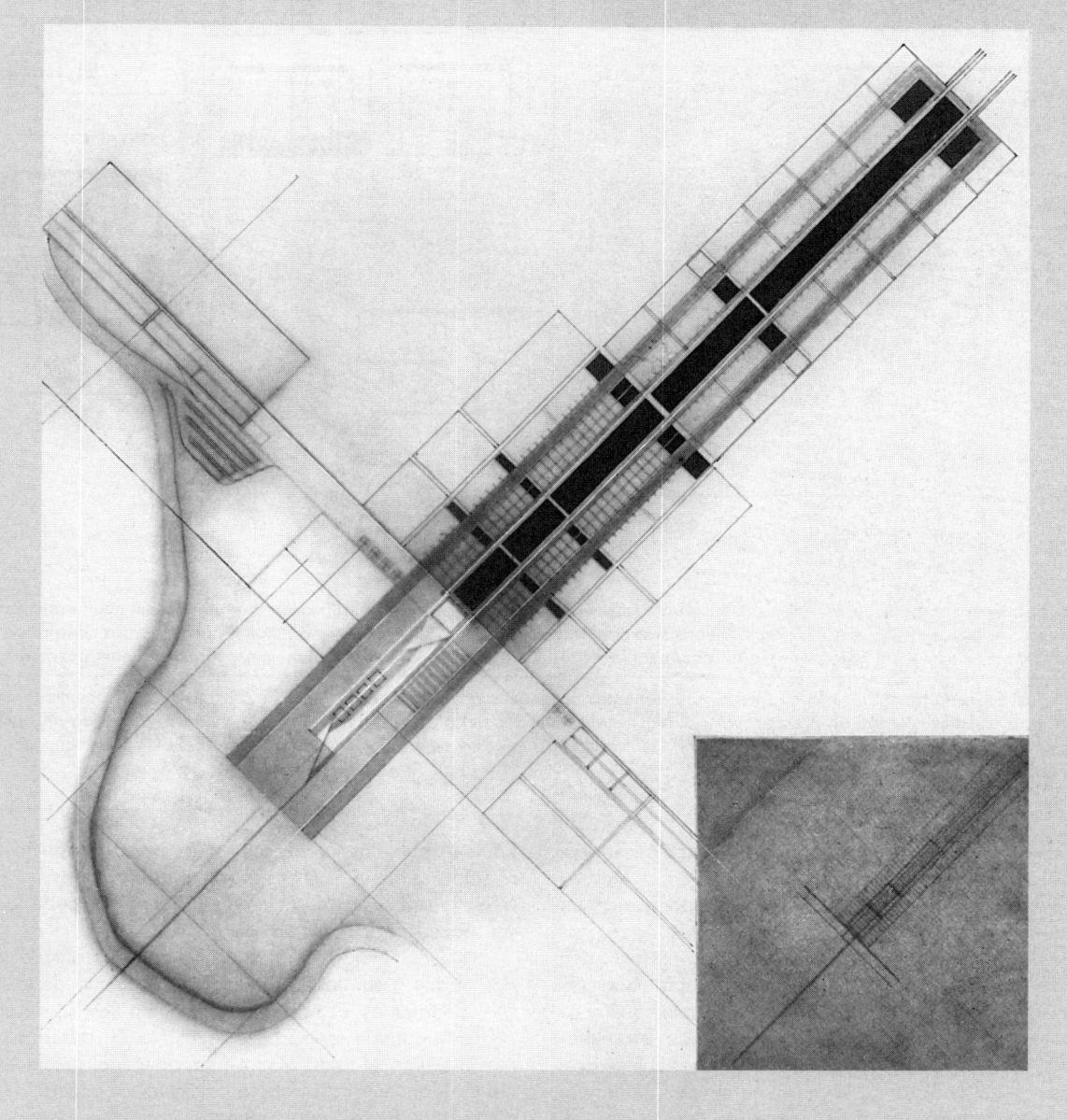

Проект выполнялся по теме «Проблема нового города», которая предоставляла дипломникам широкие возможности предложить свой вариант «нового города». Лаврова интересовала прежде всего планировочная структура нового жилого района, формирующегося, например, на окраине крупного города в соседстве с другими такими же комплексами. Он решает жилой район в виде «города-линии». Этот район примыкает к промышленной территории и развивается в сторону от нее вдоль магистрального шоссе. Осью «города-линии» является жилая полоса (ритмично расположенные крестообразные в плане дома-коммуны), внешние полосы — общественные учреждения.

Подробно разработан в проекте дом-коммуна, который объединяет пять корпусов: центральный «рабочий» корпус В (16 этажей),

El proyecto se realizó sobre el tema «Problema de la ciudad nueva», el cual concedía a los graduandos grandes posibilidades de proponer su variante de «ciudad nueva». A Lavrov le interesaba sobre todo la planificación de las nuevas urbanizaciones que se forman, por ejemplo, en las periferias de una ciudad grande y que lindan con otros complejos semejantes. Lavrov proyecta la urbanización en forma de una «ciudad-línea». La urbanización es contigua a un territorio industrial y se desarrolla hacia el lado contrario de este territorio, a lo largo de la vía de transporte. El eje de la «ciudad-línea» es la franja de viviendas (casas-comuna rítmicamente dispuestas y de planta en cruz); en las franjas exteriores se sitúan las instituciones públicas.

Detalladamente estudiada en el proyecto, la casa-comuna está compuesta de cinco edificios: el edificio central «obrero» B (16 pisos), dos

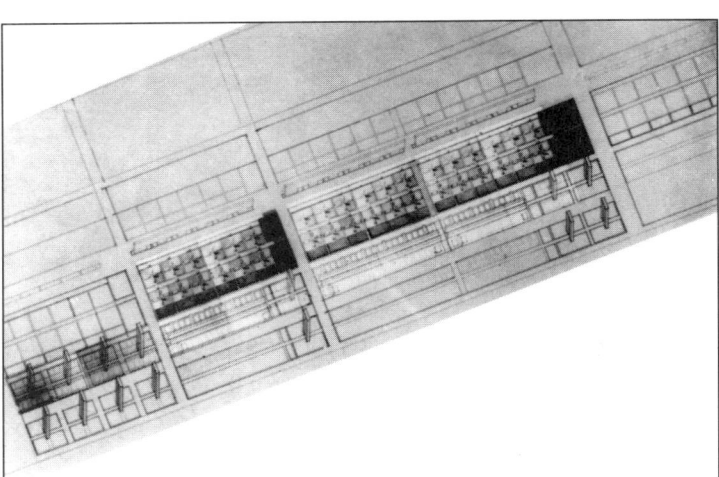

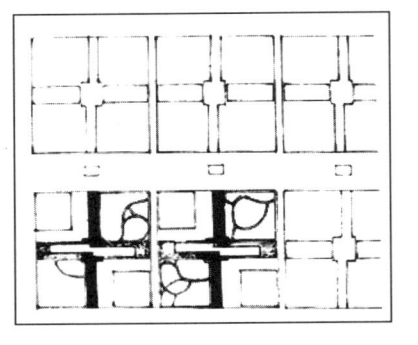

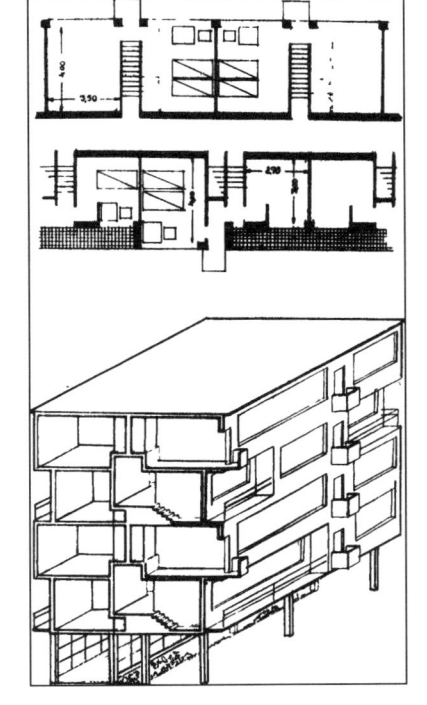

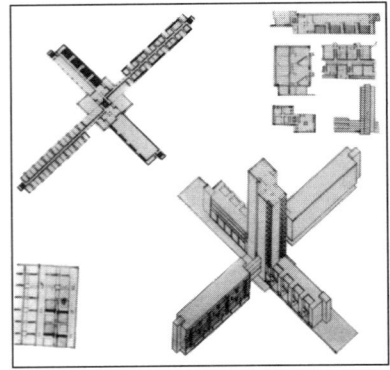

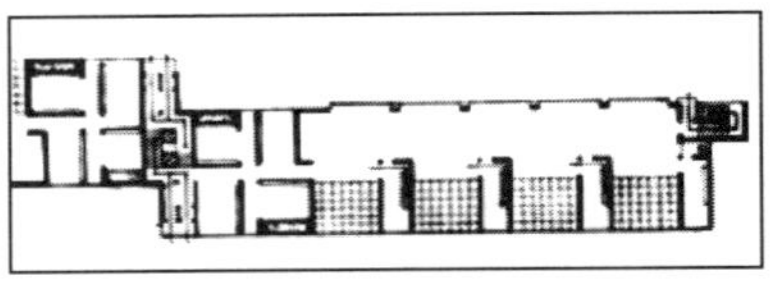

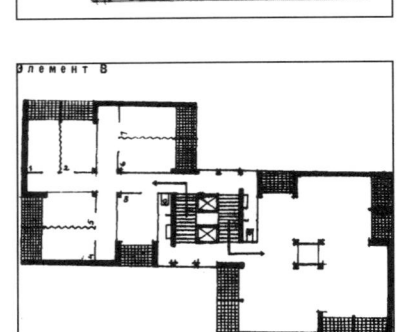

⑤⑦ В. Лавров. Новый город. Дипломный проект (ВХУТЕИН, мастерская Н. Ладовского). 1928
V. Lavrov. Ciudad nueva. Proyecto de grado (VJUTEIN, taller de N. Ladovski). 1928

Раздел 2
Parte 2

Генплан города-линии, фрагмент застройки (аксонометрия), схема застройки кварталов, дом-коммуна (макет, аксонометрия, план всего здания, перспективный разрез и план ячеек жилого корпуса — элемент А, план типового этажа центрального корпуса — элемент В, план типового этажа центрального корпуса — элемент С), аналитическая таблица (новый город в системе традиционных городов с радиально-кольцевой и прямоугольной планировкой)

Plano general de la ciudad-línea, fragmento de la construcción (axonometría), esquema de edificación de las manzanas, casa-comuna (elemento A: maqueta, axonometría, plano de todo el edificio, corte en perspectiva y plano de las unidades del bloque de viviendas; elemento B: plano de una planta tipo del bloque central; elemento C: plano de una planta tipo del bloque central), tabla analítica (ciudad nueva en el sistema de ciudades tradicionales con planificación circular-radial y rectangular)

два примыкающих к нему общественных корпуса С и два связанных с ним крытыми переходами жилых корпуса А.

Вот как описывал автор проекта функционально-пространственную структуру дома-коммуны:

«Жилой коммунальный комплекс состоит из ряда групп, предназначенных для обслуживания той или иной потребности живущих.

Отмечаем следующие основные потребности: 1) отдых-сон, 2) отдых, требующий тишины и изоляции, 3) отдых, связанный с движением и шумом, 4) индивидуальная работа (умственная, требующая тишины и изоляции, 5) коллективная работа, 6) воспитание детей, 7) питание, 8) коммунальное обслуживание.

Жилой комплекс здесь включает, следовательно, с одной стороны, ряд изолированных помещений индивидуального пользования, предназначенных для отдыха, связанных с местами работы (повышение личной квалификации), планировка которых приспособлена для возможностей как индивидуальной, так и совместной работы, и, затем, помещения общего пользования, обслуживающие всех членов данного коллектива...

Элемент А — обслуживает функции 1 и 2 (отдых-сон, отдых, требующий тишины и изоляции), в связи с чем необходимы наибольшая индивидуализация помещений и наибольшая их изоляция друг от друга. Каждый живущий пользуется комнатой-кабиной — одинарной или двойной. Сообщение между кабинами происходит по коридору, обслуживающему одновременно два этажа...

edificios públicos C contiguos a éste, y dos edificios de viviendas A conectados con el primero por pasos cubiertos.

He aquí cómo el autor del proyecto describe la estructura funcional y espacial de la casa-comuna.

«El complejo comunal habitacional consta de una serie de grupos destinados a satisfacer una u otra necesidad de los moradores.

Señalemos las necesidades principales: 1) descanso-sueño, 2) descanso que exige silencio y aislamiento, 3) descanso relacionado con el movimiento y el ruido, 4) trabajo individual (intelectual, que exige silencio y aislamiento), 5) trabajo colectivo, 6) educación de los niños, 7) alimentación, 8) servicio comunal.

Consiguientemente, el complejo habitacional aquí incluye, por una parte, una serie de instalaciones aisladas de uso individual destinadas al descanso y conectadas con los lugares de trabajo para la autocapacitación, cuya planificación está adecuada para posibilitar el trabajo tanto individual como colectivo; por otra parte, cuenta con instalaciones de uso general a las que tienen acceso todos los miembros del colectivo...

El elemento A cumple las funciones 1 y 2 (descanso-sueño, descanso que exige silencio y aislamiento); debido a esto es necesario individualizar más las instalaciones y mejorar el aislamiento entre ellas. Cada morador utiliza una habitación-cabina: simple o doble. La comunicación entre las cabinas se realiza a través de un pasillo que atiende a dos pisos al mismo tiempo.

Весь элемент в целом сообщается с главной лестницей и остальными элементами жилого комплекса с помощью переходов, которые являются непосредственным продолжением общих коридоров.

Элемент В — обслуживает функции 4 и 5 (индивидуальная работа, умственная, требующая тишины и изоляции, и коллективная работа)...

Помещения группируются по вертикали главной лестничной клетки.

Площадь основного зала для совместной работы определяется в 96,25 м².

С помощью движущихся переборок рабочий зал общего пользования может быть последовательно расчленен на рабочие помещения для малых коллективов, площадью в 20 м² и, наконец, на индивидуальные рабочие кабинеты, площадью в 10 м². По миновании надобности переборки сдвигаются к четырем конструктивным столбам, находящимся посредине зала...

Элемент С — предназначен для обслуживания функций 3, 6, 7, 8 (отдых, связанный с движением и шумом, воспитание детей, питание, коммунальное обслуживание) и включает следующие помещения общего пользования: а) столовую, б) зал физкультуры, с) детский сад, д) ясли.

На прилегающем земельном участке разбиты спортплощадки и зеленые насаждения.

Система группировки элементов в городе представляет систему блоков, объединенных в жилой квартал площадью 200 × 200 = = 40 000 м², включая сюда проезды и ряд обслуживающих сооружений (гаражи, центральная кухня, школы и пр.).

Стандартные элементы в своем сочетании образуют метрический ряд, который, в свою очередь, при более широком обобщении объединяется пространственной системой ритмических рядов»*.

Todo el elemento se comunica con la escalera principal y los demás elementos del complejo habitacional mediante pasos, los cuales son una continuación inmediata de los pasillos comunes.

El elemento B cumple las funciones 4 y 5 (trabajo individual, intelectual, que exige silencio y aislamiento, y trabajo colectivo)...

Las instalaciones se agrupan alrededor de la vertical de la caja de escaleras.

El área de la sala principal para el trabajo conjunto es de 96,25 m².

Con ayuda de tabiques móviles la sala de trabajo de uso común puede ser dividida sucesivamente en instalaciones de trabajo con un área de 20 m² para pequeños grupos de trabajo, y finalmente, en despachos individuales de trabajo con un área de 10 m². Cuando desaparece la necesidad de división, los tabiques se desplazan hacia cuatro columnas de apoyo que se encuentran en medio de la sala...

El elemento C está destinado a cumplir las funciones 3, 6, 7 y 8 (descanso, vinculado con el ruido y movimiento, educación de los niños, alimentación, servicio comunal) e incluye las siguientes instalaciones de uso general: a) comedor, b) sala de educación física, c) jardín de infancia, d) casa-cuna.

El terreno lindante está dividido en plazoletas deportivas y sectores verdes.

El sistema de agrupación de los elementos en la ciudad constituye un sistema de bloques unidos en una manzana de área 200 × 200 = = 40 000 m², incluyendo los pasajes y una serie de edificaciones de servicio (garajes, cocina central, escuelas, etcétera).

Los elementos estándares combinados forman una serie métrica, la cual, a su vez, en una generalización más amplia, forma parte de un sistema espacial de series rítmicas.»*

---

* Лавров В. Опыт планировки коллективного жилища // Строительство Москвы. 1929. № 7. С. 9–11.

* Lavrov V. Experiencia de planificación de la vivienda colectiva // Construcción de Moscú. 1929. № 7. Págs. 9–11.

Т. Варенцов

НОВЫЙ ГОРОД. Дипломный проект (ВХУТЕИН, мастерская Н. Докучаева). 1928

T. Varentsov

CIUDAD NUEVA. Proyecto de grado (VJUTEIN, taller de N. Dokucháyev). 1928

Планировочную структуру «нового города» в проекте Т. Варенцова формируют четыре круглых в плане района. К центральному району с трех сторон примыкают три других района, причем все они различны по размерам (по диаметру). Центральный район имеет радиально-кольцевую планировку, три основные радиальные магистрали от его центра ведут за пределы города, проходя между тремя другими районами, планировочная структура которых также имеет радиально-кольцевую систему. Однако их особенность состоит в том, что все кольцевые магистрали сдвинуты в сторону центрального района и вблизи него все магистрали каждого из этих трех районов сливаются (вернее, касаются друг друга). Кроме кольцевых и радиальных магистралей введены еще дуговые и касательные, что в целом создает сложный рисунок транспортной сети. Это своеобразная попытка радикального преобразования радиально-кольцевой планировки.

Много внимания в проекте уделено функциональному зонированию городской территории и сочетанию различных по объемной

Cuatro urbanizaciones de planta circular conforman la «ciudad nueva» del proyecto de T. Varentsov. La urbanización central colinda por tres partes con las otras tres urbanizaciones, las cuales poseen diferentes dimensiones (diámetros). La urbanización central tiene una planificación circular-radial: tres vías principales que parten del centro conducen a las afueras de la ciudad, atravesando las tres urbanizaciones colindantes, cuya planificación también es circular-radial. Sin embargo, estas tres últimas poseen la particularidad de que en ellas todas las vías circulares están desplazadas hacia la urbanización central, cerca de la cual todas las vías de éstas se unen (para ser más exactos, son tangentes una a otra). Además de las vías circulares y radiales, se introducen vías curvadas y tangentes, lo que en general complica la red de transporte. Esto es un singular intento de transformar radicalmente la planificación circular-radial.

En el proyecto se presta mucha atención a la zonificación funcional del territorio urbano y a la combinación de los edificios tipos, distintos

Т. Варенцов. *Новый город.* Дипломный проект (ВХУТЕИН, мастерская Н. Докучаева). 1928

T. Varentsov. *Ciudad nueva.* Proyecto de grado (VJUTEIN, taller de N. Dokucháyev). 1928

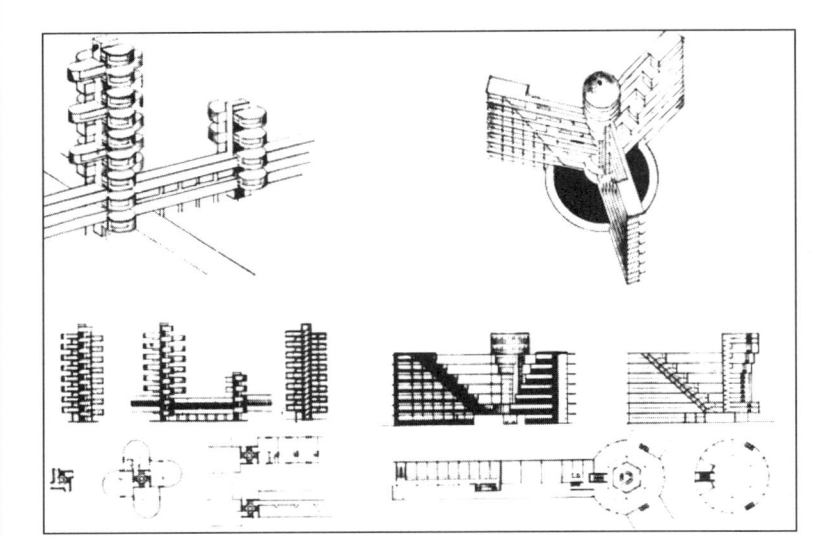

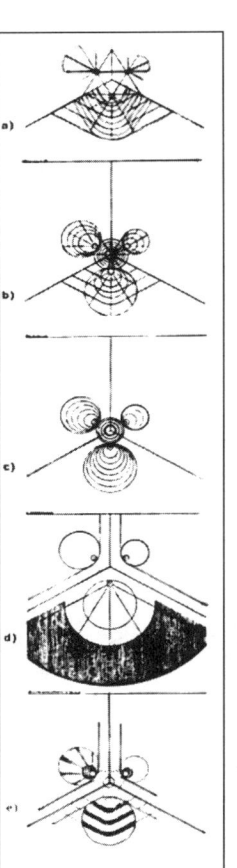

Схемы планировки и перспектива города, макет административного района, типы жилых домов (аксонометрии, фасады, разрезы, планы)

Esquema de planificación y perspectiva de la ciudad, maqueta de un municipio administrativo, tipos de edificios de viviendas (axonometrías, fachadas, cortes, planos)

структуре типовых зданий в пространственной среде города. В городе выделены три центра: политический, культурный и торговый.

Административные районы города планировалось застроить треугольными в плане, ступенчатыми по силуэту небоскребами.

Жилые здания были запроектированы двух типов. Первый тип — это трехлепестковые в плане дома-коммуны, в центре которых круглый в плане, ступенчато увеличивающийся кверху башенный общественный корпус, с которым связан крытыми переходами каждый этаж жилых семиэтажных ступенчатых корпусов. Второй тип жилища представляет собой сложную систему, состоящую из башенных корпусов и связывающих их на уровне второго и четвертого этажей горизонтальных корпусов на столбах. Башенные корпуса по конструкции и объемной структуре весьма оригинальны. Их основой является квадратный в плане центральный стержень (ствол), где размещены лифты и лестницы. К этому стволу с четырех сторон консольно прикреплены объемы жилых ячеек, вынос которых различен. Образуется вертикальная композиция, в которой закругленные консольные выступы создают необычный ритмический силуэт.

Варенцов разработал и технологию строительства этих домов. Сначала возводится ствол, а затем на уровне земли монтируются жилые ячейки, которые поднимаются вверх, навешиваясь на ствол.

por su estructura volumétrica, en el ámbito de la ciudad. En la ciudad se destacan tres centros: político, cultural y comercial.

Se planificó edificar las urbanizaciones administrativas de la ciudad con rascacielos de silueta escalonada y planta triangular.

Fueron proyectados dos tipos de edificios de viviendas. El primer tipo eran casas-comuna de planta en forma de tres pétalos, en cuyo centro se encontraba una torre de planta circular (edificio público) que crecía escalonadamente hacia arriba y con la cual se comunicaba (mediante pasos cubiertos) cada piso de los bloques de viviendas escalonados de siete pisos. El segundo tipo de viviendas era un sistema complejo que constaba de torres que se comunicaban al nivel del segundo y cuarto pisos mediante bloques horizontales que descansaban sobre columnas. En cuanto a su construcción y estructura volumétrica las torres eran muy originales. Su base era una barra central (fuste) de planta cuadrada, en la que se encontraban los ascensores y escaleras. Los volúmenes de las unidades de vivienda se unían a modo de ménsula a los cuatro lados de la barra y sus vuelos eran diferentes. Así se lograba una composición vertical en la que los saledizos a modo de ménsula creaban una singular silueta rítmica.

Varentsov también ideó la tecnología de construcción de estos edificios. Primero se edifica la barra y luego se montan las unidades de vivienda al nivel del suelo, las cuales se elevan y se cuelgan de la barra.

Г. Крутиков

«ЛЕТАЮЩИЙ ГОРОД». Дипломный проект (ВХУТЕИН, мастерская Н. Ладовского). 1928

59

G. Krútikov

«CIUDAD AÉREA». Proyecto de grado (VJUTEIN, taller de N. Ladovski). 1928

Г. Крутиков еще до разработки дипломного проекта увлекся идеей подвижной архитектуры. Проект «Летающего города» стал важным этапом разработки им теории подвижной архитектуры.

Крутиков подходил к проблеме подвижной архитектуры с позиций взаимоотношения зданий и природы. В ходе исторического развития человек неуклонно увеличивает скорость своего передвижения, при этом развитие транспортных средств, считал Крутиков, оказывает косвенное влияние и на архитектуру, в частности, на жилище. Поэтому новейшие транспортные средства можно рассматривать и как подвижную архитектуру. Они позволяют по-иному взглянуть на проблему взаимосвязи архитектурного сооружения и природы. Крути-

Aún antes de la elaboración de su proyecto de grado, G. Krútikov se aficionó a la idea de una arquitectura móvil. El proyecto de la «Ciudad aérea» fue una etapa importante en el desarrollo de la teoría por él creada de la arquitectura móvil.

G. Krútikov enfoca el problema de la arquitectura móvil desde el punto de vista de la relación entre los edificios y la naturaleza. Durante el desarrollo histórico, el hombre incesantemente ha ido aumentando su velocidad de desplazamiento; al mismo tiempo el desarrollo de los medios de transporte, consideraba él, ejerce una influencia indirecta en la arquitectura y, en particular, en la vivienda. Por ello, los medios de transporte más modernos pueden ser considerados como una arquitectura

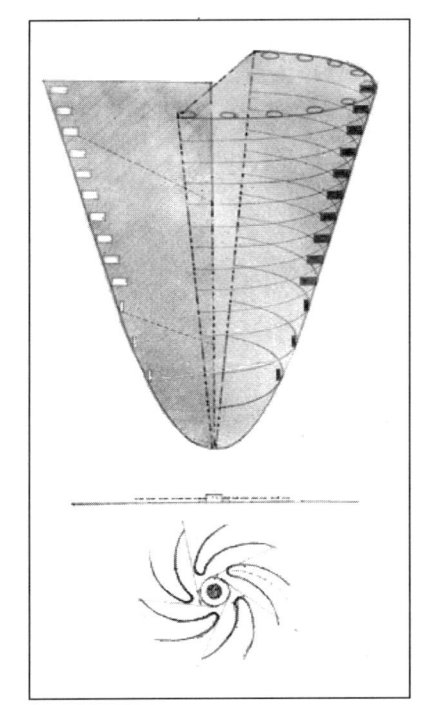

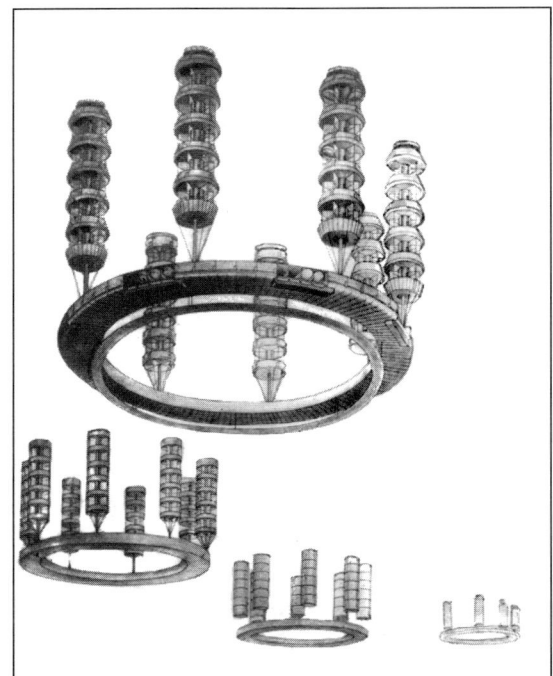

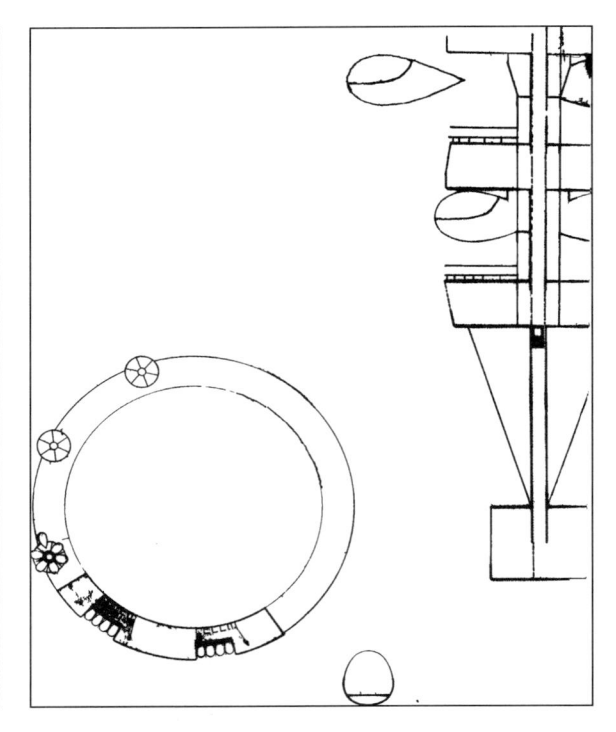

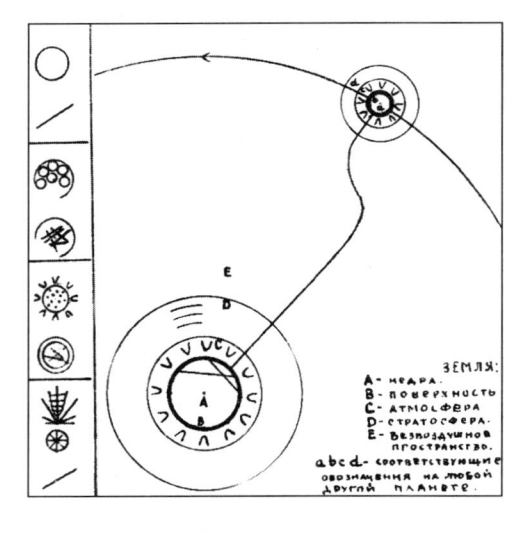

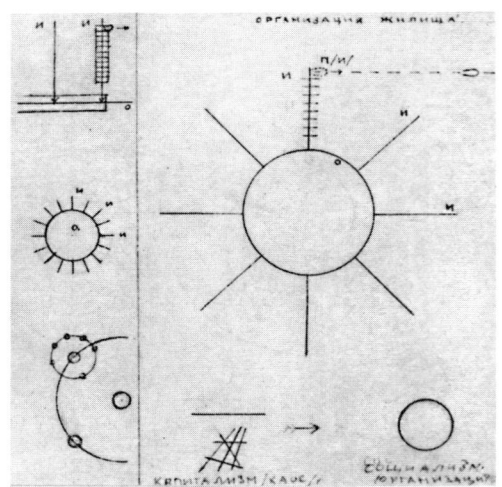

⑨ Г. Крутиков. «Летающий город». Дипломный проект (ВХУТЕИН, мастерская Н. Ладовского). 1928

G. Krútikov. «Ciudad aérea». Proyecto de grado (VJUTEIN, taller de N. Ladovski). 1928

Раздел 2 / Parte 2

a) общий вид, план, разрез, схемы размещения (см. титул шедевра);
b) развитый дом-коммуна (общий вид, план, разрез, схемы размещения);
c) компактный дом-коммуна (перспектива, разрез, план);
d) жилище гостиничного типа (фасад, разрез, планы);
e) кабина — универсальное средство передвижения (общий вид, схемы);
f) планетарная схема (размещение городов на земле и планетах)

a	b	b
f	b	

a) vista general, plano, corte, esquemas de distribución (véase la ilustración inicial);
b) casa-comuna desarrollada (vista general, plano, corte, esquema de distribución);
c) casa-comuna compacta (perspectiva, corte, plano);
d) vivienda tipo hotel (fachada, corte, planos);
e) cabina: medio universal de transporte (vista general, esquemas);
f) esquema planetario (distribución de las ciudades en la Tierra y otros planetas)

ков поставил вопрос — а нельзя ли не привязывать жилье и другие здания к земле, нельзя ли освободить занятые под застройку обширные территории? Так как земля, считал Крутиков, нужна людям уже сейчас и особенно в будущем в первую очередь для создания на ней благоприятных условий для человека, то совсем не обязательно строить на ней здания. Размещая свои поселения на земле, человек ограничивает возможности ее эффективного использования в интересах всего общества.

Разрабатывая идею подвижной архитектуры, Крутиков постепенно приходит к выводу, что целесообразно не только оторвать жилые здания от конкретного места, т. е. сделать их подвижными, но и вообще поднять их над землей.

móvil. Ellos permiten enfocar de otra manera los problemas de la relación entre las edificaciones arquitectónicas y la naturaleza. Krútikov plantea el problema de la siguiente manera: ¿Acaso es indispensable fijar las viviendas y otros edificios a la Tierra? ¿Se pueden dejar libres los extensos territorios ocupados por las edificaciones? Puesto que ahora —y, en especial, en un futuro— la Tierra es necesaria a la humanidad para crear en ella condiciones favorables, consideraba Krútikov, no es totalmente necesario construir en ella. Situando sus colonias en la Tierra, el hombre limita las posibilidades de su utilización efectiva en favor de toda la sociedad.

Desarrollando la idea de una arquitectura móvil, Krútikov paulatinamente llega a la conclusión de que no solamente es racional separar los edificios de viviendas de un lugar concreto, es decir, hacerlos móviles, sino también elevarlos sobre la Tierra.

Г. Крутиков. «Летающий город». Дипломный проект (ВХУТЕИН, мастерская Н. Ладовского). 1928

G. Krútikov. «Ciudad aérea». Proyecto de grado (VJUTEIN, taller de N. Ladovski). 1928

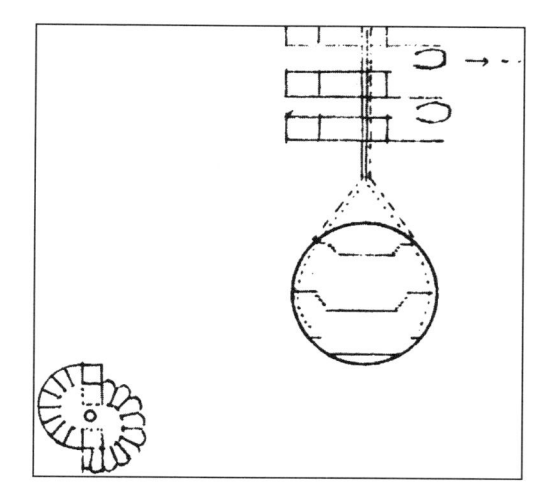

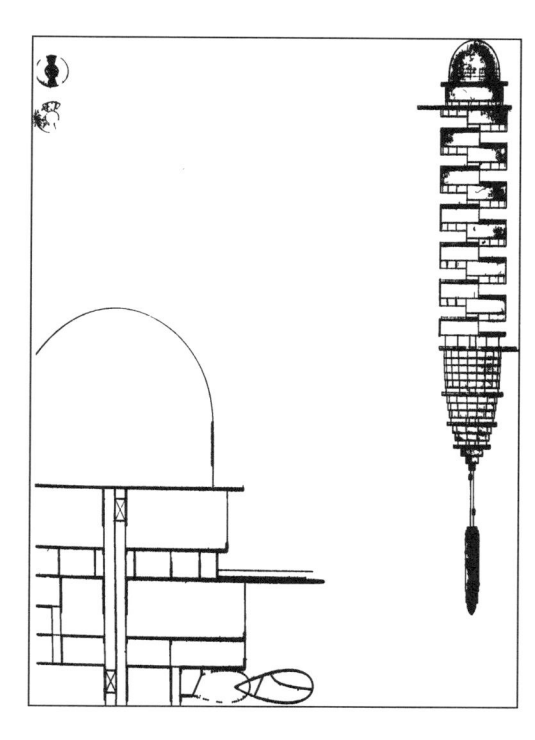

c | c | d

Свой дипломный проект, известный как «Летающий город», сам Крутиков всегда называл «Город будущего (эволюция архитектурных принципов в планировке городов и организации жилища)». Он рассматривал свое предложение в ряду эволюции человеческих поселений — как определенный этап в освоении Земли и пространства.

Крутиков исходил из предположения, что атомная энергия позволит в будущем легко поднимать здания над землей. В своем дипломном проекте он освобождал землю от жилых и общественных зданий; она для труда, отдыха и туризма. Сообщение между землей и парящими в воздухе зданиями осуществляется с помощью универсального средства передвижения (кабины), которое может передвигаться в воздухе, по земле, по воде и под водой. Крутиков рассматривал эту кабину и как индивидуальное средство транспорта, и как подвижную жилую ячейку (для кратковременного проживания), которая обеспечивает человеку необходимый комфорт во время передвижения и остановок вне пределов «Летающего города». Кабина оборудована убирающейся в стены и трансформирующейся мебелью в расчете на одного человека. Оболочка этой кабины, по замыслу Крутикова, должна быть эластичной. В зависимости от положения человека (сидя, лежа и т. д.) оболочка слегка изменяется, принимая удобную для человека форму, но не теряя своей основной структуры. Управление кабины могло осуществляться и без рукояток — движением руки, пересекающей силовые линии электромагнитного поля. Подвижная жилая ячейка-кабина могла легко подключаться к парящим в воздухе зданиям и рассматривалась Крутиковым как подвижная (автономная) часть неподвижного жилища.

«Город будущего» Крутикова состоит из двух основных частей: вертикальной — жилой, парящей в воздухе, и горизонтальной — производственной на поверхности Земли. Летающими были не города (они парили), а их жители, так как вся пространственная структура «города будущего» была ориентирована Крутиковым на воздушные пути сообщения. Сами же города стационарно (т. е. неподвижно) размещены в определенных районах земного шара. Наземная, производственная часть имеет центрически-спиральную планировку. От развитого центра отходили расширяющиеся к периферии и спирально изгибающиеся промышленные территорий. Жилая часть свободно «подвешена» в пространстве и нависает над промышленной территорией в виде параболоида (вершиной вниз), осью которого является вертикаль с основанием в центре наземной части. По воображаемой поверхности параболоида ярусами размещались жилые комплексы.

Воздушные транспортные пути, связывающие жилье и место работы, Крутиков предлагал пространственно организовать — основная «магистраль» шла вдоль оси параболоида, от которой отходили «улицы»: в жилой части — радиальные (расположенные ярусами друг над другом), ведущие к отдельным жилым комплексам, а в произ-

El mismo G. Krútikov siempre llamaba su proyecto de grado, conocido como «Ciudad aérea», «Ciudad del futuro (evolución de los principios arquitectónicos de planificación de las ciudades y organización de la vivienda)». Él veía su propuesta dentro de la secuencia evolutiva de las colonias humanas, como una etapa en la conquista de la Tierra y el espacio.

G. Krútikov partía de la suposición de que la energía atómica permitiría en un futuro elevar fácilmente los edificios sobre la Tierra. En su proyecto de grado, él libera a la Tierra de los edificios públicos y de viviendas; ella está destinada al trabajo, al descanso y al turismo. La comunicación entre el suelo y los edificios aéreos se lleva a cabo mediante un medio universal de transporte (cabina), que puede desplazarse por el aire, el suelo, el agua y debajo del agua. Krútikov consideraba esta cabina como un medio individual de transporte y como una unidad de vivienda móvil (vivienda temporal), la cual debía proveer al hombre del confort necesario durante su traslado de un lugar a otro y durante su permanencia en la «Ciudad aérea». La cabina estaba equipada con un mueble unipersonal plegable de pared. La envoltura de la cabina, según la idea de Krútikov, debía ser elástica, cambiando ligeramente de forma en dependencia de la posición de la persona (sentado, acostado, etcétera), pero sin perder su estructura principal. El control de la cabina podía realizarse sin palancas de mando: con el movimiento de la mano, cortando las líneas de fuerza de un campo electromagnético. La cabina (unidad de vivienda móvil) se podía acoplar con facilidad a los edificios flotantes y era considerada por Krútikov como un elemento móvil (autónomo) de la vivienda inmóvil.

La «Ciudad del futuro» de G. Krútikov consta de dos partes principales: una vertical, que son las viviendas suspendidas en el aire; y una horizontal, de producción, en la superficie de la Tierra. No eran las ciudades las que volaban, sino sus habitantes, pues toda la estructura espacial de la «ciudad del futuro» estaba orientada por Krútikov a las vías de comunicación aéreas. Las propias ciudades estaban fijas (inmóviles) sobre determinadas regiones del globo terráqueo. La parte terrestre de producción tenía una planificación central-espiral. Los territorios industriales se alejaban de la parte central desarrollada arqueándose como espirales y ampliándose hacia la periferia. La parte habitacional estaba «suspendida» libremente en el espacio sobre el territorio industrial y tenía la forma de un paraboloide (con el vértice hacia abajo), cuyo eje es una vertical con la base en el centro de la parte terrestre. En la superficie imaginaria del paraboloide se disponían los complejos habitacionales por niveles.

Krútikov tenía pensado organizar espacialmente las vías de transporte aéreo que comunicaban las viviendas con los lugares de trabajo. La vía principal debía extenderse a lo largo del eje del paraboloide, del cual partirían las «calles»: en la parte de viviendas, las calles se alejarían radialmente (estarían dispuestas por niveles una sobre otra) y conducirían a los diversos complejos habitacionales; en la parte destinada a la

Г. Крутиков. «Летающий город». Дипломный проект (ВХУТЕИН, мастерская Н. Ладовского). 1928
G. Krútikov. «Ciudad aérea». Proyecto de grado (VJUTEIN, taller de N. Ladovski). 1928

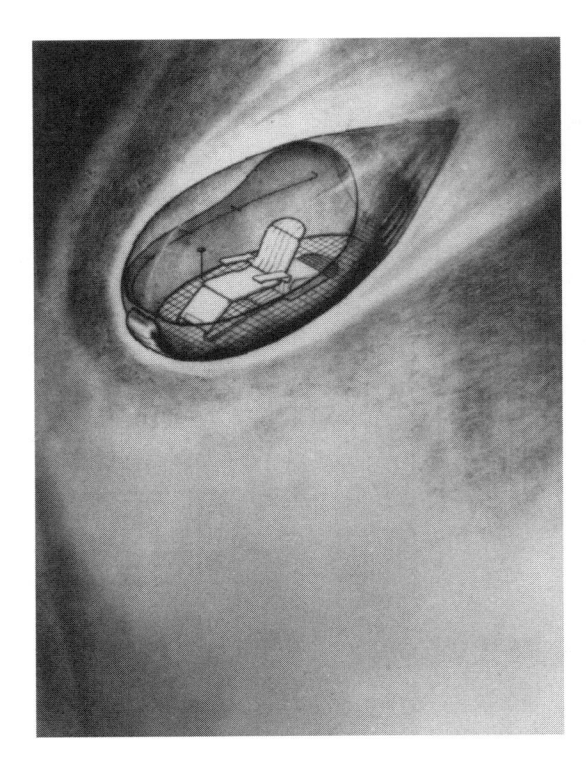

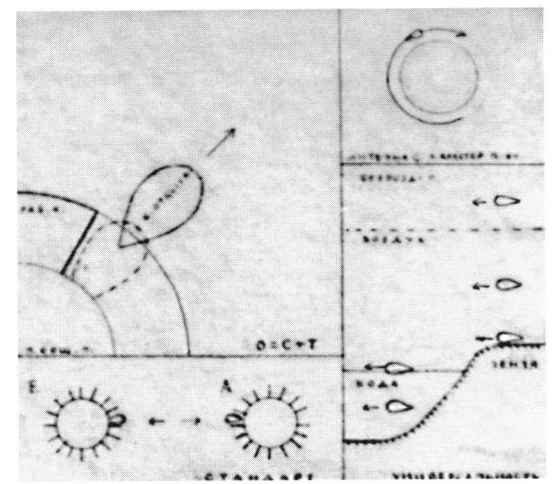

водственной — радиально-спиральные, идущие вдоль оси конкретной промышленной территории.

Парящие жилища Крутиков запроектировал трех типов.

Первый тип — это трудовая коммуна, которая представляла собой сложный комплекс, состоящий из восьми вертикальных «пятиэтажных» жилых корпусов, соединенных лифтовыми шахтами с расположенным ниже горизонтальным кольцевым общественным корпусом. Как писал Крутиков, «вертикали с помещениями индивидуального пользования вливаются в общественное кольцо». Каждый этаж круглого в плане жилого корпуса разделен на шесть индивидуальных жилых ячеек. Такая ячейка состоит из высокой лоджии, в верхней части которой предусмотрено устройство для причаливания (и закрепления) подвижной ячейки (кабины), и расположенного над ней жилого помещения. Все три элемента индивидуальной жилой ячейки (лоджия, закрепленная подвижная кабина и основная комната) связаны между собой (по вертикали) и с лифтовой шахтой. В кольцевом общественном корпусе наряду с различными по назначению помещениями также предусмотрены сотообразные лоджии — места стоянки подвижных ячеек (кратковременное пребывание).

Второй тип, как пишет Крутиков, «является результатом концентрации пространственных расчленений первого варианта: все вертикали собраны в одну большую цилиндрическую форму, кольцо собрано в шар, также с помещениями общественного пользования». Восьмиэтажный жилой корпус соединен с общественным корпусом (шар) лифтовой шахтой.

Третий тип — это жилище «гостиничного» типа, предназначенное для временного пребывания и кратковременных остановок. Это вертикальный корпус, состоящий из трех различных по функциональному назначению и структуре частей: нижняя часть представляет собой многоярусную систему «сот» для кратковременных остановок подвижных ячеек (кабин), средняя часть близка по своей организации к жилому корпусу второго типа, верхняя, часть — помещения общественного пользования.

producción, se alejarían radial-espiralmente a lo largo del eje de un territorio industrial concreto.

Krútikov proyectó viviendas flotantes de tres tipos.

El primer tipo era la comuna laboral, un complejo que contaba con ocho bloques verticales de cinco pisos cada uno (los pisos estaban comunicados por las cajas de ascensores) y un bloque anular horizontal situado en la parte inferior, destinado a las instituciones públicas. Como escribía Krútikov, «los bloques verticales con instalaciones de uso individual se incorporan al anillo público». Cada piso (de planta circular) de los bloques de viviendas estaba dividido en seis unidades de vivienda individuales, las cuales incluían la propia vivienda y, debajo de ésta, una loggia alta, en cuya parte superior había un mecanismo para el abordaje (y fijación) de la unidad móvil (cabina). Los tres elementos de la unidad de vivienda individual (loggia, cabina fija-móvil y habitación principal) se comunicaban entre sí (verticalmente) y con la caja de ascensores. En el edificio público anular, además de las instalaciones de diferente función, también se preveían loggias con forma de panales: lugares para el estacionamiento temporal de las unidades móviles.

El segundo tipo, según escribe Krútikov, «es el resultado de la concentración de las divisiones espaciales de la primera variante: todas las verticales están reunidas en una gran forma cilíndrica, el anillo es transformado en una esfera y continúa acogiendo las instalaciones de uso público». El bloque de viviendas de ocho pisos se comunica con el bloque público (esfera) mediante la caja de ascensores.

La tercera vivienda es de tipo «hotel» y está destinada a la estancia temporal y a los estacionamientos de corta duración. Éste es un bloque vertical compuesto por tres partes con diferentes estructura y función: la parte inferior es un sistema de varios niveles en forma de panal que sirve para el estacionamiento breve de las unidades móviles (cabinas), la parte media se asemeja por su organización al bloque de viviendas de segundo tipo; la parte superior son las instalaciones de uso general.

А. Никольский

БАНЯ-БАССЕЙН.
Экспериментальный проект.
1928

(60)

A. Nikolski

SAUNA-PISCINA.
Proyecto experimental.
1928

В 1928 г. А. Никольский разработал два проекта бань для Ленинграда, которые были затем осуществлены. Тогда же он создал свой экспериментальный проект бани-бассейна. Двухъярусное кольцевое здание, в котором размещены банные помещения (разделенные на два полукольца — мужское и женское отделения), окружает круглый, заглубленный в землю бассейн. Бассейн перекрыт стеклянным полуциркульным куполом диаметром 60 м и окружен кольцевой шахтой, предназначенной для размещения паропровода, водопровода, канализационных труб и вентиляционных каналов.

Здание окружено садом, из которого на плоскую кровлю банного корпуса (где устроен солярий) ведут открытые лестницы, ритмично расположенные по наружному периметру здания. С плоской крыши можно непосредственно попасть и в подкупольное пространство с бассейном, минуя банные помещения.

Пропускная способность бани-бассейна — 4 тысячи человек ежедневно.

En 1928, A. Nikolski elabora dos proyectos de saunas para Leningrado que fueron construidos. En ese mismo tiempo realiza su proyecto experimental de sauna-piscina. Un edificio anular de dos niveles, en el que se disponen las instalaciones de la sauna (divididos en dos semianillos, para hombres y mujeres), rodea a una piscina circular que está al nivel del piso. La piscina cubierta por una cúpula de vidrio de 60 m de diámetro está rodeada de una especie de zanja circular, donde se habrían de situar los conductos de vapor, las tuberías de agua, los tubos de la canalización y los canales de ventilación.

El edificio está rodeado por un jardín, donde se encuentran las escaleras que conducen al techo plano del bloque de la sauna (donde se encuentra un solárium). Estas escaleras abiertas están dispuestas rítmicamente por el perímetro externo del edificio. Desde el techo plano se puede llegar directamente a la piscina, evitando las instalaciones de la sauna.

La sauna-piscina tiene capacidad diaria para 4 mil personas.

А. Никольский. Баня-бассейн. Экспериментальный проект. 1928

A. Nikolski. Sauna-Piscina. Proyecto experimental. 1928

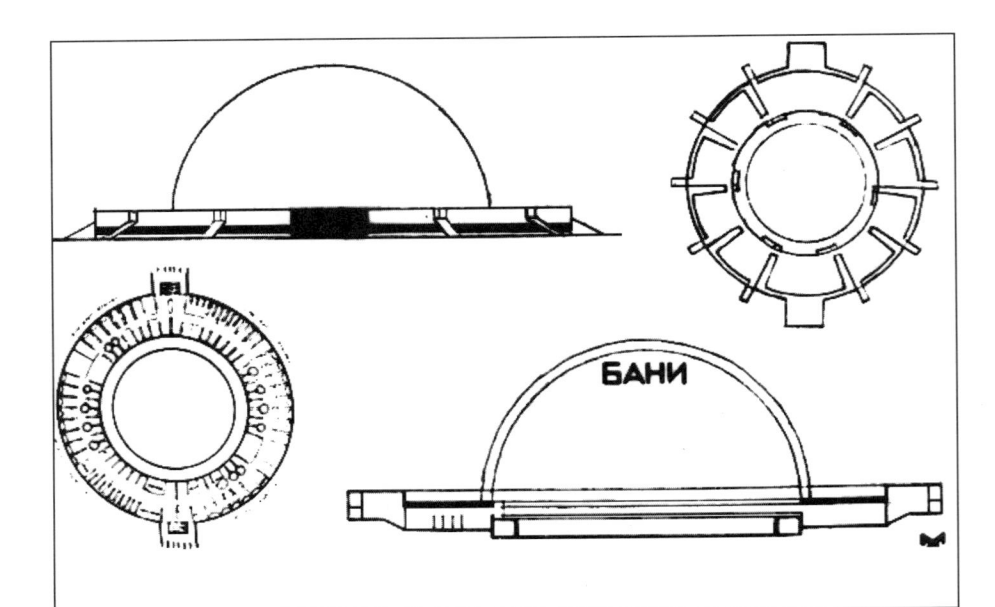

Макет, фасад, планы, разрез

Maqueta, fachada, planos, corte

Д. Марков, Д. Фридман и В. Фидман

БИБЛИОТЕКА ИМ. В. И. ЛЕНИНА В МОСКВЕ.
Конкурсный проект.
1928

D. Márkov, D. Fridman y V. Fidman

BIBLIOTECA V. I. LENIN EN MOSCÚ.
Proyecto de concurso.
1928

Проект Д. Маркова, Д. Фридмана и В. Фидмана получил на открытом конкурсе первую премию.

Отведенный для библиотеки участок, ограниченный тремя улицами, позволял относительно свободно размещать предусмотренные программой корпуса, главными из которых были книгохранилище и читальные залы. В большинстве проектов авторы не стремились объединить эти два корпуса в единую композицию, отводя книгохранилищу роль своеобразных кулис, на фоне которых должна была восприниматься композиция корпуса читальных зал, вынесенных на угол улиц Моховой и Воздвиженки (так решена и композиция осуществленного проекта В. Щуко и В. Гельфрейха).

Пожалуй, только в проекте Маркова, Фридмана и Фидмана корпус книгохранилища стал основой художественного образа здания библиотеки. Именно этот многоэтажный корпус обрамляет угол Моховой и Воздвиженки. Он решен в виде символической композиции — ассоциации с огромной раскрытой книгой (высота корпуса 16 этажей). Корпус же читальных залов отнесен на задний план. Корпусу книгохранилища придан крупный масштаб, композиция решена предельно лаконичными средствами. Лаконизм форм основного корпуса («раскрытой книги») смягчается поднятой на столбы галереей, обрамляющей внешние границы расположенной на углу участка площадки-сквера. Эта галерея создает масштабный контраст с корпусом книгохранилища.

El proyecto de D. Márkov, D. Fridman y V. Fidman obtuvo el primer premio en el concurso abierto.

El solar de la biblioteca, limitado por tres calles, permitía de una manera relativamente libre situar los bloques previstos por el programa, entre los cuales los más importantes eran el depósito de libros y las salas de lectura. En la mayoría de los proyectos, los autores no intentaban reunir estos dos bloques en una composición única; por el contrario, asignaban al depósito el rol de una especie de bastidores, sobre cuyo fondo se debía observar la composición del bloque de las salas de lectura, llevadas a la esquina formada por las calles Mojovaya y Vozdvízhenka (así fue diseñada la composición del proyecto hecho realidad de V. Schukó y V. Guélfreij).

Posiblemente, sólo en el proyecto de Márkov, Fridman y Fidman, el bloque del depósito de libros constituía la base de la imagen artística del edificio de la biblioteca. Precisamente este bloque de varios pisos encuadra la esquina de las calles Mojovaya y Vozdvízhenka, y fue diseñado como una composición simbólica, asociada a un gigantesco libro abierto (la altura del bloque es de 16 pisos), mientras que el bloque de las salas de lectura se trasladó al plano posterior. Al bloque del depósito de libros se le dio gran tamaño, y la composición fue realizada con medios extremadamente lacónicos. El laconismo de las formas del bloque principal («libro abierto») es suavizado por una galería levantada sobre columnas que enmarca los límites externos del territorio de la plaza de la esquina. Esta galería crea un contraste de escalas con el bloque del depósito de libros.

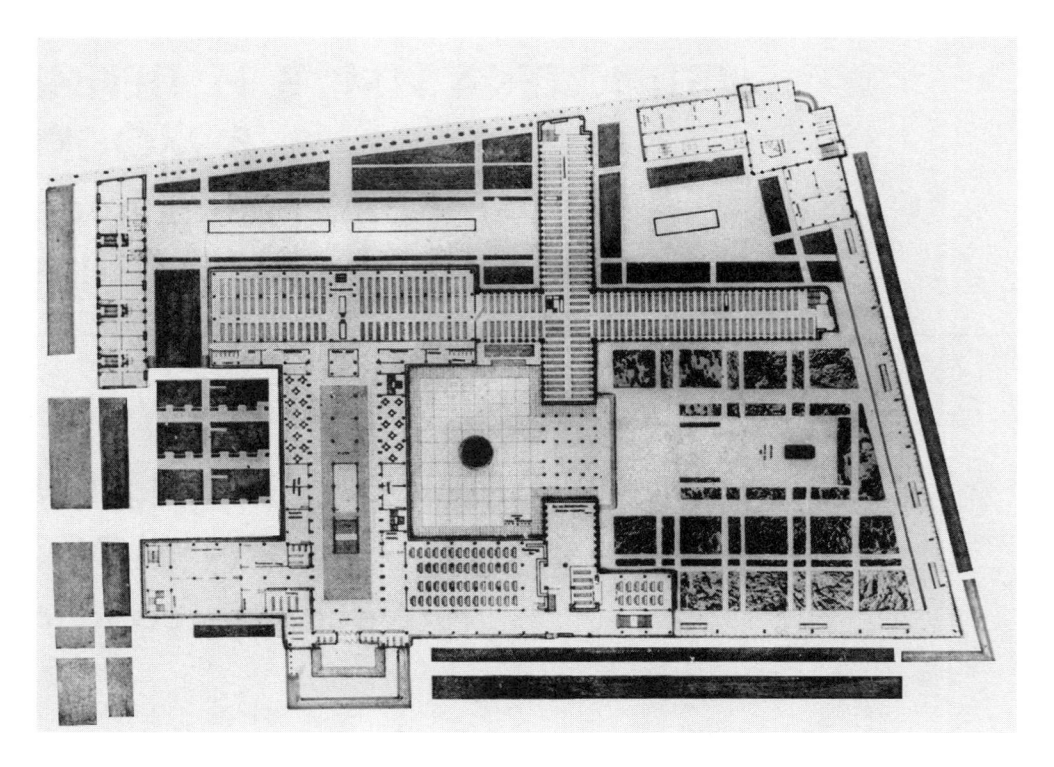

Д. Марков, Д. Фридман и В. Фидман. *Библиотека им. В. И. Ленина в Москве. Конкурсный проект.* 1928

D. Márkov, D. Fridman y V. Fidman. *Biblioteca V. I. Lenin en Moscú. Proyecto de concurso.* 1928

Перспектива, план

Perspectiva, plano

К. Мельников

КЛУБ ФАБРИКИ «БУРЕВЕСТНИК» В МОСКВЕ. 1928–1930

K. Miélnikov

CLUB DE LA FÁBRICA «BUREVIÉSTNIK» EN MOSCÚ. 1928–1930

Клуб состоит из трех объединенных в единую композицию корпусов (или объемов). Основной объем образуют зрительный зал и расположенное под ним фойе. Со стороны главного фасада к этому объему примыкает четырехэтажная пятилепестковая в плане стеклянная башня, в которой размещаются клубные помещения; на плоской крыше башни — открытая терраса. Эту башню один из критиков назвал «клеткой для попугая». С противоположной стороны к объему зрительного зала примыкает спортивный корпус (первый этаж — подсобные помещения, второй — спортивный зал).

Как и в других клубах Мельникова, в этом клубе была предусмотрена трансформация внутреннего пространства в зависимости от характера проводимых в зрительном зале мероприятий. Зрительный зал клуба «Буревестник» кроме партера имеет также боковые трибуны, которые использовались при проведении в зале спортивных соревнований (зал имел верхний свет). В этих случаях стулья из партера убирались, а сам зал объединялся в единое помещение вместе с примыкавшим к нему спортивным залом (между ними была устроена раздвижная перегородка). Как и в клубе «Свобода» (Ш. № 44), в клубе «Буревестник» Мельников запроектировал плавательный бассейн (в фойе), который также не был осуществлен.

El club está compuesto por tres bloques (o volúmenes) reunidos en una composición única. El volumen principal lo forman la sala de espectáculos y el foyer situado debajo de ella. Por la parte de la fachada principal, este volumen está unido a una torre vidriada de cuatro pisos de planta en forma de cinco pétalos, en la que se sitúan los recintos del club; en el techo plano de la torre hay una terraza descubierta. Un crítico llamó a esta torre «jaula de loros». En la parte opuesta, el volumen de la sala de espectáculos linda con el bloque deportivo (el primer piso está destinado a las instalaciones auxiliares; el segundo, a la sala deportiva).

Al igual que en otros clubes de Miélnikov, en este club se previó la transformación del espacio interior según el carácter de las actividades que se llevan a cabo en la sala de espectáculos. Además del patio de butacas, la sala de espectáculos del club «Bureviéstnik» tiene también tribunas laterales, las cuales se utilizaban cuando en la sala tenían lugar competencias deportivas (la sala tiene ventanas en el techo). En estos casos se retiraban las sillas del patio de butacas, y la sala se unía con la sala deportiva adjunta para formar un recinto único (entre las salas se instaló un tabique corredizo). Al igual que en el club «Svoboda» (O. M. № 44), en el club «Bureviéstnik» Miélnikov proyectó una piscina (en el foyer), que tampoco se construyó.

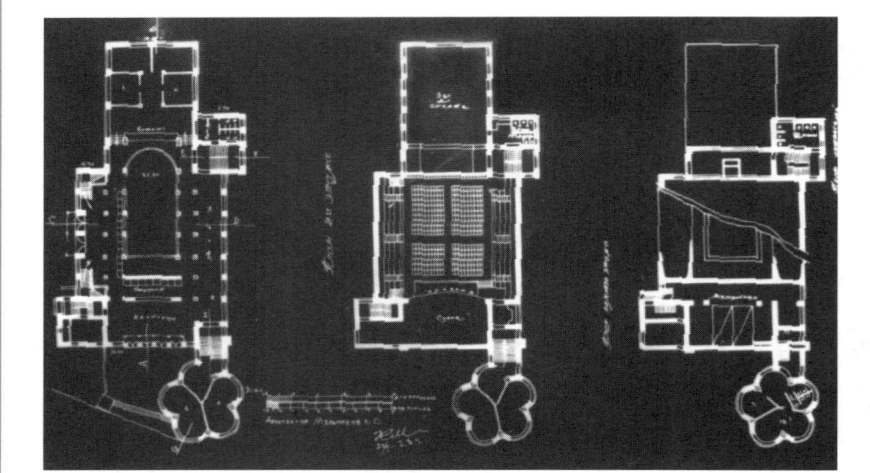

К. Мельников. *Клуб фабрики «Буревестник» в Москве. 1928–1930*

K. Miélnikov. *Club de la fábrica «Bureviéstnik» en Moscú. 1928–1930*

Перспектива, планы, общий вид, фрагмент, интерьер зрительного зала

Perspectiva, planos, vista general, fragmento, interior de la sala de espectáculos

Общая объемно-планировочная структура клуба была во многом предопределена конфигурацией отведенного под его строительство участка. Это узкий прямоугольный участок, выходящий на улицу торцевой частью, но под углом. Мельников выводит в сторону улицы глухой торец сценической части зрительного зала, под которым устраивает главный вход. Образовавшийся угол между торцевым фасадом и улицей с широкой стороны он заполняет пятилепестковой башней. Получился парадный вход в клуб с широкой наружной лестницей. Глухая стенная плоскость, нависающая над входами, контрастирует со стеклянной башней.

Рабочим фабрики «Буревестник» нравился построенный по проекту Мельникова клуб. Один из них (рабочий с более чем тридцатилетним стажем) говорил: «Мне хочется поделиться впечатлениями о нашем превосходном клубе. Это образцовое клубное здание... из клубов среднего масштаба наш — один из лучших. Нашим рабочим очень нравятся закругленные формы фасада, подымающаяся вверх круглая башня, вся из стекла. Очень хороша окраска клуба. Зрительный зал... отлично оборудован... Высокие залы, огромные читальни, аудитории — все это оправдывает любовь рабочих к нашему клубу. Надо сказать, что рабочие хотят, чтобы клуб сразу отличался от прочих зданий. Клуб должен быть торжественным, он должен радовать как снаружи, так и внутри. Наш клуб этим требованиям удовлетворяет»*.

La estructura volumétrica y de planificación general del club estaba muy predeterminada por la configuración del solar. Éste era una superficie rectangular cuyo frente daba a la calle oblicuamente. Miélnikov hace mirar a la calle el frente ciego del escenario de la sala de espectáculos, y debajo de él coloca la entrada principal. En la parte amplia de la esquina formada por la fachada y la calle, Miélnikov sitúa una torre de cinco pétalos. De esta manera, la entrada principal al club adquiere una amplia escalera exterior. La superficie de la pared ciega que pende sobre las entradas contrasta con la torre vidriada.

Los trabajadores de la fábrica «Bureviéstnik» estaban a gusto con el club construido según el proyecto de Miélnikov. Uno de ellos (un trabajador con más de treinta años de experiencia) decía: «Quiero compartir las impresiones que tengo de nuestro maravilloso club. Esto es un modelo de edificio de club... entre los clubes de mediana escala, el nuestro es uno de los mejores. A nuestros trabajadores les gustan mucho las formas curvas de la fachada, la torre circular elevada, toda de vidrio. El color del club es muy bonito. La sala de espectáculos... está bien equipada... Las salas altas, los enormes salones de lectura, los auditorios, todo eso justifica el amor que los trabajadores le tienen a nuestro club. Es necesario decir que los trabajadores quieren que el club se distinga sin dificultad de los otros edificios. El club debe ser solemne, debe alegrar por fuera y por dentro. Nuestro club cumple con estos requisitos.»*

---

* Архитектура СССР. 1934. № 12. С. 18.

* Arquitectura de la URSS. 1934. № 12. Pág. 18.

А. Барутчев, И. Гильтер, И. Меерзон и Я. Рубанчик
НАРВСКАЯ ФАБРИКА-КУХНЯ В ЛЕНИНГРАДЕ. 1928–1930

63

A. Bárutchev, I. Guílter, I. Meyerzón y Ya. Rubánchik
COCINA INDUSTRIAL NÁRVSKAYA EN LENINGRADO. 1928–1930

Важный вклад в разработку нового типа коммунально-общественного здания фабрики-кухни внесли архитекторы Ленинграда. Вот как писал об этом один из авторов в 1931 г.:

«В 1928 г. Ленинград почувствовал особо острую необходимость индустриализации общественного питания, так как сеть и состояние столовых не удовлетворяли выдвигаемым требованиям. Некоторые столовые родились и выросли в помещениях, совершенно не приспособленных для массового питания.

Старая столовая, хотя и под новой вывеской, все же представляла собою сплошь и рядом расширенную харчевню, сохранившую все следы кустарщины, пренебрежения к интересам рабочего потребителя и к требованиям народной экономики. Ход социалистического строительства выдвигал необходимость сооружения фабрик-кухонь — как нового образца пищевой индустрии.

Квартал за кварталом 1930 год давал Ленинграду фабрики-кухни. За год вступили в строй четыре фабрики-кухни. Они опрокинули прежние представления об общественном питании. Разбивка фабрики на цеха, конвейерная система производственного процесса, предельная степень механизации, в соединении с новыми залитыми светом обеденными залами и своеобразной архитектурой самих зданий, позволяют назвать эти фабрики-кухни дворцами рабочего питания»*.

Действительно, в конце 20-х гг. в Ленинграде был выработан оригинальный тип фабрики-кухни. По проектам одного коллектива молодых архитекторов (А. Барутчев, И. Гильтер, И. Меерзон, Я. Рубанчик) в городе были построены четыре больших фабрики-кухни.

Наибольший интерес из них представляет Нарвская фабрика-кухня, построенная в центральном комплексе рабочего района Ленинграда. Сложное по объемно-пространственной композиции трех-

Una importante contribución al desarrollo del nuevo tipo de edificio social-comunal de cocina industrial fue realizada por los arquitectos de Leningrado. En el año de 1931 un autor escribió lo siguiente sobre este tema.

«En 1928, Leningrado sintió una imperiosa necesidad de industrializar la alimentación pública, por cuanto la red y el estado de los comedores públicos no satisfacía la creciente demanda. Algunos de estos establecimientos nacieron y crecieron en lugares completamente inadecuados para la alimentación masiva.

Un comedor viejo, a pesar de tener un rótulo nuevo, seguía siendo un verdadero bodegón, manteniendo todas las huellas del trabajo desorganizado, del desprecio a los intereses de los obreros consumidores y de las demandas de la economía popular. El avance de la construcción del socialismo creaba la necesidad de establecer cocinas industriales como un nuevo modelo de la industria alimentaria.

Trimestre tras trimestre, el año 1930 daba a Leningrado una cocina industrial. En el transcurso de un año comenzaron a trabajar cuatro cocinas industriales, transformando el concepto de alimentación pública. La división de la fábrica en secciones, el sistema de cadena móvil del proceso de producción, la mecanización al máximo, todo esto unido a las nuevas salas comedor bañadas de luz y a la singular arquitectura de los mismos edificios, permite denominar a estas cocinas industriales palacios para la alimentación obrera.»*

En efecto, a finales de los años 20 en Leningrado se desarrolló un tipo original de cocina industrial. De acuerdo con los proyectos de un conjunto de jóvenes arquitectos (A. Bárutchev, I. Guílter, I. Meyerzón y Ya. Rubánchik) en la ciudad se construyeron cuatro cocinas industriales de grandes dimensiones.

La más interesante de ellas es la Cocina Industrial Nárvskaya, edificada en el complejo central de un municipio obrero de Leningrado. El

---

* Левин А. Общественное питание на службе соцстроительства // Строим пятилетку. Вып. III–IV. Л., 1931. С. 92–94.

* Lievin A. La alimentación pública al servicio de la construcción del socialismo // Construimos el quinquenio. Ediciones III–IV. Leningrado. 1931. Págs. 92–94.

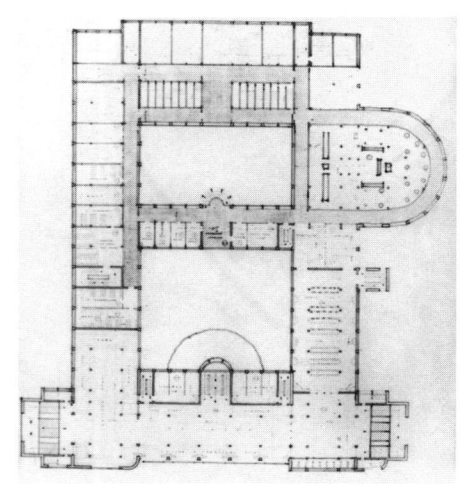

А. Барутчев, И. Гильтер, И. Меерзон и Я. Рубанчик. *Нарвская фабрика-кухня в Ленинграде*. 1928–1930

A. Bárutchev, I. Guílter, I. Meyerzón y Ya. Rubánchik. *Cocina Industrial Nárvskaya en Leningrado*. 1928–1930

Общий вид, фрагмент, вид сверху, план второго этажа, интерьеры обеденного зала и суповарочного цеха

Vista general, fragmento, vista desde arriba, plano del segundo piso, interiores de la sala comedor y de la sección de preparación de alimentos líquidos

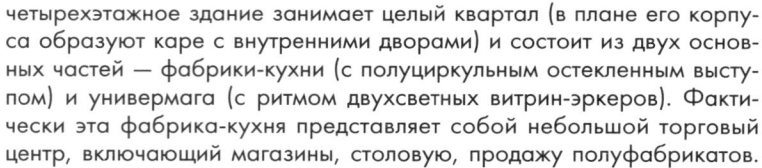

четырехэтажное здание занимает целый квартал (в плане его корпуса образуют каре с внутренними дворами) и состоит из двух основных частей — фабрики-кухни (с полуциркульным остекленным выступом) и универмага (с ритмом двухсветных витрин-эркеров). Фактически эта фабрика-кухня представляет собой небольшой торговый центр, включающий магазины, столовую, продажу полуфабрикатов.

В архитектурно-композиционном отношении наиболее тщательно проработаны два фасада: выходящий на площадь (с этой стороны расположен универмаг, главные входы в него и в обеденные залы) и смежный с ним фасад, обращенный в сторону сквера (корпус обеденного зала и кухни).

Фасад корпуса с универмагом — это трехэтажная продольная композиция, где горизонтальный пояс третьего этажа как своеобразная «балка» опирается на боковые части двух первых этажей, средняя часть которых заглублена и полностью остеклена. Эта почти симметричная композиция фасада универмага дополняется вблизи угловой части четвертым этажом (и «посылающей» к нему открытой галереей над центром фасада). Угол здания своей закругленной формой как бы разворачивает композицию ко второму главному фасаду, на котором четырехэтажный выступ углового ризалита с вертикальным витражом лестничной клетки контрастирует с двухэтажным полукруглым выступом.

Включение в структуру фабрики-кухни, наряду с обширными обеденными залами, большого универмага заставило авторов тщательно продумать график движения посетителей внутри всего комплекса. Было предусмотрено, что посетители любого этажа универмага могут, пройдя холлы с умывальниками, попасть в обеденные залы фабрики-кухни.

edificio de tres-cuatro pisos y de composición volumétrico-espacial compleja, ocupa toda una manzana (sus bloques forman una planta cuadrada con patios interiores) y está formado por dos partes principales: la cocina industrial (con un saledizo semicircular vidriado) y un centro comercial (con su ritmo de vitrinas-miradores de dos ventanas). De hecho, esta cocina industrial constituía un centro comercial con tiendas, comedor y sitios de venta de productos precocinados.

En lo referente a la composición arquitectónica, son dos las fachadas tratadas con mayor detalle: la que da a la plaza (de este lado se encuentra el centro comercial, sus entradas principales y las entradas a los comedores) y la fachada contigua a ésta, que da a una plazoleta (el bloque del comedor y la cocina).

La fachada del bloque con el centro comercial es una composición longitudinal de tres pisos, en la que el cinturón horizontal del tercer piso se apoya, como una especie de «viga», sobre las partes laterales de los dos primeros pisos, la parte media de los cuales se encuentra más adentro y está completamente vidriada. Esta composición casi simétrica de la fachada del centro comercial es complementada en la parte cercana a la esquina por medio de un cuarto piso (y por una galería abierta que se encuentra sobre el centro de la fachada). La forma curva de la esquina del edificio como que hace girar la composición hacia la segunda fachada principal, donde el saledizo de cuatro pisos de ángulos rectos con su vitral vertical de la caja de escaleras contrasta con el saledizo semicircular de dos pisos.

La inclusión de un gran centro comercial en la estructura de la cocina industrial, junto con las grandes salas comedor, obligó a los autores a planificar cuidadosamente el gráfico del movimiento de los visitantes por todo el complejo. Estaba previsto que los visitantes pudieran llegar a las salas comedor de la cocina industrial desde cualquier piso (atravesando corredores con lavabos).

С. Пэн

ДВОРЕЦ ПЕЧАТИ В БАКУ.
1927–1933

S. Pen

PALACIO DE LA IMPRENTA EN BAKÚ.
1927–1933

В 1927 г. был проведен всесоюзный конкурс на Дворец печати в Баку (представлено 42 проекта). По результатам конкурса здание было выстроено по проекту С. Пэна.

Здание занимает целый квартал, выходя на четыре улицы. Оно состоит из трех корпусов, примыкающих с трех сторон к центральной лестнице. Деление это соответствует трем основным группам помещений: издательство, производство и обслуживающая группа.

Пятиэтажный издательский корпус занимает южный угол участка, обращенный к центру города. В его первом этаже помещается показательный книжный магазин, в верхних этажах — административный, редакционный и торговый аппараты издательства.

Северную часть участка занимает широкий двухэтажный производственный корпус (с верхним освещением).

Средний пятиэтажный корпус связывает издательский и производственный корпуса. Он занят административными и обслуживающими помещениями. В его верхней части расположен двухсветный зал многофункционального назначения (столовая, зал для собраний, кинозал). Имеются помещения для амбулатории, душевые, комната для детей работниц и др. Для отдыха работающих предназначена плоская крыша издательского корпуса, где в летнее время могут устраиваться киносеансы и проводиться занятия физкультурой.

Наиболее интересен с архитектурно-композиционной точки зрения издательский корпус. Особенно выразительна его угловая

En 1927 tuvo lugar el concurso a nivel de la URSS del Palacio de la Imprenta en Bakú (se presentaron 42 proyectos). Conforme al resultado del concurso, el edificio se construyó según el proyecto de S. Pen.

El edificio ocupa toda una manzana, dando a cuatro calles, y está compuesto por tres bloques, que se unen por tres lados a una escalera central. Esta división corresponde a tres grupos principales de instalaciones: editorial, producción y grupo de servicio.

El bloque de la editorial, de cinco pisos, ocupa la esquina sur del solar, dirigida hacia el centro de la ciudad. En su primer piso se encuentra una tienda de exposición de libros, en los pisos superiores se sitúan los órganos de administración, redacción y comercio de la editorial.

La parte norte del solar está ocupada por un ancho bloque de dos pisos destinado a la producción (con ventanas en la parte superior).

El bloque central de cinco pisos enlaza los bloques de la editorial y de producción, y está ocupado por las instalaciones administrativas y de servicio. En su parte superior hay una sala de uso múltiple (comedor, sala de reuniones, cine) con dos juegos de ventanas. Hay recintos para el consultorio médico, duchas, guardería para los niños de las empleadas, etcétera. Al descanso de los trabajadores está destinado el techo plano del bloque de la editorial, donde en verano se pueden proyectar películas y realizar sesiones de educación física.

El bloque de la editorial es el más interesante desde el punto de vista de la composición arquitectónica. Sobre todo es muy expresiva la

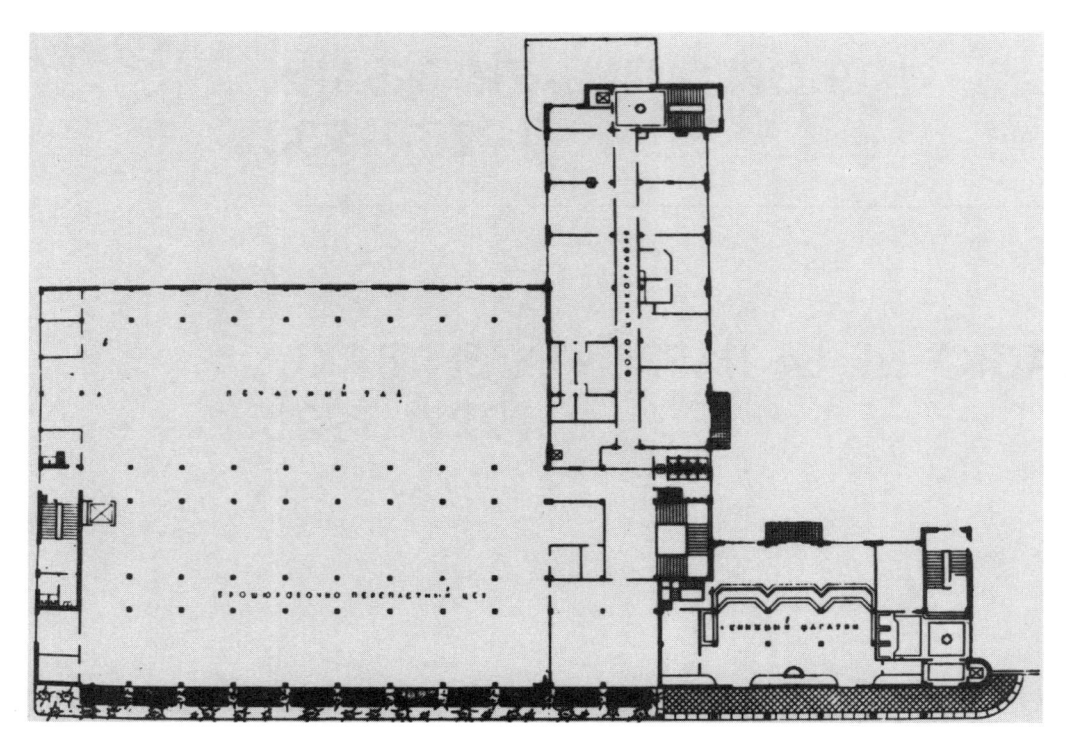

С. Пэн. Дворец печати в Баку. 1927–1933
S. Pen. *Palacio de la Imprenta en Bakú.* 1927–1933

Общий вид, фрагмент, план первого этажа

Vista general, fragmento, plano del primer piso

часть с глухим полукруглым выступом лифтовой башни, на которую как бы нанизаны четыре балкона. Такая пластическая форма, придающая динамику всей композиции издательского корпуса, своей монолитностью удачно контрастирует со связанными с ней двумя основными фасадами этого корпуса с их горизонтальными лентами окон, вертикальным витражом, открытыми галереями нижнего и верхнего этажей.

parte de la esquina, con el saledizo semicircular ciego de la torre del ascensor, en el cual parecen estar ensartados los cuatro balcones. Gracias a su carácter monolítico, esta forma plástica, que proporciona dinamismo a toda la composición del bloque de la editorial, contrasta exitosamente con las dos fachadas principales de este bloque, con las bandas horizontales de ventanas, con el vitral vertical y con las galerías abiertas de los pisos inferior y superior.

Секция типизации Стройкома РСФСР
(М. Гинзбург — руководитель, М. Барш,
В. Владимиров, А. Пастернак, Г. Сум-Шик)

ЖИЛАЯ ЯЧЕЙКА ТИПА F. 1928

Departamento de Estandarización del Stroikom de la RSFSR
(Director M. Guínzburg, M. Barsch, V. Vladímirov,
A. Pasternak, G. Sum-Shik)

UNIDAD DE VIVIENDA TIPO F. 1928

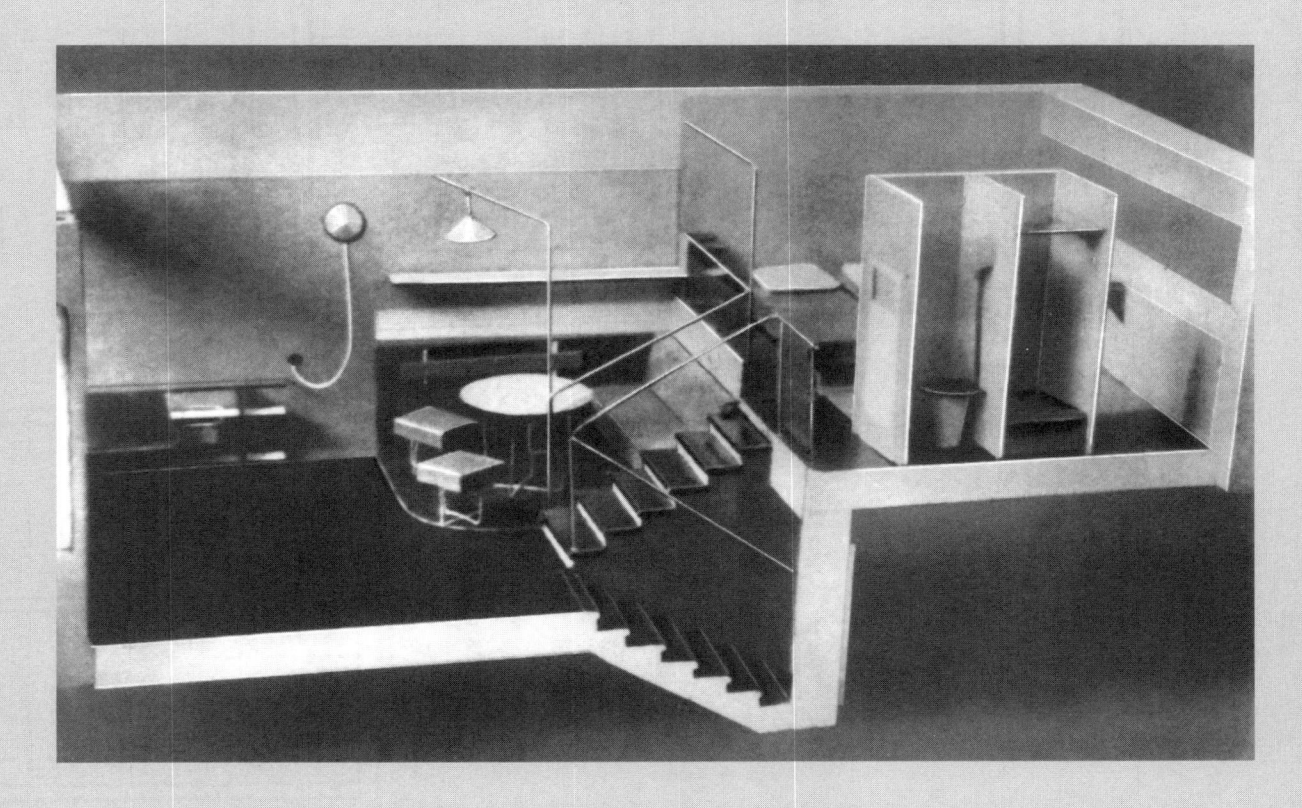

С разработанной в Секции типизации жилой ячейкой типа F архитекторы связывали надежды на создание такого дома переходного типа, где наряду с коммунальными помещениями общего пользования каждая семья имеет отдельную квартиру (хотя и малометражную).

Причем именно этот разработанный в Секции типизации тип жилой ячейки позволял не превышать стоимость 1 м² жилой площади в доме переходного типа по сравнению с секционными домами.

По пространственному решению дом с ячейками типа F — это здание коридорного типа. Однако занимаемая коридором площадь в таком доме (в отличие от домов, где использованы другие типы жилых ячеек) не вычитается из общей площади жилых ячеек этажа. Коридор обслуживает два этажа и устраивается за счет понижения высоты вспомогательных помещений квартир и спального алькова. При этом коридор получается светлым, а каждая квартира имеет сквозное проветривание (что требовалось нормами тех лет).

В секции типизации было разработано несколько типовых проектов однокомнатных квартир типа F жилой площадью 27, 30 и 36 м². Каждая такая квартира имела небольшую переднюю, при входе из которой лестница вниз или вверх вела в основную жилую комнату высотой 3,5 м (3,2 м). Здесь около окна была устроена ниша с типовым кухонным элементом (плита, мойка и т. д.), закрывающаяся раздвижной ширмой. Заниженная часть квартиры высотой 2,25 м (или 2,15 м) включала спальню-альков и совмещенный

En la unidad de vivienda tipo F proyectada por el Departamento de Estandarización, los arquitectos cifraban sus esperanzas de creación de una casa tipo transitorio, donde además de las instalaciones comunales de uso general, cada familia tiene su propio apartamento (aunque su área sea pequeña).

Cabe destacar que precisamente este tipo de unidad de vivienda proyectado en el Departamento de Estandarización permitía no sobrepasar el precio del metro cuadrado del área total de los cuartos en una casa tipo transitorio, en comparación con los edificios de planta tipo.

Por su construcción espacial, el edificio de viviendas tipo F es un edificio con pasillos. Sin embargo, el área ocupada por el pasillo en este tipo de edificios (a diferencia de los edificios que utilizan otros tipos de unidades de vivienda) no se resta del área total de las unidades de vivienda del piso. El pasillo atiende a dos pisos y se obtiene a costa de la disminución de la altura de los recintos auxiliares de los apartamentos y de la alcoba. Además, el pasillo es claro, y cada apartamento se puede ventilar de lado a lado (requisito de las normas de la época).

En el Departamento de Estandarización se idearon varios proyectos modelos de apartamentos de una habitación tipo F, con área total de los cuartos de 27, 30 y 31 m². Cada apartamento de este tipo tenía un pequeño recibidor, desde el que una escalera hacia arriba (hacia abajo) conducía a la habitación principal de 3,5 m (3,2 m) de altura. Aquí, junto a la ventana, se situaba un equipo básico de cocina —hornilla, lavabo, etcétera—, que se cerraba por medio de un biombo corredizo. La parte

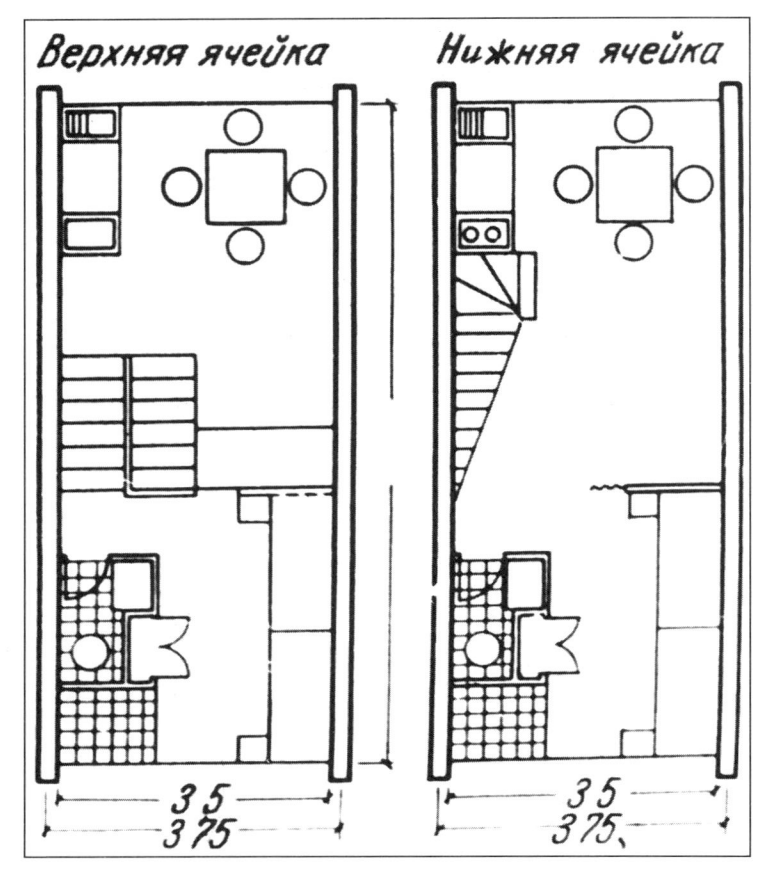

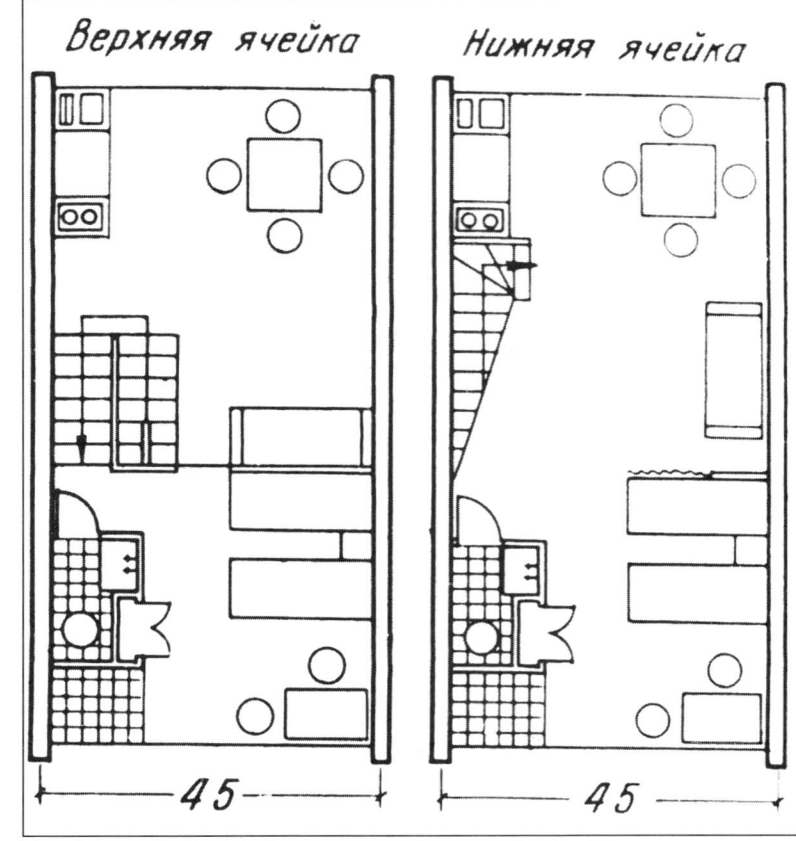

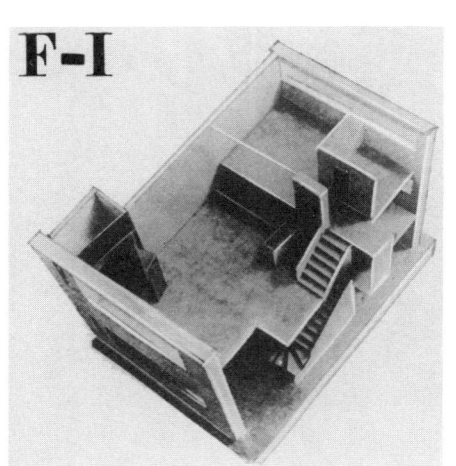

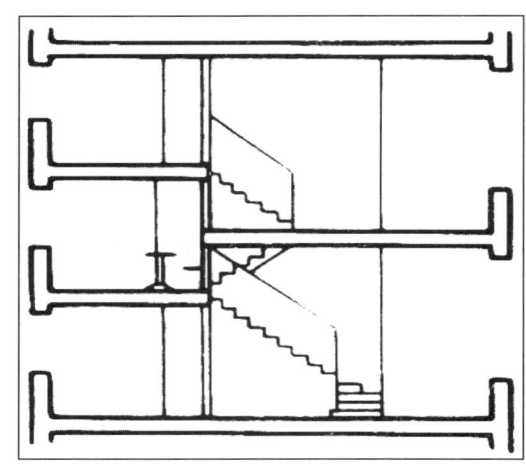

Секция типизации Стройкома РСФСР. *Жилая ячейка типа F.* 1928
Departamento de Estandarización del Stroikom de la RSFSR. *Unidad de vivienda tipo F.* 1928

a) пространственно-планировочная структура ячейки (планы двух вариантов ячейки, разрез, планы ячейки — вариант с ванной, макет, перспективы);
b) Л. Лисицкий. Проект типового встроенного оборудования для жилой ячейки типа F. 1929 г. (макет) (см. титул шедевра);
c) С. Лисагор. Оборудование жилой ячейки типа F в доме на Гоголевском бульваре в Москве. 1929–1930 гг. Планы, разрез, фрагменты интерьера (встроенное оборудование — шкафы, полки, кухня-шкаф)

a) estructura espacial y de planificación de la unidad de vivienda (planos de dos variantes de unidades, corte, planos de la unidad: variante con baño, maqueta, perspectivas);
b) L. Lisitski. Proyecto de las instalaciones empotradas estándares para la unidad de vivienda tipo F. 1929 (maqueta) (véase la ilustración inicial);
c) S. Lisagor. Mobiliario de una unidad de vivienda tipo F en un edificio ubicado en el bulevar Gógol en Moscú. 1929–1930. Planos, corte, fragmentos del interior (instalación empotrada: guardarropas, anaqueles, cocina-armario)

санузел (с ванной, душем или только с раковиной для умывания). Причем в 50 % квартир пол всей жилой части был расположен на одном уровне, а в остальных 50 % уровень спальни-алькова был выше на шесть-семь ступеней. Практически при освещении прямым светом спальни-алькова такая жилая ячейка была полуторакомнатной квартирой, рассчитанной на семью из трех-четырех человек.

Архитекторы Секции типизации считали, что, в отличие от домов-коммун с полным обобществлением быта, жилая ячейка типа F позволяет создать экономичный коммунальный дом переходного типа, где изолированные квартиры для каждой семьи будут органически сочетаться с общественными помещениями.

menos alta del apartamento, de 2,25 m (2,15 m) de altura, incluía un dormitorio y un cuarto de baño con bañera, ducha o solamente lavabo. En el 50 % de los apartamentos, el piso de la parte habitable se encontraba a un mismo nivel, mientras que en el otro 50 % el nivel de la alcoba estaba unos seis o siete peldaños más alto. Iluminando el dormitorio con luz directa, esta unidad de vivienda prácticamente constituía un apartamento de un dormitorio y medio destinado a una familia de tres o cuatro miembros.

Los arquitectos del Departamento de Estandarización consideraban que a diferencia de las casas-comuna con colectivización completa del modo de vida, la unidad de vivienda tipo F permite crear un edificio

Раздел 2 — Секция типизации Стройкома РСФСР. *Жилая ячейка типа F. 1928*

Parte 2 — Departamento de Estandarización del Stroikom de la RSFSR. *Unidad de vivienda tipo F. 1928*

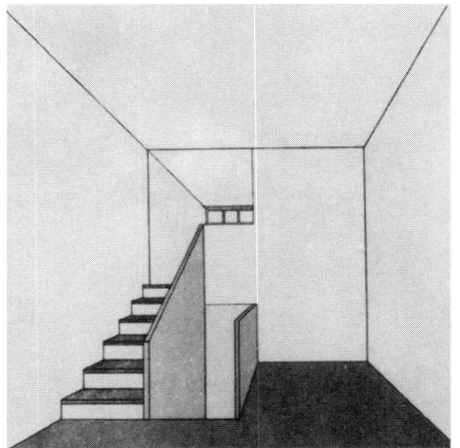

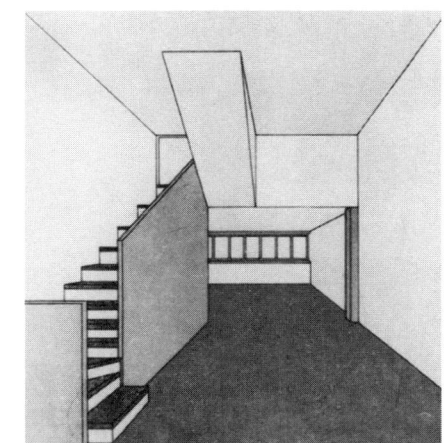

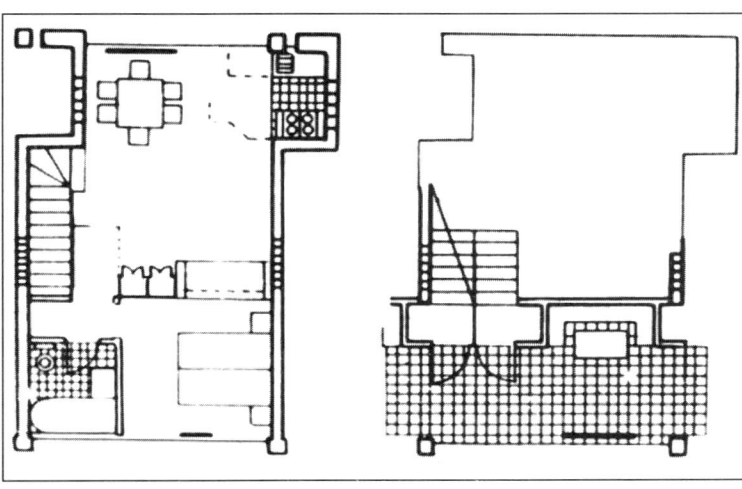

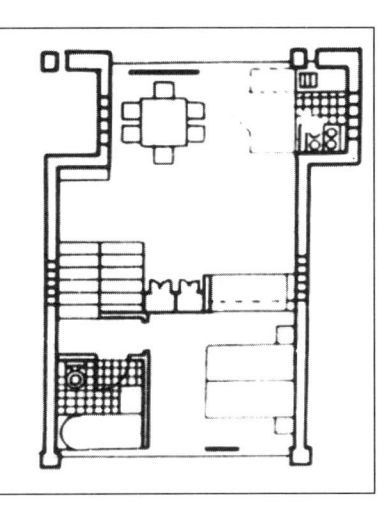

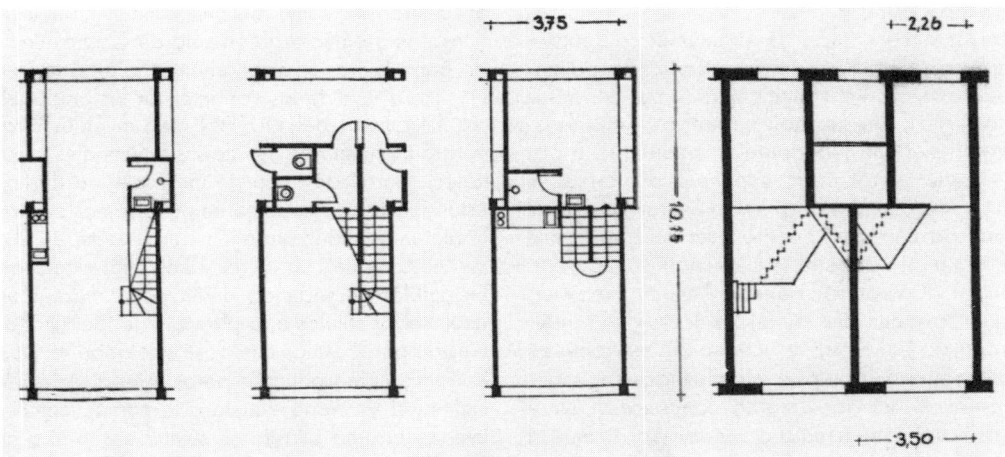

Секция типизации Стройкома РСФСР. *Жилая ячейка типа F.* 1928

Departamento de Estandarización del Stroikom de la RSFSR. *Unidad de vivienda tipo F.* 1928

c | c | c | c

Члены Секции типизации рассматривали квартиру типа F не только как экономичную и эффективную, но и как такую жилую ячейку, которая позволяет более разносторонне, чем в секционном доме, удовлетворить социально-бытовые потребности жильцов. Изолированные квартиры сочетаются в таком доме с широким (до 3 м) светлым коридором, превращающимся летом в открытую террасу для отдыха, где около каждой жилой ячейки устроена светлая ниша со скамейками и столиком как для индивидуального пользования семьей, так и для общения с соседями. Этот же светлый коридор связывает квартиры с расположенным в отдельном корпусе общественным центром, где размещены столовая, кухня (обеды на дом), комнаты отдыха, библиотека-читальня, детская комната, ванные помещения (если квартира без ванн) и т. д.

Для одного из вариантов ячеек типа F Л. Лисицкий со своими студентами по ВХУТЕИНу разработал типовую мебель. Он разделил жилое пространство квартиры на три функциональные зоны (рабочую, столовую и спальную), для каждой из которых предназначалась группа стандартной мебели (частично встроенной). В рабочей зоне размещались письменный стол, кресло и этажерка; в столовой — круглый стол, полка, диван и три мягких табурета, из которых можно было образовать второй диван, составляя их в ряд вдоль мягкой спинки, укрепленной на стене; в спальной — две откидывавшихся к стене кровати. К кровати прикреплялись стержни, служившие ночью вешалкой для одежды. Кроме местных источников света (у рабочего стола и кроватей), у основания внутренней лестницы на вертикальной стойке шарнирно укреплялась горизонтальная штанга со светильником, которая могла описывать круг и освещать различные части помещения (лампа, кроме того, еще и перемещалась вдоль штанги).

Жилая ячейка типа F (как и другие типы жилых ячеек, разработанных в Секции типизации) была использована при строительстве ряда экспериментальных домов переходного типа. Для одного из этих домов, построенного на Гоголевском бульваре в Москве, С. Лисагор разработал для ячейки типа F встроенное оборудование (шкафы, полки, кухня-шкаф), которое было осуществлено.

comunal económico tipo transitorio, donde los apartamentos aislados unifamiliares combinan orgánicamente con las instalaciones públicas.

Los miembros del Departamento de Estandarización veían el apartamento tipo F no solamente económico y efectivo, sino también como la unidad de vivienda que permitiría satisfacer las necesidades sociales y domésticas de los moradores de una manera más completa que los edificios de planta tipo. Los apartamentos aislados se combinan en estos edificios con pasillos claros y amplios (de hasta 3 m), que se convierten en verano en terrazas abiertas para el descanso, donde junto a cada unidad de vivienda hay un recinto claro con asientos y una mesa para uso familiar o para las relaciones con los vecinos. Este pasillo claro enlaza los apartamentos con un centro público localizado en otro bloque, en el que se encuentran un comedor, una cocina (comida a domicilio), salas de descanso, una biblioteca con sala de lectura, una habitación infantil, cuartos de baño (para los apartamentos que no los tengan), etcétera.

Para una de las variantes de las unidades tipo F, L. Lisitski junto con sus estudiantes del VJUTEIN ideó muebles estándares. Dividió el espacio del apartamento en tres zonas funcionales (de trabajo, comedor y dormitorios), para cada una de las cuales se destinaba un grupo de muebles estándares (parcialmente empotrados a la pared). En la zona de trabajo había un escritorio, un sillón y un estante; en el comedor, una mesa redonda, un anaquel, un diván y tres sillas acolchadas, con las que se podía ensamblar un segundo diván colocándolas en fila, con los espaldares acolchados sujetos a la pared; en el dormitorio habían dos camas plegables de pared. A las camas se sujetaban varillas metálicas que servían por la noche como ganchos para la ropa. Además de las fuentes locales de luz (en el escritorio y junto a la cama), cerca de la base de la escalera interna, en una pilastra se sujetaba con una articulación una barra horizontal con una lamparilla, que podía girar e iluminar diferentes partes del cuarto (la lámpara también podía desplazarse a lo largo de la barra).

La unidad de vivienda tipo F (al igual que otros tipos de unidades diseñadas en el Departamento de Estandarización) fue utilizada durante la construcción de varios edificios experimentales tipo transitorio. Para uno de esos edificios, levantado en el bulevar Gógol de Moscú, S. Lisagor desarrolló instalaciones empotradas (guardarropas, anaqueles, cocina-armario), que se llevaron a la práctica.

М. Гинзбург и И. Милинис

ЖИЛОЙ ДОМ НА НОВИНСКОМ БУЛЬВАРЕ В МОСКВЕ. 1928–1930

M. Guínzburg e I. Milinis

EDIFICIO DE VIVIENDAS EN EL BULEVAR NOVINSKI EN MOSCÚ. 1928–1930

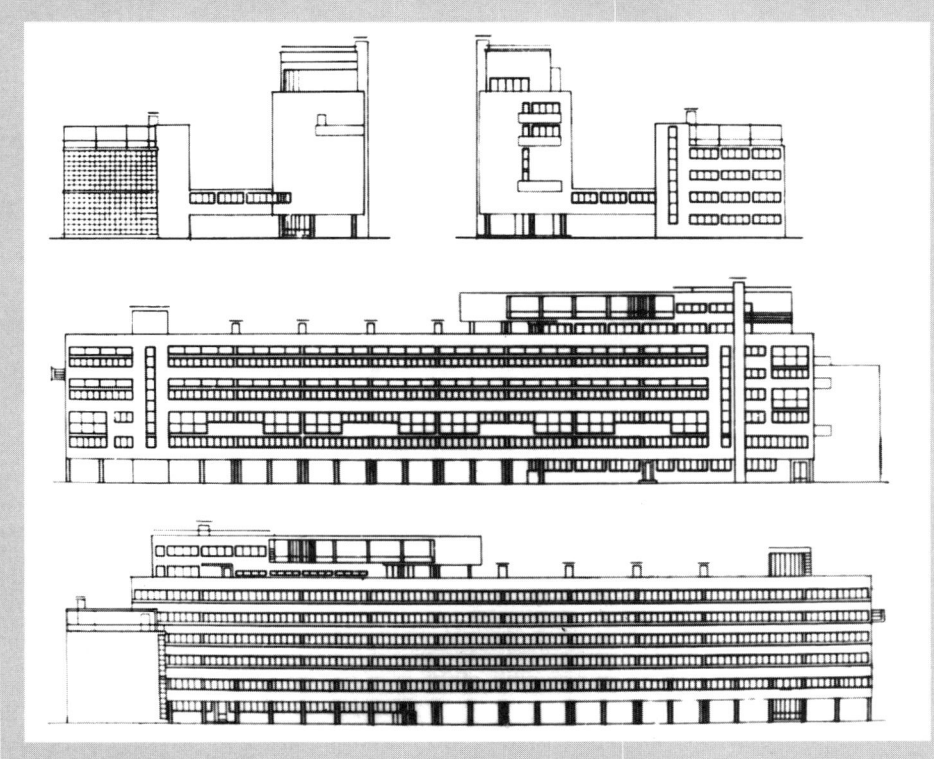

Это один из тех экспериментальных домов переходного типа, в которых проверялись новые типы жилых ячеек, разработанные коллективом архитекторов в Секции типизации Стройкома РСФСР.

Проектом предусматривалось создание единого комплекса из четырех корпусов: жилого корпуса, соединенного с ним теплым переходом коммунального корпуса (спортзал и общественная столовая), отдельно стоящего детского сада и самостоятельного служебного двора (механическая прачечная, сушилка, гараж и др.). Проект осуществлен не полностью. Возведены жилой, коммунальный (с изменением назначения его помещений) и частично хозяйственный корпуса (проект

Éste es uno de los edificios experimentales tipo transitorio en los que se probaron las nuevas unidades de vivienda desarrolladas por el colectivo de arquitectos del Departamento de Estandarización del Stroikom de la RSFSR.

En el proyecto se preveía la creación de un complejo único de cuatro bloques: un bloque de viviendas, un bloque comunal (sala deportiva y comedor) unido al primero por medio de un paso con calefacción, un jardín de infancia independiente y un patio de servicios (con lavandería mecánica, secadora, garaje, etcétera). El proyecto no se llevó a cabo en su totalidad. Se construyeron los bloques de viviendas, el comunal (con un cambio en la utilización de sus instalaciones) y parte del bloque de servicio (el proyecto

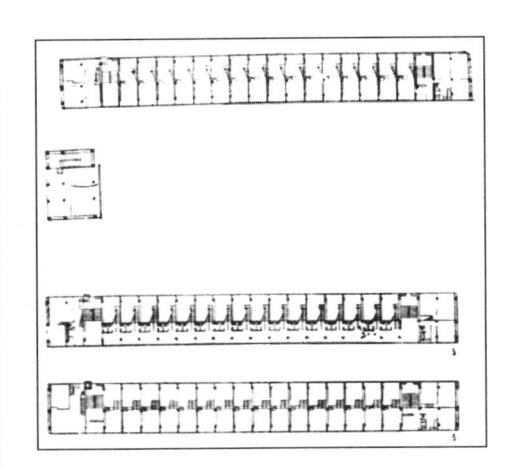

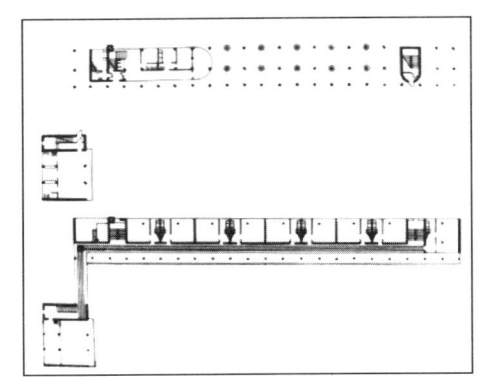

М. Гинзбург и И. Милинис. Жилой дом на Новинском бульваре в Москве. 1928–1930

M. Guínzburg e I. Milinis. *Edificio de viviendas en el bulevar Novinski en Moscú. 1928–1930*

Перспектива (первоначальный вариант); фасады (осуществленный вариант), планы (первого, второго, четвертого, пятого и шестого этажей), общие виды, фрагменты фасада и интерьера (жилого и коммунального корпусов)

Perspectiva (variante inicial); fachadas (variante realizada), planos (primer, segundo, cuarto, quinto y sexto pisos), vistas generales, fragmentos de la fachada y del interior (bloques de viviendas y comunal)

этого корпуса делали М. Гинзбург и Г. Зундблат). Жилой корпус — это шестиэтажное здание с двумя коридорами (на втором и шестом этажах) и с двумя лестничными клетками. Первый этаж в основном заменен столбами, что было вызвано стремлением не разбивать на две части озелененный участок, на котором построен дом. В доме три типа квартир — 32 малометражные квартиры типа F (общая комната с кухонной плитой, спальня-альков, уборная, душевая); несколько сдвоенных квартир — 2 F (две комнаты, передняя, ванная, уборная, кухня, столовая); восемь квартир для больших семей — тип К (общая комната, две спальни, передняя, кухня, ванная, уборная); общежитие из нескольких комнат на одного и двух человек (на каждые две комнаты — санузел и душ). На плоской крыше — солярий и цветники.

На уровне второго этажа жилой корпус соединен крытым переходом с отдельно стоящим коммунальным корпусом, где помещалась кухня-столовая (обеды брали на дом) и детский сад.

de este bloque fue desarrollado por M. Guínzburg y G. Zundblat). El bloque de viviendas es un edificio de seis pisos con dos pasillos (en los pisos segundo y sexto) y con dos escaleras. El primer piso fue sustituido casi en su totalidad por columnas, para no dividir en dos partes el territorio verde en el que se construyó el edificio. En el edificio hay tres tipos de apartamentos: 32 apartamentos de poca área tipo F (cuarto común con cocina, dormitorio, retrete y cuarto de baño); algunos apartamentos dobles tipo 2F (dos habitaciones, recibidor, cuarto de baño, retrete, cocina, comedor); ocho apartamentos para familias grandes tipo K (cuarto común, dos dormitorios, recibidor, cocina, cuarto de baño, retrete); residencia común de varias habitaciones para una y dos personas (servicio higiénico y ducha para cada dos habitaciones). En el techo plano había un solárium y sitios para flores.

Al nivel del segundo piso, mediante un paso cubierto el bloque de viviendas se comunica con el bloque comunal, en el cual se encuentra una cocina-comedor (la comida se llevaba a la casa) y un jardín de infancia.

Раздел 2 — М. Гинзбург и И. Милинис. Жилой дом на Новинском бульваре в Москве. 1928–1930

Parte 2 — M. Guínzburg e I. Milinis. *Edificio de viviendas en el bulevar Novinski en Moscú. 1928–1930*

М. Гинзбург и И. Милинис. Жилой дом на Новинском бульваре в Москве. 1928–1930

M. Guínzburg e I. Milinis. *Edificio de viviendas en el bulevar Novinski en Moscú. 1928–1930*

Наряду с проверкой новых типов жилых ячеек в доме на Новинском бульваре проверялись также новые конструкции, материалы и методы строительства: несущий железобетонный каркас, наружные стены в виде термоизоляционного ограждения (отнесены консольно от столбов каркаса), щитовые двери (без филенок), раздвижные окна, стандартизация и предварительное изготовление отдельных элементов с их последующим монтажом в процессе строительства (столбы, прогоны, заполнители, окна, двери). Были проведены также эксперименты в области пространственной композиции (масштаб комнаты по отношению к человеку, минимально допустимые размеры ограниченного пространства и т. д.), освещения (взаимоотношения габаритов помещения и характера его освещенности, зрительное расширение интерьера при помощи рационального размещения окон) и цвета (различные по гамме окраски стен и потолка с целью обогащения пространственного ощущения интерьера, функциональное использование цвета — для облегчения ориентации внутри дома).

Además de los nuevos tipos de unidades de vivienda, en el edificio del bulevar Novinski se comprobaron nuevas estructuras, materiales y métodos de construcción: armazón de soporte de hormigón armado, paredes externas a manera de cubierta aislante térmica (separadas a modo de ménsula de los postes del armazón), puertas herméticas (sin entrepaños), ventanas corredizas, estandarización y prefabricación de ciertos elementos, con su consiguiente montaje durante el proceso de construcción (columnas, correas, elementos de relleno, ventanas, puertas). También se llevaron a cabo experimentos en el campo de la composición espacial (tamaño de las habitaciones respecto a la persona, dimensiones mínimas permitidas de los espacios limitados, etcétera), de la iluminación (relación entre las dimensiones de las instalaciones y el carácter de su iluminación, ampliación visual del interior mediante la disposición racional de las ventanas) y de los colores (diferentes gamas de pintura de las paredes y techos a fin de enriquecer la sensación espacial del interior, utilización funcional del color para facilitar la orientación dentro del edificio).

Н. Кузьмин

ЖИЛОЙ КОМБИНАТ-ПОСЕЛОК ДЛЯ ГОРНЯКОВ АНЖЕРО-СУДЖЕНСКОГО КАМЕННОУГОЛЬНОГО РАЙОНА.
Дипломный проект
(Томский технологический институт). 1928–1929

N. Kuzmín

COMBINADO HABITACIONAL-POBLADO PARA LOS MINEROS DE LA REGIÓN HULLERA DE ANZHERKA-SUDZHENKA.
Proyecto de grado (Instituto Tecnológico de Tomsk). 1928–1929

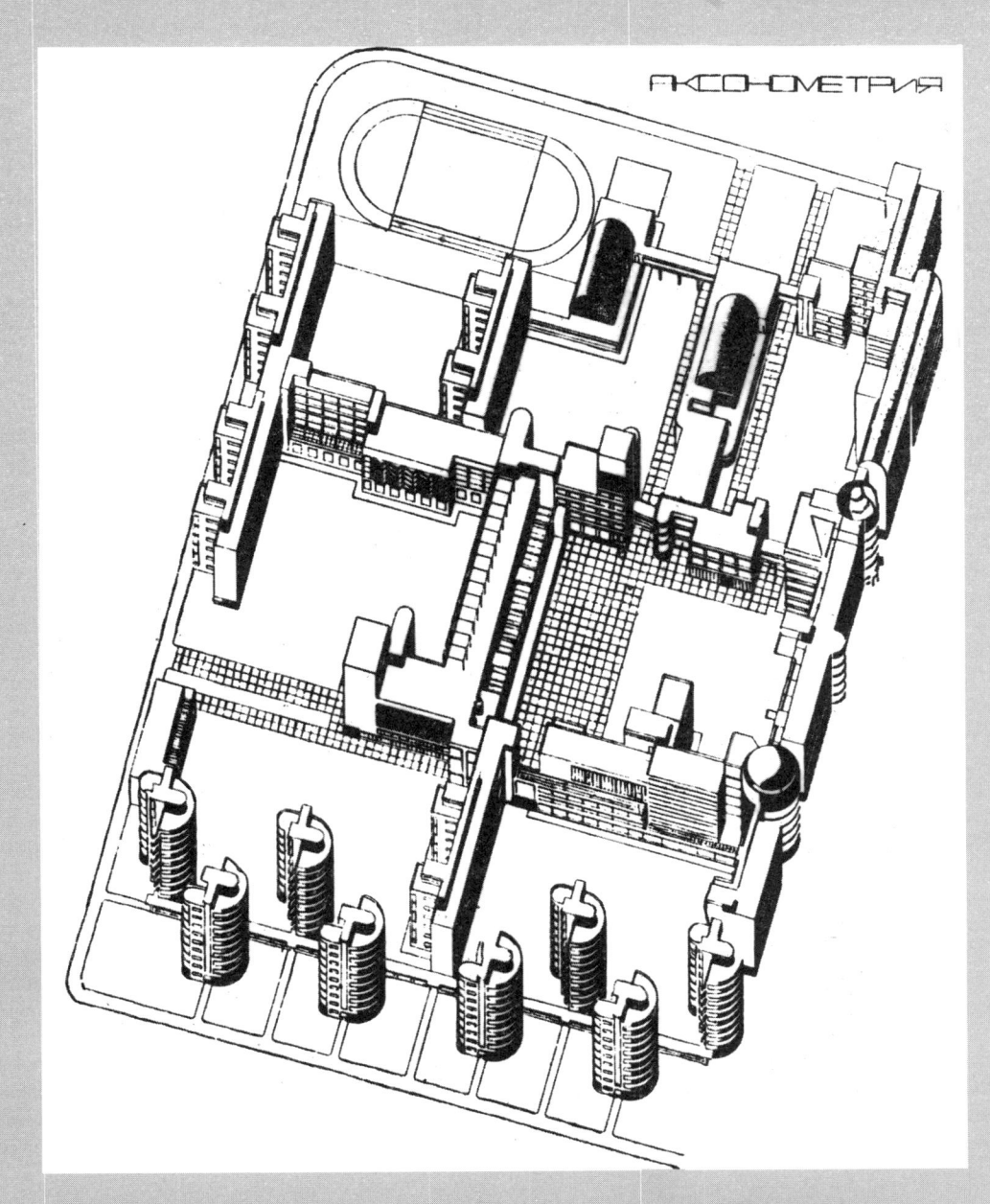

Н. Кузьмин. Жилой комбинат-поселок для горняков Анжеро-Судженского каменноугольного района. Дипломный проект. 1928–1929

N. Kuzmín. Combinado habitacional-poblado para los mineros de la región hullera de Anzherka-Sudzhenka. Proyecto de grado. 1928–1929

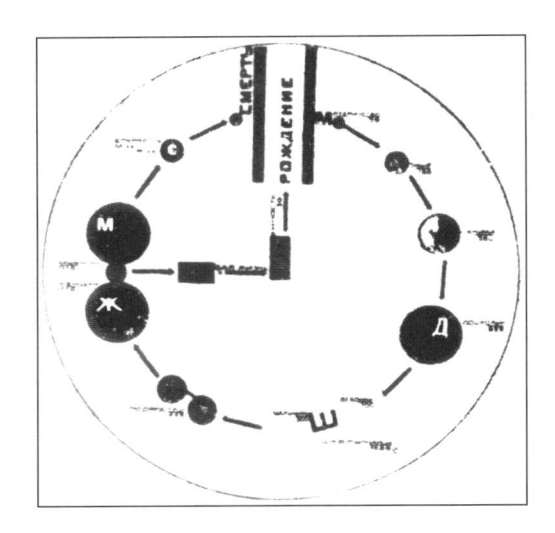

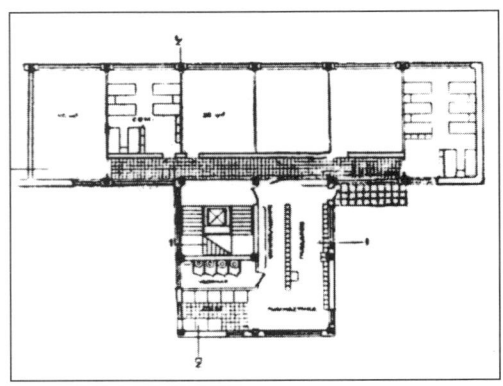

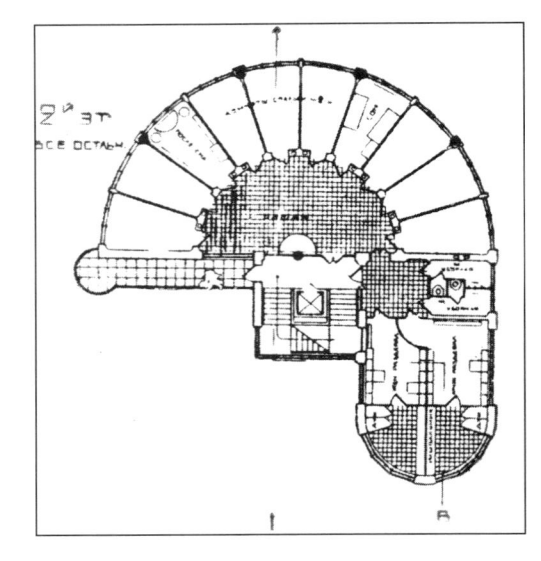

Этот жилой комбинат (развитый дом-коммуна) проектировался как самостоятельный поселок, рассчитанный на 5140 человек и включающий в себя все необходимые для отдельного поселка общественные учреждения. Многообразие функций этого жилкомбината, следовательно, объясняется тем, что он создавался как самостоятельный поселок, как некая сжатая до предела модель города.

Проект разрабатывался Кузьминым для конкретного места. Являясь стипендиатом союза горняков, он в течение четырех лет (1924–1927) проводил летнюю практику (по жилищному строительству) в горняцких поселках, в том числе в Судженке и Анжерке, расположенных вблизи Томска на расстоянии четырех километров друг от друга. Свой дипломный проект поселка-жилкомбината Кузьмин делал для жителей этих двух горняцких поселков, выбрав место для него между Судженкой и Анжеркой. Он считал, что постепенно горняки переселятся в этот новый поселок. И это не было фантазией студента. Свой проект он создавал в расчете на его реализацию, зная неблагополучие с жильем у горняков и рассчитывая своим проектом значительно улучшить их жилищные и коммунально-культурные условия.

Дипломный проект Кузьмин делал два года, неоднократно выезжая с эскизами на место и советуясь с горняками. Еще будучи студентом он завязал связь с руководством ОСА, переписываясь с Гинзбургом, а затем по его приглашению приехал в Москву, где консультировался с ним по поводу своего дипломного проекта, сделал о проекте сообщение на съезде ОСА, опубликовал в 1928 г. в конструктивистском журнале «Современная архитектура» статью, в которой изложил свою проектную концепцию.

Руководители ОСА с большим интересом знакомились с работой Н. Кузьмина над дипломным проектом. Особенно привлекал их сам факт его постоянных консультаций с горняками, для которых и проектировался этот автономный жилкомбинат (развитый дом-коммуна). Веснины в это время разрабатывали свой известный проект поселка для Тельбесского завода (Кузнецк) в том же регионе (Ш. № 80), и они внимательно расспрашивали Н. Кузьмина об условиях жизни, потребностях и стремлениях рабочих и даже просили его (еще студента) высказать свое мнение об их проекте.

В 1929 г. Н. Кузьмин защитил свой дипломный проект на месте — в клубе перед горняками, которые внимательно все выслушали и идею одобрили. Руководство Кузбасугля, учитывая мнение горняков и отношение к идеям Н. Кузьмина Весниных, заключило с ним договор на проектирование дома-коммуны на Анжеро-Судженских копях. Велась реальная подготовка к созданию автономного дома-коммуны (жилкомбината), но после Постановления ЦК ВКП(б) «О перестройке быта» (1930) работы были прекращены.

Жилкомбинат занимает прямоугольный участок со сторонами 360 и 255 м. Учитывая, что он является фактически самостоятельным поселением, т. е. рабочим поселком в форме развитого дома-коммуны, функциональный состав помещений с неизбежностью должен был включать в себя все необходимое для человека на протяжении всей его жизни. Кузьмин прилагает к своему проекту «График жизни» — схему в виде

Este combinado habitacional (casa-comuna desarrollada) fue proyectado como un poblado autónomo, calculado para 5140 personas, que incluía todas las entidades públicas que necesita un poblado independiente. La gran variedad de funciones del combinado se explica porque fue ideado como un poblado autónomo, como una especie de modelo de ciudad comprimida al máximo.

El proyecto fue desarrollado por Kuzmín para un lugar concreto. Siendo un becario de la unión de mineros, en el transcurso de cuatro años (1924–1927) realiza sus prácticas de verano (de construcción de viviendas) en poblaciones mineras, incluyendo Sudzhenka y Anzherka, situadas cerca de Tomsk y separadas a cuatro kilómetros una de la otra. Kuzmín realizó su proyecto de grado de combinado habitacional-poblado para los habitantes de estas dos colonias mineras, eligiendo para su construcción un lugar entre Sudzhenka y Anzherka. Él consideraba que los mineros se trasladarían paulatinamente a este nuevo poblado. Y esto no era una fantasía del estudiante. Kuzmín creó su proyecto pensando que se ejecutaría, pues conocía la desafortunada situación con la vivienda en que se encontraban los mineros, y por medio de este proyecto esperaba mejorar radicalmente sus condiciones de vivienda y comunal-culturales.

Kuzmín realizó su proyecto durante dos años, viajando numerosas veces al lugar y consultando a los mineros. Siendo aún estudiante estableció contacto con la dirección de la OSA, manteniendo correspondencia con Guínzburg, el cual después lo invitó a Moscú, donde le dio consejos para su proyecto de grado. Kuzmín presentó un informe de su proyecto en un congreso de la OSA y publicó en 1928 un artículo en la revista constructivista «Arquitectura Moderna», en el que expuso su concepción del proyecto.

La dirección de la OSA estudió con interés el trabajo del proyecto de grado de N. Kuzmín. Les interesaba sobre todo el hecho mismo de sus consultas permanentes con los mineros para los que se proyectaba el complejo habitacional autónomo (casa-comuna desarrollada). Los hermanos Vesnín, que en ese entonces diseñaban su famoso proyecto de poblado para la fábrica de Telbiés (Kuzníetsk), situado en la misma región (O. M. № 80), preguntaban con mucho detalle a Kuzmín sobre las condiciones de vida, necesidades y aspiraciones de los obreros. Más aún, le pidieron (Kuzmín todavía era estudiante) su opinión acerca del proyecto que realizaban.

En 1929, N. Kuzmín defendió su proyecto de grado allá mismo, en el club ante los mineros, quienes escucharon con atención y aprobaron la idea. La dirección de la empresa minera Kuzbasúgol, teniendo en cuenta la opinión de los mineros y la actitud de los hermanos Vesnín ante las ideas de N. Kuzmín, firmaron con él un contrato de diseño de la casa-comuna en las minas de Anzherka-Sudzhenka. Se comenzó a preparar la construcción real de la casa-comuna autónoma (combinado habitacional), pero después del decreto del Comité Central del Partido Comunista (de bolcheviques) de la URSS «Sobre la reorganización del modo de vida» (1930), los trabajos fueron suspendidos.

El combinado habitacional debía ocupar un solar rectangular de 360 por 255 m. Considerando que era prácticamente una colonia independiente, es decir, un poblado de obreros en forma de casa-comuna desarrollada, la estructura funcional de los recintos debía obligatoriamente

Раздел 2   Н. Кузьмин. Жилой комбинат-поселок для горняков Анжеро-Судженского каменноугольного района. Дипломный проект. 1928–1929

Parte 2   N. Kuzmín. Combinado habitacional-poblado para los mineros de la región hullera de Anzherka-Sudzhenka. Proyecto de grado. 1928–1929

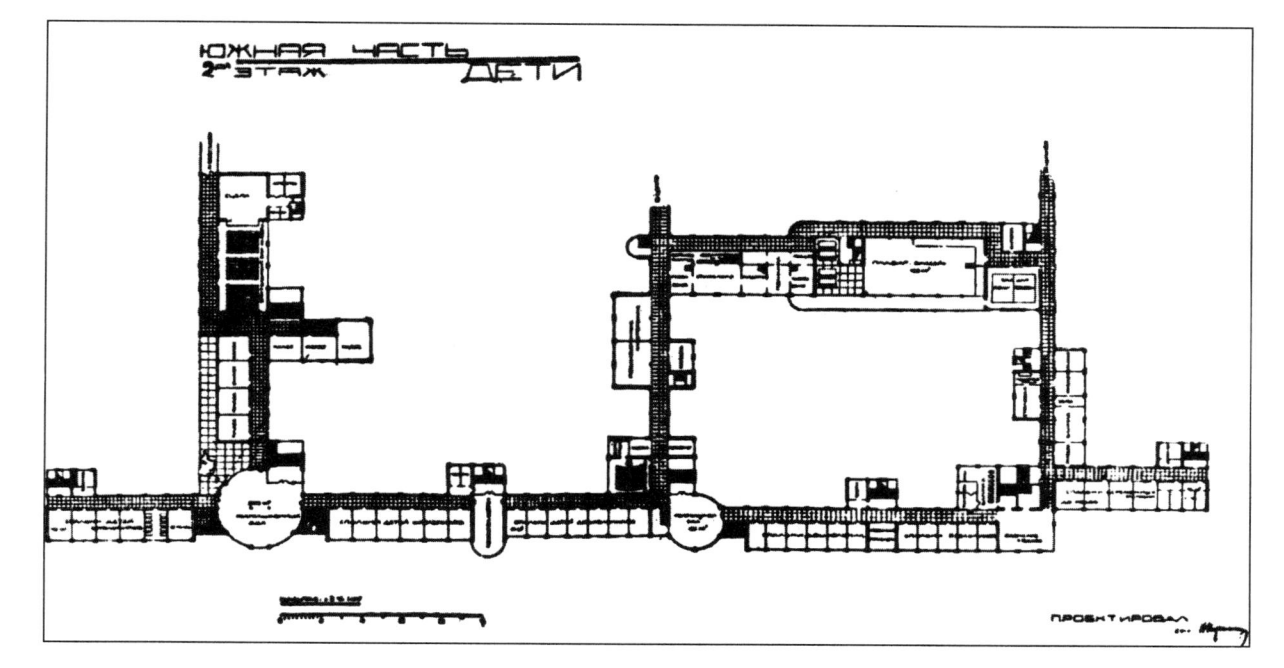

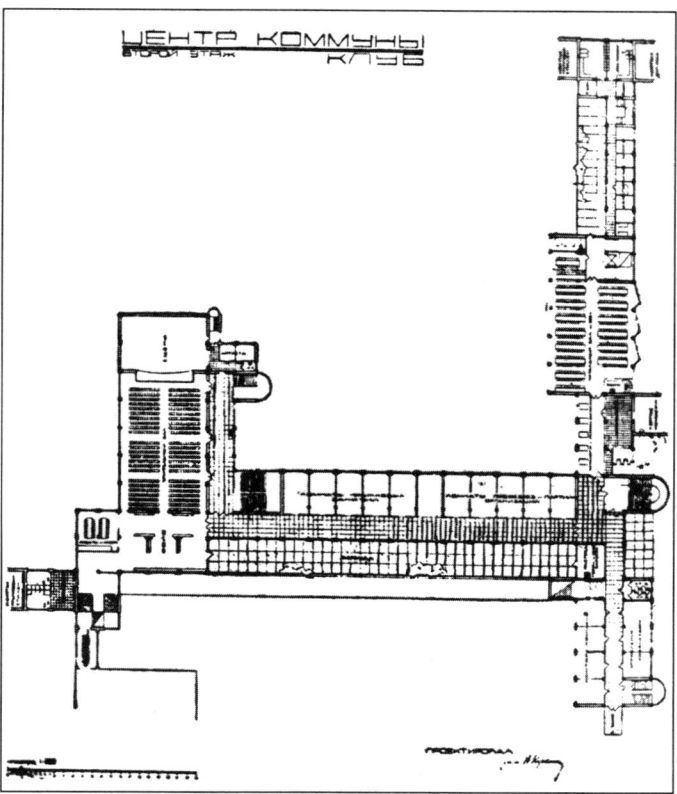

Схема («График жизни»), аксонометрия, планы вторых этажей (клубный комплекс, детский комплекс, корпус для семейных — «двуспальный», корпус для несемейных — «групповые спальни»)

Esquema («Gráfico de la vida»), axonometría, planos de los segundos pisos (complejo del club, complejo infantil, bloque de familias o «apartamentos de matrimonio», bloque de solteros o «dormitorios compartidos»)

круга, где обозначены все этапы жизни члена коммуны («коммунара») от рождения до смерти. С учетом этого «Графика жизни» и запроектированы функциональные зоны и отдельные корпуса жилкомбината (все корпуса соединены между собой теплыми переходами).

В центральной части участка расположены корпуса клубного комплекса (включая столовую); южный сектор отведен под детскую зону (жилые помещения, ясли, детсад, школа и т. д.); на западе расположена группа из восьми девятиэтажных полукруглых в плане жилых корпусов для семейных с комнатами на два человека («двуспальни»); на севере — протяженный шестиэтажный жилой корпус для несемейных с комнатами на шесть человек (групповые спальни); на востоке спортивный комплекс со стадионом и залами.

В проекте Кузьмина тщательно регламентирована вся жизнь «коммунаров», в чем сказывается явное влияние предложений социалистов-утопистов прошлого.

Во-первых, строго дифференцированы основные возрастные группы — дети ясельного и дошкольного возраста, школьники, взрослые,

contener todo lo que una persona necesita en el transcurso de su vida. Kuzmín anexa a su proyecto un «Gráfico de la vida»: un esquema en forma circular en el que se indican todas las etapas de la vida de un miembro de la comunidad («comunero»), desde su nacimiento hasta su muerte. Con la ayuda de este «Gráfico de la vida» fueron proyectadas las zonas funcionales y los diferentes bloques del complejo industrial (todos los bloques están unidos entre sí mediante pasos con calefacción).

En la parte central del terreno se sitúan los bloques del complejo del club (incluido el comedor); el sector sur está destinado a la zona infantil (viviendas, casa-cuna, jardín de infancia, escuela, etcétera); al oeste se encuentra un grupo de ocho bloques de viviendas de nueve pisos semicirculares, con habitaciones para familias de dos personas («apartamentos de matrimonio»); al norte se proyectó un bloque de viviendas largo para solteros, de seis pisos y con habitaciones para seis personas (dormitorios compartidos); al este se encuentra un complejo deportivo con estadio y varias salas.

En el proyecto de Kuzmín estaba cuidadosamente reglamentada toda la vida de los comuneros, reflejándose la clara influencia de las propuestas de los socialistas utopistas del pasado.

люди преклонного возраста. Они могут общаться между собой, но территориально их спальни четко разделены.

Во-вторых, строгое функциональное зонирование секторов, корпусов и отдельных помещений дополнено и определенным режимом их использования. Так, например, «спальни предназначены только для сна».

В-третьих, предметно-пространственная среда во всех помещениях дома-коммуны унифицирована. Коммунар живет в среде, созданной для него другими, никакой индивидуализации оборудования и бытовых вещей не предусматривается. «Все обобществлено. Начиная от пришивания пуговиц, починки штанов (жене не до этого) и кончая уборкой помещений. Встали рабочие после сна, ушли из спальни. Кровати откидываются. Специальный персонал производит чистку помещений... Площади спален рассчитывались, исходя из графика движения и оборудования этих комнат. Оборудование следующее: откидные к стенам кровати, стол, тумбочки и шкафы для халатов. График движения: рабочий встал (по зову радио из радиоцентра, регулирующего жизнь коммуны), откинул кровать, прошел к своему шкафу, надел халат и туфли и вышел в гимнастическую комнату, где он может сделать гимнастику, принять душ, умыться и надеть чистый заранее приготовленный специальным персоналом верхний костюм»*.

В-четвертых, Кузьмин в процессе разработки пространственно-планировочной организации коммуны делает попытку предусмотреть не только график движений человека в процессе выполнения тех или иных бытовых процессов, но и точное время, отведенное для конкретного процесса.

En primer lugar, los grupos se diferencian estrictamente por la edad: niños de guardería y edad preescolar, escolares, adultos, ancianos. Todos pueden relacionarse entre sí, pero sus dormitorios están estrictamente separados.

En segundo lugar, la zonificación funcional estricta de los sectores, bloques e instalaciones se complementa con un régimen determinado de utilización. Así, por ejemplo, «los dormitorios están destinados únicamente al sueño».

En tercer lugar, el entorno material y espacial en todos los recintos de la casa-comuna está unificado. El comunero vive en un medio creado para él por otras personas, y no se prevé ninguna forma de individualización de los equipos y utensilios domésticos. «Todo está colectivizado, comenzando por el cosido de los botones y el arreglo de pantalones (la esposa no tiene tiempo para eso), y culminando con la limpieza de las habitaciones. Los trabajadores se levantan después de dormir y salen de sus dormitorios. Las camas se pliegan. Un personal especializado realiza la limpieza de las habitaciones... El área de los dormitorios se calculó partiendo del gráfico de movimiento y del mobiliario de estos cuartos. El mobiliario era el siguiente: camas plegables de pared, mesita de noche y armario para las batas. El gráfico de movimiento era: el obrero se levanta (al llamado de la radio, que regula la vida de la comunidad), guarda la cama, se dirige a su armario, se pone la bata y el calzado y sale al cuarto de gimnasia, donde puede hacer ejercicios, tomar una ducha, lavarse y vestir la ropa limpia preparada con antelación por el personal especializado.»*

En cuarto lugar, durante la planificación de la organización espacial de la comunidad, Kuzmín hace el intento de prever no sólo el gráfico de movimientos de la persona en el transcurso de la ejecución de una u otra tarea doméstica, sino también el tiempo exacto dedicado a cada una de ellas.

---

* Кузьмин Н. Проблема научной организации быта // СА. 1930. № 3. С. 16–17.

* Kuzmín N. Problema de la organización científica del modo de vida // AM, 1930. № 3. Págs. 16–17.

М. Барщ и В. Владимиров
ПРОЕКТ ДОМА-КОММУНЫ. 1929

M. Barsch y V. Vladímirov
PROYECTO DE CASA-COMUNA. 1929

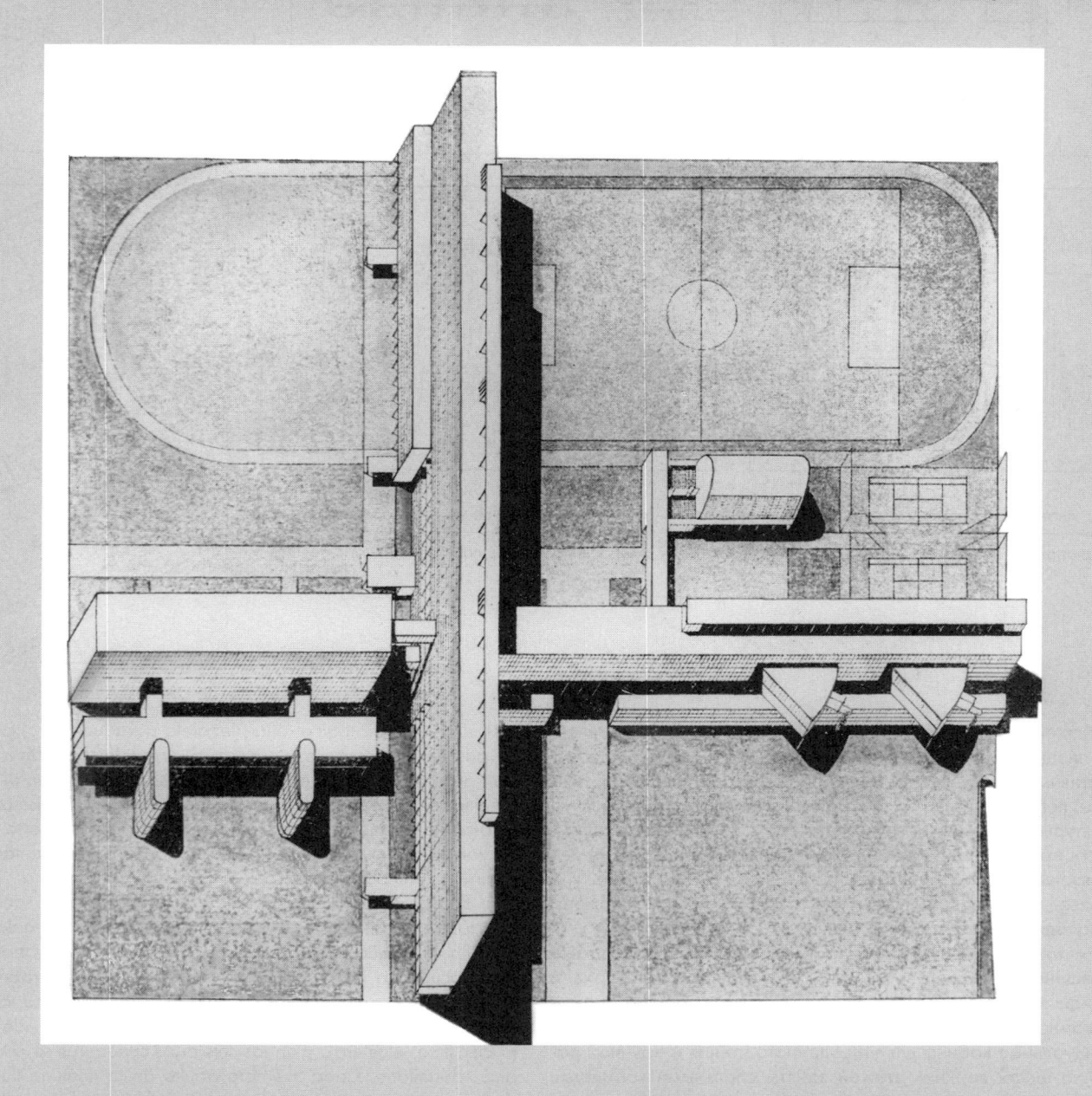

Авторы при разработке этого проекта ставили перед собой задачу создать идеальный дом-коммуну последовательно социалистического типа.

Дом-коммуна рассчитан на 1000 человек взрослых и 680 детей (из них около 360 в возрасте до 8 лет и около 320 — от 8 до 16 лет). Здание расположено на озелененном участке размерами 200 × 230 м (плотность застройки 10 %).

Дом-коммуна состоит из трех основных частей: корпус для взрослых, корпус для детей дошкольного возраста и корпус для детей школьного возраста.

Корпус для взрослых располагается по меридиану (с севера на юг), так как спальные кабины выходят на оба фасада. Детские корпуса поставлены перпендикулярно корпусу взрослых (спальни обращены на юг). Получающийся крестообразный план застройки делит весь квартал на четыре неравные части: а) для детей дошкольного возраста (зелень, площадки для игр и т. п.); б) для школьников —

Cuando diseñaron este proyecto, los autores se plantearon la tarea de crear una casa-comuna ideal de tipo socialista.

La casa-comuna estaba calculada para 1000 personas adultas y 680 niños (entre ellos 360 menores de 8 años y 320 entre 8 y 16 años). El edificio debía situarse en una zona verde de 200 por 230 m (densidad de la construcción 10 %).

La casa-comuna constaba de tres partes principales: un bloque para adultos, un bloque para niños en edad preescolar y un bloque para escolares.

El bloque para adultos está orientado según el meridiano (de norte a sur), de modo que las cabinas de dormir dan a las dos fachadas. Los bloques infantiles están dispuestos perpendicularmente al bloque de los adultos (los dormitorios miran al sur). El plan de la construcción, en forma de cruz, divide la manzana en cuatro partes desiguales: a) para los niños de edad preescolar, una zona verde, una plazoleta para juegos, etcétera; b) para los escolares, un sector agrícola (huerto, jardín de fru-

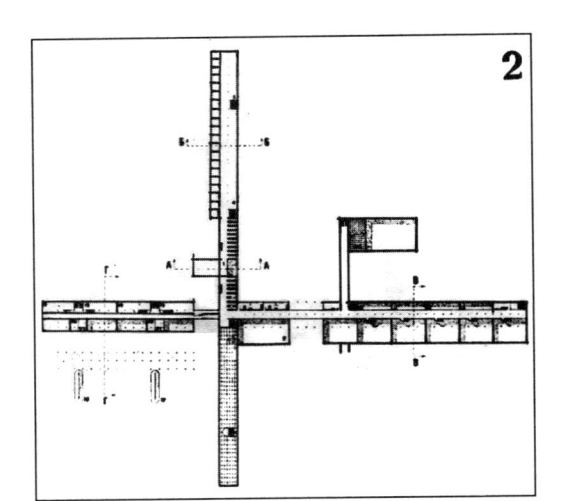

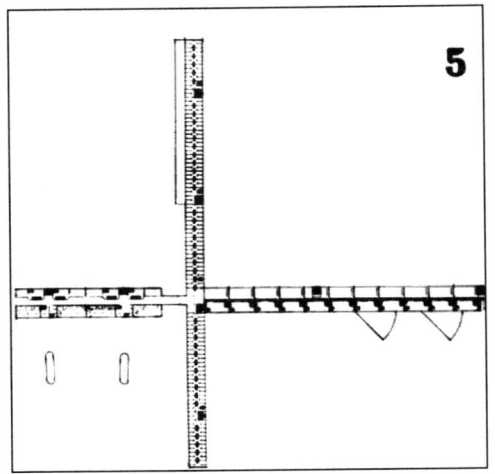

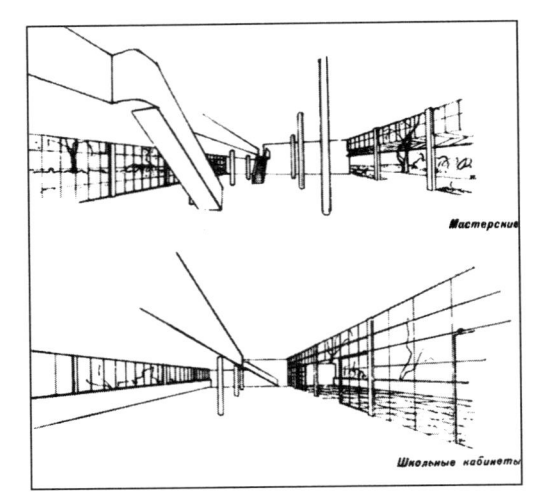

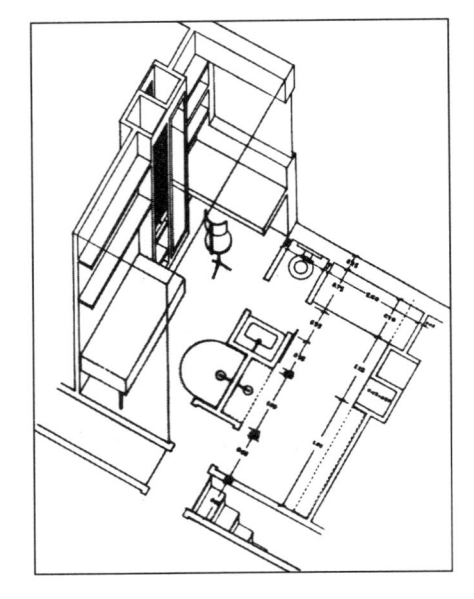

М. Барщ и В. Владимиров. Проект дома-коммуны. 1929

M. Barsch y V. Vladímirov. Proyecto de casa-comuna. 1929

Аксонометрия, планы второго и пятого этажей, интерьеры, план и аксонометрия двух соседних спальных кабин

Axonometría, planos del segundo y quinto pisos, interiores, plano y axonometría de dos cabinas-dormitorio vecinas

сельскохозяйственные культуры (огород, фруктовый сад), биологический уголок, площадки для игр; в) парк для отдыха и прогулок взрослых; г) спортивный сектор (футбольное поле, беговая дорожка, теннисные корты, легкая атлетика); в центре спортивного сектора — павильон физкультуры, связанный крытым переходом с корпусом школьников. Так как большая часть первого этажа заменена столбами, то все эти части связаны между собой.

В подвале, куда машины въезжают по пандусу, расположены кладовые, холодильник, склады, котельная.

В десятиэтажном корпусе для взрослых четыре нижних этажа заняты помещениями общего пользования (гардероб для верхней одежды с индивидуальными шкафчиками, столовая, общие залы и небольшие комнаты для отдыха и занятий, душевые кабины, библиотека, индивидуальные кабины для углубленного чтения и научной работы и т. д.), а шесть верхних этажей заняты спальными кабинами. Каждый взрослый член коммуны имеет индивидуальную спальную кабину площадью 6 м² (15 м³). Они расположены так, что при желании объединяются попарно. Все оборудование кабины (за исключением стула) встроенное — стол, шкаф, полки, постель. Кабина снабжена раковиной, на две кабины одна уборная.

В корпусе для детей дошкольного возраста первые три этажа заняты (каждый) четырьмя изолированными ячейками на 30 детей. Четвертый этаж — амбулатория, аптечка и т. д. На некотором расстоянии от корпуса расположены в два этажа открытые веранды.

Корпус для детей школьного возраста делится по высоте на две основные части: нижнюю — мастерские и гардероб — и верхнюю — кабинеты для школьных занятий, аудитории, спальни, подсобные помещения.

tas), un rincón biológico, una plazoleta para juegos; c) para los adultos, un parque de descanso y paseos; d) un sector deportivo (campo de fútbol, pista de carreras, canchas de tenis, atletismo); en el centro del sector deportivo se encuentra un bloque de educación física, enlazado con el bloque de los escolares mediante un paso cubierto. Por cuanto la mayor parte del primer piso sólo consta de columnas, todas estas áreas están comunicadas entre sí.

En el sótano, donde los autos ingresan por una rampa, se encuentran las bodegas, un frigorífico, almacenes, sala de calderas.

En el bloque para adultos, de diez pisos, los cuatro pisos inferiores están ocupados por recintos de uso común (guardarropas con armarios individuales, comedor, salas comunes y pequeñas habitaciones para descanso y tareas, duchas, biblioteca, cabinas individuales de lectura y trabajo científico, etcétera), y en los seis pisos superiores se encuentran las cabinas-dormitorio. Cada miembro adulto de la comuna tiene una cabina-dormitorio propia de 6 m² de superficie (15 m³), dispuestas de tal modo que, de ser necesario, pueden ser unidas por pares. A excepción de las sillas, todos los muebles de la cabina están empotrados: la mesa, el guardarropa, los anaqueles, la cama. La cabina tiene un lavabo, y para cada dos cabinas hay un retrete.

En el bloque para los niños en edad preescolar, cada uno de los tres primeros pisos está ocupado por cuatro unidades aisladas para 30 niños. En el cuarto piso hay un dispensario, una farmacia, etcétera. A cierta distancia del bloque se encuentran verandas descubiertas de dos pisos de altura.

El bloque para los niños en edad escolar se divide verticalmente en dos partes principales: en la inferior, donde están los talleres y el guardarropa, y en la superior, donde se encuentran las aulas, auditorios, dormitorios, recintos auxiliares.

И. Николаев
СТУДЕНЧЕСКИЙ ДОМ-КОММУНА В МОСКВЕ.
1929–1931

I. Nikoláyev
CASA-COMUNA ESTUDIANTIL EN MOSCÚ.
1929–1931

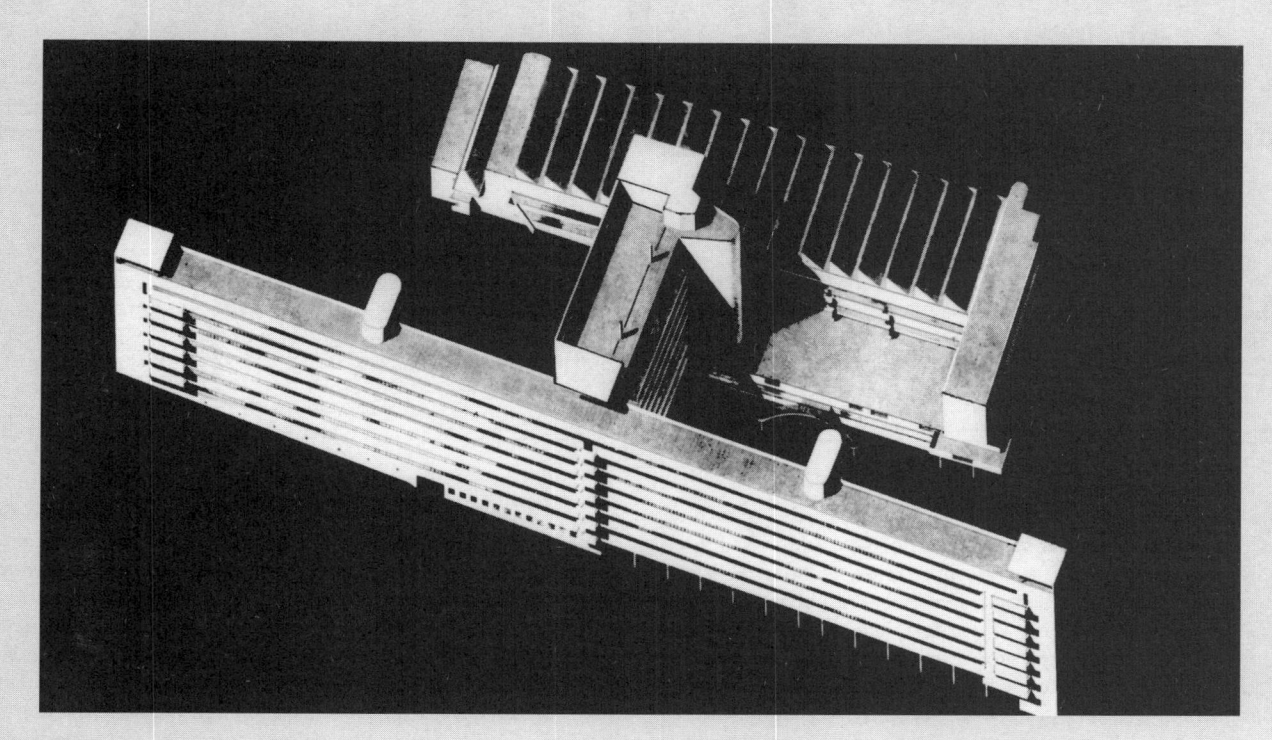

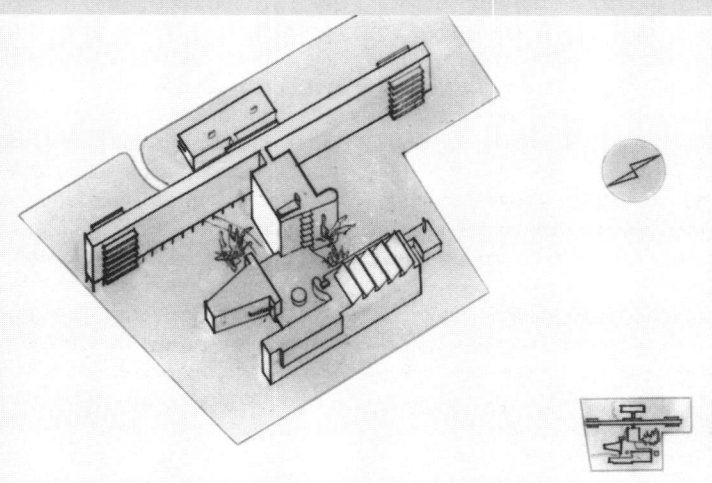

Проектирование и опытно-показательное строительство студенческого дома-коммуны проводилось одновременно с проектированием и строительством в Москве трех студенческих городков.

Перед автором проекта И. Николаевым было поставлено условие: по стоимости (из расчета на одного студента) дом-коммуна не должен отличаться от других комплексов строившихся тогда студенческих общежитий.

Единственным резервом кубатуры, которую необходимо было выделить для общих помещений, были спальные кабины. Нужно было по дому-коммуне выйти на общую норму — 50 м³ на человека.

El diseño y la construcción modelo-experimental de la casa-comuna estudiantil se llevó a cabo conjuntamente con la proyección y edificación de tres ciudades estudiantiles en Moscú.

Al autor del proyecto, I. Nikoláyev, se le impuso la condición de que el costo (respecto a un estudiante) de la casa-comuna no debía ser diferente del de los otros complejos de residencias estudiantiles que se construían en ese entonces.

La única reserva de volumen que se debía considerar para los recintos generales, eran las cabinas-dormitorio. La norma general respecto a la casa-comuna debía ser de 50 m³ por persona.

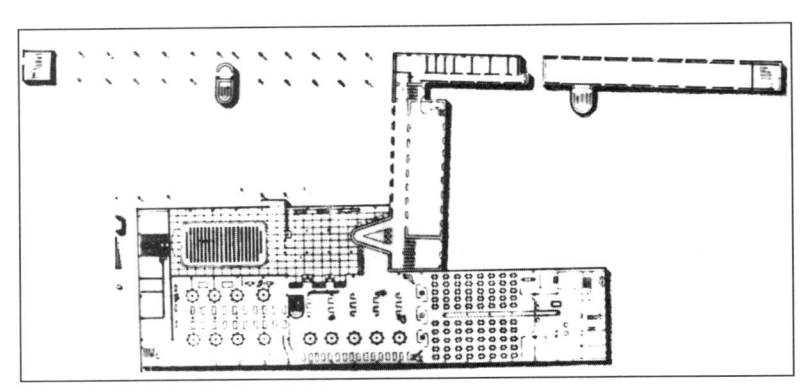

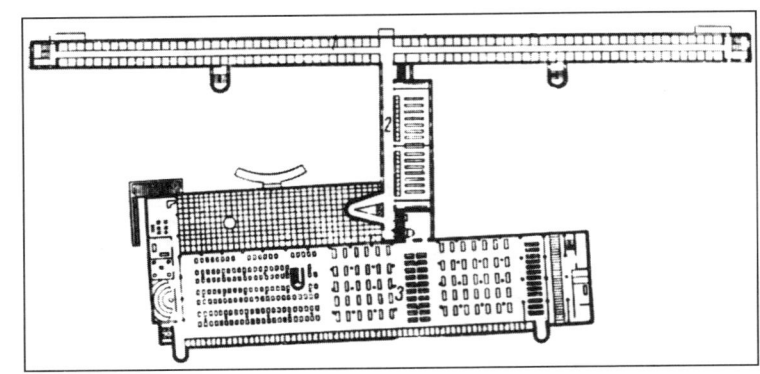

И. Николаев. Студенческий дом-коммуна в Москве. 1929–1931

I. Nikoláyev. *Casa-comuna estudiantil en Moscú. 1929–1931*

При проектировании спальных кабин Николаев рассуждал так. Для человека, находящегося в замкнутом помещении, важна не сама по себе кубатура, а сколько кубометров свежего воздуха в час приходится на одного человека. Значит, если усилить воздухообмен в помещении, можно снизить норму кубатуры. Николаев предложил создать систему быстрой многократной смены воздуха, запроектировав вентиляционные камеры над лестничными клетками. Спальные кабины были запроектированы малой кубатуры (уменьшенной против санитарных норм) в расчете на быстрый воздухообмен. Николаев в первом варианте проекта предложил сделать кабины малые по площади (2 × 2 м), но относительно высокие (3,2 м) с двухъярусным размещением спальных мест. Кабины расположены в два ряда в центральной части жилого корпуса (т. е. они без окон — в них только спят), а вдоль наружных стен идут коридоры, над которыми устроен вентиляционный короб.

В окончательном варианте размеры спальной кабины были увеличены (2,7 × 2,3 м), обе кровати находились в одном уровне, а сами кабины размещались вдоль наружных стен (т. е. имели окна) и объединялись центральным коридором.

В этом студенческом доме-коммуне на 2 тысячи человек все помещения были строго специализированы. В огромном восьмиэтажном жилом корпусе расположены спальные кабины на 2 человека, предназначенные только для сна. Этот корпус соединялся с трехэтажным общественным корпусом, в котором размещались спортивный зал, зрительный зал на 100 мест, столовая (питание в четыре смены), читальный зал на 150 человек (с книгохранилищем), зал для занятий на 300 человек, кабины для индивидуальных занятий. Были запроектированы также прачечная, починочная, детские ясли на 100 мест, медпункт, солярии, комнаты для кружков, душевые и т. д.

Вот как сам автор описывал режим жизни в доме-коммуне: «После пробуждающего всех звонка студент, одетый в простую холщовую пижаму (трусики или иной простой костюм) спускается для принятия гимнастической зарядки в зал физкультуры или поднимается на плоскую кровлю для упражнений на воздухе, в зависимости от сезона. Закрытая ночная кабина подвергается, начиная с этого времени, энергичному продуванию в течение всего дня. Вход в нее до наступления ночи запрещен. Студент, получив зарядку, направляется в гардеробную к шкафу, где размещена его одежда. Здесь же по-

Al diseñar las cabinas-dormitorio, Nikoláyev pensaba de la siguiente manera. Para una persona que se encuentra en un lugar cerrado, más importante que el propio volumen del recinto es la cantidad de metros cúbicos de aire fresco de que cada persona dispone por hora. Esto significa que si se intensifica el intercambio de aire en los cuartos, se puede disminuir la norma del volumen. Nikoláyev propuso crear un sistema de intercambio rápido y múltiple del aire, proyectando cámaras de ventilación sobre las cajas de escaleras. Las cabinas-dormitorio fueron proyectadas con poco volumen (inferior al indicado por las normas sanitarias), previendo un intercambio rápido del aire. En su primera variante del proyecto, Nikoláyev propuso construir cabinas de poca superficie (2 × 2 m), pero relativamente altas (3,2 m), con camas de dos niveles. Las cabinas estaban dispuestas en dos filas en la parte central del bloque de habitaciones (es decir, no tenían ventanas, por cuanto en ellas solamente se duerme), y a lo largo de las paredes externas habían pasillos, sobre los cuales se colocaría el sistema de ventilación.

En la variante final, las dimensiones de las cabinas-dormitorio fueron aumentadas (2,7 × 2,3 m), las dos camas se encontraban al mismo nivel, y las cabinas se situaron a lo largo de las paredes exteriores (es decir, tenían ventanas), comunicándose por medio de un pasillo central.

En esta casa-comuna estudiantil para dos mil personas, todas las instalaciones eran estrictamente especializadas. En el enorme bloque de viviendas de ocho pisos se encontraban las cabinas-dormitorio para dos personas, destinadas solamente a dormir. Este bloque se unía con uno de uso común de tres pisos, en el que se encontraban una sala deportiva, una sala de espectáculos con capacidad para 100 personas, un comedor (cuatro turnos de atención), una sala de lectura con capacidad para 150 personas (con depósito de libros), una sala de estudios para 300 personas, cabinas individuales de estudio. Se proyectaron asimismo una lavandería, una sastrería, una guardería infantil para 100 niños, un consultorio médico, un solárium, habitaciones para el trabajo de los círculos de interés, duchas, etcétera.

He aquí cómo el autor describe el régimen de vida en la casa-comuna: «Después de sonar el timbre, los estudiantes, vestidos con pijama sencillo de lienzo (calzones u otra ropa sencilla), bajan a la sala deportiva a hacer gimnasia, o suben al techo plano a hacer ejercicios al aire libre, dependiendo de la estación. Desde este momento, las cabinas nocturnas se ventilan intensamente durante todo el día. La entrada a la cabina está prohibida mientras no sea de noche. Después de los ejercicios, el estudian-

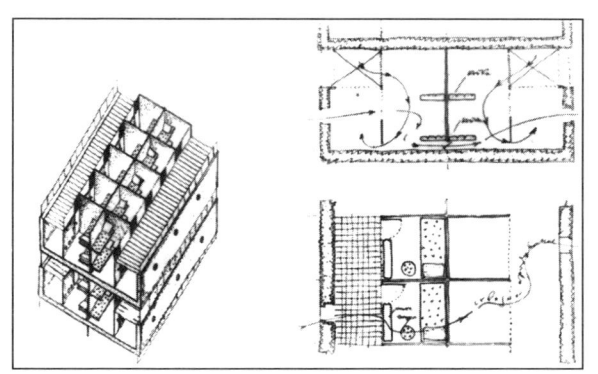

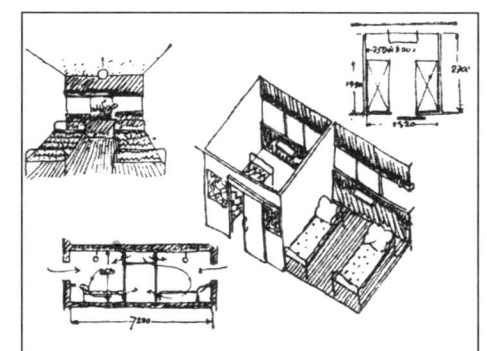

Аксонометрии (предварительный и окончательный варианты), планы первого и жилого этажа, два варианта проекта спальных кабин, фрагменты внешнего вида и интерьера

Axonometrías, variantes preliminar y definitiva, planos del primer piso y del piso de viviendas, dos variantes del proyecto de las cabinas-dormitorio, fragmentos del aspecto exterior y del interior

близости имеется ряд душевых кабин, где можно принять душ и переодеться. В парикмахерской он доканчивает свой туалет. Приведя себя в порядок, студент идет в столовую, где за стойкой принимает короткий завтрак или пьет чай; после чего ему предоставляется право распорядиться временем по своему усмотрению: он может уйти на занятия в вуз, или идти в общую комнату для учебы, или, если он готовится к зачету, взять отдельную кабину для занятий. Кроме того в его распоряжении находятся общая читальня, библиотека, чертежная, аудитория, студия и пр.

Для некоторых, кому будет предписано врачом, будет установлен дополнительный срок принятия пищи — второй завтрак. Обед в столовой является дежурным в обычное время, к которому предполагается возвращение студентов из вуза.

После обеда и промежутка после него возобновляются краткие вечерние занятия с неуспевающими, ведется общественная работа и т. д. В выборе способа использовать свой вечер студент совершенно свободен. Коллективное слушание радио, музыки, игры, танцы и др. разносторонние способы самодеятельности создает сам студент, используя инвентарь коммуны.

Вечерний звонок, собирающий всех на прогулку, заканчивает день. По возвращении с прогулки студент идет в гардеробную, берет из шкафа ночной костюм, умывается, переодевается в ночной костюм, оставляет свое платье вместе с нижним бельем в шкафу и направляется в свою ночную кабину. Спальная кабина в течение ночи вентилируется при помощи центральной системы. Применяется озонирование воздуха, и не исключена возможность усыпляющих добавок».*

te se dirige a los vestidores, al armario donde se encuentra su vestimenta. Cerca de allí están las duchas, donde el estudiante puede bañarse y cambiarse de ropa. En la peluquería termina el proceso de aseo. Una vez arreglado, el estudiante se dirige al comedor, donde desayuna brevemente o toma té de pie al frente de una barra, luego de lo cual puede pasar el tiempo a su gusto: puede asistir a clases en el centro de enseñanza superior; puede ir a la sala general de estudios, o bien, si está preparándose para exámenes, puede ocupar una cabina individual de estudio. Además de esto, tiene a su disposición la sala de lectura general, la biblioteca, la sala de dibujo, los auditorios, los estudios, etcétera.

Algunas personas, a criterio del médico, tendrán derecho a tomar alimentos adicionalmente: un segundo desayuno. El almuerzo en el comedor se establece por turnos, a la hora que generalmente se prevé que los estudiantes regresan del centro de enseñanza superior.

Después de almorzar y descansar se inician nuevamente clases nocturnas cortas con los estudiantes que tienen problemas académicos, se hace trabajo social, etcétera. El estudiante tiene completa libertad de elegir la manera de pasar el final del día. Los mismos estudiantes coordinan diversas actividades en el colectivo utilizando los bienes de la comunidad, escuchan radio, música, organizan juegos, bailes.

El timbre nocturno que reúne a todos a pasear termina el día. Después del paseo el estudiante va a los vestuarios, toma su ropa de dormir del guardarropa, se lava, se cambia, deja su ropa de calle e interior en el guardarropa y se dirige a su cabina nocturna. La cabina se ventila durante la noche por medio de un sistema centralizado. Se emplea ozono en el aire y no se excluye la posibilidad de añadir somníferos.»*

---

* Строительство Москвы. 1929. № 12. С. 12–13.

* Construcción de Moscú. 1929. № 12. Págs. 12–13.

И. Николаев. Студенческий дом-коммуна в Москве. 1929–1931

I. Nikoláyev. Casa-comuna estudiantil en Moscú. 1929–1931

Как видим, жилая кабина действительно предназначалась только для сна, даже дневная одежда должна была храниться в гардеробе за пределами спальной кабины. Поэтому в кабине были только кровати — не было предусмотрено ни шкафа, ни стола, ни даже стула, здесь только спали.

Применение металлического и железобетонного каркаса позволило широко использовать композиционные средства и приемы новой архитектуры — горизонтальные окна, козырьки, плоскую кровлю и др.

Этот опытно-показательный студенческий дом-коммуна рассматривался не просто как результат социального заказа реальных коммун молодежи, но и как первый опыт создания условий для формирования нового человека, как своеобразная фабрика по выпуску нового человека. В журнале «Строительство Москвы», где были опубликованы программа этого дома-коммуны и описание первого варианта проекта, они были сопровождены лозунгом: «Дома-коммуны организуют человека-коллективиста!»

Студенческий дом-коммуна был выстроен. Не все в распорядке жизни студентов точно следовало проекту И. Николаева. Спальные кабины, естественно, использовались студентами и просто для отдыха, и для индивидуальных занятий, и для хранения личных вещей. И все же развитая система общественных помещений этого здания сохраняла в течение десятилетий основное функциональное назначение жилых кабин — для сна. Особенно четко предусмотренный проектом режим функционирования спальных кабин выдерживался в первые годы, после введения дома в эксплуатацию (в 1931 г.).

Корреспондент «Вечерней Москвы» так описывал жизнь студента в доме-коммуне в начале 1932 г.: «Этот дом-коммуна не только жилье — это комбинат учебы и отдыха. Большой освещенный мягким светом зал для занятий. Кабинки для бригадной проработки заданий. Столовая, коридоры для гимнастики, комнаты для кружков. Студент хранит книги, лекции, готовальни в своем шкафчике, возле зала занятий. Обувь, мыло, белье — весь этот скарб лежит в личном ящике туалетной. Человек спит в комнате, по своей рациональной разгруженности, чистоте воздуха напоминающей стеклянную террасу. Жилец такой комнаты встает с проветренной и веселой головой. Анатомия дома радует своей разумностью. Спальный корпус стоит отдельно от общих комнат, сну никто и ничто не мешает. Спальная кабина очищена от бытовых потрохов»*.

Como vemos, la cabina realmente se destinaba sólo a dormir, incluso la ropa del día debía guardarse en el guardarropa que se encontraba fuera de los límites de la cabina-dormitorio. Por eso en la cabina habían sólo camas y no se preveían ni guardarropas, ni mesas, ni siquiera sillas: allí sólo se dormía.

El uso de un armazón metálico y de hormigón armado permitió utilizar los medios y métodos compositivos de la nueva arquitectura, tales como ventanas horizontales, marquesinas, techos planos, etcétera.

Esta casa-comuna modelo experimental para estudiantes se consideraba no solamente el resultado de la demanda social de comunas juveniles reales, sino también la primera experiencia en la creación de condiciones para la formación de la nueva persona, una especie de fábrica de producción de nuevas personas. El programa de esta casa-comuna y la descripción de la primera variante del proyecto, publicados en la revista «Construcción de Moscú», fueron acompañados del lema: «¡Las casas-comuna organizan al hombre-colectivista!»

La casa-comuna estudiantil fue construida, pero no todo en el horario de la vida de los estudiantes se realizaba según el proyecto de I. Nikoláyev. Obviamente, los estudiantes utilizaban las cabinas-dormitorio para descansar, para las actividades individuales y para conservar las cosas personales. Pero de todos modos, el sistema desarrollado de recintos comunes de este edificio conservó durante muchas décadas la principal función de las cabinas de vivienda: el descanso nocturno. El régimen de funcionamiento de las cabinas-dormitorio previsto por el proyecto se observó con mucho rigor en los primeros años de explotación de la casa (la casa se comenzó a explotar en 1931).

Un reportero del periódico «Vechérnaya Moskvá» describió de la siguiente manera la vida de los estudiantes en la casa-comuna a principios de 1932: «Esta casa-comuna no es sólo una vivienda, sino un centro de estudios y descanso: una sala amplia de estudios iluminada con luz suave; cabinas para la preparación de tareas en grupo; comedor, patios para gimnasia, habitaciones para los círculos de interés. El estudiante guarda sus libros, apuntes y utensilios de dibujo en su armario, cerca de la sala de clases. El calzado, el jabón, la ropa interior, etcétera, se encuentran en la casilla personal, en el cuarto de aseo. La persona duerme en un cuarto que recuerda una terraza de vidrio por la pureza del aire y por su carácter racionalmente descargado. El habitante de esta habitación despierta descansado y contento. La anatomía de la casa alegra por su sensatez. El bloque de dormitorios se encuentra separado de las habitaciones generales, nada ni nadie molesta el sueño. La cabina-dormitorio está libre de los trastes domésticos.»*

---

* «Вечерняя Москва» от 3 апр. 1932 г.

* «Vechérnaya Moskvá» del 3 de abril de 1932.

Г. Кочар

ЗДАНИЕ КОМИНТЕРНА. Дипломный проект (ВХУТЕИН, мастерская Д. Фридмана). 1929

G. Kochar

EDIFICIO DEL KOMINTÉRN. Proyecto de grado (VJUTEIN, taller de D. Fridman). 1929

Дипломникам была предложена программа, в которой помещения здания Коминтерна делились на три группы: 1 — основные помещения, в которых расположены руководящие органы Коминтерна, с его аппаратом (приемная, кабинеты, зал заседаний на 150 человек, зал конгрессов на 2500 мест, различные отделы), помещения для КИМа, Профинтерна, Спортинтерна; 2 — обслуживающие помещения (гостиница-общежитие на 500 номеров, столовая, клуб с залом на 500 человек, библиотека-читальня, радиостанция, музей, почта, телеграф и др.; 3 — обслуживающее хозяйство (гараж, склады, типография и др.).

Г. Кочар в объемно-пространственной структуре здания Коминтерна попытался создать композицию, символизирующую единство трех основных интернациональных организаций трудящихся — Коминтерна, Профинтерна и КИМа. Каждая из этих организаций размещается в квадратном в плане башенном корпусе (тридцать этажей), ступенчато утончающемся кверху. Все общие помещения размещены в пятиэтажном горизонтальном корпусе. Верхние два этажа этой цокольной части представляют собой стеклянную призму, из которой вырастают три вертикали. В башенных корпусах глухие

A los estudiantes se les propuso un programa en el que el edificio del Komintérn se dividía en tres grupos: 1) recintos de trabajo, donde se localizaban los órganos directivos del Komintérn con su aparato de trabajo (recepción, gabinetes, sala de reuniones para 150 personas, sala de congresos para 2500 personas, diversos departamentos), locales para la Internacional Comunista de la Juventud (KIM), la Internacional Roja Sindical (Profintérn), la Internacional Deportiva (Sportintérn); 2) recintos de servicio (hotel-residencia con 500 habitaciones, comedor, club con sala para 500 personas, biblioteca con sala de lectura, estación de radio, museo, correo, telégrafo, etcétera); 3) locales auxiliares (garaje, depósitos, tipografía, etcétera).

G. Kochar intenta crear en la estructura volumétrico-espacial del edificio del Komintérn una composición que simbolizara la unidad de las tres principales organizaciones internacionales de trabajadores: el Komintérn, el Profintérn y el KIM. Cada una de estas organizaciones se encontraba en una torre de planta cuadrada (treinta pisos), que disminuía su anchura hacia arriba de manera escalonada. Todos los recintos comunes se encontraban en un bloque horizontal de cinco pisos. Los dos pisos superiores de este bloque horizontal representan un prisma vidriado, del cual

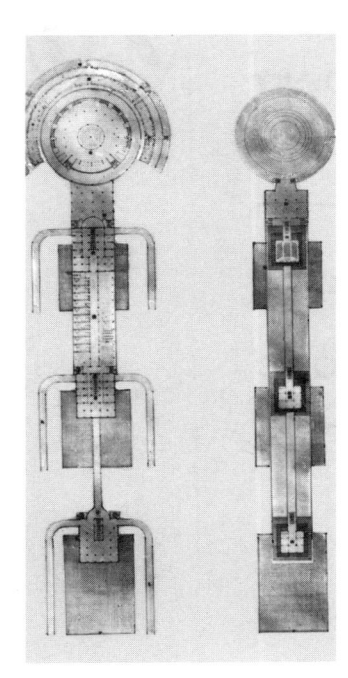

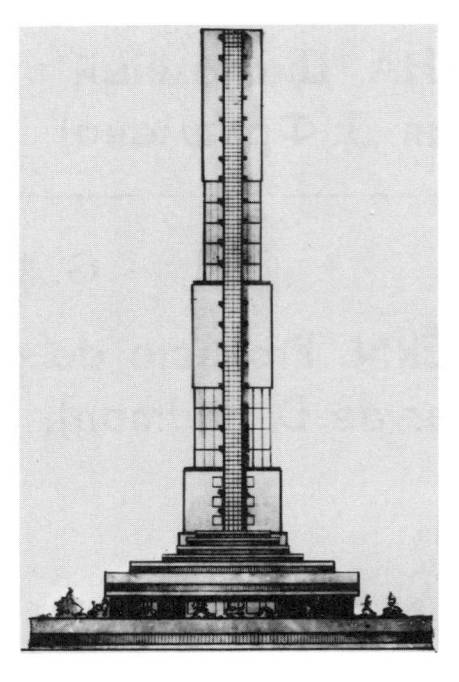

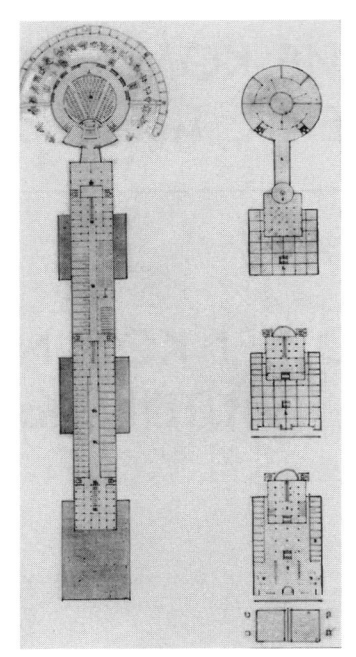

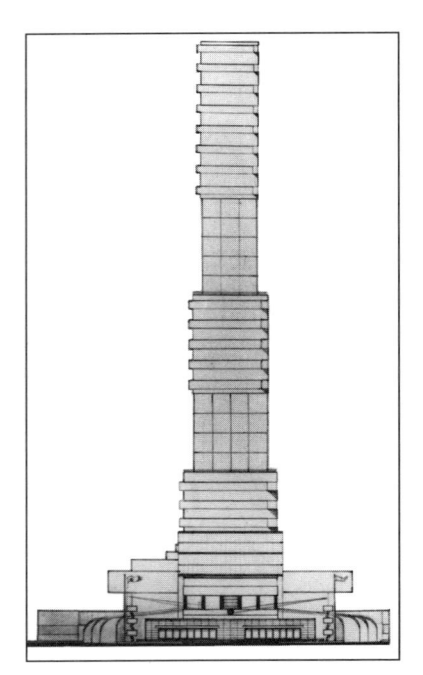

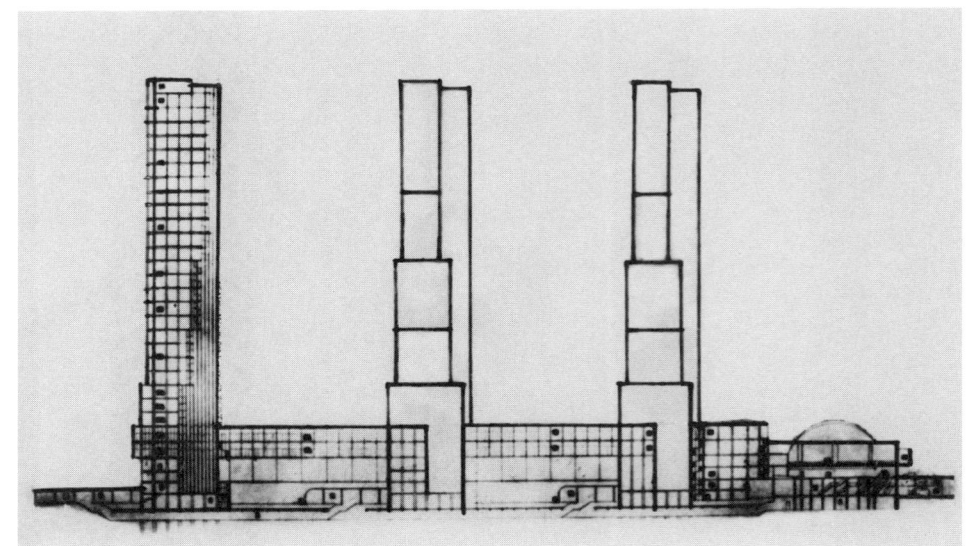

Г. Кочар. Здание Коминтерна. Дипломный проект (ВХУТЕИН, мастерская Д. Фридмана). 1929

G. Kochar. Edificio del Komintérn. Proyecto de grado (VJUTEIN, taller de D. Fridman). 1929

Перспектива, планы, фасады, разрез, макет

Perspectiva, planos, fachadas, corte, maqueta

ярусы с квадратными и горизонтальными окнами чередуются с полностью остекленными. Наряду с объединяющими все три вертикальных корпуса нижними этажами предусмотрено сообщение между их ярусами и специальными горизонтальными переходами.

Несмотря на казалось бы нейтральный ритм трех одинаковых башенных корпусов, всей композиции здания придана определенная динамика в горизонтальном направлении благодаря прежде всего объемно-пространственному построению нижней части. Формы подиума с пандусами для автомашин, консольное нависание стеклянного параллелепипеда четвертого-пятого этажей, размещение у одного из торцов круглого в плане зала конгрессов с кулуарами — все это как бы ориентирует «движение» всего здания в одну сторону, что подчеркнуто и тем, что верхний переход между башнями сделан лишь в той части, куда направлено это «движение».

Проект был виртуозно выполнен графически. Кочар использовал новый прием создания впечатления перспективного удаления в глубину. Это было достигнуто не столько отмывкой, сколько толщиной линий — они постепенно утончались в глубину (и вверх). Эту графику на защите дипломного проекта высоко оценил А. Веснин, сказав, что по ювелирности выполнения она напоминает ему армянские миниатюры.

crecen tres verticales. En las torres, los niveles de paredes ciegas con ventanas cuadradas y horizontales se alternan con niveles totalmente vidriados. Además de los pisos inferiores que unían los tres bloques verticales, se preveía una comunicación entre los niveles mediante pasos horizontales especiales.

A pesar del ritmo aparentemente neutral de las tres torres iguales, toda la composición del edificio posee cierta dinámica horizontal gracias a la distribución volumétrico-espacial de la parte inferior. Las formas del podio con las rampas para los automóviles, el paralelepípedo vidriado en saledizo del cuarto y quinto pisos, la ubicación en uno de los extremos del edificio de la sala de congresos de planta circular: todo esto parece orientar el «movimiento» del edificio en su totalidad hacia un lado, lo cual se remarca por el hecho de que hay un solo paso superior entre las torres, en la parte hacia la que se dirige este «movimiento».

El proyecto fue realizado gráficamente de una manera virtuosa. Kochar utilizó una nueva técnica para crear la sensación de alejamiento en perspectiva hacia el fondo. Este efecto se conseguía no tanto gracias a la atenuación, sino a la disminución paulatina del grosor de las líneas, las cuales se hacían más finas hacia el fondo (y hacia arriba). En la defensa del proyecto de grado, A. Vesnín elogió sobremanera esta gráfica, comentando que se parecía a una miniatura armenia por la escrupulosidad de la ejecución.

И. Иозефович

ДОМ СЪЕЗДОВ СССР.
Дипломный проект (ВХУТЕИН, мастерская Н. Ладовского). 1929

(71)

I. Iozefóvich

CASA DE LOS CONGRESOS DE LA URSS.
Proyecto de grado (VJUTEIN, taller de N. Ladovski). 1929

Проект делался по общей программе, предусматривавшей залы на 10 тысяч и 1200 человек, несколько аудиторий на 200 человек, библиотеку, выставочное помещение, гостиницу на 2 тысячи мест, обслуживающие помещения.

Сохранив назначения основных помещений, заданные программой, Иозефович предложил совершенно необычное общее объемно-пространственное решение Дома съездов. Большой зал заседаний он

El proyecto se realizó de acuerdo con un programa general, que preveía salas con capacidad para 10 mil y 1200 personas, algunos auditorios para 200 personas, biblioteca, sala de exposiciones, hotel para 2000 personas e instalaciones de servicio.

Conservando la función de las principales instalaciones señaladas por el programa, para la Casa de los Congresos Iozefóvich propuso un diseño volumétrico-espacial general completamente fuera de lo común.

И. Иозефович. Дом съездов СССР. Дипломный проект (ВХУТЕИН, мастерская Н. Ладовского). 1929

I. Iozefóvich. Casa de los Congresos de la URSS. Proyecto de grado (VJUTEIN, taller de N. Ladovski). 1929

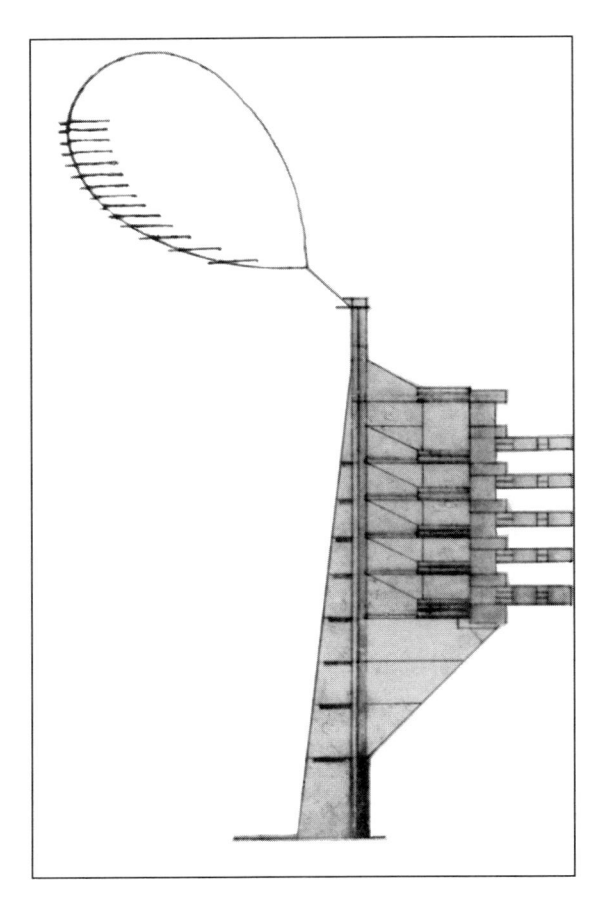

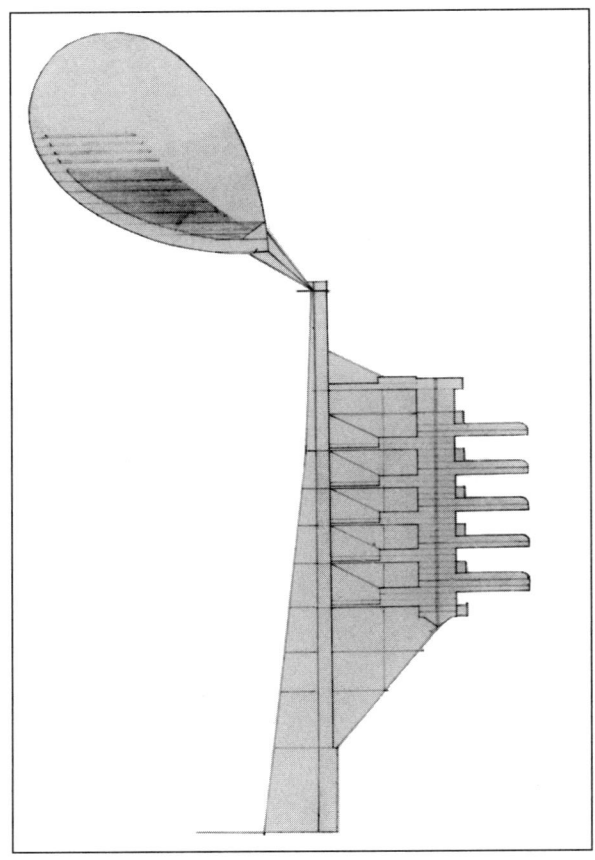

Перспектива (зал заседаний парит над причальной башней), фасад, разрез

Perspectiva (la sala de sesiones flota sobre la torre de amarradero), fachada, corte

запроектировал в виде летающего объема, а все остальные помещения расположил в причальной башне, которая одновременно выполняла роль вертикальной коммуникации (лифты) и жилищно-общественного комплекса (жилье — в консольных выступах башни).

Иозефович рассуждал так. СССР состоит из равноправных республик, поэтому заседания Съезда Советов СССР должны происходить поочередно в столицах этих республик. В то же время он считал, что равноправие будет подчеркнуто, если заседания происходят в одном и том же зале. Поэтому, запроектировав один зал заседаний, все остальные помещения Иозефович предложил дублировать. Однотипные причальные башни со вспомогательными помещениями размещаются в каждой столице республик, в которых поочередно проходят заседания съездов.

Proyectó el salón principal de sesiones en forma de un volumen flotante, y todos los demás recintos los colocó en una torre de amarradero, que al mismo tiempo jugaba el papel de comunicación vertical (ascensores) y de complejo social y de viviendas (las viviendas se encuentran en los saledizos a modo de ménsula de la torre).

Iozefóvich razonaba de la siguiente manera. La URSS está compuesta por repúblicas con iguales derechos, por lo que las sesiones del Congreso de los Sóviets de la URSS deben llevarse a cabo por turno en las capitales de estas repúblicas. Al mismo tiempo, consideraba que la igualdad sería resaltada si las sesiones tuvieran lugar en una misma sala. Por este motivo, una vez proyectada la sala de sesiones, Iozefóvich propuso reproducir todos los demás recintos. Las torres de un mismo tipo y las instalaciones auxiliares debían construirse en cada una de las capitales de las repúblicas, en las que por turno se llevarían a cabo las sesiones de los congresos.

К. Мельников

ПАМЯТНИК ХРИСТОФОРУ КОЛУМБУ В САНТО-ДОМИНГО.
Конкурсный проект. 1929

72

K. Miélnikov

MONUMENTO A CRISTÓBAL COLÓN EN SANTO DOMINGO.
Proyecto de concurso. 1929

Участвуя во всемирном конкурсе, Мельников запроектировал памятник-маяк Колумбу в виде огромного (высотой 300 м) монумента из двух соединенных вершинами конусов. Не сразу был найден прием их соединения. На первоначальных эскизах конусы соприкасаются остриями вершин, причем сами конусы глухие, а место их стыка укреплено стеклянным цилиндром-залом. В окончательном варианте памятника-маяка конусы врезаны друг в друга почти на треть своей высоты, верхний из них вращается с помощью огромных треугольных плоскостей-крыльев. Крылья с двух сторон окрашены в разные цвета — красный и черный — и вращение их, кроме общей объемно-пространственной композиции, изменяло и цветовую характеристику монумента. Крылья вращались под действием ветра и занимали такую позицию, в которой они, разрезая ветер, максимально жестко противостояли ветровым нагрузкам, обеспечивая устойчивость всего сооружения. Это было смелое конструктивное решение, которое Мельников рассматривает в своих воспоминаниях как пример взаимоотношения архитектуры и инженерии. Он был убежден, что архитекторы должны давать заказ инженерам, а не только использовать уже разработанное ими.

Para un concurso internacional, Miélnikov proyectó un enorme Monumento-faro a Colón (de 300 m de altura) en forma de dos conos unidos por sus vértices. La manera de unir los conos no fue encontrada enseguida. En los primeros bosquejos se juntan las partes agudas de los conos, siendo ambos conos de paredes ciegas, y el lugar de su acoplamiento se refuerza por medio de un cilindro de vidrio que cumple la función de sala. En la variante final del monumento-faro, los conos se cortan a un tercio de su altura, y el cono superior gira con ayuda de dos planos triangulares enormes a manera de alas. Los dos lados de las alas debían pintarse de diferentes colores, rojo y negro, y su rotación haría cambiar no sólo la composición volumétrico-espacial del monumento, sino también su colorido. Las alas girarían bajo la acción del viento y ocuparían la posición en la que, cortando el viento, presentaría la mayor resistencia a las cargas originadas por éste, asegurando la estabilidad de toda la edificación. Ésta fue una solución audaz para la edificación y Miélnikov la trata en sus memorias como un ejemplo de interrelación de la arquitectura y la ingeniería. Él estaba convencido de que los arquitectos deben dar tareas a los ingenieros, y no solamente utilizar lo que estos últimos ya han desarrollado.

К. Мельников. Памятник Христофору Колумбу в Санто-Доминго. Конкурсный проект. 1929
K. Miélnikov. Monumento a Cristóbal Colón en Santo Domingo. Proyecto de concurso. 1929

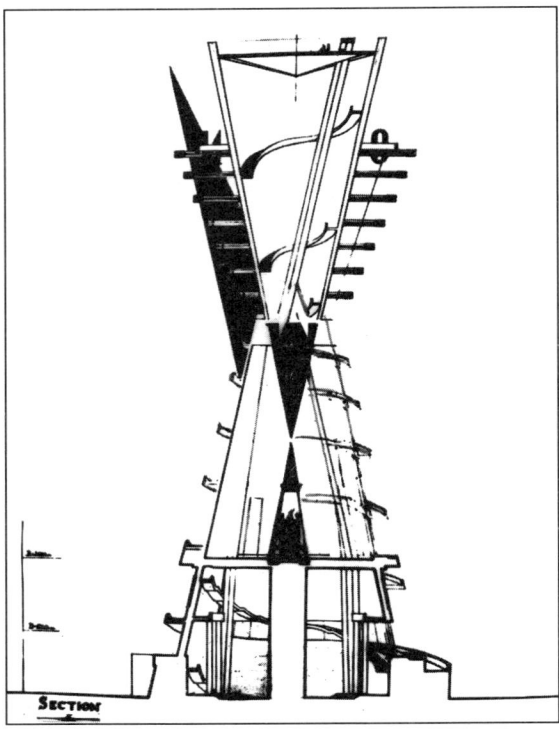

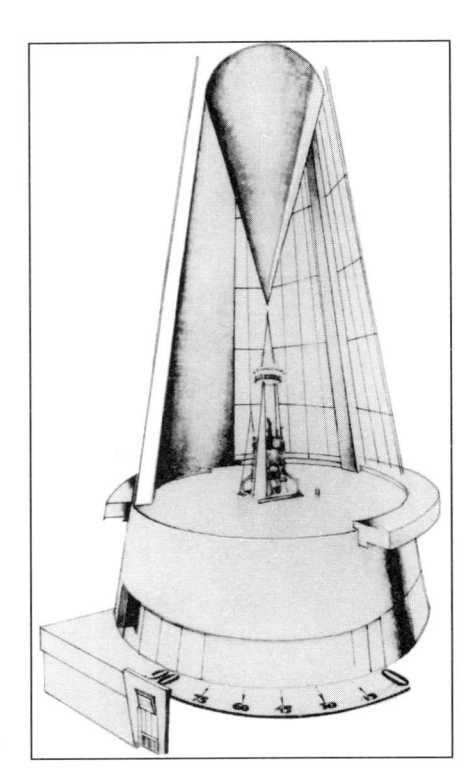

Перспектива, план, фасад, разрез, перспективный разрез
Perspectiva, plano, fachada, corte, corte en perspectiva

В нижнем неподвижном конусе монумента в центре основного зала расположен меньший прозрачный конус, внутри которого — урна с прахом и статуя Колумба. Вода от дождя из верхнего конуса, как из воронки, должна была омывать малый конус. Причем вращающиеся крылья могли, находясь в определенном положении, перекрывать путь дождевой воде и открывать сброс воды к турбине, которая поворачивала статую на тот или иной угол в зависимости от интенсивности дождя.

На верху монумента смотровая площадка, куда попадали по винтовым лестницам-пандусам: в нижнем конусе они устроены снаружи, в верхнем — внутри.

Мельников считал, что никакой чертеж или макет не могут передать того впечатления от интерьера, которое человек испытывает, воспринимая его в натуре. Он говорил, что ему очень хотелось бы проверить в натуре, как воспринимает человек такую необычную форму внутреннего пространства, которую он запроектировал в памятнике Колумбу — усеченный конус, в который сверху врезан вершиной другой, подобный, но перевернутый конус. Он признавался, что даже не представляет себе, какое впечатление производил бы этот необычный по пространству интерьер, но считал, что впечатление должно быть сильным, так как человек ощущает связь форм стен и потолка. При одном лишь представлении о таком пространстве, говорил Мельников, у него даже дух захватывало.

Конкурс на памятник Колумбу привлек огромное количество проектов. Среди них было много первоклассных и даже выдающихся. И все же проект Мельникова по своей принципиальной новизне и оригинальности выделялся среди других, причем так радикально, что жюри даже не рискнуло сравнивать его с другими проектами, рассматривая его как бы вне конкурса, что подтверждается хранящимся в архиве Мельникова письмом от консультанта всемирного конкурса на проект памятника Колумбу А. Кислея.

«Мой дорогой сэр, — писал он. — Я хочу Вам дать знать, что Ваш очень современный и вдохновляющий проект привлек большее внимание, чем другие на выставке в Мадриде. Жюри, однако, чувствовало, что было бы слишком рискованно признать его призовым».

En el cono inferior estático del monumento, en el centro de la sala principal se encuentra un cono transparente más pequeño, en el cual reposa una urna con los restos y una estatua de Colón. El agua de la lluvia que desciende por el cono superior como por un embudo debía bañar las paredes del cono pequeño. A su vez, una posición determinada de las alas giratorias podía interrumpir el trayecto de la lluvia y dirigir el agua hacia una turbina, que haría girar la estatua en un ángulo que dependería de la intensidad de la lluvia.

En la cúspide del monumento se encuentra un mirador, al que se puede ascender por medio de una escalera de caracol a modo de rampa. Esta escalera se encuentra en el cono inferior por la parte exterior, y en el cono superior, por la interior.

Miélnikov consideraba que ninguna maqueta o dibujo puede transmitir la impresión que el interior produce en una persona al percibirlo en la realidad. Decía que tenía muchos deseos de comprobar por sí mismo cómo apreciaría una persona la insólita forma del espacio interior que él proyectó en el Monumento a Colón: un cono truncado en cuya parte superior se incrusta el vértice de otro cono similar, pero invertido. Él reconocía que incluso no se podía imaginar qué impresión causaría este interior con su espacio tan inusual; sin embargo, continuaba, esa impresión debería ser fuerte, por cuanto la persona percibiría la unidad de las formas de las paredes y el techo. Según Miélnikov, con sólo imaginarse ese espacio a él se le cortaba la respiración.

El concurso del Monumento a Colón contó con una gran cantidad de proyectos, entre los cuales hubo muchos de primera clase e, incluso, muy notables. Pero aun así, el proyecto de Miélnikov se distinguió de los demás por su innovación y originalidad; y era tan radicalmente diferente que el jurado no se arriesgó a compararlo con los otros proyectos, declarándolo fuera de concurso. Testimonio de esto es la carta remitida por A. Kesley, el Delegado Consejero de la Unión Panamericana en el Concurso Internacional del Monumento a Colón (esta carta consta en el archivo de Miélnikov).

«Mi estimado señor —escribía—. Quisiera darle a conocer que su proyecto, moderno e inspirador, llamó más atención que cualquier otro expuesto en Madrid. Sin embargo, el jurado ha sentido que sería muy arriesgado considerarlo como el ganador.»

Н. Ладовский

ПРОЕКТ ПРОМЫШЛЕННОГО ПОСЕЛКА КОСТИНО. 1929

73

N. Ladovski

PROYECTO DEL POBLADO INDUSTRIAL KÓSTINO. 1929

Поселок рассчитан на 25 тысяч жителей. Его территория — 400 га, из них зеленых насаждений — 250, промышленный район — 60 га.

В поселке три площади. Первая (транспортная) площадь — в центральной части территории в зоне зеленых насаждений. Это аэродром (300 × 300 м) с аэровокзалом. Вторая площадь — куль-

El poblado se calculó para 25000 personas y contaba con una superficie de 400 ha, de las que 250 eran espacios verdes y 60 ocupaban la zona industrial.

En el poblado había tres secciones. La primera (de transporte) se encontraba en la parte central del territorio en la zona verde e incluía un aeródromo de 300 × 300 m con su estación de espera. La segunda

Н. Ладовский. Проект промышленного поселка Костино. 1929

N. Ladovski. Proyecto del poblado industrial Kóstino. 1929

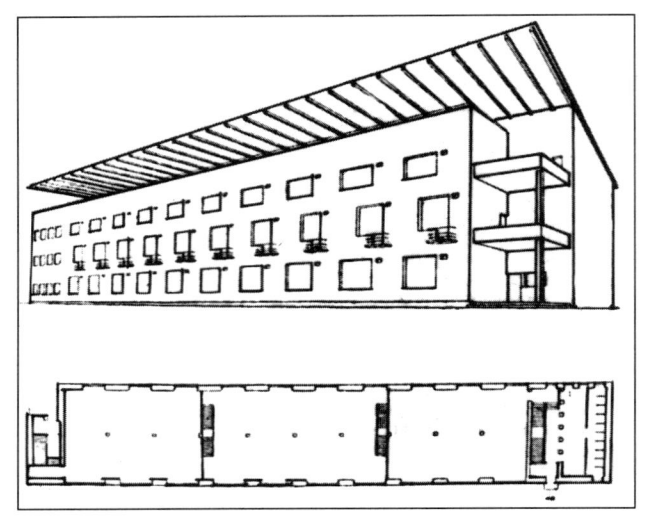

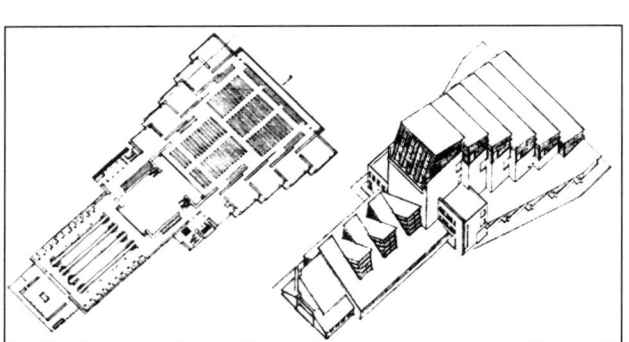

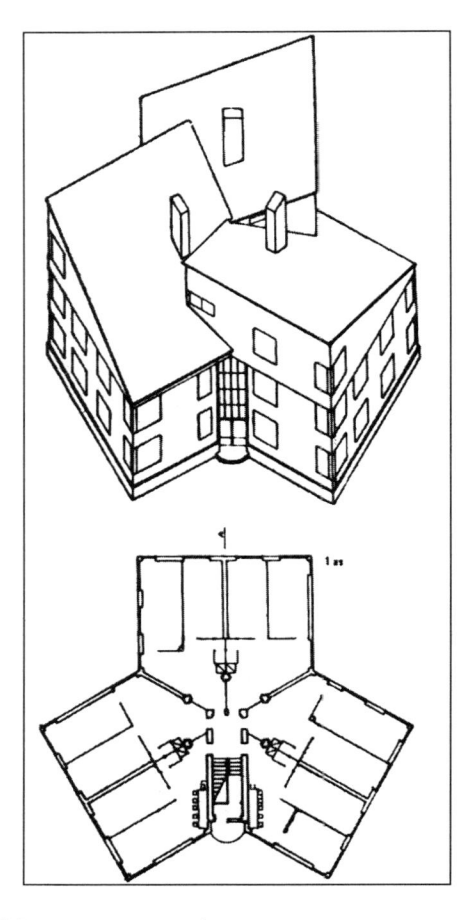

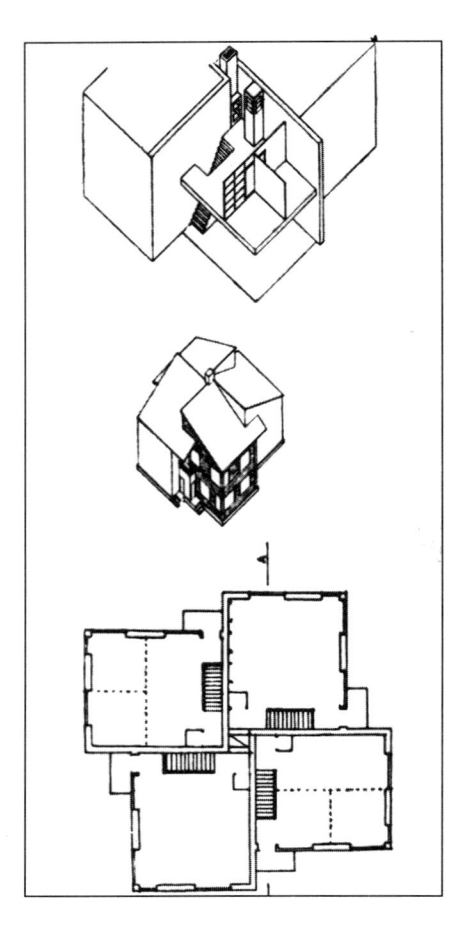

Раздел 2 / Parte 2

a) генеральный план (макет) (см. титул шедевра);
b) общежитие (перспектива, план первого этажа);
c) общежитие с квартирной планировкой (аксонометрия, план первого этажа);
d) жилой дом для семейных (аксонометрия, аксонометрический разрез, план первого этажа);
e) клуб-столовая (аксонометрия, план)

b			
e	c	d	

a) plano general (maqueta) (véase la ilustración inicial);
b) residencia comunal (perspectiva, plano del primer piso);
c) residencia comunal con apartamentos (axonometría, plano del primer piso);
d) edificio de familias (axonometría, corte axonométrico, plano del primer piso);
e) club-comedor (axonometría, plano)

турно-спортивная: стадион, клуб, площадка для игр. Третья площадь — торговая с универмагом.

Улицы поселка по назначению разделены на три категории: 1 — для пассажирского движения (трамвай, автобусы); 2 — для грузового движения; 3 — для пешеходов.

Кроме общего проекта планировки Ладовский разработал для поселка три типа жилых домов и клуб-столовую.

Первый тип жилого дома — трехэтажное общежитие. С целью экономии жилой площади Ладовский запроектировал лишь один коридор на втором этаже, обслуживающий все три этажа. На втором этаже небольшие спальни по сторонам от коридора, а на первом и третьем этажах — спальни на всю ширину корпуса, которые связаны с коридором второго этажа внутренними лестницами. На плоской кровле крытая терраса.

Второй тип жилого дома — трехлучевое в плане деревянное двухэтажное здание, которое может использоваться и как общежитие, и как дом с отдельными квартирами. На втором этаже общая шестиугольная гостиная; кухни заменены кухонными шкафами.

Третий тип жилого дома — деревянное двухэтажное здание для семейных. Особенностью проекта является устройство совершенно изолированных входов во все восемь квартир и вращающихся внутренних перегородок, позволяющих трансформировать жилую площадь.

Клуб-столовая — здание смешанной конструкции: низ — каменный, верх — деревянный. Одна сцена может обслуживать и зрительный зал на 964 места, и зал столовой на 300 мест. Оригинальна объемно-пространственная композиция здания — ступенчатое покрытие зрительного зала и пересекающиеся световые фонари столовой.

sección era la cultural-deportiva y contaba con un estadio, un club y una cancha de deporte. La tercera sección era la mercantil, donde se encontraba un centro comercial.

Las calles del poblado estaban divididas por su destinación en tres categorías: 1) para transporte de pasajeros (tranvías, autobuses), 2) para transporte de carga, y 3) para peatones.

Además del proyecto general de planificación, Ladovski diseñó para el poblado tres tipos de edificios de viviendas y un club-comedor.

El primer tipo de edificio de viviendas es una residencia comunal de tres pisos. Ladovski, con el propósito de economizar el área total de los cuartos, proyectó un solo pasillo en el segundo piso, que atiende a tres pisos. En el segundo piso hay pequeños dormitorios a los costados del pasillo, mientras que en el primer y tercer pisos los dormitorios ocupan todo el ancho del bloque, y están enlazados con el pasillo del segundo piso por medio de escaleras internas. Sobre el techo plano hay una terraza cubierta.

El segundo tipo de edificios de viviendas es de madera, tiene dos pisos y planta en forma de tres rayos que salen de un centro común. Estos edificios pueden utilizarse como residencias comunales o como edificios de apartamentos. En el segundo piso hay una sala hexagonal común; en lugar de cuartos para la cocina hay armarios con cocinas.

El tercer tipo de edificios también es de madera de dos pisos y están destinados a las familias. Una particularidad del proyecto consiste en que todos los ocho apartamentos tienen entradas independientes, y que las paredes internas son giratorias, lo cual permite transformar el área total de los cuartos.

El club-comedor es un edificio de estructura compleja; la parte baja es de piedra y la alta, de madera. Una misma escena atiende a la sala de

Ладовский, проектируя поселок Костино, стремился вложить в этот проект как свои градостроительные идеи, так и свою формообразующую концепцию с ориентацией на организацию архитектурного пространства и учет зрительского восприятия композиции.

«Каждая отдельная часть планировки, — писал он, — трактована в своем, характерном для нее архитектурном тоне, зависящем как от формы и архитектуры каждого отдельного сооружения, так и от контрастного их сопоставления и ритмического соединения в пространственно-динамические ряды. Все объединено в целое обобщающей системой ритма, вертикального и горизонтального "рельефа". Чтобы легче понять архитектурную идею, заложенную при решении задачи, представим себя прибывшими с вокзала в поселок и проследим развертывающуюся перед нами в определенной последовательности картину.

Перед нами откроется перспектива широкого зеленого партера с тремя различного вида сооружениями. Налево — небольшие домики сельскохозяйственных рабочих; в интервалах между ними видны сельскохозяйственные просторы. Направо — "небоскребы", и в пролетах между ними на некотором отдалении — зигзагообразный блок домов для рабочих. Аллея заканчивается видом на спортивную территорию, с косо (под углом для лучшего обозрения) поставленным стадионом и клубом при нем. Далее направо — небольшая широкая аллея к главному входу на промышленную территорию, налево — радиальная аллея с меняющейся перспективой сельскохозяйственного пейзажа, видимого разновременно в интервалах между домами и надвигающимися на зрителя сравнительно плотно застроенными рядами общежитий — с другой стороны. При дальнейшем движении картина опять меняется, но строится все на том же принципе контраста правой и левой стороны. Точно так же построены и остальные главные магистрали движения. В ритмическом отношении композиция построена на принципе учащающегося и усложняющегося ритма по мере приближения к главному узлу, каковым является главный вход на промышленную территорию, спортивную и торговую площадь. Вертикальный рельеф композиции растет по направлению к вокзалу»*.

espectáculos de 964 localidades y al comedor de 300 lugares. Es original la composición volumétrico-espacial del edificio: la cubierta escalonada de la sala de espectáculos y las lámparas entrecruzadas del comedor.

Al proyectar el poblado Kóstino, Ladovski se esforzó por materializar en el proyecto tanto sus ideas urbanísticas como su concepción de creación de formas, orientada a organizar el espacio arquitectónico y a considerar la percepción de la composición por parte del observador.

«Cada parte de la planificación por separado —escribía— se interpreta en su propio tono arquitectónico característico, que depende tanto de la forma y arquitectura de cada edificación, como de su contraste y de su unión rítmica en filas espaciales y dinámicas. Todo está unificado por el sistema integrador del ritmo del "relieve" vertical y horizontal. Para comprender la idea arquitectónica en la que se basa el diseño, imaginémonos que nos dirigimos de la estación al poblado, y observemos el cuadro que se presenta ante nuestros ojos en una secuencia determinada.

Ante nosotros se abre la perspectiva de una amplia platea verde con tres tipos de edificaciones. A la izquierda vemos las casitas de los agricultores, entre ellas se extienden los espacios cultivados. A la derecha se encuentran los "rascacielos", entre los que, a cierta distancia, se encuentra el bloque zigzagueante de edificios de viviendas para los trabajadores. El camino entre árboles termina con una vista al territorio deportivo, con el estadio y el club dispuestos oblicuamente (para mayor visualización). A continuación, a la derecha hay otro pequeño camino arbolado que lleva a la entrada principal del territorio industrial; a la izquierda, un camino radial entre árboles con la perspectiva cambiante del paisaje campesino, el cual se observa entre los intervalos de los edificios y a la derecha, las filas densamente construidas de residencias comunales que se abalanzan sobre el observador. Si seguimos desplazándonos, el cuadro cambia nuevamente, pero continúa basándose en el mismo principio de contraste de las partes derecha e izquierda. De manera idéntica están construidas las demás vías principales de transporte. En cuanto a la rítmica, la composición se edifica sobre la base del principio de aceleración y complicación del ritmo a medida que nos acercamos a la parte fundamental, que es la entrada principal al territorio industrial y a las zonas deportiva y comercial. El relieve vertical de la composición crece en dirección a la estación.»*

---

* Ладовский Н. Проект планировки трудкоммуны «Костино» // Строительство Москвы. 1929. № 7. С. 17.

* Ladovski N. Proyecto de planificación de la comuna obrera «Kóstino» // Construcción de Moscú. 1929. № 7. Pág. 17.

Н. Ладовский

ПЛАНИРОВОЧНАЯ СХЕМА ДИНАМИЧЕСКОГО ГОРОДА («ПАРАБОЛА», ГОРОД-РАКЕТА). 1929–1930

N. Ladovski

ESQUEMA DE PLANIFICACIÓN DE LA CIUDAD DINÁMICA («PARÁBOLA», CIUDAD-COHETE). 1929–1930

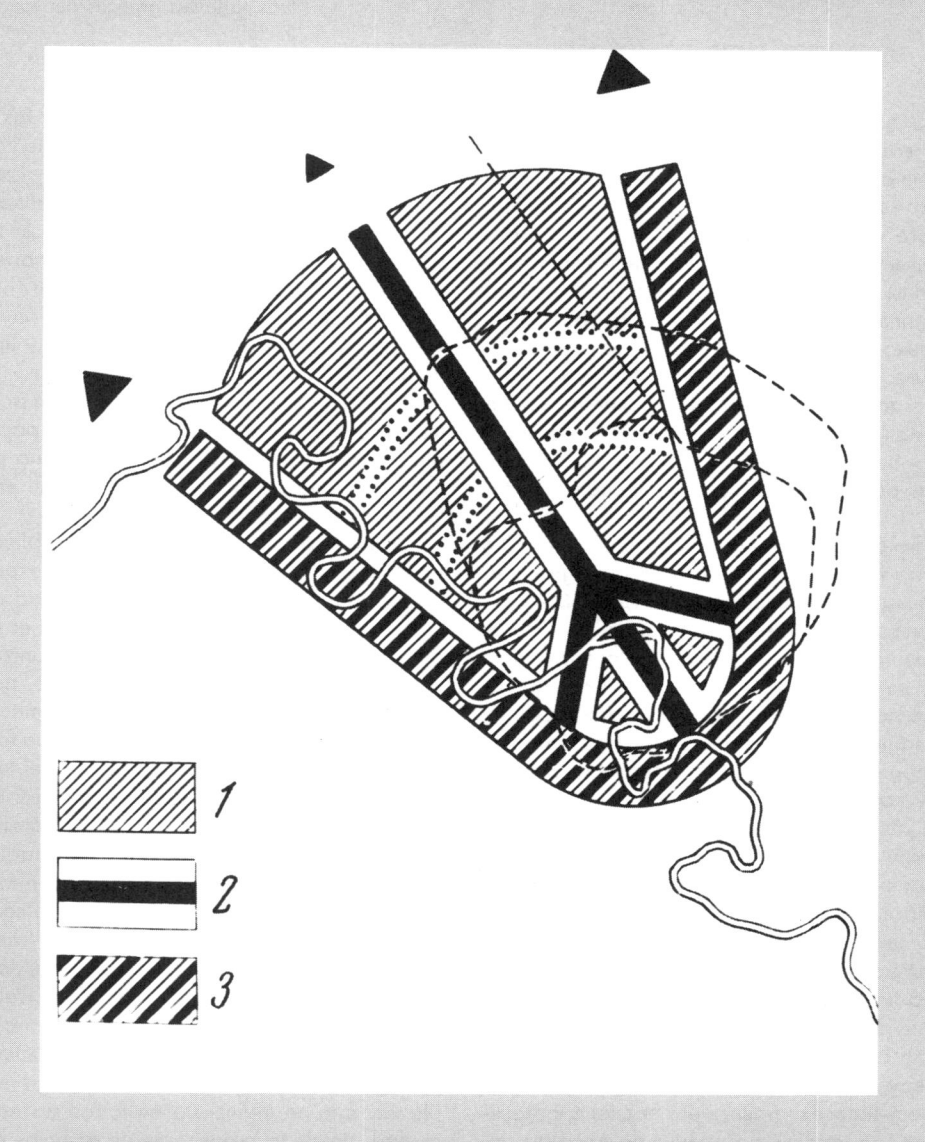

Разработке Н. Ладовским принципиальной схемы развивающегося города предшествовал подготовительный этап поисков и раздумий. В конце 20-х гг. во ВХУТЕИНе в мастерских Н. Ладовского и Н. Докучаева выполняется ряд градостроительных тем, среди которых необходимо отметить работу группы студентов-дипломников в 1928 г. над «проблемой нового города». Для данной темы наибольший интерес представляют два проекта, в которых отразились различные подходы к поискам структуры развивающегося города: проект города-линии В. Лаврова (Ш. № 57) и проект Т. Варенцова, в котором была предложена оригинальная планировочная схема радиально-кольцевой системы (Ш. № 58).

El esquema fundamental de la ciudad en desarrollo diseñado por N. Ladovski se vio precedido de una etapa preparativa de búsquedas y reflexiones. A finales de los años 20, en el VJUTEIN, en los talleres de N. Ladovski y N. Dokucháyev, se estudió una serie de temas urbanísticos, entre los que se debe destacar el trabajo de 1928 de un grupo de graduandos sobre el «problema de la ciudad nueva». En este tema cabe señalar dos proyectos en los que se reflejan diferentes enfoques en la búsqueda de la estructura de una ciudad en desarrollo: el proyecto de la ciudad-línea de V. Lavrov (O. M. № 57) y el de T. Varentsov, en el cual se propuso un original esquema de planificación de un sistema circular-radial (O. M. № 58).

Н. Ладовский. Планировочная схема динамического города («парабола», город-ракета). 1929–1930

N. Ladovski. *Esquema de planificación de la ciudad dinámica («parábola», ciudad-cohete). 1929–1930*

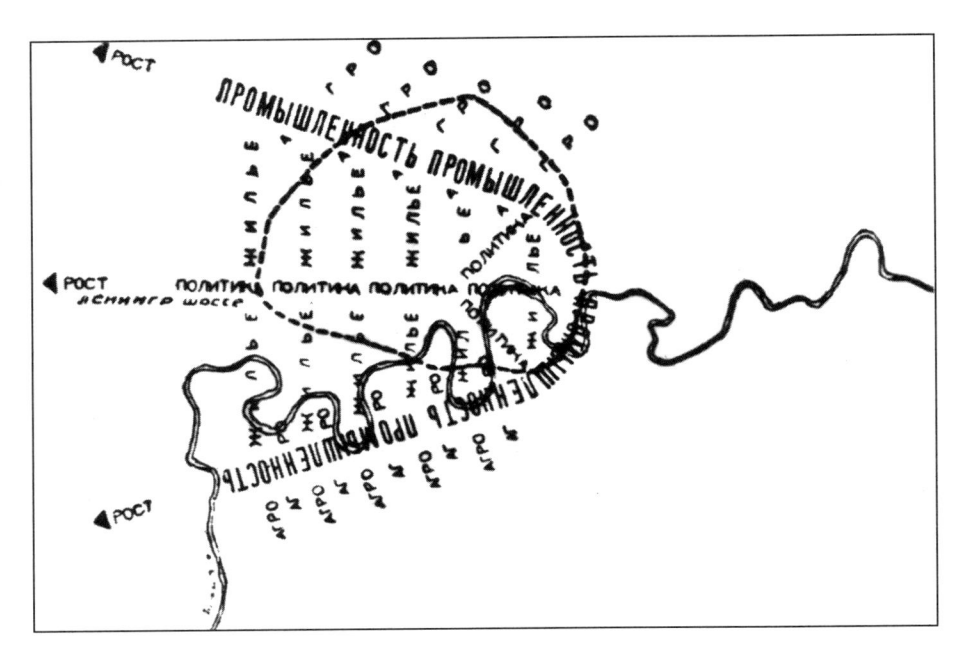

Два варианта графического начертания схемы (см. титул шедевра)

Dos variantes gráficas del esquema (véase la ilustración inicial)

Н. Ладовский, проанализировав достоинства и недостатки радиально-кольцевой и линейной (которую он считал крайним проявлением прямоугольной планировочной структуры) схем планировки города, предложил принципиально новую планировочную схему. Образно говоря, «параболу» Ладовского можно рассматривать или как разорванную в одном месте радиально-кольцевую систему, или как согнутую в дугу поточно-функциональную схему Н. Милютина (Ш. № 87). В результате полученная новая планировочная схема как бы объединяла в себе достоинства радиально-кольцевой и линейной схем и в то же время не имела их недостатков.

«Парабола» Ладовского давала возможность развивать общегородской центр при сохранении его роли в качестве планировочного ядра. Центр развивался по оси параболы, к нему примыкали жилые районы, за которыми размещались промышленная и зеленая зоны.

«Парабола» Н. Ладовского была впервые опубликована в 1930 г. вместе с его статьей, где дано теоретическое обоснование принципиальной планировочной схемы развивающегося города*.

Вот как оценивал Н. Ладовский в этой статье радиально-кольцевую систему: «Территории колец по организационному содержанию представляют расплывчатый, не связанный с формою колец конгломерат, рост которого вообще не предусмотрен и не связан с общей формой кольца. Такая несвязанность естественна, так как геометрическая природа кольцевой территории предопределяет ее пространственную статичность, физическая же природа ее строительства в лучшем случае допускает лишь уплотнение».

О проектах городов-линий Н. Ладовский писал: «Являясь выражением максимальной динамичности, эти планировочные конструкции неминуемо окажутся *слабыми организмами*, так как низводят трехмерное пространство к "одномерному", ставя ударение на линейности. Вся же современная материальная культура и техника дают возможность решать градостроительные задачи в трехмерности, ставя ударение на "горизонтальную двухмерность"»**.

Ладовский рассматривал существующий город как взаимосвязанную урбанистическую среду, а не как конгломерат улиц, ансамблей и площадей. Это проявилось на всех уровнях его подхода к структуре города — от проектирования отдельного здания до проекта реконструкции.

Не случайно именно Ладовский оказался автором теории гибкого, динамичного города. Он, например, видел Москву как сложный растущий урбанистический организм со своими закономерностями, которыми нельзя пренебрегать. В Москве оказалась как бы законсервированной своеобразнейшая пространственно-планировоч-

N. Ladovski, después de analizar los inconvenientes y ventajas de los esquemas circular-radial y lineal (que consideraba la expresión extrema de la planificación rectangular) de planificación de una ciudad, propuso un esquema de planificación totalmente nuevo. Hablando en sentido figurado, la «parábola» de Ladovski se puede considerar como un sistema circular-radial roto en alguna parte, o como el esquema funcional-continuo de N. Miliutin (O. M. № 87), pero arqueado. Como resultado, el nuevo esquema de planificación obtenido como que reúne las ventajas de los sistemas circular-radial y lineal, excluyendo sus inconvenientes.

La «parábola» de Ladovski daba la posibilidad de desarrollar el centro de la ciudad, pero conservando su papel de núcleo de planificación. El centro se desarrolla por el eje de una parábola, a él se acoplan las urbanizaciones, detrás de las cuales se encuentran la zona industrial y los espacios verdes.

La «parábola» de Ladovski fue publicada por primera vez en 1930 junto con un artículo suyo en el que se expone la base teórica del esquema básico de planificación de la ciudad en desarrollo*.

En su artículo, N. Ladovski califica el sistema circular-radial de la siguiente manera: «Por su contenido organizativo, los territorios de los anillos representan un conglomerado vago, no enlazado con las formas de los anillos. El crecimiento de este conglomerado no prevé y no está relacionado con la forma general del anillo. Esta falta de relación es algo normal, por cuanto la naturaleza geométrica del terreno circular predetermina su invariabilidad espacial, y la naturaleza física de su construcción permite sólo, en el mejor de los casos, su compresión.»

Acerca de los proyectos de ciudades-líneas N. Ladovski escribe: «Siendo una expresión del dinamismo máximo, estas estructuras de planificación inevitablemente se convertirán en *organismos débiles*, por cuanto reducen el espacio tridimensional a uno "unidimensional", acentuando su linealidad. Por el contrario, toda la técnica y la cultura material moderna ofrecen la posibilidad de resolver las tareas urbanísticas en tres dimensiones, resaltando su "bidimensionalidad horizontal".»**

Ladovski consideraba la ciudad actual como un medio urbanístico interrelacionado, y no como un conglomerado de calles, conjuntos y plazas. Esto se manifiesta en todos sus enfoques de la estructura de la ciudad, desde la proyección de edificios hasta los proyectos de reconstrucción.

No es casual que precisamente Ladovski resultara el autor de la teoría de la ciudad flexible, dinámica. Por ejemplo, él veía a Moscú como un organismo urbanístico complejo y en crecimiento, con sus propias leyes que no se podían despreciar. En Moscú quedó como que conservada la más que singular estructura espacial y de planificación de la capital de

---

* Строительство Москвы. 1930. № 1. Кроме того, «парабола» Ладовского была опубликована в: Советская архитектура. 1933. № 1; Архитектура СССР. 1933. № 3–4; Вопросы архитектуры. М., 1935.

** Строительство Москвы. 1930. № 1. С. 18.

* Construcción de Moscú. 1930. № 1. La «parábola» de Ladovski también fue publicada en Arquitectura Soviética. 1933. № 1; Arquitectura de la URSS. 1933. № 3–4; Preguntas de arquitectura. Moscú, 1935.

** Construcción de Moscú. 1930. № 1. Pág. 18.

ная структура допетровской столицы России. Важно подчеркнуть, что ценность представляла не только планировочная система города, но и его объемно-пространственная структура. Это понимали тогда многие, но мало кто представлял себе, что нужно сделать, чтобы сохранить эту структуру. Именно Ладовский, осознавая внутренние закономерности роста города, предупреждал тогда, что нельзя, сохраняя планировочную систему, перенасыщать центр города новыми функциями. Такая «новая кровь», по его мнению, переполнив «сосуды» планировочной системы и не находя выхода вовне, разорвет их. В результате будет сохранена планировочная схема города, но его объемно-пространственная структура будет разрушена. Причем пострадают наиболее ценные в архитектурном отношении фрагменты застройки, выходящие на красные линии. (Так и произошло: объемно-пространственная структура центральной части Москвы в короткий срок была радикально нарушена.) Чтобы этого не случилось, Н. Ладовский предлагал часть потока «новой крови» отводить по оси «параболы» — разработанной им принципиальной схемы динамичного города.

В 1929 г. на заседании членов АРУ Ладовский сделал доклад «Москва историческая и социалистическая», который был затем опубликован. В докладе обосновывалась принципиальная схема роста новой Москвы.

«Понятие роста города, — говорил Ладовский, — не может быть сведено к простому механическому увеличению территории, ширины проездов, этажности и т. п. Рост надо понимать как органический, на разных этапах своего развития представляющий различный не только количественно, но и качественно организм... при кольцевой планировке Москвы центр, стремясь к естественному развитию, в горизонтальной проекций встречает трудно преодолимое сопротивление колец, и разрешение самого основного момента жизни города — диалектического процесса его роста не предусмотрено данной конструкцией плана, так как рост без сокрушения соседних (надо полагать, тоже жизненных органов города) невозможен. И, действительно, эту картину мы уже наблюдаем в действительности в столице СССР в настоящее время...

Мы предлагаем, прежде всего:

1. Разорвать кольцевую систему в одном из участков и дать тем возможность центру свободно расти... Центр города должен иметь возможность расти не только по третьему измерению, вверх, но и в горизонтальной проекции, поступательно вперед. Следовательно, центром города должна быть не статическая точка, а динамическая линия — ось. Разорвав кольца и отогнув их в виде подковы, мы дадим возможность центру, а также и соответствующим ему ветвям бывших колец расти. Центр города приобретает форму веера. Эта форма наиболее соответствует функции центра, так как по мере роста города и срастания его динамики и усложнения организации центр не остается зажатым, а свободно разворачивается за счет площади веера. Весь город и центр представляют собой по этой конструкции как бы поток, постепенно расширяющийся»*.

Н. Ладовский, предлагая использовать свою планировочную схему развивающегося города для реконструкции Москвы, считал, что за ось «параболы» следует принять магистраль Тверская — Ленинградское шоссе.

Rusia de la época anterior a Pedro el Grande. Es importante señalar que tenía valor no sólo el sistema de planificación de la ciudad, sino también su estructura volumétrico-espacial. En aquel entonces muchos comprendían este hecho, pero muy pocos se imaginaban qué se podía hacer para conservar esta estructura. Fue justamente Ladovski, al comprender las regularidades internas del crecimiento de la ciudad, quien advirtió entonces que no se puede sobresaturar el centro de la ciudad con nuevas funciones y a la vez conservar el sistema de planificación. A su parecer, esta «sangre nueva», al llenar las «venas» del sistema de planificación y sin poder encontrar salida al exterior, hace reventar a la ciudad. Como resultado se conserva el esquema de planificación de la ciudad, pero su estructura volumétrico-espacial se destruye, y se ven afectados los fragmentos de edificación más valiosos desde el punto de vista arquitectónico, los que traspasan la línea roja. (Precisamente así sucedió: la estructura volumétrico-espacial de la parte central de Moscú fue radicalmente quebrantada en un plazo muy corto.) Para que esto no sucediera, N. Ladovski propuso encaminar una parte del flujo de la «sangre nueva» a lo largo del eje de la «parábola»: un nuevo esquema de ciudad dinámica diseñado por él.

En 1929, en la sesión de los miembros de la ARU, Ladovski hizo su ponencia «Moscú histórica y socialista», que posteriormente fue publicada. En el discurso se exponían las bases del esquema fundamental de crecimiento de la nueva Moscú.

«El concepto de crecimiento de la ciudad —decía Ladovski— no se puede resumir en una sencilla expansión mecánica de su territorio, del ancho de sus caminos, número de pisos, etcétera. El crecimiento se debe entender como un crecimiento orgánico, como un organismo que en las diferentes etapas de su desarrollo es diferente no sólo desde el punto de vista cuantitativo, sino también cualitativo... debido a la planificación anular de Moscú, *el centro se encuentra con la resistencia insuperable de los anillos en su intento natural de desarrollarse en la proyección horizontal; así pues, la solución del problema más importante de la vida de la ciudad, el proceso dialéctico de su crecimiento, no está prevista en este plan de construcción, puesto que es imposible el crecimiento sin la destrucción de los vecinos (que también se deben entender como partes vitales de la ciudad).* En efecto, esta situación ya se puede observar en la capital de la URSS hoy en día...

Proponemos ante todo:

1. Romper el sistema anular en alguna de sus partes y de esa manera dar al centro la oportunidad de crecer libremente... El centro de la ciudad debe tener la posibilidad de crecer no sólo en la tercera dimensión, hacia arriba, sino por la horizontal, hacia adelante. Consecuentemente, el centro de la ciudad no debe ser un punto estático, sino una línea dinámica, un eje. Al quebrantar el anillo y abrirlo como una herradura, daremos al centro, así como a las ramas de los ex anillos, la oportunidad de crecer. El centro de la ciudad toma la forma de un abanico. Esta forma es la que mejor corresponde a las funciones del centro, dado que a medida que crece la ciudad, aumenta su dinámica y se complica su organización: el centro no queda oprimido, sino que crece a costa de la superficie del abanico. Según esta estructura, toda la ciudad y el centro de la ciudad representan una especie de flujo que crece paulatinamente.»

En su propuesta de utilización de su esquema de planificación de la ciudad en desarrollo para la reconstrucción de Moscú, Ladovski considera que se debe tomar como eje de la parábola a la avenida Tvierskaya y a su continuación, la carretera de Leningrado.

---

* Строительство Москвы. 1930. № 1. С. 17–20.

* Construcción de Moscú. 1930. № 1. Págs. 17–20.

В. Веснин, С. Андриевский, Н. Колли, Г. Орлов, П. Корчинский

ЗДАНИЕ ДНЕПРОГЭСА. 1929–1930

V. Vesnín, S. Andrievski, N. Koli, G. Orlov, P. Korchinski

EDIFICIO DE LA CENTRAL HIDROELÉCTRICA DEL DNIÉPER. 1929–1930

На здание Днепрогэса был проведен закрытый конкурс, в котором наряду с бригадой конструктивистов во главе с В. Весниным участвовали и такие влиятельные неоклассики, как И. Жолтовский и В. Щуко. Особенно острым при обсуждении конкурсных проектов оказалось противоборство конструктивизма и неоренессансной школы Жолтовского (он подал два варианта проекта). Ситуация при об-

Para el edificio de la Central Hidroeléctrica del Dniéper se anunció un concurso cerrado, en el que, además de la brigada de constructivistas encabezada por V. Vesnín, tomaron parte neoclásicos influyentes como I. Zholtovski y V. Schukó. El enfrentamiento entre el constructivismo y la escuela neorrenacentista de Zholtovski (él presentó dos variantes del proyecto) fue la parte más aguda durante la discusión de los proyectos de

В. Веснин, С. Андриевский, Н. Колли, Г. Орлов, П. Корчинский. Здание Днепрогэса. 1929–1930

V. Vesnín, S. Andrievski, N. Koli, G. Orlov, P. Korchinski. Edificio de la Central Hidroeléctrica del Dniéper. 1929–1930

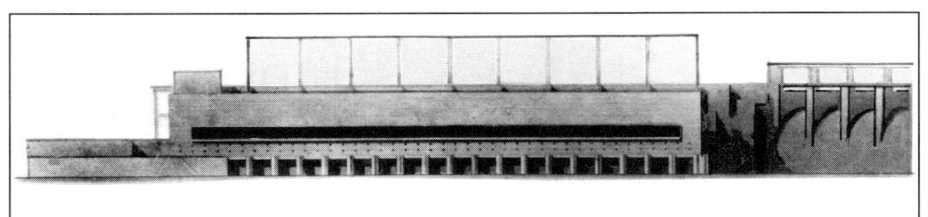

Перспектива, фасад, общие виды

Perspectiva, fachada, vistas generales

суждении конкурсных проектов в январе 1930 г. была критическая не только для результатов этого конкурса, но и для всей творческой направленности советской архитектуры. Обсуждение проектов было очень бурным, страсти накалились, выступления были острые и резкие. Все было на грани — вполне возможна была и победа И. Жолтовского. И все же чаша весов склонилась в сторону конструктивистского проекта, который и был реализован.

А. Веснин официально не был автором конкурсного проекта Днепрогэса. Но как всегда в коллективе братьев он был высшим авторитетом в художественных вопросах. Веснины (и все руководство ОСА) прекрасно понимали, что этот конкурс может явиться серьезным испытанием для творческой концепции конструктивизма. Конкурс был заказным, т. е. заранее было известно, кто в нем участвует, и проекты подавались открыто, а не под девизами. В этих условиях А. Веснин, конечно, не мог оставаться в стороне, ибо ставилась на карту судьба возглавлявшегося им творческого течения. Когда проводился конкурс на здание турбинного зала, его габариты и общее конструктивное решение были уже определены. Архитекторам предстояло прежде всего решить южный фасад огромного, простого по форме протяженного здания высотой более 20 м.

«Тема стены», которую так любил И. Жолтовский, давала в данном случае возможность использовать богатейшие традиции прошлого.

Кроме того, следует учитывать, что крупное по абсолютным размерам здание находилось в очень сложной ситуации и в «опасном» соседстве. Во-первых, здание расположено низко по отношению к берегу, причем наиболее выгодные точки зрения на него — с большого расстояния (с реки или противоположного берега). Во-вторых, здание турбинного зала непосредственно примыкает к плотине с ее ритмом могучих железобетонных устоев.

Размеры самой плотины, широкие водные просторы и то обстоятельство, что здание должно было восприниматься в основном с дальних точек зрения, предопределило выбор крупного масштаба композиционного решения во всех конкурсных проектах.

Фасад первого («ренессансного») варианта Жолтовского — стена с мощной рустовкой и перекрытые клинчатыми перемычками проемы.

В веснинском проекте в данных конкретных условиях был выбран исключительно удачный художественно-композиционный прием. Вместо ритмического членения фасада была подчеркнута его монолитная крупная форма, всякий намек на ритм на фасаде был убран. Фасад решен предельно лаконично — облицованная камнем стена прорезана в нижней части горизонтальным эркером. Такое решение

concurso. En estas discusiones, que tuvieron lugar en enero de 1930, la situación general era decisiva no solamente para los resultados del concurso, sino también para toda la orientación artística de la arquitectura soviética. El análisis de los proyectos fue muy intenso, los ánimos se exaltaron, las intervenciones fueron agudas y tajantes. La situación estaba candente y era completamente posible la victoria de I. Zholtovski. Pero la balanza se inclinó a favor del proyecto constructivista, que posteriormente fue ejecutado.

A. Vesnín no figura oficialmente como autor del proyecto de concurso de la Central del Dniéper. Pero, como siempre sucedía en el colectivo de los hermanos, él era la mayor autoridad en los asuntos artísticos. Los hermanos Vesnín (y toda la dirección de la OSA) comprendían perfectamente que este concurso podía convertirse en una severa prueba para la concepción artística del constructivismo. El concurso era por encargo, es decir, se sabía con antelación quién participaría, y los proyectos se entregaban en forma abierta, y no bajo seudónimo. En estas condiciones A. Vesnín, obviamente, no podía quedarse a un lado, pues estaba en juego el destino de la corriente artística que él dirigía. Cuando se llevó a cabo el concurso del edificio de la sala de turbinas, las dimensiones y la solución estructural general de éste ya habían sido determinadas. Los arquitectos debían encargarse principalmente del diseño de la fachada sur del enorme y extenso edificio, de formas simples, de más de 20 m de altura.

El «tema de la pared», tan amado por I. Zholtovski, brindaba en este caso la oportunidad de utilizar las ricas tradiciones del pasado.

Además de eso, se debe tener presente que este edificio de dimensiones absolutas grandes se encontraba en una posición muy compleja y con una vecindad «peligrosa». En primer lugar, el edificio se encontraba en un sitio bajo respecto a la orilla, y los mejores puntos de observación se hallaban a distancias alejadas (en el río o la orilla opuesta). En segundo lugar, el edificio de la sala de turbinas estaba directamente unido a la represa, la cual se caracterizaba por el ritmo de sus poderosos pilares de hormigón armado.

El tamaño de la represa, los amplios espacios acuáticos y el hecho de que el edificio debía apreciarse básicamente desde muy lejos, determinaron de antemano las escalas grandes en el diseño compositivo de todos los proyectos del concurso.

La fachada de la primera variante («renacentista») de Zholtovski era una pared rústica con arcos adintelados.

En el proyecto de los Vesnín, para las condiciones concretas dadas, fue utilizada una técnica compositiva extraordinariamente acertada. En lugar de la división rítmica de la fachada, se destacó su enorme forma monolítica, eliminando de la fachada cualquier idea de ritmo. El diseño de la fachada es extremadamente lacónico: la pared revestida con piedra es cortada en la parte inferior por un mirador horizontal. Este diseño,

было подсказано авторской бригаде, возглавлявшейся В. Весниным, Александром Александровичем Весниным, который создал первоначальный эскиз на кальке, положенный затем в основу разработки конкурсного проекта.

Анализ конкурсных проектов с очевидностью выявляет, что при решении фасада главное внимание все конкуренты уделили художественно-композиционным вопросам. Больше того, на общественном обсуждении проектов споры шли прежде всего вокруг проблем образного решения фасада. В центре внимания на обсуждении оказались два проекта — веснинский и «ренессансный» вариант Жолтовского. Веснинский проект был одобрен, причем, что важно подчеркнуть, не только за функционально-конструктивные и технико-экономические качества, а прежде всего за *художественные* достоинства, при этом фактически не принимались во внимание конструктивные и экономические преимущества других проектов.

Опыт разработки конкурсного проекта здания турбинного зала Днепрогэса показал, что при решении задачи создания монументального художественного образа конструктивизм может успешно соперничать с традиционалистскими течениями.

que luego constituyó la base del proyecto de concurso creado por la brigada de autores encabezada por V. Vesnín fue recomendado por Alexandr Alexandrovich Vesnín, creador del primer bosquejo en borrador.

El análisis de los proyectos de concurso muestra claramente que en el diseño de la fachada todos los participantes prestaron mucha atención a los aspectos compositivos. Más aún, durante el análisis público de los proyectos, las discusiones giraban sobre todo alrededor del problema del diseño de la imagen de la fachada. En los debates se centró la atención en dos proyectos, en el de los Vesnín y en la variante «renacentista» de Zholtovski. El proyecto de los Vesnín fue aprobado, y es necesario resaltar que no sólo por su calidad estructural-funcional y técnico-económica, sino sobre todo por sus virtudes *artísticas*, pues prácticamente no se tuvieron en cuenta las ventajas económicas y estructurales de otros proyectos.

La experiencia del diseño del proyecto de concurso del edificio de la sala de turbinas de la Central Hidroeléctrica del Dniéper demostró que al resolver las tareas de creación de imágenes artísticas monumentales, el constructivismo puede con éxito competir con las tendencias tradicionalistas.

И. Леонидов
ДОМ ПРОМЫШЛЕННОСТИ В МОСКВЕ.
Конкурсный проект.
1929–1930

76

I. Leonídov
CASA DE LA INDUSTRIA EN MOSCÚ.
Proyecto de concurso.
1929–1930

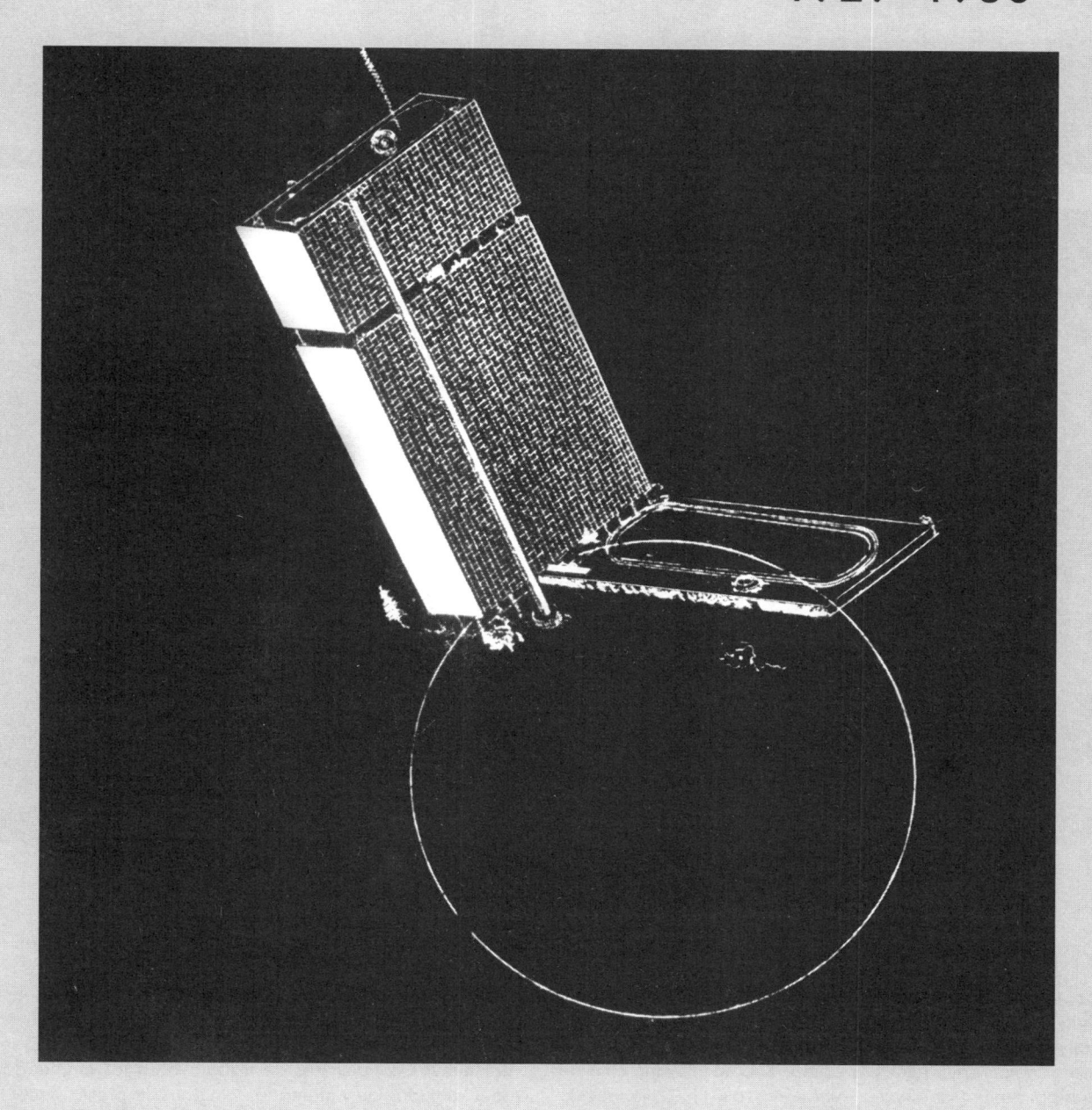

Конкурсный проект Дома промышленности И. Леонидова представляет принципиальный интерес как по объемному построению композиции современного конторского здания, так и по пространственной организации труда служащих.

Леонидов решает конторское здание в виде вертикального стеклянного параллелепипеда. Он был противником всякого рода коридоров и соединительных помещений, предпочитая большие открытые

El proyecto de concurso de I. Leonídov de la Casa de la Industria presenta un interés fundamental tanto por la construcción volumétrica de la composición del edificio moderno de oficinas, como por la organización espacial del trabajo de los empleados.

Leonídov proyecta el edificio de oficinas en forma de un paralelepípedo vertical vidriado. Él se oponía a cualquier tipo de pasillos y recintos de comunicación, prefiriendo amplios espacios interiores abiertos,

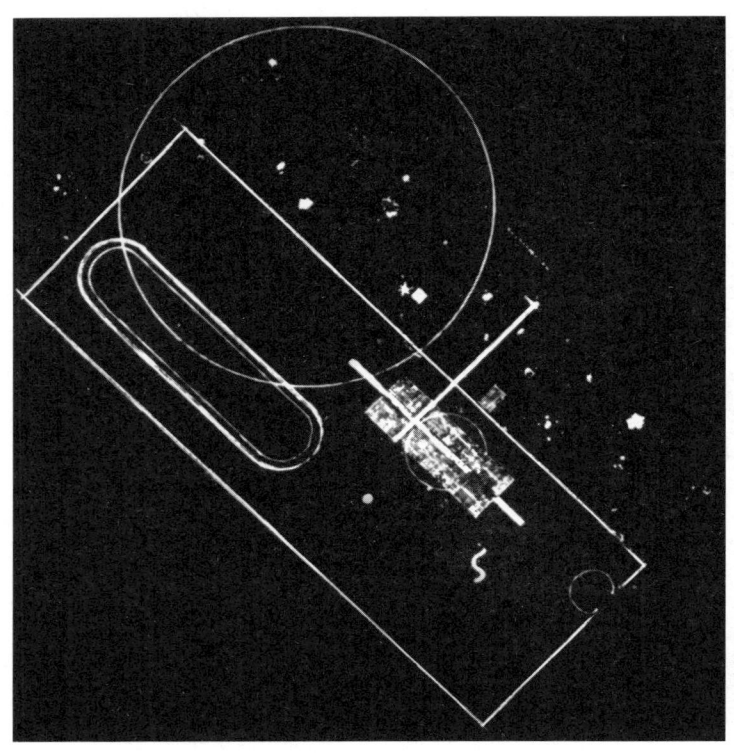

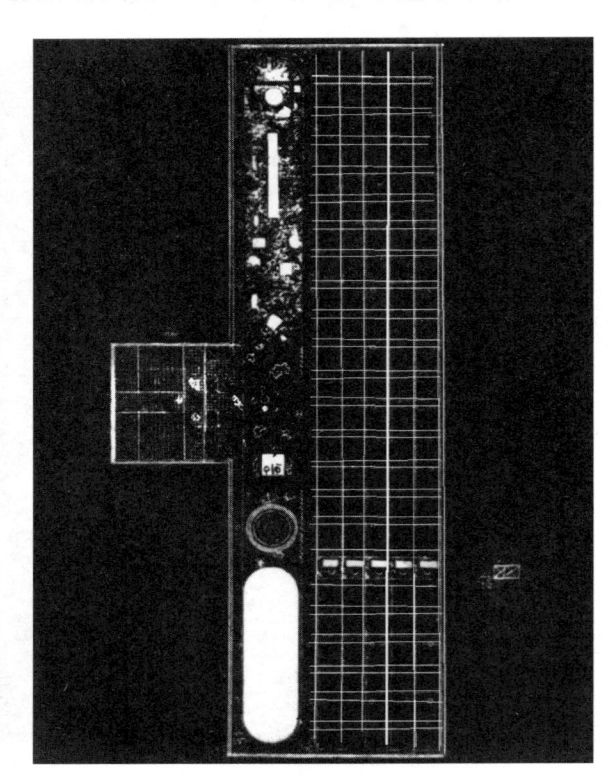

И. Леонидов. Дом промышленности в Москве. Конкурсный проект. 1929–1930

I. Leonídov. *Casa de la Industria en Moscú. Proyecto de concurso.* 1929–1930

Фасады, аксонометрия, генплан, план типового этажа

Fachadas, axonometría, plano general, plano de la planta tipo

внутренние пространства, связанные через сплошное остекление с природой и имеющие внутри зелень и воду. В проекте Дома промышленности он полностью уничтожает всякие коридоры и стремится создать новые условия труда для служащих. Каждая группа служащих (специализированная) занимает типовой этаж (120 человек), который так описывается Леонидовым: «Этаж разбит на соответствующие количеству людей площадки по 5 кв. м каждая, не считая проходов. Перегородки отсутствуют. Между площадками посажена зелень, пол мягкий, звукопоглощающий, потолок тоже. С одной стороны площадок устроена зона отдыха и физкультурной зарядки с кушетками для лежания, библиотекой, местами принятия пищи, которая подается снизу, душами, бассейнами, дорожками для прогулок

separados de la naturaleza por medio de paredes completamente vidriadas, y con plantas y agua en el interior. En el proyecto de la Casa de la Industria Leonídov elimina totalmente todos los corredores e intenta crear nuevas condiciones de trabajo para los empleados. Cada grupo (especializado) de empleados ocupa una planta tipo (120 personas), descrita por Leonídov de la siguiente manera: «El piso está dividido en áreas que dependen de la cantidad de personas, a razón de 5 m² para cada una, sin contar los pasos. No existen tabiques. Entre las áreas hay plantas, el piso es suave y, al igual que los techos, atenúa el sonido. A un lado de las áreas hay una zona de descanso y gimnasia con lechos para descansar, una biblioteca, lugares para comer lo que se prepara en el lugar, duchas, piscinas, caminos para pasear y correr, salones para

и бега, площадками для приема посетителей. Полная возможность регулярного получасового и десятиминутного отдыха, зарядки, душа, принятия пищи и т. д. Свет с двух сторон, летом стены открываются. Открываемые перспективы повышают жизненный тонус»*. В нижнем распластанном этаже зал собраний, спортзал, клубные помещения, гардероб и т. д., на крыше переносный бассейн, спортплощадки, беговая дорожка. Верхний этаж — гостиница для приезжих, промежуточный открытый этаж — ресторан и прогулки на воздухе. Лестничная клетка с лифтами сделана в виде пристроенного к зданию объема.

Проект Дома промышленности Леонидова — это одна из первых попыток новой рациональной организации труда служащих. Разрабатывая пространственную организацию типового этажа, Леонидов практически создает универсальный план. Такой «схематизм» был не результатом недоработки проекта, а отражал один из важных творческих принципов Леонидова. Он стремился к универсализации типа здания — одна объемно-пространственная композиция для ряда функций.

Леонидов не видел необходимости, особенно в конторских зданиях, в детальной разработке деления типового этажа перегородками и в расстановке оборудования, считая возможным предоставить это инициативе тех, кто будет пользоваться этим зданием. Поэтому в конторских зданиях (Дом промышленности, Центросоюз — Ш. № 53) он намеренно не расчленяет пространство типового этажа, считая, что универсальный план наиболее целесообразен в сооружениях с большим количеством вариантов функционального процесса. Композиция в виде вертикального параллелепипеда со сплошным остеклением продольных фасадов и глухими торцами была для тех лет художественным открытием. Через 15–20 лет такая композиция конторского здания стала широко распространенной в современной архитектуре. Строгий параллелепипед дополнен вынесенными лифтовыми шахтами. Леонидов смело разрезает основной прямоугольный объем здания в верхней части и открывает один этаж, превращая его в террасу-сад для отдыха служащих — архитектурный прием, ставший позднее общепринятым.

recibir visitas. Se pueden tomar regularmente descansos de media hora y de diez minutos, hacer ejercicios, tomar una ducha, comer, etcétera. La luz entra por dos lados, en verano se abren las paredes. Las perspectivas que se abren ante la vista aumentan el ánimo.»* En la planta baja extensa se encuentran la sala de reuniones, un salón deportivo, las instalaciones del club, el guardarropa, etcétera; en el techo hay una piscina móvil, canchas deportivas, una pista de carreras. El piso superior es un hotel, en el piso abierto intermedio hay un restaurante y un lugar para paseos al aire libre. La caja de escaleras con los ascensores están diseñados como un volumen acoplado al edificio.

El proyecto de Leonídov de la Casa de la Industria es uno de los primeros intentos de crear una nueva organización racional del trabajo de los empleados. Trabajando en la organización espacial de la planta tipo, Leonídov prácticamente crea una planta universal. Este «esquematismo» no es el resultado de la falta de acabado del proyecto, sino que refleja uno de los principios artísticos fundamentales de Leonídov. Él intenta estandarizar el tipo de edificio, crear una composición volumétrico-espacial para la realización de una serie de funciones.

Leonídov no veía la necesidad, sobre todo en los edificios de oficinas, de diseñar detalladamente la división de la planta tipo mediante tabiques o de distribuir los equipos, dando la posibilidad de hacerlo a las personas que utilizarían el edificio. Por este motivo, en los edificios de oficinas (Casa de la Industria, Tsentrosoyuz, O. M. № 53) Leonídov no divide conscientemente el espacio de la planta tipo, considerando que la planta universal es la más conveniente para las edificaciones con un gran número de variantes del proceso funcional. La composición en forma de paralelepípedo vertical con fachadas frontales totalmente vidriadas y paredes laterales ciegas, era para esa época un descubrimiento artístico. Pasados 15–20 años, esta composición para los edificios de oficinas se volvió muy popular en la arquitectura moderna. El paralelepípedo riguroso se complementa exteriormente con las cajas de ascensores. Leonídov corta valientemente el volumen rectangular principal del edificio en su parte superior, y abre un piso, para convertirlo en una terraza-jardín destinado al descanso de los trabajadores. Posteriormente esta técnica arquitectónica fue ampliamente aceptada.

---

* Леонидов И. И. Дом промышленности (пояснительная записка к проекту) // СА. 1930. № 4. С. 1.

* Leonídov I. I. Casa de la Industria (nota descriptiva del proyecto) // AM. 1930. № 4. Pág. 1.

А. Бунин
ПАРАБОЛИЧЕСКИЙ ЖИЛОЙ ДОМ.
Экспериментальный проект.
1929

A. Bunin
EDIFICIO DE VIVIENDAS PARABÓLICO.
Proyecto experimental.
1929

Этот жилой дом (так называемого каморочного типа) проектировался А. Буниным для условий севера. Его форма была навеяна образом чума. Бунин искал такую форму дома, которая максимально улавливала бы солнечный свет и имела минимальную охлаждающую поверхность. По этим показателям параболоид вращения уступал только шару.

Параболическая форма дома с круглым планом, по мысли автора, позволяет свободно размещать здания на участке и удобно располагать их по странам света. Жилые комнаты (восемь на каждом этаже) ориентированы на восток, юго-восток, запад и юго-запад; общественные помещения (холл-читальня и летняя терраса) выходят на юг и север. Расположенный по кривой (вокруг лестничного ствола) коридор сокращает площадь коммуникационных помещений. Винтовая лестница сдвинута с центра круглого плана, чтобы

Este edificio de viviendas (del denominado «tipo barraca») fue proyectado por A. Bunin para las condiciones del norte. Su forma fue inspirada por la imagen de los chum*. Bunin buscaba una forma del edificio que captara la mayor cantidad posible de luz solar y que tuviera la menor superficie de enfriamiento. Para estas características, el paraboloide de revolución cede sólo ante la esfera.

Según la idea del autor, la forma parabólica del edificio de planta circular permite colocar libremente el edificio en el terreno y orientarlo cómodamente de acuerdo con la dirección de la luz. Los cuartos —ocho en cada piso— miran al este, sureste, oeste y suroeste; los recintos comunales —sala de lectura y terraza de verano— dan al sur y al norte. El pasillo, construido en forma de un arco alrededor de la caja de escaleras, disminuye la superficie de los recintos de comunicación. La escalera de caracol está desplazada respecto al centro de la planta circular, con

---

* N. del T. Tienda de campaña usada en Siberia. Su forma es cónica y se cubre con pieles.

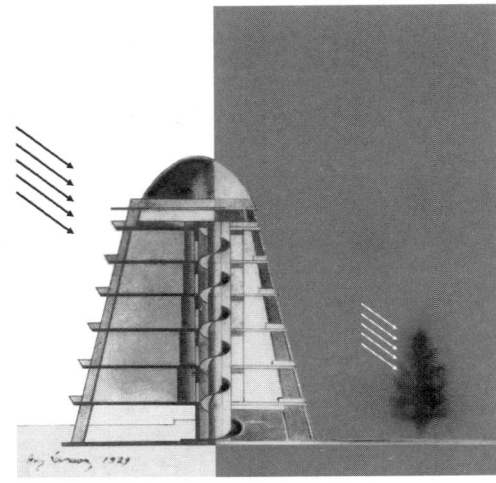

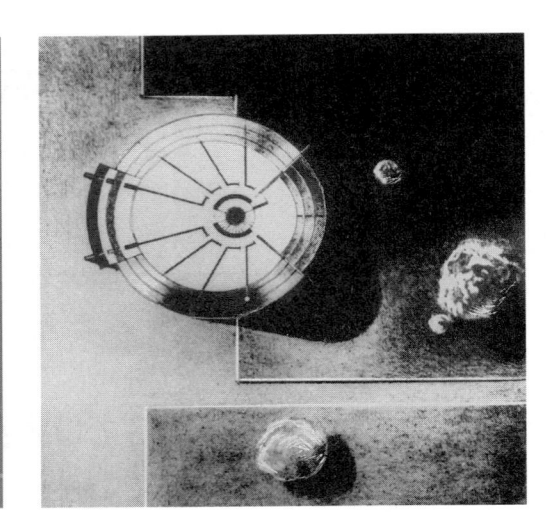

А. Бунин. *Параболический жилой дом. Экспериментальный проект.* 1929

A. Bunin. *Edificio de viviendas parabólico. Proyecto experimental.* 1929

Фасад, макет, разрез, план

Fachada, maqueta, corte, plano

увеличить глубину помещений, обращенных на южную сторону и, наоборот, уменьшить глубину помещений, выходящих на север.

Первый этаж не застроен, остальные пять этажей имеют типовую планировку и отличаются друг от друга только размерами как по диаметру плана, так и по высоте помещений. Высота этажей убывает вверх, что позволило, как считает Бунин, спроектировать лестницу по принципу приближения к «кривой усталости человека».

Верхний этаж (купольное пространство) используется как зал спортивного и культурного назначения.

el fin de aumentar la profundidad de las habitaciones que dan al sur y disminuir la profundidad de las que dan al norte.

El primer piso no se utiliza y los cinco pisos restantes tienen una planificación estándar, diferenciándose solamente por las dimensiones del diámetro de la planta y la altura de las habitaciones. La altura de los pisos disminuye hacia arriba, lo que, según Bunin, permite proyectar la escalera según el principio de acercamiento a la «curva de cansancio de la persona».

El piso superior (el interior de la cúpula) se utiliza como sala deportiva y con fines culturales.

М. Мазманян
ПРОЕКТ ПЛАНИРОВКИ И ЗАСТРОЙКИ РАБОЧЕГО ПОСЕЛКА КАФАН В АРМЕНИИ. 1929–1930

M. Mazmanián
PROYECTO DE PLANIFICACIÓN Y CONSTRUCCIÓN DEL POBLADO OBRERO DE KAFÁN EN ARMENIA. 1929–1930

Участок для строительства поселка был выделен на сложной по рельефу местности, что и предопределило выбор типа жилища. Расположенный в излучине реки поселок делится ее притоком на две части. Среди общественных и коммунальных объектов, рассчитанных на обслуживание жителей всего поселка, запроектированы вокзал, баня-прачечная, хлебозавод, универмаг, диспансер, гостиница, школа, исполком, клуб, ФЗУ, стадион, столовая, парк культуры и отдыха.

Жилые дома объединены в кварталы, каждый из которых имеет небольшое типовое общественное здание (клуб-столовая, детский сад и ясли). Жилище в этих кварталах запроектировано двух типов в зависимости от рельефа участка.

Наибольший интерес с архитектурно-композиционной точки зрения представляют жилые кварталы, расположенные на склоне горы. Каждый такой квартал включает расположенное в его центре

Para la construcción del poblado fue destinado un solar situado en un lugar de relieve complejo, lo que predeterminó el tipo de las viviendas. Localizado en el meandro de un río, el poblado se encuentra dividido en dos partes por uno de sus afluentes. Entre los edificios públicos y comunales para la atención de los habitantes del poblado, fueron proyectados una estación de trenes, una sauna-lavandería pública, una fábrica de pan, un centro comercial, un dispensario, un hotel, una escuela, un comité ejecutivo, un club, un colegio industrial, un estadio, un comedor, un parque de cultura y recreación.

Los edificios de viviendas están agrupados en manzanas, cada una de las cuales tiene un pequeño edificio público tipo (club-comedor, jardín de infancia, casa-cuna). En estas manzanas, las viviendas se proyectaron de dos tipos, dependiendo del relieve del terreno.

Desde el punto de vista compositivo, las manzanas situadas en la pendiente de la montaña son las más interesantes. Cada manzana tiene un

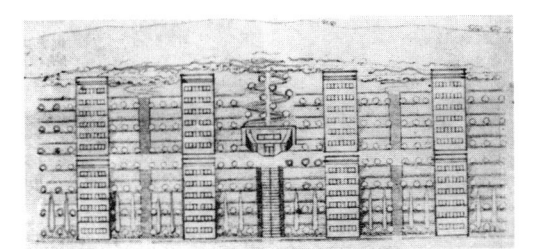

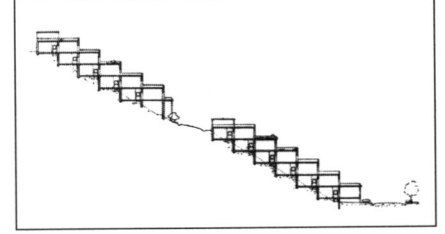

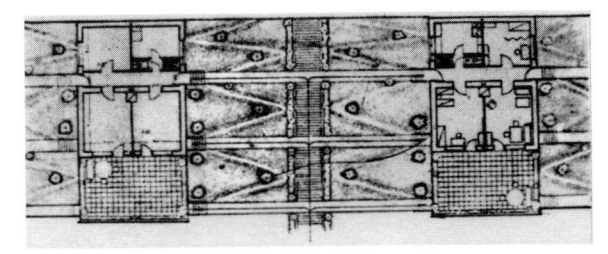

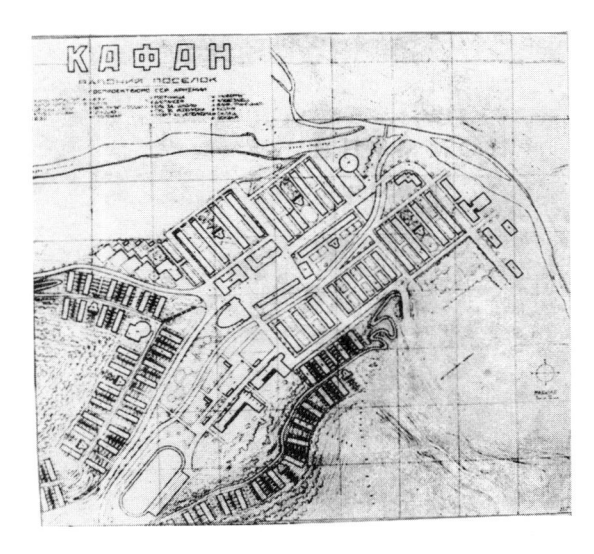

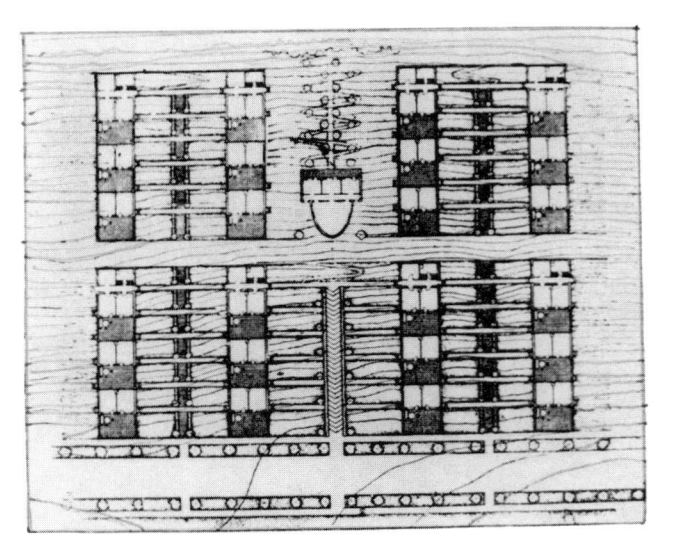

М. Мазманян. Проект планировки и застройки рабочего поселка Кафан в Армении. 1929–1930

M. Mazmanián. Proyecto de planificación y construcción del poblado obrero de Kafán en Armenia. 1929–1930

Генплан поселка, макет, план, фасад и поперечный разрез жилого квартала, план жилой ячейки

Plano general del poblado, maqueta, plano, fachada y corte transversal de una manzana, plano de una unidad de vivienda

общественное здание и восемь жилых домов, размещенных на рельефе в два яруса, образуя по два ряда по обеим сторонам от общественного здания. Такой дом включает шесть жилых ячеек, следовательно, всего в жилом квартале 48 квартир. Объемно-пространственная структура жилого дома — это ступенчатый корпус, расположенный поперек склона. Высота ступени равна высоте этажа. Однако каждая квартира расположена в одном уровне и состоит из трех частей: одна часть примыкает к склону (кухня, жилая комната, уборная, душевая) и является первым этажом (над ней второй этаж и терраса других квартир); вторая часть — это две жилые комнаты, которые находятся как бы на втором этаже (под ними примыкающая к склону часть другой квартиры); третья часть — это открытая терраса, расположенная на третьем этаже (над основной жилой частью другой квартиры). Получается, что каждая квартира, не имея внутренних лестниц, расположена одновременно на трех этажах (за счет рельефа). Вход в каждую квартиру с уровня земли, он ведет в коридор, разделяющий первую и вторую части квартиры.

Каждый расположенный на склоне квартал образует единый ансамбль, включающий не только жилые и общественный корпуса, но и лестницы и дорожки. Создается выразительная композиция, органично вписывающаяся в природное окружение.

edificio público en el centro y ocho edificios de viviendas dispuestos en el relieve en dos niveles y formando dos filas a ambos lados del edificio público. Estos edificios tienen seis unidades de vivienda. Por consiguiente, en toda la manzana hay 48 apartamentos. La estructura volumétrico-espacial del edificio de viviendas es un bloque escalonado dispuesto a lo largo de la pendiente. La altura de cada peldaño es de un piso. Sin embargo, cada apartamento se encuentra a un mismo nivel y consta de tres partes: la primera está junto a la pendiente —cocina, una habitación, retrete y cuarto de baño— y viene a ser el primer piso (sobre esta parte se encuentra el segundo piso y la terraza de otros apartamentos); la segunda parte está constituida por dos habitaciones que en cierta forma se encuentran en el segundo piso (debajo de ellas está la parte contigua a la pendiente de otro apartamento); la tercera parte es una terraza descubierta en lo que vendría a ser el tercer piso (sobre las habitaciones principales de otro apartamento). De esta manera, cada apartamento, sin tener escaleras interiores, ocupa simultáneamente tres pisos a costa del relieve. La entrada a cada apartamento se encuentra al nivel del terreno y conduce al pasillo que divide la primera y segunda partes del apartamento.

Cada manzana situada en la pendiente forma un conjunto único, que no sólo incluye bloques de viviendas y públicos, sino también escaleras y caminos. Así se crea una composición expresiva que se inscribe orgánicamente en la naturaleza circundante.

А. Щусев
МАВЗОЛЕЙ В. И. ЛЕНИНА В МОСКВЕ.
1924–1930

A. Schúsiev
MAUSOLEO DE V.I. LENIN EN MOSCÚ.
1924–1930

После смерти В. И. Ленина (1924) было решено похоронить его на Красной площади у Сенатской башни. Создание проекта мавзолея поручили А. Щусеву.

К проектированию первого деревянного мавзолея Щусев приступил, обогащенный опытом строительства деревянных сооружений сельскохозяйственной выставки 1923 г. с ее упрощенной неоклассической архитектурой основных павильонов и редкими новаторскими постройками.

По проекту первый временный деревянный мавзолей делился на три основных части — массивный кубический стилобат, низкое промежуточное членение и вертикальное завершение. Кубическая форма нижнего яруса и геометрические ступени среднего не определяли общего стилевого решения — это был лишь постамент, на котором предполагалось поставить собственно монумент в виде четырех колонн, перекрытых антаблементом. Однако сжатые сроки строительства и конструктивные затруднения не позволили полностью осуществить проект, и первый мавзолей остался недостроенным. Фактически был сооружен лишь постамент.

В процессе проектирования второго деревянного мавзолея Щусев пытался вернуться к своей первоначальной идее — завершить ступенчатый постамент развитой колоннадой (то круглой, то прямо-

Cuando V. I. Lenin falleció (1924) se decidió enterrar su cuerpo en la Plaza Roja junto a la Torre del Senado. La elaboración del proyecto del mausoleo fue encargada a A. Schúsiev.

Schúsiev inicia la proyección del primer mausoleo de madera enriquecido por la experiencia de la construcción de las edificaciones de madera de la feria agropecuaria de 1923, con su arquitectura neoclásica simplificada de los pabellones principales y las escasas edificaciones innovadoras.

Según el proyecto, el primer mausoleo temporal de madera se dividía en tres partes principales: un estilóbato cúbico masivo, una segmentación baja intermedia y una culminación vertical. La forma cúbica del nivel inferior y los peldaños geométricos del nivel intermedio no determinaban el estilo elegido, esto era únicamente un pedestal en el que se pensaba colocar el propio monumento, formado por cuatro columnas cubiertas por un cornisamento. No obstante, el corto plazo destinado a la edificación y las dificultades estructurales no permitieron ejecutar el proyecto en su totalidad, y el primer mausoleo quedó sin terminar. Prácticamente se construyó sólo el pedestal.

Durante el diseño del segundo mausoleo de madera, Schúsiev intenta regresar a su idea original de culminar el pedestal escalonado con una columnata desarrollada (de planta circular o rectangular). Pero las

А. Щусев. Мавзолей В. И. Ленина в Москве. 1924–1930

A. Schúsiev. Mausoleo de V.I. Lenin en Moscú. 1924–1930

a) первый деревянный мавзолей, 1924 г. (перспектива, фасад, план, разрез, общий вид);
b) второй деревянный мавзолей, 1924 г. (общий вид);
c) каменный мавзолей, 1929–1930 гг. (перспектива, план, фасад, интерьер траурного зала, общие виды до и после устройства центральной трибуны) (см. титул шедевра)

a) primer mausoleo de madera, 1924 (perspectiva, fachada, plano, corte, vista general);
b) segundo mausoleo de madera, 1924 (vista general);
c) mausoleo de piedra, 1929–1930 (perspectiva, plano, fachada, interior de la sala de luto, vistas generales antes y después de la construcción de la tribuna central) (véase la ilustración inicial)

угольной в плане). Но лаконичные формы «недостроенного» первого мавзолея, удачно вписавшиеся в архитектурное окружение Красной площади, самим фактом своего существования уже влияли на процесс творческих поисков. Колоннада постепенно (от эскиза к эскизу) становилась все меньше и в конце концов превратилась в верхний ярус ступенчатой композиции.

В проекте первого временного деревянного мавзолея наряду с ордерным завершением был лаконично решенный, подчеркнуто геометрический по формам постамент, каркасность конструкции которого была подчеркнута диагональной обшивкой. Второй деревянный мавзолей был решен с использованием композиционных приемов и упрощенных архитектурных форм классического ордера (пилястры, колонны, кронштейн и т. д.). Сам характер обшивки мавзолея как бы подчеркивает деление его объема на несущие вертикальные и опирающиеся на них горизонтальные элементы, хотя с конструктивной точки зрения это чистая декорация (за исключением колонн, поддерживающих завершающую мавзолей плиту).

Между 1924 г., когда были созданы оба деревянных мавзолея (решенных в упрощенной классике), и 1929 г., когда проектировался каменный мавзолей, творческие позиции Щусева претерпели серьезные изменения. Он меняет свои творческие симпатии и переходит на платформу новаторского направления.

Не будучи сторонником ни одного из полемизировавших друг с другом творческих течений советского архитектурного авангарда 20-х гг., Щусев использовал художественные возможности архитектурного авангарда в целом, осваивая опыт не только рационализма и конструктивизма, но и символического романтизма. Это сказалось и на процессе проектирования и строительства каменного мавзолея (1929–1930).

Перед Щусевым была поставлена задача, сохранив объемно-пространственную композицию деревянного мавзолея, облик которого стал уже привычным, перевести сооружение в камень. Создавая второй деревянный мавзолей, Щусев широко использовал композиционные приемы и формы классического ордера. Их упрощенная трактовка определилась прежде всего характером строитель-

formas lacónicas del primer mausoleo «inconcluso», exitosamente inscrito en el medio arquitectónico de la Plaza Roja, con el simple hecho de su presencia ya influían en el proceso de búsquedas artísticas. Paulatinamente (de bosquejo a bosquejo) la columnata se volvía cada más pequeña y finalmente se convirtió en el nivel superior de la composición escalonada.

En el proyecto del primer mausoleo temporal de madera, además del orden arquitectónico coronador, encontramos el diseño lacónico del pedestal de formas marcadamente geométricas, cuyo armazón de la estructura fue subrayado mediante un revestimiento diagonal. El segundo mausoleo de madera fue proyectado utilizando técnicas compositivas y formas arquitectónicas simplificadas del orden clásico (pilastras, columnas, cartela, etcétera). El propio carácter del revestimiento del mausoleo como que destaca la división de su volumen en elementos de apoyo verticales y elementos horizontales, que descansan en los primeros, a pesar que desde el punto de vista estructural esto es una simple decoración (excepto las columnas que sostienen la loseta que culmina el mausoleo).

Entre los años 1924, cuando se construyeron ambos mausoleos de madera (edificados en estilo clásico simplificado), y 1929, cuando se proyectó el mausoleo de piedra, las posiciones artísticas de Schúsiev sufrieron cambios muy serios. Él cambió sus simpatías artísticas y se traslada a la plataforma de las tendencias innovadoras.

Sin ser partidario de ninguna de las corrientes artísticas —entonces en polémica— del vanguardismo arquitectónico soviético de los años 20, Schúsiev utiliza las posibilidades artísticas del vanguardismo arquitectónico en conjunto, asimilando no sólo la experiencia del racionalismo y del constructivismo, sino también del romanticismo simbólico. Esto se refleja en la proyección y construcción del museo de piedra (1929–1930).

A Schúsiev se le plantea la tarea de transformar el mausoleo en piedra, conservando la composición volumétrico-espacial de la obra de madera, cuyo aspecto ya se había hecho familiar. En su proyecto del segundo mausoleo de madera, Schúsiev utilizó ampliamente los métodos compositivos y las formas del orden arquitectónico clásico. La interpretación simplificada de éstos estuvo determinada principalmente por

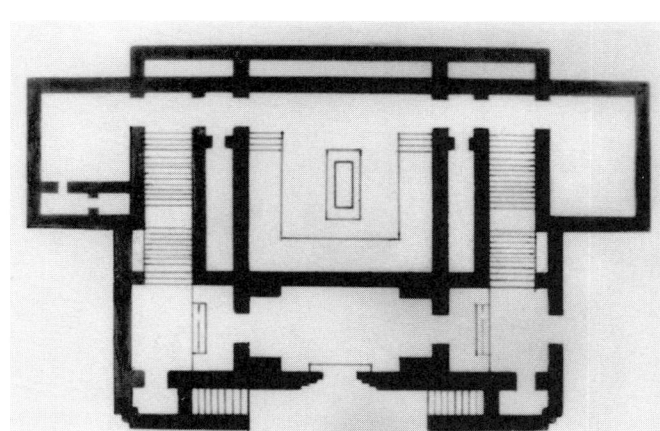

Раздел 2   А. Щусев. *Мавзолей В. И. Ленина в Москве. 1924–1930*
Parte 2   A. Schúsiev. *Mausoleo de V.I. Lenin en Moscú. 1924–1930*

го материала. При переводе в камень представлялась возможность более определенно выявить архитектурные детали и ордерные элементы композиции, лишь намеченные в деревянном мавзолее. Возможно, так и поступил бы А. Щусев, если бы ему пришлось создавать в том же 1924 г. проект перевода деревянного мавзолея в каменный. Но в конце 20-х гг. произошло нечто противоположное — в каменном мавзолее была принята за основу совсем иная художественная трактовка архитектурного образа, чем та, которая в зародышевой форме была заложена в деревянном мавзолее. При этом в процессе проектирования каменного мавзолея от этапа к этапу все больше выявлялась новая эстетическая концепция. Уже в первых вариантах про-

el carácter del material de construcción. Al pasar de la madera a la piedra se presenta la posibilidad de resaltar más claramente los detalles arquitectónicos y los elementos del orden de la composición, tan sólo delineados en la obra de madera. Posiblemente así habría actuado Schúsiev si se le hubiera conferido en el año 1924 la oportunidad de convertir en piedra el mausoleo de madera. Pero a finales de la década del 20 sucedió algo totalmente opuesto: en el mausoleo de piedra se toma como base una interpretación artística de la imagen arquitectónica completamente diferente de la transmitida en estado embrionario a la variante original del mausoleo de madera. A su vez, durante la proyección del mausoleo de piedra, de una etapa a la otra se manifiesta cada vez más la nueva

А. Щусев. Мавзолей В. И. Ленина в Москве. 1924–1930
A. Schúsiev. Mausoleo de V.I. Lenin en Moscú. 1924–1930

Раздел 2
Parte 2

екта перевода деревянного мавзолея в каменный наметилась тенденция обобщения архитектурных деталей, был введен символически трактованный цвет. В дальнейшем Щусев полностью отказывается от имевшихся в деревянном мавзолее традиционных архитектурных деталей.

В процессе перевода деревянного мавзолея в каменный на различных стадиях разработки проекта принимали участие помощники А. Щусева: И. Француз, А. Куровский, Г. Яковлев и некоторые другие.

Художественный облик осуществленного каменного мавзолея создан под несомненным влиянием эстетических концепций архитектурного авангарда. Не сам по себе материал — камень — определил художественный облик постоянного мавзолея и принципиальное отличие его трактовки от облика деревянного мавзолея, а именно новая эстетика советской архитектуры тех лет.

При проектировании постоянного мавзолея главное внимание уделялось не выявлению в его внешнем облике тектоники каменного сооружения, а поискам объемно-пространственной композиции, подчеркивающей простоту геометрических форм, пропорциям и цветовым соотношениям, включению нового сооружения в ансамбль Красной площади.

concepción estética. Desde las primeras variantes del proyecto de transformación del mausoleo de madera en piedra se vislumbra la tendencia de generalización de los detalles arquitectónicos, se introduce un color simbólico característico. Posteriormente, Schúsiev rechaza totalmente los detalles arquitectónicos tradicionales presentes en el mausoleo de madera.

En las diferentes etapas del estudio de transformación del mausoleo de madera en piedra tomaron parte los ayudantes de Schúsiev I. Frantsuz, A. Kurovski, G. Yákovlev y otros más.

La imagen artística del mausoleo realizado en piedra fue, sin duda alguna, creada bajo la influencia de las concepciones estéticas del vanguardismo arquitectónico. No fue el material de la obra (piedra) el que determinó la imagen artística del mausoleo definitivo y la diferencia fundamental de su interpretación en comparación con el mausoleo de madera, sino la nueva estética de la arquitectura soviética de aquellos años.

Durante la proyección de la variante definitiva del mausoleo, la atención no se centró en expresar en su aspecto exterior la tectónica de la edificación de piedra, sino en las búsquedas de una composición volumétrico-espacial que destacara la sencillez de las formas geométricas, en las proporciones y en las relaciones de los colores, en la integración de la nueva edificación en la Plaza Roja.

А. и Л. Веснины

КОНКУРСНЫЙ ПРОЕКТ ПЛАНИРОВКИ И ЗАСТРОЙКИ СОЦГОРОДА ПРИ ТЕЛЬБЕССКОМ ЗАВОДЕ (КУЗНЕЦК). 1930

A. Vesnín y L. Vesnín

PROYECTO DE CONCURSO DE PLANIFICACIÓN Y CONSTRUCCIÓN DE UNA SOTSGÓROD PARA LOS TRABAJADORES DE LA FÁBRICA DE TELBIÉS (KUZNIETSK). 1930

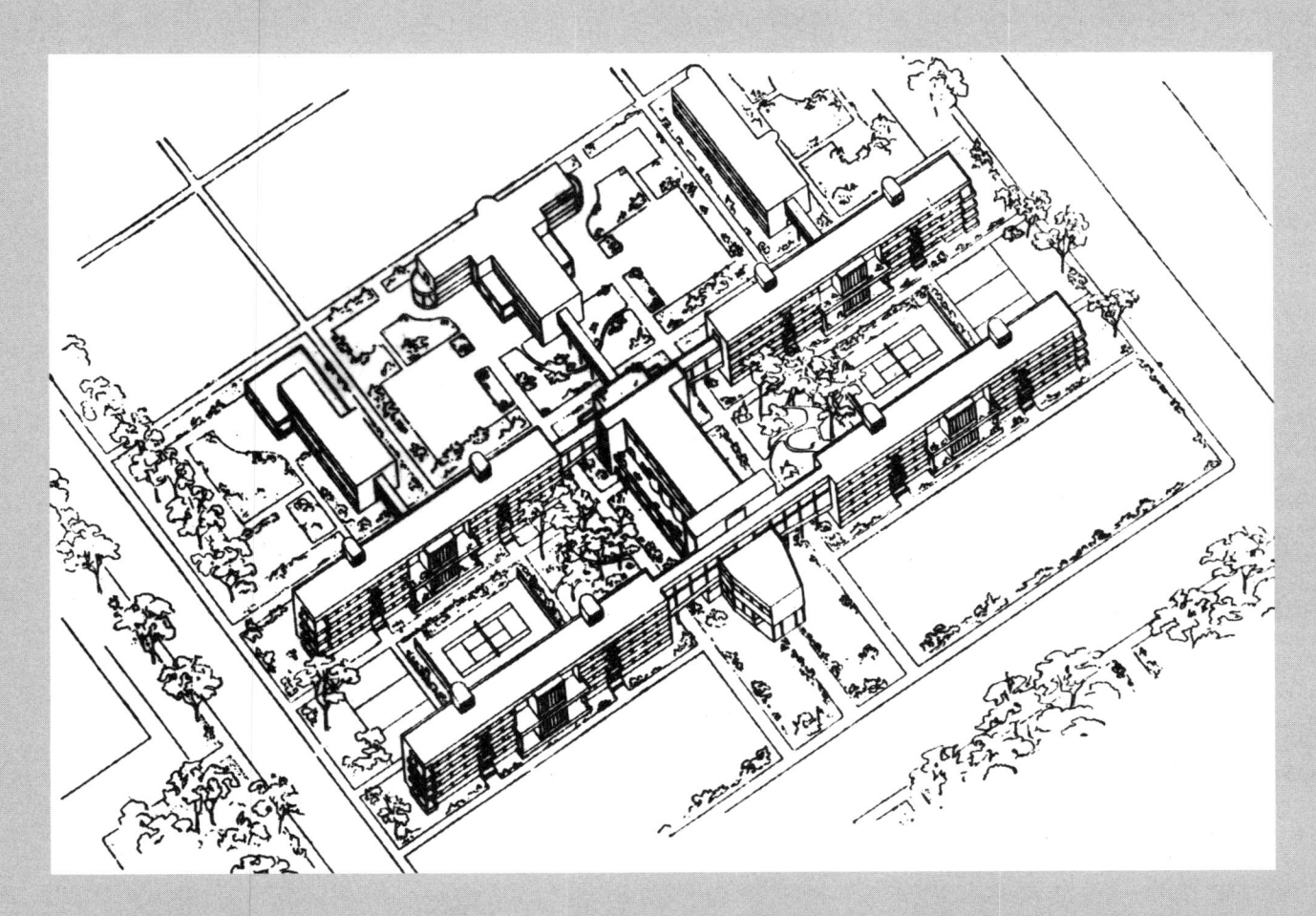

По программе требовалось разработать проект соцгорода на 35 тысяч населения при крупном промышленном предприятии. Веснины предложили в своем проекте компактную планировку города с четко выявленным общественно-политическим и культурно-бытовым центром, типовыми жилыми кварталами, участками школ, больницей, пищевым комбинатом, спортивным комплексом и парками. Кварталы предлагалось застраивать жилкомбинатами двух типов — на 1110 и на 2100 человек.

Вот как описывали авторы в пояснительной записке один из жилкомбинатов: «Коммуна спроектирована на 1110 человек, из них взрослых 870 человек, 100 детей школьного возраста и 140 — дошкольного.

En el programa se exigía crear un proyecto de una sotsgórod para 35 000 personas, adjunta a una gran empresa industrial. En su proyecto, los hermanos Vesnín propusieron una planificación compacta de la ciudad con un centro socio-político y cultural-doméstico claramente marcado, manzanas de viviendas estándares, espacios para escuelas, hospital, fábricas alimentarias, complejos deportivos y parques. Se proponía edificar las manzanas con dos tipos de combinados habitacionales, para 1110 y 2100 personas.

En la nota explicativa, los autores describen uno de los combinados habitacionales de la siguiente manera: «La comuna se proyectó para 1110 personas, de las cuales 870 son adultos, 100 son niños en edad escolar y 140 en edad preescolar.

А. и Л. Веснины. Конкурсный проект планировки и застройки соцгорода при Тельбесском заводе (Кузнецк). 1930

A. Vesnín y L. Vesnín. Proyecto de concurso de planificación y construcción de una sotsgórod para los trabajadores de la fábrica de Telbiés. 1930

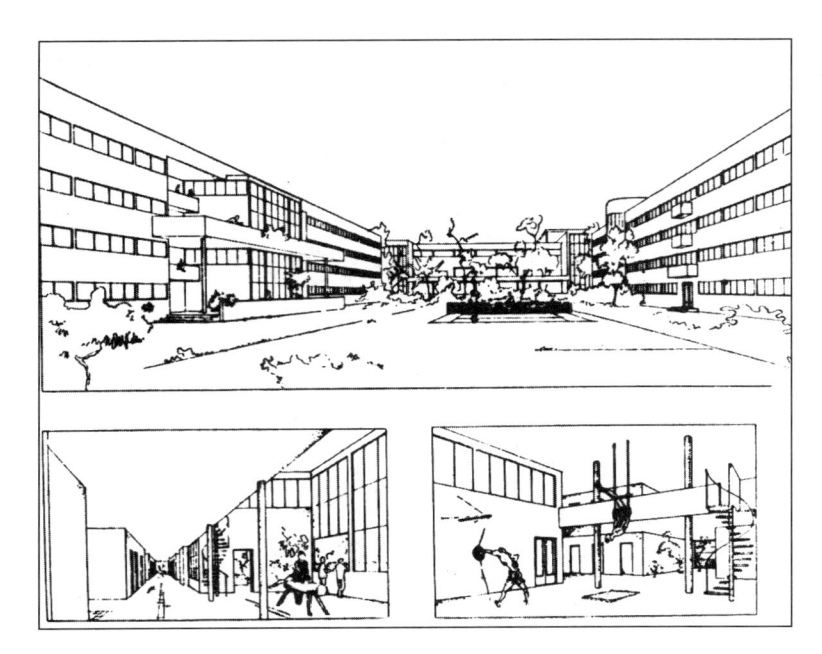

Генплан города, жилкомбинат на 1110 человек (аксонометрия, фасад, план второго этажа, перспектива двора, перспективы интерьеров жилых корпусов)

Plano general de la ciudad, combinado habitacional para 1110 personas (axonometría, fachada, plano del segundo piso, perspectiva del patio, perspectivas de los interiores de los bloques de viviendas)

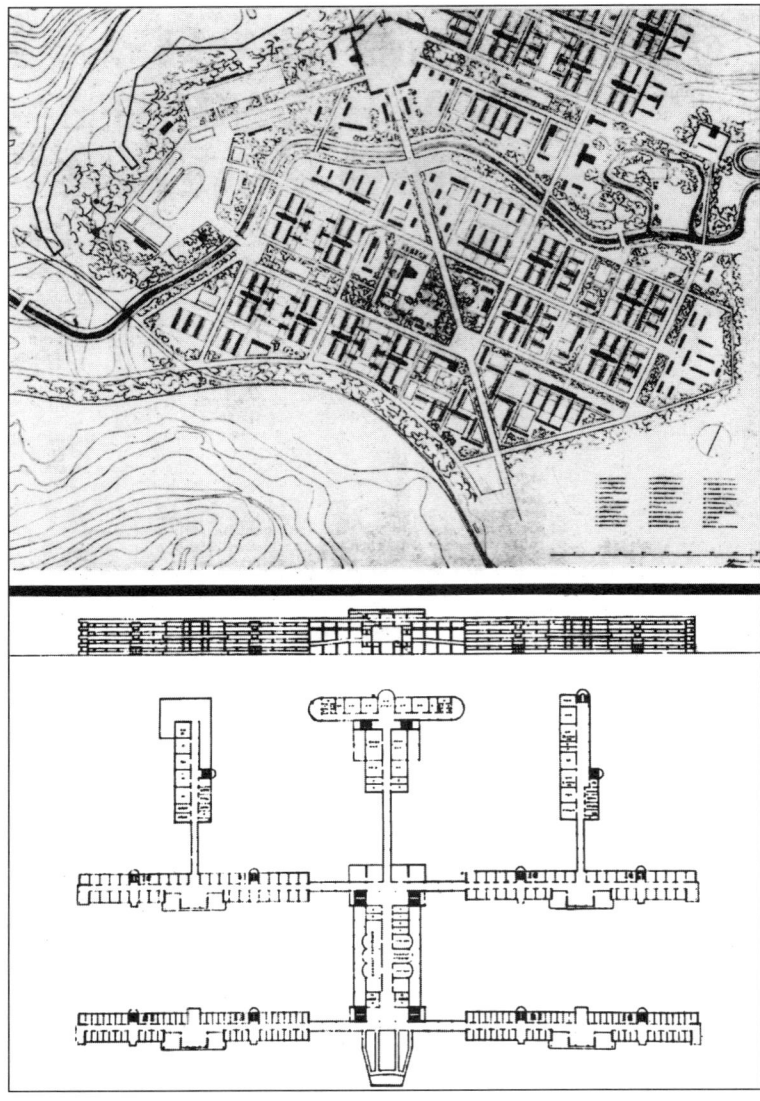

К зданию обобществленного сектора, в котором размещены столовая, зал собраний, читальня, комнаты кружковых занятий и зал физкультуры, примыкают теплыми переходами 4 жилые четырехэтажные корпуса. В передних 2-х корпусах проектируются жилые ячейки по 9 кв. метров для одного живущего. ...В задних 2-х корпусах спроектированы ячейки по 15 кв. метров для двух живущих семейных; с этими корпусами теплыми переходами соединены детский сад и ясли. Интернат для детей школьного возраста связан с помещениями для кружковых занятий общественного сектора по второму этажу»*.

Таким образом, жилкомбинат состоял из восьми соединенных переходами корпусов: общественного, четырех жилых, двух детских и интерната. Два жилкомбината образуют квартал с зеленым массивом в средней части, в сторону которого обращены детские учреждения и интернат. Соцгород «набирается» из таких типовых жилкомбинатов и жилкомбинатов на 2100 человек.

El edificio del sector público, en el que se encuentran un comedor, una sala de reuniones, una sala de lectura, cuartos para las clases de los círculos de interés y una sala de educación física, se comunica por medio de pasos con calefacción con cuatro bloques de viviendas de cuatro pisos. En los dos bloques delanteros se proyectan unidades de vivienda de 9 metros cuadrados por persona... En los dos bloques traseros se proyectan unidades de 15 metros cuadrados para dos familias. Estos bloques se unen por medio de pasos con calefacción con un jardín de infancia y una casa-cuna. El internado para los niños en edad escolar se comunica por el segundo piso con las instalaciones para las clases en los círculos de interés del sector público.»*

De este modo, el combinado habitacional estaba formado por ocho bloques comunicados mediante pasos, a saber: el bloque público, cuatro bloques de viviendas, dos infantiles y el internado. Dos combinados habitacionales forman una manzana, la cual tiene una zona verde en la parte central, hacia la que están dirigidas las entidades infantiles y el internado. La sotsgórod se forma de estos combinados habitacionales y de combinados para 2100 personas.

---

* СА. 1930. № 3. С. 8.

* AM. 1930. № 3. Pág. 8.

Бригада АРУ (Г. Крутиков, В. Лавров и В. Попов)

КОНКУРСНЫЙ ПРОЕКТ ПЛАНИРОВКИ И ЗАСТРОЙКИ «ГОРОДА-КОММУНЫ» АВТОСТРОЯ. 1930

(81)

Brigada ARU (G. Krútikov, V. Lavrov y V. Popov)

PROYECTO DE CONCURSO DE PLANIFICACIÓN Y CONSTRUCCIÓN DE LA «CIUDAD-COMUNA» DE AVTOSTROI. 1930

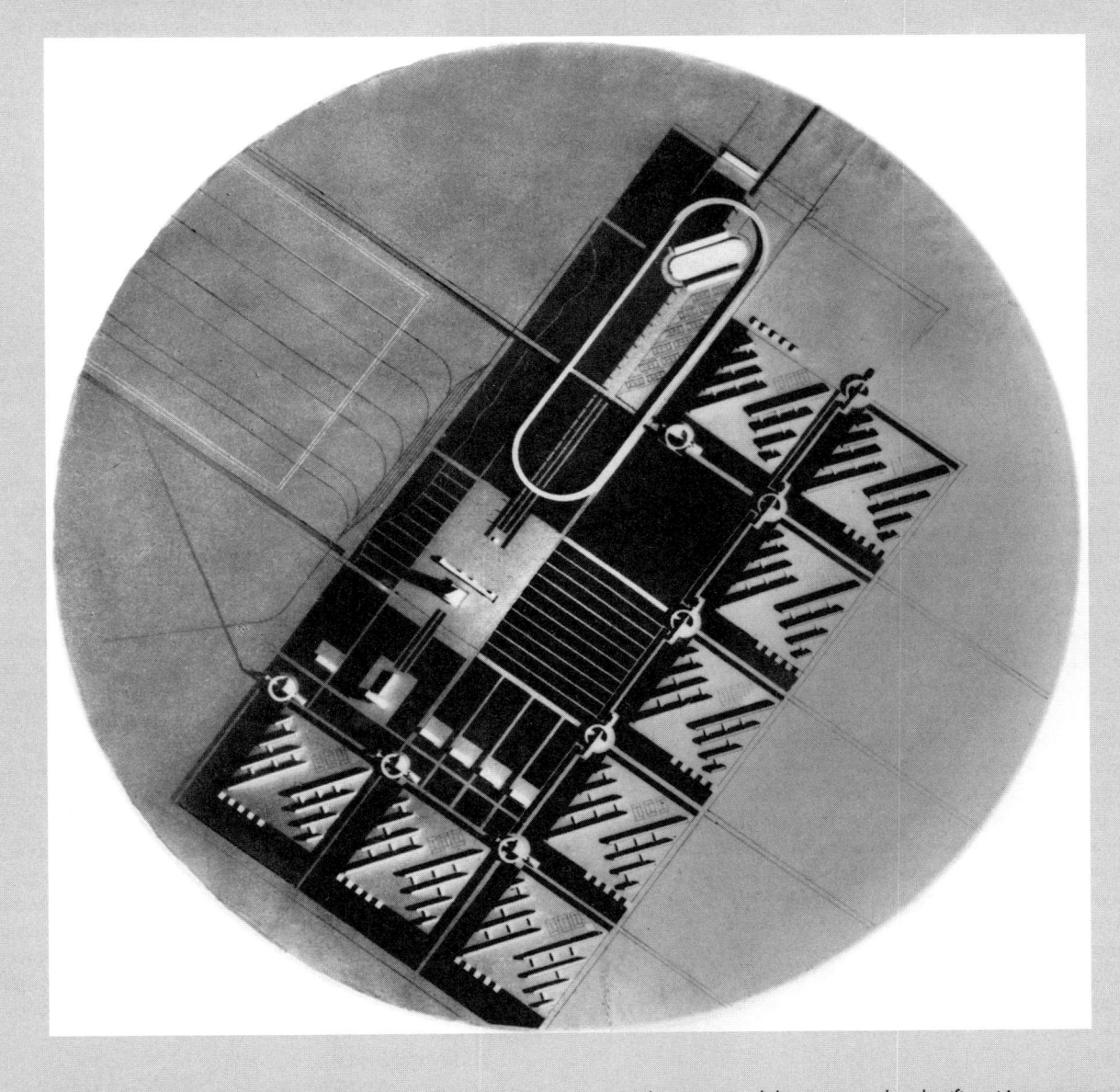

Конкурс на проект планировки и застройки Автостроя (город при Нижегородском автозаводе) был проведен в 1930 г. как заказной. В программе конкурса, разработанной заказчиком, говорилось, что планируется создать город-коммуну на 50 тысяч жителей, первая очередь на 25 тысяч жителей (из них 14 тысяч рабо-

El concurso del proyecto de planificación y construcción de Avtostroi (ciudad para los trabajadores de la fábrica automotriz de Nizhni Nóvgorod) tuvo lugar en 1930 y se realizó por encargo. En el programa de concurso desarrollado por el cliente, se informaba que se planificaba crear una ciudad-comuna para 50 mil personas, y que en la primera etapa se traslada-

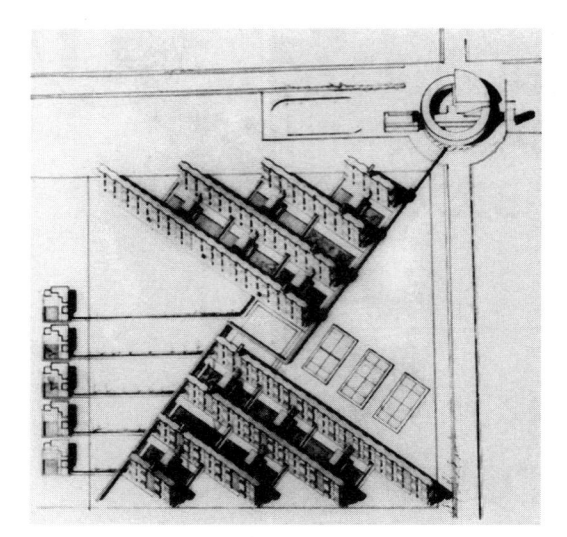

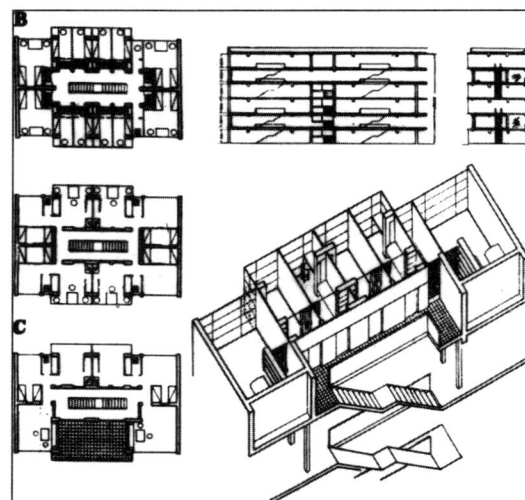

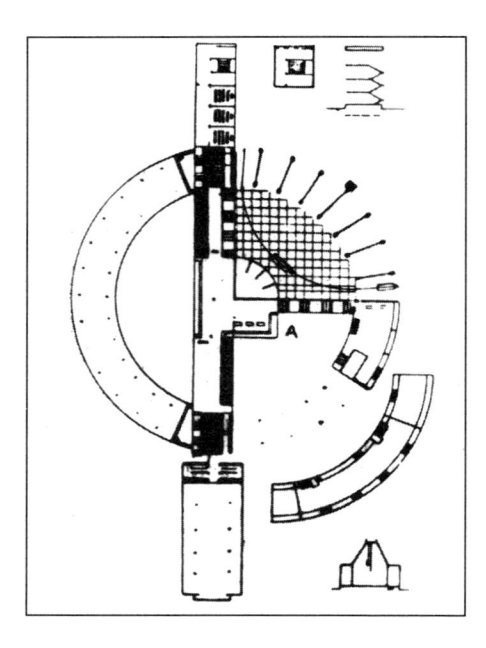

Бригада АРУ. Конкурсный проект планировки и застройки «города-коммуны» Автостроя. 1930 — Раздел 2

Brigada ARU. Proyecto de concurso de planificación y construcción de la «ciudad-comuna» de Avtostroi. 1930 — Parte 2

Генплан, макет (общий вид), аксонометрия жилкомбината, планы, разрез, фасад и аксонометрия жилого корпуса: вариант для дома-коммуны — спальные ячейки; вариант для индивидуальных квартир, планы общественного корпуса

Plano general, maqueta (vista general), axonometría del combinado habitacional, planos, corte, fachada y axonometría del bloque de viviendas: variante para las casas-comuna (unidades de vivienda); variante para los apartamentos individuales, planos del bloque público

тающих). Между заводом и жилым массивом предусматривалась зеленая зона.

В программе подробно оговаривались все проблемы, связанные с социально-бытовыми сторонами жизни населения города-коммуны:

«4. При проектировании рабочего поселка должно быть учтено, что этот поселок должен представлять собою город-коммуну, в связи с чем при проектировании учитывается следующее:
a) Обслуживание подрастающего поколения ведется общественным порядком, путем полного охвата его детскими яслями, очагами, детскими садами и школами-интернатами...
б) Питание населения централизуется путем организации фабрики-кухни, могущей обслужить полностью все население, причем потребление ее продукции производится через посредство столовых-буфетов в доме культуры и парке... через помещение приема пищи на заводе... и через столовые-буфеты в домах-коммунах... В столовые-буфеты домов-коммун фабрика-кухня доставляет как готовую продукцию, так и полуфабрикаты.
в) Культурная работа путем постройки дома культуры и путем размещения в домах-коммунах помещений для передвижных библиотек с читальнями, комнат отдыха, кино, радиоустановок, очагов физкультуры, кабинетов для занятий и проч.
г) Физическая культура путем организации центра в доме культуры и филиалов в домах-коммунах.
д) Санитарное обслуживание путем устройства:
   1) бань с душевыми, ванными устройствами,
   2) душевых устройств в домах-коммунах и
   3) прачечных.

5. Жилые помещения:
a) На 24 000 человек строятся дома-коммуны.
б) ...на 1 живущего... норма жилой площади не может быть ниже 7 м²...
г) В домах-коммунах должно быть предусмотрено следующее:

rían 25 mil habitantes (de los cuales 14 mil eran trabajadores). Entre la fábrica y el combinado habitacional debía encontrarse una zona verde.

En el programa se indicaban detalladamente todos los problemas relacionados con los aspectos socio-domésticos de la vida de la población de la ciudad-comuna:

«4. Al proyectar el poblado obrero es necesario considerar que éste debe ser una ciudad-comuna, por lo que el diseño debe tener en cuenta lo siguiente:
a) La atención de la nueva generación debe realizarse a nivel social, ocupándola totalmente en casas-cunas, hogares, jardines de infancia y escuelas-internados...
b) La alimentación de la población debe ser centralizada por medio de la organización de una cocina industrial con capacidad para atender a toda la población. La alimentación tiene lugar en comedores localizados en la casa de la cultura y en el parque, ...en los comedores de la fábrica, ...y en los comedores de las casas-comuna... La cocina industrial reparte a los comedores de las casas-comuna tanto alimentos listos como productos precocinados.
c) El trabajo cultural se lleva a cabo en la casa de la cultura y en recintos de las casas-comuna destinados a bibliotecas móviles con salas de lectura, cuartos de descanso, cine, equipos de radio, centros de cultura física, gabinetes para tareas individuales, etcétera.
d) La educación física se efectúa mediante la organización de un centro en la casa de la cultura y de filiales en las casas-comuna.
e) El servicio sanitario se efectúa con ayuda de los siguientes equipos:
   1) sauna con duchas, implementos para el baño,
   2) duchas en las casas-comuna y
   3) lavanderías.

5. Unidades de vivienda:
a) Se construyen casas-comuna para 24000 personas.
b) ...por persona ...la norma de área total de los cuartos no puede ser inferior a 7 m²...
c) En las casas-comuna se debe prever lo siguiente:

Бригада АРУ. Конкурсный проект планировки и застройки «города-коммуны» Автостроя. 1930

Brigada ARU. Proyecto de concurso de planificación y construcción de la «ciudad-comuna» de Avtostroi. 1930

1) каждая комната должна быть снабжена водоисточником;
2) столовая-буфет с отделением для приготовления пищи, получаемой с фабрики-кухни, и подогревания (вместимость столовой 200 человек на 1000 живущих в доме);
3) библиотека-передвижка с читальней;
4) комната для собраний, комната для отдыха с радиоустановками;
5) рабочие комнаты;
6) хозяйственный и информационный центр, т. е. а) розничная продажа бумаги, марок, мелких хоз. предметов и галантереи, фруктовых вод, печенья, холодных закусок, булок, консервов и др.; б) отделение почты, телеграфа, сберкассы, справочного бюро, киоска печати;
7) душевые, ванные, уборные, простирочное помещение...
9) парикмахерская...

6. ...На 300–500 семей строятся дома с индивидуальными квартирами...»*

В проекте бригады АРУ внесено уточнение в конкурсную программу. Авторы предусмотрели постепенное обобществление обслуживания и перестройки быта (планировка жилых корпусов дана в двух вариантах — спальные ячейки на одного или двух человек, индивидуальные двух- или трехкомнатные квартиры). Жилая зона разделена на восемь кварталов — жилкомбинатов, состоящих из двух частей, каждая на 2940 человек. Кварталы окружают парковую зону, к которой примыкает общегородской центр и школьный городок. Каждый жилкомбинат включает шестиэтажные жилые корпуса, между которыми расположены ясли. Детские сады и кольцевой в плане общественный корпус (столовая, аудитория, библиотека, спортивный зал и др.) вынесены на периферию квартала. Все корпуса квартала соединены теплыми переходами.

1) cada habitación debe tener una fuente de agua;
2) un comedor con una sección para preparar y calentar la comida recibida de la cocina industrial (la capacidad del comedor será de 200 personas por 1000 habitantes de la casa);
3) una biblioteca móvil con sala de lectura;
4) una habitación de reuniones, cuarto de descanso con equipo de radio;
5) cuartos de trabajo;
6) un centro comercial e informativo, es decir: a) venta al por menor de papel, estampillas, artículos domésticos y personales pequeños, refrescos de frutas, galletas, fiambres, bollos, conservas y otros; b) oficinas de correo, telégrafo, banco, información, quiosco de prensa;
7) duchas, cuartos de baño, retretes, lavandería...
9) peluquería...

6. ...Para 300–500 familias se construyen edificios con apartamentos individuales...»*

En el proyecto de la brigada ARU se introdujo una especificación en el programa del concurso. Los autores previeron la colectivización paulatina de los servicios y reorganización del modo de vida (la planificación de los bloques de viviendas se propuso en dos variantes: dormitorios para una o dos personas y apartamentos individuales de dos o tres habitaciones). La zona habitacional estaba dividida en ocho manzanas: combinados habitacionales compuestos de dos partes, cada una para 2940 personas. Las manzanas están rodeadas de parques, que lindan con el centro de la ciudad y la ciudad escolar. Cada combinado habitacional incluye edificios de viviendas de seis pisos, entre los que se sitúan las casas-cunas. Los jardines de infancia y el bloque público de planta circular (comedor, auditorio, biblioteca, sala deportiva, etcétera), se encuentran en la periferia de la manzana. Todos los bloques de la manzana se comunican por medio de pasos con calefacción.

---

* Строительная промышленность. 1930. № 6/7. С. 567.

* Industria de la Construcción. 1930. № 6/7. Pág. 567.

И. Голосов
КОНКУРСНЫЙ ПРОЕКТ ЖИЛКОМБИНАТА В СТАЛИНГРАДЕ. 1930

I. Gólosov
PROYECTO DE CONCURSO DEL COMBINADO HABITACIONAL DE STALINGRADO. 1930

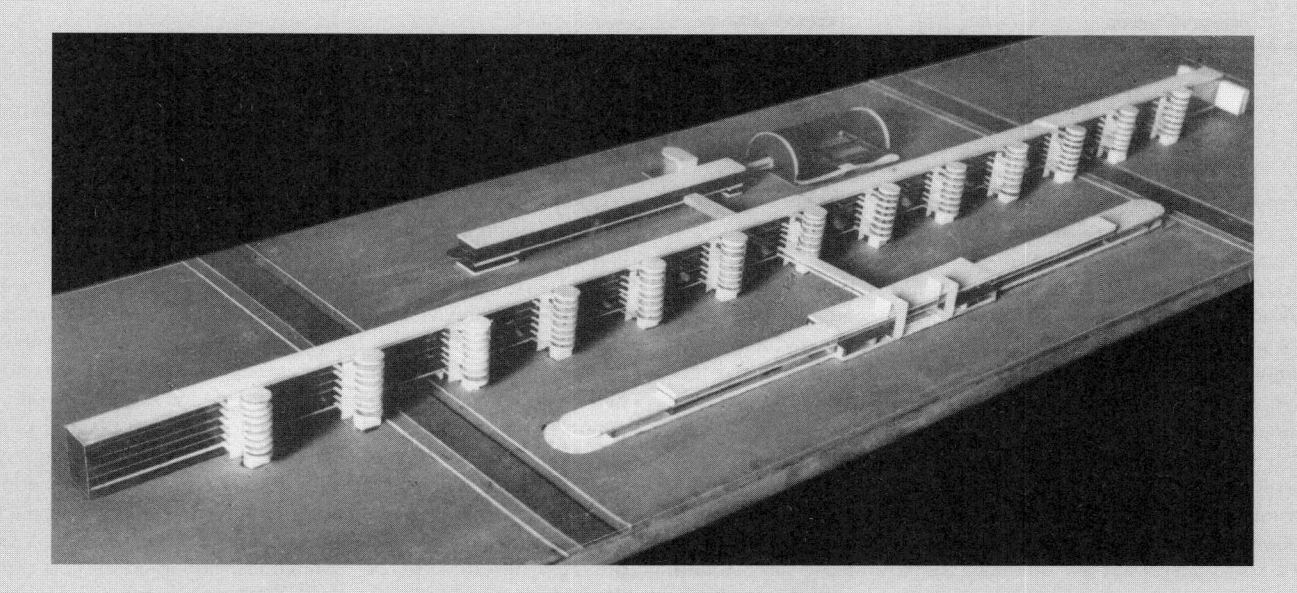

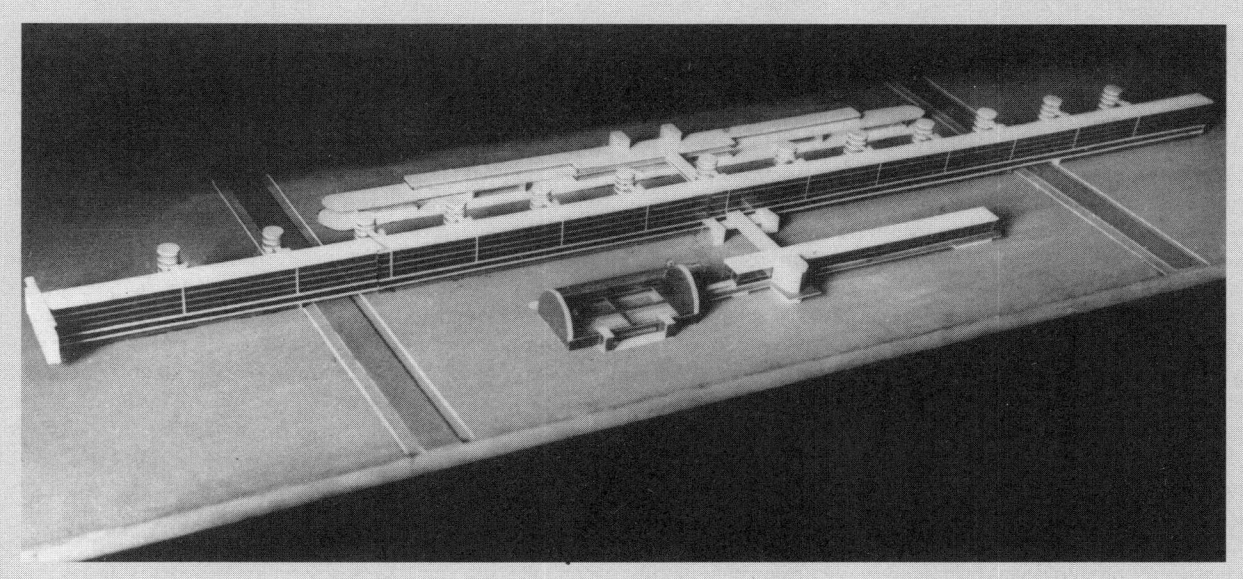

При распространенном в 20-е гг. приеме объемно-пространственного построения жилкомбината в виде прямоугольного в плане квартала создавалось трудно разрешимое противоречие между действительным масштабом всего комплексного сооружения и его внешним обликом (особенно со стороны улицы). И. Голосову, который большое значение придавал композиционным проблемам, всегда стремился выявить крупную форму и подчеркнуть масштаб сооружения, такое положение казалось особенно неприемлемым. Он пытал-

Al utilizar la tan difundida en los años 20 técnica de construcción volumétrico-espacial de los combinados habitacionales en forma de manzanas de planta rectangular, aparecía una contradicción de difícil solución entre la verdadera magnitud de toda la edificación del complejo y su aspecto exterior (sobre todo vista desde la calle). A Gólosov, quien consideraba de gran importancia los problemas compositivos y siempre se esforzaba por revelar las formas grandes y destacar la escala de la edificación, esta situación le parecía inaceptable. Él intentaba

И. Голосов. Конкурсный проект жилкомбината в Сталинграде. 1930
I. Gólosov. Proyecto de concurso del combinado habitacional de Stalingrado. 1930

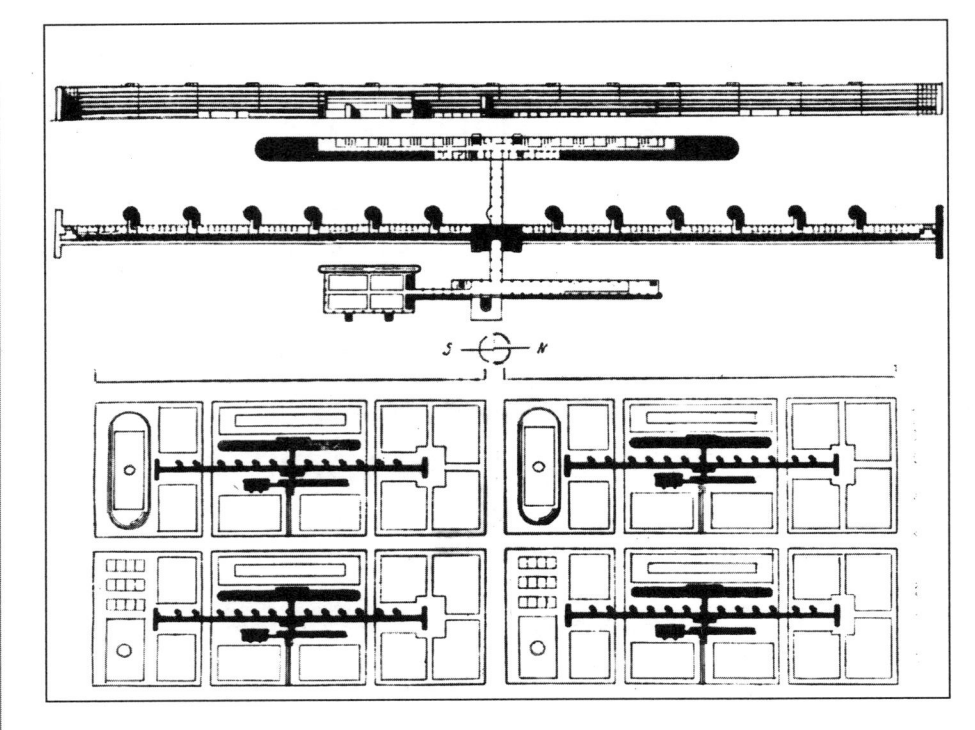

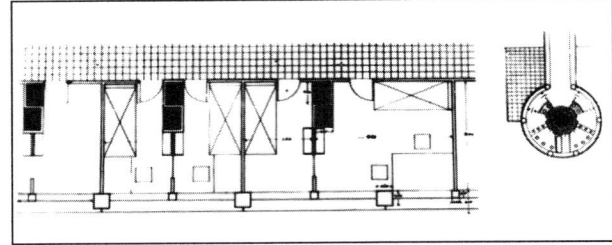

Генплан, макет, фасад и план, планы жилых ячеек и санитарной группы

Plano general, maqueta, fachada y plano, planos de las unidades de vivienda y del grupo sanitario

ся в самой структуре жилкомбината найти возможности придания ему большей выразительности и выявления масштаба этой новой градостроительной единицы.

И. Голосов отказывается от характерных для большинства проектов жилкомбинатов таких приемов взаиморасположения отдельных корпусов, когда общественные корпуса размещаются в глубине квартала, а объединяющие корпуса крытые переходы оказываются не выявлены вовсе. Для поисков Голосова характерны варианты проекта жилого комплекса для первого рабочего поселка в Иваново-Вознесенске (1929–1932), в одном из предварительных вариантов которого двухэтажный общественный корпус (клуб, столовая) Голосов размещает на развилке улиц, распластывая его вдоль основной магистрали.

Но наиболее интересен в этом отношении созданный И. Голосовым в 1930 г. конкурсный проект типового жилкомбината для Сталинграда, в котором он предлагает совершенно новое, необычное объемно-пространственное решение. Вместо компактного квартала типовой жилой комбинат по проекту И. Голосова представлял собой комплекс, состоящий из трех соединенных между собой (в центральной части) переходами и вытянутых параллельно друг другу (в направлении север — юг) корпусов: два коммунальных корпуса (западный корпус — общественный центр, восточный — детский сектор) и расположенный между ними самый протяженный жилой корпус (длиной 540 м). Шестиэтажный жилой корпус имел коридорную планировку. Одна сторона коридора представляла собой полосу остекления, а с другой (восточной стороны) размещались жилые ячейки двух типов — 5 и 10 м².

Каждая ячейка была оборудована умывальником (в нише) и неглубоким встроенным шкафом. Предусматривалась возможность объединения между собой двух соседних жилых ячеек. Со стороны восточного фасада жилого корпуса через равные промежутки расположены лестничные клетки, перед ними вынесены 12 цилиндрических объемов, в которых размещены санитарные узлы (уборные, души, ванные). Эти цилиндры образуют ритмический ряд, объединенный и композиционно усиленный горизонталью корпуса.

В голосовских проектах жилкомбинатов для Иваново-Вознесенска и Сталинграда новым и оригинальным был необычный композиционный прием — развертывание объема по горизонтали. Это было вызвано не столько функциональными, сколько художественно-композиционными соображениями, стремлением архитектора зрительно выявить крупный масштаб нового комплексного сооружения, состоящего из соединенных между собой переходами жилых и коммунальных корпусов.

encontrar en la misma estructura del combinado habitacional la posibilidad de darle más expresividad y de descubrir la escala de esta nueva unidad urbanística.

Gólosov rechaza las técnicas típicas de la mayoría de proyectos de combinados habitacionales, tales como la disposición mutua de los diferentes bloques, en la que los bloques públicos se emplazan en la profundidad de la manzana y los pasos cubiertos que unen los bloques no se destacan de ninguna manera. Son características de las búsquedas de I. Gólosov las variantes del proyecto del complejo habitacional para el primer poblado obrero de Ivánovo-Voznesiensk (1929–1932), en una de cuyas variantes previas coloca el edificio público de dos pisos (club y comedor) en una bifurcación de calles, extendiéndolo a lo largo de la calle principal.

Pero en este sentido la creación más interesante de I. Gólosov es el proyecto de concurso del combinado habitacional tipo para la ciudad de Stalingrado (realizado en 1930), en el que Gólosov propone una solución volumétrico-espacial totalmente nueva e insólita. Según el proyecto de Gólosov, en lugar de una manzana compacta, el combinado habitacional tipo era un complejo formado por tres bloques paralelos alargados (dirigidos de norte a sur) unidos entre sí por pasos cubiertos (en la parte central): dos bloques comunales (el bloque occidental es el centro público; el oriental es el sector infantil) y el bloque de viviendas entre ellos, que es el más largo (540 m de longitud). El bloque de viviendas tiene seis pisos y una planificación con pasillos. Un lado del corredor era una banda vidriada, mientras que en el otro lado (la parte oriental) se encontraban las unidades de vivienda de dos tipos: de 5 y 10 m².

Cada unidad tenía un lavabo (en un nicho) y un armario empotrado de poca profundidad. Se preveía la posibilidad de unir dos unidades vecinas. Del lado de la fachada oriental del bloque de viviendas y separadas a distancias iguales, se encuentran las cajas de escaleras; frente a ellas hay 12 volúmenes cilíndricos en los que están las instalaciones sanitarias (retretes, duchas, cuartos de baño). Estos cilindros forman una fila rítmica, unificada y compositivamente reforzada por la horizontalidad del bloque.

El inusual método compositivo de despliegue horizontal del volumen utilizado por I. Gólosov en los proyectos de los combinados habitacionales de Ivánovo-Voznesiensk y Stalingrado fue algo nuevo y original. Este método fue hallado partiendo no tanto de consideraciones funcionales como compositivas, en el intento del autor de revelar visualmente la gran escala del nuevo complejo de edificios, formado por bloques de viviendas y comunales unidos por pasos cubiertos.

К. Мельников

ЗЕЛЕНЫЙ ГОРОД.
Конкурсный проект. 1929–1930

K. Miélnikov

CIUDAD VERDE.
Proyecto de concurso. 1929–1930

Мельников назвал свой проект Зеленого города (города отдыха в зеленой зоне Москвы) «Городом сонной архитектуры», положив в его основу идею рационализировать отдых за счет сна. В своих воспоминаниях он писал: «И теперь, если я слышу, что для нашего здоровья нужно питание, я говорю — нет — нужен СОН. Все говорят, отдыху нужен воздух, опять не это — я считаю, что без сна воздух бессилен восстановить наши силы... Торжествующему СНУ я проектирую Дворцы-палаты из пяти видов воздействия через: ФИЗИКУ — давления и влажности воздуха, водяных потоков с массажем до чесания пяток; ТЕРМИческих палат — от жары русских каменок до ледяных морозов; ХИМИЮ — ароматы лесных массивов, лугов, душистого сена, весны, осени; МЕХАНИКУ — с ложами в движениях кручения, дергания, качания, опрокидывания;

Miélnikov denominaba a su proyecto de Ciudad Verde (ciudad de descanso en la zona verde de Moscú) «Ciudad de arquitectura soñolienta», pues la idea básica era la racionalización del descanso a costa del sueño. En sus memorias escribe: «Y ahora, cuando oigo que nuestra salud necesita de alimentación, yo digo que no, que lo que necesita es SUEÑO. Todos dicen que para descansar se necesita de aire, y yo digo nuevamente que no: sin sueño el aire es incapaz de restablecer nuestras fuerzas... Al triunfante SUEÑO le dedico la proyección de los palacios-aposentos con cinco tipos de influencia: FÍSICA, por medio de la presión y la humedad del aire, con hidromasaje hasta en las plantas de los pies; en aposentos TÉRMICOS, desde el calor de las estufas rusas de piedra hasta el frío que congela; QUÍMICA, mediante el aroma de los bosques, los prados, el heno, la primavera y el otoño; MECÁNICA, por medio de camas con

К. Мельников. Зеленый город. Конкурсный проект. 1929–1930

K. Miélnikov. Ciudad Verde. Proyecto de concurso. 1929–1930

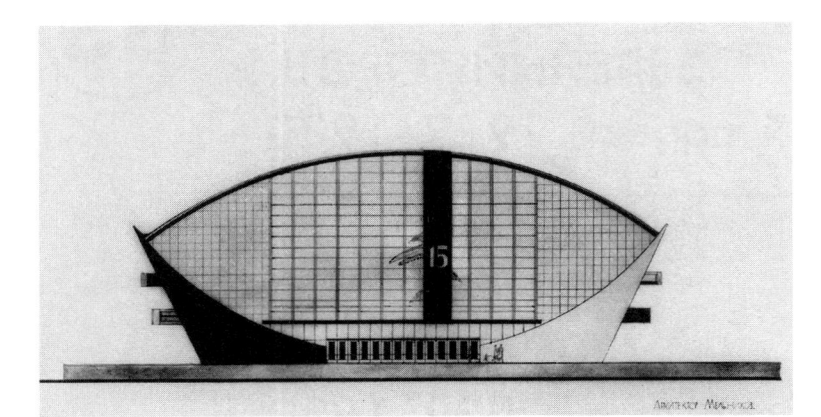

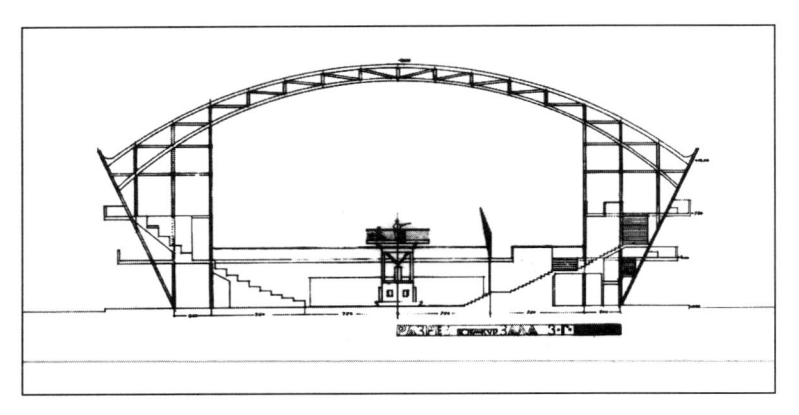

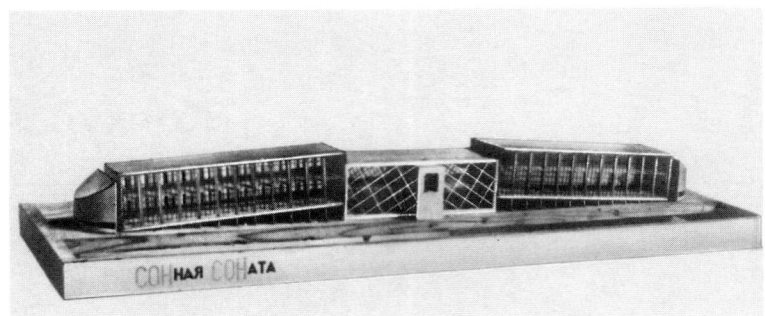

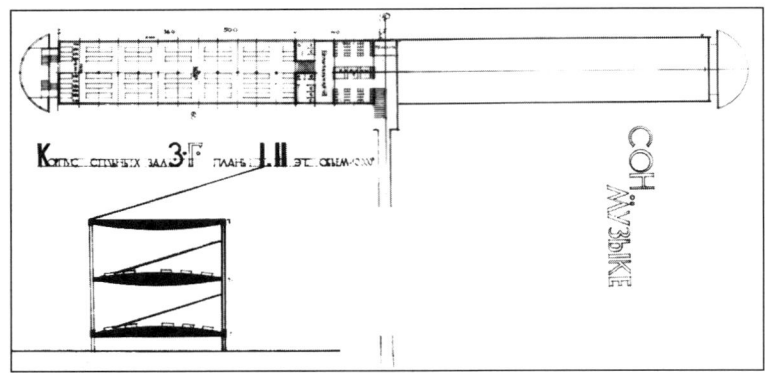

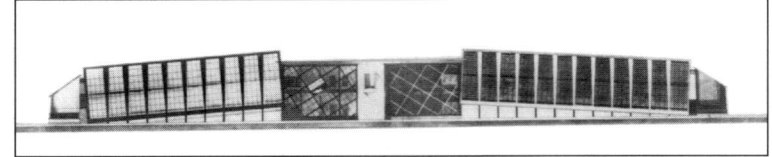

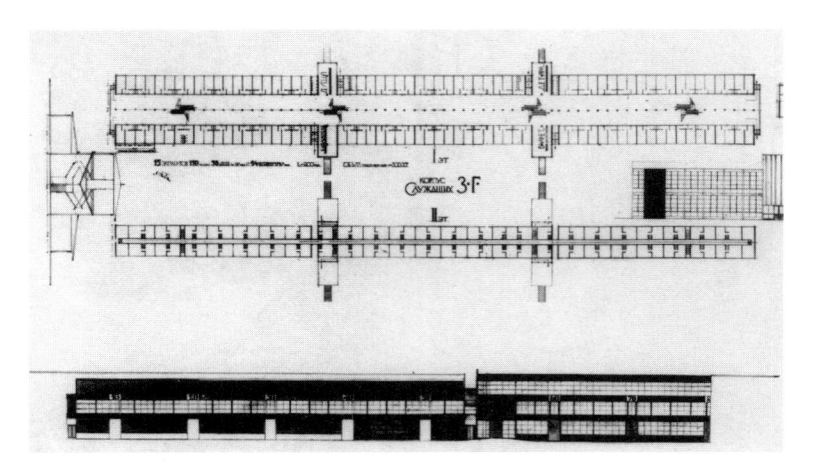

ПСИХИКУ — шум листьев, морского прибоя, грозы, соловьи, чтение, музыку... Проект позабавил врачей, и в настоящее время медицина приближает свои методы к сну, как к целебному источнику... и я верю, что я не так уж далек со своим проектом и скоро к науке с техникой придут на помощь поэт и музыкант, и с ними человек, и завершат мою мечту построить СОНную СОНату».

movimientos de torsión, de oscilación, de rotación, camas que se mecen, que saltan; SÍQUICA, mediante el ruido de las hojas, de las olas del mar, de tormentas, de los ruiseñores, por medio de la lectura, la música... El proyecto divirtió a los médicos, y actualmente la medicina dirige sus métodos al sueño como a una fuente curativa... pienso que mi proyecto no es irreal, y que pronto la ciencia y la técnica se verán apoyadas por el poeta y el músico, y con ellos el hombre, haciendo realidad mi SUEÑO de construir la SONata del SUEÑO*.»

---

* *N. del T.* La raíz SON significa sueño en ruso. Miélnikov utiliza el juego de palabras SONata del SUEÑO (*SÓNnaya SONata*) para hacer alusión a la famosa Sonata Claro de Luna (*Lúnnaya Sonata*).

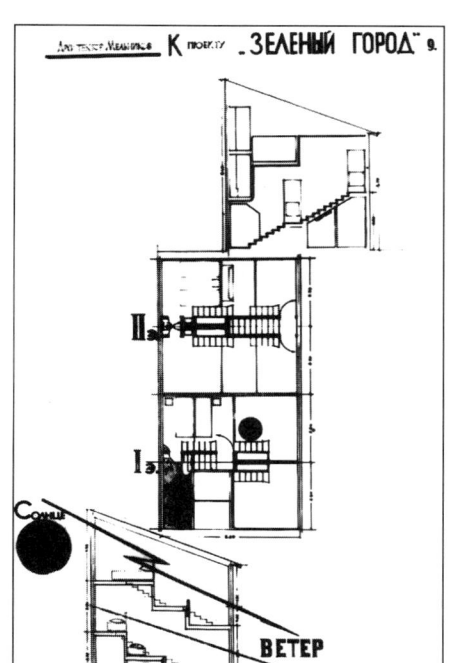

a) генеральный план всего комплекса (см. титул шедевра);
b) вокзал-курзал (фасад, разрез);
c) корпус спальных зал (макет, план первого и второго этажей, разрез);
d) туристский павильон (фасад, план);
e) номер в гостинице (интерьер, планы, разрезы, макет жилой ячейки в натуральную величину);
f) галерея быта служащих

a) plano general de todo el complejo (véase la ilustración inicial);
b) estación de trenes y sala de conciertos (fachada, corte);
c) bloque de salas dormitorio (maqueta, planos del primer y segundo pisos, corte);
d) pabellón turístico (fachada, plano);
e) habitación en el hotel (interior, planos, cortes, maqueta de una unidad de vivienda en tamaño natural)
f) galería doméstica para los empleados

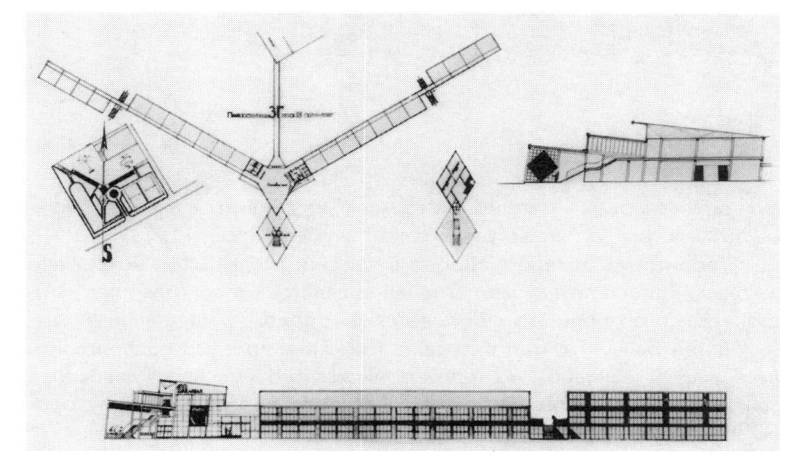

Ориентация на сон как основу отдыха сказалась и на том, что Мельников большое внимание в своем проекте уделил спальным корпусам. В пояснительной записке к проекту он писал: «В ближайшее время необходимо устройство 12 таких корпусов, с вместимостью каждого до 4000 единовременно спящих. Наипростейшей с архитектурной стороны... является, конечно, общая палата-спальня...

Главными недостатками этого архитектурного типа явились: шум наполнения палаты, проход к соседней кровати, шум соседа, разговоры ближние и дальние, наконец, храп спящих и пр., и т. п. Все эти отрицательные явления чисто звукового, шумового происхождения. Уничтожение их возможно, во-первых, наиболее трудным путем, путем изоляции; во-вторых, путем заглушения неорганизованных шумов шумами организованными, влияющими на человека не с отрицательной стороны, а с положительной. Этими организованными шумами владеет то искусство, которое мы называем музыкой.

Исходя из этих предпосылок, мы и предлагаем строить тип здания казармы, палаты-спальни, но строить коллективом, общими усилиями и знаниями различных специалистов: музыкантов, врачей, архитекторов и проч. Рассчитывая именно на эти коллективные усилия и знания различных технических единиц, мы и запроектировали ту часть работы, которая касается архитектора и которая выразилась в проекте сонно-концертного корпуса "СОНная СОНата".

Этот корпус запроектирован с учетом всех акустических особенностей. Он состоит из двух частей, каждая из которых имеет два зала. Эти части соединены в центре здания обслуживающими помещениями (кабинками для переодевания, душем, уборной и умывальными). На концах корпуса устроены специальные звуковые раковины, предназначающиеся для транслирования в залы-спальни сим-

La orientación hacia el sueño como la base del descanso se refleja también en la atención que Miélnikov concentra en los bloques de descanso de su proyecto. En su nota explicativa del proyecto escribe: «En un futuro cercano será necesario construir 12 bloques de este tipo, cada uno con capacidad para 4000 personas que duerman simultáneamente. Desde el punto de vista arquitectónico, la solución más sencilla... es, por supuesto, una sala dormitorio común...

Las principales desventajas de este tipo arquitectónico eran: el ruido producido por la gente al entrar en el dormitorio, el paso a la cama vecina, el ruido del vecino, las conversaciones cercanas y lejanas, finalmente, el ronquido de los durmientes, etcétera. Todos estos fenómenos negativos tienen su origen en el sonido y el ruido puros. Su erradicación es posible, en primer lugar, utilizando el método más difícil, el aislamiento; el segundo método es opacar los ruidos desorganizados mediante ruidos organizados, que influyen en el hombre no de manera negativa, sino positiva. Estos ruidos organizados son manejados por el arte que llamamos música.

Partiendo de estas premisas, proponemos construir un edificio tipo cuartel, con salas dormitorio, pero construirlo en colectivo, con los esfuerzos y conocimientos comunes de diferentes especialistas: músicos, médicos, arquitectos y otros. Confiando precisamente en estos esfuerzos y conocimientos colectivos de las diferentes unidades técnicas, hemos realizado la parte del trabajo que le corresponde al arquitecto y que se refleja en el proyecto del bloque de sueño y conciertos "SONata de SUEÑO".

Este bloque se proyectó tomando en cuenta todas las características acústicas. El bloque consta de dos partes, cada una de las cuales tiene dos salas. Estas partes se unen en el centro del edificio por medio de las instalaciones de servicio (vestidores, duchas, retretes y lavabos). En los extremos del bloque se colocan bocinas de sonido especiales, destina-

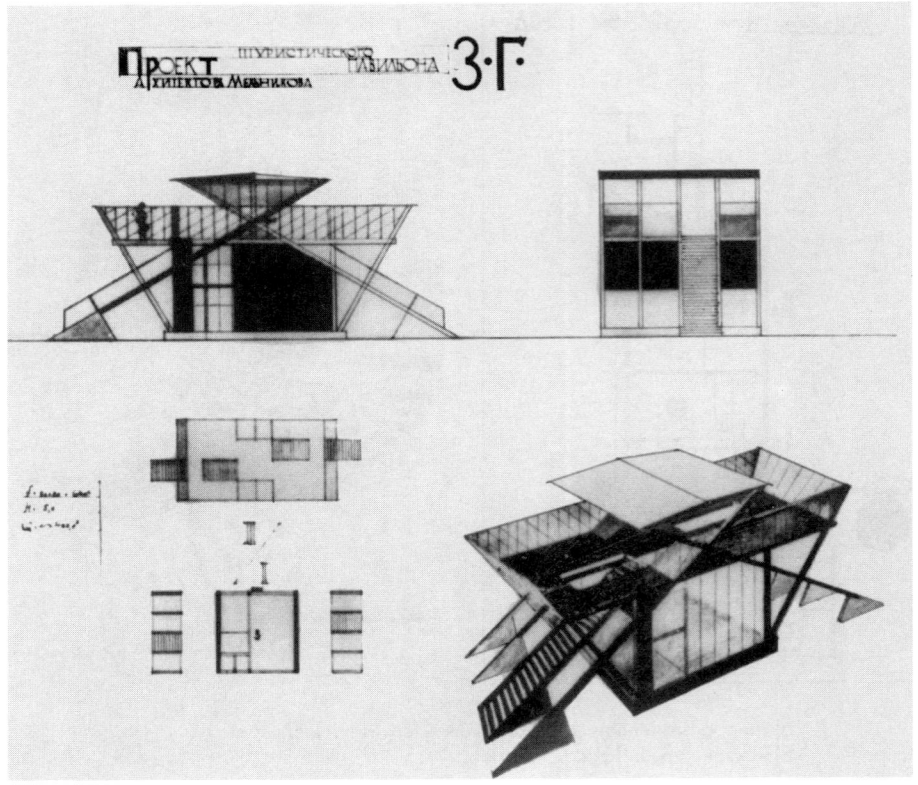

К. Мельников. Зеленый город. Конкурсный проект. 1929–1930

K. Miélnikov. *Ciudad Verde. Proyecto de concurso. 1929–1930*

d | d

фоний и звуковых имитаций, которыми могут явиться: шелест листьев, шум ветра, журчанье ручья и т. п. звуки природы»*.

Территория Зеленого города в проекте Мельникова заключена в кольцо транспортных магистралей и делится на секторы: лес, угодья, сады и огороды, зоопарк, детский городок, общественный сектор. В центре — Институт человека. Спальные корпуса расположены по кольцу, в основном на территории лесного массива. Гуляющих в зеленом массиве отдыхающих обслуживают передвижные рестораны, библиотеки, платформы со спортинвентарем и т. д.

Кроме спальных корпусов на территории Зеленого города предусмотрены различные сооружения: вокзал-курзал, гостиницы, туристские павильоны, жилые корпуса для служащих и др. Каждый из этих типов сооружений в проекте Мельникова представляет собой оригинальное архитектурное произведение. Он создает по существу проекты новых типов зданий: вокзал-курзал (совмещение функций транспортного и культурно-зрелищного сооружения); жилой корпус для служащих (ряды 150 жилых ячеек примыкают с боков и сверху к двухсотметровой по длине галерее быта, куда выходят двери жилых ячеек, лестницы с верхнего этажа и общественные помещения: библиотека, детская, буфет и т. д.); здание районной гостиницы (предложен новый прием пространственной организации номеров-ячеек: пол каждой из них расположен на трех плоскостях-уступах, также уступами поднимается и потолок); два типа павильонов для туристов (в виде шатра и в виде перевернутой трапеции).

das a reproducir en las salas dormitorios sinfonías e imitaciones sonoras, que pueden ser: el murmullo de las hojas, el ruido del viento, el sonido de un riachuelo y sonidos similares de la naturaleza.»*

En el proyecto de Miélnikov, el territorio de la Ciudad Verde se encuentra rodeado por un anillo de vías de transporte y se divide en sectores: bosque, zonas verdes, jardines y huertos, zoológico, ciudad infantil, sector público. En el centro se encuentra el Instituto de la Persona. Los bloques para dormir están distribuidos en forma de anillo, generalmente en el territorio del bosque. Las personas que pasean por el bosque cuentan con un servicio de restaurantes móviles, bibliotecas, plataformas con implementos deportivos, etcétera.

Además de los bloques para dormir, en el territorio de la Ciudad Verde se prevén diversas edificaciones: una estación de trenes-sala de conciertos, hoteles, pabellones turísticos, bloques de viviendas para el personal de servicio, etcétera. En el proyecto de K. Miélnikov, cada una de estas edificaciones es una obra arquitectónica original. Prácticamente crea proyectos de nuevos tipos de edificios: la estación de trenes-sala de conciertos (cumple simultáneamente las funciones de edificio de transporte y edificio de actividades culturales); el bloque de viviendas para los empleados (filas de 150 unidades de vivienda que están unidas por el costado y por la parte superior a una galería doméstica de 200 m de longitud, adonde dan las puertas de las unidades de vivienda, las escaleras del piso superior y donde se encuentran las instalaciones públicas: biblioteca, habitación infantil, cafetería, etcétera); el edificio del hotel municipal (se propone una nueva técnica de organización espacial de las habitaciones-unidades: en cada habitación el piso forma una escalera de tres escalones a modo de planos; el techo también se eleva escalonadamente); dos tipos de pabellones para turistas (uno en forma de tienda piramidal y el otro, de trapecio invertido).

---

* Мельников К. С. Город рационализированного отдыха // Строительство Москвы. 1930. № 3. С. 20–25.

* Miélnikov K. S. Ciudad de descanso racionalizado // Construcción de Moscú. 1930. № 3. Págs. 20–25.

Н. Ладовский

ЗЕЛЕНЫЙ ГОРОД.
Конкурсный проект. 1929–1930

(84)

N. Ladovski

CIUDAD VERDE.
Proyecto de concurso. 1929–1930

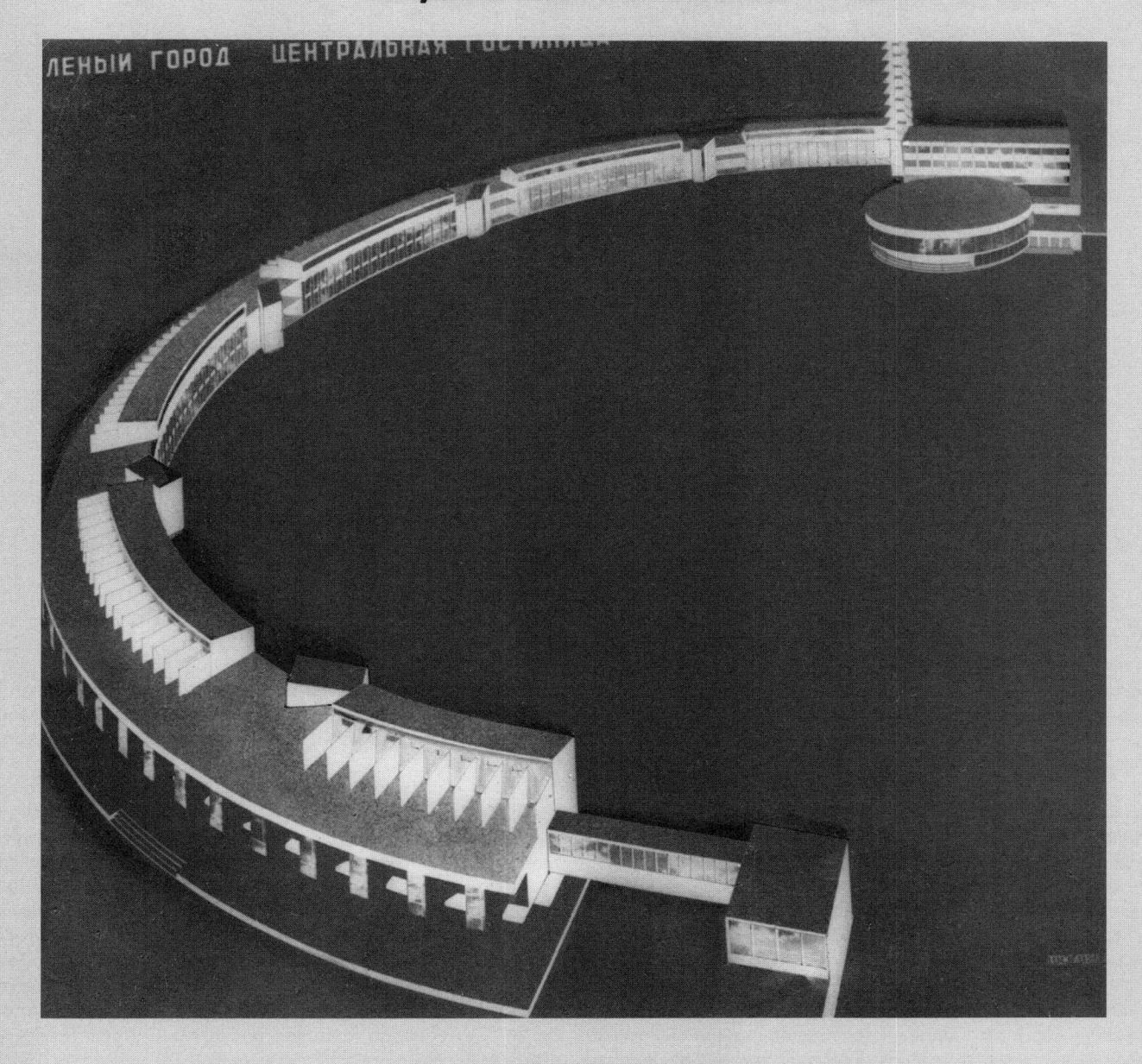

Проект Зеленого города (город отдыха в зеленой зоне Москвы) Ладовского как бы сконцентрировал в себе результаты его поисков и в области объемно-пространственной композиции, и в области градостроительства. Вот как сам Ладовский изложил свою концепцию, положенную им в основу планировочной структуры его конкурсного проекта:

«Зеленый город по мысли рабочих организаций, являющихся учредителями его, должен явиться городом отдыха и проводником социалистических форм организации быта и воспитания для трудящихся. Вместе с тем:

а) Зеленый город является местом не постоянного жительства, а лишь более или менее временного пребывания и является таким образом как бы обширным курортом.

El proyecto de la Ciudad Verde (ciudad de descanso en la zona verde de Moscú) de Ladovski es como si concentrara en sí los resultados de sus búsquedas en los campos de la composición volumétrico-espacial y de la construcción urbana. Ladovski formula de la siguiente manera la concepción en la que se basa la planificación de su proyecto de concurso:

«De acuerdo con las ideas de las organizaciones laborales creadoras de la Ciudad Verde, ésta debe ser una ciudad de descanso y una guía de las formas socialistas de organización del modo de vida y de educación de los trabajadores. Además de esto:

a) La Ciudad Verde no es un lugar de residencia permanente, sino de permanencia más o menos temporal, y de esta manera constituye una especie de gran zona de descanso.

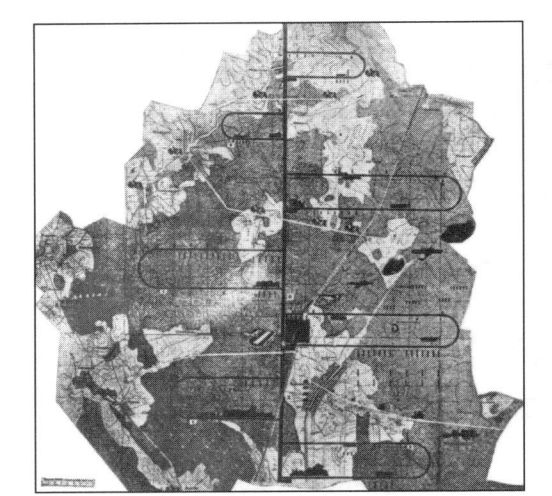

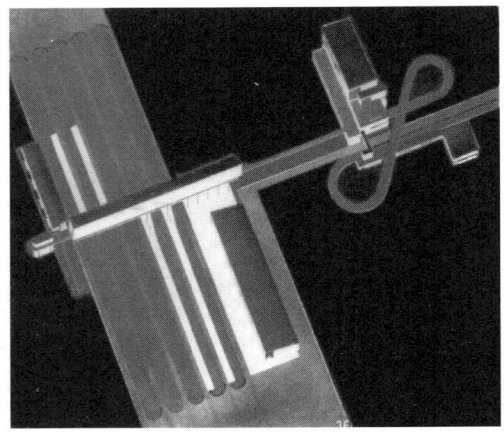

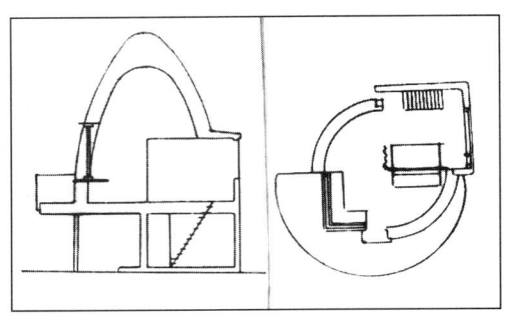

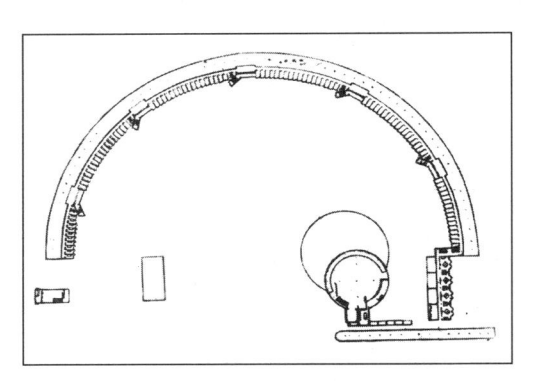

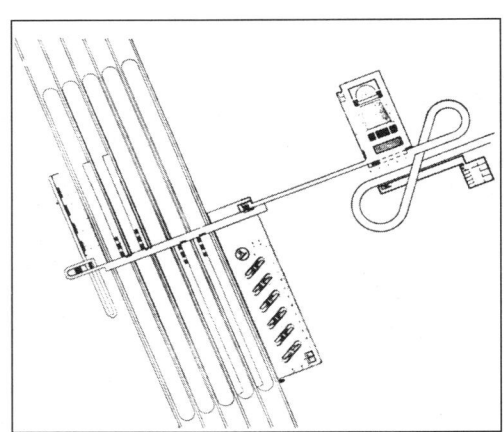

Н. Ладовский. *Зеленый город.* Конкурсный проект. 1929–1930

N. Ladovski. *Ciudad Verde.* Proyecto de concurso. 1929–1930

a) генплан всего города;
b) центральная гостиница (перспектива, план первого этажа) (см. титул шедевра);
c) вокзал-курзал (аксонометрия, план первого этажа);
d) туристский павильон на двоих — «вигвам» (макет, план, разрез)

a	c	d
b	c	d

a) plano general de toda la ciudad;
b) hotel central (perspectiva, plano del primer piso) (véase la ilustración inicial);
c) estación de trenes-sala de conciertos (axonometría, plano del primer piso);
d) pabellón turístico para 2 personas: «cabaña» (maqueta, plano, corte)

б) Зеленый город не примыкает к какому-либо специальному производственному комбинату и обслуживает рабочих различных производств.

в) Территория З. Г. пересекается с территорией, занятой под агрокультуру.

Эти особенности требуют от планировщика такого подхода к решению задачи создания конструктивной планировочной схемы, который не имеет образцов в прошлом и настоящем и вместе с тем должен дать наиболее жизненный, эластичный и экономический прием решения.

Первый вопрос, который необходимо разрешить, это приблизить З. Г. к рабочему потребителю — к Москве... Помимо электрификации ж. д. необходимо предвидеть и аэросвязь. Но наиболее жизненным в настоящих условиях должен оказаться пассажирский автотранспорт, поэтому на организацию его обращено особое внимание. Основным стержнем планировки является ось «автострады», которая вводится в центр З. Г., пересекая город в середине и обслуживая все районы Зеленого города...

В пределах, доступных планировке, в проекте трасса автострады представляет прямую, идущую по меридиану С—Ю...

Необходимо сочетать город отдыха с агроцентрами на месте теперешних деревень так, чтобы районы отдыха представляли целостную систему и могли свободно развиваться без необходимости вытеснять агроиндустрию, точно так же, как последняя при своем развитии не должна входить в конфликт с городом...

Районы отдыха имеют тупиковые петлевые проезды и связаны друг с другом и с административным и хозяйственным центром по главной магистрали. Это дает возможность избежать транзитного

b) La Ciudad Verde no está asociada a ningún tipo de fábrica en especial, y sirve a los obreros de diferentes ramas de la producción.

c) El territorio de la C. V. atraviesa el territorio destinado a la agricultura.

Estas particularidades exigen del planificador tal enfoque del problema de creación del esquema de planificación estructural que no tiene ejemplos ni en el pasado ni en el presente, y que al mismo tiempo debe ofrecer el método de solución más vital, flexible y económico.

El primer asunto que se necesita resolver es acercar la C. V. a su consumidor, a Moscú... Además de la electrificación de las líneas ferroviarias es preciso prever comunicaciones aéreas. Pero en las condiciones actuales el transporte más vital debe ser el automotriz, por eso a su organización se le dedica una atención especial. La base de la planificación es el eje formado por la «vía automotriz», la cual entra en el centro de la C. V., cortando la ciudad por la mitad y atendiendo a todas sus urbanizaciones...

En el marco de lo permitido por la planificación, la vía automotriz del proyecto es una línea recta que pasa por el meridiano N—S...

En el lugar ocupado actualmente por las aldeas es necesario combinar la ciudad de descanso con los centros agropecuarios, de tal modo que las urbanizaciones de descanso conformen un sistema íntegro y puedan desarrollarse libremente sin necesidad de desplazar a la industria agropecuaria; asimismo, esta última no debe originar conflictos con la ciudad durante su desarrollo...

Las urbanizaciones de descanso tienen calles sin salida en forma de lazo, y se comunican entre sí y con el centro administrativo y económico por medio de la vía principal. Esto permite evitar el tránsito hacia otras urbanizaciones y, de esta manera, unir por el camino más corto las urba-

Раздел 2	Н. Ладовский. *Зеленый город. Конкурсный проект.* 1929–1930
Parte 2	N. Ladovski. *Ciudad Verde. Proyecto de concurso.* 1929–1930

движения в другие районы и, вместе с тем, по кратчайшему пути соединять район с вокзалом, аэродромом, автострадой и прочими центрами З. Г. Развитие районов отдыха З. Г. может происходить и на восток и запад точно так же, как и развитие агроцентров без взаимного столкновения. Развитие всего города может происходить по меридиану С—Ю. В общем все развитие осуществляется в проекте по принципу, напоминающему рост дерева — от магистрали "ствола", разветвляясь к периферии — тупикам»*.

Как видим, Ладовский много внимания уделяет тому, чтобы все элементы планировочной структуры могли развиваться, не мешая друг другу.

К автомагистрали в центре Зеленого города примыкает большая площадь, объединяющая все виды пассажирских станций, включая вокзал. Здесь же находятся различные общественные здания (универмаг, почта и др.). Вблизи этой площади размещаются центральная гостиница, зимний лагерь, дома отдыха. В каждом районе Зеленого города запроектированы спортивные площадки с бассейнами для плавания, расположенными среди зелени. Особо выделен детский городок.

С учетом планировавшегося быстрого строительства первой очереди этого города отдыха Ладовский предусмотрел для всех зданий единую конструкцию — деревянный каркас с двухсторонней обшивкой термолитом.

В конкурсном проекте Ладовского из основных объектов Зеленого города наиболее интересны вокзал-курзал, центральная гостиница и туристский павильон.

Вокзал-курзал представляет собой сложное комплексное сооружение, объединяющее функции пассажирского железнодорожного вокзала и клуба. Вокзал имеет шесть путей, поперек которых над ними размещен ресторан и большой зал ожидания. Курзал включает в себя киноконцертный зал на 800 мест, расположенный на втором этаже спортивный зал, к которому ведет специальный пандусовый подъезд для автомобилей в плане в виде «восьмерки», и корпус с помещениями для работы различных кружков.

Центральная гостиница запроектирована на 426 номеров на одного и двух человек. В плане — это полукольцо, к которому примыкает круглый корпус, где расположены общественные помещения. В основном полукруглом корпусе первый этаж имеет широкий боковой коридор, а второй — центральный. На плоской крыше расположены летние номера.

Оригинально решен туристский павильон на двоих в зимнем лагере. Это круглый в плане двухэтажный павильон, крытый вытянутым куполом — своеобразный «вигвам».

nizaciones con la estación de trenes, el aeródromo, la carretera y otros centros de la C. V. El desarrollo de las urbanizaciones de descanso de la C. V. puede tener lugar hacia el este u oeste, de la misma manera que el crecimiento de los centros agropecuarios, sin que éstos se molesten. El desarrollo de toda la ciudad puede realizarse a lo largo del meridiano N–S. En resumen, todo el desarrollo se materializa en el proyecto siguiendo un principio que recuerda el crecimiento de un árbol, desde la vía principal, el "tronco", hacia la periferia, los callejones sin salida.»*

Como se puede observar, Ladovski dedica mucha atención a la obtención de elementos de planificación que puedan desarrollarse sin perturbar el uno al otro.

En el centro de la Ciudad Verde, la vía automotriz linda con una gran plaza, que une todos los tipos de estaciones de pasajeros, incluyendo la de trenes. Aquí mismo se encuentran los diversos edificios públicos (centro comercial, correo, etcétera). Cerca de esta plaza están localizados el hotel central, el campamento de invierno, la casa de descanso. En cada urbanización de la Ciudad Verde, en medio de las áreas verdes, están proyectadas áreas deportivas con piscinas para natación. Se destaca especialmente la ciudad infantil.

Considerando que la primera parte de esta ciudad de descanso se planeaba construir rápidamente, Ladovski previó una misma estructura para todos los edificios: un armazón de madera con revestido de material termoaislante por ambos lados.

Entre las principales obras de la Ciudad Verde del proyecto de concurso de Ladovski, las más interesantes son la estación de trenes-sala de conciertos, el hotel central y el pabellón turístico.

La estación de trenes-sala de conciertos constituye una edificación compleja que abarca las funciones de estación ferroviaria de pasajeros y de club. La estación tiene seis andenes y sobre éstos, en forma transversal, se encuentran un restaurante y una gran sala de espera. La edificación incluye una sala de cine y espectáculos con 800 localidades, una sala deportiva en el segundo piso, hacia donde lleva una rampa especial para automóviles de planta en forma de ocho, y un bloque con recintos para el trabajo de los diferentes círculos de interés.

El hotel central está proyectado con 426 habitaciones para una o dos personas. Su planta es semicircular. Al hotel se une un bloque circular en el que se encuentran las instalaciones públicas. En el bloque semicircular principal, el primer piso tiene un amplio pasillo lateral; en el segundo, el pasillo es central. En el techo plano se encuentran las habitaciones de verano.

Muy original es el proyecto del pabellón turístico para dos personas en el campamento de invierno. El pabellón, de planta circular y de dos pisos, está cubierto con una cúpula alargada, como una especie de cabaña.

---

* Ладовский Н. Город отдыха и социалистического быта // Строительство Москвы. 1930. С. 9–10.

* Ladovski N. Ciudad de descanso y hogar socialista // Construcción de Moscú. 1930. Págs. 9–10.

М. Охитович, М. Барщ, В. Владимиров и Н. Соколов

МАГНИТОГОРЬЕ.
Конкурсный проект. 1930

(85)

M. Ojitóvich, M. Barsch, V. Vladímirov y N. Sokolov

MAGNITOGORIE.
Proyecto de concurso. 1930

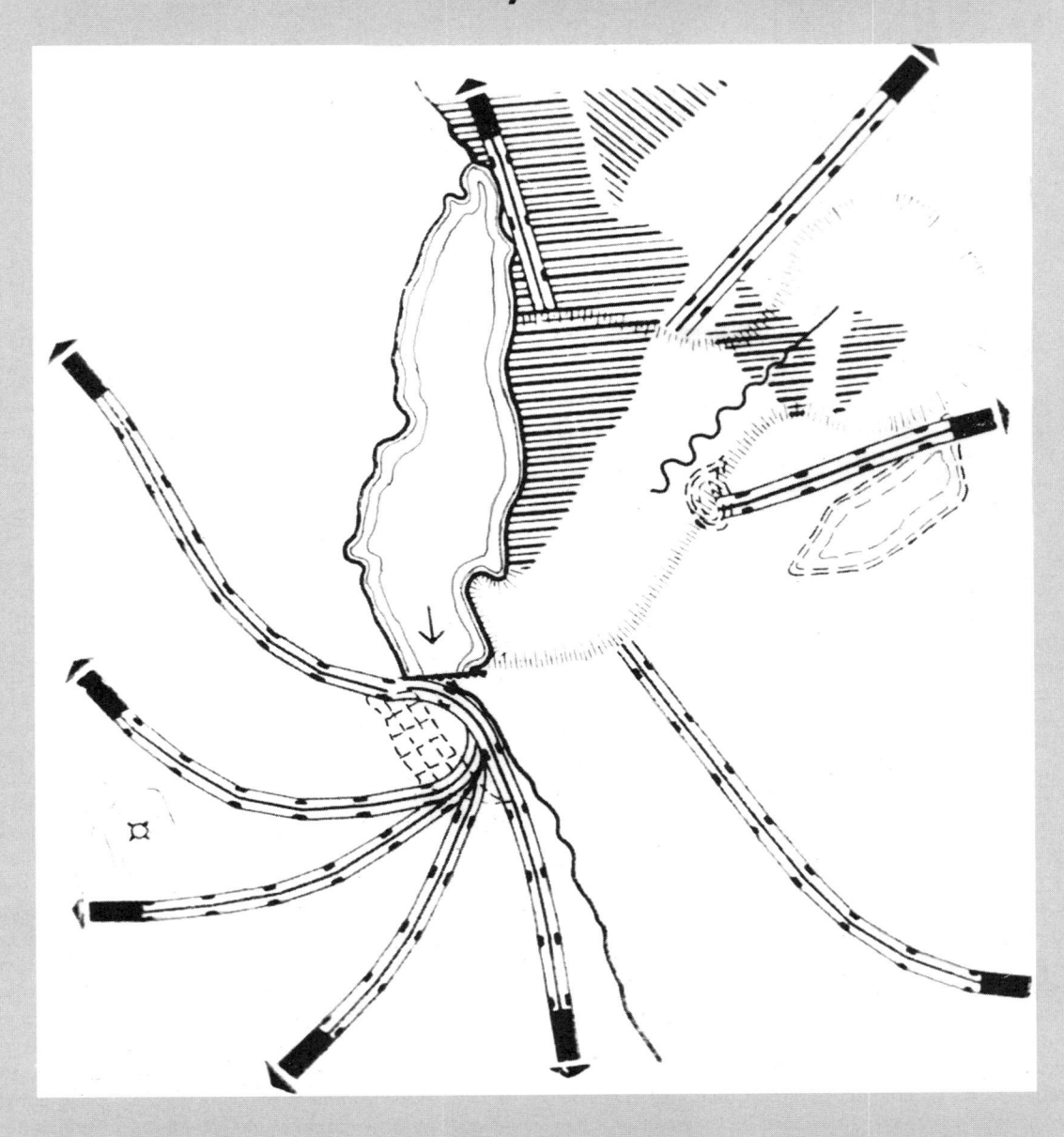

В конкурсе на проект нового города Магнитогорска выступала бригада дезурбанистов из Секции социалистического расселения Госплана РСФСР — М. Охитович, М. Барщ, В. Владимиров и Н. Соколов. В разработке проекта участвовали также Г. Вегман, Н. Воротынцева, В. Калинин, Л. Павлов, А. Пастернак, Г. Савинов, Н. Шмидт.

Конкурс проводился на проект «соцгорода», но дезурбанисты, которые отвергали концепцию «соцгорода» и были вообще противниками компактных городских поселений, свой проект в отличие от всех остальных, поданных на конкурс, назвали не Магнитогорск, а Магнитогорье.

En el concurso de proyectos para la nueva ciudad de Magnitogorsk tomó parte la brigada de desurbanistas del Departamento de Alojamiento Socialista de la Población del Gosplán de la RSFSR: M. Ojitóvich, M. Barsch, V. Vladímirov y N. Sokolov. En la elaboración del proyecto también participaron G. Viegman, N. Vorotíntseva, V. Kalinin, L. Pávlov, A. Pasternak, G. Sávinov, N. Shmidt.

En el concurso se pedía realizar el proyecto de una sotsgórod, por eso los desurbanistas, quienes rechazaban la concepción de la sotsgórod y eran enemigos de las colonias urbanas compactas, no denominaron su proyecto Magnitogorsk, como todos los demás, sino Magnitogorie*.

---

* N. del T. Éste es otro juego de palabras. Al cambiar la terminación GORSK por GORIE se introduce un matiz de amargura, desdicha.

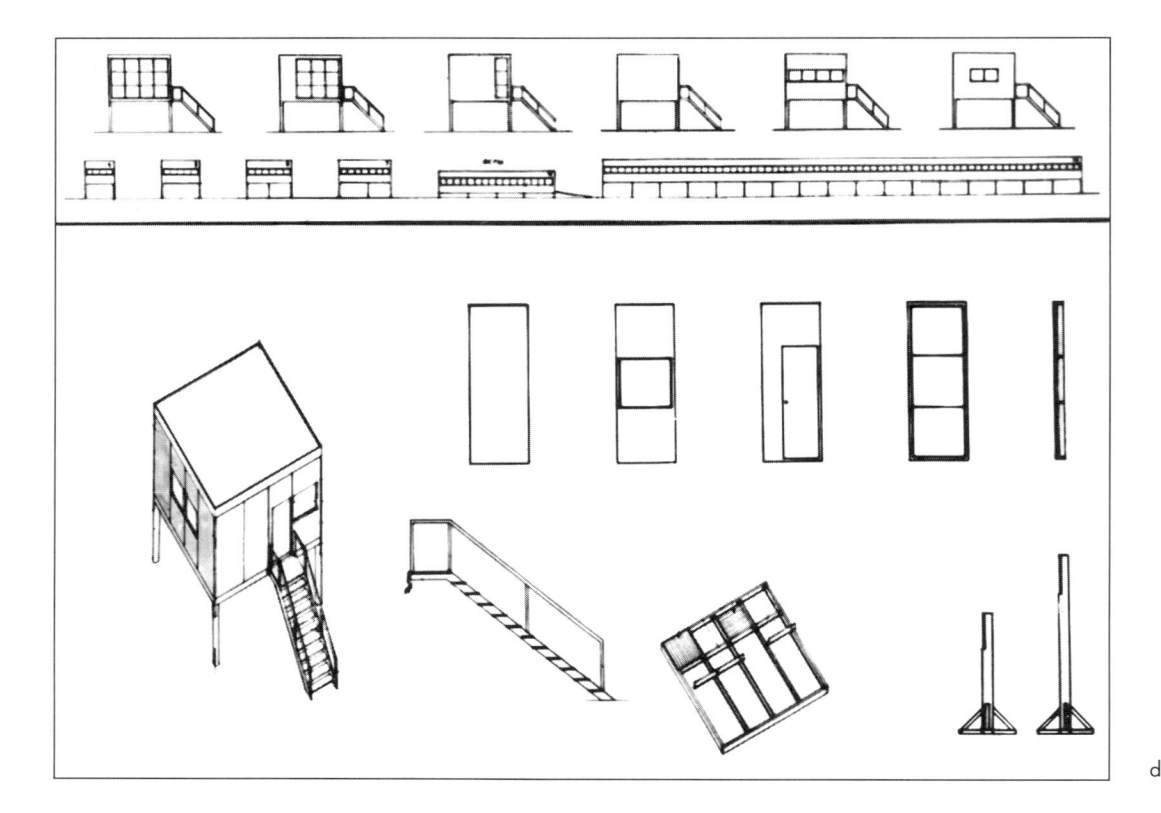

М. Охитович, М. Барщ, В. Владимиров и Н. Соколов. Магнитогорье. Конкурсный проект. 1930

M. Ojitóvich, M. Barsch, V. Vladímirov y N. Sokolov. *Magnitogorie. Proyecto de concurso.* 1930

d

Магнитогорье — это проект расселения конкретного промышленного района, в котором была сделана попытка связать в единую систему промышленные предприятия, рудники, вспомогательные производства и сельское хозяйство. Восемь главных лент расселения (средняя длина 25 км), связанных с основными шоссейными магистралями (сходящимися к металлургическому комбинату), обслуживают жильем и сетью коммунально-бытового обслуживания весь район. Каждая лента расселения имеет свой парковый культурный центр (музей, кино, библиотека-читальня, выставка и т. д.), кроме того, запроектирован центральный парк культуры и единый административно-общественный центр.

Авторы сопроводили публикацию проекта и пояснительной записки к нему лозунгом «Не дом-коммуна, а коммуна домов».

Линия расселения имеет такую структуру. Ее осью является автомобильное шоссе, по обе стороны которого — изолирующие полосы насаждений. За ними среди зелени зоны расселения, где в живописном беспорядке разбросаны жилища (одинокая ячейка, блок из двух, трех и более таких ячеек, коммуна). За зонами расселения спортивные дорожки (прогулка, бег, велосипед, лыжи и т. д.).

По шоссе проходят линии общественного транспорта. На каждом километре шоссе станция, где расположено двухэтажное общественное здание, являющееся местным культурно-коммунальным центром (столовая, распределитель предметов обихода, кладовые для обслуживания жилища, спорт-кладовая, парикмахерская, справочная, газеты, розничная продажа — прием заказов). За зданием «километровой станции» спортивная площадка, напротив нее (через дорогу) ясли. На протяжении километра среди жилищ расставлены помещения для детей 8–15 лет (свободное общение со взрослыми и друг с другом). Дети могут жить и вместе с родителями. Каждая лента расселения имеет три школы. Все необходимое для жизни человек заказывает по образцам и каталогам в парковом культурном центре — заказанное доставляется на дом.

Особое внимание, как и во всей концепции дезурбанизма, уделено разработке типа жилища, точнее, жилой ячейке, особенно индивидуальной. При этом авторы проекта так формулировали свои исходные позиции:

«Не только воздействие коллектива, но и углубленная работа над собой.

Не только общественное воздействие, но и сосредоточенное размышление.

Не только живые люди сегодняшнего дня, но и книги — опыт предыдущих поколений.

Magnitogorie es un proyecto de alojamiento de la población de una región industrial concreta, en el que se intenta enlazar en un sistema único las empresas industriales, las minas, los centros auxiliares de producción y los centros agropecuarios. Ocho franjas principales de alojamiento (con una longitud media de 25 kilómetros), enlazadas con las carreteras principales (que convergen en la fábrica metalúrgica), juegan el papel de residencias y de red de servicios doméstico-comunales para toda la región. Cada franja de alojamiento cuenta con su centro cultural en forma de parque (museo, cine, biblioteca con sala de lectura, sala de exposición, etcétera); además, se proyectó un parque central de cultura y un centro administrativo-social único.

Los autores adjuntaron a la publicación del proyecto y a su nota explicativa la consigna «No a la casa-comuna, sí a la comuna de casas».

La línea de alojamiento tiene la siguiente estructura. Su eje es una carretera automotriz, a ambos lados de la cual se disponen bandas aislantes de plantas. Detrás de ellas, en medio de espacios verdes, se encuentran las zonas de alojamiento, donde en un desorden pintoresco están desperdigadas las viviendas (unidades aisladas, bloques de dos, tres o más unidades, comuna). Detrás de las zonas de alojamiento se encuentran las pistas deportivas (para paseo, carrera, bicicletas, esquíes, etcétera).

Por la carretera pasan las líneas de transporte público. En cada kilómetro de carretera hay una estación donde se encuentra un edificio público de dos pisos que constituye el centro comunal-cultural del lugar (comedor, distribuidor de artículos domésticos, bodegas para el mantenimiento de la vivienda, bodega deportiva, peluquería, puesto de información, periódicos, venta al por menor, punto de recepción de solicitudes). Detrás del edificio de la «estación del kilómetro» se encuentra un área deportiva, frente a ella (al otro lado de la carretera) hay una casa-cuna. A lo largo del kilómetro, entre las viviendas hay instalaciones para niños de 8 a 15 años (comunicación libre con adultos y entre sí). Los niños también pueden vivir junto con sus padres. Cada franja de alojamiento cuenta con tres escuelas. Los habitantes solicitan todo lo necesario para la vida por los modelos y catálogos que se encuentran en el centro cultural; lo solicitado se entrega a domicilio.

Una especial atención, como en toda la concepción del desurbanismo, se dedica al diseño del tipo de vivienda, más exactamente, de la unidad de vivienda, sobre todo de la individual. Los autores del proyecto formularon sus tesis iniciales de la siguiente manera:

«No sólo la acción del colectivo, sino también un trabajo profundo sobre sí mismo.

No sólo la acción de la sociedad, sino también la concentración del pensamiento.

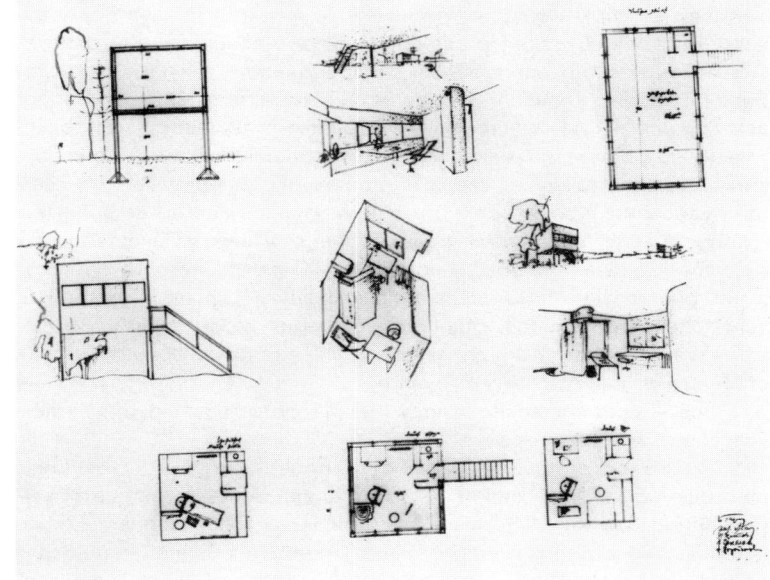

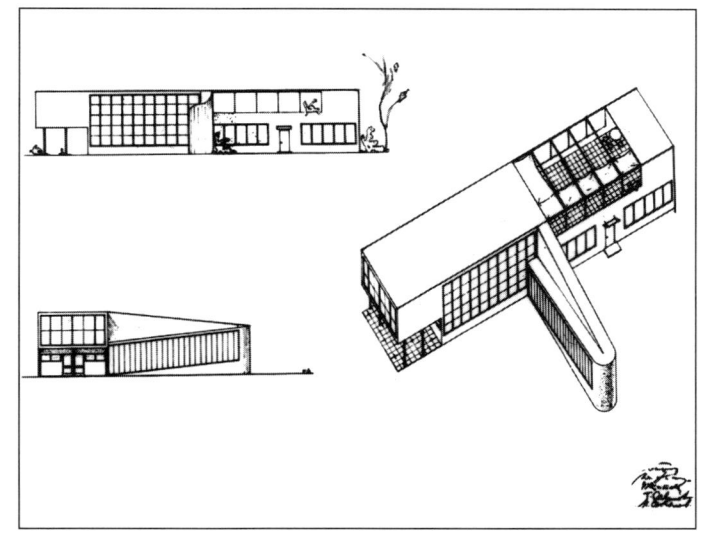

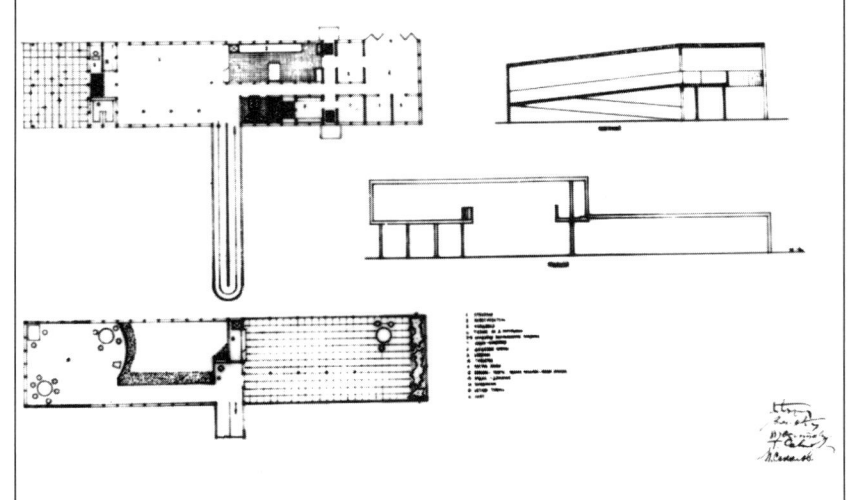

М. Охитович, М. Барщ, В. Владимиров и Н. Соколов. Магнитогорье. Конкурсный проект. 1930

M. Ojitóvich, M. Barsch, V. Vladímirov y N. Sokolov. Magnitogorie. Proyecto de concurso. 1930

a) генеральный план (схема) (см. титул шедевра);
b) линия расселения (аксонометрия фрагмента);
c) «километровая станция» (аксонометрия, планы, разрезы);
d) приемы сборки жилой ячейки из стандартных элементов (аксонометрия ячейки, детали), варианты фасадов жилых и других зданий;
e) автономная жилая ячейка (фасад, планы, разрез, аксонометрия, перспективы)

b	e
c	c

a) plano general (esquema) (véase la ilustración inicial);
b) línea de alojamiento (axonometría de un fragmento);
c) «estación del kilómetro» (axonometría, planos, cortes);
d) técnicas de montaje de las unidades de vivienda con elementos estándares (axonometría de la unidad, detalles), variantes de las fachadas de los edificios de viviendas y de otros;
e) unidad autónoma de vivienda (fachada, planos, corte, axonometría, perspectivas)

Не только многообразное воздействие социальной действительности, но и отсутствие внешних раздражений. Все это должно дать жилище. Расстановкой строений, разделенных расстоянием и растительностью и связанных развитой системой средств связи и транспорта, это достигается. Никто не мешает тем, кто пожелает, селиться семьей или коммуной, одиночкой, парой и т. д.»*.

Как видим, никакой регламентации в организации быта.

В строительстве ориентация на использование стандартных сборных элементов из дешевых местных материалов (в частности, дерева). «Из тех же стандартных элементов собираются различные строения. Различные по назначению: жилая ячейка, ясли, общественная столовая, парикмахерская, здание клубных кружков и т. д. Различные по величине: ячейка на одного, двух, четырех и т. д. Большей или

No sólo las personas que viven hoy, sino también los libros, la experiencia de las generaciones pasadas.

No sólo la acción diversa de la realidad social, sino también la ausencia de irritaciones externas. Todo esto lo debe dar la vivienda. Y todo esto se hace posible mediante la dispersión de la disposición de las edificaciones; separadas por la vegetación y enlazadas por un sistema desarrollado de medios de comunicación y transporte. Nadie molesta a los que desean establecerse en familia o comuna, en forma individual o en parejas, etcétera.»*

Como se puede apreciar, no hay reglamentación ni organización del modo de vida.

En la construcción se tiende a utilizar elementos prefabricados preparados de materiales locales baratos (particularmente, de madera).

---

* СА. 1930. № I–2. С. 44.

* AM. 1930. № 1–2. Pág. 44.

М. Охитович, М. Барщ, В. Владимиров и Н. Соколов. Магнитогорье. Конкурсный проект. 1930

M. Ojitóvich, M. Barsch, V. Vladímirov y N. Sokolov. Magnitogorie. Proyecto de concurso. 1930

меньшей высоты, площади. Различные по форме плана, по пропорциям, освещению и др. При действительной механизации — отсутствие механического однообразия, казарменности. Личный вкус свободен не только в пище и одежде, но и в характере жилища. Свободен во времени. Изменяется вкус — растет культурность, благосостояние; за ростом и изменением следует жилище. Его можно увеличить, добавить воздуха, света и удобств, не говоря уже о лучшем оборудовании. Кроме того, отдельные жилища можно соединить в группы. И тоже по-разному: большее или меньшее количество ячеек в группе. Соединение общим помещением или без него. Группы различно расставлены по отношению друг к другу. Строчная застройка, ленты, прямая, ломаная, отдельные строения между большими блоками и т. д. Группы жилищ, связанные переходом с общественными строениями или с такой же группой.

Все — соответственно укладу жизни, соответственно конкретным условиям места и времени»*.

Наиболее детально разработан проект отдельно стоящей в природе автономной жилой ячейки. Это квадратный в плане объем (внешние размеры 4,35 × 4,35 м при высоте помещения 2,8 м), поднятый на столбах (высота 2,1 м). Ячейка предназначена для одного человека. Она имеет тамбур с небольшой нишей (видимо, для электроплитки), уборную и сложный трансформируемый агрегат в виде ломаной в плане стенки, к которой в нише прикреплена раковина, предусмотрен встроенный шкаф для откидывающейся кровати и укреплен душ (при пользовании душем пространство около него отгораживается двигающейся по полукольцу непромокаемой занавеской). Оборудование ячейки включает в себя также рабочий стол с креслом, встроенный шкаф, откидной обеденный стол, стул, складное кресло-шезлонг для отдыха. Проектом предусмотрено три варианта организации пространства жилой ячейки: ночью кровать разложена, откидной стол и шезлонг сложены; утром — кровать убрана, душевая «кабина» приведена в рабочее состояние; днем — душевая «кабина» свернута, обеденный стол откинут, шезлонг разложен.

«De unos mismos elementos prefabricados se arman diferentes edificaciones. Diferentes por su función: unidad de vivienda, casa-cuna, comedor público, peluquería, edificio para los círculos de interés, etcétera. Diferentes por su tamaño: unidad para una, dos, cuatro o más personas. De mayor o menor altura o superficie. Diferentes por la forma de su planta, por sus proporciones, por su iluminación, etcétera. Mecanización real, pero sin monotonía mecánica, sin edificios tipo cuartel. El gusto individual es libre no sólo en lo referente a la comida y a la ropa, sino también al carácter de la vivienda, es libre en el tiempo. El gusto varía: aumenta la cultura, el bienestar; ese crecimiento y cambio es seguido por la vivienda. Ésta se puede aumentar, se le puede añadir aire, luz y comodidades, sin hablar ya de mejores equipos. Además, las viviendas aisladas se pueden agrupar de diversas maneras: una cantidad mayor o menor de unidades en el grupo, la unión puede realizarse con o sin un recinto común. Los grupos están distribuidos de diferente manera uno respecto al otro y pueden formar líneas, franjas, rectas, quebradas, edificaciones sueltas entre grandes bloques, etcétera. Los grupos de viviendas pueden estar unidos mediante pasos con los edificios públicos o con otro grupo igual.

Todo está en concordancia con el modo de vida y con las condiciones concretas del lugar y del tiempo.»*

La unidad de vivienda autónoma edificada en medio de la naturaleza es la más detallada en el proyecto. Ésta es un volumen de planta cuadrada (las dimensiones externas son de 4,35 × 4,35 m con una altura de la habitación de 2,8 m), levantado sobre postes (de 2,1 m de altura). La unidad está calculada para una persona y tiene un cancel con un pequeño nicho (al parecer, para la hornilla eléctrica), un retrete y un aparato transformable complejo en forma de pared de sección quebrada, a la que se instala un lavabo en un nicho; está previsto un armario empotrado para la cama plegable de pared; hay una ducha (al utilizar la ducha el espacio adyacente se protege con una cortina impermeable que corre por un semianillo). Los muebles de la unidad incluyen también un escritorio con sillón, un armario empotrado, una mesa de comer plegable, un sillón plegable para descansar. El proyecto prevé tres variantes de organización del espacio de la unidad de vivienda: por la noche la cama está desplegada, la mesa de comer y el sillón están plegados; por la mañana se pliega la cama, la «cabina» de la ducha está en posición de trabajo; durante el día se recoge la «cabina» de la ducha, se despliegan la mesa de comer y el sillón plegable.

---

* СА. 1930. № 1–2. С. 48.

* AM. 1930. № 1–2. Pág. 48.

И. Леонидов (руководитель бригады ОСА)
СОЦИАЛИСТИЧЕСКОЕ РАССЕЛЕНИЕ ПРИ МАГНИТОГОРСКОМ МЕТАЛЛУРГИЧЕСКОМ КОМБИНАТЕ.
Конкурсный проект. 1930

I. Leonídov (director de la brigada OSA)
ALOJAMIENTO SOCIALISTA DE LOS TRABAJADORES DEL COMPLEJO METALÚRGICO DE MAGNITOGORSK.
Proyecto de concurso. 1930

Леонидов выступал в конкурсе на проект Магнитогорска как представитель ОСА. Его помощниками были его ученики (студенты ВХУТЕИНа) П. Александров, И. Ермилов, И. Кузьмин, М. Кузнецов, С. Кибирев, А. Максимов, Г. Пьянков, В. Самарин.

В основу проекта положена разработанная Леонидовым принципиальная схема планировочной структуры города-линии, развивающегося вдоль шоссе, которое связывает производственные зоны.

Город по этому проекту состоит из полосы жилых кварталов (чередующихся с участками детских учреждений); по сторонам от этой полосы располагаются отдельно стоящие общественные сооружения, спортивные зоны, парки; на периферии вдоль города идут грузовые и пассажирские магистрали.

В проекте Магнитогорска И. Леонидова были предложены два варианта жилой застройки: малоэтажные дома и смешанная застройка (малоэтажные и башенные жилые дома). Существенно отличается

Leonídov participó en el concurso de proyectos de Magnitogorsk en calidad de representante de la OSA. Sus ayudantes fueron sus discípulos (estudiantes del VJUTEIN) P. Alexandrov, I. Yermílov, I. Kuzmín, M. Kuznetsov, S. Kíbiriev, A. Maxímov, G. Piankov, V. Samarin.

Como base del proyecto se tomó el esquema fundamental de planificación de la ciudad-línea, elaborado por Leonídov, en el que la ciudad se desarrolla a lo largo de la carretera que une las zonas de producción.

Según este proyecto, la ciudad consta de una franja de manzanas de viviendas (alternadas con los territorios de las entidades infantiles); a los lados de esta franja se ubican por separado las edificaciones públicas, zonas deportivas, parques; en la periferia, a lo largo de la ciudad se encuentran las vías de transporte de pasajeros y de carga.

En el proyecto de Magnitogorsk de I. Leonídov se propusieron dos variantes de edificaciones de viviendas: casas de pocos pisos y edificaciones mixtas (edificios de viviendas de pocos pisos y torres). Su proyecto

И. Леонидов. Социалистическое расселение при Магнитогорском металлургическом комбинате. Конкурсный проект. 1930

I. Leonídov. Alojamiento socialista de los trabajadores del complejo metalúrgico de Magnitogorsk. Proyecto de concurso. 1930

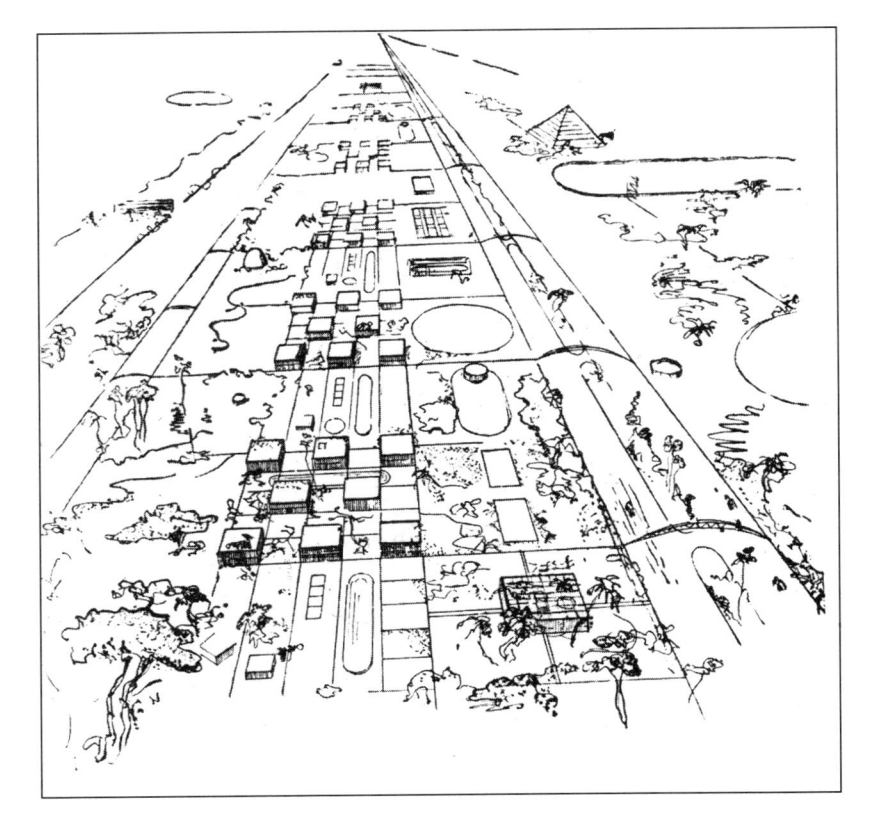

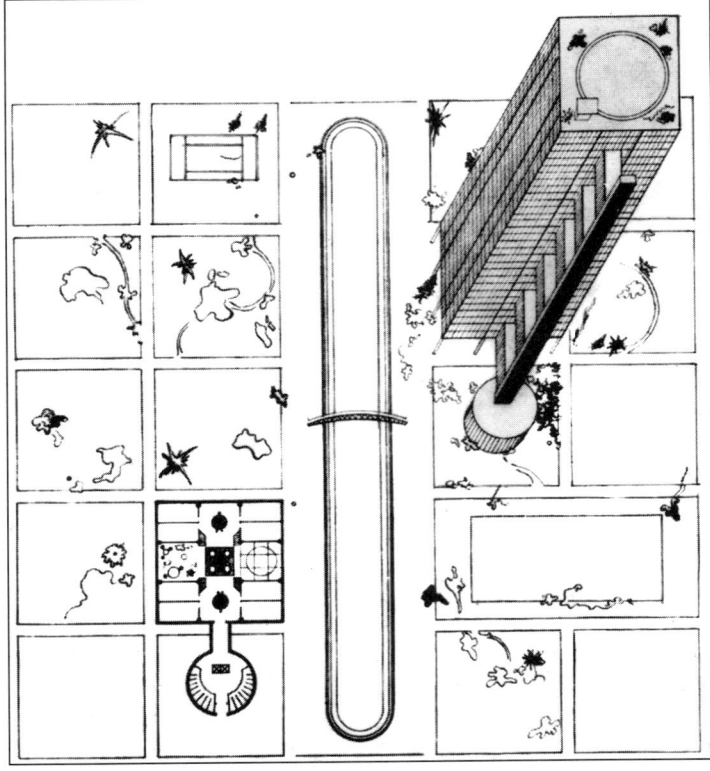

c | d

проект Леонидова от предложений дезурбанистов и по подходу к художественному облику застройки. Это не просто подчиненная транспортной магистрали растворяющаяся в окружающей природе лента расселения, а город-линия. На геометрическом «ковре», образуемом дорогами, зеленью, малоэтажными разнообразными по форме общественными зданиями, высятся стеклянные кристаллы многоэтажных домов.

«Социалистическое расселение, — говорилось в пояснительной записке к проекту, — это не старый стихийный город кварталов, казарм, оторванный от природы, случайно привязанный к промышленности, монотонностью лишающий человека жизненного тонуса...

Социалистическое расселение — это разумная организация промышленности и сельского хозяйства, культуры, отдыха, всего, что организует сознание и жизнь человека.

Расселение, построенное на базе высшей социалистической техники...

Город-"линия" располагается между промышленным комбинатом и гигантом совхозом»*.

Своеобразно решает Леонидов проблему первичного бытового коллектива. В планировке запроектированных для Магнитогорска жилых домов заложена идея организации быта небольших коллективов. Жилые дома представляют собой благоустроенные общежития для малосемейных, где каждая секция состоит из 16 малометражных однокомнатных жилых ячеек на двух человек. Причем такая квадратная в плане секция может представлять собой или отдельный жилой дом, или ярус многоэтажного башенного дома. Леонидов полностью отказывается от характерных для большинства домов-коммун коридоров и переходов, заменяя их двухсветным крестообразным в плане холлом, который, являясь пространственным ядром секции, предназначен для коллективного отдыха, культурного общения, утренней гимнастики и принятия пищи. Расположенные в два этажа жилые ячейки, занимающие углы секции, фактически являются спальными кабинами.

В отличие от жилкомбинатов, где жилые и общественные здания связаны между собой теплыми переходами, Леонидов проектирует коммунально-бытовые и культурные учреждения в виде отдельных зданий. Он не считал, что создание крытых переходов вызывается необходимостью повышения комфорта жилого комплекса и был принципиально против отрыва человека от природы. По мнению Леони-

se diferencia radicalmente de las propuestas de los desurbanistas también por el enfoque de la imagen artística de la construcción. Ésta no es una simple franja de alojamiento subordinada a la vía de transporte y disuelta en la naturaleza circundante, sino una ciudad-línea. En la «alfombra» geométrica formada por los caminos, la vegetación y los diversos edificios públicos de pocos pisos, se elevan los cristales de las torres de viviendas.

«El alojamiento socialista de la población —se decía en la nota explicativa del proyecto— no significa una ciudad vieja y tranquila de manzanas y edificios tipo cuartel, aislada de la naturaleza, enlazada al azar con la industria, ciudad que con su monotonía despoja al hombre de su vitalidad...

El alojamiento socialista de la población significa una organización inteligente de la industria y la agricultura, la cultura y el descanso, de todo lo que organiza la conciencia y la vida del hombre.

El alojamiento de la población basado en la alta técnica socialista...

La ciudad "línea" se encuentra entre el complejo industrial y un sovjoz gigante.»*

Leonídov resuelve de manera original el problema del colectivo doméstico primario. En la planificación de los edificios de viviendas proyectados para Magnitogorsk está presente la idea de la organización del modo de vida de pequeños colectivos. Los edificios de viviendas son residencias comunales para familias pequeñas, donde cada planta tipo está formada por 16 unidades de vivienda de poca área para dos personas. Cada planta tipo, de sección cuadrada, puede constituir un edificio de viviendas aislado o un piso de una torre. Leonídov rehúsa completamente de los pasillos y pasos, característicos en la mayoría de las casas-comuna, reemplazándolos por una sala de planta en cruz con dos grupos de ventanas, la cual, constituyendo el núcleo espacial de la planta tipo, está destinado al descanso colectivo, las relaciones culturales, la gimnasia matutina y el consumo de alimentos. Las unidades de vivienda, que ocupan dos pisos y se encuentran en las esquinas de la planta tipo, prácticamente son cabinas-dormitorio.

A diferencia de los complejos habitacionales, donde los edificios de viviendas y públicos se comunican por medio de pasos con calefacción, Leonídov ubica las entidades de servicios doméstico-comunales y culturales en edificios independientes. Él no consideraba que la creación de pasos cubiertos fuera originada por la necesidad de aumentar la comodidad del complejo habitacional, y estaba totalmente en contra de separar al

---

* СА. 1930. № 3. С. 1.

* AM. 1930. № 3. Pág. 1.

Раздел 2 — И. Леонидов. Социалистическое расселение при Магнитогорском металлургическом комбинате. Конкурсный проект. 1930

Parte 2 — I. Leonídov. Alojamiento socialista de los trabajadores del complejo metalúrgico de Magnitogorsk. Proyecto de concurso. 1930

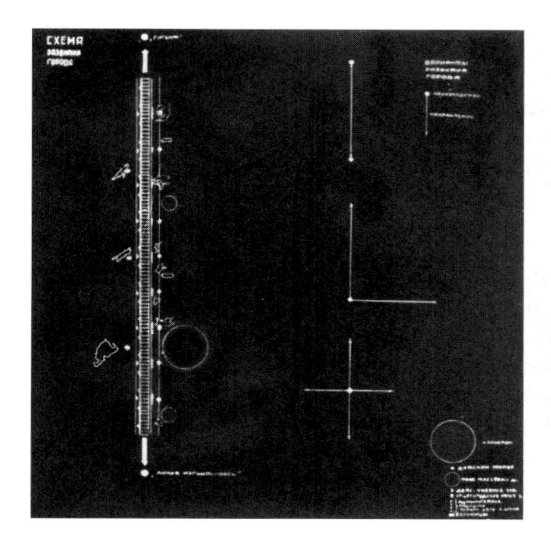

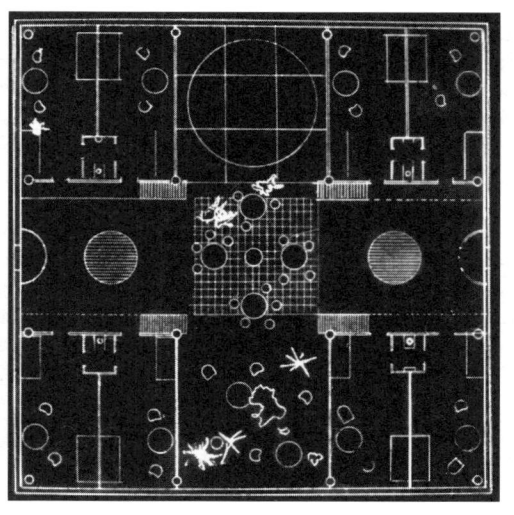

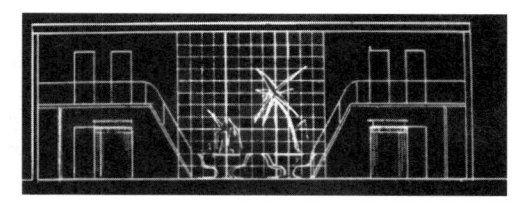

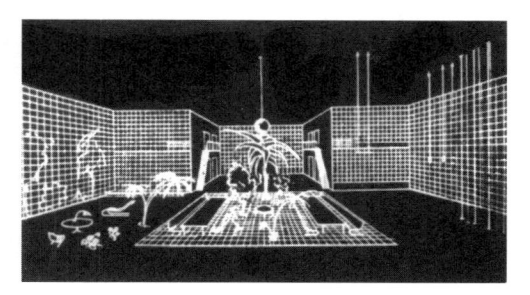

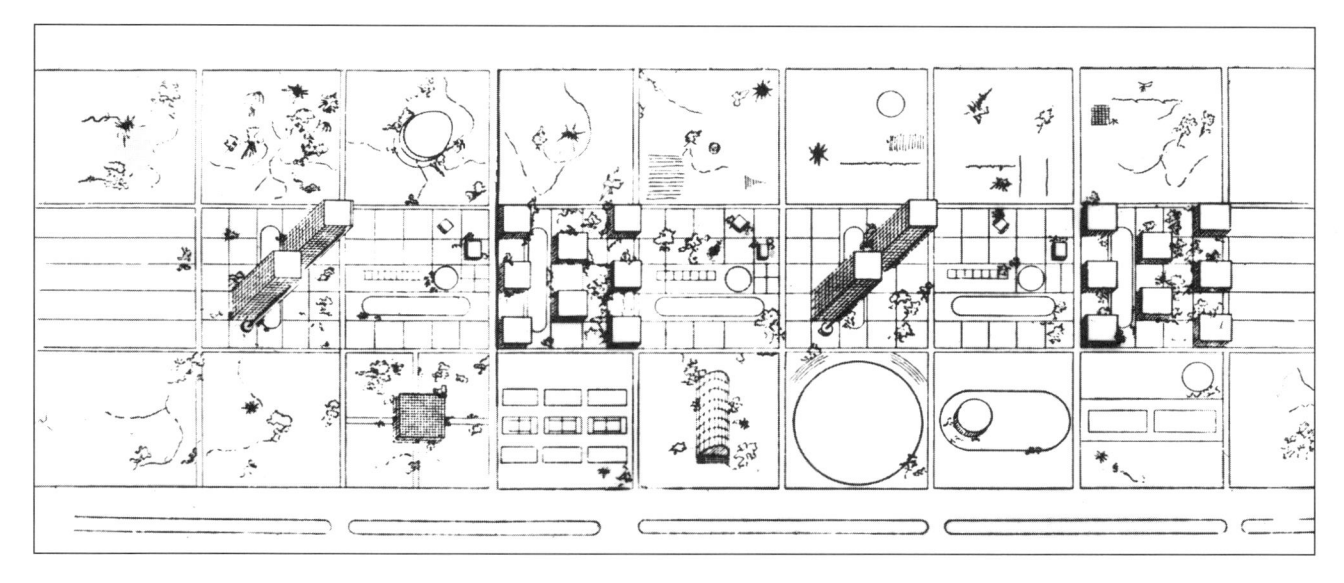

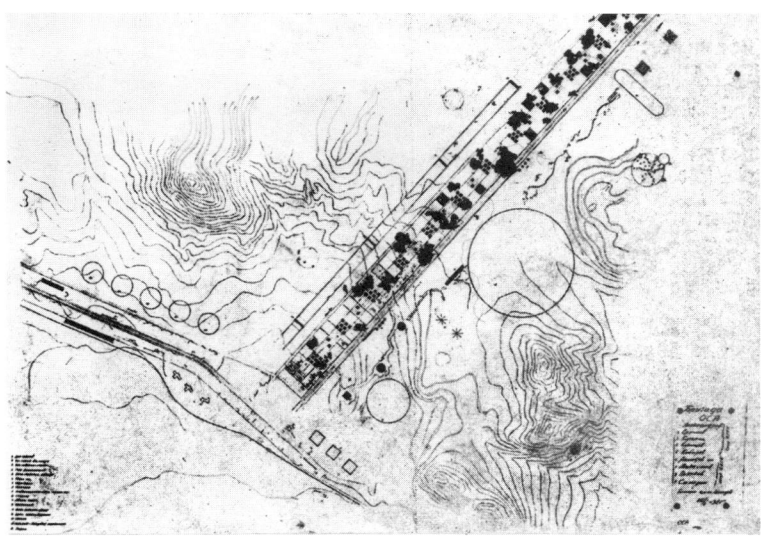

a) схема развития города;
b) генплан;
c) перспектива линии расселения (вариант с малоэтажной застройкой);
d) перспектива и аксонометрии линии расселения и квартала (вариант со смешанной застройкой — малоэтажные и башенные дома) (см. титул шедевра);
e) типовая жилая ячейка (план, разрез, перспектива интерьера)

a	e	e
d		
b		

a) esquema de desarrollo de la ciudad;
b) plano general;
c) perspectiva de una línea de alojamiento (variante con edificios de pocos pisos);
d) perspectiva y axonometría de una línea de alojamiento y de una manzana (variante con edificaciones mixtas: edificios de pocos pisos y torres) (véase la ilustración inicial);
e) unidad de vivienda tipo (plano, corte, perspectiva del interior)

дова, человеку полезнее пройтись по воздуху, ощутить себя в окружении природы и даже попасть под дождь, чем пользоваться крытыми переходами. Человек должен ходить, считал он, быть ближе к природе. И Леонидов в своих проектах стремился по возможности оставить нетронутым ландшафт — растительность, ручьи, овраги.

Как бы полемизируя с проектами огромных домов-коммун и жилкомбинатов, Леонидов писал в пояснительной записке:

«Жилье мыслится не в виде каменных мешков-гостиниц, с шумными коридорами, где лишенные света, индивидуального отдыха, оторванные от природы, проживают тысячи людей, а как жилье, организующее небольшие коллективы, где личность не теряется в

hombre de la naturaleza. Según Leonídov, pasear al aire libre, sentirse en medio de la naturaleza, e incluso ser sorprendido por la lluvia, es más provechoso para el hombre que utilizar los pasos cubiertos. El hombre debe caminar, consideraba él, estar más cerca de la naturaleza. Por eso en sus proyectos Leonídov se esforzaba por no alterar en lo posible el medio circundante, la vegetación, los riachuelos, los barrancos.

A manera de crítica de los proyectos de las grandes casas-comuna y combinados habitacionales, Leonídov escribe en su nota explicativa del proyecto:

«La vivienda no me la imagino como hoteles-sacos de piedra con pasillos, donde viven miles de personas despojadas de luz, de descanso

И. Леонидов. Социалистическое расселение при Магнитогорском металлургическом комбинате. Конкурсный проект. 1930

I. Leonídov. *Alojamiento socialista de los trabajadores del complejo metalúrgico de Magnitogorsk. Proyecto de concurso.* 1930

тысяче, но имеет возможность максимально развиваться и общаться с людьми (последовательно от небольшого с большим коллективом). Жилье, окруженное садами, спортивными площадками и бассейнами, исключающее необходимость устройства домов отдыха вне города. Жилье, где труд, отдых и культура органически связаны друг с другом»*.

Каждый жилой квартал в городе-линии Леонидова рассчитан на 250 человек и застраивается или восемью малоэтажными домами, или двумя башенными. Непосредственно к жилым ячейкам приближены лишь самые простейшие формы общения и коммунально-бытового обслуживания. Все же остальные коммунально-культурные учреждения размещены в вынесенных за пределы жилого квартала специальных общественных зданиях.

individual, arrancadas de la naturaleza; la vivienda debe organizar pequeños colectivos, donde el individuo no se pierde entre miles, pero cuenta con la posibilidad de desarrollarse al máximo y relacionarse con las demás personas (consecutivamente, de un colectivo pequeño a uno grande). La vivienda está rodeada de jardines, áreas deportivas y piscinas, excluyendo la necesidad de construir casas de descanso fuera de la ciudad. La vivienda es el lugar donde el trabajo, el descanso y la cultura están orgánicamente relacionados.»*

En la ciudad-línea de Leonídov, cada manzana de viviendas está proyectada para 250 personas y contiene ocho edificios de pocos pisos o dos torres. Cerca de las unidades de vivienda se encuentran solamente las formas más sencillas de comunicación y de servicios doméstico-comunales. Todas las demás entidades comunal-culturales se encuentran en edificios públicos especiales fuera de los límites de la manzana de viviendas.

---

* СА. 1930. № 3.

* AM. 1930. № 3. Pág. 1.

Н. Милютин

ПОТОЧНО-ФУНКЦИОНАЛЬНАЯ СХЕМА ПЛАНИРОВКИ ГОРОДА. 1930

N. Miliutin

ESQUEMA FUNCIONAL-CONTINUO DE PLANIFICACIÓN DE CIUDADES. 1930

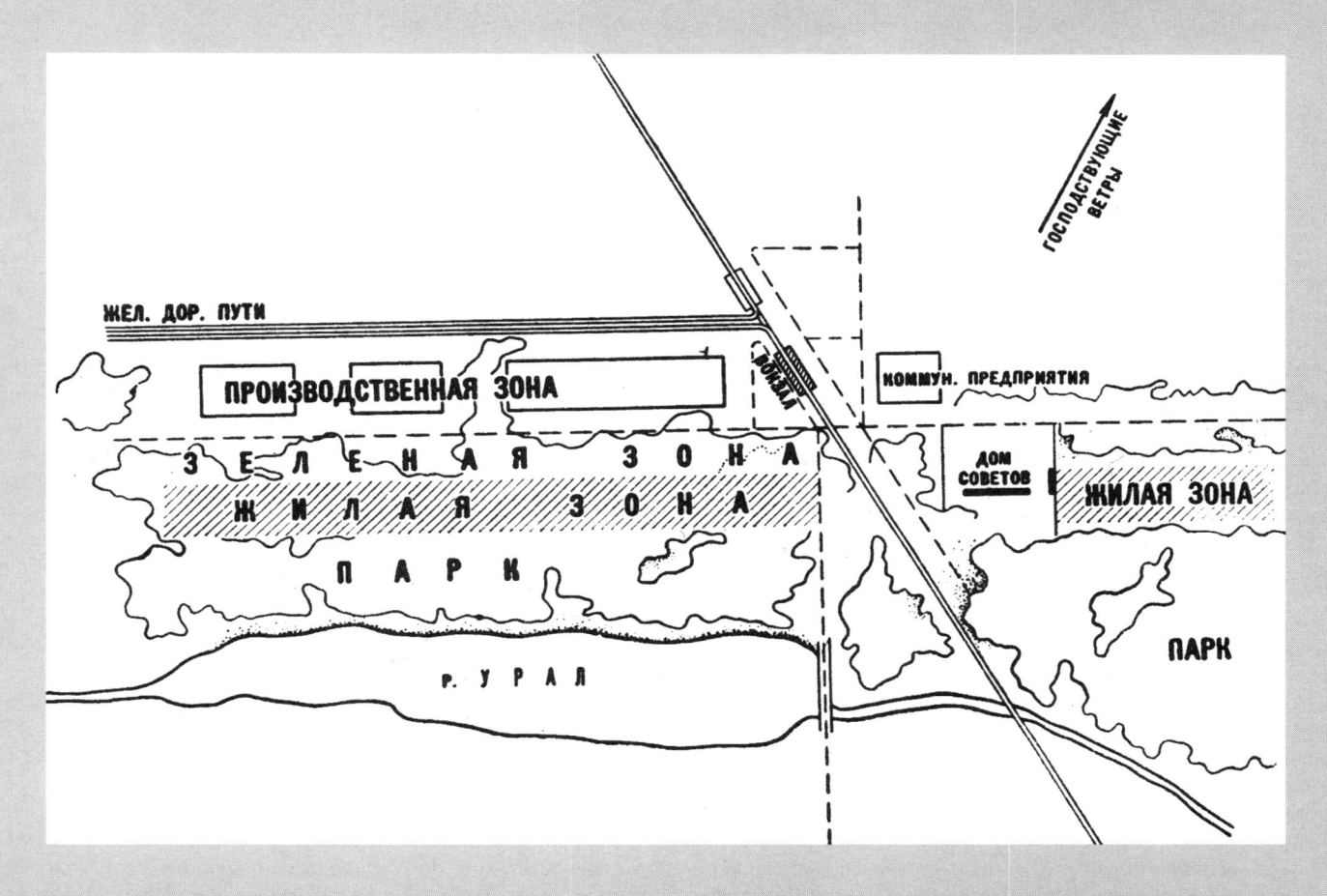

Н. Милютин, разрабатывая схему планировки города, стремился найти такую планировочную структуру линейного города, при которой развитие жилой зоны не удаляло бы жителей новых кварталов от места основной работы, т. е. от промышленной зоны.

В своей поточно-функциональной схеме, которая была опубликована в 1930 г. в его книге «Соцгород», он предлагал зонировать городскую территорию в виде параллельных полос, которые «должны располагаться в следующем порядке:
1) территория железнодорожных путей (полоса отчуждения);
2) территория (зона) производственных и коммунальных предприятий, складов, станционных сооружений, а также связанных с ними научных и технических учебных заведений;
3) зеленая полоса (защитная полоса) с шоссейной магистралью;
4) жилая зона, где в свою очередь расположены:
   а) полоса учреждений общественного пользования (столовые, диспансеры, помещения горсельсовета и т. п.);
   б) полоса жилых зданий;
   в) детская полоса, т. е. ясли, детские сады, интернаты;

Al desarrollar el esquema de planificación de ciudades, N. Miliutin intenta encontrar una planificación de la ciudad lineal tal que el desarrollo de la zona habitacional no aleje a los habitantes de las nuevas manzanas de su lugar de trabajo principal, es decir, de la zona industrial.

En su esquema funcional-continuo, publicado en 1930 en su libro «Sotsgórod», Miliutin propone zonificar el territorio de la ciudad en forma de franjas paralelas, que «deben ubicarse en el siguiente orden:
1) territorio de vías férreas (franjas de alejamiento);
2) territorio (zona) de empresas de producción y comunales, bodegas, estaciones de transporte, así como centros de estudios científicos y técnicos relacionados con dichas empresas;
3) franja verde (franja de defensa) con una carretera;
4) zona habitacional, en la que a su vez se encuentran:
   a) la franja de instituciones de servicio público (comedores, dispensarios, instalaciones del consejo municipal y de hacienda, etcétera);
   b) la franja de edificios de viviendas;
   c) la franja infantil, es decir, casas-cunas, jardines de infancia, internados;

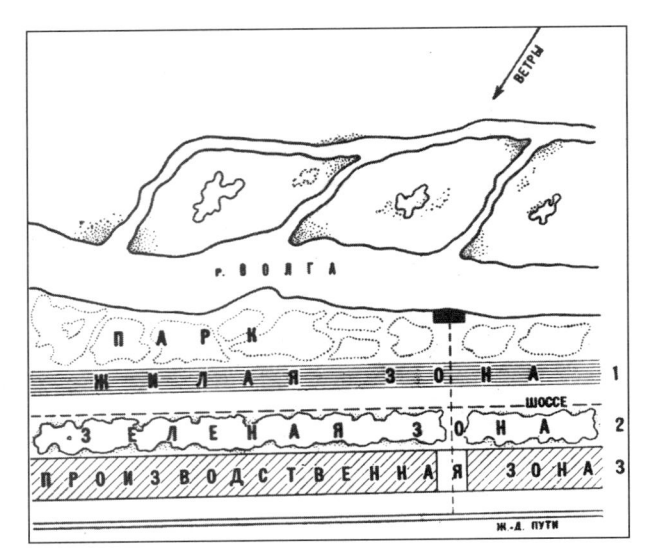

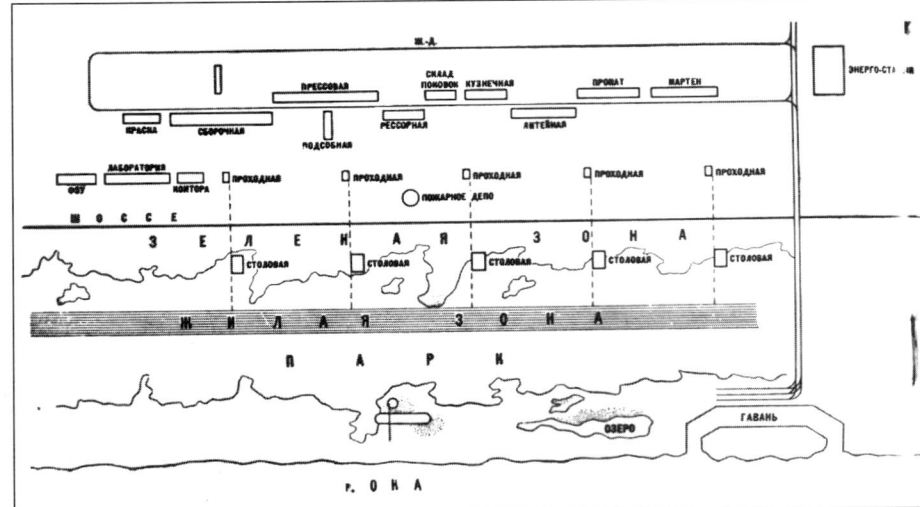

⁸⁷ N. Miliutin. *Esquema funcional-continuo de planificación de ciudades.* 1930

Parte 2

Utilización del esquema para la planificación de colonias concretas:
a) Magnitogorsk (véase la ilustración inicial);
b) pueblo de los trabajadores de la fábrica de tractores de Stalingrado;
c) pueblo de la fábrica automotriz de Nizhni Nóvgorod

5) franja de parques con institutos para el descanso, áreas para educación física, piscinas, etcétera;
6) zona de sovjoces de jardines, de huertos y lácteos (campos de irrigación, granjas y otras organizaciones agropecuarias similares)»*.

Además, N. Miliutin consideraba conveniente que desde el lado de la zona habitacional hubiese un depósito de agua (río, lago, estanque grande) que lindara con la ciudad-línea, el cual no solamente adornaría el poblado sino que también ayudaría a la organización del descanso y el deporte, mejoraría las condiciones higiénicas y de sanidad, y ofrecería medios adicionales de comunicación entre las diversas partes de la ciudad lineal (transporte acuático).

N. Miliutin se manifestaba tanto en contra de la concentración de la industria en unos cuantos poblados como del esparcimiento de la industria y del alejamiento de la vivienda de las empresas.

Él vinculaba el problema del alojamiento de la población fundamentalmente con la distribución racional de la industria.

Estudiando un esquema fundamental de planificación de la ciudad que le permitiera desarrollarse sin quebrantar la división funcional ni exigir una reconstrucción radical posterior, N. Miliutin intenta formular en su libro «Sotsgórod» los requisitos principales para la construcción de nuevas ciudades y dar esquemas aproximados de sus planificaciones, basándose en el esquema funcional-continuo elaborado por él para las ciudades Stalingrado, Magnitogorsk y para el poblado de los trabajadores de la fábrica automotriz de Nizhni Nóvgorod. En el esquema se presta especial atención al desarrollo de los territorios industrial y habitacional. La zona habitacional es paralela a la industrial y está separada por la zona de seguridad.

Uno de los factores determinantes durante la elaboración del sistema funcional-continuo de ciudades fue el principio de organización lineal de la producción industrial, de vanguardia para aquellos tiempos.

Según las palabras de Miliutin, «la distribución lineal de los talleres y máquinas brinda a la empresa posibilidades ilimitadas de extenderse, ayuda a la organización de los procesos productivos en línea, acerca a éstos la mano de obra, lo cual influye positivamente en el rendimiento del trabajo y libera de la necesidad de construir una serie de edificaciones auxiliares»**.

A diferencia de los desurbanistas, Miliutin no propone en lo absoluto la disgregación de la población a lo largo de las vías de transporte;

---
* Miliutin N. A. «Sotsgórod». El problema de la construcción de las ciudades socialistas. Moscú—Leningrado, 1930. Pág. 24.
** Ídem. Pág. 30.

Н. Милютин. Поточно-функциональная схема планировки города. 1930

N. Miliutin. *Esquema funcional-continuo de planificación de ciudades.* 1930

линейную форму параллельного зонирования селитебных и производственных территорий вдоль магистралей для отдельных (хотя и взаимосвязанных между собой) поселений. Разместив промышленные предприятия параллельно жилой застройке, он не только приблизил место работы к жилым кварталам, но и дал возможность линейному городу развиваться в двух направлениях.

Как уже отмечалось выше, Н. Милютин предлагал зонировать городскую территорию в виде шести параллельных полос, причем внутри этих зон не допускалось чередование сооружений различного назначения, так как это могло затруднить возможность развития (роста) каждой зоны поселения.

Уже вскоре после выхода в свет книги Н. Милютина «Соцгород» поточно-функциональная схема получает широкую известность не только в нашей стране, но и за рубежом. Так, например, немецкий автор Курт Юнгханс пишет, что в начале 30-х гг. в Германии «в архитектурных бюро и на архитектурных факультетах институтов большой интерес вызвал проект ленточного города архитектора Милютина, который предложил очень простую и в противоположность известным концепциям городов — очень четкую планировку города с различными функциональными зонами»*.

él sólo aplica a las colonias aisladas (aunque enlazadas entre sí) la forma lineal de zonificación paralela de los territorios habitable y de producción a lo largo de las vías de transporte. Al ubicar las empresas industriales paralelamente a los edificios de viviendas, Miliutin no solamente acerca el lugar de trabajo a las manzanas de viviendas, sino también da a la ciudad lineal la posibilidad de desarrollarse en dos direcciones.

Como ya se ha indicado anteriormente, N. Miliutin propone zonificar el territorio urbano en seis franjas paralelas. Entre estas zonas no se permitía alternar edificios de diferente función, por cuanto eso podía dificultar el desarrollo (crecimiento) de cada zona o colonia.

Poco tiempo después de la publicación del libro de N. Miliutin «Sotsgórod», el esquema funcional-continuo adquiere mucha difusión no sólo en Rusia, sino en otros países. Así por ejemplo, el alemán Kurt Junghas escribe que a inicios de los años 30 en Alemania, «en los burós de arquitectura y en las facultades de arquitectura de los institutos despertó un gran interés el proyecto de ciudad lineal del arquitecto Miliutin, quien propone una planificación muy sencilla de la ciudad con diversas zonas funcionales, en contraposición a las conocidas concepciones urbanísticas»*.

---

* *Junghas Kurt.* Die Beziehungen zwischen deutschen und sovjetischen Architekten in den Yahren 1917 bis 1933 // «Wissenschaftliche Zeitschrift der Humlolt-Universität zu Berlin». Gesellschafts und Sprachwissenschaftliche Reihe. I., XVI (1967). Heft 3. S. 379–380.

* *Junghas K.* Die Beziehungen zwischen deutschen und sovjetischen Architekten in den Yahren 1917 bis 1933 // «Wissenschaftliche Zeitschrift der Humboldt-Universität zu Berlin». Gesellschafts und Sprachwissenschaftliche Reihe. I., XVI (1967), Heft 3, S. 379–380.

И. Леонидов

ДВОРЕЦ КУЛЬТУРЫ ПРОЛЕТАРСКОГО РАЙОНА В МОСКВЕ.
Конкурсный проект. 1930

I. Leonídov

PALACIO DE LA CULTURA DEL MUNICIPIO PROLETARIO DE MOSCÚ.
Proyecto de concurso. 1930

В 1930 г. состоялся закрытый (заказной) конкурс на проект Дворца культуры Пролетарского района Москвы, который решили построить на месте бывшего Симонова монастыря. Программа предусматривала создание развитого универсального культурного комбината объемом 200 000 м³ при одновременном вмещении 5500 человек. Дворец культуры должен был включать зрительный зал на 3 тысячи мест, кинозал на 1 тысячу мест, развитый детский сектор, клубную часть с библиотекой, спортивной группой, столовой и т. д. Конкурс проходил в обстановке пристального внимания общественности и рассматривался в архитектурной среде как важный этап творческого соревнования различных течений и школ. От всех основных архитектурных обществ и архитектурных факультетов вузов в конкурсе приняли участие творческие бригады.

Наибольшее внимание привлек проект И. Леонидова, выступавшего на конкурсе от ОСА. Он в значительной степени отошел от программы и условий конкурса и разрабатывал в своем проекте принципиальную проблему клубного строительства — «культурную организацию» жилого района города.

Дворец культуры И. Леонидова — это общественно-культурный центр жилого района, решенный как парковый комплекс. В городе

En 1930 tuvo lugar un concurso cerrado (por encargo) para el proyecto del Palacio de la Cultura del municipio Proletario de Moscú, que se construiría en el lugar del entonces ex Monasterio de Simón. El programa preveía la creación de un complejo cultural universal desarrollado con 200 000 m³ de volumen y una capacidad simultánea para 5500 personas. El Palacio de la Cultura debía incluir una sala de espectáculos para 3000 personas, una sala de cine para 1000 personas, un sector infantil desarrollado, un club con biblioteca, grupo deportivo, comedor, etcétera. El concurso fue seguido atentamente por la sociedad, y en el ámbito arquitectónico se consideraba como una importante etapa de la competencia artística de las diversas corrientes y escuelas. En el concurso tomaron parte brigadas artísticas representantes de las principales sociedades arquitectónicas y facultades de arquitectura de los centros de enseñanza superior.

Despertó mucha atención el proyecto de I. Leonídov, representante de la OSA en el concurso. Él se aparta notablemente del programa y de las condiciones del concurso y toca en su proyecto el problema fundamental de la construcción de clubes: la «organización cultural» de las urbanizaciones de la ciudad.

El Palacio de la Cultura de I. Leonídov es un centro socio-cultural de una urbanización, proyectado como complejo en forma de parque. Según

И. Леонидов. Дворец культуры Пролетарского района в Москве. Конкурсный проект. 1930

I. Leonídov. *Palacio de la Cultura del municipio Proletario de Moscú. Proyecto de concurso.* 1930

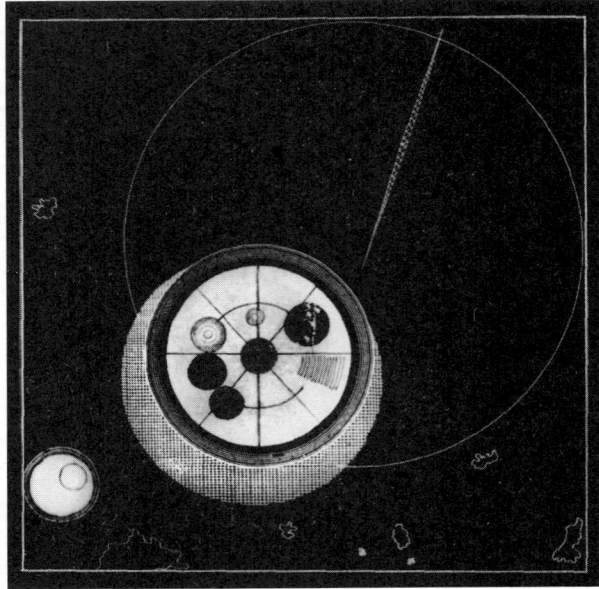

будущего, по мнению И. Леонидова, центр жилого района должен формироваться не коммерческими, а подлинно общественными зданиями, причем наиболее развитой частью должна быть культурно-просветительная зона. Дворец культуры И. Леонидова представляет собой попытку наметить структуру основного звена общей системы культурной организации в масштабах жилого района.

И. Леонидов отводит для своего Дворца культуры обширную территорию, превратив его в культурно-общественный и спортивно-парковый комплекс. В условиях современного ритма городской жизни Леонидов предлагал создать культурный комплекс в виде зеленого оазиса, изолированного от городского шума, где человек может получить и психологическую разрядку после трудового дня.

И. Леонидов прилагает к своему проекту «Схему расселения и культурной организации» и так формулирует основную задачу Дворца культуры: «1) Дать определенную *целеустремленность* во всей культработе. Создать условия для 100 % охвата рабочих масс *политическим и политехническим образованием*. 2) Дать четкую *организованность*, способствующую проявлению *инициативы и самодеятельности* со стороны посещающих дворец рабочих. 3) Сделать Дворец культуры не только местом концентрированной массовой культработы и отдыха, но и руководящим центром культработы всего рабочего района... 5) Применить к решению этих общественно-политических задач *самые мощные средства науки и техники и новые формы ведения массовой культработы*...

Дворец культуры — это методический центр, имеющий по СССР свои ячейки и связанный со всевозможными институтами, академиями, музеями, библиотеками и др. родственными учреждениями.

Дворец культуры — это штаб культурной революции, который на основе массовой самодеятельности рабочих, на основе всестороннего развертывания широкой рабочей инициативы организует всю систему политического просвещения, всю систему культурного воспитания своего района»*.

Обширная территория Дворца культуры делится на четыре квадратных в плане участка-сектора: научно-исследовательский, массовых действ, физкультурный и демонстрационное поле. Каждый из этих секторов имеет свой рисунок планировки и главное здание. В научно-исследовательском секторе это протяженное трехэтажное здание, оторванное от земли (на «ножках»), в котором размещены библиотека, лаборатории, кружковые комнаты и т. д. В физкультурном секторе, включающем стадион и различные спортивные площадки, в центре расположено пирамидальное по композиции здание универсального спортивного зала с единым залитым светом интерьером (в его центральной части расположены гимнастические площадки, зимний пляж, места для отдыха и игр, а по периметру с трех сторон устроен бассейн). Основное сооружение сектора массового действа — это универсальный по назначению, круглый в пла-

---
* СА. 1930. № 5. С. 4.

la opinión de I. Leonídov, en la ciudad del futuro el centro de la urbanización debe estar formado no por edificios comerciales, sino por edificios verdaderamente públicos, y la parte más desarrollada debe ser la zona cultural. El Palacio de la Cultura de Leonídov es un intento de enmarcar la estructura del principal eslabón del sistema general de organización cultural en los límites de la urbanización.

Leonídov concede a su Palacio de la Cultura un amplio territorio, convirtiéndolo en un complejo socio-cultural y en parque deportivo. Considerando las condiciones del ritmo actual de la vida urbana, Leonídov propone crear un complejo cultural en forma de oasis verde, aislado del ruido de la ciudad, donde el hombre pueda descansar psicológicamente al final del día laboral.

A su proyecto I. Leonídov adjunta el «Esquema de alojamiento de la población y de organización cultural» y formula la tarea principal del Palacio de la Cultura de la siguiente manera: «1) Marcar una *tendencia* determinada en todo el trabajo cultural. Crear condiciones para que la *educación política y politécnica* abarque al 100% de las masas obreras. 2) Realizar una *organización* precisa, capaz de despertar *la iniciativa y el trabajo individual* de los obreros que visitan el palacio. 3) Hacer del Palacio de la Cultura no sólo un lugar de concentración del trabajo cultural masivo y de la recreación, sino también el centro director del trabajo cultural de toda la zona obrera... 5) Aplicar en la resolución de estas tareas socio-políticas *los medios más potentes de la ciencia y la técnica y las nuevas formas de organización del trabajo cultural masivo*...

El Palacio de la Cultura es un centro metodológico que tiene sus filiales en toda la URSS y está enlazado con todos los posibles institutos, academias, museos, bibliotecas y otras entidades análogas.

El Palacio de la Cultura es el estado mayor de la revolución cultural, el cual se basa en la actividad individual de las masas de trabajadores y en el despliegue multilateral de la amplia iniciativa obrera para organizar todo el sistema de formación política, todo el sistema de formación cultural de su municipio.»*

El extenso territorio del Palacio de la Cultura se divide en cuatro sectores cuadrados: de investigación científica, de dramatización colectiva, de cultura física y campo de manifestaciones. Cada uno de estos sectores tiene su esquema de planificación y su edificio principal. En el sector de investigación científica, la edificación principal es un edificio prolongado de tres pisos separado de la tierra (sobre «patas»), en el que se encuentran la biblioteca, laboratorios, cuartos para el trabajo de los círculos de interés, etcétera. En el centro del sector de cultura física, que incluye un estadio y diversas plazas deportivas, se encuentra un edificio de composición piramidal que es una sala deportiva universal, cuyo interior está iluminado homogéneamente (en la parte central se encuentran las áreas de gimnasia, playa de invierno, lugares de descanso y juegos, y en tres lados del perímetro hay una piscina). La principal edificación del sector de dramatización colectiva es la sala universal de espectáculos (de planta circular), la cual está cubier-

---
*AM. 1930. № 5. Pág. 4.

Раздел 2   И. Леонидов. Дворец культуры Пролетарского района в Москве. Конкурсный проект. 1930
Parte 2   I. Leonídov. Palacio de la Cultura del municipio Proletario de Moscú. Proyecto de concurso. 1930

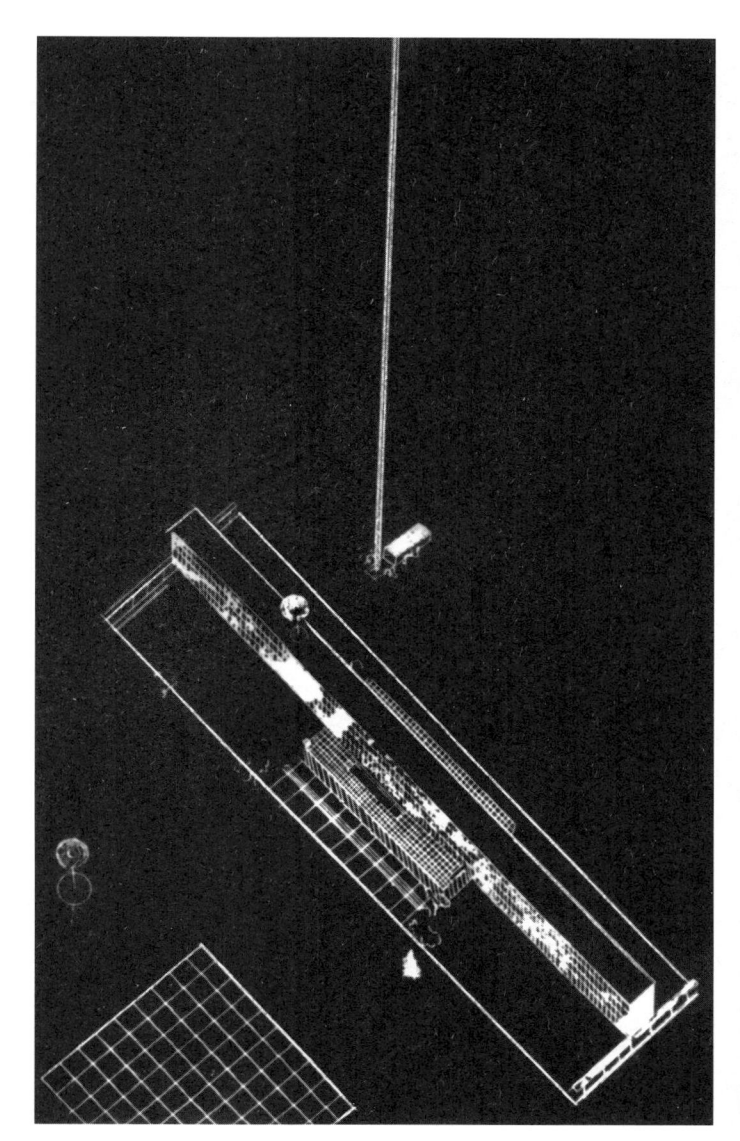

Генплан, общий фасад, планы и фасады секторов — физкультурного и массовых действ, аксонометрия научно-исторического сектора

Plano general, fachada general, planos y fachadas de los sectores de cultura física y dramatizaciones colectivas, axonometría del sector científico-histórico

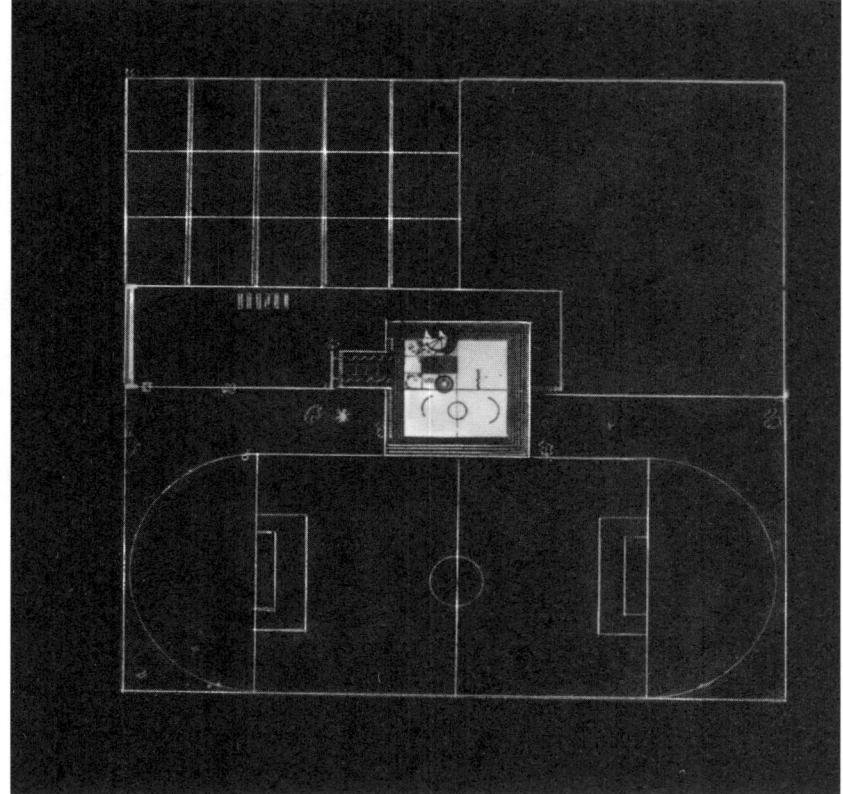

не зрительный зал, перекрытый стеклянной полусферой. Зал может делиться на отдельные сектора; места двигаются по кругу и в случае необходимости убираются в пол, освобождая всю площадь; в центре зала круглый трюм, через который сценические площадки поднимаются в зал. Площадок несколько, они могут перемещаться в любое место зала и использоваться как трибуна или эстрада. Так же передвижным предлагается сделать буфет. Серповидное в плане фойе вписывается в круг здания, облегчая загрузку зала.

В проекте Дворца культуры Леонидов не только по-новому решает организацию культурного обслуживания жителей городского района, но и демонстрирует принципиально новый подход к созданию архитектурно-художественного образа клуба. Фасад комплекса Дворца культуры — это сопоставление свободно расставленных геометрически определенных архитектурных форм — протяженного параллелепипеда, стеклянной полусферы и стеклянной пирамиды. Общая композиция обогащается объемами нескольких небольших по размерам сооружений (малый зал, выставочный павильон и др.).

ta por una semiesfera de vidrio. La sala puede dividirse en varios sectores; los asientos se mueven por un círculo y, en caso de ser necesario, se pueden esconder debajo del piso, liberando toda la superficie; en el centro de la sala hay una cavidad circular, a través de la cual las plataformas escénicas se levantan a la sala. Hay varias plataformas, las cuales se pueden desplazar a cualquier lugar de la sala y utilizar como tribuna o estrada. La cafetería también se diseñó movible. El foyer de planta en forma de lúnula está adosado al círculo del edificio, facilitando la entrada a la sala.

En el proyecto del Palacio de la Cultura, Leonídov no solamente resuelve de una manera novedosa la organización del servicio cultural de los habitantes de una urbanización, sino también revela un enfoque completamente nuevo de creación de la imagen arquitectónica y artística del club. La fachada del complejo del Palacio de la Cultura es una contraposición de formas arquitectónicas geométricamente determinadas dispuestas libremente: un paralelepípedo alargado, una semiesfera y una pirámide de vidrio. La composición general es enriquecida con los volúmenes de algunas edificaciones de pequeñas dimensiones (sala menor, pabellón de exposiciones, etcétera).

А., В. и Л. Веснины

ТЕАТР МАССОВОГО МУЗЫКАЛЬНОГО ДЕЙСТВА В ХАРЬКОВЕ. Конкурсный проект. 1930–1931

89

A. Vesnín, V. Vesnín y L. Vesnín

TEATRO DE DRAMATIZACIÓN MUSICAL COLECTIVA EN JÁRKOV. Proyecto de concurso. 1930–1931

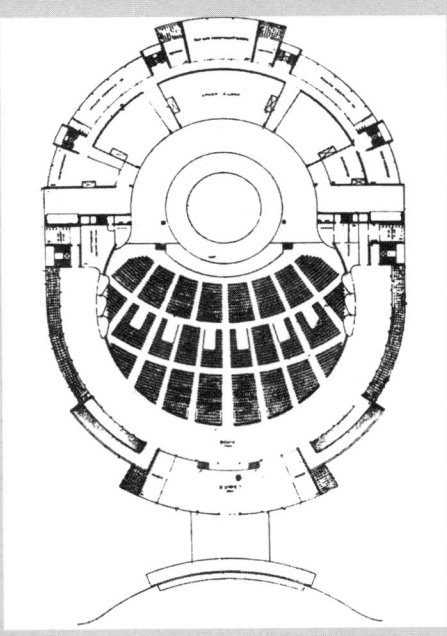

Проект Весниных получил высшую премию на международном конкурсе. В веснинском проекте театра массового музыкального действа в Харькове подковообразная форма зрительного зала (с единым амфитеатром) и полукружие сцены образовывали овальный в плане объем, который можно было объединить в интерьере в общее пространство, меняя количество зрительных мест от двух до шести тысяч. Веснины писали в пояснительной записке к проекту, что они «поставили себе задачу найти прием решения театра, в котором

El proyecto de los hermanos Vesnín obtuvo el primer premio en este concurso internacional. En el proyecto del Teatro de dramatización musical colectiva en Járkov, la sala de espectadores (con un solo anfiteatro) en forma de herradura y el semicírculo de la escena forman un volumen de planta ovalada que se puede unir en el interior en un espacio general, cambiando la cantidad de localidades de dos a seis mil. En la nota explicativa adjunta al proyecto, los hermanos Vesnín escriben que «se plantearon la tarea de encontrar una técnica de diseño del teatro en la que la sala

А., В. и Л. Веснины. *Театр массового музыкального действа в Харькове. Конкурсный проект. 1930–1931*

A. Vesnín, V. Vesnín y L. Vesnín. *Teatro de dramatización musical colectiva en Járkov. Proyecto de concurso. 1930–1931*

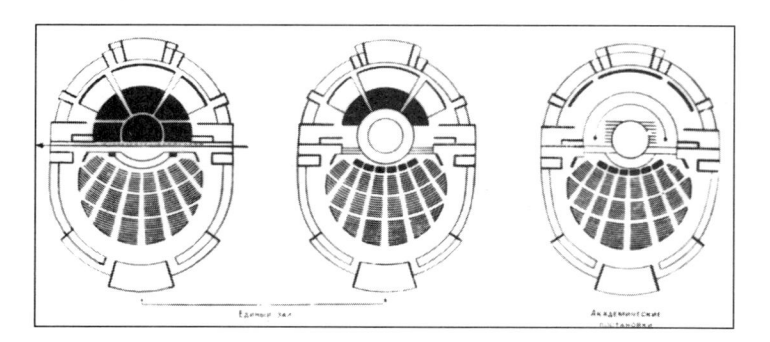

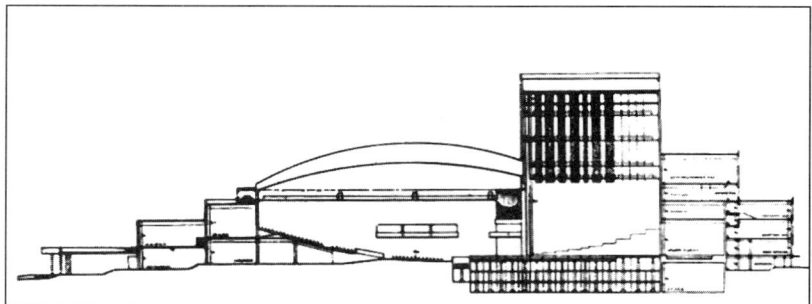

Перспектива, разрез, план второго этапа, варианты трансформации сцены

Perspectiva, corte, plano del segundo piso, variantes de transformación de la escena

зрительный зал и сцена представляли бы пространственно единый зал, могущий трансформироваться и служить для массовых музыкальных действий, праздников и больших собраний... Трансформации сценической части авторы придавали особое значение, считая необходимым предоставить возможность театру проводить не только существующие постановки, но и дать новые возможности использования сцены и театра. В театре могут происходить большие празднества, проход манифестаций по просцениуму, соединенному пандусами с улицами... Сцена в этих случаях путем соответствующего подъема и использования плунжеров превращается в места для президиума и амфитеатр, покрытый тентом, с вместимостью до 2000 чел. (см. чертежи трансформации сцены). На этих чертежах показана также возможность превращения сцены в цирковую арену»*.

Внешний облик здания выявлял внутреннюю структуру театра и был решен в крупных лаконичных формах. Овал зала (с обходящей его галереей-фойе), перекрытый пологим куполом, своими плавными криволинейными формами и обильным остеклением контрастировал с глухим прямоугольником экрана-стены сценической коробки.

Позднее А. Веснин, отвечая на вопросы, связанные с взаимоотношением функциональной целесообразности и художественного образа, привел в качестве примера проект театра в Харькове: «Говоря об архитектурном, образном решении функции, я хотел бы сказать... что существенное содержание архитектурного образа составляют конкретное функциональное назначение, характер и внутренняя жизнь различных частей здания, а не просто абстрактный момент их функциональной оправданности. Это во-первых. А во-вторых, что архитектурное оформление различных частей здания должно не просто украшать фасады, но делать более выразительным и прекрасным выявление во вне их конкретного содержания, функции, назначения. Только такое понимание сущности архитектурного образа ведет к единству формы и содержания... С какими функционально существенными частями мы имеем дело, например, в театральном здании? Со входом, с вестибюлем, с лестницами, фойе, зрительным залом, сценической коробкой. В проекте Музыкального театра в Харькове мы значительно выявляем эти части в наружном строении здания, а не прячем их в один общий геометрический объем. Здание выглядит снаружи не как простое геометрическое тело, а как сложный архитектурный организм, каким оно и является по своему внутреннему устройству»**.

de espectadores y la escena constituyeran una sola sala en el espacio, que pudiera transformarse y servir para dramatizaciones musicales colectivas, fiestas y grandes reuniones... Los autores otorgaban a la transformación de la sala un significado especial, considerando necesario brindar al teatro la posibilidad de ejecutar no solamente las presentaciones existentes, sino también ofrecer nuevas posibilidades de utilizar la escena y el teatro. En el teatro se pueden llevar a cabo grandes celebraciones, el paso de manifestaciones por el proscenio comunicado con las calles mediante rampas... En estos casos, levantando los elementos respectivos y utilizando émbolos, la escena se transforma en el lugar para el presidium y en un anfiteatro, el cual está cubierto con una carpa y tiene capacidad para 2000 personas (véanse los dibujos de transformación de la escena). En estos dibujos se muestra asimismo la posibilidad de conversión de la escena en arena circense»*.

El aspecto exterior del edificio revela la estructura interna del teatro y fue proyectado con formas lacónicas grandes. El óvalo de la sala (rodeada por la galería-foyer), cubierta por una cúpula de poco declive, contrasta por sus formas curvadas suaves y su rico vidriado con el rectángulo ciego del muro-cortina de la caja de la escena.

Más tarde, respondiendo a las preguntas sobre la interrelación del sentido funcional y la imagen artística, A. Vesnín cita como ejemplo el proyecto del teatro en Járkov: «Acerca de la solución arquitectónica y representativa de la función, quisiera decir... que el contenido fundamental de la imagen arquitectónica está compuesto por la función concreta, el carácter y la vida interior de las diferentes partes del edificio, y no simplemente por el momento abstracto de su justificación funcional. Esto en primer lugar. En segundo lugar, que la formalización arquitectónica de las distintas partes del edificio consiste no simplemente en adornar la fachada, sino en hacer más expresivo y hermoso el reflejo exterior de su contenido concreto, función y objetivo. Solamente esta comprensión de la esencia de la imagen arquitectónica lleva a la unidad de forma y contenido... ¿Con qué partes fundamentales desde el punto de vista funcional tropezamos, por ejemplo, en el edificio de un teatro? Con la entrada, el vestíbulo, las escaleras, el foyer, la sala de espectáculos, la caja de la escena. En el proyecto del Teatro Musical de Járkov nosotros revelamos significativamente estas partes en la construcción exterior del edificio, en lugar de esconderlas en un volumen geométrico común. Por fuera el edificio no se parece a un cuerpo geométrico sencillo, sino a un organismo arquitectónico complejo, lo cual es un reflejo real de su estructura interior.»**

---

* Советская архитектура. 1931. № 1–2. С. 112.
** Советская архитектура. № 8. М., 1957. С. 76.

* Arquitectura Soviética. 1931. № 1–2. Pág. 112.
** En las recopilaciones de Arquitectura Soviética. № 8. Moscú, 1957. Pág. 76.

П. Голосов

КОМБИНАТ «ПРАВДА» В МОСКВЕ. 1930–1935

P. Gólosov

CONJUNTO DE EDIFICIOS «PRAVDA» EN MOSCÚ. 1930–1935

В начале 1930 г. был проведен закрытый конкурс на проект комбината газеты «Правда». Из четырех заказных проектов был выбран проект П. Голосова, который он делал совместно с А. Куровским. Положенная в основу проекта объемно-планировочная структура отличалась большой четкостью функционального построения. Многоэтажный редакционный корпус (с учетом расширения комбината в будущем и возможности надстройки до 20 этажей), пятиэтажный издательский, одноэтажный с верхним светом производственный и небольшие корпуса для отдельных циклов производства хорошо связаны между собой и в то же время в достаточной степени изолированы.

В дальнейшем П. Голосов неоднократно перерабатывал проект в связи с уточнением задания. В окончательном осуществленном варианте вдоль улицы расположен семиэтажный редакционный корпус, к которому с обратной стороны примыкают три девятиэтажных корпуса, связанных своими лифтами с полиграфическим производством. Широкие проезды под главным корпусом связывают улицу с двумя двориками — местами автостоянок. Двухэтажный корпус расположен перпендикулярно главному.

Фасад главного корпуса решен строго симметрично. Длинные ленты окон перебиты в центре стеклянным эркером, освещающим гостиные. Концы оконных лент подчеркнуты балконами и упираются в глухие стены. На торцах корпуса стеклянные эркеры, освещающие

A inicios de 1930 tuvo lugar un concurso cerrado para la creación del proyecto del conjunto de edificios del periódico «Pravda». De los cuatro proyectos encargado fue elegido el de P. Gólosov, realizado junto con A. Kurovski. Tomada como base del proyecto, la estructura volumétrico-espacial se distingue por la gran precisión de su construcción funcional. El bloque de redacción de varios pisos (está prevista la expansión futura del complejo y la posibilidad de añadir al edificio hasta 20 pisos), el bloque de la editorial de cinco pisos, el edificio de producción de una sola planta con ventanas en la parte superior y pequeños bloques para los diversos ciclos de producción, están bien interrelacionados y al mismo tiempo suficientemente aislados.

En el futuro, P. Gólosov modificaría en varias ocasiones el proyecto a causa de la modificación de los requisitos del edificio. En la variante definitiva realizada, a lo largo de la calle se eleva el bloque de redacción de siete pisos, al que se adhieren por la parte posterior tres bloques de nueve pisos, enlazados por medio de sus ascensores con el centro de producción poligráfica. Amplios pasos debajo del bloque principal comunican la calle con dos patios que hacen el papel de aparcamientos. Un bloque de dos pisos se sitúa perpendicularmente al edificio principal.

La fachada del bloque principal fue proyectada de manera estrictamente simétrica. Las largas filas de ventanas son cortadas en el centro por un mirador vidriado que da luz a la sala de visitas. Los extremos de

П. Голосов. Комбинат «Правда» в Москве. 1930–1935
P. Gólosov. Conjunto de edificios «Pravda» en Moscú. 1930–1935

a) конкурсный проект, 1930 г., авторы П. Голосов и А. Куровский (перспектива);
b) общие виды главного (редакционно-издательский) и производственного корпусов (см. титул шедевра)

a) proyecto de concurso, 1930, autores P. Gólosov y A. Kurovski (perspectiva);
b) vistas generales de los bloques principal (de la redacción y la editorial) y de producción (véase la ilustración inicial)

по четыре зала высотой в полтора этажа каждый. Фасад производственного корпуса предельно лаконичен по композиции — две ленты окон, над которыми глухая стена с редким ритмом небольших круглых окон.

Проект, выполненный в начале 30-х годов в духе конструктивизма, осуществлялся в его внешней части практически без каких-либо изменений. Единственное, что было отступлением от проекта — это использование в цокольной части гранитной облицовки в целях монументализации и «обогащения» внешнего облика. Интерьеры же были существенно обогащены в процессе строительства, причем их оформлением занимались другие архитекторы. Сам же П. Голосов демонстративно устранился от этой работы.

las filas de ventanas son remarcados por balcones y culminan en paredes ciegas. En los costados del bloque hay miradores vidriados, cada uno de los cuales da luz a cuatro salas de piso y medio de altura. La fachada del bloque de producción tiene una composición estremadamente lacónica: dos hileras de ventanas sobre las cuales se halla una pared ciega con pequeñas ventanas redondas distanciadas.

En su parte exterior, el proyecto, ejecutado a inicios de los años 30 al estilo del constructivismo, se realizó casi sin modificaciones. La única diferencia con el proyecto fue el uso de revestimiento de granito en la parte del zócalo, con el fin de dar un carácter «monumental» y «enriquecer» el aspecto exterior. Los interiores fueron muy enriquecidos durante la construcción: a esto se dedicaron otros arquitectos, pues P. Gólosov se retiró de este trabajo en señal de protesta.

В. Мейерхольд, М. Бархин и С. Вахтангов
ПРОЕКТ ТЕАТРА ИМ. МЕЙЕРХОЛЬДА В МОСКВЕ. 1930–1932

91

V. Meyerjold, M. Barjin y S. Vajtángov
PROYECTO DEL TEATRO MEYERJOLD EN MOSCÚ. 1930–1932

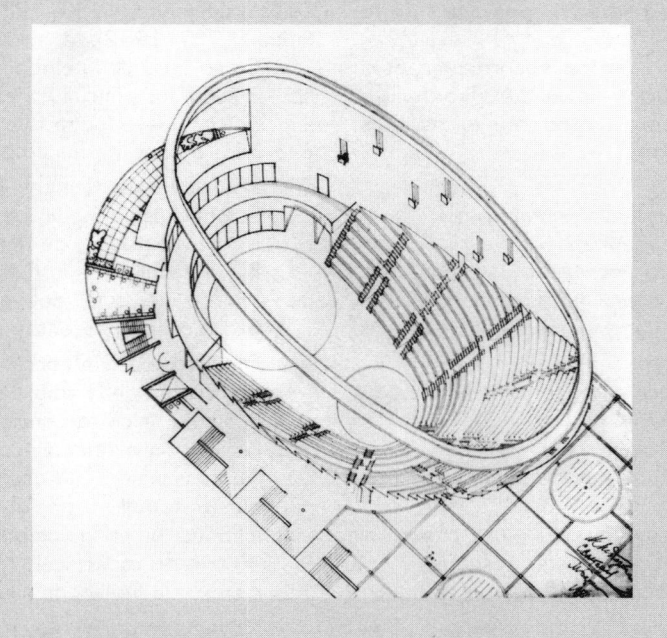

В конце 20-х гг. Мейерхольд от новаторских поисков в области постановки спектакля вплотную подходит к задаче коренного переустройства всего внутреннего пространства театра. Важным этапом в разработке новых принципов пространственной организации театрального интерьера была совместная работа В. Мейерхольда и Л. Лисицкого в 1928–1929 гг. над оформлением спектакля «Хочу ребенка» по пьесе С. Третьякова. В процессе поисков приема художественного оформления спектакля режиссер и архитектор пришли к мысли коренным образом изменить пространственную организацию интерьера старого театра. Подробно разработанный макет постановки (спектакль так и не был осуществлен) был фактически проектом перестройки интерьера театра с организацией сценической площадки в центре зрительного зала и расположением мест для зрителей амфитеатром.

A finales de la década del 20 Meyerjold abandona las búsquedas innovadoras en el área de escenificación para dedicarse de lleno a la tarea de reconstrucción radical de todo el espacio interior del teatro. Una etapa importante en el desarrollo de los nuevos principios de organización espacial del interior del teatro fue el trabajo conjunto de V. Meyerjold y L. Lisitski de los años 1928–1929, durante la escenificación de la obra de S. Tretiakov «Quiero un niño». En sus búsquedas de una técnica de presentación artística del espectáculo, el director y el arquitecto llegan a la conclusión de cambiar radicalmente la organización espacial del interior del viejo teatro. La maqueta detallada de la escenificación (el espectáculo no llegó a presentarse) constituía prácticamente un proyecto de reconstrucción del interior del teatro con una organización de la escena en el centro de la sala de espectáculos y una distribución de las localidades en forma de anfiteatro.

В. Мейерхольд, М. Бархин и С. Вахтангов. Проект театра им. Мейерхольда в Москве. 1930–1932

V. Meyerjold, M. Barjin y S. Vajtángov. *Proyecto del teatro Meyerjold en Moscú.* 1930–1932

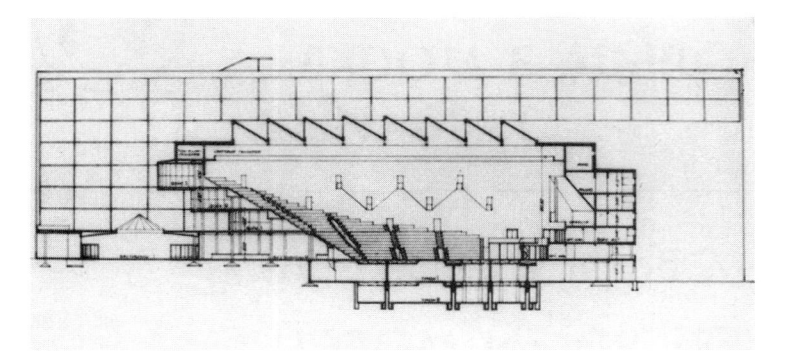

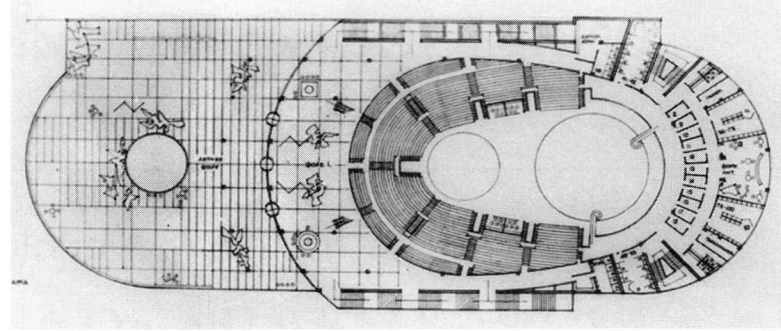

Макет, перспектива, планы первого и второго этажей, разрез, аксонометрия зрительного зала

Maqueta, perspectiva, planos del primer y segundo pisos, corte, axonometría de la sala de espectadores

Развивая эту идею, Мейерхольд в содружестве с архитекторами М. Бархиным и С. Вахтанговым разрабатывает проект перестройки старого здания театра (1930–1931), а затем и проект нового театра (1931–1932).

В основу разработки проекта этого театра нового типа были положены сформулированные Мейерхольдом принципы «Театрального Октября» и принципы построения нового театра (эти тексты были помещены на одном из планшетов проекта).

«Принципы Театрального Октября:
Театр — средство политической агитации и пропаганды.
Новая система игры актера (биомеханика).
Критический пересмотр театрального наследства и использование в современном спектакле элементов подлинно народного театра.
Изменение сценической площадки и элементов ее оформления.

Принципы построения нового театра:
1. Объединение зрительного и сценического пространства в одном зале (отсутствие сценической коробки).
2. Аксонометрическое восприятие действия (амфитеатр).
3. Охват действия зрителем с трех сторон (пространственное развитие действия на сцене-стадионе).
4. Введение в композицию зала всех обслуживающих спектакль элементов (кабины актеров, техническая часть, оркестр).
5. Доступ на сцену механического транспорта и демонстрации».

Запроектированный В. Мейерхольдом, М. Бархиным и С. Вахтанговым театр нового типа для конкретной театральной труппы (театр им. Мейерхольда) и конкретного участка в Москве был рассчитан на 2 тысячи человек. В нем отсутствовала сцена в ее обычном понимании, т. е. здесь не было сценичной коробки, портала, занавеса, оркестровой ямы — всего того, что подчеркивало отделение зрителей от актеров. Игровая площадка была вынесена на сцену-стадион, предопределяющую пространственное построение театрального действия (а не его плоскостное развертывание с проекцией на обрамленный порталом «экран» традиционной сцены) со зрителем, охватывающим действие. Сцена (с двумя дисками разного диаметра) была рассчитана на различное использование — гимнастические выступления, спортивные соревнования (бокс, борьба, волейбол, прыжки в воду — при опускании одного из дисков образовывался бассейн и др.), цирковые представления, театральные постановки (в зависимости от оформления спектакля предусматривалась возможность пре-

Desarrollando esta idea, Meyerjold en compañía de los arquitectos M. Barjin y S. Vajtángov diseña un proyecto de reconstrucción del viejo edificio del teatro (1930–1931), y posteriormente un proyecto de nuevo teatro (1931–1932).

Como base de la elaboración del proyecto de este teatro de nuevo tipo sirvieron los principios del «Octubre Teatral» y los principios de edificación del nuevo teatro formulados por Meyerjold (estos textos fueron anexados en una de las carpetas del proyecto).

«Principios del Octubre Teatral:
El teatro es un medio de agitación política y de propaganda.
Un nuevo sistema de actuación del actor (biomecánica).
Revisión crítica de la herencia teatral y utilización en el espectáculo moderno de elementos del verdadero teatro popular.
Cambio de la escena y de sus elementos de decoración.

Principios de construcción del nuevo teatro.
1. Unificación de la sala de espectadores con el espacio escénico en una sala única (ausencia de la caja de la escena).
2. Percepción axonométrica de la acción (anfiteatro).
3. Abarcamiento de la acción desde tres lados por parte del espectador (desarrollo espacial de la acción en la escena-estadio).
4. Introducción en la composición de la sala de todos los elementos de servicio del espectáculo (cabinas de actores, parte técnica, orquesta).
5. Acceso de transporte mecánico y de manifestaciones a la escena.»

Proyectado por V. Meyerjold, M. Barjin y S. Vajtángov para un grupo teatral concreto («Teatro Meyerjold») y para una región específica de Moscú, el teatro de nuevo tipo fue pensado para 2000 personas. En él no había una escena en el sentido común de su significado, es decir, no había ni caja de la escena, ni portal, ni telón, ni foso para la orquesta, no había nada de lo que subraya la separación de los artistas y espectadores. El área de espectáculos fue llevada a una escena-estadio que predefine la composición espacial de la acción teatral (y no su desarrollo plano con proyección sobre la «pantalla» de la escena tradicional encuadrada por el portal), con un espectador que observa la acción. La escena, con dos discos de diferente diámetro, se ideó para diversos usos: presentaciones de gimnasia, competencias deportivas de boxeo, lucha, voleibol, clavado —este deporte se realizaba en la piscina que se formaba al bajar uno de los discos—, espectáculos circenses, escenificaciones teatrales (dependiendo de la decoración del espectáculo se preveía la posibilidad de convertir parte de la escena en un patio de butacas suple-

вращать часть сцены в дополнительный партер с местами на 100–150 человек). Для эпизодической игры актеров предусматривались выдвижные балконы в стенах зала.

По-новому была решена вся обслуживающая сцену и спектакль техническая часть. Кабины для актеров располагались в непосредственной близости к сцене, двери многих из них выходили или прямо на сценическую площадку, или на балкон, открытый в зрительный зал.

Световую аппаратуру предлагалось разместить на открытой галерее (по всему периметру зала). Для киноаппаратов и аппаратуры тон-фильмов была запроектирована закрытая галерея (также по кругу обходящая зал). Предусматривалась возможность одновременного использования целой системы кинокадров на стенах-экранах, а также на полу и потолке. Перекрытие с устройством фонарей-шедов давало возможность освещать зал дневным светом; специальные жалюзи позволяли «выключать» дневной свет. Предусматривались специальные устройства для акустической настройки зала в зависимости от перемещения по пространству зала звучащей точки (актера).

Механизация сценического действия была внесена в сам зал. Под потолком запроектирована система монорельсов с перемещающимися по ним электрокранами (грузоподъемностью 1,5 тонны). Это позволяло механизировать все пространство зала — создавать в любом его участке местные игровые площадки в подвешенном состоянии, свободно перемещать их по залу. Загрузка сцены всем необходимым реквизитом происходила из боковых «карманов» и снизу, откуда могла подниматься смонтированная обстановка для данного действия спектакля (вместе с актерами). Развитая система вентиляции зала, применение озонаторов и создание специальной системы передвижных «экспресс-буфетов» должны были, по мнению авторов проекта, создать условия для перехода на безантрактный спектакль.

Основные несущие конструкции театра им. Мейерхольда были запроектированы в железобетоне, фасады предполагалось облицевать артикским туфом. Внешний облик театра отражал функциональное построение его внутреннего пространства (объединение зала и сцены в едином объеме, амфитеатр с подчеркивающими его консольно нависающими друг над другом ярусами фойе и т. д.).

Практически проект театра им. Мейерхольда предусматривал создание универсального зала многоцелевого назначения, хотя он и предназначался для конкретной театральной группы. В 1932 г. развернулось строительство театра и в соответствии с проектом была возведена основная конструкция зала. Однако изменение творческой направленности советской архитектуры привело к тому, что уже в процессе строительства отказались от стилевой характеристики внешнего облика, был проведен конкурс на фасад театра с целью «обогащения» его архитектуры, а впоследствии после ликвидации театра им. Мейерхольда здание было приспособлено под концертный зал (ныне зал им. Чайковского).

mentario con capacidad para 100–150 personas). Para ciertos episodios de la actuación se diseñaron balcones corredizos en las paredes de la sala.

La parte técnica de mantenimiento de la escena y el espectáculo fue proyectada de una manera nueva. Los camerinos de los actores se encontraban inmediatamente al lado de la escena, las puertas de muchos de ellos daban directamente a la escena o al balcón abierto hacia la sala de espectadores.

Se propuso colocar los equipos de iluminación en una galería abierta (por todo el perímetro de la sala). Para los reproductores de películas y equipos para historias habladas fue proyectada una galería cerrada (también rodeaba circularmente la sala). Se previó la posibilidad de utilizar al mismo tiempo todo un sistema de imágenes cinematográficas en las paredes-pantallas así como en el piso y el techo. La cubierta con iluminación tipo shed daba la posibilidad de iluminar la sala con luz natural; persianas especiales permitían «apagar» la luz natural. Estaba previsto un dispositivo especial para configurar la acústica de la sala en función del movimiento del emisor de sonido (el actor) por ella.

La mecanización de la acción de la escena fue incorporada en la misma sala. Debajo del techo se proyectó una vía monorriel para grúas eléctricas (con capacidad de carga de 1,5 toneladas). Esto permitía mecanizar todo el espacio de la sala, crear en cualquier parte de ella escenas locales suspendidas que se podían trasladar libremente por la sala. Todo lo necesario para la sala se sacaba de «bolsillos» laterales y de la parte de abajo, desde donde se podía introducir un ambiente montado para una acción dada del espectáculo (junto con los actores). Según la opinión de los autores del proyecto, el sistema desarrollado de la ventilación de la sala, la utilización de ozonizadores y la creación de un sistema especial de «cafeterías rápidas» móviles deberían permitir crear las condiciones necesarias para la transición a espectáculos sin entreactos.

Las estructuras de soporte fundamentales del «Teatro Meyerjold» fueron proyectadas de hormigón armado, las fachadas se pensaban revestir con toba volcánica de Artik. El aspecto exterior del teatro reflejaba la estructura funcional del espacio interior del teatro (la unión de la sala y la escena en un volumen unificado, el anfiteatro resaltado por los foyer en saledizo a modo de ménsula el uno sobre el otro, etcétera).

Prácticamente, el proyecto del «Teatro Meyerjold» preveía la creación de una sala universal multifuncional, a pesar de que estaba destinado a un grupo teatral concreto. En 1932 se inició la construcción del teatro y se edificó la estructura principal de la sala según el proyecto. Pero el cambio de la tendencia artística de la arquitectura soviética, sucedido durante los trabajos, condujo al rechazo del estilo del aspecto exterior, y se convocó un concurso de proyección de la fachada del teatro para «enriquecer» su arquitectura. Posteriormente, después de la liquidación del «Teatro Meyerjold», el edificio se adecuó para sala de conciertos (actualmente es la Sala Chaikovski).

В. Щуко и В. Гельфрейх

ОПЕРНО-ДРАМАТИЧЕСКИЙ ТЕАТР В РОСТОВЕ-НА-ДОНУ. 1930–1936

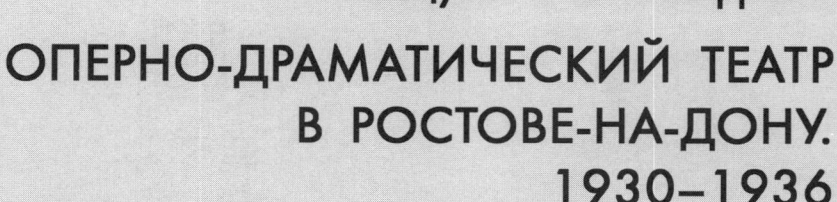

92

V. Schukó y V. Guélfreij

TEATRO DEL DRAMA Y LA ÓPERA EN ROSTOV DEL DON. 1930–1936

Программа проведенного в 1930 г. всесоюзного конкурса на оперно-драматический театр в Ростове-на-Дону предусматривала объединение в одном здании зрительного зала на 2500 мест и концертного зала на 800 мест. Кроме того, посетителей должны были обслуживать выставочные помещения, театральный музей, детские комнаты и т. д.; для работников сцены предназначались студия, клуб, гимнастический зал, репетиционные залы и др.

Здание было построено по заказному проекту В. Щуко и В. Гельфрейха, выполненному несколько позднее проведенного всесоюзного конкурса. В основу объемно-пространственной композиции здания авторы положили размещение малого зала над фойе главного зала и устройство входов как в большой, так и в малый залы с главного фасада. Если в большой зал вход устроен в центре главного фасада, то в малый зал можно попасть через две остекленные башни-лестницы и мостовые переходы, связанные с фойе малого театра.

Здание представляет собой компактную прямоугольную композицию. Основной зрительный зал (подковообразный в плане) решен амфитеатром с широко раскрытым порталом и сильно внесенным просцениумом. Внешний облик театра строится на контрасте высоких остекленных отдельно стоящих объемов парных лестничных клеток и огромного глухого «экрана» лицевого фасада (по проекту эта плоскость должна была служить экраном для световых реклам и демонстрации кинофильмов). Эта облицованная белым мрамором стена нависает над остеклением фойе основного зала. Перед театром устроена обширная площадь, в сторону которой обращена трибуна, расположенная на уровне стилобата театра.

В процессе доработки первоначального проекта была уменьшена вместимость большого зала (1200 мест), а главный фасад обогащен двумя фризовыми барельефами, фланкирующими остекление фойе.

El concurso a nivel de la Unión Soviética del teatro en Rostov del Don se realizó en 1930, y su programa preveía la unificación de una sala de espectadores con 2500 localidades y una sala de conciertos con 800 localidades en un solo edificio. Además de eso, los visitantes debían contar con los servicios de salas para exposiciones, museo teatral, habitaciones infantiles, etcétera; para los trabajadores de la escena se destinaban un estudio, un club, una sala de gimnasia, salas de ensayos y otros.

El edificio fue construido según el proyecto por encargo realizado por V. Schukó y V. Guélfreij un poco después del concurso a nivel de la Unión Soviética. Los autores decidieron que la base de la composición volumétrico-espacial del edificio debía ser la ubicación de la sala pequeña sobre el foyer de la sala principal, y la disposición de las entradas a ambas salas desde la fachada principal. Pero si la entrada a la sala grande se encuentra en el centro de la fachada principal, en la sala pequeña se puede ingresar desde dos torres-escaleras vidriadas seguidas de pasos vidriados en forma de puente, que conducen al foyer del teatro menor.

El edificio representa una composición rectangular compacta. La sala principal de espectadores (de planta en forma de herradura) se proyectó como un anfiteatro con un portal ampliamente abierto y con un proscenio muy adentrado. El aspecto exterior del teatro se basa en el contraste entre los dos volúmenes vidriados altos y separados de las cajas de escaleras, y la enorme «pantalla» ciega de la fachada principal (según el proyecto, esta superficie debía servir para propaganda luminosa y proyección de películas). Esta pared revestida de mármol blanco se levanta sobre el foyer vidriado de la sala principal. Frente al teatro hay una amplia plaza, hacia la cual se dirige una tribuna, que se encuentra al nivel del estilóbato del teatro.

Después de las modificaciones del proyecto inicial se disminuyó la capacidad de la sala principal (1200 localidades), y la fachada principal se enriqueció con dos bajorrelieves en el friso que flanquean los cristales del foyer.

В. Щуко и В. Гельфрейх. *Оперно-драматический театр в Ростове-на-Дону.* 1930–1936

V. Schukó y V. Guélfreij. *Teatro del Drama y la Ópera en Rostov del Don.* 1930–1936

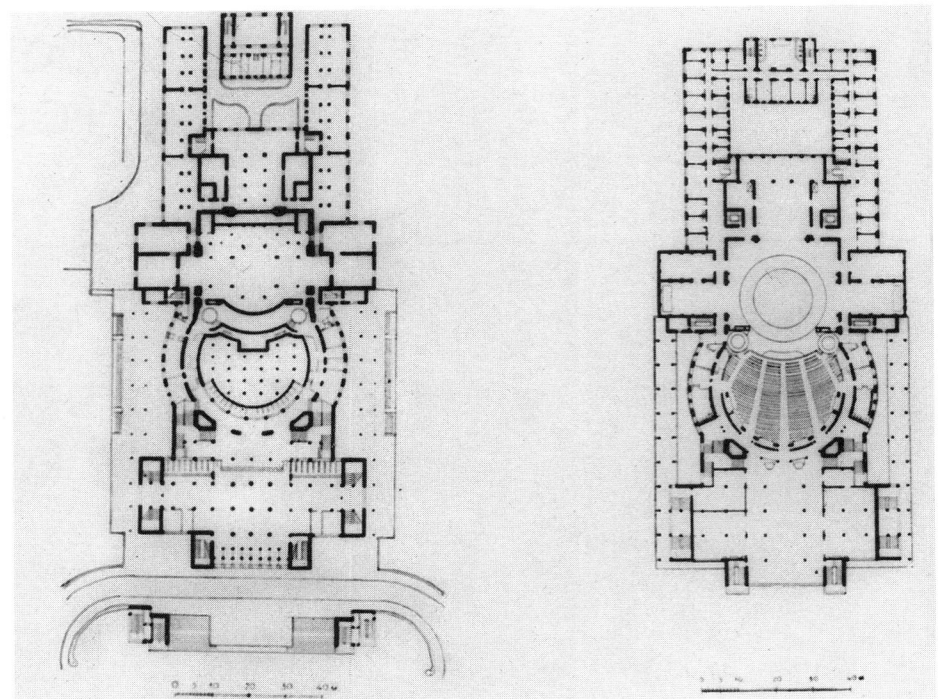

Общий вид, фрагмент, планы первого и второго этажей, разрез

Vista general, fragmento, planos del primer y segundo pisos, corte

К. Мельников

ТЕАТР МОСПС В МОСКВЕ.
Конкурсный проект. 1931

K. Miélnikov

TEATRO DEL MOSPS EN MOSCÚ.
Proyecto de concurso. 1931

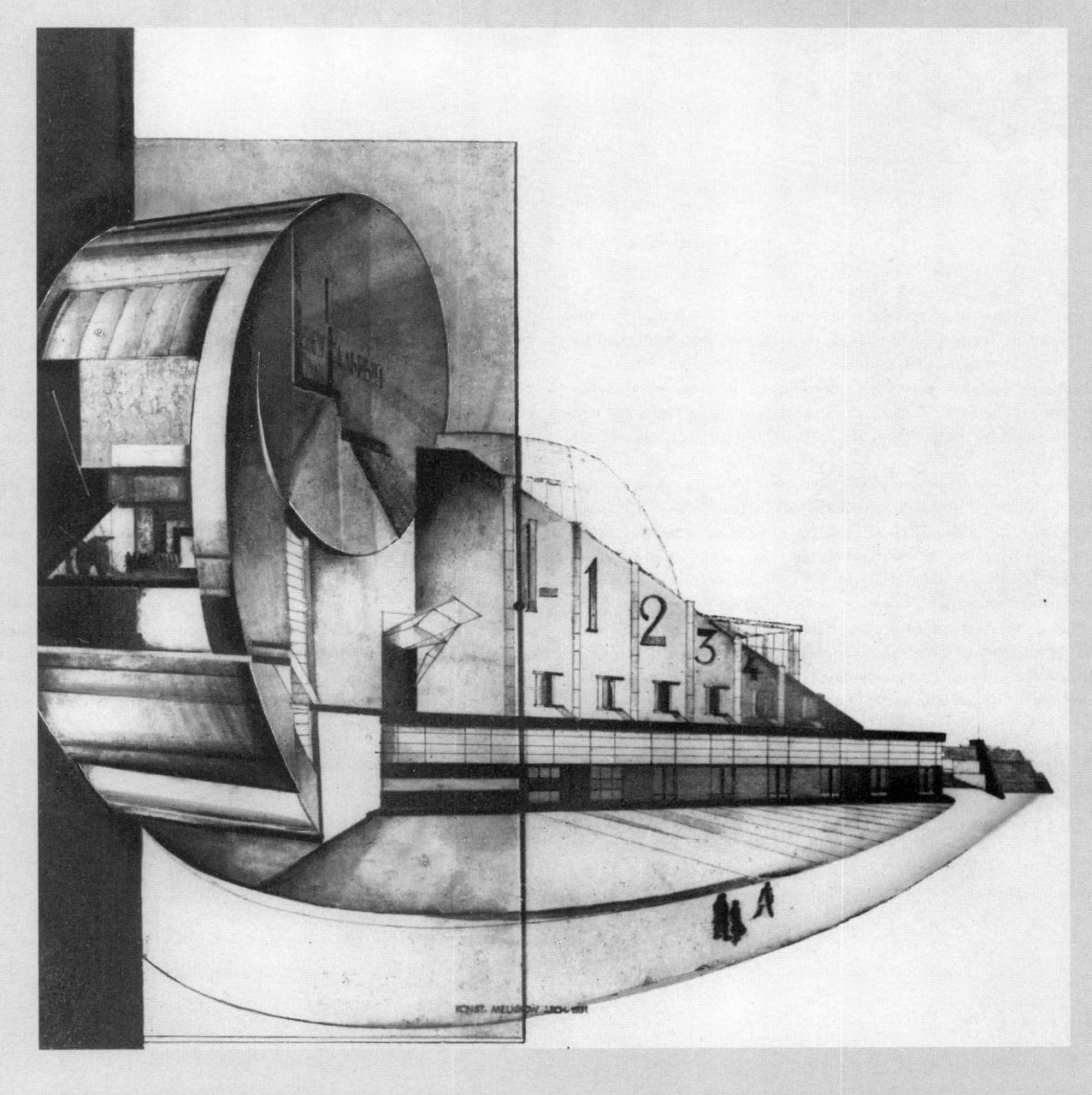

К. Мельников запроектировал зрительный зал в виде усеченного конуса, в котором 1/6 часть стены и партера вынуты, чтобы образовать пространство сцены. Семиярусный зал поворачивается вместе со зрителями, переориентируя их внимание на одну из трех сцен. Первая сцена оборудована обычным поворотным кругом, на второй — вертикально перемещаются горизонтальные площадки, а третья имеет в верхней части вращающееся на горизонтальной оси «колесо», к ободу которого подвешены горизонтальные площадки (как кабины «колеса обозрения»). В качестве четвертой сцены может использоваться центральная часть партера.

Miélnikov proyectó la sala de espectáculos en forma de cono truncado, en el que la sexta parte de las paredes y el patio de butacas son retirados para crear el espacio de la escena. La sala de siete niveles gira junto con los espectadores, orientando su atención a una de las tres escenas. La primera escena está equipada con un círculo giratorio habitual, en la segunda hay plataformas horizontales que se desplazan verticalmente, y la tercera tiene en su parte superior una «rueda» que gira alrededor de un eje horizontal (de la rueda penden plataformas horizontales, como las cabinas de una noria). En calidad de cuarta escena se puede utilizar la parte central del patio de butacas.

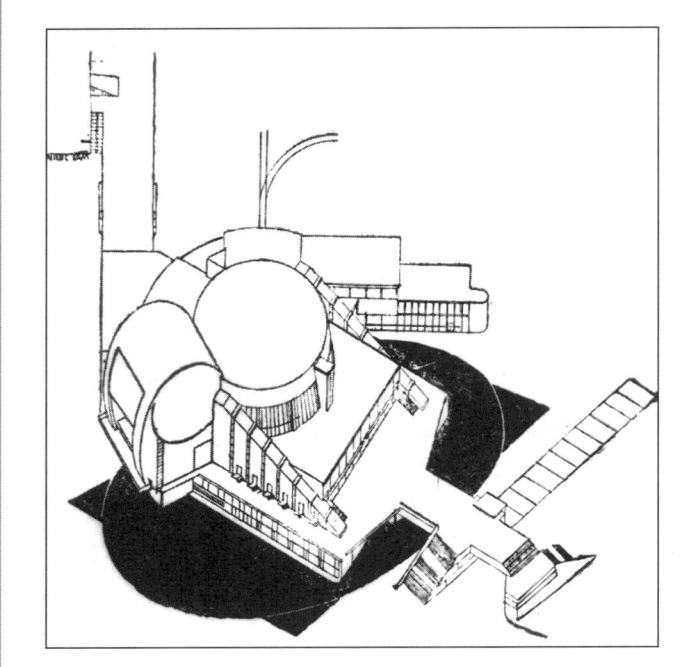

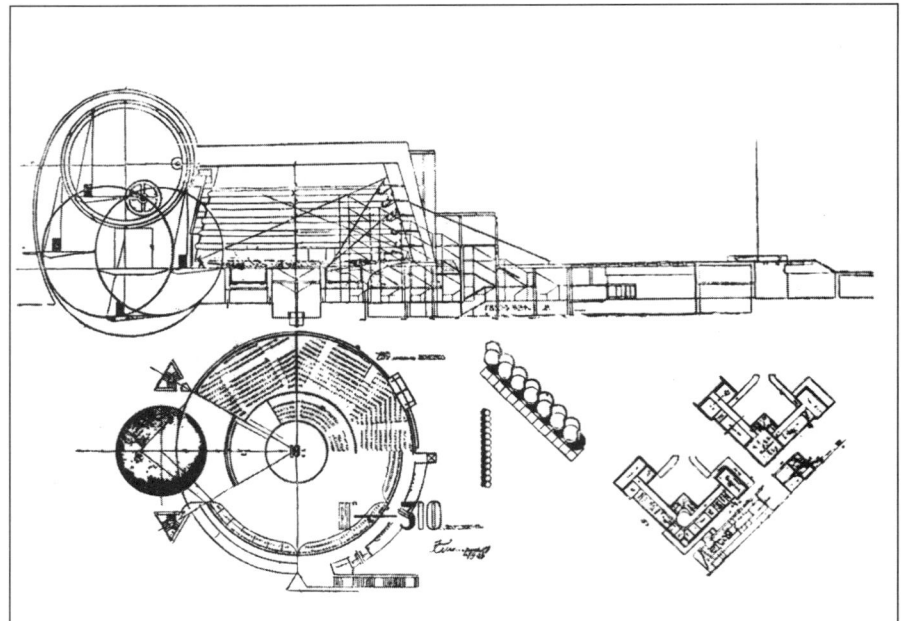

К. Мельников. Театр МОСПС в Москве. Конкурсный проект. 1931

K. Miélnikov. Teatro del MOSPS en Moscú. Proyecto de concurso. 1931

Перспектива, разрез, план, аксонометрия

Perspectiva, corte, plano, axonometría

«Для быстрой смены кадров сценических картин, — писал Мельников в пояснительной записке к проекту, — а также для большей их разновидности запроектированы сцены с горизонтальным вращением, сцена с водными устройствами и бассейном... Имеем все разнообразие театральных действий, быстроту смены кадра, замену его другими, доведенными до разительного впечатления, граничащего с невозможным...

При перемене сцен оркестр вместе с центральными местами партера поворачивается вокруг центральной сцены-арены с тем, чтобы дирижеру всегда занимать во время действия осевое положение у любой из трех сцен, а местам создать нормальные условия видимости»*.

Общая объемно-пространственная композиция театра по проекту Мельникова была совершенно необычной: распластанная пластина подиума, на котором еще один горизонтальный параллелепипед, фланкированный двумя треугольными призмами и увенчанный усеченным конусом. И в эту структуру по диагонали врезано «колесо» одной из сцен.

«Para el cambio rápido de los cuadros escénicos —escribe Miélnikov en su nota explicativa del proyecto—, así como para lograr una mayor variedad de éstos, se han proyectado escenas con rotación horizontal, una escena con dispositivos acuáticos y piscina... Tenemos toda la diversidad de acciones teatrales, alta velocidad de cambio del cuadro, su sustitución por otros cuadros con efectos sorprendentes que rayan con lo imposible...

Al cambiar las escenas, la orquesta, junto con los lugares centrales del patio de butacas, gira alrededor de la arena-escena central a fin de que el director siempre pueda ocupar durante el espectáculo una posición en el eje de cualquiera de las tres escenas, y así asegurar buenas condiciones de visibilidad para los espectadores.»*

En el proyecto de Miélnikov, la composición volumétrico-espacial general del teatro era completamente inusual: la superficie plana del podio, sobre la que se encuentra un paralelepípedo horizontal más, flanqueado por dos prismas triangulares y coronado por un cono truncado. Y precisamente esta estructura es atravesada diagonalmente por la «noria» de una de las escenas.

---

* Строительство Москвы. 1932. № 7. С. 16–17.

* Construcción de Moscú. 1932. № 7. Págs. 16–17.

Н. Ладовский

ТЕАТР МОСПС В МОСКВЕ.
Конкурсный проект. 1931

94

N. Ladovski

TEATRO DEL MOSPS EN MOSCÚ.
Proyecto de concurso. 1931

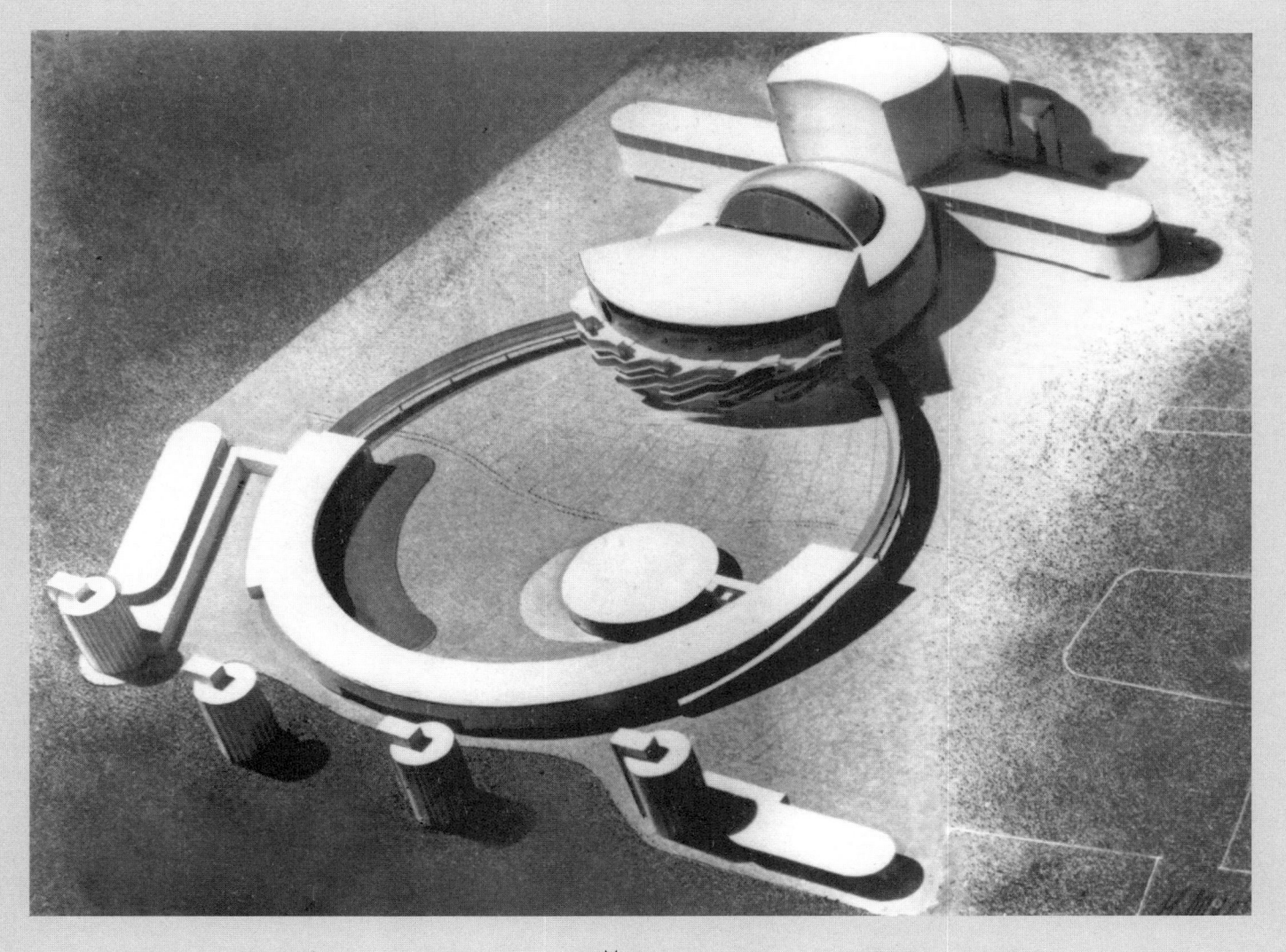

Макет

Maqueta

Ладовский рассматривал этот театр, заказанный профсоюзами, как центр сосредоточения массового политико-просветительного и воспитательного воздействия. Решение проблемы массовости театра он видел в таком сочетании объема зрительного зала с другими местами театрального действия, когда оно, как бы разрушая коробку театра, переливается на связанную с театром площадь массовых действий. Ладовский считал, что именно такое пространственно-планировочное решение будет отвечать потребности связать демонстрации и митинги — этот своеобразный открытый театр — с театром закрытым, оснащенным всеми достижениями техники.

Исходя из такого понимания задачи создания профсоюзного театра, Ладовский резко сломал обычную пространственно-планировочную схему театра и пошел по пути объединения театрального объема с площадью массовых действ, трактуя здание театра как

Ladovski consideraba este teatro, encargado por los sindicatos, como un centro de concentración de los actos masivos político-culturales y educativos. Él veía la solución del problema de la masificación del teatro en una combinación del volumen de la sala de espectadores con otros lugares de la acción teatral, combinación que, como destruyendo la caja del teatro, se une a la plaza de dramatización colectiva relacionada con el teatro. Ladovski opinaba que precisamente esta solución espacial y de planificación satisfaría las necesidades de relación de las manifestaciones y los mítines (especie de teatro abierto) con el teatro cerrado, que cuenta con todos los logros de la técnica.

Partiendo de esta comprensión de la tarea de creación del teatro de los sindicatos, Ladovski destruye súbitamente el esquema espacial y de planificación del teatro para seguir por el camino de la unificación del volumen del teatro con la plaza de dramatizaciones colectivas, interpre-

Н. Ладовский. Театр МОСПС в Москве. Конкурсный проект. 1931

N. Ladovski. Teatro del MOSPS en Moscú. Proyecto de concurso. 1931

элемент, ее завершающий. Он объединил круглой аванплощадью перед главным фасадом различные объемы театра.

В театральном зале места зрителей расположены амфитеатром. Партер с частью просцениума помещается на вращающемся барабане, т. е. сцена обычного типа может превращаться в объемную со зрителями вокруг нее. Часть мест зрительного зала для удобства обозрения запроектирована на вращающихся сидениях. Трансформируя просцениум, можно получить бассейн. В зрительный зал введен кольцевой трек шириной 4 м, используемый для прохода демонстрации или как беговая дорожка. Из перекрытия зрительного зала могут быть выпущены рабочие площадки для актера.

tando el edificio del teatro como el elemento que culmina la plaza. Ladovski une los diversos volúmenes del teatro por medio de la anteplaza circular que se encuentra al frente de la fachada principal.

En la sala del teatro los lugares para los espectadores se encuentran distribuidos en forma de anfiteatro. El patio de butacas y una parte del proscenio se encuentra en un tambor giratorio, es decir, la escena de tipo común puede convertirse en una escena volumétrica con los espectadores alrededor de ella. Una parte de los lugares de la sala de espectadores se proyectó sobre sillas giratorias, para comodidad del público. Transformando el proscenio se puede obtener una piscina. En la sala de espectadores hay una pista de 4 m de ancho para manifestaciones, que también se puede utilizar como pista de carreras. De la cubierta de la sala de espectadores pueden salir plataformas para los actores.

А., В. и Л. Веснины

ДВОРЕЦ КУЛЬТУРЫ ПРОЛЕТАРСКОГО РАЙОНА В МОСКВЕ. 1931–1937

(95)

A. Vesnín, V. Vesnín y L. Vesnín

PALACIO DE LA CULTURA DEL MUNICIPIO PROLETARIO DE MOSCÚ. 1931–1937

Комплекс Дворца культуры по проекту Весниных состоял из трех основных корпусов — клубного и двух театральных (малого на тысячу и большого — на 4 тысячи мест).

Т-образный в плане клубный корпус включает аудитории, библиотеку, зимний сад, обсерваторию, ресторан и т. д.

По второму этажу клубный корпус связан с фойе малого театрального зала путем пространственного соединения двухсветного фойе (с окном-экраном) через освещаемый с обеих сторон выставочный зал с двухсветным зимним садом, выходящим полуротондой в сторону крутого берега Москвы-реки.

Общая объемно-пространственная композиция всего комплекса веснинского Дворца культуры проектировалась с расчетом на сооружение большого театрального зала. Этот отдельно стоящий театральный корпус, почти полностью повторивший веснинский конкурс-

Según el proyecto de los hermanos Vesnín, el complejo del Palacio de la Cultura se componía de tres bloques principales, uno para el club y dos teatrales (el pequeño con capacidad para 1000 personas y el grande, para 4000).

El bloque del club, de planta en T, contiene auditorios, una biblioteca, un jardín de invierno, un observatorio, un restaurante, etcétera.

Al nivel del segundo piso el bloque del club está relacionado espacialmente con el foyer de la sala pequeña del teatro de la siguiente manera: el foyer con su muro-cortina de ventanas está unido a una sala de exposiciones iluminada por las dos partes, la cual está unida al jardín de invierno del club; el jardín de invierno tiene dos juegos de ventanas y mira en forma de semirrotonda a la orilla abrupta del río Moscova.

La composición volumétrico-espacial general de todo el complejo del Palacio de la Cultura de los hermanos Vesnín fue proyectada teniendo en

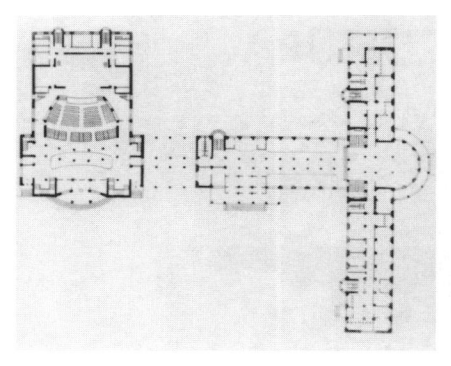

А., В. и Л. Веснины. Дворец культуры Пролетарского района в Москве. 1931–1937

A. Vesnín, V. Vesnín y L. Vesnín. Palacio de la Cultura del municipio Proletario de Moscú. 1931–1937

Макет и перспектива всего комплекса, план первого этажа осуществленной части, общие виды и интерьеры

Maqueta y perspectiva de todo el complejo, plano del primer piso de la parte realizada, vistas generales e interiores

ный проект театра в Харькове, должен был стать основным элементом композиции ансамбля. Но этот корпус не был осуществлен; построены лишь малый зал и клубная часть.

Дворец культуры строился долго. Запроектированный в 1931 г., он был введен в действие лишь в 1937 г., когда в архитектуре была уже совершенно иная творческая направленность. Многие конструктивистские проекты, достраивавшиеся в 30-е гг., были «обогащены» традиционными деталями. Веснинский же Дворец культуры был построен в полном соответствии с первоначальным проектом. В ходе строительства А. Веснин вел строгий авторский надзор и не шел ни на какие компромиссы. Он очень любил это произведение и не раз в своих статьях и выступлениях приводил его как пример пространственного решения интерьера:

«Нам хотелось, чтобы в этом фойе дышалось полной грудью, легко и свободно. Мы пытались достигнуть этого несколькими средствами.

Во-первых, мы открыли с боков лестницы на верхний этаж, вместо того, чтобы отгораживать их от фойе стенами лестничных клеток... Во-вторых, мы открыли в фойе кулуары расположенных друг над другом ярусов... Необычный прием включения лестниц и галерей в интерьер должен, по нашему мнению, подчеркивать разомкнутость пространства.

Наконец, наружную сторону фойе мы раскрываем огромным окном во всю высоту помещения»*.

cuenta la construcción de la sala teatral grande. Este bloque teatral aislado, que prácticamente repite el proyecto de concurso del teatro de Járkov presentado por los hermanos Vesnín, debía convertirse en el elemento principal de la composición del complejo. Sin embargo, este bloque no fue construido: fueron edificados únicamente la sala pequeña y la parte del club.

El Palacio de la Cultura se construyó muy lentamente. Proyectado en 1931, entró en funcionamiento sólo en 1937, cuando en la arquitectura ya había una orientación artística totalmente diferente. Muchos proyectos constructivistas terminados en los años 30 fueron «enriquecidos» con detalles tradicionales. No obstante, el proyecto del Palacio de la Cultura de los hermanos fue edificado en total concordancia con el proyecto original. Durante la construcción, A. Vesnín efectuó un estricto control como autor y no permitió la realización de ningún tipo de cambios. Él amaba mucho esta obra y en sus artículos e intervenciones la citó más de una vez como ejemplo de diseño espacial del interior:

«Queríamos que en este foyer se pudiera respirar a todo pulmón, con facilidad y libertad. Hemos intentado lograrlo utilizando varios métodos.

En primer lugar, abrimos desde los lados las escaleras hacia el piso superior, en lugar de separarlas del foyer por medio de las paredes de las cajas de escaleras... En segundo lugar, abrimos hacia el foyer los pasillos de los niveles, que se encuentran unos sobre otros... A nuestro modo de ver, el método inusual de anexión de las escaleras y galerías en el interior debe resaltar la amplitud del espacio.

Finalmente, abrimos la parte del foyer que da al exterior con una enorme ventana que ocupa toda la altura del local.»*

---

* О социалистическом реализме в архитектуре: Беседа с А. Циресон // Советская архитектура. № 8. М., 1957. С. 74.

* Sobre el realismo socialista en la arquitectura: Diálogo con A. Tsíreson // Arquitectura Soviética. № 8. Moscú, 1957. Pág. 74.

М. Гинзбург, Г. Гассенпфлуг и С. Лисагор
ДВОРЕЦ СОВЕТОВ В МОСКВЕ.
Конкурсный проект (третий тур). 1932

M. Guínzburg, G. Gassenpflug y S. Lisagor
PALACIO DE LOS SÓVIETS EN MOSCÚ.
Proyecto de concurso (tercera etapa). 1932

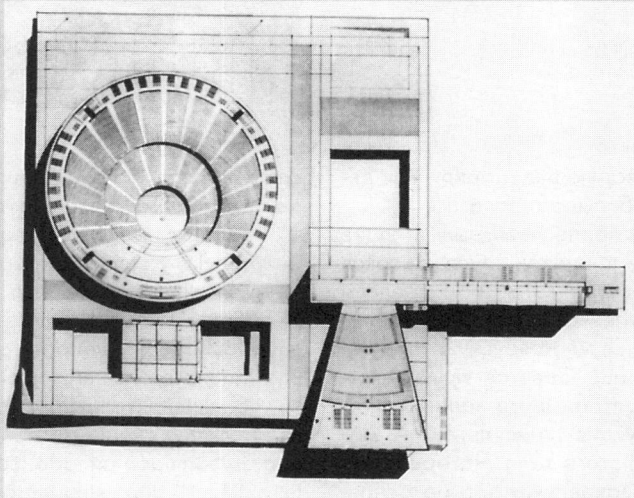

Основное внимание авторы проекта уделили задаче уйти от трактовки Дворца Советов как величественного монументального здания с торжественными подходами и замкнутым объемом. В проекте подчеркнута общедоступность здания, что проявляется и в открытости всех фасадов, и в устройстве пандусов и лестниц, ведущих на террасу, и во многих других деталях.

Многие небольшие по площади помещения авторы размещают в едином квадратном в плане двух-трехэтажном корпусе. На этом распластанном корпусе с тремя озелененными световыми дворами возвышаются объемы малого и большого зала. Верхняя часть

La atención de los autores del proyecto se centró principalmente en el intento de apartarse de la idea de interpretar el Palacio de los Sóviets como un edificio monumental grandioso con accesos solemnes y volumen cerrado. En el proyecto se resalta la accesibilidad general del edificio, lo que se refleja también en la apertura de todas las fachadas, en el diseño de las rampas y escaleras que llevan a la terraza, y en muchos otros detalles.

Los autores colocan muchos recintos de pequeñas áreas en un bloque de dos-tres pisos de planta cuadrada única. En este bloque extendido con tres patios de áreas verdes descubiertos se levantan los volúmenes de las salas pequeña y grande. La parte superior del podio se utiliza

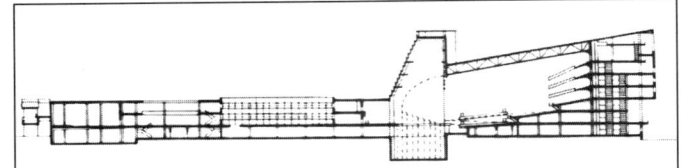

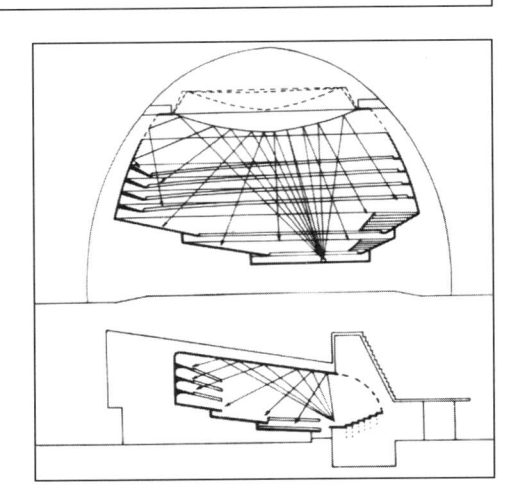

М. Гинзбург, Г. Гассенпфлуг и С. Лисагор. Дворец Советов в Москве. Конкурсный проект (третий тур). 1932

M. Guínzburg, G. Gassenpflug y S. Lisagor. Palacio de los Sóviets en Moscú. Proyecto de concurso (tercera etapa). 1932

Макет, фасады, планы, генплан, перспектива, разрезы (в том числе с показом акустических расчетов), конструкция купола

Maqueta, fachadas, planos, plano general, perspectiva, cortes (se incluyen los cálculos de la acústica), estructura de la cúpula

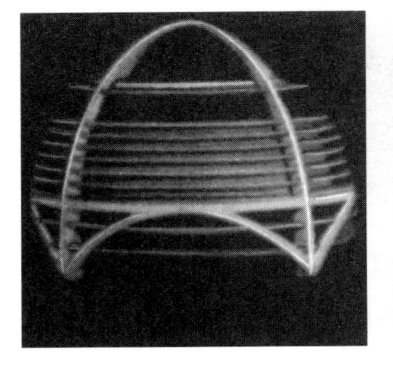

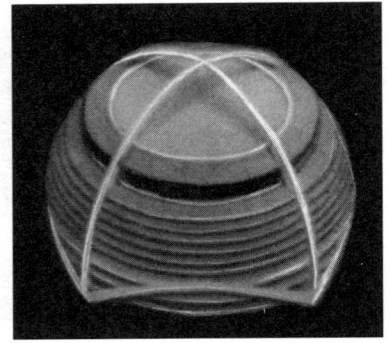

подиума используется как терраса, на которую ведут пандусы и лестницы и куда устроены выходы из фойе большого зала.

Малый зал авторы запроектировали трапециевидным в плане и, стремясь сократить его объем, устроили в нем три яруса. Высокая сценическая коробка малого зала распространяется и за пределы подиума в виде протяженного корпуса, ступенчатый фасад которого, обращенный в сторону Кремля, превращен в многоярусную трибуну.

Главным элементом композиции Дворца Советов является огромный параболический стеклянный купол большого зала. Оригинально решены железобетонная конструкция (консультант А. Лолейт) и акустика (консультант С. Лифшиц) этого зала. Четыре пологих арки несут нижнее кольцо, которое закрепляет четыре основных ребра, соединяющих пяты арок с глухой верхней частью купола. На ребра опираются кольца ярусов и внутренний акустический перевернутый купол.

Несмотря на то, что при создании объемно-пространственной композиции Дворца Советов авторы много думали о выразительности образа, они и в этом проекте остались верны характерному для конструктивистов функциональному методу проектирования. Так, здесь были тщательно продуманы все графики движения как внутри здания, так и снаружи — подъезды и подходы к нему, сделаны акустические расчеты и т. д.

como terraza, a la que se puede acceder por rampas y escaleras y adonde llevan las salidas del foyer de la sala mayor.

La planta de la sala pequeña fue realizada por los autores en forma de trapecio, y con el objetivo de disminuir el volumen de la sala, proyectaron en ella tres niveles. La alta caja de la escena de la sala pequeña se extiende fuera de los límites del podio en forma de un extenso bloque, cuya fachada escalonada, que da al Kremlin, ha sido transformada en una tribuna de numerosos niveles.

El elemento principal de la composición del Palacio de los Sóviets es la enorme cúpula parabólica de vidrio de la sala grande. La estructura de hormigón armado (consultante: A. Loleit) y la acústica (consultante: S. Lífshits) de la sala fueron ideadas de manera original. Cuatro arcos inclinados soportan el anillo inferior, que sujeta los cuatro nervios principales que unen los puntos de apoyo de los arcos con la parte superior ciega de la cúpula. En los nervios se apoyan los anillos de los niveles y la cúpula acústica interna invertida.

A pesar de que durante la creación de la composición volumétrico-espacial del Palacio de los Sóviets los autores pensaron mucho en la expresividad de la imagen, en este proyecto ellos se mantuvieron fieles al método funcional de proyección característico de los constructivistas. Así, se diseñaron cuidadosamente todos los gráficos de movimiento dentro y fuera del edificio: las entradas y los accesos a ellas, se llevaron a cabo los cálculos de la acústica, etcétera.

К. Мельников

ДВОРЕЦ НАРОДОВ.
Встречный проект на конкурсе на проект Дворца Советов в Москве.
1932

K. Miélnikov

PALACIO DE LOS PUEBLOS.
Proyecto recíproco del concurso para el Palacio de los Sóviets en Moscú.
1932

В одном из туров конкурса на проект Дворца Советов в Москве Мельников выступил с встречным предложением — разработал проект Дворца народов.

Решение объемно-пространственной композиции круглого в плане здания было совершенно необычным. В схеме композиция была образована так: конус (образующая которого наклонена к плоскости основания под 40°) разрезан вертикальной плоскостью на две половины, одна из которых поставлена основанием на землю (в ней размещены фойе, кулуары, буфеты, подсобные помещения), а другая перевернута основанием вверх (в ее верхней половине размещен амфитеатр зала).

По линии стыка двух половин конуса здание в нижней части прорезает автострада, а на половине высоты устроена площадка, к которой с двух сторон ведут с эстакад над магистралью широкие многоярусные лестницы.

En una de las etapas del concurso de proyectos para el Palacio de los Sóviets en Moscú, Miélnikov interviene con una propuesta recíproca: él proyecta el Palacio de los Pueblos.

El diseño de la composición volumétrico-espacial del edificio de planta circular fue inusual. En el esquema, la composición fue realizada del siguiente modo: un cono (cuya generatriz forma un ángulo de 40° con la superficie de la base) es cortado por un plano vertical en dos mitades, una de las cuales se coloca con su base en el suelo (en ella se encuentran el foyer, pasillos, cafeterías, recintos auxiliares), y la otra está invertida con la base hacia arriba (en su mitad superior está el anfiteatro de la sala).

En la línea de empalme de las dos mitades del cono, el edificio está cortado en su parte inferior por una calle, y a la mitad de su altura se encuentra una plataforma, a la que se puede acceder por ambos lados gracias a amplias escaleras de varios niveles que comienzan en los puentes que están sobre la calle.

К. Мельников. Дворец народов. Встречный проект на конкурсе на проект Дворца Советов в Москве. 1932

K. Miélnikov. Palacio de los Pueblos. Proyecto recíproco del concurso para el Palacio de los Sóviets en Moscú. 1932

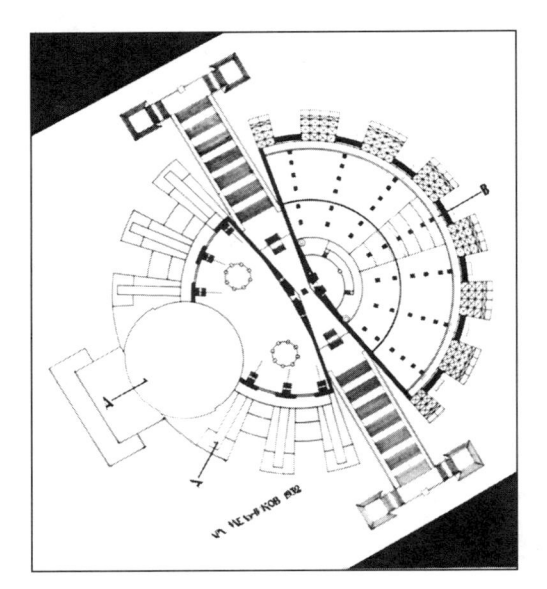

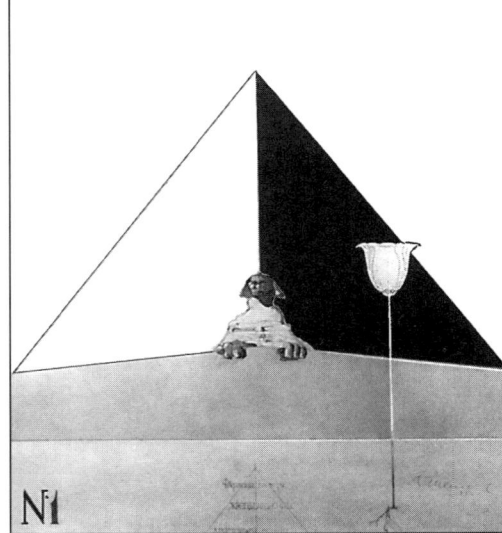

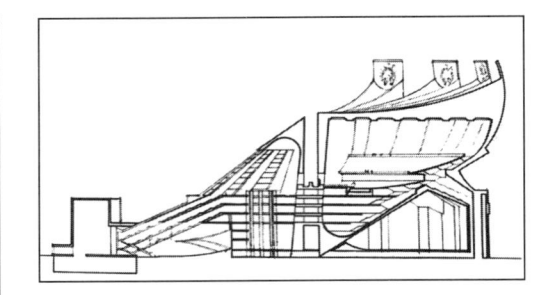

Фасад, план, разрез, перспектива, символико-аналитические схемы

Fachada, plano, corte, perspectiva, esquemas simbólico-analíticos

Перевернутая часть конуса, в которой размещен зал, поддерживается снизу мощными прямоугольными в плане устоями, в которых размещены лифты и лестницы. Верхняя часть зала консольно нависает над опорами, а с внешней стороны над каждой из опор запроектированы вертикальные криволинейные элементы, на которых крупными буквами даны сокращенные названия республик, входивших тогда в СССР.

Выявлению в архитектурном образе Дворца народов перевернутого полуконуса Мельников придавал символическое значение, пояснив этот образный символ в схемах. Он противопоставлял свой символ (перевернутый полуконус) египетской пирамиде. Пирамида, по его мнению, как бы символизирует социальную структуру эксплуататорского общества: в основании пирамиды «рабы», над ними последовательно «крестьяне», «дворяне», «аристократы», «жрецы»; венчает пирамиду фараон. В проекте Дворца народов Мельников предложил символ перевернутой пирамиды (в данном случае полуконуса), поместив наверху народ, который осуществляет власть в социалистическом обществе.

La parte invertida del cono, donde se encuentra la sala, descansa sobre sólidos soportes de sección rectangular, en el interior de los cuales se encuentran los ascensores y las escaleras. La parte superior de la sala se cierne a modo de ménsula sobre los soportes, y sobre cada uno de éstos, en la parte exterior, están proyectados elementos verticales curvos, en los que con letras grandes se leen las siglas de las repúblicas que integraban la URSS.

Miélnikov da un significado simbólico a la revelación del semicono invertido en la imagen arquitectónica del Palacio de los Pueblos, explicando esta simbología por medio de esquemas. Él contrapone su símbolo (semicono invertido) a la pirámide egipcia. Según su opinión, la pirámide simboliza en cierta forma la estructura social de una sociedad explotadora: en la base de la pirámide están los «esclavos», sobre ellos, sucesivamente, los «campesinos», «nobles», «aristócratas», «sacerdotes»; el faraón corona la pirámide. En el proyecto del Palacio de los Pueblos, Miélnikov propone el símbolo de la pirámide invertida (en el caso dado, un semicono), colocando en la parte superior al pueblo, el cual tiene el poder en la sociedad socialista.

И. Леонидов
НАРКОМТЯЖПРОМ В МОСКВЕ.
Конкурсный проект. 1934

(98)

I. Leonídov
NARKOMAT DE LA INDUSTRIA PESADA EN MOSCÚ.
Proyecto de concurso. 1934

Дом Наркомтяжпрома планировалось построить в Москве на Красной площади (на месте ГУМа и прилегающих к нему кварталов).

Огромное здание Народного комиссариата тяжелой промышленности рассматривалось как штаб индустриализации, пафос которой и должен был отразить архитектурный облик сооружения.

Леонидов, как впрочем и все участники конкурса, предлагал создать грандиозную градостроительную композицию в центре Москвы.

La casa del Narkomat de la Industria Pesada se pensaba edificar en Moscú, frente a la Plaza Roja, en el territorio ocupado por el GUM (*Tienda Estatal Universal*) y las manzanas adyacentes.

El enorme edificio del Narkomat de la Industria Pesada se consideraba como el estado mayor de la industrialización, cuyo énfasis justamente debía ser reflejado por la imagen arquitectónica de la edificación.

Leonídov, al igual que los demás participantes del concurso, propuso edificar su grandiosa composición urbana en el centro de Moscú.

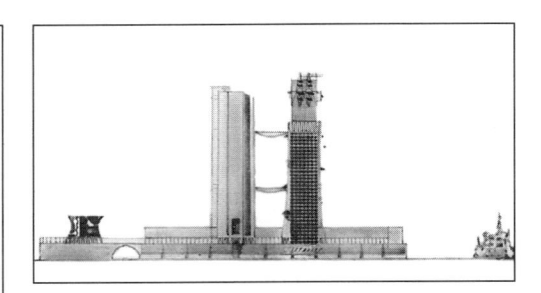

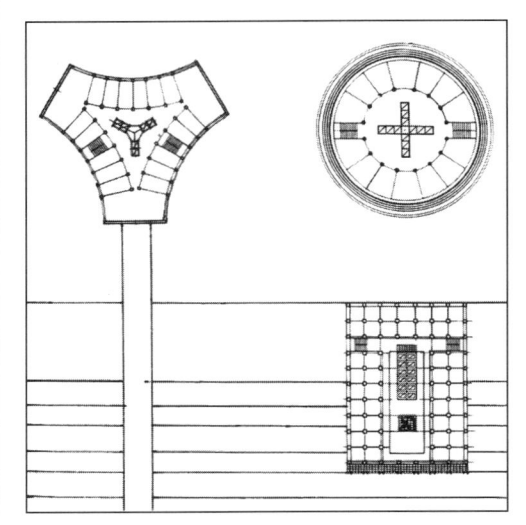

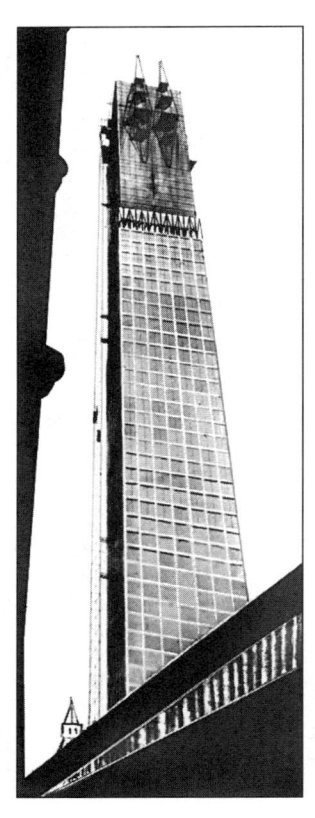

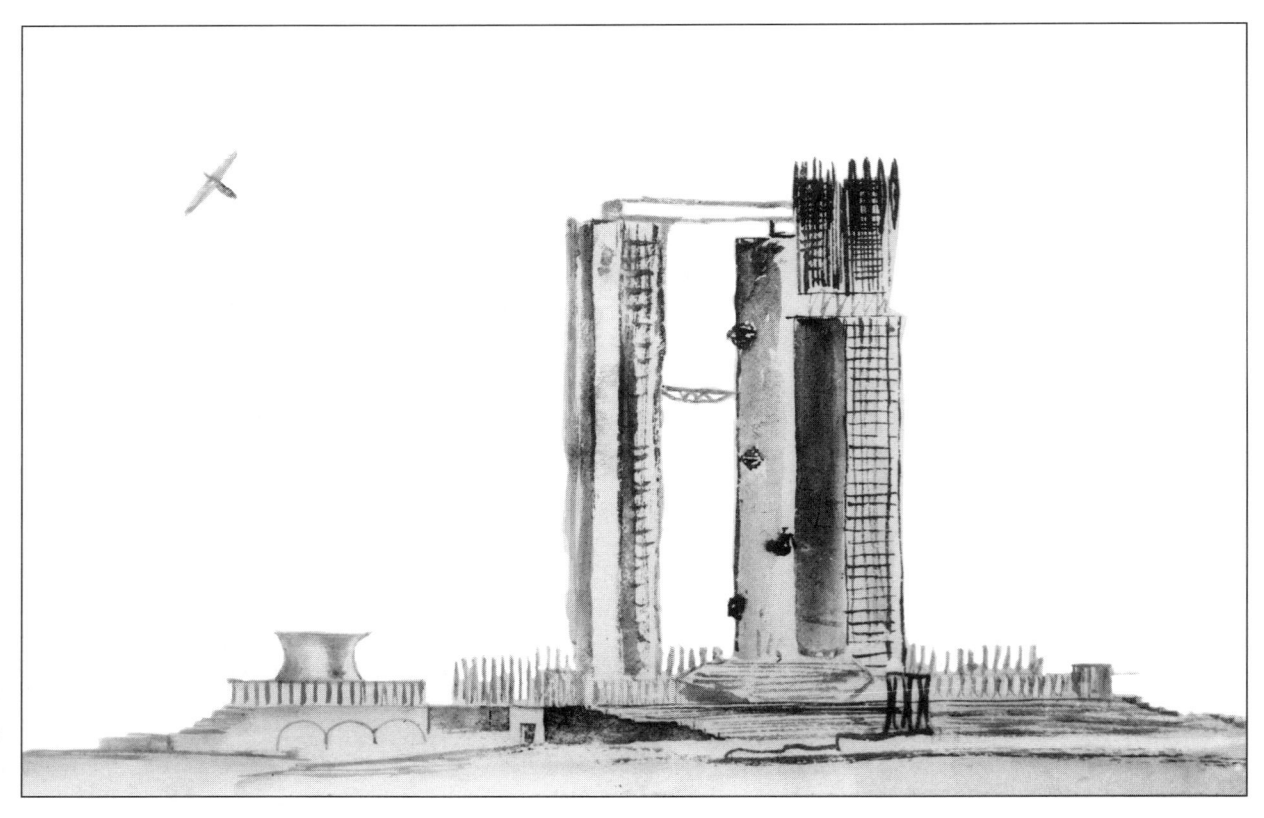

И. Леонидов. Наркомтяжпром в Москве. Конкурсный проект. 1934

I. Leonídov. Narkomat de la Industria Pesada en Moscú. Proyecto de concurso. 1934

Л. Лисицкий, оценивая результаты этого конкурса, разделил всех авторов на две группы. Одна, по его мнению, не сумела найти правильный подход к решению задачи, «другая небольшая группа бесспорных художников ощущает задачу, вливается в нее и строит образ». К этой группе Лисицкий относит, в частности, Мельникова и Леонидова, который «единственный... как это видно из серии его рисунков, стремится найти единство нового комплекса (Кремль — собор Василия Блаженного — новое здание)...»*.

Пространственная композиция из трех различных по плану, высоте и силуэту стеклянных башен объединена в зоне первых этажей

* Лисицкий Л. Форум социалистической Москвы // Архитектура СССР. 1934. № 10. С. 5.

L. Lisitski, evaluando los resultados de este concurso, dividió a todos los autores en dos grupos. A su modo de ver, el primer grupo no supo encontrar el modo correcto de abordar el problema, «el otro grupo, pequeño y de verdaderos artistas, siente la tarea, se entrega a ella y crea una imagen». Lisitski incluye en este grupo, entre otros, a Miélnikov y Leonídov; este último «es el único... como se puede apreciar por sus dibujos, que se esfuerza en encontrar la unidad del nuevo complejo (Kremlin–Catedral de San Basilio–nuevo edificio)...»*.

La composición espacial de tres torres —diferentes por la forma de sus plantas, por la altura y por la silueta— está unida en la zona de los

* Lisitski L. Foro de Moscú socialista // Arquitectura de la URSS. 1934. № 10. Pág. 5.

Раздел 2   И. Леонидов. *Наркомтяжпром в Москве. Конкурсный проект. 1934*
Parte 2   I. Leonídov. *Narkomat de la Industria Pesada en Moscú. Proyecto de concurso. 1934*

Эскиз (фасад), перспективы, план, разрез, макет, рисунки (сопоставление запроектированного здания с историческими постройками Кремля и Красной площади), фасад, фрагмент плана

Bosquejo (fachada), perspectivas, plano, corte, maqueta, dibujos (comparación del edificio proyectado con las edificaciones históricas del Kremlin y de la Plaza Roja), fachada, fragmento del plano

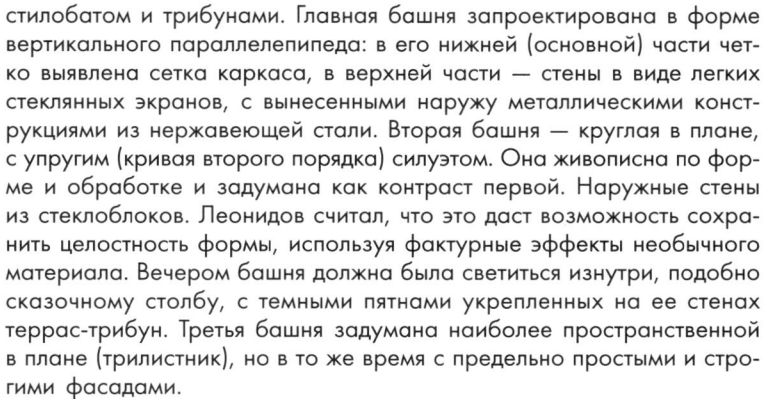

стилобатом и трибунами. Главная башня запроектирована в форме вертикального параллелепипеда: в его нижней (основной) части четко выявлена сетка каркаса, в верхней части — стены в виде легких стеклянных экранов, с вынесенными наружу металлическими конструкциями из нержавеющей стали. Вторая башня — круглая в плане, с упругим (кривая второго порядка) силуэтом. Она живописна по форме и обработке и задумана как контраст первой. Наружные стены из стеклоблоков. Леонидов считал, что это даст возможность сохранить целостность формы, используя фактурные эффекты необычного материала. Вечером башня должна была светиться изнутри, подобно сказочному столбу, с темными пятнами укрепленных на ее стенах террас-трибун. Третья башня задумана наиболее пространственной в плане (трилистник), но в то же время с предельно простыми и строгими фасадами.

Очень интересно разработан развитой стилобат, его назначение — объединение башен и архитектурной организации пространства Красной площади и площади Свердлова. На Красную площадь были обращены трибуны, а на площадь Свердлова — объем зала. Принципиальный интерес представляет подход Леонидова к возведению грандиозного современного сооружения, в котором используются новейшие технические решения, в соседстве с великолепны-

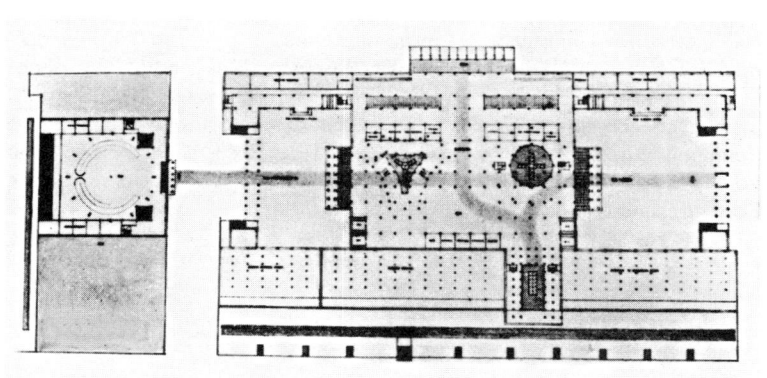

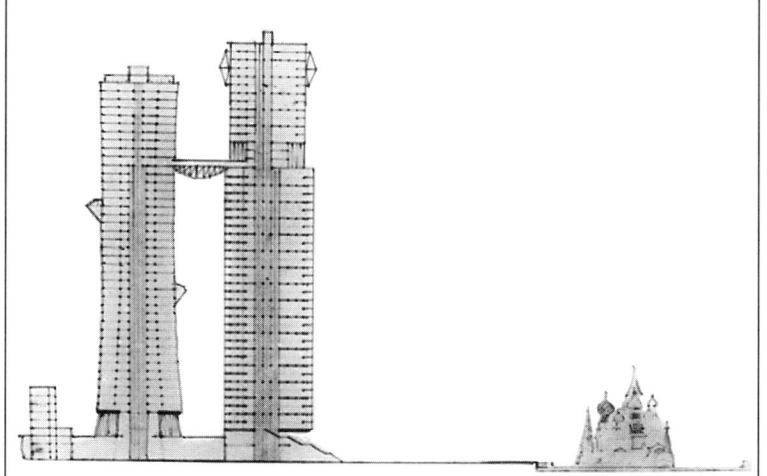

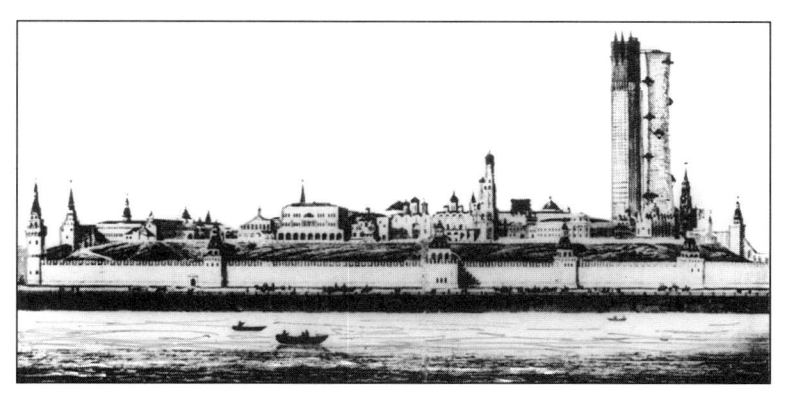

primeros pisos mediante un estilóbato y tribunas. La torre principal está proyectada en forma de un paralelepípedo vertical: en su parte inferior (principal) se revela claramente la malla del armazón; en la parte alta, las paredes están formadas por ligeros muros-cortina de vidrio con estructuras metálicas inoxidables a manera de cartela. La segunda torre, de planta circular, tiene una silueta elástica (curva de segundo orden). Esta torre, pintoresca por su forma y revestimiento, fue diseñada para que contrastara con la primera. Las paredes exteriores son de ladrillos de vidrio. Leonídov consideraba que esto daría la posibilidad de conservar la integridad de la forma utilizando los efectos de la textura del inusual material. Por la noche la torre debía iluminar desde adentro como una columna de fábulas con manchas oscuras en las terrazas-tribunas sujetas a sus paredes. La tercera torre tiene una planta espacialmente más rica (trébol), pero al mismo tiempo tiene fachadas extremadamente sencillas y serias.

Es muy interesante el diseño del estilóbato, su finalidad consiste en la unificación de las torres y en la organización arquitectónica del espacio de la Plaza Roja y de la Plaza de Sverdlov. Las tribunas miran a la Plaza Roja, y el volumen de la sala a la Plaza de Sverdlov. Despierta un interés especial el enfoque de Leonídov de la construcción de una grandiosa edificación moderna, en la que se utiliza la técnica más moderna, en la cercanías del magnánimo conjunto de obras del pasado. La estructura

И. Леонидов. Наркомтяжпром в Москве. Конкурсный проект. 1934
I. Leonídov. *Narkomat de la Industria Pesada en Moscú. Proyecto de concurso.* 1934

ми ансамблями прошлого. Композиционная структура Наркомтяжпрома в проекте Леонидова имеет глубокую связь с принципами построения храма Василия Блаженного и содружества Ивановского столпа со звонницей. Леонидов как бы повторяет композиционные принципы этих памятников в новых материалах и в новой социальной трактовке, пытаясь достигнуть обновленного единства ансамбля Красной площади.

compositiva del Narkomat de la Industria Pesada tiene en el proyecto de Leonídov una profunda relación con los principios de edificación de la Catedral de San Basilio y de comunidad de la Columna de Iván con el campanario. Leonídov, como que repite los principios compositivos de estos monumentos con nuevos materiales y con una nueva interpretación social, intentando conseguir una nueva unidad en el conjunto de la Plaza Roja.

А. и В. Веснины

НАРКОМТЯЖПРОМ В МОСКВЕ.
Конкурсный проект. 1934

99

A. Vesnín y V. Vesnín

NARKOMAT DE LA INDUSTRIA PESADA EN MOSCÚ.
Proyecto de concurso. 1934

Общая композиция состоит из высокого стилобата, на который поставлены четыре башенных объема (высота 160 м). Закругленные торцы этих объемов, соединенные между собой переходами в средней и в верхней части, образуют вместе с переходами четкую ритмическую композицию, ориентированную на Красную площадь.

Для всех учреждений Наркомтяжпрома запроектирован единый вестибюль протяженностью вдоль всей Красной площади. С вестибюлем связаны четыре группы лифтов и лестниц, обслуживающих башни. Между двумя центральными башнями на втором этаже расположен конференц-зал.

В качестве конструкции авторы запроектировали металлический каркас. Все элементы сооружения сборные. Облицовка — мрамор, вмонтированный в стеновые блоки, а также керамические и стекловидные материалы. Почти по всему периметру здания его стилобат обрамляет открытая галерея, над которой расположены скульптурные композиции.

Веснины, как и Леонидов, при разработке объемно-пространственной композиции здания Наркомтяжпрома стремились учесть со-

La composición general consta de un estilóbato alto, sobre el que se encuentran cuatro torres (160 m de altura). Los costados curvados de estos volúmenes, unidos por pasos en las partes media y superior, forman junto con ellos una composición rítmica precisa, orientada hacia la Plaza Roja.

Para todas las entidades del Narkomat de la Industria Pesada se proyectó un solo vestíbulo de longitud igual a la de toda la Plaza Roja. Con este vestíbulo están enlazados cuatro grupos de ascensores y escaleras para las torres. En el segundo piso, entre las dos torres centrales, se encuentra la sala de conferencias.

Los autores eligieron un armazón metálico como estructura. Todos los elementos de la edificación son prefabricados. El revestimiento es de mármol montado en los paneles de las paredes, así como de materiales cerámicos y vítreos. En casi todo el perímetro del edificio, el estilóbato está enmarcado por una galería descubierta, sobre la que se encuentran composiciones de esculturas.

Durante la elaboración de la composición volumétrico-espacial del edificio del Narkomat de la Industria Pesada, los hermanos Vesnín, al

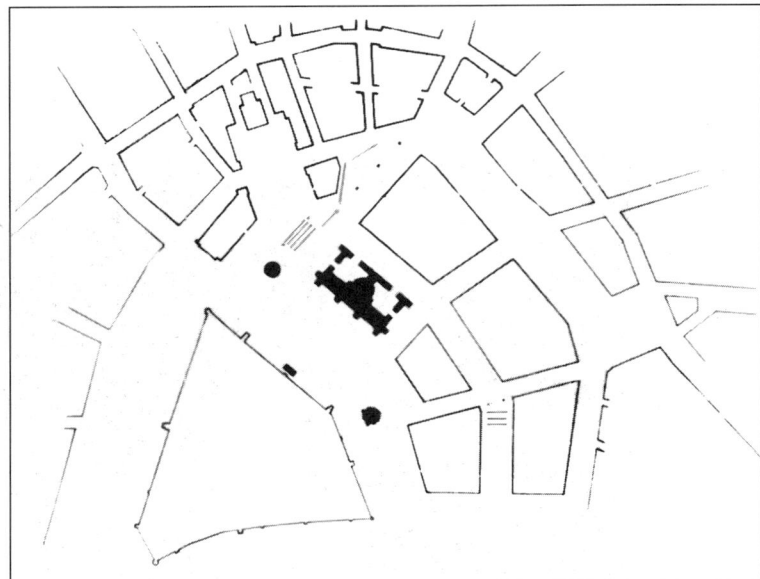

А. и В. Веснины. Наркомтяжпром в Москве. Конкурсный проект. 1934

A. Vesnín y V. Vesnín. Narkomat de la Industria Pesada en Moscú. Proyecto de concurso. 1934

Перспективы (эскиз, ночное и дневное время), вариант (эскиз), генплан, фасад (боковой)

Perspectivas (bosquejo, noche y día), variante (bosquejo), plano general, fachada (lateral)

седство ансамбля Кремля. Вот как сами они писали об этом в пояснительной записке:

«Ритмическое построение, выражающееся в четырех вертикальных элементах и колоннаде стилобата, создает зрительную протяженность, необходимую для продольного обрамления площади, и отвечает построению Кремлевской стены, построенной также ритмическими ударами.

Членения по вертикали соответствуют четырем членениям Кремлевской башни, что необходимо для включения здания в общий ансамбль»*.

igual que Leonídov, intentaron tener en cuenta la vecindad del conjunto del Kremlin. He aquí lo que escriben sobre esto en su nota explicativa:

«La construcción rítmica que se manifiesta en los cuatro elementos verticales y en la columnata del estilóbato, crea una continuidad visual, necesaria para enmarcar longitudinalmente la plaza, y responde a la edificación del muro del Kremlin, también construida con golpes rítmicos.

Las divisiones verticales corresponden a las cuatro divisiones de la torre del Kremlin, lo cual es necesario para el acoplamiento del edificio en el conjunto general.»*

---

* Архитектура СССР. 1934. № 10. С. 8.

* Arquitectura de la URSS. 1934. № 10. Pág. 8.

К. Мельников

НАРКОМТЯЖПРОМ В МОСКВЕ.
Конкурсный проект. 1934

100

K. Miélnikov

NARKOMAT DE LA INDUSTRIA PESADA EN MOSCÚ.
Proyecto de concurso. 1934

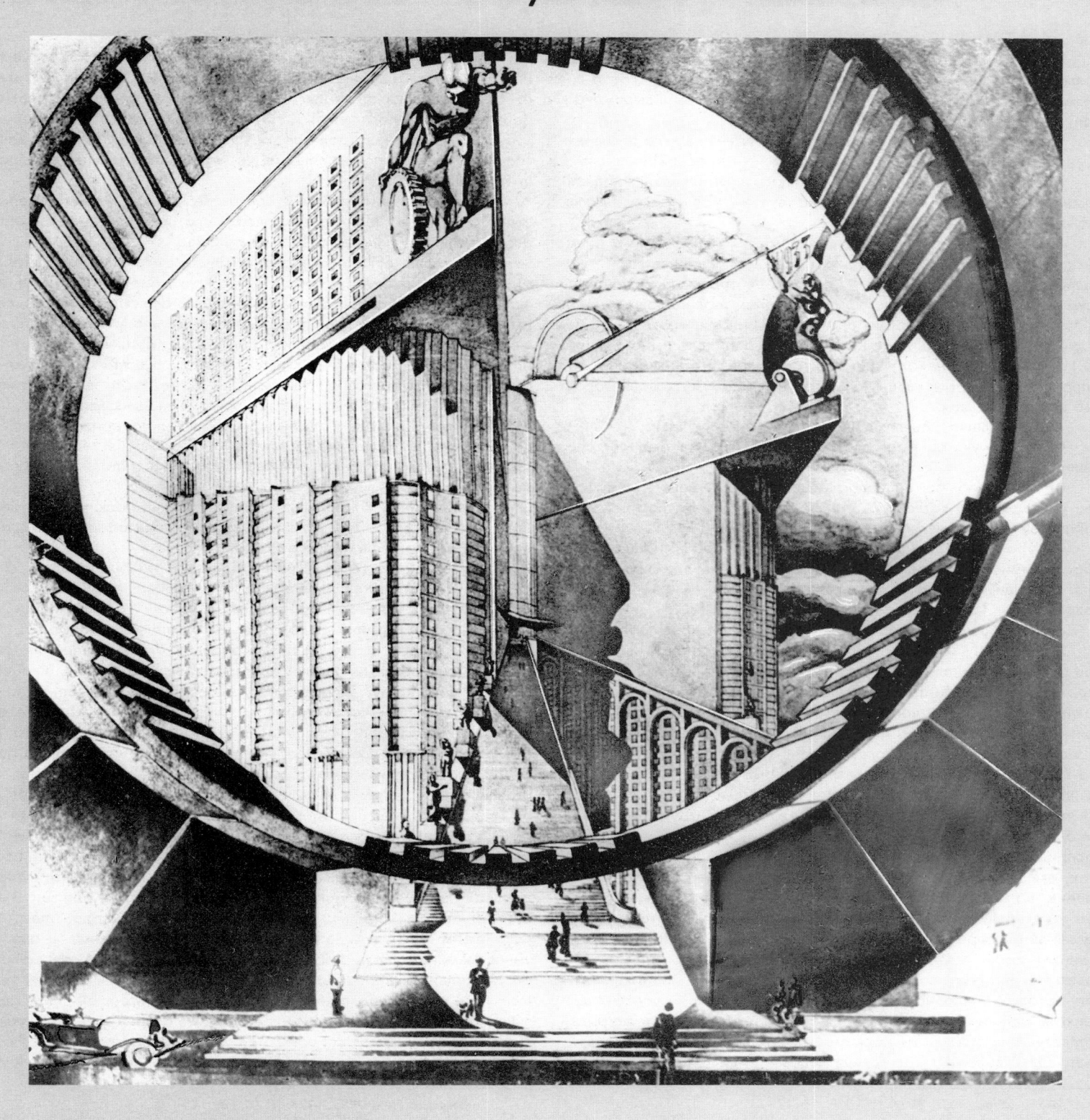

К. Мельников. Наркомтяжпром в Москве. Конкурсный проект. 1934

K. Miélnikov. Narkomat de la Industria Pesada en Moscú. Proyecto de concurso. 1934

В опубликованной пояснительной записке Мельников так охарактеризовал свой конкурсный проект Наркомтяжпрома: «База социализма — тяжелая промышленность. Это должно быть выражено в монументальном здании Наркомтяжпрома.

Проект решает объемно масштаб сооружения в виде развернутого периметра с подчинением главной оси — Красной площади.

Наружные лестницы с Красной площади в центре здания над котлованом создают неожиданно сильную глубину, усиливающую масштаб памятника...

Здание в плане решено в виде формы двух соединенных римских пятерок, обращенных в сторону Красной площади вершинами, и расположено по оси мавзолея Ленина. В центральной части между двумя пятерками устроен, по композиционным и планировочным соображениям, котлован формы ромба, с глубиной в 16 этажей, имеющий свои сходы-лестницы с Красной площади (секторы), со стороны Ильинки (библиотека) и площади Свердлова (гостиница). Внутри пятерок в сторону Блюхеровского переулка запроектированы парадные внутренние дворы...

1-й этаж делит объем здания на две основных части:

а) надземную, где расположены: помещение наркома, секторы, главные управления, фабрика-кухня и культгруппа;

б) подземную, где располагаются: тресты, имеющие естественное освещение из котлована, подсобные помещения наркомата — библиотеки, кладовые, кухни и выставка-музей.

На уровне 16 этажа находится главный парадный вестибюль, обращенный в сторону Красной площади, имеющий свои наружные, движущиеся лестницы. Этажность здания: надземная — 41 этаж, подземная — 16 этажей...

Конструкции — каркас металлический и железобетон»*.

В проекте Мельникова было предложено острое и неожиданное по общей композиции и формам решение (например, углы «пятерок» в сторону Красной площади завершаются, как он писал позднее, «мускульным напряжением десятиэтажного сдвига» — консольными выступами с гигантскими скульптурами), что сразу же вызвало полемику вокруг этого проекта, которая продолжалась многие годы. Много внимания уделял Мельников проблемам восприятия человеком архитектурной композиции. Наряду с ракурсами восприятия, использующими возможности взглядов снизу вверх, Мельников экспериментировал и с такими возможностями ракурсного восприятия, которые связаны с величиной угла зрения. Общеизвестно, что по мере приближения человека к зданию растет и угол зрения, в пределах которого оно воспринимается. Но в этом случае угол зрения увеличивается вверх. Мельникова интересовало, нельзя ли одновременно увеличивать угол зрения на здание и вверх и вниз. В проекте здания Наркомтяжпрома он и попытался использовать такой прием создания объемно-пространственной композиции, который позволил бы создать новые, необычные условия восприятия зданий. Он заглубляет здание на 16 этажей в открытый котлован и на столько же поднимает вверх ближайшие к котловану корпуса. С далекого расстояния человек видит лишь ту часть со-

*Архитектура СССР. 1934. № 10. С. 16–17.

En la nota explicativa publicada, Miélnikov caracteriza su proyecto de concurso del Narkomat de la Industria Pesada de la siguiente manera: «La base del socialismo es la industria pesada. Esto debe ser reflejado en el edificio monumental del Narkomat de la Industria Pesada.

El proyecto da una solución volumétrica a la dimensión de la edificación en forma de un perímetro desplegado en torno a un eje principal, la Plaza Roja.

Las escaleras exteriores que van desde la Plaza Roja crean en el centro del edificio, sobre la hondonada, una profundidad inesperada, que aumenta las dimensiones del monumento...

La planta del edificio tiene la forma de dos cincos romanos unidos, y sus extremos están dirigidos hacia la Plaza Roja y dispuestos en el eje del mausoleo de Lenin. En la parte central, entre los dos cincos romanos, por razones de composición y planificación se realizó una hondonada en forma de rombo, con una profundidad de 16 pisos y escaleras de descenso propias desde la Plaza Roja (sectores), desde la calle Ilinka (biblioteca) y desde la Plaza de Sverdlov (hotel). En el interior de los cincos, en dirección al callejón Bliújerovski, se proyectaron patios interiores solemnes.

El primer piso divide el volumen del edificio en dos partes principales:

a) sobre la tierra, donde están las instalaciones del Narkomat, los sectores, las administraciones principales, una cocina industrial y el grupo cultural;

b) subterránea, donde están los trusts, con iluminación natural desde la hondonada, los recintos auxiliares del Narkomat, las bibliotecas, bodegas, cocinas y un museo de exposiciones.

Al nivel del piso 16 se encuentra el solemne vestíbulo principal, dirigido hacia la Plaza Roja, que cuenta con escaleras exteriores móviles propias. El edificio tienes 41 pisos sobre la tierra y 16 subterráneos...

La estructura es un armazón de metal y hormigón armado.»*

En el proyecto de Miélnikov se propone un diseño agudo e inesperado por la composición general y por las formas (por ejemplo, en dirección a la Plaza Roja los ángulos de las cifras romanas culminan, como él escribiría después, «con la tensión muscular de un desplazamiento de diez pisos»: saledizos a modo de ménsula con esculturas gigantescas), lo que enseguida provocó alrededor de este proyecto una polémica que continuaría durante muchos años. Miélnikov puso mucha atención al problema de la percepción de la composición arquitectónica por parte de la persona. Además de los escorzos de percepción que utilizan la posibilidad de observar de abajo hacia arriba, Miélnikov experimenta con las posibilidades de percepción escorzada relacionadas con la magnitud del ángulo visual. Se sabe que a medida que la persona se acerca a un edificio, crece el ángulo visual en los límites del cual éste se puede apreciar. Pero en este caso el ángulo aumenta hacia arriba. Miélnikov tenía interés en saber si se podía aumentar simultáneamente el ángulo visual del edificio hacia arriba y hacia abajo. En el proyecto del edificio del Narkomat de la Industria Pesada, él precisamente intenta utilizar esta técnica de creación de la composición volumétrico-espacial, que le permitiría obtener condiciones nuevas e inusuales de percepción del edificio. Construye 16 pisos del edificio en una hondonada abierta y a esa misma altura eleva los bloques adyacentes a la hondonada. Desde lejos

* Arquitectura de la URSS. 1934. № 10. Págs. 16–17.

К. Мельников. Наркомтяжпром в Москве. Конкурсный проект. 1934

K. Miélnikov. Narkomat de la Industria Pesada en Moscú. Proyecto de concurso. 1934

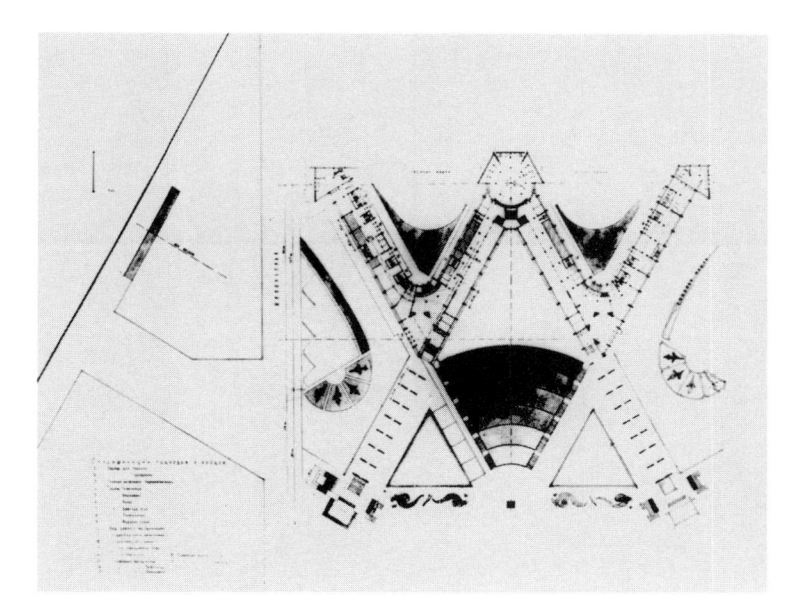

Перспектива, план, разрез, фрагмент, фасады

Perspectiva, plano, corte, fragmento, fachadas

оружения, которая возвышается над уровнем земли. По мере приближения создается необычный эффект — угол зрения, в пределах которого воспринимается здание, увеличивается одновременно и вверх, и вниз, т. е. здание как бы растет в двух направлениях: вверх (за счет приближения к нему человека) и вниз (за счет того, что по мере приближения из-за бровки котлована открываются все новые заглубленные в него этажи).

По поводу своего проекта Наркомтяжпрома Мельников говорил, что большие здания не надо измельчать. Их детали должны восприниматься издалека упругими, как мускулы.

una persona ve únicamente la parte del edificio que se levanta sobre la tierra. A medida que se acerca surge un efecto inusual: el ángulo visual bajo el que se aprecia el edificio crece simultáneamente hacia arriba y hacia abajo, es decir, como si el edificio creciera en dos direcciones, hacia arriba (a costa del acercamiento al edificio) y hacia abajo (pues a medida que la persona se aproxima, detrás del borde de la hondonada surgen los nuevos pisos hundidos en ella).

En cuanto a su proyecto del Narkomat de la Industria Pesada, Miélnikov decía que los edificios grandes no se deben desmenuzar. Sus detalles se deben apreciar desde lejos, elásticos como músculos.

Приложение

25 КАНДИДАТОВ В ШЕДЕВРЫ

Apéndice

25 CANDIDATOS A OBRAS MAESTRAS

| Приложение | 25 кандидатов в шедевры |
| Apéndice | 25 candidatos a obras maestras |

1

И. Голосов
Останкинское коннозаводство в Москве.
Конкурсный проект.
1922

I. Gólosov
Criadero de caballos en Ostánkino en Moscú.
Proyecto de concurso.
1922

Конюшня, фасад

Caballeriza, fachada

2

К. Мельников
Комплекс показательных жилых домов для рабочих в Москве («Пила»).
Конкурсный проект.
1922–1923

K. Miélnikov
Complejo de edificios modelos de viviendas para trabajadores en Moscú («Sierra»).
Proyecto de concurso.
1922–1923

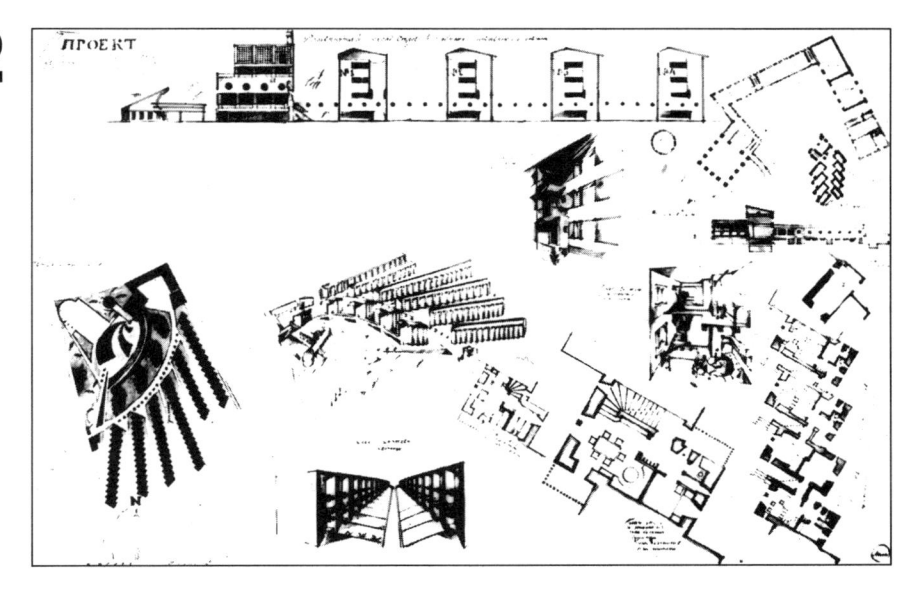

Общий лист

Hoja general

3

И. Володько
Крытый рынок.
Курсовой проект — производственное задание на выявление пространства (Обмас ВХУТЕМАСа, руководитель В. Кринский).
1923

I. Volodko
Mercado cubierto.
Proyecto de curso, tarea práctica de revelación del espacio (Obmás del VJUTEMAS, director V. Krinski).
1923

Перспективный разрез

Corte en perspectiva

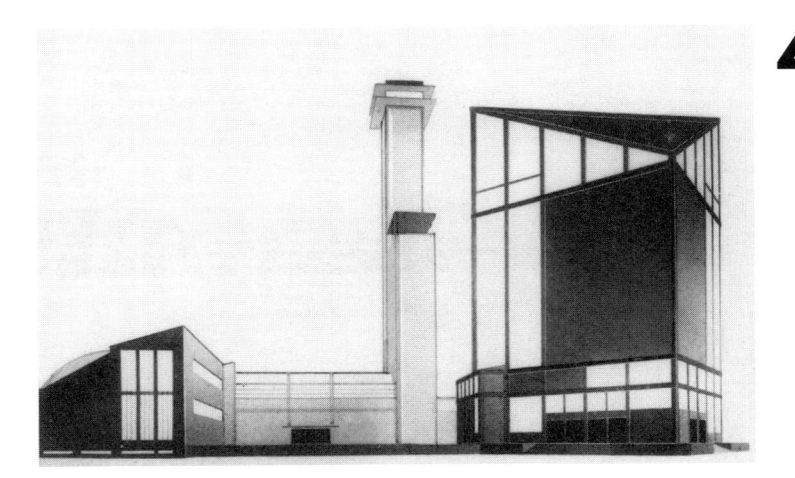

| 25 кандидатов в шедевры | Приложение |
| 25 candidatos a obras maestras | Apéndice |

4

Г. Вегман
Музей Красной Москвы.
Дипломный проект (МИГИ).
1924

G. Viegman
Museo de la Moscú Roja.
Proyecto de grado (MIGI).
1924

Перспектива
Perspectiva

5

А. и Л. Веснины
Телеграф в Москве.
Конкурсный проект.
1925

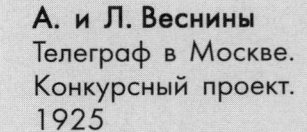

A. Vesnín y L. Vesnín
Telégrafo de Moscú.
Proyecto de concurso.
1925

Перспектива
Perspectiva

6

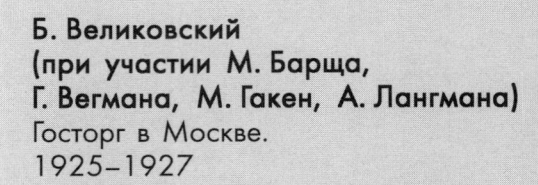

Б. Великовский
(при участии М. Барща,
Г. Вегмана, М. Гакен, А. Лангмана)
Госторг в Москве.
1925–1927

B. Velikovski (con la participación de M. Barsch, G. Viegman, M. Gaken, A. Langman)
Gostorg en Moscú.
1925–1927

Общий вид
Vista general

Приложение	25 кандидатов в шедевры
Apéndice	25 candidatos a obras maestras

А. Гегелло и Д. Кричевский
Дом культуры Московско-Нарвского района в Ленинграде.
1925–1927

A. Gueguelo y D. Krichevski
Casa de la Cultura en el municipio de Moscú–Narva en Leningrado.
1925–1927

7

Общий вид

Vista general

Л. Хидекель
Город на опорах.
Экспериментальный проект.
1925–1930

L. Jidiékel
Ciudad sobre soportes.
Proyecto experimental.
1925–1930

8

Вариант с горизонтальными и вертикальными объемами. Аксонометрия

Variante con volúmenes horizontales y verticales. Axonometría

И. Ламцов
Жилой коммунальный комплекс в Москве.
Дипломный проект (ВХУТЕМАС, мастерская Н. Ладовского)
1926

I. Lamtsov
Complejo comunal de viviendas en Moscú.
Proyecto de grado
(VJUTEMAS, taller de N. Ladovski).
1926

9

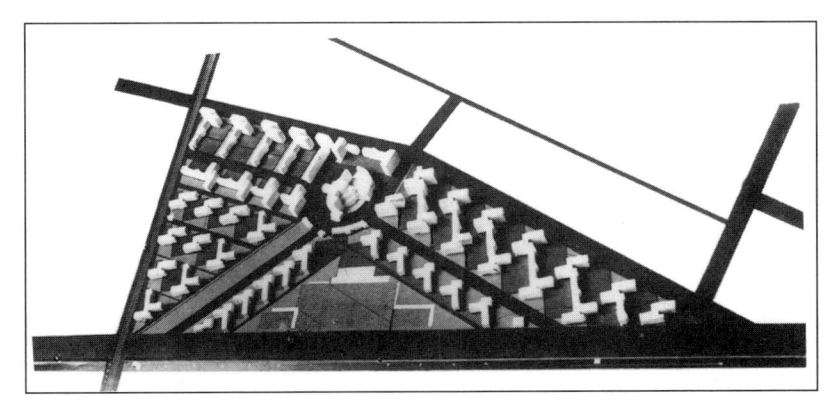

Генплан всего комплекса (макет)

Plano general de todo el complejo (maqueta)

25 кандидатов в шедевры
25 candidatos a obras maestras

Приложение
Apéndice

10

М. Барщ и М. Синявский
Центральный оптово-розничный рынок в Москве.
Совместный дипломный проект (ВХУТЕМАС, мастерская А. Веснина).
1926

M. Barsch y M. Siniavski
Mercado central de ventas al por mayor y al por menor en Moscú.
Proyecto conjunto de grado (VJUTEMAS, taller de A. Vesnín).
1926

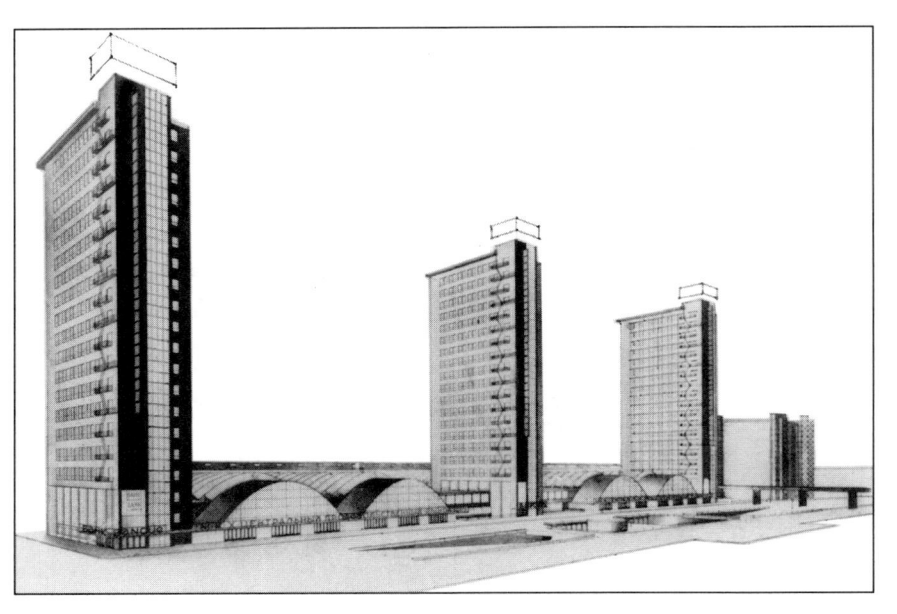

Вариант с тремя двадцатиэтажными корпусами. Перспектива

Variante con tres bloques de 20 pisos. Perspectiva

11

Г. Крутиков
Городок Высшей художественной школы в Москве.
Преддипломный проект (ВХУТЕМАС, мастерская Н. Ладовского).
1927

G. Krútikov
Ciudad de la Escuela Superior de Arte en Moscú.
Proyecto de curso (VJUTEMAS, taller de N. Ladovski).
1927

Макет всего комплекса

Maqueta de todo el complejo

12

А. Зальцман
Кинофабрика.
Преддипломный проект.
(ВХУТЕМАС, мастерская А. Веснина).
1927

A. Zaltsman
Estudios cinematográficos.
Proyecto de curso (VJUTEMAS, taller de A. Vesnín).
1927

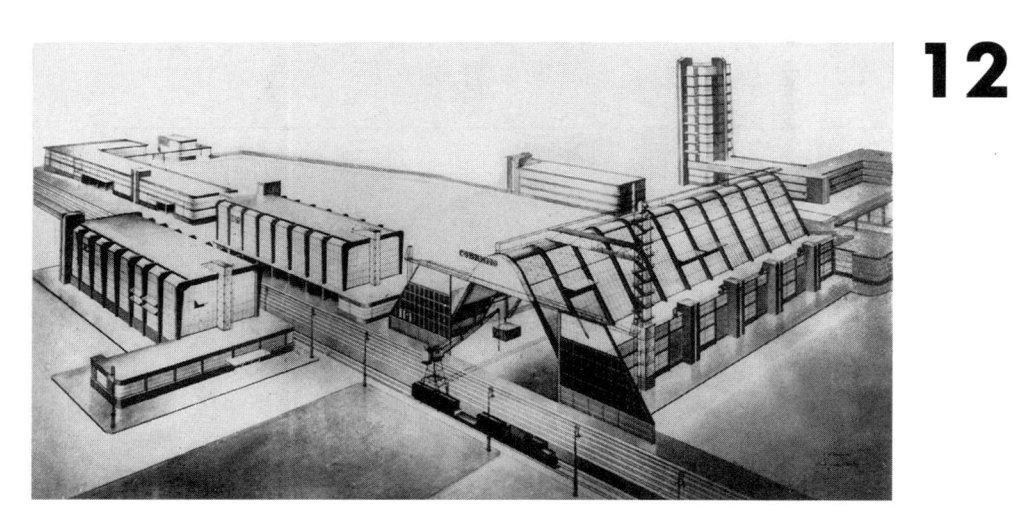

Перспектива

Perspectiva

И. Малоземов, И. Милинис и Я. Штейнберг
Клуб строителей в Харькове.
1927–1928

I. Maloziémov, I. Milinis y Ya. Shtéinberg
Club de Constructores en Járkov.
1927–1928

13

Общий вид

Vista general

В. Попов
Новый город.
Дипломный проект
(ВХУТЕИН, мастерская Н. Ладовского).
1928

V. Popov
Ciudad nueva.
Proyecto de grado
(VJUTEIN, taller de N. Ladovski).
1928

14

Фрагмент застройки в районе примыкания трех зон: административно-торговый центр, жилые кварталы, культурно-спортивная парковая зона. Перспектива

Fragmento de la construcción en el punto de unión de las tres zonas: centro administrativo-comercial, manzanas de viviendas y zona cultural-deportiva y de parques. Perspectiva

25 кандидатов в шедевры

25 candidatos a obras maestras

Приложение

Apéndice

15

А. Буров
Проект рабочего клуба
на 1 000 человек для Союза
пищевиков в Москве.
1928

A. Búrov
Proyecto del Club de Trabajadores
para 1 000 personas para la Unión
de Trabajadores de la Industria
Alimentaria en Moscú.
1928

Перспектива

Perspectiva

16

Н. Ладовский
Памятник Христофору Колумбу
в Санто-Доминго.
Международный конкурс.
1929

N. Ladovski
Monumento a Cristóbal Colón
en Santo Domingo.
Concurso internacional.
1929

Перспектива

Perspectiva

| Приложение | 25 кандидатов в шедевры |
| Apéndice | 25 candidatos a obras maestras |

М. Мазманян
Парк культуры и отдыха в Москве.
Дипломный проект (ВХУТЕИН,
мастерская Н. Ладовского).
1929

M. Mazmanián
Parque de Cultura y Recreación
en Moscú.
Proyecto de grado
(VJUTEIN, taller de N. Ladovski).
1929

17

Входной пандус. Перспектива

Rampa de entrada. Perspectiva

И. Володько
Павильон торгпредства СССР
во Франции в Страсбурге.
1929

I. Volodko
Pabellón de la representación
comercial de la URSS
en Francia en Estrasburgo.
1929

18

Общий вид

Vista general

Н. Соколов
Курортная гостиница.
Курсовой проект (ВХУТЕИН,
мастерская А. Веснина).
1929

N. Sokolov
Hotel turístico.
Proyecto de curso
(VJUTEIN, taller de A. Vesnín).
1929

19

Аксонометрия

Axonometría

| 25 кандидатов в шедевры | Приложение |
| 25 candidatos a obras maestras | Apéndice |

20

Л. Комарова
Здание Коминтерна.
Дипломный проект
(ВХУТЕИН, мастерская А. Веснина).
1929

L. Komarova
Edificio del Komintérn.
Proyecto de grado
(VJUTEIN, taller de A. Vesnín).
1929

Аксонометрия

Axonometría

21

И. Милинис
Клуб завода «Серп и Молот»
в Москве.
1929–1933

I. Milinis
Club de la fábrica «La Hoz
y el Martillo» en Moscú.
1929–1933

Общий вид

Vista general

| Приложение | 25 кандидатов в шедевры |
| Apéndice | 25 candidatos a obras maestras |

22

Н. Ладовский
Проектное предложение (изобретение) — каркасное жилище, собираемое из изготовленных на заводе объемных кабин.
1930 (патент № 21406 от 31 июля 1931 г.)

N. Ladovski
Propuesta de proyecto (invento): vivienda de armazón, ensamblada de cabinas volumétricas prefabricadas.
1930 (patente № 21406 del 31 de julio de 1931)

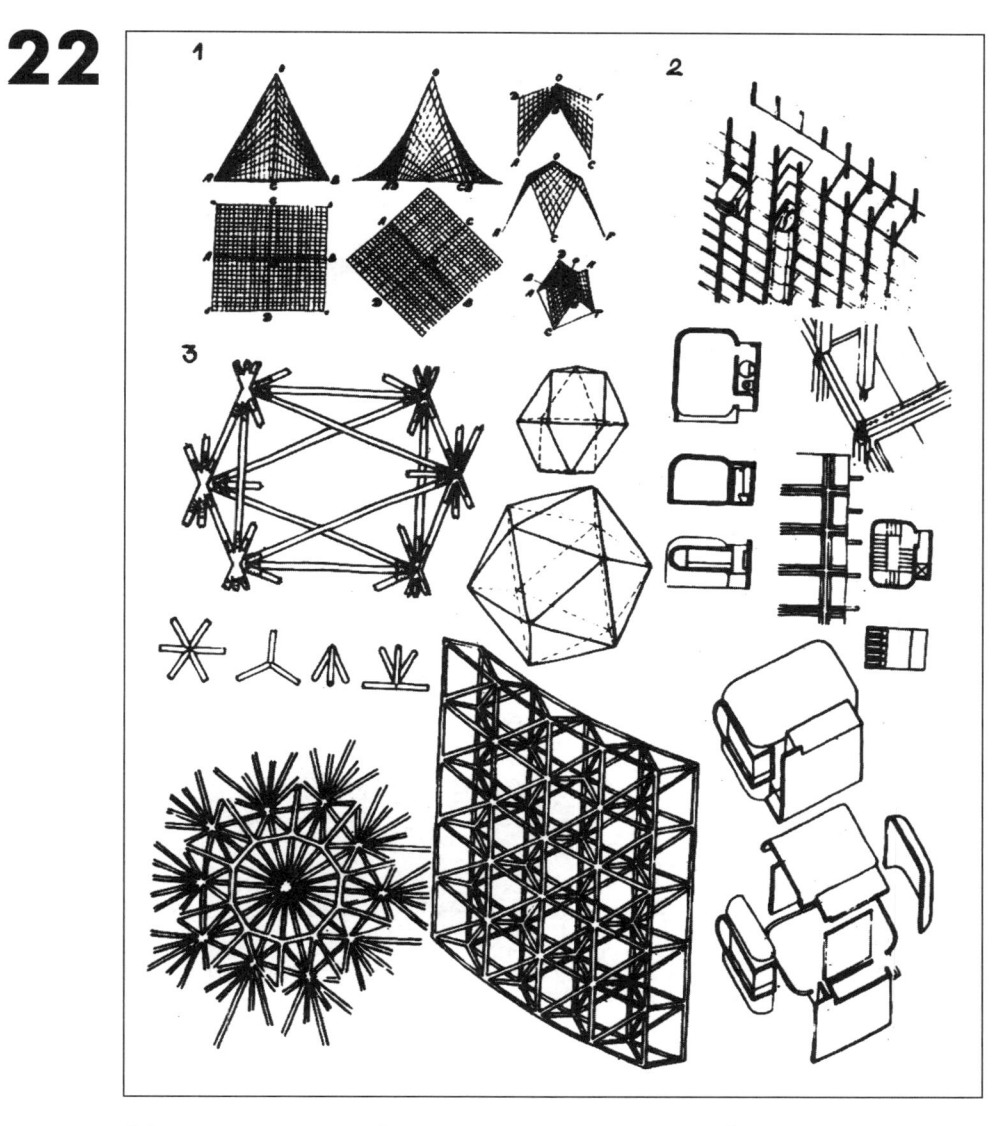

Общий вид каркаса с кабинами, детали каркаса, жилая кабина
(план, разрез, аксонометрия)

Vista general del armazón con las cabinas, detalles del armazón, cabina de vivienda
(plano, corte, axonometría)

23

М. Барщ и М. Гинзбург
Зеленый город (городок отдыха) под Москвой.
Конкурсный проект.
1930

M. Barsch y M. Guínzburg
Ciudad Verde (ciudad de descanso) en las afueras de Moscú.
Proyecto de concurso.
1930

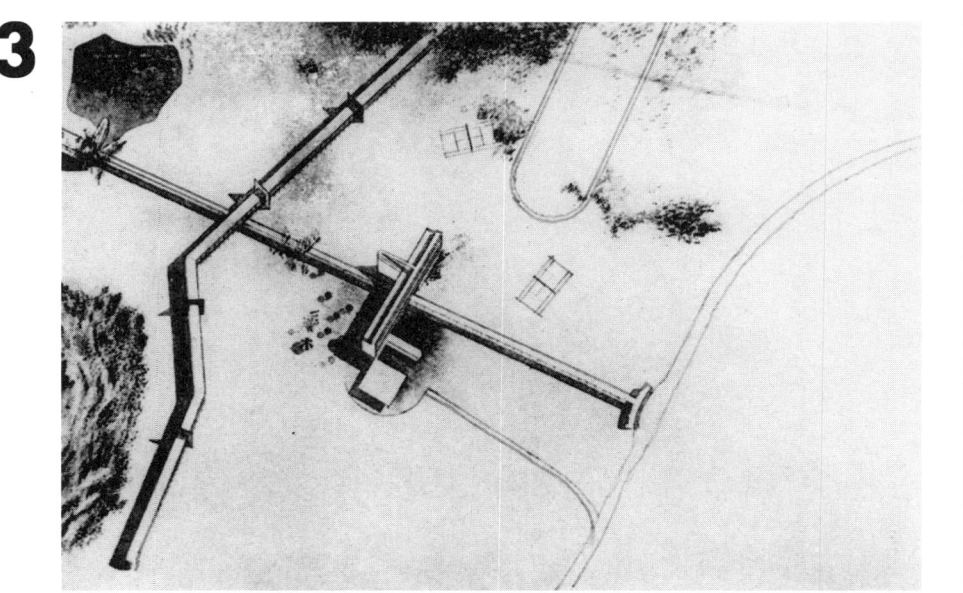

Фрагмент ленты расселения. Аксонометрия

Fragmento de la franja de alojamiento. Axonometría

25 кандидатов в шедевры

25 candidatos a obras maestras

Приложение

Apéndice

24

М. Гинзбург
Синтетический театр в Свердловске.
Конкурсный проект.
1931

M. Guínzburg
Teatro sintético en Sverdlovsk.
Proyecto de concurso.
1931

Перспектива

Perspectiva

25

С. Полупанов
Дом правительства Узбекистана
в Ташкенте.
1931

S. Polupánov
Casa del Gobierno de Uzbekistán
en Tashkent.
1931

Общий вид

Vista general

Список сокращений

Nómina de abreviaciones

АРУ — Объединение архитекторов-урбанистов
АСНОВА — Ассоциация новых архитекторов
ВОПРА — Всероссийское общество пролетарских архитекторов
ВСНХ — Высший совет народного хозяйства
ВХУТЕИН — Высший художественно-технический институт
ВХУТЕМАС — Высшие художественно-технические мастерские
ВЭИ — Всесоюзный электротехнический институт
ВЭО — Всесоюзное электротехническое объединение
Живскульптарх — Комиссия по разработке живописно-скульптурно-архитектурного синтеза
ИНХУК — Институт художественной культуры
ЛИКС — Ленинградский институт коммунального строительства
МАО — Московское архитектурное общество
МВТУ — Московское высшее техническое училище
МИГИ — Московский институт гражданских инженеров
МКС — Международный Красный стадион
МПИ — Московский политехнический институт
ОАХ — Общество архитекторов-художников
Обмас — Объединенные левые мастерские
ОСА — Объединение современных архитекторов
ПИГИ — Петроградский институт гражданских инженеров
ПОА — Петроградское общество архитекторов
РАХН — Российская академия художественных наук
УНОВИС — Утвердители нового искусства
ЦАГИ — Центральный аэрогидродинамический институт

ARU — Unión de Arquitectos Urbanistas
ASNOVA — Asociación de Nuevos Arquitectos
Glavkomgosoor — Comité Superior de Edificaciones Estatales
GOELRO — Comisión Estatal para la Electrificación de Rusia
Gosplán — Comisión de Planificación Estatal
Gosprom — Industria Estatal
Gostorg — Oficina Estatal de Exportación-Importación
INJUK — Instituto de Cultura Artística
koljoz (koljós) — hacienda colectiva
Komintérn — Internacional Comunista
LIKS — Instituto de Construcción Comunal de Leningrado
MAO — Sociedad de Arquitectos de Moscú
MBPS — Buró del Estudiantado Proletario de Moscú
MIGI — Instituto de Ingeniería Civil de Moscú
MKS — Estadio Rojo Internacional
MOGES — Asociación Moscovita de Centrales Eléctricas Estatales
MOSPS — Sóviet Regional de Gremios de Moscú
Mossoviet — Sóviet de Moscú
MPI — Instituto Politécnico de Moscú
MVTU — Escuela Superior Técnica de Moscú
narkomat — comisariado del pueblo
Narkomprós — Comisariado del Pueblo para la Educación
NEP — Nueva Política Económica
OAJ — Sociedad de Arquitectos-Artistas
Obmás — Unión de Talleres Izquierdistas
OSA — Unión de Arquitectos Modernos
PIGI — Instituto de Ingeniería Civil de Petrogrado
POA — Sociedad de Arquitectos de Petrogrado
RAJN — Academia de Artes de Rusia
RSFSR — República Socialista Federativa Soviética Rusa
sotsgórod — ciudad socialista
Sovdep — Sóviet de deputados
sovjoz (sovjós) — empresa agrícola soviética grande
Sovnarjoz — Sóviet de la economía popular
Sovnarkom — Sóviet de Comisarios del Pueblo
Stroikom — Comité de Construcción
TsAGI — Instituto Central de Aero-hidrodinámica
Tsentrosoyuz — Unión central de sociedades de consumo de la URSS
UNOVIS — Instauradores del Nuevo Arte
VEI — Instituto de Electrotecnia de la Unión Soviética
VEO — Asociación Electrotécnica de la Unión Soviética
VJUTEIN — Instituto Superior Artístico-Técnico
VJUTEMAS — Talleres Superiores Artístico-Técnicos
VOPRA — Sociedad de Arquitectos Proletarios de Rusia
Vsievóbuch — Enseñanza Militar General
VSNJ — Sóviet Supremo de la Economía Popular
VTsIK — Comité Central Ejecutivo de la Unión Soviética
Zhivskulptarj — Comisión de estudio de los problemas de la síntesis de la pintura, la escultura y la arquitectura

Именной указатель

Índice de autores

А

Алабян К. С. 121, 127
Александров П. А. 389
Алой Р. 227
Альтгаузен Э. 19
Андриевский С. Г. 85, 353
Аранович Д. М. 236, 246
Аркин А. Е. 221
Афанасьев К. Н. 67, 101, 103, 143

Б

Балихин В. С. 52, 53
Барутчев А. К. 317
Бархин Г. Б. 122, 235, 246
Бархин М. Г. 131, 235, 405, 406
Барщ М. О. 62, 67, 101–103, 111, 113, 134, 139, 144, 273, 289, 321, 333, 385, 434, 441
Белдовский И. К. 245, 246
Берлин Р. 48
Борисовский Г. Б. 52
Булгаков Д. 134
Бумажный Л. 48
Бунин А. 116, 361, 362
Буржуа В. 227
Буров А. К. 60–63, 67, 126, 127
Быкова Н. А. 52

В

Варгазин Б. 66, 135
Варенцов Т. 96, 115, 135, 305, 306, 349
Васильев А. 57
Вахтангов Е. Б. 130
Вахтангов С. 131, 405, 406
Вегман Г. 41, 43, 44, 57–59, 61, 62, 135, 385, 434
Векслер М. 79
Велелюбский А. 17
Великовский Б. М. 122, 246
Вертов Д. (Кауфман Д. А.) 134
Веснин А. А. 6, 22, 29, 32, 33, 39, 45, 54–56, 59–64, 66, 67, 68, 100, 121, 139, 143, 185, 187, 205, 209, 212, 251, 253, 340, 354, 355, 369, 401, 402, 415, 416, 425, 436, 439, 440
Веснин В. А. 45, 59, 60, 62–64, 85, 138, 185, 205, 209, 212, 353, 355, 401, 415, 425
Веснин Л. А. 32, 58, 63, 64, 100, 185, 187, 209, 253, 369, 401, 415, 434
Виноградов А. 147
Владимиров В. 41, 43, 57, 58, 60, 102, 103, 111, 113, 135, 321, 333, 385
Володько И. 48, 139, 218, 220, 439
Волчек Ю. 116
Воротынцева Н. 41, 57, 58, 385

Г

Габо Н. (Певзнер Н. А.) 5, 22, 29
Гакен М. 62, 434
Гальперин В. 245, 246
Ган А. М. 33, 60–62
Гар-Орловская А. 57
Гассенпфлуг Г. 121, 417
Гегелло А. 124, 435

A

Afanásiev K. 67, 101, 103, 143
Alabián K. 121, 127
Alexándrov P. 389
Alloi R. 227
Altgauzen E. 19
Andrievski S. 85, 353
Aranóvich D. 236, 246
Arkin A. 221

B

Balijin V. 52, 53
Barjin G. 122, 235, 246
Barjin M. 131, 235, 405, 406
Barsch M. 62, 67, 101–103, 111, 113, 134, 139, 144, 273, 289, 321, 333, 385, 434, 441
Bárutchev A. 317
Beldovski I. 245, 246
Berlín R. 48
Bíkova N. 52
Borisovski G. 52
Bourgeois V. 227
Bulgákov D. 134
Bumazhni L. 48
Bunin A. 116, 361, 362
Búrov A. 60–63, 67, 126, 127

Ch

Cháshnik I. 35, 78–80, 193, 194
Chebotariova Ye. 41, 57, 58
Chechulin D. 121
Chernyshov S. 19, 20, 134, 246
Chervinko I. 79
Chízhikova T. 62
Chuyenko R. 65

D

Danílova K. 19
Diadin G. 62
Dímshits-Tolstaya S. 27, 148
Dmítriev A. 64, 124, 127, 271
Dokucháyev N. 19, 20, 32, 47, 49, 51, 53, 121, 123, 135, 305, 349
Dombrovski S. 19, 20, 30
Dovzhenko A. 134

E

Eizenshtéin S. 130, 134
Éxter A. 5, 22, 29, 33, 36, 39, 191, 192, 206

F

Felguer M. 123, 231, 234
Fidman V. 20, 30, 53, 86, 313
Fisenko A. 65, 66, 223, 277
Fomín I. 19, 28, 83, 226
Fourier F. M. C. 98
Franketti V. 58
Frantsuz I. 368
Fridman D. 86, 121, 123, 134, 144, 313, 339
Frolov 48
Fufáyev A. 60

Именной указатель
Índice de autores

Гельфельд С. 135, 221
Гельфельд С. 142
Гельфрейх В. Г. 86, 87, 132, 313, 409
Герасимов С. 283
Гильберзаймер 93
Гильтер И. 317
Гинзбург А. 116
Гинзбург М. Я. 6, 9, 28, 45, 58–64, 68, 101, 103, 111, 112, 119, 121, 122, 133–135, 144, 226, 241, 252, 253, 281–284, 321, 325, 326, 330, 417, 441
Глаголев С. 142
Гладков Б. 36, 65, 191, 192, 223
Глущенко Г. 121, 134, 135, 218, 220
Голосов И. А. 6, 9, 19, 20, 28, 32, 42, 43, 62–64, 74, 102, 119, 121, 125, 126, 134, 179–182, 212, 226, 237, 238, 269, 270, 295, 375, 376
Голосов П. А. 19, 20, 123, 134, 403, 404
Голц Г. 20, 83
Гринберг Г. 135
Гропиус В. 178
Грушенко И. 48
Гуревич Я. 62

Д

Данилова К. 19
Дмитриев А. 64, 124, 127, 271
Довженко А. П. 134
Докучаев Н. В. 19, 20, 32, 47, 49, 51, 53, 121, 123, 135, 305, 349
Домбровский С. 19, 20, 30
Дымшиц-Толстая С. 27, 148
Дядин Г. 62

Е

Ермилов И. 70, 389
Ермолаева В. 25, 79
Ершов Б. 221
Ершов В. 48
Ефимов А. 20, 47, 49, 53
Ефимов И. 19

Ж

Жолтовский И. В. 19, 20, 21, 31, 32, 83, 84, 85, 119, 121, 275, 353–355
Жуковский Н. 223

З

Залесская Л. 48, 123
Зальцман А. 134, 436
Зандберг-Серафимова М. 234
Зундблат Г. 67, 102, 103, 143, 326

И

Иваницкий А. 246
Иванов К. 111, 255
Ильина Е. 57, 58
Иогансон К. 23, 29, 171
Иозефович И. 48, 96, 218, 220, 341, 342
Иофан Б. 121
Исцеленов Н. 20, 30

К

Каган Х. 79
Калинин В. 385
Калиш В. 135
Калугин Н. 80
Кандинский В. В. 5, 22
Каптерев С. 66

G

Gabo N. 5, 22, 29
Gaken M. 62, 434
Galpierin V. 245, 246
Gan A. 33, 60–62
Gar-Orlóvskaya A. 57
Gassenpflug G. 121, 417
Gladkov B. 36, 65, 191, 192, 223
Glagóliev S. 142
Glúschenko G. 121, 134, 135, 218, 220
Gólosov I. 6, 9, 19, 20, 28, 32, 42, 43, 62–64, 74, 102, 119, 121, 125, 126, 134, 179–182, 212, 226, 237, 238, 269, 270, 295, 375, 376
Gólosov P. 19, 20, 123, 134, 403, 404
Golts G. 20, 83
Grínberg G. 135
Gropius W. 178
Grushenko I. 48
Gueguelo A. 124, 435
Guélfield S. 135, 221
Guélfreij V. 86, 87, 132, 313, 409
Guémfeld S. 142
Guerásimov S. 283
Guílter I. 317
Guínzburg A. 116
Guínzburg M. 6, 9, 28, 45, 58–64, 68, 101, 103, 111, 112, 119, 121, 122, 133–135, 144, 226, 241, 252, 253, 281–284, 321, 325, 326, 330, 417, 441
Guriévich Ya. 62

H

Hilberseimer L. 93

I

Ialovkin F. 62
Iliná Ye. 57, 58
Iofan B. 121
Iogansón K. 23, 29, 171
Iozefóvich I. 48, 96, 218, 220, 341, 342
Istseliénov N. 20, 30
Ivanitski A. 246
Ivanov K. 111, 255

J

Jidiékel L. 9, 28, 62, 78–82, 95, 126, 243, 244, 246, 249, 250, 285
Jíguer R. 62
Jolostenko M. 62
Junghas K. 395

K

Kagan J. 79
Kalinin V. 385
Kálish V. 135
Kaluguin N. 80
Kandinski V. 5, 22
Kápteriev S. 66
Kapústina A. 60
Karlsen G. 65, 223, 277
Kesley A. 344
Kíbiriev S. 70, 389
Kirílov V. 118
Kírov S. 120
Kitner P. 80
Klutsis G. 5, 9, 22, 23, 29, 33, 35, 36, 171–173, 206
Kochar G. 121, 127, 339, 340
Kokorin V. 20, 32, 253
Koli N. 19, 20, 85, 138, 353

Именной указатель
Índice de autores

Капустина А. 60
Карлсен Г. Г. 65, 223, 277
Кибирев С. 70, 389
Кириллов В. Т. 118
Киров (Костриков) С. М. 120
Кислей А. 344
Китнер П. 80
Клуцис Г. Г. 5, 9, 22, 23, 29, 33, 35, 36, 171–173, 206
Кожин С. 67, 83, 121, 275
Кокорин В. Д. 20, 32, 253
Колли Н. Д. 19, 20, 85, 138, 353
Колли Т. 19
Комарова Л. 48, 67, 121
Коржев М. 49, 50, 52, 123, 167, 168, 221, 239, 240
Корнфельд Я. 60
Королев Б. Д. 5, 30, 31, 36, 42
Корсунский В. 70
Корчинский П. 85, 353
Кочар Г. 121, 127, 339, 340
Кравец С. 123, 231, 234
Красильников Н. 48, 67
Красильников В. 43, 57, 58, 60, 62, 135
Крестин А. 245, 246
Кринский В. Ф. 20, 30, 32, 33, 35, 42, 47–51, 53, 120, 139, 175–177, 221, 222, 253, 433
Кричевский Д. 124, 435
Крупская Н. 220
Крутиков Г. 96, 135, 221, 307–309, 310, 371
Крюков М. 19
Кузмин Н. 62, 99, 113, 329, 330–332
Кузнецов А. В. 17, 18, 64, 65, 223, 224, 277
Кузнецов М. 389
Кузьмин И. 389
Кулешов Л. В. 134
Куровский А. 123, 368, 403, 404

Л

Лавинский А. М. 5, 22, 29, 33, 35, 36, 94, 95, 165, 166, 206
Лавров В. 96, 135, 170, 218, 220, 301, 349, 371
Лавров С. 19
Ладинский А. 111, 255
Ладовский И. 116
Ладовский Н. А. 6, 9, 19–21, 28, 30, 32, 33, 42, 45–49, 51–53, 66, 98, 104, 106, 116, 120, 121, 123, 134, 135, 141–144, 151–153, 157, 159, 167–169, 175, 217, 218, 220–222, 226, 239, 253, 254, 297, 299, 301, 307, 341, 345–347, 349–351, 381, 383, 413, 414, 435–437, 439
Ламцов И. В. 48, 49, 98, 99, 221
Лангбард И. 119
Лангман А. 434
Ларионов М. Ф. 5
Лахтин Н. 17
Ле Корбюзье 63, 68, 93, 226, 292, 293
Левин А. 317
Левитан С. 62
Ленин В. И. 251, 313, 365
Ленорская А. 25
Леонидов И. И. 6, 9, 28, 45, 62, 67–71, 76, 104, 105, 123, 128, 132, 134, 135, 206, 251–254, 287–289, 291–293, 357–359, 389–392, 397–399, 421–424, 426
Лисагор С. 121, 322, 324, 417
Лисицкий (Эль Лисицкий), Л. М. 6, 9, 22, 26–28, 33, 35, 53, 78, 94, 95, 123, 139, 161, 162, 164, 172, 173, 193–195, 213, 215, 216, 243, 322, 324, 405, 422
Лифшиц С. 418
Лолейт А. Ф. 17, 18, 42–44, 62, 64, 187, 188, 240, 418
Лопатин С. 48, 218, 220, 221
Луначарский А. 86, 226
Лухманов Н. 265
Людвиг Г. 40, 183

Koli T. 19
Komarova L. 48, 67, 121
Korchinski P. 85, 353
Kórnfield Ya. 60
Koroliov B. 5, 30, 31, 36, 42
Korsunski V. 70
Kórzhev M. 49, 50, 52, 123, 167, 168, 221, 239, 240
Kozhin S. 67, 83, 121, 275
Krasílnikov N. 48, 67
Krasílnikov V. 43, 57, 58, 60, 62, 135
Krávets S. 123, 231, 234
Krichevski D. 124, 435
Kriestin A. 245, 246
Krinski V. 20, 30, 32, 33, 35, 42, 47–51, 53, 120, 139, 175–177, 221, 222, 253, 433
Kriúkov M. 19
Krúpskaya N. 220
Krútikov G. 96, 135, 221, 307–309, 310, 371
Kuleshov L. 134
Kurovski A. 123, 368, 403, 404
Kuzmín I. 389
Kuzmín N. 62, 99, 113, 329, 330–332
Kuznetsov A. 17, 18, 64, 65, 223, 224, 277
Kuznetsov M. 389

L

Ladinski A. 111, 255
Ladovski I. 116
Ladovski N. 6, 9, 19–21, 28, 30, 32, 33, 42, 45–49, 51–53, 66, 98, 104, 106, 116, 120, 121, 123, 134, 135, 141–144, 151–153, 157, 159, 167–169, 175, 217, 218, 220–222, 226, 239, 253, 254, 297, 299, 301, 307, 341, 345–347, 349–351, 381, 383, 413, 414, 435–437, 439
Lajtin N. 17
Lamtsov I. 48, 49, 98, 99, 221
Langbard I. 119
Langman A. 434
Lariónov M. 5
Lavinski A. 5, 22, 29, 33, 35, 36, 94, 95, 165, 166, 206
Lavrov S. 19
Lavrov V. 96, 135, 170, 218, 220, 301, 349, 371
Le Corbusier 63, 68, 93, 226, 292, 293
Lenin V. I. 251, 313, 365
Lenórskaya A. 25
Leonídov I. 6, 9, 28, 45, 62, 67–71, 76, 104, 105, 123, 128, 132, 134, 135, 206, 251–254, 287–289, 291–293, 357–359, 389–392, 397–399, 421–424, 426
Levitán S. 62
Lievin A. 317
Lífshits S. 418
Lisagor S. 121, 322, 324, 417
Lisitski L. 6, 9, 22, 26–28, 33, 35, 53, 78, 94, 95, 123, 139, 161, 162, 164, 172, 173, 193–195, 213, 215, 216, 243, 322, 324, 405, 422
Loleit A. 17, 18, 42–44, 62, 64, 187, 188, 240, 418
Lopatin S. 48, 218, 220, 221
Lúdvig G. 40, 183
Lujmánov N. 265
Lunacharski A. 86, 226

M

Magaril Ye. 79
Makárova T. 116
Makiéyenko G. 48
Maliévich K. 5, 9, 22, 24–28, 30, 33, 69, 78–82, 162, 164, 172, 195–197, 199, 243, 244, 246
Maloziémov I. 62, 127
Malts I. 62
Mapú G. 18, 20, 31, 42, 49, 159
Márkov D. 86, 313

Именной указатель
Índice de autores

М

Магарил Е. 79
Мазманян М. 102, 127, 143, 363
Май Э. 89
Макарова Т. 116
Макеенко Г. 48
Максимов А. 389
Малевич К. С. 5, 9, 22, 24–28, 30, 33, 69, 78–82, 162, 164, 172, 195–197, 199, 243, 244, 246
Малоземов И. 62, 127
Мальц И. 62
Мапу Г. 18, 20, 31, 42, 49, 159
Марков Д. 86, 313
Маркузе М. 19
Маслих С. 61, 135, 138
Маяковский В. 175, 226
Медунецкий К. 22, 23, 29, 171
Меерзон И. 27, 147, 148, 317
Мейер Х. 89
Мейерхольд В. Э. 130, 131, 222, 405, 406
Мейльман Л. 65, 66, 277
Мельников К. С. 6, 9, 19, 20, 28, 32, 45, 72–77, 94, 95, 122, 125, 134, 139, 144, 189, 190, 201–203, 211, 212, 225–227, 229, 230, 257, 258, 260, 261, 263–269, 315, 316, 343, 344, 377, 379, 380, 411, 412, 419, 420, 422, 427–429
Мельникова А. 259
Милинис И. Ф. 62, 103, 112, 127, 281–283, 325, 437
Милютин Н. А. 48, 104, 105, 350, 393–395
Мительман В. 119, 126, 295
Мовчан В. 65, 66, 277
Мовчан Г. 65, 66, 223, 277
Монье Ж. 18
Морозов Н. 19, 66
Мочалов С. 53
Мухин А. 41–44, 187, 188
Мушинский Ю. 48, 170, 218, 220

Н

Наппельбаум Л. 62, 67
Николаев И. 65, 66, 115, 223, 277, 335, 336, 338
Никольский А. С. 9, 28, 45, 62, 81, 82, 119, 126, 140, 141, 245–247, 250, 285, 311
Новицкий П. 62
Норверт Э. 19, 20, 32

О

Оль А. А. 111, 119, 246, 255
Орлов Г. М. 60–63, 85, 138, 353
Орловский С. 103
Охитович М. А. 102, 103, 105, 385

П

Павлов Л. 385
Павлов Н. 70
Парусников М. 20, 83
Пастернак А. 101, 103, 111, 321, 385
Петров А. 47, 49
Петров В. 48
Подвойский Н. 142
Полупанов С. 119, 442
Помазанов П. 134
Попов В. 48, 96, 218, 220, 221, 371
Попова Л. С. 22, 23, 29
Прохоров С. 62, 112
Прохорова М. 123
Пудовкин В. И. 134
Пьянков Г. 70, 389
Пэн С. 123, 127, 319

Markuzie M. 19
Maslij S. 61, 135, 138
Maxímov A. 389
May E. 89
Mayakovski V. 175, 226
Mayer H. 89
Mazmanián M. 102, 127, 143, 363
Medunietski K. 22, 23, 29, 171
Meilman L. 65, 66, 277
Meyerjold V. 130, 131, 222, 405, 406
Meyerzón I. 27, 147, 148, 317
Miélnikov K. 6, 9, 19, 20, 28, 32, 45, 72–77, 94, 95, 122, 125, 134, 139, 144, 189, 190, 201–203, 211, 212, 225–227, 229, 230, 257, 258, 260, 261, 263–269, 315, 316, 343, 344, 377, 379, 380, 411, 412, 419, 420, 422, 427–429
Miélnikova A. 258
Milinis I. 62, 103, 112, 127, 281–283, 325, 437
Miliutin N. 48, 104, 105, 350, 393–395
Mitelmán B. 119, 126, 295
Mochálov S. 53
Monier J. 18
Morózov N. 19, 66
Movchán G. 65, 66, 223, 277
Movchán V. 65, 66, 277
Mujin A. 41–44, 187, 188
Mushinski Yu. 48, 170, 218, 220

N

Nappelbaum L. 62, 67
Nikoláyev I. 65, 66, 115, 223, 277, 335, 336, 338
Nikolski A. 9, 28, 45, 62, 81, 82, 119, 126, 140, 141, 245–247, 250, 285, 311
Nórvert E. 19, 20, 32
Novitski P. 62

O

Ojitóvich M. 102, 103, 105, 385
Ol A. 111, 119, 246, 255
Orlov G. 60–63, 85, 138, 353
Orlovski S. 103

P

Párusnikov M. 20, 83
Pasternak A. 101, 103, 111, 321, 385
Pávlov L. 385
Pávlov N. 70
Pen S. 123, 127, 319
Petrov A. 47, 49
Petrov V. 48
Piankov G. 70, 389
Podvoiski N. 142
Polupánov S. 119, 442
Pomazánov P. 134
Popov V. 48, 96, 218, 220, 221, 371
Popova L. 22, 23, 29
Prójorov S. 62, 112
Prójorova M. 123
Pudovkin V. 134

R

Raij Ya. 30
Raiski I. 62
Rayak Ye. 79
Reizman M. 127
Ródchenko A. 5, 22, 23, 29, 31–33, 35, 36, 42, 55, 119, 150, 155, 171, 202, 236, 264, 276
Ropiet I. 14
Rozhdiéstvenski K. 25
Rubánchik Ya. 317

Именной указатель
Índice de autores

Р

Райский И. 62
Райх Я. 30
Раяк Е. 79
Рейзман М. 127
Родченко А. М. 5, 22, 23, 29, 31–33, 35, 36, 42, 55, 119, 150, 155, 171, 202, 236, 264, 276
Рождественский К. 25
Ропет И. П. 14
Рубанчик Я. 317
Руднев Л. В. 28
Рухлядев А. М. 19, 20, 30, 48, 53
Рыльский И. 32, 253

С

Сабсович Л. 98, 99, 102, 105
Савин Д. 109
Савинов Г. 101, 103, 385
Сакулин Б. 19
Самарин В. 389
Свисчевская М. 80
Серафимов С. 123, 231, 234
Серк Л. 64
Сидоров А. 19
Сильченков А. 48, 123, 297, 298
Симбирцев В. 48, 123, 134, 170, 221
Симонович-Ефимова Н. 19
Синявский М. И. 67, 134, 139, 273, 289, 436
Славина Л. 41, 57, 58
Смоленская Р. 121, 299, 300
Соболев И. 61, 62, 67, 83, 121
Соколов К. 66
Соколов Н. 62, 67, 101, 103, 134, 143, 385, 439
Спасский Ю. 48
Стенберг В. 22, 23, 29, 33, 171
Стенберг Г. 22, 23, 29, 33, 171
Степанова В. 22, 29
Степанянц Л. 135
Суетин Н. 78, 79, 80
Сум-Шик Г. 103, 111, 321
Сурженков П. 19

Т

Таиров А. Я. 39, 130
Татлин В. Е. 5, 22–24, 27–30, 33, 36, 40, 120, 147, 148, 206
Теплицкий Л. 121
Терехин Ф. 62
Ткаченко С. 135
Тон К. А. 14
Травин Н. 121
Третьяков С. 405
Троценко В. 233
Туркус М. А. 49, 50, 98, 221

У

Улинич Б. 64

Ф

Фельгер М. 123, 231, 234
Фидман В. 20, 30, 53, 86, 313
Фисенко А. С. 65, 66, 223, 277
Фомин И. А. 19, 28, 83, 226
Франкетти В. Ф. 58
Француз И. 368
Фридман Д. 86, 121, 123, 134, 144, 313, 339
Фролов 48
Фурье Ф. 98
Фуфаев А. 60

Rúdniev L. 28
Rújliadiev A. 19, 20, 30, 48, 53
Rylski I. 32, 253

S

Sabsóvich L. 98, 99, 102, 105
Sakulin B. 19
Samarin V. 389
Savin D. 109
Sávinov G. 101, 103, 385
Scherbakov V. 246
Schukó V. 40, 83, 85–87, 132, 226, 313, 353, 409
Schúsiev A. 19, 32, 83, 85, 86, 121, 246, 365, 366, 367, 368
Serafímov S. 123, 231, 234
Shapiro T. 27, 147, 148
Shevchenko A. 31, 36, 42, 119
Shílov R. 62
Shmidt N. 385
Shojin N. 221
Shtéinberg Ya. 127, 437
Shtível B. 62
Shújev V. 16, 17, 148, 149
Sídorov A. 19
Sierk L. 64
Sílchenkov A. 48, 123, 297, 298
Simbírtsev V. 48, 123, 134, 170, 221
Simonóvich-Yefímova N. 19
Siniavski M. 67, 134, 139, 273, 289, 436
Slávina L. 41, 57, 58
Smoliénskaya R. 121, 299, 300
Sóboliev I. 61, 62, 67, 83, 121
Sokolov K. 66
Sokolov N. 62, 67, 101, 103, 134, 143, 385, 439
Spasski Yu. 48
Sténberg G. 22, 23, 29, 33, 171
Sténberg V. 22, 23, 29, 33, 171
Stepaniánts L. 135
Stepánova V. 22, 29
Sum-Shik G. 103, 111, 321
Surzhenkov P. 19
Suyetin N. 78, 79, 80
Svischévskaya M. 80

T

Taírov A. 39, 130
Tatlin V. 5, 22–24, 27–30, 33, 36, 40, 120, 147, 148, 206
Teplitski L. 121
Teriejin F. 62
Tkachenko S. 135
Ton K. 14
Travin N. 121
Tretiakov S. 405
Trotsenko V. 233
Tsíreson A. 416
Turkus M. 49, 50, 98, 221

U

Ulínich B. 64

V

Vajtángov S. 131, 405, 406
Vajtángov Ye. 130
Vargazin B. 66, 135
Varentsov T. 96, 115, 135, 305, 306, 349
Vasíliev A. 57
Velelubski A. 17
Velikovski B. 122, 246
Vesnín A. 6, 22, 29, 32, 33, 39, 45, 54–56, 59–64, 66, 67, 68, 100, 121, 139, 143, 185, 187, 205, 209, 212, 251, 253,

Именной указатель
Índice de autores

Х

Хигер Р. 62
Хидекель Л. М. 9, 28, 62, 78–82, 95, 126, 243, 244, 246, 249, 250, 285
Холостенко М. 62

Ц

Циресон А. 416

Ч

Чашник И. 35, 78–80, 193, 194
Чеботарева Е. 41, 57, 58
Червинко И. 79
Чернышев С. Е. 19, 20, 134, 246
Чечулин Д. 121
Чижикова Т. 62
Чуенко Р. 65

Ш

Шапиро Т. 27, 147, 148
Шевченко А. 31, 36, 42, 119
Шилов Р. 62
Шмидт Н. 385
Шохин Н. 221
Штейнберг Я. 127, 437
Штивель Б. 62
Шухов В. Г. 16, 17, 148, 149
Щербаков В. 246

Щ

Щуко В. А. 40, 83, 85–87, 132, 226, 313, 353, 409
Щусев А. В. 19, 32, 83, 85, 86, 121, 246, 365, 366, 367, 368

Э

Эйзенштейн С. М. 130, 134
Экстер А. А. 5, 22, 29, 33, 36, 39, 191, 192, 206

Ю

Юдин Л. 25, 79
Юнгханс К. 395

Я

Яковлев Г. 368
Якулов Г. 40
Яловкин Ф. 62

340, 354, 355, 369, 401, 402, 415, 416, 425, 436, 439, 440
Vesnín L. 32, 58, 63, 64, 100, 185, 187, 209, 253, 369, 401, 415, 434
Vesnín V. 45, 59, 60, 62–64, 85, 138, 185, 205, 209, 212, 353, 355, 401, 415, 425
Viegman G. 41, 43, 44, 57–59, 61, 62, 135, 385, 434
Viértov D. 134
Viéxler M. 79
Vinográdov A. 147
Vladímirov V. 41, 43, 57, 58, 60, 102, 103, 111, 113, 135, 321, 333, 385
Volchek Yu. 116
Volodko I. 48, 139, 218, 220, 439
Vorotíntseva N. 41, 57, 58, 385

Y

Yákovlev G. 368
Yakúlov G. 40
Yefímov A. 20, 47, 49, 53
Yefímov I. 19
Yermílov I. 70, 389
Yermoláyeva V. 25, 79
Yershov B. 221
Yershov V. 48
Yudin L. 25, 79

Z

Zaliésskaya L. 48, 123
Zaltsman A. 134, 436
Zándberg-Serafímova M. 234
Zholtovski I. 19, 20, 21, 31, 32, 83, 84, 85, 119, 121, 275, 353–355
Zhukovski N. 223
Zundblat G. 67, 102, 103, 143, 326

Содержание

Índice

От автора	5

Раздел 1
Творческие течения, концепции, мастера 11

1. Условия и особенности формирования советского архитектурного авангарда 13
2. Две концепции стилеобразования в левом искусстве: конструктивизм (В. Татлин) и супрематизм (К. Малевич)... 22
3. Передача эстафеты от левого изобразительного искусства к новой архитектуре 30
4. Разрушение образных стереотипов — деструктивный этап формально-эстетических поисков. Символический романтизм 37
5. Рационализм — творческое течение архитектурного авангарда (лидер Н. Ладовский) 45
6. Конструктивизм — творческое течение архитектурного авангарда (лидер А. Веснин) 54
7. И. Леонидов — поэт чистой формы 68
8. К. Мельников — изобретательнейший мастер выразительной композиции 72
9. Супрематическая архитектура Л. Хидекеля и А. Никольского 78
10. Лидеры неоклассики и «неорусской архитектуры» (И. Жолтовский, А. Щусев, В. Щуко) и авангард 83
11. Социальный эксперимент и архитектура авангарда 88
12. Проблемы социалистического расселения. Градостроительные концепции 92
13. Проблемы перестройки быта (разработка новых типов жилища) 107
14. Поиски новых типов общественных зданий (проекты и постройки) 117
15. Формирование системы коммунально-бытового обслуживания 136
16. Спорт, отдых 141

Раздел 2
Шедевры 145

1. В. Татлин. Памятник III Интернационала. 1919–1920 147
2. В. Шухов. Радиомачта в Москве. 1919–1922 149
3. Н. Ладовский. Храм общения народа. Экспериментальный проект (эскизы). 1919 151
4. А. Родченко. Киоск для продажи газет и агитационной литературы. Конкурсный проект. 1919 155
5. Н. Ладовский. Коммунальный дом. Экспериментальный проект. 1920 157
6. Г. Мапу. Коммунальный дом. Экспериментальный проект. 1920 159
7. Л. Лисицкий. Папка «Проуны» (11 литографий). 1920–1921 161
8. А. Лавинский. Город на рессорах. Экспериментальный проект. 1921 165
9. М. Коржев. Склад. Курсовой проект (ВХУТЕМАС, мастерская Н. Ладовского). 1922 167
10. ВХУТЕМАС (мастерская Н. Ладовского). Серия курсовых проектов на тему «Пристань и ресторан под скалою над морем». 1922–1923 169

Parte 1
Corrientes artísticas, concepciones, maestros 11

1. Condiciones y particularidades de la formación del vanguardismo arquitectónico soviético 13
2. Dos concepciones de creación de estilos en el arte progresista: el constructivismo (Tatlin) y el suprematismo (Maliévich) 22
3. Entrega de la estafeta de las artes plásticas progresistas a la nueva arquitectura 30
4. Destrucción de los estereotipos representativos: etapa destructiva en las búsquedas estético-formales. Romanticismo simbólico 37
5. El racionalismo: corriente artística del vanguardismo arquitectónico (Ladovski) 45
6. El constructivismo: corriente artística del vanguardismo arquitectónico (Alexandr Vesnín) 54
7. Leonídov: el poeta de la forma pura 68
8. Miélnikov: maestro genial de la composición expresiva 72
9. La arquitectura suprematista de Jidiékel y Nikolski 78
10. Los líderes del neoclasicismo y de la «arquitectura neorusa» (Zholtovski, Schúsiev, Schukó) y el vanguardismo 83
11. El experimento social y la arquitectura del vanguardismo 88
12. El problema del alojamiento socialista de la población. Concepciones urbanísticas 92
13. El problema de la reorganización del modo de vida (creación de nuevos tipos de vivienda) 107
14. Búsqueda de nuevos tipos de edificios públicos (proyectos y construcciones) 117
15. Formación del sistema de servicio doméstico-comunal 136
16. Deporte y recreación 141

Parte 2
Obras Maestras 145

1. V. Tatlin. Monumento de la III Internacional. 1919–1920 147
2. V. Shújov. Torre de radiocomunicación de Moscú. 1919–1922 149
3. N. Ladovski. Templo de las relaciones del pueblo. Proyecto experimental (bosquejos). 1919 151
4. A. Ródchenko. Quiosco de venta de periódicos y literatura de propaganda. Proyecto de concurso. 1919 155
5. N. Ladovski. Casa comunal. Proyecto experimental. 1920 157
6. G. Mapú. Casa comunal. Proyecto experimental. 1920 159
7. L. Lisitski. Carpeta «Prouns» (11 litografías). 1920–1921 ... 161
8. A. Lavinski. Ciudad sobre resortes. Proyecto experimental. 1921 165
9. M. Kórzhev. Almacén. Proyecto de curso (VJUTEMAS, taller de N. Ladovski). 1922 167
10. VJUTEMAS (taller de N. Ladovski). Serie de proyectos de curso sobre el tema «Muelle y restaurante bajo un peñasco sobre el mar». 1922–1923 169

Содержание
Índice

11. *Г. Клуцис.* Серия проектов агитационных установок и трибун. 1922 171
12. *В. Кринский.* Небоскреб ВСНХ в Москве. Экспериментальный проект. 1922–1923 175
13. *И. Голосов.* Дворец труда в Москве. Конкурсный проект. 1922–1923 179
14. *Г. Людвиг.* Дворец труда в Москве. Конкурсный проект. 1922–1923 183
15. *А., В. и Л. Веснины.* Дворец труда в Москве. Конкурсный проект. 1922–1923 185
16. *А. Мухин.* Павильон для тропических растений в ботаническом саду. Курсовой проект (МИГИ, консультанты А. Лолейт, А. Веснин и Л. Веснин). 1923 187
17. *К. Мельников.* Павильон «Махорка» на Всероссийской сельскохозяйственной и кустарно-промышленной выставке в Москве. 1923 189
18. *А. Экстер и Б. Гладков.* Павильон «Известий» на Всероссийской сельскохозяйственной и кустарно-промышленной выставке в Москве. 1923 191
19. *Л. Лисицкий и И. Чашник.* Трибуна Ленина. 1920–1924 193
20. *К. Малевич.* Архитектоны. 1923–1926 195
21. *К. Малевич.* Планиты. 1924 199
22. *К. Мельников.* Ново-Сухаревский рынок в Москве. 1924–1926 201
23. *А. и В. Веснины.* Московское отделение газеты «Ленинградская правда». Конкурсный проект. 1924 205
24. *А., В. и Л. Веснины.* Здание акционерного общества «Аркос» в Москве. Конкурсный проект. 1924 209
25. *К. Мельников.* Московское отделение газеты «Ленинградская правда». Конкурсный проект. 1924 211
26. *Л. Лисицкий.* Горизонтальные небоскребы для Москвы. Экспериментальный проект. 1923–1925 213
27. *ВХУТЕМАС (мастерская Н. Ладовского).* Серия курсовых проектов на тему «Небоскреб ВСНХ в Москве» (композиционное задание: выявление динамики, ритма, отношений и пропорций по вертикали). 1924–1925 217
28. *Н. Ладовский (при участии В. Кринского и др.).* Международный Красный стадион в Москве. 1924–1925 221
29. *А. Кузнецов (руководитель), Б. Гладков, Г. Мовчан, И. Николаев, А. Фисенко, Г. Карлсен.* Комплекс сооружений ЦАГИ в Москве. 1924–1928 223
30. *К. Мельников.* Советский павильон на Международной выставке современных декоративных искусств и промышленности в Париже. 1924–1925 225
31. *К. Мельников.* Гараж-стоянка для такси в Париже (над мостами через Сену). 1925 229
32. *С. Серафимов, М. Фельгер и С. Кравец.* Госпром в Харькове. 1925–1928 231
33. *Г. Бархин (при участии М. Бархина).* Здание издательства газеты «Известия» в Москве. 1925–1927 235
34. *И. Голосов.* «Электробанк» в Москве. Конкурсный проект. 1926 237
35. *М. Коржев.* Международный Красный стадион в Москве. Дипломный проект (ВХУТЕМАС, мастерская Н. Ладовского). 1926 239
36. *М. Гинзбург.* Дом акционерного общества «Оргаметалл» в Москве. Конкурсный проект. 1926–1927 241
37. *Л. Хидекель.* Рабочий клуб. Курсовой проект (ЛИГИ). 1926 243
38. *А. Никольский (руководитель), И. Белдовский, В. Гальперин, А. Крестин.* Серия экспериментальных проектов зданий общественно- и культурно-просветительного назначения. 1927 245
39. *Л. Хидекель.* Коллективное жилище. Курсовой проект (ЛИГИ). 1927 249

11. *G. Klutsis.* Serie de proyectos de tribunas e instalaciones para propaganda. 1922 171
12. *V. Krinski.* Rascacielos del VSNJ en Moscú. Proyecto experimental. 1922–1923 175
13. *I. Gólosov.* Palacio del Trabajo en Moscú. Proyecto de concurso. 1922–1923 179
14. *G. Lúdvig.* Palacio del Trabajo en Moscú. Proyecto de concurso. 1922–1923 183
15. *A. Vesnín, V. Vesnín y L. Vesnín.* Palacio del Trabajo en Moscú. Proyecto de concurso. 1922–1923 185
16. *A. Mujin.* Pabellón de plantas tropicales de un jardín botánico. Proyecto de curso (MIGI, asesores A. Loleit, A. Vesnín y L. Vesnín). 1923 187
17. *K. Miélnikov.* Pabellón «Majorka» en la Exposición Agropecuaria y de la Industria Artesanal de Rusia en Moscú. 1923 189
18. *A. Éxter y B. Gladkov.* Pabellón de «Noticias» en la Exposición Agropecuaria y de la Industria Artesanal de Rusia en Moscú. 1923 191
19. *L. Lisitski e I. Cháshnik.* Tribuna de Lenin. 1920–1924 193
20. *K. Maliévich.* Arquitectones. 1923–1926 195
21. *K. Maliévich.* Planites. 1924 199
22. *K. Miélnikov.* Mercado Novo-Sújarevski en Moscú. 1924–1926 201
23. *A. Vesnín y V. Vesnín.* Filial moscovita del periódico «Leningrádskaya Pravda». Proyecto de concurso. 1924 205
24. *A. Vesnín, V. Vesnín y L. Vesnín.* Edificio de la sociedad anónima «Arcos» en Moscú. Proyecto de concurso. 1924 209
25. *K. Miélnikov.* Filial moscovita del periódico «Leningrádskaya Pravda». Proyecto de concurso. 1924 211
26. *L. Lisitski.* Rascacielos horizontales para Moscú. Proyecto experimental. 1923–1925 213
27. *VJUTEMAS (taller de N. Ladovski).* Serie de proyectos de curso sobre el tema «Rascacielos del VSNJ en Moscú» (tarea de composición: revelación de la dinámica, el ritmo y las relaciones y proporciones verticales). 1924–1925 217
28. *N. Ladovski (con la participación de V. Krinski y otros).* Estadio Rojo Internacional en Moscú. 1924–1925 221
29. *A. Kuznetsov (director), B. Gladkov, G. Movchán, I. Nikoláyev, A. Fisenko, G. Karlsen.* Complejo de edificios del TsAGI en Moscú. 1924–1928 223
30. *K. Miélnikov.* Pabellón soviético en la Exposición Internacional de Artes Decorativas Modernas y de la Industria en París. 1924–1925 225
31. *K. Miélnikov.* Garage y aparcamiento para taxis en París (sobre los puentes del Sena). 1925 229
32. *S. Serafímov, M. Felguer y S. Krávets.* Gosprom de Járkov. 1925–1928 231
33. *G. Barjin (con la participación de M. Barjin).* Edificio de la editorial del periódico «Izviestia» en Moscú. 1925–1927 235
34. *I. Gólosov.* «Elektrobank» en Moscú. Proyecto de concurso. 1926 237
35. *M. Kórzhev.* Estadio Rojo Internacional en Moscú. Proyecto de grado (VJUTEMAS, taller de N. Ladovski). 1926 239
36. *M. Guínzburg.* Casa de la sociedad anónima «Orgametal» en Moscú. Proyecto de curso. 1926–1927 241
37. *L. Jidiékel.* Club de Trabajadores. Proyecto de curso (LIGI). 1926 243
38. *A. Nikolski (director), I. Beldovski, V. Galpierin, A. Kriestin.* Serie de proyectos experimentales para edificios públicos y culturales. 1927 245
39. *L. Jidiékel.* Vivienda colectiva. Proyecto de curso (LIGI). 1927 249
40. *I. Leonídov.* Instituto de bibliotecología V. I. Lenin en Moscú. Proyecto de grado (VJUTEMAS, taller de A. Vesnín). 1927 251

Содержание
Índice

40. И. Леонидов. Институт библиотековедения им. В. И. Ленина в Москве. Дипломный проект (ВХУТЕМАС, мастерская А. Веснина). 1927 251
41. А. Оль, К. Иванов и А. Ладинский. Проект жилья нового типа для трудящихся. Товарищеское соревнование ОСА. 1927 255
42. К. Мельников. Собственный дом-мастерская в Москве. 1927–1929 257
43. К. Мельников. Клуб им. Русакова в Москве. 1927–1929 .. 263
44. К. Мельников. Клуб фабрики «Свобода» в Москве. 1927–1929 267
45. И. Голосов. Клуб им. Зуева в Москве. 1927–1928 269
46. А. Дмитриев. Дворец рабочего в Харькове. 1927–1932 ... 271
47. М. Барщ и М. Синявский. Планетарий в Москве. 1927–1929 273
48. И. Жолтовский (при участии С. Кожина). Котельная МОГЭС в Москве. 1927–1929 275
49. А. Кузнецов (руководитель), В. Мовчан, Г. Мовчан, А. Фисенко, И. Николаев, Л. Мейльман и Г. Карлсен. Всесоюзный электротехнический институт (ВЭИ) в Москве. 1927–1929 277
50. М. Гинзбург (при участии И. Милиниса). Дом правительства Казахстана в Алма-Ате. 1927–1931 281
51. А. Никольский (руководитель), Л. Хидекель и др. Стадион им. Красного Спортивного Интернационала в Ленинграде. 1927–1929 285
52. И. Леонидов. Клуб нового социального типа. Экспериментальный проект. 1928 287
53. И. Леонидов. Центросоюз в Москве. Конкурсный проект. 1928 291
54. И. Голосов и Б. Мительман. Проект Дворца культуры в Сталинграде. 1928 295
55. А. Сильченков. Дом промышленности и торговли. Дипломный проект (ВХУТЕИН, мастерская Н. Ладовского). 1928 297
56. Р. Смоленская. Дом съездов. Дипломный проект (ВХУТЕИН, мастерская Н. Ладовского). 1928 299
57. В. Лавров. Новый город. Дипломный проект (ВХУТЕИН, мастерская Н. Ладовского). 1928 301
58. Т. Варенцов. Новый город. Дипломный проект (ВХУТЕИН, мастерская Н. Докучаева). 1928 305
59. Г. Крутиков. «Летающий город». Дипломный проект (ВХУТЕИН, мастерская Н. Ладовского). 1928 307
60. А. Никольский. Баня-бассейн. Экспериментальный проект. 1928 311
61. Д. Марков, Д. Фридман и В. Фидман. Библиотека им. В. И. Ленина в Москве. Конкурсный проект. 1928 313
62. К. Мельников. Клуб фабрики «Буревестник» в Москве. 1928–1930 315
63. А. Барутчев, И. Гильтер, И. Меерзон и Я. Рубанчик. Нарвская фабрика-кухня в Ленинграде. 1928–1930 317
64. С. Пэн. Дворец печати в Баку. 1927–1933 319
65. Секция типизации Стройкома РСФСР (М. Гинзбург — руководитель, М. Барщ, В. Владимиров, А. Пастернак, Г. Сум-Шик). Жилая ячейка типа F. 1928 321
66. М. Гинзбург и И. Милинис. Жилой дом на Новинском бульваре в Москве. 1928–1930 325
67. Н. Кузьмин. Жилой комбинат-поселок для горняков Анжеро-Судженского каменноугольного района. Дипломный проект (Томский технологический институт). 1928–1929 329
68. М. Барщ и В. Владимиров. Проект дома-коммуны. 1929 ... 333
69. И. Николаев. Студенческий дом-коммуна в Москве. 1929–1931 335
70. Г. Кочар. Здание Коминтерна. Дипломный проект (ВХУТЕИН, мастерская Д. Фридмана). 1929 339

41. A. Ol, K. Ivanov y A. Ladinski. Proyecto de un nuevo tipo de vivienda para trabajadores. Competición amistosa de la OSA. 1927 255
42. K. Miélnikov. Casa-taller particular en Moscú. 1927–1929 257
43. K. Miélnikov. Club Rusakov en Moscú. 1927–1929 263
44. K. Miélnikov. Club de la fábrica «Svoboda» en Moscú. 1927–1929 267
45. I. Gólosov. Club Zúyev en Moscú. 1927–1928 269
46. A. Dmítriev. Palacio del Obrero en Járkov. 1927–1932 271
47. M. Barsch y M. Siniavski. Planetario de Moscú. 1927–1929 273
48. I. Zholtovski (con la participación de S. Kozhin). Sala de calderas de la MOGES en Moscú. 1927–1929 275
49. A. Kuznetsov (director), V. Movchán, G. Movchán, A. Fisenko, I. Nikoláyev, L. Meilman y G. Karlsen. Instituto de Electrotecnia de la Unión Soviética (VEI) en Moscú. 1927–1929 277
50. M. Guínzburg (con la participación de I. Milinis). Casa del Gobierno de Kazajstán en Alma-Atá. 1927–1931 281
51. A. Nikolski (director), L. Jidiékel y otros. Estadio de la Internacional Roja Deportiva en Leningrado. 1927–1929 285
52. I. Leonídov. Club de nuevo tipo social. Proyecto experimental. 1928 287
53. I. Leonídov. Tsentrosoyuz en Moscú. Proyecto de concurso. 1928 291
54. I. Gólosov y B. Mitelmán. Proyecto del Palacio de la Cultura en Stalingrado. 1928 295
55. A. Sílchenkov. Casa de la Industria y del Comercio. Proyecto de grado (VJUTEIN, taller de N. Ladovski). 1928 297
56. R. Smoliénskaya. Casa de los Congresos. Proyecto de grado (VJUTEIN, taller de N. Ladovski). 1928 299
57. V. Lavrov. Ciudad nueva. Proyecto de grado (VJUTEIN, taller de N. Ladovski). 1928 301
58. T. Varentsov. Ciudad nueva. Proyecto de grado (VJUTEIN, taller de N. Dokucháyev). 1928 305
59. G. Krútikov. «Ciudad aérea». Proyecto de grado (VJUTEIN, taller de N. Ladovski). 1928 307
60. A. Nikolski. Sauna-Piscina. Proyecto experimental. 1928 311
61. D. Márkov, D. Fridman y V. Fidman. Biblioteca V. I. Lenin en Moscú. Proyecto de concurso. 1928 313
62. K. Miélnikov. Club de la fábrica «Bureviéstnik» en Moscú. 1928–1930 315
63. A. Bárutchev, I. Guílter, I. Meyerzón y Ya. Rubánchik. Cocina Industrial Nárvskaya en Leningrado. 1928–1930 ... 317
64. S. Pen. Palacio de la Imprenta en Bakú. 1927–1933 319
65. Departamento de Estandarización del Stroikom de la RSFSR (Director M. Guínzburg, M. Barsch, V. Vladímirov, A. Pasternak, G. Sum-Shik). Unidad de vivienda tipo F. 1928 321
66. M. Guínzburg e I. Milinis. Edificio de viviendas en el bulevar Novinski en Moscú. 1928–1930 325
67. N. Kuzmín. Combinado habitacional-poblado para los mineros de la región hullera de Anzherka-Sudzhenka. Proyecto de grado (Instituto Tecnológico de Tomsk). 1928–1929 329
68. M. Barsch y V. Vladímirov. Proyecto de casa-comuna. 1929 333
69. I. Nikoláyev. Casa-comuna estudiantil en Moscú. 1929–1931 335
70. G. Kochar. Edificio del Komintérn. Proyecto de grado (VJUTEIN, taller de D. Fridman). 1929 339
71. I. Iozefóvich. Casa de los Congresos de la URSS. Proyecto de grado (VJUTEIN, taller de N. Ladovski). 1929 341

Содержание
Índice

71. И. Иозефович. Дом съездов СССР. Дипломный проект (ВХУТЕИН, мастерская Н. Ладовского). 1929 341
72. К. Мельников. Памятник Христофору Колумбу в Санто-Доминго. Конкурсный проект. 1929 343
73. Н. Ладовский. Проект промышленного поселка Костино. 1929 345
74. Н. Ладовский. Планировочная схема динамического города («парабола», город-ракета). 1929–1930 349
75. В. Веснин, С. Андриевский, Н. Колли, Г. Орлов, П. Корчинский. Здание Днепрогэса. 1929–1930 353
76. И. Леонидов. Дом промышленности в Москве. Конкурсный проект. 1929–1930 357
77. А. Бунин. Параболический жилой дом. Экспериментальный проект. 1929 361
78. М. Мазманян. Проект планировки и застройки рабочего поселка Кафан в Армении. 1929–1930 363
79. А. Щусев. Мавзолей В. И. Ленина в Москве. 1924–1930 365
80. А. и Л. Веснины. Конкурсный проект планировки и застройки соцгорода при Тельбесском заводе (Кузнецк). 1930 369
81. Бригада АРУ (Г. Крутиков, В. Лавров и В. Попов). Конкурсный проект планировки и застройки «города-коммуны» Автостроя. 1930 371
82. И. Голосов. Конкурсный проект жилкомбината в Сталинграде. 1930 375
83. К. Мельников. Зеленый город. Конкурсный проект. 1929–1930 377
84. Н. Ладовский. Зеленый город. Конкурсный проект. 1929–1930 381
85. М. Охитович, М. Барщ, В. Владимиров и Н. Соколов. Магнитогорье. Конкурсный проект. 1930 385
86. И. Леонидов (руководитель бригады ОСА). Социалистическое расселение при Магнитогорском металлургическом комбинате. Конкурсный проект. 1930 389
87. Н. Милютин. Поточно-функциональная схема планировки города. 1930 393
88. И. Леонидов. Дворец культуры Пролетарского района в Москве. Конкурсный проект. 1930 397
89. А., В. и Л. Веснины. Театр массового музыкального действа в Харькове. Конкурсный проект. 1930–1931 401
90. П. Голосов. Комбинат «Правда» в Москве. 1930–1935 403
91. В. Мейерхольд, М. Бархин и С. Вахтангов. Проект театра им. Мейерхольда в Москве. 1930–1932 405
92. В. Щуко и В. Гельфрейх. Оперно-драматический театр в Ростове-на-Дону. 1930–1936 409
93. К. Мельников. Театр МОСПС в Москве. Конкурсный проект. 1931 411
94. Н. Ладовский. Театр МОСПС в Москве. Конкурсный проект. 1931 413
95. А., В. и Л. Веснины. Дворец культуры Пролетарского района в Москве. 1931–1937 415
96. М. Гинзбург, Г. Гассенпфлуг и С. Лисагор. Дворец Советов в Москве. Конкурсный проект (третий тур). 1932 417
97. К. Мельников. Дворец народов. Встречный проект на конкурсе на проект Дворца Советов в Москве. 1932 419
98. И. Леонидов. Наркомтяжпром в Москве. Конкурсный проект. 1934 421
99. А. и В. Веснины. Наркомтяжпром в Москве. Конкурсный проект. 1934 425
100. К. Мельников. Наркомтяжпром в Москве. Конкурсный проект. 1934 427

72. K. Miélnikov. Monumento a Cristóbal Colón en Santo Domingo. Proyecto de concurso. 1929 343
73. N. Ladovski. Proyecto del poblado industrial Kóstino. 1929 ... 345
74. N. Ladovski. Esquema de planificación de la ciudad dinámica («parábola», ciudad-cohete). 1929–1930 349
75. V. Vesnín, S. Andrievski, N. Koli, G. Orlov, P. Korchinski. Edificio de la Central Hidroeléctrica del Dniéper. 1929–1930 353
76. I. Leonídov. Casa de la Industria en Moscú. Proyecto de concurso. 1929–1930 357
77. A. Bunin. Edificio de viviendas parabólico. Proyecto experimental. 1929 361
78. M. Mazmanián. Proyecto de planificación y construcción del poblado obrero de Kafán en Armenia. 1929–1930 363
79. A. Schúsiev. Mausoleo de V.I. Lenin en Moscú. 1924–1930 365
80. A. Vesnín y L. Vesnín. Proyecto de concurso de planificación y construcción de una sotsgórod para los trabajadores de la fábrica de Telbiés (Kuznietsk). 1930 369
81. Brigada ARU (G. Krútikov, V. Lavrov y V. Popov). Proyecto de concurso de planificación y construcción de la «ciudad-comuna» de Avtostroi. 1930 371
82. I. Gólosov. Proyecto de concurso del combinado habitacional de Stalingrado. 1930 375
83. K. Miélnikov. Ciudad Verde. Proyecto de concurso. 1929–1930 377
84. N. Ladovski. Ciudad Verde. Proyecto de concurso. 1929–1930 381
85. M. Ojitóvich, M. Barsch, V. Vladímirov y N. Sokolov. Magnitogorie. Proyecto de concurso. 1930 385
86. I. Leonídov (director de la brigada OSA). Alojamiento socialista de los trabajadores del complejo metalúrgico de Magnitogorsk. Proyecto de concurso. 1930 389
87. N. Miliutin. Esquema funcional-continuo de planificación de ciudades. 1930 393
88. I. Leonídov. Palacio de la Cultura del municipio Proletario de Moscú. Proyecto de concurso. 1930 397
89. A. Vesnín, V. Vesnín y L. Vesnín. Teatro de dramatización musical colectiva en Járkov. Proyecto de concurso. 1930–1931 401
90. P. Gólosov. Conjunto de edificios «Pravda» en Moscú. 1930–1935 403
91. V. Meyerjold, M. Barjin y S. Vajtángov. Proyecto del teatro Meyerjold en Moscú. 1930–1932 405
92. V. Schukó y V. Guélfreij. Teatro del Drama y la Ópera en Rostov del Don. 1930–1936 409
93. K. Miélnikov. Teatro del MOSPS en Moscú. Proyecto de concurso. 1931 411
94. N. Ladovski. Teatro del MOSPS en Moscú. Proyecto de concurso. 1931 413
95. A. Vesnín, V. Vesnín y L. Vesnín. Palacio de la Cultura del municipio Proletario de Moscú. 1931–1937 415
96. M. Guínzburg, G. Gassenpflug y S. Lisagor. Palacio de los Sóviets en Moscú. Proyecto de concurso (tercera etapa). 1932 417
96. M. Guínzburg, G. Gassenpflug y S. Lisagor. Palacio de los Sóviets en Moscú. Proyecto de concurso (tercera etapa). 1932 417
97. K. Miélnikov. Palacio de los Pueblos. Proyecto recíproco del concurso para el Palacio de los Sóviets en Moscú. 1932 419
98. I. Leonídov. Narkomat de la Industria Pesada en Moscú. Proyecto de concurso. 1934 421
99. A. Vesnín y V. Vesnín. Narkomat de la Industria Pesada en Moscú. Proyecto de concurso. 1934 425
100. K. Miélnikov. Narkomat de la Industria Pesada en Moscú. Proyecto de concurso. 1934 427

Содержание

Índice

Приложение
25 кандидатов в Шедевры 431

1. И. Голосов. Останкинское коннозаводство в Москве. Конкурсный проект. 1922 433
2. К. Мельников. Комплекс показательных жилых домов для рабочих в Москве («Пила»). Конкурсный проект. 1922–1923 433
3. И. Володько. Крытый рынок. Курсовой проект — производственное задание на выявление пространства (Обмас ВХУТЕМАСа, руководитель В. Кринский). 1923 433
4. Г. Вегман. Музей Красной Москвы. Дипломный проект (МИГИ). 1924 434
5. А. и Л. Веснины. Телеграф в Москве. Конкурсный проект. 1925 434
6. Б. Великовский (при участии М. Барща, Г. Вегмана, М. Гакен, А. Лангмана). Госторг в Москве. 1925–1927 ... 434
7. А. Гегелло и Д. Кричевский. Дом культуры Московско-Нарвского района в Ленинграде. 1925–1927 435
8. Л. Хидекель. Город на опорах. Экспериментальный проект. 1925–1930 435
9. И. Ламцов. Жилой коммунальный комплекс в Москве. Дипломный проект (ВХУТЕМАС, мастерская Н. Ладовского) 1926 435
10. М. Барщ и М. Синявский. Центральный оптово-розничный рынок в Москве. Совместный дипломный проект (ВХУТЕМАС, мастерская А. Веснина). 1926 436
11. Г. Крутиков. Городок Высшей художественной школы в Москве. Преддипломный проект (ВХУТЕМАС, мастерская Н. Ладовского). 1927 436
12. А. Зальцман. Кинофабрика Преддипломный проект. (ВХУТЕМАС, мастерская А. Веснина). 1927 436
13. И. Малоземов, И. Милинис и Я. Штейнберг. Клуб строителей в Харькове. 1927–1928 437
14. В. Попов. Новый город. Дипломный проект (ВХУТЕИН, мастерская Н. Ладовского). 1928 437
15. А. Буров. Проект рабочего клуба на 1 000 человек для Союза пищевиков в Москве. 1928 438
16. Н. Ладовский. Памятник Христофору Колумбу в Санто-Доминго. Международный конкурс. 1929 438
17. М. Мазманян. Парк культуры и отдыха в Москве. Дипломный проект (ВХУТЕИН, мастерская Н. Ладовского). 1929 439
18. И. Володько. Павильон торгпредства СССР во Франции в Страсбурге. 1929 439
19. Н. Соколов. Курортная гостиница. Курсовой проект (ВХУТЕИН, мастерская А. Веснина). 1929 439
20. Л. Комарова. Здание Коминтерна. Дипломный проект (ВХУТЕИН, мастерская А. Веснина). 1929 440
21. И. Милинис. Клуб завода «Серп и Молот» в Москве. 1929–1933 440
22. Н. Ладовский. Проектное предложение (изобретение) — каркасное жилище, собираемое из изготовленных на заводе объемных кабин. 1930 (патент № 21406 от 31 июля 1931 г.) 441
23. М. Барщ и М. Гинзбург. Зеленый город (городок отдыха) под Москвой. Конкурсный проект. 1930 441
24. М. Гинзбург. Синтетический театр в Свердловске. Конкурсный проект. 1931 442
25. С. Полупанов. Дом правительства Узбекистана в Ташкенте. 1931 442

Список сокращений 443
Именной указатель 444

Apéndice
25 Candidatos a Obras Maestras 431

1. I. Gólosov. Criadero de caballos en Ostánkino en Moscú. Proyecto de concurso. 1922 433
2. K. Miélnikov. Complejo de edificios modelos de viviendas para trabajadores en Moscú («Sierra»). Proyecto de concurso. 1922–1923 433
3. I. Volodko. Mercado cubierto. Proyecto de curso, tarea práctica de revelación del espacio (Obmás del VJUTEMAS, director V. Krinski). 1923 433
4. G. Viegman. Museo de la Moscú Roja. Proyecto de grado (MIGI). 1924 434
5. A. Vesnín y L. Vesnín. Telégrafo de Moscú. Proyecto de concurso. 1925 434
6. B. Velikovski (con la participación de M. Barsch, G. Viegman, M. Gaken, A. Langman). Gostorg en Moscú. 1925–1927 434
7. A. Gueguelo y D. Krichevski. Casa de la Cultura en el municipio de Moscú–Narva en Leningrado. 1925–1927 435
8. L. Jidiékel. Ciudad sobre soportes. Proyecto experimental. 1925–1930 435
9. I. Lamtsov. Complejo comunal de viviendas en Moscú. Proyecto de grado (VJUTEMAS, taller de N. Ladovski). 1926 435
10. M. Barsch y M. Siniavski. Mercado central de ventas al por mayor y al por menor en Moscú. Proyecto conjunto de grado (VJUTEMAS, taller de A. Vesnín). 1926 436
11. G. Krútikov. Ciudad de la Escuela Superior de Arte en Moscú. Proyecto de curso (VJUTEMAS, taller de N. Ladovski). 1927 ... 436
12. A. Zaltsman. Estudios cinematográficos. Proyecto de curso (VJUTEMAS, taller de A. Vesnín). 1927 436
13. I. Maloziémov, I. Milinis y Ya. Shtéinberg. Club de Constructores en Járkov. 1927–1928 437
14. V. Popov. Ciudad nueva. Proyecto de grado (VJUTEIN, taller de N. Ladovski). 1928 437
15. A. Búrov. Proyecto del Club de Trabajadores para 1 000 personas para la Unión de Trabajadores de la Industria Alimentaria en Moscú. 1928 438
16. N. Ladovski. Monumento a Cristóbal Colón en Santo Domingo. Concurso internacional. 1929 438
17. M. Mazmanián. Parque de Cultura y Recreación en Moscú. Proyecto de grado (VJUTEIN, taller de N. Ladovski). 1929 439
18. I. Volodko. Pabellón de la representación comercial de la URSS en Francia en Estrasburgo. 1929 439
19. N. Sokolov. Hotel turístico. Proyecto de curso (VJUTEIN, taller de A. Vesnín). 1929 439
20. L. Komarova. Edificio del Komintérn. Proyecto de grado (VJUTEIN, taller de A. Vesnín). 1929 440
21. I. Milinis. Club de la fábrica «La Hoz y el Martillo» en Moscú. 1929–1933 440
22. N. Ladovski. Propuesta de proyecto (invento): vivienda de armazón, ensamblada de cabinas volumétricas prefabricadas. 1930 (patente № 21406 del 31 de julio de 1931) 441
23. M. Barsch y M. Guínzburg. Ciudad Verde (ciudad de descanso) en las afueras de Moscú. Proyecto de concurso. 1930 441
24. M. Guínzburg. Teatro sintético en Sverdlovsk. Proyecto de concurso. 1931 442
25. S. Polupánov. Casa del Gobierno de Uzbekistán en Tashkent. 1931 442

Nómina de abreviaciones 443
Índice de autores 444

Издательство УРСС

специализируется на выпуске учебной и научной литературы, в том числе монографий, журналов, трудов ученых Российской академии наук, научно-исследовательских институтов и учебных заведений. Мы предлагаем авторам свои услуги на выгодных экономических условиях. При этом мы берем на себя всю работу по подготовке издания: от набора, редактирования и верстки до тиражирования и распространения.

Среди вышедших и готовящихся к изданию книг мы предлагаем Вам следующие:

Анисимов А. В.

Венеция. Архитектурный путеводитель

Полноцветный альбом, около 200 фотографий и карт

Книга «Венеция» родилась из «конспекта», написанного автором для самого себя перед второй поездкой в Италию с целью «чего бы не забыть посмотреть». После третьей поездки «конспект» расширился, а после четвертой стал похож на книгу, сочетающую в себе «шпаргалку» по истории и географии Венеции — города и республики, а также рассказ о мастерах венецианской архитектуры и живописи. В основной части книги описано более 100 выдающихся памятников архитектуры Венеции, систематизированных по районам города, начиная с центра — площади Сан Марко и Большого канала — и заканчивая удаленными островами. В книге рассказано, почему так популярен в этом городе евангелист Марк; как найти на фасадах зданий и интерьерах знаменитые росписи и мозаики; кем, когда и что было построено; о преимуществах и опасностях города на воде.

В приложениях приводятся именной и объектный указатели, хронологическая таблица по истории Венеции и краткая библиография.

Текст сопровождают карты-схемы, планы и цветные фотографии, большинство из которых выполнено автором во время его поездок в Венецию.

Новиков Ф. А.

Зодчие и зодчество

Иллюстрированное издание (более 270 фотографий)

Книга представляет суждения автора об архитектурных итогах XX века; рассказывает о многих примечательных сооружениях, созданных в разных частях света, о выдающихся мастерах архитектуры; автор делится воспоминаниями о своей собственной творческой судьбе.

Эта книга для тех, кто любит архитектуру — не только старую, но и новую, современную, которая день за днем возникает у нас на глазах, меняя облик окружающего мира.

Бодэ А. Б.

Поэзия Русского Севера

Иллюстрированный обзор существующих памятников деревянного культового зодчества

Деревянное зодчество составляет значительную и самобытную часть древнерусской культуры. Книга знакомит читателя с русской деревянной культовой архитектурой на примерах существующих памятников. Представлены архитектурные ансамбли, церкви и часовни, сохранившиеся на Севере и, отчасти, в центральных областях России. Наряду с памятниками деревянного зодчества внимание уделено и другим наиболее значительным историко-архитектурным объектам Русского Севера.

Книга предназначена для широкого круга читателей.

Семенов Вл. **Благоустройство городов.**

Вопросы всеобщей истории архитектуры. Под ред. *Воронова А. А.*

Савченко М. Р. **Архитектура как наука: методология прикладного исследования.**

Христианское зодчество. Под ред. *Бондаренко И. А.*

Архитектура в истории русской культуры. Отв. ред. *Бондаренко И. А.*: Вып. 2: **Столичный город**; Вып. 3: **Желаемое и действительное**; Вып. 5: **Стиль ампир.**

Бондаренко И. А. **Древнерусское градостроительство: традиции и идеалы.**

Архитектурное наследство. Вып. 43–46.

Хайт В. Л. **Об архитектуре, ее истории и проблемах.**

Айрапетов Ш. А. **О принципах архитектурной композиции И. В. Жолтовского.**

Николаева М. В. **Частное строительство в Москве и Подмосковье. Первая четверть XVIII в. Подрядные записи.** В 2 т.

Дворянская и купеческая сельская усадьба в России XVI–XX вв. Под ред. *Ивановой Л. В.*

Купеческое строительство Ивановской области. Вып. 2, 3. Под ред. *Щеболевой Е. Г.*

Попадюк С. С. **Неизвестная провинция. Историко-архитектурные исследования.**

Попадюк С. С. **Теория неклассических архитектурных форм.**

Рыцарев К. В., Щенков А. С. **Европейская реставрационная мысль в 1940–1980-е годы.**

Градостроительство в век информатизации. Под ред. *Вавакина Л. В., Белоусова В. Н.*

Вопросы теории архитектуры. Под ред. *Азизян И. А.*

Кириллов В. В. **Архитектура «северного модерна».**

Кириллов В. В. **Архитектура Москвы на путях европеизации.**

Кудрявцев А. П., Степанов А. В., Метленков Н. Ф., Волчок Ю. П. **Архитектурное образование. Проблемы развития.**

Российская академия архитектуры и строительных наук. Дела и люди. Т. 1, 2. Под ред. *Кудрявцева А. П. и др.*

Лебедева Г. С. **Новейший комментарий к трактату Витрувия «Десять книг об архитектуре».**

Серия «Из истории архитектурной мысли»

Витрувий. **Десять книг об архитектуре.**

Михаловский И. Б. **Теория классических архитектурных форм.**

Серия «Теоретические основы градостроительства»

Саваренская Т. Ф., Швидковский Д. О. **Градостроительство Англии XVII–XVIII веков.**

Саваренская Т. Ф., Швидковский Д. О., Кирюшина Л. Н. **Градостроительная культура Франции XVII–XVIII веков.**

По всем вопросам Вы можете обратиться к нам:
тел./факс (095) 135–42–16, 135–42–46, *электронная почта* URSS@URSS.ru
Полный каталог изданий представлен в Интернет-магазине: http://URSS.ru

Издательство УРСС
Научная и учебная литература

EDITORIAL URSS

DE RECIENTE Y PRÓXIMA EDICIÓN

Nóvikov Félix Arónovich
Los arquitectos y la arquitectura
En esta obra se exponen las reflexiones del autor sobre los resultados arquitectónicos del siglo XX. Se describen muchas construcciones notables creadas en diferentes partes del mundo, se habla de los eminentes maestros de la arquitectura. Además, el autor comparte los recuerdos de su propio destino artístico.

El libro está destinado a quienes aman tanto la arquitectura antigua como la contemporánea, la arquitectura que día a día crece ante nuestros ojos, cambiando la apariencia del mundo que nos rodea.

Bondarenko I. A. **Urbanismo en la Rusia Antigua: tradiciones e ideales.**

Yevin I. A. **El arte y la sinergética.**

Feodósiev V. I. **Resistencia de materiales: selección de problemas de elevada dificultad con soluciones detalladas. T. 1–3.**

Tarasiévich Y. Y. **Simulación matemática y computacional. Curso introductorio.**

Krasnov M. L., Kiseliov A. I., Makárenko G. I. **CMS: problemas y ejemplos con soluciones detalladas (seis tomos).**

Krasnov M. L., Kiseliov A. I., Makárenko G. I., Shikin E. V., Zaliapin V. I. **CMS: Curso de matemáticas superiores** (*nueva edición, modificada y ampliada*).

Liashkó I. I., Boiarchuk A. K., Gai Ia. G., Golovach G. P. **"AntiDemidóvich": Matemática superior. Problemas resueltos. T. 1–10.**

Amelkin V. V. **Ecuaciones diferenciales en la práctica**

Samarski A. A., Vabischévich P. N., Samárskaya E. A. **Métodos numéricos. Guía de resolución de problemas.**

Baskákov S. I. **Teoría de circuitos.**

Tarásov L., Tarásova A. **Preguntas y problemas de física.**

Kirílov V. M. y otros. **Resolución de problemas de física.**

Matviéev A. N., Petersón V. K., Zhúkariev A. S. **Problemas resueltos de física general (Serie: Para los más inquietos).**

Luba E. S. **Estiramiento facial sin operaciones y masaje puntual: dos cursos de ejercicios para mujeres muy ocupadas.**

Luba E. S. **Rejuvenecimiento del rostro. Gimnasia facial.**

Pretel D. **De la "filosofía del marxismo" a la filosofía de Marx.**

Buzgalin A. V. **El socialismo del siglo XXI.**

Boss V. **La intuición y la matemática.**

Pontriaguin L. S. **Generalizaciones de los números.**

Sheliepin L. A. **Lejos del equilibrio.**

Sheliepin L. A. **Coherencia.**

Sazhin M. V. **Introducción a la cosmología moderna.**

Aguiéyev Y. P. **Termodinámica de no-equilibrio en preguntas y respuestas.**

Nikoláyev O. S. **Física y astronomía: curso facultativo de trabajos prácticos para la escuela media.**

Malinietski G. G. **Fundamentos matemáticos de la sinergética.**

Komissárov G. G. **Fotosíntesis: un enfoque fisicoquímico.**

Fridman A. A. **El mundo como espacio-tiempo.**

Lipunov V. M. **El mundo de las estrellas dobles.**

Lipunov V. M. **Estrellas de neutrones.**

Shepeliov A. V. **Óptica (Serie: Lo que no se puede olvidar).**

Shepeliov A. V. **Electricidad y magnetismo (Serie: Lo que no se puede olvidar).**

Ósipov A. I. **Caos y autoorganización.**

Jlópov M. Yu. **El Universo y la búsqueda de la teoría unificada del campo.**

Chernín A. D. **La naturaleza física de las estrellas.**

Surdín V. G. **Formación estelar.**

Ivanenko D. D., Sardanashvili G. A. **Gravitación.**

Kolokolov I. V., Kuznetsov E. E. y otros. **Problemas resueltos de métodos matemáticos de la física.**

Gantmájer F. R. **Mecánica analítica.**

Dubrovin B. A., Fomenko A. T., Nóvikov S. P. **Geometría moderna (primer y segundo tomo).**

Shapukov B. N. **Grupos y álgebras de Lie en ejercicios y problemas.**

Pietrásheñ M. I., Trífonov Ie. D. **Teoría de grupos y su aplicación a la mecánica cuántica.**

Faddéev L. D., Slavnov A. A. **Introducción a la teoría cuántica de los campos de gauge.**

Bielokúrov V. V., Shirkov D. V. **Guía de la teoría cuántica de campos.**

Logunov A. A. **Curso de teoría de la relatividad y de la gravitación.**

Batiguin V. V., Toptiguin I. N. **Problemas de electrodinámica y teoría especial de la relatividad.**

Sus opiniones, sugerencias y proposiciones pueden ser enviadas a:
Rusia, 117312 Moscú; Instituto de Análisis de Sistemas de la Academia de Ciencias de Rusia
Prospiekt 60-letia Octiabriá, 9; k. 203
Editorial URSS
e-mail: URSS@URSS.ru; http://URSS.ru

o bien a nuestro distribuidor exclusivo en España:
España, 41010-Sevilla
C/ Salado, 18
Librería Hayka
e-mail: hayka@supercable.es
fax: 34-954-08-47-04
tlf.: 34-625-37-87-73